U1017327

运动生理学

（第七版）

PHYSIOLOGY OF SPORT AND EXERCISE

(SEVENTH EDITION)

［美］W. 拉里・肯尼
［美］杰克・H. 威尔莫尔　主编
［美］大卫・L. 科斯蒂尔
于　亮　周　越　汪　军　主译

北京体育大学出版社

策划编辑： 王英峰
责任编辑： 王英峰
责任校对： 左　颖
版式设计： 久书鑫

北京市版权局著作权合同登记号：01-2022-4280
Physiology of Sport and Exercise (Seventh Edition) ©2021 by W. Larry Kenney, Jack H. Wilmore, David L. Costill.
All rights reserved. Except for use in a review, the reproduction or utilization of this work in any form or by any electronic, mechanical, or other means, now known or hereafter invented, including xerography, photocopying, and recording, and in any information storage and retrieval system, is forbidden without the written permission of the publisher.
Published by Arrangement with Human Kinetics, Inc.
Simplified Chinese translation copyright (2024) by Beijing Sport University Press Co., Ltd.

图书在版编目（CIP）数据

运动生理学 ： 第七版 / （美） W. 拉里·肯尼，（美）杰克·H. 威尔莫尔，（美）大卫·L. 科斯蒂尔主编 ； 于亮，周越，汪军主译. -- 北京：北京体育大学出版社，2024.7

书名原文：Physiology of Sport and Exercise (Seventh Edition)

ISBN 978-7-5644-3980-4

Ⅰ. ①运… Ⅱ. ①W… ②杰… ③大… ④于… ⑤周… ⑥汪… Ⅲ. ①运动生理学 Ⅳ. ①G804.2

中国国家版本馆 CIP 数据核字(2023)第 247397 号

运动生理学（第七版）
YUNDONG SHENGLIXUE (DI-QI BAN)

［美］W. 拉里·肯尼
［美］杰克·H. 威尔莫尔　主编
［美］大卫·L. 科斯蒂尔
于　亮　周　越　汪　军　主译

出版发行： 北京体育大学出版社
地　　址： 北京市海淀区农大南路 1 号院 2 号楼 2 层办公 B-212
邮　　编： 100084
网　　址： http://cbs.bsu.edu.cn
发 行 部： 010-62989320
邮 购 部： 北京体育大学出版社读者服务部 010-62989432
印　　刷： 唐山玺诚印务有限公司
开　　本： 787mm×1092mm　1/16
成品尺寸： 185mm×260mm
印　　张： 43.75
字　　数： 969 千字
版　　次： 2024 年 7 月第 1 版
印　　次： 2024 年 7 月第 1 次印刷
定　　价： 328.00 元

（本书如有印装质量问题，请与出版社联系调换）
版权所有·侵权必究

译者名单

主　译	于　亮	周　越	汪　军
译　者	（按姓氏笔画排序）		
	于　亮	石丽君	吕媛媛
	刘晨喆	许寿生	李　丽
	李　岩	吴　迎	何　辉
	汪　军	宋亚锋	张严焱
	周　越	赵　丽	赵　磊
	赵杰修	顾博雅	

序一

美国著名运动生理学家 W. 拉里·肯尼（W. Larry Kenney）、杰克·H. 威尔莫尔（Jack H. Wilmore）和大卫·L. 科斯蒂尔（David L. Costill）主编的《运动生理学》（*Physiology of Sport and Exercise*）已多次再版，这是一部享有国际声誉、应用广泛的运动生理学教科书。

《运动生理学（第七版）》增加了运动生理学领域许多新的内容和知识点，如 21 世纪的运动生理学、神经肌肉疲劳、高强度间歇训练，以及特殊人群运动和锻炼的益处等。本书有七部分，共二十二章，每一部分介绍一个独立的知识点，各知识点间相互联系、相互渗透、层层递进。本书用运动生理学知识，对现在最先进的训练理论和方法进行了通俗易懂的阐释，让读者既知道如何做，又知道为什么要这样做，能正确地运用运动生理学理论知识指导运动训练和运动健身的实践活动，以达到提升训练效果、增强体质的目的。该书覆盖了运动生理学的方方面面，是一部很好的运动生理学教材和教学参考书。

该书由北京体育大学于亮教授、周越教授和汪军教授主持翻译。多年来，他们从事运动生理学的教学和科研工作，并且深入运动训练和运动健身的实践活动，具有广泛而丰富的实践经验。参与翻译本书的其他人员包括从事运动生理学教学和科研的资深专家、从事运动生理学教学工作多年的教授和年轻有为的运动生理学青年教师。他们十分了解当今运动生理学的发展和研究进展，深刻理解运动生理学的概念和理论，能运用运动生理学的理论和方法解决运动实践中的问题。

2010 年，国家体育总局组织国内的专家学者遴选了十几本在国际上有影响力的运动训练前沿理论和实践的图书，编译出版了“竞技运动训练前沿理论与实践创新丛书”。由北京体育大学运动生理学教研室师生翻译的《运动生理学（第四版）》就是其中重要的著作之一。该书在帮助我国广大运动生理学工作者和教练汲取知识、更新观念、开阔视域、启迪思路、提升分析问题和解决问题的能力方面发挥了重要的作用。参加《运动生理学（第四版）》翻译工作的大部分译者也参加了《运动生理学（第七版）》的翻译工作。他们在第四版翻译的基础上，加深了对原版图书的理解和认识，出色地完成了第七版的翻译工作。他们在忠实原著的基础上对运动生理学的概念、理论和方法进行了通俗且准确的表达，使该书易教、易学、易读、易懂、易用。

于亮教授等主持翻译的《运动生理学（第七版）》一定能成为一部很好的运动生理学教学参考书及运动训练和全民健身指导书，为我国运动生理学的发展做出贡献。

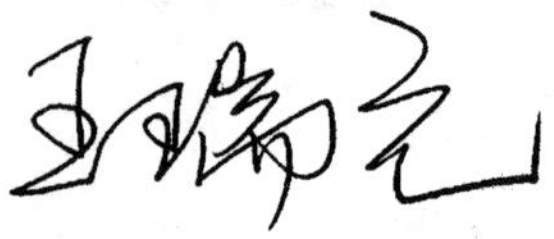

北京体育大学运动人体科学学院
中国生理学会运动生理学专业委员会
2024年5月

序二

运动生理学是一门年轻且快速发展的学科，其学科体系的萌芽可追溯至19世纪末。1889年，法国学者费尔南·拉格朗日（Fernand Lagrange）出版了一本初级手册《身体运动生理学》（*Physiology of Bodily Exercise*），为这门新学科打开了一扇门。随后的几十年，以诺贝尔生理学或医学奖得主阿奇博尔德·维维安·希尔（Archibald Vivian Hill）为代表的一批学者开展了一系列的科学研究，为后来运动生理学的快速发展奠定了基础。至20世纪中叶，运动生理学已积累了丰富的理论，成为一个独立的科学体系。近二十年来，随着细胞生物学、分子生物学及神经科学的飞速进展，运动生理学研究也不断创新，学科内容日益丰富，研究范围广泛，研究规模不断扩大，研究层次日益深化，研究手段不断更新，学科内容交叉也显著增加，展现了现代运动生理学的多元特征。

《运动生理学》（*Physiology of Sport and Exercise*）由美国著名运动生理学家W. 拉里·肯尼（W. Larry Kenney）、杰克·H. 威尔莫尔（Jack H. Wilmore）和大卫·L. 科斯蒂尔（David L. Costill）组织团队精心编撰，经过多次修订，已成为世界上比较权威的运动生理学教材之一。体育学相关专业的运动生理学本科教材在国内已有多个版本，它们是老一辈专家和学者几十年来教学、科研经验的结晶。在既呈现基础知识又展示学科前沿发展的需求下，该书内容具有前瞻性与系统性，为丰富运动生理学的教材体系做出了独有的贡献。该书不仅包括运动生理学的传统内容，还加入了对学科前沿知识的讲解，并巧妙地将这两方面有机地融合，为补充和丰富现有教材提供了独特的视角和内容，与以往的教材相辅相成，展现了本学科的多维度和深度。

该书共分为二十二章，内容涉及运动对骨骼肌形态和机能的影响，能量消耗的测算与应用，氧运输和运动肌肉的神经调控，提高运动表现的生理学机制，特定群体在训练、健身过程中的方法和手段等研究领域。作者以运动过程中身体机能的变化为基础，探讨运动生理学的应用原理。本书内容分为七部分：第一部分为肌肉运动，第二部分为心血管和呼吸功能，第三部分为运动训练，第四部分为环境对运动表现的影响，第五部分为运动表现优化，第六部分为运动中的年龄和性别因素，第七部分为身体活动对健康与体适能的影响。各部分内容有效衔接，层层递进，试图探讨运动如何促进身体健康，降低相关疾病发生的风险。本书可以作为本科高年级学生、相关专业研究生、大学教师和科研工作者的参考书，也可以作为运动人体科学专业研究生的教材。教师可以通过专题讲授的形式，让学生了解相关领域的研究应用与工作进展。

北京体育大学于亮教授率领一批杰出的中青年学者，倾力翻译该书，意义重大。该团队会聚了多位在科研和训练前线奋战的教授、学科领军人物、重点实验室负责人，以及一批优秀的研究生。团队学者治学专注，学风严谨，在关注学科发展和科研进程的同时，挤出时间完成此项艰苦的翻译工作，值得肯定。

感谢于亮教授给我写序的机会。于亮教授开始翻译工作时，恰逢新型冠状病毒感染大流行，各方面工作都需要大量的精力去协调。在这样的特殊时期仍坚持完成翻译工作，其所面临的巨大困难是难以想象的，这种精神值得我们学习！

我热忱地将这本书推荐给大家。

华南师范大学体育科学学院

2024 年 5 月于广州

前言

生理学是对人体功能的研究。细胞、组织、器官和系统错综复杂而又精确无比地交互与整合，以协调人体的各种生理功能。即使是在休息的时候，人体器官和系统在生理上也非常活跃。那么想象一下，人体的各系统在运动时又会变得多么活跃。当人体运动的时候，神经会刺激肌肉收缩。运动中的肌肉新陈代谢更活跃，需要更多的营养物质和氧气，还需要更高效地清除代谢产物。这些过程由自主神经系统和内分泌腺共同调节。当各种体育运动使生理需求增加时，身体应该如何做出反应？

这就是研究运动生理学的关键问题。《运动生理学（第七版）》会带你走进运动生理学的相关领域。我们的目标是在人体解剖学和人体生理学知识的基础上，研究人体对急性运动和运动后的反应，以及如何适应重复性运动（运动训练）。

《运动生理学（第七版）》保留了上一版高水平的注解、图片和医学插图。这种视觉上的细节、清晰度和真实性有助于人们对生理反应有更深入的理解，并对其基础研究有更深刻的认识。

新版保留了上一版引入的“研究视角”，突出了当前的研究热点。编者对导论进行了修订，增加了 21 世纪运动生理学最新的前沿动态，如基因组学和表观遗传学；对第五章进行了修订，更详细地说明了疲劳与肌肉痉挛的相关机制；对第十一章进行了修订，增加了高强度间歇训练的篇幅；对第十七章进行了修订，更多地关注身体活动给儿童、青少年带来的益处。

此外，编者还对本书进行了全面更新，纳入了领域内重要课题的最新研究，包括：

- 肌肉的长度-张力关系、力量-速度关系的相关新信息（第一章）和促食欲激素的个体差异性（第四章）。
- 新增了有关交叉概念（第二章）、临界功率（第五章）、功能性交感神经松解（第六章）、氧阶梯（第七章和第十三章）、成组训练（第九章）、老龄化过程中的运动（第十八章）的部分。
- 更新了最大每搏输出量在决定最大有氧能力中的作用（第八章）。
- 增加了肌肉肥大过程中蛋白质合成机制的讨论（第十章）。

● 修改了部分信息，以对应专业协会发布的指南，包括营养与运动表现（第十五章）、运动与妊娠（第十九章），以及健康相关筛查、体能测试与运动处方（第二十章）。

编者在做出上述修改的同时，保证了本书的易读性和易理解性，使本书成为向学生介绍运动生理学的主要教材。本书的整体框架和编排顺序延续了第六版的体系。首先关注骨骼肌，以及当个体从安静状态到运动状态时，其需求是如何变化的。后面的章节主要讨论运动训练的原理，冷、热、高原等环境因素对运动表现的影响，以及运动与疾病预防。

《运动生理学（第七版）》的内容结构编排旨在使学习变得轻松愉快。本书内容虽然全面，但是其中的一些特点能够帮助学生吃透全书，不会给学生带来太大的压力。

在每一章中，“研究视角”介绍了当前运动生理学研究中的重要主题。在阅读过程中有“小结”板块，总结此前内容的要点。在每章的最后，“结语”总结了该章的主要内容，并指出这些知识如何为后续章节打下基础。

重要术语会在书中以粗体显示，并在每章末尾列出。在每章末有思考题，测试学生对该章内容的理解程度。

读者阅读本书可能只是出于课程需要，但编者希望本书的内容能吸引读者继续研究这个相对较新的、令人兴奋的领域，或者至少能激发读者的兴趣，使他们认识自己的身体如何进行各种运动，了解如何进行不同强度的运动、如何适应应激环境、如何提高生理方面的能力。本书不仅能帮助体育科学的专业人士，对所有渴望健康的人也有足够的益处。

译者导读

《运动生理学》是由美国著名运动生理学家 W. 拉里·肯尼（W. Larry Kenney）、杰克·H. 威尔莫尔（Jack H. Wilmore）和大卫·L. 科斯蒂尔（David L. Costill）组织团队编写的，已多次再版，是美国现有非常经典的运动生理学教材之一。杰克·H. 威尔莫尔作为《运动生理学》第一至四版的第一作者，清晰地勾勒出本书的框架，准确地阐述了具体内容。这部巨作可以说是他心血的结晶，是他的不朽遗产，在运动生理学界产生了非常大的影响。

本书是《运动生理学》的第七版，由 W. 拉里·肯尼博士主持编写，在原有版本的基础上，对部分章节进行了修订，添加了 21 世纪的运动生理学、神经肌肉疲劳、高强度间歇训练，以及特殊人群运动和锻炼益处等内容。本书有七部分共二十二章，每一部分介绍一个独立的知识点，各知识点间相互联系、相互渗透、层层递进。

导论部分从运动生理学的历史概述入手，解释了全书都会使用的基本概念。第一部分和第二部分重点介绍了主要生理系统在急性运动中的反应。第一部分研究肌肉系统、代谢系统、神经系统、内分泌系统如何相互作用，使身体运动。第二部分研究心血管和呼吸系统如何向运动中的肌肉持续提供营养和氧气，运输代谢产物。第三部分讨论了这些系统如何适应长期的运动训练。第四部分研究外部环境对运动表现产生的巨大影响，介绍了人体对冷、热环境的反应，以及高原环境低压低氧所带来的影响。第五部分将重点转移到运动员如何优化运动表现上，评估了不同训练种类和训练量的效果；还讨论了适当的身体成分对于最佳运动表现的重要性，并研究了运动员的特殊饮食需求，以及如何利用营养提升运动表现。第六部分针对特殊人群进行了特定研究。首先，关注生长发育的过程，以及生长发育如何影响年轻运动员的运动表现；其次，评估了随着人们年龄的增长，运动表现发生的一些变化，并探索有助于维持健康和独立性的身体活动方式；最后，研究了女运动员生理方面的一些特殊问题。第七部分将重点转向运动生理学在预防和治疗各类疾病方面的应用，以及将运动用于康复的方法，重点分析了维持身体健康的运动处方，并在最后讨论了心血管疾病、肥胖和糖尿病。

本书由北京体育大学于亮教授、周越教授和汪军教授主持翻译。这个过程中，不仅有运动生理学教研室全体教师付出的大量心血，还有部分运动生理学博士、硕士洒下的辛勤汗水。具体章节译者分工如下：

导论（于亮）。第一部分：第一章（于亮），第二章（汪军），第三章（赵丽），第四章（刘晨喆），第五章（宋亚锋）。第二部分：第六章（石丽君），第七章（赵磊），第八章（李岩）。第三部分：第九章（周越），第十章（吴迎），第十一章（汪军）。第四部分：第十二章（周越），第十三章（赵杰修）。第五部分：第十四章（于亮），第十五章（何辉），第十六章（宋亚锋）。第六部分：第十七章（许寿生），第十八章（赵丽），第十九章（顾博雅）。第七部分：第二十章（吕媛媛），第二十一章（石丽君、张严焱），第二十二章（李丽）。于亮教授对全书进行了统稿，博士生王漫达进行了校对，博士生高扬、肖红和硕士生单育森、苏香楠、张伯玮协助完成了大量的工作。本书由王瑞元教授、曾凡星教授和熊开宇教授负责审译。值得一提的是，本书第四版是由王瑞元教授于 2010 年主持翻译的，十余年来已成为体育专业师生、教练和运动员、体育爱好者的重要参考用书。教研室的全体教师传承了北京体育大学运动生理学学术研究悠久的历史，发扬了严谨治学的优良传统，在此谨向前辈专家们致敬！

由于时间较仓促，书中难免有不足之处，恳请广大读者批评指正。

译者

2024 年 5 月

目录 CONTENTS

第二部分　心血管和呼吸功能

第三部分　运动训练

第四部分　环境对运动表现的影响

第六部分　运动中的年龄和性别因素

第七部分　身体活动对健康与体适能的影响

导论

在美国，运动生理学的大部分发展历史可以追溯到戴维·布鲁斯·迪尔(David Bruce Dill)博士的贡献。儿童和少年时期，他生活在堪萨斯州的一处农场。对生理学的兴趣使迪尔博士首先研究了鳄鱼的血液成分；在1927年成为哈佛疲劳实验室的首位研究室主任后，这位年轻科学家将研究方向转向人体，他的研究也最终发展成为运动生理学这门学科。在迪尔博士的一生中，他对许多能够在极端运动和环境条件下生存的动物的生理学和适应能力感兴趣，但真正被人们所熟知的，是他在人体对运动、热环境、高原环境及其他环境因素的反应方面的研究。在研究过程中，迪尔博士经常自己充当研究对象。在哈佛疲劳实验室的20年时光里，迪尔博士和他的同事总共撰写了大约350篇科研论文，以及《生命、热环境和高原环境》(*Life*, *Heat*, *and Altitude*)这一经典著作。戴维·布鲁斯·迪尔博士的不同时期如图0.1所示。

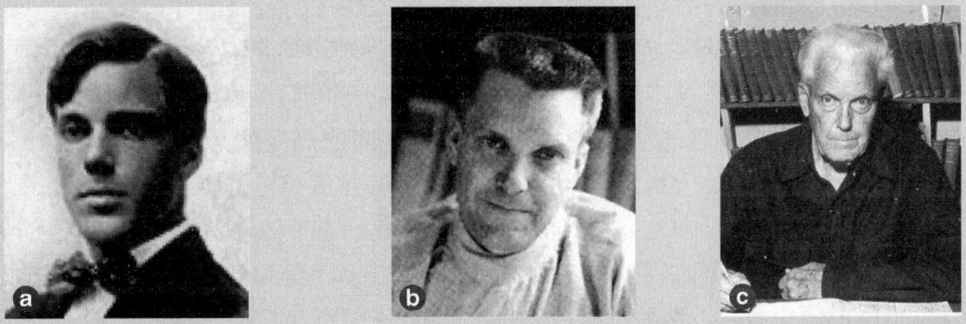

a. 戴维·布鲁斯·迪尔博士职业生涯初期　b. 42岁成为哈佛疲劳实验室主任　c. 92岁，第四次退休之前

图0.1　戴维·布鲁斯·迪尔博士的不同时期

1947年，哈佛疲劳实验室关闭了。此后，迪尔博士开启了自己的第二段职业生涯，他担任了陆军生物化学部队的医学研究副主任，直至1961年退休。迪尔博士此时虽然已经70岁了，但是他仍然觉得退休还太早，于是转投印第安纳大学继续进行研究，担任资深生理学家直至1966年。1967年，迪尔博士获得了在拉斯维加斯内华达大学建立沙漠研究实

验室的基金。他以此实验室为基础，研究了人类在沙漠和高原地区运动的耐受力。迪尔博士继续研究和写作，直到93岁最终退休；同年，他写下了自己的最后一部著作《人与动物在热环境中的生活》(*The Hot Life of Man and Beast*)。

人体就像一台令人惊讶的机器，当你坐下阅读这篇导论的时候，无数个完美、协调一致的事件同时在你的体内发生着。正是这些事件的进行，让你能够在不耗费任何精力的情况下实现听、看、呼吸、信息处理等复杂功能。如果你站起来走出家门，绕着小区慢跑，几乎全身所有的系统都会被调动起来，帮助你从静息状态顺利过渡到运动状态。如果你坚持有规律地慢跑数周或者数月，并且逐渐延长跑步的时间，提高跑步的强度，你的身体就会产生适应，获得更好的运动表现。这其中蕴含着学习运动生理学的两个基本要素：人体对各种形式运动的急性反应，以及身体各个系统对重复或规律运动的适应，后者常被称为运动训练。

举例来说，当控球后卫在一次快攻中指挥全队进行反击时，他的身体要进行非常多的调整，这需要一系列复杂的相互作用，多个系统都会共同参与其中。这些调整甚至会发生在细胞层面乃至分子层面。当他向场地另一端冲刺时，为了使大腿肌肉协调地运动，大脑运动神经元会释放生物电冲动，沿着脊髓到达双腿。在到达肌肉时，这些神经元会释放出跨越神经与肌肉之间间隙的化学信使，每个神经元都会激发许多单个的骨骼肌细胞或肌纤维。一旦神经冲动越过该间隙，它们就会沿着每根肌纤维进行扩散，并附着在专门的受体上。信使与其受体的结合会启动一系列程序，激活肌纤维的收缩过程。这涉及特定的蛋白质分子（肌动蛋白和肌球蛋白）及复杂的供能系统，用来提供维持单次收缩及随后收缩所需的能量。在此水平上，三磷酸腺苷（ATP）和磷酸肌酸（PCr）等其他分子对于提供肌肉收缩所必需的能量就变得至关重要了。

为了支持这种持续且有节奏的肌肉收缩和舒张，其他的系统也被调动参与进来，包括：

✧ 骨骼系统，为肌肉的活动提供基本的支持。

✧ 心血管系统，将能量运送至工作的肌肉及全身各处的细胞，并清除产生的废物。

✧ 心血管系统和呼吸系统，共同作用为细胞供氧，排出二氧化碳（CO_2）。

✧ 外皮系统（皮肤），通过允许人体和周围环境之间的热交换，协助维持体温。

✧ 神经和内分泌系统，协调肌肉活动，同时帮助维持体液和电解质平衡，并帮助调节血压。

几个世纪以来，科学家一直在研究人体在健康和疾病状态下的静息动能，在过去的大约100年中，有一批生理学家重点研究了人体在进行身体活动、体育运动时各系统的功能。本导论将介绍运动生理学的历史概况，然后解释构成后续章节基础的一些基本概念。

第一节　运动生理学的重点

运动生理学是从解剖学和生理学两门基础学科发展起来的。解剖学研究的是机体的结构或者形态，该学科关注人体各部分的基本结构及不同结构之间的相互关系；**生理学**

（**physiology**）则研究人体的机能。生理学家研究人体的器官系统、组织、细胞和细胞内分子如何工作，以及如何整合其机能来调节人体内环境，该过程称为**内稳态（homeostasis）**。由于生理学重点关注身体结构的机能，因此了解解剖学对学习生理学至关重要。此外，解剖学和生理学都依赖于生物学、化学、物理学和其他基础学科的应用知识。

由于运动会对内稳态产生影响，**运动生理学（exercise physiology）**所研究的就是人体在运动时身体机能会如何变化。人们在进行运动时，受外界环境的影响相当大，因此**环境生理学（environmental physiology）**已成为运动生理学的一个分支学科。**竞技运动生理学（sport physiology）**强调对概念的应用，目的是提高运动表现、优化运动员的训练。也就是说，竞技运动生理学源于运动生理学，两者通常很难区分，且紧密联系并融合在一起。因为两者基本的科学原理一致，所以通常将其一并考虑。

第二节　人体对运动的反应和适应

研究运动生理学，需要学习与两种不同运动模式相关的概念。首先，运动生理学家非常关心人体如何对单次运动做出反应，如举重运动或者在跑台上跑一小时。单次运动被称为**急性运动（acute exercise）**，急性反应指的就是人体对急性运动做出的反应。在检测运动带来的急性反应时，我们关注的是人体在急性运动时做出的即时反应，有时则会关注急性运动后的恢复期人体机能的反应。

运动生理学关心的另一个重要问题就是随着时间的推移，人体如何对重复运动带来的负荷做出反应，这有时也被称作**慢性适应（chronic adaptation）**或者**训练效应（training effect）**。当人们在数天或是数周内规律运动时，机体就会产生适应。长期的运动或训练使机体产生生理适应，生理适应能够提高运动能力和运动效率。抗阻训练能够使肌肉更加强壮有力；有氧训练能够提升心肺的效率，并提升肌肉耐力。不同的训练类型会使运动员产生具有高度特异性的适应，对此，本书的后续部分也会进行讨论，第十章、第十一章会更加详细地进行介绍。

小结

- 运动生理学从其母学科生理学演变而来，其研究的两个主要问题是：
  ①人体如何对单次运动/身体活动带来的急性应激做出反应。
  ②人体如何对重复运动（也就是运动训练）带来的长期应激产生适应。
- 部分运动生理学家通过运动或者不同的环境条件（热环境、冷环境、高原环境等）刺激机体，探寻人体基本的生理机制，还有一部分运动生理学家试图探寻训练对健康、疾病、生活质量的影响。竞技运动生理学家将上述概念应用于运动员和运动表现。

第三节　运动生理学发展史

对学生来说，当代运动生理学似乎就是未经过严格科学审核的大量新观点的集合。恰恰相反，当前我们对于运动生理学的理解建立在数百名杰出科学家一生的努力之上。当代生理学家所提出的假说和理论，最初由一些已被遗忘许久的生理学家塑造了雏形。我们所认为的原创或是全新的内容，通常来自对前人研究的吸收，或是应用基本科学手段来解决运动生理学中的问题。正如所有的学科一样，运动生理学中也有着很多非常重要的科学家，也有着很多非常关键的研究成果，这些成果极大地促进了我们对于运动引发的生理反应的认知。本节我们将回顾运动生理学的历史及影响其发展的一些重要人物。遗憾的是，我们无法在这么短的篇幅中逐一介绍上百位先驱科学家，但他们为后人开辟了道路，是运动生理学的奠基者。

一、解剖学和生理学的开端

关于人类解剖学和生理学较早的报告之一是克劳迪亚斯·盖伦（Claudius Galen）的希腊文本《筋膜》（*De Fascius*），该书著于 1 世纪。作为角斗士的医生，盖伦有足够的机会进行人体解剖学的研究和实验，并且他非常赞同科学是基于观察和实验的。他意识到静坐少动的可怕后果，并将规律锻炼作为他的健康法则之一，将规律锻炼与人体的健康和生活质量联系起来：

✧ 呼吸新鲜空气。
✧ 合理膳食。
✧ 喝正确的饮品。
✧ 运动。
✧ 获得充足的睡眠。
✧ 每天排便。
✧ 控制自己的情绪。

盖伦关于解剖学和生理学的理论被人们广泛接受，在将近 1400 年的时间里都没有受到质疑。直到 16 世纪，才有人在对人体结构和功能的认识上做出巨大贡献。安德烈·维萨里（Andreas Vesalius）于 1543 年发表了自己在人体解剖学方面的研究《人体构造》（*Fabrica Humani Corporis*），这是一部里程碑式的著作。尽管这本书侧重对各种器官的解剖学描述，但部分内容也试图解释其功能。英国历史学家迈克尔·福斯特（Michael Foster）爵士称："这本书不仅是现代解剖学的开端，同样也是现代生理学的开端。它终结了长达 14 个世纪的旧识，并在真正意义上开启了医学的复兴。”

大多数试图阐述生理学的早期作品，要么根本不正确，要么解释太模糊无异于猜测。举例来说，对于肌肉如何产生力的解释一直停留在肌肉形状和大小的变化上，因为肉眼观察只能看到这些。但正是凭借肉眼的观察，希罗尼穆斯•法布里修斯（Hieronymus Fabricius）于 1574 年提出，肌肉收缩产生的力量来源于肌纤维和肌腱，而非“肉体”。直到荷兰生物学家安东尼•范•列文虎克（Antonie van Leeuwenhoek）发明显微镜，解剖学家才发现单根肌纤维的存在。肌纤维如何缩短并且能够产生力一直是个谜，直到 20 世纪中叶，肌肉蛋白质错综复杂的工作方式才得以用电子显微镜来进行研究。

二、运动生理学的早期历史

尽管运动生理学在科学领域的历史相对来说不算长，不过其最早的出版物在 1793 年就已出现，塞甘（Séguin）和拉瓦锡（Lavoisier）测量了一名年轻男子在休息状态和重复举起 7.3 kg（16 lb）[1 磅（lb）=0.45 千克（kg）] 重物 15 min 时的氧气（O_2）消耗量。在休息时，该男子每小时消耗氧气 24 L；在运动时，其耗氧量增加到每小时 63 L。拉瓦锡认为，利用 O_2 和产生 CO_2 的部位在肺部，尽管同时代的生理学家表示质疑，但直到 19 世纪中期，这个概念都一直被人们所接受。在 19 世纪中期，几名来自德国的生理学家证明了有氧氧化发生在全身各处的细胞中。

19 世纪，人们对于循环和呼吸的认识有了许多进步，但在有关身体活动的生理学方面却鲜有建树。在 1888 年，有一种仪器据称可以帮助科学家研究登山中的受试者，尽管受试者必须背负 7 kg（15.41 lb）重的气量计。

第一部有关运动生理学的教科书《身体运动生理学》（*Physiology of Bodily Exercise*）是由费尔南•拉格朗日（Fernand Lagrange）于 1889 年用法语编写的。考虑到当时对运动的研究还很少，书中的一些内容现在看来十分有趣：“肌肉工作”“疲劳”“对工作的适应化”“运动中大脑的工作”等早期对运动反应的解释很多都停留在推测或是初始理论层面。拉格朗日很快也承认，虽然那时出现了一些运动生物化学的基本概念，但是很多细节仍处在成型阶段。比如，拉格朗日曾在书中写道：“这些关键的氧化（能量代谢）近来变得非常重要；我们对此也感到有些困惑，所以无法用几句话给出简单清晰的总结。生理学如今正在被重写，我们也无法得出自己的结论。”

拉格朗日的这部早期作品对于身体活动时的身体功能只给出了一些有限的生理学见解。因此也有言论认为，出版于 1931 年的《肌肉运动生理学（第三版）》[*The Physiology of Muscular Exercise（Third Edition）*] 应被认为是该领域最早的科学著作，作者是 F. A. 班布里奇（F. A. Bainbridge）。有趣的是，第三版是在阿奇博尔德•维维安•希尔（Archibald Vivian Hill）的邀请下，由迪尔和 A. V. 博克（A. V. Bock）两人进行修改的，这三人都是运动生理学的先驱，导论对这三人也都有介绍。

希尔在运动生理学的历史上有着相当重要的地位。在伦敦大学生理学教授乔德维尔（Joddrell）的就职演讲中，希尔所阐述的原则在后来指引了运动生理学的研究领域："有趣的是，从动物身上实验获得的生理学表现，在人类身上体现得更加完善和明显，并能发掘出更多的意义。例如，在呼吸方面，在血液运输气体方面，在肾脏、肌肉、心脏及代谢功能方面，人类已经被证明是最好的受试者。人体实验是一门特殊的工艺，需要拥有非比寻常的认知和技能，人体生理学也应该和其他生理学地位平齐。诚然，人体实验的方法和技能均来自生物化学、生物物理学、实验生理学，但那些想在自己和朋友们身上做实验的人必须具备一种特殊的技术和知识，这同时也是运动员和登山者想要达到极限所必须具备的。"

19 世纪末期，许多解释肌肉收缩能量来源的理论被提出。由于肌肉在运动时会产生很多热量，因此部分理论认为，肌纤维直接或间接利用这些热量来收缩。进入 20 世纪，沃尔特 • 弗莱彻（Walter Fletcher）和弗雷德里克 • 高兰 • 霍普金斯（Frederick Gowland Hopkins）爵士观察到，肌肉活动和乳酸生成之间存在紧密联系。这让人们意识到，肌肉活动所需要的能量来自肌糖原分解生成乳酸这一过程（参考第二章），尽管这一化学反应的具体细节尚不清楚，但由于肌肉运动时有很大的能量需求，该组织就成了揭开细胞代谢神秘面纱的理想模型。1922 年，希尔（图 0.2）因其在能量代谢方面的发现获得了诺贝尔奖。那个时候，尽管生物化学的研究还在起步阶段，但通过奥尔贝特 • 圣捷尔吉（Albert Szent-Györgyi）、奥托 • 迈耶霍夫（Otto Meyerhof）、奥古斯特 • 克罗（August Krogh）、汉斯 • 克雷布斯（Hans Krebs）几位诺贝尔奖得主的努力迅速获得了认可——他们当时都在积极研究活细胞是如何产生并利用能量的。

图 0.2　1922 年诺贝尔奖得主阿奇博尔德 • 维维安 • 希尔

希尔的大多数研究都是在蛙剥离的骨骼肌上进行的，他也率先对跑步者进行了一些生理学研究。其中约翰 • S. 霍尔丹（John S. Haldane）构思了测量运动中 O_2 消耗量所需的方法并研发了设备，这一技术贡献使希尔的研究成为可能。上述研究人员为我们了解全身的能量供应提供了基本框架。随后，在 20 世纪中期，大量研究都以此为重点，这样的基本框架还被纳入测量摄氧量的手册和计算机系统中，世界各地的运动生理学实验室今天仍在使用。希尔在就职演讲中感谢了霍尔丹的贡献，并表示自己亲眼看到霍尔丹的成就在运动生理学领域中被广泛应用："除了直接对人体进行生理学研究，还要对适用于人体的实验工具和试验方法进行研究，研究它们的标准化、描述方法，简化至例行程序，建立人体的正常标准。这不仅对医学有极大帮助，还可以对以正常人为研究对象的所有活动和技能有促进作用。在竞技运动、体育锻炼、工厂作业中，要想对飞行、潜水、矿井作业、工作环境等进行研究，都需要对生理学有一定了解。对医院中的病人进行观察并不能等同于对工作中的普通人进行研究。我们必须要对健康的身体建立专业、科学的认知，将其用于对正常人的研究当中，这样的专业见解不仅对医学研究有巨大帮助，也有益于我们日常的社会生活和工业生产。霍尔丹对人体呼吸系统生理学知识的研究成就斐然，并为矿业、潜水等事业提供了巨大的帮助。人体生理学在呼吸过程中起到了如此重要的作用，那么在很多其他的正常人体功能中，人体生理学很可能也会起到相同的作用。”

三、学科交叉和相互促进的时代

从 20 世纪初到 20 世纪 30 年代，美国的医学和科研环境在不断发生变化。在约翰斯・霍普金斯大学的带动下，对医学学生的教育开始了变革。更多的医学和研究生课程基于欧洲的实验研究模型及科学思想的发展而进行革新。在诸如生物能量学的气体交换和血液化学等领域，生理学取得了重要的进步，这些进步是运动生理学发展的基础。依托于 19 世纪末建立的合作基础，实验室与科学家之间的联系得到了加强，国际生理科学联合会等机构举办的国际会议为学术交流、讨论、辩论创造了条件。在此期间建立起来的实验室与各项合作，完成了 20 世纪许多重要的运动生理学研究。

（一）对运动员的研究

100 多年来，运动员一直是研究人类耐力上限的对象。最早的关于运动员的生理学研究发生在 1871 年，奥斯汀・弗林特（Austin Flint）研究了那个年代最著名的长跑和竞走运动员爱德华・佩森・韦斯顿（Edward Payson Weston）。韦斯顿试图用 5 天走完 644 km（约 400 mi）[1 千米（km）=0.62 英里（mi）]。弗林特测量了韦斯顿这段时间的能量平衡，即食物的摄入及能量消耗。尽管该研究并未解决运动中肌肉代谢的相关问题，但的确证明了在长时间高强度运动中体内会损失一些蛋白质。

整个 20 世纪，运动员被反复用来从生理角度评估人类力量和耐力，并确定创纪录的运动表现所需要的特质。有些人试图用运动生理学的技术和知识预测运动表现、制订运动计划、选择潜力巨大的运动员。然而在大多数情况下，这些生理测试的应用不过是一些学术兴趣，几乎没有实验室测试或场地测试能够精确评价成为冠军所需要的各项素质。

（二）哈佛疲劳实验室

或许没有任何一所大学对运动生理学的影响能和哈佛大学相提并论。1891—1898 年，哈佛大学可颁发解剖学、生理学及运动训练的学位。在乔治・韦尔斯・菲茨（George Wells Fitz）博士的指导下，学生需要学习有关运动科学的必要知识。尽管由于菲茨博士的离任，该学院在 1899 年改变了研究重点，但美国很多其他的大学在接下来的 25 年中，开发了将基础科学课程与体育教育相结合的课程大纲。

希尔在 1926 年访问了哈佛大学，这对哈佛疲劳实验室的建立（1927 年）和早期活动产生了重大影响。有趣的是，哈佛疲劳实验室早期位于商学院的地下室，主要对工业中的疲劳和其他危害进行研究。实验室的创立要归功于在当时举世闻名的生化学家劳伦斯・J. 亨德森

（Lawrence J. Henderson）的远见卓识。斯坦福大学的年轻生化学家迪尔被任命为首位实验室主任，并一直任职直到 1947 年实验室关闭。

如前文所提到的那样，迪尔曾协助博克一同撰写班布里奇的《肌肉运动生理学（第三版）》。在职业生涯的后期，迪尔将哈佛疲劳实验室计划的形成归功于这本书的写作。尽管迪尔在人体生理学的应用上没什么经验，但由于他的创造性思维，再加上周围还有年轻、有才华的科学家，他为当代的运动生理学和环境生理学奠定了基础。例如，哈佛疲劳实验室研究了耐力运动的生理学问题，并发布了运动员在长距离跑步中取得成功的身体要求。哈佛疲劳实验室一些最出色的研究并不是在实验室环境中完成的，而是在密西西比三角洲的内华达沙漠，以及加利福尼亚州的怀特山脉——海拔 3 962 m（约 13 000 ft）[1 米（m）=3.28 英尺（ft）] 进行的。这为后来研究环境对运动表现和运动生理学的影响提供了参考依据。

开始的几年，哈佛疲劳实验室主要关注运动、营养、健康方面的一般问题。最早的有关运动和衰老的研究是由实验室的一名学生锡德·鲁滨逊（Sid Robinson）（图 0.3）于 1939 年进行的。在对 6～91 岁年龄段的受试者进行研究的基础上，鲁滨逊报告了衰老对最大心率和摄氧量的影响。然而随着第二次世界大战的爆发，亨德森和迪尔意识到了其实验室对战争的潜在价值，也因此改变了研究方向。在为陆军、海军、空军建立新实验室的过程中，哈佛疲劳实验室的科学家和辅助人员起到了相当重要的作用，他们发表了与军事研究相关的方法论，目前这些方法仍在全世界使用。

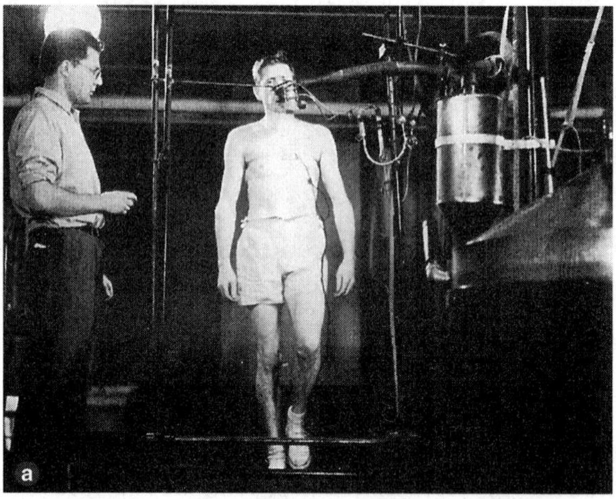

a. 罗伯特·E. 约翰逊（Robert E. Johnson）对锡德·鲁滨逊进行跑步测试

b. 1938 年的锡德·鲁滨逊

图 0.3　哈弗疲劳实验室与实验对象

如今的运动生理学学生会对哈佛疲劳实验室早期使用的方法和设备，以及那时研究所需的时间感到惊讶，现在借助计算机和自动气体代谢分析仪几毫秒就能完成的工作，在当时要花费科学家数日的努力。例如，要想测量运动时呼出气体中 O_2 的含量，需要科学家用道格拉斯氏气袋收集呼出的气体，并在没有计算机帮助的情况下，使用手动化学分析仪分析其中的 O_2 和 CO_2 含量（图 0.4）。运动 1 min 呼出的气体，需要一名或多名工作人员花费 20～30 min

去分析。今天的科学家几乎立刻就能完成这样的测算，并毫不费力。在那样的条件下，哈佛疲劳实验室的科学家在 20 年的时间里发表了大约 350 篇论文。这些运动生理学先驱的奉献精神，以及他们的努力和艰辛令人惊叹。

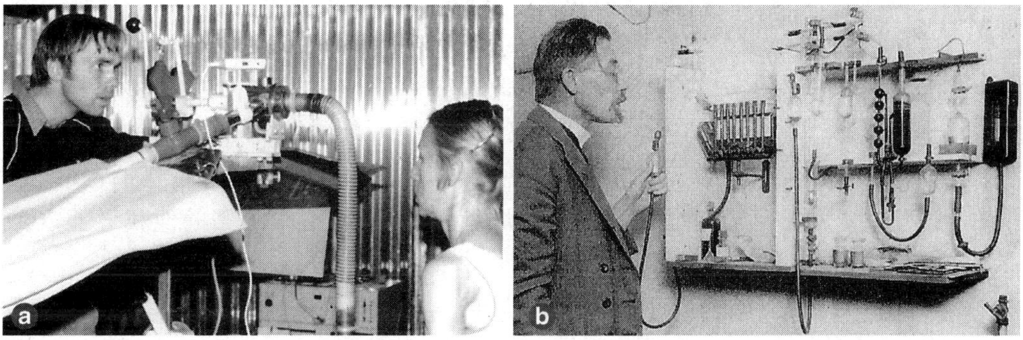

a. 早期用道格拉斯氏气袋测量运动引起的代谢反应　　b. 诺贝尔奖得主奥古斯特・克罗用化学气体分析仪测量气体样本中的 O_2 和 CO_2

图 0.4　测量运动引起的代谢反应

哈佛疲劳实验室充满智慧的工作环境吸引了来自全球的年轻生理学家及博士生。1927—1947 年，15 个国家的学者曾在这里工作。哈佛疲劳实验室关闭后，大部分学者继续创立自己的实验室，并成为美国运动生理学界的知名人物，如锡德・鲁滨逊、亨利・朗斯特里特・泰勒（Henry Longstreet Taylor）、劳伦斯・莫尔豪斯（Lawrence Morehouse）、约翰逊、安塞尔・基斯（Ancel Keys）、史蒂文・霍瓦特（Steven Horvath）、C. 弗兰克・孔索拉齐奥（C. Frank Consolazio）、威廉・H. 福布斯（William H. Forbes）。曾在哈佛疲劳实验室工作过的国际知名学者包括克罗、卢西恩・布鲁哈（Lucien Brouha）、爱德华・阿道夫（Edward Adolph）、沃尔特・B. 坎农（Walter B. Cannon）、彼得・朔兰德（Peter Scholander）、鲁道夫・马尔加里亚（Rodolfo Margaria），以及一些著名的斯堪的纳维亚科学家。哈佛疲劳实验室将智慧的种子播撒到了世界各地，使人们对该领域的研究兴趣激增。大多数当代的运动生理学家，其科研训练都可以追溯至哈佛疲劳实验室。

（三）斯堪的纳维亚的影响

1909 年，约翰内斯・林德贝格（Johannes Lindberg）在丹麦的哥本哈根大学建立了实验室，为科学研究提供了肥沃的土壤。林德贝格和 1920 年诺贝尔奖获得者克罗联手进行了许多经典实验，并发表了许多开创性的论文，主题包括从肌肉代谢的能源物质到肺部的气体交换。埃里克・霍维–克里斯滕森（Erik Hohwü-Christensen）、埃尔林・阿斯穆森（Erling Asmussen）、马里乌斯・尼尔森（Marius Nielsen）从 20 世纪 30 年代至 70 年代继续这项研究工作。

在与迪尔和克罗联系后，上述三位丹麦生理学家在 20 世纪 30 年代来到了哈佛疲劳实验室，研究热环境和高原环境中的运动。回到欧洲之后，三位生理学家分别建立了不同的研究分支。阿斯穆森和尼尔森成为哥本哈根大学的教授，阿斯穆森研究肌肉的力学特性，尼尔森研究体温的控制。两人都一直活跃在哥本哈根大学的奥古斯特·克罗研究所，直至退休。

1941 年，克里斯滕森移居斯德哥尔摩，成为瑞典体育与健康科学学院、体育教育系的第一位生理学教授，如图 0.5a 所示。20 世纪 30 年代后期，他曾和奥利·汉森（Ole Hansen）合作，研究并发表了 5 篇运动中糖代谢和脂肪代谢的文章。这些文章在今天仍被频繁引用，被认为是运动营养学领域最早也是最重要的文章。克里斯滕森还将佩尔–奥洛夫·奥斯特兰德（Per-Olof Åstrand）带入了运动生理学的领域。20 世纪 50 年代至 60 年代，奥斯特兰德进行了大量有关身体素质和耐力的研究。1960 年克里斯滕森退休后，奥斯特兰德成了瑞典体育与健康科学学院的主任。任职期间，奥斯特兰德指导了很多杰出的科学家，包括本特·萨尔廷（Bengt Saltin），萨尔廷在运动和临床生理学领域做出了许多贡献，这帮助他获得了 2002 年的奥林匹克奖，如图 0.5b 所示。

除了在瑞典体育与健康科学学院工作，克里斯滕森和奥斯特兰德还与位于瑞典斯德哥尔摩的卡罗林斯卡研究所的生理学家有着密切交流，那里主要研究运动的临床应用。想挑出该研究所最杰出的贡献虽然很难，但是图 0.5c 中左侧的约纳斯·贝里斯特伦（Jonas Bergstrom）重新引入活检针取样肌组织（大约于 1966 年），这种方法在人体肌肉生物化学和肌肉营养领域的研究中有着至关重要的影响。这项技术需要将针头插入一个小切口，抽取微小的肌肉组织样本。肌肉活检方法最开始是 20 世纪初引入的，目的是研究肌肉萎缩机制。借助该技术，生理学家能够在运动前、运动中和运动后对人体肌肉进行组织学和生物化学研究。

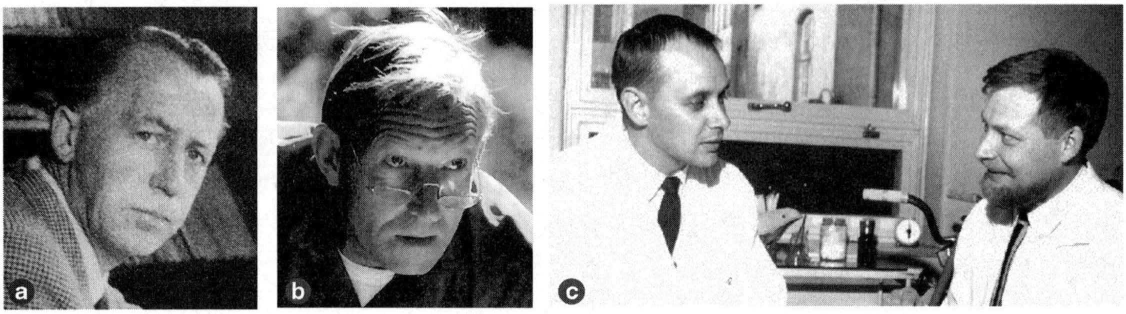

a. 埃里克·霍维–克里斯滕森　b. 本特·萨尔廷　c. 约纳斯·贝里斯特伦（左）和埃里克·胡尔特曼（Eric Hultman）（右）

图 0.5　斯堪的纳维亚的几位著名运动生理家

后来，瑞典体育与健康科学学院和卡罗林斯卡研究所的生理学家又对血液循环进行了深入研究。正如哈佛疲劳实验室在 1927—1947 年是运动生理学的圣地，斯堪的纳维亚实验室在 20 世纪 40 年代后期有着同样崇高的地位。在接下来的 35 年中，许多领先的研究来自美国和斯堪的纳维亚运动生理学家之间的合作。挪威生理学家佩尔·朔兰德（Per Scholander）于 1947 年发明了一种气体分析仪；芬兰生理学家马尔蒂·卡尔沃宁（Martti Karvonen）发布了一种用于计算运动中心率的公式，该公式至今仍被广泛使用。

（四）其他的研究里程碑

生理学一直是临床医学的基础，同样，运动生理学为许多其他领域提供了必要的知识，如体育教育、体能、物理治疗和健康促进。在 19 世纪末和 20 世纪初，阿默斯特学院的爱德华·希契科克（Edward Hitchcock）、哈佛大学的达德利·萨金特（Dudley Sargent）等学者研究了身体比例（人体测量学），以及训练对力量和耐力的影响等。尽管有很多体育教育学者都曾将生物科学引入本科体育教育的课程，但曾短暂在哈佛疲劳实验室工作的图 0.6a 中的俄罗斯裔彼得·卡尔波维奇（Peter Karpovich），在将生理学引入体育教育的过程中扮演了重要角色。卡尔波维奇建立了自己的研究机构，并且从 1927 年开始在春田学院（马萨诸塞州）教授生理学，直至 1968 年去世。

尽管卡尔波维奇为体育教育和运动生理学研究做出了许多贡献，但他真正为人所熟知的是他所教导过的两名杰出的学生：查尔斯·蒂普顿（Charles Tipton）和洛林·罗厄尔（Loring Rowell），两人都获得了美国运动医学学会荣誉奖及最佳引用奖。

另一名春田学院的教员、游泳教练，图 0.6b 中的托马斯·K. 丘尔顿（Thomas K. Cureton），于 1941 年在伊利诺伊大学厄巴纳香槟分校建立了一个运动生理学实验室。在 1971 年退休之前，丘尔顿在那里继续着自己的科研和教学，今天很多体能训练和运动生理学领域的带头人当年都是他的学生。丘尔顿和他的学生所开发的体能训练课程，以及肯尼思·库珀（Kenneth Cooper）于 1968 年出版的《有氧运动》（*Aerobics*）一书，构建了“运动促进健康生活”的生理学原理。

另一位在运动生理学的建立过程中做出巨大学术贡献的是埃尔斯沃斯·R. 巴斯柯克（Elsworth R. Buskirk），见图 0.6c。1954—1957 年，巴斯柯克在马萨诸塞州内蒂克市的军需官研究与发展中心担任环境生理学科主任；1957—1963 年，他在美国国立卫生研究院担任研究生理学家；此后，巴斯柯克来到了宾夕法尼亚州立大学，留在这里直到退休。1966 年，巴斯柯克在学校设立了生理学的研究生课程；1974 年，他建造了人类表现研究实验室，这是美国第一家专攻人体对运动和环境压力的适应性研究的独立机构。巴斯柯克一直以学者的身份活跃着，直到 2010 年 4 月去世。

a. 彼得·卡尔波维奇

b. 托马斯·K. 丘尔顿

c. 埃尔斯沃斯·R. 巴斯柯克

图 0.6 几位里程碑式的著名学者

尽管在 19 世纪中期就有人意识到规律的体育活动对保持健康的重要性，但直到 20 世纪 60 年代末期，这一观点才被普遍接受。运动在延缓衰老所带来的体质下降、预防或减轻慢性疾病、损伤康复中扮演着重要角色，后续的研究也继续支持这一论调。

四、当代研究方法进展

运动生理学的许多进步必须归功于技术的进步。20 世纪 50 年代末期，泰勒和巴斯柯克发表了两篇开创性的文章，报告了测量最大摄氧量的标准，并将该标准确立为心肺健康的金标准。20 世纪 60 年代，用于测量呼吸气体的电子气体分析仪的发展使能量代谢的研究比以往更为简便和高效。这项技术和无线电遥测技术（使用无线电传输的信号）都是美国太空计划的成果，后者用于监测运动过程中的心率和体温。尽管这些仪器大幅降低了研究的工作量，但它们并没有改变研究的方向。20 世纪 60 年代末期，大多数运动生理学研究都集中在全身对运动的反应上，并且大多数研究都涉及对摄氧量、心率、体温、出汗率等这类变量的测量，几乎没有关注细胞对运动的反应的研究。

（一）生物化学的方法

20 世纪 60 年代中期出现了三位对运动生理学产生了重大影响的生物化学家：圣路易斯华盛顿大学的约翰·霍尔洛兹（John Holloszy）（图 0.7a）、艾奥瓦大学的查尔斯·蒂普顿（图 0.7b）、华盛顿州立大学的菲尔·戈尔尼克（Phil Gollnick）（图 0.7c）。他们首先使用大鼠和小鼠来研究肌肉的新陈代谢，并研究疲劳的相关因素。他们发表的文章，以及他们对研究生和博士后的培养，使运动生理学的研究方法偏向生物化学。由于对运动生理学及人体健康的贡献，霍尔洛兹于 2000 年被授予奥林匹克奖。

a. 约翰·霍尔洛兹　　b. 查尔斯·蒂普顿　　c. 菲尔·戈尔尼克

图 0.7　20 世纪 60 年代中期的三位著名生物化学家

在 20 世纪 60 年代前，鲜有关于肌肉适应训练的生化研究。尽管生物化学的历史可以追溯到 20 世纪初，但直到贝里斯特伦和胡尔特曼于 1966 年重新引入并且普及肌肉活检，生物化学才与人体骨骼肌真正结合起来。肌肉活检技术最开始用来检测力竭运动中糖原的消耗，以及恢复期糖原的再合成。70 年代初期，正如此前所提到的，肌肉活检、组织学染色、光学显微镜被用来确定人体的肌纤维类型。

在贝里斯特伦重新引入肌肉活检技术的同时，出现了一些受过良好生物化学训练的运动生理学家。在斯德哥尔摩，萨尔廷意识到了肌肉活检对于研究人体肌肉结构和生物化学的价值。萨尔廷先是在 20 世纪 60 年代末期与贝里斯特伦合作，研究饮食对肌肉耐力和肌肉营养的影响；几乎在同一时间，加利福尼亚大学洛杉矶分校的雷吉・埃杰顿（Reggie Edgerton）和华盛顿州立大学的戈尔尼克正使用大鼠研究个体肌纤维的特征，及其对训练的反应。后来，萨尔廷将自己在肌肉活检方面的知识与戈尔尼克在生物化学方面的才华结合起来，许多有关人体肌纤维特征和运动过程的早期研究都是出自这些研究人员之手。尽管已经有很多生物化学专家利用运动来研究肌肉代谢，但几乎无人能够超越贝里斯特伦、萨尔廷、蒂普顿、霍尔洛兹、戈尔尼克对当代运动生理学实践应用领域的贡献。

（二）其他的手段和技术

在某些方面，运动生理学的历史得到了基础科学技术进步的推动。气体收集装置和 O_2、CO_2 的化学分析仪使早期对于能量代谢的研究成为可能。血乳酸的化学测定似乎为有氧运动和无氧运动的肌肉运动方式提供了一些见解，但这些数据并没能告诉我们乳酸是如何生成和清除的。同样，在力竭运动的前、中、后进行血糖测定也提供了很多有价值的数据，却难以帮助我们在细胞层面认识能量交换。

此前的 30 年里，研究肌肉的生理学家运用了不同的化学程序去了解肌肉是如何产生能量、适应训练的。肌肉活检样本的试管实验（体外）被用来测量肌肉中的蛋白质（酶），以及确定肌纤维利用氧的能力。尽管这类研究能让我们对肌纤维产生能量的潜力有一个大致了解，但通常留下的问题要比答案更多。因此，对细胞生物学的研究自然而然需要更加深入。这些问题的答案显然潜藏于肌纤维的分子组成之中。

虽然这并不是一门新生科学，但是对于想深入研究新陈代谢的细胞调控、对运动负荷适应的运动生理学家来说，分子生物学是一项有用的技术手段。像弗兰克・布思（Frank Booth）和肯・鲍德温（Ken Baldwin）（图 0.8）这样的生理学家，他们的整个职业生涯都致力于了解肌纤维特点和功能的分子调控，并为我们目前对肌肉生长和萎缩的遗传控制的理解奠定了基础。在第一章，我们将讨论如何使用分子生物学技术研究单

a. 弗兰克・布思　　b. 肯・鲍德温

图 0.8　布思和鲍德温

根肌纤维的收缩特性。

在詹姆斯·沃森（James Watson）和弗朗西斯·克里克（Francis Crick）揭示 DNA 的结构（1953 年）之前，科学家们意识到了遗传学在所有有机生命体的结构和功能上的决定性作用。自 20 世纪 90 年代初期以来，科学家开始试着解释运动如何引发信号，信号如何影响骨骼肌内基因的表达。

回首过去，自 20 世纪初期以来，运动生理学已经从测量全身功能（摄氧量、呼吸、心率），发展为肌纤维内基因表达的分子生物学研究。毫无疑问的是，未来的运动生理学家需要在生物化学、分子生物学和遗传学领域有坚实的学术基础。

五、整合生理学

随着 2001 年人类基因组测序的宣布，人们希望有一天，科学家仅通过分析口腔拭子中的颊上皮细胞，然后查看基因序列，就能得知是否有患糖尿病或心血管疾病的风险。更令人鼓舞的是，通过发现这些可预测的遗传变异，可以协助开发更有效的方法来治疗这些衰竭性疾病。

随着生物技术的进步，我们在过去几年获得了大量的数据，但关于预测和治疗人类疾病的最初乐观愿望并未实现。尽管有一些特定的基因突变（如乳腺癌基因 BRCA1）可以稳定预测，但将基因技术转化为预测性诊断或疗法的工作基本上还没有完成。实际上，就 2 型糖尿病的预测而言，相比对该疾病相关的 20 种不同基因变异进行遗传风险评估，对传统风险因素进行分析的预测效果更佳。

在当下的巨型基因组时代，生理学究竟应该适用于何处？生理学还和人体的健康和疾病相关吗？**整合生理学（integrative physiology）**领域有一位直言不讳的倡导者——迈克尔·J. 乔伊纳（Michael J. Joyner）博士，他是一位来自梅奥诊所的屡获殊荣、出类拔萃的研究人员。他对分子生物学中所谓的分解论思维的功能价值提出了强烈的质疑。与研究最低共同水平的生物学过程相反（如基因如何编码细胞中的蛋白质），整合生理学研究的是整个机体如何运转、适应内部和外界的应激（包括运动）。这种方法的基本原理来源于内稳态、受调节的器官系统、存在冗余的生理系统学知识。此外，整合生理学家致力于提出假设驱动的研究问题，并设计可靠的实验来验证这些假设。

文化、环境、行为对病理学的影响凸显了用整体、规范的方法研究生物学问题的重要性。整合生理学家面临的挑战是如何将遗传学和分子生物学的重要发现结合起来，并研究包括体育锻炼、饮食和压力在内的行为模式如何与遗传变异相互作用，从而影响健康和疾病。

六、转化生理学

运动生理学家为**转化生理学（translational physiology）**做出了宝贵的贡献，这与他们研究主题的性质，以及在研究中运用的方法有关。“转化生理学”这一名词最开始在20世纪90年代初期使用，指的是将癌症风险与遗传因素联系起来所需要的研究过程。从那时起，转化生理学的领域已大大扩展，包括将基础研究结果扩展到临床研究环境，然后扩展到临床实践领域，最后扩展到健康政策的过程（图0.9）。转化研究的流程最适用于双向作用。例如肥胖这种常见疾病，一方面，肥胖促使运动生理学家提出基本的研究问题；另一方面，基本研究的结果最终也会推动临床实践，以及整体社区健康状况的积极变化。

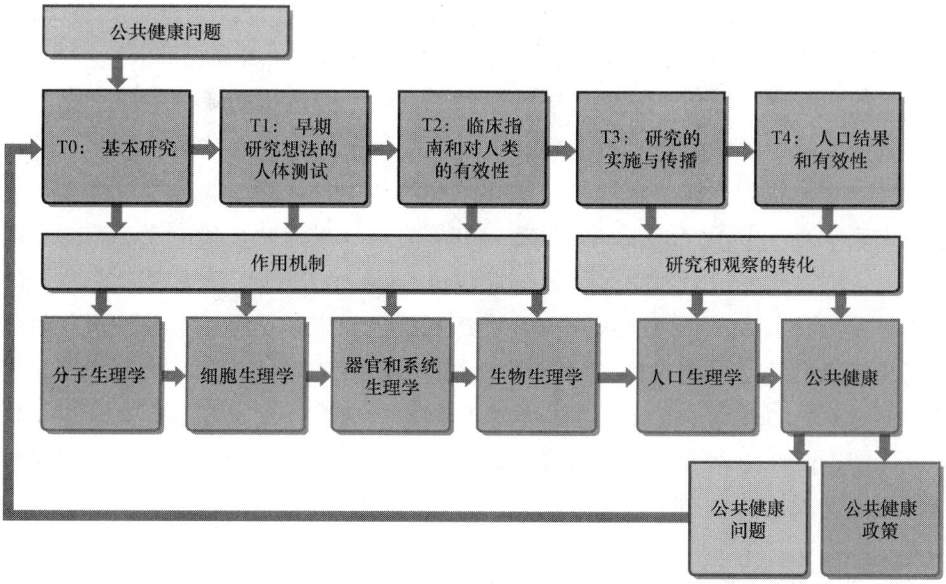

图0.9　转化生理学流程图

转化生理学非常适用于衰老领域的研究。年龄的增长本身就是导致许多慢性病的风险因素，并且对医疗体系和整个社会构成了重大挑战。为了充分理解衰老的生理基础，并能采取适当的干预措施来维持老龄人口的健康，从分子生理学到人口的衰老过程都要有所了解。要想成功地为转化生理学做出贡献，就需要具备广泛的技能，以此来批判性地检查数据，着眼于新目标来解决科学问题，然后从科研走向临床应用，再将临床应用普及到社区。

小结

- 一个强调分解论（基因、分子层面）科学方法的时代迫切需要运动生理学家继续使用综合的、假设主导的科学方法研究生物学问题。
- 转化生理学领域涉及将基础研究成果推广到临床研究环境，再到临床实践，最后到健康政策的过程。

七、运动生理学中的女性先驱

现在杰出的女性运动生理学家已经司空见惯。和其他的科学领域一样，女性对运动生理学的贡献也是逐步得到认可的。1954 年，伊尔玛·莱明（Irma Rhyming）与后来成为其丈夫的奥斯特兰德合作发表了一项经典研究，提出了一个通过亚极量心率预测有氧能力的方法。尽管多年以来都有人质疑这种间接评价身体素质的方法，但直到今天其基本原理仍在使用。

20 世纪 70 年代，两名瑞典女性比吉塔·埃森（Birgitta Essén）和卡伦·皮尔（Karen Piehl）（图 0.10）因对人体肌纤维成分和功能的研究而获得了国际关注。埃森曾和萨尔廷有过合作。在运用微生物化学方法研究肌肉活检取得的少量组织的过程中，埃森扮演着至关重要的角色。她的努力使其他科学家能够研究肌肉对糖和脂肪的利用，并能确定不同的肌纤维类型。皮尔发表了大量研究成果，阐明了在有氧运动和无氧运动的条件下，哪些肌纤维会被募集。

从 20 世纪 70 年代到 80 年代，第三位斯堪的纳维亚女性生理学家为马里乌斯·尼尔森的女儿博迪尔·尼尔森（Bodil Nielsen），她积极开展有关人类对热环境应激和脱水的研究。她的研究甚至包含浸没水下时，对身体体温进行测量。同时，美国运动生理学家、图 0.10 中的芭芭拉·德林克沃特（Barbara Drinkwater）在加利福尼亚大学圣芭芭拉分校进行着相同的工作。德林克沃特通常和迪尔的女婿、学校环境生理实验室的主任霍瓦特合作进行研究。她对环境生理学的贡献，以及对女运动员面临的生理问题的研究，使她在国际上获得了认可。除了在科研方面的贡献，这些女性在生理学领域的遗产还包括她们赢得的信誉，以及她们在吸引其他年轻女性进入运动生理学、医学领域所扮演的角色。

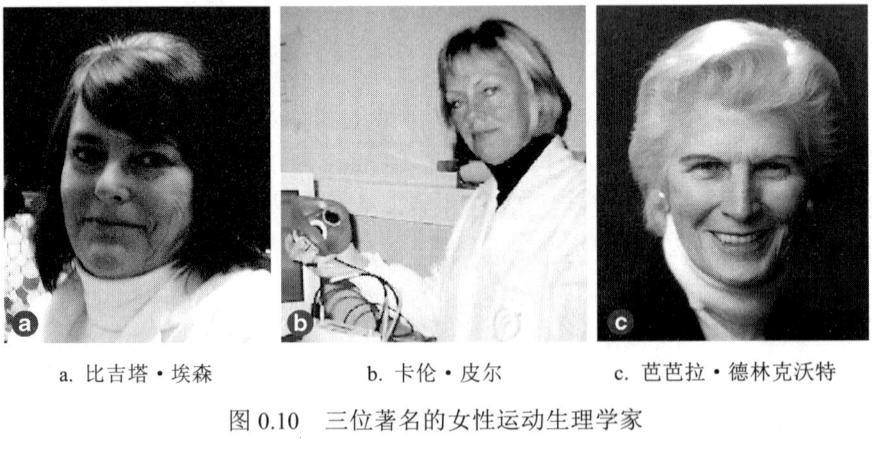

a. 比吉塔·埃森　　b. 卡伦·皮尔　　c. 芭芭拉·德林克沃特

图 0.10　三位著名的女性运动生理学家

本部分旨在向读者介绍运动生理学的知名专家与技术。在导论中，不可能详尽回顾所有的科学家及相关文献。但是对于那些希望深入研究运动生理学历史背景的读者，文中也有一些不错的信息来源。我们已经了解了运动生理学的历史基础，与应用相关的运动生理学也由此产生。接下来，我们开始探索运动生理学的基本原理，以及其所使用的工具。

第四节　21 世纪的运动生理学

运动生理学领域正在迅速发展，不断发展的技术和新的研究方法对健康、医学、生物医学研究具有重大的影响。运动生理学及我们对支持身体活动的生理过程的理解通常处于这个新科学时代的最前沿。

一、运动与个性化医疗

2007 年，美国国会通过了《基因组学和个性化医疗法案》。该项立法的目的是实施和支持制定个性化处方的研究，适用于每名患者独特的遗传和环境特征，以此优化医疗策略。这种个性化医疗的概念最早出现在药物基因组学中，它为为什么某些人对某些药物产生积极反应，而另一些人没有产生反应（甚至可能产生不良反应）提供了科学分析。举例来说，已有研究证实，有两种不同的基因会影响血液新陈代谢的能力，这会导致华法林不同程度稀释，使医生根据每名患者的不同情况开出不同剂量的药物、优化治疗效果成为可能。

同样，近来也有专家在推动制定个性化运动处方。运动是一种强有力的干预手段，可用于干预许多不同的医学状况，如心血管疾病、糖尿病、骨质疏松、代谢疾病等。然而，人们进行运动和适应训练的能力存在非常显著的异质性，尤其是在具有不同临床疾病表现的个体中。而且，研究人员刚刚开始了解和制订最佳训练计划或个性化运动剂量，以对这些患者产生有益的影响。

研究人员正在设计实验范式，以确定：第一，运动在细胞和系统层面产生正面/负面作用的机制；第二，在不同临床人群中产生效果的最佳运动剂量；第三，个体对个人项目/集体项目反应的最佳评估方法；第四，在现有疾病治疗策略中增加运动疗法的益处。个性化运动医疗的挑战之一就是要在基因组和系统层面了解导致个体对运动训练的反应存在巨大差异的机制。最终，大型随机临床试验的长期结果将检查对运动反应的个体差异，从而有可能制定出个性化的策略，包括定期运动等有益健康的预防性保健干预。

二、组学变革

作为人类基因组计划的一部分，科学家对构成人类基因组的所有 32 亿个核苷酸进行了测序。这项工作大部分在 2003 年完成（最后一条染色体在 2006 年测序），费用大概为 27 亿美元。如今，人类基因组的测序成本不到 1 000 美元。这开辟了新的科学领域，通常称为组学。这个新的研究领域又促进了新的科学技术的发展，包括基因序列及其变异的普遍检测（基因

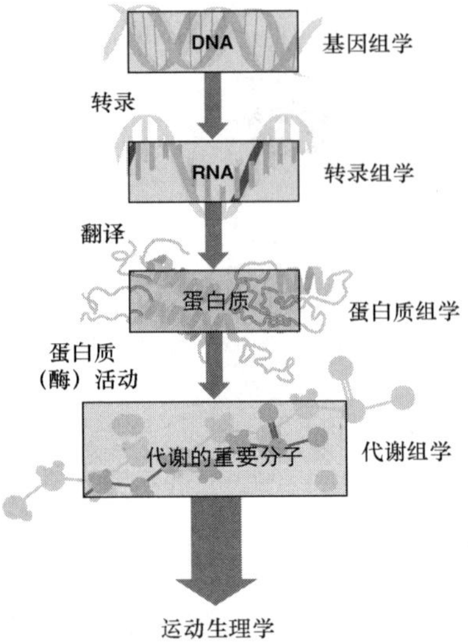

图 0.11　运动生理学背景下基因组学、转录组学、蛋白质组学和代谢组学之间的联系

组学），基因在 mRNA 水平上的表达（转录组学），产生的蛋白质（蛋白质组学），以及参与各个方面生理功能的其他代谢反应产物（代谢组学研究的代谢产物）（图 0.11）。据称，组学研究的一个吸引点在于，如果在每个最基本的探究水平上进行检查，就可以更加充分地认识高度复杂的系统（如运动中的人体）。当组学研究用于运动生理学时，其主要目标就是阐明运动生理学和行为，以便更好地了解运动对疾病预防和治疗的价值。

运动训练和身体活动会对运动表现、健康和体质相关状态产生影响；运动**基因组学**（**genomics**）研究就是检查单个（或一组）基因在改变该影响中的作用。基于不断积累的证据可以得知，一个或多个基因的 DNA 序列内的变异（单核苷酸多态性，即 SNP）可能会导致急性运动或训练适应中运动行为、心肺和肌肉健康、心血管和代谢功能的不同。

使用基因组学方法，研究人员还试图通过检查组织特异性 mRNA 水平来检查这些高度复杂性状的遗传基础。现在，用来确定基因靶点并定义其生物学功能的技术日益成熟，包括 DNA 和 RNA 测序、基于体外细胞的研究、动物模型中的基因修饰、能体现目标基因及其变异的极端表现性状的动物的选择性育种。

最近，研究人员已开始将基因组学和转录组学结合起来。也就是说，通过检查相关组织在转录过程中产生的 RNA 链（转录丰度），研究人员可以预测某种特征，确定基因靶点并用于后续的基因组学研究，也可以探测这些新的基因靶点的 DNA 序列变异及它们与其他相关性状的关系。组学领域的这种综合手段有潜力深化我们对运动生理学的认识，直至一个从前不可能达到的细节层面。举例来说，研究运动训练引起的基因表达的变化可以纳入基因组学和遗传学的研究，以加深我们对运动生理学的认识。

运动蛋白质组学的目的是研究特定情况下（如在抗阻训练之后立刻）或在预定时间段内（如在耐力训练的数月前后）生物组织的全部蛋白质含量，从而使研究人员能够研究运动带来生理适应的分子机制。蛋白质组学分析的最初工具为二维聚丙烯酰胺凝胶电泳程序。在当前的基因组研究时代，这些基于凝胶的方法不断改进，并与基于蛋白质标记、肽片段化、高通量质谱的新型技术相结合，使蛋白质组学分析得以改善。将蛋白质组学数据与先前描述的基因组方法结合起来的研究能让我们更全面地审视运动如何影响身体的各器官及系统，从而改善生理功能、运动表现及身体健康，加深我们对运动生理学的理解。

三、表观遗传学

显然，运动会改变基因表达、转录因子和其他调控蛋白的表达。这些运动引起的改变在许多层面会产生功能性的后果，包括新陈代谢、心血管调节和总体的健康。然而，更多机制和更多组织更可能参与对习惯性运动的整体反应。**表观遗传学（epigenetics）**是在遗传密码本身不改变的情况下，对基因表达的变化进行研究。例如，遗传因素显然会影响个体对运动的反应，但是，额外的环境因素可以通过表观遗传修饰来改变基因。表观遗传修饰是指基因的功能改变，而不会改变基因本身的核苷酸序列。环境刺激能够以稳定和可遗传的方式改变表观基因组。表观遗传修饰包括 DNA 甲基化、组蛋白修饰和非编码 RNA。尽管这一领域的研究相对较新，但最近的研究表明，规律锻炼引起基因表达改变正是源于表观遗传修饰的贡献。这些发现对加深我们对运动带来的健康益处的理解具有启示意义。运动表观遗传学仍处于起步阶段，但将更多地为人类对运动的适应提供新的见解。

四、生物信息学

前面描述的技术会生成大量复杂的数据。因此，先进的科技、计算机软件、统计方法对于处理单个研究的大量基因和分子数据至关重要，更不用说整合成百上千个实验中的信息了。**生物信息学（bioinformatics）**实质上是分子生物学的信息管理系统，是分子数据与高等数学、统计方法之间的交叉点。

生物信息技术使我们能够解决使用传统方法难以处理的生理学问题。通过使用机器人技术、数据处理和控制软件、液体处理设备和灵敏的检测器，以及高通量生物学技术，研究人员能够通过大规模自动化实验来快速进行数百万种化学、遗传学或药理学测试。通过这样的技术手段，重复进行数千次实验就变得可行了。使用高通量的方法，我们可以快速鉴别活性化合物、抗体，以及控制或调节某一特定生理通路的基因。

在过去的 10 年中，我们将组学的研究方法应用于运动生理学领域，并从中获得了非常多的经验和教训。随着这一研究领域的不断发展，生物信息学将继续发挥作用。软件分析的发展使我们能够考虑个体的基因档案，然后预测其对有氧训练的反应，这是生物信息学和功能组学在运动生理学中潜在应用的一个例子。随着越来越多的实验室开始将组学方法用于运动生理学，为了分析和解释数据，对生物信息学工具的需求只会增加。

21 世纪运动生理学的主要目标之一就是将**基因型（genotype）**（个体的基因组成）的功能映射到**表型（phenotype）**（来自基因型和环境相互作用的个体可以观测到的特征）。从本质上讲，运动是一种强大的刺激，会影响跨多种组织的基因转录，并潜在影响多个表型。一种非常吸引人的猜测就是，在未来我们可以将个体的基因输入一种算法，然后预测出与运动相关的属性，如耐力、速度、力量、适应性。自此之后，个性化、最优化的训练计划就可以被制订。

尽管分解论方法和组学的研究手段为我们提供了基因和通路的重要新信息，这些基因和通路更是运动引发生理反应的基础，但是，我们必须记住，对各种遗传因素和表观遗传因素之间复杂的相互作用，我们必须有更为全面的了解，这样才能更充分地利用运动来预防、治疗疾病。

五、脱离地表环境的运动生理学

运动生理学的一个重要部分是人们对热环境、冷环境、海拔高度的反应和适应，认识这些极限环境中的生理负荷并调整适应已经为社会做出了显著贡献。

应对新的环境挑战也需要专业的生理学知识。现在，商业航天器能够在近地轨道正常航行。最近，美国国家航空航天局宣布了一系列新的提案，将在 21 世纪 20 年代后期将人类送入月球附近轨道，在 30 年代实现前往火星轨道的常规旅行。不可否认，我们正在成为星际文明！

长期生活在太空和其他行星的人类面临着巨大的心理和生理挑战。重力的持续作用有助于维持骨骼肌的发育和适应，对骨骼施加负荷使其大小和密度增加，心血管系统维持血压，给大脑供血。在微重力环境下（地球附近自由落体/在太空中匀速运动），负荷的减少会导致肌肉质量和力量急剧下降，骨质疏松，运动不耐受的程度与脊髓损伤患者的相同。

自 20 世纪 80 年代开始，在一系列专用航天飞机上进行的实验详细研究了这些问题。美国国家航空航天局开始驾驶欧洲航天局开发的 Spacelab 空间实验室，开启了国际资助的近地轨道科学研究的新纪元。空间实验室生命科学任务（SLS-1、SLS-2、STS-40、STS-58）重点研究心肺、前庭、肌肉骨骼系统对微重力环境的适应，生命和微重力科学任务（STS-78）重点研究神经肌肉的适应。1998 年，神经实验室的任务（STS-90）具有独特的神经科学主题，最后完成了太空实验模块的飞行。来自宾夕法尼亚州立大学的生理学家、载荷专家詹姆斯·A. 帕维尔奇（James A. Pawelczyk）博士在空间站中讲授了在太空中的第一堂运动生理学课程。

虽然航天飞机计划结束了，但国际空间站中的工作今天仍在继续，保证了太空中连续近 20 年都有人存在。现代分子生物学的手段正在帮助阐明负荷、辐射、压力如何相互作用以影响所有生理系统。

对运动生理学家来说，关键问题在于如何通过抗阻运动和有氧运动的结合，阻止或减少太空探索中的身体变化。目前，答案还不够完善。此外，如果在长达 30 个月的太空任务前、中、后需要进行运动锻炼，那么运动处方应该如何体现个性，如何被评估和更新？毫无疑问，对运动生理学和环境生理学更深入的研究对完成 21 世纪最大的探索任务至关重要。

第五节 研究：为认识打下基础

运动科学家积极参与研究，以便更好地认识人体的调控机制，包括对剧烈运动的生理反应，以及对训练和停训的适应。大多数此类研究都是在知名研究型大学、医疗中心、专业研究机构中进行的，并使用标准化的研究方法和运动生理学家精心挑选的工具。

一、研究进展

科学和研究（科学发展的过程）包括一个过程，该过程旨在提出和回答恰当的问题、提出可检验的假设、正确地对假设进行检验、生成可用数据、解释这些数据、接受或拒绝原始假设（图 0.12）。科学家经常面临挑战，他们要在自然界或科学文献中谨慎观察，然后提出一个明确问题，并且能通过精心设计、控制良好的实验过程研究此问题。上述过程通常的结果是将研究论文提交给科学期刊，进行同行评审，然后修订、发表。当其他科学家阅读此研究论文时，他们可能会反过来提出自己的后续问题，此过程也将继续下去。

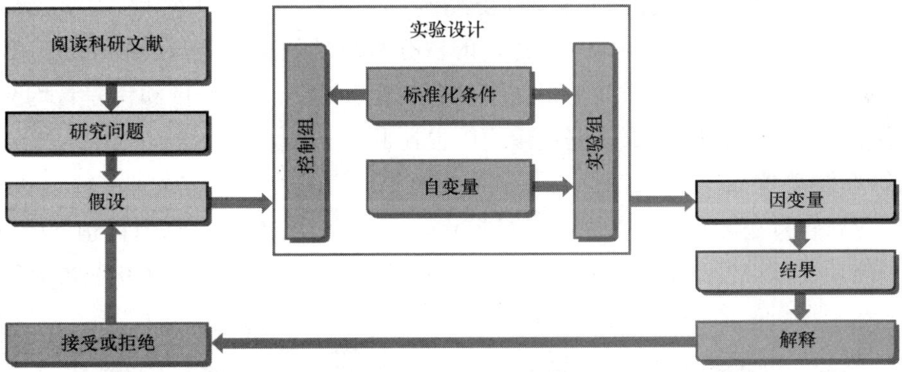

图 0.12 科学研究典型流程的简化图表

二、研究背景

研究可以在实验室或者相关场地条件下进行。实验室测试通常更加精确，这是因为实验室设备更专业、精密，实验环境也能得到更谨慎的控制。举例来说，最大摄氧量的实验室直接测量法被视为评估心肺耐力最为准确的方法。不过，有些场地测试如 2.4 km（1.5 mi）跑也被用来评估最大摄氧量。这些场地测试有的测量跑完固定距离所需的时间，有的测量在固定时间内跑动的距离，并不十分准确，但也能对最大摄氧量给出合理的评估。这些场地测试花销不大，还能在短时间内同时对多人进行测试。场地测试可以在工作地点进行，也可以在跑道或游泳池内进行，还可以在比赛中进行。但如果想直接准确地测量最大摄氧量，则需要去专业院校或临床实验室进行测试。

三、研究工具：测功仪

在实验室环境中评估人体对运动的生理反应时，必须对受试者的体能输出进行控制，以此提供可测量的运动强度。这通常借助**测功仪（ergometer）**来完成。测功仪是一种运动设备，可以控制（标准化）运动强度并对其进行测量。

1. 跑台

跑台（treadmill）是大多数研究者、临床医生首选的测功仪，该设备由电动机驱动跑带，受试者在跑带上可以走或跑（图 0.13）。这类测功仪通常被称为电动跑台。跑带的长和宽必须适用于受试者的体型和步幅。举例来说，在太短的跑台上为顶级运动员测试几乎是不可能的，同理，在太窄或不够结实的跑台上为肥胖者测试也很难。

跑台具备非常多的优点。由于行走对几乎所有人来说都是很自然的活动，因此人们在跑台上只需几分钟就能掌握走的技巧。此外，大多数人都能在跑台上达到自己大多数生理指标（心率、通气量、摄氧量）的峰值，部分运动员（如自行车比赛选手）则需要在更匹配他们训练/比赛模式的测功仪上才能达到生理指标更高值。

跑台也有不足之处，通常会比下面讨论的**自行车测功仪（cycle ergometer）**等简易测功仪更为昂贵，而且需要供电，笨重且不便携。跑台运动中产生的噪声和伪差音均会给听诊器判断血压数值造成困难，因此难以进行精确的血压测量。

2. 自行车测功仪

多年以来，自行车测功仪是测试设备的首选，并且今天在研究、临床背景下仍得到广泛使用。自行车测功仪可被设计为正常的直立坐位（图 0.14），也可被设计为仰卧位或者半仰卧位。

图 0.13　跑台

图 0.14　自行车测功仪

用于研究的自行车测功仪通常使用机械摩擦或者电阻力。如果使用机械摩擦，踏板阻力通过飞轮上传送带的收紧或放松来调节。功率输出同时取决于阻力大小和蹬车速率，受试者蹬车越快，输出功率就越大。要想在测试过程中保持相同的输出功率，受试者的蹬车速率就必须保持不变，因此蹬车速率必须受到监控。

对于电制动自行车测功仪，蹬车的阻力由在磁场或电磁场中移动的导体来提供。磁场的强度决定了蹬车阻力。这类自行车测功仪可以这样调节：随着蹬车速率的升高，蹬车阻力会随之降低；随着蹬车速率的降低，其阻力也会升高。这样，自行车测功仪可以提供恒定的功率输出。

与跑台相同，在与其他测功仪相比较时，自行车测功仪也有自己的优缺点。在自行车测功仪上，运动强度并不能依据受试者的体重来调节。在评估某个标准做功速率（功率输出）造成的生理反应时，这点尤其重要。举例来讲，如果某受试者减掉了 5 kg（11 lb）体重，那么从跑台测试中获取的数据就不能和减重之前进行对比，因为在跑台测试中，生理反应在相同的运动速率和等级下会因体重而异。减重之后，在相同运动速率和等级下，工作速率应该会比之前小。而在自行车测功仪测试中，减重对标准功率输出下的生理反应的影响并不大。因此，走或跑通常被认为是与体重有关的运动，骑自行车则是与体重无关的运动。

自行车测功仪也有不足。如果受试者不熟悉这种运动形式，大腿肌肉可能会更早产生疲劳。这可能使受试者达不到最大运动强度。在这种受限情况下运动，其生理反应通常被称为峰值运动强度，而非最大运动强度。同时，这种受限情况可能会造成大腿局部疲劳、血液滞留在腿部（回心血量减少）、受试者的肌肉质量比使用跑台时减少。

（三）其他测功仪

其他测功仪允许特定运动或项目的运动员在更接近其训练或比赛模式的情况下进行测试。比如，手臂测功仪可以对主要使用上肢或肩膀的运动员/非运动员进行测试。手臂测功仪也广泛应用于手臂以下瘫痪的受试者。赛艇测功仪则是为赛艇运动员设计的。

通过给游泳者佩戴装备，并在泳池中对其进行监控，研究人员已经获取了宝贵的研究数据。不过，与转身和持续运动相关的问题促成了牵引游泳和游泳水槽的使用。在牵引游泳中，游泳者身系安全带，安全带和绳索、滑轮组、重物相连。游泳者必须对抗牵引设备的拉力游泳，这样才能在泳池中保证位置不变。游泳水槽可以使游泳姿势更加自然。游泳水槽由水泵驱动，使水循环流过游泳者，游泳者则需要在水槽中维持身体位置。增加或减小水泵的循环量，可以调整游泳者的游泳速度。游泳水槽解决了部分牵引游泳存在的问题，并为研究游泳创造了新的机会，但是设备非常昂贵。

在选择测功仪时，对高水平的运动员来说，测功仪的专项性尤其重要。专项性越高，越接近运动员在该项目中的运动模式，其测量结果就越有意义。

小结

- 在评估几乎所有的生理指标（如心率、通气量、摄氧量）时，跑台都会比其他测功仪产生更大的峰值。
- 对于体重有所改变的人群，在训练前后评估亚极量强度运动下的生理功能变化时，自行车测功仪是最合适的设备。与跑台运动不同，自行车测功仪的强度与体重几乎无关。

四、研究设计

在运动生理学研究中，研究设计有两种基本类型：**横断面研究设计（cross-sectional research design）**和**纵向研究设计（longitudinal research design）**。用横断面研究设计可以在一个特定时间测试目标总体（代表性样本）的横断面，然后比较该样本的亚组之间的差异。而纵向研究设计可以在初次测试后定期对相同的研究对象进行重新测试，以测量相关变量随着时间的变化。

通过实例，我们能更好地理解两种研究设计的不同之处。一项研究的目的是确定规律长跑是否会提升血液中心脏保护性高密度脂蛋白胆固醇（high-density lipoprotein cholesterol，HDL-C）的浓度。HDL-C 是胆固醇的理想形式，其浓度的增加会使心脏病的风险降低。使用横断面研究方法可以测试属于以下类别的很多人：

✧ 一组未经训练的受试者［**对照组（control group）**］。
✧ 一组每周跑步 24 km（15 mi）的受试者。
✧ 一组每周跑步 48 km（30 mi）的受试者。
✧ 一组每周跑步 72 km（45 mi）的受试者。
✧ 一组每周跑步 96 km（60 mi）的受试者。

研究人员会根据跑步的运动量，比较各组的结果。借助此研究方法，研究人员发现每周跑步会导致 HDL-C 升高，这意味着跑步会给健康带来积极的影响。此外，如图 0.15 所示，这些变量还存在**量效关系（dose-response relation）**：训练量越大，HDL-C 的浓度越高。不过需要记住的是，在横断面研究设计中，受试者是来自不同分组的跑步者，而非不同训练量下的相同跑步者。

在研究同一问题时，研究人员可以使用纵向研究设计：招募没有训练经验的人群，让他们参与为期 12 个月的长跑计划。比如，研究人员可以招募 40 个愿意跑步的人，随机分为 20 人的实验组、20 人的对照组。两组都追踪研究 12 个月。在研究开始的时候取血液样本，此后每隔 3 个月取一次血液样本，直到 12 个月后训练结束。通过这种研究设计，实验组和对照组都将在整个研究期间被跟踪，以确定两个组每个时期 HDL-C 的水平变化。已经有研究人员进行了这样的纵向研究设计，检测训练情况下 HDL-C 的变化，但结果并不像横断面研究设计那样清晰。通过对比图 0.15 与图 0.16 可以看出，实验组的 HDL-C 水平只有小幅提高。对照组相对稳定，从一个 3 个月到下一个 3 个月期间，他们的 HDL-C 水平只有轻微波动。

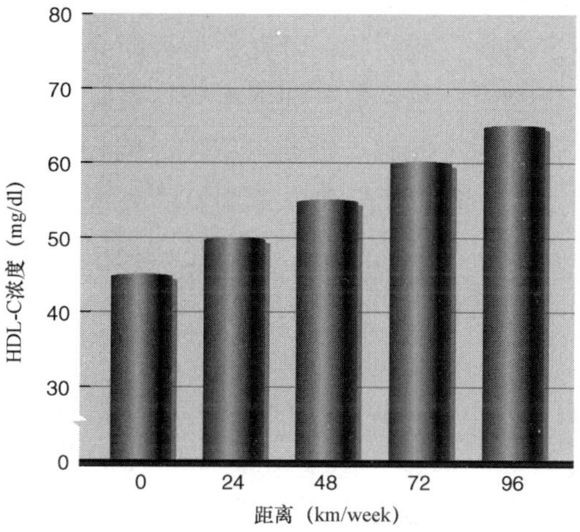

图 0.15　5 种人群：无训练经验对照组（0 km/week、24 km/week、48 km/week、72 km/week、96 km/week），每周跑动距离和平均 HDL-C 浓度的关系，该图诠释了横断面研究设计

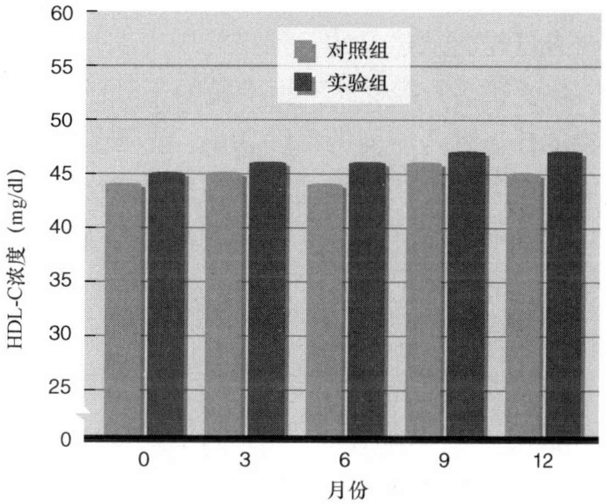

图 0.16　实验组（20 名受试者，长跑训练）和对照组（20 名受试者）训练时长和平均 HDL-C 浓度的关系，该图诠释了纵向研究设计

纵向研究设计通常最适合研究会随时间变化的变量。横断面研究设计会有太多的因素影响实验结果。例如，遗传因素可能相互作用，因此在长跑中表现良好的人也是那些具有高水平 HDL-C 的人。同样，不同的人群可能遵循不同的饮食习惯。纵向研究设计可以更容易控制饮食和其他变量。然而，纵向研究设计既耗时又昂贵，而且并非总是可行的。横断面研究设计确实对当前问题给出了一些见解。

五、研究控制

当我们进行研究时，在设计研究和收集数据时务必谨慎。从图 0.16 可以看出，随着时间的推移，运动干预对变量的改变很小。但是，即使 HDL-C 这样的变量有很小的改变，也可能意味着心脏病风险大幅变动。这一点要求科学家设计的研究提供准确且可重复的结果，对研究进行谨慎控制。

对研究的控制要应用于研究的不同层级。首先是研究计划的设计，研究人员必须决定如何控制研究中受试者的变化，确定控制受试者的性别、年龄、体型等是否必要（对于某些变量，如年龄，与年轻人或中年人相比，儿童或老年人对运动训练的反应可能有所不同），确定控制受试者的吸烟或饮食状况是否重要。这都需要进行大量的思考和讨论才能确保研究中的受试者适合所提出的特定研究问题。

对几乎所有研究来说，设置对照组是至关重要的。在前文讨论过的有关 HDL-C 的纵向研究设计中，对照组就是为了确保实验组发生的变化单纯来自训练，而非其他因素，如时间、受试者的年龄等。实验设计通常会使用**安慰剂组（placebo group）**。因此，在一项研究中，受试者可能会从建议的干预措施中受益，如食用特定的食物或药物。研究人员可能会决定使用三类受试者：接受该干预措施的干预组食用实际食物或药物，安慰剂组接受与实际食物或药物的外观完全相同的惰性物质，对照组不接受任何物质（最后一组通常用作时间控制，这是由于要考虑在研究期间可能发生的非实验性变化）。如果干预组和安慰剂组的表现提高到了相同水平，而对照组没有提高，那么改善可能是安慰剂作用的结果，或者是该物质将改善表现。如果干预组改善了表现，而安慰剂组和对照组却没有，那么我们可以得出结论：干预确实可以提高运动表现。

控制安慰剂作用的另一种方法是使用**交叉实验设计（crossover design）**进行研究。在这种情况下，每组在不同的时间接受治疗和对照实验。比如，其中一组在研究的前一半时间进行干预（如为期 12 个月的研究，前 6 个月对这一组进行干预），并在后 6 个月的时间里更改为对照组。另一组在研究的前 6 个月作为对照组，而在后 6 个月接受干预。在某些情况下，可以在研究的控制阶段使用安慰剂。本书第十六章对安慰剂组进行了进一步的讨论。

对数据的收集进行控制同样重要。实验设备必须校准，这样研究人员才能确保设备提供的数据足够精确。收集数据的过程也一定要标准化。例如，在使用磅秤测量受试者体重时，研究人员需要先用一组已经被精确校准过的重物（如 10 kg、20 kg、30 kg、40 kg）对秤进行校准。这些重物不论是单个还是组合放置，都被放在将要使用的磅秤上，并且至少每周一次，确保磅秤称量的准确性。另一个例子是，过去用来分析呼吸气体的电子气体分析仪也需要用已知浓度的气体进行多次校准，确保分析的准确性。

最后，我们需要明白，所有的测试结果都应该是可重复的。在图 0.16 所阐述的那个例子中，个体的 HDL-C 每 3 个月测量一次。如果某人在开始训练之前连续 5 天进行测试，并保证膳食、训练、睡眠、测试在每一天中的时间都相同，这 5 天的 HDL-C 应该差异不大。在图 0.16 中，过去 12 个月对照组的值为 44～45 mg/dL，实验组的值则从 45 mg/dL 增加到了 47 mg/dL。如果研究人员打算随着时间的推移接受这种微小的变化，那么在连续 5 天中，任何人的测量值变化不得超过 1 mg/dL。为了控制结果的可重复性，研究人员通常会在不同日期进行多次测量，然后计算干预前、干预中、干预后的平均值。

六、运动研究中的干扰因素

许多因素都会改变身体对运动的急性反应。举例来说，诸如实验室温度、湿度，以及测试地区的光照、噪声之类的环境因素都会显著影响休息和运动时的生理反应，甚至运动前最后一餐的时间、量、类型，以及前一夜的睡眠时长和质量都必须在研究中谨慎控制。

为了更深入地阐释，表 0.1 列出了不同的环境和行为因素如何改变安静时的心率，以及在跑台上以 14 km/h 的速度运动时的心率。当气温从 21℃升高到 35℃时，受试者在运动中的心率前后相差能够达到 25 bpm。通常在运动中测量的大部分生理指标都会受到环境波动的影响。不论是比较同一受试者两天的运动成绩，还是比较两名不同受试者的运动成绩，所有干扰因素都应该被尽可能地谨慎控制。

表 0.1　不同的环境和行为因素对心率的影响

环境和行为因素	心率（bpm）	
	休息	运动
温度（湿度）为 50%		
21℃（70℉）	60	165
35℃（95℉）	70	190
湿度（温度为 21℃）		
50%	60	165
90%	65	175
噪声等级（21℃，湿度 50%）		
低	60	165
高	70	165
食物摄入（21℃，湿度 50%）		
运动前 3 小时少量进食	60	165
运动前 3 小时大量进食	70	175
睡眠（21℃，湿度 50%）		
大于等于 8 小时	60	165
小于等于 6 小时	65	175

注：1℃=33.8℉。

休息和运动时的生理反应在一天的不同时段也会有所变化。**“昼夜变化”（diurnal variation）**一词指的就是一天 24 小时内发生的波动。体温和心率这样的生理指标在 24 小时内会发生自然变化，因此在某天早上和第二天下午进行测量自然会得出不同的结果。测试的时间必须标准化，以控制这种昼夜变化。

生理周期也必须进行考虑。女性在 28 天的月经周期中，下列指标通常都会有巨大的变化：

（1）体重。

（2）全身水的含量及血量。

（3）体温。

（4）代谢率。

（5）心率和每搏输出量（心脏每次收缩时所射出的血量）。

在为女性测试时，研究人员必须把控好月经周期，或使用口服避孕药（调节激素状态），或同时做到这两者。为年长女性进行测试时，测试策略要考虑绝经及激素替代疗法。

总之，受试者在休息或者运动时接受监测的环境因素一定要谨慎控制。诸如温度、湿度、海拔、噪声这样的环境因素会影响所有基本生理系统的反应程度。进食模式和睡眠等行为因素也会产生影响。同样，对于昼夜变化及月经周期这样的生理学因素也需要很好地进行把控。

七、单位与科学计数法

运动生理学的首选计量单位制是国际单位制（缩写）。在本书中，还会出现平时常用的备选单位（如用磅来计算重量）。

在普通书写甚至是数学中，两个数之间的比值通常会用到“/”符号。例如，在 20℃的干燥空气中，声音传播的速度为 343 m/s。对于简单的分数或者比例，这种表示法效果很好，本书中我们也沿用了这种方法。然而，这种表示法在处理多个变量（两个以上）时会令人感到困惑。例如，运动生理学中最基础的一个测试——最大有氧能力或者个体的最大摄氧量测试，最大摄氧量的缩写为 $\dot{V}O_{2max}$。这项生理指标非常重要，是指个人进行有氧运动至力竭过程中能利用的最大量，可以以 L/min 为单位进行测量。然而，体型更大的人会消耗更多的 O_2，而且不一定具备健康的有氧能力。因此，我们常将此值标准化，变成以千克为单位的体重，即 mL/kg/min。这种表示法变得更复杂，且容易让人混乱。为了避免错误和表达不清，在运动生理学领域，只要涉及超过两个变量，就使用指数表示法。因此，mL/kg/min 应写成 $mL \cdot kg^{-1} \cdot min^{-1}$。

八、对表格和图表的解读

有些研究使我们对生理学的认识产生了重大影响，本书包含了部分研究的引文。科学家每完成一个研究项目，都会将研究成果提交至运动生理学领域的期刊发表。

与其他科学领域一样，运动生理学中的大多数定量研究都以表格和图表的形式呈现。表格和图表为研究人员提供了一种将研究结果传达给其他人的有效途径。对运动生理学的学生而言，解读表格和图表至关重要。

表格通常展现了受多个因素影响的大量数据点或复杂数据的信息。以表 0.1 为例，首先要查看表格的标题，以得知该表所要呈现的信息。表 0.1 旨在说明休息和运动期间，不同的环境条件如何影响心率。左侧那一列外加小标题（如“湿度”）具体说明了心率是在哪种情况下测得的。右侧两列呈现了不同状态下的平均心率，其中一列是休息时测得的平均心率，另一列则是运动时测得的平均心率。一张好的表格或图表应该明确列出每个指标的单位。在

表 0.1 中，心率单位用 bpm 来表示。在解读表格和图表时，应格外注意所使用的度量单位。这张表相对简单，我们能看到，安静时的心率和运动时的心率都随着温度和湿度的增加而增加，而噪声水平只能对休息时的心率产生影响。同样，吃一顿大餐或者不到 6 个小时的睡眠也会使心率升高。这些数据很难以图表的形式呈现。

图表可以更好地显示数据的趋势、反应类型、从两组或者更多组受试者收集的数据进行比较的结果。对部分学生来说，图表更难解读，但图表始终是认识运动生理学的一个关键工具。对**自变量（independent variable）**来说，每幅图表都有一条水平轴（x 轴）；对**因变量（dependent variable）**来说，每幅图表都有一条垂直轴（y 轴）。自变量是由研究人员操纵或控制的因素，而因变量是随自变量变化而变化的因素。

在图 0.17 中，一天中的时间是自变量，因此被放置于 x 轴。心率是因变量，因此定位在 y 轴。每个变量的度量单位都清晰地呈现在图表上。图 0.17 是以折线图的方式呈现的。折线图可用于说明数据的模式或趋势，但仅在因变量和自变量均为数字时，才用于比较连续变化的两个变量（如跨时间）。

在折线图中，如果因变量和自变量以相同的速率升高或降低，那么图形将呈现为一条直线。然而在生理学中，两个变量之间的响应模式通常不是直线，而是各种形状的曲线。在这种情况下，应该密切关注曲线各部分的斜率，如图 0.18 显示了受试者在跑台上由走加速到跑时的血乳酸浓度。速度在 4～8 km/h（较低）时，血乳酸升高的幅度很小；而当速度达到 8.5 km/h 左右时，血乳酸到达阈值后大幅升高。在很多生理反应中，阈值（反应开始）和到达阈值后反应的斜率都非常重要。

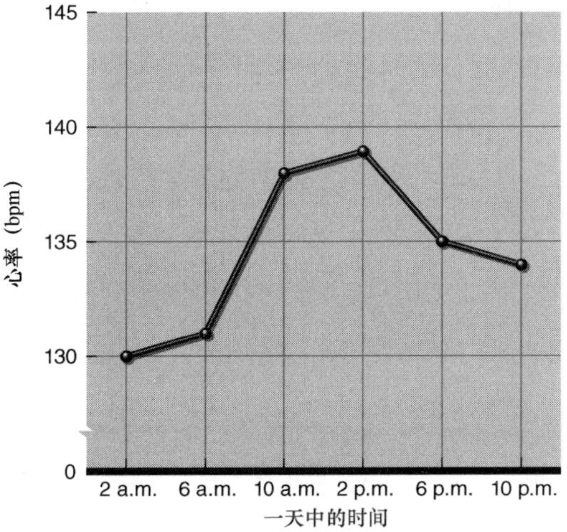

图 0.17　低强度运动下运动的时间（x 轴，自变量）与心率（y 轴，因变量）的关系，运动强度保持不变

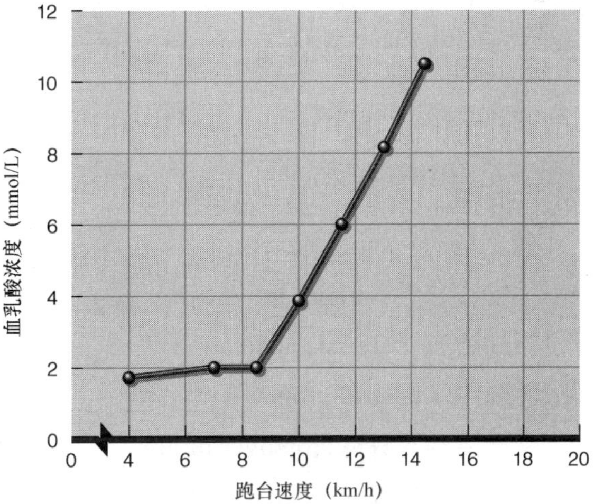

图 0.18　生理反应的非线性特质；跑台速度超过 8.5 km/h 左右的阈值后，血乳酸反应的斜率大幅增大

数据还可以通过柱状图的方式呈现出来。只有当因变量是数字，自变量是类别时，才会用到柱状图。柱状图可以呈现治疗效果，如图 0.15 所示，此前已经讨论过。图 0.15 通过柱状图展现了每周跑动距离（类别）对 HDL-C（数值反应）的影响。

小结

- 运动生理学家会运用横断面研究设计（在同一时间寻找各组之间的差异）和纵向研究设计（在不同时间重复测试同一批受试者）进行研究。
- 对于所有完整的研究，拥有一个对照组和一个实验组至关重要。对照组通常需要安慰剂治疗而非根本不治疗。
- 运动生理学家使用国际单位制的度量单位和缩写。

结语

本章介绍了运动生理学的历史渊源及科学基础。我们了解到，这一领域的现有知识建立在过去的知识基础之上，并且是通向未来的桥梁——还有很多问题等待解答。全新的、令人兴奋的研究方法和技术正在持续不断地被开发。虽然分解论（如基因组学）的方法越来越受欢迎，但是能将发现整合到系统中、从整体角度来审视的方法永远不会过时。运动生理学是整合生理学和转化生理学的重要部分。此外，我们简单定义了对短期运动的急性反应，以及对长期训练的慢性适应。最后，我们概述了运动生理学研究使用的原理，介绍了如何解读图表、一些重要的术语、国际单位制及其表示方法。

在第一部分，我们开始探索运动的本质。我们会像运动生理学家那样研究身体活动。在第一章中，我们将研究骨骼肌的结构和功能，以及它们如何进行运动，如何在运动过程中做出反应。

关键词

急性运动（acute exercise）
生物信息学（bioinformatics）
慢性适应（chronic adaptation）
对照组（control group）
交叉实验设计（crossover design）
横断面研究设计（cross-sectional research design）
自行车测功仪（cycle ergometer）
因变量（dependent variable）
昼夜变化（diurnal variation）

量效关系（dose-response relation）
环境生理学（environmental physiology）
表观遗传学（epigenetics）
测功仪（ergometer）
运动生理学（exercise physiology）
基因组学（genomics）
基因型（genotype）
内稳态（homeostasis）
自变量（independent variable）
整合生理学（integrative physiology）
纵向研究设计（longitudinal research design）
表型（phenotype）
生理学（physiology）
安慰剂组（placebo group）
竞技运动生理学（sport physiology）
训练效应（training effect）
转化生理学（translational physiology）
跑台（treadmill）

思考题

1. 何为运动生理学？竞技运动生理学又有什么不同？
2. 举出一个研究急性运动引起的急性反应的事例。
3. 阐述“研究运动训练引起的慢性适应”的含义。
4. 阐述从早期解剖学研究开始的运动生理学的演变。在该领域的发展过程中，有哪些关键人物？
5. 概述哈佛疲劳实验室的创立过程，以及哈佛疲劳实验室强调的重点研究领域。谁是哈佛疲劳实验室的首位主任？
6. 说出三位曾在哈佛疲劳实验室进行研究的斯堪的纳维亚生理学家。
7. 什么是测功仪？说出两种最常用的测功仪，并介绍其优缺点。
8. 研究人员在设计研究时必须考虑哪些因素才能确保获得准确、可重复的实验结果？
9. 什么是转化生理学？
10. 阐述下列术语的定义，并讨论它们与运动生理学的关系：基因组学、表观遗传学、生物信息学、基因型、表型。
11. 列出几种可能影响个人对急性运动的反应的环境条件。

12. 和纵向研究设计相比，横断面研究设计的优缺点是什么？

13. 什么情况下应将数据绘制成柱状图而非折线图？折线图有什么作用？

学习指南

“关键词”复习了本章中的重要概念，章末的思考题可以测试你对本章内容的理解。

第一部分　肌肉运动

在导论中，我们介绍了运动生理学的基础。我们了解了这些研究领域，知道了它们发展的历史，观察了目前的趋势，展望了运动生理学的未来，并且定义了一些基本的概念。我们还介绍了运动生理学家使用的工具和研究方法，以及一些图表和科学符号的使用技巧。在此基础上，我们可以开始介绍主要内容——人体是如何适应并进行体育运动的。肌肉是一切运动的基础，我们从第一章“运动肌肉的结构和功能”开始，重点介绍骨骼肌，使读者了解骨骼肌和肌纤维的结构和功能，以及它们是如何收缩的。读者需要了解肌纤维类型有何不同，以及为什么这些差异对特定类型的肌肉活动十分重要。运动需要能量，在第二章“运动能源物质：生物能量和肌肉代谢”中，我们将研究代谢的原理，重点介绍可用能量的形式、ATP 及三个能源系统是如何从食物中摄取能量的。在第三章“运动肌肉的神经调控”中，我们将讨论神经系统如何启动和控制肌肉动作。在第四章“运动过程中的激素调控”中，我们将概述复杂的内分泌系统，重点在于激素控制下的能量代谢，在运动期间的体液和电解质平衡，以及热量摄入。在第五章“能量消耗、疲劳与肌肉酸痛”中，我们将讨论能量消耗的测量，能量消耗在休息时与进行不同类型和强度的运动的过程中如何变化，限制运动表现的各种疲劳原因，肌肉酸痛，以及痉挛的原因。

第一章　运动肌肉的结构和功能

利亚姆·胡克斯特拉（Liam Hoekstra）的体格和身体素质像许多职业运动员一样，他拥有一身的肌肉，强大的力量可以完成十字支撑和仰卧起坐等一系列动作。他还拥有惊人的速度和灵敏性。利亚姆在 19 个月大，体重 10 kg（22 lb）的时候就可以做到这一切，这是十分惊人的。利亚姆患有一种罕见的遗传疾病，称为肌抑素相关的肌肉肥大，这种疾病在 20 世纪 90 年代末首次在肌肉异常发达的肉牛中被发现。肌抑素（myostatin）是一种抑制骨骼肌生长的蛋白质，肌抑素相关的肌肉肥大是一种基因突变，阻断了抑制生长因子的产生，从而促进骨骼肌的快速生长和发育。

利亚姆的病非常罕见，全世界记录的病例不超过 100 例。但是，研究这种遗传疾病有助于科学家揭开骨骼肌生长和恶化的秘密。对利亚姆病情的研究可以为肌肉的衰弱疾病(如肌肉萎缩症）提供新的治疗方法。这对那些试图寻找像不使用合成类固醇那样的“捷径”去增大肌肉体积和增强肌肉力量的运动员来说是一种新方法，当然，这些方法是危险且不被允许的。

当心脏跳动时，当部分消化的食物穿过肠道时，当身体以任何方式移动时，肌肉都会参与其中。肌肉系统的各种功能是由三种不同类型的肌肉（图 1.1）完成的：平滑肌、心肌和骨骼肌。

平滑肌也被称为不随意肌，不受意识控制，既存在于大多数血管壁上（其收缩或舒张导致血管收缩或扩张，从而调节血流变化），也存在于大多数内脏器官壁上（帮助它们收缩和舒张，如移动食物、排出尿液或分娩）。

心肌只存在于心脏，构成心脏结构的绝大部分。它与骨骼肌有一些共同的特征，但与平滑肌一样，不受意识控制。心肌在本质上调控自己，并通过神经和内分泌系统进行一些微调。本书将在第六章对心肌进行更详细的介绍。

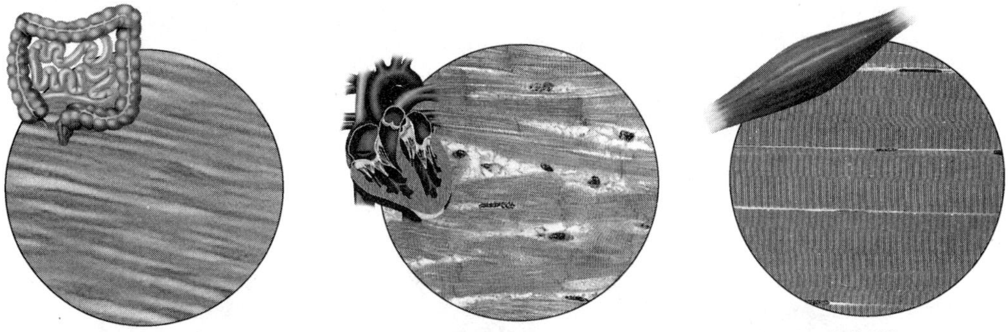

图 1.1　三种肌肉的显微图片

骨骼肌受意识控制。之所以如此命名，是因为大多数骨骼肌都附着于骨骼上并可以使骨骼移动。骨骼肌与骨骼一起构成**肌肉骨骼系统（musculoskeletal system）**。许多肌肉的名字已经融入了我们的日常生活，如三角肌（deltoids）、胸肌（pectorals 或 pecs）和二头肌（biceps）。人体包含 600 多块骨骼肌，其中拇指就单独受 9 块独立的肌肉控制。

运动是肢体的移动，这是通过骨骼肌的作用来完成的。运动生理学依赖于人的运动。本章的重点是骨骼肌的结构和功能。虽然平滑肌、心肌和骨骼肌的解剖结构和控制在许多方面有所不同，但它们在张力产生、收缩和拉伸等方面的作用原理是相似的。

第一节　骨骼肌的解剖学特征

一想到肌肉，我们就会把每块肌肉想象成单一的个体。这是一种很自然的反应，因为骨骼肌常常单一存在。但骨骼肌远比我们想象的要复杂。

如果要解剖一个人的肌肉，那么要先切开被称为**肌外膜（epimysium）**的外部结缔组织（图 1.2）。肌外膜包裹着整个肌肉，它的功能是使肌肉聚集在一起，并使肌肉成形。穿过肌外膜，会看到包裹在结缔组织鞘中的小束纤维，它被称为**肌束（fascicle）**，肌束周围的结缔组织鞘是**肌束膜（perimysium）**。

然后，人们切割肌束膜，使用显微镜可以看到单根**肌纤维（muscle fiber）**，每根纤维都是一个肌细胞。不同于身体里的大多数单核细胞，骨骼肌细胞是多核的，这个结缔组织鞘被称为**肌内膜（endomysium）**，包裹着每根肌纤维。一般认为，肌纤维从肌肉的一端延伸到另一端，但在显微镜下，肌腹（肌肉中间比较厚的部分）往往被分成几部分或横向的纤维带。

人们通过这种切割发现，人类最长的肌纤维约为 12 cm（4.7 in）[1 厘米（cm）=0.39 英寸（in）]，约 50 万个**肌小节（sarcomere）**（肌原纤维的基本功能单位）。不同肌肉中的肌纤维数量可从几百根（如鼓膜张肌，附着在耳膜上）到 100 多万根（如腓肠肌内侧）。

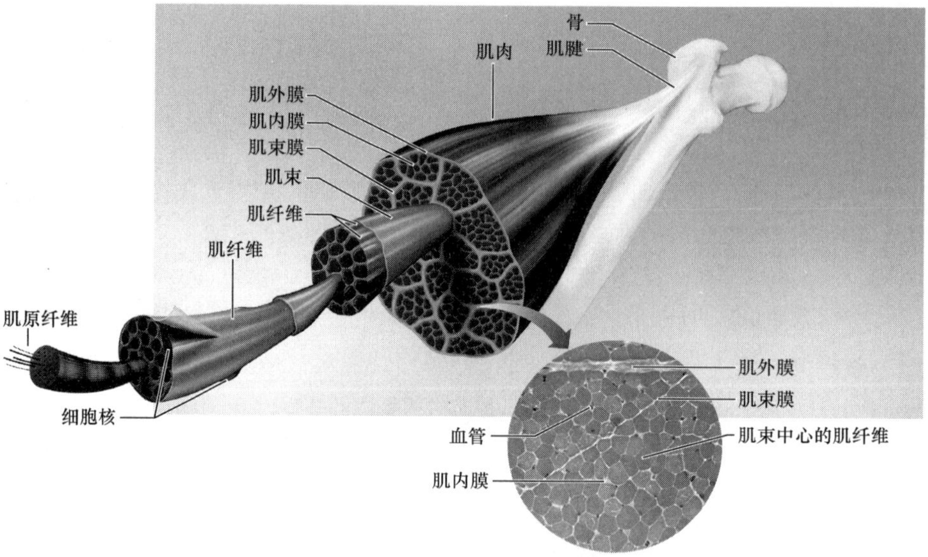

图 1.2　肌肉的基本结构

一、肌纤维

肌纤维的直径为 10～120 μm，用肉眼几乎无法看见。以下内容介绍的是单根肌纤维的结构。

研究视角 1.1　训练 6 周后肌肉的变化

肌肉的结构特征，如厚度、羽状角（肌纤维在肌肉内的角度）和肌束长度都会影响其产生力量的能力。许多肌肉在响应机械刺激（包括长期运动训练）时，结构特征的变化已经得到证实。了解肌肉结构及其如何快速适应运动训练对于业余运动者制订训练计划和专业运动员准备比赛都尤为重要。

最近，一组研究人员使用超声波成像技术检查了一组年轻男性在 6 周内的向心力量训练和离心力量训练前后股二头肌的适应性结构变化。离心力量训练增加了肌纤维的长度，减小了羽状角的角度（肌束与肌肉的方向更好地对齐）。相反，向心力量训练缩短了肌纤维的长度，增大了羽状角的角度（肌束离整个肌肉的方向更远）。停训 4 周后，离心力量训练引起的改变被逆转，但对向心力量训练的适应性依然存在。因此，短期抗阻训练可以引起股二头肌的结构适应，这种适应对训练模式具有高度特异性。理解在训练中发生的结构改变对于预防损伤和制订适当的康复计划也很重要。

（一）质膜

仔细观察单根肌纤维可以发现，它被**质膜（plasmalemma）**包裹（图 1.3）。质膜是**肌膜（sarcolemma）**的一部分，肌膜是更大的单位，肌膜由质膜和基底膜组成（有些教科书使用“肌膜”一词来指代“质膜”）。在肌纤维的末端，质膜与肌腱融合，肌腱附着在骨骼上。肌腱由结缔组织的纤维索组成，将肌纤维产生的力量传递到骨骼，从而产生运动。因此，单根肌纤维最终通过肌腱附着在骨骼上。

质膜有几个特点，对维持肌纤维功能至关重要。当肌纤维处于收缩或静止状态时，其表面会出现许多褶皱；当肌纤维被拉伸时，褶皱消失。这种褶皱的存在是为了保护肌纤维在被拉长时不受到损伤。在运动终板的神经支配区也有质膜形成的接头褶皱，协助**动作电位（action potential）**从运动神经元传到肌纤维，本章后面会进一步讨论。质膜还有助于维持酸碱平衡，以及帮助代谢物从毛细血管血液转运到肌纤维中。

卫星细胞（satellite cells）位于质膜和基底膜之间，参与骨骼肌的生长和发育，也参与骨骼肌对损伤、制动、训练的适应调节。后面的章节中将会有更详细的介绍。

（二）肌浆

在质膜内部，肌纤维包含许多小的亚单位，如图 1.3 所示。其中最大的是肌原纤维，是肌肉的收缩成分。一种类似明胶的物质填充在**肌原纤维（myofibril）**内部和之间的空间，这就是**肌浆（sarcoplasm）**。它是肌纤维的流体部分——细胞质。肌浆主要含有溶解的蛋白质、矿物质、糖原、脂肪和必要的细胞器。与大多数细胞的细胞质不同，肌浆含有大量储备糖原与氧合肌红蛋白，其结构和功能与红细胞中的血红蛋白相似。

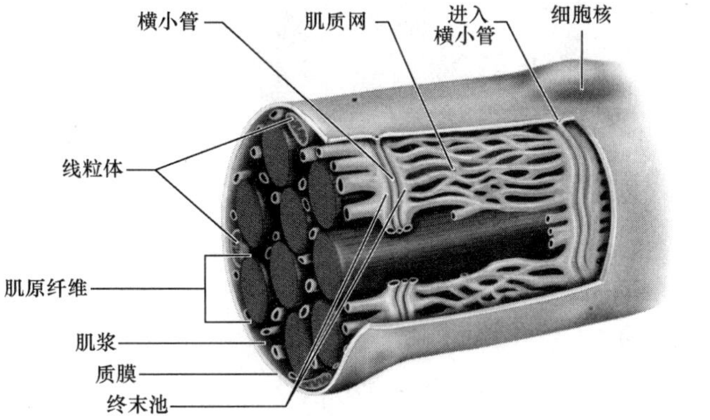

图 1.3　单根肌纤维的结构

（三）横小管

肌浆还包含一个广泛的**横小管/T 小管（transverse tubules / T-tubules）**，是横向通过肌纤维的质膜的延伸。通过肌原纤维时，这些横小管相互连接，从而使质膜接收到的神经冲动迅速传到单根肌原纤维。这些横小管还提供从肌纤维外部到内部的通路，使物质进入细胞，使代谢废物排出肌纤维。

（四）肌质网

在肌纤维中还存在一个纵向的小管网络，称为**肌质网（sarcoplasmic reticulum，SR）**。这些膜通道平行于肌原纤维并包绕肌原纤维排列。肌质网是钙的储存场所，钙是肌肉收缩所必需的。图 1.3 可见横小管和肌质网。本章后面将介绍横小管和肌质网在肌肉收缩中发挥的作用。

二、肌原纤维

每根肌纤维由几百到几千根肌原纤维构成。这些小纤维是由骨骼肌的基本收缩结构——

肌小节组成的。在电子显微镜下，肌原纤维表现为肌小节的长束。

（一）肌小节

在光学显微镜下，可见骨骼肌纤维中有明显的横纹，所以骨骼肌也被称为横纹肌。这种横纹也可见于心肌，因此心肌也是横纹肌。

图 1.4 肌纤维内肌原纤维的电子显微照片，显示肌原纤维之间的线粒体

图 1.4 展示了单根肌纤维内的肌原纤维，注意观察其横纹。其中暗的区域称为 A 带，亮的区域称为 I 带。每个 A 带中心都有一个较亮的区域，称为 H 区，只有当肌原纤维舒张时才能看见。在 H 区中间有一条暗线，称为 M 线。I 带中间被像 Z 一样的暗条纹（称为 Z 线或 Z 盘）中断。

肌小节是肌原纤维的基本功能单位，也是肌肉的基本收缩单位。每根肌原纤维都由无数的肌小节组成，在 Z 盘端连接到底。每个肌小节都是由每一对 Z 盘之间存在的元素组成的，一对 Z 盘之间的元素包括：

✧ 一个 I 带（明带）。
✧ 一个 A 带（暗带）。
✧ 一个 H 区（A 带的中心）。
✧ 在 H 区中间的 M 线。
✧ 其余的 A 带。
✧ 第二个 I 带。

通过电子显微镜观察单根肌原纤维，可以发现两种类型的小蛋白丝，它们的作用是负责肌肉收缩。较细的肌丝主要由**肌动蛋白（actin）**组成，较粗的肌丝主要是**肌球蛋白（myosin）**。肌纤维中的横纹是由这些肌丝排列而成的，如图 1.4 所示。I 带（明带）表示肌小节的区域，只由细肌丝组成。A 带（暗带）由粗肌丝和细肌丝组成。H 区是 A 带的中心部分，只含有粗肌丝，没有细肌丝，这导致 H 区比相邻的 A 带显得更亮。M 线是 H 区的中心，它由蛋白质组成。作为粗肌丝的附着位点 M 线有助于稳定肌小节的结构。由蛋白质组成的 Z 盘位于肌小节两端，除了两个额外的蛋白质——**肌联蛋白（titin）**和**伴肌动蛋白（nebulin）**，它们都为细肌丝提供了附着点并提高了稳定性。

小结

- 单个肌细胞称为肌纤维。
- 肌纤维具有细胞膜和细胞器（线粒体、溶酶体等），与其他细胞类型都相同，但具有独特的多核性。
- 肌纤维被质膜所包裹。
- 肌纤维的细胞质称为肌浆。

- 在肌浆中发现了包括横小管在内的广泛的小管网（允许物质在整根肌纤维中交流和运输），以及储存钙离子（Ca^{2+}）的肌质网。
- 肌小节是肌肉最小的功能单位。

（二）粗肌丝

粗肌丝的主要蛋白为肌球蛋白，这种蛋白约占骨骼肌总蛋白的 2/3。每个肌球蛋白肌丝通常含有大约 200 个肌球蛋白分子。每个肌球蛋白分子由两条蛋白质链扭曲在一起（图 1.5），每条链的一端折叠成球状的头，称为肌球蛋白头部。每个粗肌丝都含有许多这样的头，这些头从粗肌丝中向外突出，形成横桥，在肌肉收缩过程中与细肌丝上的特殊活性位点相互作用。有一组细肌丝由肌联蛋白组成，沿其纵轴稳定肌球蛋白丝（图 1.5）。肌联蛋白从 Z 盘延伸到 M 线。

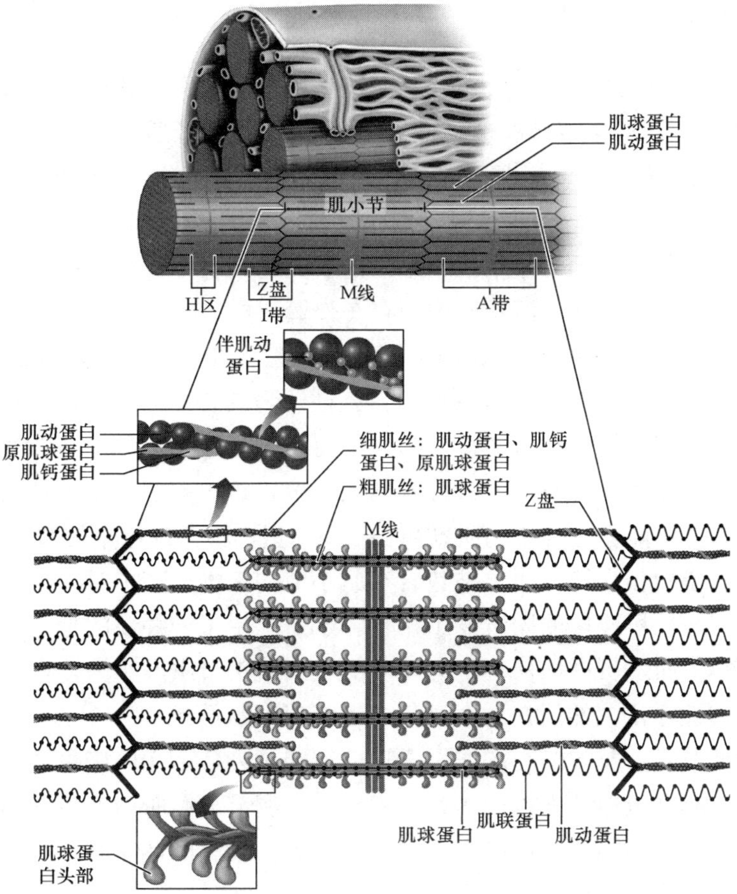

图 1.5　肌小节含有肌动蛋白（细）和肌球蛋白（粗）肌丝的特殊排列

注：肌联蛋白的作用是固定肌球蛋白丝，以保证与肌动蛋白丝之间的相等间距。伴肌动蛋白通常被称为骨架蛋白，因为它提供了有助于稳定肌动蛋白位置的框架。

（三）细肌丝

细肌丝虽然通常被统称为肌动蛋白，但实际上是由三种不同的蛋白质分子组成的，它包含肌动蛋白、**原肌球蛋白（tropomyosin）**和**肌钙蛋白（troponin）**。每个细肌丝都有一端插入Z盘，相反的一端延伸到肌小节的中心，位于粗肌丝之间的空间中。伴肌动蛋白是肌动蛋白的骨架蛋白，与肌动蛋白结合，并在肌动蛋白和肌球蛋白的相互作用中起调节作用（图1.5）。每个细肌丝都含有肌球蛋白头部可以结合的活性位点。

肌动蛋白构成细肌丝的骨架。单个肌动蛋白分子都是球状蛋白（G-actin），连接在一起形成肌动蛋白分子链。两条链扭成螺旋状，就像两串珍珠扭在一起。

原肌球蛋白是一种管状蛋白质，绕肌动蛋白链旋转。肌钙蛋白是一种更复杂的蛋白质，以一定间距连接到肌动蛋白链和原肌球蛋白上（图1.5）。原肌球蛋白和肌钙蛋白与Ca^{2+}共同以一种复杂的方式参与维持肌原纤维的舒张和收缩工作，详见本章后面的介绍。

（四）肌联蛋白：第三肌丝

肌联蛋白在20世纪70年代才被发现——在提出了**肌丝滑行理论（sliding filament theory）**之后，肌联蛋白才被发现。肌丝滑行理论充分描述了肌肉在缩短（向心）和恒定长度（等长）收缩过程中的大多数功能。总之，传统的横桥理论并不能解释为什么肌肉收缩时表现的特性与弹簧极为相似。也就是说，当肌肉被拉长（离心收缩）时，它们会产生更大的力，这种机制有时被称为被动力量增强。最近的研究已经确定，肌联蛋白的刚度随着肌肉的激活和力量的发展而增加，就像活跃肌肉中存在弹簧一样。

肌联蛋白从Z盘延伸到肌丝的M线（图1.5），它就像弹簧一样附着在A带的肌球蛋白丝上，并延伸到I带。几十年来，肌联蛋白一直被认为具有结构功能，如在收缩过程中保持肌球蛋白对齐并稳定邻近的肌小节（图1.6）。然而，现在已经知道，当骨骼肌被Ca^{2+}的释放激活时，一些Ca^{2+}与肌联蛋白结合，改变了它的刚度。这也就解释了为什么肌肉在拉伸时产生更多力量的能力并不能通过传统的肌动蛋白–肌球蛋白横桥理论来解释。

此外，当肌联蛋白作为第三肌丝被包含在肌小节的三维模型中时，很明显，肌丝不是简单地滑动，而是在与横桥连接的同时发生扭转。于是产生了一种新的理论，称为肌丝缠绕理论，它更好地解释了肌联蛋白如何在不同长度的肌肉肌小节中产生力。在这个新的理论中，肌联蛋白被Ca^{2+}内流激活，然后在这个过程中缠绕着细肌丝。

肌联蛋白有调节骨骼肌收缩力的作用，这就解释了为什么当肌肉主动伸展时力量大幅度增加。也就是说，肌联蛋白越来越被认为是积极参与调节骨骼肌力产生的第三肌丝。其作用包括：①稳定肌小节和将肌球蛋白稳定在肌小节中央；②肌肉伸展时，增加力量；③通过对抗主动伸展来防止过度伸展和肌小节损伤。

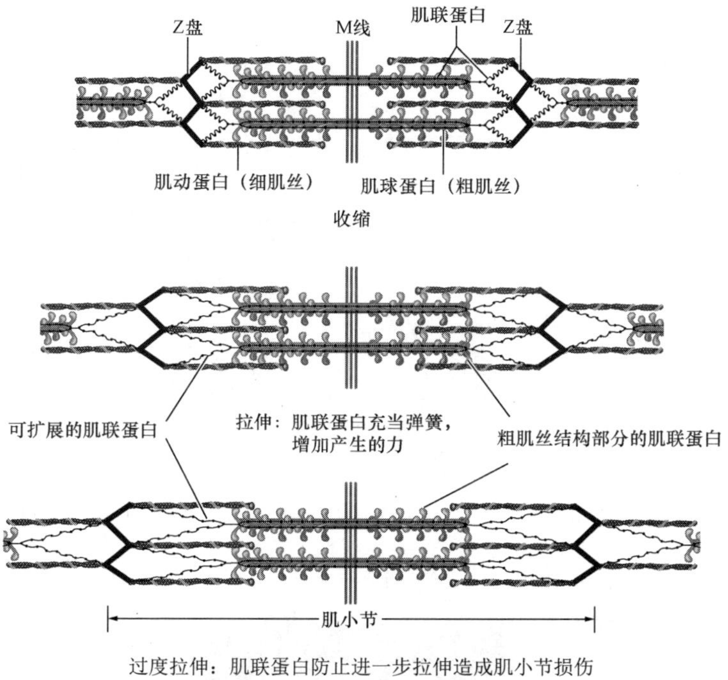

图 1.6　肌联蛋白分子在肌肉收缩过程中发挥作用的机制

注：肌联蛋白作为弹簧结构来增加产生的力，并防止过度拉伸和肌小节损伤。

小结

- 肌原纤维由肌小节组成，肌小节是肌肉的基本收缩单位。
- 肌小节由两个大小不同的肌丝组成，即粗肌丝和细肌丝，它们负责肌肉收缩。
- 肌球蛋白是组成粗肌丝的主要蛋白，由两条蛋白质链组成，每条链在一端折叠成球状的头部。
- 细肌丝由肌动蛋白、原肌球蛋白和肌钙蛋白组成。每个细肌丝的一端都连接到一个 Z 盘上。
- 肌联蛋白作为第三肌丝，有助于稳定肌小节，在肌肉伸展时提供更大的力量，并防止肌肉过度伸展和肌小节损伤。

第二节　肌纤维收缩

骨骼肌收缩是对神经系统信号的反应，**α-运动神经元（α-motor neuron）**是一种神经细胞，它连接和支配许多肌纤维。一个单一的 α-运动神经元和它直接发出信号支配的所有肌纤维被统称为**运动单位（motor unit）**（图 1.7）。α-运动神经元与肌纤维之间的突触或间隙被称为神经肌肉接头，是神经系统和肌肉系统进行信息交流的场所。

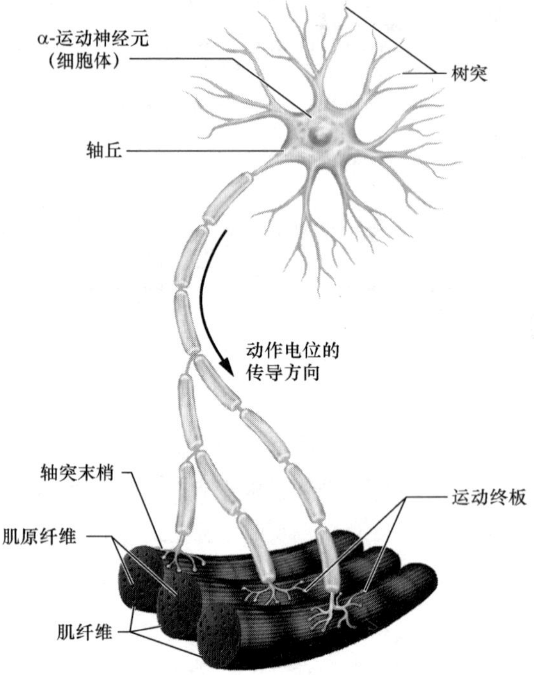

图 1.7 运动单位包括一个 α–运动神经元和它支配的所有肌纤维

一、兴奋–收缩耦联

触发肌纤维收缩的复杂过程被称为**兴奋–收缩耦联（excitation-contraction coupling）**，因为它始于运动神经的兴奋，并导致肌纤维的收缩，如图 1.8 所示。这一过程是由神经冲动或动作电位开始的，从大脑或脊髓到 α–运动神经元。动作电位到达 α–运动神经元的树突，激活神经元细胞体上的受体，从这里开始，动作电位沿着轴突到轴突末梢，轴突末梢与质膜距离非常近。

当动作电位到达轴突末梢时，这些神经末梢会释放一种被称为**乙酰胆碱（acetylcholine，ACh）**的信号分子或神经递质，它穿过突触间隙并与质膜上的受体结合（图 1.8a）。如果足够多的乙酰胆碱与受体结合，动作电位将传遍整根肌纤维，使肌细胞膜上的离子通道开放，并允许钠离子（Na^+）进入，这一过程称为去极化。肌细胞在产生收缩前必须先有动作电位的产生。详见第三章。

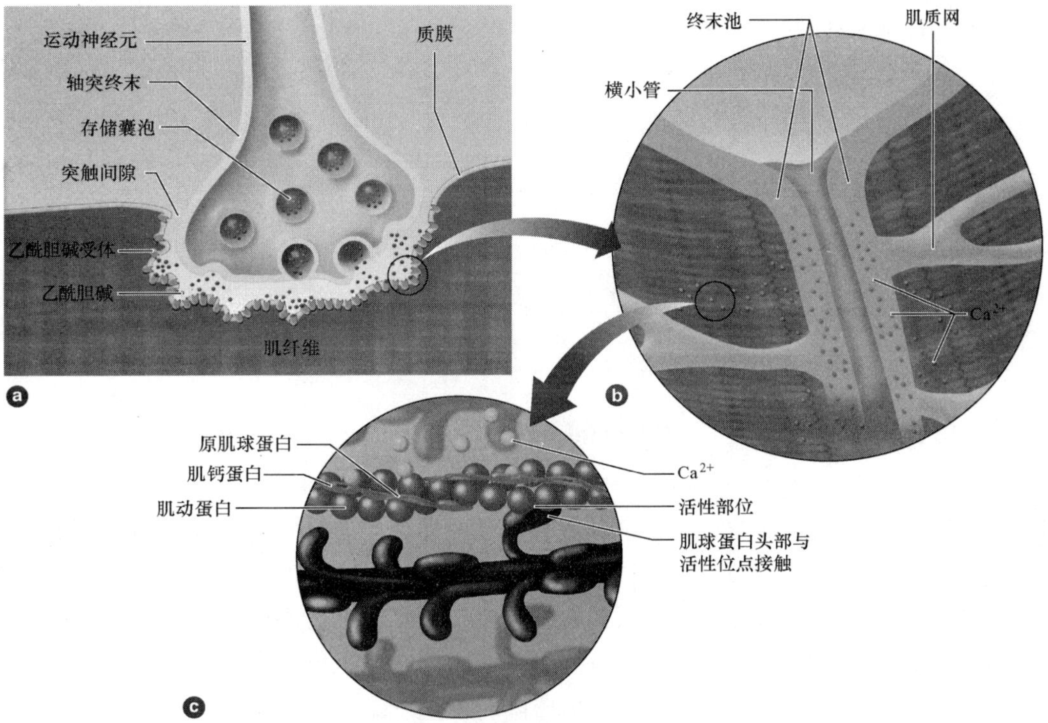

图 1.8　产生肌肉动作的过程——兴奋－收缩耦联

注：a. 作为对动作电位的反应，运动神经元释放乙酰胆碱，乙酰胆碱穿过突触间隙并与质膜上的受体结合，如果足够多的乙酰胆碱结合，动作电位将会在肌纤维中产生；b. 动作电位使 Ca^{2+}从肌浆网终末池释放到肌浆中；c. Ca^{2+}与肌动蛋白丝上的肌钙蛋白结合，肌钙蛋白将原肌球蛋白从活性位点上分离，使肌球蛋白头部附着在肌动蛋白丝上。

二、钙在肌纤维中的作用

除了引起肌细胞膜去极，动作电位还沿着横小管形成的网传遍肌细胞内部，产生的电流可以使与其相邻的肌浆网释放大量储备 Ca^{2+}进入肌浆，如图 1.8b 所示。

静息状态下，原肌球蛋白分子覆盖肌动蛋白分子上的肌球蛋白结合位点，阻止横桥与之结合。而当 Ca^{2+}从肌质网中释放出来后，它们就会与肌动蛋白分子上的肌钙蛋白结合，如图 1.8c 所示。肌钙蛋白对 Ca^{2+}有较强的亲和力，并且通过将原肌球蛋白分子从肌动蛋白分子上的肌球蛋白结合位点上移走来启动收缩过程。因为原肌球蛋白覆盖肌球蛋白结合位点，阻止了**肌球蛋白横桥（myosin cross-bridge）**与肌动蛋白分子之间的结合。然而，一旦原肌球蛋白被肌钙蛋白和 Ca^{2+}从结合位点上移开，肌球蛋白头部就可以与肌动蛋白分子上的结合位点结合。

研究视角 1.2	弯曲的肌束

为了便于说明，肌束常被画成直线。以往的肌束特征实验测量也是基于肌束是直线的观点。然而在肌肉中，它们实际上是弯曲的结构，现在认为肌束的弯曲是实现肌肉功能的一个重要特征。二维（2D）建模研究表明，肌束通过自身弯曲来维持肌肉内的机械稳定性，特别是在收缩期间。肌束在产生高张力的肌肉区域发生弯曲，因此，在最大收缩发生时肌束弯曲得更厉害。这些二维模型也提示对曲率的研究可以扩展到三维（3D），但是目前，在肌肉主动收缩中还没有发现类似的迹象。

研究人员最近利用复杂的成像技术，量化了肱三头肌在不同肌肉长度和扭矩下收缩时三维肌束的曲度。肌束曲度随着肌肉收缩的增加而增加，这表明肌内张力在更大的收缩水平上增加。这项研究使用了新的三维成像方法，使研究人员能够发现在二维中无法检测到的肌束曲度的细节。对于三维肌束曲度更详细和更精确的解读有助于我们理解张力是如何在肌肉收缩和整体肌肉功能中发展起来的。

三、肌丝滑行理论：肌肉如何运动

当肌肉收缩时，肌纤维缩短，这种现象的机制是肌丝滑行理论。当肌球蛋白横桥被激活时，它们与肌动蛋白结合，导致横桥发生变化，引起肌球蛋白头部倾斜，并拖动细肌丝到肌小节中部（图 1.9 和图 1.10）。这个头部倾斜的过程被称为**做功冲程（power stroke）**。将细肌丝拉向粗肌丝，肌小节缩短产生了力。当肌纤维没有收缩时，肌球蛋白头部仍可能与肌动蛋白分子保持接触，但该部位分子键被原肌球蛋白削弱或阻断。

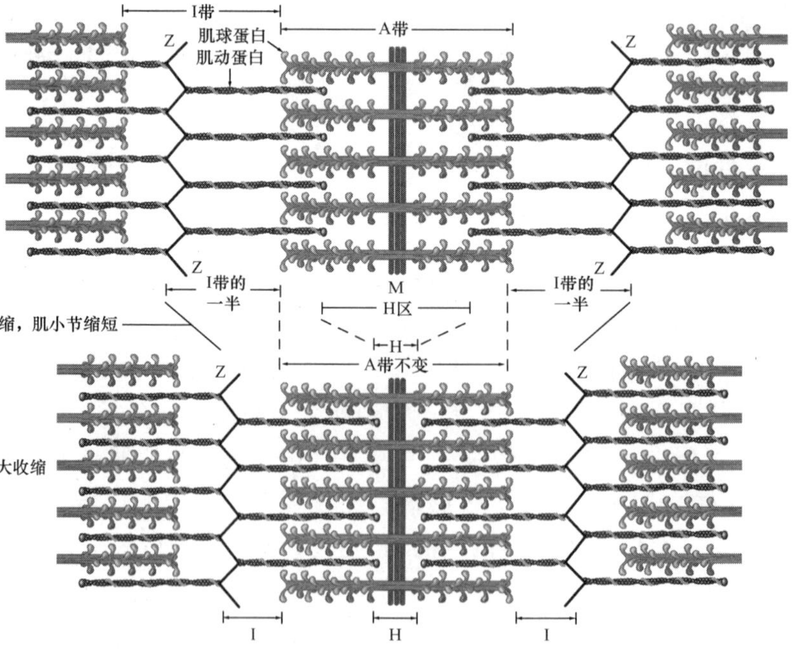

图 1.9　肌小节处于舒张（顶部）和收缩（底部）状态，说明肌动蛋白和肌球蛋白丝随着收缩而滑动

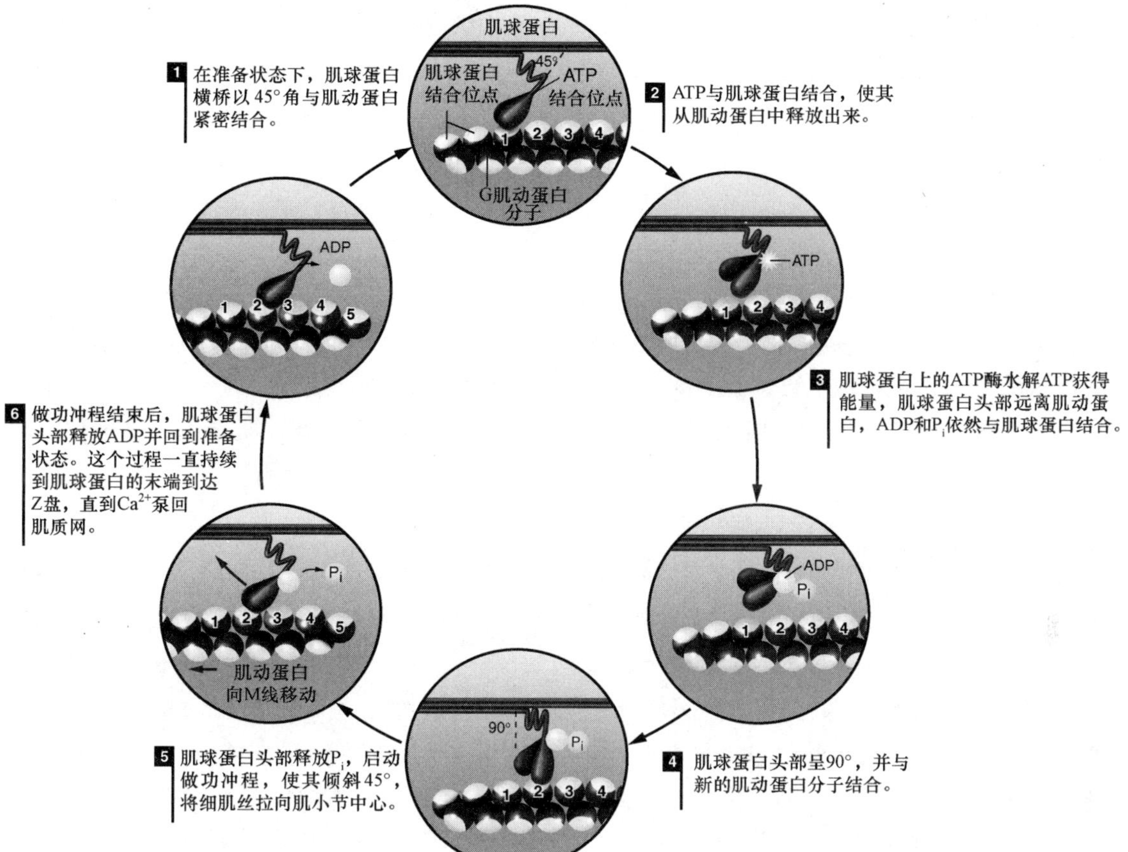

图 1.10　一个收缩周期的分子变化过程，肌球蛋白头部在不同阶段的做功冲程的变化情况

肌球蛋白头部倾斜后，就脱离了活性位点，回到了原来的位置，并沿着肌动蛋白丝附着在远处一个新的活性位点上。反复的附着和做功冲程使肌丝与活性位点分离并与新的活性位点结合，我们称这个原理为肌丝滑行理论。这个过程一直持续到肌球蛋白的末端到达 Z 盘，或者直到 Ca^{2+}被泵回肌浆网。在这个滑行（收缩）过程中，细肌丝向肌小节中心移动，直到伸入 H 区，最终重叠。当这种情况发生时，H 区将消失。

肌小节在肌原纤维内首尾相连。由于这种解剖现象，随着肌小节缩短，肌原纤维缩短，导致肌束内的肌纤维缩短。许多这样的肌纤维缩短最终引起了肌肉有组织地收缩。

四、肌肉收缩的能量

肌肉收缩是一个主动过程，需要消耗能量。除了肌动蛋白的活性位点外，肌球蛋白头部还包含**三磷酸腺苷（adenosine triphosphate，ATP）**分子的活性位点。肌球蛋白分子必须与 ATP 结合才能引起肌肉收缩，因为 ATP 供应肌肉收缩所需的能量。

位于肌球蛋白头部的三磷酸腺苷酶，即 **ATP 酶（adenosine triphosphatase，ATPase）**

分解 ATP，产生二磷酸腺苷（ADP）、无机磷酸基团（P_i）和能量。从 ATP 分解释放的能量被用来驱动肌球蛋白头部的倾斜。因此，ATP 是肌肉收缩的化学能量来源。第二章将详细介绍这一过程。

五、肌肉舒张

只要肌浆中存在 Ca^{2+}，肌肉就会持续收缩。在肌肉收缩结束时，Ca^{2+}被泵回到肌质网并在那里储存，直到一个新的动作电位到达肌纤维膜。Ca^{2+}通过钙泵回到肌质网，这也是一个需要能量的过程，也依赖 ATP。因此，肌肉收缩和舒张阶段都需要能量。

当 Ca^{2+}被泵回肌质网时，肌钙蛋白和原肌球蛋白恢复到静息状态。肌球蛋白横桥和肌动蛋白分子的结合受阻，并停止消耗 ATP。粗肌丝和细肌丝恢复到初始状态。

小结

- 从运动神经冲动开始并导致肌肉收缩的过程称为兴奋－收缩耦联。
- 肌肉收缩是由α–运动神经元冲动或动作电位引起的。运动神经元释放乙酰胆碱，它使肌肉细胞膜中的离子通道开放，允许 Na^+进入肌细胞（去极化）。细胞如果充分去极化，就会产生动作电位，并发生肌肉收缩。
- 当α–运动神经元被激活时，其运动单位中的所有肌纤维都受刺激收缩。
- 动作电位质膜运动，然后通过横小管系统运动，导致储存的 Ca^{2+}从肌浆网中释放出来。
- Ca^{2+}与肌钙蛋白结合，然后肌钙蛋白将原肌球蛋白分子从肌动蛋白分子的肌球蛋白活性位点上移开，暴露这些位点，使肌球蛋白的头部与它们结合。
- 一旦与肌动蛋白形成了强结合状态，肌球蛋白头部就会倾斜，将细肌丝拉向粗肌丝。肌球蛋白头部倾斜的过程是做功冲程。
- 肌肉收缩时需要能量。肌球蛋白头部与高能量分子 ATP 结合，肌球蛋白头部的 ATP 酶将 ATP 分解为 ADP 和无机磷酸基团（P_i），释放能量促进收缩。
- 当神经活动在神经肌肉接头处暂停时，相当于发出了肌肉收缩结束的信号。Ca^{2+}从肌浆中被抽出来，然后回到肌质网中储存。原肌球蛋白移动以覆盖肌动蛋白分子上的活性位点，导致肌球蛋白头部与结合位点分离。
- 与肌肉收缩一样，肌肉舒张也需要 ATP 提供能量。

第三节　肌纤维类型

并非所有的肌纤维都是一样的。每块肌肉都包含具有不同收缩速度和可以产生最大力量能力的纤维：**Ⅰ型肌纤维（type Ⅰ fiber）**（也称为慢肌或慢肌纤维）和**Ⅱ型肌纤维（type Ⅱ fiber）**

（也称为快肌或快肌纤维）。Ⅰ型肌纤维在受刺激时大约需要 110 ms 才能达到张力峰值；而Ⅱ型肌纤维，在 50 ms 左右可达到张力峰值。虽然慢肌纤维和快肌纤维这两个术语仍被使用，但科学家们现在更喜欢使用Ⅰ型肌纤维和Ⅱ型肌纤维的术语，在本书中也是如此。

已经证实，只有一种类型的Ⅰ型肌纤维，而Ⅱ型肌纤维却可以被进一步分类。人类Ⅱ型肌纤维的两种主要形式是 a 型快肌纤维（Ⅱa 型）和 x 型快肌纤维（Ⅱx 型）。图 1.11 是人体肌肉的显微照片，其中肌肉样本的薄片（10 μm）横截面已被化学染色以区分不同的肌纤维类型。Ⅰ型肌纤维被染成黑色；Ⅱa 型肌纤维未被染色，呈浅灰色；Ⅱx 型肌纤维呈灰色。虽然在这张图中并不明显，但也明确了Ⅱ型肌纤维的第三种亚型：Ⅱc 型。

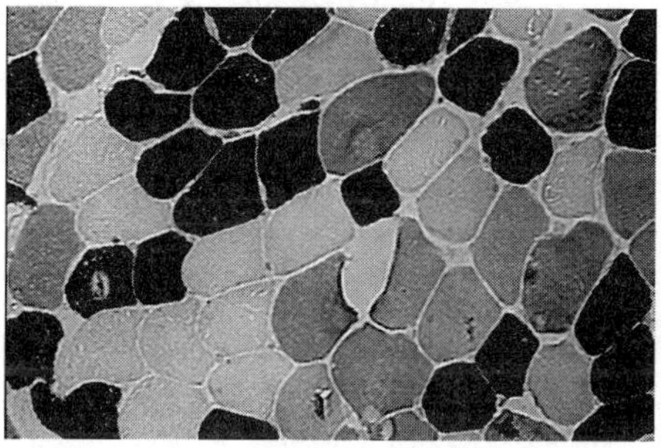

图 1.11 显微图像显示Ⅰ型（黑色）、Ⅱa 型（浅灰色）和Ⅱx 型（灰色）肌纤维

人们尚未完全了解Ⅱa 型、Ⅱx 型和Ⅱc 型肌纤维的差异，但一般认为Ⅱa 型肌纤维是最常被募集的。其实Ⅰ型肌纤维比Ⅱa 型肌纤维更频繁地被募集，Ⅱc 型肌纤维使用得最少。一般而言，大多数肌肉由大约 50%的Ⅰ型肌纤维和 25%的Ⅱa 型肌纤维组成，其余 25%多为Ⅱx 型，Ⅱc 型肌纤维仅占肌肉的 1%～3%。由于对Ⅱc 型肌纤维的了解有限，在此不做深入讨论。每种纤维类型的确切百分比在不同的肌肉和个体之间差异很大，这里列出的数字只是平均值。这种极端的差异在运动员中会非常明显，本章后面会介绍不同项目运动员肌纤维的差异。

在 20 世纪初，为了研究肌肉萎缩症，科学家发明了针刺活检技术。20 世纪 60 年代，该技术被应用于运动生理学领域的肌肉样本研究，后来这一技术常用于区分肌纤维类型。

肌肉活检（图 1.12）是从肌腹处取出一小块肌肉组织进行分析。首先，用局部麻醉剂麻醉采集样本的区域。其次，用手术刀将皮肤、皮下组织和结缔组织切开一个小切口（大约 1 cm 或 0.4 in）。再次，将空心针插入适当深度的肌腹处。一个小柱塞通过针的中心就可以剪下一段非常小的肌肉样本。抽出活检针，取下样本，称重 10～100 mg，将取下的肌肉放置一边，清理血液，包埋，并迅速冷冻。最后，将肌组织制成薄的切片，染色，并在显微镜下观察。

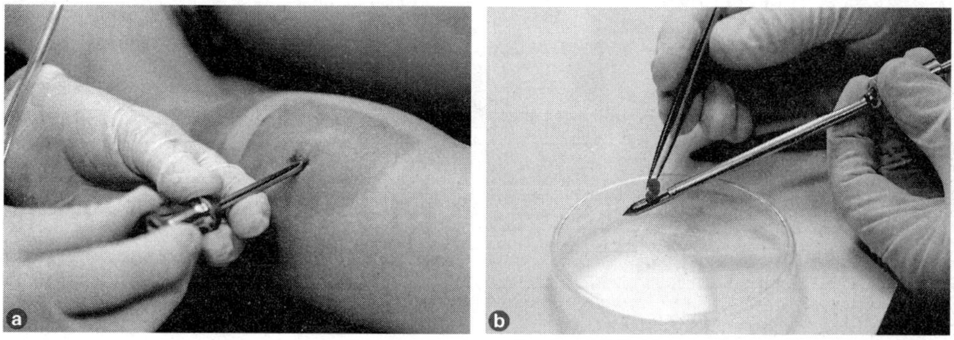

a. 使用活检针从优秀女子跑步运动员的腿部肌肉获取样本；b. 近距离观察肌肉活检针和一小块肌肉组织。

图 1.12 肌肉活检的取样过程

通过这种方法可以研究肌纤维，如检测急性运动或长期运动对肌纤维组成的影响。对样本的微观和生化分析有助于我们理解肌肉收缩产生力量的能力。

一、Ⅰ型肌纤维和Ⅱ型肌纤维特征

不同的肌纤维类型在运动中发挥着不同的作用，因为它们各自具有不同的特性。

（一）ATP 酶

Ⅰ型肌纤维和Ⅱ型肌纤维收缩速度不同，主要是因为肌球蛋白 ATP 酶不同。肌球蛋白 ATP 酶是分解 ATP 释放能量来促进肌纤维收缩的酶。Ⅰ型肌纤维的肌球蛋白 ATP 酶的速度较慢，而Ⅱ型肌纤维的速度较快。在神经刺激下，ATP 在Ⅱ型肌纤维中的分解速度比在Ⅰ型肌纤维中快。因此，在Ⅱ型肌纤维中，横桥循环更快。

区分肌纤维的方法之一是化学染色——通过对薄切片进行染色来检测肌纤维中 ATP 酶的活性。因此，Ⅰ型肌纤维、Ⅱa 型肌纤维和Ⅱx 型肌纤维染色不同，如图 1.11 所示。这种技术使每一种肌纤维看起来只有一种 ATP 酶，但肌纤维可以有各种 ATP 酶的混合物。有些人以Ⅰ型 ATP 酶为主，而另一些人则以Ⅱ型 ATP 酶为主。它们在染色切片准备中的出现应该被看作一个连续体，而不是绝对不同的类型。

一种新的区分肌纤维类型的方法是使用凝胶电泳来化学分离不同类型的肌球蛋白分子（亚型）。在电泳中，通过电场重量来区分各种亚型，可以体现Ⅰ型肌纤维、Ⅱa 型肌纤维和Ⅱx 型肌纤维的蛋白质条带（如肌球蛋白）的不同。虽然我们在这里将肌纤维类型简单地归为慢肌纤维Ⅰ型和快肌纤维（Ⅱa 型和Ⅱx 型），但科学家进一步细分了这些肌纤维类型。电泳的使用使具有两种或两种以上的肌球蛋白形式的肌球蛋白结合体或肌纤维被发现。采用这种分析方法，将肌纤维分为Ⅰ型肌纤维、Ⅰc（Ⅰ/Ⅱa）型肌纤维、Ⅱc（Ⅱa/Ⅰ）型肌纤维、Ⅱa 型肌纤维、Ⅱax 型肌纤维、Ⅱxa 型肌纤维和Ⅱx 型肌纤维。在本书中，我们将使用组织化学方法来辨别肌纤维的主要亚型，即Ⅰ型、Ⅱa 型和Ⅱx 型。

表 1.1 总结了不同肌纤维类型的特征。该表还包括其他分类系统中各种肌纤维类型的替代名称。

表 1.1　肌纤维类型的区分

项目	肌纤维类型		
系统 1（优先）	Ⅰ型	Ⅱa 型	Ⅱx 型
系统 2	慢缩（ST）	快缩 a（FTa）	快缩 x（FTx）
系统 3	慢缩－氧化型（SO）	快缩－氧化－糖酵解型（FOG）	快缩－糖酵解型（FG）

续表

项目	肌纤维特征		
氧化能力	高	中高	低
糖酵解能力	低	高	最高
收缩速度	慢	快	快
抗疲劳能力	高	中	低
运动单位强度	低	高	高

（二）肌质网

Ⅱ型肌纤维的肌质网要比Ⅰ型肌纤维的肌质网更发达。因此，在受到刺激时，Ⅱ型肌纤维能够更快地将Ca^{2+}运输到肌细胞内，这种能力被认为是Ⅱ型肌纤维收缩速度更快的原因。平均而言，由于人类Ⅱ型肌纤维比Ⅰ型肌纤维速度快5～6倍，尽管同样直径的Ⅱ型和Ⅰ型肌纤维所产生的力量大致相同，但Ⅱ型肌纤维的计算功率（$\mu N \cdot fiber\ length^{-1} \cdot s^{-1}$）比Ⅰ型肌纤维高3～5倍，这就可以部分解释在其他指标都相同的情况下，为什么腿部肌肉中Ⅱ型肌纤维更多的个体往往比Ⅰ型肌纤维占比更高的个体更擅长短跑。

研究视角 1.3　更多关于肌联蛋白的内容

离心收缩是指运动肌肉被拉长的收缩，如肱二头肌将重物放下的过程或下楼梯时的运动。与向心收缩不同，肌肉收缩的经典理论——肌丝滑行理论和横桥理论——在论述肌肉离心收缩时会有一些不同。在横桥模型中，因为横桥被结合，离心收缩过程中产生的力比相应的等长收缩或向心收缩产生的力大。众所周知，骨骼肌也具有惯性属性，也就是说，肌肉的行为取决于先前的收缩。例如，在做完离心收缩后做一个等长收缩，肌肉在等长收缩阶段展现出持续稳定的张力，而不是在离心收缩阶段之前。涉及肌动蛋白和肌球蛋白分子作用的经典横桥模型不能解释骨骼肌的这种历史依赖性特征，目前公认的肌肉收缩理论需要重新审视。

一组研究人员最近提出了一种新的理论，通过在经典的横桥模型中添加一个小成分可以更好地解释肌肉和离心收缩的历史依赖性特征。这种调整包括一个新的关键结构——肌联蛋白，其刚度和力在激活和产生力时可以被调整。在这个新模型中，肌肉可以被拉长以对抗很小的阻力，但在激活时，基于肌联蛋白的力变为主导，并产生离心力。

肌联蛋白的传统作用（本章中已介绍）是围住肌小节中的粗肌丝和防止肌小节在主动拉伸时过度伸展。肌联蛋白的另一个功能是作为第三肌丝，在离心收缩时和离心收缩后促进主动力的产生。肌联蛋白似乎是骨骼肌在离心收缩后残余力增强的关键。这一理论基于研究证据，即实验消除了单根肌原纤维中的肌联蛋白，消除了所有穿过肌小节的力和所有残余力，以及被动力的增强。因此，与被动肌肉收缩相比，肌联蛋白作为一种分子弹簧，通过增加肌肉刚度增加了肌肉力量。研究人员推测，肌联蛋白通过改变其刚度（当肌联蛋白变得更硬时，它可以产生更多的力）来产生力。肌联蛋白刚度增加的机制如下：①激活与 Ca^{2+} 的结合；②与肌动蛋白结合并缩短其长度。

虽然初步的结果和理论模型为这种新的产生力的第三肌丝模型提供了支持，但分子调控细节尚未得到确定。如果正确，它将切实更新经典的横桥理论。如果该模型被证实，新的肌肉收缩的第三肌丝模型将同时加深对于离心收缩和肌肉的历史依赖性的理解，以前用经典的第二肌丝横桥理论无法解释的信息将可以被解释通。

（三）运动单位

运动单位是由一个 α–运动神经元和它支配的肌纤维组成的。α–运动神经元决定了肌纤维是Ⅰ型肌纤维还是Ⅱ型肌纤维。一个Ⅰ型运动单位中的 α–运动神经元有一个较小的细胞体，通常支配不多于 300 根的肌纤维，而Ⅱ型运动单位中的 α–运动神经元具有较大的细胞体，通常支配 300 根以上的肌纤维。运动单位大小不同，意味着当单个Ⅰ型 α–运动神经元刺激其肌纤维时，收缩的肌纤维个数比单个Ⅱ型 α–运动神经元刺激时要少得多。因此，Ⅱ型肌纤维能比Ⅰ型肌纤维更快地达到峰值张力，产生更大的力。Ⅱ型肌纤维和Ⅰ型运动单位最大等长力量受两个因素（每个运动单位包含的肌纤维数量，以及Ⅱ型肌纤维和Ⅰ型肌纤维的大小）综合调节。相同直径的Ⅰ型肌纤维和Ⅱ型肌纤维产生的力大小相近。一般来说，Ⅱ型肌纤维往往比Ⅰ型肌纤维体积更大，且Ⅱ型运动单位也往往有更多的肌纤维。

二、肌纤维类型的分布

如前所述，身体肌肉中Ⅰ型肌纤维和Ⅱ型肌纤维比例各不相同。一般来说，人的上肢和下肢肌肉肌纤维成分相似。耐力运动员的腿部肌肉中以Ⅰ型肌纤维为主，很可能在其手臂肌肉中也有很高的Ⅰ型肌纤维比例。Ⅱ型肌纤维也存在类似的关系。也有一些例外，如比目鱼肌（在小腿腓肠肌深层）中，Ⅰ型肌纤维所占比例很高。

三、肌纤维类型和运动

Ⅰ型肌纤维与Ⅱ型肌纤维具有不同的特性，其表现出来的功能也不同。

（一）Ⅰ型肌纤维

一般情况下，Ⅰ型肌纤维具有较强的有氧耐力。Ⅰ型肌纤维在碳水化合物和脂肪的氧化中产生 ATP 的能力较强，这将在第二章中讨论。

ATP 可以提供肌纤维收缩和舒张所需的能量。只要发生氧化，Ⅰ型肌纤维就能继续产生 ATP，使肌纤维保持活性。长时间维持肌肉活动的能力被称为肌肉耐力，Ⅰ型肌纤维具有较强的有氧耐力。因此，它们常在低强度耐力项目（如马拉松）和肌肉力量要求较低的大多数日常活动（如步行）中被募集。

（二）Ⅱ型肌纤维

与Ⅰ型肌纤维相比，Ⅱ型肌纤维的有氧耐力相对较弱。它们有更强的无氧耐力（无氧），这意味着在没有足够氧的情况下，ATP 是通过无氧途径而不是氧化途径形成的（第二章将详细讨论这些途径）。

与Ⅰ型运动单位相比，Ⅱa 型运动单位能产生更大的力，但Ⅱa 型运动单位也更容易疲劳，因为它们的耐力有限。因此，Ⅱa 型肌纤维是短跑运动员、高强度的耐力项目（如 1 mi 跑或 400 m 游泳）运动员体内主要的肌纤维类型。

Ⅱx 型肌纤维的意义尚不完全清楚，它们不会轻易被神经系统激活。因此，它们在日常低强度活动中很少被募集，但在如 100 m 短跑和 50 m 游泳等高强度运动中却发挥着重要作用。表 1.2 概述了各种肌纤维类型的结构和功能特征。

表 1.2　各种肌纤维类型的结构和功能特征

特征	肌纤维类型		
	Ⅰ型	Ⅱa 型	Ⅱx 型
每个运动神经元支配的肌纤维数量（根）	≤300	≥300	≥300
运动神经元大小	较小	较大	较大
运动神经元的传导速度	较慢	较快	较快
收缩速度（ms）	110	50	50
肌球蛋白 ATP 酶的类型	慢	快	快
肌质网发展程度	低	高	高

研究人体肌纤维先进的方法之一是从肌肉活检样本中分离肌纤维，在力传感器之间悬挂单根肌纤维，并测量其力量和**单根肌纤维收缩速度（single-fiber contractile velocity，V_0）**。从图 1.13 可以看出，当肌纤维只产生大约 20%的峰值张力时，所有的单根肌纤维都倾向于达到峰值功率。总之，可以看出，Ⅱ型肌纤维的峰值功率明显高于Ⅰ型肌纤维。

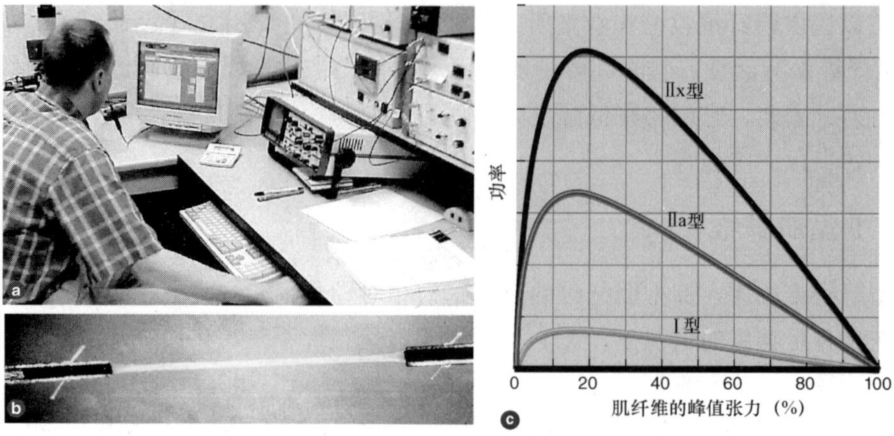

a. 分离；b. 固定单根肌纤维，以研究不同肌纤维类型的生理学特性；
c. 每种肌纤维类型产生的峰值功率占最大力量的不同百分比。
图 1.13　单根肌纤维的生理学特征

四、肌纤维类型的测定

肌纤维的特性似乎在出生时和出生后几年就确定了。对同卵双胞胎的研究表明，肌纤维类型在很大程度上是由基因决定的，从童年到中年几乎没有变化。这些研究表明，同卵双胞胎的肌纤维类型几乎相同，而异卵双胞胎的肌纤维类型则不同。从父母那里遗传的基因可能决定了哪些α–运动神经元支配个体肌纤维。神经支配建立后，肌纤维根据刺激它们的α–运动神经元的类型而分化（成为专门的一类）。然而，最近的一些研究表明，耐力训练、力量训练及肌肉制动可能导致肌球蛋白亚型的转变。因此，训练可能导致Ⅰ型肌纤维和Ⅱ型肌纤维百分比的微小变化，这种变化可能小于 10%。此外，耐力和抗阻训练都可以降低Ⅱx 型肌纤维的比例，同时增加Ⅱa 型肌纤维的比例。

对老年男性和女性进行的研究显示，衰老可能改变Ⅰ型肌纤维和Ⅱ型肌纤维的分布。随着年龄的增长，肌肉中Ⅱ型运动单位更易丢失，而Ⅰ型肌纤维的比例增加。

小结

- 大多数骨骼肌包括Ⅰ型肌纤维和Ⅱ型肌纤维。
- 不同肌纤维类型肌球蛋白 ATP 酶活性不同。Ⅱ型肌纤维中的 ATP 酶比Ⅰ型肌纤维中的 ATP 酶作用更快。
- Ⅱ型肌纤维的肌质网更发达，可以增强肌肉收缩所需钙的传送能力。
- 支配Ⅱ型运动单位的α–运动神经元比支配Ⅰ型运动单位的α–运动神经元更大，可以支配更多的纤维。因此，Ⅱ型运动单位有更多和更大的纤维，相较于Ⅰ型运动单位产生的力更大。
- 一个人的上肢和下肢肌肉中Ⅰ型肌纤维和Ⅱ型肌纤维的比例通常是相似的。
- Ⅰ型肌纤维具有较强的有氧耐力，非常适合进行低强度耐力活动。
- Ⅱ型肌纤维更适合进行无氧活动。Ⅱa 型肌纤维在高强度训练中起主要作用。当肌肉所需的力很大时，Ⅱx 型肌纤维才被动员。

第四节　骨骼肌与运动

在回顾了肌肉的整体结构、力量产生的过程和肌纤维类型之后，我们现在更具体地研究肌肉在运动过程中的功能。力量、耐力和速度在很大程度上取决于肌肉产生能量和力量的能力。本节将讲述肌肉是如何完成这些任务的。

一、肌纤维募集

当 α–运动神经元向运动单位中的肌纤维传递动作电位时，运动单位中的所有肌纤维都会产生力。激活更多的运动单位可以使肌肉产生更多力量。当需要较小的力量时，只有一小部分的运动单元被募集。回想一下之前的讨论，Ⅱa 型运动单位和Ⅱx 型运动单位比Ⅰ型运动单位含有更多的肌纤维。骨骼肌收缩时，首先是Ⅰ型肌纤维被募集，其次是Ⅱ型肌纤维，募集的肌纤维类型顺序与数量取决于正在进行的活动的需求。随着运动强度的增加，肌纤维被募集的数量不断增加，并按照Ⅰ型肌纤维→Ⅱa 型肌纤维→Ⅱx 型肌纤维的顺序进行募集叠加。

运动单位一般以固定的纤维募集顺序被激活，这被称为**有序募集原则（principle of orderly recruitment）**，其中特定肌肉中的运动单位似乎是按照一定顺序被激活的。以肱二头肌为例，假设总共有 200 个运动单位，依序编号 1～200。非常精细的肌肉收缩只需产生很小的力量，运动单位的 1 号将先被募集。随着对力量需求的增加，2、3、4 号等将被募集，直到最大的肌肉收缩激活大多数运动单位。若下次产生同样的力量，则通常都将募集同一顺序的相同运动单位。

一种可以部分解释有序募集原则的机制是**大小原则（size principle）**，它指出运动单位的募集顺序与运动神经元的大小直接相关。运动神经元较小的运动单位先被募集，由于Ⅰ型运动单位具有较小的运动神经元，它们是在分级运动中被募集的第一个单元（力量产生率从低到高）。然后，随着进行运动所需力量的增加，Ⅱ型运动单位被募集。目前尚不清楚大小原则与复杂运动的关系。

在以次最大速度进行的持续数小时的运动中，肌肉的张力相对较低。因此，神经系统倾向于募集最适合耐力活动的肌纤维：Ⅰ型肌纤维和某些Ⅱa 型肌纤维。随着运动的继续，这些肌纤维逐渐耗尽了主要的供能物质（糖原），神经系统必须募集更多的Ⅱa 型肌纤维来维持肌肉张力。最后，当Ⅰ型肌纤维和Ⅱa 型肌纤维疲劳时，Ⅱx 型肌纤维将会被募集以维持运动。

这就解释了为什么在马拉松——一个 42 km（26.1 mi）跑的过程中疲劳是分阶段出现的。它也可以解释为什么在运动至力竭前维持一定速度需要更大的意志力。这种意志力使那些难以被募集的肌纤维被激活。这些认识对我们理解训练和比赛的具体要求具有实际意义。

小结

- 运动单位具有“全或无”效应。激活更多的运动单位会产生更大的力量。
- 在低强度运动中，大多数肌肉力量是由Ⅰ型肌纤维产生的。随着强度的增加，Ⅱa型肌纤维被募集，如果强度进一步增加，Ⅱx型肌纤维被激活。长时间的运动过程也遵循同样的募集方式。

二、肌纤维类型和运动成绩

如前文所言，拥有高比例Ⅰ型肌纤维的运动员在持久耐力项目中可能有优势，而那些拥有高比例Ⅱ型肌纤维优势的运动员可以更好地适应高强度、短时间和高爆发力的运动。然而，运动员肌纤维类型的占比是否决定了运动员的运动成绩？

来自各种运动项目的优秀运动员和非运动员的肌纤维组成见表1.3。正如预期的那样，依靠耐力的长跑运动员的腿部肌肉具有较多Ⅰ型肌纤维。对优秀男女长跑运动员的研究表明，这些运动员的小腿腓肠肌中可能含有90%以上的Ⅰ型肌纤维。据报道，马拉松世界冠军的腓肠肌中含有93%～99%的Ⅰ型肌纤维。相比之下，短跑运动员的腓肠肌主要由Ⅱ型肌纤维组成，短跑更依赖于速度和力量。世界一流的短跑运动员的腓肠肌中只有大约25%的Ⅰ型肌纤维。此外，虽然肌纤维横截面积在优秀长跑运动员之间有明显的差异，但Ⅰ型肌纤维在腿部肌肉中的平均横截面积比Ⅱ型肌纤维多约22%。游泳者手臂肌肉中Ⅰ型肌纤维的比例是60%～65%，高于未受过训练的受试者（45%～55%）。

表1.3　男女运动员肌肉中Ⅰ型肌纤维和Ⅱ型肌纤维的百分比和横截面积

运动员类型	性别	肌肉	Ⅰ型（%）	Ⅱ型（%）	横截面积（mm^2）	
					Ⅰ型	Ⅱ型
短跑运动员	男	腓肠肌	24	76	5 878	6 034
	女	腓肠肌	27	73	3 752	3 930
长跑运动员	男	腓肠肌	79	21	8 342	6 485
	女	腓肠肌	69	31	4 441	4 128
自行车运动员	男	股外侧肌	57	43	6 333	6 116
	女	股外侧肌	51	49	5 487	5 216
游泳运动员	男	三角肌后束	67	33		
举重运动员	男	腓肠肌	44	56	5 060	8 910
	男	三角肌	53	47	5 010	8 450
铁人三项运动员	男	三角肌后束	60	40		
	男	股外侧肌	63	37		
	男	腓肠肌	59	41		
划艇运动员	男	三角肌后束	71	29	4 920	7 040
铅球运动员	男	腓肠肌	38	62	6 367	6 441
非运动员	男	股外侧肌	47	53	4 722	4 709
	女	腓肠肌	52	48	3 501	3 141

长跑运动员和短跑运动员肌肉的纤维组成有明显差异。然而，不能仅根据主要的肌纤维类型来选择长跑运动员和短跑运动员。心血管功能、动机、训练和肌肉大小等因素也会影响运动员在耐力、速度和力量等项目中的运动表现。因此，肌纤维成分本身并不是运动成绩的可靠预测指标。

三、肌肉收缩

一个运动单位支配的所有不同类型的肌纤维会在受到刺激时，依据运动时所需力量的不同而被分阶段募集。现在，我们可以把注意力转向整个肌肉是如何工作以产生运动的。

（一）肌肉收缩类型

肌肉运动有三种收缩类型——向心、等长和离心。在许多运动中，如跑步和跳跃，三种类型的收缩都会发生，以维持运动的平稳、协调。我们将分别详述每种收缩类型。

缩短是肌肉最常见的收缩类型，被称为**向心收缩（concentric contraction）**。为了解肌肉如何缩短，请回顾之前关于粗肌丝和细肌丝的滑行理论。在向心收缩中，细肌丝被拉到肌小节中心。因为向心收缩引起关节运动，所以向心收缩被视为**动力性收缩（dynamic contraction）**。

肌肉在收缩时也可能不引起运动，一般是肌肉依然产生力量但是肌肉长度不发生变化，这被称为**静力性收缩（static muscle contraction）或等长收缩（isometric muscle contraction）**，因为关节角度没有发生变化。例如，当肌肉静力性收缩时，如果一个人试图举起比肌肉产生的力更重的物品，或者保持肘部弯曲举起重量稳定的物体，在这两种情况下，人感觉肌肉在发力，但没有产生关节运动。在静力性收缩中，肌球蛋白横桥形成并产生力，但外力太大，细肌丝无法移动。它们保持在原来的位置上，所以不能缩短。如果可以募集足够的运动单位产生足够的力来克服阻力，则静力性收缩可以转变成动力性收缩。

肌肉在被拉长的过程中产生力量，这种运动是**离心收缩（eccentric contraction）**。因为发生了关节运动，所以这也是一种动力性收缩。离心收缩的典型例子是肱二头肌的运动，如当一个人手持重物缓慢伸直肘关节时，就是肱二头肌在做离心收缩。此时，细肌丝从肌小节中央滑出，肌纤维被拉长。

（二）力的产生

每当肌肉收缩时，无论收缩是向心的、等长的还是离心的，所产生的力都必须受到调控，以满足运动或训练的需要。以高尔夫球为例，击打高尔夫球在 1 m（约 39 in）内需要的力远小于从发球到球道中间的 250 m（273 yd）［1 米（m）=1.09 码（yd）］所需的力，肌肉力量的大小受到激活的运动单位的数量和类型、每个运动单位的刺激频率、肌肉的大小、肌纤维和肌小节长度，以及肌肉的收缩速度的调节。

1. **运动单位和肌肉大小**

更多的运动单位被激活可以产生更大的力。由于Ⅱ型运动单位比Ⅰ型运动单位包含更多的肌纤维，故Ⅱ型运动单位比Ⅰ型运动单位力量更大。同样，较大的肌肉由于包含更多的肌纤维，比较小的肌肉力量更大。

2. **运动单位的刺激频率：速率编码**

单个运动单位可以产生不同程度的力，产生力的大小取决于它被刺激的频率。如图 1.14 所示，肌纤维或运动单位对单个电刺激的最小收缩反应称为**收缩（twitch）**。在第一次刺激完全舒张之前，给予快速连续的 3 个刺激可以产生更大的力或使张力增加，这被称为收缩的**总和（summation）**。较高频率的持续刺激可导致**强直收缩（tetanus）**状态，产生肌纤维或运动单位的峰值力或峰值张力。**速率编码（rate coding）**是指通过增加施加给运动单位的刺激频率，使给定的运动单位的张力实现从收缩到强直的变化过程。

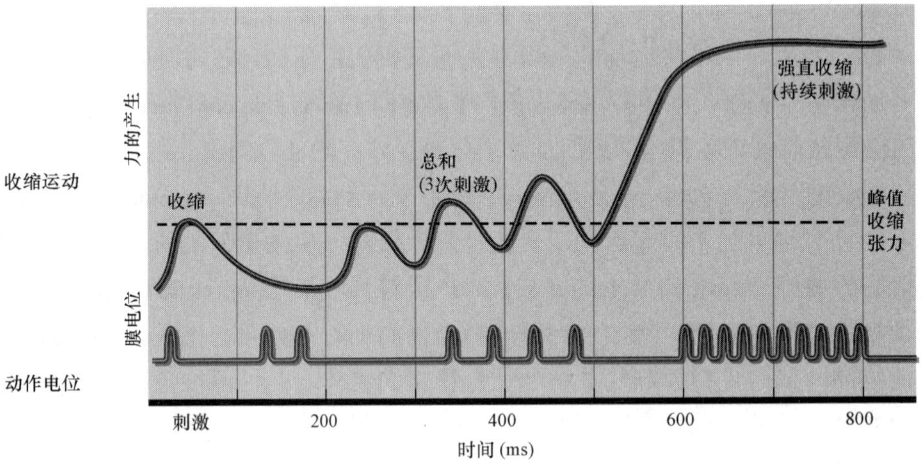

图 1.14　不同电刺激频率产生的力或张力的变化（说明了收缩、总和，以及强直收缩的概念）

3. **长度－张力关系**

每根肌纤维都有产生力的最佳长度。前面提到，每根肌纤维都是由连接到末端的肌小节组成的，而这些肌小节由粗肌丝和细肌丝组成。最佳肌小节长度定义为粗肌丝和细肌丝之间最佳重叠的长度，这能最大程度地发挥横桥相互作用的潜力。如图 1.15 所示，当肌小节过度伸展（1）或缩短（5）时，因为没有横桥之间相互作用，所以几乎没有力产生。肌肉的静息长度由肌腱决定，肌腱将肌肉附着在两端的骨骼上。这种初始的静息长度最大程度地提高了肌肉产生力的能力，称为**长度－张力关系（length-tension relation）**。

这种关系意味着肌肉长度和关节角度将为肌群中特殊肌肉的力量产生提供优势。图 1.15 所示的长度–张力曲线说明了这种现象，最大张力产生在 2.0～2.25 μm 的肌小节长度范围内，其中肌球蛋白和肌动蛋白之间的重叠是最优的（可以形成数量最多的横桥）。肌小节变长（>2.25 μm），横桥的数量减少，因此张力（曲线的下降支）相应减少。当肌小节缩短到小于 2.0 μm 时，肌球蛋白与肌动蛋白之间相互作用减少，因为可与肌动蛋白相互作用的肌球蛋白头部较少（肌动蛋白移动接近的肌球蛋白头部的 M 线很少，如图 1.15 所示）。另一种对于长度小于 2.0 μm 时产生力量减小的可能解释是，肌球蛋白到达肌小节 Z 线，产生了机械制约。

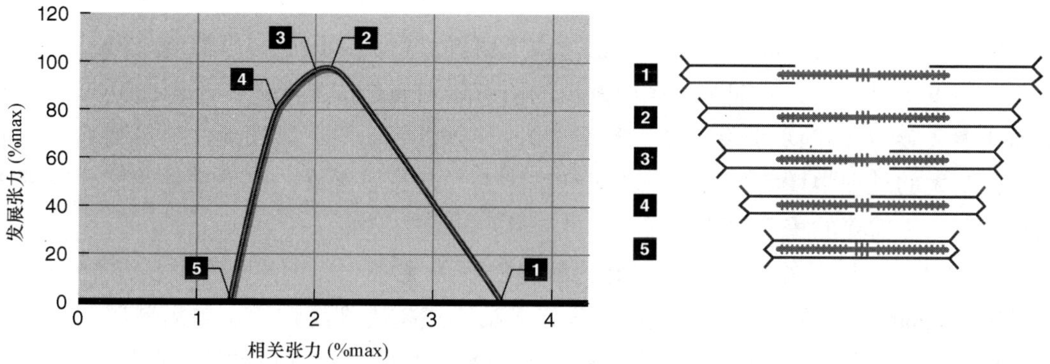

图 1.15　随着肌小节长度的变化而产生的力或张力的变化
（说明了产生力的最佳长度的概念）

4. 力量–速度关系

肌力产生也取决于肌肉收缩的速度。当人们试图举起一个重物时，他们往往会做得很慢，以最大程度地发挥他们的力量。如果他们试图迅速举起同样的重物，未必会成功，还可能会导致损伤。肌肉的**力量–速度关系（force-velocity relation）**说明肌肉力量是收缩速度的函数。在向心（肌肉缩短）收缩期间，产生的最大力随着收缩速度的增加而逐渐减小。然而，离心（肌肉拉长）收缩时，情况正好相反。

力量发展与收缩速度之间的关系可以用在不同收缩速度下总的横桥数目形成时间不同来解释。当肌肉缓慢收缩时，横桥形成的时间比快速收缩时更长。换句话说，当以较快的速度形成横桥时，肌肉产生的力就会减小。

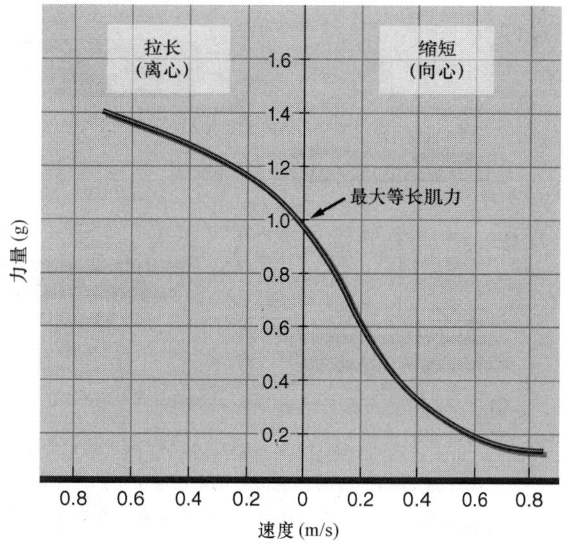

图 1.16　肌肉拉伸和缩短速度与产生力的关系，
离心（拉伸）运动比向心（缩短）运动可以产生更大的力

力量–速度关系适用于向心收缩和离心收缩。如图 1.16 所示，在肌肉收缩曲线（移向 x 轴的右边）的力减小时，速度会增加。另一种考虑力量–速度关系的方法是当肌肉被施加负荷时，如肱二头肌屈曲，随着负荷的增加，收缩的速度变慢。当施加负荷的大小等于肌肉的最大等长肌力时，收缩速度等于零（根据定义，等长收缩不产生移动)。当施加在肌肉上的负荷大于最大等长肌力时会发生什么呢？在这种情况下，肌肉产生的力将随着速度的增大而增加（在图 1.16 中曲线沿 x 轴向左移动），因为负荷超过了最大值时，收缩的速度也会增加。

（三）肌肉记忆

肌肉产生的力的大小取决于肌肉质量。由于肌纤维很大，因此多个细胞核沿肌纤维走向均匀分布，以支持在巨大的细胞体积内发生的所有蛋白质合成。肌纤维不断改变大小，随着废用而变小（萎缩），随着训练而变大（肥大），具体机制如下：肌肉前体卫星细胞、小单核干细胞在肥大的过程中增殖，与现有的肌纤维融合，延长肌纤维，提供额外的核；或者在萎缩的过程中，不需要的核通过凋亡或程序性死亡的过程被清除。

此外，另有一种新的模型可以更好地解释肌纤维大小和肌肉质量变化的机制。在布吕斯高（Bruusgaard）等人的一项研究中，研究人员通过抗阻训练诱导大鼠后肢肌肉肥大，并通过注射标记核苷酸来测量其细胞核。从训练第 6 天开始，细胞核的数量开始增加，在 21 天内增加了 54%，而肌纤维的横截面积直到第 9 天才开始增大。另一组大鼠的运动神经被切断，使其肌肉萎缩。肥大组大鼠肌纤维减少至 60%横截面积时，细胞核数量也没有发生改变。

接受过训练的个体停训一段时间后再恢复训练，适应得比新手更快，这种肌肉记忆现象通常被归因于肌肉的神经控制。现在看来，细胞核可能是产生肌肉记忆的部位。然而，正如李（Lee）和伯德（Burd）所指出的，卫星细胞在肌肉肥大和骨骼肌质量调节中产生的作用是毋庸置疑的，卫星细胞参与维持骨骼肌质量与功能（图 1.17）。

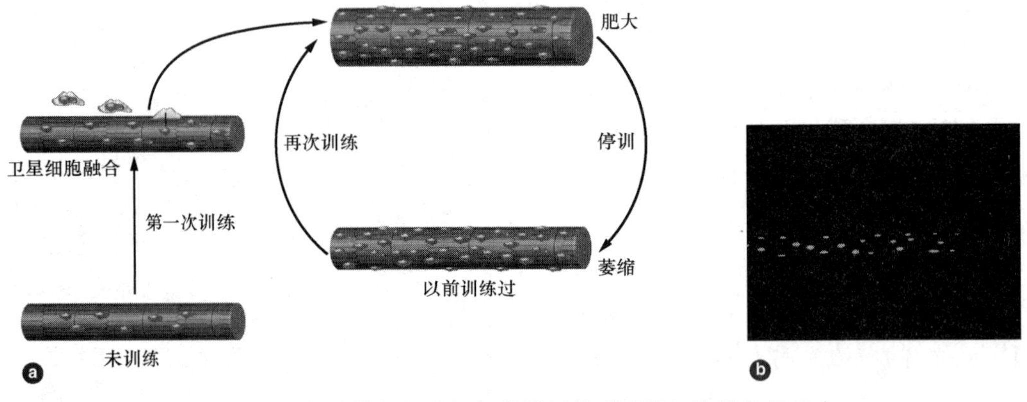

图 1.17　肌细胞核与肌肉记忆的模拟模型及肌细胞核外周分布

注：a. 解释肌纤维细胞核可能是肌肉记忆产生的部位的模型，这一理论解释了为什么以前训练过的肌肉在经过一段时间的停训后可以更快地适应再训练；b. 显微照片显示了肌纤维内细胞核的外周分布。

小结

- 在优秀运动员中，肌纤维类型的组成因运动项目而不同，速度和力量项目运动员的特点是Ⅱ型肌纤维所占百分比较高，耐力项目运动员的Ⅰ型肌纤维所占百分比较高。
- 肌肉收缩的三种主要类型如下：①向心收缩，肌肉缩短；②静态或等长收缩，肌肉活动但关节角度不变；③离心收缩，肌肉拉长。
- 力的产生可以通过募集更多的运动单位和增加运动单位的刺激频率（速率编码）来实现。
- 力的产生在肌肉的最佳长度上最大化。在此长度下，储存的能量和连接的肌动蛋白-肌球蛋白横桥的数量是最佳的。
- 收缩速度也会影响力量大小。向心收缩时，最大力量是通过较慢的收缩来实现的。速度（等长）越接近于零，产生的力量越大，而离心收缩时，速度越快，产生的力量越大。
- 除了卫星细胞，保留的肌细胞核的数量可能有助于解释为什么以前训练过的肌肉在停训一段时间后可以更快地适应再训练。

结语

在这一章中，我们学习了骨骼肌的组成，肌纤维类型的差异及其对运动表现的影响。我们还学习了肌肉是如何产生力量和进行运动的。既然了解了运动是如何产生的，接下来我们将把注意力转向运动是如何被促进的。在下一章中，我们将重点介绍新陈代谢和能量产生。

关键词

乙酰胆碱（acetylcholine，ACh）
肌动蛋白（actin）
动作电位（action potential）
ATP 酶（adenosine triphosphatase，ATPase）
三磷酸腺苷（adenosine triphosphate，ATP）
α-运动神经元（α-motor neuron）
向心收缩（concentric contraction）
动力性收缩（dynamic contraction）
离心收缩（eccentric contraction）
肌内膜（endomysium）
肌外膜（epimysium）
兴奋-收缩耦联（excitation-contraction coupling）
肌束（fascicle）
力量-速度关系（force-velocity relation）

等长收缩（isometric muscle contraction）
长度－张力关系（length-tension relation）
运动单位（motor unit）
肌纤维（muscle fiber）
肌肉骨骼系统（musculoskeletal system）
肌原纤维（myofibril）
肌球蛋白（myosin）
肌球蛋白横桥（myosin cross-bridge）
伴肌动蛋白（nebulin）
肌束膜（perimysium）
质膜（plasmalemma）
做功冲程（power stroke）
有序募集原则（principle of orderly recruitment）
速率编码（rate coding）
肌膜（sarcolemma）
肌小节（sarcomere）
肌浆（sarcoplasm）
肌质网（sarcoplasmic reticulum，SR）
卫星细胞（satellite cells）
单根肌纤维收缩速度（single-fiber contractile velocity，V_0）
大小原则（size principle）
肌丝滑行理论（sliding filament theory）
静力性收缩（static muscle contraction）
总和（summation）
强直收缩（tetanus）
肌联蛋白（titin）
横小管/T 小管（transverse tubules / T-tubules）
原肌球蛋白（tropomyosin）
肌钙蛋白（troponin）
收缩（twitch）
Ⅰ型肌纤维（type Ⅰ fiber）
Ⅱ型肌纤维（type Ⅱ fiber）

思考题

1. 描述构成肌纤维的解剖成分。

2. 描述运动单位的组成。
3. 描述兴奋–收缩耦联的过程。
4. 描述 Ca^{2+}在肌肉收缩中的作用。
5. 简述肌丝滑行理论，以及肌纤维如何缩短。
6. Ⅰ型肌纤维和Ⅱ型肌纤维的特征有哪些不同？
7. 遗传学在确定肌纤维类型的比例和在特定运动中成功的潜力是什么？
8. 简述肌肉力量发展与Ⅰ型运动单位和Ⅱ型运动单位募集的关系。
9. 解释并举例说明向心收缩、等长收缩和离心收缩有何不同。
10. 身体使用哪两种机制来增加单个肌肉产生的力量？
11. 肌肉产生最大力量的最佳长度是多少？
12. 最大力量与向心收缩和离心收缩时的速度有什么关系？
13. 在肌肉收缩时，肌联蛋白的作用是什么？
14. 为什么以前训练过的肌肉在停训一段时间后可以更快地适应再训练？

学习指南

“关键词”复习了本章中的重要概念，章末的思考题可以测试你对本章内容的理解。

第二章　运动能源物质：生物能量和肌肉代谢

"撞墙现象"是在马拉松运动员中经常听到的概念，不管他们训练多努力，一多半的优秀马拉松运动员在比赛中都会遇到"撞墙现象"。这种现象通常发生在比赛进行到 32～35.4 km（20～22 mi）的时候，运动员降速非常大，并且腿像灌了铅一样，腿和胳膊通常会有针刺感和麻木感，并且会出现眩晕感、思维模糊。"撞墙现象"出现的基本原因是可利用能源的耗竭。

跑步者长时间运动的首要能量来源是碳水化合物和脂肪。在耐力项目中，脂肪似乎是能量供应的第一选择——能量释放较多，储存相对不受限。但是，脂肪代谢需要不断的 O_2 供应，提供能量的速率相对于糖代谢来说偏慢。

大多数跑步者能够在其肝脏和肌肉中储存 2 000～2 200 cal 的糖原，这些足以为中等配速跑步跑完 32 km 提供能量。超过 32 km 后，机体将脂肪转换为能量的效率较低，所以跑速变慢并且容易疲劳，而且，糖是维持脑功能的唯一能量来源。因此，马拉松运动员会出现"撞墙现象"，这是生理现象，而非巧合。

植物的化学反应（光合作用）可将光能转化为化学能储存起来，人体则是通过食用植物及动物获得能量。食物的营养以糖、蛋白质和脂肪的形式储存在体内，这三大能源物质或者能源**底物**（**substrate**）可被彻底分解，释放储存在其中的能量。细胞通过化学途径将能源物质分解，供细胞自身及身体的其他细胞利用，此过程称为**生物能量学**（**bioenergetics**）。体内所有的化学反应统称为**新陈代谢**（**metabolism**）。

由于所有能量最终都产生热，生物反应释放能量的多少可以用产生的热量来计算。能量的单位为卡（cal），1 cal 的定义是使 1 g 水温度升高 1℃（如从 14.5℃升高到 15.5℃）所消耗的能量。表示能量时常用**千卡**（**kilocalories，kcal**），1 kcal 等于 1 000 cal，有时 Calorie（首字母大写 C）同时表示千卡，但用 kcal 在技术上和科学上更为准确。例如，某人每天摄取或消耗 3 000 cal 的能量，即每天摄取或消耗 3 kcal 的能量。

细胞内的一些自由能可用于机体的生长和修复，如训练后肌肉体积增大的过程，以及运动或损伤后骨骼肌的修复。能量还可参与许多物质的主动转运，如 Na^+、K^+、Ca^{2+}穿过细胞膜维持内环境稳态的过程。像第一章介绍的那样，肌原纤维内肌动蛋白和肌球蛋白滑动，引起肌肉收缩并产生力的过程也需要消耗能量。

第一节　能源底物

化学键将化学元素链接组成分子，化学键断裂可释放能量。能源底物主要由碳、氢、氧、氮（如果是蛋白质）等元素组成，其分子键相对较弱，断裂后产生的能量较少。因此，食物不能被细胞直接利用，食物内的分子键被细胞化学性分解后，储存在高能化合物 ATP 内，在后面将会详细论述。

安静时，身体消耗的能量主要是由糖和脂肪共同分解产生的。蛋白质很少作为供能物质，主要是作为机体的结构蛋白和酶成分，在催化化学反应的过程中发挥重要作用。高强度、短时间肌肉运动主要依靠糖来供能，脂肪供能很少；低强度、长时间运动则要依靠糖和脂肪共同分解供能来维持。

一、糖

运动中**糖（carbohydrate）**的利用量不仅与糖的利用率有关，而且与肌肉糖代谢系统的发育程度有关。所有碳水化合物最终转化为简单的六碳糖——**葡萄糖（glucose）**（图 2.1），其为单糖的一种，经由血液循环运送到机体的各种组织。安静状态下，机体消化吸收的糖以多糖（糖分子的多种连接）形式——**糖原（glycogen）**储存在肌肉和肝脏内。肌糖原储存在肌细胞的胞浆内，机体需要时可分解为 ATP 形式供能。肝糖原在机体需要时，先分解成葡萄糖，然后随血液循环到活动组织内进行代谢。

肌糖原和肝糖原的储量有限，特别是当膳食中碳水化合物含量不足时，在长时间、高强度运动中更易耗竭。因此，机体非常依赖饮食中的淀粉或蔗糖来补充糖的储量。糖作为肌肉运动的主要能源物质，如果摄取不充足，很快就会被耗竭。另外，糖是脑组织唯一的能量来源，因此严重的糖耗竭会对认知产生的消极影响。

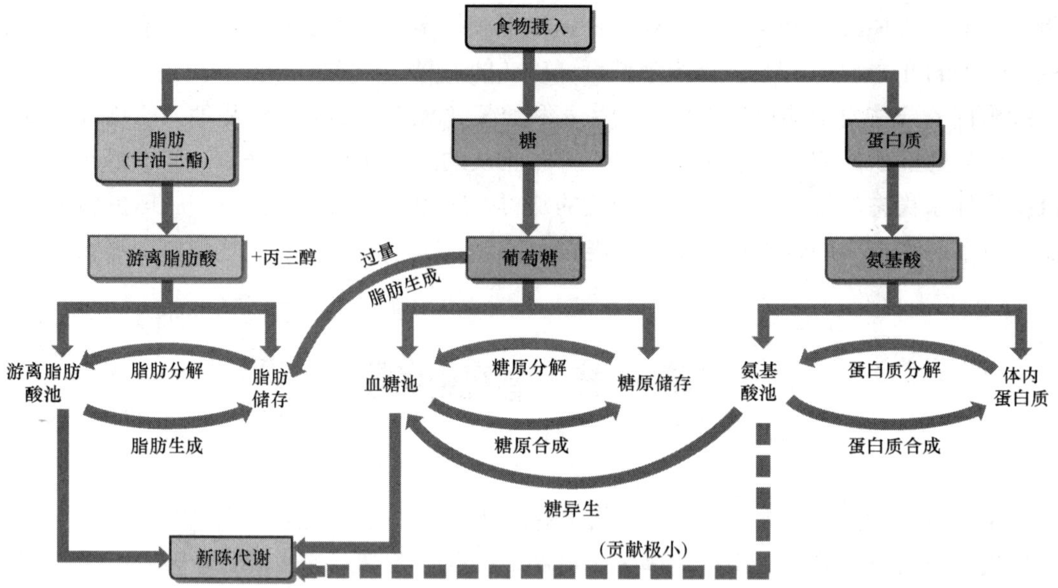

图 2.1　通过食物摄入的脂肪、糖、蛋白质的代谢分解与循环储存途径

注：细胞代谢是饮食中获取的三种能源底物分解产生的，能源底物一旦转化为可以利用的形式，就可以进入血液池循环，或者在身体中储存。

二、脂肪

在长时间、低强度的运动中，脂肪供能占有相当高的比例。不管是在重量方面还是在能量的可利用方面，身体脂肪的储量远远大于糖的储量。表 2.1 提供了较瘦的人（12%体脂率）两种能源物质的储存数值。对于一个含有较多体脂（脂肪组织）的中年人来说，脂肪储量将会增加一倍，而糖的储量基本不变。但脂肪不能被细胞代谢快速利用，因为其必须从复杂的**甘油三酯（triglyceride）**分解成甘油和**游离脂肪酸（free fatty acids，FFAs）**的形式，只有游离脂肪酸可被用来生成 ATP（图 2.1）。

表 2.1　人体储存的能源物质及其对应的可利用能量

部位	g（克）	kcal（千卡）
	糖	
肝糖原	110	451
肌糖原	500	2 050
体液中的葡萄糖	15	62
	脂肪	
皮下脂肪和内脏脂肪	7 800	73 320
肌肉中的脂肪	161	1 513
总计	7 961	74 833

注：以上数据来自一位体重 65 kg、体脂率为 12%的受试者。

1g 脂肪分解产生的能量（9.4 kcal/g）大于 1 g 糖分解产生的能量（4.1 kcal/g）。然而，脂肪释放能量的速率太慢，不能满足高强度运动时肌肉的能量需要。

体内有些形式的脂肪不能提供能量。例如，磷脂是所有细胞膜的主要结构成分，也构成大的神经纤维上的保护性髓鞘。类固醇也存在于细胞膜内，具有激素的功能，同时是雌激素和雄激素的原料。

三、蛋白质

在某些情况下，蛋白质可以用作次要能源，但其必须先转化为葡萄糖才可供能（图 2.1）。在能量耗竭或非常饥饿时，蛋白质还可以转化为游离脂肪酸，给细胞提供所需能量。蛋白质或脂肪转化成葡萄糖的过程称为**糖异生（gluconeogenesis）**。蛋白质转化为游离脂肪酸的过程称为**脂肪生成（lipogenesis）**。在长时间运动中，蛋白质可提供最高 10%的能量，只有氨基酸（蛋白质最基本的单位）才可以供能。1 g 蛋白质可产生 4.1 kcal 能量。

第二节　能量释放速率的控制

为了使用方便，自由能必须以可控速率从化合物中释放出来供能，此速率由两种因素决定：可利用的能源底物和酶活性。大量可利用的能源底物可以增强特殊路径的活性，丰富的某一特定燃料（如糖）可以使细胞主要依赖这种物质供能，而很少依赖其他能源的转化供能，这种对能量利用率的影响称为质量作用效应。

酶（enzyme）作为一种特殊蛋白质分子，可控制自由能释放的速率。大部分酶可以促进化合物的**分解代谢（catabolism）**，只有当反应分子有充足的初始能量来启动反应或者反应链时，化学反应才会发生。酶不会引起化学反应，也不会决定这些反应产生能量的数量。但是，它能够通过降低开始反应需要的**活化能（activation energy）**来提高反应速率（图 2.2）。

酶的名字种类繁多，大多以 -ase 为后缀。例如，一种重要的能够分解 ATP 并释放其储存能量的酶是三磷酸腺苷酶，一种重要的 ATP 酶。

能源底物分解成最终产物的生物化学过程包括很多步骤，每一个步骤都需要特定的酶来催化。增加酶的数量和增强活性（如改变温度或者 pH）可通过代谢途径提高产出效率。另外，许多酶需要其他叫作辅因子的分子来发挥功能，因此辅因子的可利用性可能影响酶的功能和代谢反应的速率。

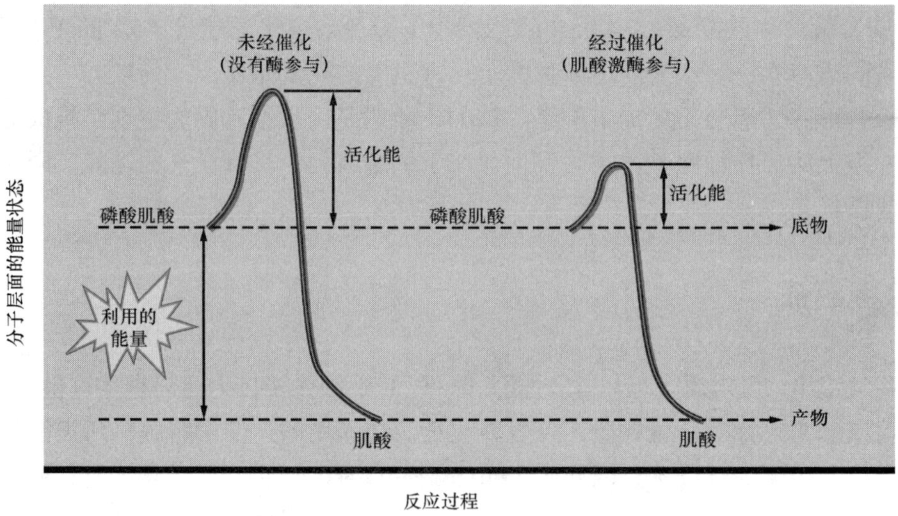

图 2.2　酶通过降低开始反应需要的活化能来提高反应速率

注：在这个例子中，肌酸激酶与其底物 PCr 结合，以提高肌酸的产生速率。

如图 2.3 所示，典型的代谢途径中有一种酶在控制整体反应速率中起重要的作用。这种酶通常位于路径的前端，叫作**限速酶**（**rate-limiting enzyme**）。这种限速酶的活性由底物浓度决定，通过**负反馈**（**negative feedback**）降低酶的活性。

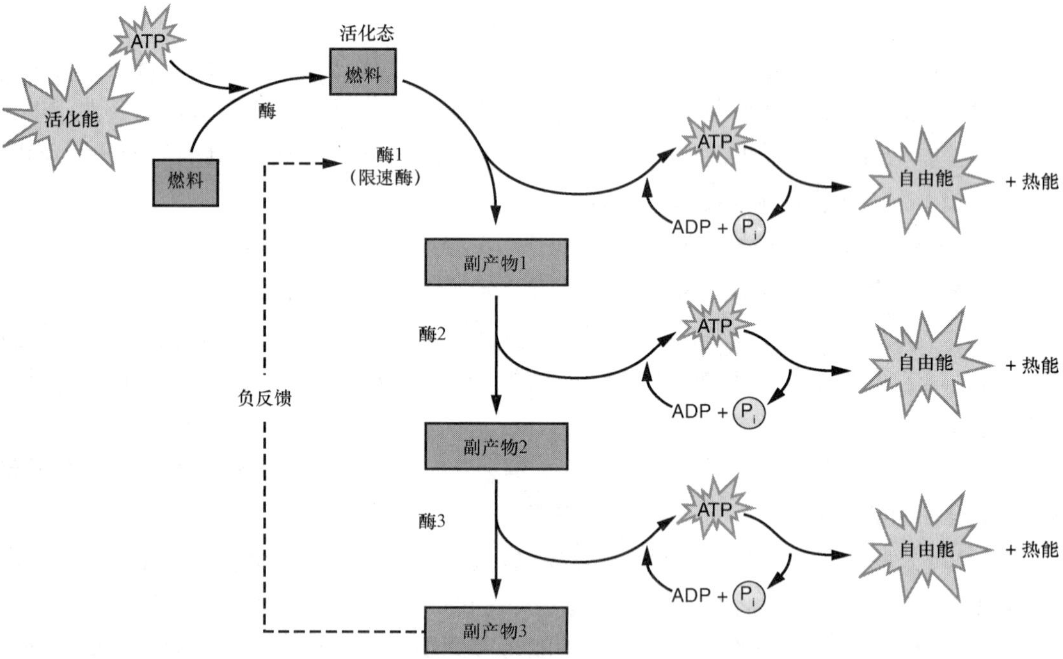

图 2.3　酶在代谢通路中控制反应速率的概念图

注：这是一条典型的代谢通路，展现了酶在控制反应速率中的重要角色。该通路需要以 ATP 的形式输入足够的能量，即活化能，以开始一系列的化学反应。但如果有一种或多种酶参与活化，则需要的启动能量减少。能源物质逐渐被分解为副产物，同时生成 ATP。利用已经储存好的 ATP，能够利用的能量、热量会释放，并释放 ADP 和一个磷酸基团。

一种降低酶活性的反馈物质可能是代谢路径的最终产物；另一种可能是 ATP 和它的分解产物，即**二磷酸腺苷（adenosine diphosphate，ADP）**和 P_i。如果代谢路径的目的是形成化学产物和以 ATP 形式释放自由能，那么大量的最终产物或 ATP 将分别反馈以减缓进一步的产物产生和释放。

小结

- 细胞代谢需要的能量来源于三大能源物质：糖、脂肪和蛋白质。正常情况下，蛋白质几乎不提供新陈代谢所需的能量。
- 通过食物摄取的能量，在细胞内以高能磷酸化合物——ATP 的形式储存。
- 1 g 糖或者蛋白质分解产生 4.1 kcal 能量；1 g 脂肪分解产生 9.4 kcal 能量。
- 糖在体内以糖原形式储存在肌肉和肝脏内。糖比蛋白质和脂肪更容易被机体利用。从食物中摄取的葡萄糖和糖原分解产生的葡萄糖都是糖的直接利用方式。
- 脂肪以甘油三酯的形式储存，这是脂肪在体内一种理想的储能方式。甘油三酯分解产生的游离脂肪酸可转化为能量。
- 肝脏和骨骼肌中储存的糖限制在 2 500～2 600 kcal 的能量范围内，相当于跑 40 km 所需要的能量，储存的脂肪可提供超过 70 000 kcal 的能量。
- 酶可以控制代谢率和能量的产出，通过降低初始的活化能来加速整体的反应，并且催化反应路径的各个环节。
- 酶可以通过后续途径产物（通常是 ATP）的负反馈来抑制，从而减慢反应的总体速率。这通常涉及位于路径上游的一种特殊的酶，称为限速酶。

第三节　能量储存：高能磷酸盐

几乎所有的身体功能，包括肌肉收缩，其直接的能量都是 ATP。1 分子的 ATP（图 2.4a）由 1 分子的腺苷酸（由 1 分子腺嘌呤和 1 分子核糖组成）和 3 分子的无机磷酸基团（P_i）组成。腺嘌呤是一个含氮的主体，核糖是五碳糖。当 ATP 分子与水结合（水解）并且被 ATP 酶催化时，最后一个磷酸基团分离，并快速释放出大量的自由能（在正常情况下，1 mol ATP 大约能释放 7.3 kcal 的能量，但是在细胞中可能会释放 10 kcal 或者更多）。ATP 转化为 ADP 和 P_i（图 2.4a）。

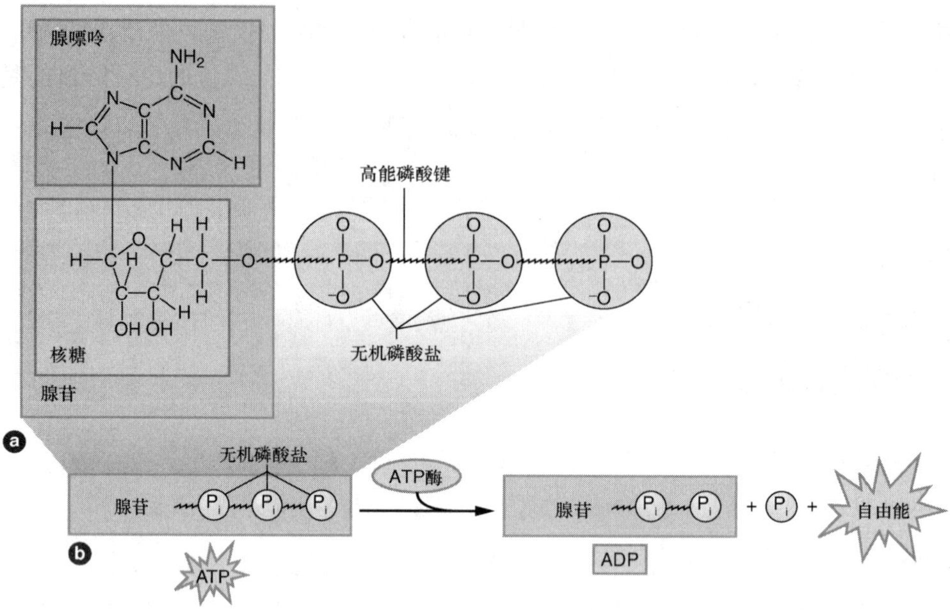

a. 单个 ATP 分子的结构，可以看到高能磷酸键；b. 在 ATP 酶的作用下，第三个磷酸基团脱离腺苷，释放能量。

图 2.4　ATP 转化为 ADP 与 P_i 并释放能量

能量相对较低的化合物 ADP 增加一分子的磷酸基团产生 ATP，这一过程被称为**磷酸化（phosphorylation）**，这一过程需要大量的能量。一些 ATP 的产生不依赖 O_2，这种代谢叫作底物水平磷酸化。一些 ATP 产生的反应（后面章节中讨论）不需要 O_2，然而其他过程仍需要 O_2 的参与，这一过程被称为**氧化磷酸化（oxidative phosphorylation）**。

如图 2.3 所示，ATP 是由 ADP 和 P_i 通过磷酸化作用形成的，ATP 作为一种燃料，经过代谢途径的不同步骤被分解成副产物。在需要能量的时候，储存形式的 ATP 再次分解成 ADP 和 P_i，并释放自由能和可利用的能量。

第四节　基本能量系统

细胞只能储存有限数量的 ATP，必须不断产生新的 ATP 为细胞代谢及肌肉收缩提供必要的能量。细胞通过三个不同系统中的任何一个（或者联合）系统产生 ATP：

（1）ATP-PCr 系统。

（2）酵解能系统（糖酵解）；

（3）氧化能系统（氧化磷酸化）。

前两个系统可以在无氧条件下反应，叫作**无氧代谢（anaerobic metabolism）**；第三个系统需要氧的参与，因此叫作**有氧代谢（aerobic metabolism）**。

一、ATP-PCr 系统

最简单的能源系统是 **ATP-PCr 系统（ATP-PCr system）**，如图 2.5 所示。细胞内除了直接储存少量 ATP，还有另一种高能磷酸分子可以储存能量——**磷酸肌酸（phosphocreatine，PCr）**。这一简单路径包含 PCr 分离出 P_i 和 ADP 形成 ATP。与细胞中 ATP 自由供能不同，PCr 分解释放的能量不能直接用于细胞工作，而是用来重新合成 ATP，以便在安静状态下维持相对持久的能量供应。

肌酸激酶（creatine kinase）可促进 PCr 分解成肌酸和无机磷酸，并释放能量。释放出来的能量可使无机磷酸结合到 ADP 分子上形成 ATP。ATP 被利用时，脱掉一个无机磷酸，释放能量。细胞可通过分解 PCr 提供能量和无机磷酸，使 ADP 重新合成 ATP，从而维持 ATP 水平的稳定。

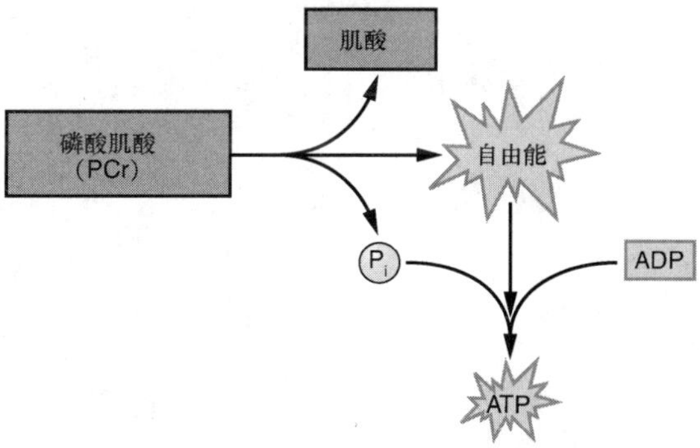

图 2.5　ATP-PCr 系统产能示意图

注：在 ATP-PCr 系统中，ATP 可以通过 ADP 和 Pi 结合生成，其能量来自 PCr 的分解。

根据负反馈和前面讨论的限速酶原理，当 ADP 和 P_i 浓度增加时，肌酸激酶的活性会增强；当 ATP 浓度增加时，肌酸激酶的活性会受到限制。当高强度运动开始时，肌细胞中少量的 ATP 会被分解作为直接能量，产生 ADP 和 P_i，ADP 浓度的增加增强了肌酸激酶的活性，且 PCr 被激活来合成额外的 ATP。随着运动的进行，糖酵解和氧化能系统产生额外的 ATP，此时肌酸激酶的活性受到抑制。

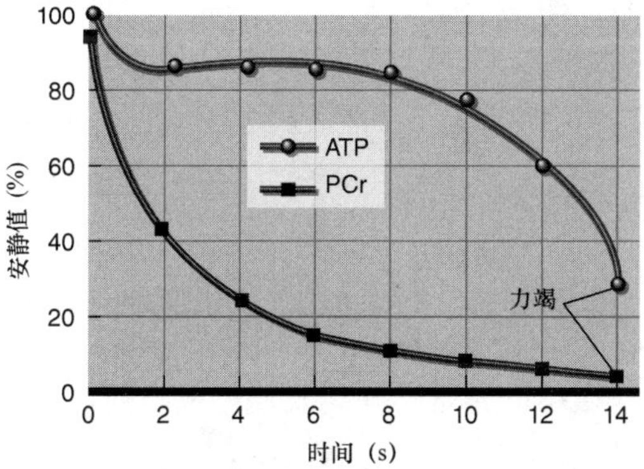

图 2.6　人在进行 14 s 肌肉全力（冲刺）运动时Ⅱ型肌纤维中 ATP 和 PCr 含量的变化

注：尽管 ATP 在不断消耗，PCr 中的能量被用来合成 ATP，在初始阶段防止 ATP 水平降低，但随着力竭，ATP 和 PCr 水平均会降低。

PCr 被分解合成 ATP 的过程非常迅速，而且不需要细胞内的特定结构即可完成。ATP-PCr 系统归属于底物水平代谢。此过程不需要 O_2 即可完成，但也可在有氧条件下进行。

像短跑这样的高强度运动，在最初的几秒内，ATP 含量维持在一个相对稳定的水平，但 PCr 含量却不断下降，因为其要补充消耗的 ATP（图 2.6）。力竭时，ATP 和 PCr 含量均显著降低，以至于不能继续提供能量来维持肌肉的收缩和舒张。因此，分解 PCr 来维持 ATP 水平的能力是有限的。体内储存的 ATP 和 PCr 仅能提供全力冲刺 3～15 s 的能量。超过这个时间，肌肉将通过糖酵解和有氧氧化产生的 ATP 供能。

二、酵解能系统

另一个产生 ATP 的途径是分解(裂解)葡萄糖供能,这个过程由一系列**糖酵解(glycolysis)**酶引起葡萄糖分解,所以这个系统被称为酵解能系统。这个系统比 ATP-PCr 系统更加复杂,详细过程如图 2.7 所示。

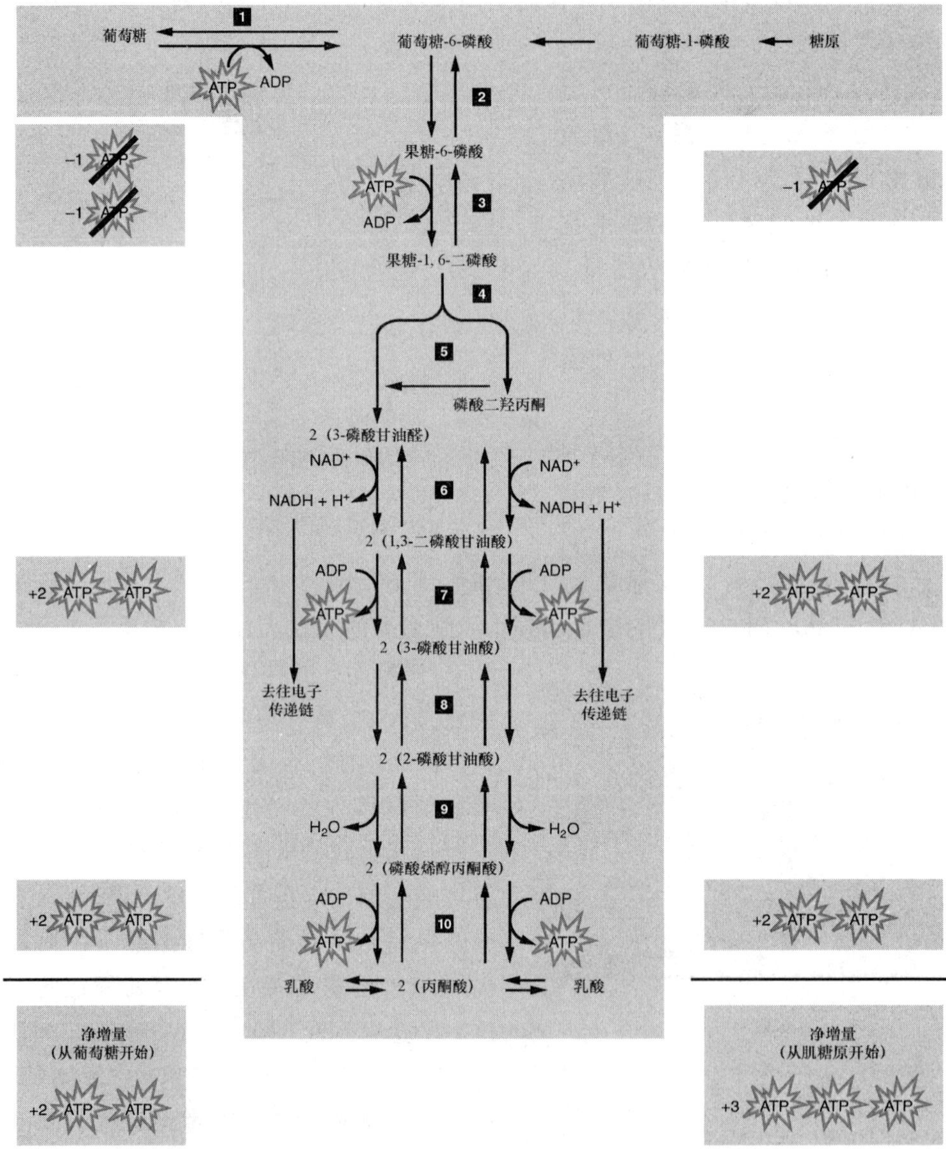

图 2.7　通过糖酵解途径获取能量

注:在糖酵解过程中,1 个葡萄糖分子(6 个碳原子)分解为 2 个丙酮酸分子(3 个碳原子)。糖酵解可以从血糖开始,也可以从糖原(葡萄糖构成分子链,为葡萄糖在肌肉和肝脏的储存方式)开始。要注意的是,该无氧过程大概需要独立的 10 步,ATP 分子的净增量为 2 个或 3 个,取决于最初的底物是葡萄糖还是糖原。

血液中循环的糖 99%为葡萄糖。血液中的葡萄糖来源于食物中碳水化合物的消化和肝糖原的分解。葡萄糖合成糖原的过程称为糖原合成，糖原储存在肝脏和肌肉内。在机体需要的时候，糖原分解形成葡萄糖 –1– 磷酸，随后进入糖酵解通路，此过程称为**糖原分解（glycogenolysis）**。

葡萄糖和糖原在分解产生能量之前，先要转变为葡萄糖 –6– 磷酸。尽管糖酵解过程释放 ATP，但葡萄糖转变成葡萄糖 –6– 磷酸的过程要消耗 1 分子 ATP。糖原转变成葡萄糖 –1– 磷酸，再转变成葡萄糖 –6– 磷酸的过程不需要消耗能量，葡萄糖 –6– 磷酸的形成是糖酵解的开始。

在糖原分解生成丙酮酸的过程中需要 10～12 个酶促反应，然后转化成乳酸。所有的酶促反应都是在细胞质内进行的。1 mol 糖原在糖酵解过程中会净产生 3 mol 的 ATP，1 mol 葡萄糖在糖酵解过程中会净产生 2 mol 的 ATP，因为在葡萄糖转化成葡萄糖 –6– 磷酸的过程中要消耗 1 mol ATP。

酵解能系统不能产生大量 ATP。尽管有这种限制，但 ATP-PCr 系统和酵解能系统仍可在供氧不足的情况下提供能量供肌肉收缩，这两大系统主要为高强度运动的前几分钟供能。

无氧糖酵解的另一个局限性是导致肌肉和体液内的乳酸堆积。糖酵解途径可产生丙酮酸，此过程不需要氧，但氧是否存在决定着丙酮酸的命运。在无氧条件下，丙酮酸直接转变成了乳酸（$C_3H_6O_3$），乳酸被迅速分解，形成乳酸盐。一些术语，如丙酮酸和丙酮酸盐、乳酸和乳酸盐，在运动生理学中通常是可以交换使用的。在任何情况下，组成酸的分子在人体正常 pH 下都是不稳定的，能够迅速失去一个氢离子（H^+）。剩余的分子叫作丙酮酸和乳酸，乳酸本身可以作为能量的来源，本章后面将会讨论。

在全速奔跑持续 1～2 min 时，主要是糖酵解供能，肌乳酸浓度可从安静时约 1 mmol/kg 升高到 25 mmol/kg 之多。肌纤维的酸化可抑制糖酵解酶的功能，从而抑制更多的糖原分解。此外，乳酸也会降低肌纤维的钙结合能力，影响肌纤维收缩。

糖酵解路径中的限速酶是**磷酸果糖激酶（phosphofructokinase，PFK）**。像其他所有限速酶一样，PFK 用于催化果糖–6–磷酸转换成果糖–1，6–二磷酸这一途径中的早期步骤。增加 ADP 和 P_i 的浓度会增强 PFK 的活性，从而提高糖酵解的速率；然而增加 ATP 浓度会限制 PFK 的活性，从而降低糖酵解速率。另外，糖酵解途径包含三羧酸循环，当有 O_2 参与时，会产生更多的能量。三羧酸循环的产物，特别是柠檬酸和 H^+，也会通过反馈限制 PFK。

运动时肌纤维的能耗可达安静时的 200 倍，单靠 ATP-PCr 和酵解能系统不能提供运动所需的能量。在全速运动中，这两个系统提供的能量仅能维持不到两分钟运动。长时间的运动需要第三个能量系统，即氧化能系统提供能量。

小结

- ATP 为细胞提供高能化合物并储存起来，分解时释放能量，它能为机体大部分功能（包括肌肉收缩）直接提供能量。
- ATP 通过三个不同的系统产生：①ATP-PCr 系统；②酵解能系统；③氧化能系统。
- ATP-PCr 系统中，肌酸激酶分解 PCr 产生无机磷酸。分解 PCr 时产生的能量可使无机磷酸和 ADP 结合形成 ATP。此系统不需要氧的参与，其主要功能是使 ATP 维持在一定水平。1 mol PCr 可产生 1 mol ATP。
- 酵解能系统包含一系列糖酵解过程。糖原或葡萄糖分解形成丙酮酸。无氧糖酵解时，丙酮酸转变成乳酸。1 mol 葡萄糖产生 2 mol ATP，1 mol 糖原产生 3 mol ATP。
- ATP-PCr 系统和酵解能系统主要为以下两种运动方式供能：两分钟之内的短时爆发性运动，以及长时间高强度运动的前几分钟。

三、氧化能系统

细胞内产生能量的最后一个系统就是**氧化能系统（oxidative system）**，这个供能系统是三大供能系统中最复杂的一个。在此，我们简单回顾一下。机体在有氧条件下分解底物产生能量的过程称为细胞内呼吸。此过程需要氧的参与，因此称为有氧过程。不同于无氧代谢产生 ATP 发生在细胞质中，有氧代谢产生 ATP 发生在细胞内叫作**线粒体（mitochondria）**的细胞器中。肌肉内线粒体与肌原纤维毗邻，散布在肌浆中。

肌纤维中线粒体的数量和密度是由它产生 ATP 的需要决定的，但是线粒体在细胞中的准确位置则由氧扩散决定。每一根肌纤维中的线粒体都是最优化的分布，这样才能使线粒体在氧供应最少时达到最大的 ATP 产出率。过量的 O_2 暴露在线粒体中会产生活性氧（ROS），而活性氧的浓度过高会损害细胞。

在肌细胞中，线粒体倾向于分布在肌纤维的外围，在毛细血管附近密度较大。这种功能层次能够使毛细血管到线粒体的氧浓度具有梯度分布，也有利于 O_2 运输到线粒体。线粒体趋向于细胞外周的分布有利于肌纤维更好地运输 O_2 来维持较高的代谢率。然而，线粒体在细胞外周的分布也会由于暴露在 O_2 中而增大活性氧产生的可能。因此，线粒体在细胞外的不均匀分布取决于毛细血管的分布。这种分布能够保证最高的代谢率，同时能降低活性氧增加而带来的危害。

在长时间运动时，骨骼肌需要一个稳定的供能系统来维持肌纤维的收缩。相对于无氧产生 ATP，有氧代谢系统的动员比较慢，但其具有强大的产能能力。因此，耐力运动中，有氧代谢是主要的供能方式，同时需要心血管和呼吸系统运输大量的 O_2 到达活动肌肉供其所需。氧化能量来自糖（开始时通过糖酵解产生）或者脂肪。

（一）糖的氧化

如图 2.8 所示，糖有氧代谢产生 ATP 包括三个过程：

✧ 糖酵解（图 2.8a）。

✧ 三羧酸循环（图 2.8b）。

✧ 电子传递链（图 2.8c）。

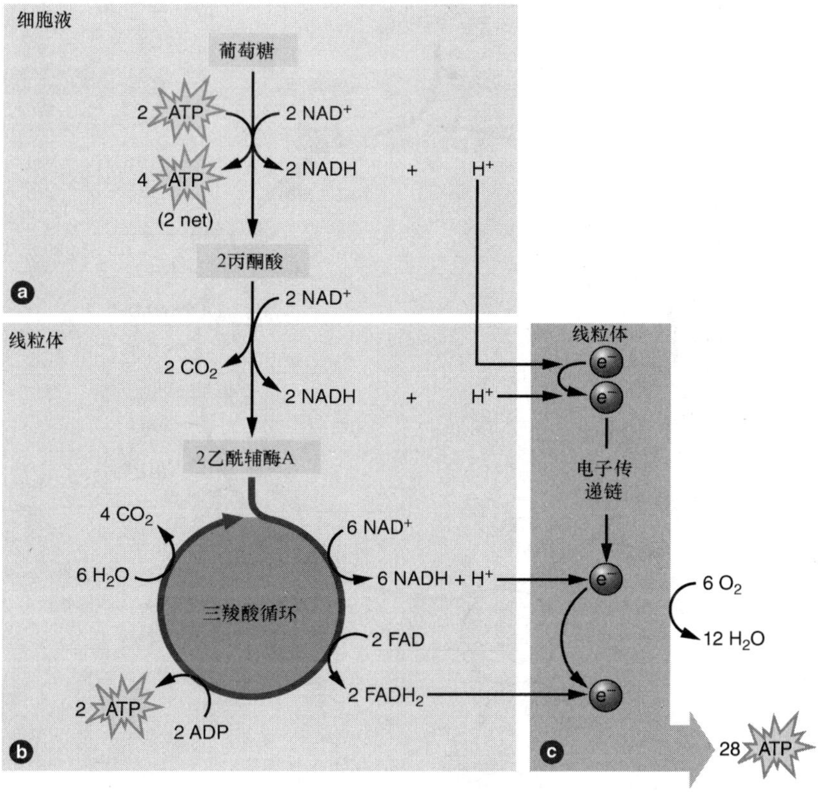

图 2.8　糖有氧代谢的过程

注：在有氧条件下，将葡萄糖（或糖原）还原为丙酮酸后，丙酮酸先被催化为乙酰辅酶 A，后者可以进入三羧酸循环，发生氧化磷酸化，然后在三羧酸循环中释放的 H^+与辅酶结合，辅酶将 H^+携带到电子传递链。

1. 糖酵解

糖代谢中，不管是在有氧条件下还是在无氧条件下产生 ATP，糖酵解均发挥着重要作用。无论有没有 O_2 的存在，糖酵解的过程都是相同的。氧的存在与否只是决定糖酵解终产物——丙酮酸的命运。无氧糖酵解生成乳酸时，1 mol 的糖原只能产生 3 mol 的 ATP，1 mol 的葡萄糖能产生 2 mol ATP。然而，有氧时，丙酮酸转变成乙**酰辅酶 A（acetyl coenzyme A，acetyl CoA）**。

2. 三羧酸循环

乙酰辅酶 A 形成后即迅速进入**三羧酸循环（krebs cycle）**，此循环可经过一系列复杂的化学反应，使乙酰辅酶 A 完全氧化（图 2.9）。回顾前文，1 分子葡萄糖酵解能产生 2 分子的丙酮酸。因此，每一个葡萄糖分子在有氧情况下产生能量的过程会形成两个完整的三羧酸循环。

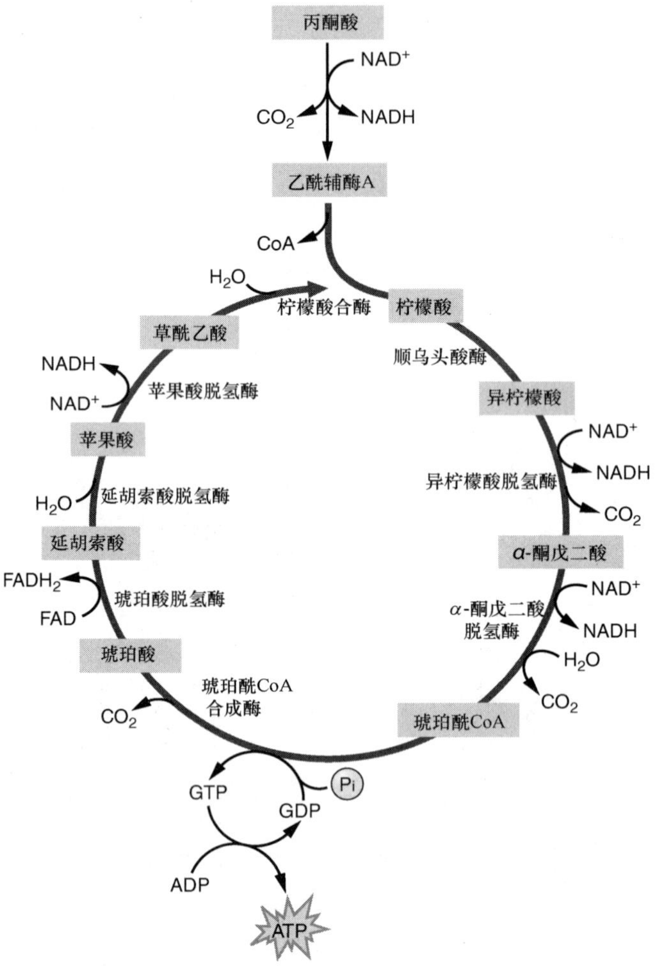

图 2.9　三羧酸循环中发生的一系列反应，以及该过程中形成的化合物及参与反应的酶

在图 2.8b 和图 2.9 展示的三羧酸循环中，琥珀酰 CoA 转化成琥珀酸并产生鸟苷三磷酸，或者叫 GTP，这是一种和 ATP 相似的高能化合物。鸟苷三磷酸将一个 P_i 转移给 ADP 后使 ADP 变成 ATP，然后通过底物水平磷酸化形成 2 分子 ATP。三羧酸循环结束时，最初的糖被彻底分解为 CO_2 和水，并产生额外的 2 mol ATP。

在包含能量代谢的其他路径中，三羧酸循环酶通过循环的几个步骤进行负反馈调控。三羧酸循环中的限速酶是异柠檬酸脱氢酶，像 PFK 一样，在电子传递链中被 ATP 限制，被 ADP 和 P_i 活化。因为肌肉的收缩依赖于细胞中的钙，所以过量的钙也会刺激限速酶即异柠檬酸脱氢酶。

3. 电子传递链

葡萄糖进行糖酵解生成丙酮酸的过程会释放出 H^+。另外，在三羧酸循环的第二步，丙酮酸转化为乙酰辅酶 A 的过程也会释放 H^+。如果 H^+一直存在，细胞内酸性就会变得太强，那这些 H^+去了哪里呢？

三羧酸循环之后还会发生一连串化学反应，称为**电子传递链（electron transport chain）**（图 2.8c）。糖酵解和三羧酸循环中产生的 H^+将会和两种辅酶——辅酶 I（烟酰胺腺嘌呤二核苷酸，NAD）和黄酰胺嘌呤二核苷酸（FAD）结合，然后转换成另一种形式（NADH 和 $FADH_2$）。每一个三羧酸循环会产生 3 分子的 NADH 和 1 分子的 $FADH_2$。这两种辅酶把氢原子转到电子传递链，这个传递链是位于线粒体膜内的线粒体蛋白复合物群（图 2.10）。

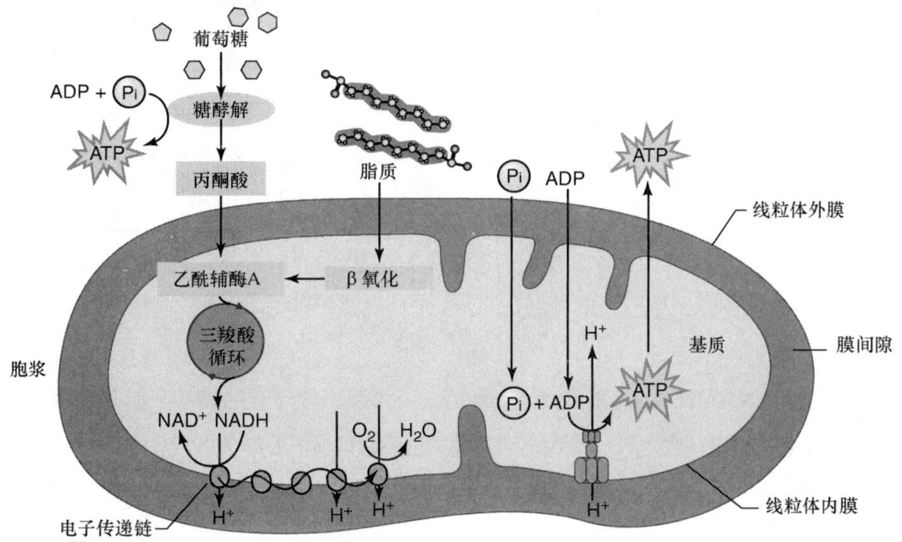

图 2.10　糖酵解（胞浆）、三羧酸循环（线粒体）、电子传递链（线粒体膜间隙）的位置

这些蛋白复合物包含一系列的酶和含铁蛋白，如我们知道的**细胞色素（cytochrome）**。这些蛋白作为电磁转化成电子，第一种复合物是黄素单核苷酸（FMN），其对电子的吸附能力比 NADH 强；第二种复合物的吸附性比第一种复合物的吸附性更强，并且位于传递链的更下方。高能电子沿着这条电子链从一种复合物传递到另一种复合物的过程会释放一些能量，这些能量可以将 H^+从线粒体基质泵出到线粒体间隙。这些 H^+返回细胞膜后，降低了浓度梯度，能量转化到 ADP 上形成 ATP，最后一步需要 ATP 合成酶。在电子传递链末端，H^+和氧结合形成水，防止细胞酸化，如图 2.11 所示。因为此过程需要氧作为电子和 H^+的最终结合物，所以称为氧化磷酸化反应。

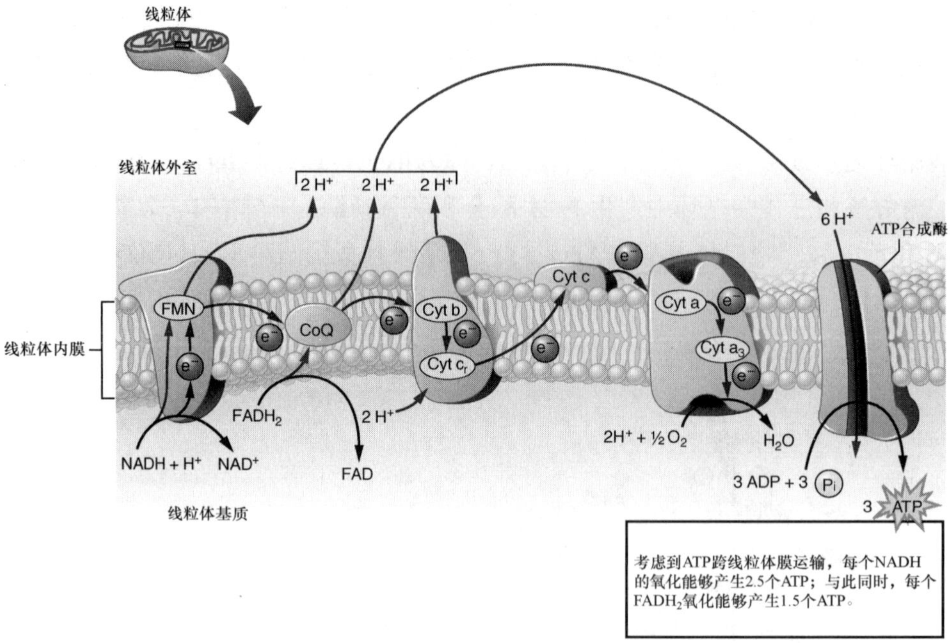

图 2.11 电子传递链

注：有氧环境中产生 ATP 的最后一步是线粒体内 NADH 和 $FADH_2$ 携带高能电子的能量转移，后续的一系列步骤称为电子传递链。

每一对电子通过 NADH 运输到电子传递链，形成 3 分子的 ATP，但是如果通过 $FADH_2$ 运输只产生 2 分子的 ATP。然而，因为 NADH 和 $FADH_2$ 位于线粒体膜外，所以 H^+必须穿出线粒体膜，这个过程需要 O_2。所以实际上，每分子 NADH 只产生 2.5 分子 ATP，而每分子 $FADH_2$ 只产生 1.5 分子 ATP。

4. 糖氧化产生的能量

1 分子葡萄糖完全氧化可生成 32 分子的 ATP。若此反应始于肌糖原，则生成 33 分子的 ATP，ATP 产生位点如图 2.12 所示。三羧酸循环引起的糖酵解路径中的底物水平磷酸化获得 2 分子 ATP（糖原分解获得 3 分子）。总共 10 个 NADH 分子进入电子传递链：糖酵解中 2 个，丙酮酸转化成乙酰辅酶 A 的过程中 2 个，三羧酸循环中 6 个，此过程产生 25 分子 ATP。实际产生了 30 个 ATP，但运输 ATP 穿过膜需要消耗 5 个 ATP。包含电子运输的三羧酸循环中的 2 个 FAD 会产生 3 个额外的 ATP。最后，包含 GTP 分子的三羧酸循环中的底物水平磷酸化会增加 2 分子 ATP。

电子穿越线粒体膜的能量消耗在运动生理学中是一个相对新的概念。很多教材仍然是每分子葡萄糖能产生 36～39 个 ATP。

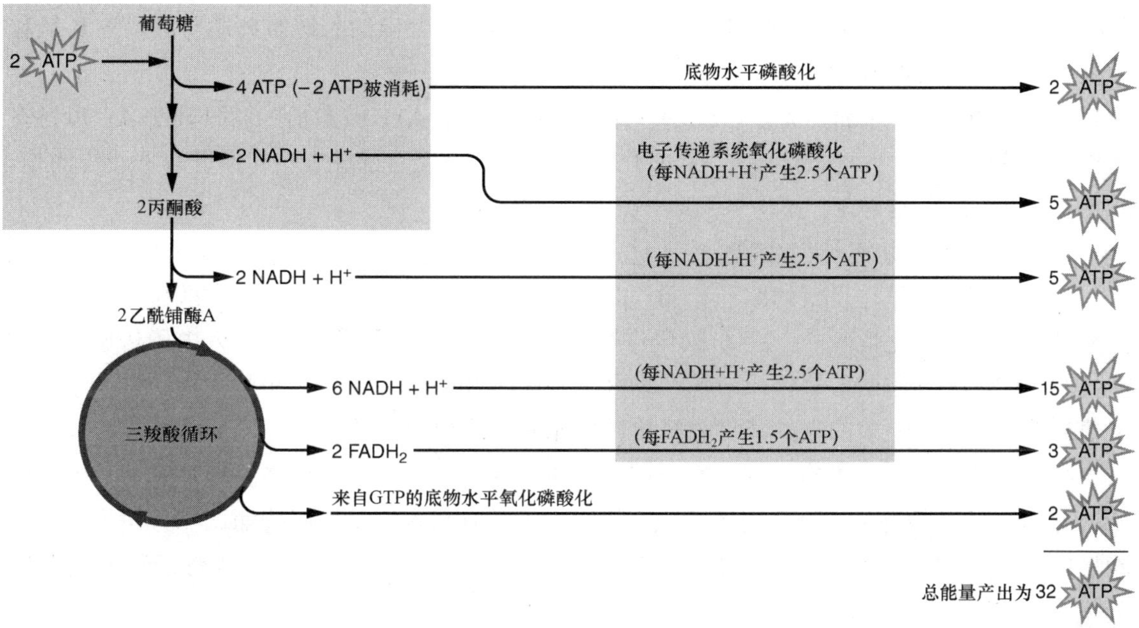

图 2.12　1 分子葡萄糖氧化产生 32 分子 ATP，将糖原作为氧化底物还能额外产生 1 个 ATP

（二）脂肪氧化

如前所述，脂肪也是肌肉活动时重要的能量来源。肌糖原和肝糖原储备只能提供约 2 500 kcal 的能量，而即使偏瘦的成年个体，肌肉和脂肪细胞中储存的脂肪也至少可提供 70 000～75 000 kcal 的能量。许多化合物（甘油三酯、磷脂和胆固醇）虽然都属于脂类，但只有甘油三酯是主要的供能物质。甘油三酯储存在脂肪细胞中、骨骼肌纤维之间或肌纤维内。甘油三酯作为能源物质，需要先分解成 1 分子甘油和 3 分子游离脂肪酸。此过程称为**脂肪分解（lipolysis）**，需要脂解酶的催化才能进行。

游离脂肪酸是脂肪代谢最主要的能量来源，一旦从甘油三酯中释放出来，即可进入血液，被运送到身体各个部位，通过简单扩散或易化扩散（以运输蛋白为载体的扩散方式）进入肌纤维。进入肌纤维的速率由浓度梯度决定，增加血液中游离脂肪酸的浓度能增大游离脂肪酸进入肌纤维的速率。

1. β 氧化

如前所述，脂肪存在于人体的两个部位——肌纤维和脂肪细胞。脂肪的储存形式是甘油三酯，它能分解成游离脂肪酸和甘油参与能量代谢。游离脂肪酸用于能量产生时，必须在线粒体中转化成乙酰辅酶 A，这一过程叫作 **β 氧化（β-oxidation）**。乙酰辅酶 A 是所有底物进行有氧代谢时在三羧酸循环中的共同中间物质。

β 氧化需要经过一系列步骤，在这个过程中游离脂肪酸的长碳链会断裂成具有两个碳的酰基单元。酰基单元变成乙酰辅酶 A，再进入三羧酸循环形成 ATP。步骤的多少取决于游离脂肪酸中碳的数目，一般为 14～24 个。例如，一个有 16 个碳的长链游离脂肪酸经过 β 氧化后生成 8 分子的乙酰辅酶 A。

游离脂肪酸进入肌纤维后，在酶的作用下消耗 1 分子 ATP 被激活为脂酰辅酶 A，以备在线粒体内分解。和糖酵解一样的是，β 氧化需要两个 ATP 能量的输入；和糖酵解不一样的是，β 氧化不能直接产生 ATP。

2. 三羧酸循环和电子传递链

脂肪代谢与糖氧化反应的路径相同，β 氧化形成的乙酰辅酶 A 进入三羧酸循环。三羧酸循环进行氧化磷酸化反应时，在 β 氧化作用过程中产生 H^+，这些 H^+会进入电子传递链。和糖代谢一样，游离脂肪酸氧化反应的产物是 ATP、水和 CO_2。由于一个游离脂肪酸分子比一个葡萄糖分子含有更多的碳，故完全氧化游离脂肪酸需要更多的 O_2。

游离脂肪酸含碳多于葡萄糖的好处在于脂肪代谢过程中能合成更多乙酰辅酶 A，乙酰辅酶 A 进入三羧酸循环后，会使更多的电子进入电子传递链，这是脂肪代谢比糖代谢产生更多能量的原因。与葡萄糖和糖原不同，脂肪种类较多，其 ATP 的产生量依赖于特定的脂肪氧化。

以 16 碳脂肪酸——棕榈酸为例，经过氧化反应、三羧酸循环与电子传递链的相互作用，1 分子的棕榈酸生成 106 分子的 ATP（表 2.2），远多于糖代谢生成的 32 个 ATP，或糖原代谢生成的 33 个 ATP。

表 2.2　由 1 分子棕榈酸产生的 ATP

过程阶段	直接（底物水平氧化）	通过氧化磷酸化
脂肪酸活化	0	–2
β氧化（发生 7 次）	0	28
三羧酸循环（发生 8 次）	8	72
小计	8	98
总计	106	

研究视角 2.1　人类的白色、棕色、米色脂肪

棕色脂肪组织（BAT），通常叫作棕色脂肪，几乎存在于所有种类的哺乳动物中，特别是那些冬眠动物。不像白色脂肪组织专门用来储存和分解脂肪以满足长期的代谢需求，棕色脂肪的功能是直接将食物能量转化成热量。棕色脂肪细胞含有许多小的液滴和线粒体，因此组织呈棕色。棕色脂肪细胞比白色脂肪细胞有更多的血管，这样有利于向组织提供 O_2 和营养，并且将细胞中产生的热量分配到身体的其他部位。棕色脂肪细胞中线粒体内膜有特殊的蛋白质，叫作解耦联蛋白，它可以在产生 ATP（磷酸化）时解离电子传递链。棕色脂肪的首要功能是产生热量和增强代谢（尤其是在安静状态下），而白色脂肪是产生 ATP 供应能量。

棕色脂肪在新生儿和儿童体内含量丰富。从长期来看，成年人体内棕色脂肪的储量减少。2009年的一项研究发表在《英格兰医学杂志》(*New England Journal of Medicine*)上，表明成年人体内只有功能性活跃的棕色脂肪。利用正电子发射体层成像和计算机体层成像（PET-CT）进行人体扫描，发现成年人体内的大部分棕色脂肪位于锁骨处，并且女性比男性多。此外，身体质量指数（body mass index，BMI）越高，棕色脂肪越少。因为棕色脂肪促进能量消耗而不是能量储存（白色脂肪的角色），在人类中的这一发现激起了学界巨大的兴趣：是否可以通过增强棕色脂肪的活性来有针对性地治疗肥胖和2型糖尿病？

最近有研究报告，长期耐力锻炼可能会促进白色脂肪中类似产热基因的表达，导致白色脂肪棕色化。动物试验中，对大鼠进行改变脂肪类型的诱导训练可以使静息能量消耗增加17%。对于人类，是否可以通过运动训练增加棕色脂肪的含量或者促进白色脂肪棕色化还不清楚。但是有研究正在利用棕色脂肪的代谢潜能来增加整体的能量消耗。这些研究的最终目标是治疗肥胖和其他代谢疾病。

（三）蛋白质氧化

如前所述，糖与脂肪酸是优先选择的能源底物。在特殊情况下，有时也动用蛋白质或氨基酸（主要是合成蛋白质）作为能量来源。一些氨基酸可通过糖异生作用转化成葡萄糖（图2.1），也有一些氨基酸能转化为氧化代谢中的中间产物（如丙酮酸或乙酰辅酶A），进入氧化反应过程。

蛋白质产生的能量不像糖或脂肪那样容易确定，因为蛋白质中含有氮。当氨基酸进行分解代谢时，一部分分解的氮会被用来合成新的氨基酸，剩余的氮则无法被氧化而转化成尿酸，主要通过尿液排出体外。这个转化过程需要消耗ATP，因此蛋白质代谢产生的能量有一部分会被消耗掉。

实验室内完全燃烧1 g蛋白质，可产生5.65 kcal的能量。然而，在人体内蛋白质的代谢过程中，氮转化合成尿素的过程需要消耗能量，故产生的净能量只有4.1 kcal/g。

要想精确计算蛋白质代谢率，必须确定机体中排出氮的量，需要收集12～24 h的尿液来进行测定。健康机体很少在安静状态或运动中利用蛋白质作为能量来源（通常不超过总能量需求的10%），故估算总能量消耗时，通常忽略蛋白质代谢产生的能量。

四、运动中乳酸作为能量来源

乳酸在细胞中处于一种不断转换的状态，由糖酵解产生，并主要通过氧化代谢移出细胞。然而，尽管它是造成疲劳的原因，但是在运动中它可以是实实在在的能量来源，主要通过以下几种机制实现：

第一，乳酸在肌纤维细胞质中由糖酵解产生，可以被相同类型肌纤维中的线粒体直接氧化清除。该过程主要发生在具有较高密度线粒体的细胞中，像Ⅰ型肌纤维、心肌和肝细胞中。

第二，肌纤维中产生的乳酸可以通过乳酸穿梭的过程从“产地”运到任何地方被利用，这个过程最先由乔治·布鲁克斯（George Brooks）博士描述。乳酸主要由Ⅱ型肌纤维产生，可以通过扩散或者主动运输的方式运送到相邻Ⅰ型肌纤维中。因此，大部分乳酸由肌肉产生，也并没有离开这些肌肉，还能通过循环系统运送到可以被直接氧化的地方。乳酸穿梭允许一个细胞糖酵解为另一个细胞供应能量。特殊转运体叫单羧酸转运（monocarboxylate transport, MCT）蛋白，有利于乳酸在细胞和组织之间的传输，使其就像在细胞内部一样便利。运动时，80%～90%的乳酸通过被动扩散和MCT的异化扩散通过肌纤维膜。这些转运体蛋白表达有不同的数目，其取决于细胞和组织的特点，这些细胞和组织有助于转移代谢最活跃细胞中的乳酸。运动时，用于代谢燃料的乳酸占乳酸移除的70%～75%。

最后，肌肉中产生的一些乳酸通过血液运送到肝脏。在此，乳酸又转为丙酮酸而合成糖原（糖异生），再转运回工作肌肉，这叫作Cori循环。如果没有乳酸转化成糖的这种再循环能量利用，长时间运动就会受到很严重的限制。从更综合的层面来看，运动骨骼肌产生的乳酸在脑内被吸收和氧化。因此乳酸不仅是一种代谢燃料，也会对运动中不同代谢燃料的营养感受器的变化做出反应。

五、代谢底物总结

如图2.13所示，运动中肌肉收缩是能量供应和需求的过程。骨骼肌纤维的收缩和舒张都需要能量。能量来自食物和储存于人体中的能量。ATP-PCr系统在细胞质中产生能量，和酵解能系统一样不需要O_2。氧化磷酸化过程发生在线粒体内。在有氧环境中，主要代谢底物糖和脂肪都会转化成共同的中间产物乙酰辅酶A，进入三羧酸循环。

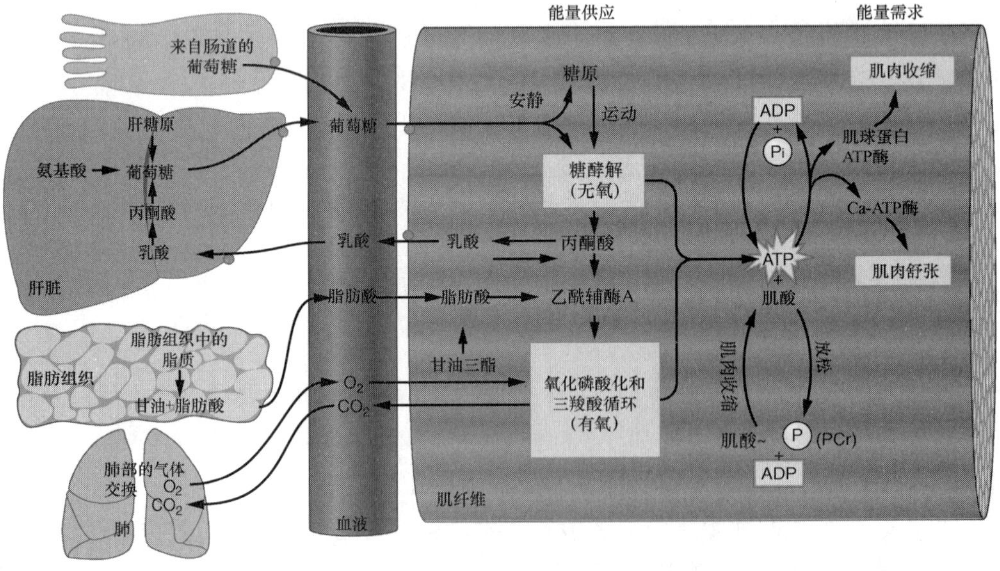

图2.13　肌纤维内部糖、脂肪、少量蛋白质的代谢均经过的共同通路，通过有氧和无氧途径产生的ATP分子在肌肉的舒张和收缩中被利用

研究视角 2.2 终身训练可以提高能量利用的效率

运动能力和运动表现会随着年龄增长而降低。很明显，通过锻炼，老年人的骨骼肌可以满足运动的需求。与久坐相比，终身进行体育锻炼可以防止肌纤维大小、肌纤维类型、线粒体数量和氧化能力等指标随着年龄而降低。这些与年龄相关的改变和适应将会在第十八章中详细讨论。

最近在匹兹堡大学完成的一项研究旨在确定：与参加相似训练（运动模式和训练频率）的年轻运动员相比，老年专业运动员的骨骼肌是否储存了同样的能源底物，以及是否具备同样的氧化能力。研究发现，终身锻炼的老年专业运动员与年轻运动员相比，肌纤维中储存了更多的甘油三酯，并且氧化纤维占更高比例。这些区别使代谢效率更高（更少依赖糖的氧化），年长运动员可以在更高强度下运动（图 2.14）。在较高的运动强度下，同样训练水平的较年长耐力运动员对糖的氧化的依赖要小于较年轻运动员。终身耐力训练能够防止氧化能力随年龄增长而降低，并且让年长运动员在进行运动时提高脂肪氧化产生 ATP 的能力。

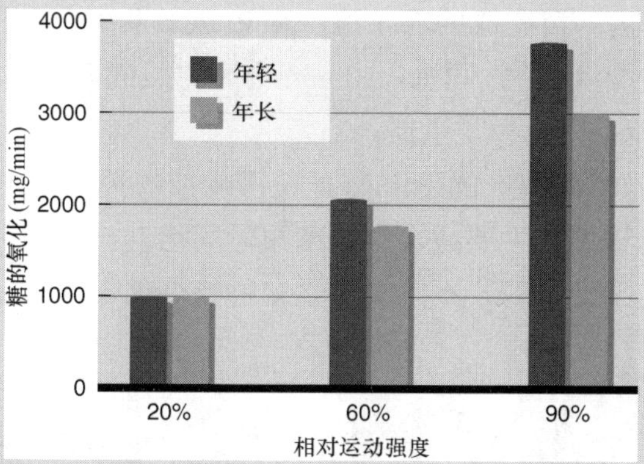

图 2.14 较年轻运动员和较年长运动员在不同相对运动强度下糖的氧化

小结

- 氧化能系统是指在 O_2 充足的条件下分解底物的系统。此系统产生的能量多于 ATP-PCr 系统和酵解能系统。
- 糖的氧化包括糖酵解作用、三羧酸循环及电子传递链，每分子糖最终会生成 CO_2 和水，并产生 32 或 33 个 ATP 分子。
- 脂肪氧化始于游离脂肪酸的 β 氧化，然后与糖的氧化一样，乙酰辅酶 A 进入三羧酸循环及电子传递链。脂肪氧化产生的能量远多于糖氧化产生的能量，其取决于游离脂肪酸被氧化的程度。脂肪氧化形成的高能磷酸速率较慢，高能磷酸最大合成速率不能满足高强度运动时高能磷酸的利用率。每分子 O_2 氧化脂肪产生的能量少于氧化糖产生的能量。
- 尽管每克脂肪氧化产生的能量比糖要多，但脂肪氧化相对于糖氧化来说需要更多的 O_2。每消耗 1 分子 O_2，脂肪能产生 5.6 分子 ATP，糖能产生 6.3 分子 ATP。由于 O_2 受到运输系统的限制，因此在高强度运动中，糖是最理想的能量来源。
- 脂质氧化产生 ATP 的最大速率不能满足高强度运动对 ATP 的需求。这可以解释当储存糖消耗殆尽，脂肪作为主要能量来源时，运动员的跑速会下降。
- 测试蛋白质氧化是非常复杂的，因为氨基酸中含有不能被氧化的氮，蛋白质产生的能量相对较少，通常少于 10%，所以这种代谢通常可以忽略。

- 尽管乳酸是造成疲劳的潜在因素，但是在运动中它也是重要的能量来源。

第五节　三大能源系统的相互作用

三大能源系统并非相互独立的，没有哪一项活动是 100% 由单一能源系统提供能量。当个体从事高强度运动，从短跑（少于 10 s）到耐力运动（大于 30 min）时，所有能源系统会共同参与机体的能量供应。通常以一个能源系统供能为主，除非出现主要能源系统向另一个系统的转变。例如，10 s 内即可完成的百米跑，ATP-PCr 系统为主要能源系统，但糖酵解及有氧代谢系统也同时参与少量供能。再如，30 min 内可完成的万米跑，以有氧代谢供能为主，但 ATP-PCr 系统和酵解能系统也参与供能。

图 2.15 展示了不同能源系统产能速率与可获得能量的关系。ATP-PCr 系统供能速率最快，但总产能最低，因此该系统主要适合高强度短时间运动。相反，脂肪氧化供能系统产能速率较慢，但产能总额是无上限的。不同能源系统的特点见表 2.3。

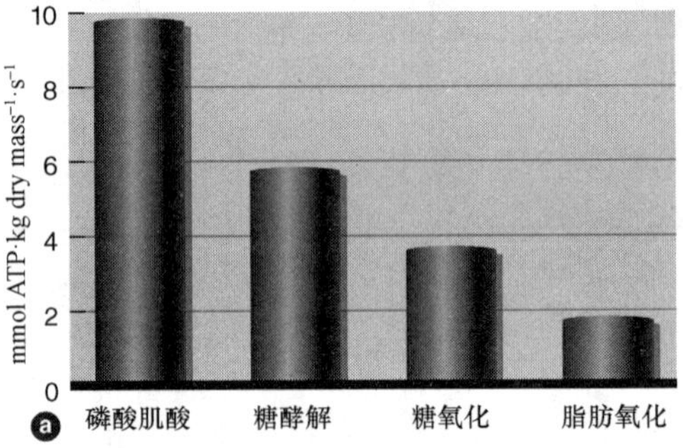

a. 产生 ATP 的最大速率

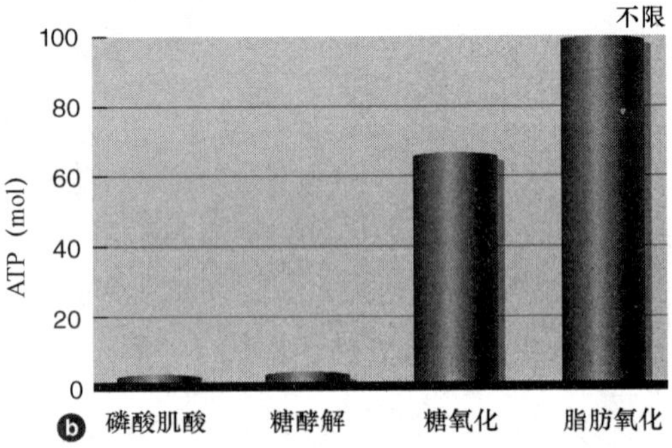

b. 产生最多可利用的能量呈现出相反的关系

图 2.15　不同的能源系统产能速率与可获得能量的关系

表 2.3　不同能源系统的特点

能源系统	O_2 的存在是否必要	化学反应	每秒形成 ATP 的相对速率	每分子底物所能形成的 ATP 数量	供能时长
ATP-PCr	否	PCr 至 Cr	10	1	＜15 s
糖酵解	否	葡萄糖或糖原至乳酸	5	2～3	约 1 min
糖的氧化	是	葡萄糖或糖原至 CO_2 和 H_2O	2.5	36～39*	约 90 min
脂肪的氧化	是	脂肪酸或甘油三酯至 CO_2 和 H_2O	1.5	＞100	数天

注：*表示每分子碳水化合物产生 36～39 分子 ATP，不包括跨膜运输的能源成本，净产量略低。

第六节　交叉概念

交叉概念（crossover concept）最先由布鲁克斯和默西埃（Mercier）提出，用来描述持续运动中糖和脂肪氧化之间的相对平衡。在安静或者低到中等强度（低于 60% 的最大摄氧量）运动中，脂肪作为主要能源底物产生 ATP。在高强度（高于 75%最大摄氧量）运动中，肌糖原分解增加和更多Ⅱ型肌纤维被募集促使糖成为主要能源底物产生 ATP。交叉点是脂肪和糖利用相互交叉的强度（图 2.16），这个点表示脂肪产能下降，而糖产能增加。高于这个交叉点，糖供能增加而脂肪供能减少，以满足更高的功率输出。

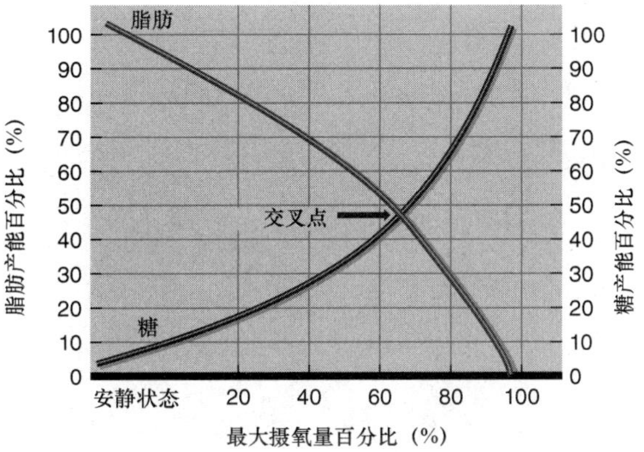

图 2.16　脂肪和糖利用率对总能量消耗的相对贡献与运动强度之间的关系，两条曲线交叉点说明了经典的交叉概念

交叉点受运动强度和耐力训练状态的影响。耐力训练能使肌纤维产生生物化学适应，可以促进和支持游离脂肪酸的氧化，包括线粒体数量的增加、氧化酶活性的增强、β 氧化和电子传递链的改变，以上这些都是脂肪代谢的重要决定因素。因为机体储存的糖是有限的，可以通过训练使机体出现糖原节省化。这种训练诱导适应使交叉点转向更高运动强度。膳食（能量供应和储存）和前期训练在决定亚极量运动的底物利用平衡中起着次要作用。

第七节　肌肉的氧化能力

氧化代谢过程产能最高，这是按照所有过程均以最高效率运作来计算的。但是在生理条件下，这些氧化代谢会受到某种限制。肌肉的氧化能力（$\dot{Q}O_2$）是指肌肉利用氧的最大能力。

此数据是在实验室获得的，指少量肌肉组织受到化学刺激后产生 ATP 时消耗 O_2 的能力。氧化能力最大程度依赖氧化酶浓度、肌纤维类型比例和氧利用率。

一、酶活性

肌纤维氧化糖和脂肪的能力很难测定。许多研究表明，肌肉维持长时间有氧运动的能力和氧化酶活性之间有密切关系。因为氧化过程需要许多酶的催化或参与，所以酶活性便成了确定肌肉氧化能力的合理指标。

测量肌肉中所有的酶是不可能的，通常选择几种有代表性的酶来反映肌纤维的有氧能力。常用的酶有琥珀酸脱氢酶和柠檬酸合酶，两者都是线粒体内参与三羧酸循环的酶（图 2.9）。图 2.17 显示的是股外侧肌琥珀酸脱氢酶活性和肌肉有氧能力之间的密切关系。耐力运动员肌肉中所含氧化酶的活性是未经训练人群的 2～4 倍。

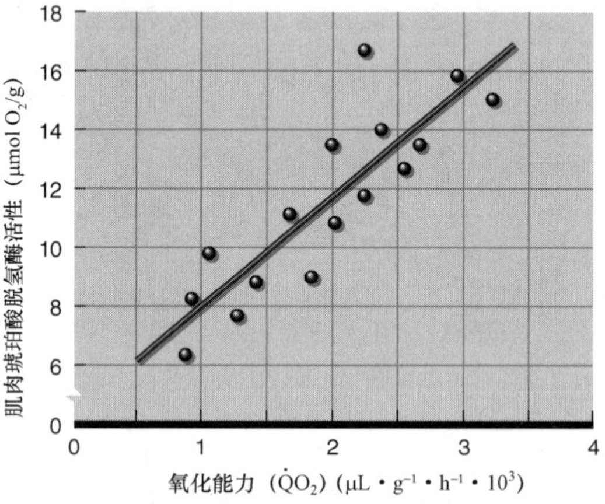

图 2.17　从股外侧肌活检中测得的肌肉的氧化能力与肌肉中琥珀酸脱氢酶活性的关系

二、肌纤维类型组成与耐力训练

肌纤维类型是决定其有氧能力的首要因素。正如第一章中所描述的，Ⅰ型肌纤维比Ⅱ型肌纤维有氧能力强，因为Ⅰ型肌纤维中有较多的线粒体，且氧化酶的浓度高。Ⅱ型肌纤维更适合糖酵解供能。因此，一般来说，肌肉中Ⅰ型肌纤维越多，其有氧能力越强。例如，优秀长跑运动员与未经训练的人相比，拥有更多Ⅰ型肌纤维和线粒体，且肌肉的氧化酶活性也更强。

耐力训练增强所有肌纤维的有氧能力，尤其是Ⅱ型肌纤维。训练需要大量氧化磷酸化过程，这可以刺激肌纤维的线粒体增生变大，并使每个线粒体含有更多氧化酶。耐力训练增强

了肌肉中参与 β 氧化的酶活性，也能使肌肉更依赖脂肪产生 ATP。因此，耐力训练时，即使某人Ⅱ型肌纤维比例高，也能增强肌肉的有氧能力。但是大家普遍认同的是，Ⅰ型肌纤维进行耐力训练比Ⅱ型肌纤维进行同样耐力训练的训练效果更好。

三、氧的需求

尽管肌肉的有氧能力是由线粒体数量和氧化酶含量决定的，但有氧代谢最终取决于氧供应是否充足。安静状态下，机体对 ATP 的需求相对较小，氧的需求也很小。随着运动强度逐渐增大，能量需求也逐渐增加。为了满足增加的能量需求，有氧合成 ATP 的数量也会增多。为了满足肌肉的氧需求，呼吸会加深加快，加速肺内气体交换；心跳也会加强加快，以便把更多动脉血运送到肌肉。此时，小动脉也会扩张，促进动脉血向肌肉毛细血管的运输。

人体几乎不储存 O_2，因此经肺进入血液的 O_2 量直接与组织用于有氧代谢的 O_2 量成比例。测量肺部耗氧量可以比较准确地得出有氧代谢产生的能量（见第五章）。

研究视角 2.3　肌纤维氧化能力能否决定健康水平？

最大摄氧量是心血管健康的测试指标，因此训练有素的耐力运动员有很高的最大摄氧量。在有氧运动中，人体吸入和利用氧的能力可能受到氧分子从空气运输到线粒体用于产生能量路径中的任何因素的影响：肺通气、血液携带氧的能力、运动中肌肉的血流量，这些只是很少的一部分。最大摄氧量也是健康最重要的预测指标：最大摄氧量的下降与老年人运动能力和自主能力丧失有关，并且会提高慢性疾病的死亡率。由于它非常重要，故运动生理学家热衷于研究从慢性心力衰竭患者到专业耐力运动员的所有人群的最大摄氧量限制因素。

基于早期对人类最大摄氧量测试技术的发展，研究者设计实验，系统测试 O_2 从呼吸气体到肌纤维线粒体的每一个环节。因为增加运动肌肉的氧供应可以提高最大摄氧量和运动能力，这一观点受到大部分人认可,所以许多科学家相信线粒体自身利用氧的能力——线粒体氧化能力——不是最大摄氧量的限制因素。然而，最近一项研究旨在检测在不同体质健康水平的受试者中，单纯线粒体氧化能力和最大摄氧量的相关性。

在这项研究中，研究者测试慢性心力衰竭患者、健康成年人和优秀自行车运动员在骑功率车时的最大摄氧量。他们从股四头肌中进行肌肉活检来测量线粒体氧化能力。为定量测量肌纤维利用氧的能力，他们测试三羧酸循环中重要的酶——琥珀酸脱氢酶的活性。他们发现，无论受试者生病还是健康，这种线粒体氧化能力和所有受试者的最大摄氧量相关（图 2.18）。结果表明，氧供应不足确实会限制最大摄氧量，但全身性运动中最大摄氧量部分受限于肌纤维本身的水平。

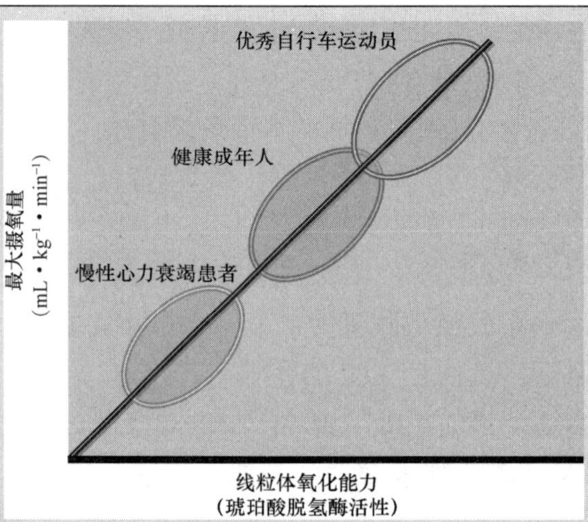

图 2.18　线粒体氧化能力（以自行车运动后从股四头肌获得的骨骼肌活检样本中的琥珀酸脱氢酶活性来衡量）与慢性心力衰竭患者、健康成年人和优秀自行车运动员的最大摄氧量之间的关系，在所有 3 组受试者组中，最大摄氧量与线粒体氧化能力密切相关

结语

本章我们重点关注了人体能量代谢和能量储存形式（ATP）的合成，描述了三大基本能源系统产生 ATP 的细节，以及它们的调节和相互作用。最后，我们重点阐述了在持续产生 ATP 来维持肌肉收缩时，O_2 的重要作用及人体骨骼肌中的三种肌纤维类型。下一章，我们将介绍运动肌肉的神经控制。

关键词

乙酰辅酶 A（acetyl coenzyme A，acetyl CoA）
活化能（activation energy）
二磷酸腺苷（adenosine diphosphate，ADP）
有氧代谢（aerobic metabolism）
无氧代谢（anaerobic metabolism）
ATP-PCr 系统（ATP-PCr system）
β 氧化（β-oxidation）
生物能量学（bioenergetics）
糖（carbohydrate）
分解代谢（catabolism）
肌酸激酶（creatine kinase）
交叉概念（crossover concept）

细胞色素（cytochrome）
电子传递链（electron transport chain）
酶（enzyme）
游离脂肪酸（free fatty acids，FFAs）
糖异生（gluconeogenesis）
葡萄糖（glucose）
糖原（glycogen）
糖原分解（glycogenolysis）
糖酵解（glycolysis）
千卡（kilocalories，kcal）
三羧酸循环（krebs cycle）
脂肪生成（lipogenesis）
脂肪分解（lipolysis）
新陈代谢（metabolism）
线粒体（mitochondria）
负反馈（negative feedback）
氧化磷酸化（oxidative phosphorylation）
氧化能系统（oxidative system）
磷酸肌酸（phosphocreatine，PCr）
磷酸果糖激酶（phosphofructokinase，PFK）
磷酸化（phosphorylation）
限速酶（rate-limiting enzyme）
底物（substrate）
甘油三酯（triglyceride）

思考题

1. 何为 ATP？它由什么组成？在新陈代谢中如何提供能量？
2. 安静状态下，主要供能物质是什么？高强度运动时，供能物质是什么？
3. PCr 在能量产生过程中的作用是什么？它的限制因素是什么？短跑时肌肉中 ATP 和 PCr 的关系如何？
4. 描述三大能量系统的主要特征。
5. 为什么 ATP-PCr 系统和酵解能系统属于无氧代谢？
6. 在有氧代谢过程中，O_2 发挥什么作用？
7. ATP-PCr 系统、酵解能系统和氧化能系统产生能量的过程中有哪些副产物？
8. 什么是乳酸？为什么它很重要？

9. 讨论三大能源系统在能量产出速率和持续产能方面的相互作用。
10. 什么是交叉概念？在耐力训练中它是如何改变的？
11. 在氧化能力方面，Ⅰ型肌纤维和Ⅱ型肌纤维的主要区别是什么？怎样解释这些区别？

学习指南

“关键词”复习了本章中的重要概念，章末的思考题可以测试你对本章内容的理解。

第三章　运动肌肉的神经调控

乔希·哈丁（Josh Harding）于2015年从国家冰球联盟（National Hockey League，NHL）退役，在8年守门员的职业生涯里他获得过60场NHL的胜利。热身比赛时，哈丁感觉自己的脖子有些扭到了，随后感到头晕，眼前出现黑斑，右腿发麻。2012年12月，在2012—2013年NHL赛季开始之前，哈丁得知自己患了多发性硬化（multiple sclerosis，MS），这种疾病会侵袭中枢神经系统并导致平衡能力和协调性丧失、视力模糊、脱水、肌肉痉挛和身体虚弱。他所在的明尼苏达荒野队（Minnesota Wild）得知了这一诊断结果，哈丁最终将此消息公开。尽管这种疾病给哈丁在NHL守门方面带来了挑战，但他还是决心继续比赛，并且表现出色。然而，在2014年为小联盟爱荷华荒野队（Iowa Wild）效力了两个赛季后，哈丁被救护车送往医院，他严重脱水，这是多发性硬化症的常见症状。哈丁在被诊断为多发性硬化症的第一个完整赛季打了29场比赛，战绩为18–7–3，平均失球数为每小时1.65，扑救成功率为0.933。哈丁因执着和对比赛的奉献精神获得了比尔·马斯特森（Bill Masterson）纪念奖杯。他正确地将药物治疗与睡眠调节相结合后，现在担任高中守门员教练，同时抚养了三个年幼的孩子。

身体活动一定程度上受神经系统的调控，神经环路可以传递和接收几乎来自身体所有组织的电冲动。大脑就像一台计算机，整合所有传入的信号，选择最合适的反应，然后指导身体各部位做出恰当的动作。因此，神经系统组成了一个重要的工作网络，让身体内部不同组织相互联系、相互协调，也使身体与外部世界相互协调。

神经系统是身体中复杂的系统之一，但其功能还没有被完全了解，且本书仅仅涉及自主运动的神经控制，因此本章介绍的内容仅限于这个复杂系统的几个部分。下面先概述神经系统的结构和功能，然后着重讨论与体育运动相关的几个主题。

在详细探讨神经系统的结构之前，我们需要了解一个重要的前提，即神经系统是如何组成的，以及神经系统是如何协调以完成身体运动的。神经系统由**中枢神经系统**（**central**

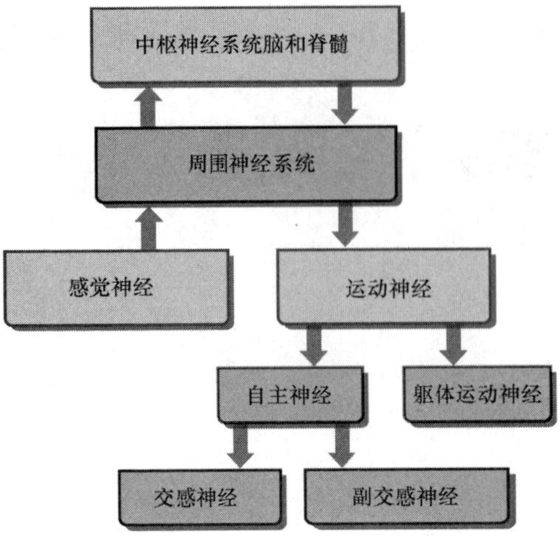

图 3.1　神经系统的结构图

nervous system，CNS）和**周围神经系统（peripheral nervous system，PNS**）两大部分组成。中枢神经系统由脑和脊髓组成，周围神经系统主要由**感觉神经（传入神经）[sensory (afferent) nerves]** 和**运动神经（传出神经）[effector (efferent) nerves]** 组成。感觉神经接收身体内外的刺激并传到中枢神经系统，运动神经将中枢神经系统的信号传递到身体的各个部位，以回应感觉神经传递过来的信号。**运动神经元（motor neuron/motor nerve）**是指其轴突投射到中枢神经系统外、以直接或间接的方式控制肌肉的神经元。运动神经又由两部分组成，即自主神经系统和躯体运动神经系统。图 3.1 为神经系统的结构图，本章稍后将逐一论述神经系统各个部分的具体细节。

第一节　神经系统的结构和功能

神经元（neuron）是神经系统基本的结构和功能单位。本章将先介绍神经元的解剖结构，然后讨论电冲动是如何传遍全身的，以及它是如何工作的。

一、神经元

如图 3.2 所示，单个神经细胞称为神经元。一个典型的神经元由三部分组成：胞体、树突和轴突。

胞体内有细胞核，其放射状突起为树突和轴突，胞体在轴突始段逐渐缩小形成的锥体结构称为**轴丘（axon hillock）**。轴丘在冲动传递过程中起重要作用，稍后将论述此作用。

大多数神经元都有许多树突，它们是神经元的接收器。大多数来自感觉刺激、相邻神经元的冲动或者动作电位经由树突进入神经元，这些树突接着将冲动传递至胞体。

相反，大多数神经元只有一个轴突，轴突是神经元的传递结构，可将神经冲动从胞体传递下去。轴突的末端有许多分支，称为**终末支（end branches）**，每个终末支的末端膨胀成为球茎构造，称为**轴突末梢（axon terminal）**或突触小体，这些末梢或小体内有许多囊泡，囊泡中充满了许多化学物质，称为**神经递质（neurotransmitter）**，用于神经元和另一细胞的联系（稍后讨论这一主题的详细情况）。神经元的构造可以使神经冲动从树突传入神经元，很快到达胞体。神经冲动再穿过整个胞体和轴丘，顺着轴突向下通过轴突末梢到轴突末端而传出。下一节将详细讨论这些传递过程，包括冲动由一个神经元传递到另一个神经元或从一个运动神经元传递至肌纤维的过程。

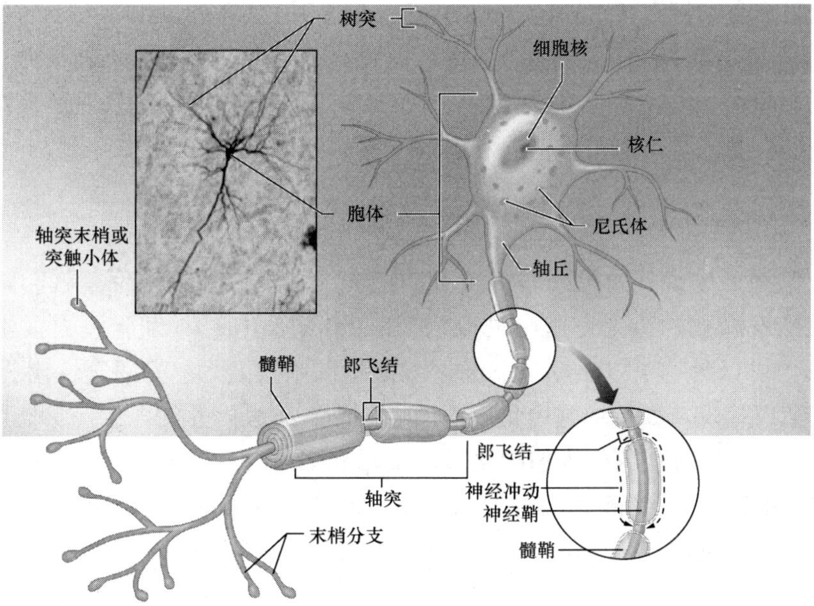

图 3.2　神经元构造

二、神经冲动

神经元被称为可兴奋组织，它们可以对各种类型的刺激做出反应并将这些信息转换为电信号，即神经冲动。当刺激强到足以改变神经元的正常电荷时，就会产生**神经冲动**（**nerve impulse**）。神经冲动可以从一个神经元传导到另一个神经元，最后到达效应器官，譬如肌纤维组织，或者从一个神经元传导到中枢神经系统。简单地说，可以将神经冲动由神经元传导的过程看成家里电线中电的传递形式。这一节讨论神经冲动如何产生，以及其在神经元之间的传递。

（一）静息膜电位

神经元在静息状态下细胞膜电位差为负值，大约为 −70 mV，表示如果将电压表的一个电极直接插入细胞，电压表会显示细胞内外的电位差为 70 mV，细胞外的电位要高于细胞内，这种电位差称为**静息膜电位**（**resting membrane potential，RMP**），这种膜电位是由细胞内外的不同电荷导致的，也被称为极化。

神经元细胞内 K^+浓度较高，而细胞外 Na^+浓度较高。细胞膜内外离子浓度的不平衡导致了静息膜电位的产生。导致这种离子浓度不平衡的原因主要有两个：第一，细胞膜对 K^+的通透性远远大于对 Na^+的通透性，K^+可以自由移动，倾向于由浓度高的地方流向浓度低的地方以达到平衡，因此 K^+由细胞内向细胞外流动，而 Na^+不能由细胞外向细胞内自由流动。第二，神经元细胞膜上有**钠钾泵（sodium-potassium pump）**，它含有 Na-K-ATP 水解酶，可以在水解 ATP 的同时将 3 个 Na^+移到细胞外，将 2 个 K^+移到细胞内，以主动转运方式维持细胞内外 Na^+和 K^+的不平衡状态，最终导致细胞外带正电的离子比细胞内的多，因此细胞膜内外产生电位差。钠钾泵的主要作用是维持静息膜电位在 −70 mV 左右。

（二）去极化和超极化

相对于细胞外来说，如果细胞内负电荷减少，细胞内外的电位差就会降低，或者说细胞膜极化的情况减弱，称为细胞膜**去极化（depolarization）**。细胞膜去极化时，其电位差值并不一致，可以为−70～0 mV。去极化通常是细胞膜对 Na^+的通透性增强所致。

与上述情况相反，如果细胞内负电荷增加，则细胞膜内外的电位差负值更大，因此细胞膜变得更为极化，这种现象称为**超极化（hyperpolarization）**。通常，神经元细胞在接收、传递和整合信息的过程中，细胞膜电位事实上是不断变化的，而一般电位变化主要有两种形式：局部电位和动作电位，这两种电位产生的原因都是离子的移动。

（三）局部电位

局部电位（graded potential）只发生在细胞膜上，它可能是去极化或者超极化。细胞膜上有不同的离子通道，这些离子通道的开关可以让不同离子进出神经元。大部分情况下，这种离子通道是关闭的，阻止离子自由进出，但是一旦细胞受到刺激，离子通道打开，离子便会自由地进出细胞。这些离子的流动会改变细胞膜内外离子的不平衡状态和极化的程度。

局部电位通常是神经元局部的环境改变所致。细胞膜上的离子通道通常会开启，原因可能是另一神经元传来的冲动，或是化学浓度、温度或压力等感觉刺激，这与神经元中的位置和种类有关。

前面提到，大部分神经元接收信号的部位在树突（有少数在神经元胞体），而神经冲动的传递通常从神经元的另外一端即轴突末梢开始。因此，神经冲动在一个神经元中的传递必须通过整个神经细胞。虽然局部电位可以引起整个细胞膜的去极化，但是这种去极化不会传递非常远的距离，神经元要将冲动传到末梢必须产生一个动作电位。

（四）动作电位

动作电位是在神经细胞膜上产生的一个快速且非常强的去极化过程，通常只持续 1 ms 左右。通常情况下，细胞膜电位先是从 −70 mV 上升至 +30 mV，然后迅速地回到静息时的状态，如图 3.3 所示。这种剧烈的电位变化是怎么产生的呢？

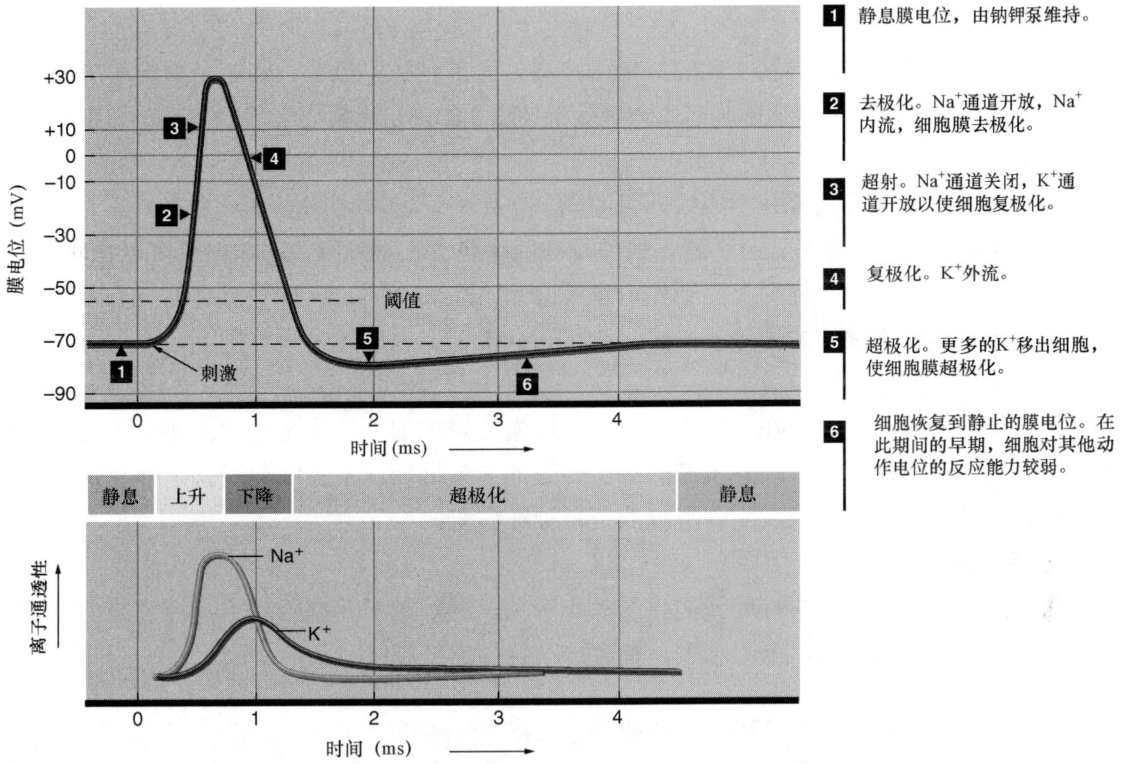

图 3.3　动作电位产生过程中电位与离子通透性的变化

所有的动作电位都起源于局部电位：刺激引起细胞膜去极化，其电位变化至少升高 15～20 mV，动作电位才会产生。或者说，当细胞膜静息电位从 −70 mV 上升到 −50～−55 mV 时，便能引发动作电位。从局部电位转变为动作电位时细胞膜的电位称为**去极化阈电位（threshold）**。如果细胞膜去极化的幅度没有达到去极化阈电位水平，动作电位就不会产生。例如，细胞膜电位差从静息时的 −70 mV 上升到 −60 mV 时，这 10 mV 的电位改变没有达到去极化阈电位水平，动作电位就不会产生。一旦去极化幅度达到或者超过了去极化阈电位水平，动作电位就会产生，这种现象被称为“全或无”现象。

神经元轴突任何部位一旦产生了动作电位，Na^+通道打开，就不会对另一个刺激产生反应，这段时间被称为绝对不应期（absolute refractory period）。如果 Na^+通道关闭，K^+通道打开，这时产生复极化，神经元轴突会对另一个刺激产生反应，但是刺激必须比平常大一些才能产生动作电位，这段时间被称为相对不应期（relative refractory period）。

（五）动作电位的传导

前面叙述了神经冲动也就是动作电位的产生，下面阐述神经冲动是如何通过神经元进行传导的。影响神经冲动经轴突传导的原因有两个：一是神经元有无**髓鞘（myelin sheath）**，二是神经元的直径大小。

1. 髓鞘形成

许多神经元的轴突，特别是大的神经元轴突外面都有髓鞘包裹。髓鞘是由髓形成的鞘，由脂肪分子组成，可以隔绝细胞膜产生绝缘效果（图 3.2）。它通常由一种叫雪旺氏细胞的特化细胞所形成。

髓鞘在轴突外围的包裹并不连续，每间隔一定距离，髓鞘之间便有一空隙，称为郎飞结（nodes of Ranvier）（图 3.2）。由于郎飞结外没有髓鞘包裹，不绝缘，动作电位可以在此引发，因此在有髓鞘包裹的神经轴突上，动作电位就会从一个郎飞结跳跃传导至另外一个郎飞结，这种传递方式被称为**跳跃式传导（saltatory conduction）**。有髓鞘神经纤维上动作电位比无髓鞘神经纤维传导速度快。

外周运动神经元髓鞘是在人出生后几年之内慢慢形成的，这也是儿童需要一段时间去发展他们动作协调性的部分原因。本章一开始介绍的多发性硬化发生的原因就是神经髓鞘的慢慢退化，这是导致动作协调性受到影响的一种神经病变。

2. 神经元的直径

神经冲动的传导速度与神经元的直径大小有关。神经越粗，电阻越小，神经冲动传导速度越快。相反，神经越细，电阻越大，神经冲动传导速度越慢。

小结

- 神经元是可兴奋的组织，因为它们具有对各种类型的刺激做出反应并将其转换为电信号或神经冲动的能力。
- 神经元 −70 mV 静息膜电位的产生主要是钠钾泵维持细胞内外带正电荷的 Na^+和 K^+分布不均匀，以及伴随神经元细胞膜对于 K^+的通透性大于 Na^+所致。
- 任何造成细胞膜内负电荷减少的变化都会导致去极化，而任何造成细胞膜内负电荷增多的变化都会产生超极化。细胞膜电位的变化是离子通道打开，使细胞内外离子移动所致。
- 一旦细胞膜电位去极化超过去极化阈电位，动作电位就会产生。去极化未超过去极化阈电位时，动作电位不会产生。
- 在有髓鞘包裹的神经中，神经冲动是以跳跃方式在轴突上经过郎飞结传导的（郎飞结是轴突上没有髓鞘的地方）。这种跳跃传导的方式比同样粗细但没有髓鞘包裹的神经快 5～50 倍。
- 直径较大的神经，其冲动传导速度也较快。

三、突触

神经元与神经元的连接必须产生动作电位，并通过整个轴突最终到达轴突末梢。但动作电位是如何从一个神经元传导到另一个神经元的？

神经元细胞间是通过**突触（synapse）**联系的，动作电位从一个神经元通过突触传递到另一个神经元。突触分为机械性突触和化学性突触两种形式，但是最普遍的是化学性突触，下面的介绍也以化学性突触为主。

两个神经元间的突触包括：

✧ 传递动作电位的突触前膜。

✧ 接受动作电位的突触后膜。

✧ 神经元间的突触间隙。

经由突触传递动作电位的神经元称为突触前神经元，其轴突终端称为突触前膜；接受动作电位的神经元为突触后神经元，其前端有突触后膜受体。突触前膜和突触后膜并没有直接接触，它们之间有一处狭小的空隙，被称为突触间隙（图 3.4）。

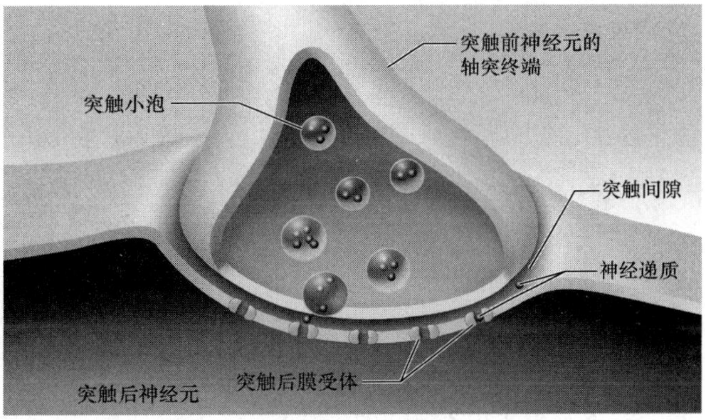

图 3.4　两个神经元中的化学突触构造

动作电位通过突触是单向传递的，即从突触前膜到突触后膜受体。这些突触通常在树突上，不过也有的直接传递到神经元胞体，这种直接与神经元胞体连接的占 5%～20%。但为什么动作电位只能单向传递呢？

在轴突末梢的突触前膜上有大量的囊泡结构，被称为突触小泡，囊泡中装有化学神经递质。当动作电位传递到轴突终端时，囊泡受到刺激会释放神经递质到突触间隙。这些神经递质扩散到突触后膜，与突触后膜受体结合。一旦神经递质与受体结合，神经冲动就会成功地传递到突触后神经元并继续往下传递。

四、神经肌肉接头

神经元之间以突触相连接，而 α–运动神经元则是通过**神经肌肉接头（neuromuscular junction）**与骨骼肌纤维紧密相连的。神经肌肉接头的功能基本上与突触类似，在神经肌肉接头靠神经这端，运动神经元的轴突终端在动作电位到达时，释放神经递质到运动神经元和肌纤维的间隙。不过，运动神经元分化成许多突起并伸到肌纤维的运动终板上，其构造为肌膜上槽状的部分（图 3.5）。运动终板上的细胞膜凹陷成许多空隙，形成梳子状突触构造。与突触类似，神经与肌纤维之间的裂隙也被称为突触间隙。

神经递质主要是乙酰胆碱从 α–运动神经元轴突末梢释放后，扩散到突触间隙，与肌纤维细胞膜上的受体结合，Na^+通道打开，Na^+大量涌入肌细胞膜造成肌细胞膜去极化。如前所述，如果这种去极化达到去极化阈电位水平，便会引发动作电位，冲动在肌细胞膜蔓延并进入 T 小管，启动肌纤维的收缩。和神经元细胞一样，肌细胞膜去极化后再复极化，Na^+通道关闭，K^+通道打开。此时肌纤维不能接受另一个新的刺激，处于不应期。当细胞内电位恢复到静息状态后，肌纤维才可以接受另一个刺激。所以，肌纤维的不应期会限制运动单位兴奋的频率。

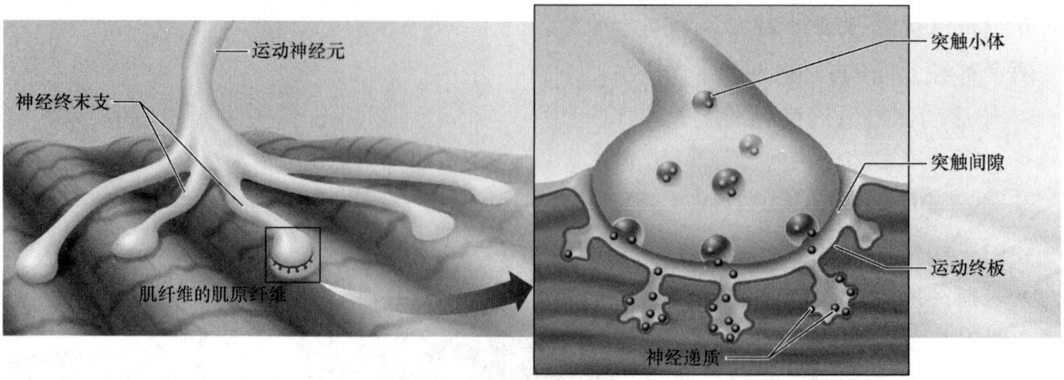

图 3.5　神经肌肉接头构造，显示了运动神经元和单一肌纤维肌膜的联系

运动训练不仅会引起骨骼肌的变化，还会引起神经肌肉接头的变化，从而增强突触前释放和肌细胞对乙酰胆碱的敏感性。这些变化的发生具有许多不同的细胞信号转导机制。然而，运动训练引起的许多变化具有一个共同的信号分子，即过氧化物酶体增殖物激活受体 γ 辅助激活因子-1α。PGC-1α在多个方面有助于神经肌肉接头的重塑。首先，PGC-1α通过增加运动神经元突触前末端的分支和含乙酰胆碱的突触前囊泡的数量来诱导运动神经元自身的适应。其次，PGC-1α增加了细胞膜上乙酰胆碱受体的数量，从而在运动神经元释放的乙酰胆碱数量一定的情况下放大其作用。最后，PGC-1α有助于糖酵解型肌纤维运动终板的减少（减少每个运动单位的肌纤维），使其与氧化型肌纤维更相似。

肌肉疲劳（在第五章中详细讨论）是一种复杂的现象，有许多可能的影响因素。神经肌肉接头的信号传输减弱是导致肌肉疲劳的一种可能机制。先前的运动可减少运动神经传出和神经肌肉传递速率，从而导致力量输出减少。

以上介绍了两个细胞之间的神经冲动的传递过程，不过要想更进一步了解神经冲动传导的细节，还必须从了解完成传递过程的化学信号分子即神经递质开始。

研究视角 3.1　运动单位适应高强度间歇训练

高强度间歇训练（high-intensity interval training，HIIT，将在第十一章中进行讨论）是一种在短暂的、间歇性的剧烈运动间穿插着低强度的运动或休息的身体活动模式。HIIT 可以使个人获得与传统的长期耐力训练相同的心血管和肌肉骨骼益处。因为 HIIT 现在是长期耐力训练的常见替代方法，并且运动训练改变了肌肉功能的神经控制，所以系统评估 HIIT 引起的神经肌肉适应性十分重要。

高密度表面肌电图是一项既可以同时评估多个受力范围内的多个运动单位，又可以在长时间内的不同时段跟踪同一运动单位（如在运动训练中）的新技术。记录运动单位的活动和功能使研究者可以评估神经系统控制肌肉力量的方式。研究人员最近使用这种技术比较了 HIIT 和长期耐力训练的神经肌肉适应性的差异。两周的 HIIT 和长期耐力训练对于心肺适能的改善有类似效果，但是在两种训练方式下，运动单位的性能发生了不同的改变。HIIT 增强了最大肌力和运动单位放电，而长期耐力训练并不影响运动单位放电。

这些发现表明，HIIT 和长期耐力训练对运动单位功能的影响具有很大不同，并揭示了运动训练引起的神经肌肉适应性的重要新信息。该研究首次通过跟踪训练前后相同单个运动单位的方法来探究运动引起的运动单位放电率变化，这种创新的方法可能会继续加深研究人员对神经适应训练的理解。

五、神经递质

现在已经确认或者被推测可能是神经冲动传递介质的神经递质超过 50 种，其主要分为两大类：一是分子比较小且作用比较快的神经递质，二是作用速度较慢的神经肽。下面主要探讨在大多数神经传递过程中起作用的第一类分子。

乙酰胆碱和**去甲肾上腺素（norepinephrine）**参与了许多与运动有关的身体活动。乙酰胆碱是运动神经元刺激肌纤维收缩和大多数副交感神经元末梢释放的神经递质。大部分乙酰胆碱引起的反应是兴奋性的，如肌纤维收缩，但也有例外，如副交感神经抑制心脏的活动。去甲肾上腺素则是大部分交感神经元释放的神经递质，同样，它引起的反应有兴奋性的，也有抑制性的，主要取决于其结合的受体。胆碱能受体的两个主要亚型是毒蕈碱和烟碱型，其中前者参与运动神经传递。本章稍后将再次讨论交感神经和副交感神经的作用。

当神经递质与突触后受体结合后，神经冲动便成功地传递到突触后神经元。这时，神经递质很快就会被相关酶降解并回收到突触前膜，重新合成再利用，或者从突触间隙扩散出去。

小结

- 神经元通过突触与下一个神经元相连。突触包括：①突触前神经元突触前膜；②突触后神经元受体，位于突触后神经元的树突和胞体上；③两神经元间的突触间隙。
- 神经冲动使突触前神经元突触前膜释放神经递质到突触间隙。
- 神经递质通过突触间隙扩散至突触后膜，并与突触后膜上的受体结合。
- 当足够的神经递质与受体结合后，神经冲动便传递到突触后神经元。接着，神经递质便很快被特定的酶降解并回收到突触前神经元中重新合成再利用，或者从突触间隙扩散出去。
- 神经递质与突触后膜受体结合后，膜上特定的离子通道打开，造成去极化（兴奋）或者超极化（抑制）。
- 神经肌肉接头是连接神经元和肌肉的结构，包括突触前神经元轴突末端、突触间隙和肌纤维肌膜上运动终板受体。神经肌肉接头的作用与神经突触类似。
- 调节运动最重要的神经递质是乙酰胆碱和去甲肾上腺素。
- 神经肌肉接头运动终板上的受体是胆碱能受体的一种特殊亚型，称为毒蕈碱受体。它们结合参与刺激肌纤维的主要神经递质是乙酰胆碱。

研究视角 3.2	衰老会降低快速力量

预计截止到 2030 年，老龄人口（>65 岁）数量将占总人口数的 20%。不幸的是，很大一部分老年人日常活动的功能受限，并且每年都有 2/3 的老年人经历跌倒。意外跌倒通常会导致整体健康状况恶化加速，并给社会带来巨大的经济负担。研究表明，神经肌肉功能的改变会导致老年人跌倒风险增加。

尽管最大肌肉力量的减弱是衰老显而易见的特征，但最近的研究表明，实际上快速力量［扭矩变化率（the rate of torque development，RTD）］的下降速度远大于最大力量。此外，肌肉收缩开始最初 200 ms 内测得的 RTD 在功能上比肌肉可以产生的峰值扭矩更为重要。尽管已经掌握这些知识，但直到最近，还没有专门针对神经和年龄增长过程中与 RTD 下降相关的肌肉组织特异性因素的研究。这部分内容与临床关系密切，有助于寻找减缓与年龄有关的功能衰退的相应策略，从而降低与跌倒相关的伤害的风险。

最近，有研究试图确定与年龄相关的 RTD 降低机制。研究使用超声分别评估了年轻人（20 岁）与老年人（70 岁）在肌肉收缩后的初期（前 50 ms）和后期（100～200 ms）的肌肉特性和肌肉强度。在肌肉收缩后期，老年人的 RTD 降低，但是令人惊讶的是，在收缩初期，年轻人和老年人之间的 RTD 没有差异。这表明，老年人与年轻人具有相似的起始肌肉激活能力，但在后来的肌肉收缩过程中无法维持相同的肌肉激活率。较低的肌肉质量和羽状角的减小也会导致与年龄相关的 RTD 降低，这可能是因为它们影响了肌肉的纤维缩短和纤维旋转。这些与年龄增长相关的神经肌肉功能改变共同减弱了快速肌肉力量，显著降低了神经肌肉功能并导致老年人跌倒。

六、突触后效应

当神经递质与受体结合后，跨过突触间隙的化学信号重新转为电信号，在突触后膜形成局部电位。冲动传到突触后膜所起的反应可能是兴奋性的，也可能是抑制性的。兴奋性冲动会引起去极化，称为**兴奋性突触后电位**（**excitatory postsynaptic potential，EPSP**）。抑制性冲动会导致超极化，称为**抑制性突触后电位**（**inhibitory postsynaptic potential，IPSP**）。

单一突触对突触后神经元的刺激可以产生的电位变化通常小于 1 mV，不足以产生一个动作电位，因为产生动作电位的阈电位最少应达到 15～20 mV 的电位变化。但是，当一个神经元传导神经冲动时，通常会有数个突触前膜被刺激而释放神经递质，并作用于突触后神经元。同样，一个神经元轴突末端会有多个分支与突触后神经元树突和胞体连接。所以，当数个突触前神经元同时给予突触后神经元刺激，或是很短时间的连续刺激时，可以使更多的神经递质释放。如果这些神经递质具有兴奋性，那么释放得越多，引起的兴奋性突触后电位越强。

能否引发突触后神经元产生动作电位要看所有突触前神经元共同作用的结果。通常需要几个刺激，或者所有刺激的总和超过阈电位水平才能引起足够的去极化产生动作电位，这种效应称为总和效应。

就总和效应而言，突触后神经元是否会产生一个动作电位依赖于突触后细胞兴奋性突触后电位和抑制性突触后电位的总和。这个总和效应通常在胞体和轴突之间的轴丘进行，只有当总和的局部电位达到或者超过阈电位水平时，动作电位才能最终产生。

多个神经元细胞汇集成束，在中枢神经系统（如脑和脊髓），这些神经束被称为神经回路。在周围神经系统，它们则被简称为神经。

小结

- 兴奋性突触后电位指突触后膜去极化，抑制性突触后电位则是突触后膜超极化。
- 一个突触前膜的刺激不足以使后膜产生动作电位，必须数个刺激才可以。这些刺激可以来自不同突触前神经元，也可以来自单一突触前神经元快速而反复地释放神经递质。
- 所有的兴奋性突触后电位和抑制性突触后电位在神经元轴丘中持续地累积，当总和达到或超过阈值时产生动作电位，这种刺激累积的现象称为总和效应。
- 总和效应是指神经元轴丘中数个局部电流累积的效果。一旦所有单个分级电位的总和达到或超过去极化阈电位，就会引发动作电位。

第二节　中枢神经系统

要了解刺激如何引起肌肉反应，一定要从复杂的中枢神经系统开始。中枢神经系统中的神经元超过 1 000 亿个。接下来，本节将简单介绍中枢神经系统的组成与功能。

一、脑

为了方便介绍，我们将脑分成四个主要区域，即大脑、间脑、小脑和脑干，如图 3.6 所示。

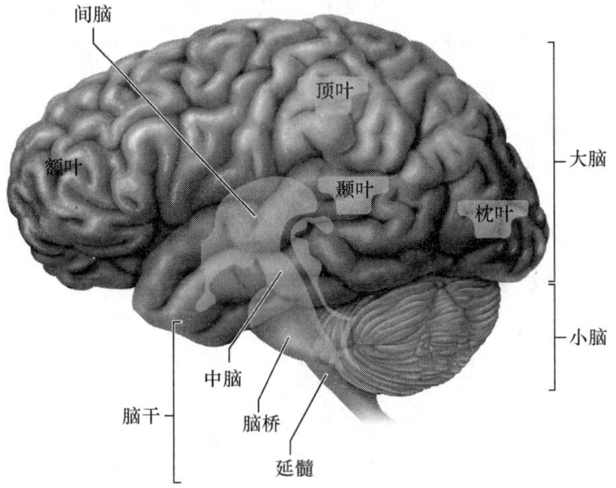

图 3.6　脑的四个主要区域及四个外叶

（一）大脑

大脑分为左右半球，它们靠胼胝体相连，神经束即神经回路，可使两大脑半球互通信息。大脑半球最外层的结构称为皮质，是思维和学习的地方，也称为灰质，通过颜色可以轻易区分出来，这是因为此区域神经细胞缺乏髓鞘白质。人的意识在大脑皮质产生，它可以使人思考，鉴别传入的感觉刺激并控制随意运动。

大脑分五叶，四叶在外层，另一叶位于中央，为岛叶。各叶的一般功能如下：

✧ 额叶：一般思考和动作控制。

✧ 颞叶：听觉信息的接收和处理。

✧ 顶叶：一般感觉信息的接收和处理。

✧ 枕叶：视觉信息的接收和处理。

✧ 岛叶：多种功能，通常与情绪和自我认知有关。

大脑中与运动最相关的三个部分分别是位于额叶的初级运动皮质、皮质底部白质中的基底神经节，以及顶叶的初级感觉皮质。下面重点讨论负责控制和协调运动的初级运动皮质和基底神经节。

1. 初级运动皮质

初级运动皮质负责控制精细和离散的肌肉运动。它位于额叶，特别是在中央前回内。这部分神经元被称为锥体细胞，让我们有意识地控制骨骼肌的运动。初级运动皮质是大脑的一部分，用于决定一个人想要做什么运动。例如，在棒球比赛中，如果击球手在等待下一次投球，那么其挥动球棒的决定是在初级运动皮质做出的，整个身体都被仔细地绘制出来。运动控制更为精细的区域在运动皮质中更大，也会得到更多的神经控制。

锥体细胞的细胞体位于初级运动皮质，其轴突形成锥体外束。神经过程从大脑皮层向下延伸到脊髓，也称为皮质脊髓束，这些束负责骨骼肌的主要自主控制。

除了初级运动皮质，在额叶中央前回的前面还有一个运动前皮质。学习到的重复的或模式化的运动技能存储在此。这一区域被认为是熟练运动动作的记忆库。

2. 基底神经节

基底神经节（核）不是大脑皮层的一部分。它们位于大脑皮层深处的大脑白质中。这些神经节是一簇神经细胞体。基底神经节的复杂功能尚不清楚，但已知该神经节在启动持续和重复性的运动（如走路时手臂摆动）中很重要，因此，基底神经节控制如步行和跑步等复杂的运动。这些细胞还参与维持姿势和肌肉张力。

（二）间脑

间脑包含丘脑和下丘脑，其中丘脑是感觉传入的中转站。除了嗅觉，其他所有感觉均先到达丘脑，再连接到不同的皮质区域。由于丘脑负责感觉和大脑的连接，因此对于动作控制非常重要。

下丘脑位于丘脑的正下方，负责身体内几乎所有和内环境稳态有关的作用。位于下丘脑部位的神经中枢可以辅助调节：

✧ 血压、心率和心脏收缩、呼吸和消化。

✧ 体温。

✧ 体液平衡。

✧ 神经内分泌控制。

✧ 情绪。

✧ 口渴。

✧ 食欲。

✧ 清醒–睡眠周期。

（三）小脑

小脑位于脑干后面，与大脑许多地方连接，在动作协调机制方面有重要的功能。这部分将在后面讨论。

小脑对于控制所有快速和复杂的肌肉活动至关重要。它通过监测和纠正大脑其他部分引发的运动，帮助协调运动的时间安排，以及从一个动作到下一个动作的快速进展。小脑协助初级运动皮质和基底神经节，保证运动模式平滑顺畅，否则运动会变得机械和不受控制。

小脑作为一个整合系统，将程序或预期的方案与身体实际运动进行比较，然后通过运动系统启动纠正性调整。小脑从大脑、大脑的其他部分，以及肌肉和关节中的本体感受器接收信息，这些本体感受器使小脑了解身体的当前位置。小脑也接收视觉和平衡输入，因此，它会记录所有肌肉、关节和肌腱的确切张力和位置，以及身体相对于周围环境的当前位置的所有传入信息，然后确定产生所需运动的最佳运动计划。

在初级运动皮质决定进行运动后，该决定被传递到小脑。小脑记录所需的动作，然后根据肌肉和关节的感觉反馈将预期运动与实际运动进行比较。如果运动与计划不同，小脑会将差异通知上级中心，以便启动纠正行动。

（四）脑干

脑干包括中脑、脑桥和延髓（图 3.6），它连接大脑与脊髓。感觉神经和运动神经都必须通过脑干连接大脑和脊髓。脑干也是 12 对脑神经中 10 对的起点，同时包含控制呼吸和心血管系统的主要自主神经调节中枢。

在脑干中，有一群特别的神经元组成了网状系统，它们会感受到大脑几乎所有区域的影响，同时会影响大脑许多区域的作用，包括：

✧ 协调骨骼肌功能。

✧ 维持肌肉张力。

✧ 控制心血管与呼吸的功能。

✧ 决定意识状态（包括清醒和睡眠）。

大脑有一个位于网状结构中的疼痛控制系统，即脑干中的一组神经纤维。脑啡肽和 β–内啡肽等阿片类物质作用于该区域的阿片受体以帮助调节疼痛。研究表明，长时间运动会增加这些物质的浓度。虽然这被用于解释导致一些锻炼者经历“内啡肽平静”或“跑步者兴奋”的机制，但内源性阿片类药物与这些感觉之间的因果关系尚未得到证实。

二、脊髓

连接脑干最下方延髓的是脊髓，由可以进行双向神经冲动传导的神经纤维束组成。感觉神经（向心）纤维将皮肤、肌肉和关节上的感受器产生的神经信号传入大脑，运动神经（离心）纤维将脑或者脊髓上端的动作电位传到肌肉和腺体等效应器。

小结

- 中枢神经系统包括脑和脊髓。
- 脑主要包含四个区域：大脑、间脑、小脑和脑干。
- 大脑皮质是意识形成的地方。
- 大脑白质中的基底神经节有助于启动某些持续和重复性运动，并有助于控制姿势和肌肉张力。
- 间脑包括丘脑和下丘脑。丘脑主要接收感觉，上传至大脑。下丘脑是主要维持内环境稳态的中枢。
- 小脑与大脑许多部位连接，在协调运动上非常重要。
- 脑干包括中脑、脑桥和延髓。
- 脊髓包括感觉神经和运动神经，它们通过传递动作电位来连接大脑和周围神经。

第三节 周围神经系统

周围神经系统共包含 43 对神经，其中 12 对起始于脑，称为脑神经，另外 31 对起始于脊髓，称为脊神经，这些神经直接支配骨骼肌组织。周围神经依功能可以分为感觉神经和运动神经，下面分别说明。

一、感觉神经

周围神经系统中的感觉神经将感觉信号传到中枢神经，这些感觉（传入）神经元起点分别位于血管、内脏、感觉器官（产生味觉、触觉、嗅觉、听觉、视觉）、皮肤、肌肉和肌腱中。

感觉神经的终点或是在脊髓，或是在脑，它们随时将体内外环境的变化传递给中枢神经系统，根据这些传递的信息，感觉神经让脑感知到身体内外环境的变化。不同的感觉神经元将不同的感觉传导到脑的适当位置。在脑中，感觉信息得到处理并与其他信息相互整合。

感觉神经主要通过五种感受器接收信号：

（1）机械感受器：主要感受机械力量的变化，包括压力、触摸、振动和拉伸。

（2）温度感受器：感受温度的变化。

（3）痛觉感受器：感受疼痛的刺激。

（4）光感受器：感受光所产生的电磁辐射以形成视觉。

（5）化学感受器：感受化学的刺激，如食物、味道；或者血液、组织中化学物质（如 O_2、CO_2、葡萄糖及电解质）浓度的变化。

许多感受器在体育健身和竞技运动中非常重要。分布在肌肉或者关节中的游离神经末梢可以分为不同种类，具有不同的功能，感受不同的刺激。例如：

✧ 分布在皮肤表面的游离神经末梢可以感受触摸、压力、疼痛、冷热的刺激，因此它们分别具有机械感觉、痛觉和温度感觉，这些功能对避免运动损伤非常重要。

✧ 位于关节囊内的本体感受器可以感受关节角度和角速度的变化，因此它们可以感受关节的位置和动作。

✧ 肌梭可以感受肌肉长度和长度变化的速率。

✧ 腱梭可以感受肌肉收缩时肌张力的变化，提供肌肉收缩时力量改变的信息。本章稍后将进一步讨论肌梭和腱梭的作用。

二、运动神经

中枢神经系统通过周围神经系统中的运动神经（传出）部分将信号传导到身体的各个部位。当中枢神经系统接收到感觉神经传来的信号时，它将信息进行分析综合，然后发出指令控制身体的反应。错综复杂的神经网络从脑和脊髓发出，连接身体的各个部位，提供对效应器（肌肉）精确的指导，以完成身体的运动。

三、自主神经系统

自主神经系统通常被认为是周围神经系统中运动神经的一部分，它可以控制身体内非自主的活动，其中的一些功能与运动相关性很高，如心率、血压、血液分配和肺功能等。

自主神经系统有两个主要的分支，即交感神经系统和副交感神经系统，这些神经起源于脑的底部和脊髓的不同节段，它们所起的作用通常是相互拮抗的，但两个系统同时起作用。

（一）交感神经系统

交感神经系统也常称为应急系统，因为它们可为身体在面对危机时做好准备，并且在危机的过程中继续保持其应急功能。交感神经在受到刺激时会产生大量的神经冲动传遍全身，为面对危机做准备。突然听到巨响、生命遭受威胁或者运动员在比赛前几秒钟感到紧张时都是交感神经大量活动的时候。交感神经功能在运动中非常重要，举例说明如下：

✧ 心跳加快，心肌收缩力加强。

✧ 冠状动脉舒张，使心肌血供应增加以满足运动时所需。

✧ 外周血管舒张，使运动中的骨骼肌血供应增加。

✧ 减少其他组织血供应，使血液重新分配到骨骼肌。

✧ 血压升高，使肌肉血液灌注更加充分，并且增加静脉回心血量。

✧ 支气管扩张，增加气体交换。

✧ 提高机体代谢率，增加身体能量供应以满足大量肌肉活动所需。

✧ 增加脑部活动，使脑部对各种感觉刺激更加敏感，提高比赛时的注意力。

✧ 使肝脏分解更多糖原进入血液以增加能量供应。

✧ 与运动不太相关的生理活动如肾脏功能、消化功能减弱，以节省能量消耗供身体活动所需。

以上这些生理功能变化是为了满足运动的需要，也显示了交感神经的重要性，特别是身体在面临突然的压力或是在活动时，可以提前做好准备，并且在此过程中维持身体功能。

（二）副交感神经系统

副交感神经系统的功能是满足身体基本需求，主要包括消化、泌尿和各类腺体的分泌和节省能量。这个系统通常在安静或者休息时比较活跃。与交感神经的功能正好相反，副交感神经可以使心率减慢、冠状动脉和支气管收缩。

自主神经系统中交感神经和副交感神经的作用总结见表 3.1。

表 3.1　交感神经和副交感神经的作用总结

靶器官或系统	交感神经作用	副交感神经作用
心肌	心率增加，收缩力加强	心率减少，收缩力减弱
心脏冠状血管	血管舒张	血管收缩
肺	支气管扩张，血管微收缩	支气管收缩

续表

靶器官或系统	交感神经作用	副交感神经作用
血管	血压升高，腹部和皮肤血管收缩，血液重新分配；运动时骨骼肌和心脏血管舒张	作用很小或没有作用
肝脏	刺激葡萄糖释放	没有作用
细胞代谢	增大代谢速率	没有作用
脂肪组织	刺激脂肪分解	没有作用
汗腺	增加排汗	没有作用
肾上腺	刺激肾上腺素和去甲肾上腺素分泌	没有作用
消化系统	减少腺体和消化器官平滑肌的活动，使括约肌收缩	增加蠕动和腺体分泌，使括约肌放松
肾脏	血管收缩，减少尿液形成	没有作用

注：脂肪分解指的是甘油三酯分解为基本单位以产生能量的反应。

小结

- 周围神经系统共有43对神经，即12对脑神经和31对脊神经。
- 周围神经系统分为感觉神经和运动神经两个部分，其中运动神经包括自主神经系统。
- 感觉神经将感受器接收的信号传递至中枢神经系统，使中枢神经系统随时感知身体内外环境的变化。运动神经将动作信号从中枢神经系统传导到肌肉、器官和其他组织。
- 自主神经系统包括交感神经系统（应急）和副交感神经系统（维持基本需求）两部分，虽然两者功能通常相互拮抗，但是它们通常同时作用，以产生适当且平衡的反应。

第四节　感觉–运动整合

前面已经讨论了神经系统的组成和分支，现在讨论：一个感觉刺激如何引起一个动作反应。比如，碰到一个热炉时，手指是如何通过手部肌肉收缩迅速移开的？当一个人准备起跑时，腿部肌肉是如何在支撑身体的同时让身体向前移动的？为了完成这些动作，感觉和运动必须相互联系。这个过程称为**感觉–运动整合（sensory-motor integration）**，如图3.7所示。身体要想对感觉刺激有所反应，神经系统的感觉神经和运动神经部分必须按照以下顺序一起运作：

（1）感受器接受刺激（如针刺）。

（2）感受器产生动作电位，通过感觉神经传到中枢神经系统。

（3）中枢神经系统分析整合所有感觉，然后决定如何反应并反射性地引起躯体运动。

（4）动作电位从中枢神经系统传递至 α–运动神经元。

（5）动作电位从神经元传至肌肉，产生反应。

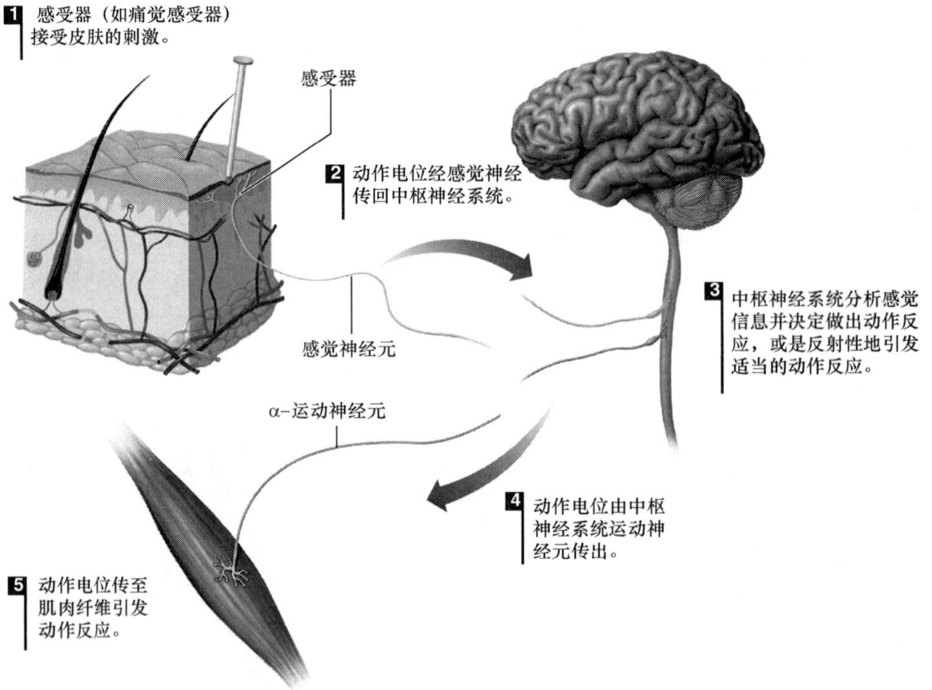

图 3.7　感觉–运动整合的过程

一、感觉输入

前文曾经提到过，所有感觉和身体的生理状态由分布于全身的感受器所感知，感受器受到刺激后产生动作电位，经由感觉神经传递至脊髓。脊髓本身可能会引发一个局部的反应或者将动作电位传递至上一级脊髓或脑，在脑部的感觉通路可能终止于脑干、小脑、下丘脑或大脑复杂感觉的区域。这些区域负责全身所有感觉输入及分析综合，并与运动神经系统连接，因此可称为整合中枢。图 3.8 显示了不同感受器接受刺激后的传入路径，信号会传递至脊髓或者脑部不同区域，这些整合中枢功能并不完全相同。

✧ 感觉刺激终止于脊髓并在此部位整合，这种反应通常是简单的动作反应，也是最简单的整合。

✧ 感觉刺激终止于脑干，通常引发下意识的运动反应，它比简单的脊髓反射高级且更为复杂。例如，坐、站立或移动时的姿势反射就需要这个层级的感觉输入。

✧ 感觉刺激终止于小脑时，通常也会引发下意识的动作反应。小脑的功能是协调参与动作的所有肌肉的收缩，使动作连贯。人体精细或者粗大动作的协调都由小脑和基底核负责，如果没有小脑的控制，所有动作会失控或者不协调。

✧ 终止于丘脑的感觉信号开始进入有意识的层面。此时，大脑开始可以分辨不同的感觉。

✧ 只有当感觉信号进入大脑皮层时，大脑才能清楚地感知到各种感觉发生的位置。位于中央沟后方顶叶皮层的初级感觉皮层区接收来自皮肤的一般感觉，以及肌肉、肌腱和关节的本体感觉。身体的所有感觉都分布在大脑皮层相应的区域。由此，传导路径可以随时感知身体任一部位的刺激并精确定位。因此，大脑皮层的这部分功能可以使人体感知周围环境的变化。

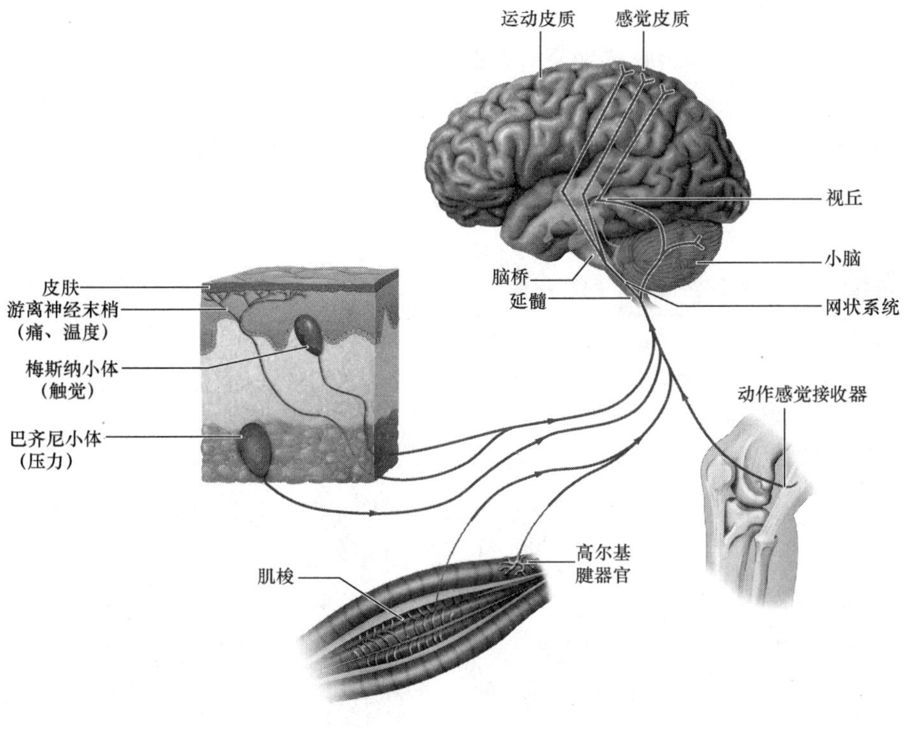

图 3.8　感受器和其信号传递至脊髓和大脑的路径

当感觉信息抵达上述中枢神经部位时，动作反应便会产生。产生动作反应的起点大致有下面三个部位：

✧ 脊髓。

✧ 脑部下方的脑干。

✧ 大脑皮层运动区。

随着控制水平从脊髓移动到运动皮层，运动的复杂程度从简单的反射控制发展到需要基本思考过程的复杂运动。更复杂的运动模式的运动反应通常起源于大脑的运动皮层，而基底神经节和小脑有助于协调重复运动和总体运动。感觉－运动整合还可能涉及快速反应的反射通路和肌肉内的特殊感觉器官。

（一）反射活动

当一个人不经意将手放在热炉上时，身体会发生什么反应呢？首先，手部皮肤的热感受器和痛觉感受器接收到信号后就会产生动作电位，动作电位传递并终止于脊髓，然后经由中间神经元、动作电位传递至运动神经，直至效应器肌肉，控制手部肌肉使手及时收回。这个反应不需要经过大脑的思考即可完成。

动作反射（motor reflex）好比程序化的反应：任何时候感觉神经受到刺激，身体便会产生反应，而且每次都一样。例如，当手碰到热或者冷的东西时，手上的温度感受器就会感受到刺激，引发动作反射将手收回；另外，当手碰到很烫或者尖锐的物体时，手部痛觉感受器便会产生痛觉将手缩回。在大脑感知到这些刺激时，手缩回的动作反射几乎已经完成（当动作电位传到脊髓时，通常同时会上传到大脑皮质感觉区）。大部分的神经反射都非常快速，而动作反射是速度最快的，因为神经的传递尚未到达大脑，反射活动就已经产生。反射活动通常只是单一反应，不需要考虑其他任何变化。

研究视角 3.3　骨骼肌纤维类型的性别差异

如本章和第一章所述，骨骼肌由不同类型的肌纤维组成，这些肌纤维的结构、生化特征和功能各不相同。不同骨骼肌的肌纤维类型组成一定程度上取决于肌肉的解剖位置和功能。但是，研究人员目前对于骨骼肌中不同肌纤维类型比例是否存在性别差异了解较少，仅有少量研究评估了大鼠和小鼠中肌纤维类型的性别差异。针对人类的研究发现，男性纤维截面面积明显更大，这是因为男性具有更大的整体肌肉质量。此外，女性的Ⅰ型肌纤维平均含量高于男性，而Ⅱ型肌纤维平均含量则低于男性。男性的股外侧肌中，Ⅰ型肌纤维的百分比为34%，Ⅱa型肌纤维为46%，Ⅱx型肌纤维为20%。在女性中，Ⅰ型肌纤维占比41%，Ⅱa型肌纤维占比36%，Ⅱx型肌纤维占比23%。与男性相比，女性具有更多的Ⅰ型肌纤维，女性的肌肉收缩速度较慢，但女性具有较高的耐力和恢复能力。相较肌肉大小，这些数据突出了肌纤维类型成分的性别差异，具有重要的意义。未来，针对骨骼肌的组成、功能和对不同形式的运动训练的适应性反应，以及病理生理状况的研究也应考虑潜在的性别差异。

（二）肌梭

在介绍了简单、基本的反射活动之后，我们接下来详细介绍两个与控制肌肉作用有关的反射。第一个与反射有关的特化的肌肉结构是**肌梭（muscle spindle）**（图 3.9）。

肌梭位于一般骨骼肌肌纤维（也称为梭外肌纤维）之间。一个肌梭由 4～20 个较小的、已经特化的肌纤维（梭内肌纤维）和感觉神经末梢组成。肌梭的外围为结缔组织形成的鞘状构造所包围，并连到梭外肌纤维的肌内膜上。梭内肌纤维由一条特殊的运动神经——γ-运动神经元所控制，而肌梭外的骨骼肌纤维则由 α-运动神经元所控制。

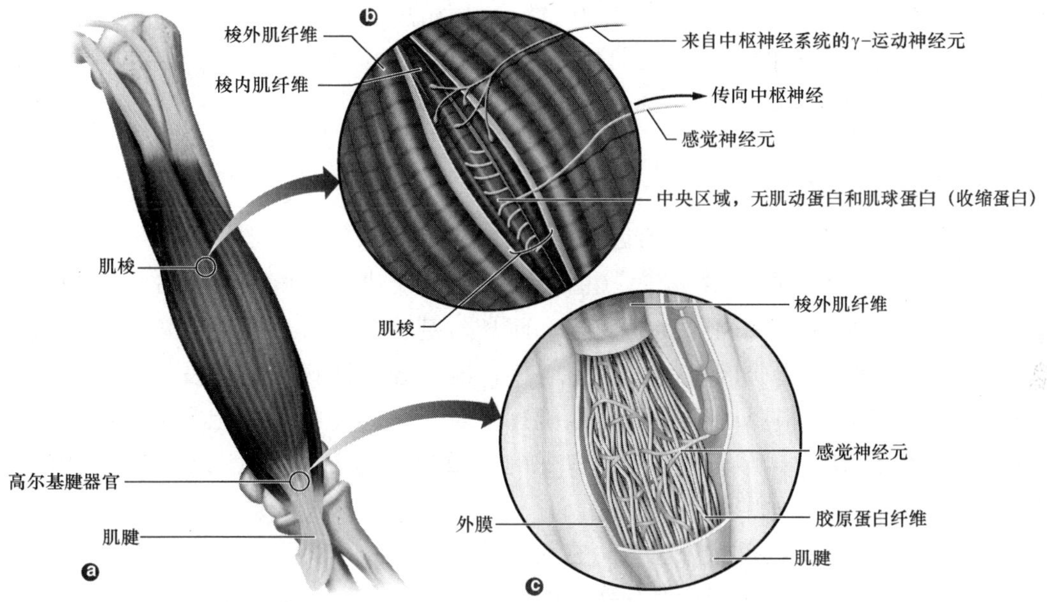

a. 肌腹　b. 肌梭　c. 肌腱

图 3.9　肌梭和肌腱的解剖结构示意图

梭内肌纤维因为中央部位肌球蛋白和肌动蛋白细丝比较少，所以无法收缩，只能拉伸。由于肌梭和梭外肌纤维相连，当梭外肌纤维收缩时，肌梭也跟着拉长。

肌梭外周有感觉神经末梢缠绕，当肌梭拉长时，此感觉神经便将信号传往脊髓，直至中枢神经系统，以感知肌肉的长度。在脊髓中，此感觉神经元和 α-运动神经元相连，当肌肉拉长时，引发肌肉反射性收缩以避免肌肉过度拉伸。

以下用一实例来说明这一反射。当一个人肘关节屈曲，掌心朝上，手指伸展时，另一个人突然将一个重物放在他的手掌上。此时，小臂开始下沉，手肘关节肱二头肌（屈肌）会被拉长，其肌梭也被拉长。在此状态下，感觉神经将信号传至脊髓，脊髓激活控制肱二头肌的 α-运动神经元，肱二头肌接着收缩产生力量以对抗肌肉被拉长的状态。

γ-运动神经元会使梭内肌纤维兴奋，使其能预先稍被拉长，虽然其中段无收缩功能，但其两端可以收缩，所以当 γ-运动神经元刺激梭内肌纤维时，中段部分则被拉长。梭内肌纤维这种预先被拉长的状态使肌梭对于肌肉的伸展特别敏感。

肌梭也辅助正常的肌肉功能。当α-运动神经元刺激梭外肌纤维收缩时，γ-运动神经元同时兴奋，使梭内肌纤维两端收缩，中段伸展，经由感觉神经传递至脊髓，再次刺激α-运动神经元，使肌肉收缩力量增强。因此，经由肌梭这样的刺激机制，肌肉收缩力量增强。

肌梭经由感觉神经传递到脊髓的信号还会进一步传递至中枢神经系统更高层的部位，使大脑随时能感知肌肉的长度和长度变化速率。这些信号对于维持肌肉张力和身体姿势，以及动作执行非常重要。肌梭的功能就像自动回馈机制中的伺服器（servomechanism），随时可以修正没有按照计划执行的动作。在肌梭修正错误动作的同时，大脑也会接收到错误动作的信号。

（三）高尔基腱器官

高尔基腱器官（Golgi tendon organ）（腱梭）是囊状的感受器，位于肌肉和肌腱的连接处，其中有小束的肌腱纤维穿过（图 3.9）。每一个高尔基腱器官有 5～25 根肌纤维与之连接，肌梭主要感受肌肉长度的变化，而高尔基腱器官主要感受肌肉肌腱连接处的张力。高尔基腱器官就像肌肉中的张力计一样，随时监控肌肉张力的变化。高尔基腱器官非常敏感，即使是单根肌纤维的收缩也能感受到。其感受器基本上是抑制性的，目的在于保护肌肉免受伤害。当高尔基腱器官受到刺激时，它会抑制主动肌收缩，同时会刺激拮抗肌收缩。

高尔基腱器官在抗阻运动中很重要，它们起着安全装置的作用，有助于防止肌肉在收缩过程中产生过大的力，从而可能最终损伤肌肉。此外，有研究者推测，减少高尔基腱器官的影响可以激活肌肉，从而使肌肉运动更加有力。该机制可以部分解释伴随力量训练肌肉力量增大的现象。

小结

- 感觉-运动整合是指周围神经系统将感觉传递到中枢神经系统，中枢神经系统分析感觉信号并发出适当运动指令的过程。
- 神经系统对感觉信号的反应水平根据运动的复杂程度而变化。大多数简单的反射是由脊髓处理的，而复杂的反应和运动则需要激活大脑中更高级的中枢。
- 感觉信号会传递到中枢神经系统许多不同的地方，并非都传递到大脑。
- 反射是动作控制最简单的形式，不受意识控制。不管刺激的形式如何，它的动作反射通常是一样的，而且非常快速。
- 当肌肉伸展时，刺激肌梭会反射性地引起肌肉收缩。
- 当肌腱因伸展产生过大张力时，高尔基腱器官会反射性地抑制肌肉收缩。

研究视角 3.4　损害神经肌肉控制的非传统因素

在运动中发生如前交叉韧带撕裂等下肢肌肉骨骼损伤非常普遍，而且治疗成本很高。此外，这些损伤除了损伤本身，还伴有骨关节炎加速发展等严重的长期后果。有效预防下肢损伤的第一步是确切识别重要的损伤风险因素。

通常认为，主要的损伤风险因素是平衡和移动技术等神经肌肉控制方法。然而，除了上述传统因素，需要重点考虑容易使运动员受伤的非传统因素，如水合状态变化、体温升高和疲劳。重要的是，运动中可能出现脱水（低于最佳体液平衡）、中暑（身体核心温度升高）和疲劳，进而影响神经肌肉控制。2012 年的一项研究证实，脱水联合中暑会对运动技术产生不利影响，并在一定程度上影响平衡。这些发现强调了运动期间，尤其是在炎热环境中进行运动时补充足够的水分，不仅可以提升运动表现，预防与过热相关的并发症（请参阅第十二章），还可以降低下肢损伤的风险。

二、动作反应

以上内容已经讨论了感觉信息如何在脑中整合，然后确定适当的动作反应。在整个过程中，最后阶段是肌肉如何对传导到肌纤维的动作电位做出反应。

当动作电位传导到 α–运动神经元时，它会沿着整个神经纤维传导到神经肌肉接头处。在此，动作电位将蔓延到其所支配的所有肌纤维上。如前所述，一个 α–运动神经元和其所支配的所有肌纤维组成一个运动单位，每一根肌纤维只接受一个 α–运动神经元的支配，而每一个 α–运动神经元会支配上千根肌纤维，支配肌纤维的数量依肌肉的功能而定。需要做出精细动作的肌肉，一个 α–运动神经元只支配少量肌纤维；而一般运动所需的肌肉，每一个 α– 运动神经元则会控制多根肌纤维。例如，控制眼球转动的肌肉（动眼肌），α–运动神经元和肌纤维的比例为 1∶15，表示每一个 α–运动神经元只支配 15 根肌纤维；然而，小腿腓肠肌和胫骨前肌中的 α–运动神经元和肌纤维的比例高达 1∶2 000。

同一运动单位的肌纤维类型都是一致的，所以，在一个运动单位中不可能同时发现 I 型肌纤维和 Ⅱ 型肌纤维。在第一章中曾经提过，一般认为 α–运动神经元能够决定其运动单位中的肌纤维类型。

结语

本章讨论了神经系统的构成及其如何控制运动，介绍了中枢神经系统和周围神经系统，以及与之相关的感觉神经和运动神经，阐述了肌肉如何通过反射或在较高级的大脑中枢的复杂控制下对神经刺激做出反应，以及单一运动单元在反应中的作用。因此，通过学习本章，读者可以明白使人体运动的身体功能。下一章将讨论人体在静息和运动时的能量需求。

关键词

轴丘（axon hillock）
轴突末梢（axon terminal）
中枢神经系统（central nervous system，CNS）
去极化（depolarization）
运动神经（传出神经）[effector（efferent）nerves）]
终末支（end branches）
兴奋性突触后电位（excitatory postsynaptic potential，EPSP）
高尔基腱器官（Golgi tendon organ）
局部电位（graded potential）
超极化（hyperpolarization）
抑制性突触后电位（inhibitory postsynaptic potential，IPSP）
运动神经元（motor neuron/motor nerve）
动作反射（motor reflex）
肌梭（muscle spindle）
髓鞘（myelin sheath）
神经冲动（nerve impulse）
神经肌肉接头（neuromuscular junction）
神经元（neuron）
神经递质（neurotransmitter）
去甲肾上腺素（norepinephrine）
周围神经系统（peripheral nervous system，PNS）
静息膜电位（resting membrane potential，RMP）
跳跃式传导（saltatory conduction）
感觉神经（传入神经）[sensory（afferent）nerves]
感觉－运动整合（sensory-motor integration）
钠钾泵（sodium-potassium pump）
突触（synapse）

思考题

1. 神经系统包含哪些部分？它们的功能是什么？
2. 列出神经元各部分的名称并说明它们的功能。
3. 解释什么是静息膜电位，以及其产生原理和维持机制。
4. 解释什么是动作电位，并说明哪些刺激可以激发动作电位。

5. 解释动作电位是如何从突触前神经元传递到突触后神经元的，并说明突触和神经肌肉接头的结构。

6. 控制身体运动的脑中枢有哪些？它们各自起什么作用？

7. 阐述交感神经和副交感神经的区别，以及它们在身体活动中各起什么作用。

8. 碰到一个灼热的物体时，身体如何产生动作反射？

9. 说明肌梭在控制肌肉收缩中的作用。

10. 说明高尔基腱器官在控制肌肉收缩中的作用。

学习指南

“关键词”复习了本章中的重要概念，章末的思考题可以测试你对本章内容的理解。

第四章　运动过程中的激素调控

2010 年 5 月 22 日，一个 13 岁的男孩成为登上珠穆朗玛峰峰顶的最年轻的登山者，他艰难地跋涉到海拔 8 848.86 m（29 031 ft）的高度。为了这次攀登，男孩和他的父亲（以及登山伙伴）在一顶缺氧的帐篷里睡了几个月，为他们的身体攀登到高海拔做准备。高海拔适应的目的之一是增加血液中携带 O_2 的红细胞的浓度。两种重要的激素促进了这一目标的实现。促红细胞生成素的增加标志着骨髓产生了更多的红细胞，而血管升压素（也称为抗利尿激素）的减少使肾脏产生了过多的尿液以更好地浓缩红细胞。由于这些适应，登山者能够在沿途不同的大本营中花费更少的时间，最终成功登上珠穆朗玛峰。

在运动和暴露于极端环境的过程中，身体必须进行多种生理机能调整。能量必须增加，代谢副产物也必须得到清除。心血管和呼吸功能需要不断调整以满足以上需求和机体其他系统（如调节温度的系统）的需求。尽管机体的内部环境在休息时也处于不断变化的状态，但是在运动过程中，这些精细的变化必须迅速且协调一致地发生。

虽然运动中所需的大部分生理调节和整合是由神经系统完成的（在第三章中讨论过），但另一个系统，即内分泌系统实际影响着机体的每一个细胞、组织和器官。它持续地监测身体的内部环境，注意到发生的所有变化，并迅速释放**激素（hormone）**，以确保内稳态不会被严重破坏。本章，我们将重点关注激素在维持内稳态和支持身体活动的所有内部过程中的重要性。由于不能涵盖运动过程中内分泌调控的所有方面，本章重点介绍运动过程中激素对新陈代谢和体液平衡的调节。饮食在运动代谢中起着重要作用，因此本章还介绍了激素对食物摄入的调节。调节生长发育、肌肉质量和生殖功能的激素将在本书的其他章节中进行介绍。

第一节　内分泌系统

当机体从静止状态转为活动状态时，代谢速率一定会提高，以提供必需的能量。此过程需要许多生理与生化系统的协调和整合。虽然这种整合主要由神经系统来负责，但内分泌系统的主要职责是微调任何使内环境平衡紊乱的生理反应。内分泌系统和神经系统通常统称为神经内分泌系统，二者共同作用以调节运动的生理过程。神经系统作用迅速而短暂，作用部位局限；内分泌系统反应缓慢，但作用更持久。

内分泌系统包括能分泌激素的所有组织和腺体。主要的内分泌器官已在图 4.1 中标注出来。典型的内分泌腺直接把激素分泌到血液中，在全身作为化学信号发挥作用。当被特定的内分泌细胞分泌后，激素通过血液被运送至特定的**靶细胞（target cells）**——具有特定激素受体的细胞。激素到达靶组织，就可以控制靶组织的活动。过去，激素被定义为一种由腺体产生的化学物质，到达机体某个远距离的组织来发挥作用。现在，激素被更广泛地定义为控制和调节某些细胞或器官活动的任何化学物质。有的激素可以影响机体的多种组织，包括大脑，而有的激素则只作用于特定细胞。

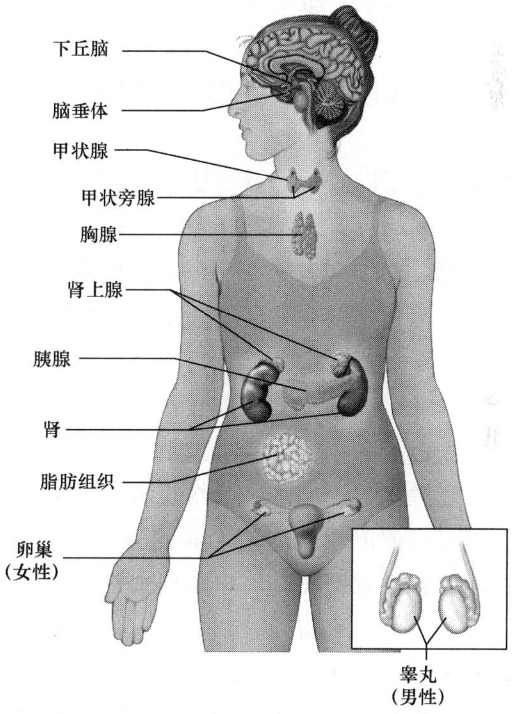

图 4.1　人体主要内分泌器官的位置

激素参与大多数生理过程，因此它们的作用与运动和身体活动的许多方面都有关。激素在机体的几乎所有系统中扮演着至关重要的角色。本章主要介绍激素的化学性质及其一般作用机制，并对主要内分泌腺及其激素进行概述。关于运动，重点介绍激素调节的两个主要方面：运动代谢和运动期间体液和电解质的调节。最后，由于热量摄入和特定营养素的消耗对运动代谢有深远的影响，因此本章将介绍关于调节食物摄入的激素的内容。

一、激素的化学分类

激素传统上可分为**类固醇激素（甾体类激素）（steroid hormones）**和**非类固醇激素（非甾体类激素）（nonsteroid hormones）**。由于多数类固醇激素来自胆固醇，它们的化学构成和胆固醇类似，因此，类固醇激素可溶于脂质，很容易穿透细胞膜。类固醇激素包括生殖激素，如睾丸激素（由睾丸分泌）、雌激素和孕酮（由卵巢和胎盘分泌），以及皮质醇和醛固酮（由肾上腺皮质分泌）。

非类固醇激素不溶于脂类，所以不易穿过细胞膜。这类激素还可分为两类：蛋白质或肽类激素及氨基酸衍生激素。来自甲状腺的激素（甲状腺素和三碘甲状腺原氨酸）和来自肾上腺髓质的激素（肾上腺素和去甲肾上腺素）是氨基酸衍生的激素。其他非类固醇激素都是蛋白质或肽类激素。激素的化学结构决定了其对靶细胞和靶组织的作用机制。

二、激素分泌与血浆浓度

激素分泌的控制必须迅速，以满足身体机能变化的需求。激素的分泌不是持续或匀速的，而是以脉冲的方式，常常在短时间内有一个分泌高峰期。因此，血浆中特定激素浓度会在一小时或更短的周期内波动。但是，许多激素的血浆浓度也会在较长时间内波动，表现为一天甚至一月的周期性变动（如每月月经周期）。内分泌腺如何知道何时释放激素及释放多少呢？

负反馈是内分泌系统维持机体稳态的主要机制。激素的分泌可引起机体的某一变化，而这些变化又可抑制激素的进一步分泌。这种现象类似于室内温控系统：当室内温度低于预设温度时，温控系统就会启动加热；当室内温度高于预设温度时，温控系统就会停止加热。机体内特定激素分泌的开始或结束（上升或下降）是由机体的生理变化决定的。

以血糖浓度和**胰岛素（insulin）**为例，当血糖浓度高时，胰腺就会分泌胰岛素；胰岛素会促进细胞摄取葡萄糖，以降低血糖浓度；当血糖浓度恢复正常时，胰岛素释放就会受到抑制，直到血糖水平再度升高。由于内分泌系统与神经系统协同工作，中枢神经系统也参与维持激素平衡。

特定激素在血浆中的浓度并不能很好地反映激素的活性，因为激素必须与特定的细胞受体结合才能发挥作用。因此，可以改变靶细胞上受体的数量来提高或降低该细胞对激素的敏感性。受体数量减少，结合的激素分子也变少，此过程称为**下调（downregulation）**，亦称脱敏作用。例如，对**胰岛素抵抗（insulin resistance）**的人，细胞上胰岛素受体的数量似乎减少了。他们的身体通过增加胰腺分泌的胰岛素来做出反应，因此血浆胰岛素浓度就升高了。为了和健康人一样维持正常的血糖浓度，这些人必须释放更多的胰岛素。

在少数情况下，细胞长期处于大剂量的激素环境中，可能会通过增加受体数量来增强对激素的反应。此时，因为同一时间可以结合更多的激素，细胞会对该激素变得更敏感。此过程称为**上调**（**upregulation**）。例如，与胰岛素抵抗相反，具有高**胰岛素敏感性**（**insulin sensitivity**）的个体需要相对正常或较低水平的胰岛素来处理给定的血糖浓度。

三、激素的作用

激素随血液流动，可以接触到机体的所有组织。那么，它们是如何仅对特定靶组织产生影响的呢？这要归于靶组织上的特定激素受体仅能与特定的激素结合。每个细胞拥有 2 000～10 000 个受体，激素与其受体结合称为激素 – 受体复合物。

如前所述，类固醇激素为脂溶性，可以轻易地通过细胞膜，而非类固醇激素不可以。非类固醇激素的受体位于细胞膜上，而类固醇激素的受体则在细胞质或细胞核中。一种激素通常与一种受体有高度特异性，并且专门与特定受体结合，因此激素只能对含有特定受体的组织产生效应。一旦与受体结合，激素就会通过多种机制控制细胞的活动。

（一）类固醇激素

类固醇激素的一般作用机制如图 4.2 所示。一旦穿过细胞膜并进入细胞内，类固醇激素就会与其特定的受体结合。激素–受体复合物随后进入细胞核，与部分细胞的 DNA 结合，激活特定的基因。此过程称为**直接基因激活**（**direct gene activation**）。作为对这种激活的反应，mRNA 在细胞核中合成，然后进入细胞质，促进蛋白质合成。这些蛋白质可能是：

✧ 酶——对细胞的各种生命活动有重要影响。

✧ 结构蛋白——参与组织的生长与修复。

✧ 调节蛋白——可以改变酶的功能。

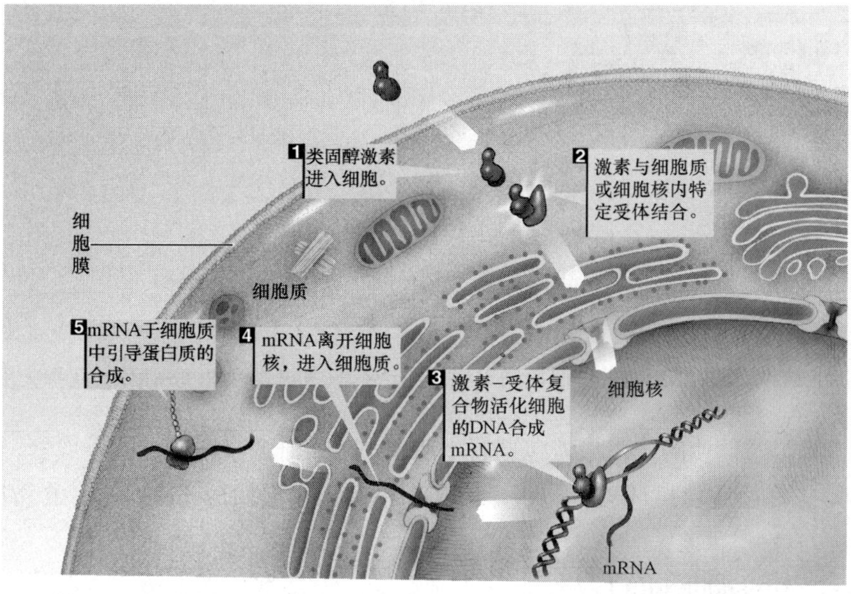

图 4.2 典型类固醇激素的作用机制，导致直接基因激活和蛋白质合成

（二）非类固醇激素

由于非类固醇激素不能穿过细胞膜，它们只能与细胞膜表面的特异受体结合。非类固醇激素与受体结合后，会引发一系列酶促反应，可导致细胞内**第二信使（second messenger）**形成。除了传递信号，第二信使还可以帮助增强信号。**环磷酸腺苷（cyclic adenosine monophos phate，cAMP）**是介导多种激素受体反应的一种重要的第二信使，其作用机制如图 4.3 所示。激素与膜上的特异受体结合后，能够激活位于细胞膜上的腺苷酸环化酶，此酶催化细胞中的 ATP 转化成 cAMP，cAMP 形成后可以产生特定的生理效应，包括：

✧ 激活细胞内的酶。

✧ 改变细胞膜的通透性。

✧ 促进蛋白质合成。

✧ 改变细胞代谢。

✧ 刺激细胞分泌。

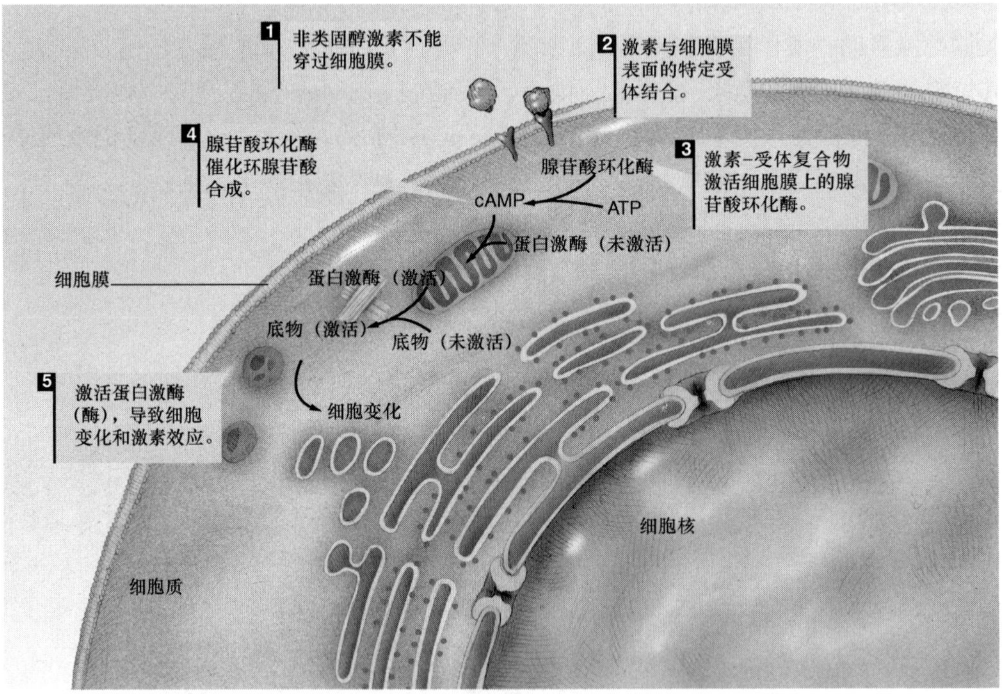

图 4.3　非类固醇激素的作用机制，通过激活细胞内第二信使（cAMP）发挥作用

cAMP 作为第二信使的一些激素包括肾上腺素、胰高血糖素和促黄体生成素。除了 cAMP，其他重要的第二信使还包括环鸟苷一磷酸（cGMP）、三磷酸肌醇（IP3）、二酰基甘油（DAG）和 Ca^{2+}。

前列腺素（prostaglandin）实际上并不是激素，但常常被视为第三类激素。这类物质来源于脂肪酸和花生四烯酸，并且几乎与全身所有细胞膜有关。前列腺素是典型的局部作用或**自分泌（autocrine）**激素，即在分泌细胞附近发挥作用。但有些前列腺素半衰期较长，也会通过血液运输作用于远距离的组织。许多因素能引起前列腺素分泌，如局部损伤。前列腺素有多种类型，功能多样，可影响其他激素的作用。前列腺素可直接作用于血管，增强血管的渗透性（促进肿胀）并促进血管舒张，因此前列腺素是炎症反应的重要媒介，可使疼痛神经纤维终末敏感性增强，促进炎症和疼痛的产生。

小结

- 神经系统作用迅速而短暂，作用部位局限，而内分泌系统反应缓慢，但作用更持久。
- 激素可分为类固醇激素与非类固醇激素两种。类固醇激素为脂溶性，多由胆固醇合成。非类固醇激素则由蛋白质、肽或氨基酸合成。
- 激素通过激素与该激素在细胞膜（非类固醇激素）、细胞质或细胞核（类固醇激素）内的特异性受体的特殊作用，影响特定的靶组织或靶细胞。
- 激素的分泌通常不是匀速的，而是以脉冲的方式，常常在短时间内有一个分泌高峰期，进入血液后循环到靶细胞。
- 大部分激素由负反馈控制系统调节其分泌。
- 激素受体数量会依机体的需求而改变。需求增加时，受体数量会上调而增加；需求减少时，受体数量则会下调而减少。这两个过程会改变细胞对激素的敏感性。
- 类固醇激素会穿过细胞膜，与细胞内受体结合，借助直接基因激活机制促进蛋白质合成。
- 非类固醇激素不能进入细胞，它们与细胞膜上的受体结合，激活细胞内的第二信使（通常是 cAMP），引起细胞内的一系列反应。
- 从严格意义上讲，前列腺素不是激素，而是作为局部激素在其产生的附近区域发挥作用。

第二节　内分泌腺及其激素概述

人体的内分泌腺及其分泌的激素归纳为表 4.1，表 4.1 列出了各种激素的主要作用靶器官和功能。由于内分泌系统是非常复杂的，故该表内容已经精简，主要介绍对运动和体育活动最重要的内分泌腺体和激素。

机体在运动时会进行各种生理机能调节，激素在这个过程中发挥着重要的作用，所以即使是急性运动，也会改变激素的分泌量。急性运动和长期进行运动训练激素的反应和变化归纳为表 4.2。限于篇幅，这里仅列举了和运动紧密相关的激素。关于运动引起的激素水平改变的细节将在之后的内分泌腺和激素的各部分中详细讨论。

表 4.1　各种内分泌腺及其分泌的激素、作用的靶器官和控制因素，以及激素的主要功能

内分泌腺	激素	靶器官	控制因素	主要功能
垂体前叶	生长激素（GH）	全身各部位细胞	下丘脑生长激素释放激素，生长激素抑制激素（生长抑素）	在成年之前促进全身组织生长，促进蛋白质合成，提高脂肪转运速度和脂肪供能比例，降低碳水化合物供能比例
	促甲状腺激素（TSH）	甲状腺	下丘脑促甲状腺激素释放激素	控制甲状腺产生与释放甲状腺素和三碘甲状腺原氨酸的量
	促肾上腺皮质激素（ACTH）	肾上腺皮质	下丘脑促肾上腺皮质激素释放激素	控制肾上腺皮质激素的分泌
	催乳素	乳腺	催乳素释放因子和催乳素释放抑制因子	刺激乳腺分泌乳汁
	促卵泡激素（FSH）	卵巢、睾丸	下丘脑促卵泡激素释放激素	促进卵巢中卵泡的生长，促进卵巢分泌雌激素；促进睾丸中精子的发育
	黄体生成素（LH）	卵巢、睾丸	下丘脑促卵泡激素释放激素	促进雌激素和前列腺素的分泌；促使卵泡破裂，释放卵子；促使睾丸分泌睾酮
垂体后叶	抗利尿激素（ADH或加压素）	肾脏	下丘脑分泌神经元	协助肾脏进行水分的排泄，收缩血管以升高血压
	催产素	子宫、乳房	下丘脑分泌神经元	控制子宫收缩，刺激乳汁分泌
甲状腺	四碘甲状腺原氨酸（T_4）和三碘甲状腺原氨酸（T_3）	全身各部位细胞	促甲状腺激素、甲状腺素和三碘甲状腺原氨酸浓度	提高细胞代谢率，提高心率和心肌收缩力
	降钙素	骨骼	血钙浓度	调控血液中 Ca^{2+} 的浓度
甲状旁腺	甲状旁腺激素（PTH）	骨骼、小肠和肾脏	血钙浓度	通过对骨骼、小肠和肾脏的作用来调控细胞外液的 Ca^{2+} 浓度
肾上腺髓质	肾上腺素	机体的大部分细胞	压力感受器、葡萄糖感受器，脑和脊髓神经中枢	刺激肝糖原和肌糖原水解；加速脂肪分解，增加肌肉血流量；提高心率和心肌收缩力，增加耗氧量
	去甲肾上腺素	机体的大部分细胞	压力感受器、葡萄糖感受器，脑和脊髓神经中枢	小幅度加快脂肪组织和肌肉内脂肪分解的速度，通过收缩小动脉与小静脉来提高血压

续表

内分泌腺	激素	靶器官	控制因素	主要功能
肾上腺皮质	盐皮质激素（醛固酮）	肾脏	血管紧张素、血钾浓度、肾素	促进肾脏保钠排钾
	糖皮质激素（皮质醇）	机体的大部分细胞	促肾上腺皮质激素	调节糖、脂肪、蛋白质的代谢，抑制炎症反应
	雄激素和雌激素	卵巢、乳房和睾丸	促肾上腺皮质激素	促进男女性征的发育
胰腺	胰岛素	全身各部位细胞	血糖和氨基酸浓度	通过降低血糖浓度来维持血糖稳定，提高葡萄糖的利用率和脂肪合成效率
	胰高血糖素	全身各部位细胞	血糖和氨基酸浓度	提高血糖浓度，刺激蛋白质和脂肪分解
	生长抑素	胰岛和小肠	血糖、胰岛素和胰高血糖素浓度	抑制胰岛素和胰高血糖素的分泌
肾脏	肾素	肾上腺皮质	血钠浓度	协助控制血压
	促红细胞生成素（EPO）	骨髓	较少的组织含氧量	刺激红细胞生成
睾丸	睾酮	性器官、肌肉	促卵泡激素和黄体生成素	促进睾丸、阴囊、阴茎、胡须及变声等男性性征发育，促进肌肉生长
卵巢	雌激素和黄体激素	性器官、脂肪组织	促卵泡激素和黄体生成素	促进女性性器官和性征发育，协助调控月经周期

表 4.2　急性运动和长期进行运动训练激素的反应和变化

内分泌腺	激素	急性运动的反应	长期进行运动训练后的变化
垂体前叶	生长激素（GH）	随着运动强度的增加而增加	运动强度不变时反应下降
	促甲状腺激素（TSH）	随着运动强度的增加而增加	不明
	促肾上腺皮质激素（ACTH）	随着运动强度和时间的增加而增加	运动强度不变时反应下降
	催乳素	随着运动增加	不明
	促卵泡激素（FSH）	减少或不变	不明
	黄体生成素（LH）	减少或不变	不明

续表

内分泌腺	激素	急性运动的反应	长期进行运动训练后的变化
垂体后叶	抗利尿激素（ADH 或加压素）	随着运动强度的增加而增加	运动强度不变时反应下降
	催产素	不明	不明
甲状腺	四碘甲状腺原氨酸（T_4）和三碘甲状腺原氨酸（T_3）	随着运动强度的增加，游离三碘甲状腺原氨酸和甲状腺素增加	运动强度不变时，三碘甲状腺原氨酸和甲状腺素的转化速率提高
	降钙素	不明	不明
甲状旁腺	甲状旁腺激素（PTH）	长时间运动时增加	不明
肾上腺髓质	肾上腺素	在 75%最大摄氧量以上的强度时开始增加，之后随运动强度的增加而增加	运动强度不变时反应下降
	去甲肾上腺素	在 50%最大摄氧量以上的强度时开始增加，之后随运动强度的增加而增加	运动强度不变时反应下降
肾上腺皮质	盐皮质激素（醛固酮）	随着运动强度的增加而增加	不变
	糖皮质激素（皮质醇）	只有在高强度运动时才会增加	轻微升高
胰腺	胰岛素	随着运动强度的增加而降低	运动强度不变时反应下降
	胰高血糖素	随着运动强度的增加而增加	运动强度不变时反应下降
肾脏	肾素	随着运动强度的增加而增加	不变
	促红细胞生成素（EPO）	不明	不变
睾丸	睾酮	运动时会小幅增加	男性训练者的安静值降低
卵巢	雌激素和黄体激素	运动时会小幅增加	训练强度较高的女性，安静值可能会降低

如前所述，对神经内分泌控制的全面描述远远超出了本书的范围。调节运动期间的新陈代谢和调节体液和电解质是内分泌腺及其激素与运动有关的两个重要功能。内分泌系统在调节食欲与食物摄入方面也起着重要作用。下面的小节详细介绍了这三个重要功能。每一节都描述了所涉及的主要内分泌腺体、产生的激素，以及这些激素如何发挥特定的调节作用。

研究视角 4.1	拥有更多的睾酮会给你带来比赛优势吗？

雄激素（睾酮及其化学衍生物）促进男性第一性征和第二性征的发育和维持。雄激素通常被描述为男性性激素，它们天然存在于男性和女性中，可以提高男性运动员和女性运动员的运动表现，尤其是在力量相关的项目中。由于它们的增效作用（增强体能、耐力和恢复能力），雄激素会被运动员滥用，尽管检测它们滥用的化验已取得了进展。事实上，雄激素是女性运动员使用的最常见的强化剂。然而，有些女性体内的循环雄激素天生较高，而且这些具有天生机能优势的女性是否应该被允许参加比赛已经引起争议。由于这一争议，监管委员会对可能将循环天然雄激素和运动表现联系起来的科学依据产生了强烈的兴趣。

对参加 2011 年和 2013 年国际田径联合会世界锦标赛的 2 127 名精英田径运动员的研究为这个有争议的话题提供了更多的科学依据。研究人员测量了男性运动员和女性运动员血液中的雄激素浓度，尤其是睾酮浓度，并将浓度与每名运动员在世界锦标赛中的最佳成绩进行了比较。男性短跑运动员的睾酮浓度较高，投掷项目的男性运动员睾酮浓度低于其他项目的男性运动员。项目类型与女性睾酮浓度无关。然而，与睾酮浓度最低的女性运动员相比，睾酮浓度最高的女性运动员（不是男性运动员）在 400 m 跑、400 m 跨栏、800 m 跑、铅球和撑竿跳高中的表现更好。该研究得出结论：在这些特定的田径项目中，天然睾酮浓度高的女性运动员可能比睾酮浓度低的女性运动员更具竞争优势。因此，当监管机构和管理机构讨论雄激素过多症的女性运动员参加竞技比赛的资格时，应考虑睾酮升高与运动表现改善之间的定量关系。

第三节　运动过程中激素的代谢调节

如第二章所述，在长时间的运动中，糖和脂肪是维持肌肉 ATP 的主要能量来源。为满足肌肉对葡萄糖和脂肪酸的需求，多种激素共同发挥调节作用。接下来的部分将详细阐述负责代谢调节的主要内分泌腺和激素，以及运动中激素如何调节葡萄糖和脂肪的代谢。

一、参与代谢调节的内分泌腺

许多复杂的系统相互作用以调节安静时和运动期间的代谢，主要的内分泌腺是垂体前叶、甲状腺、肾上腺和胰腺。

（一）垂体前叶

垂体是位于大脑基底部弹丸大小的内分泌腺，在解剖结构上分为前叶、中叶和后叶。其中，中叶很小，而且在人体中几乎没有内分泌作用，但前叶和后叶均具有重要的内分泌功能。垂体前叶的激素释放受到下丘脑分泌的上位激素的调控，而垂体后叶则根据下丘脑的直接神经信号释放激素。所以，我们可以将垂体看作中枢神经对外周的分泌腺进行控制的信号中继站。垂体后叶将在本章第四节进行讨论。

垂体前叶也叫腺垂体，可以分泌六种激素，受下丘脑分泌的**释放因子（releasing factors）**和**抑制因子（inhibiting factors）**（都是激素）的控制。下丘脑和垂体前叶之间的激素交流通过专门的循环系统进行。表 4.1 列出了垂体前叶分泌的激素的主要功能，以及调控它们的释放因子和抑制因子。对下丘脑来说，运动是一种强刺激，它可以促进大多数垂体前叶激素释放（表 4.2）。

在垂体前叶分泌的六种激素中，有四种是促激素，它们会影响其他内分泌腺的功能，**生长激素（growth hormone，GH）**和催乳素除外。生长激素是一种强有力的促合成激素（可以促进器官与组织生长和细胞分化，控制组织大小），可以通过促进氨基酸进入细胞而使肌肉体积增长；也可以通过增加脂肪分解所需要的酶的合成，促进脂肪分解代谢。生长激素的浓度在有氧运动时会上升，而其上升的量与运动强度有关，并且在运动后，往往会持续上升一段时间。

（二）甲状腺

甲状腺位于颈部前正中，喉的下方，它可以分泌两种重要的非类固醇激素：**三碘甲状腺原氨酸（triiodothyronine，T_3）**和**四碘甲状腺原氨酸（thyroxine，T_4）**，它们是重要的代谢调节激素。甲状腺还分泌降钙素，参与调节机体钙的代谢。

三碘甲状腺原氨酸和四碘甲状腺原氨酸的功能非常相似，它们可以增强大部分组织的新陈代谢，使机体的基础代谢率（basal metabolic rate，BMR）增加 100%。它们还有如下功能：

✧ 促进蛋白质合成（包括酶的合成）。

✧ 可以使绝大多数细胞内线粒体的数量增加，体积增大。

✧ 促使细胞快速摄取葡萄糖。

✧ 加快糖酵解和糖异生的速度。

✧ 加快脂肪动员，增强游离脂肪酸氧化。

运动时，垂体前叶释放的**促甲状腺激素（thyrotropin，TSH）**分泌量增加。因为促甲状腺激素控制着三碘甲状腺原氨酸和四碘甲状腺原氨酸的释放，所以我们会顺理成章地认为，运动促使促甲状腺激素分泌增加，会对甲状腺的分泌产生影响。实际上，运动确实可以增加血浆中甲状腺素的浓度，但在运动时促甲状腺激素浓度增加后，会有一段时间延迟，甲状腺素的浓度才会增加。而且，在长时间的亚极量运动中，甲状腺素的浓度在运动开始后快速增加，但到达一定水平后即进入平台期，浓度将保持在该水平上，而三碘甲状腺原氨酸的浓度在此时会出现下降的趋势。

（三）肾上腺

肾上腺位于肾脏顶部，由中央的髓质和周边的皮质组成。因为皮质和髓质分泌的激素有很大差异，所以这两者通常分开讨论。髓质分泌两种激素：**肾上腺素（adrenaline/epinephrine）**和去甲肾上腺素，两者统称为**儿茶酚胺（catecholamines）**。当交感神经系统兴奋时，肾上腺开始分泌儿茶酚胺，其中肾上腺素约占 80%，去甲肾上腺素约占 20%，但在不同的机体状态下，这个比例可能会有变化。儿茶酚胺对机体产生的强大作用与交感神经系统的作用类似。儿茶酚胺与交感神经系统的神经递质非常相似，但是激素的作用时间较长，因为从血液中清除激素相对较慢，而神经递质的再摄取与降解却快得多。这两种激素可以使机体对外界的刺激做出快速反应，这种现象称为“应急”。

虽然肾上腺素和去甲肾上腺素的某些具体作用并不相同，但是它们在机体中发挥协同作用。它们的主要功能有：

✧ 增加心率，增强心肌收缩力。

✧ 提高代谢率。

✧ 提高肝脏和肌肉的糖原分解能力（将糖原分解为葡萄糖）。

✧ 促进葡萄糖和游离脂肪酸释放到血液中。

✧ 促使血液重新分布到骨骼肌。

✧ 升高血压。

✧ 加快呼吸。

肾上腺素和去甲肾上腺素的分泌受到多种因素的影响，包括心理压力和运动等。当机体的运动强度逐渐增加时，血浆中这两种激素的浓度也会增加。血浆中的去甲肾上腺素浓度在 50% $\dot{V}O_{2max}$ 时就显著增加，但是肾上腺素浓度直到运动强度超过 60%～70% $\dot{V}O_{2max}$ 时才有显著增加。在中等强度的长时间持续运动中，血浆中两种激素的浓度都会增加。运动结束后，肾上腺素浓度在数分钟内就会下降至安静水平，但是去甲肾上腺素则会保持数小时的高水平状态。

肾上腺皮质可以分泌 30 多种不同的类固醇激素，它们统称为类固醇皮质激素。这些激素可以分为三大类：**盐皮质激素（mineralocorticoids）**（本章稍后讨论）、**糖皮质激素（glucocorticoids）**和性腺皮质素（性激素）。

糖皮质激素在机体适应运动和其他形式的压力中起重要作用。即使长时间未进食，它也可以维持血糖浓度不下降。**皮质醇（cortisol）**又称氢化可的松，是一种主要的肾上腺类固醇皮质激素。糖皮质激素在体内 95%的活动是由皮质醇完成的。皮质醇的主要功能包括：

✧ 加速糖异生，以保证能量供应。

✧ 促进游离脂肪酸的动员，使脂肪供能的效率更高。

✧ 降低外周器官的葡萄糖利用率，保证脑部的葡萄糖供应。

✧ 加速蛋白质分解代谢，释放氨基酸，以供组织修复、酶的合成和能量供应。

✧ 抗炎。

✧ 减轻免疫反应。

✧ 协同肾上腺素引起血管收缩。

在本章稍后关于糖和脂肪代谢调控的内容中，我们将进一步讨论皮质醇在运动中的重要作用。

（四）胰腺

胰腺位于胃的后下方，主要分泌两种激素：胰岛素和**胰高血糖素（glucagon）**。这两种激素作用相反，共同调控血糖浓度使其保持稳定。用餐后，人的血糖会升高［**高血糖（hyperglycemia）**］，这时胰腺在高血糖的刺激下会分泌胰岛素进入血液。胰岛素的主要作用有：

✧ 加快葡萄糖向细胞内的转运速度，特别是向肌细胞内的转运速度。

✧ 促进糖原合成。

✧ 抑制糖异生。

胰岛素的主要作用是降低血糖浓度，它对蛋白质和脂肪代谢也有一定的影响。它可以促使细胞吸收氨基酸，并加强蛋白质和脂肪的合成。当血糖浓度低于正常水平时［**低血糖（hypoglycemia）**］，胰腺开始分泌胰高血糖素，它的作用与胰岛素相反。胰高血糖素可以促使肝糖原水解为葡萄糖（糖原分解），并提高糖异生水平，提高血糖浓度。

在持续 30 min 或者更长时间的运动中，机体会尽量维持血糖浓度不变，但是此时胰岛素浓度开始下降。运动时，胰岛素与骨骼肌细胞上的胰岛素受体的结合能力增强，这可能是运动时肌肉的血流量增加导致的。这使机体对胰岛素的敏感性增加，并使骨骼肌不需要较高的胰岛素水平也能加快葡萄糖向细胞内的转运速度。同时，胰高血糖素的浓度在运动中会逐渐升高。胰高血糖素的主要功能是通过加速肝糖原水解为葡萄糖进入血液来维持血糖浓度不降低，这可以使细胞有充足的葡萄糖可利用，保证较高代谢水平的能源供给。对于具有一定训练水平的个体，这两种激素在其运动中的变化幅度远比普通人小，训练有素的人能够更好地维持血糖浓度。

二、运动中糖代谢的调节

如第二章所述，运动对能量有较多的需求，要有更多的葡萄糖供肌肉活动所需。葡萄糖以糖原的形式储存在体内，主要存在于肌肉和肝脏中，所以糖原分解作用必须加强才能使葡萄糖脱离这种存储形式。肝糖原分解释放的葡萄糖通过血液循环被活动组织吸收。糖异生由非碳水化合物来源（如乳酸、氨基酸和甘油）产生新的葡萄糖来升高血糖浓度。

（一）血糖浓度的调节

运动过程中，血糖浓度取决于运动肌肉对葡萄糖的摄取量和肝脏释放的葡萄糖量之间的平衡。体内使血糖浓度升高的激素有四种：

✧ 胰高血糖素。

✧ 肾上腺素。

✧ 去甲肾上腺素。

✧ 皮质醇。

安静状态下，胰高血糖素促使肝脏释放葡萄糖，不仅促进肝糖原的分解，也促进氨基酸异生为葡萄糖。运动时，胰高血糖素的分泌增加，同时促进肾上腺髓质释放儿茶酚胺（肾上腺素和去甲肾上腺素），这些激素与胰高血糖素协同作用，促进糖原分解。在最初略微下降后，皮质醇的浓度在运动的前 30～45 min 有所升高。皮质醇可以促进蛋白质的分解代谢，也可以促进氨基酸在肝脏中的糖异生。因此，这四种激素都能通过加速糖原分解和糖异生（非糖物质转化为葡萄糖）来提高血糖浓度。除了这四种激素，生长激素可以促进游离脂肪酸动员，减少细胞对葡萄糖的摄取，从而减少细胞对葡萄糖的利用，维持循环血液中较高的葡萄糖浓度。同时，甲状腺激素能促进葡萄糖的分解和脂肪的代谢。

肝脏释放葡萄糖的量取决于运动强度和时间。随着运动强度的增加，儿茶酚胺的释放速率加快，造成肝脏释放葡萄糖的量多于运动肌肉的摄取量。因此，由于肝脏释放葡萄糖的速度比肌肉吸收的速度快，在一次短距离的全力跑过程中及运动后即刻，血糖浓度可能比安静水平高 40%～50%。

运动强度越大，儿茶酚胺释放得就越多，这会使糖原分解的速率显著加快。这一过程不仅发生在肝脏中，也发生在肌肉中。肝脏释放的葡萄糖进入血液后能够被肌肉利用，但肌肉有更便捷的获取葡萄糖的来源，即肌糖原。在爆发性短距离的运动过程中，肌肉在摄取血糖之前，会优先利用自身所储存的糖原。从肝脏释放的葡萄糖不那么容易使用，因而能保留在血液循环中，从而提高血糖水平。运动后，随着葡萄糖进入肌肉以补充耗尽的肌糖原储备（糖原分解），血糖浓度降低。

在持续数小时的运动中，肝脏释放葡萄糖的速率更加接近肌肉对葡萄糖的需求，这使血糖维持或稍高于安静时的浓度。随着肌肉摄取葡萄糖的增加，肝脏释放葡萄糖的速率也随之增加。在多数情况下，血糖在长时间运动末期，肝糖原耗竭时才开始下降，同时胰高血糖素开始增加。胰高血糖素与皮质醇共同促进糖异生，为肌肉提供更多的能源物质。

图 4.4 展示了 3 h 自行车运动过程中血浆肾上腺素、去甲肾上腺素、胰高血糖素、皮质醇和血糖浓度的变化。在长时间运动中，血糖在激素调节下保持不变，但此时肝糖原也将消耗殆尽。因此，肝脏释放葡萄糖的速率可能跟不上肌肉对葡萄糖的摄取。此时，即使有激素调节，血糖仍有可能会下降。因此，运动中摄取葡萄糖对维持血糖浓度起主要作用。

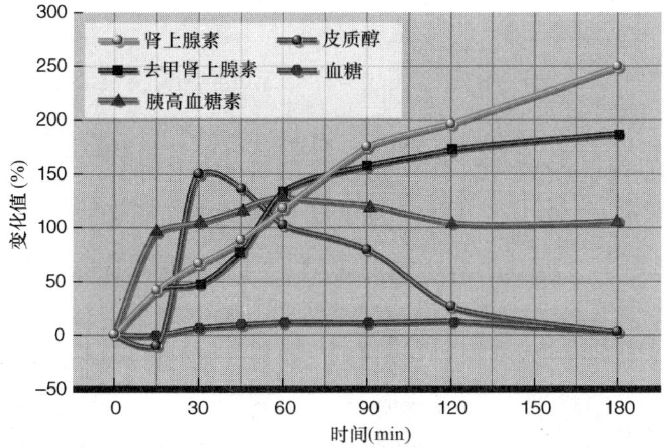

图 4.4　以 65% $\dot{V}O_{2max}$ 进行 3 h 自行车运动的过程中，血浆肾上腺素、去甲肾上腺素、胰高血糖素、皮质醇和血糖浓度的变化（以运动前数值的百分比表示）

（二）肌肉对葡萄糖的摄取

即使血液中有足量的葡萄糖，也不能保证肌细胞获取充足的葡萄糖以满足其能量需求。因为葡萄糖不但要释放并运输到需要能量的细胞，还必须为这些细胞所利用。胰岛素调控葡萄糖通过细胞膜转运进入肌细胞。一旦葡萄糖被运输到肌肉，胰岛素便促使其进入肌细胞。

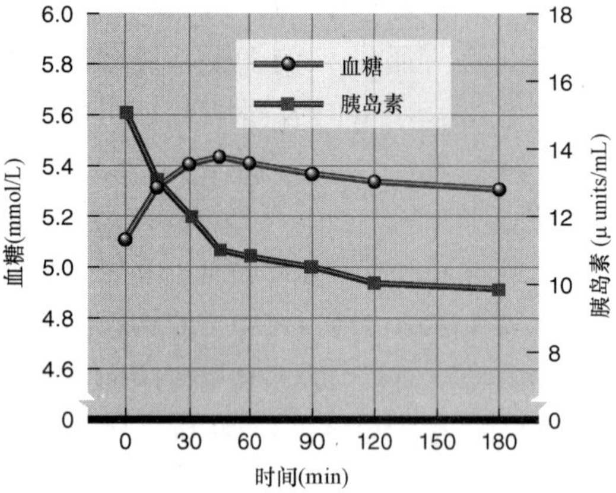

图 4.5　在 65%～70% $\dot{V}O_{2max}$ 的运动过程中，血糖和胰岛素的浓度变化

注：在整个运动过程中，胰岛素浓度持续降低，表明在长时间运动中，胰岛素敏感性增强。

令人惊讶的是，如图 4.5 所示，在长时间运动中，尽管血糖浓度和肌肉对葡萄糖的摄取略有增加，但血浆胰岛素浓度呈下降趋势。血浆胰岛素水平和肌肉对葡萄糖的需求所表现出的矛盾现象提示激素活性不仅取决于其在血液中的浓度，还取决于细胞对这种激素的敏感性。也就是说，细胞对胰岛素的敏感性与循环血液中激素的含量同样重要。运动能增强胰岛素与肌细胞上受体的结合能力，从而降低肌细胞膜外的葡萄糖转运至肌细胞中所需的血浆胰岛素浓度。这种现象很重要，因为运动时四种激素将释放储存的葡萄糖，并产生新的葡萄糖。胰岛素浓度升高将会起到相反的作用，预防血糖提供过多。

（三）中枢神经系统–内分泌系统相互作用

中枢神经系统整合了神经系统和内分泌系统的活动。因此，中枢神经系统能够通过感知激素（尤其是胰岛素）和营养物质（包括葡萄糖、脂肪酸和氨基酸）参与碳水化合物代谢就不足为奇了。

胰岛素对中枢神经系统的作用通过使用胰岛素抵抗小鼠模型的研究得以阐明。胰岛素抵抗通常与肥胖有关，在这种模型中，胰岛素直接向大脑的神经元发出信号，从而调控身体周围其他组织调节葡萄糖代谢的方式。其他研究同样证明了中枢神经系统在胰岛素控制体内碳水化合物代谢中的重要调节作用。在这些研究中，研究人员将葡萄糖直接注入大脑区域以特异性刺激对葡萄糖敏感的受体。然后，他们测量了调节葡萄糖代谢的激素，以及肝脏和肌肉分别摄取和储存了多少葡萄糖。将葡萄糖注射到大脑中以检查中枢信号并测量全身对葡萄糖的摄取能够证明大脑本身确实对葡萄糖敏感，并有助于控制人体释放的调节碳水化合物代谢的激素。

其他激素也有类似的中枢神经系统的整合作用。**瘦素（leptin）**是脂肪组织在进食时释放的一种激素，抑制食物摄入。由于进食后不需要太多的葡萄糖，故瘦素还通过特定的中枢神经系统神经元，即促黑素皮质激素（POMC）神经元来减少肝脏中的葡萄糖生成。胰高血糖素样肽 1（GLP-1）是一种在肠道内释放的激素，它向胰腺中的 β 细胞发出释放胰岛素的信号，也通过中枢神经系统 POMC 细胞起作用，通过减少糖异生和增加糖原分解来降低肝脏葡萄糖的产生。如图 4.6 所示，这些激素效应通过中枢神经系统进行整合，并随即作用于不同的外周组织。

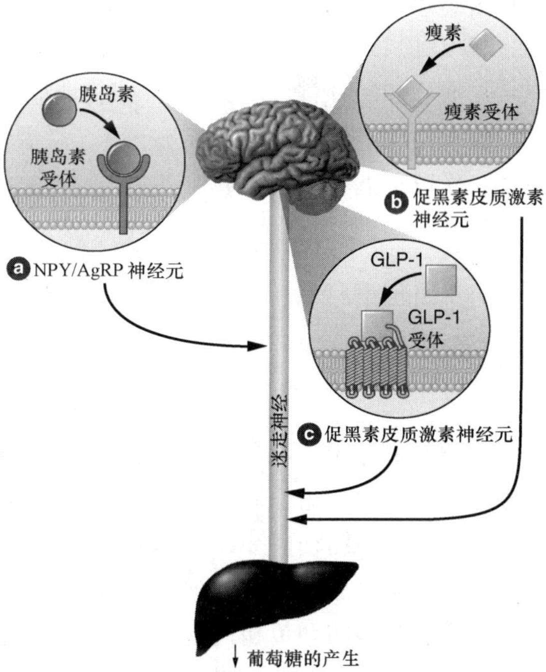

图 4.6　人体外周组织（包括胃肠道和胰腺）分泌的激素刺激下丘脑中的特定受体，以调节肝脏中的葡萄糖代谢

注：在图 a 中，胰腺 β 细胞释放的胰岛素通过下丘脑弓状核内的食欲刺激（NPY/AgRP）神经元发挥作用。这些神经元受到肽神经递质神经肽 Y（NPY）的刺激，释放出刺鼠相关肽；这些特殊神经元上也存在胰岛素受体。
在图 b 和图 c 中，瘦素和 GLP-1 均能激活 POMC 神经元。
这些激素共同作用于大脑中的神经元，通过迷走神经向肝脏发出信号以减少葡萄糖的产生。

在大脑内部，葡萄糖的调节尤为重要，因为葡萄糖是唯一可用于大脑代谢的底物。神经元的活动与葡萄糖的利用密切相关，神经元优先使用源自乳酸的葡萄糖（见第二章）。作为氧化燃料，和运动中的肌肉一样，乳酸可以在脑细胞间穿梭以提供氧化代谢。这些发现共同说明了中枢神经系统在调节包括中枢神经系统和全身在内的、与碳水化合物代谢和葡萄糖稳态相关的激素方面的重要作用。

三、运动中脂肪代谢的调节

游离脂肪酸是机体安静时和进行长时间的耐力运动时主要的能量来源，其由脂肪分解酶分解甘油三酯形成。虽然运动时肌肉的能量来源主要是糖，也有少量能量来自脂肪，但耐力运动中游离脂肪酸的释放及氧化可决定运动表现。长时间运动时，糖会逐渐耗尽，肌肉的能量来源将逐渐依赖脂肪的氧化。当糖的储量减少时（低血糖和低肌糖原），内分泌系统会加速脂肪氧化（脂肪分解）以确保肌肉运动的能量需求。

游离脂肪酸以甘油三酯的形式储存在脂肪细胞和肌细胞内。脂肪组织中的甘油三酯必须分解释放出游离脂肪酸，游离脂肪酸将被转运到肌细胞中进行代谢。运动肌肉对游离脂肪酸摄取的速率与血浆游离脂肪酸浓度紧密相关。血浆游离脂肪酸的浓度增加能促进肌细胞对其的摄取。因此，在运动中，甘油三酯的分解速率在一定程度上取决于肌肉将其作为能源物质的比例。

体内脂肪分解的速率至少受以下五种激素的调控：

✧ 胰岛素。

✧ 肾上腺素。

✧ 去甲肾上腺素。

✧ 皮质醇。

✧ 生长激素。

运动中脂肪分解的加强主要是血液中的胰岛素浓度降低所致。肾上腺素和去甲肾上腺素浓度的增加也可促进脂肪分解。除了糖异生作用，皮质醇在运动中可加快游离脂肪酸的动员和利用。血浆皮质醇浓度的峰值出现在运动后 30～45 min，随后下降至接近正常水平。但运动中血浆游离脂肪酸不断升高，意味着脂肪分解酶被其他激素（儿茶酚胺和生长激素）持续激活。甲状腺激素也可促进游离脂肪酸的动员和代谢，但所占比例很小。

综上所述，内分泌系统在调控运动过程中 ATP 的产生，以及维持糖与脂肪代谢的平衡方面发挥着重要的作用。

小结

- 胰高血糖素、肾上腺素、去甲肾上腺素及皮质醇协同作用可使血糖浓度升高。这些激素促进糖原分解与糖异生作用，增加葡萄糖的含量，提供能量来源。这在运动期间尤其是长时间或高强度运动中很重要，否则血糖浓度可能会下降。
- 胰岛素有助于葡萄糖进入细胞，分解产生能量。但在长时间运动时，胰岛素浓度会降低。这表明运动可提高细胞对胰岛素的敏感性，所以运动时胰岛素含量会低于安静状态。
- 当糖的储存量减少时，机体的脂肪分解会加强，更多地依赖脂肪的氧化供能。此过程通过胰岛素浓度下降，肾上腺素、去甲肾上腺素、皮质醇及生长激素浓度升高来实现。

第四节　运动中体液和电解质平衡的激素调节

在运动过程中，体液平衡对于机体代谢、心血管功能和体温调节等非常重要。运动刚开始时，水会从血浆转移到组织间隙和细胞间隙，转移的程度由动员的肌肉量和运动强度决定。代谢产物会堆积在肌纤维内及肌纤维之间，使这些部位的渗透压升高，使水分通过扩散方式流入。此外，肌肉活动可使血压升高，导致水分从血管中溢出。最后，运动时排汗量也会增加。上述多种因素导致血浆量下降。比如，以 75% $\dot{V}O_{2max}$ 强度跑步时，血浆量会减少 5%～10%。血浆量的减少会使血压降低，增加心脏向工作肌肉泵血的压力。这些因素都会影响运动员的运动表现。

一、内分泌腺参与调节体液和电解质的平衡

内分泌系统在调节体液和电解质平衡方面起着重要作用，尤其是 Na^+。参与这些过程的两个主要内分泌腺是垂体后叶和肾上腺皮质。此外，肾脏不仅是这些腺体释放激素的主要靶器官，其本身也可作为内分泌腺。

（一）垂体后叶

垂体后叶为下丘脑神经组织的延伸结构，因此，它也被称为神经垂体。此处分泌两种激素：**抗利尿激素（antidiuretic hormone，ADH）**（也称为血管升压素或精氨酸加压素）及催产素。这两种激素都由下丘脑生成，通过神经传递，并在垂体后叶神经末梢的囊泡中储存。这两种激素在下丘脑神经冲动的作用下会释放到毛细血管内。

这两种激素中，仅抗利尿激素在运动时发挥重要作用。抗利尿激素能增强肾脏对水的重吸收，从而使尿液量减少，这就是所谓的“抗利尿”。

肌肉活动和排汗使血浆中电解质逐渐浓缩，该现象称为**血液浓缩（hemoconcentration）**。此时血浆**渗透压（osmolality）**增加。渗透压是指血浆中溶解物质的离子浓度。这些溶质存在于各种体液中（如细胞内液、血液或组织间液），它们形成渗透压，使水分潴留。体液渗透压的高低与溶质的多少［渗量（Osm）］成比例。1 kg（或 1L）水中溶解 1Osm 的溶质，此溶液的渗透压为 1 Osm/kg，1 kg（或 1L）水中溶解了 0.001 Osm 的溶质，此溶液的渗透压为 0.001 Osm/kg，写作 1 mOsm/kg。通常，体液的渗透压为 300 mOsm/kg。机体某部位体液的溶质增多将会导致周边渗透压较低（含有较多的水）的组织内的水分被析出。

渗透压升高是促进抗利尿激素释放的主要生理刺激。感知渗透压增加的感受器位于下丘

脑。另一个促进抗利尿激素释放的刺激因素是心血管系统中压力感受器感知到的低血量。当以上任何一个刺激因素形成后，下丘脑向垂体后叶发出神经冲动，促使抗利尿激素释放。随后，抗利尿激素释放至血液，通过血液循环进入肾脏后，促进水的潴留，并使升高的电解质浓度恢复到正常水平。在大量排汗和强度很大的运动中，抗利尿激素有助于机体留住水，避免严重脱水，如图 4.7 所示。

图 4.7　抗利尿激素增加机体水潴留的机制

（二）肾上腺皮质

由肾上腺皮质分泌的盐皮质激素主要维持细胞外液的电解质平衡，尤其是 Na^+和 K^+。**醛固酮（aldosterone）**是主要的盐皮质激素，活性占所有盐皮质激素的 95%以上，主要促进肾脏对 Na^+的重吸收，使机体 Na^+浓度维持恒定。当机体钠潴留时，水的潴留也随之增加。因此，醛固酮和抗利尿激素一样会导致水分滞留。保钠的同时，能促进排钾，醛固酮在 K^+平衡中也起着重要的作用。醛固酮的分泌受多种因素影响，如血浆 Na^+浓度的降低、血量减少、血压降低及血浆 K^+浓度的增加。

二、肾脏作为内分泌器官

肾脏并非一个典型的内分泌器官，但它能分泌两种重要的激素。肾脏在决定血液中的醛固酮浓度方面起着重要作用。醛固酮释放的主要调节因素是血浆电解质浓度，其他激素也会影响醛固酮浓度，从而有助于调节体液平衡。当血压或血浆容量下降时，流向肾脏的血液减少。交感神经系统激活可刺激肾脏释放**肾素**（**renin**）。肾素是一种释放到循环中的酶，在循环中可将血管紧张素原转化为血管紧张素Ⅰ。血管紧张素Ⅰ在**血管紧张素转化酶**（**angiotensin-coverting enzyme，ACE**）的作用下，在肺循环中转化为其活性形式血管紧张素Ⅱ。血管紧张素Ⅱ刺激肾上腺皮质释放醛固酮，使肾脏吸收钠和水。图 4.8 描述了肾脏调节血压的机制，即**肾素–血管紧张素–醛固酮机制**（**renin-angiotensin-aldosterone mechanism**）。除了刺激肾上腺皮质释放醛固酮，血管紧张素Ⅱ还会导致血管收缩。因为 ACE 催化血管紧张素Ⅰ转化为血管紧张素Ⅱ，所以可以使用 ACE 抑制剂治疗高血压，因为血管舒张会降低血压。

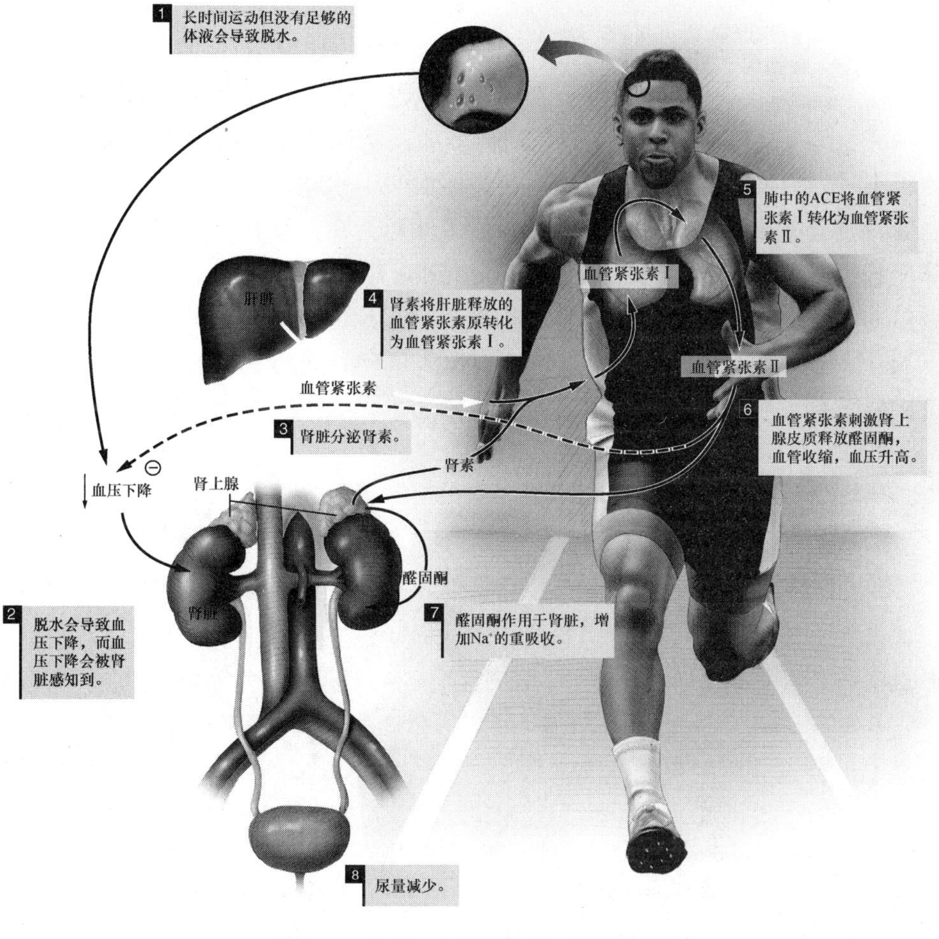

图 4.8 肾素–血管紧张素–醛固酮机制

注：运动时血浆中水的流失会引起肾脏保钠和保水，使尿量减少。在运动后的数小时内，醛固酮浓度增加引起细胞外液和血浆量增加。

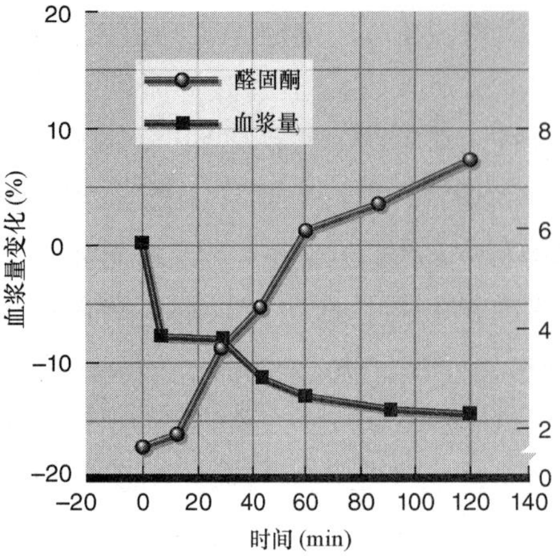

图 4.9　2 h 自行车运动中血浆量和醛固酮浓度的变化

注：在运动开始的数分钟，血浆量迅速减少；而后尽管汗液大量流失，但血浆量只表现出轻微减少。在整个运动过程中，血浆醛固酮浓度稳步上升。

醛固酮的主要功能是促进肾脏对 Na^+的重吸收。因为水的移动是伴随着 Na^+而进行的，所以肾脏在保钠的同时也留住了水分，进而使体液量增加，最大程度减少血浆量的丢失，维持血压的稳定。图 4.9 显示了 2 h 运动中血浆量和醛固酮浓度的变化。运动后抗利尿激素和醛固酮的效应持续长达 48 h，减少尿液生成，以防止机体进一步脱水。

肾脏还分泌一种称为**促红细胞生成素**（**erythropoietin，EPO**）的激素。促红细胞生成素通过刺激骨髓细胞来调节红细胞的生成。红细胞的主要功能是向组织运输 O_2 和运出 CO_2，所以促红细胞生成素在机体对运动和高原环境的适应中具有非常重要的作用。

大多数运动员在进行高强度训练时，血浆量均会增加，从而使血液内的物质稀释。当蛋白质离开活动的肌肉时，它们会通过淋巴系统重新进入血浆，水随之而来。这是一个相对短期的现象，新的蛋白质合成最终支持了增加的血浆量。然而，在血浆量增加的早期阶段，血红蛋白浓度下降，这种现象被称为**血液稀释**（**hemodilution**）。

血红蛋白的实际含量没有改变，只是被稀释了。因此，有些运动员体内血红蛋白含量正常，但由于 Na^+诱导的血液稀释可能出现贫血现象。这种贫血与真正的贫血不同，只要经过数日的休息，醛固酮浓度即可恢复正常值，肾脏排泄多余的 Na^+与水分，运动员的贫血现象就会消失。

小结

- 血液中液体（血浆）的丢失会导致血液成分浓缩，这种现象被称为血液浓缩。相反，血液中液体的增加会导致血液成分稀释，这种现象被称为血液稀释。
- 体液中溶解颗粒的存在会产生渗透压或吸引力来保持水分。渗透压与溶液中分子颗粒的数量成正比。如果每千克水中溶解 1 渗透压摩尔浓度溶质，溶液的渗透压为 1 Osm/kg。
- 体液的渗透压通常为 300 mOsm/kg，机体某部位体液的溶质增多将会导致周边渗透压较低的组织内的水分被析出。
- 人体内主要调节体液平衡的两种激素是抗利尿激素和醛固酮。
- 血浆渗透压增加时，抗利尿激素分泌。下丘脑的渗透压感受器感受到渗透压增加，就会促使垂体释放抗利尿激素。低血容量是刺激抗利尿激素分泌的第二个因素。
- 抗利尿激素的靶组织是肾脏，主要功能是促进水的重吸收，以降低血液渗透压。随着更多液体被吸收，血浆容量增加，渗透压降低。

- 当血浆量减少或血压降低时，肾脏会合成肾素，将血管紧张素原转化为血管紧张素Ⅰ，而后在肺循环中再转化为血管紧张素Ⅱ。血管紧张素Ⅱ是一种强有力的血管收缩剂，能提高外周阻力，升高血压。
- 血管紧张素Ⅱ能促使肾上腺皮质分泌醛固酮，醛固酮促进肾脏对 Na^+的重吸收，引起水的潴留，减少血浆量的丢失。

第五节　热量摄入的激素调节

食欲的调节、饥饿感和饱腹感是一个复杂系统的一部分，该系统涉及来自全身的激素信号，包括胃肠系统和脂肪细胞。食物的摄取主要受下丘脑的控制，并接受来自大脑高级中枢的调节。大脑的饱腹区位于腹内侧核，而饥饿中心位于下丘脑外侧。下丘脑具有整合神经和激素信号，以及短期和长期调节饮食行为和热量摄入等促进体内平衡的多种作用。

外周组织（包括肠道和脂肪细胞）可合成和释放影响中枢的激素。这些激素可以明确地分为厌食性激素（抑制食欲）和促食欲激素（可刺激食欲）。调节食欲和饱腹感的主要激素是**胆囊收缩素（cholecystokinin，CCK）**、瘦素、YY 肽、GLP-1、胰岛素和**胃饥饿素（ghrelin）**。

一、胃肠道激素

食物摄入的短期调控受血浆中包括氨基酸、葡萄糖和脂类在内的营养物质浓度的调节。然而，胃肠道释放的激素也可显著影响短期内的食物摄入量。由饱腹引起的胃肠道扩张会触发胆囊收缩素的释放，胆囊收缩素刺激迷走神经的传入纤维向大脑发送信号以抑制饥饿感。此外，进食期间和进食后，大肠和小肠还会分泌其他激素，包括 GLP-1 和 YY 肽（PYY）。这些激素通过血液进入中枢，从而抑制饥饿感。YY 肽也作用于下丘脑抑制胃动力。胰腺因进食而释放的胰岛素也是一种饱腹激素。

相反，当胃排空时，胃和胰腺会分泌胃饥饿素，它被视为一种饥饿激素。胃饥饿素通过血液转运到大脑，穿过血脑屏障作用于下丘脑外侧的饥饿区域。进食后，胃饥饿素浓度降低。

研究视角 4.2　增加红细胞的耐力训练

耐力训练与红细胞容积增加之间的直接关联最早在 1949 年被报道。这种对耐力训练的适应被称为红细胞生成。除了通过增加可携带 O_2 的红细胞数量来增加向运动中肌肉运输的 O_2，它还增加了心脏每搏输出量。长期的耐力运动训练引起的红细胞容积增加是有氧运动能力提升（最大摄氧量）的基础（将在第十一章中进一步讨论）。尽管红细胞生成是耐力训练适应性发生的主要机制，但研究人员对长期耐力训练期间红细胞容积的扩张是如何调节的知之甚少。最近，瑞士的一项研究对一组健康的青年男女进行了为期 8

周的耐力训练，检测了红细胞生成及其生理调节剂。在为期 8 周的训练期间，研究人员检测了受试者的身体成分、心率、血压、最大运动能力、总血容量、红细胞容积和血液中促红细胞生成素（一种刺激红细胞生成的激素）的浓度。训练结束时，平均红细胞容积增加了一倍，最大运动能力提高约 10%。在 8 周的训练中，总血容量在第 2 周增加并始终保持较高水平；促红细胞生成素在第 2 周也有所增加，但随后在第 4 周恢复到基础值。在血容量和循环中促红细胞生成素浓度增加之后，红细胞容积在第 4 周开始增加，并在第 8 周继续增加。到第 8 周，运动引起的促红细胞生成素浓度增加已经结束，但红细胞容积持续增加，这表明仍存在无法解释的控制促红细胞生成的机制。这些发现为适应耐力训练期间红细胞容积扩增的过程提供了新的见解，同时为以后的研究提出了新的问题。

二、脂肪组织作为内分泌器官

除了胃和肠分泌的激素来传递饥饿感或饱腹感，脂肪细胞分泌的其他激素同样作用于下丘脑的饥饿中枢和饱腹中枢。这些激素的水平取决于体内脂肪组织的数量，而脂肪组织的变化缓慢，所以这些激素更多地参与了对食物摄入的长期调节。瘦素主要由脂肪细胞分泌，作用于下丘脑的受体以减少饥饿感。瘦素也是一种能量平衡的指标，其循环浓度与体脂成正比。图 4.10 为胃饥饿素与瘦素对食欲和饱腹感的激素调节。

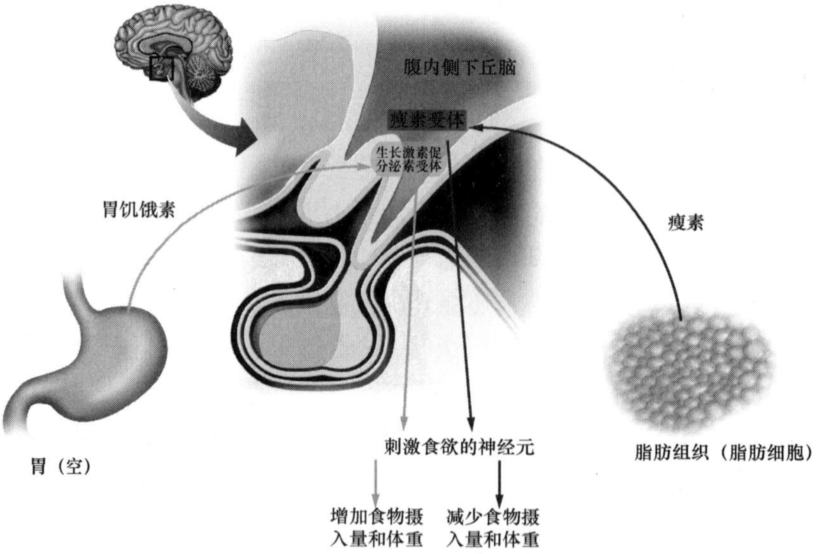

图 4.10　胃饥饿素与瘦素对食欲和饱腹感的激素调节

注：通过特定的下丘脑受体，胃饥饿素含量上升，瘦素含量下降，食欲增加。

通过脂肪细胞缺乏产生瘦素能力的小鼠模型可以发现瘦素在能量平衡方面的作用。这些小鼠食欲旺盛，而且严重肥胖。在肥胖人群中，循环中瘦素浓度升高，但许多肥胖的人对瘦素有抵抗力。这表明，尽管他们处于过度进食状态，但这种信号并没有通过下丘脑传递，从而引发饱腹感。有趣的是，肥胖的人的胃饥饿素的信号也是被抑制的。研究人员刚刚开始了解激素食欲信号是如何随着体重增加和肥胖而变化的，这对于确定如何更好地治疗肥胖症，以及运动如何影响食欲和饱腹感的激素至关重要。

研究视角 4.3　环境温度会改变控制食欲的激素吗？

运动、食欲和能量摄入之间的相互作用对于控制和维持能量稳态和体重非常重要。这些相互作用已经受到广泛的关注，因为它们可能是治疗超重和肥胖的关键。瘦素和胃饥饿素是调节饥饿感并导致食欲改变的激素。瘦素（“饱腹激素”）减少能量摄入，而胃饥饿素（“饥饿激素”）增加能量摄入。运动和暴露在极端温度下都会影响这些调节食欲的激素的浓度。一次中等至高强度运动后，循环中胃饥饿素浓度和饥饿感都立即降低，但对全天的总能量摄入没有影响。环境温度对 BMR 有重要的影响。生活在极地的居民的 BMR 较高，而生活在热带的居民的 BMR 较低。此外，在热环境中锻炼会降低食欲，而在寒冷的环境中锻炼则会刺激食欲。但是，尚不清楚这些作用是否与循环中的瘦素或胃饥饿素的变化有关。

最近，内布拉斯加大学奥马哈分校的一组研究人员进行了一项实验，研究不同环境温度下的运动如何影响瘦素和胃饥饿素对运动的反应。研究对象分别在热的（33℃［91℉］）、中等的（20℃［68℉］）和冷的（7℃［45℉］）空气温度中完成三次每次 1 h 的自行车运动。研究小组检测了运动前、运动后即刻和恢复 3 h 后采集的血液样本中的瘦素和胃饥饿素。与之前的研究相似，循环中瘦素在运动后即刻就增加，3 h 后仍保持升高，而循环中胃饥饿素浓度没有变化。尽管研究人员假设在热环境中运动后瘦素会有更大幅度的增加，在寒冷的环境中运动后胃饥饿素会升高更多，但是空气温度对任何激素的值都没有影响。这项研究的结论是：环境温度不会改变瘦素或胃饥饿素对短时间有氧运动的反应。未来的研究需要确定在极端环境中运动后，还有哪些变量可能影响调节性的激素和饥饿感。

三、运动与饱腹感激素

中等至高强度的一次运动会暂时抑制食欲，这可能是胃饥饿素减少和胃肠道释放的 GLP-1 和 PYY 增加引起的。这些激素变化在有氧运动中最为明显，在抗阻运动后并没有观察到。

长期运动训练会因运动引起的热量不足而使能量平衡发生变化，通过改变食欲调节激素以增加饥饿感从而增加热量的摄入可以进行部分补偿。几项研究观察到，运动训练后血浆 PYY 浓度升高，这与改善的饱腹感是一致的。胃饥饿素在运动训练期间体重没变的人中不会变化，但在体重减轻的人中却显著增加。一般来说，食欲和饱腹感激素对定期训练调节的总能量平衡很敏感。有人认为，对于需要监测能量平衡的优秀运动员，检测循环中的瘦素和胃饥饿素有助于确定运动员何时训练过度，并有助于预测能量不足的状态。

结语

在这一章中，我们重点探讨了内分泌系统在调节运动时的许多生理过程中的作用，也讨论了激素在调节糖、脂肪代谢以促进能量代谢方面的作用，以及其他激素在维持体液平衡中的作用。

我们介绍了激素如何调节食欲和能量消耗的相对较新的发现，下一章我们将探讨运动中的能量代谢和疲劳。

关键词

肾上腺素（adrenaline/epinephrine）
醛固酮（aldosterone）
血管紧张素转化酶（angiotensin-converting enzyme，ACE）
抗利尿激素（antidiuretic hormone，ADH）
自分泌（autocrine）
儿茶酚胺（catecholamines）
胆囊收缩素（cholecystokinin，CCK）
皮质醇（cortisol）
环磷酸腺苷（cyclic adenosine monophos phate，cAMP）
直接基因激活（direct gene activation）
下调（downregulation）
促红细胞生成素（erythropoietin，EPO）
胃饥饿素（ghrelin）
胰高血糖素（glucagon）
糖皮质激素（glucocorticoids）
生长激素（growth hormone，GH）
血液浓缩（hemoconcentration）
血液稀释（hemodilution）
激素（hormone）
高血糖（hyperglycemia）
低血糖（hypoglycemia）
抑制因子（inhibiting factors）
胰岛素（insulin）
胰岛素抵抗（insulin resistance）
胰岛素敏感性（insulin sensitivity）
瘦素（leptin）
盐皮质激素（mineralocorticoids）
非类固醇激素（非甾体类激素）（nonsteroid hormones）
渗透压（osmolality）
前列腺素（prostaglandin）
释放因子（releasing factors）

肾素（renin）
肾素–血管紧张素–醛固酮机制（renin-angiotensin-aldosterone mechanism）
第二信使（second messenger）
类固醇激素（甾体类激素）（steroid hormones）
靶细胞（target cells）
促甲状腺激素（thyrotropin，TSH）
四碘甲状腺原氨酸（thyroxine，T_4）
三碘甲状腺原氨酸（triiodothyronine，T_3）
上调（upregulation）

思考题

1. 何谓内分泌腺？激素有哪些功能？
2. 简述类固醇激素和非类固醇激素对靶细胞的作用的差异。
3. 激素随血液循环到达全身组织时是如何发挥其特定作用的？
4. 激素是如何控制血浆浓度的？什么决定了它们对靶细胞和组织的有效性？
5. 如何定义上调和下调？靶细胞对激素的敏感性如何升高或降低？
6. 什么是第二信使？它们在激素控制细胞的功能中起什么作用？
7. 简述主要的内分泌腺分泌的激素及其功能。
8. 哪些激素在运动中发挥重要的调节作用？
9. 简述运动过程中代谢的激素调节。哪些激素在其中发挥作用？在持续数小时的运动中，激素是如何影响糖或脂肪供应能量的？
10. 简述运动中体液平衡的激素调节。
11. 简述胆囊收缩素、瘦素和胃饥饿素的来源和功能，解释它们之间的相互关系。

学习指南

“关键词”复习了本章中的重要概念，章末的思考题可以测试你对本章内容的理解。

第五章 能量消耗、疲劳与肌肉酸痛

锻炼者和运动员所称的“疲劳”的原因、部位及其感觉特征相近。虽然疲劳通常是根据身体不同部位的感觉来考虑的——灼烧的肺、疼痛的腿、刚性的疲劳——但研究人员已经开始关注大脑在疲劳中扮演的角色，毕竟大脑收集来自身体的所有感受器反馈的信息，并决定什么时候身体活动不能继续。最近的研究表明，疲劳的大脑会像疲劳的肌肉一样降低运动表现。萨穆埃莱·马尔科拉（Samuele Marcora）博士在《应用生理学杂志》（*Journal of Applied Physiology*）上发表了一篇题为“精神疲劳损害人体的运动表现”（Mental Fatigue Impairs Physical Performance in Humans）的文章，该研究表明疲劳感会让我们在身体达到极限之前就感到身体达到了极限。一组橄榄球运动员在耐力测试中感到疲劳后，还能够进行 5 s 冲刺。也就是说，在运动员达到身体极限之前，大脑对疲劳的感知促使运动员停止耐力测试。大脑可能扮演着刹车的角色，在身体达到极限之前减缓活动。然而，这并不意味着疲劳是想象出来的。相反，它的原因是复杂的（如肌肉和大脑都依赖葡萄糖和糖原作为能源物质）。

如果不了解安静时或运动状态下能量消耗的关键概念，就无法深刻地理解运动生理学。第二章中讨论了 ATP 的生成，ATP 以化学能形式储存在细胞中并被细胞利用。ATP 是由能源底物通过一系列过程产生的，这些过程统称为代谢。本章前半部分将介绍测量身体能量消耗和代谢率的方法与技术，然后阐述从基础状态或静息状态上升至最大运动强度的能量消耗变化差异。假如进行长时间训练，那么肌肉无法保持原有的收缩能力，运动表现也会降低，这种肌肉无法保持收缩能力的现象就是疲劳。疲劳是一种复杂而多元化的现象，可能是身体无法维持新陈代谢和能量供应所致。由于疲劳形成的过程中通常包括代谢，因此本章将疲劳与能量消耗放在一起讨论。肌肉酸痛和痉挛也是需要讨论的限制运动的附加因素。

第一节　能量消耗的测量

运动中，肌纤维收缩所消耗的能量无法直接测量，但是可以使用多种实验室方法计算安静时和运动期间的全身能量消耗。有些方法在20世纪初已被使用，有些新方法直到最近才被应用于运动生理学研究中。

一、直接测热法

葡萄糖与脂肪代谢过程中产生的全部能量约有40%用于生成ATP，剩余60%会转化为热量，因此通过直接测量机体的产热量，能够测量出能源生成速率与生成量，这种测量方法被称为**直接测热法**（**direct calorimetry**），测得热量的基本单位是**卡路里**（**calorie，cal**）。

19世纪末，宗兹（Zuntz）和哈格曼（Hagemann）首次提出直接测热法。他们开发出一种**热量计**（**calorimeter**），热量计由图5.1所示的绝缘密闭室构成。密闭室的墙壁内含有水循环管道，人体在密闭室内产生的热量散发到室内，使墙壁中的水被加热。管道内水的温度、进入和排出密闭室的空气的温度都会随身体产生的热量的变化而变化，可以根据这些变化计算人体的代谢率。

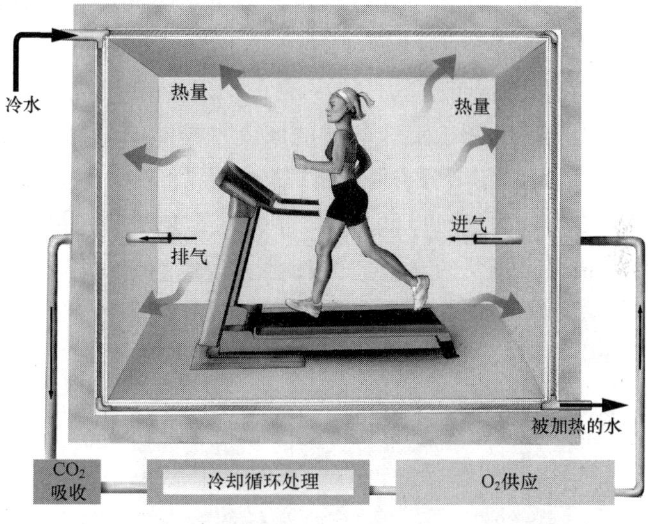

图5.1　直接测量运动时人体能量消耗的热量计

注：受试者身体产生的热量，通过传导、对流和蒸发传递到房间的空气和墙壁。通过记录进出热量计的空气的温度变化和通过热量计墙壁的水温变化，可以测量受试者的产热量，以此计算受试者的代谢率。

由于热量计制作成本与操作成本高，结果生成速度慢，因此在实际操作中较少使用。该仪器的唯一优势是可以直接测量热量，但在运动生理学领域的使用有诸多缺点。首先，尽管热量计可以准确提供随着时间推移人体总能量的消耗，但是它无法追踪能量消耗的速度。因此，直接测热法可用于测量静息期代谢和长时间、稳定有氧运动过程中的能量消耗，却无法用于充分研究在更为典型的运动情境中的能量代谢问题。其次，电动跑台类运动设备自身也会散发部分热量，需要在计算中加以考虑。再次，并非产生的所有热量都会从体内释放出来，也有些热量储存于体内，引起体温升高。最后，排汗会影响测试及在产热量计算中使用的常数。因此，我们需要一种更简易、成本更低的方式来测量能量消耗，即通过测量氧化磷酸化过程中 O_2 与 CO_2 的交换量来计算能量消耗。

二、间接测热法

第二章已经讨论过，葡萄糖与脂肪作为有氧运动的主要供能物质，在代谢过程中消耗 O_2，生成 CO_2 和水。CO_2 与 O_2 在肺部的交换速率通常与机体组织对这两种物质的利用、释放速率基本一致。基于这一原理，可以通过测试 O_2 与 CO_2 的**呼吸交换率（respiratory exchange ratio，RER）**来确定身体能量消耗。因为并没有直接测量产热量，所以这种估算全身能量消耗的方法被称为**间接测热法（indirect calorimetry）**。

为了让摄氧量更准确地反映能量代谢情况，需要尽可能保证产生的能量都源自氧化过程。如果大部分能量都由无氧代谢产生，那么呼吸气体测量将无法反映所有的代谢过程，总能量消耗将会被低估。因此，这种方法仅限于持续数分钟或更长时间的稳定状态下的有氧运动。所幸，这种方法可以计算日常大部分活动包括体育运动的热量。

呼吸气体交换率可通过测量一段给定时间内进出肺部的 O_2 与 CO_2 的体积得出。由于肺泡使吸入气体中的 O_2 进入血液，同时，血液中的 CO_2 被添加到肺泡的气体中，因此呼出气体中的 O_2 浓度低于吸入气体中的 O_2 浓度，呼出气体中的 CO_2 浓度高于吸入气体中的 CO_2 浓度。根据吸入与呼出混合气体的浓度差异能够计算出机体吸收了多少 O_2，产生了多少 CO_2。因为人体 O_2 储备十分有限，所以肺部吸收的 O_2 量可以精准反映人体的 O_2 利用。即使有许多复杂而昂贵的方法可以测量 O_2 与 CO_2 的 RER，但最古老、最简单的方法有可能是最准确的，如使用道格拉斯袋收集呼出气体并对收集的气体样本进行化学分析。不过这种方法速度相对较慢，且在每个阶段仅能进行少量测量。现代电子计算机系统可以快速、重复测量 RER。

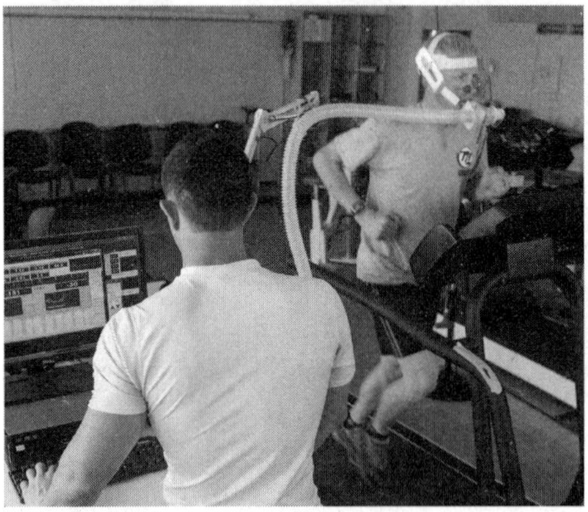

图 5.2　运动生理学家用来测试 O_2 消耗和 CO_2 产生的设备

注：根据测试结果可以计算 $\dot{V}O_{2max}$（最大摄氧量）和 RER，进而计算能量消耗。虽然设备较为笨重，不易移动，但最近已经开发出可以在实验室、运动场地等各种场合中、各种条件下使用的小型便携版本。

图 5.2 展示了受试者的呼出气体通过软管进入气体混合空间（mixing chamber）的过程。受试者佩戴鼻夹，以保证在口部可以收集到全部呼出气体，无气体泄漏。样品从气体混合室通过气泵装置传递至 O_2 和 CO_2 分析仪，计算机通过呼出气体样本的体积和呼出气体样本中 O_2 和 CO_2 所占百分比来计算 O_2 消耗量和 CO_2 产出量。更加精密的仪器甚至可以对每次呼吸进行气体组成分析，

但通常是对一至数分钟的离散时间段进行计算。

（一）O_2消耗量与CO_2产量的计算

使用图5.2所示的设备，运动生理学研究人员可以测试三个变量，以计算实际消耗O_2的体积（VO_2）和实际产生CO_2的体积（VCO_2）。通常测量的数值以每分钟消耗O_2的体积（VO_2）和每分钟产生CO_2的体积（VCO_2）的形式表示。V上面的“•”表示每分钟消耗O_2的速率或产生CO_2的速率。

简言之，$\dot{V}O_2$等于吸入O_2的体积与呼出O_2的体积的差值。吸入O_2的体积等于吸入空气的体积乘以O_2在空气中所占的比例，呼出O_2的体积等于呼出气体体积乘以呼出O_2在呼出气体中所占的比例。同理，可计算CO_2的体积。因此，计算$\dot{V}O_2$和$\dot{V}CO_2$需要以下信息：

- ✧ 吸入气体体积（$\dot{V}_I$）。
- ✧ 呼出气体体积（$\dot{V}_E$）。
- ✧ 吸入气体中O_2的占比（F_IO_2）。
- ✧ 吸入气体中CO_2的占比（F_ICO_2）。
- ✧ 呼出气体中O_2的占比（F_EO_2）。
- ✧ 呼出气体中CO_2的占比（F_ECO_2）。

摄氧量即每分钟消耗O_2的体积（单位：升）计算如下：

$$\dot{V}O_2 = (\dot{V}_I \times F_IO_2) - (\dot{V}_E \times F_EO_2)$$

类似地，每分钟产生CO_2的体积（单位：升）计算如下：

$$\dot{V}CO_2 = (\dot{V}_E \times F_ECO_2) - (\dot{V}_I \times F_ICO_2)$$

这些公式是计算$\dot{V}O_2$和$\dot{V}CO_2$很好的办法。然而，这些公式只有在吸入气体体积与呼出气体体积完全相等，且机体内气体储存量没有改变的前提下才能成立。在实际运动中，由于运动会使机体气体储存情况产生变化（下文讨论），可以根据列出的参数推导更精确的方程。

（二）霍尔丹转换

多年来，科学家们试图简化摄氧量与CO_2产生量的计算。上述公式中需要的一些测量值是已知且恒定的。已知吸入空气中三种气体浓度的占比分别为 O_2 20.93%，CO_2 0.03%，N_2 79.03%。那么，吸入与呼出气体的体积是否一样？是否只需要测量其中一个？

只有在O_2消耗量与CO_2产生量相等时，吸入气体量等于呼出气体量。当O_2消耗量大于CO_2产生量时，$\dot{V}_I$大于$\dot{V}_E$。同样，当CO_2产生量大于O_2消耗量时，$\dot{V}_E$大于$\dot{V}_I$。然而，N_2指标始终不变，即吸入N_2量（$\dot{V}_IN_2$）与呼出N_2量（$\dot{V}_EN_2$）相等。因为$\dot{V}_IN_2 = \dot{V}_I \times F_IN_2$，$\dot{V}_EN_2 = \dot{V}_E \times F_EN_2$，可以通过使用以下公式根据$\dot{V}_E$计算$\dot{V}_I$，即**霍尔丹转换**（**Haldane transformation**）：

$$\dot{V}_I \times F_IN_2 = \dot{V}_E \times F_EN_2 \qquad (1)$$

还可以写成：

$$\dot{V}_I=（\dot{V}_E \times F_E N_2）/F_I N_2 \qquad (2)$$

此外，我们实际上还测量了呼出气体中 O_2 和 CO_2 的浓度，可以根据 $F_E O_2$ 和 $F_E CO_2$ 两者之和推算出 $F_E N_2$，写成：

$$F_E N_2=1-（F_E O_2+F_E CO_2） \qquad (3)$$

所以，整合上面的公式，可改写 $\dot{V}O_2$ 的计算公式为：

$$\dot{V}O_2=（\dot{V}_I \times F_I O_2）-（\dot{V}_E \times F_E O_2）$$

代入公式（2），则：

$$\dot{V}O_2=[（\dot{V}_E \times F_E N_2）/F_I N_2 \times F_I O_2]-[（\dot{V}_E）\times（F_E O_2）]$$

将已知的 $F_I O_2$ 值（0.209 3），$F_I N_2$ 值（0.790 3）代入，则：

$$\dot{V}O_2=[（\dot{V}_E \times F_E N_2）/0.790\,3 \times 0.209\,3]-[（\dot{V}_E）\times（F_E O_2）]$$

通过代入公式（3），得到如下公式：

$$\dot{V}O_2=\{（\dot{V}_E）\times[1-（F_E O_2+F_E CO_2）]\times（0.209\,3/0.790\,3）\}-（\dot{V}_E \times F_E O_2）$$

或者简化为：

$$\dot{V}O_2=（\dot{V}_E）\times\{[1-（F_E O_2+F_E CO_2）]\times 0.265\}-（\dot{V}_E \times F_E O_2）$$

进一步简化为：

$$\dot{V}O_2=（\dot{V}_E）\times\{[1-（F_E O_2+F_E CO_2）]\times 0.265-F_E O_2\}$$

上述最后一个公式就是运动生理学研究人员使用的计算公式，现在实验室计算机会进行自动计算。

进行最后的校正很有必要。空气呼出时，其处于体温（BT）、标准大气压（P）和饱和水蒸气（S）状态下，即所谓的 BTPS 状态。上述每一个因素不仅会影响 $\dot{V}O_2$ 和 $\dot{V}CO_2$ 的测量误差，还会导致处于不同海拔的实验室测得的结果很难比较。因此，每种气体体积都通常转换为其在标准温度（ST：0℃或 273 K）和标准大气压（P：760 mmHg），等量干燥程度（D）状态下，即所谓的标准状态（STPD）。需要经过一系列公式换算来实现。

（三）RER

要想估算身体的能量消耗，就需要知道参与氧化代谢的能源底物类型，即碳水化合物、脂肪、蛋白质的构成比例。

葡萄糖、游离脂肪酸和氨基酸的碳、氧含量有显著差异。因此在代谢过程中，O_2 消耗量也取决于被氧化的能源底物类型。间接测热法测量 CO_2 的释放速率（$\dot{V}CO_2$）和 O_2 消耗量（$\dot{V}O_2$），这两个数值的比称为呼吸交换率。

$$RER=\dot{V}CO_2/\dot{V}O_2$$

通常，一分子碳水化合物或脂肪完全氧化所需的 O_2 的量与能源物质中的碳含量成正比。例如，葡萄糖（$C_6H_{12}O_6$）含有 6 个碳原子，当葡萄糖被氧化时，6 个氧分子参与燃烧过程，生成 6 个 CO_2 分子、6 个 H_2O 分子和 32 个 ATP 分子：

$$6\ O_2+C_6H_{12}O_6 \longrightarrow 6\ CO_2+6\ H_2O+32\ ATP$$

通过比较 CO_2 的释放量与 O_2 的消耗量，发现 RER 为 1.0：

$$RER=\dot{V}CO_2/\dot{V}O_2=6\ CO_2/6\ O_2=1.0$$

本章后面的部分会讲到 RER 的值随参与能源底物类型的变化而变化。游离脂肪酸比葡萄糖含有更多的碳、氢和更少的氧。以棕榈酸 $C_{16}H_{32}O_2$ 为例，要将这个分子完全氧化成 CO_2 和 H_2O，需要 23 个氧分子：

$$总=\frac{16\,C+16\,O_2 \longrightarrow 16\,CO_2，32\,H+8\,O_2 \longrightarrow 16\,H_2O}{需要的24个O_2}=\frac{棕榈酸提供-1\,O_2}{被吸纳的23个O_2}$$

最后，氧化作用产生 16 分子的 CO_2、16 分子的 H_2O 和 129 分子的 ATP：

$$C_{16}H_{32}O_2+23O_2 \longrightarrow 16\ CO_2+16\ H_2O+129\ ATP$$

脂肪分子的氧化燃烧要比糖类消耗更多 O_2。糖类氧化过程中，每消耗 1 个 O_2 分子，大约能生成 6.3 个 ATP 分子（6 个 O_2 分子产生约 32 个 ATP 分子）。相比之下，棕榈酸则是消耗 1 个 O_2 分子产生约 5.6 个 ATP 分子（23 个 O_2 分子产生约 129 个 ATP 分子）。

尽管与糖类相比，脂肪可以提供更多能量，但同时需要消耗更多氧气。这意味着脂肪的 RER 值远低于糖类。棕榈酸的 RER 值是 0.70：

$$RER=\dot{V}CO_2/\dot{V}O_2=16/23=0.70$$

一旦根据呼吸气量确定 RER 值后，那么可对照表 5.1 确定能源底物的混合组成比例。举个例子，如果 RER 值为 1.0，细胞仅利用了葡萄糖或糖原，每消耗 1 L O_2 产生 5.05 kcal 能量。如果仅有脂肪参与氧化供能，每消耗 1 L O_2 产生 4.69 kcal 能量。如果仅有蛋白质参与氧化供能，每消耗 1 L O_2 产生 4.46 kcal 能量。因此，如果肌肉仅利用葡萄糖供能，那么身体每分钟消耗 2 L O_2，热能的产生速率是 10.1 kcal/min（2 L/min×5.05 kcal/L）。

表 5.1　RER 由各种能源底物混合物计算得出的能量函数

能量占比（%）			
糖（碳水化合物）	脂肪	RER	能量（kcal/L O_2）
0	100	0.71	4.69
16	84	0.75	4.74
33	67	0.80	4.80
51	49	0.85	4.86
68	32	0.90	4.92
84	16	0.95	4.99
100	0	1.00	5.05

（四）间接测热法的局限性

尽管间接测热法是运动生理学家常用而且极其重要的工具，但它也有一定的局限性。在计算气体交换时，预先假设了体内 O_2 含量保持不变，同时，肺部 CO_2 交换量与细胞释放的 CO_2 量成正比。动脉血始终保持 98%的氧饱和度，即使在全身运动时也是如此。因此可以假设，呼吸气体中摄取的 O_2 与细胞吸收的 O_2 是成比例的，可 CO_2 的交换却没有那么固定。CO_2 浓度变化范围很大，而且一次简单的深呼吸和高强度运动等都会引起 CO_2 浓度发生巨大变化。在这种情况下，肺部释放的 CO_2 总量无法代表组织释放的 CO_2，所以仅在休息时或在稳定状态下运动时，使用气体测量法计算糖类和脂肪的使用量才准确有效。

使用 RER 也可能会导致测量结果不准确。回想一下，蛋白质在体内无法完全氧化，无法利用 RER 来计算人体利用蛋白质的情况。因此，RER 有时被称为无蛋白质 RER，因为它忽略了任何蛋白质的氧化。传统观念认为蛋白质在运动能量消耗中提供的能量很少，所以运动生理学家认为，进行计算时使用无蛋白质 RER 也是可以的。但最近的研究结果显示，在特定环境中持续运动数小时可能导致蛋白质供能占总能量消耗的 5%。

人体会利用多种能源底物为机体提供能量。RER 的值的变化取决于被氧化的特定混合物。安静状态的 RER 的值一般为 0.78～0.80。运动时，肌肉为了摄取能量，会增加对糖类的依赖，导致 RER 升高。随着运动强度增加，肌肉对糖类的需求也会增加，随着糖类的利用增加，RER 的值会更接近 1.0。

RER 的值接近 1.0 的过程反映了机体对血糖和肌糖原的需求，但也可能说明血液释放的 CO_2 比肌肉产生的 CO_2 更多。当处于力竭状态或接近力竭时，乳酸在血液中大量堆积。机体通过释放更多 CO_2 来逆转体内环境的酸化。乳酸积累导致更多 CO_2 生成，这是因为过量的酸会导致血液中的碳酸转化为 CO_2。结果，大量 CO_2 从血液运输到肺部被呼出，增加了 CO_2 的释放量。因此，RER 接近 1.0 时，无法准确估算肌肉利用的能源底物类型。

另一种复杂情况是肝脏中氨基酸和脂肪分解代谢产生葡萄糖，这种葡萄糖产生的 RER 低于 0.70。因此，如果能量是通过这一途径获得的，那么通过 RER 值计算的糖类的氧化就是被低估的。

尽管间接测热法有不足之处，但它仍能比较精确地计算出机体休息时和进行有氧运动时的能量消耗。在世界各地的实验室中，间接测热法都被广泛应用。

三、同位素法测量能量代谢

过去，要想确定一个人每天的总能量消耗，需要记录连续几日的食物摄入量，并测量这段时间内身体成分的变化。这种方法虽然被广泛使用，但是受到个人保持准确记录的能力，以及将个体活动与精确的能源消耗匹配的能力的限制。

所幸，化学同位素的利用发展了我们研究能量代谢的能力。同位素是具有非常态原子重量的元素，分为具有放射性的放射性同位素和不具有放射性的稳定同位素。例如，碳－12（^{12}C）的相对原子质量为 12，是自然界中碳存在的普遍形式，不具有放射性。而碳－14（^{14}C）比 ^{12}C 多两个中子，相对原子量是 14，具有放射性。

碳－13（^{13}C）占自然界碳量的 1%，经常被用于研究能量代谢。^{13}C 是非放射性的，相对于 ^{14}C，在体内追踪 ^{13}C 稍困难一些。尽管检测追踪体内的放射性同位素很容易，但这种做法会对组织构成危害，因此在研究人体问题时并不常用。

^{13}C 和其他同位素，如氢－2（氘，或 ^{2}H）被用作示踪剂，它们可以在体内被选择性追踪。同位素示踪技术需要将同位素注入身体，然后追踪其在体内的分布和转移。

这种方法在 20 世纪 40 年代即已问世，但直到 20 世纪 80 年代才开始开展使用双标水监测人类日常生活能量消耗的研究。双标水是标有两种同位素的水（^{2}H 和 ^{18}O），因此得名双标水。受试者摄入一定量的双标水，氘（^{2}H）扩散到全身的水中，氧－18（^{18}O）则会扩散到水和碳酸氢盐储存处（代谢产生的 CO_2 也大多储存在这里）。通过分析这两种同位素在尿液、唾液、血液样本中的含量变化，可以判断其排出人体的速度，进而计算 CO_2 产量，最后通过能量测量公式转化得到能量消耗水平。

由于同位素在体内转换速度相对缓慢，因此用这种方法测量能量代谢需要持续几个星期。因此，这种方法不适宜用来测量一次性运动的能量代谢。考虑到测量结果精准（超过 98%）、测量风险低等优点，这种方法非常适用于测量日常的能源消耗。

小结

- 使用直接测热法需要有用于测量的复杂的房间装置，可以直接测量身体产生的热量。尽管它可以准确测量安静时的代谢情况，但在运动生理学研究中并不常用。
- 间接测热法需要测量全身 O_2 消耗量和 CO_2 产生量。已知吸入气体（空气）中 O_2 和 CO_2 的比例，那么只需要测量另外 3 个指标：吸入空气的体积（$\dot{V}_I$）或呼出气体体积（$\dot{V}_E$）、呼出气体中 O_2 的比例（F_EO_2）和呼出气体中 CO_2 的比例（F_ECO_2）。
- 通过计算 RER（CO_2 产生量与 O_2 消耗量的比值）从而确定被氧化的代谢底物，可以将 $\dot{V}O_2$ 转化为能量消耗，单位是 kcal。
- 安静状态 RER 一般为 0.78～0.80。脂肪参加氧化代谢的 RER 为 0.70，糖类的 RER 为 1.00。
- 可用同位素示踪法测定长时间体内代谢率。注射同位素或将其摄入体内，根据它们的排出清除速率计算 CO_2 产生量，进而计算能量消耗。

第二节　静息和运动时的能量消耗

前面的章节介绍了如何测量人体能量总消耗，这一部分要解答的问题主要是在静息状态下，亚极量和极量运动期间，以及急性运动后休息期间的能量消耗或代谢率。

一、基础和静息代谢率

机体利用能量的速率称为能量代谢率。通常基于对全身的摄氧量（$\dot{V}O_2$）和热量当量的测量以估算静息状态下与运动中的能量消耗。静息状态下，人均每分钟消耗 0.3L O_2。

根据一个人的摄氧量（$\dot{V}O_2$），可以计算出这个人的热量消耗情况。安静状态，身体通过糖类与脂肪的混合燃料供能。对绝大多数混合饮食的人来说，安静时 RER 值通常是 0.80，对应的能量当量是消耗 1 L O_2 产生 4.80 kcal 能量（表 5.1）。利用这些数值和 0.3 L/min 的 O_2 消耗估算值，按照如下方式，可以计算出这个人的能量消耗：

$$\begin{aligned} \text{kcal/d} &= \text{每天消耗 } O_2 \text{ 量（L）} \times \text{每升 } O_2 \text{ 产生的能量（kcal）} \\ &= 432\ \text{L}\ O_2/\text{d} \times 4.80\ \text{kcal/ L}\ O_2 \\ &= 2\ 074\ \text{kcal/d} \end{aligned}$$

此值基本就是体重为 70 kg（154 lb）的个体平均的静息状态能量消耗。当然，其中不包括日常活动或者额外运动所消耗的能量。

基础代谢率（basal metabolic rate，BMR）是衡量静息状态下能量消耗的标准指标。BMR 是一个人平躺休息时的能量消耗率。测量 BMR 必须在常温下、8 h 睡眠后和 12 h 以上禁食后进行。测量的数值反映个体完成必要生理活动的最低能量需求。

由于肌肉的代谢能力更强，BMR 与人的瘦体重（去脂体重）直接相关，通常以每分钟每千克瘦体重消耗多少千卡热量（$\text{kcal} \cdot \text{kg FFM}^{-1} \cdot \text{min}^{-1}$）来描述 BMR。瘦体重越重，一天中消耗的总热量就越多。一般来说，女性体脂百分比高于男性，女性瘦体重低于男性，因此，相同体重女性的 BMR 低于男性。

体表面积也会影响 BMR。体表面积越大，皮肤散失热量越多，需要提高 BMR 以维持体温。因此，BMR 也通常用千卡/每平方米体表面积/每小时（$\text{kcal} \cdot \text{m}^{-2} \cdot \text{h}^{-1}$）来表示。由于我们主要讨论每日能量消耗，因此使用更加简单的单位——kcal/d。

此外，也有许多其他因素会影响 BMR 水平，包括：

✧ 年龄因素：随着年龄增长，BMR 会逐渐降低，一般是由于年龄增长导致瘦体重减少。
✧ 体温因素：BMR 随体温升高而升高。
✧ 心理压力：压力增强交感神经系统活性，引起 BMR 增加。
✧ 激素因素：如甲状腺释放甲状腺激素或肾上腺髓质释放肾上腺素都会使 BMR 增加。

也有人用**静息代谢率（resting metabolic rate，RMR）**代替 BMR，其与 BMR 类似，但是不需要 BMR 那么严格精确的条件。RMR 与 BMR 通常相差 5%～10%，BMR 略低一些，为 1 200～2 400 kcal/d。从事日常活动的人平均代谢率为 1 800～3 000 kcal/d，但参与高强度训练的优秀运动员（如每天进行两次高强度足球训练的足球运动员）的代谢率可能超过 10 000 kcal/d！

二、进行亚极量运动时的能量代谢率

运动时身体对能量的需求远超 RMR。如图 5.3a 所示，代谢随着运动强度的增加成比例地增加。受试者在功率自行车上以 50 W 功率骑行 5 min，摄氧量在 1 min 左右从静息水平上升并达到稳态水平；然后，同一受试者以 100 W 功率运动 5 min，摄氧量在 1～2 min 达到稳态水平。同样，受试者在 150 W、200 W、250 W、300 W 的功率下分别运动 5 min，在每个输出功率下都能达到不同的摄氧量的稳态水平。稳态下的 $\dot{V}O_2$ 反映了在特定输出功率下的能量消耗。将各自稳定状态的 $\dot{V}O_2$ 值相对于各自的输出功率绘图（图 5.3a 右半部分），可以清楚地看出 $\dot{V}O_2$ 随输出功率的增加呈线性增长。

最近的研究显示，更高输出功率下 $\dot{V}O_2$ 的变化不遵循图 5.3a 所示的稳态反应模式，而更像图 5.3b 所示的图形。当输出功率超过**乳酸阈（lactate threshold）**时（乳酸反应如图 5.3a 和图 5.3b 右半部分的虚线），$\dot{V}O_2$ 会在 1～2 min 达到稳定状态，之后持续增加。这种增加被称为摄氧量动力学的缓慢增加阶段，这种缓慢增加阶段的主要机制可能是肌纤维募集模式的变化，即需要募集更多低效的Ⅱ型肌纤维（Ⅱ型肌纤维需要更多的 $\dot{V}O_2$ 来获得相同的输出功率）。

一个类似但不相关的现象被称为**$\dot{V}O_2$ 漂移（$\dot{V}O_2$ drift）**。$\dot{V}O_2$ 漂移是指在长时间、亚极量强度下、恒定输出功率的 $\dot{V}O_2$ 缓慢增加的部分。不同于上述缓慢增加阶段，$\dot{V}O_2$ 漂移是指输出功率低于乳酸阈时缓慢增加的部分，增加的量很少。$\dot{V}O_2$ 漂移的机制不完全明确，可能是由于通气量增加和循环中儿茶酚胺增加导致的。

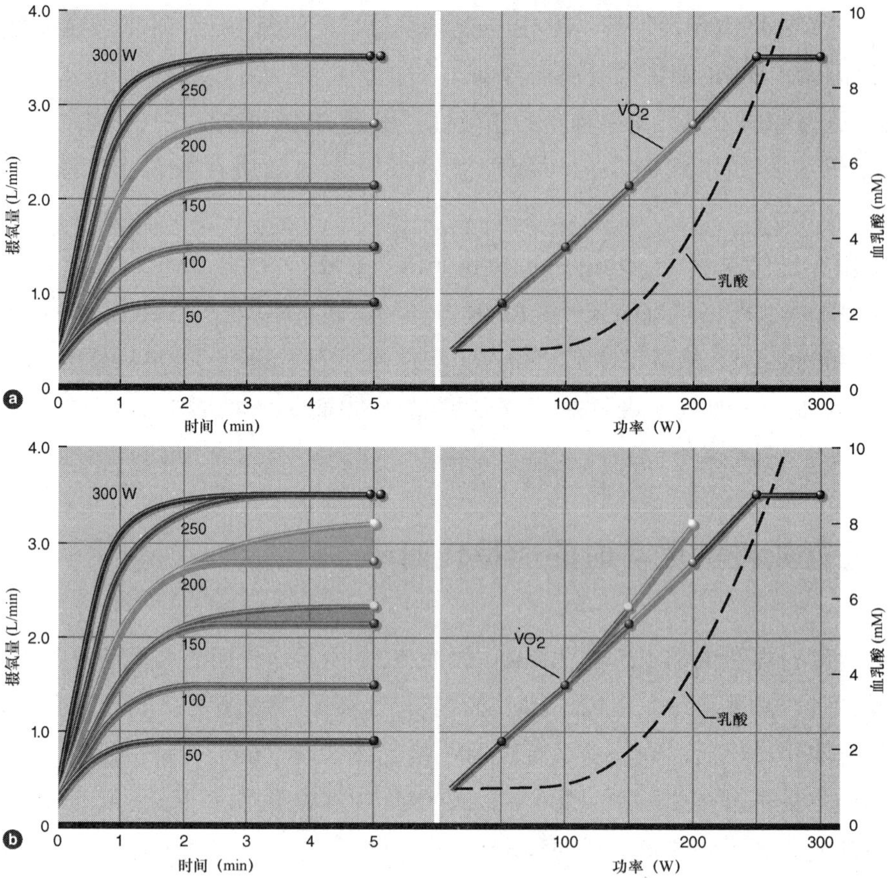

a. 最初由 P.-O. Åstrand 和 K. Rodahl 两人提出，随着输出功率的增加，摄氧量增加；

b. 由 Gaesser 和 Poole 重新绘制。

图 5.3　摄氧量随输出功率的增加而增加

三、最大有氧工作能力

图 5.3 清晰展示了受试者以 300 W 功率进行运动时 $\dot{V}O_2$ 的变化与其在以 250 W 功率运动时的 $\dot{V}O_2$ 没什么区别，这表明受试者可能达到了增加 $\dot{V}O_2$ 能力的上限，这个数值被称为**最大摄氧量**（**maximal oxygen uptake，$\dot{V}O_{2max}$**），用于评价有氧能力。一般认为 $\dot{V}O_{2max}$ 是测量**心肺耐力**（**cardiorespiratory endurance**）或有氧能力的最佳单项指标。图 5.4 进一步说明了这一概念，图中比较了经过训练的受试者和未经训练的受试者的 $\dot{V}O_{2max}$。

在特定运动场景中，随着运动强度的增加，受试者出现 $\dot{V}O_2$ 反应，在 $\dot{V}O_2$ 平台之前就出现意志疲劳。这种情况所达到的最大的摄氧量水平被称为**摄氧量峰值**（**peak oxygen uptake，$\dot{V}O_{2peak}$**）。例如，优秀马拉松运动员在跑台上跑步时最大 $\dot{V}O_2$（$\dot{V}O_{2max}$）比其在功率自行车

上测得疲劳时的 $\dot{V}O_{2peak}$ 要高。在功率自行车上，股四头肌很有可能在最大摄氧量出现之前就已经产生疲劳。

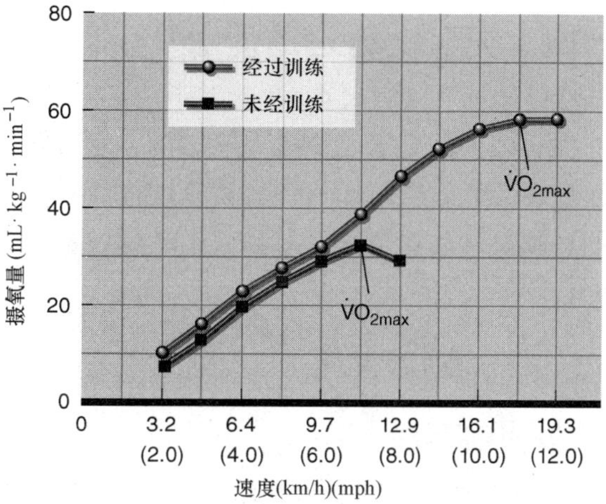

图 5.4　运动强度（跑步速度）与摄氧量的关系，图中的 $\dot{V}O_{2max}$ 以经过训练与未经训练的男子运动员为例

尽管 $\dot{V}O_{2max}$ 是评价有氧能力的优秀指标，但并不能通过实验室测试的 $\dot{V}O_{2max}$ 的结果来预测马拉松比赛的胜利者。也就是说，虽然要求优秀耐力运动员的 $\dot{V}O_{2max}$ 水平较高，但是优秀耐力运动员需要的不仅仅是高水平的 $\dot{V}O_{2max}$，这一问题将在第十一章讨论。

此外，研究表明，8～12 周的体能训练有助于提升 $\dot{V}O_{2max}$。之后，即使持续进行更高强度的训练，$\dot{V}O_{2max}$ 也趋于稳定。这时，$\dot{V}O_{2max}$ 不再增加，但运动员的耐力表现仍在持续提升。或许耐力运动表现的提升体现为可以以更大 $\dot{V}O_{2max}$ 百分比完成训练或比赛。例如，优秀马拉松运动员能以 75%～80% 甚至更高的 $\dot{V}O_{2max}$ 完成 42 km（26.1 mi）的马拉松全程，这也意味着他们可以用更高的平均速度完成比赛。

20 世纪 80 年代，一名顶尖运动员阿尔韦托 • 萨拉萨尔（Alberto Salazar）测出的 $\dot{V}O_{2max}$ 为 70 mL • kg^{-1} • min^{-1}，这个数据低于根据他的最佳马拉松成绩（2 h 8 min 左右）预测出来的 $\dot{V}O_{2max}$。然而他能够以 86%的 $\dot{V}O_{2max}$ 完成马拉松比赛，这一百分比高于其他世界级选手，这可能也是他的跑步能力如此突出的原因。

由于个体能量需求会受到体型影响，$\dot{V}O_{2max}$ 通常与体重有关，摄氧量的单位为每分钟每千克体重消耗的 O_2 毫升数（mL • kg^{-1} • min^{-1}）。这样有利于准确比较不同体型的人在负重项目（如跑步）中的心肺耐力。在游泳、自行车等非负重运动中，用 $\dot{V}O_{2max}$ 来反映耐力更为准确（单位为 L/min）。

一般来讲，未经过训练的 18～22 岁大学生 $\dot{V}O_{2max}$ 平均为女生 38～42 mL • kg^{-1} • min^{-1}，男生 44～50 mL • kg^{-1} • min^{-1}。身体条件略差的成年人摄氧量可能低于 20 mL • kg^{-1} • min^{-1}。摄氧量水平还有另一极端，优秀男性长跑运动员和越野滑雪运动员的 $\dot{V}O_{2max}$ 为 80～84 mL • kg^{-1} • min^{-1}，最大摄氧量的最高纪录来自一名挪威越野滑雪冠军，为 94 mL • kg^{-1} • min^{-1}。俄罗斯越野滑雪运动员的最大摄氧量的最高纪录是 77 mL • kg^{-1} • min^{-1}。

25～30 岁后，不参与体育运动的人群 $\dot{V}O_{2max}$ 每年以 1%的速度下降，这归因于生理性衰老和久坐不动的生活方式。成年女性的 $\dot{V}O_{2max}$ 远低于成年男性，原因有两个：性别导致的身体成分差异（女性瘦体重更低，脂肪质量更高）和血液血红蛋白含量差异（女性血红蛋白浓度低，运输 O_2 的能力也稍弱），第十九章将进一步讨论。

四、无氧全力运动能力

没有纯粹的有氧运动或无氧运动。到目前为止，我们所讨论的方法都没有提到有氧运动中涉及的无氧过程。如何评价有氧过程（氧化）和无氧过程的相互作用？评估运动中无氧过程的贡献最常用的方法包括测试**运动后过量氧耗（excess postexercise oxygen consumption，EPOC）**和乳酸阈。

（一）运动后氧耗

运动中的能量需求与 O_2 输送情况并不完全同步。尽管有氧运动开始时，需氧量急剧增加，但 O_2 运输系统（呼吸系统和循环系统）不能立即满足运动肌肉的需氧量，摄氧量要在几分钟后才能达到相应水平（稳定状态）。在稳定状态下，有氧过程才能完全发挥功能。

在从安静到运动状态的过程中，由于氧的需求与供给不同，身体会出现短暂的供氧不足，即**氧亏（oxygen deficit）**。如图 5.5 所示，即使在低强度运动中，也会出现氧亏。氧亏的计算方法很简单，就是给定运动强度（稳态水平）下的需氧量和实际摄氧量之间的差值。尽管在运动开始时，O_2 的供给不足，但是参与运动的肌肉会通过第二章所述的无氧途径产生运动所需的 ATP。

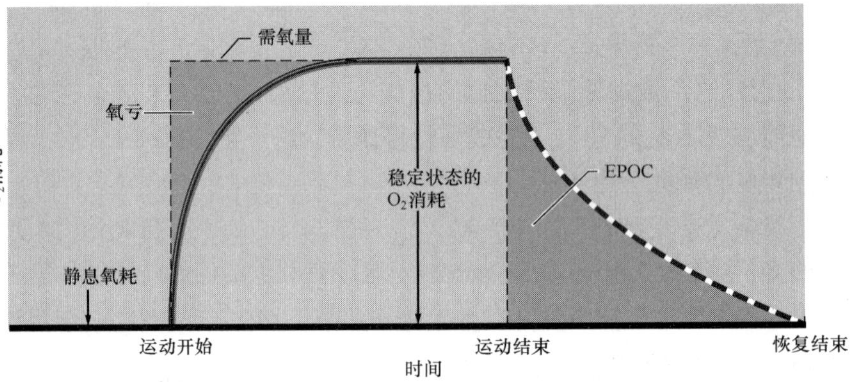

图 5.5　运动与恢复期间的需氧量（虚线）和摄氧量，展示了氧亏和 EPOC 的概念

在恢复阶段的前几分钟，即使肌肉运动已经停止，但是摄氧量也不会立刻就下降到安静水平，而是逐渐下降到安静水平（图 5.5）。这部分超过安静状态下需氧量的 O_2 消耗，过去被称为“氧债”，今天普遍称之为 EPOC。EPOC 是指在运动停止后几分钟内消耗的 O_2 的量，EPOC 高于正常情况下安静时消耗的 O_2 的量。每个人在剧烈运动后都有这样的经历，如快速爬上几层楼后，会出现脉搏加快、呼吸困难的现象，这些生理变化证实了 EPOC 这一说法。经过几分钟的恢复，心率和呼吸都恢复至安静状态。

多年以来，EPOC 曲线被划分为两个不同的部分来描述，即初期快速部分和后续缓慢部分。根据经典理论，曲线的快速部分反映运动后初期重新合成 ATP 和 PCr 所需的 O_2。如果供氧不足，这些化合物含有的高能磷酸键会被破坏，以提供所需的能量。在运动后恢复阶段，需要通过氧化过程重新合成这些化学键，补充能量储存于化学键中或偿还 EPOC。曲线的平缓部分被认为是组织中堆积的乳酸通过转化为糖原或氧化为 CO_2 和水，从而提供了恢复糖原储存所需的能量。

根据这一理论，曲线的快速部分和缓慢部分均反映了运动期间发生的无氧活动。研究人员认为，通过检查运动后的氧耗量可以估算无氧代谢活动能力。

然而，最近研究人员认为传统 EPOC 理论过于简化。例如，在运动初始阶段，需要从氧储备（血红蛋白和肌红蛋白）中借用一些 O_2，在早期恢复过程中也必须补充归还这些 O_2。此外，运动后呼吸暂时加快，一定程度上是为了清除组织中积累的新陈代谢副产物（CO_2）。体温也会升高，这使新陈代谢和呼吸速率保持在较高水平，因此需要更多的 O_2，而运动中分泌的去甲肾上腺素和肾上腺素浓度的升高也有类似的作用。

因此，诸多因素导致了 EPOC 的产生，而不仅仅是补充 ATP 和 PCr，以及清除无氧代谢产生的乳酸。

（二）乳酸阈

研究者认为，乳酸阈是反映运动员耐力运动潜力的良好指标。乳酸阈是在递增负荷运动中，血乳酸超过安静浓度而出现急剧增加的拐点。例如，要求受试者在跑台上以不同的速度跑动，并在不同的速度之间安排休息，休息时抽取血液样本测量血乳酸。图 5.6 显示了血乳酸浓度与跑步速度的关系。低速运动时，血乳酸浓度接近安静时的水平。随着跑步速度提高，血乳酸浓度突然增加超过某阈值速度。血乳酸首次大于安静时的浓度且不成比例增加的点称为乳酸阈。

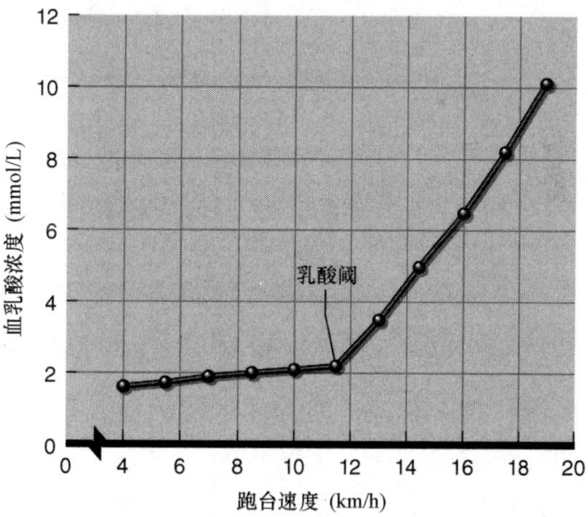

图 5.6 运动强度（跑步速度）与血乳酸浓度的关系

注：受试者在以不同速度运动 5 min 后，在手臂静脉处抽取血样并分析乳酸含量。

一般认为，乳酸阈反映的是有氧和无氧供能系统的相互作用。乳酸阈说明了身体正式转变为以无氧糖酵解（丙酮酸生成乳酸）为主的转折点。因此，随着运动强度的增加，血乳酸突然增加的点也被称为无氧阈。然而，血液中的乳酸浓度实际上不仅取决于骨骼肌和其他组织代谢生成的乳酸量，还取决于肝脏将乳酸从血液中清除的量，以及肌肉和身体其他组织将乳酸作为能源物质的量。因此，对乳酸阈的最佳定义是：在递增强度运动中，乳酸产生速度超过乳酸清除速度的时间点。

乳酸阈通常表示为最大摄氧量百分比（$\%\dot{V}O_{2max}$）。在未经训练的人群中，乳酸阈一般在 50%～60% $\dot{V}O_{2max}$ 强度处出现，而优秀运动员在 70%～80% $\dot{V}O_{2max}$ 强度时才达到乳酸阈。

上一节讲到，除了有更高水平的$\dot{V}O_{2max}$，运动员能够长时间保持高$\dot{V}O_{2max}$百分比也是优秀耐力表现的主要决定因素。乳酸阈可能是长时间耐力运动项目中最快速度的决定因素。因此，在更高$\dot{V}O_{2max}$下的运动能力可能反映了更高的乳酸阈。因此，乳酸阈在80% $\dot{V}O_{2max}$强度的人有氧耐力运动能力优于乳酸阈在60% $\dot{V}O_{2max}$强度的人。尽管诸多因素都会影响耐力运动表现，如运动的经济性等，但是一般来说，$\dot{V}O_{2max}$水平相同的两个人，乳酸阈高的人耐力运动表现更好。

五、运动经济性

当人们对一项运动越来越熟练时，以给定的速度进行运动时的能量需求就会减少。从某种意义上讲，可以说人们变得更加具有经济性（请注意，这不同于效率，因为“效率”一词有更加严格的机械性方面的定义）。图5.7中，两名长跑运动员的数据说明了这一点。以11.3 km/h（7.0 mph）以上的速度跑步时，B消耗的O_2明显少于A。两个人的最大摄氧量相同（64～65 mL • kg^{-1} • min^{-1}），在这种情况下，以亚极量强度运动时B耗氧更少，这将成为竞赛中取胜的决定性优势。

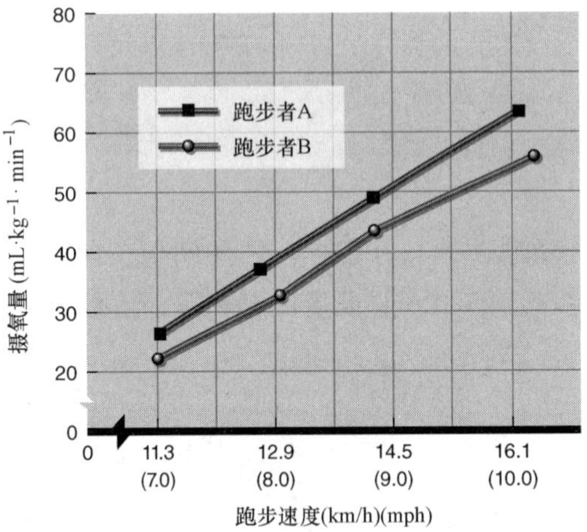

图5.7　两名运动员以不同速度运动时的摄氧量

注：尽管两人的$\dot{V}O_{2max}$相近，均在64～65 mL • kg^{-1} • min^{-1}，但是在给定摄氧量的前提下，运动员B经济性更好，B可以跑得更快。

这两名长跑运动员曾一起参加过许多比赛。在比赛过程中，两人都需要用85%的$\dot{V}O_{2max}$进行比赛，B完赛用时平均比A少13 min。尽管他们两人$\dot{V}O_{2max}$基本相同，但在比赛过程中，两人的能量需求却有很大差别。B的竞争优势很大程度上来源于他的跑步经济性更好。目前没有关于经济性差异成因的一种具体解释，这可能是各种复杂的生理和生物力学因素导致的。

对短跑运动员、中长跑运动员和长跑运动员的多项研究表明，马拉松运动员的经济性普遍较好。在给定的速度下，长跑运动员一般可以比中长跑运动员和短跑运动员少消耗5%～10%的能量。然而，关于运动经济性的研究仅局限于低速跑步（10～19 km/h，或6～12 mph）。可以假设，长跑运动员在进行跑步冲刺时的经济性不如专业短跑运动员。跑步运动员选择他们专项的部分原因是他们取得了早期的成功，而早期成功的部分原因是他们在那种距离下具有更好的跑步经济性。

可能是不同的跑步形式和短跑、长跑的不同运动特点造成了跑步经济性的差异。录像分析结果显示，在以11～19 km/h（7～12 mph）的速度奔跑时，中长跑运动员和短跑运动员的身体重心在垂直方向上的运动明显多于马拉松运动员，但该速度比中长跑比赛要求的速度低很多，很可能不能准确地反映运动员在 1 500 m 或更短项目中的跑步经济性。

其他项目可能会更大程度地受到运动经济性的影响。例如，游泳时部分能量被用来使身体浮在水面上，产生足够的力量来克服水的阻力。虽然游泳所需的能量取决于身体体积大小和浮力，但对水施加的有效对抗力量是游泳运动经济性的重要决定因素。

六、优秀有氧耐力运动员的特征

从本章对有氧耐力运动员的代谢特征和第一章对其肌纤维类型特征的讨论中可以清楚地知道，要想在有氧耐力运动项目中取得成功，需具备以下几个特点：

✧ 高水平 $\dot{V}O_{2max}$。

✧ 高水平乳酸阈（以 $\dot{V}O_{2max}$ 百分比表示）。

✧ 高水平运动经济性或在给定绝对运动强度下运动时的低摄氧量。

✧ Ⅰ型肌纤维比例高。

从现有的数据来看，上述四个特征按重要顺序排列。举个例子，乳酸阈和最大摄氧量对应的跑步速度是预测优秀长跑运动员比赛速度的最佳指标。优秀的跑步运动员都有很高水平的 $\dot{V}O_{2max}$，其高水平 $\dot{V}O_{2max}$ 需要以强大的心脏和血容量为基础条件。尽管运动经济性很重要，但在优秀运动员之间差异并不大。最后，更高的Ⅰ型肌纤维比例有助于提升有氧耐力运动表现，但不是必要条件。例如，一名奥运会马拉松项目铜牌获得者在跑步运动中，主要参与的肌肉——腓肠肌中Ⅰ型肌纤维比例仅占 50%。

七、各项身体活动的能量消耗

不同强度和类型的运动消耗的能量不同。尽管存在运动经济性的微小差异，但是大多数活动的平均能量消耗基本确定，实现方式是通过测量活动期间的摄氧量确定单位时间内的平均摄氧量，最后计算得出每分钟消耗的能量（kcal/min）。

使用上述方法一般容易忽略运动中的无氧代谢部分和 EPOC，但这部分同样十分重要。因为一项消耗能量 300 kcal 的运动，可能在恢复期间还会额外消耗 100 kcal 能量。因此，运动的总能量消耗应为 400 kcal，而非 300 kcal。由于这些细节问题及个体差异，运动设备上显示的“消耗卡路里”数可能不够准确。

为了满足安静状态下的能量供应，人体每分钟需要摄取 0.16～0.35 L O_2，能量消耗相当于 0.80～1.75 kcal/min，48～105 kcal/h，或 1 152～2 520 kcal/d。显然，任何超过静息状态的身体活动都会增加预计的日常能量消耗，因此每日总能量消耗的范围变化很大，取决于下列因素：

✧ 身体活动水平（最重要的因素）。

✧ 年龄。

✧ 性别。

✧ 体型。

✧ 体重。

✧ 身体成分。

不同运动项目的能量消耗也各不相同。一些运动，如射箭或保龄球，需要的能量仅比安静状态多一点点。另外一些运动，如短跑，就需要很高的能量输送速率，以至于这些运动仅可以维持几秒钟。显然，运动强度和运动持续时间都是能量消耗的影响因素。例如，一个人以 25 km/h（15.5 mph）的速度奔跑，能量消耗大约为 29 kcal/min，却无法维持太久。若以 11 km/h（7 mph）的速度慢跑，能量消耗为 14.5 kcal/min，仅为 25 km/h（15.5 mph）跑步能耗的一半，但是因为慢跑运动可以持续更长时间，运动期间总能量消耗反而更大。

表 5.2 提供了男性和女性在不同活动期间的平均能量消耗。这些值仅仅是平均值，还会受到个体差异（如前文所述）和个人技术（运动经济性）等因素的影响。

表 5.2　不同活动期间的平均能量消耗

活动类型	男性（kcal/min）	女性（kcal/min）	能量消耗的体重相对值（kcal · kg^{-1} · min^{-1}）
篮球	8.6	6.8	0.123
骑自行车（11.3 km/h，7.0 mph）	5.0	3.9	0.071
骑自行车（16.1 km/h，10.0 mph）	7.5	5.9	0.107
手球	11.0	8.6	0.157
跑步（12.1 km/h，7.5 mph）	14.0	11.0	0.200
跑步（16.1 km/h，10.0 mph）	18.2	14.3	0.260
坐	1.7	1.3	0.024
睡觉	1.2	0.9	0.017
站立	1.8	1.4	0.026
游泳（自由泳，4.8 km/h，3.0 mph）	20.0	15.7	0.285
打网球	7.1	5.5	0.101
走路（5.6 km/h，3.5 mph）	5.0	3.9	0.071
举重	8.2	6.4	0.117
摔跤	13.1	10.3	0.187

注：表中数值适用于体重 70 kg（154 lb）的男性和体重 55 kg（121 lb）的女性，数值可能存在个体差异。

小结

- BMR是身体维持基本细胞功能所需的最低能量，与瘦体重高度相关，与身体体表面积也有关。BMR通常为1 100～2 500 kcal/d，如果将日常活动考虑在内，每日热量消耗一般在1 700～3 100 kcal/d。
- $\dot{V}O_{2max}$随运动强度的增加而线性增加，但最终达到平台状态。当身体没有达到$\dot{V}O_2$极限但已经因为意志疲劳无法运动时，摄氧量为$\dot{V}O_{2peak}$。
- 优秀的有氧运动能力表现在高水平$\dot{V}O_{2max}$、长时间保持高水平$\dot{V}O_{2max}$的能力、乳酸阈时的跑步速度、良好的运动经济性等方面。
- EPOC指在运动结束后，恢复期内代谢率高于安静水平的现象。
- 乳酸阈是指乳酸生成的速度开始超过乳酸清除的速度，导致在递增负荷运动中血乳酸浓度突然快速增加的点。一般来说，乳酸阈（用$\dot{V}O_{2max}$百分比来表示）高的个体的耐力运动表现更好。乳酸阈是运动员在长跑、自行车等耐力运动项目中达到最佳配速的重要决定因素。

研究视角 5.1　步行与能量消耗

步行能量消耗在临床康复、健身、活动追踪甚至军事演习领域都有重要应用。步行所需的代谢能量可以通过直接测量摄氧量来确定，但是这种方法的局限性在于无法在室外进行。因此，通常使用推导方程预测步行能量消耗。最为成熟且常用的方程是由美国运动医学学会和美国陆军环境医学研究所研发的，该方程以体重为基础，将人的代谢率分为静息代谢和非静息代谢两部分，非静息代谢主要取决于运动速度。虽然这些方程被视为计算人体行走时能量消耗的黄金标准，但它们是基于年轻、健康、体型相对相似的男性群体开发的。

最近，位于得克萨斯州达拉斯市的南方卫理公会大学在一项研究中建立了新的数学模型以预测步行能量消耗。该研究收集先前的10项研究数据，建立了由400多名年龄、身高、体重和健康水平各不相同的男性、女性受试者组成的数据集，据此开发预测不同受试者群体的能量代谢需求的数学模型。研究发现，要想做出更准确的预测，还需要考虑步行者的身高（ht）因素，这是常用方程中没有使用的变量。与常用方程一样，这一模型将步行代谢划分为两个独立的组成部分，分别是最小步行分量（不同于静息分量）和速度相关分量，这提高了能量预测的准确性。该研究构建了预测代谢能量消耗的新模型，可以计算不同行走速度下90%以上的实际代谢成本：

$$\dot{V}O_2\ total = (\dot{V}O_2rest + 3.85) + (5.97 \cdot v^2/ht)$$

步行速度（v）的单位为m/s，身高（ht）的单位为m，$\dot{V}O_2$以$mL \cdot kg^{-1} \cdot min^{-1}$为单位。等式中（$\dot{V}O_2rest + 3.85$）是最小步行能量消耗，（$5.97 \cdot v^2/ht$）是与速度和身高相关的能量消耗，并且[$3.85 + (5.97 \cdot v^2/ht)$]这部分量化了总步行分量。

这一模型现在可以广泛用于制定锻炼与运动处方。

第三节　疲劳及其成因

疲劳的感受十分多样。400 m 跑运动员（运动时间为 45～60 s）与跑步距离接近 42.2 km 的马拉松运动员在完成运动后产生的疲劳感觉显然不同。这很正常，因为两种疲劳成因不同。运动生理学将**疲劳（fatigue）**定义为持续运动导致肌肉工作能力下降，同时伴随全身疲劳感。用于量化疲劳的另一个定义是：在给定的强度下，机体无法维持持续肌肉工作所需的输出功率。疲劳可以通过休息得到恢复，这也是疲劳区别于肌肉无力与损伤的地方（这一问题将在本章后面讨论）。

当被问及导致运动疲劳的原因时，大部分锻炼者都会回答：乳酸。这种常见的错误观念将问题看得过于简单，且越来越多的证据表明，乳酸对于提高运动表现具有积极作用（见第二章）。疲劳是一种极其复杂的现象，其原因涉及从分子水平到整个机体的各个层面。对于疲劳产生的潜在原因和位置，主要有以下几种解释：

✧ 能量传递效率降低（ATP-PCr 系统、无氧糖酵解和有氧氧化）。

✧ 大量代谢副产物的积累，如乳酸盐和 H^+等。

✧ 肌纤维的收缩能力下降。

✧ 神经对肌肉收缩的调控能力改变。

前三个原因发生于肌肉本身，也伴随着运动神经支配肌肉的功能改变，因此通常被称为外周疲劳；除了运动单位的改变，还有大脑或中枢神经系统的改变，这些变化造成了我们所知的中枢疲劳。

然而，这些都不能单独解释所有方面或所有类型的疲劳，疲劳可能是由多种原因综合作用引起的，疲劳的机制取决于锻炼的类型和强度、相关肌肉的纤维类型、受试者的训练状态，甚至还有他们的饮食情况。许多有关疲劳的问题仍然没有答案，如肌纤维疲劳时产生疲劳的肌细胞位置。重要的是，从某种程度上来说，疲劳是由肌细胞内横桥循环功能失调引起的，但这种机制也仍有神经、心血管和能量系统在背后起作用。因此，疲劳很少是由单一因素引起的，通常是由多种因素在多个部位协同作用下引起的。接下来讨论一些潜在的疲劳成因。

一、能量系统与疲劳

在考虑疲劳及其成因时，供能系统是不可忽视的待探索领域。人处于疲劳状态时，经常表达“我没有能量了”。但是这里的“能量”一词与其生理学意义相差甚远。那么从真正的生理学意义上来说，能量的可利用性在运动疲劳中扮演了什么样的角色呢？

（一）PCr 耗竭

回想一下，短时高强度运动需要 PCr 合成 ATP，以维持人体肌肉中的 ATP 储备。大腿肌肉活检取样结果显示，肌肉在反复最高强度收缩过程中，疲劳与 PCr 耗竭同时出现。尽管 ATP 是人体运动的直接能量来源，但在肌肉收缩过程中，ATP 消耗速度不如 PCr，这是因为 ATP 还由其他系统生成（图 2.6）。但是随着 PCr 的耗尽，ATP 的快速合成能力会受到限制。如果继续使用 ATP，ATP-PCr 系统重新合成 ATP 的能力下降。在这种情况下，ATP 含量也在不断减少。力竭时，ATP 和 PCr 可能都已耗尽。

为延缓疲劳的出现，运动员必须通过控制速度确保 PCr 和 ATP 不会过早耗尽。耐力项目也是如此：如果初始速度太快，可获取的 ATP 和 PCr 含量将迅速降低，导致过早疲劳，运动员无法在运动后期维持预设速度。具有多年训练和比赛经验的运动员能够让自己处在最佳速度，从而在整个比赛中最有效地利用 ATP 和聚合酶链反应。

（二）糖原耗竭

肌糖原分解也能够为肌肉提供 ATP。在时长超过几秒钟的运动中，肌糖原是合成 ATP 的主要能量来源。然而，糖原储备有限，会很快耗尽。肌肉活组织检查显示肌糖原消耗和长时间运动中的疲劳之间存在相关性。

如图 5.8 所示，运动最初几分钟比运动后期肌糖原的动用更快。该图显示了测试过程中受试者小腿腓肠肌中肌糖原含量变化。尽管受试者以恒定速度运动，但在初期（75 min 内），腓肠肌的肌糖原代谢率最高。

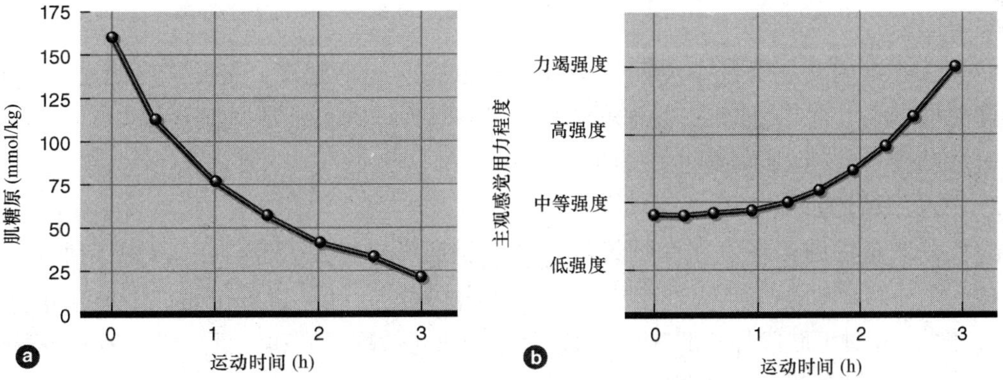

a. 以 70%最大摄氧量的强度在跑台上跑步 3 h 期间，小腿腓肠肌肌糖原的下降情况；
b. 受试者对运动的主观感觉用力程度。请注意，尽管糖原被逐渐消耗，但在将近 1.5 h 的跑步中，用力程度仅为中等。直到肌糖原水平变得相当低，低于 50 mmol/kg 时，用力程度才开始增加

图 5.8 运动过程中人体小腿腓肠肌中肌糖原含量变化

研究还记录了受试者在测试过程中的主观感觉用力程度（直观感觉的用力困难程度）。在跑步初期，尽管是由糖原快速供能，但在肌糖原储备充足时，受试者仅感觉到适中的压力。

直到肌糖原被耗尽，他才感觉到严重疲劳。因此，长时间运动中的疲劳感与肌糖原浓度降低保持一致，但与其消耗的速率没什么关系。马拉松运动员通常在跑到 29～35 km（18～22 mi）时突然出现疲劳，那种感觉如同“撞墙”，这种现象可以部分归因于肌糖原的消耗。

1. 不同类型肌纤维的糖原耗竭

在不同运动中，肌纤维募集类型和能量耗尽情况不同。运动中最先被动员的肌纤维糖原可能会最早被耗尽，导致运动中能够参与收缩的肌纤维数量减少。

图 5.9 展示了一名跑步者在跑完 30 km 后肌纤维在显微镜下的图像。图 5.9a 对Ⅰ型和Ⅱ型肌纤维进行染色，圆圈内是Ⅱ型肌纤维。图 5.9b 是同一肌肉的另一样品的糖原染色。颜色越暗，糖原越多。运动前，所有肌纤维都富含糖原，呈红色（未展示）。跑步后（图 5.9b），Ⅰ型肌纤维糖原几乎完全耗尽，这表明耐力运动中（如 30 km 跑，仅需要适度的力量），Ⅰ型肌纤维参与更多。

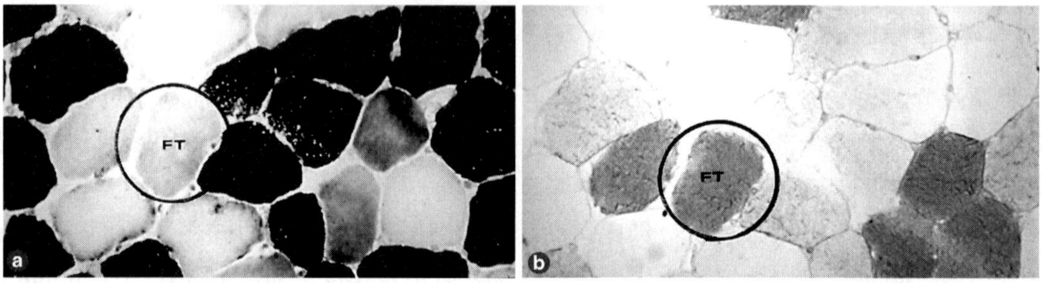

a. 跑完 30 km 后肌纤维的组织化学染色，圆圈内是Ⅱ型肌纤维（快肌纤维）；b. 运动后肌糖原组织化学染色，许多Ⅱ型肌纤维内仍有糖原储备（染色深色区域），而大多数Ⅰ型肌纤维（慢肌纤维）的糖原基本耗尽。

图 5.9　一名跑步者在跑完 30 km 后肌纤维在显微镜下的图像

Ⅰ型肌纤维和Ⅱ型肌纤维的糖原消耗模式取决于运动强度。在低强度运动中，Ⅰ型肌纤维优先被动员，随着肌肉张力需求增加，Ⅱa 型肌纤维也被募集到运动中。在接近最高强度的运动中，Ⅱx 型肌纤维也变为被募集肌纤维。

2. 不同肌群的糖原耗竭

除了有选择性地消耗Ⅰ型肌纤维糖原或Ⅱ型肌纤维糖原，运动还会对特定肌群产生更高依赖。在一项研究中，受试者在跑台上以 70% $\dot{V}O_{2max}$ 强度进行上坡、下坡和水平跑步，各 2 h，图 5.10 对下肢股外侧肌（伸膝肌）、腓肠肌（伸踝肌）和比目鱼肌（另一伸踝肌）这三块肌肉的糖原消耗进行了比较。

结果表明，无论是上坡、下坡还是水平运动，腓肠肌比股外侧肌和比目鱼肌消耗的糖原都更多，也就是说，在长距离跑步中，伸踝肌比大腿肌肉更易发生疲劳，因此疲劳可能更早发生于小腿肌肉。

3. 糖原耗竭与血糖

肌糖原无法单独为持续数小时的运动提供足够的碳水化合物。在耐力运动中，血糖被输送至肌肉提供大量能量。肝脏分解其糖原储备，保证血糖维持稳定。运动初始阶段，血糖提供能量较少，但是在耐力项目的后期阶段，血糖将成为主要供能物质。随着运动持续进行，肝脏必须不断分解更多糖原，以满足肌肉对葡萄糖的摄取。

肝糖原储备有限，同时，肝脏无法利用其他能源底物快速产生葡萄糖。因此，当肌肉对葡萄糖的摄取超过肝脏的输出能力时，血糖浓度降低。由于无法从血液中获取足够葡萄糖，肌肉必须更加依赖自身糖原储备，加速了肌糖原耗竭，导致过早疲劳。

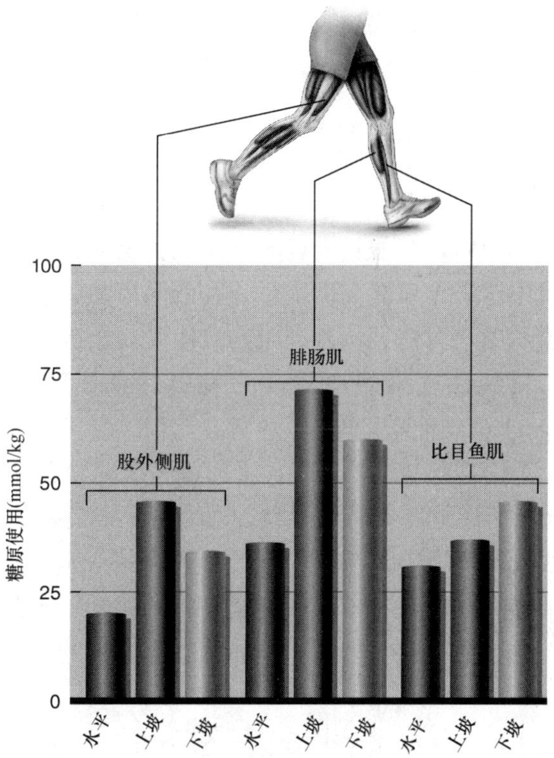

图 5.10 在跑台上以 70% $\dot{V}O_{2max}$ 水平、上坡和下坡跑 2 h 后股外侧肌、腓肠肌和比目鱼肌的肌糖原使用情况

注：上坡和下坡跑时，肌糖原最大使用量均为腓肠肌。

毫无疑问，运动前补充肌糖原有助于提升耐力运动表现。另外，大多数研究表明，在长时间剧烈运动中，糖类摄入对肌糖原使用没有什么效果。我们将在第十五章讨论肌糖原储备对于耐力表现的重要性。需要注意的是，糖原消耗和低血糖都会限制持续 60 min 以上运动的表现。

4. 糖原耗竭导致疲劳的机制

在耐力运动中，糖原耗竭或许不是导致疲劳的直接原因，但可能起到间接作用。无法准确说明为什么肌糖原含量低时肌肉功能会受到影响，可能是因为 ATP 生成速率下降。糖原不仅是糖类的储存形式，也在多种细胞功能中起到调节作用。正因如此，糖原不是均匀分布在肌纤维中的，而是分布在不同位置。研究表明，肌原纤维内糖原减少会干扰肌浆网的兴奋-收缩耦联和 Ca^{2+} 释放。

二、代谢副产物与疲劳

一般认为代谢副产物是导致或加速疲劳的因素。在关于疲劳的研究中，最受关注的几种副产物是 P_i、热量、乳酸和 H^+。

（一）P_i

随着 PCr 和 ATP 的分解，P_i 在短时间剧烈运动中增加。现在看来，短时间高强度运动

ATP 分解引起磷脂酰肌醇积累可能是此类运动中疲劳产生的最主要原因。过量的磷脂酰肌醇会直接损害肌原纤维的收缩功能，减少肌浆网 Ca^{2+}释放。P_i 和 ADP 的增加也会通过负反馈抑制 ATP 分解。

（二）热量

如前所述，能量消耗时产生的大量热量有一部分会留在体内，导致体内温度上升。在热环境中运动可以提高碳水化合物的利用率，加速糖原消耗。这种作用是由肾上腺素分泌的增加引起的。有假设认为，肌肉温度升高会削弱骨骼肌功能和肌肉代谢能力。

环境温度会对中、高强度自行车运动能力产生影响。加洛韦（Galloway）和莫恩（Maughan）研究了 4℃（39℉）、11℃（52℉）、21℃（70℉）和 31℃（88℉）四种环境温度下，男性自行车运动员的疲劳时间。研究结果如图 5.11 所示。当受试者在 11℃的环境中进行运动时，运动持续时间最长，力竭出现得最晚；而在较冷和较暖的温度下运动持续时间较短。在 31℃的环境中运动时疲劳出现得最早。同样，在给定温度下，相对湿度的增加也会导致过早疲劳。同样，预冷肌肉会延长运动时间，预热会导致过早疲劳。第十二章中将会讨论热适应，热适应能够节省糖原消耗并减少乳酸的堆积。

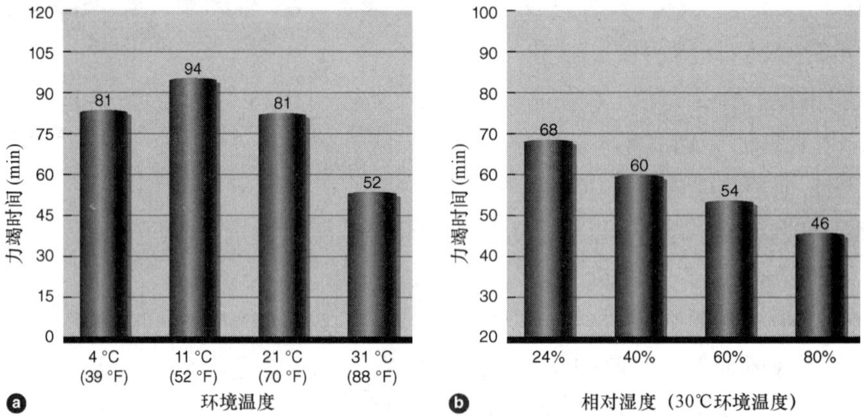

a. 在 11℃的凉爽环境中可以运动更长时间（延迟疲劳），而相对更冷或更热的环境都会加速运动疲劳；

b. 在环境温度为 30℃时，相对湿度增加会加速疲劳。

图 5.11　一组男性以 70% $\dot{V}O_{2max}$ 强度进行自行车训练时疲劳的出现时间

（三）乳酸

我们知道，乳酸是无氧糖酵解的副产物。虽然大多数非专业人士认为乳酸是所有运动疲劳的原因，但是如第二章所说，乳酸经历不断循环，可以被回收以参与能量供应。肌纤维细胞质产生的乳酸可以被自身细胞的线粒体吸收，氧化产生 ATP。乳酸还可以被运输到其他可以氧化的场所。事实上，只有在相对短暂、高强度的肌肉运动中，乳酸才会在肌纤维中积累。

马拉松运动员在完成比赛后尽管处于明显的疲劳状态，但是其乳酸浓度却几乎接近正常水平，他们的疲劳可能是能量供应不足引起的，而非过量的乳酸。

在跑步、骑自行车和游泳项目中的短距离冲刺都会导致乳酸堆积。虽然不能将疲劳归因于乳酸本身，但如果乳酸不被代谢，就会分解转化为乳酸盐并导致 H^+堆积。

（四）H^+

虽然乳酸根离子对于肌肉收缩产生力量没有很大的负面影响，但是 H^+堆积会引起肌肉酸性中毒（pH 下降）。

短跑和短距离游泳等持续时间短、高强度的运动高度依赖无氧糖酵解供能，会在肌肉中留下大量乳酸和 H^+。所幸，细胞和体液中具有缓冲剂，如碳酸氢盐（HCO_3^-），可以最大程度减少 H^+干扰。如果没有这些缓冲剂，H^+会导致体内 pH 下降至 1.5 左右，引起细胞死亡。由于身体具备一定的缓冲能力，即使在剧烈运动中，H^+浓度也可以维持在较低水平，使肌肉的 pH 在高强度运动后从安静状态的 7.1 下降至不低于 6.4 的水平。

然而，pH 的大幅度变化会对能量的生成和肌肉收缩产生不利影响。细胞内 pH 低于 6.9 会抑制糖酵解酶的活性，如磷酸果糖激酶，它被抑制会阻碍糖酵解，减缓 ATP 的生成速度。在 pH 为 6.4 时，H^+会阻碍糖原进一步分解，导致 ATP 迅速减少，并最终耗竭。此外，H^+可降低肌浆网释放的钙量，影响肌动蛋白-肌球蛋白横桥的耦联，降低肌肉的收缩能力。然而，这对肌肉力量的影响不大，更大的影响在于 H^+会降低肌丝对 Ca^{2+}的敏感性，导致收缩力量和收缩速度降低。鉴于这些负面影响，肌肉 pH 降低可能是导致持续 20～30 s 的全力运动疲劳的主要原因。

如图 5.12 所示，在一次性力竭冲刺运动后，肌肉酸碱度重新恢复到运动前水平需要 30～35 min。甚至当酸碱度恢复正常时，血液和肌肉内乳酸水平也还维持在较高水平。不过，经验表明，即使肌肉 pH 低于 7.0，血乳酸水平高于 6～7 mmol/L（是安静状态下的 4～5 倍），运动员仍可以继续进行相对高强度运动。

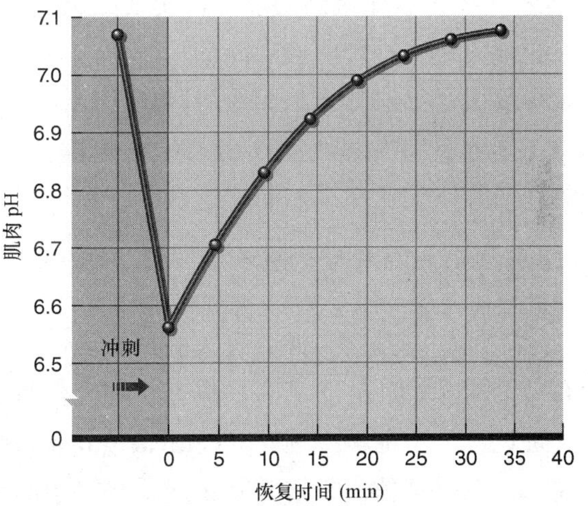

图 5.12　冲刺运动和恢复过程中肌肉酸碱度的变化

注：冲刺过程中肌肉 pH 急剧下降，在运动后则逐渐恢复正常。运动后 pH 恢复至运动前水平至少需要 30 min。

三、神经肌肉疲劳

到目前为止，我们只考虑了肌肉内部可能导致疲劳的因素。然而有研究表明，在某些情况下，疲劳可能是由神经系统功能异常导致无法激活肌纤维造成的。如第三章所述，神经冲动通过神经肌肉接头传递并激活肌纤维细胞膜，促使肌纤维的肌浆网释放 Ca^{2+}。释放的 Ca^{2+}与肌钙蛋白结合，引起肌肉收缩，这个过程统称为兴奋–收缩耦联。下面将讨论两种可能导致疲劳的神经机制——一种是外周神经机制，另一种是中枢神经机制。

（一）神经传导

疲劳可能发生在神经肌肉接头处，阻止神经冲动传递到肌纤维膜。早在 20 世纪初，相关研究就清楚地指出神经冲动无法传递到疲劳肌肉。这种无法传递冲动的现象可能涉及以下一个或多个过程：

✧ 乙酰胆碱的释放或合成减少。乙酰胆碱是一种神经递质，可以让神经冲动通过运动神经传递到肌纤维膜。

✧ 当乙酰胆碱将神经冲动传递到肌纤维膜后，胆碱酯酶活性增强并迅速分解乙酰胆碱，以阻止乙酰胆碱有足够的浓度来激发另一个动作电位。

✧ 胆碱酯酶活性下降（被抑制），乙酰胆碱过度积聚，从而阻止肌肉放松。

✧ 肌纤维膜阈电位升高，运动神经刺激肌纤维会变得更加困难。

✧ 一些物质竞争性结合肌细胞膜上的乙酰胆碱受体，阻止肌细胞激活。

✧ K^+流出收缩肌肉的细胞，使膜电位降低到安静时的一半。

虽然大部分神经肌肉阻断的原因都与神经肌肉疾病（如重症肌无力）的发病有关，但它们也可能引起某些形式的神经肌肉疲劳。一些证据指出，疲劳也可能是因为 Ca^{2+}滞留在肌浆网内，导致肌肉收缩需要的 Ca^{2+}减少。事实上，PCr 的耗竭和乳酸增加可以轻易地增加 Ca^{2+}聚集在肌浆网的比例。然而，这些关于疲劳的研究仍停留在纯理论阶段。

（二）中枢神经系统

对中枢神经系统与疲劳有关的讨论表明，疲劳是由于外周环境的改变限制或阻止了下一步有效的肌肉活动。肌肉的募集有一部分依赖于大脑有意识或潜意识的控制。外周疲劳的另一种理论称为**中枢调控理论（central governor theory）**。该理论提出，肌肉能量的输出受大脑调节，以维持体内平衡并防止运动损害组织或导致灾难性事件发生。中枢调控通过减少肌纤维的募集来限制运动，而肌纤维募集的减少又会导致疲劳，这一理论近年来备受争议。中枢调控的概念最早是由希尔在 1924 年提出的（见导论）。

在 2012 年的一项研究中，瑞士的研究人员采用了一种创新方法，试图分离出在膝关节伸肌低强度等长收缩过程中导致肌肉疲劳的中枢神经和外周神经因素。研究人员让受试者在 20%最大自主收缩（maximal voluntary contraction，MVC）强度下进行持续的等长肌肉收缩，直到感受到疲劳，把这定义为他们不再能在 20%MVC 强度下保持收缩的顶点。然后，立即对肌肉进行电刺激，使其立即再一次自发地以同样的力保持 1 min。从本质上说，疲劳是诱发的，外部的电刺激接管大脑和运动神经元继续产生力量。如果最初的疲劳是由兴奋-收缩耦联（外周因素）引起的，那么被电刺激的肌肉仍然会感到疲劳，不能产生力量。相反，如果疲劳是由运动神经元或中枢神经因素引起的，电刺激会使肌肉再次产生力量。

研究人员还测量了在产生疲劳之前和之后肌肉自主产生的最大力量。他们发现，当疲劳后进行电刺激时，肌肉能够再次保持20%MVC，这表明，在适当的神经刺激下，肌肉本身只能保持收缩和产生力的能力。当他们记录MVC下肌肉疲劳后的电活动时，发现神经系统活化肌肉的数量大大增加，这表明最大收缩力的减少是由于收缩元素的损伤。总的来说，这项研究表明，亚极量运动后的最初疲劳可能是由于中枢神经因子减少，而最大收缩中的损伤是兴奋-收缩耦联过程中外部因素的改变造成的。

毫无疑问，大部分形式的疲劳都包括中枢神经系统的原因。当受试者的肌肉显示出近乎衰竭时，言语鼓励、大声喊叫、听音乐，甚至直接对肌肉进行电刺激都可以增加肌肉收缩的力量。中枢神经系统在引起、感知甚至超越一切疲劳中所扮演的角色的精确机制尚未被完全掌握。除非运动员有极强的运动动机，否则大多数人会在肌肉生理性衰竭之前就停止运动。为了达到最佳运动表现，运动员应该通过训练学会控制速度并忍受疲劳。

四、导致疲劳的其他因素

从前面的内容可以看出，产生疲劳的潜在原因是多种多样的，很大程度上取决于运动的强度和持续时间。最近的研究也揭示了线粒体功能受损和活性氧在某些类型疲劳中的作用。法国研究者的一组研究报告指出，亚极量运动后线粒体功能受损，导致PCr恢复速度减慢，ATP合成减少。然而，目前尚不清楚这些影响在多大程度上可归因于细胞酸中毒或肌肉损伤。

迈克尔·里德（Michael Reid）提供了一个令人信服的案例，即疲劳肌肉中活性氧的积累会导致工作肌肉功能丧失。剧烈的肌肉收缩中氧化分子会增加，这些分子包括过氧化氢、超氧化物和羟自由基。它们存在于肌原纤维的细胞质和细胞器中，也存在于组织液和血液中。有两组实验证明了这些化学分子的作用：①直接将肌肉细胞暴露于活性氧中会引起许多与运动中疲劳相同的变化；②用抗氧化剂预处理肌肉可以延缓疲劳出现。

研究视角5.2　你能说服自己摆脱疲劳吗？

随着耐力运动越来越受欢迎，参加竞技耐力项目的人也越来越多。优秀的耐力赛表现需要良好的维持有氧运动的能力（也就是说，要尽可能延迟疲劳的发生），对这些运动员来说，增加运动强度和持续时间的策略也很重要。由于疲劳限制了耐力的上限，当前研究的目标是了解造成疲劳的生理和心理原因，以及寻找方法延缓疲劳所产生的影响。

在马拉松或铁人三项等长时间耐力比赛中，许多运动生理学家认为疲劳是体内能量储存耗竭的结果，疲劳的生理原因已在本章详细讨论。另外，耐力表现的心理生物学模型表明，疲劳是由运动员有意识地决定终止一项特定的活动而引起的，而非由生理极限引起。根据这个模型，对动机强的运动员来说，决定耐力表现的最终因素是他们对努力这一过程是否艰苦及艰苦程度的感知。基于这个推论，采取减少对于努力感知的策略可以延迟耐力运动员疲劳的发生。

根据耐力表现的心理生物学模型，一种可以减轻疲劳的策略是自我对话，或者自我暗示，无论是大声的还是无声的。自我对话对运动员既有指导作用又有激励作用。有人建议，即使在主观体力感觉等级很高的情况下，也可以通过激励使运动员进一步鼓励自己，以提高基于努力的运动表现。2014 年，一项以 24 名参加休闲活动的男性和女性为对象的研究调查了自我对话训练对高强度自行车运动耐力表现的影响。在记录初始数据后，研究对象被分为两组：一组接受两周自我对话训练的指导和练习，另一组（对照组）没有进行指导和练习。两周后，所有受试者回到实验室重新进行测试，研究人员将他们的表现结果与研究开始时的结果进行比较。与第一次测试相比，接受自我对话训练的受试者的主观体力感觉等级较低，达到疲劳的时间较长（约 2 min）；然而，对照组的结果没有改变。在有氧运动中，激励性的自我对话可以减少对努力程度的感知并提高耐力表现。心理生物学的干预训练可以减少运动员对努力的感知，以达到通过延缓疲劳发生来提高运动员耐力表现的效果。

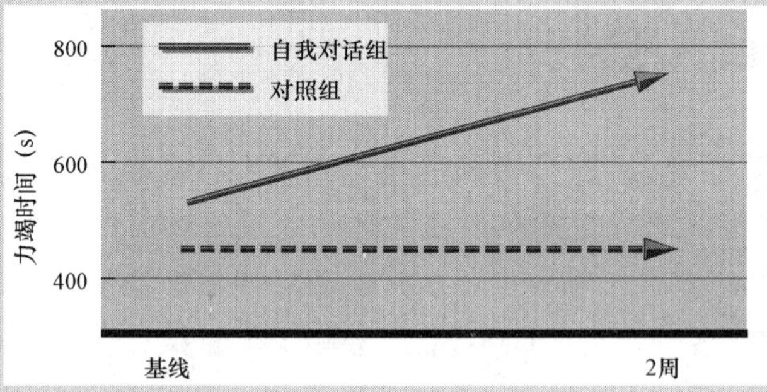

图 5.13　对照组（虚线）和接受两周自我对话训练的受试者组（实线）两周后达到力竭时间的变化，自我对话组在自我对话训练后的耐力表现有所提高，而对照组没有变化

小结

- 根据不同的情况，疲劳可能是 PCr 或糖原耗竭的结果，这两种情况都会减少 ATP 的产生。糖原消耗可能发生在特定的纤维类型或特定的肌肉群，二者的差别取决于不同的运动。
- 代谢副产物如磷酸盐离子和热量的增加可能导致疲劳的发生。
- 疲劳通常归因于乳酸的产生，但在长时间的耐力运动中，乳酸通常与疲劳没有直接关系，并且它可以作为一种能量来源（见第二章）。
- 在短跑等短时间运动中，乳酸分解产生的 H^+可能会导致疲劳。H^+的积累会降低肌肉的 pH，这会使细胞的能量产生过程受阻，肌肉收缩功能减弱。
- 神经传递的失败可能是某些疲劳的原因，导致这种现象的机制有很多，需要进一步研究。

- 中枢神经系统在大多数类型的疲劳中扮演着重要角色。感觉疲劳通常先于生理疲劳，而感到疲劳的运动员通常可以通过各种方式刺激中枢神经系统，如听音乐或自我对话，以激励自己继续运动。

第四节　临界功率：能量消耗与疲劳之间的联系

一名运动员如果能在不疲劳的情况下长时间保持高强度的运动，就会获得成功。运动生理学家把最佳表现与疲劳之间的联系称为**临界功率（critical power）**。临界功率决定了高强度运动的持续时间。我们将输出功率（或运动强度，或速度）与最高强度维持时间之间的关系绘制成曲线，如图 5.14 所示。在非常高的输出功率下，运动只能持续很短的时间。但随着运动强度的逐渐降低，运动可以维持的时间会越来越长。在某一点上，这种关系趋于平缓，达到渐近线，定义为该活动的临界功率，即在不引发疲劳的情况下所能维持的最高强度。

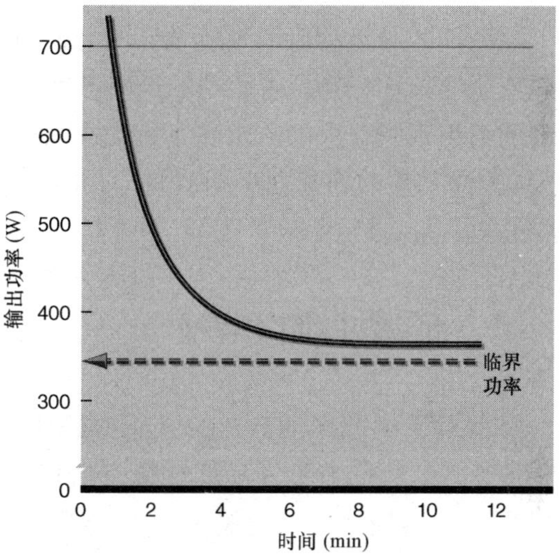

图 5.14　输出功率与维持输出功率时间之间的关系

注：临界功率定义为关系图中的渐近线，即在不限制性能持续时间的疲劳情况下可维持的最大输出功率。

临界功率代表完全由有氧代谢所维持的最高代谢率。它与乳酸阈有关（在本章前面讨论过），但在稍高的强度下发生。毫无疑问，耐力或 HIIT 会增加临界功率，而随着年龄的增长和慢性疾病的出现，临界功率会降低。缺氧也会降低临界功率，如高原上的缺氧（在第十三章中讨论），而呼吸高浓度的 O_2 会使临界功率升高。

临界功率在实际运动和运动生理学中是一个有效的测量指标，因为它与跑步、划船、游泳甚至团队运动（持续几分钟到两小时）的表现有很强的相关性。理论上，临界功率或低于临界功率的运动可以无限期地持续下去，但实际上，在临界功率下的运动不能持续超过 30 min。随着人们对打破马拉松两小时成绩的高度重视，按照临界功率的定义，要求跑步者必须保持 21.1 km/h（13.1 mph，或略低于每英里 4.6 min）的临界速度；然而，事实证明，维持两小时的高强度配速几乎是不可能的。

第五节　肌肉酸痛和肌肉痉挛

肌肉酸痛通常是剧烈运动引起的，尤其是在人们第一次进行高强度的锻炼时，反应更加强烈。虽然肌肉酸痛在运动的任何时候都可以感觉到，但一般来说，在运动期间和运动后即刻可以感觉到轻微的肌肉酸痛，运动后一两天会感觉到更强烈的酸痛。

一、急性肌肉酸痛

运动期间和运动后即刻感觉到的急性肌肉酸痛被归类为肌肉劳损，并被感知为肌肉僵硬、疼痛或压痛。它可能是由运动的最终产物（如 H^+）的积累，以及体液从血浆转移到组织中而引起的组织水肿造成的。水肿是人们在长时间的耐力训练或剧烈运动后感到急性肌肉肿胀的原因。疼痛和酸痛通常在运动后几个小时内消失。因此，它们通常被称为**急性肌肉酸痛（acute muscle soreness）**。

二、延迟性肌肉酸痛

目前对于剧烈运动后一两天感到肌肉酸痛的确切原因还不完全清楚。因为这种酸痛不会立即发生，所以被称为**延迟性肌肉酸痛（delayed-onset muscle soreness，DOMS）**。DOMS 可以表现为从轻微的肌肉僵硬到严重限制运动的衰弱性疼痛。在下面的内容中，我们将讨论一些试图解释这种肌肉酸痛的理论。

目前，几乎所有的理论都认为离心运动是 DOMS 的主要原因。这一点在一些对肌肉酸痛与离心、向心和静态动作之间关系的研究中得到了明确的证明。单纯进行离心动作训练的人会感到极度的肌肉酸痛，而那些只进行静态和向心动作训练的人几乎不会感到肌肉酸痛。这一观点在研究中得到了进一步的探讨。研究对象在跑台上两天分别跑 45 min，一天在水平坡度上，另一天在 10%的下坡坡度上，尽管之前认为血乳酸会导致肌肉酸痛，而水平跑的血乳酸比下坡跑时高得多，但结果表明水平跑没有引起酸痛，而在做大量离心运动的下坡跑后 24～48 h，研究对象感到了程度相当高的肌肉酸痛。

在下面的内容中，我们将研究一些对运动诱发的 DOMS 的解释。一般来说，发生 DOMS 的途径是从肌纤维（微创伤）和周围结缔组织的结构损伤开始的。这种损伤之后是一个炎症过程，液体和电解质转移到肌纤维和周围结缔组织会导致水肿。更严重者会导致肌肉痉挛，延长病情，使酸痛加重。

研究视角 5.3	肌肉疲劳和运动效率低下是一回事吗？

在全身运动过程中，疲劳和运动效率（机械能输出或对外做功与机体产能的比例）下降是导致运动不耐受和剧烈运动提前结束的主要原因。运动生理学家一致认为，疲劳和运动效率降低这两个概念导致了运动不耐受，但它们之间有联系吗？

在高强度运动结束前，运动效率通常会降低。在以恒定输出功率和超过乳酸阈的递增负荷运动期间，摄氧量都会增加。在运动的稳定阶段，可以清楚地看到摄氧量漂移，说明尽管输出功率恒定，氧耗却缓慢增加；在相同的工作量下，摄氧量的增加是肌肉收缩效率降低的表现。同样，在递增负荷运动中，当运动负荷在乳酸阈以上时，摄氧量的增加超过了预期需求。事实上，在递增负荷运动中，当运动负荷在乳酸阈以上时，运动效率会降低约 20%。这种低效的结果是，运动者在较低的输出功率时达到他的摄氧量峰值，导致肌肉疲劳，最终无法继续运动。总的来说，在超过乳酸阈的高强度运动中，骨骼肌效率的下降导致产生相同机械功率需要更多的 O_2，即低效率。由于肌肉产生的能量是有限的，这种低效的发展速率是疲劳和未能完成运动任务的主要决定因素。

但是在高输出功率时，是什么导致肌肉效率低下呢？全身运动时肌肉疲劳只发生在高于乳酸阈的强度（ATP 的产生依赖于底物水平磷酸化的作用），这个事实可能为此提供线索，而影响 ATP 再合成与肌肉线粒体摄氧量比值的因素可能是其答案。2014 年，一项使用磁共振波谱和人体肺气体交换的联合研究发现，在中等强度运动中观察到的 ATP 生成与 $\dot{V}O_2$ 之间的紧密关系在高于乳酸阈的运动强度下消失了。这一发现表明，肌肉效率低下是 ATP 耗竭和转化受阻所致。

如本章所述，许多细胞内机制，包括氧和能源底物利用率的变化、ATP 酶功能受损、pH 降低、温度升高、钠钾泵功能改变，以及运动单位募集模式的改变都导致了肌肉效率的降低和肌肉疲劳。ATP 分解和合成受阻扰乱肌纤维的细胞内稳态。在这种情况下，肌肉疲劳可能是防止肌纤维损伤的一种保护机制。在高强度有氧运动中，肌细胞机制的变化为这种低效率与导致肌肉失衡的肌肉疲劳之间提供了联系。然而，没有研究表明肌肉疲劳与效率降低之间存在明显的因果关系。未来有必要进一步研究，以确定疲劳和效率低下是不是同一回事。

（一）结构损伤

剧烈运动后血液中几种特定肌肉酶的浓度增加，这表明肌纤维膜可能发生某些结构损伤。经过一系列的高强度训练后，血液中这些酶的浓度增加了 2～10 倍。最新的研究支持这种观点，即这些变化可能表明不同程度的肌肉组织损伤。对马拉松运动员腿部肌肉组织的检查表明，在训练和马拉松比赛后，肌纤维受到了显著的损伤。这些肌肉变化的发生和持续时间与跑步者所经历的肌肉酸痛程度一致。

图 5.15 显示了马拉松比赛前后肌丝和 Z 线的变化。Z 线是收缩蛋白的接触点，当肌纤维被激活变短时，它们为力的传递提供了结构上的支持。图 5.14 b 显示，在马拉松之后，离心作用或肌纤维的拉伸导致 Z 线扭曲，平行肌小节群中的粗细肌丝严重断裂。

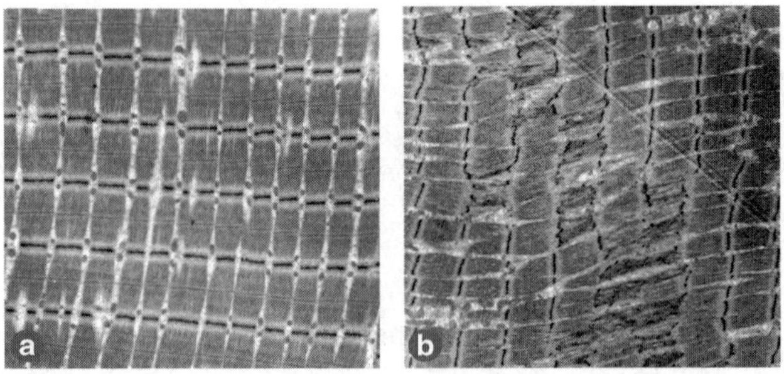

a. 电子显微图，显示马拉松比赛前运动员肌肉中的肌动蛋白、肌球蛋白丝和 Z 线的正常排列；b. 在一场马拉松比赛后立即采集的肌肉样本显示，在一组平行的肌小节中，由于跑步时的离心动作，出现了中度的 Z 线流失和粗细肌丝的严重断裂。

图 5.15　马拉松比赛前后肌丝和 Z 线的变化

虽然肌肉损伤对运动能力的影响尚未被完全了解，但人们普遍认为，这种损伤是 DOMS 相关的局部肌肉疼痛、压痛和肿胀的部分原因。然而，在不产生肌肉酸痛的日常锻炼中，血液酶浓度可能会增加，肌纤维可能会经常受损。此外还需要注意，肌肉损伤似乎是肌肉肥大的一个诱发因素。

（二）炎症反应

白细胞起到防御外来物质进入人体和维持组织正常功能的作用。在引起肌肉酸痛的运动之后，白细胞计数往往会增加，因此一些研究人员认为酸痛是由肌肉的炎症反应引起的。但是这些反应和肌肉酸痛之间的关系一直很难确定。

在早期的研究中，研究人员试图使用药物来阻止炎症反应，但在降低肌肉酸痛程度和减轻炎症反应方面都没有效果。这些早期的研究结果并不支持单纯炎症介质与 DOMS 之间的联系。然而，最近的研究已经开始建立肌肉酸痛和炎症之间的关系。现在人们认识到，从受损肌肉中释放的物质可以作为引诱剂，启动炎症过程。肌肉中的单核细胞被损伤激活，向循环系统中的炎性细胞提供化学信号。中性粒细胞（白细胞的一种）侵入损伤部位并释放细胞因子（免疫调节物质），然后吸引和激活更多的炎性细胞。中性粒细胞也可能释放氧自由基，破坏细胞膜。这些炎性细胞的侵袭也与疼痛的发生有关，这种疼痛被认为是由炎性细胞释放的物质刺激疼痛敏感的神经末梢引起的。然后巨噬细胞（免疫系统的另一种细胞）侵入受损的肌纤维，通过一种称为吞噬作用的过程清除碎屑。最后，巨噬细胞入侵并参与肌肉再生。

（三）DOMS 中的事件顺序

研究人员的普遍共识是，单一的理论或假设不能解释 DOMS 的发生机制。因此，研究人员提出了一系列可能解释 DOMS 现象的事件，包括：

（1）肌肉收缩舒张系统中的高张力会导致肌肉及其细胞膜的结构损伤，同时伴随着结缔组织的过度劳损。

（2）细胞膜损伤扰乱受损纤维中的 Ca^{2+}稳态，抑制细胞呼吸。由此产生的高浓度 Ca^{2+}激活了降解 Z 线的酶。

（3）参与炎症反应的中性粒细胞会在几小时内显著增加。

（4）巨噬细胞活动的产物和细胞内的物质（如组胺、激肽和 K^+）聚集在细胞外。这些物质会刺激肌肉中的游离神经末梢。这一过程似乎在离心运动中更为突出，因为在这种运动中，较大的力量分布在相对较小肌肉的横截面上。

（5）液体和电解质进入该区域，造成水肿，导致组织肿胀并激活疼痛感受器，也可能出现肌肉痉挛。

（四）DOMS 和运动表现

DOMS 会导致肌肉产生力量的能力下降。无论 DOMS 是肌肉损伤还是水肿造成的，当要求患者施加最大力量时，受影响的肌肉不能像进行一次重复最高强度实验时那样施加那么大的力。最大发力的能力在数天或数周内逐渐恢复。

力量下降的原因如下：

（1）肌肉的物理性破坏，如图 5.16 所示。

（2）兴奋－收缩耦联失效。

（3）收缩蛋白丢失。

兴奋－收缩耦联失效似乎是最重要的原因，尤其是在前 5 天，如图 5.16 所示。

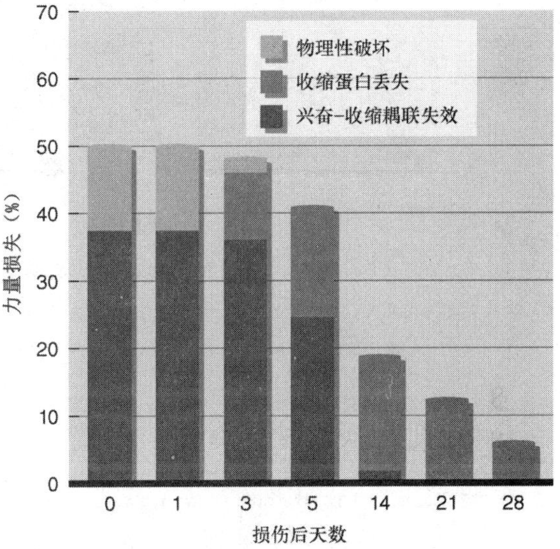

图 5.16　兴奋－收缩耦联失效、收缩蛋白丢失和物理性破坏对肌肉损伤后强度下降的估测贡献

当肌肉受损时，肌糖原再合成也会受损。通常在运动后的最初 6～12 h 内，肌糖原会再合成，但由于损伤肌肉的修复，肌糖原的再合成会减慢或完全停止，从而限制损伤肌肉的能量储存能力。图 5.17 显示了对肘部屈肌进行离心运动和向心运动比较时，各种与肌肉损伤相关的指标的时间序列。如图 5.17 所示，肌肉功能（MVC 和运动范围）、肌肉肿胀（周长）、疼痛和损伤的分子指标（肌酸激酶活性和肌红蛋白浓度）的变化持续了数天。

（五）最小化延迟性肌肉酸痛

减少 DOMS 的负面影响对于最大程度地提高训练效果非常重要。可以在早期训练中尽量减少离心的训练动作，但这对大多数运动项目的运动员来说是不可能的。一种方法是以非常低的强度开始训练，并在前几周缓慢地进行。另一种方法是通过高强度力竭训练来启动训练计划，最初几天的肌肉酸痛会很严重，但有证据表明，随后的训练中肌肉酸痛会非常少。因为与 DOMS 相关的因素在刺激肌肉肥大方面有潜在的重要作用，因此 DOMS 很可能是使训练反应最大化的必要条件。

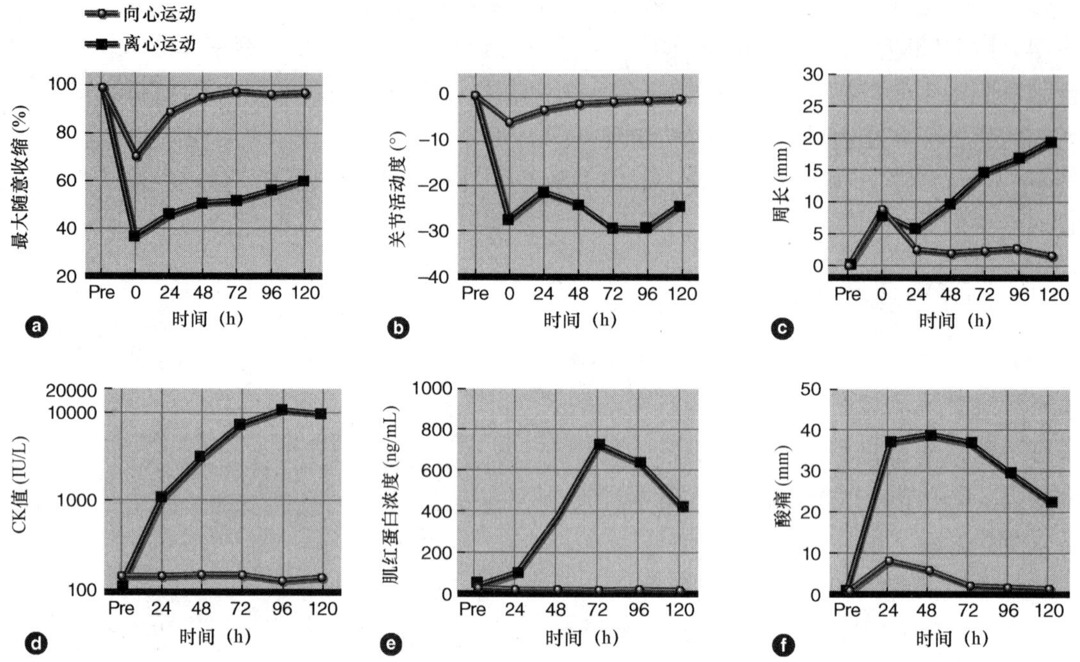

图 5.17　屈肘肌离心和向心运动后各种肌肉损伤生理指标的反应

注：这些变化持续几天，包括：a. 最大随意收缩；b. 关节活动度（ROM），a 和 b 都是肌肉功能的指标；c. 肌肉肿胀（周长）；d. 肌酸激酶（CK）；e. 血浆肌红蛋白（Mb）浓度，d 和 e 都是损伤的分子指标；f. 酸痛。

（六）他汀类药物与骨骼肌酸痛

3–羟基–3–甲基戊二酰（HMG）–CoA 还原酶抑制剂或他汀类药物是世界上非常常用的心血管药物。他汀类药物在降低血清胆固醇浓度和降低心血管风险方面非常有效。服用他汀类药物常见的副作用是肌肉疼痛，据报道，有高达 25%的患者会出现这种疼痛。服用他汀类药物引起的肌肉疼痛包括痉挛和虚弱在内的轻度疼痛和与横纹肌溶解症相关的危及生命的严重肌肉损伤。虽然他汀类药物如何导致肌肉酸痛和损伤的确切机制尚不清楚，但它与线粒体过度产生活性氧分子，以及肌肉细胞清除受损蛋白质方式的改变有关。

他汀类药物的使用增加了离心运动后肌酸激酶的浓度，这是肌肉蛋白质分解的一个临床指标。然而，服用他汀类药物的患者会出现肌肉疼痛，而肌酸激酶浓度却没有增加，这表明可能是其他机制导致了疼痛。虽然受过训练的人可能在剧烈运动时能够忍受疼痛，但在一些人中，他汀类药物相关的肌肉疼痛甚至可能限制休闲型体育活动。此外，最近对老年人运动训练的研究表明，他汀类药物使用者不能完全适应训练刺激。由于运动是治疗和预防心血管疾病的基础疗法，为了更全面地了解他汀类药物对骨骼肌生理的影响，以及如何优化这两种疗法的有益效果，还需要做更多相关的研究。

小结

- 急性肌肉酸痛发生在运动期间或运动后即刻。
- DOMS 通常在运动后一两天达到高峰。肌肉的离心运动似乎是这种疼痛的主要原因。
- DOMS 的可能原因包括肌肉细胞的结构损伤和肌肉内的炎症反应。推测发生的事件顺序依次为结构损伤、Ca^{2+}稳态受损、炎症反应、巨噬细胞活性增加和水肿。
- DOMS 导致的肌力下降可能是肌肉的物理性破坏、兴奋–收缩耦联失效和收缩蛋白丢失造成的。
- 在训练早期，可以通过采用较低强度和较少的离心训练的方法来减少肌肉酸痛的发生率。然而，肌肉酸痛可能是最大程度地提高抗阻训练反应的一个重要部分。

研究视角 5.4　延迟性肌肉酸痛程度在男性和女性中可能是不同的

肌酸激酶是一种在运动中催化 PCr 和 ADP 之间交换高能磷酸键以向运动中的肌肉供应 ATP 的酶。当肌酸激酶出现在血液中时，它可以指示肌肉细胞的代谢和结构紊乱。在男性进行离心运动后，血液中测定的肌酸激酶活性与肌肉酸痛和最大等长肌力下降有关。男性的血清肌酸激酶活性高于女性，这可能是由于循环雌激素的作用。与雌激素较低的时期相比，当女性在雌激素浓度较高时（如排卵前的卵泡晚期）接受测试时，肌酸激酶对运动的反应可能较低。一些关于肌肉酸痛性别差异的研究表明，与男性相比，女性在进行离心运动后对酸痛的感知降低，但其他方面的研究没有发现差异。有趣的是，在研究肌酸激酶对运动的反应中发现，肌酸激酶与男性的 DOMS 有关，而与女性的 DOMS 无关。总之，关于运动后肌酸激酶反应的性别差异和在 DOMS 中是否存在性别差异仍存在争议。

最近在南非进行的一项研究旨在确定血清肌酸激酶反应和一次下坡跑后对 DOMS 的感知是否受到性别的影响，以及这些反应的程度是否取决于女性体内血液中雌激素的浓度。在这项研究中，21 名久坐的受试者（6 男、15 女）在实验室的跑台上进行了 20 min 的下坡跑。研究人员分别于运动前、运动后即刻，以及运动后 24 h、48 h 和 72 h 采集受试者的血样，并对血液样本进行肌酸激酶活性、雌激素和孕酮浓度分析。同时，研究人员让受试者在同一时间点评估他们从坐姿起立时的疼痛感受，评估疼痛的范围是从“无痛”到“有史以来最严重的疼痛”。

这次下坡跑的 24 h 峰值肌酸激酶反应在男性和女性中是相同的；然而，女性（运动后 48 h）的血液中肌酸激酶活性恢复到运动前水平的速度比男性（运动后 72 h）快。雌激素和孕酮都不影响女性的肌酸激酶反应。有趣的是，尽管女性的肌酸激酶在运动后 24 h 恢复，但男性和女性在离心运动后 72 h 仍报告肌肉酸痛。虽然在月经周期的卵泡期参与实验的女性的肌肉酸痛感会延长，但研究人员无法确定相关激素（雌激素或孕酮）是否与这些发现有关。

总的来说，该研究认为肌酸激酶和 DOMS 对下坡跑的反应都受到性别的影响。无论血液中生殖激素浓度如何，女性肌酸激酶恢复得更快，肌肉酸痛的恢复只与男性肌酸激酶浓度相关。虽然女性的 DOMS 反应可能受月经周期的影响，但与血液中激素的直接联系尚未得到证实。

三、运动引起的肌肉痉挛

骨骼肌痉挛是一个令人费解的现象，在体育运动和身体活动中经常发生，甚至也发生在健康的运动员身上。骨骼肌痉挛可能发生在比赛最激烈的时候、比赛刚结束或者运动员在晚上深度睡眠时。肌肉痉挛同样让科学家感到头痛，因为肌肉痉挛有多种未知的诱因和原因，而且人们对最好的治疗和预防策略又知之甚少。有 60%的成年人都经历过夜间肌肉痉挛，尤其是小腿肌肉。这种类型的痉挛可能是由肌肉疲劳和神经功能障碍引起的，可能与运动有关，也可能与运动无关。电解质失衡和水合作用似乎不是主要诱因。

运动相关肌肉痉挛（exercise-associated muscle cramps，EAMCs）是指在运动过程中或运动后即刻发生的骨骼肌疼痛、痉挛、非自主收缩。可以用神经肌肉控制理论和电解质耗竭理论来解释 EAMCs 的原因。

神经肌肉控制理论认为，当运动神经元和肌肉本身之间的某些联系发生改变时，EAMCs 就会发生。随着肌肉疲劳的持续，肌梭兴奋、高尔基肌腱器官的抑制导致 α–运动神经元活动异常和抑制性反馈减少。这种异常的运动神经元放电最初表现为肌肉抽搐或神经束前活动。如果肌肉继续收缩，EAMCs 就会发生。

与这种类型的痉挛相关的风险因素有年龄、痉挛史、过大的运动强度和过长的持续时间。有几条证据支持这一理论：

（1）这种类型的痉挛通常发生于过度劳累的肌肉。

（2）缺乏训练条件、不适当的训练和肌肉能量储存的消耗，这些都与肌肉疲劳有关，可间接导致 EAMCs 的发生。

（3）肌肉痉挛可在实验室通过电刺激或随意肌肉收缩（不改变电解质）诱发，这表明其机制与神经肌肉有关。

（4）缓解痉挛最有效的治疗方法通常是拉伸肌肉。拉伸增加肌肉和高尔基腱器官的紧张，可以抑制 α–运动神经元。

（5）改变运动神经元的兴奋性特性。例如，摄取瞬时受体电位（transient receptor potential, TRP）通道激动剂在减弱电诱导和自愿诱导的 EAMCs 方面是有效的。

第二种理论——电解质耗竭理论——更好地描述了另一种与运动相关的肌肉痉挛，通常被称为热痉挛。这种类型的肌肉痉挛通常发生在大量出汗和电解质严重紊乱（主要是 Na^+ 和 Cl^-）的运动员身上。这种痉挛涉及大肌肉群，其发生有时被描述为“锁定”（locking up）。这种类型的疲劳性热痉挛通常由局部可见的小肌肉束发展为严重的衰弱性肌肉痉挛。痉挛通常始于腿部，但会蔓延开来。

因为过多的 Na^+ 只会随着大量的液体流失而丢失，这一现象通常伴随着脱水。进行性脱水和电解质耗竭导致体液从组织转移到血液中。这使细胞外液浓缩，外周神经递质浓度增加，从而使耦联的运动神经末梢过度兴奋，导致自发性放电，启动肌肉动作电位，最终导致

EAMCs。

这一理论的支持者持以下观点：

（1）几个世纪以来，在炎热潮湿的环境中工作的劳动者会出现痉挛的现象。

（2）这些劳动者摄入少量盐水可以防止或减轻痉挛。

（3）汗液中 Na^+含量的增加（咸汗）在那些容易痉挛的运动员身上表现得很明显，尤其是网球和美式足球运动员。

热痉挛的治疗包括迅速摄入高盐溶液（每 5～10 min 摄入 500 mL 含 3 g Na^+的饮料）或静脉输液时补充 Na^+。此外，按摩和冰敷可以帮助受影响的肌肉恢复和缓解疼痛。如果怀疑存在脱水和电解质流失现象，应持续补充含电解质的液体。

为了预防 EAMCs，运动员应该：

✧ 保持良好的状态，以减少肌肉疲劳的可能性。

✧ 定期拉伸容易出现 EAMCs 的肌肉群。

✧ 维持体液和电解质平衡及碳水化合物储存。

✧ 如有必要，降低运动强度，减少持续时间。

小结

- 肌肉疲劳相关的痉挛与持续激活的 α-运动神经元活动有关，这导致肌梭活动增加，高尔基腱器官活动减少。
- 与运动相关的肌肉痉挛可能是由神经肌肉控制改变、体液或电解质失衡造成的，或两者兼而有之。
- 与热有关的痉挛通常发生在出汗过多的运动员身上，体液从组织液转移到血液中，导致神经肌肉接头处过度兴奋。
- 休息、按摩、静力牵张，以及及时补充液体与电解质是治疗 EAMCs 的有效方法。适当的调理、拉伸和补充营养也是可行的预防策略。

结语

在前几章中，我们讨论了肌肉和神经系统是如何一起工作来产生运动的。在这一章中，我们关注的是运动和疲劳期间的能量消耗。我们了解了身体在休息和运动时所需要的能量，探索了能量的产生和可用性是如何限制肌肉性能的，并意识到代谢需求的差异很大。此外，本章讨论了许多与疲劳有关的潜在因素，包括能量传递减少和代谢副产品的积累，以及那些与外周和中枢神经系统有关的因素。我们还引入了临界功率的概念作为能量消耗和疲劳之间的联系，分析了运动中的额外限制因素 DOMS 和肌肉痉挛。在下一章，我们将注意力转向心血管系统及其控制。

关键词

急性肌肉酸痛（acute muscle soreness）
基础代谢率（basal metabolic rate，BMR）
卡路里（calorie，cal）
热量计（calorimeter）
心肺耐力（cardiorespiratory endurance）
中枢调控理论（central governor theory）
临界功率（critical power）
延迟性肌肉酸痛（delayed-onset muscle soreness，DOMS）
直接测热法（direct calorimetry）
运动后过量氧耗（excess postexercise oxygen consumption，EPOC）
运动相关肌肉痉挛（exercise-associated muscle cramps，EAMCs）
疲劳（fatigue）
霍尔丹转换（Haldane transformation）
间接测热法（indirect calorimetry）
乳酸阈（lactate threshold）
最大摄氧量（maximal oxygen uptake，$\dot{V}O_{2max}$）
氧亏（oxygen deficit）
摄氧量峰值（peak oxygen uptake，$\dot{V}O_{2peak}$）
呼吸交换率（respiratory exchange ratio，RER）
静息代谢率（resting metabolic rate，RMR）
$\dot{V}O_2$ 漂移（$\dot{V}O_2$ drift）

思考题

1. 什么是直接测热法和间接测热法？如何使用它们来测量能量消耗？
2. 什么是 RER？为什么用它来确定碳水化合物和脂肪对能量消耗的相对贡献？
3. 什么是基础代谢率和静息代谢率？它们有什么不同？
4. 什么是最大摄氧量？它是如何测量的？它与运动成绩有什么关系？
5. 描述无氧能力的两个可能的指标。
6. 什么是乳酸阈？它是如何测量的？它与运动成绩有什么关系？
7. 什么是运动经济性？如何衡量？它与运动成绩有什么关系？
8. O_2 消耗和能量产生之间的关系是什么样的？
9. 为什么 $\dot{V}O_{2max}$ 高的运动员在耐力项目中比 $\dot{V}O_{2max}$ 低的运动员表现得更好？
10. 为什么摄氧量经常用每千克体重每分钟（$mL \cdot kg^{-1} \cdot min^{-1}$）的摄氧量来表示？

11. 简述在持续 15～30 s 和持续 2～4 h 的运动中可能导致疲劳的原因。
12. 简述乳酸可作为一种能量来源的三种机制。
13. 简述临界功率的定义并解释其在运动生理学中的作用。它与运动成绩有什么关系？
14. DOMS 的生理基础是什么？
15. 哪两种理论被用于解释与运动相关的肌肉痉挛的生理基础？请提供支撑理论。

学习指南

“关键词”复习了本章中的重要概念，章末的思考题可以测试你对本章内容的理解。

第二部分 心血管和呼吸功能

在本书第一部分，我们了解了骨骼肌如何根据神经信号进行收缩，以及机体如何通过新陈代谢产生能量，为运动供能，还学习了激素控制下的新陈代谢、体液与电解质平衡、热量的摄入。最后，我们研究了如何测量能量消耗，以及疲劳、肌肉酸痛与痉挛的原因。在第二部分，我们将重点介绍心血管和呼吸系统如何为运动的骨骼肌供氧、供能，它们如何清除体内的 CO_2 和代谢废物，以及在运动中如何以一个整体的形式做出反应。在第六章“心血管系统及其调控”中，我们将了解心血管系统的结构和功能，包括心脏、血管和血液。在第七章“呼吸系统及其调节”中，我们将研究呼吸的机制与调节，肺部与骨骼肌中的气体交换过程，以及 O_2 和 CO_2 如何通过血液运送至肌肉和其他各组织。此外，我们还将学习呼吸系统如何将机体 pH 控制在小范围内。最后，在第八章“急性运动的心肺功能反应”中，我们将重点研究在急性运动期间，心血管系统和呼吸系统发生的种种变化。

第六章 心血管系统及其调控

罗德·威廉斯（Rod Williams）是一名 17 岁的高三学生，他是足球队的前锋。2015 年 9 月 22 日，威廉斯晕倒在足球场上，心跳和呼吸停止。尽管当时成功地进行了心肺复苏并被及时送往医院治疗，但两周后他还是不幸离世了。就像许多年轻运动员遭遇了悲剧性的心脏骤停后死亡一样，尸检结果显示，威廉斯之前就患有心脏疾病，但没有被发现。事实上，心脏骤停是高中运动员死亡的主要原因，这是由于潜在的心脏异常只会在剧烈的体力活动中暴露出来。其中，最常见的是心肌肥大症，这是一种心肌遗传性疾病。大多数存在这些问题的年轻人在日常生活中没有任何症状，异常一旦发生就可能造成心脏骤停。相比必要但是昂贵的高级筛查，常规的密集筛查似乎是合理的解决途径，因为美国每时每刻都有超过 100 万名高中足球运动员在进行比赛。此外，这些异常在年轻且健康的人群中发生率较低，且假阳性（测试结果异常，实际上没有问题）和假阴性（测试结果正常，实际上存在问题）的发生率也会影响测试结果。希望未来能有更准确、性价比更高的筛查工具问世。

心血管系统具有非常重要的功能，支持着其他生理系统。心血管系统的功能主要体现在以下六个方面：

✧ 运输 O_2 和其他营养物质。

✧ 排出 CO_2 和其他代谢产物。

✧ 运送激素和其他分子物质。

✧ 调节体温并维持体液平衡。

✧ 维持酸碱平衡以控制机体 pH。

✧ 调节免疫功能。

这些功能对理解机体运动的生理基础非常重要，因为心血管系统在运动时会不断改变其角色以适应由运动产生的变化。

事实上，每个细胞在某种程度上都要依赖心血管系统。任何循环系统都是由以下三个部分组成的：

✧ 泵（心脏）。

✧ 管道系统（血管）。

✧ 液体介质（血液）。

为了维持血液不间断地循环，心脏必须产生足够的压力，使血液在这个闭环系统的血管网络中持续循环。因此，心血管系统的主要功能是确保循环系统中有足够的血流量以满足组织的新陈代谢需求。首先，让我们了解一下心脏。

第一节　心脏

心脏位于胸腔的中心位置，如拳头般大小，是全身血液循环的动力泵。如图 6.1 所示，心脏是由两个心房和两个心室构成的，心房为接收腔室，心室为动力泵室。心脏由一层坚固的膜囊包绕，即**心包膜（pericardium）**。心包膜和心脏之间有一狭小的腔隙，其间由心包液填充，它有利于减小心脏跳动时与心包膜产生的摩擦。

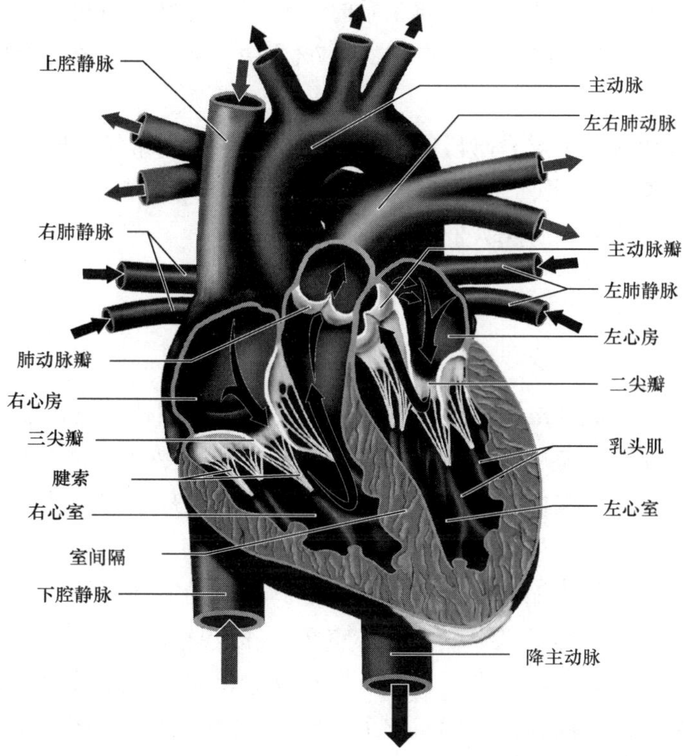

图 6.1　人体心脏的解剖学结构（前面观纵切面）

一、心脏血流的路径

心脏被认为由两个独立的泵血装置组成，右侧通过肺循环将脱氧的血液运送到肺，左侧通过体循环将含氧丰富的血液运送到身体的各个组织。血液通过循环将 O_2 和营养物质运输到身体各处，并将产生的代谢产物经由大静脉——上腔静脉和下腔静脉运送回右心房。右心房接收所有从体循环产生的脱氧血液。

血液从右心房经三尖瓣流入右心室，右心室将血液经肺动脉瓣泵入肺动脉，并将血液运送到肺部。因此，心脏右侧是肺循环侧，负责将全身的循环血液运送到肺部，进行再氧合。

血液在肺内被氧合后，经肺静脉运送回左心房。含氧丰富的血液从左心房经二尖瓣流入左心室，再经主动脉瓣泵入主动脉，然后流经全身的循环系统。因此，心脏左侧是体循环侧，负责将肺内的血液运送到身体各组织。

四个心脏瓣膜可以防止血液回流，确保心脏内的血液单向流动。在收缩过程中，这些瓣膜最大程度地增加了从心脏泵出的血量。**心脏杂音（heart murmur）**能借助听诊器检测到，是心脏出现异常的声音。这种异常的声音可能表明血液通过狭窄的瓣膜（病理狭窄）时产生了湍流，或者通过泄漏的瓣膜（脱垂）逆行流向心房。当瓣膜因疾病而脱垂时，个体就可能需要进行手术更换瓣膜。例如，二尖瓣脱垂时，会在心室收缩期间，允许一些血液逆流到左心房。这种疾病在成年人（占总人口的 6%～17%）中相对常见，除非有明显的回流，否则临床意义不大。

轻微的心脏杂音在处于发育阶段的儿童和青少年中相当常见。同样，在运动员身上听到的大多数杂音都是良性的，既不会影响心跳，也不会影响运动表现。只有出现功能性后果（如头晕或眩晕）时，它才需要引起人们的关注。

二、心肌

心脏的肌肉统称**心肌（myocardium）**，心肌的厚度会因位置与承受压力的程度不同而有所不同。左心室是 4 个腔室中最为有力的，因为它必须产生足够的压力才能将血液运送到全身各个部位。当人体处于坐位或是立位时，重力使血液更易于在下肢积聚，因此左心室必须产生足够的收缩力才能克服重力的影响。

左心室要产生足够的收缩力才能将血液运送到全身的循环系统，因而与其他腔室相比，左心室心肌壁更厚。这种心肌肥大是由左心室在安静或身体进行中等强度运动时承受压力而造成的。进行高强度运动，特别是高强度有氧运动时，肌肉对血量的需求会相应增加，因此左心室必须供应更多的血液到运动的肌肉中。因此，高强度有氧运动和抗阻训练易引发左心室心肌肥大。相比之下，左心室因为运动训练产生的心肌肥大属于积极性适应，但是疾病也可引发心肌肥大，如高血压或瓣膜性心脏病。不论是运动训练还是疾病，左心室都会逐渐产生适应性变化，如体积增加，射血能力提高，正如骨骼肌对运动训练的适应。但是，心肌因疾病和有氧训练形成心肌肥大的机制是不同的。

心肌虽然呈现横纹状，但与骨骼肌有很大的区别。第一，由于心肌的收缩性，它就像一个单位一样，由被称为**闰盘（intercalated disks）**的深染色区域首尾相连而成。闰盘上有桥粒连接和缝隙连接。桥粒连接使单个细胞固定在一起以免在收缩过程中分离，缝隙连接可以让动作电位产生的信号快速传输。这些动作电位发出的信号能使心脏作为一个整体同时收缩。第二，心肌纤维的构造与骨骼肌纤维的嵌合体极为相似，但心肌纤维分布均匀且只有一种类型，与骨骼肌Ⅰ型肌纤维类似，具有高度的氧化性，以及丰富的毛细血管和大量的线粒体。第三，心肌和骨骼肌的收缩机制不同。心肌收缩是由钙诱导钙释放引起的（图 6.2）。动作电位沿心肌纤维膜通过缝隙连接在细胞间扩布，同时通过 T 小管进入细胞内部。心肌受到刺激后，Ca^{2+}会通过 T 小管中的二氢吡啶受体进入细胞。与骨骼肌不同的是，进入心肌细胞中的 Ca^{2+}的量不足以直接引发心肌收缩，但它可以触发另一种类型的受体，即兰尼碱受体，加快肌质网中钙的释放。图 6.3 显示了心肌和骨骼肌的一些相似和不同之处。

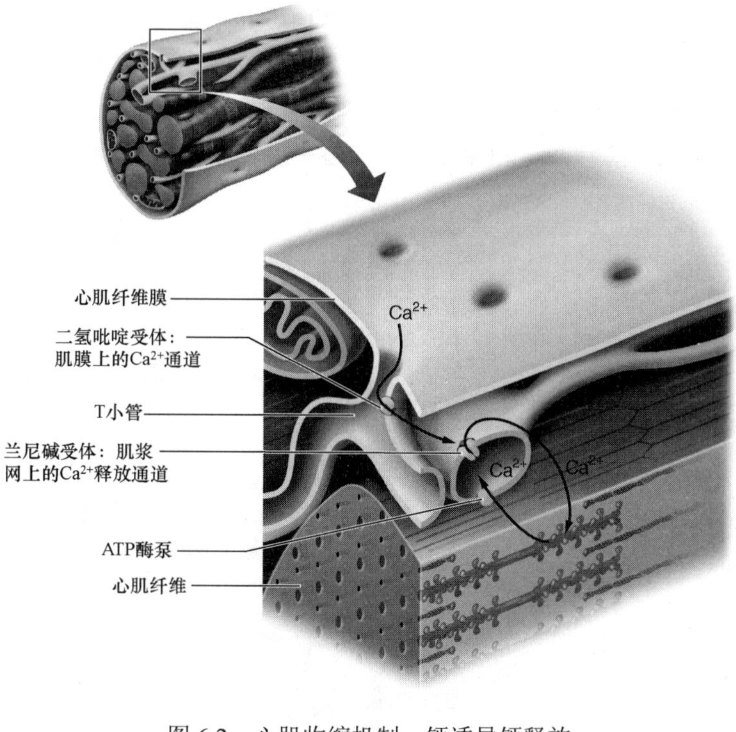

图 6.2　心肌收缩机制：钙诱导钙释放

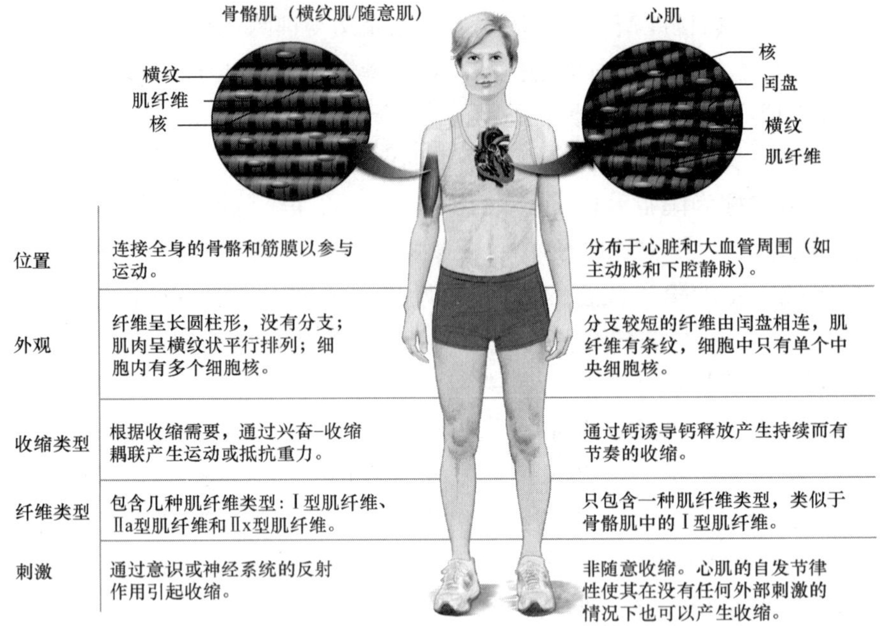

图 6.3　心肌和骨骼肌的功能和结构特征

与骨骼肌一样，心肌必须依赖血液的充足供应才能运送 O_2 和营养物质，清除代谢产物。虽然血液流经心脏的各个腔室，但从中获得的营养物质并不多。心脏的供血任务主要由冠状动脉承担，它们起自主动脉底部，环绕在心脏的外围，如图 6.4 所示。为心脏右侧供应血液的是右冠状动脉，主要有两个分支，即后室间支和右旋支。为心脏左侧供应血液的是左冠状动脉，也有两个分支，即前室间支和左旋支。当心脏在两次收缩之间（舒张期）时，通过冠状动脉的血流量会增加。

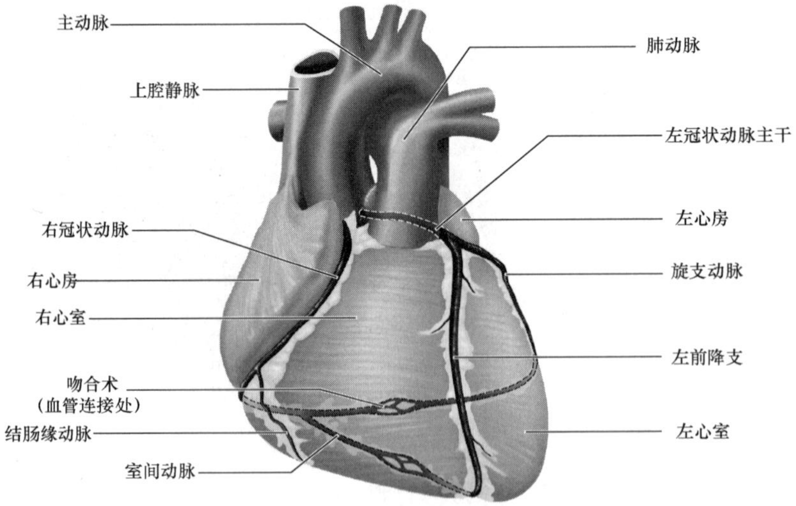

图 6.4　冠状循环：左右冠状动脉及其主要分支

血液流向和流经冠状动脉的机制与流向身体其他部位的机制截然不同。心脏在收缩过程中，血液在高压作用下被迫离开左心室，主动脉瓣也会被迫打开。当瓣膜打开时，它的瓣状物会阻塞冠状动脉的入口。随着主动脉内压力降低，主动脉瓣关闭，血液就可以流入冠状动脉。这种结构确保了冠状动脉不会因为左心室收缩而产生过高的血压，从而保护重要血管免受损害。

然而，冠状动脉非常容易发生**动脉粥样硬化（atherosclerosis）**，或者由于斑块和炎症的积累而变窄，从而导致冠状动脉疾病。这种疾病将在第二十一章中详细介绍。冠状动脉有时会出现血管缩短、阻塞或迂回异常等现象，这些是导致运动员猝死的常见原因。

除了独特的解剖结构，心脏传导系统也决定了心脏是否有能力启动与传导信号，从而作为一个整体单位进行收缩。

三、心脏传导系统

心肌细胞是独一无二的，因为它们有能力自发地去极化，并将电信号定向传导至整个心脏。去极化速率由位于右心房上的特殊类型心肌细胞决定，也受一些外部因素的影响，包括自主神经系统和循环激素。下面将介绍人体在安静时和运动状态下决定心脏频率和节律的内在与外在机制。

（一）心脏电活动的内在控制

心肌细胞具有自己产生电信号的特殊能力，即自动节律性，使其能够在没有外来刺激的条件下产生收缩。这种节律性收缩的部分原因是心肌细胞通过缝隙连接在解剖学上的耦合。在没有神经和激素刺激的情况下，人的心率平均为 100 bpm。接受过心脏移植手术的病人可观察到的静息心率大约为 100 bpm，这是移植的心脏缺乏自主神经支配造成的。

尽管所有的心肌纤维都有其固有节律性，但心脏中一系列特殊的心肌细胞具有协调心脏的兴奋和收缩的功能，它们能最大程度地提高血液的泵送效率。虽然这些特殊的心肌细胞的功能是产生和传递信号，但它们并不是神经组织。图 6.5 显示了心脏传导系统的四个主要组成部分：

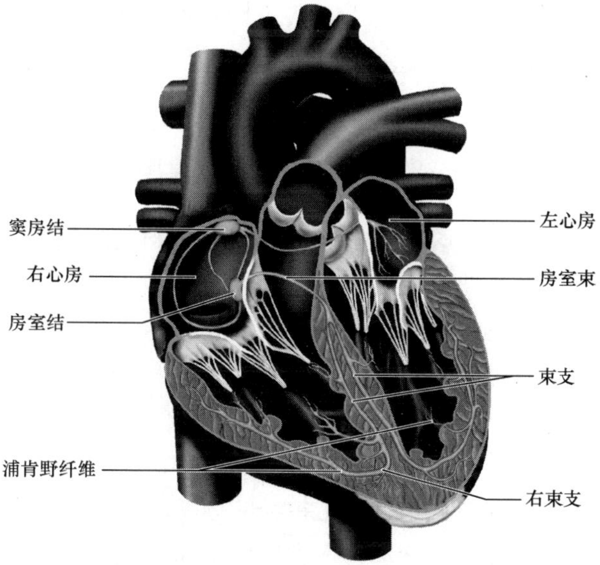

图 6.5　心脏传导系统

✧ 窦房结。

✧ 房室结。

✧ 房室束。

✧ 浦肯野纤维。

窦房结［sinoatrial（SA）node］是心脏的正常起搏点，由右心房后上方特定的心肌细胞组成。这些特殊细胞较其他心肌细胞能够更快速地产生自动去极化，因为它们对 Na^+尤为敏感。该部位以大约 100 bpm 的频率产生电冲动，是人体内部放电频率最快的组织，因此窦房结被视为心脏的起搏点，它所产生的节律也被称为窦性心律。由窦房结产生的电冲动沿两个心房传播，到达位于靠近心脏中心右心房壁的**房室结［(atrioventricular（AV）node］**。电冲动沿心房扩布时会使心房肌产生收缩。

房室结将来自心房的电冲动传向心室。电冲动在通过房室结的过程中会延迟大约 0.13 s，之后传向房室束。这短暂的延时十分重要，它使心房将血液完全排空，使其流入心室，以便心室在收缩前最大程度地充盈。当大部分血液被动地从心房流向心室时，心房会产生主动收缩（也被称为心房强力收缩），使心脏完成一次完整收缩。房室束使电冲动沿室间隔下行，分别经左、右束支进入心室。这些束支将电冲动传到心尖继而向外扩散。每个束支又分为许多更小的分支向整个心室壁传送电冲动。房室束的末端分支是**浦肯野纤维（Purkinje fibers）**，它通过心室传送电冲动的速度大约是心脏传导系统其他部分的 6 倍，这种快速传导会使心室的所有部位几乎同时收缩。

有时心脏传导系统会产生一些慢性问题，阻碍窦性心律的正常传导。在这种情况下，我们可以通过手术安装人工起搏器，这种植入皮下由电池做功的微小电子刺激器利用微小电极与右心室相连。例如，当房室传导阻滞时，窦房结产生的电冲动会因为房室结的阻碍而无法到达心室，从而导致心率被心室内节律细胞的内生性诱发速率（大约 40 bpm）调控，而人工起搏器此时可以取代丧失功能的房室结，提供所需的电冲动并控制心室的收缩。

（二）心率和心律的外部调控

虽然心脏能自主地产生电冲动（内部调控），但是心率和心肌收缩力是会发生改变的，影响心脏活动的主要有三个外部系统：

✧ 副交感神经系统。

✧ 交感神经系统。

✧ 内分泌系统（激素）。

这里只概述这几个系统的影响，之前的第三章和第四章有更详尽的讨论。

副交感神经是自主神经的分支，始于脑干的延髓部，随迷走神经（脑神经 X）到达心脏。迷走神经将电冲动传送到窦房结和房室结，一旦受到刺激，它就会释放乙酰胆碱，从而引起传导细胞的超极化，随后自发除极变慢，最终导致心率下降。在安静状态下，副交感神经系统的活动占优势，心脏处于迷走紧张状态。如前所述，迷走紧张缺失时，固有心率大约为 100 bpm，但正常成年人的静息心率通常是 60～80 bpm。迷走神经对心脏具有抑制作用：它能减缓电冲动的产生和传导，从而降低心率。当迷走神经受到最大刺激时，心率可降低到 20 bpm。除此之外，迷走神经还会降低心肌收缩力。

交感神经是自主神经的另一分支，其作用与副交感神经相反。交感神经能增加窦房结的去极化速度和传导速度，从而使心率增加。当交感神经受到最大刺激时，心率可达到 250 bpm。交感神经还可以增加心室的收缩力。当身体或情绪处于紧张状态时，心率会超过 100 bpm，此时交感神经系统占优势；当心率小于 100 bpm 时，则副交感神经系统占优势。因此，在运动开始阶段或运动强度较低时，心率由于迷走紧张减弱而增加，随着运动强度的增加，交感神经被激活，心率会进一步增加，如图 6.6 所示。

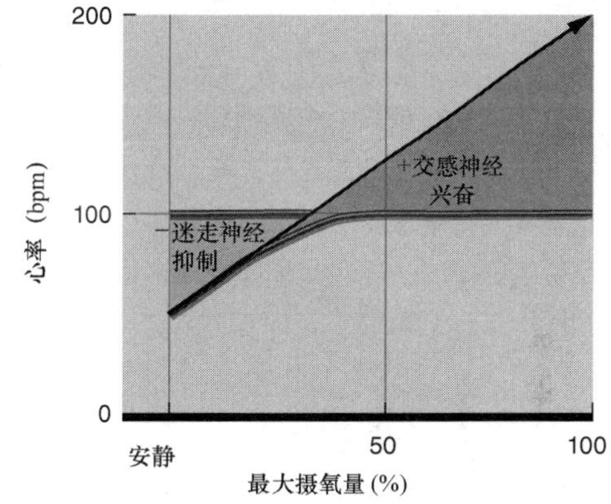

图 6.6　运动时交感神经系统和副交感神经系统对心率增加的影响

影响心脏活动的第三个系统是内分泌系统，它主要通过肾上腺髓质释放的两种激素发挥作用，这两种激素分别为去甲肾上腺素和肾上腺素（详见第四章），这两种激素统称为儿茶酚胺。去甲肾上腺素是交感神经系统中主要的神经递质。去甲肾上腺素和肾上腺素可以刺激心脏，提高心率和收缩力。机体在压力状态下，交感神经受到刺激可诱发肾上腺髓质释放这些激素，而激素的作用又会延长交感神经的反应。

在正常条件下，静息心率的范围为 60～100 bpm。随着耐力训练时间的延长（几个月甚至几年），静息心率可以降到 35 bpm 甚至更低。一名世界顶级长跑运动员的静息心率仅为 28 bpm。目前，人们普遍认为运动训练导致的静息心率降低是副交感神经（迷走紧张）刺激的提高引起的，但这种训练引起的窦性心动过缓的实际机制仍然存在很大争议（见研究视角 6.1）。

研究视角 6.1　有关运动训练引起心率降低的争论

众所周知，耐力训练可以降低静息心率。窦性心动过缓（心率降低但其他方面正常）在耐力运动员中很常见，他们的静息心率可能仅为同龄人的一半。尽管学者进行了大量研究，但关于训练导致静息心率下降的机制仍然有很大争议。

目前解释运动训练引起的心率降低主要有两种假说：第一种被称为自主神经假说，认为心率降低是由自主神经平衡（交感神经与副交感神经的影响）向副交感神经活动增强的转变所致。第二种被称为内在速率假说，认为训练后心率的降低是由固有心脏起搏频率（窦房结细胞自动去极化的速率）的变化引起的。

支持自主神经假说的证据很大程度上来源于对心脏自主神经调节的间接评价，这些评价来自心率变异性的改变或对心脏功能的无选择性系统药物干预。这一假说正确的前提是，采用外科手术消除心脏自主神经支配，从而防止运动训练后静息心率降低。这一点已经在实验狗模型和人类心脏移植患者中得到了证实。也就是说，采用外科手术消除所有的心脏自主神经支配可以完全防止运动训练引起的心动过缓。这些数据为自主神经假说提供了直接支持，因为它们表明心脏完整的自主神经支配（主要指副交感神经）对于运动训练导致静息心率降低是十分必要的。

然而，也有同样令人信服的数据支持内在速率假说。在这种假说下，训练性心率降低不是由迷走神经紧张性的增加引起的，而是由窦房结本身的电重构引起的。支持这一假说的研究表明，经过运动训练的啮齿类动物心脏的离子通道下调，直接改变了心脏起搏点——窦房结的功能。此外，防止离子通道下调可消除受过训练和未受训练的动物之间的心率差异。综上所述，这些数据支持内在心率假说，即窦房结功能的改变导致了训练性心率降低。

无论是自主神经假说还是内在速率假说，或最终证明是两者综合作用的结果，这场正在进行的争论凸显了科学方法在得出结论中的重要性。也就是说，必须进行实验来检验特定的假设，这些实验必须得到很好的控制和充足的动力，才能使结果促进科学讨论和发现。

（三）心电图

将心脏的电变化记录下来可反映心脏的状况并诊断潜在的心脏问题。体液内的电解质是很好的导电体。在心脏内产生的动作电位通过体液传导到皮肤表面，然后通过仪器将其信号放大、引导和显示，这种仪器就是**心电图机（electrocardiograph）**，所描出的图形为**心电图（electrocardiogram，ECG）**。标准心电图来自 10 个解剖位置的电极记录，这 10 个电极对应 12 个导联，它们代表了心脏的不同视图。ECG 的三个基本组成部分代表了心功能的重要方面（图 6.7）：P 波、QRS 波群和 T 波。

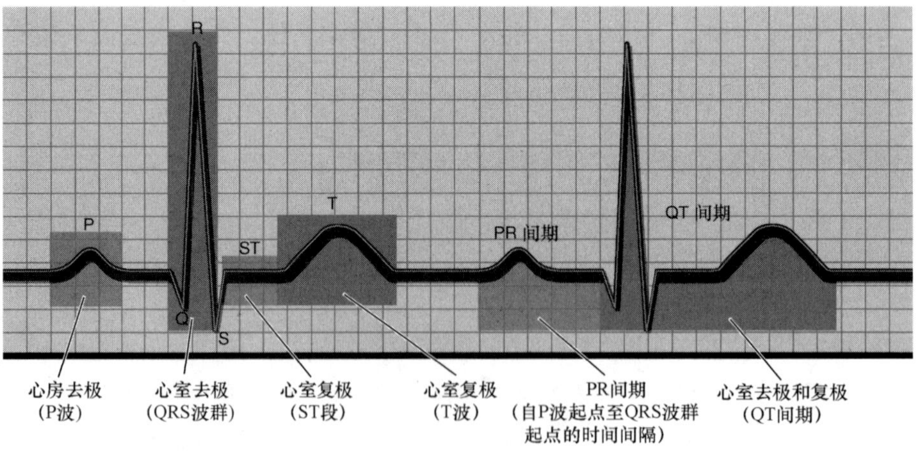

图 6.7　静息心电图的各时相图解

P 波代表心房去极化，即窦房结的电脉冲从心房传到房室结时发生。QRS 波群代表心室去极，即电脉冲经过心室从房室束扩散到浦肯野纤维的过程。T 波代表心室复极，但心房的复极化是观察不到的，因为它发生在心室去极期间（QRS 波群）。

需要注意的是，心电图只能反映心脏的电活动，并不能反映心脏的泵血能力。心电图通常是在安静状态下获得的，有时也会被用作运动中心脏功能的临床诊断测试指标。随着运动强度的增加，心率加快，心脏做功增加，可以向运动中的肌肉输送更多的血液。随着心脏负荷的增加，静息状态下未显现的冠心病征兆可能会显现在心电图上。

小结

- 心房主要起储血器的作用，从静脉接收血液；而心室主要起泵血作用，将血液射出心脏。
- 左心室必须比其他腔室产生更大的力量才能将血液输送至全身循环系统，因此它的心肌壁更厚。
- 心肌组织由具有特殊功能的心肌纤维组成，具有自动节律性，为特殊传导系统。
- 因为窦房结固有去极化速度最快，所以它是心脏正常的起搏点。
- 心率和收缩力受自主神经（交感神经和副交感神经）系统和内分泌系统（释放肾上腺素和去甲肾上腺素）的调节。
- 在运动中获得的心电图可以作为心脏功能的临床诊断测试指标。随着心脏负荷的增加，静息状态下不明显的冠心病征兆可能会显现在心电图上。
- 心电图不提供有关心脏泵血能力的信息，主要反映心脏的电活动。

（四）心律失常

正常连续的心跳受到妨碍会导致不正常的心律产生，即心律不齐。心律不齐的严重程度各不相同，主要分为心动过缓和心动过速两种类型。安静时心率低于 60 bpm，称为**心动过缓（bradycardia）**；安静时心率高于 100 bpm，称为**心动过速（tachycardia）**。在心律不齐的情况下，窦性节律是正常的，只是心跳频率发生了改变。在极端状况下，心动过缓和心动过速都会对正常血压的维持产生影响。心律不齐的症状有疲劳、头晕目眩和昏厥等。心动过速有时会表现为心悸或心跳加速。有趣的是，高水平耐力运动员会出现静息心率较低的现象，这是对训练产生良性适应的结果，这种适应不应与病理性心动过缓混为一谈。同样，运动时心率加快也不应与表明心脏患潜在疾病或有功能障碍的心动过速混淆。

心律失常也存在其他的情况。例如，**室性早搏（premature ventricular contraction，PVC）**也较为常见，它是由窦房结外产生的电冲动引起的，机体可感受到额外的心跳或搏动。心房的收缩速率达到 200～400 bpm 时，称为心房扑动；心房快速并且不规律地进行收缩时，称为心房颤动。这两种情况都是较为严重的心律失常，可能会导致心室的充盈问题。**室性心动**

过速（ventricular tachycardia）是指出现三次或三次以上连续的期外心室收缩，属于非常严重的心律失常，会损害心脏的泵血能力并导致**心室颤动（ventricular fibrillation）**。在这种情况下，心室组织的去极化是随机而不协调的。当心室颤动发生时，心脏做功效率极低，很少有甚至没有血液泵出心脏。如果想让病人存活，就必须在几分钟内使用心脏除颤器进行电击，使其恢复到正常的窦性心律。

四、心动周期

心动周期（cardiac cycle）是指一次心跳过程中所有的机械与电活动。从机械角度讲，心动周期包含所有心脏腔室的一个舒张期和一个收缩期。在舒张期，心脏充盈血液；在收缩期，心室收缩将血液泵入主动脉和肺动脉。舒张期的持续时间大约是收缩期的 2 倍。若每分钟的心率为 74 次，则整个心动周期的时间为 0.81 s（60 s 除以 74 次）。其中，舒张期的时间为 0.50 s，占整个周期的 62%；收缩期的时间为 0.31 s，占 38%。当心率增加时，这些时间间隔会成比例缩短。

图 6.7 为正常的心电图，心室收缩开始于 QRS 波群，终止于 T 波。心室舒张发生在 T 波期间，持续到下一次收缩之前。虽然心脏在持续地做功，但在心动周期中，舒张期（大约占 2/3 周期）比收缩期（大约占 1/3 周期）的时间长。

心脏腔室内的压力随着心动周期的不同时期而起伏不定。当心房舒张时，血液通过静脉循环使心房充盈。心房内 70%的血液被动地经二尖瓣和三尖瓣流入心室。当心房收缩时，心房会推动腔内剩余的 30%血液进入心室。

当心室舒张时，心室的压力较小，可以使其被动充盈。由于心房收缩提供了最后的血液充盈量，心室内的压力略有增加。当心室收缩时，心室内的压力会迅速增加。心室压力的增加迫使房室瓣（三尖瓣和二尖瓣）关闭，防止心室内的血液返流入心房。房室瓣的关闭产生了第一心音。之后，当心室内的压力大于肺动脉压和主动脉压时，肺动脉瓣和主动脉瓣就会打开，使血液分别流入肺循环和体循环。心室收缩后，心室内的压力下降，肺动脉瓣和主动脉瓣关闭，瓣膜的这次关闭产生了第二心音。两次心音都是瓣膜关闭的结果，每次心跳时可以通过听诊器听到典型的“扑通”声。

心脏内各种活动之间的联系如图 6.8 所示，即 Wiggers 图，它是以创建它的生理学家的名字 Wiggers 命名的。该图综合了心电传导信号（心电图）、心脏瓣膜产生的心音、心脏各腔室的压力变化及心室容积等信息。

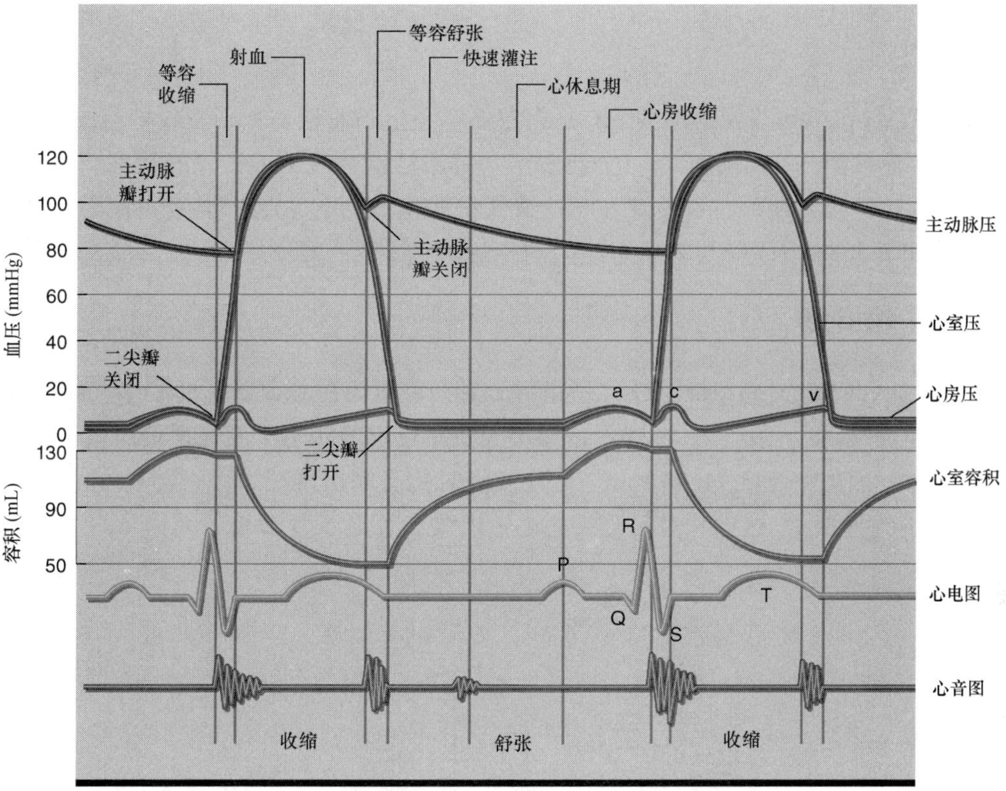

图 6.8　Wiggers 图描述了左心室功能在心动周期中的变化

五、心输出量的决定因素

心脏的主要功能是泵血。心脏每分钟泵出的血量决定着流向活体组织的血流量，就运动中的肌肉而言，它是决定运动成绩的关键因素。

（一）每搏输出量

在收缩期内，心室内大部分的血液被射出。一次搏动（收缩）心脏射出的血量为**每搏输出量（stroke volume，SV）**，如图 6.9a 所示。为了更好地理解这一概念，我们可以思考一下心室收缩前后的血流量。在舒张末期（收缩前），心室完全充盈。这时心室内容纳血液的容积称为**舒张末期容积（end-diastolic volume，EDV）**。正常成年人在安静状态下，舒张末期容积大约为 100 mL。在心室收缩末期，心室已完成射血过程，但不是所有的血液都被泵出心脏，这时残留在心室内的血量称为**收缩末期容积（end-systolic volume，ESV）**，在安静状态下大约为 40 mL。每搏输出量是指心室泵出的血量，是心室自身容积和收缩后心室残留的容积之差。因此，每搏输出量是心室舒张末期容积和收缩末期容积之差，即 SV=EDV−ESV（如 SV=100 mL−40 mL=60 mL）。

（二）射血分数

射血分数（ejection fraction，EF）是指左心室泵出的血量与左心室收缩前血量的比值，如图 6.9b 所示。射血分数通常以百分比表示，健康活跃的成年人在安静状态下的平均值为 60%。因此，在舒张末期，心室中有 60%的血液被射出，另有 40%的血液留在心室内。射血分数在临床上常被当作评价心脏泵血能力的指标。

（三）心输出量

心输出量（cardiac output，$\dot{Q}$）是指每分钟心室泵出的总血量，即心率（HR）和每搏输出量（SV）的乘积，如图 6.9c 所示。成年人在立位安静状态下的每搏输出量平均为 60～80 mL，安静状态的心率约为 70 bpm，因此安静时的心输出量在 4.2～5.6 L/min。成年人全身的平均血量约为 5 L，这意味着每分钟的心输出量和总血量基本相当。

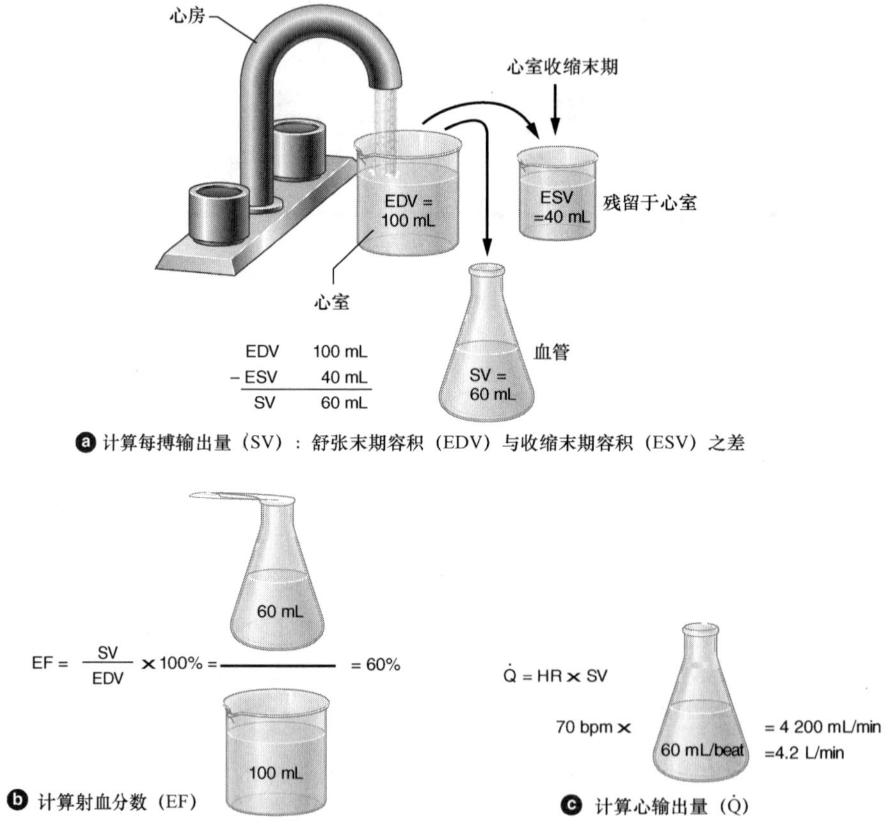

图 6.9　根据流入和流出心脏的血量计算每搏输出量、射血分数和心输出量

（四）运动中心脏的泵血作用

正如本章之前提到的，心肌必须像一个整体一样收缩才能有效地泵血。因此，心肌细胞在解剖学上以闰盘首尾相接，将单个细胞固定在一起，使它们在收缩时不会被拉开。这种结构可以使心脏更好地作为一个整体进行收缩，即功能合胞体。

剧烈运动时，心率增加，两次收缩之间用于舒张充盈的时间非常短。然而，为了适当增加心输出量，左心室必须完全充盈。心脏利用运动过程中增加的收缩力来增强左心室的充盈，这一过程被称为扭转收缩。当心脏跳动时，心房和心室的收缩和舒张会产生扭转和解旋的动作，类似拧毛巾。在收缩期，肌小节收缩时，心脏逐渐扭转，储存能量并压缩肌小节中的弹簧状肌联蛋白（有关肌联蛋白在骨骼肌中类似作用的描述请参阅第一章）。当主动脉瓣关闭时，心室突然解旋，这种反冲在心尖和心底之间产生了 1～2 mmHg 的压力差，使血液从心房经过二尖瓣进入心室。

心脏收缩时扭转储存的能量，在之后的等容舒张期（所有瓣膜关闭心肌松弛的阶段）释放，以产生舒张期的吸力，从而在运动期间增强心房的充盈。这种扭转作用在运动过程中几乎能增强 3 倍，有助于心室充分充盈。这种左心室扭转和快速解旋并在心室中产生舒张期吸力的过程被称为动态松弛。心脏扭转机制可以通过运动训练得到增强，停训后则会减弱。

了解心脏的机械和电活动是理解心血管系统的基础，但心脏只是该系统的一部分，除了心脏这个泵，心血管系统还包含一个错综复杂的管道网络，作为将血液输送到全身各个组织的运输系统。

研究视角 6.2　过多的锻炼会对心脏有害吗？

众所周知，经常进行体力活动可以降低患心血管疾病的风险，但运动量也很重要。高水平的体力活动可以进一步降低死亡风险，最活跃的人表现出最高的总体预期寿命。然而，很少有研究将终身进行高强度耐力运动的个体包括在内，这是我们研究中的一个重要缺口。最近有证据表明，这种高强度的运动可能会增加心血管疾病的风险。

经常进行高强度运动会引起心脏的结构、功能和电活动产生适应，即出现“运动员心脏”。正如艾斯沃尔杰斯（Eijsvogels）和他的同事描述的那样，这些适应也可能会带来有害的影响。作为对运动训练的适应，心脏的 4 个腔室都会扩大，虽然这种适应有助于提高运动成绩，但也可能对心脏产生不利影响。例如，心房颤动变得更为常见，这可能是迷走神经紧张性增加和左心房增大所致。此外，右心室室壁应力增加，也可能是运动使肺动脉收缩压增加所致。总之，心脏结构的这些变化可能会加速易感个体心脏病的发生与发展。

除了结构适应，运动还能显著增加心血管疾病的循环生物标志物，包括肌酸激酶、心肌肌钙蛋白和 B 型利钠肽。虽然这些循环分子的来源尚不清楚，但其增加的原因可能与骨骼肌损伤和心肌应激激活有关。

这些变化可能是令人担忧的，因为长时间的锻炼会减弱心室功能并严重损伤心肌，导致心脏疲劳。心肌纤维化（心肌或瓣膜中瘢痕组织的堆积）在一些终身耐力运动员中也有发现。尽管其确切机制目前仍不完全清楚，但心脏循环生物标志物的增加、心室功能的减弱和心肌纤维化之间的相互关系可能会增加心血管疾病的风险。

虽然终身高强度耐力运动增加心脏病风险的可能性不容忽视，但对大多数人来说，支持运动和体力活动对心血管有益的证据是有压倒性优势的。正是这些对健康的益处使增加体力活动上升到战略发展层面，美国运动医学学会和美国心脏协会均提出了非常具体的指导方针。但大多数美国人都没有达到这些锻炼标准，这使他们患心血管疾病的风险不断增加。

小结

- 心脏在一次心跳期间发生的电和机械活动构成一个心动周期，Wiggers 图描述了这些活动复杂的时间安排。
- 心输出量是指一侧心室每分钟泵出的血量，是心率和每搏输出量的乘积。
- 并不是心室内的所有血液在收缩时都会被泵出，射出的是每搏输出量，而每次搏动射出血液的百分比是射血分数。
- 计算每搏输出量、射血分数和心输出量的公式：

  $SV\ (mL/beat) = EDV - ESV$

  $EF\ (\%) = (SV/EDV) \times 100\%$

  $\dot{Q}\ (L/min) = HR \times SV$
- 当心脏跳动时，心房和心室收缩与松弛产生的扭转与解旋动作使心室在心率增加的情况下也能充盈。

第二节　血管系统

血管系统包括了一系列在心脏和组织之间运输血液的血管：**动脉（arteries）**、**小动脉（arterioles）**、**毛细血管（capillaries）**、**小静脉（venules）**和**静脉（veins）**。

动脉是具有较大肌性和弹性的管状血管，将心脏内的血液运送到小动脉。主动脉是最大的动脉，它将左心室的血液运输到身体的各个部分。主动脉可分支形成更小的动脉，并逐渐细化，最终分支成为小动脉。小动脉是交感神经对循环系统进行控制的主要位置，因此小动脉有时也被称为阻力血管。小动脉主要由交感神经系统支配，是控制血液流向特定组织的主要部位。

血液从小动脉流入毛细血管。毛细血管是最狭窄、结构最简单的血管，血管壁仅有一个细胞的厚度。血液和组织之间的交换都是在毛细血管中进行的。血液离开毛细血管后经小静脉及小静脉汇合形成的较大的静脉，最终返回心脏。腔静脉是最大的静脉，可将血液经心脏上方的上腔静脉及下方的下腔静脉输送回右心房。

一、血压

血压是指血液对血管壁产生的压力，通常用**收缩压**（**systolic blood pressure，SBP**）和**舒张压**（**diastolic blood pressure，DBP**）两个指标表示。数值较高的是收缩压，表示心室收缩期动脉中产生的最大压力。心室用力收缩推动血液流经动脉，会对动脉壁产生较大的压力。数值较低的是舒张压，表示动脉的最低压力，反映心室舒张充盈。

平均动脉压（**mean arterial pressure，MAP**）是指血液流经动脉时产生的平均压力。由于在正常心动周期中，舒张期的时间是收缩期的 2 倍，根据收缩压和舒张压估算平均动脉压的计算公式为

$$MAP=2/3DBP+1/3SBP$$

可换算成

$$MAP=DBP+0.333\times(SBP-DBP)$$

其中，SBP−DBP 被称为脉压。

例如，在正常安静状态下，血压为 120 mmHg/80 mmHg，则平均动脉压 MAP=80 mmHg + 0.333×（120 mmHg−80 mmHg） = 93 mmHg。

二、血流动力学

心血管系统是一个连续的闭环系统，在循环中，动脉和静脉之间存在的压力差形成了闭环系统中的血流。为了更好地理解血流对组织的调节，我们有必要了解血压、血流和阻力之间的复杂关系。

血液能够在血管中流动，必须使血管的一端与另一端之间存在压力差。血液通常从压力高的血管部位流向压力低的血管部位。如果血管内没有压力差，就没有驱动力，也不会产生血液流动。在循环系统的安静状态下，主动脉的平均动脉压大约是 100 mmHg，而右心房的压力接近 0 mmHg。因此，体循环中的压力差为 100 mmHg−0 mmHg=100 mmHg。

从动脉至静脉循环产生的压力差是由血管本身对血流产生的阻力造成的。血管产生阻力是由血管和血液自身的特性决定的。这些特性包括血管的长度和半径，以及血液流经血管的黏稠度。血流阻力的计算公式为

$$阻力=\eta\times L/r^4$$

其中，η 表示血液的黏稠度；L 表示血管的长度；r 表示血管的半径，它与阻力是 4 次幂的关系。

血流与流经系统的压力差成正比，与阻力成反比，它们之间的关系可以表示为

血流=压力差/阻力

如要增加血流，一方面要增加压力差，另一方面要降低阻力，或是将两个方面结合。通过改变阻力控制血流是更有利的，因为血管半径的微小变化就可以使阻力产生较大的改变。这是由于阻力和血管直径之间 4 次幂的关系。

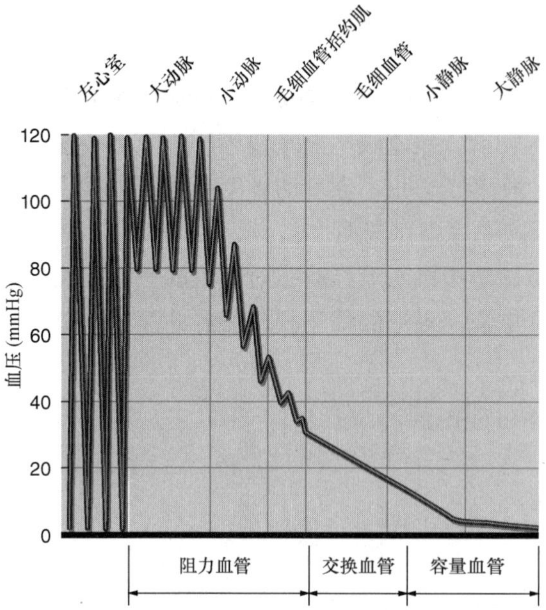

图 6.10　心血管系统中的血压变化，在整个系统中小动脉会使血压下降很多

血管阻力的变化在很大程度上是由于血管半径或直径的变化，因为血液的黏稠度和血管的长度在正常情况下不会有明显的变化。因此，对器官血流的调节可以通过**血管收缩（vasoconstriction）**或**血管舒张（vasodilation）**使血管半径产生微小的变化来完成。这使心血管系统可以将血流输送到最需要的区域。

如前所述，大部分的血流阻力发生在小动脉。图 6.10 展示了心血管系统中的血压变化。小动脉可以使整个心血管系统中的平均动脉压下降 70%～80%。这一点很重要，因为小动脉半径的微小改变就会对平均小动脉压的调节和局部血流的控制产生很大的影响。毛细血管在血管收缩期和舒张期产生的变化并不明显，此处血流是平稳的层流，而不是湍流。

小结

- 收缩压是血管系统内最高的压力，而舒张压是最低的压力。
- 平均动脉压是心动周期中血管壁上的平均压力，但它不是收缩压和舒张压的数学平均值，因为舒张期大约是收缩期的 2 倍。
- 就整个心血管系统而言，心输出量是流向整个系统的血液，压力差是血液离开心脏时的主动脉压和血液返回心脏时的静脉压之差，阻力是指血液流经血管时产生的阻力。
- 血流量主要由血管（尤其是小动脉）来控制，血管半径的微小变化会使阻力发生很大的变化。

三、血液分配

身体各组织中血液的分配有很大不同，这是特定组织与身体其他各部分组织相比对血液的即时需求决定的。一般来说，新陈代谢最活跃的组织会获得最多的血液供应。在安静状态下，肝脏和肾脏所接收的血液几乎占心输出量的一半，而骨骼肌仅接收 15%～20%的血液。

在运动过程中，血液将被重新分配，大量的血液会流入最被需要的部位。在高强度耐力训练中，骨骼肌可以接收高达80%甚至以上的血液，流向肝脏和肾脏的血液则会减少。伴随着心输出量的增加（将在第八章详述），血液的重新分配可以使活跃的骨骼肌获得相当于在安静状态下25倍的血液供应，如图6.11所示。

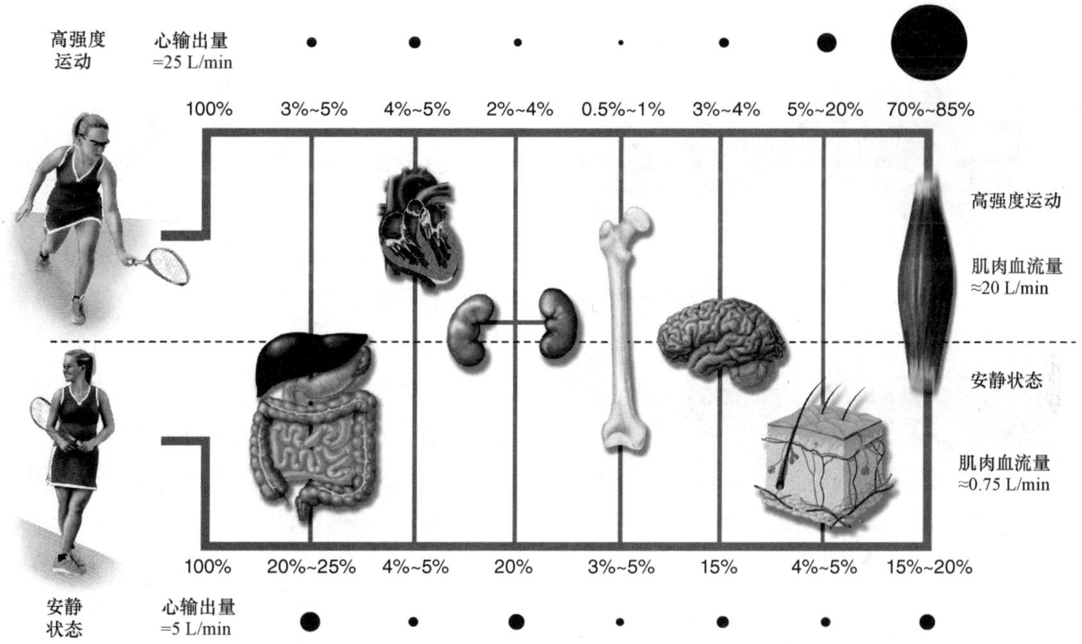

图 6.11　在安静状态下和高强度运动中心输出量的分配（受环境与体温影响）

同样地，在我们吃过一顿大餐后，消化系统会接收比没有进食时更多的心输出量。与之相似的是，当人体接受热刺激时，机体为了维持正常的体温，皮肤的血流量会较大程度地增加。无论是为了运动中的骨骼肌能够满足代谢的需要，还是为了消化或体温调节，心血管系统都会根据身体需求对血液进行重新分配。这些心输出量的重新分配受交感神经系统控制，主要通过增大或减小为特定组织或器官提供血液的小动脉直径实现。这些血管有强韧的管壁，可以显著改变血管直径，高度受交感神经支配，具有对局部调控机制做出反应的能力。

（一）血流的内在控制

血液分配的内部调节是指小动脉的收缩或舒张可以调节局部组织的血流，并根据组织的即时需求改变局部血流量。当人体运动时，参与锻炼的骨骼肌的代谢需求增加，小动脉就会通过内在控制使血管扩张，从而让更多的血液进入活跃的肌肉中。图6.12为血管张力的三种内在控制形式。

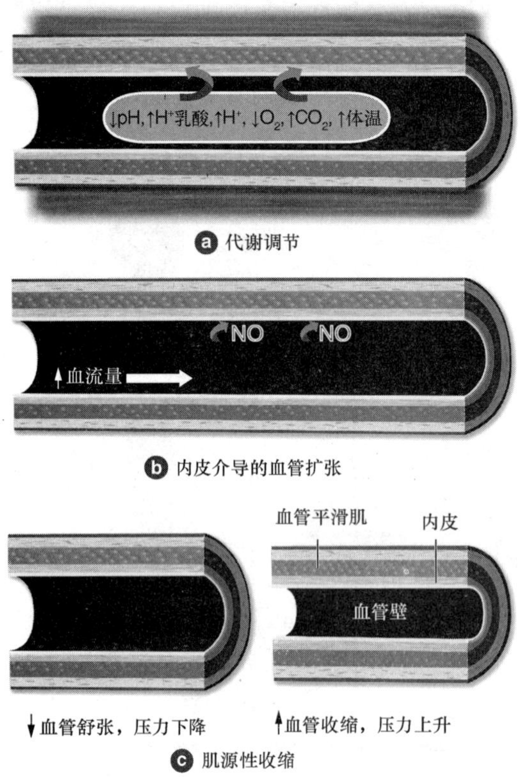

图 6.12　血液的内在控制使小动脉在局部组织中扩张或收缩的信号

血流的内部调节主要包括三种调节形式：

第一，代谢调节，即通过释放使局部血管扩张的化学物质刺激血管扩张以适应需氧量的增加。当代谢活跃的组织摄氧量增加时，可利用的氧就会逐渐减少，局部小动脉扩张，使更多的血液流入该区域，从而输送更多的 O_2。其他能刺激血流增加的化学变化包括营养素的减少、代谢产物（如 CO_2、K^+、H^+和乳酸）或炎症分子的增加等。

第二，小动脉的内皮（内层）可以产生一些血管舒张物质，它们会使小动脉血管平滑肌中的血管扩张（内皮介导的血管舒张）。这些物质包括一氧化氮（NO）、前列腺素、内皮衍生的超极化因子（EDHF）等。这些内皮衍生血管舒张物质对人体在安静时和运动状态下的血流调控非常重要。除此之外，乙酰胆碱和腺苷也可以作为潜在的血管舒张剂，在运动时增大骨骼肌中的血流量。

第三，血管自身压力的变化同样可以导致血管扩张和收缩，这被称为肌源性反应。血管壁的压力增加使血管平滑肌收缩，血管壁的压力降低使血管平滑肌舒张。

（二）血流的外在神经控制

内在局部控制的概念解释了血液在某一器官或组织中的重新分配，但是，心血管系统必须从局部环境的上游开始，将血液运输到所需要的部位。系统或是器官层面的血液再分配是受神经机制调控的，这种调控即血流的**外源性神经控制**（**extrinsic neural control**），因为这种控制来自外在的特定区域，而不是组织内部。

流向身体各部位的血流量大多受交感神经系统的调节。动脉和小动脉的平滑肌中含有丰富的交感神经，在大部分血管中，交感神经活性的增加会使环状平滑肌细胞收缩，从而使血管收缩，血流量减少。

在安静状态下，交感神经不断地向血管（特别是小动脉）传递电冲动，使血管适度收缩以维持血压。这种血管收缩的紧张状态即血管紧张度。当交感神经的刺激增强时，特定位置的血管收缩减少了局部血流，使更多的血液流入其他部位。反之，当交感神经的刺激降到维持肌张力所需的水平以下时，特定区域的血管收缩就会减少，血管会被动扩张，增加流入该区域的血液。因此，交感神经的刺激会引起大多数血管收缩，降低交感神经的紧张水平，从而被动地增加血流量。

（三）肌肉血流量的局部控制

前两部分讨论了血流的内在控制和外在控制，即流向身体所有组织的血流的调控机制。然而，肌肉的血流量也值得我们特别关注，原因有两个：第一，肌肉收缩是运动生理学的标志性反应；第二，肌肉血流量增加有其独特的机制。在有氧运动中，机体需要增加运动肌肉的血流量以满足代谢需求。增加运动中肌肉的 O_2 输送可以通过许多不同的机制来实现：改变局部血流、改善组织的摄氧能力，或两者兼而有之。

运动伴随着交感神经活动的普遍增加，与肌肉相关的交感神经活动会导致血管收缩。工作中的肌肉是如何克服全身血管收缩而增加实际血流量的呢？它主要依靠一种被称为**功能性交感神经松解（functional sympatholysis）**的机制。研究表明，运动中的骨骼肌和内皮释放的血管活性分子可以通过降低血管对 α－肾上腺素受体激活的反应性来抑制交感缩血管反应。内皮细胞释放的内皮衍生超极化因子会使平滑肌细胞更难对交感神经刺激做出收缩反应。例如，内皮和红细胞释放的 ATP 可以引起血管平滑肌细胞的超极化，这有助于克服 α－肾上腺素受体带来的血管收缩。功能性交感神经松解有助于优化肌肉的血流分布，使组织灌注与代谢需求相适应。

在动脉氧含量降低（如缺氧）或灌注压降低的情况下，氧供应受限，骨骼肌中的小动脉会扩张以补偿氧输送的减少，从而在组织水平上摄取更多的 O_2，这种现象被称为代偿性血管扩张。

为了研究人体运动时骨骼肌控制局部血流的机制，研究人员进行了急性全身缺氧实验，即通过让受试者呼吸氧含量较低的空气混合物来减少运动过程中的动脉氧含量，或通过部分阻断运动肢体的血流来暂时限制运动中肌肉的血流量。在亚极量低氧运动中，由于β–肾上腺素受体、ATP 和 NO 的单独或联合作用，运动肌肉的血流量与正常有氧运动时相当（图 6.13）。

有趣的是，不同的血管扩张机制的作用可以改变，这取决于运动强度和流向运动中肌肉的血液是否受限。例如，在低强度的低氧运动中，β–肾上腺素受体的刺激有助于血管扩张；随着运动强度的增加，内皮释放的 NO 在代偿性血管扩张中起到了更大的作用。腺苷分子也可以促进代偿性血管扩张，特别是在血流受限的情况下。在运动强度更高时，肌纤维的需氧量更大，NO 和其他几种血管扩张剂，包括前列腺素和 ATP，都会介导血管扩张。然而，这些血管扩张机制中存在冗余。因此，当一种血管扩张剂被阻断或下调时，另一种血管扩张剂可以代偿并引起血管扩张。

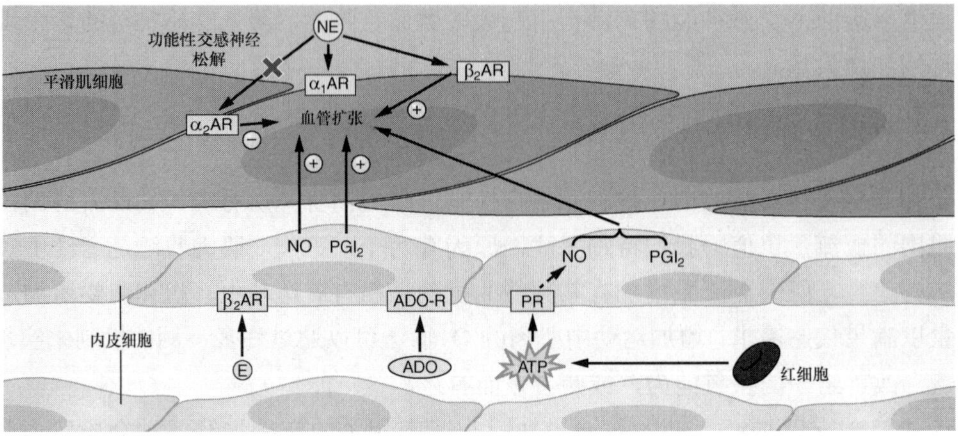

图 6.13 运动中功能性交感神经松解和缺氧诱导血管扩张的机制

注：在较低的运动强度下，全身肾上腺素（E）的释放主要通过β–肾上腺素受体参与的 NO 介导血管扩张作用，但这种β–肾上腺素的作用随运动强度的增加而降低。在高强度低氧运动中，红细胞释放的 ATP 和/或内皮衍生的前列环素（PGI_2）也会刺激 NO 的释放（α_1AR、α_2AR 和 β_2AR 分别= α_1 肾上腺素受体、α_2 肾上腺素受体和 β_2 肾上腺素受体；NE=去甲肾上腺素；PR=ATP 刺激的嘌呤受体；ADO=腺苷）。

由于 NO 的生物学重要性，这些机制在临床人群中具有重大意义。有研究表明，老年人和心血管疾病患者 NO 的产生和可获得性也许是有限的，随着年龄的增长，NO 的合成减少，分解增加，健康老年人的代偿性血管扩张功能随之减弱。

研究视角 6.3　绝经女性对运动训练的血管适应性变化

尽管近年来患病率有所下降，但心血管疾病仍是美国人的主要死亡原因。有趣的是，心血管疾病的死亡风险在不同性别之间有很大差异。美国国立卫生研究院在 1990 年成立了女性健康研究办公室，并在 1993 年通过的振兴法案中将女性研究纳入资助项目。此后，大众对于女性心血管疾病的机制和症状有了更深入的了解。虽然取得了以上进展，但我们对心血管疾病发病率和死亡率的性别差异的原因尚不清楚。

血管老化（随年龄增长产生的血管变化）被视为引发与年龄相关的心血管疾病的主要因素。内皮功能障碍是指内皮依赖性舒张功能受损，是动脉粥样硬化的表现，可加速心血管疾病的恶化。生活方式的改变，如规律进行体育运动，通常被推荐为减缓与年龄相关的血管内皮功能下降的首选策略。然而，现在越来越多的人意识到，运动训练对老年人血管健康的有利影响存在潜在的性别差异。

在 2006 年对主流文献的回顾中，研究人员支持这样的观点：性激素尤其是雌激素对运动训练引起的女性血管功能的改善有调节作用。也就是说，绝经期间雌激素的减少阻止了运动训练对女性血管功能的改善，如图 6.14 所示。正如预期的那样，在曾经久坐不动的中老年男性中，中等强度的运动训练显著地改善了其血管功能。然而，这种运动训练模式对绝经后的女性没有影响。但在接受了雌激素治疗的绝经后女性中，中等强度的训练显著改善了其血管内皮功能。这些发现已在使用不同方法的研究中得以证实并得到了直接证据，这表明雌激素是绝经后女性通过训练引起血管功能改善所必需的条件。

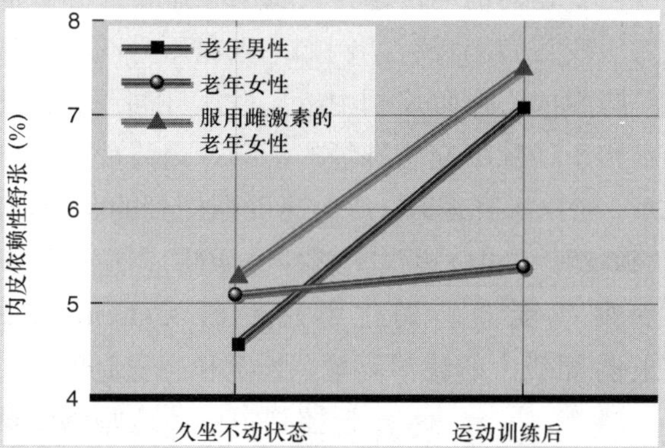

图 6.14　在绝经后的老年女性中，运动训练引起的血管内皮功能的改善依赖于雌激素

随着人口的迅速老龄化，有效的预防策略对于减轻心血管疾病的不良后果至关重要。无论男性还是女性，经常进行体育运动是心血管疾病一级预防的重要策略。但老年男性和老年女性的血管系统对运动训练的反应是不同的，这种不同的反应很可能归因于性激素，尤其是性激素缺乏。进一步的研究是必要的，这可以确定是否应该在运动训练中结合额外的药理学或非药理学手段，以提供一种可行的治疗方案，使雌激素缺乏的绝经后女性也可以通过运动训练改善血管内皮功能。

根据内皮依赖性舒张功能的评估，在老年男性中，中等强度的运动训练可以显著改善其血管功能，但这种由运动引起的良性血管适应在年龄相近的绝经后女性中没有被发现。然而，当绝经后女性补充雌激素时，运动后血管内皮功能也可以得到与同年龄段男性相似的改善。

（四）静脉血的分配

虽然系统中动脉的变化可以调控组织内的血流，但大部分的血液储存在静脉中。在安静状态下，血液在血管系统中的分配如图 6.15 所示，静脉系统具有强大的储血能力。静脉中几乎没有血管平滑肌，却可以像气球一样富有弹性。因此，静脉系统提供了一个巨大的血液储备库，可以迅速分配血液回心（静脉回流），并使血液重新进入动脉循环。交感神经对小静脉和静脉的刺激使静脉收缩，从而实现静脉系统对血液分配的调控。

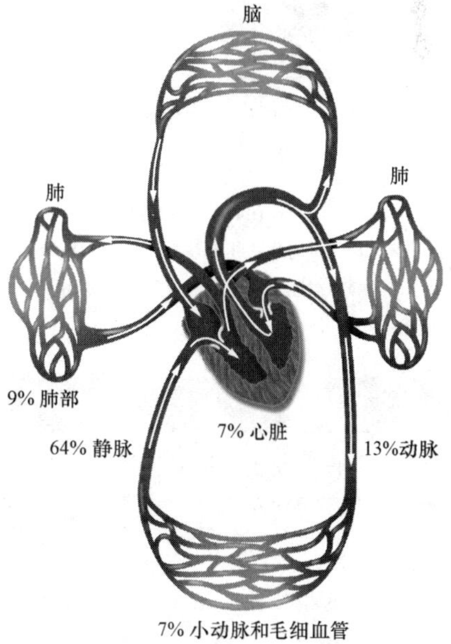

图 6.15　在安静状态下血管系统内的血液分配

（五）血压的综合调控

血压主要依靠反射控制，主动脉弓和颈动脉上有一些特殊的压力传感器，即**压力感受器（baroreceptors）**，它们对于动脉压的变化极为敏感。

压力感受器可以将动脉压力变化的信号传递给大脑的心血管控制中枢，并产生自主神经反射，最后传出信号使机体对血压变化做出反应。例如，当血压升高时，压力感受器会受到张力增加的刺激并将信号传递给脑内的心血管控制中枢；血压升高还会使迷走神经的紧张性增强，继而降低心率，减少心脏和小动脉中交感神经的活动，最终使小动脉扩张。以上调节都有助于将血压维持在正常水平。当血压降低时，压力感受器受到的张力降低，这会使心率增加（通过迷走神经阻断），小动脉收缩（通过增强交感神经活性），从而修正机体低血压的状态。

还有一些其他的特殊感受器，如**化学感受器（chemoreceptors）**和**机械感受器（mechanoreceptors）**会将骨骼肌中的化学环境、长度和感受到的张力的变化信息发送至心血管控制中心。这些感受器也可以调节血压反应，尤其在机体进行运动时。

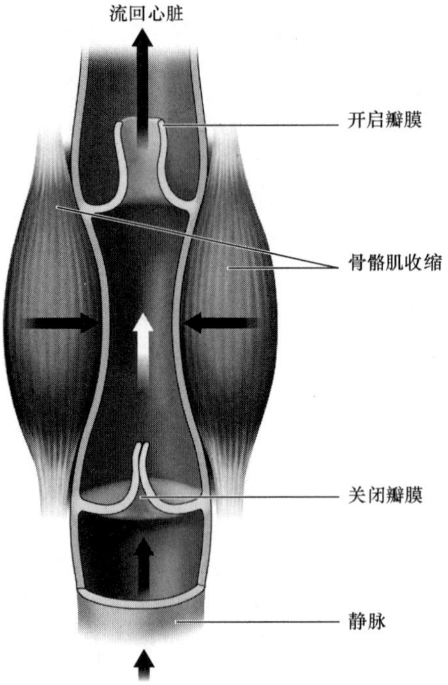

图 6.16　肌肉泵

注：骨骼肌在收缩时挤压腿部静脉，帮助血液回流到心脏。静脉瓣膜保证回心血流的单一方向。

（六）心脏的回流血液

由于人类大部分时间处于直立状态，心血管系统需要机械辅助才能克服重力，帮助静脉血液从身体下部回流到心脏。以下三种结构可以协助这一过程：

- ✧ 静脉瓣膜。
- ✧ 肌肉泵。
- ✧ 呼吸泵。

静脉瓣膜可以使血液只沿一个方向流动，从而防止血液逆流或聚集在下半身。这些静脉瓣膜也参与骨骼**肌肉泵（muscle pump）**的活动，即在许多类型的运动中（如行走和跑步），骨骼肌有节奏的收缩过程会对静脉产生有节奏的挤压（图 6.16），肌肉泵将静脉血推向心脏。最后，在呼吸过程中，腹腔和胸腔内的压力改变也可以通过产生压力梯度帮助血流返回心脏。

小结

- 血液主要基于身体各组织的新陈代谢需求来分配，最活跃的组织将获得最多的血流量。
- 在正常安静状态下，骨骼肌接收 15%左右的心输出量，在高强度耐力运动中，这一比例可以增加到 80%或更多。
- 血流的重新分配是由组织（代谢调节）或血管内皮细胞（内皮介导的扩张）释放的扩张剂局部控制的。第三种内在控制是小动脉对压力的反应，即小动脉压力降低会导致血管扩张，从而增加流向该区域的血流量，而压力升高则会导致局部血管收缩。

- 血流分配的外在神经控制是由交感神经系统来完成的，主要调节小动脉的收缩。
- 在有氧运动中，运动肌肉的血流量增加，以适应代谢需求。这是通过功能性交感神经松解（克服交感性血管收缩）和代偿性血管扩张（涉及腺苷和NO等分子）来实现的。
- 血压通过自主神经系统的反射维持在正常水平。
- 血液由静脉回流到心脏，主要通过静脉瓣膜、肌肉泵和呼吸时的压力改变辅助完成。

第三节　血液

血液在调控正常身体机能中具有多种重要的功能，对运动最重要的三个功能如下：

✧ 运输。

✧ 体温调节。

✧ 维持酸碱（pH）平衡。

我们最熟悉血液的运输功能，它可以输送 O_2 和营养物质，带走代谢物。除此之外，血液在身体活动中对体温的调节也至关重要，它能吸收运动时肌肉产生的热量并将其输送到皮肤，从而扩散出体外（详见第十二章）。同样，血液还可以缓冲无氧代谢产生的酸性物质，使 pH 在新陈代谢的过程中维持在适度的范围内（详见第二章和第七章）。

一、血容量和血液成分

体内血液总量因个体的体型、身体成分和训练状态的不同而有着很大的不同。血容量与去脂体重和耐力训练水平有关。以平均体型和正常水平的身体活动为例，男性的血容量为 5～6 L，女性的血容量为 4～5 L。

血液由血浆和有形成分组成（图 6.17）。血浆通常占总血容量的 55%～60%，但在炎热的条件下进行剧烈运动后这个比例会比正常值减少 10%或更多，之后通过耐力训练或热适应，此数值又可以增加 10%或更多。血浆中 90%的成分为水，7%为血浆蛋白，还有 3%为细胞营养物质、电解质、酶、激素、抗体和代谢产物等。

血液的有形成分通常占总血容量的 40%～45%，主要为红细胞、白细胞和血小板。红细胞占有形成分总容积的 99%以上，白细胞和血小板总共不到 1%。血细胞或有形成分占总血容量的百分比称为**血细胞比容（hematocrit）**。血细胞比容因人而异，成年男性的正常范围为 41%～50%，成年女性的正常范围为 36%～44%。

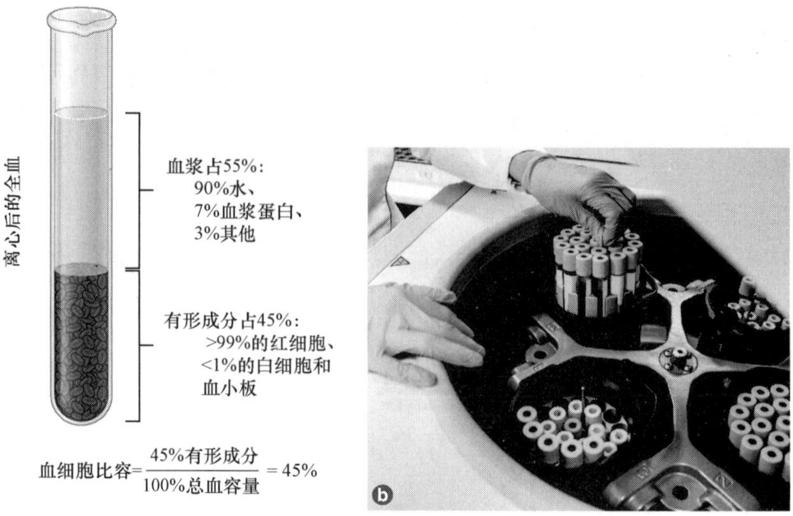

a. 全血的组成，图中展示了血液样本离心后的血浆体积（液体部分）和细胞体积（红细胞、白细胞和血小板）；b. 离心机。

图 6.17　血液的组成成分

白细胞可以通过吞噬作用直接摧毁入侵物质，或形成抗体消灭它们，从而保护机体免受感染。成年人血液中白细胞的含量大约为每立方毫米 7 000 个。

血小板是一些细胞碎片，可以使血液凝固，从而防止过多失血。运动生理学家最关注的是红细胞。

二、红细胞

成熟的红细胞没有细胞核，因而不能像其他细胞那样繁殖。红细胞必须在循环的基础上被新的红细胞取代，这一过程被称为**造血（hematopoiesis）**。红细胞的正常寿命约为 4 个月，因此红细胞以相同的速率持续产生和破坏。这种平衡是非常重要的，因为将足够的 O_2 输送到组织依赖于机体内有足够数量的红细胞来运送 O_2。如果红细胞的数量降低或机能下降，则会阻碍 O_2 的运输，进而影响运动成绩。

当我们献血一个单位（500 mL）时，总血容量和循环中的红细胞数量会减少 8%～10%。所以我们建议捐献者多补充液体，因为血浆的主要成分是水，简单的液体补充可以在 24～48 h 使血浆容量恢复到正常水平。然而，红细胞至少需要 6 周的时间才能恢复，因为它们必须经过充分的发育才能发挥作用。失血会降低红细胞输送 O_2 的能力，从而对耐力运动员的表现产生很大影响。

红细胞主要依靠与血红蛋白结合的方式运输 O_2。**血红蛋白（hemoglobin）**是由珠蛋白和血红素组成的。血红素中含有铁，能与氧结合。每个红细胞大约含有 2.5 亿个血红蛋白分子，每个血红蛋白分子能与 4 个氧分子结合，所以每个红细胞可以结合多达 10 亿个氧分子。平均每 100 mL 全血中大约有 15 g 血红蛋白，每克血红蛋白可以与 1.33 mL 的 O_2 进行结合，因此每 100 mL 的血液可以结合约 20 mL 的 O_2。所以，当动脉血中氧饱和时，载氧量为每 100 mL 血液携带 20 mLO_2。

三、血液黏滞性

黏稠度是指血液的浓度。回顾一下关于血管阻力的内容，液体越黏稠，流动的阻力就越大。血浆比水黏性大，因此流动速度较慢。血液的黏滞性通常是水的 2 倍，并且会随着血细胞比容的增加而增加。

氧要靠红细胞才能运输，所以提高运输氧的能力就需增加红细胞的数量。但是，如果红细胞数量的增加并未伴随血浆容积的增加，则血液黏滞性和血管阻力就会增加，最终会导致血流量减少。除非血细胞比容达到或高于 60%，否则这通常不是问题。

相反，如果低血细胞比容和高血浆容量相结合，就会降低血液的黏度，使血液更易流动，从而对血液运输有一定好处。而血细胞比容降低通常是红细胞数量减少所致，如贫血等疾病。在这种情况下，血液流速加快，但包含的载体较少，会阻碍氧的运输。为了获得最佳的运动表现，机体红细胞数量正常或略高且血细胞比容较低是较为理想的，这种结合更有利于 O_2 的运输。许多耐力运动员符合这一特征，这是心血管系统对训练产生适应的一种表现。关于适应性的问题将在第十一章讨论。

小结

- 血液中有 55%～60%是血浆，40%～45%是有形成分，红细胞约占有形成分的 99%。
- 血细胞比容是血液中的有形成分（红细胞、白细胞和血小板）与总血容量的比值，成年男性的平均血细胞比容为 42%，成年女性平均为 38%。
- 氧的运输主要是通过与红细胞中的血红蛋白结合实现的。
- 耐力项目运动员的红细胞容积和血浆容积都较高，但由于血浆容积的增加多于红细胞容积的增加，其血细胞比容往往比久坐不动的人略低。
- 随着血液黏滞性的增加，其流动阻力也增加。红细胞数量的增加有利于提高有氧能力，但血细胞比容≥60%时会增加血液黏滞性进而限制血液的流动速度。

结语

在这一章，我们学习了心血管系统的结构和功能，了解了血流和血压如何根据机体的需要进行调节，并探索了心血管系统在运输及传递 O_2 和营养物质到机体细胞这一过程中的作用，以及如何将 CO_2 等代谢产物排出体外。我们知道了物质在体内是如何运转的，进一步了解了 O_2 和 CO_2 的运输过程。我们将在下一章探讨呼吸系统在向人体细胞输送 O_2 和清除 CO_2 的过程中的作用。

关键词

动脉（arteries）
小动脉（arterioles）
动脉粥样硬化（atherosclerosis）
房室结［(atrioventricular（AV）node)］
压力感受器（baroreceptors）
心动过缓（bradycardia）
毛细血管（capillaries）
心动周期（cardiac cycle）
心输出量（cardiac output，$\dot{Q}$）
化学感受器（chemoreceptors）
舒张压（diastolic blood pressure，DBP）
射血分数（ejection fraction，EF）
心电图（electrocardiogram，ECG）
心电图机（electrocardiograph）
舒张末期容积（end-diastolic volume，EDV）
收缩末期容积（end-systolic volume，ESV）
外源性神经控制（extrinsic neural control）
功能性交感神经松解（functional sympatholysis）
心脏杂音（heart murmur）
血细胞比容（hematocrit）
造血（hematopoiesis）
血红蛋白（hemoglobin）
闰盘（intercalated disks）
平均动脉压（mean arterial pressure，MAP）
机械感受器（mechanoreceptors）
肌肉泵（muscle pump）
心肌（myocardium）
心包膜（pericardium）
室性早搏（premature ventricular contraction，PVC）
浦肯野纤维（Purkinje fibers）
窦房结［sinoatrial（SA）node］
每搏输出量（stroke volume，SV）
收缩压（systolic blood pressure，SBP）

心动过速（tachycardia）
血管收缩（vasoconstriction）
血管舒张（vasodilation）
静脉（veins）
心室颤动（ventricular fibrillation）
室性心动过速（ventricular tachycardia）
小静脉（venules）

思考题

1. 描述心脏的构造和血液流经心脏瓣膜与心腔的模式。心肌是如何获得血液供应的？如果机体从安静状态突然到运动状态，心脏将发生什么变化？
2. 心脏如何产生收缩？心率如何控制？
3. 什么是心脏扭转收缩？为什么它在运动中十分重要？
4. 收缩期与舒张期有何差异？它们与收缩压及舒张压有何关联？
5. 血压、血流与阻力之间是什么关系？
6. 如何控制流向身体各个区域的血液？
7. 运动过程中交感神经活跃有利于血管收缩，为何肌肉血流量还是会增加？
8. 请说明直立位运动时，促使血液回流到心脏的三个重要机制。
9. 请描述血液的主要功能。

学习指南

“关键词”复习了本章中的重要概念，章末的思考题可以测试你对本章内容的理解。

第七章 呼吸系统及其调节

本章将在心血管系统的基础上，介绍呼吸系统的运输过程及其扮演的角色。

呼吸系统和心血管系统共同组成了有效的输送系统——将 O_2 输送到身体的各个组织，并将组织代谢产生的 CO_2 排出体外。

这种运输包括四个独立的过程：

✧ **肺通气（pulmonary ventilation）**（呼吸）：外界环境与肺之间的气体交换。

✧ **肺弥散（pulmonary diffusion）**：O_2 和 CO_2 在**肺泡（alveoli）**和肺毛细血管血液之间的交换。

✧ 气体运输：O_2 和 CO_2 通过血液运输。

✧ 毛细血管扩散：毛细血管中血液和代谢活性组织细胞间 O_2 和 CO_2 的交换。

前两个过程被称为**外呼吸（external respiration）**，气体从外界进入肺部，随后进入血液。气体一旦进入血液，便会被运输到组织中。当血液到达组织时，血液和组织便会进行气体交换，即第四个过程——**内呼吸（internal respiration）**。因此，内外呼吸通过循环系统联系在一起。下面将详细介绍上述四个过程。

第一节 肺通气

肺通气也称呼吸，是空气被吸入和排出肺部的过程。如图 7.1 所示，空气从鼻腔和口腔进入咽、喉、气管和支气管。在正常情况下，空气由鼻腔进入肺部，经过形状不规则的鼻窦表面，即鼻甲和耳甲之后，会变得温暖湿润。鼻甲和鼻黏膜可过滤空气中的大部分微粒，最大程度地降低呼吸道感染概率，所以鼻腔呼吸是最佳通气方式。但当鼻腔所吸入的气量无法满足机体需求时，空气也可通过口腔进入肺部。

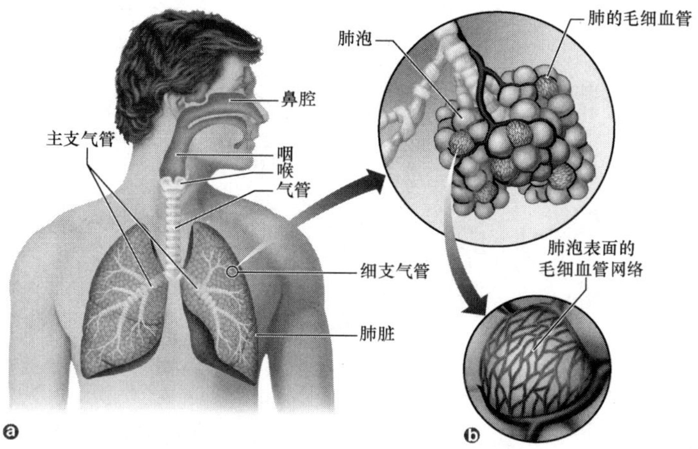

a. 呼吸系统的解剖结构，展示了呼吸的路径（即鼻腔、咽、喉、气管和支气管）；
b. 肺泡放大图，肺泡和肺的毛细血管进行气体交换的部位。

图 7.1 人体肺通气路径

解剖**无效腔**（**dead space**）也存在于呼吸道中，并有其特定的生理意义。每次呼出的气体都有一部分停留在解剖无效腔内，所以每次吸入的时候，来自体外的空气会和这些空气混合，产生的混合气体到达肺泡。

上述解剖结构只有运输功能，没有气体交换功能。当空气最终到达最小的呼吸单位，即终末细支气管和肺泡时，O_2 和 CO_2 发生交换。终末细支气管主要是运输管，但其连接了葡萄团簇状的肺泡，所以被合称为呼吸区，它是肺内进行气体交换的场所。

肺不是直接附着在肋骨上的，而是悬吊于胸膜腔内。胸膜囊有两层壁：壁胸膜和肺胸膜。壁胸膜衬在胸壁上，肺胸膜衬在肺的外部。覆盖于肺脏表面的脏层胸膜和覆盖于胸壁的壁层胸膜之间的腔隙为胸膜腔。胸膜腔内仅有一薄层浆液，从而使胸膜腔两层间的摩擦阻力减少且互相紧贴，有利于肺部随胸廓进行节律性扩张和收缩，使肺具有类似肋骨或胸腔的形状和大小。

肺、胸膜腔、膈肌和胸廓的解剖结构决定了进出肺的气流，即**吸气**（**inspiration**）和**呼气**（**expiration**）。

一、吸气

吸气是膈肌和肋间外肌主动收缩的过程。图 7.2a 展示了人体在静息状态下膈肌和胸廓的位置。吸气时，肋间外肌收缩，肋骨会向上、向外移动，胸骨会向上、向前移动。同时，膈肌收缩，腹肌会下沉。

如图 7.2b 所示，呼吸活动可以扩大胸廓的三维空间，增大肺内的容积，肺内容积的增大为容纳气体提供了更大的空间。根据**波义耳定律**（**Boyle's gas law**），在恒温下，压力与体积的乘积是恒定的。当肺部扩张时，肺容积增大，肺内压下降。此时，肺内压小于大气压，因为呼吸道是对外开放的，所以外界空气会进入肺以减少这种压差，这就是吸气时空气进入肺部的方式。

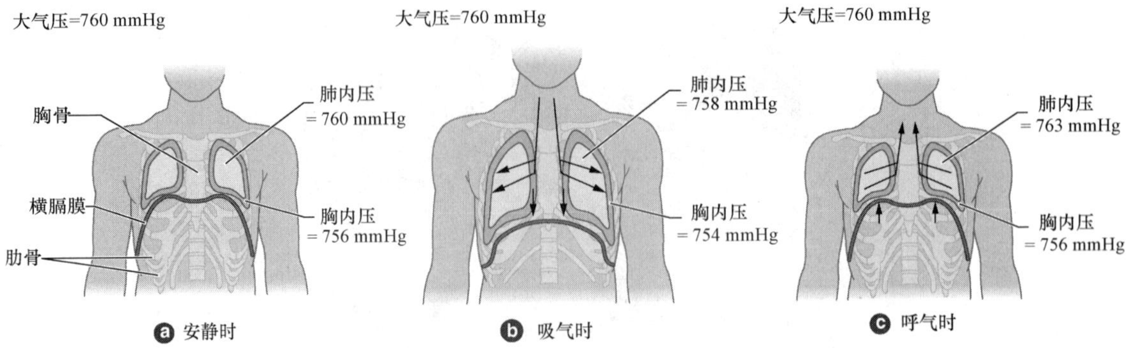

a. 在安静状态下肋骨和胸廓的位置；b. 吸气过程中，肺容积和胸廓增大，形成负压，促进气体入肺；
c. 呼气过程中，肺容积减小，促进气体排出肺。

图 7.2　吸气和呼气的过程，显示肋和膈的运动如何扩大和缩小胸廓

平静呼吸时，肺内压变化非常小。例如，在标准大气压（760 mmHg）下，吸气只能使肺内压降低 2～3 mmHg。在最大呼吸期间，如在力竭运动中，肺内压可下降 80～100 mmHg。

在用力呼吸的过程中，胸锁乳突肌、背部肌群、胸部肌群等也会参与收缩，以进一步拉动肋骨，扩张胸廓，增加吸气量。

二、呼气

平静呼吸时，呼气是一个被动的过程，其中包括吸气肌的舒张和肺组织的收缩。膈肌和肋间外肌舒张，加之肺组织收缩，使肋骨和胸骨移回至静止位置［图 7.2c］，胸廓缩小，肺随之缩小，肺内压上升，当肺内压高于外界大气压时，空气被排出体外。

用力呼吸时，呼气变为主动过程。腹肌收缩牵动胸骨向下，并使腹内压增加，使内脏向上推挤膈肌，胸腔的上下径减小。肋间内肌收缩，背阔肌和腰方肌可辅助肋骨充分下移并向内旋转，胸腔的前后径和左右径进一步减小。

用力呼吸时，腹内压和胸内压的变化有助于静脉血回流心脏，其与腿部的肌肉泵一起促进静脉容积的恢复。随着腹内压和胸内压的增加，血液进入大静脉，经肺静脉和上下腔静脉，最后输送回心脏。当压力降低时，静脉再度充满血液。腹部和胸腔内不断变化的压力将挤压静脉中的血液，帮助血液回流，这种现象被称为**呼吸泵（respiratory pump）**，其对维持充足的静脉回流至关重要。

第二节　肺容积

肺容积可用**肺量计法（spirometry）**测量。肺量计可用来测量吸入和呼出的空气量，从而测量肺容积的变化。简单的肺量计是一个充满空气的钟罩，该钟罩部分浸没在水中，测试

对象咬住一端，另一端伸入水下，并在钟罩内部浮于水面。当呼气时，空气顺着管子流进钟罩，使钟罩升起，相应的运动轨迹会被记录下来（图 7.3）。

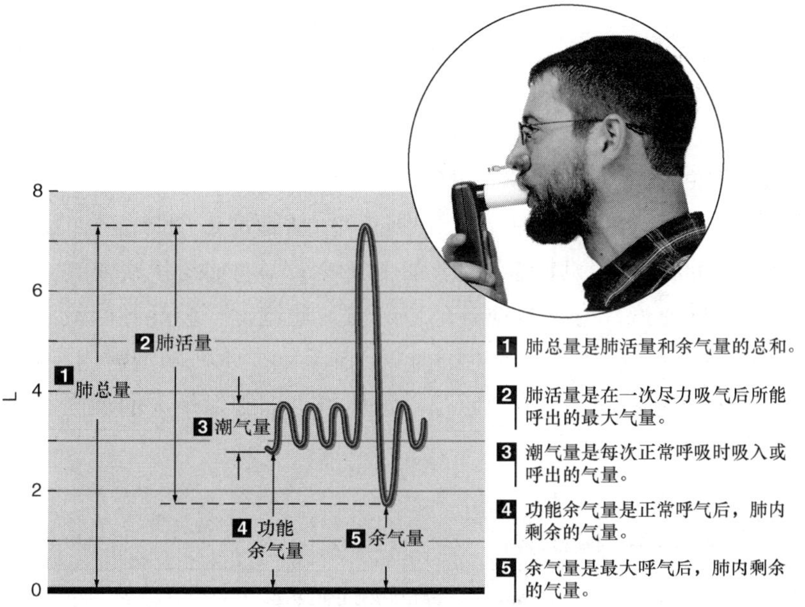

图 7.3　用肺量计测量肺容积

临床上应用该技术测量肺容积、肺活量和肺动脉流速，帮助诊断诸如哮喘、慢性阻塞性肺病和肺气肿等呼吸系统疾病。

潮气量（**tidal volume**）是指每次吸入或呼出的气量。**肺活量**（**vital capacity，VC**）是指最大吸气后，再尽力呼气所能呼出的最大气量。**余气量**（**residual volume，RV**）是指在最大呼气末仍残留在肺的气量，余气量不能直接测定。**肺总量**（**total lung capacity，TLC**）是指肺活量与余气量之和。

小结

- 肺通气（呼吸）是空气进入和排出肺部的过程，它有两个阶段：吸气和呼气。
- 吸气靠膈肌和肋间外肌的主动收缩，扩大胸廓的空间，降低肺内压，使空气进入肺部。
- 静息时的呼气通常是被动过程。吸气肌和膈肌舒张，肺部弹性收缩，使胸廓恢复到较小的正常尺寸，增加肺内压，迫使空气排出。
- 静息时换气所需的压力变化很小，仅为 2 mmHg。在最大呼吸时，肺内压可降低 80～100 mmHg。
- 用力吸气和呼气是主动过程，并涉及附属肌肉的收缩。
- 通过鼻子呼吸有助于加温和加湿空气，并能过滤掉空气中的异物。在进行中等到高强度的运动时，口腔呼吸占主导地位。
- 可用肺量计法测量肺容量及进出肺的气流速率。

第三节　肺弥散

肺泡和毛细血管之间的气体交换称为肺弥散，包括两个主要功能：

✧ 补充血液中因组织代谢所消耗的 O_2。

✧ 排出从组织返回静脉血中的 CO_2。

在肺通气期间，空气被吸入肺中，空气中的 O_2 从肺泡进入肺部毛细血管的血液，CO_2 从血液中扩散到肺部的肺泡中。肺泡是位于细支气管末端的葡萄状簇或气囊。

除了从肺部回流的血液，身体其他各部位的血液通过上下腔静脉回流到心脏的右侧，从右心室经肺动脉泵入肺部，最终进入肺毛细血管。肺毛细血管在肺泡囊周围形成密集的网络，并且管径较小，因此红细胞必须以单列通行，这使每个细胞以最大的表面积暴露在周围的肺组织中，有利于肺弥散。

研究视角 7.1　**呼吸肌冲刺间歇训练**

典型的呼吸肌耐力训练（respiratory muscle endurance training，RMET）可改善个体的运动能力，从而提高运动表现，这种改善很大程度上是由于呼吸肌抗疲劳能力的提高。然而，基于呼吸肌冲刺间歇训练（respiratory muscle sprint-interval training，RMSIT）原理，短时间的 RMET 能否类似地改善呼吸肌功能？

最近，一组研究人员试图比较传统 RMET 和 RMSIT 对个体呼吸肌功能的影响。在 RMET 和 RMSIT 实验前后，分别测量气道的物理特性并测试呼吸肌的能力（如呼吸肌力量）。RMET 使用市场上可购买的训练设备进行 30 min 的连续自主过度呼吸（呼吸深度和呼吸频率增加）。RMSIT 是由研究人员设计的一种新型呼吸肌训练方案，RMSIT 使用与 RMET 相同的训练设备，包括 6 次短暂的最大呼吸冲刺，同时增加气道阻力，以最大程度地锻炼呼吸肌。在这种方式下，RMSIT 的特点是具有更高的呼吸肌输出功率和张力时间指数，但与 RMET 相比，其总功要低得多。标准 RMET 和新 RMSIT 方案可将呼吸肌的收缩特性降低至相同水平，从而触发类似的肌肉适应训练。两种方案均未改变气道的物理特性。因此，与 RMET 相比，RMSIT 似乎是一种安全省时的替代方案。

对于在心脏手术中经历了正中胸骨切开术（切开胸骨以进入下层器官）的患者，RMET 可改善其呼吸肌的整体功能。临床运动生理学家对结构性心脏康复计划中的运动训练适应性很感兴趣。2013 年的一项研究结果表明，提高吸气肌力量的锻炼作为心脏康复计划的一部分是很有益的。这种类型的训练可以减少呼吸道阻力，并进一步提高正中胸骨切开术患者的通气效率。

一、静息时的肺部血流

根据个体体型的大小，静息时，肺的血流量为 4～6 L/min。右心输出量与左心输出量近似，肺循环的血流量与体循环的血流量相匹配。但是，肺部血管中的压力和阻力与体循环中的有所不同。主动脉平均压力为 95 mmHg，肺动脉平均压力为 15 mmHg（收缩压为 25 mmHg，舒张压为 8 mmHg），血液从肺部回流到左心房的压力约为 5 mmHg。因此，整个肺循环压差为 5～15 mmHg（图 7.4）。

回顾第六章中关于心血管系统中血液流动的讨论可知，压力=血流量×阻力。由于肺循环的血流量与体循环的血流量相等，而肺血管系统的压力变化较小，因此，与体循环相比，其阻力会成比例地降低。这反映了肺循环和体循环在血管解剖上的差异性：肺血管壁薄、平滑肌较少。

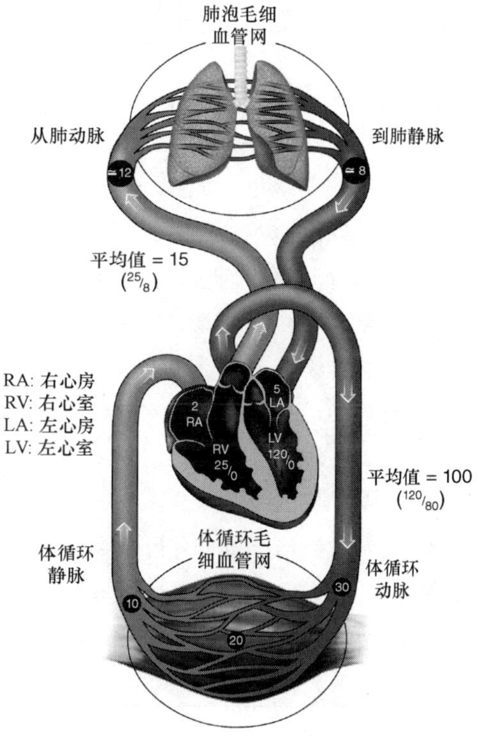

图 7.4 肺循环和体循环之间的血压比较

二、呼吸膜

肺泡与血液必须通过**呼吸膜（respiratory membrane）**进行气体交换。呼吸膜又称气血屏障，由肺泡壁、毛细血管壁及各自的基底膜组成（图 7.5），主要功能是气体交换。呼吸膜非常薄，只有 0.5～4 μm。因此，肺泡中的气体与血液间的扩散距离很短。

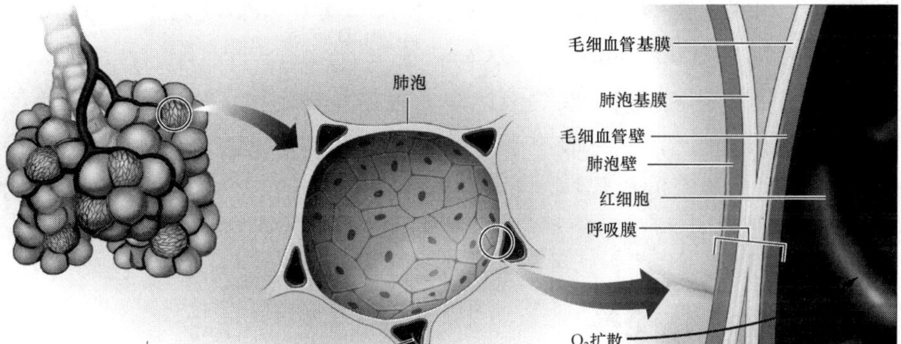

图 7.5 呼吸膜的解剖结构，显示了肺泡和肺毛细血管之间 O_2 和 CO_2 的交换

研究视角 7.2　运动训练可抵消衰老过程中肺弥散能力的下降

肺血管的结构和功能会影响最大摄氧量（$\dot{V}O_{2max}$），较大体积的肺部及较易扩张的血管网预示着更强的有氧运动能力。在运动过程中，心输出量和肺灌注压的增加会使高度顺应性的肺毛细血管网扩张，从而提高肺弥散能力、肺泡–毛细血管膜电导率和肺毛细血管血容量。

随着年龄的增长，肺循环的结构和功能发生改变，会使肺血管刚度、压力和阻力增加，这都将削弱机体在运动过程中肺毛细血管的动员和扩张。但是，这些与年龄相关的改变似乎并未限制健康老年人在运动时肺部毛细血管的扩张。有耐力训练经历的健康老年人在运动时肺血管的反应尚不清楚。较高的$\dot{V}O_{2max}$可能使老年运动员在运动期间对心输出量和肺血流量的需求保持在较高水平，从而更容易出现肺血管扩张和肺气体交换障碍。

一组研究人员研究了受过有氧训练的老年人在递增负荷运动中的肺扩散能力、肺泡–毛细血管膜电导率和肺毛细血管血容量。研究人员推测，在高强度运动中，老年运动员的肺毛细血管网扩张能力会受到限制。他们的发现证实了运动过程中肺弥散能力、肺泡–毛细血管膜电导率和肺毛细血管血容量会随年龄的增长而下降。然而，在受过运动训练的老年人中，这些变量与未受训练个体相比还是增加的。与最初的假设相反，在受过运动训练的成年人中，肺弥散能力在整个运动过程中逐渐提高，这表明在健康水平较高的老年人中，运动期间肺毛细血管网的扩张并不受限制。后续应继续研究测量肺血管压力，确定肺弥散能力的提高和肺血管对运动的反应之间的关系。

三、气体分压

空气由 79.04%的氮气（N_2）、20.93%的氧气（O_2）和 0.03%的二氧化碳（CO_2）组成，各气体比例是恒定的。因浓度不同，每种气体都施加等比例的压力。混合气体中每种气体的单独压力称为**分压（partial pressures）**。根据**道尔顿分压定律（Dalton's law）**，混合气体的总压力等于混合气体中各气体的分压之和。

在海平面上，大气压约为 760 mmHg，也称标准大气压。如果总大气压为 760 mmHg，那么空气中的氮分压（PN_2）为 600.7 mmHg（79.04%），氧分压（PO_2）为 159.1 mmHg（20.93%），二氧化碳分压（PCO_2）为 0.2 mmHg（0.03%）。

在人体内，气体通常溶解在血浆等液体中。根据**亨利定律（Henry's law）**，气体在液体中的溶解度与其分压成正比，同时取决于温度和特定液体中的溶解度。气体在血液中的溶解度是恒定的，静息时血液温度也保持相对恒定。因此，肺泡和血液之间气体交换的最关键因素是两个区域之间气体的压力差。

四、肺泡中的气体交换

肺泡中的气体和血液中的气体的分压差形成了穿过呼吸膜的压力梯度，气体沿压力梯度扩散，从高压区域移动到低压区域。如果膜两边的压力相等，气体就会处于平衡状态，不移动，所以气体分压差是肺弥散的动力和决定气体扩散方向的关键因素。

（一）O_2的交换

在标准大气压下，空气的 PO_2 为 159 mmHg。但是当空气被吸入并进入肺泡后，PO_2 会下降到约 105 mmHg，此时空气变得湿润并与肺泡中的空气混合。肺泡中的空气充满了水蒸气（具有分压），且含有更多的 CO_2，水蒸气压力和 PCO_2 的增加将增加肺泡内的总压力，这使被吸入的新鲜空气不断与肺泡中的空气混合，同时部分肺泡中的空气被呼出体外，因此，肺泡气体浓度可保持相对稳定。

由于组织新陈代谢的需要，血液中的 O_2 被消耗，静脉血进入肺毛细血管时 PO_2 仅为 40 mmHg，比肺泡中的 PO_2 低 60～65 mmHg（图 7.6）。该压力梯度促使 O_2 从肺泡进入血液，以平衡膜两侧的 O_2 压力。

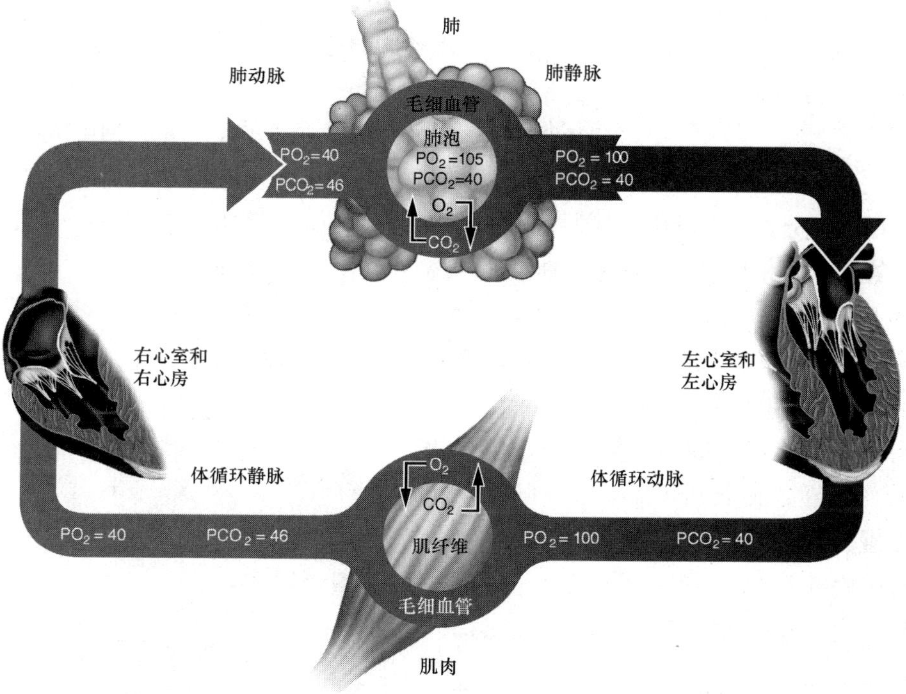

图 7.6　在肺部与毛细血管及毛细血管与组织完成气体交换后，血液中的 PO_2 与 PCO_2

当肺部血液到达毛细血管的静脉端时，血液中的 PO_2 与肺泡内的 PO_2 相似（约 105 mmHg），已达到氧饱和状态。随后，血液经肺静脉进入左心房，将丰富的 O_2 输送到各组织。需要注意的是，肺静脉中的 PO_2 较肺泡和肺毛细血管的有轻微下降，这是由于约 2%的血液从主动脉直接分流到肺，以满足肺自身的 O_2 需求。这部分血液的 PO_2 较低，且会与完成气体交换的氧饱和的血液混合在一起，重新进入肺静脉，降低了返回心脏的血液的 PO_2。

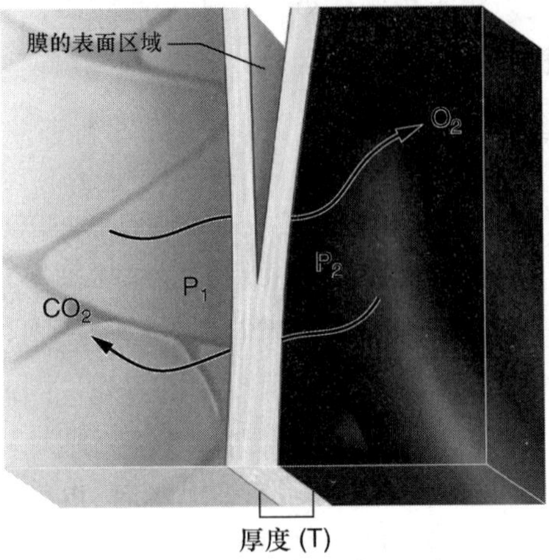

$$\dot{V}_{gas} \propto \frac{A}{T} \cdot D \cdot (P_1 - P_2)$$

$$D \propto \frac{Sol}{\sqrt{MW}}$$

图 7.7　菲克定律，气体通过组织时的扩散现象

注：输送的气体量（$\dot{V}_{gas}$）与扩散面积（A）、扩散系数（D）及分压差（P_1–P_2）成正比，而与厚度（T）成反比。系数与气体溶解度（Sol）成正比，但与分子量（MW）的平方根成反比。

菲克定律（Fick's law）（图 7.7）指出，通过组织（如呼吸膜）的气体扩散速率与扩散面积及组织两侧的气体分压差成正比。例如，O_2 在呼吸膜两侧的分压差越大，O_2 扩散越快。而扩散速率与组织厚度成反比。此外，每种气体的扩散系数也会影响扩散速率。O_2 的扩散系数比 CO_2 小得多，因此，即使肺泡和毛细血管中 CO_2 分压差低于 O_2，但 CO_2 仍然很容易扩散。

O_2 从肺泡扩散到血液中的速率称为**氧扩散能力（oxygen diffusion capacity）**，表示在压差为 1 mmHg 时，每分钟通过呼吸膜扩散的 O_2 量。静息时，肺泡与肺毛细血管之间 1 mmHg 的压差使氧扩散能力每分钟约差 21 mL。虽然进入肺的静脉血和肺泡空气之间的分压梯度约为 65 mmHg（40～105 mmHg），但氧扩散能力是根据肺毛细血管的平均 PO_2 计算得出的。肺毛细血管和肺泡空气的平均分压梯度约为 11 mmHg，所以每分钟通过呼吸膜扩散 231 mL 的氧量。在最大强度运动期间，血液返回肺部时处于严重的氧不饱和状态，因此肺泡到血液的分压梯度会更大，氧扩散能力可能会增强到静息时的 3 倍。实际上，在训练有素的运动员中已经观察到超过 80 mL/min 的扩散速率。

从静息到运动，氧扩散能力的增强是由于静息时，重力作用导致肺上部灌注受限，肺循环相对低效、缓慢。如果将肺分成三个区域（图 7.8），静息时只有肺底部的 1/3（第三区）被血液灌注。但是，在运动过程中，血压升高，肺灌注增加，肺部的血流量更大。

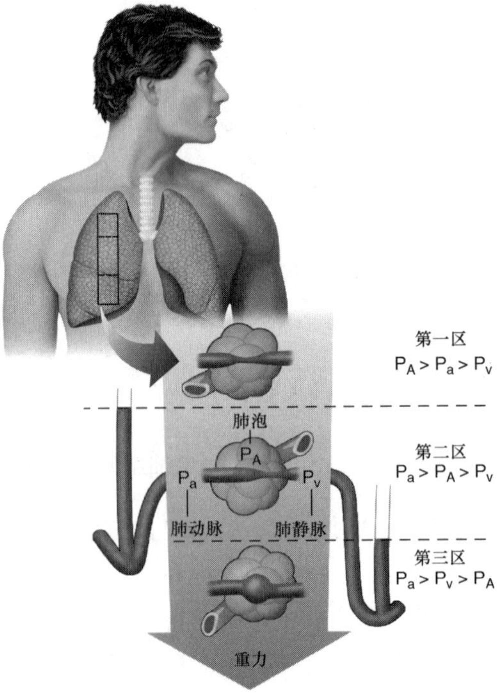

图 7.8　肺中血液灌流分布不均匀的解释

（二）CO_2 的交换

CO_2 和 O_2 一样，也是沿着压力梯度进行扩散的。从右心室射出的血液中，PCO_2 约为 46 mmHg，肺泡中的 PCO_2 约为 40 mmHg（图 7.6），压力梯度仅有约 6 mmHg。但 CO_2 的扩散系数比 O_2 大 20 倍，因此 CO_2 能以更快的速度穿过呼吸膜，进行交换。

五、肺弥散总结

参与肺弥散的气体分压总结见表 7.1。由于血液通过人体组织时 PO_2 的减少量比 PCO_2 的增加量大得多，静脉血中的总压力仅为 706 mmHg，比干燥空气和肺泡空气中的总压力低 54 mmHg。

表 7.1 参与肺弥散的气体分压总结

气体	干燥空气百分比（%）	分压（mmHg）				
		干燥空气	肺泡空气	动脉血液	静脉血液	扩散梯度
H_2O	0.00	0	47	47	47	0
O_2	20.93	159.1	105	100	40	60
CO_2	0.03	0.2	40	40	46	6
N_2	79.04	600.7	568	573	573	0
总计	100.00	760	760	760	706*	0

注：*表示总压力下降的原因见文中的解释。

图 7.9 展示了海平面上 O_2 从干燥的空气进入组织及排出组织进入静脉循环的 PO_2 变化，这被称为**氧阶梯（oxygen cascade）**。在大气压为 760 mmHg 时，空气中的 PO_2 是 0.209 3× 760 mmHg= 159 mmHg。当干燥的空气流经鼻子和嘴巴，混合水蒸气变得湿润时（体温条件下水蒸气分压为 47 mmHg），气管内的氧分压为

$$0.2093\times(760\ \text{mmHg}-47\ \text{mmHg})=149\ \text{mmHg}$$

在肺泡中，气体混合了从体循环返回血液中的 CO_2 和气管中的 O_2，在大约 105 mmHg 时达到平衡。当 O_2 从肺泡扩散到肺毛细血管并进入动脉血时，因肺毛细血管内为动脉血和静脉血的混合血液，所以 PO_2 会略微下降。

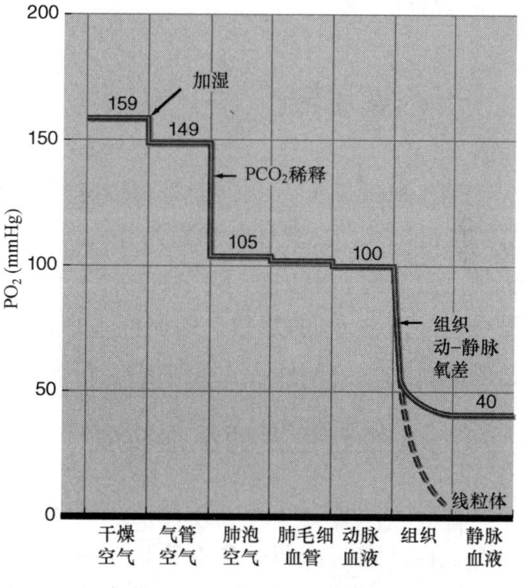

图 7.9 氧阶梯，描绘了 O_2（在此图中为海平面）从干燥的空气进入组织，并排出这些组织进入静脉循环的 PO_2 变化

在组织（如肌肉）中，细胞从动脉血中提取 O_2 进行有氧代谢，动脉血的 PO_2 和从组织流出的静脉血的 PO_2 之差为**动–静脉氧差[arterial-venous oxygen difference，或（a-v）O_2 difference]**。线粒体内的 PO_2 极低，为 1～2 mmHg。较大的压力梯度可确保血液将充足的 O_2 输送到细胞器内用于氧化磷酸化。

小结

- 肺弥散是气体通过肺泡中的呼吸膜进行交换的过程。
- 道尔顿分压定律指出，混合气体的总压强等于混合气体中各气体的分压之和。
- 菲克定律指出，穿过呼吸膜发生交换气体的数量和速率主要取决于每种气体的分压。气体沿压力梯度扩散，从高压区域移动到低压区域。因此，O_2进入血液，CO_2离开血液。
- 从静息到运动，氧扩散能力会增强。当运动肌肉在代谢过程中消耗更多的O_2时，静脉血中O_2被耗尽，这可以促进肺泡内的O_2交换。
- CO_2交换的压力梯度小于O_2交换的压力梯度，但CO_2的扩散系数是O_2的20倍，所以CO_2仅需较小的压力梯度即可轻松穿过呼吸膜。

第四节　血液中的气体运输

本节内容将介绍血液如何将O_2输送到组织中，以及如何将组织产生的CO_2运输到肺并排出体外。

一、氧运输

进入血液的O_2只有约2%溶于血浆，98%进入红细胞与血红蛋白结合。每升血浆中仅溶解约3 ml O_2。假设总血浆量为3～5 L，能够溶解的氧量仅为9～15 mL。这样有限的氧量无法满足静息时机体的基本代谢需求（人体组织一般每分钟需要超过250 mL的O_2）。这就需要一个有效运输O_2的载体，即血红蛋白，它存在于人体40亿～60亿个红细胞中，能使血液输送的氧量比单纯溶解在血浆中的氧量高出近70倍。

（一）血红蛋白的氧饱和度

血液通过血红蛋白运输超过98%的O_2。每个血红蛋白分子可以携带4个氧分子。O_2与血红蛋白结合形成氧合血红蛋白，未与O_2结合的血红蛋白称为脱氧血红蛋白。O_2与血红蛋白的结合取决于血液中的PO_2及血红蛋白与O_2的亲和力。图7.10为氧－血红蛋白氧离曲线，显示了不同PO_2下的血氧饱和度。曲线的形状对它的功能极其重要，较平缓的上段表明，在较高的PO_2下，如在肺中，血红蛋白饱和度变化较小，血红蛋白最大程度地与O_2结合，达到几乎完全饱和的状态，这被称为曲线的“结合”部分。

曲线较为陡峭的下段表明，PO_2相对较小的变化会导致血氧饱和度较大的变化，有利于血红蛋白释放大量O_2给组织，这是曲线的“释放”部分。在曲线的“结合”部分，即使PO_2变化很大，血氧饱和度仍然很高；在曲线的“释放”部分，即使PO_2发生微小的变化，血氧饱和度也会大幅度下降，释放大量 O_2 进入组织。

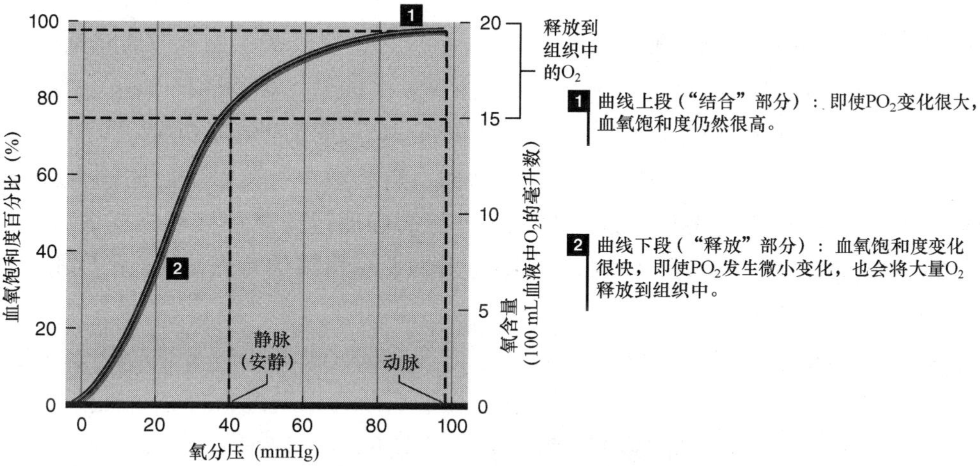

图 7.10　氧–血红蛋白氧离曲线

很多因素都会影响血氧饱和度。例如，血液酸度增加，氧离曲线右移，表明有更多的 O_2 从血红蛋白中释放出来进入组织。pH 下降，曲线右移，称为 Bohr 效应（图 7.11a）。肺中的 pH 通常较高，因此流经肺的血红蛋白对 O_2 具有很强的亲和力，促使血氧饱和度增加。当血液流经组织时，尤其是在运动期间，pH 较低，导致 O_2 从血红蛋白中解离，从而向组织提供 O_2。

血液温度也会影响 O_2 的解离（图 7.11b）。升高的血液温度使氧离曲线右移，表明在较高的温度下 O_2 更容易解离。因此在运动中，随着肌肉 pH 的降低和温度的升高，血红蛋白将释放更多的 O_2 进入肌肉组织。

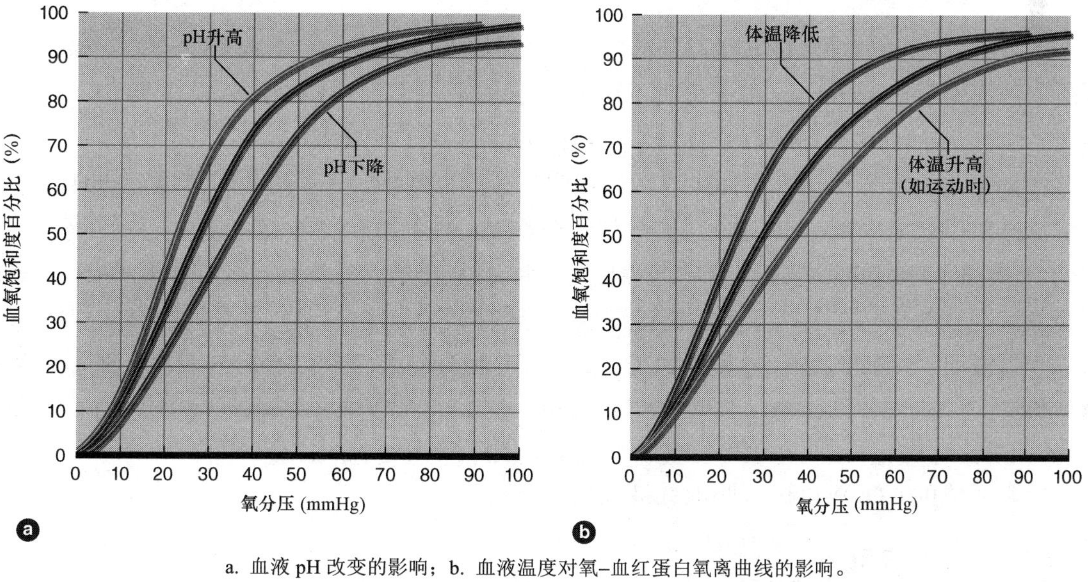

a. 血液 pH 改变的影响；b. 血液温度对氧–血红蛋白氧离曲线的影响。

图 7.11　血液 pH 与温度对氧–血红蛋白氧离曲线的影响

（二）血液载氧能力

血液的载氧能力是指血液所能输送的最大 O_2 量。它主要取决于血液中血红蛋白的含量。每 100 ml 血液中，男性平均含有 14～18 g 血红蛋白，女性平均含有 12～16 g 血红蛋白。每克血红蛋白可与约 1.34 mL O_2 结合。因此，当血液中血红蛋白完全饱和时，每 100 mL 血液的载氧能力为 16～24 mL。静息时，血液流经肺部，与肺泡空气接触的时间约为 0.75 s，这足以使血红蛋白达到 98%～99%的饱和度。在进行高强度运动时，接触时间大大缩短，血红蛋白与 O_2 的结合减少，氧饱和度略微降低，但因为 S 形曲线的特点，氧饱和度不会大幅度下降。

血红蛋白浓度低的人，如贫血患者，载氧能力会降低。根据病情的严重程度，这些人在静息时可能感觉不到贫血的影响，因为他们的心血管系统可以通过增加心输出量来弥补血氧含量的减少。但是，在运动（如高强度有氧运动）状态下，血氧含量的降低会限制运动表现。

二、CO_2 运输

CO_2 也通过血液运输。CO_2 从组织细胞中释放出来后，主要通过三种形式进入血液：

✧ 碳酸分解产生的碳酸氢根离子（HCO_3^-）。

✧ 直接溶于血浆。

✧ 与血红蛋白结合（氨基甲酰血红蛋白）。

（一）碳酸氢盐

血液中 60%～70%的 CO_2 是以碳酸氢盐的形式进行运输的。CO_2 与水结合，经碳酸酐酶催化，形成碳酸（H_2CO_3），由于碳酸不稳定，会迅速分解，释放 H^+ 并形成 HCO_3^-：

$$CO_2 + H_2O \longrightarrow H_2CO_3 \longrightarrow H^+ + HCO_3^-。$$

H^+ 随后与血红蛋白结合，HCO_3^- 从红细胞扩散到血浆中。为了防止带负电荷的 HCO_3^- 转移到血浆中引起电失衡，Cl^- 从血浆扩散到红细胞中，称为氯化物转移。此外，通过该反应形成的 H^+ 增强了组织的氧释放。通过这种机制，血红蛋白充当缓冲剂，结合并中和 H^+，从而防止血液明显酸化（在第八章中将更详细地讨论酸碱平衡）。

当血液流经肺时，由于这里的 PCO_2 较低，H^+ 和 HCO_3^- 重新结合形成碳酸，然后分解为 CO_2 和水：

$$H^+ + HCO_3^- \longrightarrow H_2CO_3 \longrightarrow CO_2 + H_2O$$

重新形成的 CO_2 可以进入肺泡并被呼出。

（二）CO_2 溶解

从组织中释放的 CO_2 只有 7%～10%可溶解在血浆中。当血浆流经 PCO_2 较低的肺部时，

溶解的 CO_2 会从液体中扩散出来，经肺毛细血管扩散到肺泡中呼出。

（三）氨基甲酰血红蛋白

进入红细胞的一部分 CO_2 可与血红蛋白中的氨基结合，生成氨基甲酰血红蛋白。CO_2 与血红蛋白的氨基结合，O_2 与血红素基团结合，因结合位点不同，这两个过程并不相互竞争。但是，CO_2 的结合随着血红蛋白的氧合（脱氧血红蛋白比氧合血红蛋白更容易结合 CO_2）和 CO_2 分压而变化。血氧饱和度下降，CO_2 与血红蛋白结合形成氨基甲酰血红蛋白。当 PCO_2 低时，CO_2 从氨基甲酰血红蛋白中释放，进入肺泡并排出体外。

小结

- 血液主要是通过运输血红蛋白与 O_2 结合形成的氧合血红蛋白来输送 O_2，仅有一小部分 O_2 直接溶解在血浆中。
- 为了更好地应对 O_2 需求的增加，当 PO_2 减小、pH 下降、温度升高时，血红蛋白的氧解离增强，氧离曲线右移。
- 由于氧离曲线呈 S 形，血红蛋白与 O_2 的结合在肺部受到的影响较小。
- 在动脉中，氧合血红蛋白可占 98%，这比人体正常所需的氧含量高，所以血液的载氧能力很少会限制健康个体的表现。
- CO_2 在血液中主要以碳酸氢盐的形式运输，这样可以防止碳酸形成、H^+ 积累和 pH 降低。少量的 CO_2 溶解于血浆中或与血红蛋白结合。

第五节　肌肉组织中的气体交换

本节将介绍从毛细血管到肌肉组织的 O_2 输送。

一、动–静脉氧差

在静息状态下，每 100 mL 动脉血液氧含量约为 20 mL。当血液通过毛细血管进入静脉后，氧含量降低为每 100 mL 血液含 15～16 mL（图 7.12a）。动脉血和静脉血之间的血氧含量差异称为**动脉–混合静脉氧差［arterial-mixed venous oxygen difference，或（a−$\bar{v}$）O_2 difference］**。混合静脉（$\bar{v}$）是指右心房中来自机体各个部位的静脉血的氧含量。动脉–混合静脉氧含量之间的差异反映出每 100 mL 血液中组织可摄取 4～5 mL 氧。摄取的氧与氧的使用率成正比。因此，随着耗氧量的增加，动脉–混合静脉氧差也有所增加。在最大强度的耐力运动中，每 100 mL 血液中组织可摄取 15～16 mL 氧（图 7.12b）。但是，在剧烈运动期间，收缩的肌肉中

动－静脉氧差［arterial-venous oxygen difference，或（a－v）O_2 difference］显示，每 100 mL 血液中组织可摄取 17～18 mL 氧。需要注意，此时在 v 上面没有横线，是因为我们现在看到的是局部肌肉静脉血，而不是右心房的混合静脉血。在剧烈运动中，因为肌肉中的 PO_2 远远低于动脉血中的 PO_2，所以更多的 O_2 被释放到运动的肌肉中。

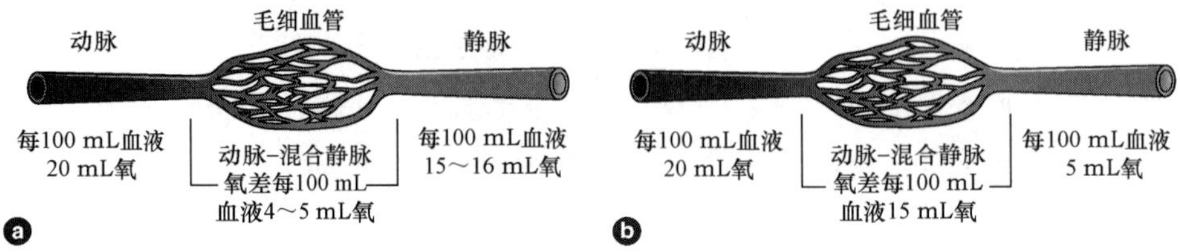

图 7.12　肌肉在静息状态和高强度有氧运动期间的动脉–混合静脉氧差

二、肌肉中的氧运输

在肌肉中，O_2 必须通过**肌红蛋白（myoglobin）**运输到线粒体，再进行氧化代谢。肌红蛋白在结构上与血红蛋白相似，但肌红蛋白对氧的亲和力比血红蛋白高得多。当 PO_2 小于 20 mmHg 时，肌红蛋白的氧离曲线比血红蛋白的氧离曲线更陡（图 7.13）。肌红蛋白仅在 PO_2 非常低的条件下释放 O_2。从图 7.13 中可以看出，在血液正在释放氧的 PO_2 处，肌红蛋白正在结合 O_2。据估计，运动肌肉线粒体中的 PO_2 可能低至 1 mmHg，因此，肌红蛋白很容易将 O_2 输送到线粒体。

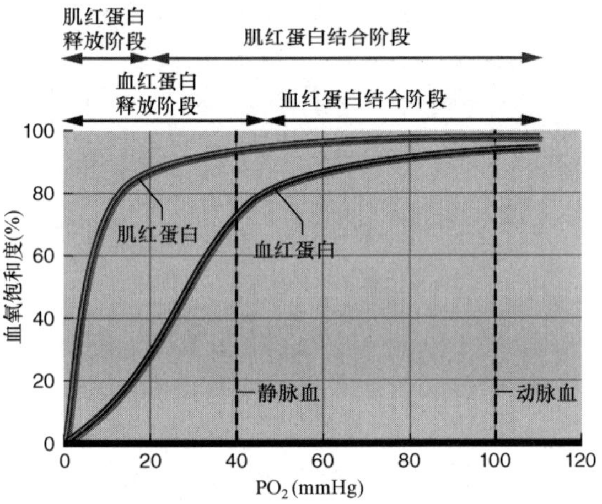

图 7.13　肌红蛋白与血红蛋白氧离曲线的对比

三、影响 O_2 运输和吸收的因素

O_2 的运输速率和吸收速率取决于血液含氧量、血流量、局部条件（如 pH、温度）这三个因素。在运动时，这三个因素发生相应变化，以确保向运动肌肉输送更多的 O_2。在正常情况下，大约有 98%的血红蛋白是氧合血红蛋白。任何降低血液载氧能力的因素都会阻碍 O_2 的输送，减少组织细胞对 O_2 的吸收。同样，动脉血 PO_2 的降低会降低氧分压梯度，限制向组织释放 O_2。但是运动时肌肉的血流量会增加，从而增加对肌肉的 O_2 供应。

运动时肌肉的许多变化会影响 O_2 的运输和吸收。肌肉活动会产生乳酸从而使肌肉酸性增加，肌肉新陈代谢的增加会使肌肉的温度升高，CO_2 浓度增加，这些变化都增强了氧解离，促进了肌肉对 O_2 的运输和吸收。

四、CO_2 解离

因组织和毛细血管血液之间的分压梯度，CO_2 可通过简单的扩散反应排出细胞。CO_2 通过肌肉氧化代谢产生，再加上肌肉内的 PCO_2 比毛细血管的更高，因此，CO_2 从肌肉扩散到血液中，然后被运输到肺部排出体外。

小结

- 动脉–混合静脉氧差是全身动脉血和混合静脉血氧含量之差，反映了所有组织所吸收的氧量。
- 动脉–混合静脉氧差在剧烈运动时显著增加，这反映了运动肌肉从动脉血中摄取了更多 O_2，从而降低了静脉血中的氧含量。
- O_2 的输送和吸收速率取决于血液含氧量、血流量和局部条件（如组织温度和 PO_2）。
- 在肌肉中，O_2 通过肌红蛋白运输到线粒体。与血红蛋白氧离曲线相比，PO_2 较低时，肌红蛋白的氧离曲线更为陡峭。
- 肌红蛋白只有在 PO_2 非常低的时候才释放 O_2。运动肌肉中的 PO_2 可低至 1 mmHg 即说明了这一点。
- 组织中的 CO_2 交换类似于 O_2 交换，肌肉中生成的 CO_2 离开肌肉，进入血液，然后运输到肺部排出体外。

研究视角 7.3 哮喘患者运动时的通气

哮喘是一种呼吸道发炎和变窄的疾病，会改变呼吸道功能，使呼吸困难。由于气道功能的这些变化是可变的，哮喘患者每天都会经历气道炎症、气道高反应性、肺功能和临床症状的变化。建议哮喘患者定期进行有氧运动，积极运动可有效改善哮喘患者的运动能力。但是，尽管有大量文献记载了运动引起哮喘患者支气管收缩，但关于在静息状态下可变的气道功能对有氧运动反应的影响仍存在很大的知识空白。

最近的一项研究试图明确在有氧运动中，运动前气道机能的改善和恶化对哮喘和非哮喘成年人通气反应的影响。所有受试者在 70%最大运动负荷下完成 4 次独立的 3 min 循环运动，然后在 85%的最大运动负荷下持续运动，直到力竭。每一轮运动前都有 4 种不同的干预措施：①吸入速效 β_2 受体激动剂以改善气道功能；②自主性过度呼吸以恶化气道功能；③假装喘息；④对照试验。使用自动肺量计评估肺功能。

令人惊讶的是，尽管成年哮喘患者运动前的肺功能（每种干预措施均通过实验操作）在 4 种情况下有显著差异，但运动通气几乎是相同的。此外，在 4 种不同的干预措施下，哮喘和非哮喘成年人的运动通气没有差异。这些数据表明，成年哮喘患者的肺部系统能充分响应高强度有氧运动时增加气流的迫切需求。这项研究的发现支持了长期有氧运动对成年哮喘患者有益的观点。

第六节　呼吸运动的反射性调节

维持血液 PO_2、PCO_2 和酸碱平衡需要呼吸、肌肉和循环系统之间高度协调。这种协调大部分是由呼吸系统完成的。目前，呼吸节律的形成机制尚未完全明了。

呼吸肌由运动神经元直接控制，而运动神经元又受脑干（延髓和脑桥）内的**呼吸中枢（respiratory centers）**调控。呼吸中枢的神经元节律性自发放电，调控呼吸的频率和深度。如果需要自主控制呼吸，可靠大脑皮层完成。此外，在某些情况下，大脑的其他中枢也会进行调控。

大脑的吸气区（背侧呼吸组）有能够放电并控制呼吸节律的细胞。在正常的呼吸过程中，呼气区（腹侧呼吸组）是安静的（呼气在静息时是被动过程）。但是，在用力呼吸时，呼气区会主动向肌肉发送呼气信号。大脑另外两个中枢也帮助控制呼吸。呼吸暂停区对吸气中枢有兴奋作用，导致吸气神经元放电时间延长。呼吸调节中枢可抑制或停止吸气，帮助调节吸气量。

呼吸运动不仅受呼吸中枢的调控，也受体内化学环境的影响。大脑中的化学感受器对 CO_2 和 H^+ 水平的变化反应敏感，感受脑脊液中 H^+ 增加的刺激。血脑屏障对 H^+ 和碳酸氢盐相对不渗透，而血液中的 CO_2 可迅速通过血脑屏障，增加 H^+ 浓度，从而刺激中枢化学感受器，引起呼吸中枢兴奋，使呼吸加深加快，这反过来又更多地去除了 CO_2 和 H^+。

位于主动脉弓和颈总动脉的外周化学感受器不仅对血液中 PO_2 的变化敏感，而且对 H^+ 浓度和 PCO_2 的变化也有反应。颈动脉化学感受器对 H^+ 浓度和 PCO_2 的变化更敏感。总体上来说，PCO_2 对呼吸的影响较大。当 CO_2 浓度过高时，碳酸形成，然后迅速分解，释放 H^+。如果 H^+ 积聚，血液酸度增加，pH 降低。因此，PCO_2 的增加会刺激吸气中枢，机体为清除体内多余的 CO_2 并限制 pH 的降低而增加呼吸，而不是为了吸入更多的 O_2。

除了化学感受器，其他神经机制也会影响呼吸。肺的胸膜、细支气管和肺泡含有牵张感受器。当这些区域被过度牵张时，该信息就会传递到呼气中枢。呼气中枢通过缩短吸气时间，从而降低呼吸结构过度膨胀的风险。这种反应被称为黑林–伯鲁反射。

呼吸的调节涉及许多控制机制，如图 7.14 所示。这些控制机制都是必不可少的。情绪紧张或环境温度的突然变化等简单刺激都能影响呼吸。呼吸的目的是使血液和组织内各气体保持在适当水平，保持正常的 pH。如果不仔细控制，其中的任何微小变化都可能影响身体活动，危害健康。

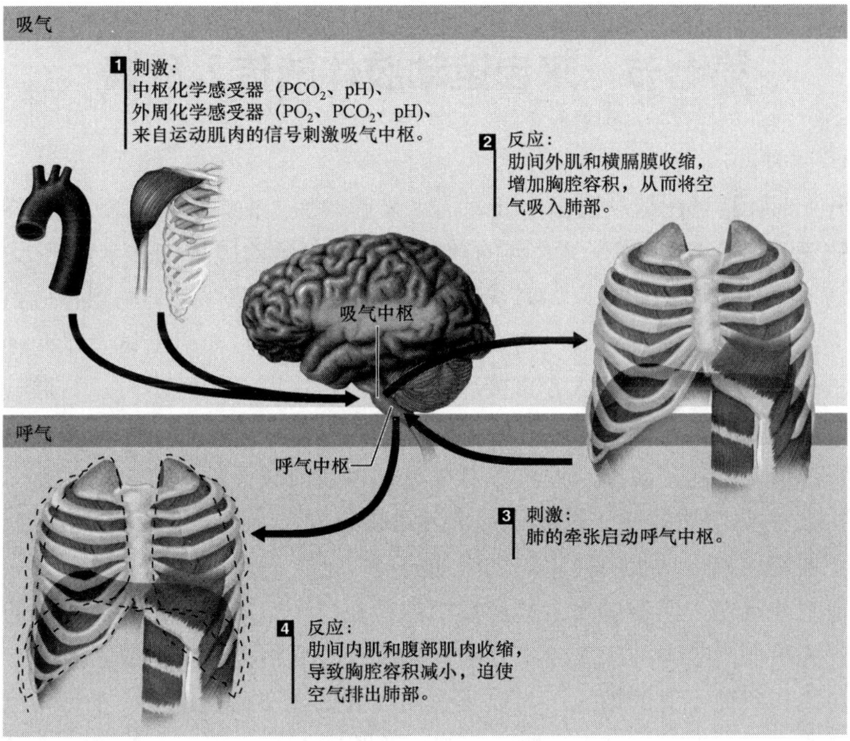

图 7.14 呼吸调节过程

研究视角 7.4 经常锻炼可以降低呼吸道疾病的死亡率

肺炎是一种引起肺泡炎症的感染，是感染死亡的主要原因。肺炎的风险随着年龄、心脏病、慢性肺病等，以及使用免疫抑制药物的增加而增加。定期进行体育锻炼对健康有诸多益处。然而，这些益处是否能降低呼吸道疾病的风险尚不清楚。当然，肺炎风险的降低与定期锻炼可防止衰老引起的功能衰退的概念是一致的。

2014 年的一项对步行者和跑步者的健康调查研究了跑步和步行与呼吸系统疾病死亡率之间的关系。该研究是一项涵盖超过 15 万名成年人的前瞻性流行病学队列研究。这一研究希望验证一个假设，即更大的运动能量消耗与呼吸系统疾病，尤其是肺炎的风险降低有关。研究结果为减少呼吸系统疾病和降低肺炎的风险提供了有力的支持，因为呼吸系统疾病和肺炎是导致运动能量消耗增加和死亡的潜在因素。毫无疑问，这种关系是剂量依赖性的，习惯性活动水平越高的人，风险降低的可能性越大。有趣的是，这种风险降低在步行者和跑步者之间没有什么不同。此外，这些影响似乎与运动对心血管疾病风险的影响无关。这些发现为定期进行有氧运动对健康有益提供了令人信服的证据。

第七节　来自运动肢体的传入反馈

在运动开始时，甚至在运动肌肉的代谢需求显著增加之前，呼吸系统几乎立即做出反应，增加通气。快速启动是中枢指令（大脑的前馈机制）和运动肢体的传入神经反馈相结合的结果。除了这些生理机制，运动开始时快速呼吸的驱动力与肢体运动的频率成正比。为了将中枢指令和运动肌肉传入反馈对通气的贡献区分开，研究者对一组受试者以两种不同速度跑步时的通气量进行了测量。当受试者直接以给定的恒定速度开始跑步时，其通气量立即与跑台速度成比例增加。然而，当受试者开始以较低的速度跑步时，通过增加坡度以匹配平地跑步时处于更快速度下的运动负荷，通气量首先增加以适应较慢的速度，然后逐渐增加以满足实际的 O_2 需求。立即增加的通气量部分受来自四肢的传入神经反馈控制，但随后逐渐增加的通气量是对代谢变化和运动肌肉代谢需求增加的反应。

近期，研究焦点在于四肢的传入神经反馈能否在整个运动过程中持续控制通气量。多伦多大学的研究人员在两个不同的实验中分别让受试者改变踏板的节奏或阻力。在一组实验中，他们在保持总工作负荷不变的情况下，以正弦曲线方式改变踏板速度；在另一组实验中，他们在保持速度不变的情况下，以正弦曲线方式改变踏板工作负荷（图 7.15）。在踏板速度变化的实验中（图 7.15a），心率发生变化之前，通气量的增加要快得多。相反，当改变工作负荷时（图 7.15b），通气量增加前有较长的滞后时间，因此新陈代谢的变化早于通气的变化。这些实验结果表明，肢体运动频率会在运动开始时及整个运动过程中持续影响通气，而四肢的传入神经反馈会持续影响运动过程中呼吸的驱动力。

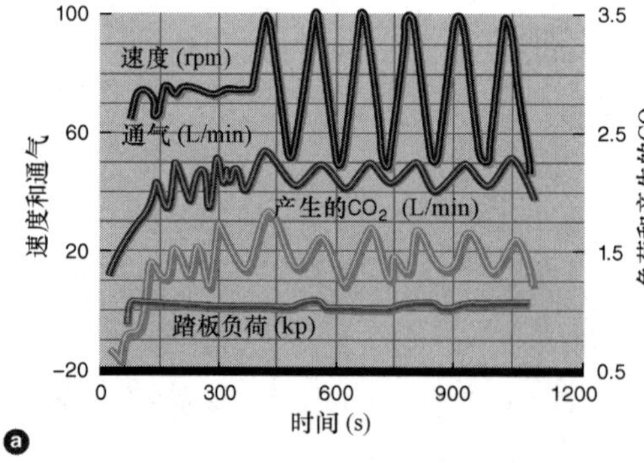

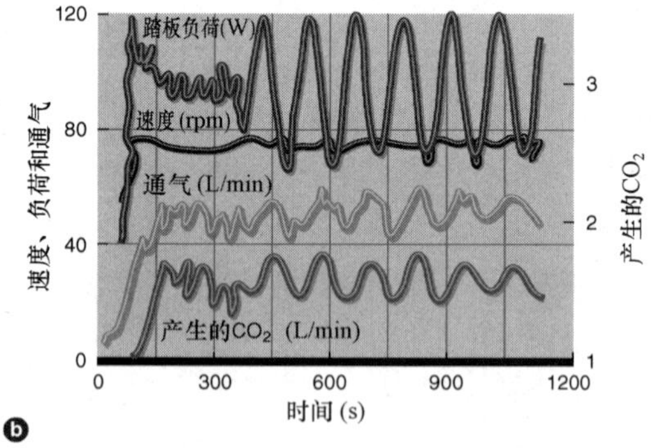

a. 在运动实验中测量的呼吸变量，在踏板负荷保持不变的情况下，受试者改变踏板速度（节奏），实线是拟合的正弦波；

b. 在踏板速度（步伐）保持不变的情况下，在不同踏板负荷的运动实验中测量的呼吸变量。

图 7.15　正弦波运动实验

结语

本章介绍了呼吸的整个过程，包括肺通气（吸气和呼气）、肺泡中的气体扩散、血液中的气体运输，以及在组织中的气体交换。下一章将介绍心血管和呼吸系统对剧烈运动的反应。

关键词

肺泡（alveoli）
动脉－混合静脉氧差［arterial-mixed venous oxygen difference 或（$a-\bar{v}$）O_2 difference］
动－静脉氧差［arterial-venous oxygen difference 或（$a-v$）O_2 difference］
波义耳定律（Boyle's gas law）
道尔顿分压定律（Dalton's law）
无效腔（dead space）
呼气（expiration）
外呼吸（external respiration）
菲克定律（Fick's law）
亨利定律（Henry's law）
吸气（inspiration）
内呼吸（internal respiration）
肌红蛋白（myoglobin）
氧阶梯（oxygen cascade）
氧扩散能力（oxygen diffusion capacity）
分压（partial pressures）
肺弥散（pulmonary diffusion）
肺通气（pulmonary ventilation）
余气量（residual volume，RV）
呼吸中枢（respiratory centers）
呼吸膜（respiratory membrane）
呼吸泵（respiratory pump）
肺量计法（spirometry）
潮气量（tidal volume）
肺总量（total lung capacity，TLC）
肺活量（vital capacity，VC）

思考题

1. 简述外呼吸和内呼吸的概念并对二者进行区分。

2. 描述吸气和呼气的机制。

3. 什么是肺量计？如何使用肺量计法测量肺容积？

4. 简述呼吸气体分压的概念。气体分压在肺弥散中的作用是什么？

5. 血液和气体的交换是在肺的哪个部位进行的？描述呼吸膜的作用。

6. O_2和CO_2是如何在血液中运输的？

7. 描述 O_2 从干燥的环境空气到组织并进入静脉循环的级联变化，以及不同阶段氧分压的值。

8. O_2是如何从动脉血进入肌肉的？CO_2是如何从肌肉进入静脉血的？

9. 什么是动脉–混合静脉氧差？从静息状态到运动状态，该值是如何变化的？为何发生变化？

10. 如何调节肺通气？控制呼吸深度和频率的化学刺激有哪些？它们在运动时如何控制呼吸？

学习指南

“关键词”复习了本章中的重要概念，章末的思考题可以测试你对本章内容的理解。

第八章 急性运动的心肺功能反应

即使是经过训练的年轻人，完成 42 km（26.2 mi）的全程马拉松也是一种了不起的成就。2002 年 5 月 5 日，格雷格·奥斯特曼（Greg Osterman）用时 5 h 16 min，完成了辛辛那提飞猪马拉松比赛，这是他第 6 次完成全程马拉松比赛。这个成绩当然不是世界水平，也达不到专业选手的平均水平。但是，1990 年，35 岁的奥斯特曼患病毒性心肌感染，进而发展成心力衰竭。1992 年，他接受了心脏移植手术。1993 年，他心脏出现了排异反应，并且患上了白血病，这是移植患者服用抗排异药物的常见副作用。但是，他奇迹般地恢复了，并开始进行运动康复训练。1994 年，他第一次完成了 15 km 的比赛，在 1999 年和 2001 年，他先后参加了百慕大、圣地亚哥、纽约和辛辛那提等 5 次马拉松比赛。奥斯特曼是人类坚强意志和生理适应能力的典范。

在了解了心血管系统和呼吸系统的基础解剖生理知识后，本章将探讨急性运动中心血管系统和呼吸系统的反应如何满足人体对代谢增加的需求。在运动过程中，参与运动的骨骼肌对氧的需求量显著增加，机体能量代谢增强，代谢废物增多。长时间运动或者在热环境中运动时，机体温度升高。在剧烈运动时，骨骼肌和血液中的 H^+浓度升高，pH 下降。

第一节 急性运动的心血管反应

在运动过程中，心血管系统会产生一系列变化，这些变化的共同目的是增加运动骨骼肌的血流量。实际上，运动过程中机体各组织器官的血流量都发生了变化。为了更好地理解这些变化，我们必须掌握心脏和外周循环的机能。本节首先探讨从安静状态到运动过程中心血管系统各部分的变化，特别是心率、每搏输出量、心输出量、血压、血流量和血液的变化，然后探讨这些变化如何相互协调以维持足够的血压来满足机体运动时的需要。

一、心率

心率是一个能反映心血管反应的简单易测的指标。心率可以简单地从桡动脉或颈动脉测得，是反映运动强度的良好指标。

（一）静息心率

大部分人的**静息心率（resting heart rate，RHR）**平均为60～80 bpm。有研究显示，耐力项目运动员的静息心率可以降低到28 bpm，这主要是因为耐力训练使迷走神经张力增强。环境因素也会影响静息心率，如在极端温度下和高海拔的环境中，静息心率会升高。

在运动即将开始之前，心率就会开始升高，这是一种前馈调节。这种反应是由交感神经释放的神经递质——去甲肾上腺素和肾上腺髓质释放的激素——肾上腺素引发的。同时，迷走神经的张力会降低。由于在运动前心率就可能升高，因此，准确的静息心率必须在完全放松的状态下测得。例如，经过一夜充足睡眠后，在清晨醒来的时候进行测量。

（二）运动时心率

运动开始后，心率会随着运动强度的增大而增加（图8.1）。当接近最大运动强度时，心率出现平台期，不会继续随着运动强度的增大而增加，这意味着心率已经接近最大值。全力运动至力竭时的心率称为**最大心率（maximum heart rate，HR_{max}）**。通常这个数值相对可靠，不易发生变化，但会随着年龄的增长逐渐降低。

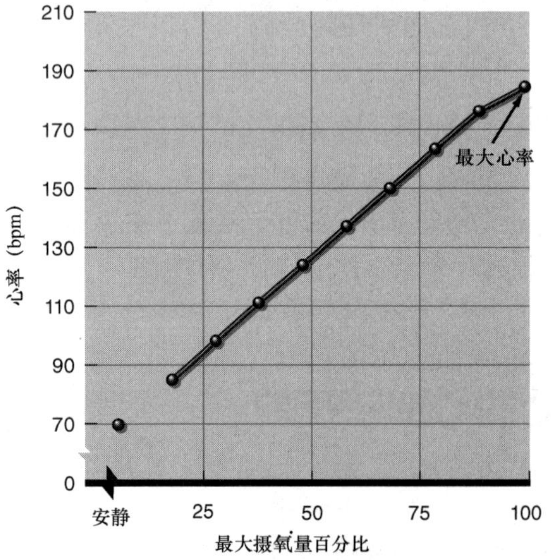

图8.1　在跑台上行走、慢跑和快跑时心率的变化

注：纵轴表示心率，横轴表示运动强度，强度以受试者的最大摄氧量百分比表示。当受试者的心率达到平台期时，即为他的最大心率。

最大心率通常可以根据年龄进行估算，因为从10～15岁开始，最大心率会以每年递减1 bpm的速率可预测性地缓慢下降。通常一般人的最大心率约为220减去年龄，但这只是估算值，个体间存在明显差异。例如，一个40岁的人，用此方法估算的最大心率为180 bpm（HR_{max}=220−40）。但实际上，在40岁的人群中，68%的同龄人最大心率在168～192 bpm（平均值±1个标准差），95%的同龄人最大心率在156～204 bpm（平均值±2个标准差）。这表明，利用220减年龄估算最大心率可能存在误差，更为准确的估算

公式为 HR_{max}=208－（0.7×年龄）。

当以亚极量强度进行恒定速度运动时，心率在进入平台期前迅速升高。达到平台期的心率称为**稳态心率（steady-state heart rate）**，表示循环系统可以满足机体在特定负荷下的需求。随后，运动强度继续增加，心率将会在 3 min 内达到新的稳态心率。运动强度越大，达到这一稳定状态的时间就越长。

稳态心率可被用来评价心肺机能（有氧工作能力）。受试者在运动器械（如功率自行车）上进行 2～3 级递增负荷运动。在进行同一负荷强度运动时，心肺耐力较好者的稳态心率通常比较差者低。因此进行定量负荷运动时，较低的稳态心率表示心肺机能较好。

图 8.2 是两个同年龄的人使用功率自行车进行亚极量强度运动测试的结果，在第 3～4 级负荷测量稳态心率，将不同负荷下的心率绘制成曲线。由于运动强度与能量需求成正比，因此稳态心率和能量需求（ $\dot{V}O_2$ ）之间具有良好的线性关系。根据所形成的直线可以推算出受试者达到最大心率（由年龄推算）时机体的最大运动能力。图中，受试者 A 的心肺耐力比受试者 B 好，是因为：①进行相同的亚极量强度运动时，受试者 A 的心率较低；②受试者 A 在达到推算出的最大心率时最大运动能力（ $\dot{V}O_{2max}$ ）更强。

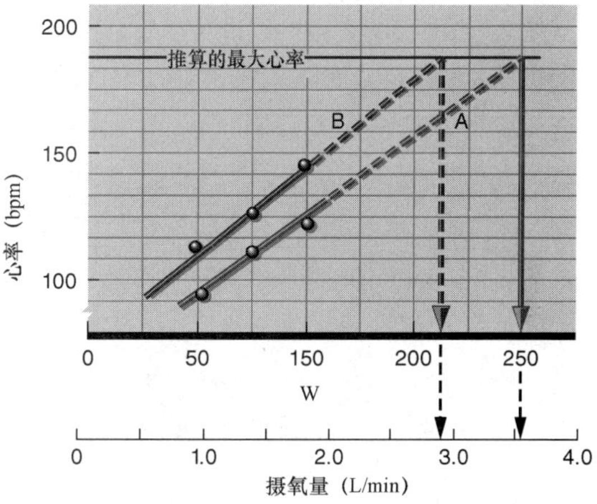

图 8.2　在较大范围内，心率的增加与输出功率和摄氧量都呈线性关系

注：最大摄氧量可以通过估算的最大心率推测出来。图中显示两名受试者估算的最大心率相近，但最大运动能力（最大摄氧量水平）的差异却很大。

（三）心率变异性

心率变异性是评价逐次心动周期差异的指标，这是由控制窦性心律的交感神经和副交感神经之间平衡的持续变化造成的。对心率变异性的分析是一种评价安静和运动时交感神经和副交感神经相对贡献的无创性的方法。在短期有氧运动中，许多因素会导致心率变异性增加，如体温升高、交感神经张力增强和呼吸频率增加。在一次短期运动后，相对于运动前，心率变异性会逐渐增加，这是迷走神经张力增强所致。此外，心率变异性的变化可以用来评估运动训练的效果（在第十一章中讨论）和过度训练的发生（在第十四章中讨论），它也在临床医学上被用于某些疾病的诊断（在第二十章中讨论）。

心率就像其他随时间周期性重复的信号一样，可以用功率谱来表示，功率谱描述了不同频率下出现的信号量。分析心率信号使用的是一种叫作频谱分析的数学分析方法，这是一种与频率而非时间有关的分析方法。在频谱分析中，平均心率周围的变异性被分为多个频域。心率变异性的频域受到很多生理因素的影响。通过数学方法分析心率变异性的影响因素可以让研究人员发现运动训练或疾病对每位受试者身体的影响。例如，有氧运动训练可以增强副交感神经对心率的控制，其特征为安静时迷走神经张力增强和交感神经张力减弱，这些变化会影响心率变异性的高频成分。

研究视角 8.1　寻找一个更好地预测最大心率的方法

最大心率（HR_{max}）通常用于临床运动测试，在体育训练和运动康复训练中被用于确定运动强度。最大心率可以通过力竭运动测试来确定，并利用心率不再随运动强度增加而变化的平台期来验证。然而，力竭运动测试并不总是可行的，尤其是在可能不安全的临床环境中进行极量运动，或在没有先进设备（如可调坡度或阻力的跑台或功率自行车）的场地进行测试。由于这些限制因素，我们需要精确的公式来推导最大心率。

最大心率随年龄呈线性下降，使用本章正文中的常用公式可以估算最大心率。然而科学家提出，在推导公式中加入其他因素，包括性别、BMI、吸烟状况及体力活动，可能会提高推导公式的准确性。2013年，挪威的一组研究人员开发了一种新的、更精确的最大心率推导公式。为此，研究小组调查了参加亨特健身（Hunt Fitness）研究的一组受试者，该研究是一项大型队列研究，旨在测量挪威健康成年人的最大摄氧量。为了提出一个新的最大心率推导公式，研究人员分析了在摄氧量峰值测试中测量到的最大心率，然后研究了最大心率与年龄、性别、体力活动状况、BMI和客观测量的有氧运动能力之间的关系。

最大心率与年龄线性相关，可用以下公式进行精准推导：

$$HR_{max} = 211 - 0.64 \times 年龄$$

基于传统的估算公式：

$$HR_{max} = 220 - 年龄$$

传统的估算公式的特点是：①高估了年轻人的最大心率；②很好地预测了40岁左右人群的实际最大心率；③随着年龄的增长，越来越低估了最大心率。出乎意料的是，研究小组发现，仅仅根据年龄就可以很好地推导最大心率，考虑BMI、性别、吸烟状况、体力活动或$\dot{V}O_{2max}$并没有提高公式的准确性。这项研究的结论是：新的预测公式$HR_{max}=211-0.64\times$年龄更准确地描述了最大心率随年龄的变化。然而，与所有的推导公式一样，仍必须考虑到±11 bpm的标准误差。此外，尽管性别、BMI、吸烟状况、体力活动和健康状况不影响最大心率随年龄的下降，但这些因素仍然可能影响个体的最大心率。

这个新公式可能比快速简单的传统公式（220−年龄）更好，但有可能的话，使用极量运动测试直接测量最大心率会更好。

二、每搏输出量

短期运动中，每搏输出量也会发生变化，使心脏能够适应运动的需求。在接近亚极量和极量强度运动中，每搏出量是心肺耐力的主要决定因素。每搏输出量由以下四个因素决定：

✧ 静脉回心血量（心脏只能泵出回流到心脏的血液）。

✧ 心室的扩张性（心室扩张时能够充盈血液的能力）。

✧ 心室的收缩力（心室收缩的内在能力）。

✧ 主动脉压或肺动脉压（心室收缩泵出血液时的阻力）。

前两个因素影响心室的充盈能力，决定能够进入心室的血流量，以及在一定压力状况下血液充盈心室的难易程度，被称为**前负荷（preload）**，决定心室舒张末期的容积。后两个因素影响心室排空血液的能力，决定心室将血液射入动脉的力量和克服大动脉血压的能力。平均动脉压决定心脏收缩射血的阻力；主动脉压决定左心室收缩射血的阻力；肺动脉压决定右心室收缩射血的阻力，被称为**后负荷（afterload）**。上述四个因素直接影响运动过程中每搏输出量的改变。

（一）运动时的每搏输出量

运动时每搏输出量增加，其数值高于安静时。大多数研究人员认为，当运动强度达到40%～60% $\dot{V}O_{2max}$ 前，每搏输出量随运动强度的增加而增加。超过此强度范围后，每搏输出量达到平台期，直至力竭，不会发生变化，如图 8.3 所示。然而，也有一些研究者发现，在运动强度超过 40%～60% $\dot{V}O_{2max}$，达到最大强度前，每搏输出量会随运动强度的增加而增加，这部分内容稍后会讨论。

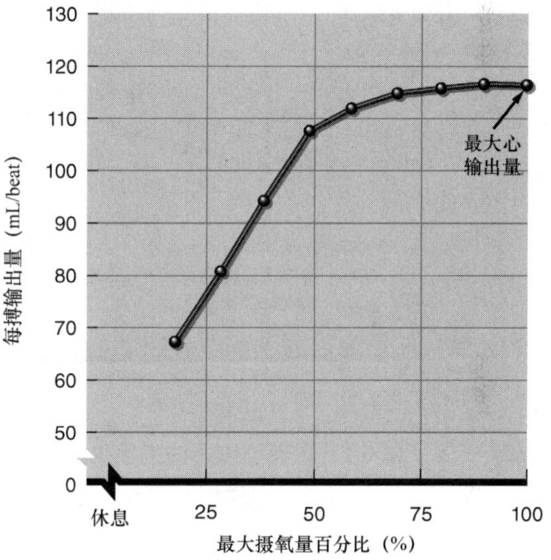

图 8.3　受试者在递增负荷运动过程中每搏输出量的变化

注：运动强度在 40%～60% $\dot{V}O_{2max}$ 前，每搏输出量随着运动强度的增加而增加，直至到达最大值。

当人体处于直立位时，进行最大强度运动时的每搏输出量大约是安静时的 2 倍。例如，一个未经训练的人，安静时的每搏输出量为 60～70 mL，进行最大强度运动时会增加到110～130 mL。对高水平耐力运动员而言，安静时的每搏输出量为 80～110 mL，进行最大强度运动时会增加到 160～200 mL。当人体处于仰卧位运动时，如平躺蹬功率自行车，每搏输出量也会增加，但不会像直立位增加得那么多，只会在安静水平的基础上增加 20%～40%。为什么体位不同会造成如此差异呢？

当身体处于仰卧位时，血液不会积聚在下肢，容易回流到心脏，这意味着仰卧位安静时的每搏输出量大于直立位。因此，进行最大强度运动时，仰卧位运动时每搏输出量的增长量比直立位运动时的增长量小，这是因为仰卧位安静时每搏输出量本身就比较大。有意思的是，直立位运动时每搏输出量所能达到的最大值仅比仰卧位安静时的值略高。直立位进行低到中等强度运动时，每搏输出量的增加主要是用于弥补重力造成的血液积聚在下肢的影响。

运动强度达到 40%～60% $\dot{V}O_{2max}$ 前，每搏输出量随运动强度的增加而增加已成为学界共识，对于 60% $\dot{V}O_{2max}$ 以上强度的运动，每搏输出量随着运动强度增加而变化的规律在学界还存在争议。少部分研究发现，运动强度超过 60% $\dot{V}O_{2max}$ 后，每搏输出量依然随着运动强度的增加而增加。研究结果的不同可能是不同研究所采用的运动测试方案不同引起的。在发现 40%～60% $\dot{V}O_{2max}$ 出现平台期的研究中，运动测试基本使用的是功率自行车。这种测试方法使血液积聚在下肢，减少回心血量，从而使平台期成为功率自行车研究的特征。

在每搏输出量一直随着运动强度增加而增加直至力竭的研究中，受试者为高水平运动员。高水平运动员，如高水平自行车运动员在使用功率自行车进行运动测试时，在运动强度达到 60% $\dot{V}O_{2max}$ 及以上时，每搏输出量依然会随着运动强度的增加而增加，这可能是长期有氧训练导致的适应。耐力训练使回心血量增加，提高心室的充盈量，从而增强心肌收缩力。图 8.4 显示了无训练经历的大学生、有训练经历的大学生长跑运动员和高水平运动员在递增负荷过程中心率、每搏输出量和心输出量的变化。

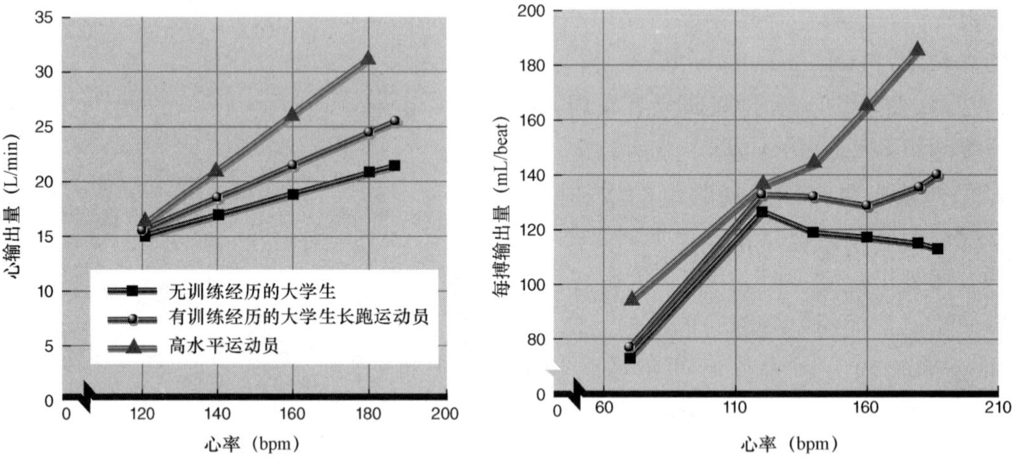

图 8.4 无训练经历的大学生、有训练经历的大学生长跑运动员和高水平运动员在递增负荷过程中心率、每搏输出量和心输出量的变化

（二）每搏输出量对 $\dot{V}O_{2max}$ 的重要性

正如第五章所说，$\dot{V}O_{2max}$ 被广泛认为是衡量心肺耐力的最佳指标。在进行最大强度运动时，$\dot{V}O_{2max}$ 决定了心血管功能的上限，即

$$\dot{V}O_{2max} = HR_{max} \times SV_{max} \times (a-v)O_{2max}$$

表 8.1 显示了优秀运动员、同龄的正常受试者和二尖瓣狭窄的心脏病患者之间 $\dot{V}O_{2max}$ 的显著差异。这三组受试者的最大心率和动–静脉氧差的差异很小，所以进行最大强度运动时，每搏输出量增加的能力是决定 $\dot{V}O_{2max}$ 的主要因素。

表 8.1　优秀运动员、同龄的正常受试者和二尖瓣狭窄的心脏病患者之间 $\dot{V}O_{2max}$ 的显著差异

组别	最大摄氧量（mL/min）	最大心率（bpm）	最大每搏输出量（mL/beat）	动–静脉氧差（mL/100 mL）
优秀运动员	6 250	190	205	16
同龄的正常受试者	3 500	195	112	16
二尖瓣狭窄的心脏病患者	1 400	190	43	17

（三）在运动过程中，每搏输出量是如何增加的?

尽管心室充盈的时间较短，每搏输出量在运动过程中仍会增加，特别是在心率较高的情况下。例如，在静息心率为 70 bpm 时，心室充盈时间为 0.55 s。在心率为 195 bpm 时，心室充盈时间减少到 0.12 s。在充盈时间较短的情况下，每搏输出量是如何增加的？

运动中每搏输出量增加的一个原因是前负荷增加或者心室舒张末期容积（心室血液充盈导致的心室伸展）增加，这是决定每搏输出量的主要因素。在心室充盈期，心室伸展得越多，心室收缩的力量就越强。在心室舒张期，大量血液充盈进入心室，增加了心室的伸展程度。为了射出更多的血液，心室会产生更大的收缩力，这一现象称为“**弗兰克–斯塔林定律**”（**Frank-Starling mechanism**）。在细胞层面，心肌细胞的初长度越长，肌球蛋白横桥与肌动蛋白的结合率就越高，心肌细胞收缩的力量就越大。

运动时，每搏输出量增加的另一个原因是心肌收缩力（心肌本身的功能状态）增强。交感神经活性增强，循环血液中儿茶酚胺（肾上腺素和去甲肾上腺素）分泌量增加，或者两者同时作用增强心肌收缩力。心肌收缩力增强可以增加每搏输出量，无论心室舒张末期容积增加还是不增加，最终都使射血分数增加。平均动脉压降低时，由于外周阻力减小，每搏输出量也会增加。在以上作用机制下，运动时每搏输出量增加。

相比心率，每搏输出量更难测量。临床上应用心血管诊断技术可以准确地测量运动时每搏输出量的变化。超声心动图（利用声波）和心脏放射性核素显像技术（利用放射性元素标定红细胞）都可以用于解释运动中需氧量增加使心脏腔室产生的变化。这两种技术都可以获得从安静状态到接近最大强度运动心脏的连续影像。

图 8.5 展示了未经正规训练的受试者的运动实验。实验中，受试者分别在仰卧位和直立位的测功仪上进行了四种不同状态的测试：安静状态、低强度运动、中等强度运动、最大强度运动。

从安静状态到进行递增强度运动，左心室舒张末期容积增加（更多的心室充盈量或更大的前负荷），根据弗兰克－斯塔林定律，每搏输出量增加。此外，左心室收缩末期容积减少（排空量较大），提示心室收缩力增强。

图 8.5 表明，弗兰克－斯塔林定律和心室收缩力增加是运动时每搏输出量增加的两个重要因素。进行低强度运动时，每搏输出量的增加主要是由于弗兰克－斯塔林定律；而进行高强度运动时，每搏输出量的增加主要依靠心肌收缩力增强。

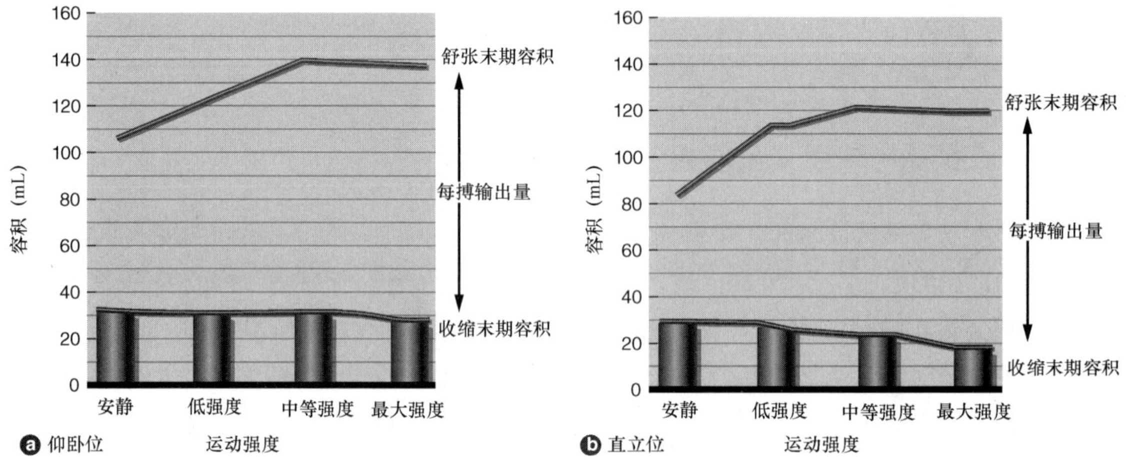

图 8.5 受试者在仰卧位和直立位时安静状态，以及以低、中等、最大强度运动时左心室舒张末期容积（EDV）、左心室收缩末期容积（ESV）和每搏输出量（SV）的变化，其中 SV=EDV－ESV

前文提到过，心率会随着运动强度的增加而增大。进行高强度运动时，心室舒张末期容积会出现平台期或小幅下降，这是由于心率增加导致心室充盈时间缩短。有文献报道，心室充盈的时间会从安静时的 500～700 ms 下降至高强度运动（心率达 150～200 bpm）时的 150 ms。因此，当运动强度接近 $\dot{V}O_{2max}$ 水平（最大心率强度）时，心室舒张期血液充盈的时间缩短，限制了血液的充盈程度，从而导致心室舒张末期容积出现平台期或小幅下降。

根据弗兰克－斯塔林定律，要想使每搏输出量增加，就必须使心室舒张末期容积增加，也就是增加静脉回心血量。如第六章所述，肌肉泵和呼吸泵都会促进静脉回流。血液在内脏和肾脏等不活跃的组织中重新分配，增加了循环血容量。

综上所述，每搏输出量随着运动强度增加而增加的原因包括静脉回心血量增加（前负荷）和心室收缩力增强。第三个原因是**总外周阻力（total peripheral resistance，TPR）**减小，即心室射血的后负荷降低。外周阻力的减小是运动肌肉的血管舒张造成的。后负荷的降低使左心室泵血的阻力减小，促进心室血液排空。

三、心输出量

心输出量等于心率与每搏输出量的乘积（$\dot{Q}$=HR×SV），心输出量会随着运动强度的增加而增加（图 8.6）。安静时，人的心输出量大约为 5.0 L/min，但体型不同的人心输出量也存在差异。心输出量最大值为 20 L/min（静坐少动人群）～40 L/min（优秀耐力运动员），与体型和耐力训练水平相关。心输出量和运动强度之间的线性关系是可以推测得出的，因为心输出量增加的目的是满足骨骼肌对氧的需求。与 $\dot{V}O_{2max}$ 一样，在接近最大运动强度时，心输出量会出现平台期（图 8.6）。事实上，心输出量的水平是 $\dot{V}O_{2max}$ 的限制性因素。

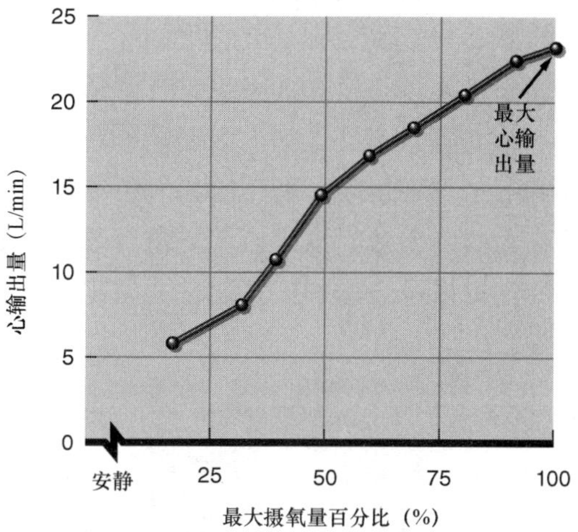

图 8.6　受试者在跑台上进行递增负荷运动时心输出量的变化

注：心输出量随运动强度增加而增加，直至达到最大值。

四、菲克方程

在 1870 年，心血管生理学家阿道夫・菲克（Adolph Fick）提出了菲克定律来解释心血管功能与代谢之间的关系。根据菲克定律，组织的耗氧量取决于该组织的血流量和 O_2 从动脉血中释放的量。该定律既适用于整个机体，也适用于局部的血液循环。耗氧量由血流量，以及流向组织的动脉血的含氧量与离开组织的静脉血的含氧量的差值（动脉–混合静脉氧差）决定。整个机体的耗氧量由心输出量和整个机体的动脉–混合静脉氧差决定。

菲克方程可表示为

$$\dot{V}O_2=\dot{Q}\times(a-\bar{v})\,O_2$$

即

$$\dot{V}O_2=HR\times SV\times(a-\bar{v})\,O_2$$

菲克方程是运动生理学中非常重要的内容，本书会反复提及。

五、心脏对运动的反应

在安静和运动的不同状态下，心率、每搏输出量和心输出量会发生怎样的变化？请看下面的例子。当人由躺到坐，再站起来，然后走路、慢跑，最后快速跑，整个过程中心脏发生了如下反应：

当人躺着时，心率约为 50 bpm，坐起时增加到 55 bpm，站起来时约为 60 bpm。在人从躺、坐起到站起来的过程中，重力使血液积聚在下肢，使回心血流量减少，从而使每搏输出量减少。为了弥补减少的每搏输出量，心率增加，维持心输出量的稳定（$\dot{Q}$=HR×SV）。

从安静状态到走路，心率从 60 bpm 增加到 90 bpm，在以中等速度慢跑时，心率增加到 140 bpm，快速跑时可达 180 bpm 或更快。首先，心率增加到 100 bpm 左右主要是迷走神经的张力减弱所致，后来心率的继续增加则是由交感神经活性增强实现的。随着运动的继续，每搏输出量也会增加，从而使心输出量也继续增加，如图 8.7 所示。

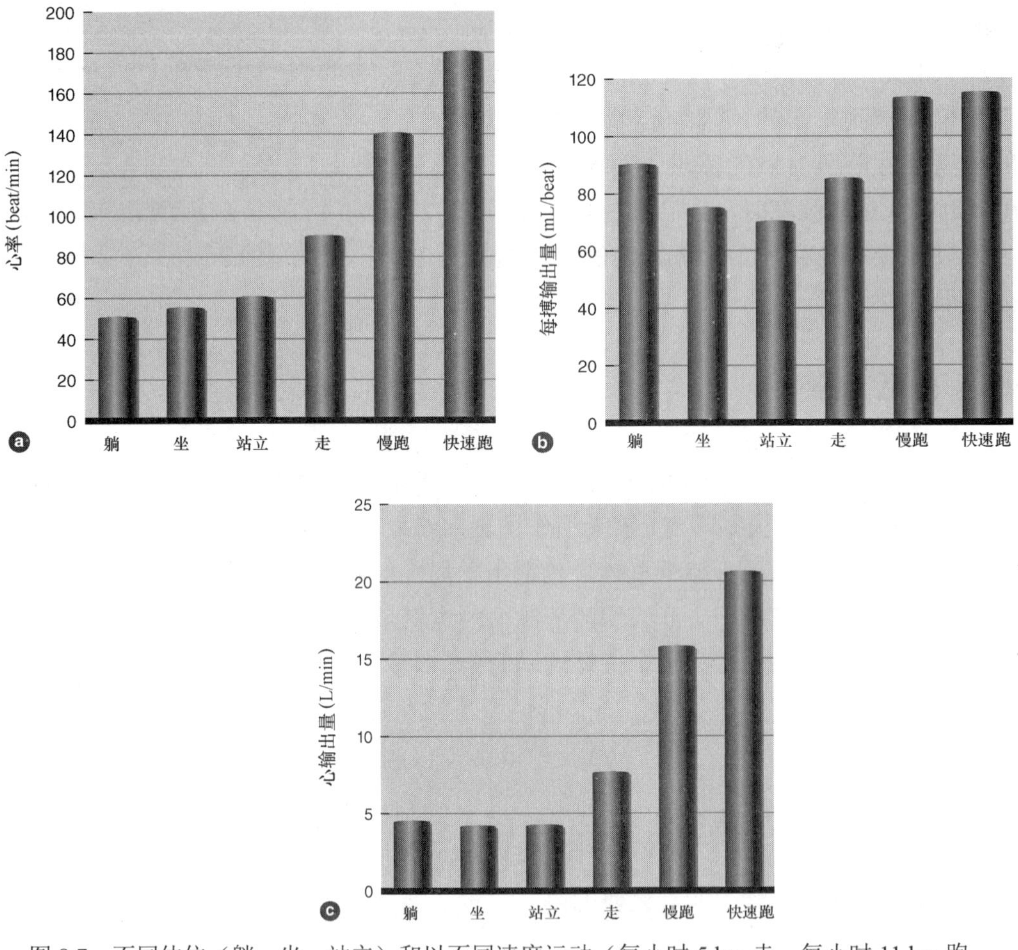

图 8.7　不同体位（躺、坐、站立）和以不同速度运动（每小时 5 km 走、每小时 11 km 跑、每小时 16 km 跑）时，心率（a）、每搏输出量（b）和心输出量（c）的变化

对未经训练的人而言，在运动的起始阶段，心率和每搏输出量同时增加，心输出量增加。当运动强度超过 40%～60%最大运动强度时，每搏输出量出现平台期或者小幅增加。因此，心输出量的增加依赖于心率的增加。对高水平运动员而言，在进行较大强度的运动时，心输出量的增加主要依赖于每搏输出量的增加。

六、血压

进行耐力运动时，收缩压随运动强度增加成比例升高，而舒张压则不会显著升高，甚至略有下降。由于收缩压升高，平均动脉压会升高。正常成年人安静时收缩压约为 120 mmHg，而进行最大强度运动时，收缩压可能超过 200 mmHg。有文献报道，高水平运动员在进行最大强度有氧运动时，收缩压可高达 240～250 mmHg。

运动强度增加，心输出量增加，从而使收缩压升高。血压升高使血管中的血流量增加，也决定了会有多少血浆流出毛细血管（静水压），进入组织并运送 O_2 和营养物质到需要的部位。因此，收缩压的升高有助于将 O_2 和营养物质运送到工作的骨骼肌。

在进行次大强度耐力运动时，血压在运动开始时升高，之后会保持在相对稳定的水平。当运动强度增加时，收缩压也会随之升高。当运动强度保持恒定时，收缩压可能会缓慢下降，但是舒张压保持稳定。收缩压缓慢下降是正常的反应，这是运动骨骼肌内小动脉舒张增强从而使外周阻力下降引起的（血压=心输出量×外周阻力）。

在进行次大强度运动时，舒张压的变化不大，但在进行最大强度运动时，舒张压也会略微升高。前文提到舒张压是指心脏舒张时动脉内的血压。运动时，交感神经张力增加，导致血管收缩。但是，在运动骨骼肌中，局部功能性抗交感因子的释放可以对抗血管的收缩。因此，不运动区域的血管收缩与运动区域的血管舒张之间形成相对平衡状态，从而使舒张压基本保持不变。但是，一些心血管疾病患者在进行运动测试时，舒张压会升高 15 mmHg 以上，这是终止运动测试的重要标志之一。

在相同的能量消耗下，相较于下肢运动，进行上肢运动时血压升高得更为显著。这可能是因为同下肢相比，上肢参与运动的骨骼肌和血管更少。此外，上肢运动需要额外的能量消耗用于保持躯干的稳定。上肢与下肢运动收缩压变化的差异对心脏有重要的影响。心肌摄氧量和心肌血流量与心率和收缩压的乘积有关。这个数值被称为**心率－收缩压乘积（rate-pressure product，RPP）**或双重乘积（RPP=HR×SBP）。进行静力性和动力性抗阻运动和上肢的动力性运动时，心率－收缩压乘积升高，提示心肌需氧量增加。这种关系在临床运动测试中具有重要意义。

在举重这样的抗阻运动中，血压升高相当显著。在高强度抗阻训练中，血压可高达 480/350 mmHg。运动员为了克服大重量，在训练中常会发生**瓦尔萨尔瓦现象（Valsalva maneuver）**（指人体在口、鼻及声门关闭时还努力呼气的现象），这可导致胸腔内压急速升高，胸腔内压升高会导致血压升高。

小结

- 运动前心率不能代表静息心率，因为在运动前心率会发生变化。

- 心率会随运动强度的增加而成比例增加，直至最大运动强度时达到最大心率为止。
- 推算最大心率：$HR_{max}=220-$年龄或$HR_{max}=208-$（$0.7\times$年龄）。
- 每搏输出量（心脏每收缩一次射出的血流量）随着运动强度的增加而成比例增加，但未经训练者的每搏输出量在运动强度达40%～60% $\dot{V}O_{2max}$时就不再增加，而高水平运动员的每搏输出量则持续增加到最大运动强度为止。
- 心率和每搏输出量增加时，心输出量也会增加，因此运动时心脏可以泵出更多血液，确保有足够的O_2和营养物质供给运动中的骨骼肌，并且将骨骼肌中的代谢产物迅速排出体外。
- 在运动时，心输出量与运动强度成比例增加，以确保有更多血流量供给运动中的骨骼肌。
- 根据菲克方程，全身耗氧量（$\dot{V}O_2$）为心输出量（$\dot{Q}$）与动脉–混合静脉氧差（$a-\overline{v}$）O_2的乘积。
- 依靠每搏输出量增加心输出量的能力是$\dot{V}O_{2max}$的主要限制因素。

七、血流量

运动时心输出量和血压的快速变化使全身血流量增加，这有助于将血液运送到需要的组织（主要是运动中的骨骼肌）。此外，交感神经对心血管系统的调节使循环血液重新分配，相对于代谢水平低的组织，代谢水平高的组织的血流量增加。

（一）运动时血液的重新分配

从安静到运动的过程中，血流量会发生巨大的变化。在交感神经对局部血管的调节作用下，血液从不需要增加血流的组织流入运动时活跃的组织（参见图6.11）。安静时，只有15%～20%心输出量的血液流入骨骼肌，但在进行高强度运动时，80%～85%心输出量的血液流入骨骼肌。肌肉中血流量的增加主要是通过减少流向肾脏、肝脏、胃、肠道和胰腺等内脏器官的血流量实现的。图8.8展示了在安静和进行不同强度运动时血液的重新分配。由于心输出量随着运动强度的增加而增加，因此血流量的数值分别以安静和三种运动强度下的相对值（心输出量的百分比）和绝对值（流入局部的绝对血流量）表示。

运动中血液重新分配是由多种生理机制共同作用完成的，其始动因素是运动中骨骼肌对能量代谢的需求增加。

当运动开始时，运动骨骼肌的需氧量增加。在交感神经的调节下，对血液需求量降低的区域（如内脏和肾脏微循环）的血流量减少。因此，这些区域的血管收缩，将更多血液输送到运动的骨骼肌中。在骨骼肌中，交感神经的作用增强，也促使毛细血管壁上的收缩纤维收缩，但是运动的骨骼肌会在局部释放舒张因子，抵抗交感神经引起的小动脉收缩，导致肌肉中的血管扩张（功能性抗交感作用）。

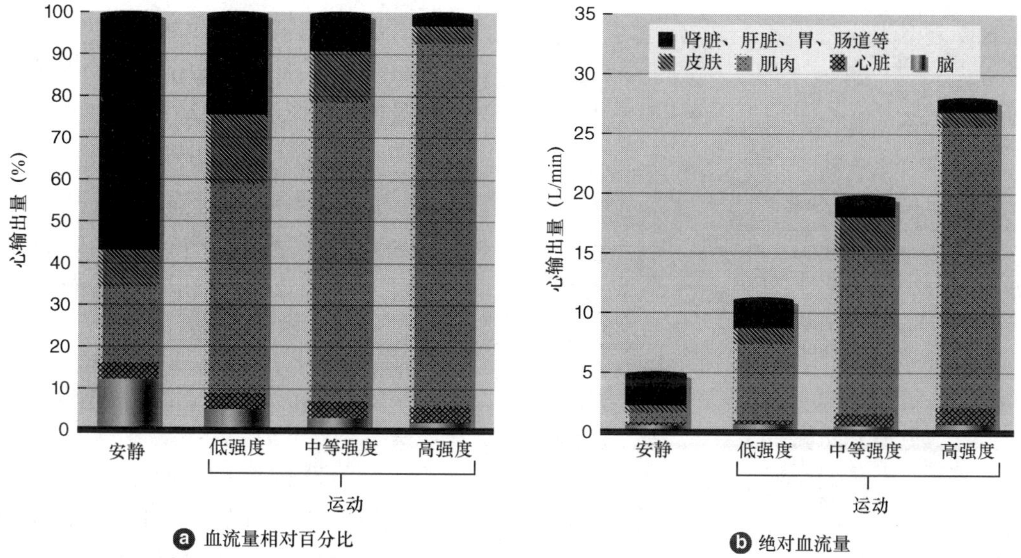

图 8.8　安静和运动时心输出量的分配

肌肉运动时会释放许多局部舒张因子。运动时，肌肉组织中的代谢率增加，产生的代谢产物也逐渐累积。代谢率的增加会导致肌肉中的酸性物质增加（H^+增加，pH 下降）、CO_2 增加，温度升高。这些局部变化可以引起骨骼肌小动脉的舒张和血流的增加。肌肉组织中的局部氧分压降低、氧合血红蛋白降低（需氧量增加），肌肉收缩作用本身和骨骼肌收缩过程中释放的其他血管活性物质（包括腺嘌呤）也会造成局部的血管舒张。

在热环境中运动时，流至皮肤的血流量增加，有助于机体散热。交感神经对皮肤血管平滑肌的调控较为特殊，受到交感缩血管纤维（类似于骨骼肌）和交感输血管纤维的双重支配。运动时，机体核心温度升高，交感缩血管纤维的张力减弱，引起皮肤血管被动舒张。当机体的核心温度升高到特定阈值时，交感输血管纤维张力增加，皮肤血流量会明显增加。运动时皮肤的血流量增加，促进散热，因为机体深处代谢产生的热量只有血液循环流经皮肤时才会散去。这会限制运动时体温升高的程度，更多的内容将在第十二章进行讨论。

（二）心率漂移

长时间有氧运动或在热环境中进行恒定强度的有氧运动时，每搏输出量逐渐减少，心率逐渐增加。心输出量会维持在较高的水平，但动脉压会降低。如图 8.9 所示，这些变化被称为**心率漂移（cardiovascular drift）**。传统上认为，心率漂移与皮肤血流量增加用于散热和降低机体的核心温度有关。用于散热的皮肤中的血流量增加时，回心血量减少，前负荷降低。此外，排汗和血浆中的少量水分经毛细血管壁进入组织液使血流量略有减少，这些因素相互结合，降低了心室充盈压，静脉回心血量减少，使心室舒张末期容积下降，进而使每搏输出量减少。为了维持心输出量（心输出量=心率×每搏输出量），心率代偿性增加。

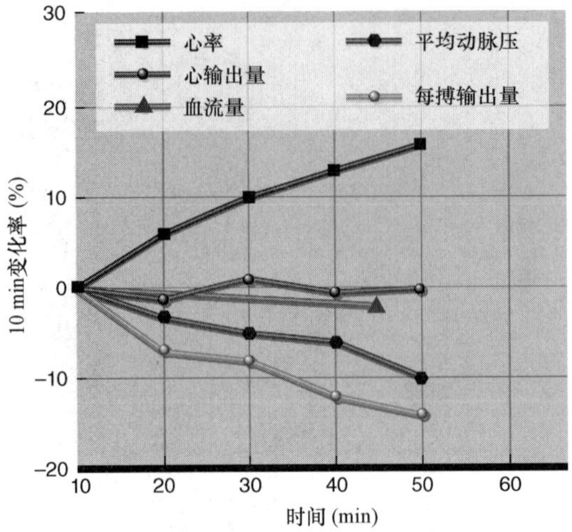

图 8.9 在 20℃的正常环境中，以直立体位进行长时间中等强度运动时心血管系统的反应（本图显示了心率漂移。数值以每隔 10 min 的变化率表示）

最近，研究人员又提出了一个假说来解释心率漂移：随着心率的增加，心室充盈时间缩短。当运动性心动过速维持时间较长时，即使没有外周组织血流量的变化，也可以降低每搏输出量。从现有的研究来看，无法找到一个单一的假说来完全解释心率漂移，而且以上提到的两种机制很可能存在交互作用。

（三）血液供应的竞争

当运动强度增加时，身体各系统对于血流的需求也增加。此时，身体各器官对有限的心输出量可能产生竞争。在特定情况下，不同组织血管竞争可利用的血流。例如，进餐后运动，骨骼肌和肠胃系统就必须竞争血液。麦基南（McKirnan）等人研究了小型猪在进食和禁食后进行运动时的血流分配。他们将小型猪分为两组：一组运动前禁食 14～17 h；另一组运动前喂食两次，一次在运动前 90～120 min，一次在运动前 30～45 min，两组接着以 65% $\dot{V}O_{2max}$ 强度进行跑台运动。运动时，进食组的小型猪比禁食组的小型猪后肢肌肉血流量减少了 18%，而肠胃血流量比禁食组高 23%。针对人体的研究也获得了相似的结果，运动时的血液重新分配的情况（胃肠道血流量减少，运动骨骼肌血流量增加）在进餐后被逆转。若将此结果应用到运动实践中，运动员在比赛前就必须注意用餐时间，以使运动时骨骼肌可以得到最多的血液供应。

另外一个与运动骨骼肌竞争血流量的例子是在热环境中运动，在这种情况下，皮肤为了散热，也必须和运动骨骼肌竞争血流量。这一部分内容将在第十二章中进行更详细的讨论。

八、血液

我们已经了解了运动时心脏和血管的反应，接下来要探讨的是心血管系统的最后一个部分——向组织细胞运输 O_2 和营养物质并且清除组织细胞代谢产物的血液。随着运动时代谢率的提高，血液在运动表现中的作用变得十分重要。

（一）氧含量

安静时，动脉血的氧含量为 20 mL/100 mL，回流入右心房的静脉血的氧含量为 14 mL/100 mL，这两个数值间的差值（20 mL−14 mL=6 mL）被称为动脉－混合静脉氧差，代表血液流经组织时被组织所摄取的氧量。

运动强度增加时，动脉–混合静脉氧差逐渐增大，在进行最大强度运动时甚至可以增加到安静时的 3 倍（图 8.10）。差值的增加反映了静脉血氧含量的降低，因为动脉血氧含量在安静和运动时差异不大。运动时，运动骨骼肌的氧需求量增加，从而使血液释放氧的量增加，进而导致静脉血的氧含量减少，在运动骨骼肌中甚至可能趋于 0。然而，回流到右心房的静脉血的氧含量不会低于 4 mL/100 mL，这是因为回流到右心房的静脉血汇集了运动骨骼肌和不运动组织回流的血液，而不运动组织的耗氧量远远低于运动骨骼肌。

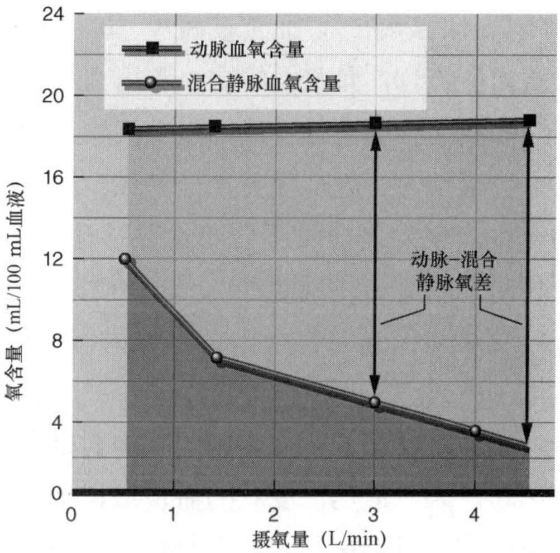

图 8.10　在递增负荷运动过程中，
动脉–混合静脉氧差的变化

（二）血浆量

运动开始时，血液中的血浆会向组织液转移。液体从毛细血管滤出的原因包括毛细血管内血压升高导致的**静水压（hydrostatic pressure）**和白蛋白等蛋白质产生的**胶体渗透压（oncotic pressure）**，以及组织液对毛细血管形成的静水压和组织液中的蛋白质形成的胶体渗透压（图 8.11）。血管壁两侧电解质形成的晶体渗透压也起一定作用。运动时血压升高，毛细血管内静水压随之升高，此压力将毛细血管内液体推向组织间隙。另外，运动骨骼肌中增加的代谢产物造成骨骼肌内的晶体渗透压升高，使毛细血管内的液体滤出至骨骼肌。

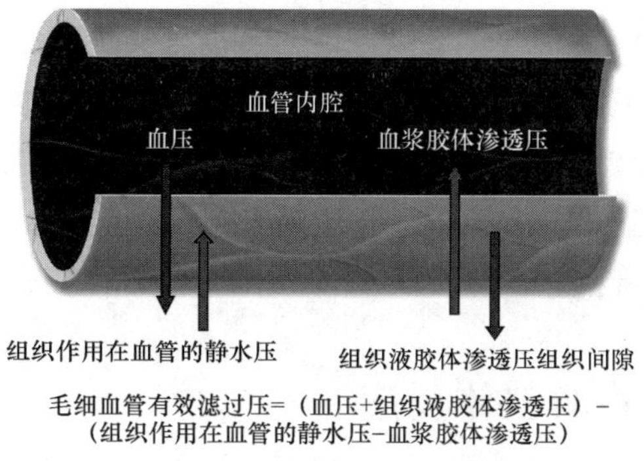

图 8.11　毛细血管中血浆的过滤作用

注：能够将血液中血浆推往组织的压力包括血管中的血压（P_C）和组织液胶体渗透压（π_T），而组织作用在血管的静水压（P_T）和血管中的血浆胶体渗透压（π_C）将组织液中的水分再吸收回血液。毛细血管有效滤过压可由推往组织的压力（$P_C+\pi_T$）减去吸收回血液的两个压力（$P_T+\pi_C$）决定，公式为毛细血管有效滤过压=（$P_C+\pi_T$）–（$P_T+\pi_C$）。

长时间运动时，血浆量减少 10%～15%，在运动的最初几分钟，血浆量减少得最多。进行抗阻训练时，血浆量的减少和用力程度成正比，减少 10%～15%。

如果因为运动强度或环境等因素而出汗，血浆量会减少得更多。虽然排出汗液的水分主要来自组织液，但是随着出汗持续，组织液的量会减少，造成组织液的胶体渗透压升高（因为组织液中的蛋白质不会随水分移动）和晶体渗透压升高（因为流失的汗液中的电解质含量相对于组织液中的更少），这让血浆中更多水分滤出至组织液中。组织液的量很难准确地直接测量，但是研究指出，细胞内液会流失，甚至红细胞中的水分也会减少，使细胞小幅皱缩。

在许多情况下，血浆量的减少会降低运动能力。在长时间运动的过程中，脱水会造成散热困难。为了散热，皮肤的血流量增加，骨骼肌的血流量就会减少。需要注意的是，骨骼肌血流量减少只有在脱水和进行高强度运动时才会发生。血浆量下降也会增加血液的黏滞性，增加血流的阻力，降低血液运输氧的能力，这种情况在血细胞比容超过 60%时尤为显著。

当进行几分钟或更短时间的运动时，水分移动对运动表现的影响不大。但是，随着运动时间的延长，体液变化和体温调节对于运动表现的影响变得越发重要。对于参加美式橄榄球比赛、环法自行车赛或是马拉松的运动员来说，这些影响对于比赛成绩非常重要，有时甚至危及生命。许多比赛都曾发生过脱水和体温过高而致死的例子。这些内容将在第十二章继续讨论。

（三）血液浓缩

当血浆量下降时，会出现血液浓缩现象。血液中液体成分减少，而细胞和蛋白质相对增多，也就是说，血液变得浓稠。这种血液浓缩可显著提高红细胞浓度，最高可达 25%，血细胞比容可从 40%增加到 50%。但是，红细胞的总量没有发生变化。

这一结果显示，在红细胞总量没有增加的情况下，每单位体积血液中的红细胞增多了，即红细胞浓度增加。由于红细胞浓度增加，每单位体积血液中的血红蛋白含量也会增加。这实际上增强了血液的携氧能力，有助于提高运动表现，尤其是在高原环境中的运动表现，这一部分将在第十三章继续讨论。

九、运动时心血管的整体反应

通过以上关于运动时心血管机能变化的内容，可以很清楚地看到心血管系统通过复杂而精细的方式输送氧，以满足骨骼肌运动时的需求。图 8.12 所示为运动中心血管的整体反应，显示了机体如何整合心血管系统以满足运动所需。其中主要反应区域加了注解，以说明这些复杂的调控机制如何整合。需要注意的是，虽然身体尽可能供应骨骼肌所需的血液，但是只有在血压没有降低的情况下才能实现。无论是运动还是适应环境或其他比赛的需要，心血管系统运作的第一要务都是维持动脉血压。

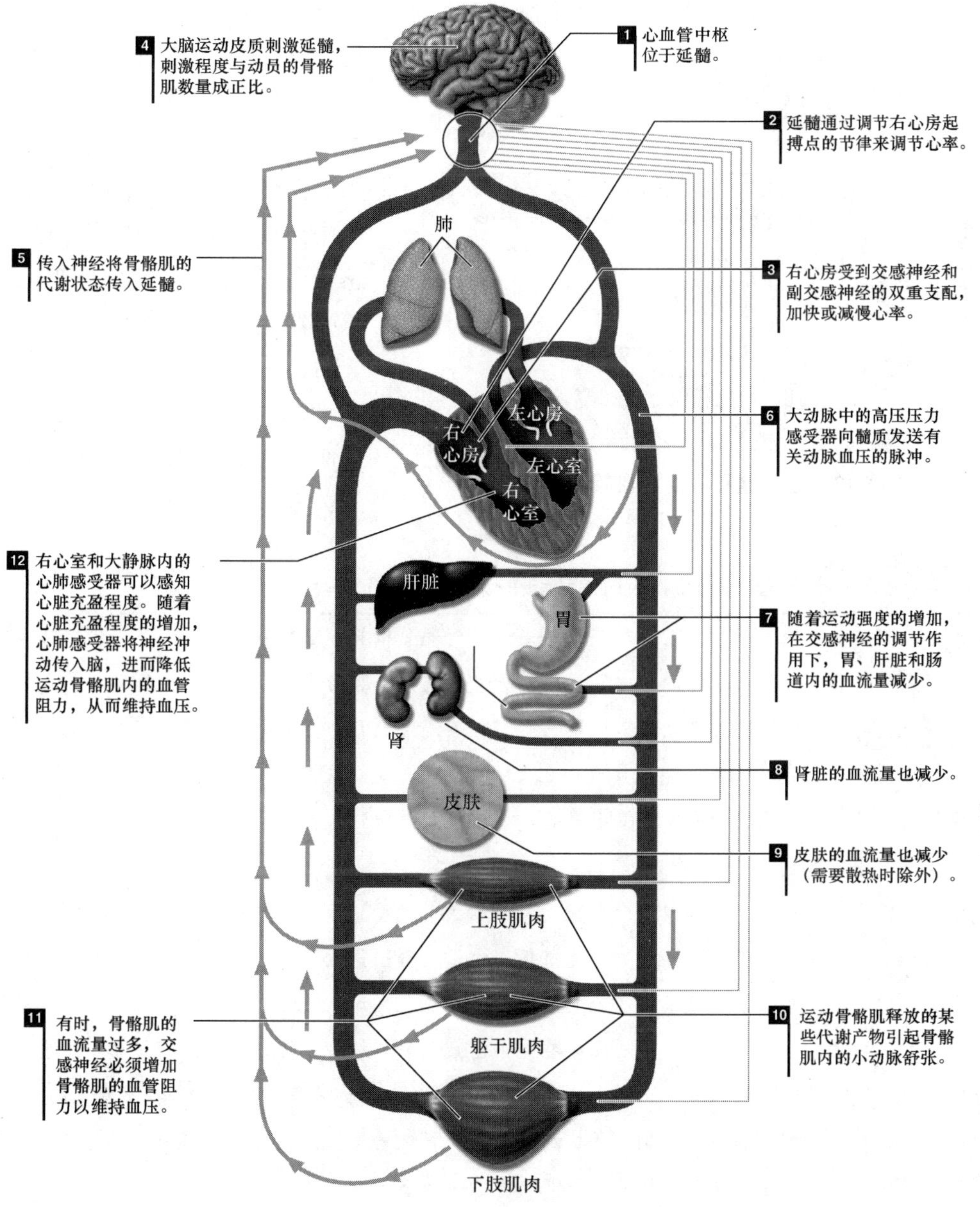

图 8.12　运动中心血管的整体反应

运动时，心血管和呼吸系统的调节是快速的，而且影响的范围很广。骨骼肌开始收缩的第一秒内，心率就因为迷走神经张力减弱而增加，呼吸也加深加快，心输出量增加，血压上升，这些使骨骼肌的血流量增加以满足代谢的需求。到底是什么机制使心血管系统在运动初期如此快速地变化呢？

过去数年来，对于运动开始时心血管系统的启动有许多争论。其中一种解释称为**中枢控制（central command）**，该理论认为躯体运动中枢和心血管中枢同时被脑启动，使心率快速增加，血压快速升高。运动时，心血管机能的变化除了受到中枢控制，还受到机械感受器、化学感受器和压力感受器的影响。第六章曾提及，压力感受器对于血管壁的牵张刺激很敏感，能够将血压变化的信息传入心血管中枢。此外，骨骼肌中感受牵拉刺激的机械感受器和感受骨骼肌内代谢产物变化的化学感受器也将信号输入心血管中枢。这一血压和肌肉收缩的反馈机制可以在运动时对心血管反应进行微调与控制，图 8.13 显示了这些机制之间的关系。

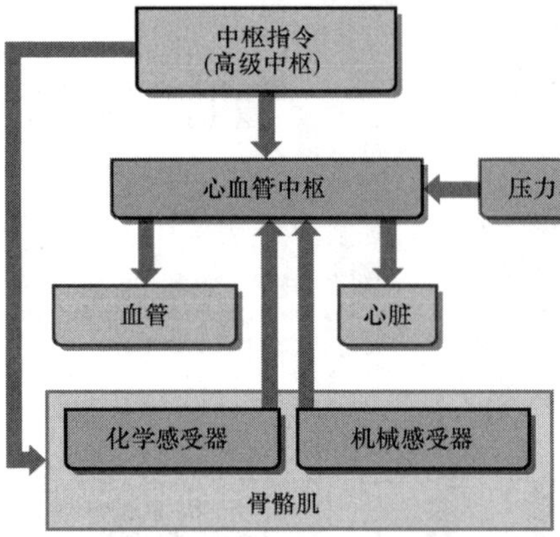

图 8.13　运动过程中的心血管调控

研究视角 8.2　在运动恢复期，心血管处于一种特殊的状态吗？

运动恢复期是指紧接着运动之后的一段时间。这段时间可以持续数秒到数小时，直到机体各系统完全恢复或恢复到安静状态，其具体时间取决于运动的方式和强度。运动恢复期也可以指运动后出现的特定生理状态，它与运动或安静时的生理状态有明显区别。在恢复期，有一些生理变化可能有助于对长期的运动训练产生积极适应，但也有一些可能会导致心血管状态的不稳定。在过去的 20 年里，通过对人体有氧运动或抗阻运动后即刻的血压、心率、心输出量等心血管指标的研究，人们对运动恢复期这样一个特定的生理状态的理解有了极大进步。

通常，有氧运动的强度和持续时间会影响运动后心血管的变化。一般来说，一次性有氧运动后，血管舒张程度的增加（或肌肉血管扩张导致的阻力降低）大于心输出量的增加，说明外周血管舒张是运动后血压降低的驱动力。运动后血压降低的现象被称为运动后低血压（postexercise hypotension），在有氧运动后可持续数小时。运动后血管持续舒张主要发生在先前活跃的骨骼肌中，但在不活跃的骨骼肌中也有少量相关的血管舒张。流向其他组织（如大脑、肠道）的血液会更快恢复到安静时的状态。在不活跃的骨骼肌中，血管舒张可能是由于大脑重新设定了血压值，而在先前活跃的骨骼肌中，血管舒张是由于局部血管舒张因子的释放。最近的研究表明，先前活跃的骨骼肌会释放一种重要分子：组胺。运动后骨骼肌中组胺含量升高，而当组胺的作用被抑制时，运动后血管的舒张功能降低了 80%。虽然组胺对血管的持久影响加深了我们对运动后低血压原因的理解，但肌肉释放组胺的触发因素目前仍不清楚。

在一次性抗阻运动后的恢复过程中，心血管的变化与短期有氧运动后的明显不同。和有氧运动一样，抗阻运动后血压也会降低。然而与有氧运动不同的是，抗阻运动后心输出量减少导致运动后低血压，而不是由于先前活跃肌肉中的血管舒张。目前尚不清楚为什么在有氧运动和抗阻运动后的恢复过程中，控制血压降低的机制不同，可能是由于中枢神经的调节（交感神经系统对血压的控制）和局部骨骼肌细胞的变化。有趣的是，抗阻训练模式的伸膝运动不会导致组胺的局部增加，而有氧训练模式的伸膝运动则会导致组胺的局部增加。因为与单独的有氧运动相比，有氧运动和抗阻运动结合并不会进一步降低运动后的血压，所以其中枢调控机制可能存在重叠。总体而言，有关抗阻运动后低血压的研究较少。虽然最近有研究指出，在恢复时中枢的控制对血压变化有更大的影响，但这一领域需要进一步的研究。

运动恢复期既可能对训练产生积极的适应，也可能增加晕倒等风险事件发生的概率。充分了解这一阶段有助于明确心血管系统何时从上一次的训练中恢复，并为下一次的训练（运动应激）做好准备。未来可能出现充分利用运动恢复期来避免过度训练及提升训练质量与健康水平的训练方法。

小结

- 运动刚开始时，平均动脉压立即增加，且增加的幅度和运动强度成正比。进行全身性耐力运动时，收缩压增加，舒张压的变化不大。
- 进行最大强度运动时，收缩压可达到200～250 mmHg，这是心输出量增加的结果。在绝对能量消耗率相同的前提下，进行上肢运动时血压上升幅度比进行下肢运动时的大，原因可能与上肢小肌群和维持躯干稳定性肌群的参与有关。
- 运动时，血流从不活动或活动较少的区域重新分配到运动的骨骼肌中，以满足代谢增加的需求。
- 长时间运动或在热环境中进行有氧运动时，每搏输出量逐渐减少，心率逐渐增加，而心输出量得以维持，这被称为心率漂移，其与皮肤血流量逐渐增加和血液中的液体成分减少有关。
- 运动时血液的变化包括：

（1）动脉–混合静脉氧差增加。运动时静脉血氧含量减少，原因是运动组织从血液中摄取了更多氧。

（2）血浆量减少。血压升高导致毛细血管中静水压增加，将血液中的水分滤出至组织；骨骼肌中代谢产物增加，导致胶体渗透压和晶体渗透压增加，从而使液体进入肌肉组织。长时间或在热环境中运动时，血浆量会由于排汗增加而减少更多。

（3）血浆量（水分）减少使血液浓缩。虽然红细胞总数不变，但是每单位体积血液中的红细胞数量增加，使血液携氧能力增强。

第二节　急性运动的呼吸反应

我们已经讨论了运动中心血管系统如何将 O_2 运送到运动骨骼肌中，现在我们讨论急性运动中呼吸系统的反应。

一、运动时的肺通气

运动开始时，肺通气量会迅速增加。事实上，与心率的反应一样，在运动开始之前呼吸频率就会增加，这可能是一种前馈。图 8.14 显示了进行低、中等和高强度运动时肺通气机能的变化。运动开始时，呼吸系统的启动极为迅速。毋庸置疑，这是在呼吸中枢的支配下完成的神经调节过程，目的是满足运动时的需求。此外，骨骼肌中感受器的传入信息在此调节过程中也发挥了重要作用。

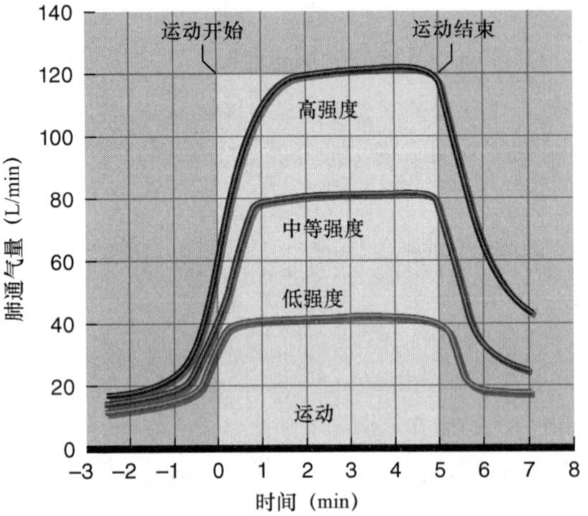

图 8.14　进行低、中等和高强度运动时肺通气的变化

注：受试者分别以三种强度各运动 5 min。在进行低、中等强度运动时，肺通气量开始增加后倾向于稳定状态值，但是在高强度运动时会持续增加。

图 8.14 显示了运动中肺通气量增加的第二时相，这主要是动脉血液中化学成分的变化所引起的。在运动过程中，骨骼肌代谢增强使 CO_2 和 H^+产量增多。前文提及这一变化会使氧离曲线右移，促进骨骼肌中氧的释放，增大动脉–混合静脉氧差。CO_2 和 H^+刺激位于脑、颈动脉体和肺的化学感受器，神经冲动传入呼吸中枢，反射性引起呼吸加深加快。骨骼肌中的化学感受器也可能参与了该调节过程。除此之外，在运动开始的几分钟，心输出量的增加会使呼吸加快，这是因为右心室的受体也会将神经冲动传入呼吸中枢。CO_2 和 H^+对呼吸频率和形式的影响有利于微调运动中呼吸的反应，从而使 O_2 的运输与有氧代谢的需求相匹配，避免呼吸肌疲劳。

运动中肺通气量的增加直接满足了骨骼肌代谢的需求。进行低强度运动时，肺通气量的增加通过增加潮气量（每次呼吸时吸入或呼出的气体量）来实现。运动强度更高时，呼吸频率也会增加。最大通气量与体型大小成正比。体型较小者，最大通气量约为 100 L/min；体型较大者，最大通气量约为 200 L/min。

运动结束时，骨骼肌对于能量的需求迅速下降到接近安静的水平，但是肺通气量恢复到安静水平的速率较慢。如果呼吸速率与组织代谢相匹配，那么运动停止后几秒钟呼吸就可以恢复到安静水平。但是，通常在几分钟后呼吸才会恢复到安静水平，这表明运动后的呼吸反应主要受到酸碱平衡、二氧化碳分压及血液温度的影响。

研究视角 8.3	运动恢复期体位对通气的影响

由于重力的作用，体位会影响心肺功能。例如，处于直立位时，吸气肌会抬高胸壁、扩大胸腔以对抗重力；而变为仰卧位时，胸腔上腹部的压力增加，吸气主要通过腹部扩张来实现。尽管有报道称体位会影响心肺功能，但很少有运动生理学家研究有氧运动恢复过程中体位对心肺功能的影响。

2017 年在韩国进行的一项研究观察了受试者在极量运动测试后恢复期的心肺功能与体位之间的关系。受试者被随机分到三种恢复体位中的一种：仰卧、坐立或躯干前倾坐立。每名受试者都进行了极量运动测试直到力竭，然后立即采取指定体位进行恢复。在测试前和恢复中的第一、三、五分钟，测试指定体位摄氧量、肺通气量、呼吸频率和心率。运动前这些变量在三组间并无差异。另外，虽然恢复期三组的心率和呼吸频率没有差异，但躯干前倾坐立体位组的 $\dot{V}O_2$ 和肺通气量降低速度更快。本研究的结果显示，躯干前倾坐立体位提高了极量运动后的通气能力，使运动后呼吸系统能迅速恢复。因此研究小组得出结论：躯干前倾坐立体位对运动后的肺通气有积极影响，可能是可以最大程度地促进呼吸机能恢复的姿势。

二、运动时的呼吸异常

理论上，运动时呼吸的调整尽可能使身体表现出最大有氧运动能力。不过，在运动过程中经常出现的一些呼吸功能异常会影响运动表现。

（一）呼吸困难

有氧运动能力欠佳的人达到血液中 CO_2 和 H^+ 显著增加的运动强度时，便会出现**呼吸困难**（**dyspnea**）的情况。第七章曾介绍过，这两种因子会强烈刺激呼吸中枢，增加呼吸的频率与深度。虽然运动导致呼吸困难的感觉是无法呼吸，但真正的原因是身体无法对血液中 CO_2 和 H^+ 的变化做出调节。

运动时无法减少这些刺激与呼吸肌功能的不足有关。因为呼吸肌很容易疲劳，即使呼吸中枢传来增强呼吸的指令，呼吸肌也无法很好地工作来建立新的稳态。

（二）运动性哮喘

在健康的人体中，呼吸系统尤其是肺部进行有效气体交换的能力通常不会限制运动能力。然而，据估计，参加冬季耐力运动或游泳的优秀运动员中，有多达 55%的人经历了运动性哮喘（exercise-induced asthma，EIA）、运动性支气管痉挛（exercise-induced bronchospasm，EIB）或两者兼有。运动性哮喘的定义为下呼吸道阻塞，其症状包括咳嗽、喘息或潜在哮喘患者由运动引起的呼吸困难。运动性支气管痉挛是一种肺功能退化的表现，可以在标准运动测试后通过第一秒用力呼气量（forced expiratory volume in one second，FEV1）来诊断。许多运动员都经历过这些呼吸道症状，可能在他们的儿童时期，也可能在他们运动生涯的后期。

运动员发生运动性哮喘和运动性支气管痉挛的生理机制是复杂的。传统的推测是剧烈运动时的过度通气导致了气道表面的蒸发增加，因为在剧烈运动时，气道必须使进入肺部的空气变得湿润而温暖，并同时增加通气效率。水的蒸发导致渗透压增加，促使水从细胞内流向细胞外液并使细胞皱缩，从而引起炎症，进而导致气道收缩。

其他能引发运动性哮喘和运动性支气管痉挛的因素包括剧烈运动和气道冷却导致的气道上皮损伤和微血管损伤。气道冷却会使副交感神经活动的反射性增强，进一步引起支气管收缩和细支气管的血管收缩以保存热量。

优秀运动员出现运动性哮喘和运动性支气管痉挛与某些特定环境和运动训练条件有关。例如，冬季运动时寒冷和干燥的空气、室内溜冰场的冰面铺装机在空气中排放的超细颗粒物、运动员在户外练习时户外的花粉和污染物，以及游泳运动员身处的高氯的训练环境，这些都被视为运动员呼吸问题的诱因。

（三）过度通气

赛前反应明显或对运动感到焦虑都会引起肺通气量超过身体代谢所需，这种呼吸过度的状况被称为**过度通气（hyperventilation）**。安静时的过度通气会使肺泡和动脉血液中的 CO_2 分压从 40 mmHg 下降到 15 mmHg 左右。血液中 CO_2 浓度下降，血液 pH 上升，在这两个因素的综合作用下，呼吸会被抑制。离开肺的血液血氧饱和度会超过 98%，因此肺泡内氧分压的增加并不会增加血液的含氧量。所以，呼吸被抑制的原因是 CO_2 排出过多而不是血液氧过多。虽然时间只有短短数秒，但是这种深而急促的过度通气常会引起头晕甚至使人失去意识。这个例子也说明了呼吸调节系统对于血液 CO_2 和 pH 的变化相当敏感。

（四）瓦尔萨尔瓦现象

瓦尔萨尔瓦现象有潜在的危险，常常出现在进行某些特定运动的时候，如举起重物时。此现象发生于：

- 关闭声门（两侧声带间的区域）时。
- 剧烈收缩膈肌和腹肌导致腹内压升高时。
- 剧烈收缩呼吸肌造成胸腔内压升高时。

这些情形导致空气滞留，肺内压升高。腹内压和胸内压的升高会压迫大静脉，从而影响静脉血回流到心脏。若憋气持续过久，回流到心脏的血液会大幅减少，进而导致心输出量减少，最终使动脉血压降低。虽然在某些情况下，瓦尔萨尔瓦现象有所帮助，但是它有潜在的危险，最好避免。

三、肺通气和能量代谢

在长时间进行中等强度运动时，通气量与能量代谢率相匹配，需不断适应机体的耗氧量

和 CO_2 的产生量（分别为 $\dot{V}O_2$ 和 $\dot{V}CO_2$ ）的比例。

（一）氧当量

单位时间内呼气容量（ $\dot{V}_E$ ）和组织耗氧量（ $\dot{V}O_2$ ）的比值称为**氧当量（ventilatory equivalent for oxygen）**，也可表示为单位时间内呼出气体量或通气量和体内组织耗氧量的比值，即 $\dot{V}_E/\dot{V}O_2$ 。它用每分钟每消耗 1 L O_2 所需要的通气量来表示。

在安静状态下，$\dot{V}_E/\dot{V}O_2$ 为 23～28 L。这个数值在类似于步行等中等强度运动中变化不大。但是，当运动强度接近最大水平时，$\dot{V}_E/\dot{V}O_2$ 的值大于 30 L。通常在较大范围内的运动强度下，$\dot{V}_E/\dot{V}O_2$ 会保持相对稳定，这说明呼吸的调节可以满足机体对氧的需求。

（二）通气阈

在递增负荷的运动中，通气量会在某一点突然增加，与耗氧量的增加不成比例，出现的这个拐点被称为**通气阈（ventiltory threshold）**。如图 8.15 所示，通气阈出现在运动强度在 55%～70% $\dot{V}O_{2max}$ 时，大致相当于乳酸阈出现的运动强度，这说明通气阈的出现可能和血乳酸大量生成而不能及时消除有关。血乳酸可以与 $NaHCO_3$ 结合，生成乳酸钠、水和 CO_2。正如我们所知，CO_2 的增加可以刺激化学感受器，将信息传入呼吸中枢，增加肺通气量。因此，通气阈反映了呼吸系统对 CO_2 增加的反应。肺通气量在通气阈出现后显著增加，如图 8.15 所示。

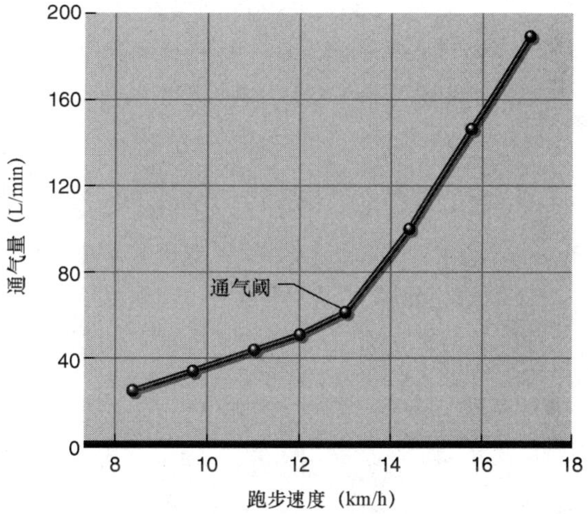

图 8.15　跑步速度增加时肺通气的变化，显示了通气阈

运动时，肺通气量的增加与耗氧量的增加不是等比例的，这引起了早期学者的推测：通气阈可能与乳酸阈相关（乳酸阈表示在递增负荷运动中血乳酸的生成量超过了血乳酸的消除量，详见第五章）。通气阈反映了每分钟生成的 CO_2 量（ $\dot{V}CO_2$ ），相对于耗氧量不均衡增加。第五章中提到，RER 是 CO_2 生成量与耗氧量的比值。因此，CO_2 不成比例地增加也导致 RER 增加。

$\dot{V}CO_2$ 的增加被认为是碳酸氢盐缓冲乳酸而生成 CO_2 造成的。沃瑟曼（Wasserman）和麦基尔罗伊（McIlroy）用**无氧阈（anaerobic threshold）**来描述这一现象，他们认为 CO_2 的突然增加反映了机体的供能方式转变为以无氧代谢为主。他们认为通气阈是一个很好的替代乳酸阈（需进行有创血液样本检测）来反映无氧阈的指标。但是，仍有大量学者反对使用无氧阈来描述通气阈。

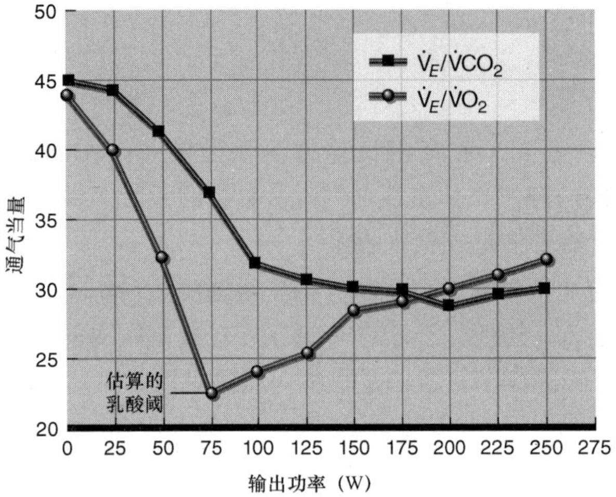

图 8.16 在功率自行车上进行递增负荷实验时，$\dot{V}_E/\dot{V}O_2$ 和 $\dot{V}_E/\dot{V}CO_2$ 的变化

注：推测的乳酸阈值在功率为 75 W 时出现，这一拐点只能在 $\dot{V}_E/\dot{V}O_2$ 曲线上明显看出。

多年以来，无氧阈被认为是乳酸阈出现的点。确定无氧阈的一个更为准确的方法是检测 $\dot{V}_E/\dot{V}O_2$ 和 $\dot{V}_E/\dot{V}CO_2$，即**二氧化碳当量**（**ventilatory equivalent for carbon oxygen**）。利用这一方法，无氧阈被定义为 $\dot{V}_E/\dot{V}O_2$ 的增加和 $\dot{V}_E/\dot{V}CO_2$ 的增加步调不一致的点，如图 8.16 所示。在进行低强度运动时，随着运动强度的增加，$\dot{V}_E/\dot{V}O_2$ 和 $\dot{V}_E/\dot{V}CO_2$ 的水平都下降。当运动强度达到 75 W 时，$\dot{V}_E/\dot{V}O_2$ 开始升高，而 $\dot{V}_E/\dot{V}CO_2$ 继续降低，这说明机体为了清除 CO_2 而增加的通气量与为了摄取 O_2 而增加的通气量不相匹配。通气阈的测试可以准确推测乳酸阈，因此该方法是取代有创采血（测试乳酸阈）的良好方法。

小结

- 运动时通气量会迅速增加，这是由脑发起的和骨骼肌的神经反馈传入呼吸中枢的刺激造成的。随着运动强度增加，通气量增加并出现平台期（低强度运动），或快速增加（高强度运动），这种增加是由运动时能量代谢引起的血液化学成分的变化造成的。
- 运动时可能出现呼吸困难、运动性哮喘、运动性支气管痉挛、过度通气和瓦尔萨尔瓦现象等情况。
- 进行低强度运动时，通气量恰好满足代谢需求，通气量和摄氧量平行上升，通气量和耗氧量的比值称为氧当量（$\dot{V}_E/\dot{V}O_2$）。
- 当运动强度较低时，人体增加通气量是通过增加潮气量（每次呼吸时吸入或呼出的气体量）实现的。当运动强度较高时，呼吸频率也会加快。
- 最大通气量与体型大小有关。体型较小的个体最大通气量约为 100 L/min，体型较大的个体最大通气量可能会超过 200 L/min。
- 通气阈是摄氧量增加过程中通气量非线性增加的那一点。通气阈表示需要清除更多的 CO_2。
- 我们可以通过氧当量开始增加，同时 CO_2 当量继续降低的点来估算乳酸阈。

四、限制运动能力的呼吸因素

与所有组织的活动一样，呼吸过程也需要消耗能量。大部分能量用于肺通气过程中呼吸肌的收缩和舒张。在安静状态下，呼吸肌消耗的能量只占总摄氧量的 2%左右。当呼吸频率和深度增加时，呼吸所消耗的能量也随之增加。在进行高强度运动时，膈肌、肋间肌和腹肌消耗的能量大约占总摄氧量的 11%，血流量占心输出量的 15%。在运动恢复期，肺通气量继续增加，呼吸肌消耗的能量也增加，占总摄氧量的 9%～12%。

即使运动中肺通气量达到最大值，也不会达到肺通气的最大能力，使空气随意进出肺部。这种最大的肺通气能力称为**最大随意通气量（maximal voluntary ventilation）**。然而，大量的证据表明，对高水平运动员而言，肺通气机能可能是一个限制高强度（95%～100% $\dot{V}O_{2max}$）运动能力的因素。

马拉松比赛中，几个小时的深呼吸状态会导致糖原耗竭和呼吸肌疲劳吗？动物实验结果显示，与运动肌肉的糖原相比，呼吸肌的糖原表现出能量节省化现象。虽然人体实验没有得到相似的结果，但是同骨骼肌相比，呼吸肌能更好地进行长时间的运动。例如，膈肌的有氧氧化能力（氧化酶和线粒体）与毛细血管密度是骨骼肌的 2～3 倍。因此，与骨骼肌相比，膈肌可以从能源底物的有氧氧化过程中获得更多的能量。

与此相似的是，气道阻力和气体扩散不会限制健康人的运动能力。从安静到力竭运动状态，肺通气量可以增加 20～40 倍，从大约 5 L/min 增加到 100～200 L/min。然而，气道阻力仍维持在安静时的水平，这是通过气道扩张（喉口和支气管扩张）实现的。对未经训练和训练水平不高的个体而言，在进行亚极量和最大负荷运动时，流出肺部的血液的氧饱和度约为 98%。然而，对高水平耐力运动员而言，进行最大强度运动时，由于肺部气体交换量大，动脉血氧分压降低和动脉血氧饱和度降低［如运动引起的**动脉低氧血症（exercise-induced arterial hypoxemia，EIAH）**］。40%～50%的优秀运动员在接近力竭时，动脉血的氧含量会急剧下降。进行最大强度运动时，动脉低氧血症的出现可能是肺通气量和肺血流量匹配不佳所致。由于优秀运动员的心输出量水平较高，流经肺部时血流的速度较快，没有足够的时间使血液含氧量达到饱和。对健康成年人而言，呼吸系统足以满足短时间和长时间运动的通气所需。然而，一些高水平运动员在运动至力竭时，耗氧量非同寻常地大，这时运动员的运动能力可能受肺通气机能所限。

呼吸系统也会成为气道狭窄患者运动能力的限制因素。比如，哮喘会引起支气管收缩和黏膜水肿，这会增加气道阻力，从而导致呼吸困难。对于某些人群而言，运动可以诱发哮喘或加重已有哮喘的症状。尽管研究人员针对运动性哮喘已经进行了大量研究，但是运动引起气道狭窄的机制尚不清楚。

小结

- 在进行高强度运动时，呼吸肌能量消耗占总摄氧量的 10%，血流量占心输出量的 15%。
- 即使在最大运动负荷下，肺通气机能也不是运动能力的限制性因素，但是肺通气会限制一些优秀耐力运动员的运动能力。
- 长时间的运动不会导致呼吸肌疲劳。
- 气道阻力和气体扩散通常不会限制健康成年人在海平面上的运动能力。
- 呼吸系统会限制一些具有不同类型的呼吸障碍的人群的运动能力。

五、呼吸对酸碱平衡的调节

前文提及，高强度运动可以导致乳酸和 H^+堆积。虽然调节酸碱平衡不仅仅靠呼吸系统，但是在这里要讨论的是呼吸系统在运动中或运动后即刻对机体酸碱平衡的快速调节的重要作用。

乳酸或碳酸等酸性物质会释放 H^+。在前几章曾提到，糖、脂肪或蛋白质的分解代谢会产生无机酸，通过解离会增加体液中 H^+的浓度，降低 pH。为了降低游离 H^+的影响，血液和肌肉中的碱性物质会和 H^+结合，缓冲或中和 H^+：

$$H^+ + \text{缓冲物质} \longrightarrow H-\text{缓冲物质}$$

在安静状态下，体液中碱性物质（碳酸氢盐离子、磷酸和蛋白质）多于酸性物质，所以血液的 pH 为 7.1～7.4，略呈碱性。人体可承受的血液 pH 的变化范围为 6.9～7.5，但如果 pH 处于极端范围内，人体也可以坚持几分钟（图 8.17）。H^+浓度高于正常值时（pH 较低）称为酸中毒，H^+浓度低于正常值时（pH 较高）称为碱中毒。

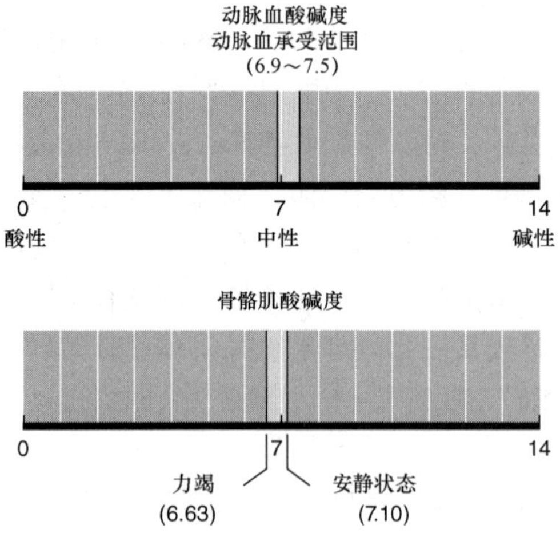

图 8.17 安静和力竭时动脉血和骨骼肌 pH 可承受的极限范围，可以看出骨骼肌和血液可以承受的 pH 在较小生理范围内波动

细胞内液和外液的 pH 变化范围很小，主要由下列因素参与调节：

✧ 血液中的缓冲物质。

✧ 肺通气。

✧ 肾脏的机能。

体内三个主要的化学缓冲物质为碳酸氢盐离子、无机磷酸和蛋白质。除此之外，红细胞中的血红蛋白也是重要的缓冲剂。表 8.2 展示了不同缓冲物质对血液中酸性物质的缓冲能力。前文提过，碳酸氢盐离子和 H^+结合形成碳酸，从而缓冲了游离 H^+的酸性作用，碳酸在肺中解离成 CO_2 和水，CO_2 经呼气排出，只有水留下来。

表 8.2 血液成分的缓冲能力

缓冲物质	Slykesa 值	百分比（%）
碳酸氢盐	18.0	64
血红蛋白	8.0	29
蛋白质	1.7	6
磷酸盐	0.3	1
总计	28.0	100

注：H^+的毫克当量由每升 pH 7.0～7.4 的血液测得。

与 H^+结合的碳酸氢盐离子的数量与所缓冲的酸的量是等同的。当乳酸的生成使血液的 pH 从 7.4 下降到 7.0 时，血液中超过 60%的碳酸氢盐离子会用于缓冲 H^+。在安静状态下，如果没有其他将 H^+排出的途径，代谢所产生的酸需要利用血液中大部分的碳酸氢盐离子缓冲。血液和缓冲物质将代谢产生的酸性产物运送到肺和肾脏，酸只有在这两个器官才能被排出体外。H^+被排出体外后，缓冲物质仍可被重新利用。

在肌纤维和肾小管中，主要是磷酸盐（如磷酸钾和磷酸钠）缓冲 H^+。与细胞外液相比，细胞内含有更多的蛋白质、磷酸盐和更少的碳酸氢盐，但是我们却对细胞内的缓冲能力知之甚少。

前文提及，血液中游离 H^+的增加会刺激呼吸中枢从而增加肺通气，这促进了碳酸氢盐与 H^+的结合，将 CO_2 排出体外，最终导致了游离 H^+的浓度降低，使血液的 pH 升高。因此，化学缓冲物质和呼吸系统可以对急性运动可能导致的酸中毒现象进行短期缓解。肾脏会将 H^+与其他代谢废物一起从血液中过滤出去，再经尿液排出体外，这种清除体内 H^+的方式对于维持细胞外液碳酸氢盐的浓度具有重要意义。

在进行冲刺跑运动时，肌肉通过糖酵解产生大量乳酸和 H^+，使肌肉的 pH 从安静状态下的 7.1 下降到 6.7。在 400 m 全力跑后，下肢肌肉的 pH 下降到 6.63，乳酸从安静状态下的 1.2 mmol/kg 升高至大约 20 mmol/kg。这种酸碱平衡的破坏会降低骨骼肌的收缩能力和合成 ATP 的能力。骨骼肌中的乳酸和 H^+会快速堆积，这与它们无法自由通过肌细胞膜有关。以 60 s 左右的时间跑完 400 m，肌肉中会产生大量乳酸和 H^+，这些物质会进入体液，使其恢复需 5～10 min。表 8.3 显示，跑步者在跑完 400 m 后 5 min，血液 pH 为 7.10，乳酸浓度为 12.3 mmol/kg，而安静时血液 pH 为 7.40，乳酸浓度则为 1.5 mmol/kg。

表 8.3　400 m 跑 5 min 后血液与骨骼肌的 pH 和乳酸浓度

运动员	时间（s）	骨骼肌		血液	
		pH	乳酸（mmol/kg）	pH	乳酸（mmol/kg）
1	61.0	6.68	19.7	7.12	12.6
2	57.1	6.59	20.5	7.14	13.4
3	65.0	6.59	20.2	7.02	13.1
4	58.5	6.68	18.2	7.10	10.1
平均	60.4	6.64	19.7	7.10	12.3

力竭运动后，血液和肌肉中乳酸浓度恢复到安静状态下的水平是一个比较缓慢的过程，需要 1～2 h。如图 8.18 所示，运动后继续进行一定的低强度运动，即主动恢复，可以促进血乳酸浓度恢复到正常水平。在经过几次力竭运动后，部分受试者静坐休息（被动恢复），另一部分以 50% $\dot{V}O_{2max}$ 的强度继续运动。积极性恢复可以促进血乳酸快速恢复至正常水平，这正是因为继续运动会让血液维持较高的流量，有助于骨骼肌中的乳酸排出并作为一种能源底物被氧化。

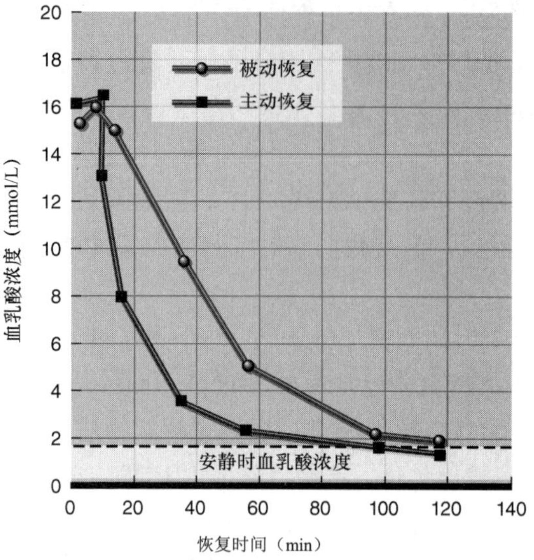

图 8.18　经过几次力竭运动，主动恢复和被动恢复对血乳酸浓度的影响不同，主动恢复者的血乳酸下降速度较被动恢复者的快

进行高强度无氧运动后，虽然血乳酸水平在 1～2 h 内仍然维持在较高水平，但是血液和肌肉中 H^+只需 30～40 min 就能恢复到正常值。包括碳酸氢盐在内的缓冲物质和呼吸系统排出 CO_2 的作用对酸碱平衡的快速恢复非常重要。

小结

- 过多 H^+（pH 下降）会影响骨骼肌的收缩能力，阻碍 ATP 合成。
- 呼吸和肾脏系统在维持酸碱平衡中发挥着重要作用，其中肾脏排出 H^+，在酸碱平衡的调节过程中作用最持久。
- H^+浓度一旦增加，便会刺激呼吸中枢，使呼吸加深加快，排出 CO_2，这是降低 H^+浓度的有效途径。
- CO_2 与碳酸氢盐结合后在血液中运输，到达肺后，CO_2 被释放出来并被排出体外。
- 当 H^+浓度增加时，无论其来源于 CO_2 还是乳酸，碳酸氢盐都会对其进行缓冲从而避免酸中毒。

结语

这一章探讨了心血管系统和呼吸系统对运动的反应，以及这两个系统对于持续有氧运动能力可能的限制。下一章将探讨运动训练的基本原理，以便读者了解机体对抗阻训练、有氧训练和无氧训练产生的适应。

关键词

后负荷（afterload）
无氧阈（anaerobic threshold）
心率漂移（cardiovascular drift）

中枢控制（central command）
呼吸困难（dyspnea）
动脉低氧血症（exercise–induced arterial hypoxemia，EIAH）
弗兰克－斯塔林定律（Frank-Starling mechanism）
静水压（hydrostatic pressure）
过度通气（hyperventilation）
最大随意通气量（maximal voluntary ventilation）
最大心率（maximum heart rate，HR_{max}）
胶体渗透压（oncotic pressure）
前负荷（preload）
心率－收缩压乘积（rate-pressure product，RPP）
静息心率（resting heart rate，RHR）
稳态心率（steady-state heart rate）
总外周阻力（total peripheral resistance，TPR）
瓦尔萨尔瓦现象（Valsalva maneuver）
二氧化碳当量（ventilatory equivalent for carbon oxygen）
氧当量（ventilatory equivalent for oxygen）
通气阈（ventiltory threshold）

思考题

1. 简述心率、每搏输出量和心输出量在递增负荷运动过程中的反应，并简述这三个变量之间的关系。

2. 如何测量最大心率？可以采用什么间接测试方法？间接测试方法的主要限制因素有哪些？

3. 通过测量心率变异性可以获得哪些信息？

4. 简述以直立体位运动时血液回到心脏的两种重要机制。

5. 为什么增加每搏输出量的能力是最大摄氧量的限制性因素？

6. 什么是菲克定律？如何应用此定律来解释代谢和心血管功能之间的关系？

7. 什么是弗兰克－斯塔林定律？此定律在运动中如何发挥作用？

8. 运动中血压有什么反应？

9. 当运动导致体温过高时，心血管系统主要进行哪些调节？

10. 什么是心率漂移？人们提出了哪两种理论来解释这一现象？

11. 在递增负荷运动过程中和在热环境中进行长时间运动时，血浆量和红细胞分别发生什么变化？

12. 简述在递增负荷运动过程中肺通气机能的反应。

13. 什么是呼吸困难、过度通气、瓦尔萨尔瓦现象和通气阈？

14. 一些运动员发生运动性哮喘的原因是什么？哪些运动员最容易受到影响？

15. 呼吸系统在酸碱平衡中的作用是什么？

16. 在正常的安静状态下血液的 pH 是多少？肌肉中的 pH 是多少？力竭运动后 pH 是如何变化的？

17. 血液中主要的缓冲物质是什么？骨骼肌中的缓冲物质是什么？

学习指南

“关键词”复习了本章中的重要概念，章末的思考题可以测试你对本章内容的理解。

第三部分　运动训练

运动生理学的研究很大程度上依赖于对以下两点的理解：①急性运动时机体如何做出反应？②重复的训练（训练反应）中机体如何产生适应？在本书前两部分，我们研究了急性运动时骨骼肌的控制与功能（第一部分），以及心血管系统和呼吸系统如何支持骨骼肌的各种功能（第二部分）。到了第三部分，我们将研究进行重复运动时，这些系统的适应机制（训练适应）。在第九章“运动训练原则”中，我们将介绍运动生理学家使用的术语和训练原则，为后面的章节奠定基础。这一章中呈现的训练原则可以使人们优化训练计划的生理适应。在第十章“抗阻训练的适应”中，我们将介绍在抗阻训练中，肌肉力量和肌肉耐力增长的机制。在第十一章“有氧训练和无氧训练的适应”中，我们将讨论规律的运动给身体各系统带来的变化，而运动可以是各种运动强度与持续时间的组合。在面临某种特定的训练时，各生理系统会产生相应的训练适应，最终会使运动能力和竞技表现得到针对性的提升。

第九章 运动训练原则

美国选手阿什顿·伊顿（Ashton Eaton）在十项全能比赛中累计获得 8 869 分，摘下 2012 年伦敦奥运会该项金牌。在同年 6 月美国的奥林匹克选拔赛中，伊顿突破了 9 000 分大关并打破捷克人罗曼·谢布尔勒（Roman Sebrle）保持了 11 年的世界纪录。十项全能作为一项极限运动，通过多个项目的竞赛来测试运动员的速度、力量、爆发力、灵敏性和耐力。十项全能的比赛为期两天：第一天的项目是 100 m 跑、跳远、铅球、跳高和 400 m 跑，第二天的项目是 110 m 跨栏、铁饼、撑竿跳高、标枪和 1 500 m 跑。运动员需要根据项目特点有针对性地训练，如通过高强度的肌肉爆发力训练来增加投约 7 kg（16 lb）铅球的能力，这显然是无益于提高他 1 500 m 跑成绩的。十项全能运动员要花费大量的时间去训练 10 个项目，调整技术，以期在每个项目中都取得最佳成绩。

先前的章节研究了运动的急性反应，涵盖了人体对急性运动的即时反应。现在，我们研究身体如何对一段时间内重复锻炼产生适应——运动训练。一个人在几天、几周、几个月的时间里进行有规律的锻炼，就会产生各种各样的生理适应。遵循适当训练原则带来的积极适应可以提高运动能力和运动表现：通过抗阻训练，肌肉变得更强壮；通过有氧训练，心肺运输氧的效率和运动耐力得到提高；通过高强度无氧训练，神经肌肉、代谢和心血管系统的适应使单位时间内生成更多的 ATP，从而在短时间内提高肌肉的耐力和运动速度。这些运动适应因运动类型的不同而有所不同。本章在阐述运动训练的具体适应性之前，首先介绍在训练中使用的基本术语和一般原则，再概述适当训练计划的要素。

第一节　术语

在讨论运动训练的原则之前，我们首先定义本书中的关键术语。

一、肌肉力量

肌肉**力量**（**strength**）是指一块肌肉或肌肉群所能产生的最大力量。一个举起最大重量为100 kg（220 lb）的人的肌肉力量是举起 50 kg（110 lb）的人的 2 倍。从这个例子中看出，力量是指一个人一次可以举起的最大重量，这称为 **1 次最大重复值（1-repetition maximum，1RM）**。为了在举重馆或健身房确定 1RM，人们选择他们知道至少可以举起一次的重量。在适当的热身之后，试着重复几个动作。如果能重复不止一次，就可以增加重量，再试着重复几次，一直持续到无法超过一次举起该重量。最后一次只能举起一次的重量就是该特定运动的 1RM。1RM 是实验室或健身房评价力量的常用指标。

图 9.1　等动测试和训练装置

肌肉力量也可以通过使用专用设备在实验室中精确测量，该设备可以量化关节运动范围内各种速度和角度的静态力量和动态力量（图 9.1）。肌肉力量的增强包括肌肉结构和神经控制的改变。这些将在第十章中讨论。

二、肌肉功率

功率（**power**）是指做功的速率，因此是力和速度的乘积。与肌肉力量不同，它受速度影响。最大肌肉爆发力通常简称为爆发力，是力量的爆发性属性，是力量和运动速度的产物。

功率（爆发力）=力×距离÷时间

其中，力=力量；距离÷时间=速度。

例如，两个人每人可以卧推 200 kg（441 lb）杠铃，移动相同的距离——从杠铃触碰胸部到手臂完全伸展。但是 1 s 内完成的人的爆发力是 2 s 内完成的人的 2 倍。表 9.1 说明了这一点。

表 9.1 三名运动员卧推的力量、爆发力和肌肉耐力

项目	运动员 A	运动员 B	运动员 C
力量 [a]	100 kg	200 kg	200 kg
爆发力（功率）[b]	100 kg 举起 0.6 m 用时 0.5 s = 120 kg · m/s = 1 177 J/s 或 1 177 W	200 kg 举起 0.6 m 用时 2.0 s = 60 kg · m/s = 588 J/s 或 588 W	200 kg 举起 0.6 m 用时 1.0 s = 120 kg · m/s = 1 177 J/s 或 1 177 W
肌肉耐力 [c]	75 kg 10 次	150 kg 10 次	150 kg 5 次

注：a 力量是由运动员一次卧推所能承受的最大重量决定的（1RM）。

b 在运动员尽可能爆发性地进行 1RM 测试时确定力量。力量的计算方法是力（举起的重量）乘以从胸部到全臂伸展的距离（0.6 m）除以完成举起动作所需的时间。

c 肌肉耐力是由使用 1RM 的 75%所能完成的最大重复次数决定的。

尽管绝对力量是运动的重要组成部分，但肌肉爆发力表示肌肉在力量和速度方面的功能性应用，它几乎是完成所有体育活动的关键要素。例如，在美式橄榄球比赛中，如果防守前锋能够以更快的速度发力，那么即使进攻前锋是一个卧推 1RM 为 200 kg（441 lb）的人，也不可能抵挡住这个卧推 1RM 仅有 150 kg（331 lb）的防守前锋。虽然进攻前锋卧推 1RM 要多 50 kg（110 lb），但防守前锋更快的发力速度加上足够的力量可以让他发挥出优势。尽管可以使用简单的现场测试来估算爆发力，但是这些测试通常并不能专门评估爆发力，因为其结果会受到其他因素的影响。研究表明，爆发力可以通过使用更精密的电子设备来测量，如图 9.1 所示的设备。

本书主要关注的是肌肉力量，仅简要提及肌肉爆发力。总而言之，爆发力有两个组成部分：力量和速度。速度受遗传影响较大，通过训练提高的空间有限。因此，人们往往通过抗阻训练来提高力量以提高爆发力。研究表明，高功率输出的训练（如垂直纵跳训练和某些类型的抗阻训练）可以提高这些特定动作的功率。

三、肌肉耐力

许多体育活动依赖肌肉反复产生或承受次最大力量的能力，或者两者兼而有之。**肌肉耐力（muscular endurance）**是指肌肉反复收缩或者长时间维持收缩状态的能力。体现肌肉耐力的例子包括做仰卧起坐或俯卧撑，或在摔跤时试图将对手压住的持续用力。虽然有几种有效的实验方法可以直接测量肌肉耐力，但也可以通过一个人在 1RM 的某个百分比下可以完成的最大重复次数来测量其肌肉耐力。例如，对于卧推 1RM 为 100 kg（220 lb）的人，可以通过测量其在 1RM 的 75%（75 kg，或 165 lb）时卧推的次数来评估其肌肉耐力，这种方法可排除肌肉力量的干扰。肌肉耐力通过增加肌肉力量，以及改变局部血流和代谢功能而增加。

训练中发生的代谢和循环适应将在第十一章中讨论。

表 9.1 说明了三名运动员在力量、爆发力和肌肉耐力之间的差异，为了更好地进行解释，书中将里面的实际值夸大呈现。从这个表格中我们可以看出，虽然运动员 A 的力量是 B 和 C 的一半，但是他的爆发力是 B 的 2 倍，与 C 是相同的，因此，由于他的运动速度快，他的力量不足并没有严重地限制他的爆发力。通过对这三名运动员的分析，在设计运动方案时，运动员 A 应在保证速度不下降的前提下，注重力量的发展；运动员 B 应该集中精力进行爆发力训练，以提高动作速度（尽管这较难通过训练改变）；运动员 C 应将训练重点放在发展肌肉耐力上。这些建议的前提是每名运动员都需要优化这三个方面的表现。

四、有氧功率

有氧功率（aerobic power）是指细胞代谢过程中能量释放的速率，这取决于 O_2 的持续可用性。它的意义与有氧能力和最大摄氧量（$\dot{V}O_{2max}$）是一样的。最大有氧功率是指人体在进行几分钟大肌肉群参与的动力性运动中的摄氧量最大值，这取决于 ATP 有氧再合成的最大能力。在大多数健康的个体中，最大有氧功率主要受中央心血管系统的限制，在较小程度上受呼吸和代谢的限制。最佳的有氧运动实验室测试是运动至力竭的递增负荷实验，在此过程中测量 $\dot{V}O_2$，并确定最大摄氧量，详见第五章。大多数现场测试已经可以通过测量一定距离步行或跑步所需的时间，或在给定时间内所走的距离，以估算最大摄氧量，而不必在实验室中实际测量。

五、无氧功率

无氧功率（anaerobic power）是指无氧参与的细胞代谢过程中能量释放的速率。最大无氧功率或无氧能力是指无氧供能系统（磷酸原系统和酵解能系统）产生 ATP 的最大能力。与有氧功率情况不同的是，无氧功率没有公认的实验室测试。常用于评估最大无氧功率的测试包括最大氧亏积累试验、临界功率测试和温盖特无氧试验。

常用的温盖特无氧试验需要受试者进行 30 s 的全力蹬车以克服功率自行车上的恒定阻力。功率自行车上设置的阻力取决于受试者的体重、性别、年龄和训练水平。倒数 5 s 后，受试者开始以最快速度蹬车，与此同时，功率自行车的阻力会瞬间增加，并在测试期间保持恒定。无氧功率峰值由前 5 s 内蹬车的转数决定，而平均无氧功率则以 30 s 内完成的总功来衡量。

小结

- 肌肉力量是指一块肌肉或肌肉群所能产生的最大力量。
- 肌肉爆发力是指做功的速率，是力与速度的乘积。

- 肌肉耐力是维持静力性收缩或反复进行肌肉收缩的能力。
- 最大有氧功率或有氧能力是指人体在进行几分钟大肌肉群参与的动力性运动中的摄氧量最大值。
- 最大无氧功率或无氧能力是指无氧供能系统产生 ATP 的最大能力。

第二节 运动训练的一般原则

第十章和第十一章将详细介绍抗阻训练、有氧训练和无氧训练产生的特定生理适应，其中有几个原则适用于所有形式的运动训练。

一、个性化原则

每个人应对急性运动的能力不同，对运动训练产生的适应性也不同。遗传在急性运动产生的反应及运动训练的适应中起着重要的作用，这就是**个性化原则**（**principle of individuality**）的理论依据。除了同卵双胞胎，世界上没有两个具有完全相同遗传特征的人，因此人与人之间不可能具有完全相同的反应。细胞生长速率、新陈代谢、心血管和呼吸调节、神经和内分泌调节的变化导致巨大的个体差异。这种个体差异可以解释为什么有些人在参加给定的训练后表现出明显的提高（“高反应者”），而另一些人在参加同样的训练后几乎没有改变（“低反应者”）。我们将在第十一章中更详细地讨论这种“高反应者”和“低反应者”的差异。由于这些原因，任何训练计划都需要根据个人的需求和能力进行设计。不要期望所有人都有完全相同的提高，即使他们的训练完全一样。

二、特异性原则

训练产生的适应因运动类型、运动量、运动强度的不同而有所不同。例如，为了提高肌肉的爆发力，铅球运动员不会重点练习长跑或低强度、慢速的抗阻训练，因为铅球运动员需要提高的是爆发力。同样，马拉松运动员也不会专注于短跑训练。这可能就是为什么往往爆发力项目运动员和力量型项目运动员（如举重运动员）相对于无训练者具有较强的力量，但在有氧耐力方面却并不突出。根据**特异性原则**（**principle of specificity**），运动适应性取决于运动方式、训练强度和持续时间。因此，为了达到某种运动适应或目标，训练计划要着重强调对最佳运动表现起关键作用的生理系统。

三、可逆性原则

抗阻训练可以提高肌肉力量和抗疲劳能力。同样，耐力训练可以提高长时间高强度有氧运动的能力。但是，如果训练减少或停止（脱训练），那么引起这些能力提高的生理适应也将被逆转，通过训练获得的所有益处最终都会消失。**可逆性原则（principle of reversibility）**为“用进废退”这一说法提供了科学依据。所有有效的训练计划都必须包括一个保持计划，用于维持通过训练获得的生理适应。在第十四章中，我们将探究当训练刺激停止时发生的特定生理变化。

研究视角 9.1　有氧运动能增加肌肉体积吗？

特异性原则指出，运动训练适应性对训练的类型具有高度特异性。有氧训练与有氧能力和心肺功能的提高有关。然而，关于有氧训练对骨骼肌质量的影响，运动生理学家之间存在着争论。之前，人们认为有氧运动对骨骼肌肥大的影响很小。随着高分辨率成像技术的发展，越来越多的证据表明有氧训练可以提高久坐不动的人的肌肉质量。一项研究证实，6 个月的步行或跑步训练可以使老年男性的大腿肌肉横截面积增加 9%。在该研究中，虽然年龄较大的男性肌肉尺寸大幅增加，但实验中一组年轻男性的肌肉大小没有显示出任何变化（这一结果可能是因为在整个研究过程中，年轻男性参加运动的次数比年长男性少）。有氧训练诱发骨骼肌肥大可能是足够的运动强度、持续时间和频率使肌肉在低负荷下进行多次收缩引起的。对有氧训练和抗阻训练进行比较发现，平均而言，这两种训练方式增加的肌肉体积的百分比几乎相同（7%～9%）。

在大多数研究中，有氧训练除了增加整个肌肉的体积，还增加了目标肌肉的Ⅰ型肌纤维和Ⅱ型肌纤维的横截面积。同样，有关肌肉蛋白质代谢的研究表明，急性有氧运动和长期有氧运动均可刺激骨骼肌蛋白质的合成，从而引起正向的肌肉蛋白质平衡和肌纤维体积的增加，甚至对可能患有与年龄相关的合成代谢障碍的老年男性和女性也具有同样的作用。尽管缺乏衡量肌肉蛋白质分解的标准方法，但大多数检测肌肉蛋白质分解和有氧训练的研究都认为有氧训练会导致分解代谢因子减少，从而引起骨骼肌肥大。

总而言之，现有的研究表明，有氧运动训练可以引起骨骼肌肥大。有氧运动引起的与骨骼肌有关的分子调控和蛋白质代谢的改变增加了久坐个体的肌纤维和整个肌肉的体积。这些数据表明，有氧运动可以提高骨骼肌的质量，并被认为是治疗与年龄相关的肌萎缩的有效方法。

四、渐进负荷原则

超负荷训练和渐进式训练是所有训练的基础。根据**渐进负荷原则（principle of progressive overload）**，系统性地增加身体的需求是使其持续改善的必要条件。例如，在进行力量训练时，为了获得力量，肌肉必须超负荷，这意味着它们的负荷必须超出正常负荷。渐进式抗阻训练表明，当肌肉变得更强壮时，要么增加阻力，要么增加重复次数，或者两者都增加，以刺激肌肉力量的进一步增强。

例如，假设一名年轻女子在达到疲劳前只能进行 10 次 30 kg（66 lb）的卧推。经过一两个星期的抗阻训练，她卧推同样重量的次数达 14 或 15 次。然后，她把卧推的重量增加了 2.3 kg（5 lb），她卧推的次数减少到 8～10 次。随着训练的继续，重复的次数也在不断增加，再过一两个星期，她就可以给杠铃再增加 2.3 kg 的重量了。因此，这名女子力量增强的关键在于渐进式地增加卧推的重量。无氧训练和有氧训练通过类似的方法逐步增加训练量（训练强度和持续时间），以实现进一步的提高。

五、多样化原则

多样化原则（**principle of variation**）也称为**周期性原则**（**principle of periodization**），最初于 20 世纪 60 年代提出，现在在抗阻训练领域非常流行。周期化是一个系统的过程，改变训练计划中的一个或多个变量——训练方式、训练量或训练强度——随着时间的推移，使训练刺激保持挑战性和有效性。为了使运动员在比赛中达到最佳水平，训练强度和训练量是训练中最常被改变的方面。经典训练周期是初期大训练量低训练强度；然后，随着训练的进行，训练量逐渐减小，训练强度逐渐增加。波浪式训练周期在周期中包含了更多的变化频率。

对体育专项训练来说，训练量和训练强度在一个大周期内会有所不同，通常最多训练一年。一个大周期由两个或两个以上的中周期组成，这些中周期主要由竞赛的日期决定。每个中周期又细分为准备期、比赛期和过渡期。这个原则将在第十四章中进行更详细的讨论。

小结

- 根据个性化原则，每个人对训练的反应都具有特异性，训练计划的设计必须考虑个体差异。
- 根据特异性原则，为使效益最大化，训练必须与人所从事的活动或运动类型相匹配。对力量要求高的项目，如举重，运动员不会期望从耐力跑中获得很大的力量。
- 根据可逆性原则，如果训练中断或突然减少，训练带来的益处将会消失。为了避免这种情况，所有的训练计划都必须包含保持计划。
- 根据渐进负荷原则，当身体适应给定的运动量和运动强度后，施加的负荷必须逐步增加，以保证训练刺激有效，从而产生进一步的提高。
- 根据多样化原则或周期性原则，训练计划的一个或多个方面应该随着时间的推移而改变，从而使训练效果最大化。运动量和运动强度的系统性变化对长期发展是最有效的。

第三节　抗阻训练计划

在过去的 75 年里，研究已经为抗阻训练及其在健康和运动方面的应用提供了大量知识基础。抗阻训练在健康方面的作用将在第二十章讨论。本节主要讨论运动中抗阻训练的应用。

一、抗阻训练计划建议

抗阻训练计划可以根据以下几个方面进行设计和指导：

✧ 将要进行的运动内容。

✧ 各项运动的顺序。

✧ 每次运动的组数。

✧ 组间间歇时间。

✧ 阻力的大小、重复的次数及抗阻时的移动速度。

2009 年，美国运动医学学会修订了其针对健康成年人的渐进式抗阻训练建议（表 9.2）。之前的建议提出，成年人每组至少要进行 8 次、8 种不同的训练，而且涉及所有主要肌群。新建议推荐利用抗阻训练模型发展力量，实现肌肉**肥大（hypertrophy）**，以及提高爆发力、局部肌肉耐力和总体运动表现。

表 9.2　美国运动医学学会的抗阻训练建议[a]

训练计划的主要目的	训练水平	运动负荷	运动量	运动速度	频率（每周次数）
发展力量	初学者	60%～70% 1RM	1～3 组，8～12 次	慢速，中速	2 或 3
	中等水平	70%～80% 1RM	多组数，6～12 次	中速	3 或 4
	高水平	80%～100% 1RM	多组数，1～12 次	从慢到快	4～6
增加肌肉体积	初学者	70%～85% 1RM	1～3 组，8～12 次	慢速，中速	2 或 3
	中等水平	70%～85% 1RM	1～3 组，6～12 次	慢速，中速	4
	高水平	70%～100% 1RM，重点在 70%～85% 1RM	3～6 组，1～12 次	慢速，中速，快速	4～6

续表

训练计划的主要目的	训练水平	运动负荷	运动量	运动速度	频率（每周次数）
提高爆发力	初学者	0～60% 1RM，下肢；30%～60% 1RM，上肢	1～3 组，3～6 次	中速	2 或 3
	中等水平	0～60% 1RM，下肢；30%～60% 1RM，上肢	1～3 组，3～6 次	快速	3 或 4
	高水平	85%～100% 1RM	3～6 组，1～6 次，变化策略[b]	快速	4 或 5
提高局部肌肉耐力	初学者	轻负荷	1～3 组，10～15 次	慢速～中速重复 中速～高速重复	2 或 3
	中等水平	轻负荷	1～3 组，10～15 次	慢速～中速重复 中速～高速重复	3 或 4
	高水平	30%～80% 1 RM	变化策略[b]，10～25 次或更多	慢速～中速重复 中速～高速重复	4～6

注：a 建议包括肌肉动作的类型（向心和离心），单关节运动与多关节运动，运动顺序及休息间隔。更多信息见正文。

b 周期化——关于周期化的解释见正文。

旨在增强力量的抗阻训练应该包括多次的向心收缩（肌肉缩短）和离心收缩（肌肉拉长）动作的结合。等长收缩可能也在其中起作用，但是次要的。离心收缩训练已证实对上述的特定动作有特殊效益，因此离心收缩训练的加入可以使向心力量的增强最大化。大肌群运动应先于小肌群运动，多关节运动应先于单关节运动，高强度运动应先于低强度运动。表 9.2 总结了美国运动医学学会关于运动负荷、运动量（组数和次数）、运动速度和频率的建议。

建议初学者和中级举重运动员在高负重练习间最少休息 2 min；对于高级举重运动员，1 min 或 2 min 就足够了。一旦个人可以连续两次达到或超过预期次数的运动量，则应增加 2%～10%的负荷。初学者和中级举重运动员可以通过器械训练或**自由重量（free weights）**训练进行练习，高级举重运动员应以自由重量训练为主。

当以肌肉肥大（如健美运动员）或以增强肌肉爆发力为目的时，在运动顺序、休息时间等方面的建议与发展肌肉力量的建议是一样的。然而，表 9.2 中，训练计划中的其他部分会有所不同。

二、抗阻训练的类型

可以使用静力性收缩或动力性收缩，或两者兼而有之进行抗阻训练。动力性收缩包括向心收缩或离心收缩，或两者兼而有之。典型的抗阻训练通过使用杠铃、变阻装置、等速装置和超等长训练来进行。抗阻训练可以分为以下几种类型。

（一）静力性收缩抗阻训练

静力性收缩抗阻训练（static-contraction resistance training），又称**等长训练（isometric training）**，是由几位德国科学家研究出来的，在 20 世纪 50 年代中期大受欢迎。这些研究表明，静力性收缩抗阻训练能产生巨大的力量增长，并且这些增长超过了动力性收缩过程所产生的增长。随后的研究无法重现最初的研究结果，大量基于等长收缩的训练项目也普遍不再受欢迎。但是，静力性收缩仍然是一种重要的训练形式，特别是旨在提高核心稳定性（本章后面会讨论）和握力的训练。此外，在术后康复中，当肢体无法活动而无法进行动力性收缩时，静力性收缩有助于恢复，减少肌肉萎缩和力量损失。

（二）自由重量训练与器械训练

对于杠铃和哑铃这样的自由重量，阻力或重量在整个动态运动范围内保持不变。如果一个 50 kg（110 lb）的物体被举起来，它将维持 50 kg。相反，变阻收缩需要改变阻力使其与强度曲线相匹配。图 9.2 说明了手臂屈曲过程中力量在整个运动范围内如何变化。在运动范围内，肘部屈肌产生最大力量时，角度约为 100°。

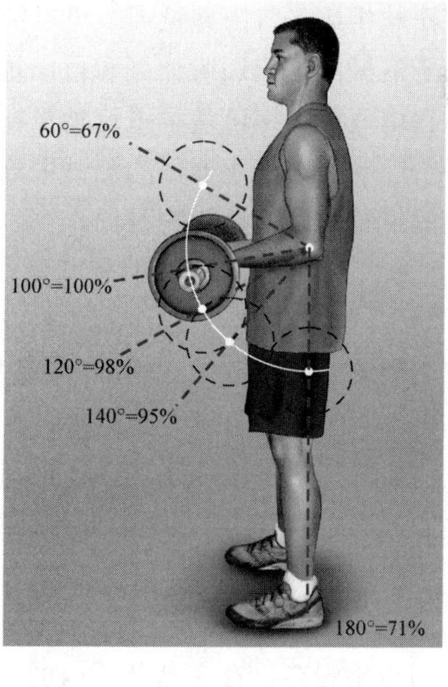

图 9.2　双臂屈曲时力量随肘关节角度的变化

注：屈肘 100°时力量最大。某一角度下肌群产生力量的最大能力以 100°这一最佳角度下能力的百分比表示。

这些肌肉在屈肘 60°和 180°（肘部完全伸展）时力量最弱，最佳角度为 100°，而在这些位置上仅为产生最大力量能力的 67%和 71%。当一个人进行自由重量训练时，其运动范围比使用器械时受到的限制要小，而用于训练肌肉的阻力或重量会受到该运动范围中最薄弱环节的限制。如果图 9.2 中的人在 100°的最佳角度下能举起 45 kg（100 lb）的重物，那么他在 180°的完全伸展状态下只能举起 32 kg（71 lb）的重物。因此，如果他的杠铃负重 32 kg，他只能从完全伸展的位置开始将它举起来并移动。然而，当他在整个运动范围内达到 100° 的角度时，他只能举起在那个角度下最大举起重量的 70%。因此，自由重量训练在最大程度上加重了运动范围中最薄弱环节的负担，并在中程（90° ～140° ）提供适当的阻力。当人们开始感到疲劳时，做双臂弯举动作时的活动范围大大减小（这被称为“欺骗行为”）。这一行为是机体试图远离运动范围中最弱的部分而产生的。在自由重量训练中，一个人能举起的最大重量受到运动范围中最弱部分的限制，这意味着在运动范围内，力量最大的位置不是负荷最大的位置。自由重量训练确实具有一些明显的优势，特别是对专业举重运动员而言。

从 20 世纪 70 年代开始，大量的叠加重量、可变阻力和等动技术的抗阻训练仪器被引入训练。可变阻力器械利用凸轮、滑轮和杠杆，在整个运动范围内改变重量。这种器械相对更安全，因为它们易于使用，并且可以完成一些自由重量训练难以完成的运动。器械有助于稳定身体，尤其对举重新手而言，它可以将肌肉的运动限制在所需的范围内，而不会刺激其他不相关的肌肉。

另外，自由重量训练具有一些抗阻器械所没有的优势。举重运动员必须控制举起的重量，同时动员更多的运动单元——不仅训练目标肌肉，还有固定肌——用于控制杠铃，稳定举起的重量，以及保持身体平衡。举重运动员必须平衡和稳定重量。在这方面，当运动员正在进行诸如足球之类的运动训练时，自由重量训练更接近实际运动竞赛相关的动作。另外，自由重量训练不限制特定运动的范围，因此可实现最佳针对性训练。在器械上使肱二头肌缩短只能在垂直平面上进行，而自由重量训练则可以在任何平面上进行。例如，选择一个反映特定运动的动作，数据显示，如果要在较短的训练时间内获得显著的力量增长，那么与许多类型的举重器械相比，自由重量训练可以提供更多的力量增长。

基于器械的抗阻训练计划和自由重量训练计划都能使肌肉力量、肌肉体积和爆发力显著增加。自由重量训练可使举重运动员在自由重量测试中表现出较大的进步；同样，器械训练可使举重运动员在基于器械的测试中表现出更大的提高。是否选择自由重量训练取决于举重运动员的经验和期望达到的目标。

（三）离心训练

离心训练（eccentric training）是另一种形式的动力性收缩抗阻训练，强调离心阶段。离心收缩时，肌肉的抗阻能力要比向心收缩时强得多（见第一章）。从理论上讲，这可让肌肉受到更大的训练刺激以获得更大的力量。许多研究结果阐明了在增加肌肉力量和体积的向心收缩训练中加入离心收缩的重要性。此外，离心收缩对刺激肌肉肥大很重要，我们将在下一章讨论。

（四）变阻训练

运用变阻设备，在运动范围内的力量最小处阻力减小，而在最大处阻力增大。**变阻训练（variable-resistance training）**是一些流行的抗阻训练器械的基础配置，其基本理论是：如果肌肉在其活动范围内的每一点都以其能力的更高百分比来活动，则可以得到更充分的训练。

图 9.3 展示了一台变阻设备，其中凸轮根据运动范围改变阻力。如前所述，使用这种器械有利有弊。

图 9.3 一台变阻设备，其中凸轮根据运动范围改变阻力

（五）等动训练

等动训练（isokinetic training）是通过使运动速度保持恒定的设备进行的。无论是施加很小的力还是全面的最大肌肉收缩，运动速度都不会改变。可以使用电子设备、气压或液压装置对设备进行预设，将移动速度（角速度）控制在从 0°/s（静态收缩）到 300°/s 或更大的范围内。等动装置如图 9.1 所示。从理论上讲，如果刺激适当，个体可以在整个运动范围内所有点上都以最大力量收缩肌肉。

（六）超等长收缩训练

超等长收缩（plyometrics）训练又称拉伸–缩短循环训练，在 20 世纪 70 年代末和 80 年代初开始流行，主要是为了提高跳跃能力。例如，为了增强膝关节伸肌的力量和爆发力，一个人从直立位开始到深蹲姿势（离心收缩），然后跳上一个箱子（向心收缩），以蹲姿立在箱子顶部。然后，从箱子上跳下，以蹲姿落地，并重复该过程至下一个箱子（图 9.4）。

图 9.4 超等长跳箱练习（详细解释见正文）

超等长收缩训练是为了减小速度和力量训练之间的差距，它利用牵张反射来促进运动单位的动员。在离心收缩（拉伸）时，它还将能量储存在肌肉的弹性和收缩成分中，在向心收缩时将能量转化为动能释放出来。

（七）电刺激

人们可以通过电流直接作用于肌肉或运动神经来刺激肌肉。这种被称为**电刺激**（**electrical stimulation**）的技术已证明在临床中有效，它可以在肢体固定期间减少肌肉力量和体积的损失，并在康复期间恢复其力量和体积。电刺激也已在健康受试者（包括运动员）中试验使用。运动员利用这种技术对他们的常规训练计划进行补充，但没有证据显示这种技术可以使他们在力量、爆发力或运动表现上得到额外的提高。

（八）核心训练

近年来，人们十分重视核心稳定和强化训练。尽管对于构成核心的解剖结构有不同的看法，但普遍的共识是：核心是围绕脊柱和腹部脏器的一组躯干肌肉，包括腹部肌、臀肌、腰束肌、椎旁肌和其他辅助肌肉。

最初，这种针对核心的运动训练是在康复中探索出来的，专门用于治疗腰痛，但它的益处也已在运动表现中得到认可。从理论上讲，更强的核心稳定性可以为更大的力量产生和力量转移到四肢提供基础，从而有利于提高运动表现。例如，使核心保持稳定并参与投球的简单动作可以提高肢体传递投球力量的生物力学效率，并激活对侧手臂的稳定肌肉。核心稳定的原则促进了远端活动的近端稳定性。

关于核心稳定性和核心强化提高运动表现的确定性研究很少。原因之一是，目前还没有评估核心强度和稳定性的标准化测试。此外，已经做过的研究主要针对受损伤人群，并非专门针对运动表现。然而，有限的研究确实表明，这种训练减少了运动损伤的可能性，特别是下背部和下肢。对这一发现的生理学解释是，核心稳定性训练提高了肌梭的敏感性，从而使关节在运动时处于更好的准备状态以承受较大的负荷，保护身体免受伤害。

许多不同类型的核心稳定性和强化训练包括平衡性抗阻训练和非稳定性抗阻训练（如健身球）。相关研究认为，由于核心肌肉主要由 I 型肌纤维组成，核心肌肉组织可能对多组高重复的运动有良好的反应。瑜伽、普拉提、太极拳和健身球训练通常被纳入运动员的训练项目，以提高核心部位的稳定性和力量。还需要进一步研究，以确定核心训练的好处和潜在的机制。

小结

- 低重复、高阻力的训练增强肌肉力量，而高重复、低强度的训练提高肌肉耐力。
- 多样化（或周期性）原则通过改变训练计划的各个方面，对优化结果，以及防止过度训练或过度疲劳具有重要作用。
- 旨在增强肌肉力量的抗阻训练应同时包括向心（肌肉缩短）收缩训练和离心（肌肉拉长）收缩训练。等长收缩可能也在其中起重要作用，但处于次要地位。
- 大肌群运动应先于小肌群运动，多关节运动应先于单关节运动，高强度运动应先于低强度运动。

- 初学者和中级举重运动员在高负重练习期间最少休息 2 min；对于高级举重运动员，1 min 或 2 min 已足够。
- 肌肉或肌群产生力量的能力在整个运动范围内是变化的。
- 初学者和中级举重运动员可以通过器械训练或自由重量训练进行练习，高级举重运动员应以自由重量训练为主。
- 只有使用中性测试设备时，自由重量训练和基于器械训练获得的力量增强才是相似的。
- 电刺激可以应用于运动员的康复，但用于健康运动员的抗阻补充训练时，运动表现并无额外改善。
- 提高核心稳定性的锻炼可以为产生更大的力量并将力量转移到四肢提供基础，从而有助于提高运动表现，同时稳定身体的其他部分，然而，缺乏相关益处的直接证据。

第四节　无氧功率和有氧功率训练计划

虽然无氧功率和有氧功率训练计划在极端情况下有很大的不同（如 100 m 跑和全程马拉松的训练），但它们都是能量供给的连续统一体。表 9.3 说明了竞技性跑步项目从短跑到长跑的训练能量供给要求是如何变化的。这个表格可以作为一个适用于所有运动的例子。短跑的主要供能系统是 ATP-PCr 系统，较长距离的冲刺和中距离跑以酵解能系统供能为主，较长距离跑则以氧化能系统供能为主。无氧功率以 ATP-PCr 和酵解能系统为代表，有氧功率则以氧化能系统为代表。但请注意，即使在极端情况下，需要训练的也不止一种能源系统。

表 9.3　不同跑步距离训练中的三种能源系统供能百分比

径赛项目	无氧速度（ATP-PCr 系统）	无氧耐力（酵解能系统）	有氧耐力（氧化能系统）
100 m 跑	95	3	2
200 m 跑	95	2	3
400 m 跑	80	15	5
800 m 跑	30	65	5
1 500 m 跑	20	55	25
3 000 m 跑	20	40	40
5 000 m 跑	10	20	70
10 000 m 跑	5	15	80
马拉松（42.195 km）	5	5	90

可以用不同类型的训练计划来满足每个特定运动项目的训练要求，如跑步、游泳等各种运动。本节将介绍一些比较流行的训练计划类型，以及如何将其用于改善特定的能源系统。

一、成组训练

第一次对成组训练的描述可以追溯到 1968 年肯尼斯·库珀博士的《有氧运动》一书。他鼓励人们为了预防疾病而运动，而不是为了治疗疾病。书中提到了一种新形式的锻炼方法，该方法主要利用了来自嘻哈和爵士的舞蹈动作，通过音乐对动作进行编排并由教练指导进行训练。目前，各种类型的心血管、力量和柔韧性训练会选择团体健身集中训练。例如，有氧运动课程包括综合格斗、超等长收缩训练、室内自行车和水上运动。多种力量训练也采用这种形式，从高重复杠铃训练课到更传统的举重训练营，再到以核心为基础的功能性动作，柔韧性练习、瑜伽训练，以及预防跌倒或损伤的课程更强调成组训练。

成组训练可以提供与独自运动相当的健康益处，增加 O_2 消耗、高密度脂蛋白（high-density lipoprotein, HDL）含量和肌肉质量，同时降低空腹血糖，减少低密度脂蛋白（low-density lipoprotein, LDL）、甘油三酯和脂肪含量。这些积极的生理效果与许多心理变量的改善同时发生，如满足感、愉悦感、挑战和动机。由于这些健康益处和各种课程风格、持续时间和强度的流行，成组健身可以作为一个理想的建议，适合所有年龄和运动能力的人。

二、间歇训练

间歇训练（interval training）是指从高强度到中等强度的多次重复训练，中间穿插休息或低强度训练。研究表明，通过将整个训练课程分解为更短、更剧烈的间歇性运动，并在间歇训练之间穿插休息或小运动量的练习，运动员可以完成相当大的运动量。

用于描述间歇训练计划的词汇与抗阻训练相似，包括组数、次数、训练时间、训练距离和频率、训练间歇、休息或主动恢复间歇。以中距离跑运动员训练为例：

✧ 第一组：6×400 m 75 s（90 s 慢跑）。

✧ 第二组：6×800 m 180 s（200 s 走跑）。

在第一组训练中，运动员总共进行 6 组训练，每组包含一次 75 s 的 400 m 跑，以及 90 s 间歇的走跑恢复。在第二组训练中，运动员总共进行 6 组训练，每组包含一次 180 s 的 800 m 跑，以及 200 s 间歇的走跑恢复。

虽然间歇训练传统上与田径、越野跑和游泳有关，但它适用于所有的运动和活动。根据运动项目和运动员的情况，为每项运动调整间歇训练计划时，首先选择训练的形式或模式，然后控制以下主要变量：

✧ 间歇训练的强度。

✧ 间歇训练的距离。
✧ 间歇训练的组数和次数。
✧ 休息或主动恢复的持续时间。
✧ 间歇期主动恢复的活动类型。
✧ 每周训练的频率。

（一）间歇训练的强度

根据运动距离可以确定持续时间，从而确定间歇训练的强度。如我们先前在第一组中的示例（400 m 75 s）。通过运动员最大心率（HR_{max}）的百分比也可以确定间歇训练的强度。设置特定的持续时间更为实用，特别是对于短距离的冲刺。典型的做法是：根据运动员的最佳成绩（最短时间）来设定和调节运动距离，运动持续时间根据运动员想达到的相对强度而定，其中 100%表示运动员的最佳持续时间。例如，发展 ATP-PCr 系统时，强度应接近最大值（如 90%～98%）；为了发展酵解能系统，强度也应较高（如 80%～95%）；要发展氧化能系统，强度在中等至高强度之间（如 75%～85%）。这些估算的百分比只是近似值，强度主要还是取决于运动员的遗传潜能、体能水平、间歇时间（如 10 s 或 10 min 的间歇时间对强度的影响不同）、次数和组数，以及间歇中的积极性休息时间。

运动员最大心率的固定百分比或许是一个能更好地反映运动员的生理应激情况的指标。心率监测仪很容易买到，而且相对便宜（图 9.5）。如第八章所述，最大心率可以通过实验室的最大强度运动测试得到，或通过佩戴心率监测仪在跑道上全力跑来获得。发展 ATP-PCr 系统的训练要求运动员在极高的最大心率百分比下进行（如 90%～100%），发展酵解能系统的训练也同样如此（如 85%～100%最大心率）。要发展氧化能系统，强度应该在中等到高强度（如 70%～90%最大心率）。

图 9.5　佩戴心率监测仪的跑步者

注：连接在胸带上的接收器获取从心脏发出的电脉冲并将其传送到佩戴在手腕上的数字显示器和存储设备。训练结束后，可以将存储设备中的内容下载到计算机上。

图 9.6 显示了在三种不同强度的间歇训练中跑步者血乳酸浓度的变化，与 ATP-PCr 系统、酵解能系统和氧化能系统的训练强度相对应。跑步者在不同的日期进行不同强度的一组五次重复性训练，最后一次训练后采集血样，获取血乳酸浓度。监测血乳酸浓度可以验证训练的主要能源系统。

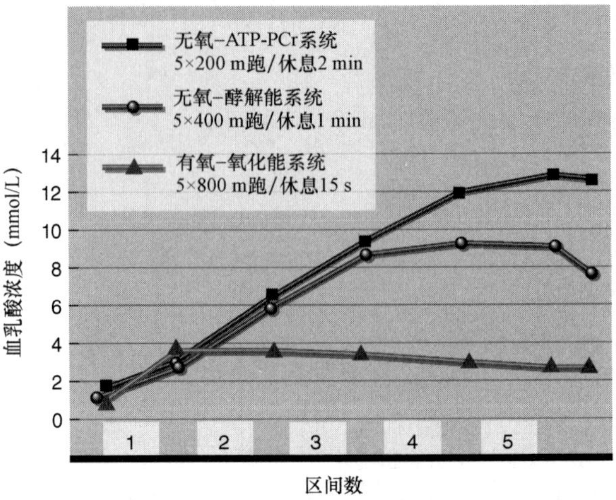

图 9.6　同一跑步者在不同日期进行三种不同配速下的五次间歇训练的血乳酸浓度变化，以及发展每种能源系统的适当配速

（二）间歇训练的距离

间歇训练的距离由项目、运动或活动的要求决定。短跑或需短距离冲刺的运动员（如田径运动员、篮球运动员和足球运动员）练习 30～200 m 跑，短间歇。200 m 短跑运动员也经常练习 300～400 m 跑。1 500 m 跑运动员可以通过 200 m 的间歇跑来提升速度，但其大部分的训练为 400～1 500 m，甚至更长的距离，以增强比赛中的耐力和抗疲劳或力竭的能力。

（三）间歇训练的组数和次数

组数和次数也在很大程度上取决于竞技项目或活动的需要。一般来说，间歇时间越短，强度越大，组数和次数就越多。随着训练时间和距离的延长，组数和次数也相应减少。

（四）休息或主动恢复的持续时间

间歇期休息或主动恢复持续时间的长短取决于运动员从运动间歇中恢复的速度。恢复的程度最好由运动员在休息或主动恢复期间心率是否下降到预定水平来决定。较年轻的运动员（30 岁或更年轻）在下一次间歇训练开始前，心率通常应降至 130～150 bpm。而 30 岁以上的人群由于最大心率每年下降约 1 bpm，心率通常由 130～150 bpm 减去运动员年龄与 30 的差值得出，因此，对于一个 45 岁的人，将在 130～150 bpm 的基础上减去 15 bpm，得到运动员的恢复心率范围是 115～135 bpm。组间的恢复心率也可以用类似的方法计算，但心率一般应低于 120 bpm。

（五）间歇期主动恢复的活动类型

在陆地训练的主动恢复期间可以进行的活动类型为从慢走到快走或慢跑。在游泳池里，慢游时用替代泳姿或初级泳姿是比较合适的。通常情况下在泳池中可以完全放松地休息。一般而言，间歇训练强度越大，在恢复间歇期间进行的运动越少，强度也越小。随着运动员身体状况的改善，他们能够增加间歇训练的强度，减少休息间隔的时间，或者两者兼而有之。

（六）每周训练的频率

训练的频率在很大程度上取决于间歇训练的目的。世界级的短跑运动员或中长跑运动员通常每周训练 5～7 天，尽管并非每次训练都包含间歇训练。而游泳运动员几乎只采用间歇训练。团体项目的运动员每周有 2～4 天会进行间歇训练，只是把间歇训练作为一般训练计划的补充。

三、持续训练

持续训练（continuous training）是没有休息间歇的连续性的训练，从**低强度长时间训练［long，slow distance（LSD）training］**到高强度耐力训练不等。持续训练主要是为了影响氧化能系统和酵解能系统。高强度持续训练的强度通常相当于运动员最大心率的 85%～95%。对游泳、田径和越野跑运动员来说，速度可能高于、达到或接近于比赛的配速。这种配速可能符合或超过运动员的乳酸阈。有科学证据表明，马拉松运动员通常以乳酸阈水平或非常接近乳酸阈水平的配速进行比赛。

在 20 世纪 60 年代，低强度长时间训练变得非常流行。在 20 世纪 20 年代，在德国医生兼教练恩斯特•范•阿肯（Ernst van Aaken）博士引入这种训练方式后，运动员往往以相对较低的强度进行训练，即最大心率的 60%～80%，相当于最大摄氧量（$\dot{V}O_{2max}$）的 50%～75%。距离才是主要目标，而非速度。长跑运动员可以通过低强度长时间训练每天跑 24～48 km（15～30 mi），每周的运动距离为 161～322 km（100～200 mi）。跑步的速度远低于跑步者的最大速度。虽然这种方法对心血管和呼吸系统的压力较小，但过长的距离会导致肌肉和关节过度使用，造成损伤。此外，专业跑步运动员需要定期以比赛速度或接近比赛的速度进行训练，以发展腿部的速度和力量。因此，大多数跑步者每天、每周、每月的训练都是不同的。

对那些仅仅为了健康而想塑形和保持身材的非运动员来说，低强度长时间训练可能是最受欢迎也是最安全的有氧耐力训练方式。不鼓励久坐不动的老年人进行剧烈或爆发性的运动。在团队项目运动中，无论在赛季中还是休赛期，低强度长时间训练都是运动员维持有氧耐力的一种很好的训练方式。

法特莱克训练（Fartlek training）又称速度游戏，是另一种形式的持续训练，它包含间歇性训练的部分内容。这种训练方式是 20 世纪 30 年代在瑞典发展起来的，主要使用者为长跑运动员。运动员可以自行改变跑步的配速。这是一种以乐趣为主要目标的自由形式的训练，甚至不考虑距离和时间。法特莱克训练通常在乡村进行，因为那里有各种坡度的小山。

许多教练使用法特莱克训练作为高强度持续训练或间歇训练的补充，因其为常规训练提供了多样性。

四、间歇－循环训练

间歇－循环训练（interval-circuit training）是20世纪60年代和70年代从斯堪的纳维亚引入的，它将间歇训练和循环训练结合在一起。循环赛道长3 000～10 000 m，每400～1 600 m设置一个站点。运动员在站点之间进行慢跑、跑步或冲刺；在每个站点停留，进行力量、柔韧性或肌肉耐力的训练，其方式类似于实际的循环训练，然后继续慢跑、跑步或冲刺到下一站。这些训练场通常位于公园或有许多树木和小山的乡村。这样的训练方式几乎可以使任何类型的运动员受益，并为单调的训练方案提供多样性。

研究视角9.2　Tabata训练

Tabata训练以日本立命馆大学Izumi Tabata博士的名字命名，是一种高强度间歇训练（high-intensity interval training，HIIT）方案。该方案要求受试者在20 s内完成最大强度（170%最大摄氧量）的训练，休息10 s，如此循环，总时间为4 min。Tabata博士在1996年发表的一项研究结果显示，虽然方案的训练时间仅有4 min，但每周依照该运动方案执行4天后，受试者的有氧适应性和无氧适应性得到了显著提高，且效果优于每天进行60 min的经典耐力训练（70%最大摄氧量）。后续的研究表明，Tabata和其他HIIT方案可在相对较短的时间内有效提高有氧适应能力和无氧适应能力，使脂肪减少，并在相对较短的时间内达到改善健康的效果。

HIIT方案已经越来越受竞技运动员的欢迎，它在接近最大强度的有氧条件下进行短暂的间歇训练，以提高有氧耐力和无氧耐力，同时模拟比赛中常发生的剧烈变化。HIIT方案也可使进行娱乐健身的成年人的健康得到相当程度的改善。虽然Tabata研究中的间歇训练是最大强度的，但最近的研究表明，次大强度（80%～95%最大摄氧量）的20 s运动/10 s间歇方案的修改版也可产生类似效果。这种有氧间歇更适合普通人群，经常用于团体健身和个人训练。

HIIT可以达到很高的心率，这听起来有点儿不合常理，但越来越多的健身专家建议将HIIT作为一种改善心血管和新陈代谢的健康运动方式。对非运动员HIIT的研究表明，训练后的代谢率和脂肪氧化有所改善，腹部脂肪减少，胰岛素敏感性增强，血糖控制改善，血压降低。英国研究小组的一份报告显示，每周3 min、间隔20 s的Tabata运动可以提高年轻男性的胰岛素敏感性。作者认为，当胰岛素更有效地起作用时，肌肉会利用更多的脂肪酸氧化作为燃料，即使在休息时也可能动用更多的脂肪。事实上，进行4 min的HIIT后，运动后的耗氧量是运动前的2倍。HIIT所产生的额外热量和提高脂肪利用率的潜力可能是一个未被开发的领域，即使对较少锻炼的人来说，它也可以安全地改善健康。

五、HIIT

传统上，运动生理学家推荐三种方法来提高有氧能力：中到高强度的持续训练，长时间低强度的有氧运动和间歇训练。但是，越来越多的研究表明，HIIT 是一种高效率的运动方式，可以激发许多与传统耐力训练有关的适应。麦克马斯特大学的科学家研究了短时间内进行高强度自行车运动的训练效果，其中穿插了几分钟的休息或低强度骑行以恢复运动的效果。常用的训练模式以温盖特试验为基础，该试验包括 30 s 的全力骑行，产生的平均输出功率通常是最大摄氧量测试中的 2～3 倍。

经典的 HIIT 包括 4～6 次 30 s 的全力骑行，中间有几分钟的恢复时间。因此，在 20 min 的总运动时间中仅有 2 min 是锻炼时间。现有几项研究证实，在两周的时间里进行 6 次左右这种类型的间歇训练可以显著提高以前未经训练个体的有氧能力。这种训练针对工作忙碌的锻炼者最大的优点是在 2.5 h 的总投入时间内仅需进行 15 min 的全力骑行。

除了提高最大摄氧量，HIIT 已被证明对健康有额外的好处。与持续有氧训练相似，HIIT 可以改善血糖控制和胰岛素敏感性，特别是对患有 2 型糖尿病（或有患病风险）的人。同时，HIIT 被证明可以改善血管内皮功能——一种衡量血管健康的指标。事实上，研究已经证明，HIIT 在促进新陈代谢和心血管适应方面可能比长时间的持续训练更有效。

（一）运动员的 HIIT

HIIT 对高健康水平者和耐力运动员也有益处吗？对久坐的人而言，运动训练会影响心血管系统和肌肉氧化酶的能力，从而使最大摄氧量提高。相比之下，对受过运动训练的人而言，运动强度需要增加至接近甚至略高于最大摄氧量，才能提高最大摄氧量和运动表现。

有越来越多的证据表明，将 HIIT 加入运动量大的传统有氧训练计划中可以进一步提高运动成绩。当一群训练有素的自行车运动员用 HIIT 代替了他们正常训练的 15%时，他们在 4 km 骑行的计时赛中的峰值功率和速度均得以提高。在 4 周的训练中插入 6 次 HIIT 后，这种改善就已显现。

另一项研究使用一种称为 10−20−30 概念的 HIIT（低速 30 s、中速 20 s 和接近最大速度 10 s，之间间隔 5 min 交替进行）来评估进行 7 周 HIIT 是否可以改善训练有素个体的耐力表现、心血管健康和整体身体健康。接受 HIIT 的运动员最大摄氧量提高了 4%，1 500 m 跑和 5 km 跑成绩都有所提高，并且他们的总训练时间减少了 50%，血液总胆固醇、胆固醇组分和静息血压也显著降低。这些结果表明，HIIT 能够改善 $\dot{V}O_{2max}$、运动表现和先前训练过的个体心血管健康的总体指标。同一组研究人员研究证实，先前受过训练的运动员进行传统 HIIT 后，外周肌膜蛋白、转运蛋白和肌肉氧化酶的含量都有所增加。

对繁忙的运动员来说，HIIT 很容易实现，并且在改善心血管健康和运动表现方面很有效。对那些希望在比赛前减少训练时间或训练量而不愿牺牲最大摄氧量，使成绩持续提高的运动员来说，这也十分有效。

吉巴拉（Gibala）和琼斯（Jones）建议耐力运动员，75%的训练以低强度持续方式进行，而10%～15%的训练以高强度间歇方式进行。虽然每次的运动都是无氧的，但HIIT刺激身体适应的整体效果与那些耐力训练相似，同时只需较短的时间和较少的总运动量。将HIIT与总运动量更大的传统持续耐力训练进行比较的研究显示，未经训练的个体在最大摄氧量和有氧能力的细胞标记物方面也有类似的改善。训练有素的运动员的适应能力是不同的。这些适应性变化将在第十一章中详细讨论。

研究视角9.3　探索HIIT提高最大摄氧量的机制

HIIT可显著提高最大摄氧量（$\dot{V}O_{2max}$）。在未经训练的个体中，HIIT可以将最大摄氧量提高到与中等强度持续训练相同的程度，但间歇训练持续时间较短。中等强度有氧训练提高最大摄氧量的机制（例如，血容量增多、心输出量增多、每搏输出量增加）在本章有详细的论述。虽然HIIT能在较大程度上提高最大摄氧量，但导致这一结果的具体适应性尚未被阐明。根据菲克方程，最大摄氧量的提高是由心输出量或动-静脉氧差增加所导致的。然而，尚无确切证据表明HIIT是改善其中之一，还是两者都改善。

最近，来自加利福尼亚州立大学圣马克斯分校、纽约州立大学斯托尼布鲁克分校和美国国家自然医学学院的科学家们进行了一项研究，对71名健康、活跃的年轻受试者进行了为期6周的HIIT后检测心血管适应性。这项研究目的如下：①HIIT如何提高最大摄氧量；②是否有一个最佳的HIIT方案可以产生最大的效益。研究对象被分为4组：冲刺跑间歇实验组（SIT）、高强度间歇实验组（$HIIT_{HI}$）、周期间歇实验组（PER）和没有运动的对照组（CON）。在前10次运动中，所有运动组的受试者执行相同的HIIT方案，进行8～10次，每次60 s，以90%～110%的峰值功率骑行，在两次运动之间有75 s的恢复。经过最初的练习之后，在接下来的研究中，受试者被随机分到特定的运动方案中。在研究开始、中期和研究结束时，通过功率自行车递增负荷试验测量最大摄氧量、最大心输出量、每搏输出量、心率和动-静脉氧差。与对照组相比，HIIT组的最大摄氧量均有显著增加，且不同方案的最大摄氧量增加幅度无差异。在所有HIIT组中，最大心输出量和每搏输出量增加，而最大心率和动-静脉氧差无变化。由于HIIT增加了最大心输出量，而不影响从血液中摄取的氧量，因此研究小组得出结论，HIIT增加最大摄氧量是通过增加血流量来改善氧的输送，而非通过提高肌组织摄取氧的能力。

（二）团队运动中的HIIT

训练运动员的科学性在很大程度上取决于训练的特殊性。然而，设计一种既有利于特定项目的运动表现，又能保持整体速度、体能和运动技能，同时不过度训练的运动方案，往往是一项艰巨的任务。在传统的耐力训练中增加HIIT能改善特定的运动表现，但这些研究都是针对个人项目（如跑步和骑自行车）的运动员进行的，缺乏针对参加团体项目的运动员的研究。

为了确定HIIT是否对运动表现有益，一组优秀足球运动员进行了为期5周的HIIT干预。

丹麦乙级联赛的球员平均每周训练 2.7 次，每次训练持续 3.6 h，每周打一场比赛。HIIT 是在不使用球的情况下进行的，每周进行 6～9 次 30 s 的训练，强度为最大摄氧量的 90%～95%，每周增加 HIIT 的间歇次数。运动表现评估包括冲刺跑测试、灵敏性测试，以及多次逐渐增加速度的 20 m 折返跑。在 HIIT 干预后，优秀足球运动员在折返跑上的表现提高了 11%，但在冲刺跑和灵敏性测试中的表现没有变化。有趣的是，在进行了 HIIT 干预后，运动员的最大摄氧量没有变化，但在以 10 km/h 的固定速度跑步时，运动员的摄氧量有所下降，这表明 HIIT 提高了这些优秀足球运动员的跑步经济性。

小结

- 无氧功率和有氧功率训练计划旨在训练三种能源系统：ATP-PCr 系统、酵解能系统和氧化能系统。
- 间歇训练是指从高强度到中等强度的多次重复训练，中间穿插休息或低强度的训练。在较短间歇的训练中，运动速度和重复的次数通常都很高，恢复的时间通常也很短。长时间间歇训练的情况正好相反。
- 使用心率监测仪可以密切监测运动速度和恢复速度。
- 间歇训练适用于所有运动项目。间歇的长度和强度可以根据运动项目的要求进行调整。
- 持续训练是指没有休息间歇，从低强度长时间训练到高强度耐力训练各有不同。低强度长时间训练在一般健身训练中非常流行。
- 法特莱克训练又称速度游戏，是一种让运动员可以从几天或更长时间的高强度训练中恢复的优秀训练方式。
- 间歇－循环训练将间歇训练和循环训练结合在一起。
- 高强度的间歇训练是一种高效率的方法，可促进人体产生许多与传统耐力训练有关的适应。除了节省时间，它还能使训练多样化。
- HIIT 已被证明可提高受训者的运动表现，包括那些参加足球等团体项目的运动员。

结语

在这一章中，我们回顾了训练的一般原则及用于描述这些原则的术语。我们还学习了有效的抗阻训练和无氧功率、有氧功率训练计划的基本组成。了解了这些内容后，我们可以研究身体如何适应这些不同类型的训练计划。下一章，我们将学习身体如何对抗阻训练做出反应。

关键词

1 次最大重复值（1-repetition maximum，1 RM）
有氧功率（aerobic power）
无氧功率（anaerobic power）
持续训练（continuous training）
离心训练（eccentric training）

电刺激（electrical stimulation）
法特莱克训练（Fartlek training）
自由重量（free weights）
高强度间歇训练（high-intensity interval training，HIIT）
肥大（hypertrophy）
间歇–循环训练（interval-circuit training）
间歇训练（interval training）
等动训练（isokinetic training）
等长训练（isometric training）
低强度长时间训练［long，slow distance（LSD）training］
肌肉耐力（muscular endurance）
超等长收缩（plyometrics）
功率（power）
个性化原则（principle of individuality）
周期性原则（principle of periodization）
渐进负荷原则（principle of progressive overload）
可逆性原则（principle of reversibility）
特异性原则（principle of specificity）
多样化原则（principle of variation）
静力性收缩抗阻训练（static-contraction resistance training）
力量（strength）
变阻训练（variable-resistance training）

思考题

1. 简述肌肉力量、肌肉功率（爆发力）和肌肉耐力的定义和区别。它们是如何与运动表现联系起来的？

2. 简述有氧功率和无氧功率的定义。它们与运动表现有什么关系？

3. 简述个性化原则、特异性原则、可逆性原则、渐进负荷原则和多样化原则并举例。

4. 当设计一个抗阻训练计划时，需要考虑哪些因素？

5. 当设计一个旨在发展力量的抗阻训练计划时，阻力和次数分别为多少才合适？当目标为发展肌肉耐力、肌肉爆发力或肌肉肥大时又该如何？

6. 描述各种类型的抗阻训练，并说明每种抗阻训练的优缺点。

7. 哪种类型的训练计划可为短跑运动员/马拉松运动员/足球运动员带来最大的改善？

8. 和单独锻炼相比，集体锻炼有什么好处？

9. 描述间歇训练和持续训练计划的各种形式，并讨论其优缺点，指出最有可能从中受益的一项运动或赛事。

10. HIIT 已被证明可以带来有益的适应，从而提高运动表现。描述这些生理适应。

学习指南

“关键词”复习了本章中的重要概念，章末的思考题可以测试你对本章内容的理解。

第十章　抗阻训练的适应

很少有体育迷听说过吉姆·布拉德福德（Jim Bradford），他于2013年9月13日去世，享年84岁。布拉德福德是一个非洲裔美国人，他一生的大部分时间都在美国国会图书馆的幕后默默地做着研究员和装订的工作。在1952年赫尔辛基奥运会和1960年罗马奥运会上，布拉德福德在举重重量级组比赛中获得银牌。然而，这几十年来，他在家乡华盛顿几乎不为人所知，更不用说在全美国范围内了。现在的职业运动员很难想象，布拉德福德不得不从美国国会图书馆无薪休假去参加奥运会。“我回到工作岗位上，就这样，很正常的事情。”

布拉德福德先生在高中时自称“胖子”，在读了一本举重杂志里的励志故事之后，他开始练习举重。他先是在二楼的房间里放了一组哑铃，然后应父母的要求把训练房搬到了附近的基督教青年会。在那里，他发明了一种独特的举重方式——双腿并拢，当杠铃举过头顶时再使背部弯曲。原因很简单，他害怕器械跌落，损坏地板被踢出健身房！

长期运动会使神经肌肉系统产生多种适应性变化，适应程度取决于训练的类型。例如，慢跑、骑自行车或游泳等有氧运动仅引起肌肉体积和力量的轻微增长，而主要的神经肌肉适应发生在**抗阻训练**（**resistance training**）中。

除了竞技性举重、田径运动中的投掷，以及一定水平的足球、摔跤和拳击项目，抗阻训练一度被看作不适合其他项目运动员采用的方法。女性通常会避免力量训练，因为她们害怕变得男性化。从20世纪60年代末到70年代初，教练和研究人员发现力量和爆发力训练几乎对所有的体育运动和身体活动都有利，对男性和女性都是如此。直到20世纪80年代末和90年代初，健康专家才开始意识到抗阻训练对机体健康及康复的重要性。

现在大多数运动员都将抗阻训练作为他们整体训练计划的一个重要组成部分。这种态度的转变很大程度上是因为研究证实，抗阻训练能够提高运动表现，促进训练技术和设备的创新。对那些想从运动中获得健康益处的人来说，抗阻训练现在是运动处方的重要部分。

第一节　抗阻训练与肌肉机能的提高

我们知道，肌肉机能对健康、生活质量和运动表现至关重要。那么，我们怎样才能变得更加强壮，又怎样才能提高肌肉力量和耐力？保持积极的生活方式对于肌肉健康是非常重要的，但是想增加肌肉力量和爆发力必须进行抗阻训练。本节，我们简要回顾抗阻训练所引起的各种变化，并介绍爆发力和肌肉耐力，细节内容将在本书后面的部分进一步讨论。

神经肌肉系统是机体在训练的重复刺激后反应灵敏的系统之一。抗阻训练能够引起肌力的实质性增长，在 3～6 个月内肌力可提高 25%～100%，有时甚至更多。但对力量增长百分比的预估可能有误导作用。其实大多数力量训练研究中的受试者从来都没有举过重或参与其他任何形式的抗阻训练。他们早期的力量增长大部分是由于学会了如何更有效地发力，以及如何产生最好的运动效果，如卧推时将杠铃由胸部推至完全伸展的位置。这种学习效果占早期力量增长的 50%。

肌肉具有很强的可塑性，训练会使肌肉的体积和力量增加，而长期不运动，肌肉的体积和力量会减小。本章将详细介绍一些使人强壮的生理适应机制。

研究视角 10.1　抗阻训练的有氧效果

抗阻训练是一种能有效增加肌肉体积和力量的方法。经典的骨骼肌对抗阻训练的反应（如肌肉肥大、肌纤维类型的改变、神经激活的增加）将在本章详细介绍。然而，长期以来的教条认为，抗阻训练的结果明显不同于有氧训练（在第十一章详细讨论），这导致许多研究仅局限于肌肉肥大和力量增加的机制。

相反，众所周知，骨骼肌线粒体数量的增加和功能的改善，以及骨骼肌毛细血管数量和密度的增加都是有氧训练带来的适应，这些改变增加了 ATP 的产生，促进了 O_2 和营养到运动骨骼肌的运输。因此，它们有助于改善肌肉健康，提高有氧训练中的最大摄氧量。除了肌肉健康，线粒体功能改善和骨骼肌毛细血管化也通过改善肌肉生物能、胰岛素敏感性和休息时的葡萄糖耐受性来改善整体健康。因此，诱导这些适应的训练策略可能对许多人有益，而不仅仅是运动员。

最近，运动生理学家开始探索抗阻训练是否也能发挥这些有氧运动的优点。得克萨斯大学医学分部和马斯特里赫特大学最早开始研究这一问题，两所大学的研究人员都采用了为期 12 周的抗阻训练来改善肌肉健康，在抗阻训练前后采集了股外侧肌的肌肉活检样本（图 10.1）。得克萨斯州的研究小组比较了年轻受试者肌肉活检样本中的线粒体呼吸能力（以柠檬酸合酶活性衡量），结果显示，抗阻训练提高了线粒体蛋白表达和呼吸能力，表明这种抗阻训练方案提高了肌肉的氧化能力。荷兰研究小组检测了抗阻训练干预前青年男性和老年男性肌肉样本中毛细血管数量和毛细血管与肌纤维的比例，并在抗阻训练干预后再次进行检测（他们选择只研究老年人的抗阻训练，认为该人群进行抗阻训练可有效改善肌少症）。与年轻人相比，老年男性的毛细血管更少，毛细血管与肌纤维的比例更低。然而，重要的是，老年男性这两种有氧指标在 12 周抗阻训练后都有所提高。这使研究人员得出结论：抗阻训练可以促进骨骼肌毛细血管化。

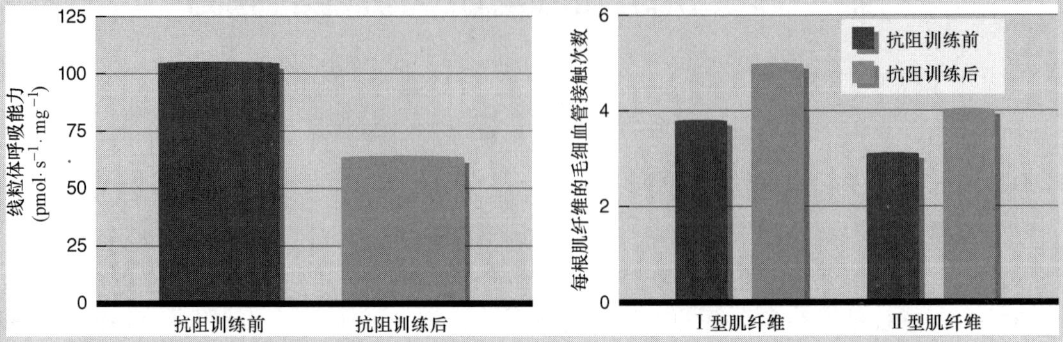

图 10.1　抗阻训练前后，线粒体呼吸能力和每根肌纤维的毛细血管接触次数的变化

综上所述，这些研究均表明，抗阻训练与有氧运动的适应可能比我们之前认为的有更多的共同点，抗阻训练可以改善骨骼肌线粒体功能和促进骨骼肌毛细血管化。这些发现加深了我们对抗阻训练如何改善健康的理解，并让我们认识到抗阻训练对健康的益处。

12 周的抗阻训练可以提高骨骼肌的线粒体呼吸能力并增加每根肌纤维的毛细血管接触次数。以前人们认为，只有有氧训练才能产生这种适应，然而抗阻训练也可以诱导被训练肌肉产生有氧适应。

第二节　肌力增长的机制

多年来，肌力增长一直被认为是由肌肉体积的增加（肌肉肥大）直接引起的。因为很多进行规律力量训练的人都能练出明显的大块肌肉，这一假设从逻辑上来看似乎很合理。另外，用石膏固定肌肉数周或数月将会很快导致肌肉**萎缩（atrophy）**和肌力减弱。由于肌肉体积的增加通常伴随着肌力的增强，并且肌肉体积的减小也与肌力的减弱密切相关，因此，人们很容易得出这样的结论：在肌肉体积和肌力之间存在一种直接的因果关系。虽然肌肉体积与肌力之间确实存在一定关系，但肌力绝不只取决于肌肉体积。

当然，这并不意味着肌肉体积对肌肉的极限力量潜能不重要。肌肉产生力量的能力取决于肌小节内横桥的数量，而横桥的数量又取决于肌动蛋白和肌球蛋白的数量。目前男子和女子举重世界纪录都表明，肌肉体积是极为重要的（图 10.2）。随着体重级别的增加（肌肉质量的增加），运动员举起的总重量纪录也会增加。然而，导致肌力增加的相关机制非常复杂且目前尚未完全明确。除了肌肉体积的增加，还有什么可以解释训练所导致的肌力增长呢？我们先来考虑一个有力的证据，即抗阻训练会改变肌肉的神经控制，使其产生更大的力量。

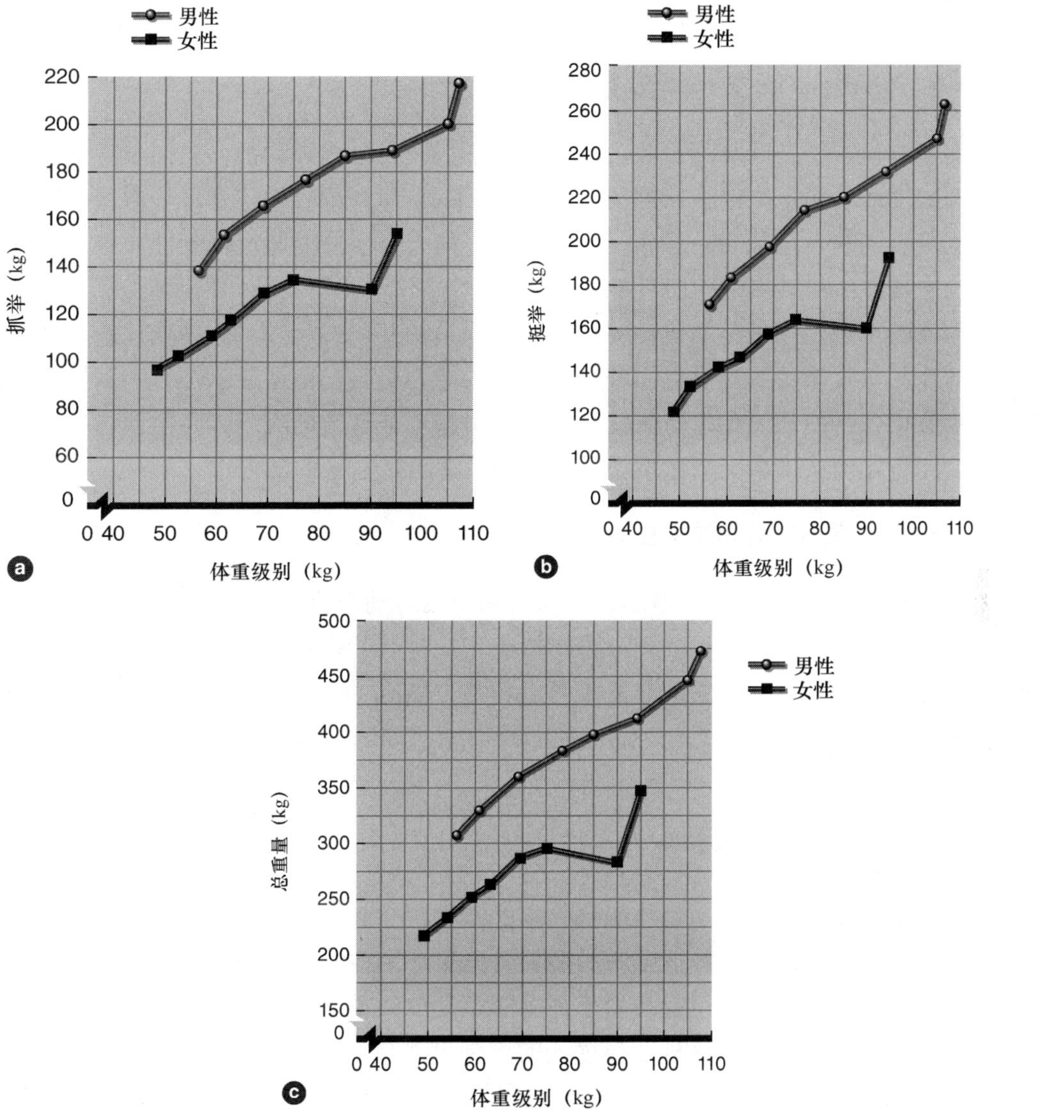

图 10.2　2016 年举重项目男子与女子抓举、挺举和总重量的世界纪录

一、肌力增长的神经控制

抗阻训练是力量增长的重要因素，尤其在早期，是神经适应的结果。埃诺卡（Enoka）的实验证实，在肌肉结构没有变化的条件下可以实现肌力增长，但没有神经适应则不可能发生。因此，力量并不是肌肉独有的特性，更确切地说，它也属于神经运动系统的一种特性。运动单位的动员、运动神经放电频率、特定运动中运动单位的同步性，以及其他神经因素对力量的增长都很重要。消除神经抑制也能起到作用，这些神经因素可以在很大程度上解释未发生

肌肉肥大时的肌力增长和偶尔发生的超常力量现象。

（一）更多运动单位的同步化与动员

运动单位通常不是同时动员的，即它们并不在同一时刻被动员。它们被许多能够传导兴奋性和抑制性冲动的不同神经元控制（参见第三章）。肌纤维收缩还是舒张取决于同一时间运动单位所接收到的大量脉冲的总和。只有在传入的兴奋性冲动超过抑制性冲动达到阈值时，运动单位才被激活，其支配的肌纤维才会收缩。

肌力增长可能是由脊髓中运动神经元之间联系的变化引起的，这种变化使运动单位的活动更加同步化，收缩更加容易且肌肉产生力量的能力更强。证据显示，抗阻训练会导致运动单位同步化增强，但运动单位同步化究竟能否引起更强有力的收缩仍有争议。不过很明显，运动单位同步化确实提高了力量增长的程度和发挥稳定力量的能力。

（二）运动单位编码频率的增加

α-运动神经元神经冲动的增加也能够增加相应运动单位的放电频率（编码频率）。第一章中曾提到，当一个运动单位的刺激频率持续增加时，肌肉最终会处于一个强直收缩状态，此时的肌纤维或运动单位产生绝对最大力量和张力峰值（图 1.14）。目前，能证明编码频率随抗阻训练增加的研究较少。快速运动或弹射式训练（ballistic-type training）对于刺激编码频率特别有效。

（三）神经驱动的增强

神经驱动是指运动单位动员与编码频率的结合，它起始于中枢神经系统，通过周围神经扩散到肌纤维。肌电图是一种很好的通过表面电极测量神经和肌肉活动的方法。

神经因素引起力量增长可能是由于更多的运动单位被动员参与完成所施加的负荷，而这与运动单位的一致性无关。这种动员模式的增强可能是由最大收缩过程中 α -运动神经元的驱动增强所致，而这种神经驱动的增强也可以增加运动单位的放电频率（编码频率）。训练后的肌肉在次大力量下肌电活动减弱，形成了一种更有效的运动单位动员模式。这种神经驱动的增加可增加运动单位的放电频率（编码频率）或减少抑制性冲动，使更多的运动单位被激活或在更高的频率刺激下被激活。在抗阻训练的干预下，最大神经驱动能力增强。

（四）自生抑制

神经肌肉系统的抑制性机制是必需的，如高尔基腱器官可防止肌肉产生超过骨与结缔组织所能承受的力量，这一机制被称为**自生抑制（autogenic inhibition）**。然而，在发挥超常力量的过程中，主要损伤常发生于这些结构，表示保护性抑制机制受到了限制。

高尔基腱器官的功能在第三章已有讨论，当肌腱和内部结缔组织的张力超过了高尔基腱器官的阈值时，支配肌肉的运动神经元受到抑制，即发生了自生抑制。脑干的网状结构和大脑皮层均能产生和传导抑制性冲动。

抗阻训练可逐渐减少或对抗这些抑制性神经冲动，让肌肉产生更大的力，而不受肌肉质量增长的影响。因此，力量增长可通过减少神经抑制实现。这一理论极具吸引力，因为它能够在一定程度上解释在未发生肌肉肥大时的超常力量和力量增长现象。

（五）其他神经因素

除了运动单位动员的增多或神经性抑制的减少，其他神经因素也有助于抗阻训练引起的肌力增长，其中一种因素是主动肌和拮抗肌的共同激活（主动肌是主要的原动力，而拮抗肌则会阻碍主动肌）。以前臂屈肌的向心收缩为例，肱二头肌为主要原动肌，肱三头肌为拮抗肌，若这两类肌肉以相当的力量进行收缩，则不会产生运动。因此，为了使原动肌产生最大肌力，就必须使这两类肌肉的共同激活程度最小化。共同激活程度的降低可以解释部分神经因素引起的肌力增长，但其作用可能很小。

此外，神经肌肉接头形态的变化也值得关注，其活动水平的提高和降低可能均与肌肉力量产生的能力直接相关。

二、肌肉肥大

肌肉的体积是如何增大的呢？我们知道肌肉肥大可分为暂时性肥大和慢性肥大两种。**暂时性肥大（transient hypertrophy）**是指一次运动中或运动结束后即刻的肌肉体积增大，这主要是血浆中体液聚集于细胞间质和细胞内（水肿）引起的。顾名思义，暂时性肥大持续时间很短，因为体液将在运动后数小时内重新回到血液中。

慢性肥大（chronic hypertrophy）是指长期抗阻训练所引起的肌肉体积增大，它反映了现有单根肌纤维体积的增大，即**纤维肥大（fiber hypertrophy）**、**纤维增生（fiber hyperplasia）**或两者共同引起的肌肉结构变化。目前解释这一现象内在原因的各种理论尚存争议，但重要的一项发现是离心训练对于肌纤维横截面积最大程度增加是至关重要的。大量研究表明，单纯离心收缩训练比向心收缩训练或向心收缩、离心收缩结合训练引起的肌肉肥大和肌力增长更明显。此外，与慢速训练相比，快速离心训练促进肌肉肥大和肌力增长的效果更明显。这些更明显的效果可能与肌小节 Z 线的破坏有关，这一破坏最初被视为肌肉损伤，但现在被视为肌纤维蛋白质重塑的表现。因此，采用单纯向心收缩训练来促进肌肉肥大和肌力增长效果是很有限的。

（一）强度和肥大

传统的训练方法普遍认为要实现肌肉体积的大幅增加，需要达到 1 RM 强度的 60%～85% 或更高。然而，最新研究表明，需要达到的 1 RM 强度小于 50%。1 RM 的低强度运动可以诱导与高强度运动相同的肌肉体积增加，前提是训练至意志性肌肉疲劳。这一理论认为，低负荷时的疲劳收缩引起代谢刺激，从而导致肌纤维大量动员。

如果抗阻训练在意志性肌肉疲劳的情况下进行，是否存在一个可诱导肌肉肥大的最低强度？据报道，低至30%和高至90%的1RM强度的训练中，负荷在刺激肌肉蛋白质合成、肥大和初学者力量增加中发挥的作用极小。高重复（high repetition，HR）和低重复（low repetition，LR）分别代表低负荷和高负荷，当这两种抗阻训练都达到意志性肌肉疲劳时，骨骼肌质量的增加效果是相似的。瘦体重（肌肉质量的间接测量指标）和肌纤维横截面积（肌肉面积的直接测量指标）的增加均出现在HR和LR组中，且两组间无差异。在腿举、膝关节伸展和肩举练习中，在两组方法的干预下，1RM力量均显著增加，组间同样没有差异。这些影响似乎与训练水平无关，因为有力量训练经验的男性也有类似的结果。

（二）纤维肥大

早期研究认为，每个人肌肉中的肌纤维数量早在出生时或此后不久就已经确定，且此数量将一生保持不变。如果这是真的，那么整体肌肉肥大只可能是由单根肌纤维肥大引起的，可能发生如下变化：

✧ 产生更多的肌原纤维。

✧ 产生更多的肌动蛋白和肌球蛋白。

✧ 产生更多的肌浆。

✧ 产生更多的结缔组织或上述因素的综合效应。

如图10.3所示，在显微镜下观察可见，有效的抗阻训练可显著增加肌纤维横截面积，但是这种变化并不一定在所有的肌肉肥大中都发生。

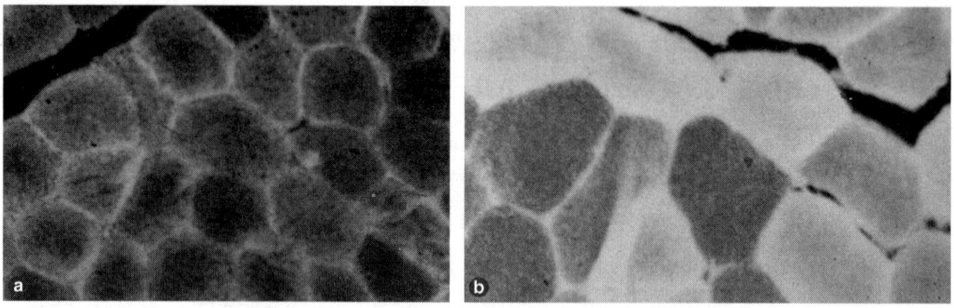

a. 恢复训练前；b. 完成6个月动力性力量训练后，可看到训练后肌纤维明显增大（肌肉肥大）。

图10.3　通过显微镜观察，过去两年无训练经历的一位男性肌肉的肌纤维横截面

肌纤维肥大可能是由肌原纤维、肌动蛋白和肌球蛋白数量增加引起的，且这种改变可在最大收缩过程中动员更多横桥参与，而现有的肌原纤维大小似乎并不改变。肌肉横截面积的增加是由于肌小节平行增多。

抗阻训练引起单根肌纤维肥大似乎是由肌肉蛋白质合成的净增长引起的。肌肉蛋白质含量不断变化，合成和降解同时存在，但这些过程发生的比例是随着身体需求的改变而改变的。

运动时，蛋白质合成减少而降解显著增多；运动后，尽管蛋白质继续降解，但蛋白质合成增加了 3～5 倍，诱导肌原纤维蛋白（肌动蛋白和肌球蛋白）的净合成增加。单次的抗阻训练可以增加净蛋白质合成长达 24 h。

（三）激素和肥大

肌肉生理学的主流观点是，抗阻训练诱导的激素变化促进了肌肉质量的增加，并促使肌肉力量增长。与这种反应相关的激素通常包括合成代谢激素睾酮、生长激素和胰岛素样生长因子－1（IGF－1）。睾酮一直被认为参与这些变化，因为它的主要功能之一就是促进肌肉生长。睾酮是甾类激素，主要发挥合成代谢功能，男性在青春期肌肉明显增长，主要原因是体内睾酮增加了近 10 倍。此外，大量的合成代谢类固醇及抗阻训练可显著增加肌肉质量和力量，这一点已经得到了充分的证实（见第十六章）。

虽然急性抗阻训练确实会短暂地增加这些激素的浓度，但实验表明，这些激素的急性增加并不是肌肉质量或力量的增加所必需的。麦克马斯特大学的研究人员设计了一系列的研究来验证运动引起的睾酮、生长激素和 IGF－1 的升高对肌肉合成代谢是否必要，或者是否能增强肌肉合成代谢。他们检测了肘部屈肌在进行小肌肉群运动（单独的手臂弯曲）时肌肉的合成代谢，此时处于低激素浓度；同时检测了下肢进行剧烈运动时肌肉的合成代谢，此时处于高循环激素浓度。在低激素实验中，急性运动后肌纤维蛋白合成增加，训练后肌力和肥大增加——尽管睾酮、生长激素和 IGF－1 都保持在接近基础浓度。这意味着运动后这些激素的增加对刺激肌肉合成代谢不是必需的。此外，这些激素在运动后升高时，并没有增加肌原纤维蛋白合成，也没有增加肌肉力量和肥大。

除了这些研究，研究人员还比较了男性和女性对抗阻训练的反应。运动后女性的睾酮反应比男性低 45 倍，即使在睾酮基线浓度低 20 倍的情况下也是如此。尽管运动后睾酮水平的提高明显低于男性，但这些女性的肌原纤维蛋白合成率却显著提高。此外，许多研究表明，男性和女性在肌肉肥大方面有较大的个体差异，虽然这种差异较大，但运动诱导受试者睾酮、生长激素和 IGF－1 增加与其肌肉肥大或力量增长之间没有联系。

这些新的数据提供了强有力的证据，表明运动后睾酮、生长激素和 IGF－1 的升高并不是肌肉合成增加和力量增长的必需因素。另一种假设是，由抗阻训练引起的肌肉肥大和力量增长是肌肉内在特性改变诱导的。

（四）纤维增生

动物研究表明，肌纤维总数量的增加也可能是整块肌肉肥大的一个因素。对猫的研究提供了相当明确的证据，在极大负荷运动训练中会发生肌纤维分裂。猫被训练用前爪移动重物来获取食物（图 10.4），它们学会了使用相当大的力量。通过这一强化力量训练，肌纤维似乎被分成了两半，且每一半的体积随后都增长到了原有肌纤维的体积。

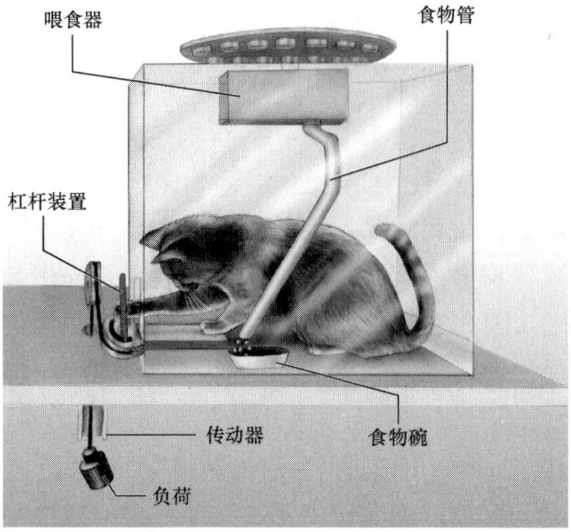

图 10.4 猫的大负荷抗阻训练

但随后的研究显示，长期运动负荷诱导鸡、大鼠和小鼠的肌肉肥大仅仅是由现有肌纤维的肥大引起的，并未发生肌纤维分裂。在这些研究中，整块肌肉的每一根肌纤维都被计数，计数显示肌纤维数量并无变化。

这一发现促使最初进行猫实验的科学家又进行了另外一项抗阻训练研究，这次他们采用了实际肌纤维计数来测定肌肉肥大究竟是由肌纤维增生引起的还是由肌肉肥大引起的。进行 101 周抗阻训练后，猫能够单腿举起相当于自身体重 57%的重量，肌肉重量增加了 11%。最重要的是，研究者发现肌纤维总数增加了 9%，表明的确发生了肌纤维的增生。

对猫的研究和对大鼠、小鼠的研究存在差异，主要是动物训练方式不同造成的。猫接受的是大阻力、低重复次数的抗阻训练，其他动物采用更多的是低阻力、高重复次数的耐力性运动。

科学家采用了另一种动物模型来刺激肌纤维增生诱导肌肉肥大：他们将重物附于鸡的背阔肌前部，使其处于慢性牵拉状态，而另一侧翅膀则保持正常。很多相关研究都采用了此模型，慢性牵拉引起了肌肉肥大和肌纤维增生。

研究者目前仍未明确肌纤维增生和单根纤维肥大在抗阻训练增加人体肌肉体积方面的作用。多数证据显示，单根肌纤维肥大对大部分肌肉肥大都有作用。但也有人体研究表明，整体肌肉肥大是由肌纤维增生引起的。可能只有在强度非常高的抗阻训练中才会出现肌纤维增生，即便如此，这种现象导致的肌肉总体积增加的百分比也很小，可能只有 5%～10%。力量训练是否会引起人类肌纤维增生的问题仍未解决。

在一项对 7 名生前健康而意外死亡的青年男性的研究中，研究人员比较了尸体右侧和左侧胫骨前肌的横截面。已知优势手为右手将引起左腿更显著的肥大，实际上，左侧胫骨前肌的平均横截面积要比右侧的大 7.5%，这是因为左侧肌肉的肌纤维数量要多 10%，而肌纤维平均体积并无差异。

这些研究之间的差异可以用训练负荷或刺激来解释。高强度或高阻力的训练被认为比低强度或低阻力的训练更容易诱导肌纤维肥大，特别是Ⅱ型（快缩）肌纤维。

只有一项纵向研究显示，曾以休闲为目的进行抗阻训练的男性有发生肌纤维增生的可能性。研究发现，在 12 周强化抗阻训练后，12 名受试者中有数人的肱二头肌肌纤维数量显著增加。此研究提示，人体中也会出现肌纤维增生，但可能仅有某些受试者或在某种训练条件下才会发生。

从前面提到的内容来看，肌纤维增生似乎能够在动物中发生，也有可能在人体中发生。

这些新肌纤维究竟是怎样形成的呢？假设单根肌纤维有分裂成两个子细胞的能力，每个子细胞可以发展成具有功能性的肌纤维。重要的是，卫星细胞是参与骨骼肌再生的肌源性干细胞，可能参与了新肌纤维的生成。这些细胞通常在肌肉拉伸和损伤时被激活，正如我们在本章后面所提到的，肌肉损伤是由高强度训练，特别是不习惯的动作训练造成的。肌肉损伤可导致一系列反应，卫星细胞被激活和增殖，迁移到受损区域，融合到现有的肌纤维或结合融合产生新的肌纤维，如图 10.5 所示。

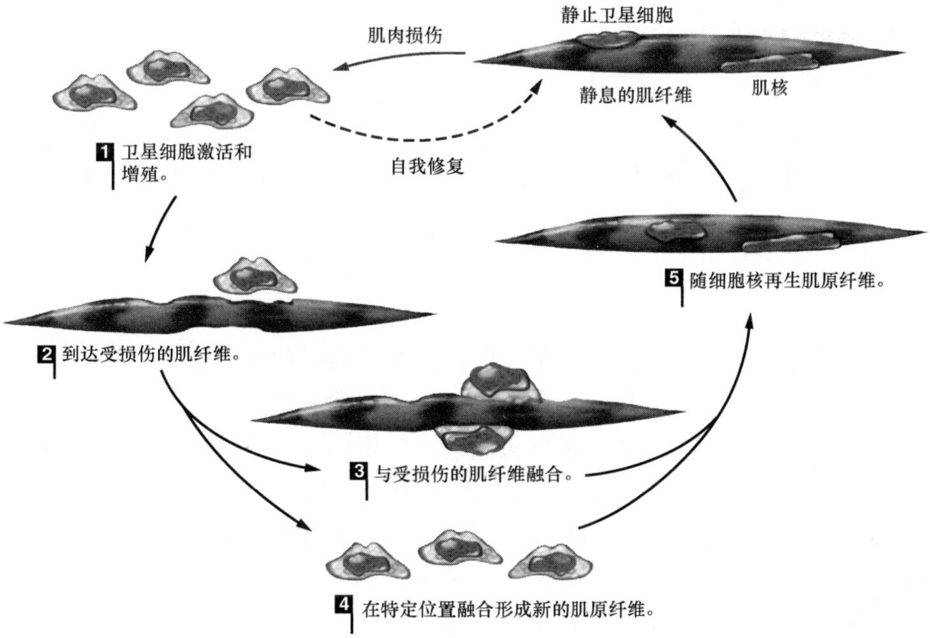

图 10.5 肌肉损伤后卫星细胞的应激

卫星细胞在肌纤维中提供额外的细胞核。增加遗传物质（DNA）是必要的，能够提供增加的肌肉蛋白质和相关物质，以促进肥大发生（理论上是增生）。

三、神经激活与肌纤维肥大的整合

对抗阻训练产生适应的研究表明，自主力量早期增长或最大力量产生首先与神经适应有关，这一适应会导致肌肉的自主活化增加。一项研究清楚地阐述了上述观点：男、女受试者参与了为期 8 周的高强度抗阻训练，每周训练两次，研究开始前和训练期间每两周进行一次肌肉活检，并用 1RM 值测定肌力。8 周训练使肌力显著增长，第二周后肌力增幅最大，但活检显示 8 周训练结束后肌纤维横截面积的增大并无统计学意义。因此，肌力的增长更多的是神经激活增强的结果。

力量的长期增长通常与训练肌的肥大有关。然而，减少蛋白质降解、增加蛋白质合成或两者协同发生需要一定的时间，因此，最初的力量增长往往是神经肌肉激活的改变引起的。大多数研究人员发现，神经因素显著影响力量增长是在训练期的前 8～10 周，肌肉肥大在前期对于力量增长的贡献很小，经过一段时间的蛋白质构建积累，在 10 周训练后成为影响力量增长的主要因素。但并非所有的研究都赞同这种力量发展模式。一项为期 6 个月的针对力量训练运动员的研究显示，神经激活作用可以解释为什么在训练强度最大的几个月中肌力增长最多，但肌肉的肥大并不是主要原因。

四、肌萎缩与肌力下降

一个体力活动正常的人降低活动水平或一个训练有素的人停训，其肌肉结构和功能都会发生变化。这一现象可分为两类：一类是整个肢体都被固定，另一类是经常训练的人突然停训。

（一）固定

当某一训练肌突然因为制动而不能活动时，几小时内肌肉就开始发生变化。在固定的最初 6 h 内，蛋白质合成率开始下降。这种下降很可能导致肌肉开始萎缩，即肌肉组织体积减小。肌肉缺乏使用导致萎缩发生和肌蛋白丢失，在固定的第一周力量下降最为明显，每日平均可达 3%～4%。这一现象与被制动肌肉的萎缩和神经肌肉活动下降均有关。

制动似乎同时影响 Ⅰ 型肌纤维和 Ⅱ 型肌纤维。大量研究都观察到了肌原纤维分解、Z 线流（Z 线失去连续性及肌原纤维的融合）和线粒体损伤。当肌纤维的横截面积减小时，肌肉开始萎缩。很多研究表明，Ⅰ 型肌纤维中这一变化更为显著，表现为 Ⅰ 型肌纤维比例的下降和 Ⅱ 型肌纤维比例的相应升高。

体力活动恢复后，肌肉也开始恢复，但这一恢复期的时间比制动时间要长。

（二）停训

当人们停训时，类似的显著性肌肉变化也会发生。在一项研究中，女性受试者经过 20 周的抗阻训练后停训 30～32 周，随后又重新进行 6 周训练。此训练计划目标在下肢肌群，采用深蹲、腿举及腿部伸展进行训练，将训练期刚结束时（20 周训练后）和停训后（6 周恢复训练前）的肌力进行比较，发现女性受试者肌肉力量显著增加，如图 10.6 所示。这说明受试者在停训后力量减小。在训练的两个时期中，力量的增加伴随着所有肌纤维类型横截面积的增加和 Ⅱx 型肌纤维百分比的下降。尽管 Ⅱ 型肌纤维横截面积趋于减小，但停训对其影响相对较小（图 10.7）。

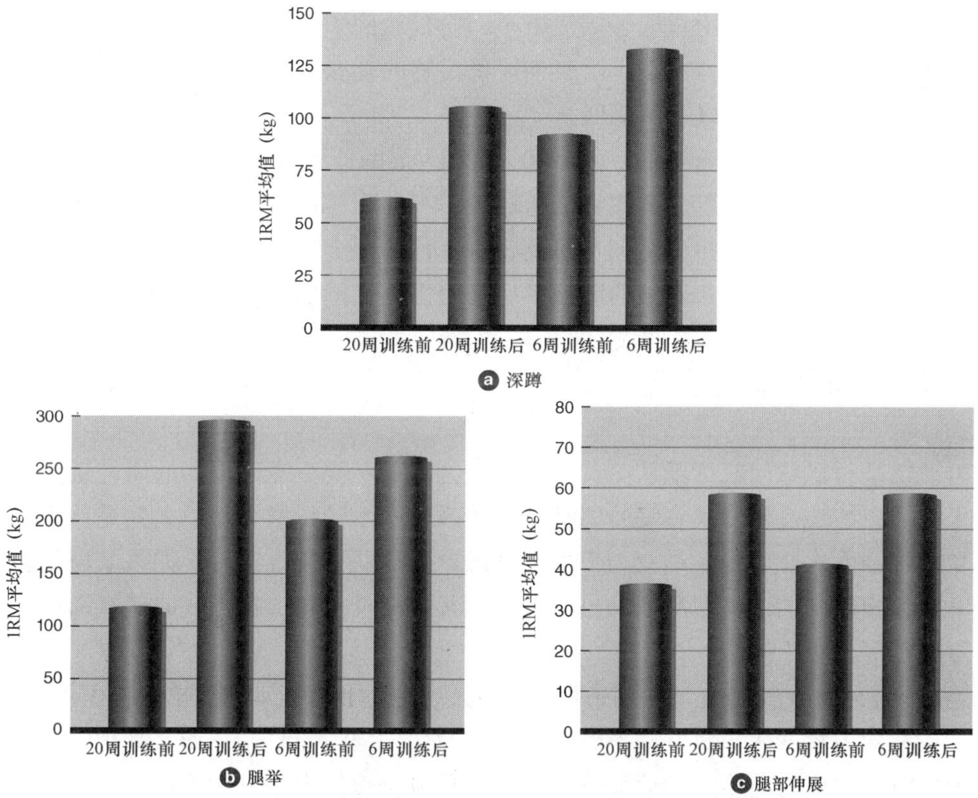

图 10.6　女性受试者进行三种不同的抗阻训练后肌肉力量的变化

注：20 周训练前表示开始训练前的力量变化，20 周训练后表示训练 20 周后的变化，6 周训练前表示停训 30～32 周后的变化，6 周训练后表示再训练 6 周后的变化。

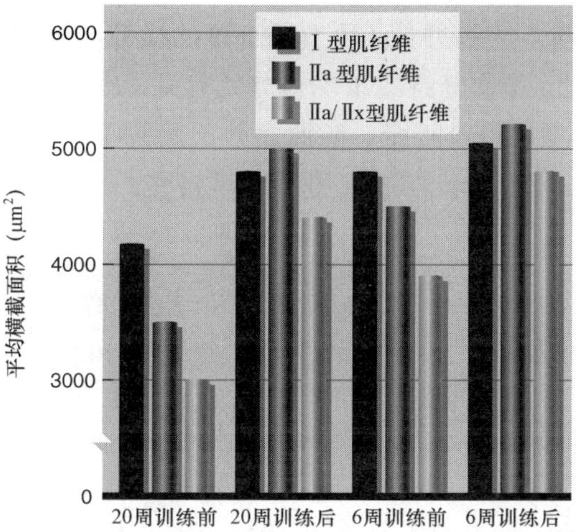

图 10.7　女性受试者进行抗阻训练后主要纤维类型横截面积的变化

注：20 周训练后为训练期后，6 周训练前为停训，6 周训练后为恢复训练。

Ⅱa/Ⅱx 型肌纤维为中间型肌纤维，更多内容如图 10.6 所示。

为防止抗阻训练过程中力量增长幅度减小，一旦达到了发展力量的预期目标，就必须确立基本的维持方案。维持肌力方案可给肌肉提供足够的刺激以保持现有的力量水平，但训练强度、持续时间和频率都可以有所降低。

在一项研究中，男女受试者接受为期 10 周或 18 周的伸膝抗阻训练，随后的 12 周停训或减少训练。研究发现，训练期后伸膝力量增加 21.4%，但停训的受试者在停训期间肌力增长水平下降了 68%。然而，减少训练（从每周训练 3 次降至 2 次，或从每周 2 次降至 1 次）的受试者并无肌力丢失。因此，降低训练频率后肌力仍能保持至少 12 周时间。

五、肌纤维类型改变

抗阻训练是否能够使肌纤维从一种类型转变为另一种类型呢？最初的研究认为，无论是速度（无氧）训练还是耐力（有氧）训练均不能改变基本的纤维类型，尤其是从Ⅰ型肌纤维变为Ⅱ型肌纤维或从Ⅱ型肌纤维变为Ⅰ型肌纤维。但这些研究也认为，如果采用的训练方式与肌纤维类型相反，则该类型肌纤维也会表现出某些相反类型的特点（如有氧训练可能使Ⅱ型肌纤维变得更具氧化性）。

动物研究表明，在神经交叉支配条件下，即人为地将Ⅱ型运动单位植入Ⅰ型运动神经元，或者采用相反的干预方式，肌纤维类型确实可能发生转换。而且，长期低频神经刺激也能使Ⅱ型运动单位在数周内向Ⅰ型运动单位转化。15 周高强度跑台运动使大鼠肌纤维类型发生变化，导致Ⅰ型肌纤维和Ⅱa 型肌纤维增加，Ⅱx 型肌纤维减少。Ⅱx 型肌纤维向Ⅱa 型肌纤维，以及Ⅱa 型肌纤维向Ⅰ型肌纤维的转变已经由多种不同的组织化学方法证实。

斯塔龙（Staron）等人发现剧烈抗阻运动可使女性的肌纤维类型发生改变。通过 20 周下肢高强度抗阻训练，受试者静力性力量、所有肌纤维的横截面积均稳定增长。Ⅱx 型肌纤维的平均百分比显著下降，但Ⅱa 型肌纤维的平均百分比升高。后续的一系列研究也报道了抗阻训练诱导Ⅱx 型肌纤维向Ⅱa 型肌纤维转变。除此之外，其他研究表明，高强度抗阻训练和短间歇速度性训练结合能够使Ⅰ型肌纤维向Ⅱa 型肌纤维转变。

小结

- 抗阻训练引起的力量增长总是伴随着神经适应的发生，但不一定会发生肌肉肥大。
- 导致肌力增长的神经机制包括刺激频率（编码频率）的增加、更多运动单位的动员、运动单位动员同步性的提高和高尔基腱器官自生抑制的减弱等。
- 早期力量增长似乎源于神经因素的变化，而长期力量增长很大程度上是肌肉肥大的结果。
- 暂时性肌肉肥大是运动后即刻感到的一种发胀的感觉，是短暂性水肿引起的。
- 慢性肥大因重复性抗阻训练而发生，它反映了肌肉内的结构变化。
- 大多数肌肉肥大是单根肌纤维体积增大（纤维肥大）的结果。
- 肌纤维肥大增加了肌原纤维、肌动蛋白和肌球蛋白的数量，这为力的产生提供了更多横桥。

- 肌纤维增生在动物模型中已明确证实，抗阻训练可诱导肌肉肥大。只有少数研究表明人类有肌纤维增生的迹象。
- 损伤、固定或停训导致活动减少，肌肉会发生萎缩（体积减小，力量下降）。
- 如果停训，肌肉萎缩会迅速发生，但可以采用减量训练作为一种维持方式，这样肌肉萎缩或肌力下降就不会发生。
- 抗阻训练会使Ⅱx 型肌纤维向Ⅱa 型肌纤维转化。
- 研究表明，交叉神经支配或长期刺激可能使一种肌纤维类型转变成另一种类型（如Ⅰ型肌纤维向Ⅱ型肌纤维转变或相反），训练也可能产生此作用。

第三节 抗阻训练和饮食的相互作用

抗阻训练引起的肌肉肥大可以通过营养来限制或增强。如前所述，净正蛋白平衡（合成大于分解）是肌肉肥大发生的必要条件。如果饮食中没有足够的蛋白质，蛋白质合成就会受到影响，肌肉不能增加蛋白质含量产生肥大。一次抗阻训练后的几个小时内摄入蛋白质会加快蛋白质合成的速度，从而促进净正蛋白平衡。随后 24 h 内，蛋白质摄入量的增加将继续促进肌肉合成代谢。因此，营养和运动是骨骼肌蛋白质合成的有力促进剂。

一、蛋白质摄入量建议

一个国际研究小组最近对已发表的 49 项研究（1 863 名研究对象）进行了系统分析，以确定膳食蛋白质补充剂是否能通过抗阻训练提高肌肉质量和力量。他们考查了随机对照实验，在这些实验中，受试者进行了至少 6 周的抗阻训练，并服用了不同剂量的膳食蛋白质补充剂。分析表明，膳食蛋白质补充剂可显著增强 1RM 力量并增加肌肉体积（肌纤维横截面积和肌肉整体横截面积）。然而，每天摄入的蛋白质超过 1.6 g/kg 体重并没有进一步起到促进作用。因此，尽管美国目前 18 岁以上人群的蛋白质参考摄入量无论身体活动状况如何，都是每天 0.8 g/kg 体重，但进行抗阻训练的运动员每天可能需要从饮食中摄取高达 1.7 g/kg 体重的蛋白质。虽然摄入相对少量的蛋白质（5～10 g）也可以促进年轻男性和女性的肌肉蛋白质合成，但要使肌肉变大，应在抗阻运动后即刻摄入 20～25 g 蛋白质。

应该摄入什么类型的蛋白质？摄入多少？促进肌肉肥大的最佳蛋白质应易于快速消化且富含人体所必需的氨基酸，特别是亮氨酸。牛奶中的乳清蛋白可满足这两个条件。在实践中，运动员在进行抗阻训练后，应摄入少量优质蛋白质和充足的碳水化合物，以刺激运动后的肌肉蛋白质合成并补充肌糖原。可通过摄入恢复饮料、食物（如牛奶、酸奶、小三明治）或富含蛋白质的能量棒来实现。在运动后摄入的蛋白质中加入碳水化合物并不会显著影响肌肉蛋白质平衡，但确实有其他好处，如可促进肌糖原的再合成。

当试图优化个体对连续运动的过度反应时，是否存在蛋白质摄取的最佳时间？一次运动能刺激肌肉蛋白质合成率提高达数小时之久，而蛋白质的摄入能进一步促进运动后的肌肉蛋白质合成。单剂量氨基酸的蛋白质合成刺激效应是短暂的，只持续 1～2 h。在抗阻训练恢复期间反复摄入小剂量蛋白质可能比吃一顿大餐能更有效地促进肌肉肥大。然而，肌肉蛋白质合成率的提高并不完全局限于运动后几个小时的急性恢复。所谓的“机会窗期”是从运动开始前到运动后几个小时，在运动前或运动中摄入蛋白质也可促进运动中肌肉蛋白质的合成，对长时间或反复运动是一个很好的策略。

研究视角 10.2　睡前举重有助于促进肌肉蛋白质合成

一次性抗阻训练后摄入蛋白质可刺激肌肉蛋白质合成，抑制肌肉分解，使肌肉蛋白质含量在急性恢复期增加。基于这一现象，运动后摄入蛋白质是一种广泛使用的策略，可以增加肌肉肥大并加速抗阻训练后的恢复。

各种因素都会影响运动后蛋白质的合成，包括运动后蛋白质摄入的量、类型和时间。研究表明，睡前摄入蛋白质可增加夜间氨基酸的实效性，并在夜间睡眠时刺激肌肉蛋白质合成。在长时间的抗阻训练中，睡前补充蛋白质可以增加肌力并促进肌肉肥大，这可能是一种保证肌肉质量和使肌肉最大程度肥大的实际方法。

2016 年在荷兰进行了一项研究，即晚上进行一次抗阻训练是否会在睡前蛋白摄入后进一步促进肌肉蛋白质合成。研究人员推测，抗阻训练后蛋白质合成的强烈刺激与睡前蛋白质摄入相结合，可极大地增加夜间蛋白质合成。为了研究这个问题，研究人员招募了 24 名健康青年男性，并将他们分为两组：睡前蛋白质摄入加晚间训练组（PRO+EX）和单独睡前蛋白质摄入组（PRO）。在标准进餐后，PRO+EX 组受试者进行 60 min 的下肢抗阻训练，而 PRO 组受试者休息。在训练或休息之后，所有受试者都喝同样的含有 20 g 蛋白质的饮料，随后采集肌肉活检样本，并持续注入标记的氨基酸同位素以观察蛋白质代谢。睡前，每名受试者又摄入了 30 g 标记蛋白质。整晚，在受试者睡眠的 30 min、60 min、90 min、150 min、210 min、330 min 和 450 min 采集血样，并在第二天早上进行第二次肌肉活检。

结果显示，在夜间，PRO+EX 组受试者的肌原纤维蛋白合成比 PRO 组受试者的高约 35%。此外，许多标记的膳食蛋白衍生氨基酸在夜间进入 PRO+EX 组受试者新的肌原纤维。这些发现使研究小组得出结论：晚上进行的抗阻训练增加了夜间肌肉蛋白质合成对睡前蛋白质摄入的反应。因此，睡前摄入蛋白质与抗阻训练相结合可能是一种有效的策略，可以在夜间最大程度地修复骨骼肌。

二、抗阻训练和蛋白质摄入对蛋白质合成机制的影响

肌原纤维内的蛋白质合成速率主要由一种酶或激酶控制，称为**哺乳动物雷帕霉素靶蛋白（mechanistic target of rapamycin，mTOR）**。mTOR 整合了上游通路的输入，包括胰岛素、生长因子和氨基酸（图 10.8），并调控信使 RNA（mRNA）转录。如果阻断 mTOR，抗阻训练就不会诱导肌肉肥大。蛋白质合成的主要刺激是施于肌肉的机械牵拉，它激活 mTOR。

mTOR 感知细胞的营养和 O_2 水平，所以它也被适时的蛋白质摄入激活，特别是富含亮氨酸的蛋白质。因此，在“机会窗期”将亮氨酸传递给肌肉比单纯的急性运动更能激活 mTOR，诱导蛋白质合成增加和肌肉肥大。

增加蛋白质合成和提高膳食氨基酸的可用性不仅源于更多的氨基酸供应，还源于激素浓度的变化为机体创造了更有利的合成代谢环境。胰岛素对骨骼肌肥大有很强的促合成作用，如图 10.8 所示。在有足够能源底物存在的情况下，胰岛素（餐后升高）能够刺激骨骼肌蛋白质合成和年轻肌肉肥大。

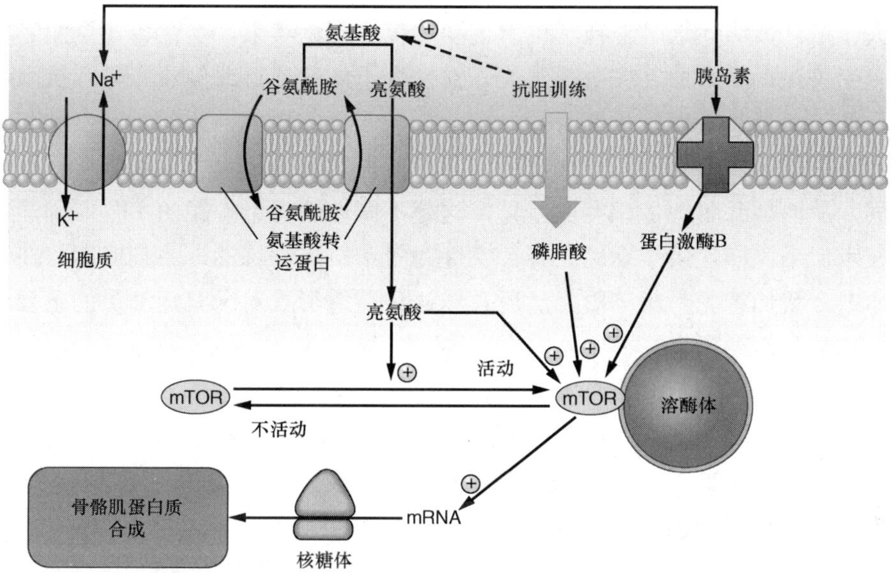

图 10.8　抗阻训练、胰岛素和氨基酸摄入对骨骼肌蛋白质合成的单独作用和联合作用示意图

胰岛素可促进 mRNA 携带的遗传密码更有效地转化为蛋白质，从而刺激可用氨基酸合成蛋白质，这个过程称为翻译。这一过程由被称为核糖体的细胞器完成，因此，增加肌纤维中核糖体的含量（提高翻译能力）也会促进更多的蛋白质合成。创建新的核糖体似乎是一个重要的调节机制。事实上，当新的核糖体合成被生化方法阻断时，肌肉就不能发生肥大。值得一提的是，最新研究表明，mTOR 除了在细胞质中参与翻译，还在细胞核中参与调控核糖体合成（图 10.8），因此，mTOR 在肌肉生长过程中处于中心环节。

小结

- 抗阻训练和蛋白质摄入是刺激骨骼肌蛋白质合成的有利因素。
- 进行抗阻训练的运动员应摄入足够的优质蛋白质（每天 1.7 g/kg 体重）和碳水化合物，以刺激肌肉蛋白质合成，同时促进运动后肌糖原恢复。
- 肌原纤维内的蛋白质合成速率主要由一种称被为 mTOR 的酶控制。蛋白质合成的主要刺激是肌肉的机械牵拉通过激活 IGF-1 信号通路从而激活 mTOR。

- 核糖体的生物发生（新的核糖体产生）是一种重要的调节抗阻训练促进肌肉肥大的机制。

第四节　特殊人群的抗阻训练

19 世纪 70 年代前，抗阻训练被认为仅适用于年轻、健康的男性运动员，这一狭隘的观念导致很多人在拟订训练计划时忽视了抗阻运动的优势。近年来，女性、儿童和老年人的训练方法越来越受关注。如本章之前所谈到的，女性为了体育项目或健康而进行抗阻训练是近期才兴起的。从 19 世纪 70 年代早期开始，随着知识水平的提高，人们发现女性和男性拥有同样的发展力量的能力，但女性可能很难达到男性所能达到的最大力量水平。性别导致合成激素水平不同，从而导致肌肉体积存在差异，这是不同性别力量差距的主要原因。针对男性的抗阻训练技术似乎同样适用于女性。有关女性力量和抗阻训练的一系列问题将在第十九章详加讨论。本节，我们首先考虑年龄，然后总结这种训练形式对所有运动员的重要性，忽略他们的性别、年龄和运动项目。

当我们比较女性和男性、儿童和成年人、老年人和年轻人及中年人时，力量增长百分比似乎是相似的。然而，总的来说，男性绝对举重重量的增幅要大于女性，成年人要大于儿童，年轻人要大于老年人。例如，经过 20 周的抗阻训练，假设一个 12 岁的男孩和一个 25 岁的成年男性各自提高了 50%的卧推力量，如果这个成年男性最初的卧推力量（1RM，1 次最大重复）是 50 kg（110 lb），他将 1RM 提高了 25 kg（55 lb）从而达到 75 kg（165 lb），如果这个男孩最初的 1RM 是 25 kg，他将 1RM 提高了 12.5 kg（28 lb）从而达到 37.5 kg（83 lb）。

一、老年人抗阻训练

从 1980 年起，社会对老年人抗阻训练的关注日益增多。去脂体重随着衰老而丢失，该现象被称为**肌少症（sarcopenia）**。这种体重下降主要反映了肌肉质量的丢失，因为大多数人随着年龄的增长，运动越来越少。如果肌肉不经常使用，其功能就会逐渐丧失，表现为肌萎缩和肌力减弱。

老年人进行抗阻训练能否防止或逆转肌萎缩和肌力减弱呢？营养因素在老年人身上发挥的作用和在年轻人身上的一样吗？老年人确实能够通过抗阻训练获得力量和肌肉质量的增长，而且，这对老年人的健康及生活质量都有重要意义（见第十八章）。通过维持或提高力量，他们就不容易跌倒——跌倒是导致老年人损伤和乏力的主要原因，且经常会导致死亡。

一般情况下，年轻人和老年人体内蛋白质合成与分解并无太大差异。当然，老年人在肌少症状态下对合成代谢刺激的反应会下降。老年人进行一次性抗阻训练并不会引起骨骼肌肥大应答，其原因主要是老年人进行抗阻训练后并不能有效激活 mTOR 信号通路。抗阻训练确实能够增加老年人肌肉的力量和质量，但是这种应答相对迟缓，通常表现为抗阻训练后力量增加，但是肌肉围度增加得很少。在老年这个年龄段中，力量的增长主要依赖于神经适应。

摄入蛋白质对老年人肌肉肥大的影响同样是迟缓的。在年轻人中，只要 5 g 蛋白质结合抗阻训练就能刺激骨骼肌蛋白质的合成；而在老年人中，要达到同样的效果，就必须摄入更多的蛋白质，这可能和老年肌肉对支链氨基酸敏感性减弱有关。研究表明，摄入 25～30 g 的优质蛋白质或 2 g 以上亮氨酸对老年肌肉蛋白质合成的刺激效果类似于年轻肌肉。衰老还与骨骼肌胰岛素抵抗对蛋白质合成的影响有关，这可能是肌少症病理学的关键因素。

在人类衰老的过程中，区域身体成分存在显著差异，与年龄相关的功能障碍和残疾与性别、种族有关。例如，与男性相比，女性有更多的肌肉脂肪、更多的皮下脂肪和较轻的下肢质量。与白种人相比，非裔美国人的肢体肌肉质量更大，并有更多的皮下脂肪、肌间脂肪和肌内脂肪。

中老年人对抗阻训练的生理适应是否存在性别和种族差异？在马里兰大学进行的一项研究中，研究人员使用了一种独特的单腿抗阻训练来研究性别和种族对大腿肌肉体积、皮下脂肪和肌间脂肪变化的影响。受试者包括 50～85 岁的白种人和非裔美国人，他们完成了 10 周的单侧膝关节伸展训练。

结果显示，所有组大腿肌肉体积都出现增长。男性肌肉体积的绝对增长更大，但男性肌肉体积和女性肌肉体积增长的百分比是相似的，皮下脂肪或肌间脂肪的变化没有性别差异。白种人和非裔美国人肌肉或脂肪的适应改变没有差异。这项研究表明，无论性别还是种族，抗阻训练都不会改变皮下脂肪或肌间脂肪。老年人代谢紊乱的发生率和肌肉功能测量确实存在种族差异，而其他未探索的因素可能解释了种族差异。

二、儿童和青少年抗阻训练

儿童和青少年进行抗阻训练是否科学一直是争论的焦点。使用自由杠铃可能造成损伤，特别是骺板的损伤，这一点已经引起了广泛关注。许多人曾经认为，儿童不会从抗阻训练中受益，因为与青春期相关的激素变化是肌肉力量和质量增加的必要条件。我们现在知道，如果实施适当的安全措施，儿童和青少年可以在最低的受伤风险下安全地训练。此外，他们的肌肉力量和质量确实可以增加。

儿童的抗阻训练计划应该和成年人的一样，但是要特别强调正确的举重技巧。许多专业组织（包括美国骨科运动医学学会、美国儿科学会、美国运动医学学会、美国国家体能训练师协会、美国国家体能协会、美国总统健康与体育委员会及美国奥林匹克委员会）设置了一些具体准则。表 10.1 列出了儿童和青少年抗阻训练进阶的基本指南。

表 10.1 儿童和青少年抗阻训练进阶的基本指南

年龄	注意事项
7 岁及以下	向儿童介绍使用少量或不使用重量的基本运动，讲述训练的概念，教授运动技巧，循序渐进地从健美体操过渡到同伴练习和轻微抗阻练习，运动量要小
8～10 岁	逐渐增加运动次数，学习所有举重的练习技巧，开始渐进式负荷练习，保持运动的简单性，逐步增加训练量，仔细监测运动应激的忍受程度
11～13 岁	教授所有基本的运动技巧，继续递增每项练习的负荷，强调运动技术，引进更高级的、很少或没有阻力的练习。执行更高级的青少年抗阻训练计划，增加专业体育内容，强调运动技术，增加运动量
14～15 岁	执行更高级的青少年抗阻训练计划，增加专业体育内容，强调运动技术，增加运动量
16 岁及以上	在掌握了所有的背景知识并有基本的训练经验之后，开始入门级的成年人训练

注：如果任何年龄的儿童在没有任何经验的情况下开始一个项目，应使其从前一年龄组的水平开始，并在运动耐受性、技能、训练时间和理解能力允许的情况下将其提升至更高级的水平。

研究视角 10.3　抗阻训练可以在不改变 BMI 的情况下改善健康

在过去的十年中，儿童肥胖急剧增加，肥胖青少年更有可能患代谢和心血管疾病。规律的体育活动可以改善新陈代谢和心血管健康，通常建议肥胖个体增加有氧运动以减少患病风险。有氧运动可以改善血液流动反应，降低静息血压，减少炎症，增加胰岛素敏感性，改善超重和肥胖个体的身体成分。然而，在这些不健康的人群中，坚持进行有氧运动的比例非常低。抗阻训练可能是一种改善健康的替代策略，同时使肥胖者能够坚持。到目前为止，大多数研究都将抗阻训练和有氧训练结合起来，以改善肥胖个体的心血管健康和代谢，正因如此，我们对抗阻训练在肥胖个体心血管健康和代谢中的独立作用知之甚少。

2015 年，运动生理学家在巴西进行了一项研究，观察抗阻训练对肥胖青少年代谢和心血管健康的影响。24 名肥胖青少年（平均年龄 14 岁）进行了为期 12 周的抗阻训练，训练涵盖所有主要肌肉群。训练前后检测了 BMI、身体成分、血压、内皮功能（血管健康的指标）、炎症反应和胰岛素抵抗。尽管 BMI 没有变化，但在 12 周训练后，受试者的体脂和腰围显著降低、减小。血压、内皮功能、炎症反应、胰岛素抵抗和亚极量运动测试的表现也都有所改善。

总的来说，这项研究得出了这样的结论：即使 BMI 没有改变，抗阻训练也能改善肥胖青少年的心血管健康和代谢。虽然身体质量没有变化，但内皮功能、血压和代谢状况方面均有改善。抗阻训练可能是有氧运动的有效替代方法，可降低患心血管和代谢疾病的风险，并使肥胖青少年更容易坚持运动。

三、运动员抗阻训练

如果力量、爆发力和肌肉耐力增长仅仅为了变得更强壮、更有冲击力，这对运动员的意义是不大的，除非能帮助他们提高运动表现。田赛项目的运动员和举重运动员进行抗阻训练有着直观的意义，而体操运动员、长跑运动员、棒球运动员、跳高运动员或芭蕾舞演员对抗阻训练的需求就不那么明显了。

没有广泛的研究来证明抗阻训练对每项运动或一项运动中每个小项的具体好处，但很明显，每项运动都有基本的力量、爆发力和肌肉耐力要求，这些是达到最佳运动表现所必须满足的。然而，专门进行训练可能是不必要的。

训练时间是宝贵的，运动员不能把时间浪费在不能提高运动表现的身体活动上。因此，一些评估抗阻训练有效性的测试是必要的。仅仅为了变得更强壮而进行抗阻训练，却不能提高运动表现，其价值值得怀疑。然而，我们也应认识到，对大多数运动来说，提高肌肉耐力的抗阻训练可以降低运动员受伤的风险，因为肌肉疲劳时受伤的风险会增加。

小结

- 抗阻训练对几乎所有人都有益，与性别、年龄或运动水平无关。
- 老年人进行抗阻训练可以减缓或逆转与年龄相关的肌少症。
- 老年骨骼肌仍然有对运动、胰岛素和蛋白质摄入增加的反应能力。然而，与年轻人相比，老年人肌肉应答较为迟缓。
- 大多数项目的运动员如果遵循合理的训练计划，均可以从抗阻训练中获益。为了确保训练计划有效，应定期评估运动表现并根据需要调整训练体系。

结语

本章，我们详细讨论了抗阻训练在增加肌肉力量和提高运动表现方面的作用。我们也分析了如何通过肌肉和神经适应增强肌肉力量。我们还学习了膳食蛋白摄入对肌肉肥大的重要性，抗阻训练如何减缓肌少症发生发展，以及不同年龄和性别人群进行抗阻训练对健康和运动项目的重要性。下一章，我们将讨论机体如何适应有氧训练和无氧训练。

关键词

萎缩（atrophy）
自生抑制（autogenic inhibition）
慢性肥大（chronic hypertrophy）
纤维增生（fiber hyperplasia）

纤维肥大（fiber hypertrophy）

哺乳动物雷帕霉素靶蛋白（mechanistic target of rapamycin，mTOR）

抗阻训练（resistance training）

肌少症（sarcopenia）

暂时性肥大（transient hypertrophy）

思考题

1. 6 个月抗阻训练计划的合理预期力量增长百分比是多少？这种增长百分比会因年龄、性别和之前的抗阻训练经历而产生怎样的差异？

2. 当发生意志性肌肉疲劳时，引起肌肉肥大的最小抗阻训练强度建议是多少？

3. 简述通过训练增强肌肉力量的不同理论。

4. 什么是自生抑制？它对抗阻训练有多重要？

5. 简述暂时性肌肉肥大和慢性肌肉肥大的区别。

6. 什么是肌纤维增生？它是如何发生的？它与抗阻训练导致的肌肉体积和力量增长有什么关系？

7. 肌肉肥大的生理学基础是什么？

8. 讨论强度和循环激素对肌肉适应疲劳抗阻训练的影响。

9. 肌萎缩的生理学反应是什么？

10. 在抗阻训练中，为了促进蛋白质合成，应该摄入什么类型的蛋白质，摄入多少？

11. 当个体尝试优化肌肉对连续运动的肥大反应时，是否存在蛋白质摄入的最佳时间？

12. mTOR 在蛋白质合成中的作用是什么？核糖体是如何参与调控这一过程的？

13. 儿童抗阻训练的基本指导方针与成年人有何不同？

学习指南

“关键词”复习了本章中的重要概念，章末的思考题可以测试你对本章内容的理解。

第十一章　有氧训练和无氧训练的适应

2016 年 10 月 8 日，第四十届铁人三项世界锦标赛在夏威夷群岛科纳举行。该比赛由世界铁人三项联合会组织，达到一定积分的职业铁人三项运动员才有资格参加这项总奖金达 65 万美元的比赛。德国运动员扬·弗罗德诺（Jan Frodeno）以 8 h 6 min 30 s 完成比赛，多年以来第二次获得世界冠军。其中，在公开海域游泳 3 900 m 用时 48 min 多，在炎热场地骑行 18 km 用时不到 4.5 h，然后跑步 42 km 用时 2 h 45 min 34 s。在女子项目中，瑞士运动员达妮埃拉·里夫（Daniela Ryf）获得了她的第二个铁人三项冠军，以 8 h 46 min 46 s 的成绩领先第二名 24 min，成为唯一一名在 9 h 以内完赛的女运动员。这些运动员是如何完成这种比赛的？毫无疑问，他们具有遗传天赋，也就是高水平的最大摄氧量，当然也需要严格的专项训练去发展心肺耐力。

机体在一次有氧运动中，能精确调节心血管和呼吸机能以满足肌肉在收缩活动中对能量和 O_2 的需求。当这些系统在受到多次训练（如有规律的运动训练）后，会以不同方式进行适应，从而提高机体的最大摄氧量和全身的耐力运动表现。**有氧训练（aerobic training）**或心肺耐力训练可提高心脏功能，增加外周血流，并且增强肌纤维产生更多 ATP 的能力。本章，我们将探讨心肺功能对于耐力训练的适应，以及这种适应如何影响运动员的耐力和运动表现。此外，我们还将探讨**无氧训练（anaerobic training）**适应。无氧训练可提高无氧代谢能力，短时间、高强度的运动能力，酸碱失衡的耐受能力和肌肉力量。有氧训练和无氧训练带来的一系列适应有利于提高运动表现。

训练对心血管与呼吸、有氧、耐力的效果已经被耐力运动员如长跑运动员、自行车运动员、越野滑雪运动员和游泳运动员所熟知，而其他项目的运动员常常忽略这种训练。很多非耐力专项运动员的训练方案中常常忽视有氧耐力因素，这是可以理解的。为了最大程度地提高运动表现，运动员常常更关注训练的特异性，所以耐力训练经常不被非耐力项目运动员所重视。为什么要浪费大量时间在无法提高运动表现的训练上呢？

然而，大部分非耐力运动项目都包含耐力或有氧成分。例如，橄榄球项目的运动员和教练可能都没有认识到在总的训练计划中加入心肺耐力训练的重要性。显而易见，美式橄榄球是由无氧、爆发力所构成的在短时间内反复高强度冲刺的项目。即使在大量短暂间歇期后，跑步距离也很少超过 37～55 m，对耐力的需求并不明显。运动员和教练可能没有认识到，在整个比赛中这种爆发冲刺性运动必须重复多次。拥有较高的有氧耐力水平，运动员可以在整个比赛中保持爆发性动作的质量，并且在比赛的关键时刻相对轻松（运动表现下降更少，疲劳感更轻）。

第九章和第十四章涵盖了运动表现的训练原则（“如何训练”“什么时候训练”和“训练量多大”等），以及训练如何提高运动员运动表现的问题。本章的重点是反复有规律地进行有氧训练和无氧训练时人体各系统产生的生理学改变和训练反应。

第一节　有氧训练的适应

有规律的有氧训练（每天、每隔一天等）如跑步、骑自行车或者游泳可以提高耐力水平，身体可因训练刺激产生多种适应。一些适应出现在心血管系统中，可以提高循环系统运输 O_2 到骨骼肌的能力。其他一些重要的变化出现在骨骼肌本身，可以使肌肉更高效地利用 O_2 和能源底物。肺部的轻微适应会在本章后面提及。

一、肌肉与心肺耐力

“耐力”这个术语涉及两个独立但相关的概念：肌肉耐力和心肺耐力。每种耐力对运动表现都有其特有的贡献，对于不同运动员具有不同的重要性。

对于短跑运动员，耐力能够使其在整个跑步过程中保持高速，如 100 m 或 200 m 比赛。肌肉耐力是指单块肌肉或者肌群维持反复高强度或静态收缩的能力，举重、拳击和摔跤选手都具有这种耐力。这种类型的运动本质上具有节奏感和反复性，如举重运动员多次反复杠铃卧推、拳击运动员反复出拳等。静态运动如摔跤运动员将对手压在垫子上维持肌肉用力的动作。无论在哪种情况下，由特定肌群用力致使疲劳的持续动作时间不会超过 2 min。肌肉耐力与肌肉力量和无氧功率发展的关系甚为密切。

肌肉耐力是对单块肌肉或者肌群而言，而心肺耐力与维持长时间、全身大肌群动力性运动的能力有关。心肺耐力与长时间运动中心肺系统运输 O_2 到工作肌肉的能力有关，也包括肌肉利用 O_2 产生能量的能力（详见第二章和第五章）。这就是心肺耐力和有氧耐力这两个术语有时候是同义词的原因。

二、心肺耐力的评定

要了解运动训练对耐力的影响，需要一种客观的、可重复的方法来测量个体的心肺耐力。用这种方法，运动学家、教练和运动员可监控在训练中生理学适应的提高。

（一）最大耐力能力：最大摄氧量

大多数运动科学家都认为最大摄氧量（也称为最大有氧功率或最大有氧能力）是评价心肺耐力最客观的实验室测试方法。回顾第五章关于最大摄氧量的定义，其是指在最大或者力竭运动中可达到的氧消耗的最大速率。最大摄氧量是由菲克方程定义的最大心输出量（向工作肌肉运输氧和血流的能力）和最大动脉-混合静脉氧差（活动肌肉摄取和利用 O_2 的能力）决定的。

随着运动强度的增加，即使运动量进一步增加，摄氧量也会趋于平稳或略有下降，提示已达到真正的最大摄氧量。

经过耐力训练后，相比未受训练状态，活动的肌肉可以输送和消耗更多的 O_2。先前未受训练的受试者经过 20 周训练后，最大摄氧量平均增加了 15%～20%。这有助于受试者完成更高强度的耐力运动，提高潜在运动表现。图 11.1 显示，未受训练的受试者经过 12 个月的耐力训练后，最大摄氧量提高了约 30%。需要注意的是，训练后在亚极量运动强度下跑步时的耗氧量并没有改变（跑步经济性），但跑步速度可以提高。

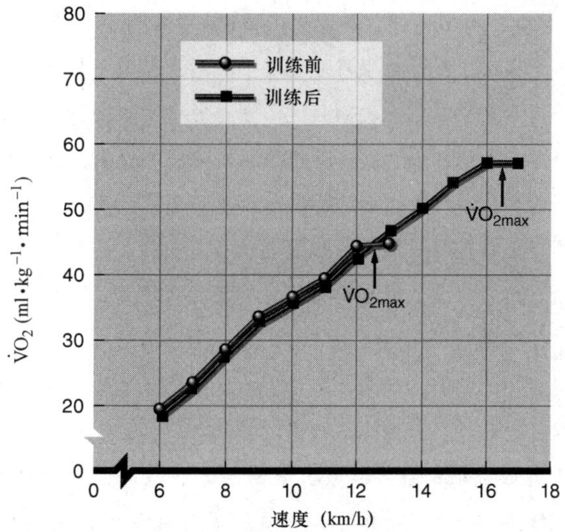

图 11.1 12 个月的耐力训练后 $\dot{V}O_{2max}$ 的变化

注：$\dot{V}O_{2max}$ 从 44 mL・kg^{-1}・min^{-1} 增加到 57 mL・kg^{-1}・min^{-1}，大约增加了 30%；跑台上的最大速度从 13 km/h 增加到 16km/h。

（二）亚极量耐力

耐力训练除了可以提高最大耐力能力，还可以提高**亚极量耐力（submaximal endurance）**，但是亚极量耐力很难评估。在相同亚极量运动强度下达到的稳态心率较低，是常用来客观量化评估训练效果的生理学指标。用受试者在功率自行车上以固定时间完成的平均最大绝对输出功率来判定亚极量耐力。对跑步而言，受试者在固定时间内能够维持的平均最高速度也是一种相似的测试方式。一般来说，这种测试将持续 30 min～1 h。临界功率的概念已在第五章讨论，亚极量耐力和临界功率一样，比最大摄氧量更能真实反映实际比赛中的耐力运动表现。随着耐力训练的进行，亚极量耐力也将提高。

研究视角 11.1　最大摄氧量能增加多少？

1968 年，达拉斯（Dallas）的卧床实验研究表明，在一段时间的停训后，经过几周的训练，能够使最大摄氧量翻倍（大约从 25 mL·kg^{-1}·min^{-1} 到 50 mL·kg^{-1}·min^{-1}）。尽管卧床停训后，最大摄氧量有较大的增长，但 50 mL·kg^{-1}·min^{-1} 是业余耐力运动员非常典型的最大摄氧量，对一个普通成年人来说，从平均值增加到接近 2 倍是不太可能的。然而，优秀耐力运动员最大摄氧量一般接近 80 mL·kg^{-1}·min^{-1}，一名越野滑雪奥运冠军获得者的最大摄氧量达到令人难以置信的 90.6 mL·kg^{-1}·min^{-1}。对普通人来说，即使经过严格的训练，也不可能达到如此惊人的数值。那么，最大摄氧量应该如何增加，又能增加多少呢？

大范围的最大摄氧量改变可能要花费数年的时间来完成。在实验室进行的训练研究正在引起人们的兴趣，但是已发表的最长训练研究结果表明，通过 12 个月的中等到高强度的隔天训练，最大摄氧量只能增加 21%。其他训练研究，如持续 4～6 个月的训练最多能使最大摄氧量增加 9%～17%，并且，从整体来看，耐力训练平均能使最大摄氧量增加 0.5 L/min。已有研究表明，HIIT 能最大程度地增加最大摄氧量（44%），但值得注意的是，所有研究中的训练强度和训练量都远远低于世界级运动员的训练负荷。在这些纵向研究中，与普通的受试者截然不同，年轻的（15～25 岁）世界级运动员通过多年的强化训练，能够使最大摄氧量大幅增加，从已经很高的 55 mL·kg^{-1}·min^{-1} 到 60 mL·kg^{-1}·min^{-1}，再到 75 mL·kg^{-1}·min^{-1}，最后到 80 mL·kg^{-1}·min^{-1}。这一现象表明，早期进行训练并持续进行强化训练的运动员能在较大范围内增加最大摄氧量，这也是耐力项目冠军运动员最大摄氧量较高的原因。

较高最大摄氧量是较高最大心输出量和血液高效携带 O_2 的结果，这种最大血流和 O_2 携带能力增加了向运动肌肉输送 O_2 的量。优秀运动员较高的心输出量是每搏输出量增加的结果，因为最大心率不会因为训练而改变。进行耐力训练的运动员能够通过改变左心室而达到较高的每搏输出量，如增加心肌组织而使每搏回心血量增加。但是，普通个体会怎么样？普通个体能否达到优秀运动员的最大心输出量还不清楚。最初观察到健康受试者在训练后每搏输出量增加，这是由于血容量的增加，而不是心肌的改变。无训练经历的个体在进行一年运动训练后，左心室肌肉增加。然而，这些变化并没有使最大心输出量产生很大的改变。这些发现表明，普通个体的心功能不可能达到优秀运动员的水平，但是在儿童或者儿童早期进行运动训练可能有利于较好的心脏特征的发展。

因为训练增加最大心输出量的潜力有限，所以耐力训练提高 O_2 运输能力是最大摄氧量增加的重要因素。O_2 运输能力与结合 O_2 的血红蛋白数量有直接的关系，而且血红蛋白总量与运动表现密切相关。毫无疑问，运动训练能够增加血红蛋白总量或者红细胞总数约 20%。目前尚不清楚长期耐力训练是否可以将血红蛋白总量从正常值（约 700 g）增加到从优秀运动员身上观察到的值（约 1 200 g）。血红蛋白总量可能有遗传决定因素，但迄今为止的研究未发现解释优秀运动员极高血红蛋白总量的基因多态性。

最后，训练可以改善 O_2 摄取能力。例如，增加动–静脉氧差可能也有利于最大摄氧量的增加。与无训练经历的受试者比较，运动员在亚极量运动中有更多的血流分配，从而导致更多的 O_2 摄取。健康受试者经过训练后，运动系统可以提高最大 O_2 摄取能力，即从 72%到 84%。尽管这种提高非常有意义，但是仍然无法达到优秀运动员 93%的 O_2 摄取能力。已有研究表明，有训练经历的优秀耐力运动

员可以进一步提高 O_2 摄取能力。

总体上，尽管耐力训练可以增加最大摄氧量，但是健康、普通个体最大摄氧量增加很少超过 0.5 L/min，并且从来没有达到过优秀耐力运动员的数值。高水平运动员在 25 岁以后才达到峰值，此时运动表现的提高可能有其他因素，如机械效率或临界功率提高。最大摄氧量是耐力运动表现强有力的决定因素，但是其增加幅度与训练关系很小，甚至在优秀耐力运动员中也是如此。

三、心血管对运动训练的适应

运动训练会使心血管系统产生很多适应现象，具体如下：

✧ 心脏大小。

✧ 每搏输出量。

✧ 心率。

✧ 心输出量。

✧ 血流。

✧ 血浆和红细胞容量。

毫无疑问，这些指标都是相互联系的。例如，训练诱导的每搏输出量增加依赖于心脏大小和血容量的增加。要完全理解这些指标的适应，回顾一下和氧运输有关的部分是非常重要的。

（一）氧运输系统

心肺耐力与心血管和呼吸系统运输足够 O_2 到活动组织并满足其代谢需要的能力有关。

回顾第八章，心血管和呼吸系统运输 O_2 到活动组织的能力由菲克方程决定。此方程表示全身耗氧量由血流运输的 O_2（心输出量）和组织摄取的 O_2，也就是动脉–混合静脉氧差来决定。心输出量与动脉–混合静脉氧差的乘积决定了耗氧量：

耗氧量=每搏输出量×心率×动脉–混合静脉氧差

最大摄氧量=最大每搏输出量×最大心率×最大动脉–混合静脉氧差

通过训练，最大心率保持不变或者轻微下降。最大摄氧量的增加依赖于对最大每搏输出量和最大动脉–混合静脉氧差的适应。

肌肉运动的需氧量随着运动强度的增加而增加。有氧耐力取决于心肺系统能否运输充足的 O_2 到活动组织，并满足氧化代谢对 O_2 的高需求。当运动达到最高水平时，心脏大小、血流、血压和血容量都有可能限制 O_2 运输的最大能力。耐力训练能够引起**氧运输系统**（**oxygen transport system**）的组成部分发生较大变化，以使该系统更加有效地发挥其功能。

（二）心脏大小

多年以来，心脏大小的测量一直是心脏病学家感兴趣的地方，因为**心脏肥大**（**cardiac**

hypertrophy）或者扩大是一种典型的病理状态，表明存在心血管疾病。临床学家和科学家通常利用超声波心动图来精确地测量心脏和心室的大小。超声波心动图使用超声波技术，使高频声波直接穿透胸壁到心脏。这种声波从位于胸部的传感器发出，在接触到达心脏的不同结构后，声波会返回感受器，感受器就能捕捉到返回的声波并描记心脏的动态图。一个有经验的医生或者技术人员能够看出心室的大小、心室壁的厚度和心脏瓣膜的活动。有几种不同类型的超声波心动图：M 型超声波心动图，能够提供心脏一维视图；两维超声波心动图；多普勒超声波心动图，更常用于测量通过大动脉的血流。

为了适应工作负荷增加的需求，心脏重量和心室容积会随着训练而增加。心肌像骨骼肌一样，可通过长期的耐力训练促进形态学适应。训练导致的心脏肥大曾一度被称作**运动员心脏**（**athlete's heart**），因为心脏肥大者时常伴随着严重高血压，所以专家误以为心脏肥大是一种病理学状态。现在，训练导致的心脏肥大已经被视为长期耐力训练的正常适应。

在第六章我们已经讨论过，左心室做最大的功，因而在耐力训练后产生的适应也最明显。心室适应的类型取决于运动训练的类型，如进行抗阻训练时，左心室必须对抗体循环后负荷的增加。在第八章，我们了解到在抗阻训练中，血压会超过 480/350 mmHg，这说明左心室必须克服很大的阻力。因此，为了克服这种较高的后负荷，心脏通过增加左心室壁厚度来增加心肌组织，从而增强其收缩性。心肌组织增加与抗阻训练导致的后负荷反复增加直接相关。然而，心室容积很少改变。

随着耐力训练，左心室腔会增大，这将增加左心室充盈量，从而增加每搏输出量。左心室容积多因训练引起的血浆容量的增加而增加（将在本章后面讨论），进而增加左心室舒张末期容积（增大前负荷）。与此同时，安静时心率的降低是副交感神经的兴奋性提高所致，在同样的工作强度下，降低的心率有利于更长的心室舒张充盈期。血浆量和心舒张充盈时间增加可增加心舒张末期左心室腔的大小。这种耐力训练对左心室的影响通常叫作容量负荷效应。

先前假设，耐力训练只会导致左心室内径的变化。然而，研究发现，心肌壁的厚度也会随着耐力训练而增加，与抗阻训练相似。高水平训练的耐力运动员（越野滑雪运动员、耐力自行车运动员和长跑运动员）的左心室重量大于非耐力运动员。进一步讲，左心室重量和最大摄氧量高度相关。

法加尔（Fagard）对 1996 年大量研究文献进行综述，这些文献大多集中研究径赛运动员（135 名运动员和 173 名对照者）、自行车运动员（69 名运动员和 65 名对照者）和力量运动员（178 名运动员，包括举重运动员、健美运动员、摔跤运动员、投掷运动员、雪橇运动员，以及 105 名对照者）。每一组运动员都根据年龄和体型与久坐对照组进行配对。结果发现，径赛运动员、自行车运动员和力量运动员的左心室内径和左心室质量都大于同年龄和体型的对照组（图 11.2）。因此，该综述数据支持耐力训练会增加左心室腔大小和心室壁厚度的假设。

大部分关于运动训练对心脏大小的影响的研究都采用横向研究，比较训练者和久坐少动的未经训练者。从图 11.2 可以看出，部分差异是由遗传造成的，而非来自运动训练。然而，也有一些纵向研究探讨受试者从训练前到训练后的变化，另外一些探讨受试者从训练到停训状态的变化。这些研究显示，心脏大小随着训练而增大，随着停训而缩小。因此，训练会带来一些变化，但是这些差异并没有图 11.2 中看到的那么明显。

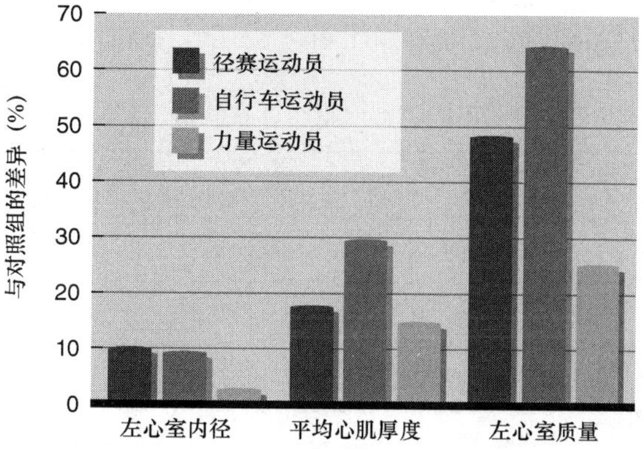

图 11.2 三组运动员（径赛运动员、自行车运动员、力量运动员）与和他们年龄、体型相同的久坐少动人群相比，心脏大小的差别百分数

小结

- 心肺耐力（也叫最大有氧功率）是指利用大肌肉群维持长时间、动力性运动的能力。
- $\dot{V}O_{2max}$ 是在进行极量运动或力竭运动时所获得的最大耗氧量，是评价心肺耐力的最佳单一指标。
- 心输出量即心率和每搏输出量的乘积，代表每分钟心脏射出的血量，而动脉–混合静脉氧差表示组织从血液中摄取的氧量。根据菲克方程，这些值的乘积即耗氧量：耗氧量=每搏输出量×心率×动脉–混合静脉氧差。
- 在心脏的腔室中，左心室最能反映耐力训练的适应。
- 进行耐力训练后，左心室内径会增加。大部分原因是心室充盈血量的增加，以及血浆容量的增加。
- 进行耐力训练后，左心室壁的厚度和重量都会增加，从而增强心肌收缩力。

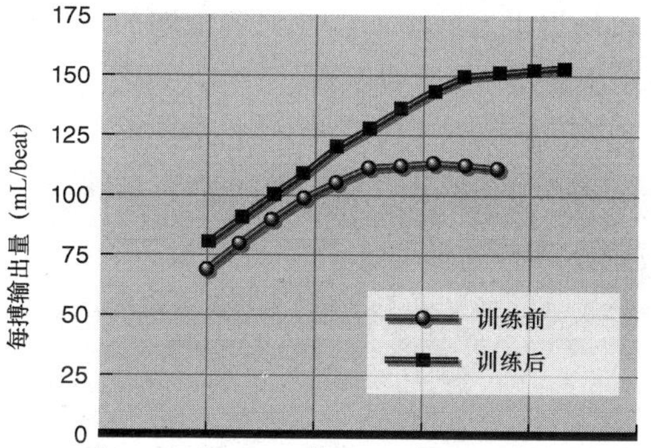

图 11.3 在跑台上进行“步行、慢跑、快跑”式、速度逐渐增加的耐力训练后每搏输出量的变化

（三）每搏输出量

安静时的每搏输出量在耐力训练后要明显高于训练前的水平，这种由耐力训练导致的每搏输出量增加不但出现在固定亚极量运动中，也出现在极量运动中。图 11.3 显示了受试者在进行 6 个月耐力训练后每搏输出量的增加，训练强度逐渐递增至最大运动强度。未受训练者、训练者和高强度训练者在安静和极量运动中的每搏输出量情况见表 11.1。该表内每一格的每搏输出量变化非常大，可能主要与体型不同有关。体型比较大的人通常有更大的心脏和更多的血容量，

因此具有较高的每搏输出量。当比较不同人群每搏输出量的大小时，体型也非常关键。

表 11.1　不同训练水平个体在安静（SV_{rest}）和进行极量运动（SV_{max}）时每搏输出量的大小

受试者	SV_{rest}（mL/beat）	SV_{max}（mL/beat）
未受训练者	50～70	80～110
训练者	70～90	110～150
高强度训练者	90～110	150～220+

进行有氧训练后，左心室在舒张期充盈得更充分。血浆容量也随着训练而增加，舒张期更多的血液进入心室，从而增加了心舒末期容积（EDV）。在安静和进行相同强度运动时，运动心脏的心率比非运动心脏要低，延长了心脏舒张充盈期。根据弗兰克–斯塔林定律（见第八章），更多的血液进入心室，增加了心室壁的伸展性，从而增强心肌收缩力。

左心室的后壁及室间隔厚度也会随着耐力训练而稍微增加，心室肌肉重量的增加也会导致收缩力增强，随后引起心缩末期容积（ESV）减少。

训练时，外周阻力的下降导致心缩末期容积（ESV）减少。左心室厚度的增加及舒张期充盈的延长（弗兰克–斯塔林定律）造成心肌收缩力增强。随着系统外周阻力的减小，训练后心脏的射血分数也会增加［（心舒末期容积－心缩末期容积）/心舒末期容积］。血液进入左心室越多，心脏每次收缩射出去的血液百分比越大，导致每搏输出量增加。

有研究报道，老年男性经过一年的有氧耐力训练后，每搏输出量出现适应性变化。受试者进行每周 4 天，每天 1 h 的跑步、跑台运动、功率自行车骑行，运动强度为 60%～80% $\dot{V}O_{2max}$，有时一次性超过 90% $\dot{V}O_{2max}$。在训练前后分别评估受试者的心血管功能，发现安静和进行亚极量运动时的心舒末期容积增加，射血分数增加，心缩末期容积减少，表明左心室收缩力量增强。最大摄氧量提高 23%，可以明显提高耐力运动表现。

总结：在进行耐力训练后，左心室内径增大和外周阻力减小，以及血容量增加，从而导致安静时、进行亚极量运动和极量运动时，每搏输出量增加。

小结

- 经过耐力训练，安静时、进行亚极量运动和极量运动时，每搏输出量增加。
- 导致每搏输出量增加的主要原因是血容量增加，而且心率下降导致心舒期充盈时间延长，心舒末期容积增加。
- 另一个导致每搏输出量增加的原因是左心室收缩力的增强。这是由心脏肥大和舒张期充盈增加（增加的前负荷）导致的心室伸展增加引起的，从而导致更大的弹性回缩（弗兰克–斯塔林定律）。
- 全身血管阻力减小（降低后负荷）也可以增加每次从左心室射出的血量。

（四）心率

有氧训练对安静时、进行亚极量运动时和运动后恢复阶段的心率有较大影响，而有氧训练对最大心率的影响目前还不明确。

1. 静息心率

有氧训练会导致静息心率下降。有研究表明，久坐少动者起初静息心率为 80 bpm，在进行有氧训练后每周降低约 1 bpm，至少在训练的最初几周是这样的。经过 10 周中等强度的耐力训练后，静息心率可降至 70 bpm 或更低。另外几项大样本良好控制的实验发现，受试者进行 20 周有氧训练后，静息心率下降较少，不超过 5 bpm。

回顾第六章，心动过缓指心跳低于 60 bpm。未经训练的受试者出现心动过缓，往往是心功能异常或者心脏病导致的。然而，高水平耐力运动员安静时心率常低于 40 bpm，甚至一部分运动员心率低于 30 bpm。因此，有必要区分运动性心动过缓（耐力训练后的正常反应）和病理性心动过缓（可能需要关注）。

优秀的耐力运动员静息心率较低，通常是副交感神经的兴奋性提高所致。然而，在 2013 年，研究人员对一些证据进行了综述，强烈怀疑这种机制。对静息状态下出现运动员心动过缓有两种不同的解释：交感神经兴奋性降低和固有心率下降。回顾第六章，固有心率是窦房结心率，可以不通过神经和激素的调控而激活。在研究中，利用阿托品阻断心脏副交感神经活动后，运动员依然有很明显的窦性心动过缓。事实上，交感神经阻断后的心率变化比正常心率变化更大。这表明心动过缓不是迷走神经兴奋性提高所致。

另一项研究利用完全自主神经阻断法阻断自主神经的两个分支。完全阻断以后的心率就是固有心率。研究表明，耐力训练后静息心率下降，完全阻断自主神经后心动过缓仍然存在。因此，在运动员中看到的安静时心动过缓部分或完全由固有心率的下降导致。

固有心率的下降可能由窦房结的重塑导致，窦房结细胞离子通道和钙调蛋白的特征使窦房结成为心脏起搏细胞。这些特征的改变造成了常见的与窦房结疾病有关的心动过缓，如心衰、心房颤动甚至衰老等。事实上，随着年龄增长的静息心率下降主要与 Ca^{2+}通量相关的雷诺丁受体下调有关（见第六章）。如果这些机制参与了与其他过程和疾病相关的心动过缓，那同样会参与训练诱导的心动过缓。

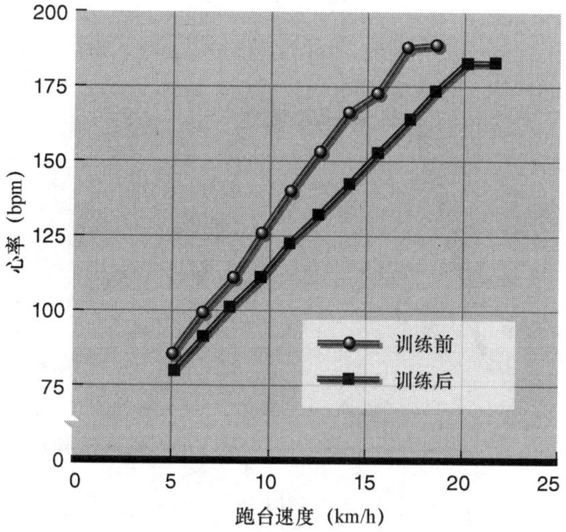

图 11.4　在跑台上进行“步行、慢跑、快跑”式、速度逐渐增加的耐力训练后心率的变化

2. 亚极量心率

在进行亚极量运动且绝对运动强度一定时，有氧训练可以降低心率。图 11.4 显

示了在训练前后，受试者在跑台上运动的心率。在每一种走或跑的速率下，训练后心率都较训练前有所下降。在更高强度下运动时，训练诱导的心率下降更加明显。

为了满足运动肌肉的需求，必须维持合适的心输出量。在同样的绝对运动负荷下，运动心脏比非运动心脏做更少的功（较低的心率，较高的每搏输出量）。

3. **最大心率**

耐力训练后，最大心率通常更趋向稳定且不易改变和受到影响。然而，有研究发现，未经训练的受试者最大心率超过 180 bpm，训练后的最大心率略微下降。同时，对于相同年龄群体，经过高水平耐力训练的运动员的最大心率比未受训练者要低。然而，有时并非如此，超过 60 岁的运动员最大心率可能比未经训练的同龄人的更高。

4. **心率和每搏输出量的相互影响**

在运动中，心率和每搏输出量的乘积决定心输出量，且与运动强度成正比。在最大或接近最大强度的运动中，心率可因心率和每搏输出量的最佳比例而改变，从而产生最大的心输出量。如果心率过快，舒张期缩短，每搏输出量会减少。例如，如果最大心率达到 180 bpm，心脏每秒会跳动 3 次，每个心动周期持续 0.33 s，心脏舒张期为 0.15 s或更短。心动过速使心室充盈时间变短。因此，心率太快，充盈时间缩短，就会使每搏输出量减少。

然而，如果心率变慢，心室就有较长的充盈时间，这就是为什么耐力运动员具有较低的最大心率。心脏受到训练适应后，每搏输出量显著增加，因此较低的最大心率可以获得最佳的心输出量。

哪一种情况会先出现？每搏输出量增加使心率下降，还是心率下降使每搏输出量增加呢？答案没有定论。无论哪种情况，同时增加每搏输出量和降低心率是心脏满足运动时代谢需求更有效的方法。相较于较快的收缩频率来说，心脏收缩次数减少会消耗较少的能量，收缩力量更大。心率和每搏输出量的反向变化是训练共同的目标：使心脏以最低能量消耗泵出最多的动脉血。

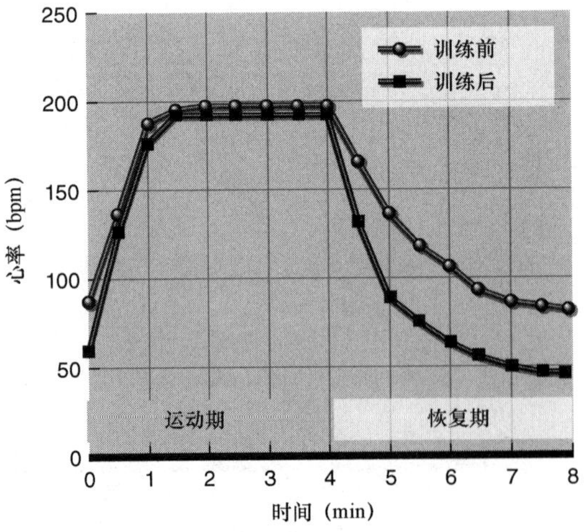

图 11.5　在耐力训练前后分别进行 4 分钟的全力运动，恢复期间的心率变化

5. **心率恢复**

在第六章谈到，运动中心率增加以增加心输出量，从而满足运动肌肉的血流需求。当运动结束时，心率不会立即恢复到安静水平，而是维持在较高水平一段时间，再缓慢回到安静水平。运动后心率恢复到安静水平的时间被称为心率恢复期。

如图 11.5 所示，经过耐力训练后，运动后心率恢复到安静时的水平的速度比训练前更快，这种情况出现在进行亚极量运动和极量运动后。

在耐力训练后，心率恢复期缩短，所以对心率恢复期的测量常被建议用来作为评估心肺功能的间接指标。一般来说，体适能好的受试者在标准功率运动后，心率恢复的速度较体适能差者更快。因此，在运动现场，心率恢复期的测试有其实际用途，因为当时无法对耐力进行直接测量。然而，训练之外的因素也会影响心率恢复期。例如，当核心体温升高或交感神经兴奋提高时，心率恢复时间延长。

心率恢复曲线在安排训练计划时是一个非常有用的追踪训练过程的工具，但由于其他潜在因素的影响，心率恢复期无法在个体之间进行比较。

（五）心输出量

运动训练对心输出量的两个组成部分都有影响：每搏输出量和心率。运动训练后，在安静状态下和一定的绝对强度运动中，每搏输出量增加，而心率下降。

因为这种相反变化的幅度是相似的，所以经过耐力训练后，在安静状态下和进行一定强度的亚极量运动时，心输出量不会有太大改变。事实上，心输出量可能会略微减少。这可能是因为动脉–混合静脉氧差增加（组织摄取更多的氧）或 O_2 消耗率降低（机械效率的提高）。一般来说，心输出量与进行一定强度运动时 O_2 的需求相匹配。

进行有氧训练后，最大心输出量有较大幅度的增加（图 11.6），并且保证了最大摄氧量的增加。心输出量的增加是最大每搏输出量增加的结果，因为最大心率即使有变化，变化也很小。未经训练者最大心输出量是 14～20 L/min，受过训练者的最大心输出量是 25～35 L/min，高水平耐力运动员最大心输出量可以达到 40 L/min 甚至以上。不过，这些绝对值受体型的影响很大。

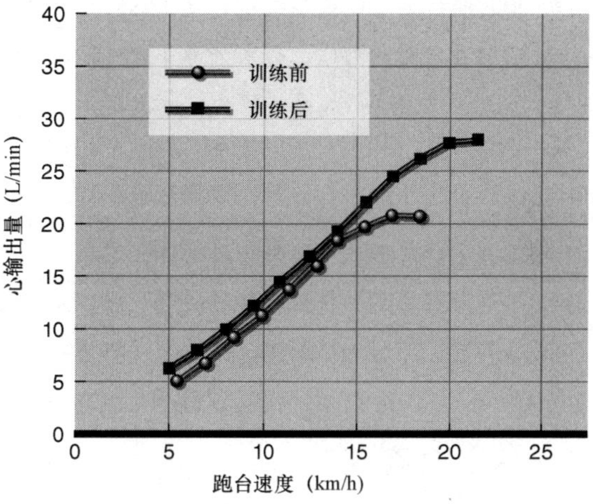

图 11.6　在跑台上进行“步行、慢跑、快跑”式、速度逐渐增加的耐力训练后心输出量的变化

伦德比（Lundby）等人认为，个体最大摄氧量的差异主要由两个因素决定：最大心输出量和红细胞总量（图 11.7）。耐力训练对最大摄氧量的影响反映了这两个重要因素的相对变化。

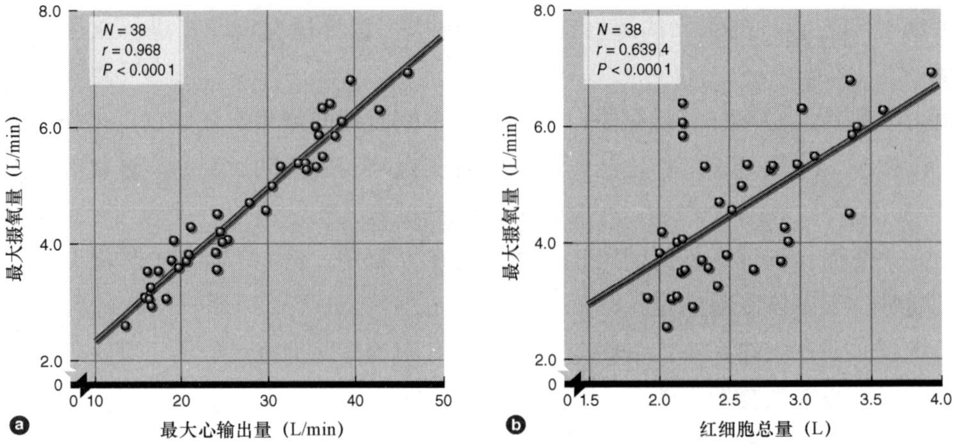

图 11.7　最大心输出量和红细胞总量与最大摄氧量的关系

小结

- 安静时心率下降是耐力训练的结果。久坐不动者在训练的前几周，心率每周下降约 1 bpm，但也有研究指出，心率的变化非常小。高水平耐力运动员静息心率可能达到 40 bpm，或者更低。
- 耐力训练后出现窦性心动过缓的机制还有争论，可能有外因（自主神经平衡）和内因（窦房结功能）。
- 进行亚极量运动时，心率会下降，在运动强度更高时，心率会下降得更明显。
- 训练后的最大心率维持不变或稍微降低。
- 经过训练，运动后恢复期的心率下降得非常快，可以间接且非常便捷地用于追踪个体的训练适应现象。然而，这个数值无法比较不同个体的机能水平。
- 经过耐力训练后，安静和进行亚极量运动时的心输出量维持不变或稍微降低。
- 在进行极量运动时，心输出量会大幅增加，这有助于提高最大摄氧量。最大心输出量的增加是最大每搏输出量增加的结果，可能是训练导致了血容量增加和心脏结构与功能改善。

（六）血流

运动肌肉比不运动肌肉需要更多的 O_2 和能源底物，为了满足增加的需求，运动时会有更多的血液流向运动的肌肉。耐力训练后，心血管系统会增加运动肌肉的血流，以提供更多的 O_2 和能源底物。除了心脏能更好地泵血和增加每搏输出量，还有以下四个因素会增加肌肉的血流：

✧ 增加训练肌肉中的毛细血管。

✧ 加强训练肌肉中已存在毛细血管的动员。

✧ 从不活动部位进行更有效的血液再分配。

✧ 增加血液总量。

为了增加血流，运动肌肉会形成新的毛细血管，使血流更易从小动脉进入活动肌组织。毛细血管增加通常指每一根肌纤维毛细管数量增加或**毛细血管–肌纤维比（capillary-to-fiber ratio）**增加。表 11.2 说明受过良好训练者与未受训练者的毛细血管–肌纤维比在运动前后都存在差异。

表 11.2 受过训练者和未受训练者肌纤维毛细血管情况

训练阶段	每平方毫米毛细血管数量	每平方毫米肌纤维数量	毛细血管–肌纤维比	扩散距离*
受过良好训练者				
运动前	640	440	1.5	20.1
运动后	611	414	1.6	20.3
未受训练者				
运动前	600	557	1.1	20.3
运动后	599	576	1.1	20.5

注：该表说明受过良好训练的男性肌纤维较粗，这是因为给定区域的纤维较少（每平方毫米的肌纤维数量），与未受训练者相比，他们的毛细血管–肌纤维比高出约 50%。

* 扩散距离表示横截面角度毛细血管之间一半距离的平均数，以微米表示。

并不是所有组织包括肌肉内的所有毛细血管在任何时候都会开放。除了新毛细血管形成，运动肌肉中的毛细血管也可以动员和开放让血液流通，从而增加肌纤维的血流。因耐力训练而增加的新毛细血管会和已有毛细血管动员相结合，进而增大血管系统与代谢肌纤维 O_2 交换的整体面积。

更有效的心输出量重新分配也能增加运动肌肉的血流。血液可以直接被运送到运动肌肉组织，也可以从低血流组织重新分配到运动肌肉组织。血流甚至可以在一组肌群内分流到更活跃的肌纤维中。阿姆斯特朗（Armstrong）与劳克林（Laughlin）第一次证实，经过耐力训练的大鼠在运动中能将血流重新分配到最为活跃的组织，这种能力比未训练大鼠的强。在两组大鼠中，运动中的后肢血流总量并无差异。然而，经过训练的大鼠会更有效地从糖酵解肌纤维中分流出更多血流到氧化活跃的肌纤维。但是，该研究因为测量方面的因素，很难在人体重复。而且，人类骨骼肌在不同个体肌纤维中，不同肌纤维是混合存在的。

最后，身体的总血量因耐力训练而增加，在耐力运动中可以提供更多血流以满足身体所需，而不会影响静脉回流，相关内容在后面进行讨论。

（七）血容量

耐力训练会增加血容量，这种效果会随着训练强度的增加而更为显著。换句话说，就是效果出现得更快。血容量增加的主要原因是血浆容量增加，但有时红细胞容量也会增加。每一种血液成分增加的时相和机制是不一样的。

1. **血浆容量**

训练导致血浆容量增加通过两种机制来实现。第一种机制分为两个阶段：第一阶段是增加血浆蛋白，特别是白蛋白。回顾第八章，血管系统中血浆蛋白是渗透压的主要来源。当血浆蛋白浓度增加时，渗透压也会随之上升，而液体会从组织间隙进入血管系统。进行一次性剧烈运动时，蛋白质会从血管进入组织间隙，经过淋巴系统再吸收，故血浆量迅速增加的第一阶段是增加血浆蛋白，而且会在第一次训练后恢复期的一小时内出现。第二阶段，重复运动刺激启动了新的蛋白质合成。第二种机制是运动增加抗利尿激素与醛固酮的分泌，这些激素能促进肾脏内水和钠的再吸收而增加血浆。血液储备增加受到蛋白质胶体渗透压的影响。在训练的前两周，几乎所有增加的血容量都可以用血浆容量增加来解释。尽管改变心脏本身的结构和功能需要很长的时间，但是早期血容量的增加可以增加每搏输出量。

2. **红细胞容量**

随着耐力训练，增加的红细胞容量也是影响总体血容量增加的因素（图 11.7b），而且红细胞容量和心输出量一样，与最大摄氧量相关。虽然红细胞的数量可能会增加，但是红细胞比容（红细胞容量与总血容量的比值）可能会降低，图 11.8 显示了此矛盾之处。研究发现，即使红细胞数量稍微增加，红细胞比容仍有下降的情况。经过训练的运动员红细胞比容会下降到疑似贫血的水平，因为红细胞和血红蛋白浓度相对下降（假性贫血）。

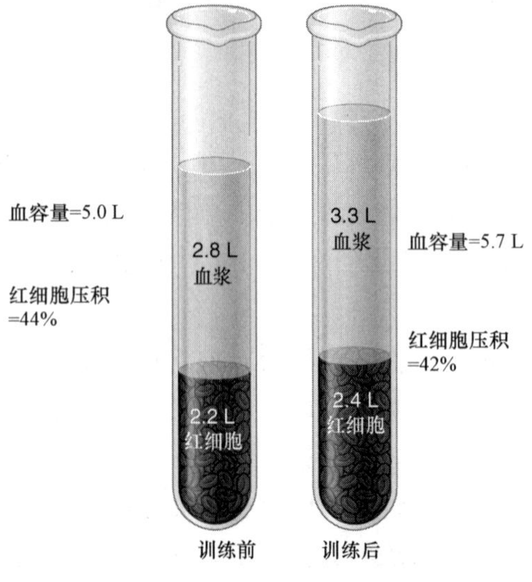

图 11.8　耐力训练后增加的总血容量及血浆量

注：尽管红细胞比容（红细胞百分比）从 44%下降至 42%，总的红细胞体积却增加了 10%。

大量增加体液比例导致血浆与血细胞的比值增加，会降低血液黏滞性或浓度。黏滞性降低可能有利于血液通过血管，特别是通过像毛细血管这种极细的血管。降低血液黏滞性的生理益处是可以增加运动肌肉的氧含量。

高水平耐力训练运动员血红蛋白总量（绝对值）和红细胞总量都会升高，从而保证了血液具有携带充足 O_2 的能力。也就是说，血液向运动肌肉输送 O_2 的能力并不是运动的限制因素。在强化训练后，红细胞周转率也会提高。

小结

- 进行耐力训练时，运动肌肉血流增加。
- 增加肌肉血流的四个因素：

（1）增加训练肌肉中的毛细血管。

（2）加强训练肌肉中已存在毛细血管的动员。

（3）从不活动部位进行更有效的血液再分配。

（4）增加血液总量。

- 血容量增加是耐力训练的结果。
- 血浆量增加是蛋白质含量增加的结果（来自淋巴回流和蛋白质合成增加），效果得以维持和保证是保水保钠排钾激素所致。
- 红细胞容量也会增加，但是血浆容量通常增加得更多。这样会降低血液黏滞性，促进组织血液灌注和 O_2 的利用。

四、呼吸对训练的适应

不管心血管系统是否有足够血量供应给肌肉组织，如果呼吸系统无法摄取足够的 O_2 来使红细胞饱和，那么耐力也会受到影响。呼吸系统功能通常不会限制运动表现，因为相较于心血管功能，通气能力可以在更大程度上提高。与心血管系统一样，耐力训练可以使呼吸系统出现特定适应，从而使呼吸效率最大化。

（一）肺通气

运动训练后，在安静状态下肺通气量不会改变。虽然耐力训练不会改变肺部的结构或基本生理功能，但是会降低进行亚极量运动时的通气量高达 30%。未受训练的久坐不动者，最大肺通气量为 100～120 L/min，经过耐力训练后增加到 130～150 L/min 或更高。高水平运动员肺通气量通常会达到 180 L/min，而更高水平的耐力运动员肺通气量甚至超过 200 L/min。训练后最大肺通气量增加的原因有两个：进行极量运动时的潮气量和呼吸频率的增加。

肺通气通常不被认为是影响耐力运动表现的限制因素。然而研究发现，高水平运动员肺组织的 O_2 运输能力可能并不能满足运动肌肉和心血管系统的需求。其原因可能是运动诱导动脉低氧血症，即动脉血氧饱和度低于 96%。高水平运动员出现低氧饱和度现象可能是因为运动时大量心输出量迅速通过肺部，使血液停留在肺部的时间减少。

（二）肺扩散

肺扩散或气体交换主要在肺泡进行。训练后，在安静状态下和进时亚极量运动时肺扩散能力都不会变化，然而在进行极量运动时却会增加。肺部血流（从右侧心脏进入肺部的血流）会随着运动训练而增加，特别是人体坐着或站立时，血液会流向肺的上部，从而提高肺扩散能力。更多血液进入肺部进行气体交换，同时通气会增加，肺部气流加大。这意味着有更多肺泡参与肺扩散，从而增加了肺部气体交换。

（三）动脉–混合静脉氧差

很明显，耐力训练后每搏输出量会产生适应，但是外周适应也有利于最大摄氧量的增加。耐力训练后动脉含氧量的变化非常小。即使总血红蛋白增加，单位血液内的血红蛋白含量仍然相同，甚至可能会稍微减少。然而，动脉–混合静脉氧差会随着训练而增加，尤其是在进行亚极量运动时。动脉–混合静脉氧差增加的原因是混合静脉血氧含量较低，意味着活跃组织摄取更多的 O_2，以及更有效地将血流分配到活跃组织中。增加组织氧摄取部分原因是活跃肌组织 O_2 利用能力的提高，这部分将在本章稍后描述。

一项独特的纵向研究证实了这一点，研究包括运动训练和卧床休息的停训实验模型。研究人员测试了 5 位 20 岁男性受试者的基础值，让他们卧床休息 20 天（停训），卧床结束后即刻开始训练 60 天。同样，这 5 位受试者在 30 年后的 50 岁时再次接受测试，测试他们在相对静坐状态下的基础值和 6 个月耐力训练后的值。最大摄氧量增加百分比很相似：20 岁时为 18%，50 岁时为 14%。然而，20 岁时最大摄氧量的增加解释为最大心输出量和最大动脉–混合静脉氧差的增加，而 50 岁时，主要解释为动脉–混合静脉氧差的增加，而最大心输出量没有改变。在 20 岁和 50 岁时，训练后最大每搏输出量都增加，但在 50 岁时增加较少（20 岁时为 16 mL，50 岁时为 8 mL）。

大多数研究发现，有氧训练后最大动脉–混合静脉氧差会增加，但 2015 年的一项文献分析报告对此提出质疑。报告指出，13 项研究测试了受试者训练前后的心输出量和动脉–混合静脉氧差，发现经过 5～13 周训练后最大摄氧量增加，主要与心输出量增加有关，而与动脉–混合静脉氧差变化没有关系。最大心输出量的增加是最大摄氧量增加的主要因素并不奇怪，图 11.7a 显示了这些因素的关系。然而，该报告所引用的文献中，受试者训练期限相对较短，可能还没有对训练完全适应。长时间的耐力训练研究表明，最大动脉–混合静脉氧差可以提高 1%～29%。

总之，呼吸系统能很有效率地携带充足 O_2 进入机体。所以，呼吸系统很少会限制耐力运动表现，但在最大强度运动中，当所有系统都承受最大压力时，呼吸系统才会出现训练适应。

小结

- 和心血管系统不同，耐力训练对肺部结构和功能的影响较小。
- 为了促进最大摄氧量的增加，训练后在以最大强度运动时肺通气量会增加，这主要是潮气量和呼吸频率增加的结果。
- 进行最大强度运动时，肺扩散能力提高，尤其当肺上部未正常灌注时特别明显。
- 最大摄氧量增加最主要的原因是心输出量和肌肉血流的增加。当然，动脉–混合静脉氧差的增加也起着重要作用。
- 动脉–混合静脉氧差的增加是动脉血更有效率地从未活动组织重新分配进入活动组织所致，提高了运动肌肉摄取 O_2 的能力。

五、肌肉的适应

在耐力训练过程中，肌纤维的反复兴奋和收缩会改变肌纤维的结构和功能。在这里，我们主要叙述有氧训练对肌纤维类型、毛细血管供给、肌红蛋白量、线粒体功能和氧化酶的影响。

（一）肌纤维类型

第一章提到，低至中等强度的有氧运动主要依赖Ⅰ型肌纤维。有氧训练使Ⅰ型肌纤维肥大，也就是增加Ⅰ型肌纤维横截面积。但是，肌纤维的改变取决于每次训练的强度、持续时间和训练计划的长短。有研究报道，Ⅰ型肌纤维横截面积可增加25%，但Ⅱ型肌纤维横截面积通常不会增加，因为在耐力运动中，Ⅱ型肌纤维动员较少。

早期大多数研究显示，有氧训练不会改变Ⅰ型肌纤维和Ⅱ型肌纤维的百分比，但是Ⅱ型肌纤维亚型却产生了细微变化。由于Ⅱx 型肌纤维有氧能力较低，在有氧运动过程中，该肌纤维动员少于Ⅱa 型肌纤维，但长时间运动终究会动员这些肌纤维参与，导致部分Ⅱx 型肌纤维获得如Ⅱa 型肌纤维的氧化特征。最近有证据表明，不仅Ⅱx 型肌纤维会转变为Ⅱa 型肌纤维，而且Ⅱ型肌纤维可转变为Ⅰ型肌纤维。这种转变通常很少，不会超过几个百分点。例如，在家庭遗传研究中，20 周有氧训练后，Ⅰ型肌纤维增加（从43.2%到46.7%），而Ⅱx 型肌纤维减少（从20%到15%），Ⅱa 型肌纤维保持不变。有更新的研究使用大样本量和更先进的测量技术，这两者或许可以帮助解释现在尚不清楚的肌纤维类型组成发生变化的原因。

（二）毛细血管供给

有氧训练重要的适应之一是增加肌纤维周围的毛细血管数量。表11.2 显示，经过耐力训练的男性腿部肌肉的毛细血管数量多于久坐不动者。研究显示，长期进行有氧训练会使毛细血管数量增加超过15%。较多的毛细血管可以促进血液和肌纤维之间气体、热量、营养物质与代谢废物的交换。事实上，毛细血管密度增加是训练提高最大摄氧量重要的改变之一。现已了解到，O_2 从毛细血管扩散进入线粒体是限制肌肉 O_2 最大消耗速率的主要原因。增加毛细血管密度有利于扩散，维持细胞良好的环境有助于能量的产生和肌肉的反复收缩。

（三）肌红蛋白量

O_2 进入肌纤维会与类似血红蛋白分子的肌红蛋白结合。这种含铁的分子携带氧分子，从细胞膜穿梭到线粒体。Ⅰ型肌纤维中含大量的肌红蛋白，因此肌纤维的外观呈红色（肌红蛋白与 O_2 结合后外观变成红色）。Ⅱ型肌纤维属于快速酵解纤维，仅含有少量肌红蛋白，呈白色。更重要的是，有限的肌红蛋白含量限制了该肌纤维的氧化能力，致使耐力较差。

在肌肉活动中，当 O_2 量受到限制时，肌红蛋白会运输并释放 O_2 进入线粒体。从静息状态到运动的过渡期，肌肉可以使用储备氧，即从运动开始到心血管输送 O_2 增加之间的延迟期，肌红蛋白可以提供氧到线粒体以供利用。但已有研究表明，耐力训练可以使肌肉中肌红蛋白含量增加 75%～80%。这种训练适应能够明显提升肌肉的氧化代谢能力。

（四）线粒体功能

第二章中提到，有氧氧化能量产生的场所是线粒体。毫无疑问，有氧训练也会导致线粒体功能改变，提高肌纤维产生 ATP 的能力。这种利用氧和通过氧化产生 ATP 的能力取决于肌肉线粒体的数量与体积。这两者都会随着有氧训练而提高。

有研究对大鼠进行了为期 27 周的耐力训练，发现线粒体的数量增加了约 15%。在训练期间，线粒体的平均体积增加了约 35%。和其他训练适应现象类似，线粒体变化幅度依赖于训练量。

并不是肌纤维中所有线粒体的效率都是一样的，随着新线粒体的形成（生物合成），衰老羸弱的线粒体会被清除（线粒体自噬）（图 11.9）。线粒体这种周转循环的调节不仅决定了线粒体在肌纤维中的数量，也决定了这些线粒体的功能，从而决定了骨骼肌的整体代谢功能和运动表现。一项新的研究旨在了解调节线粒体生物合成的潜在分子机制及新线粒体的形成过程，结果发现，过氧化物酶体增殖物激活受体γ辅助激活因子-1α（PGC-1α）是一种重要的骨骼肌线粒体生物合成的关键调节蛋白。因为其在增强代谢功能方面具有多种重要功能，PGC-1α 通常被称为主调节器或者主控开关。不管是一次性运动，还是长期运动训练（耐力和抗阻训练），它都能增强 PGC-1α 的表达。

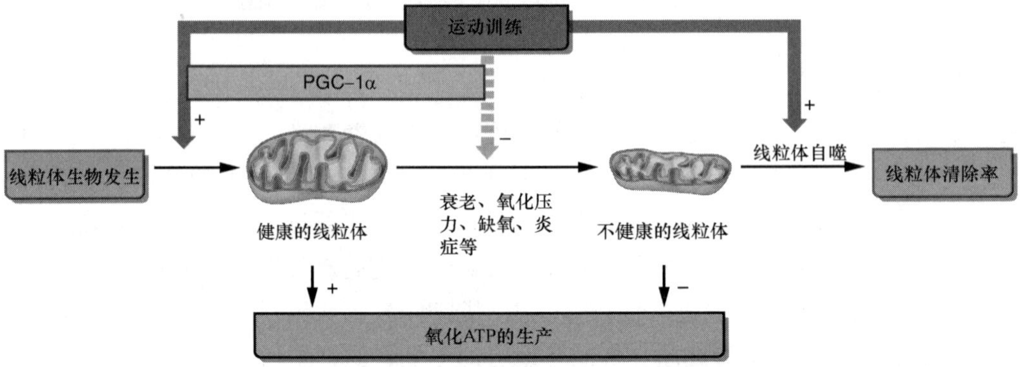

图 11.9　运动训练对肌纤维线粒体功能的影响

注：耐力训练会通过增加新的健康线粒体的产生（生物发生），减少线粒体的降解并清除受损的线粒体（自噬）来影响肌肉线粒体的质量。前两个过程由调节蛋白 PGC-1α 控制。实线箭头表示正面效果，而虚线箭头表示负面效果。

如图 11.9 所示，运动训练促进新线粒体的生物合成，通过线粒体的融合和分裂完成线粒体重组，进而延缓线粒体功能的下降，维持骨骼肌线粒体自噬。因此，线粒体的质量控制也是非常重要的训练诱导适应现象。

即使进行一次性运动，也可以在骨骼肌中检测出 PGC-1α 表达增强。2～3 次重复运动后，能够发现线粒体生物合成标记物。PGC-1α 表达增强不仅能够增加线粒体生物合成，也能使新的、健康的线粒体替代老弱线粒体。缺氧、炎症或者增强的氧化应激都会损伤线粒体，从而导致代谢废物累积，削弱线粒体功能。尽管新线粒体的补充极其重要，但是维持一定数量的健康线粒体对于代谢能力最大化也同等重要。不断清除受损伤的线粒体对于骨骼肌功能最大化同样重要。

（五）氧化酶

规律进行耐力运动主要导致骨骼肌适应，包括肌纤维线粒体数量和体积的增加，这些变化会因线粒体能力的提高而更加显著。能源底物的氧化分解与最终 ATP 的生成依靠**线粒体氧化酶（mitochondrial oxidative enzymes）**的活性。氧化酶是一种特殊的蛋白质，可以催化（加速）能源底物分解并形成 ATP，有氧训练可以提高这些重要酶的活性。

图 11.10 显示了在 7 个月渐进游泳训练中最大摄氧量和琥珀酸脱氢酶（SDH）活性的变化，这种酶是肌肉的关键氧化酶。在训练的前两个月，最大摄氧量增加速率减缓，而氧化酶活性却在整个训练期间持续提高，表明训练导致最大摄氧量增加更受循环系统 O_2 运输能力限制，而非肌肉的氧化潜能。

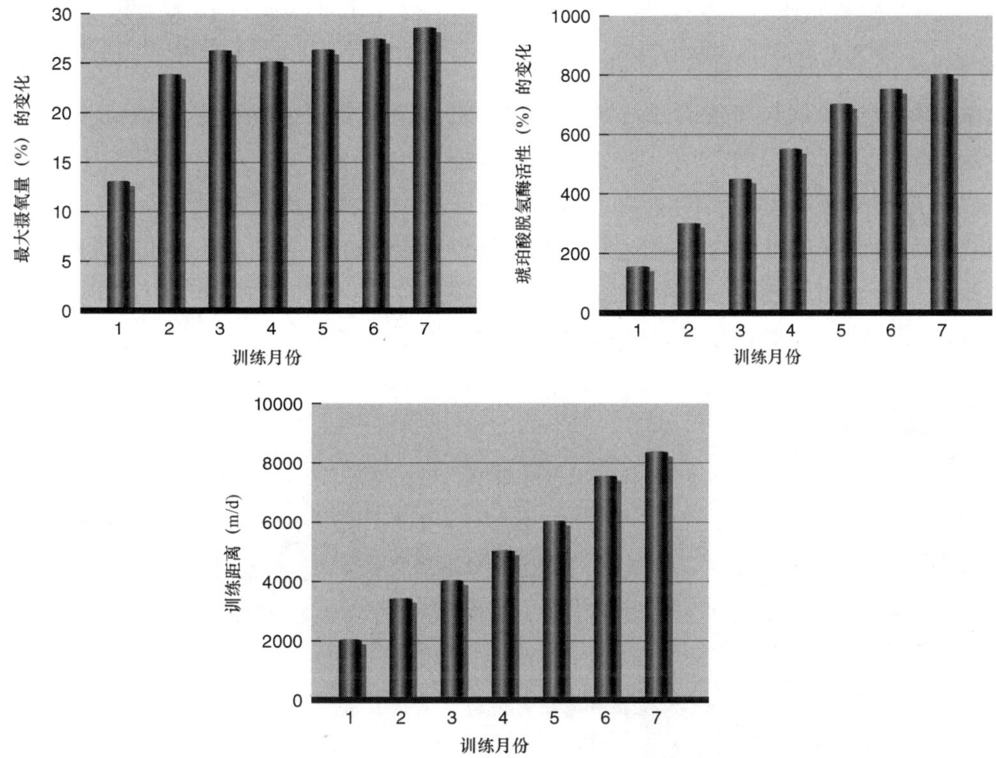

图 11.10 在 7 个月渐进游泳训练中最大摄氧量和琥珀酸脱氢酶活性的变化

注：琥珀酸脱氢酶是肌肉里一种重要的氧化酶。有趣的是，在开始的 8～10 周的训练后，尽管氧化酶的活性随着训练不断提高，但是游泳运动员的最大摄氧量水平似乎依然呈稳定状态。这暗示着线粒体酶的活性可能并不是一个能够代表全身耐力水平的直接指标。

肌酶（如琥珀酸脱氢酶和柠檬酸合酶）的活性受有氧训练的影响较大。图 11.11 比较了未受训练者、中等强度训练的慢跑者与高强度训练的马拉松跑者体内这些酶的活性，即使每天只进行中等运动量的训练，也会提高酶的活性和肌肉的有氧能力。例如，每天慢跑或骑车仅 20 min，也能够提高腿部肌肉琥珀酸脱氢酶活性（达 25%及以上）。如果运动得更多，如每天进行 60～90 min 的运动，琥珀酸脱氢酶的活性可提高 2～3 倍。

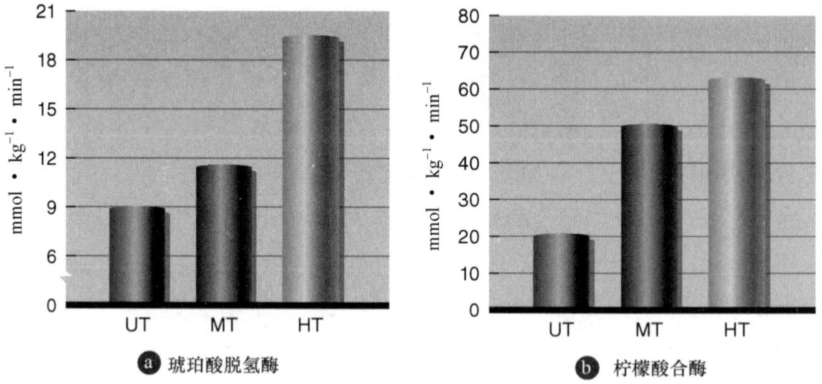

图 11.11　未受训练者（UT）、中等强度训练（MT）的慢跑者和高强度训练（HT）的马拉松跑者腿部肌肉（腓肠肌）酶活性，该图显示了参与氧化合成 ATP 过程的几种重要的酶中的两种

有氧训练导致的线粒体代谢过程的改变称为**糖原节省化（glycogen sparing）**，它可以减少一定运动强度下肌糖原的使用，增加脂肪作为能量来源用于氧化。有氧训练导致的糖原节省化可以提高维持高强度运动的能力，如在 10 km 跑中维持较快的配速。

总之，耐力训练可以引起骨骼肌大范围的表型适应：血管生成（新毛细血管的再生），肌纤维类型由糖酵解型转变成氧化型，动员和利用脂肪作为能源底物的能力增强，肌纤维葡萄糖的摄取增加，线粒体数量增加，现存线粒体的整体质量提高。

小结

- 有氧训练选择性动员更多的Ⅰ型纤维、较少的Ⅱ型纤维，导致Ⅰ型肌纤维横截面积随着训练而增加。
- 训练似乎可以少量增加Ⅰ型肌纤维百分比，也可以导致Ⅱx 型肌纤维转变成Ⅱa 型肌纤维。
- 有氧训练能增加每单位肌纤维毛细血管数量，以及每单位肌肉横截面积毛细血管数量。这些改变能增加肌肉的血液灌注，促进血液和肌纤维之间 O_2、CO_2、营养物质和代谢废物的交换。
- 有氧训练能使肌肉肌红蛋白含量增加高达 80%，肌红蛋白能将 O_2 从细胞膜运送到线粒体。
- 有氧训练能增加肌纤维线粒体的数量和大小，为肌肉提供更高的氧化代谢能力。
- 耐力训练能改善现存线粒体的整体质量。
- 有氧训练能提高大多数氧化酶的活性。
- 发生在肌肉系统中的这些改变结合氧运输系统的适应，能提高氧化代谢能力和耐力运动表现。

六、代谢对训练的适应

前边已经讨论了训练使心血管和呼吸系统发生的改变及骨骼肌的适应。现在，我们通过与代谢有关的三个重要生理指标的变化，探讨整体代谢的适应现象：

✧ 乳酸阈。

✧ RER。

✧ 摄氧量。

（一）乳酸阈

第五章讨论过，乳酸阈是和耐力运动表现关系密切的生理指标，乳酸阈越高，有氧能力就越强。图 11.12a 显示了进行耐力训练者和未受训练者的乳酸阈的区别，表明乳酸阈在进行 6～12 个月耐力训练后就会发生变化。无论哪种情况，在训练状态下，血乳酸开始堆积之前，机体以较高的最大摄氧量百分比进行运动。例如，有跑步训练经历的受试者可以保持 70%～75%的最大摄氧量配速进行跑步，而无训练经历的受试者在这种强度下跑步，血乳酸会持续堆积。这样可以使跑步的配速更高（图 11.12b）。以高于乳酸阈的水平运动时，乳酸浓度降低，这是乳酸产生减少和清除增加的协同作用。如果运动员训练水平提高，在相同功率下运动时，血乳酸浓度就会降低。

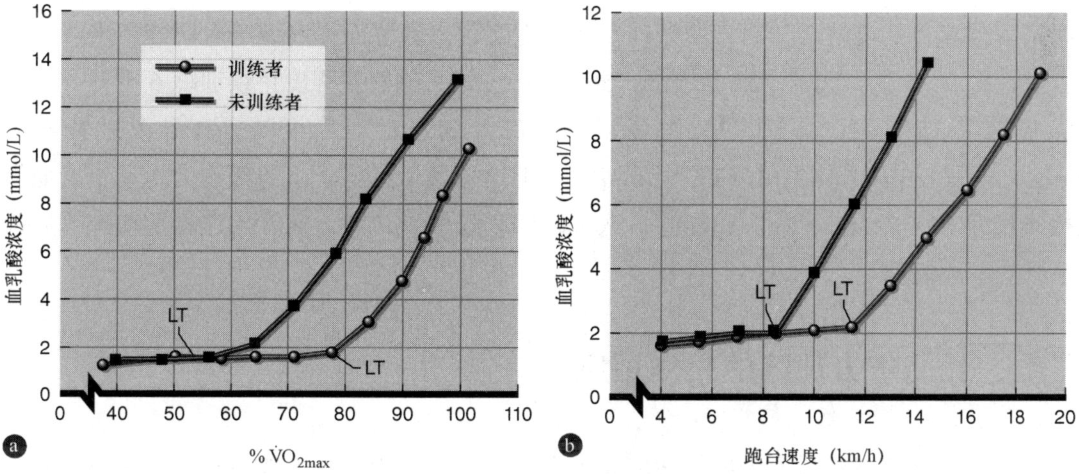

图 11.12 以最大摄氧量的百分比（% $\dot{V}O_{2max}$）的形式（a）和跑台速度增加的形式（b）进行训练时乳酸阈的变化

注：未受训练者乳酸阈出现在速度为 8.4 km/h 时，而训练者乳酸阈出现在速度为 11.6 km/h 时。

（二）RER

回顾第五章，RER 是指机体在代谢过程中 CO_2 排出与 O_2 消耗之比，RER 能反映能源底物的组成比。较低的 RER 表明机体主要依靠脂肪产生能量，而较高的 RER 表明碳水化合物贡献较大。

训练后的 RER 在绝对和相对亚极量运动时会降低，是由于训练后在某一运动强度下，游离脂肪酸逐渐取代碳水化合物参与供能。

（三）安静和进行亚极量运动时的摄氧量

耐力训练后，安静时的摄氧量不会改变。也有横向研究表明，训练会提高安静时的摄氧量。但是，采用大样本量的家族遗传研究和重复测量静息代谢率的方法进行研究，结果显示 20 周训练后的静息代谢率并未增加。

训练后在一定强度下进行亚极量运动，摄氧量并没有改变或略微下降。家庭遗传研究发现，训练会使以 50 W 负荷运动时的亚极量摄氧量降低 3.5%，此时的心输出量也出现下降，表明摄氧量和心输出量之间关系密切。进行亚极量运动时，摄氧量小范围降低是由于运动经济性提高（以更少的外在运动表现完成相同的运动强度），这在其他研究中并未发现。

（四）最大摄氧量

最大摄氧量是反映心肺耐力的最佳指标，它随耐力训练而提高。曾有研究指出，久坐不动者以每周 3～5 次，每次 20～60 min，50%～85% 最大摄氧量强度持续训练 6 个月，最大摄氧量提高了 15%～20%。久坐不动者以这样的计划进行训练可以提高最大摄氧量（从 35 $mL \cdot kg^{-1} \cdot min^{-1}$ 到 42 $mL \cdot kg^{-1} \cdot min^{-1}$），但这些数值远低于世界级耐力运动员，他们最大摄氧量为 70～94 $mL \cdot kg^{-1} \cdot min^{-1}$。久坐时间越长的受试者，在开始进行运动训练后最大摄氧量提高得越明显。

七、长期耐力训练的整体适应

现在已经很清楚：耐力训练的适应现象有很多，并且影响着人体多种生理系统。生理学家共同建立了模型来帮助解释不同的生理因素和变量结合在一起是如何影响具体效果或者运动表现的。宾夕法尼亚大学的运动生理学家科尔齐克（Korzick）博士画图描述了心血管系统对长期耐力训练适应的各种因素（图 11.13）。

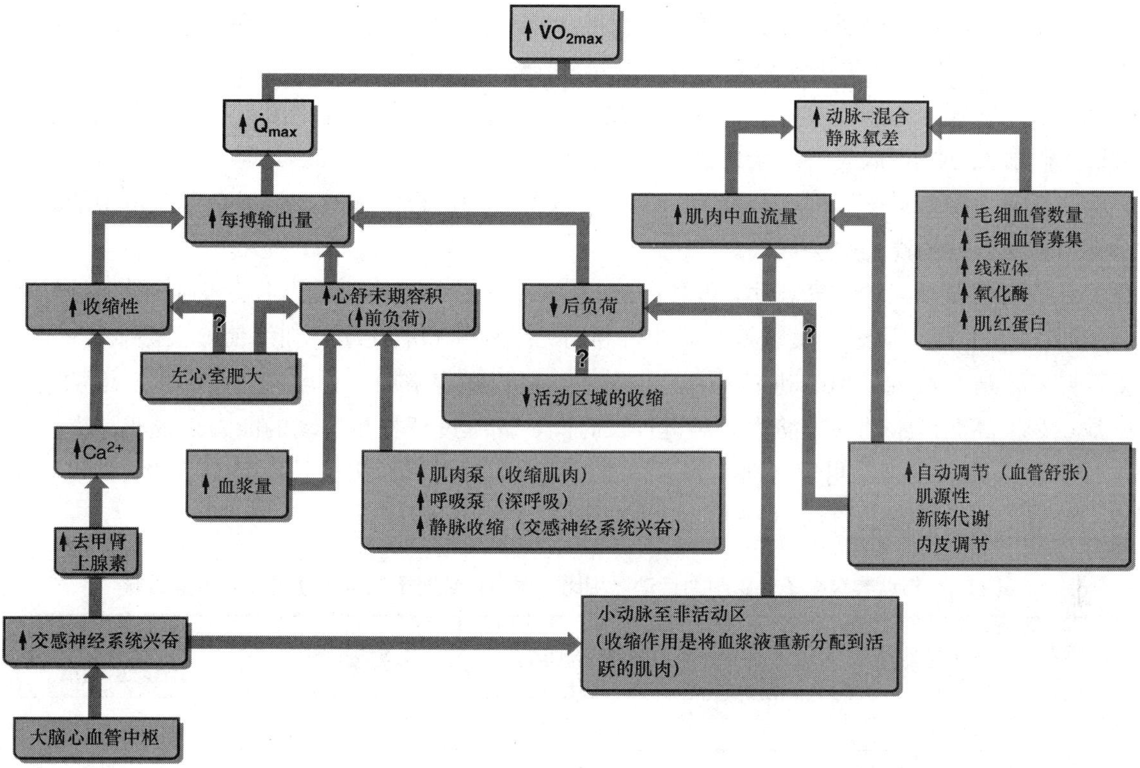

图 11.13 心血管系统对长期耐力训练适应的各种因素

注：心率的变化会促进血流量的变化，但长期耐力训练者进行最大强度运动时，心率不会出现适应性变化。

八、什么限制了有氧功率和耐力运动表现?

多年前，运动科学家曾提出限制最大摄氧量最重要的生理学因素和真正限制最大摄氧量的一系列因素，结果形成了两种对立的理论。

第一种理论认为，限制耐力运动表现的原因是线粒体内缺乏足够浓度的氧化酶。耐力训练可以提高这些氧化酶的浓度，让活动组织有更多可利用的氧，使最大摄氧量提高。另外，耐力训练也会增加肌肉线粒体体积与数量。因此，该理论认为，最大摄氧量的主要限制因素是线粒体无法以特定的高速率使用 O_2，此理论被视为利用理论。

第二种理论认为，中枢和外周的循环因素限制了耐力能力。这些循环因素阻止充足的 O_2 被运送到活动组织。根据此理论，耐力训练后，最大摄氧量会提高是因为血量增加、心输出量增加（通过每搏输出量）和较好的活动肌肉血流灌流。这一理论认为心血管因素是最大摄氧量的限制因素。

研究证据强力支持第二种理论。有研究指出，受试者在力竭运动中吸入混合气体（CO 和空气，CO 与血红蛋白结合会限制血红蛋白的携氧能力），发现最大摄氧量下降比例与 CO

百分比相关。当 CO 分子结合血红蛋白总量的 15%时，此百分比与最大摄氧量降低的比例一致。在另一项研究中，如果移除受试者总血量的 15%～20%，最大摄氧量也出现相似的下降。受试者自体回输红细胞 4 周后，其最大摄氧量显著高于基础值与控制组。有两项研究显示，可以用阻滞血红蛋白或者移除全血的方式，降低血液的携氧能力，减少运输至活动组织的 O_2，进而降低最大摄氧量。同样，研究显示，当吸入富氧的混合气体时，如果吸入气体中的氧分压有所增加，耐力能力也会提高。

这些文献及后续的研究表明，可利用的 O_2 供应是耐力运动表现的主要限制因素。运输到运动肌肉的 O_2 限制了最大摄氧量，而非可利用的线粒体和氧化酶。训练使最大摄氧量提高，主要归因于最大血流量和活动组织内的肌肉毛细血管密度增加。骨骼肌适应（包括增加线粒体数量和提高肌纤维的呼吸能力）对进行长时间、高强度亚极量运动的能力来说非常重要。

表 11.3 将久坐少动男性（训练前后）的指标变化与世界级男子长跑耐力运动员的进行比较，总结了耐力训练会引起的一些典型生理变化。

表 11.3　与世界级男子长跑耐力运动员相比，耐力训练对于久坐少动男性的典型影响

变量	久坐者训练前	久坐者训练后	世界级男子长跑耐力运动员
心血管			
静息时心率（bpm）	75	65	45
最大心率（bpm）	185	183	174
静息时每搏输出量（mL/beat）	60	70	100
最大每搏输出量（mL/beat）	120	140	200
静息时心输出量（L/min）	4.5	4.5	4.5
最大心输出量（L/min）	22.2	25.6	34.8
心脏容积（mL）	750	820	1 200
血容量（L）	4.7	5.1	6.0
静息时收缩压（mmHg）	135	130	120
最大收缩压（mmHg）	200	210	220
静息时舒张压（mmHg）	78	76	65
最大舒张压（mmHg）	82	80	65
呼吸系统			
静息时每分通气量（L）	7	6	6
最大每分通气量（L）	110	135	195
静息时潮气量（L）	0.5	0.5	0.5

续表

变量	久坐者训练前	久坐者训练后	世界级男子长跑耐力运动员
最大潮气量（L）	2.75	3.00	3.90
肺活量（L）	5.8	6.0	6.2
余气量（L）	1.4	1.2	1.2
新陈代谢			
静息时动脉–混合静脉氧差（mL/100 mL）	6.0	6.0	6.0
最大动脉–混合静脉氧差（mL/100 mL）	14.5	15.0	16.0
静息时摄氧量（$mL \cdot kg^{-1} \cdot min^{-1}$）	3.5	3.5	3.5
最大摄氧量（$mL \cdot kg^{-1} \cdot min^{-1}$）	40.7	49.9	81.9
静息时血乳酸（mmol/L）	1	1	1
最大血乳酸（mmol/L）	7.5	8.5	9.0
身体成分			
体重（kg）	79	77	68
脂肪质量（kg）	12.6	9.6	5.1
去脂体重（kg）	66.4	67.4	62.9
体脂（%）	16.0	12.5	7.5

小结

- 耐力训练会提高乳酸阈，使人在以较高强度运动时血乳酸浓度不会增加太多。
- 耐力训练后，在进行亚极量运动时 RER 下降，表明大量游离脂肪酸被作为能源底物使用（糖原节省化）。
- 耐力训练后，安静时的摄氧量通常保持不变，在亚极量运动中，摄氧量会略微下降或保持不变。
- 最大摄氧量随着耐力训练而提高，但提高的幅度可能受到个体基因的限制。最主要的限制因素是 O_2 运输到活动肌肉的能力。

九、长期提高有氧功率和心肺耐力

经过 12～18 个月的强化耐力训练后，最大摄氧量可达到最高值，但耐力运动表现还可以继续提高。在最大摄氧量没有提高的情况下，耐力运动表现得到改善可能是因为以较高最大摄氧量百分比进行长时间运动的能力提高。例如，一名年轻男性跑步运动员在开始训练时，

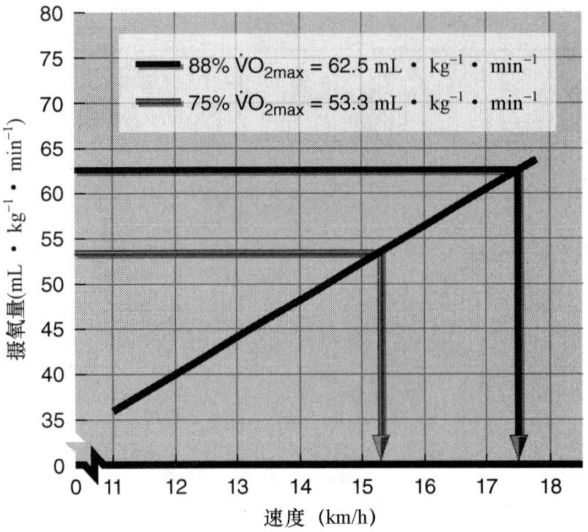

图 11.14　在最大摄氧量在超过 71 mL · kg^{-1} · min^{-1}、停止增加后，继续训练产生的比赛速度的变化

最大摄氧量是 52 mL · kg^{-1} · min^{-1}，经过两年强化训练后，最大摄氧量提高到遗传值的极限 71 mL · kg^{-1} · min^{-1}，但之后即使进行运动频率或强度增加的训练，最大摄氧量也不再提高。如图 11.14 所示，年轻跑步运动员能以 75% 的最大摄氧量（0.75×71.0=53.3 mL · kg^{-1} · min^{-1}）完成 10 km 比赛。经过两年强化训练后，最大摄氧量仍没有变化，但他能以 88%的最大摄氧量（0.88×71.0=62.5 mL · kg^{-1} · min^{-1}）完成相同的比赛。很明显是由于摄氧量（62.5 mL · kg^{-1} · min^{-1}）的支持，他才能够以更快的配速完成比赛。

维持较高最大摄氧量百分比运动的能力，部分是因为乳酸缓冲能力得到提高，因为跑步速度与乳酸开始累积时的摄氧量直接相关。

十、影响个体有氧训练反应的因素

前面已经讨论了耐力训练适应的一般趋势，然而，我们必须知道，个体的适应方式不尽相同。必须考虑影响个体对有氧训练反应的几个因素。

（一）训练水平和最大摄氧量

在同样的训练负荷下，最初的体能水平越高，有氧耐力提高的幅度相对越小。例如，一名静坐少动者和另一名参与部分训练者经过相同的耐力训练后，静坐少动者的有氧耐力提高幅度相对更大。

完全发育成熟的运动员经过 8～18 个月的强化耐力训练后，最大摄氧量达到最高值，意味着每一名运动员都可获得有限的最大摄氧量水平，这个有限的范围由遗传基因决定，但也受到儿童早期训练对心血管系统发育的影响。

（二）遗传

提高最大摄氧量的能力受到遗传的限制。不是说每个人都有一个不能超越的、预设好的最大摄氧量，而是最大摄氧量的范围由遗传决定，所以个体可达到的最大摄氧量应该出现在这个范围内。每个人从出生到进入遗传决定窗口，可以分别随运动训练或停训而在窗口范围上下浮动。

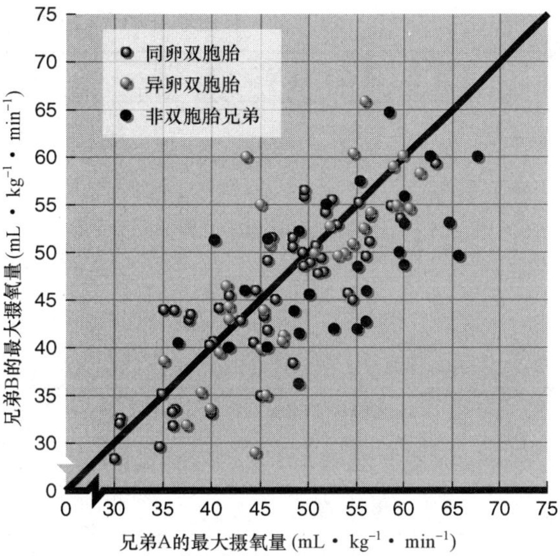

图 11.15 双胞胎（同卵和异卵）和非双胞胎兄弟的最大摄氧量比较

20 世纪 60 年代末至 70 年代初，最大摄氧量的基因基础研究已经展开。有研究显示，同卵（单合子）双胞胎的最大摄氧量基本相同，而异卵（双合子）双胞胎的差别较大（图 11.15）。每个符号代表一对孪生兄弟，孪生兄弟 A 的最大摄氧量对应 x 轴，孪生兄弟 B 的最大摄氧量对应 y 轴。他们的最大摄氧量通过坐标进行比较（与图上 $x=y$ 对角线的距离）。同样的结果也出现在耐力上，通过在功率自行车上进行 90 min 全力运动来测量。

布沙尔（Bouchard）等人认为，遗传可决定最大摄氧量 25%～50%的变化，意味着在所有影响最大摄氧量的因素中，单单遗传就占据了 1/4～1/2 的比例。世界级运动员停止耐力训练多年后，即使在久坐不动的生活状态下或者停训状态下仍有较高的最大摄氧量（从 85 $mL \cdot kg^{-1} \cdot min^{-1}$ 下降至 65 $mL \cdot kg^{-1} \cdot min^{-1}$），这种停训状态下的最大摄氧量仍然比普通人群要高很多。

遗传可以解释为什么有些人即使没有经过耐力训练，却也有很高的最大摄氧量。一项研究比较了未经训练男子的最大摄氧量，一组低于 49 $mL \cdot kg^{-1} \cdot min^{-1}$，另一组高于 62.5 $mL \cdot kg^{-1} \cdot min^{-1}$。结果显示，最大摄氧量较高的组有较大的血容量，在最大强度运动中可产生较大的每搏输出量和心输出量，而这些可能是由遗传所决定的。

因此，遗传和环境因素都会影响最大摄氧量。遗传因素可能决定了运动员的上限，但是耐力训练可以使人达到最大摄氧量范围的上限。奥斯特兰德是 20 世纪中期以来被大家认可的运动生理学家之一，他在许多重要场合中提到，成为奥运冠军的最佳方式是在选择父母时有所选择。

(三) 性别

未经训练的健康女性最大摄氧量要显著低于未经训练的男性（低 20%～25%）。高水平训练的女性耐力运动员的最大摄氧量与高水平训练的男子耐力运动员的接近（只低约 10%）。具体细节将在第十九章详细讨论。非运动员和运动员的最大摄氧量见表 11.4，根据年龄、性别和运动项目分组。

表 11.4 非运动员和运动员的最大摄氧量（mL·kg⁻¹·min⁻¹）

运动项目或群体类型	年龄（岁）	男性	女性
非运动员	10～19 20～29 30～39 40～49 50～59 60～69 70～79	47～56 43～52 39～48 36～44 34～41 31～38 28～35	38～46 33～42 30～38 26～35 24～33 22～30 20～27
棒球和垒球	18～32	48～56	52～57
篮球	18～30	40～60	43～60
自行车	18～26	62～74	47～57
皮划艇	22～28	55～67	48～52
橄榄球	20～36	42～60	—
体操	18～22	52～58	36～50
冰球	10～30	50～63	—
马术	20～40	50～60	—
定向越野	20～60	47～53	46～60
壁球	20～35	55～62	50～60
赛艇	20～35	60～72	58～65
高山滑雪	18～30	57～68	50～55
北欧滑雪	20～28	65～94	60～75
跳台滑雪	18～24	58～63	—
足球	22～28	54～64	50～60
速度滑冰	18～24	56～73	44～55
游泳	10～25	50～70	40～60
铁饼	22～30	42～55	*
径赛	18～39 40～75	60～85 40～60	50～75 35～60
铅球	22～30	40～46	*
排球	18～22	—	40～56
举重	20～30	38～52	*
摔跤	20～30	52～65	—

注：*为未知数据。

（四）高反应者和低反应者

一直以来，许多研究者发现，耐力训练提高最大摄氧量的范围非常广。研究证实，体能水平相似的受试者在完成同样的训练计划后，最大摄氧量提高范围可从 0 到 50%或者更多。

过去，运动生理学家猜想，这些变化是对训练计划依从度不同造成的。依从度高者改善程度也高，而依从度较低者改善程度很低甚至完全没有。然而，即使接受相同的训练刺激并完全遵循训练计划，不同人群最大摄氧量提高的百分比仍有很大差异。

目前有证据表明，对训练计划的反应也由遗传决定。图 11.16 显示有 10 对同卵双胞胎完成 20 周的耐力训练计划。最大摄氧量提高用百分比表示，每一个点代表一对双胞胎：*x* 轴代表双胞胎 A，*y* 轴代表双胞胎 B，可以看到每一对双胞胎的反应相似。即使是同卵双胞胎，最大摄氧量提高的幅度也从 0 到 40%不等。这些研究表明，不同群体参与完全相同的训练计划，可能会出现**高反应者（high responders）**（提高较多）和**低反应者（low responders）**（很少或没有提高）。然而，涉及的基因变异与生理学机制有关（增加心输出量和血容量，提高肌肉 O_2 摄取能力），可以解释这些训练差异。

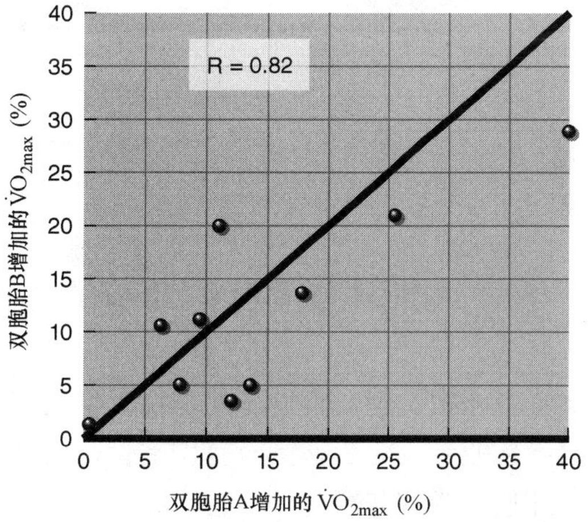

图 11.16　同卵双胞胎在经历了相同的 20 周训练后增加的最大摄氧量百分比的差异

家庭遗传研究结果也支持耐力训练使最大摄氧量提高的幅度受遗传成分的影响。一些家庭，包括生物学上的母亲、父亲和 3 个或更多小孩，每周 3 天，共训练 20 周。最初，他们以相当于最大摄氧量 55%的心率进行运动，每天 35 min；14 周后，他们以相当于最大摄氧量 75%的心率运动，每天 50 min，持续 6 周。结果表明，最大摄氧量平均提高约 17%，但是变化幅度从 0 至超过 50%。图 11.17 显示每个家庭的每一名受试者最大摄氧量提高的情况，最大遗传概率估计为 47%。而且图 11.17 显示出高反应者倾向于聚集在同一家庭，低反应者也是如此。

很明显，这属于基因现象，而不是顺应或者非顺应的结果。在进行训练研究和训练计划设计时，一定要考虑个性化。

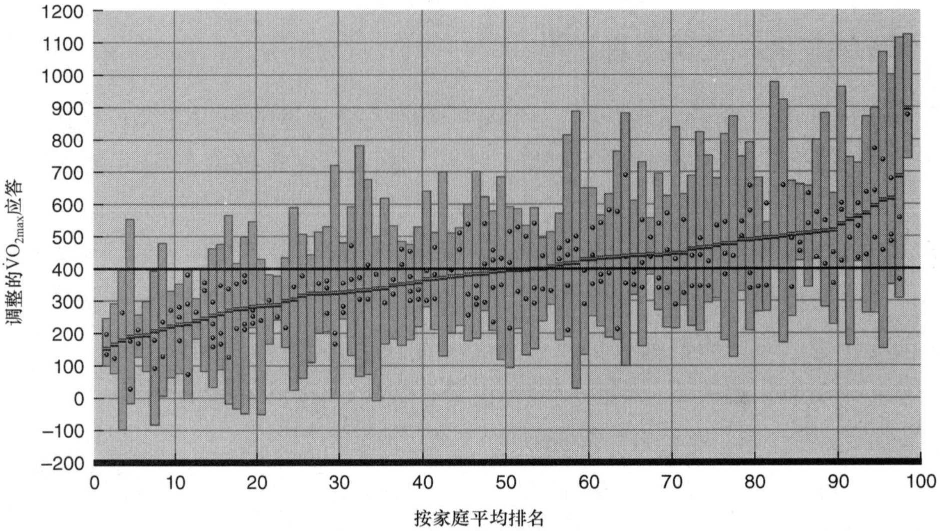

图 11.17　一些家庭接受了 20 周耐力训练后最大摄氧量提高的差异，以最大摄氧量的变化进行呈现

注：最大摄氧量平均增加了 393 mL/min。每个家庭的数据为柱状图，而家庭成员的数据呈现在柱状图的圆点上。

十一、非耐力项目运动员的心肺耐力

许多人把心肺耐力看作体适能最重要的组成部分。即使在非有氧的运动中，耐力水平低也会导致疲劳。对运动员而言，不管是运动还是活动，疲劳都是发挥最佳运动表现的主要障碍。即使轻微疲劳也会阻碍运动员的整体表现：

✧ 肌力下降。

✧ 反应与动作时间延长。

✧ 灵敏性和神经肌肉协调性下降。

✧ 全身移动速度减慢。

✧ 注意力和警觉性降低。

疲劳造成的注意力和警觉性下降尤其明显：运动员会变得粗心，更易受到严重损伤，特别是在身体接触性运动中。虽然运动表现下降可能并不明显，但足以让运动员错失关键的罚篮、棒球击中好球部位或高尔夫 6 m 推杆。

所有运动员都能从提高的心肺耐力中获得益处，即使高尔夫（这种运动项目几乎不需要有氧耐力）运动员也能从中获得好处。提高耐力能让高尔夫运动员以较轻的疲劳程度和较好的体能胜任长时间走路和站立，从而完成一场高尔夫球赛。

对久坐不动的成年人来说，很多健康因素都显示，提高心血管耐力是训练的首要任务。健康和体能训练将在本书的第七部分讨论。

每一名运动员的耐力训练内容都不一样，取决于运动员当前的耐力水平和运动项目对耐力的要求。然而，良好的心血管条件肯定是任何一名运动员一般体能训练计划的基础。

小结

- 尽管最大摄氧量的提高最终会达到一个平台，但随着训练继续，耐力运动表现在接下来的几年还会继续提升。
- 个体最大摄氧量水平的范围由基因决定，其可以解释 25%～50%最大摄氧量变量。
- 遗传还能解释个体在遵循相同的训练计划时，为何会出现不同的反应。
- 高水平训练的女子耐力运动员最大摄氧量比高水平训练的男子耐力运动员的低 10%左右。
- 不管是什么项目的运动员，都能从提高心肺耐力中获得益处。

十二、有氧能力的去适应

去适应问题与疾病和残疾导致的卧床休息非常相关，也与太空项目密切相关，失重和卧床休息都会导致最大摄氧量出现同等程度的下降。最近，研究人员对 80 项研究进行了分析，包括从 1949 年到现在已经报告的共 949 名受试者完全卧床休息对最大摄氧量影响的研究。这些研究的受试者主要是年轻（22～34 岁）男性（>90%），持续卧床休息 1～90 天。研究发现，最大摄氧量下降幅度与卧床时间呈线性关系。

奇怪的是，在卧床休息时，体重和瘦体重都会下降，这些变化和最大摄氧量的下降并不相关。最大摄氧量会下降多少与卧床休息开始前受试者的体能水平有关。初始最大摄氧量水平越高，其下降幅度也越大。

第二节　无氧训练的适应

短跑能在相对较短的时间产生接近最大力量的肌肉活动，需要 ATP-PCr 系统和无氧肌糖原分解（酵解作用）来提供大量能量。接下来将重点探讨这两个系统的可训练性。

一、无氧功率和无氧能力的改变

运动科学家很难认同通过合适的实验室或场地测试测量无氧功率的方法。和有氧能力情况不同，最大摄氧量一致被认为是金标准测试方法，而无氧功率尚无单一的方法来评估。大多数研究会通过 3 种不同的测试方法来测量无氧功率和无氧能力：温盖特无氧功率测试、临界功率测试和最大氧亏积累测试。在这 3 种测试方法中，温盖特无氧功率测试应用最为广泛。尽管这些方法本身具有局限性，但它们仍是无氧能力代谢潜力的间接指标。

如第九章介绍的那样，温盖特无氧功率测试是测试无氧功率常用的方法。最大输出功率是指测试最开始的 5～10 s 内达到的最大机械功率，作为无氧功率指数。平均输出功率是指在整个 30 s 产生的输出功率的平均值，所获得的总功是 30 s 内平均功率的乘积。平均输出功率和总功都可以作为判断无氧能力的指标。

无氧训练，如在跑道上或功率自行车上进行冲刺训练，皆可提高最大无氧功率和无氧能力。然而，研究结果却并不一致，有些显示只有少量提高，但有些显示提高可高达 25%。

二、无氧训练对肌肉的适应

无氧训练如冲刺和抗阻训练都可诱导骨骼肌发生变化，主要反映与这种活动形式相关的肌纤维动员。在第一章讨论过，在高强度运动中，Ⅱ型肌纤维被较大程度地动员，但它并不是唯一的，因为Ⅰ型肌纤维也会被继续动员。整体而言，冲刺和抗阻训练会比有氧运动使用更多的Ⅱ型肌纤维。因此，Ⅱa 型肌纤维和Ⅱx 型肌纤维的横截面积都有所增加；Ⅰ型肌纤维的横截面积也会增加，但是通常幅度比较小。另外，冲刺训练时Ⅰ型肌纤维百分比下降，而Ⅱ型肌纤维百分比增加，Ⅱa 型肌纤维变化尤为明显。有两项研究显示，受试者完成 15～30 s 的全力冲刺训练后，Ⅰ型肌纤维的百分比从 57%下降至 48%，而Ⅱa 型肌纤维从 32%增加到 38%。在抗阻训练中，往往不会出现Ⅰ型肌纤维向Ⅱ型肌纤维的转变。

三、能量系统的适应

正如有氧训练能让有氧能量系统发生改变，无氧训练会改变 ATP-PCr 和无氧酵解能系统。这些改变不会像耐力训练一样产生明显或可预期的结果，但无氧训练确实可以提高运动表现。

（一）ATP-PCr 系统的适应

短跑和举重项目强调最大肌肉力量输出，主要依赖 ATP-PCr 系统提供能量。持续时间小于 6 s 的最大强度运动对 ATP 与 PCr 的分解与重新合成有最大需求。科斯蒂尔（Costill）等人的研究是关于抗阻训练及其对 ATP-PCr 系统的影响。受试者进行最大伸膝运动，一条腿进行 6 s 最大强度运动，重复 10 次，这种形式的训练优先动员 ATP-PCr 能量系统，另一条腿则进行多次反复 30 s 的最大强度运动，优先动员酵解能系统。结果显示，两种形式的训练产生了相同的肌肉力量增长（14%）和相同的抗疲劳能力。如图 11.18 所示，30 s 反复训练可以提高无氧肌肉酶活性，如肌酸激酶和肌激酶，但是在进行反复 6 s 冲刺训练的腿中没有发现这些酶的改变。研究结果显示，最大冲刺训练（6 s）或许可以提高肌力，但对 ATP-PCr 分解几乎没有作用。然而，已经公布的数据显示，训练只要持续 5 s，ATP-PCr 酶的活性就会有所提高。

尽管研究结果有冲突，但仅持续数秒的（冲刺）训练主要价值在于发展肌肉力量。改善肌力能够让受试者以较少的努力完成一定的运动，也可以降低疲劳风险。这些改善是否可以让肌肉完成更多的无氧运动还不得而知。然而，60 s 冲刺疲劳测试显示，短冲刺形式的无氧训练无法提高无氧耐力。

（二）酵解能系统的适应

无氧训练（30 s 多次）可提高几种关键酵解酶的活性。经常被研究的酵解酶包括磷酸激酶、磷酸果糖激酶和乳酸脱氢酶。多次反复 30 s 的训练会使三种酵解酶的活性增长 10%～25%。但是进行以 ATP-PCr 系统为主的短时间（6 s）反复训练后，三种酶的活性变化不大。另一项研究表明，30 s 全力冲刺训练可以显著提高己糖激酶（56%）和磷酸果糖激酶（49%）的活性，但没有提高总的磷酸激酶或乳酸脱氢酶的活性。

因为磷酸果糖激酶和磷酸激酶是无氧产生 ATP 不可或缺的酶，这种训练可能会提高糖酵解能力，使肌肉在更长时间产生更大的张力。然而，如图 11.19 所示，单次 60 s 冲刺运动表现测试结果并不支持此结论，在测试中，受试者进行最大强度的膝关节屈伸运动。受试者进行 6 s 或 30 s 的反复冲刺训练后，输出功率和疲劳指数（输出功率下降速率）受到同等程度的影响。因此我们推断，这些训练形式提高运动表现时主要提高的是肌肉力量，而非无氧产生 ATP 的能力。

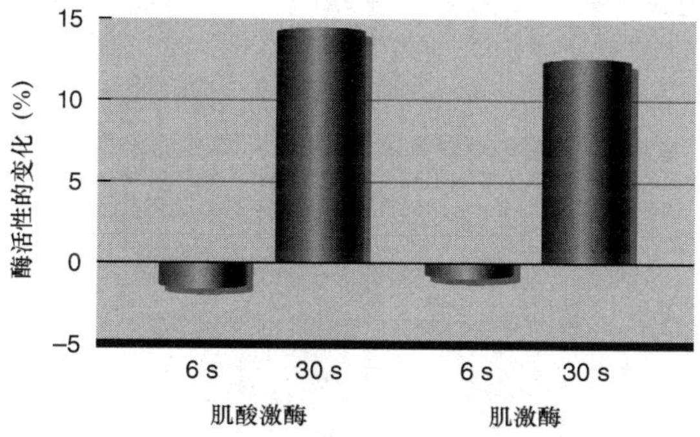

图 11.18　6 s 和 30 s 最大强度无氧训练导致的肌酸激酶（CK）及肌激酶（MK）的活性变化

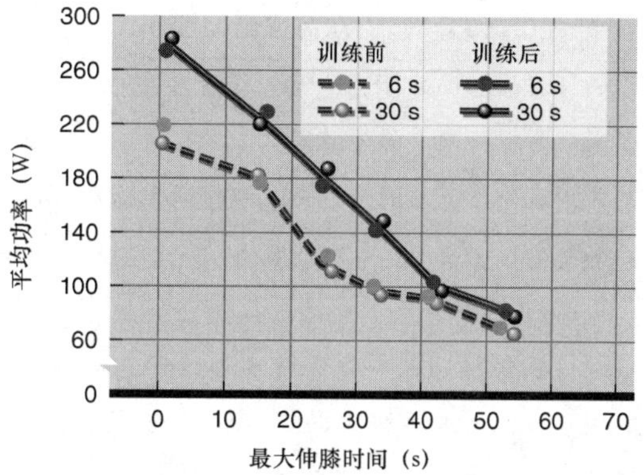

图 11.19　6 s 和 30 s 无氧训练后 60 s 冲刺的表现，受试者与图 11.18 的相同

第三节　HIIT 的适应

在第九章中，我们已经介绍了一种特殊的训练方法：短时间、高强度的自行车训练，中间安排最多几分钟的休息或者低强度的自行车运动用于恢复。HIIT 是一种高效的训练方法，它能够像持续跑步、骑车、游泳等有氧耐力训练一样带来很多好处。

HIIT 的适应和传统有氧训练很相似。在一项研究中，一组无训练经历的年轻受试者完成4～6 次的 30 s 冲刺训练，中间恢复 4 min，每周 3 次。另一组受试者遵循传统训练计划，如持续 1 h 的自行车运动，每周 5 次。两组受试者在心脏、血管、肌肉等方面表现出一样的有利变化。无论是以固定训练强度骑车到力竭，还是进行更接近比赛的模拟训练，尽管各组在训练时间的投入上有较大差别，但是运动表现的改善情况都差不多。HIIT 能够刺激一些与耐力训练相同的分子信号通路，调节骨骼肌重塑，包括线粒体生物合成，改善糖和脂肪的运输和氧化能力。

小结

- 反复无氧训练可提高无氧功率和无氧能力。
- 冲刺类型的无氧训练提高运动表现的原因主要是肌肉力量的增加，而非无氧能量供能系统的改善。
- 无氧训练可以提高 ATP-PCr 和糖酵解酶活性，但是对氧化酶活性没有影响。
- 有氧训练能提高氧化酶活性，但对 ATP-PCr 或糖酵解酶活性影响很小。
- HIIT 的适应和传统有氧训练很相似，它能够刺激一些相同的分子信号通路，调节骨骼肌重塑，包括线粒体生物合成，改善糖和脂肪的运输和氧化能力。

研究视角 11.2　短暂快速爬楼梯

较低的心肺适能是心血管疾病和死亡的预测因子。公众健康指南通常要求人们每周参加 150 min 中等强度的体育活动来保障健康，但是只有 15%的美国人能够做到。缺少时间和必要的装备通常是不能达到要求最主要的原因。因此，公众健康研究者和运动生理学家致力于找到一种简单易行的训练方法，以期达到同每周进行 150 min 中等强度运动一样的健身效果。

HIIT 是一种简单、间歇性的爆发性高强度运动，中间穿插休息时间，可以提高心肺适能。冲刺间歇训练已经证明能够同等程度地改善体质和胰岛素敏感性，与每周 5 次进行中等强度持续运动达到的效果一样。加拿大麦克马斯特大学的研究小组最近进行了一系列研究，观察简单、高强度且易完成的爬楼梯运动是否可以有效提高心肺适能。研究还请年轻久坐女性进行了一项急性运动，以确保爬楼梯运动方案能引起与传统功率自行车冲刺间歇训练相似的急性生理学应激反应。运动共有 6 周干预期。在干预期，受试者以最快速度，尽全力完成 3 次 20 s 的爬楼梯训练，每次训练间隔 2 min，每周训练 3 次。

输出功率、心率、血乳酸和自我疲劳感觉反应等指标在爬楼梯方案和传统功率自行车冲刺间歇训练中一样。在 6 周爬楼梯训练中，心血管适能（摄氧量峰值）提高 12%，与使用功率自行车完成的冲刺间歇训练结果相似。重要的是，研究小组还报告称，参与者完成了 99%的训练课程，完成训练每周需要的时间小于 9 min。整体来说，短时间高强度爬楼梯训练是一种高效、容易完成的锻炼模式，它能提高久坐成年人的心肺适能。

研究视角 11.3　冷水浴是否可以加快恢复和提高耐力运动表现？

运动员相信运动后洗冷水浴能加速疲劳恢复，因此冷水浴在运动训练中非常普遍。然而，很少有关于运动后冷水浴在耐力训练反应的适应效果方面的报道，并且也没有研究测试冷水浴对冲刺间歇训练后的适应效果。已有的相关研究结果并不一致。一些研究指出，冷水浴能刺激骨骼肌线粒体的生物合成，促进其更好地恢复以进行后续更困难的训练，但也有其他说法，如运动后冷水浴会阻碍血管重塑有关的分子过程，并且对骨骼肌耐力训练适应有长期、负面的影响。总之，运动后洗冷水浴是否能加快恢复，从而提高随后的运动表现还不太清楚。

澳大利亚维多利亚大学最近研究了冷水浴对肌肉线粒体含量和肌肉功能的影响：①受试者进行单次HIIT；②受试者进行 6 周 HIIT 干预。受试者为健康、进行休闲运动的男性，分成两组。一组受试者在每次训练后洗冷水浴；另一组进行同样的训练，但是不洗冷水浴，而是被动恢复。在一次基本适应性试验后，受试者进行一次 HIIT，然后进行肌肉活检。在 6 周训练干预后，受试者进行训练后计时测试和最大摄氧量测试，随后也进行肌肉活检。研究测试了骨骼肌线粒体含量和功能的标记物：p−AMPK、p−p38 MAPK、p−p53、PGC−1α。总体来说，没有发现任何冷水浴对这些指标的影响。比较单次运动后的冷水浴恢复组和单纯进行运动训练不洗冷水浴恢复的控制组，两组没有区别。HIIT 可以提高最大摄氧量和计时赛成绩，但是对线粒体含量和功能的标记物没有任何影响。

然而这些研究指出，冷水浴对冲刺间歇训练后的耐力适应没有害处，对耐力训练后的适应没有任何好处，也不会改善体适能和运动表现。

第九章已经讨论过，经过高水平训练的运动员如果在常规训练计划中加入 HIIT，有可能提高运动表现，但是运动表现提高的机制似乎不一样。对无训练经历的受试者来说，HIIT 可以快速提高骨骼肌氧化酶活性，而已有训练经历的受试者加入 HIIT，其氧化酶活性提高并不明显。在这些运动员中，运动表现为什么提高，其背后的机制并不完全清楚。

第四节　训练的专项性和交叉训练

对训练的生理学适应在本质上具有高度专项性。而且对于特定运动项目来说，其训练计划越具有专项性，越能提升运动表现。第九章讨论过，对所有生理学适应来说，**专项化训练（specificity of training）**的概念非常重要。

这个概念对运动员的测试也很重要。例如，要准确地评估耐力水平的提高情况，应以类似运动员平时参与的运动方式进行测试。有研究采用两种方法测试高水平训练的划船、自行车和越野滑雪运动员的最大摄氧量：跑台上坡跑和专项运动的最佳运动表现。研究发现（图 11.20），所有运动员在专项运动中所测得的最大摄氧量均超过或等于在跑台上测得的最大摄氧量。对大多数运动员来说，专项运动中测得的最大摄氧量比较高。

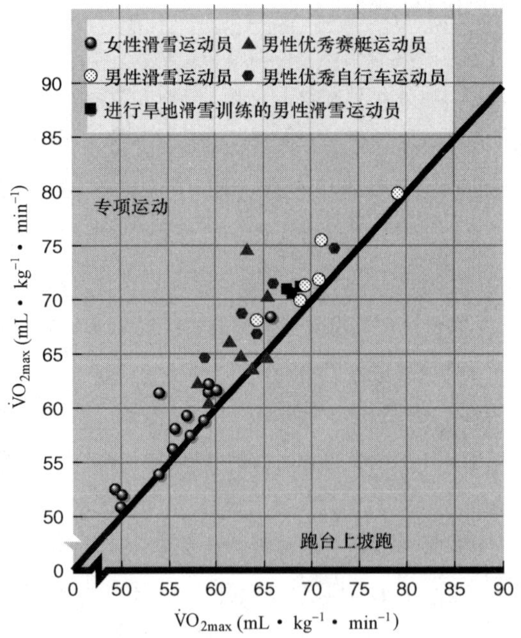

图 11.20　所挑选的专项运动员在进行跑台上坡跑以及专项运动时所测量的 $\dot{V}O_{2max}$ 值

一个具有高度创新性的实验设计探讨了训练专项性的概念：一条腿进行运动训练，另一条未训练的腿作为对照。在这项研究中，受试者被分为 3 组：第一组单腿进行冲刺训练，另一条腿进行耐力训练；第二组单腿进行冲刺训练，另一条腿不做任何训练；第三组单腿进行耐力训练，另一条腿不做训练。结果显示，在亚极量功率下进行运动，只有当进行耐力训练的单腿运动时，才会出现最大摄氧量提高、心率和血乳酸下降。

大部分训练反应发生在受过训练的特定肌肉中，甚至可能发生在特定肌肉中的单个运动单位中。这种现象通常适用于代谢和心肺对训练的反应。表 11.5 显示了未训练者、无氧训练者和有氧训练者来自 3 种能量系统的肌肉酶活性。该表显示，有氧训练肌肉有较低的糖酵解酶活性。因此，有氧训练肌肉可能有较少的无氧代谢能量，或依赖更少的酵解能量。因此，需要更多研究来解释同时进行无氧训练和有氧训练对肌肉改变的意义，但是表 11.5 清楚地说明了特定训练刺激的高度专项性。

表 11.5　未训练者、无氧训练者、有氧训练者肌肉中的酶活性（mmol · g^{-1} · min^{-1}）

	未训练者	无氧训练者	有氧训练者
有氧酶			
氧化能系统			
琥珀酸脱氢酶	8.1	8.0	20.8*
苹果酸酶	45.5	46.0	65.5*
肉毒碱棕榈酰基转移酶	1.5	1.5	2.3*
无氧酶			
ATP−PCr 系统			
肌酸激酶	609.0	702.0*	589.0
肌激酶	309.0	350.0*	297.0
酵解能系统			
磷酸化酶	5.3	5.8	3.7*
磷酸果糖激酶	19.9	29.2*	18.9
乳酸脱氢酶	766.0	811.0	621.0

注：*表示与未训练者相比有显著差异。

交叉训练（cross-training）是指在同一时间进行多种运动训练，或是同时进行不同体能要素的训练（如耐力、力量和柔韧性）。前者如运动员进行游泳、跑步和自行车训练，是为了准备参加铁人三项比赛；后者如运动员在同一时间进行高强度抗阻训练和高强度心肺功能训练。

由于运动员在同一时间训练心肺耐力和力量，目前研究认为力量、爆发力和耐力可同时获得。然而，当力量训练与耐力训练合并时，与单独的力量训练相比，所获得的肌肉力量和爆发力会差些。然而，相反情况并没有出现，如随耐力训练而提升的有氧功率并没有因抗阻训练的加入而出现效果减弱的现象。事实上，短期的耐力水平可随抗阻训练的加入而提高。早期有研究支持同时进行力量和耐力训练会限制肌肉力量与爆发力的结论。麦卡锡（McCarthy）等人研究发现，同时进行高强度力量训练和自行车耐力训练的受试者与只进行高强度力量训练的受试者相比，在力量、肌肉肥大与神经激活方面有类似的提高。

研究视角 11.4　年龄与 HIIT 的反应

最大摄氧量是心血管健康和致死率的强有力的预测指标，即使保持有规律的有氧运动，最大摄氧量也会随着年龄的增长每年下降大约 1%，并且年龄越大下降得越快。因此，具有较高心血管疾病和死亡风险的老年人通过干预提高最大摄氧量能获得最大益处。健康青少年和中年人进行 HIIT 能够对有氧体适能和心血管健康产生积极的影响。HIIT 训练时间相对较短，在体适能方面能获得明显提高，对老年人最大摄氧量的提高尤其有价值。然而，很少有研究验证，在老年人中，年龄如何影响 HIIT 对有氧训练的效果。

最近一项针对 94 名年龄在 20～83 岁的健康男女受试者的研究力求验证年龄对 HIIT 训练后最大摄氧量的提高有无影响。在这项研究中，受试者具有和年龄相关的相似最大摄氧量，8 周 HIIT 前后即刻测试最大摄氧量。在干预期，受试者完成以最大心率 90%～95%为靶强度的 HIIT，一周 3 次。HIIT 干预后，所有受试者最大摄氧量都有提高。为了检验年龄之间的差异，受试者被分为 6 个年龄组（20～29 岁、30～39 岁、40～49 岁、50～59 岁、60～69 岁、70 岁及以上）。所有组别的最大摄氧量都得到了提高，而且年龄组之间没有区别。和年龄不同的是，最大摄氧量提高百分比受到基础值的限制。不管年龄多大，身体基础体能越差，最大摄氧量提高幅度越大。一般体适能水平的健康个体都能通过 HIIT 提高最大摄氧量，这与年龄没关系。HIIT 是提高体适能的有效方式，并且能够减缓最大摄氧量随年龄增长而降低的速度。

小结

- 运动员可以通过训练提高心肺功能，训练应针对运动员参与的比赛项目。
- 训练计划只有和运动员个体对训练的最大生理适应相匹配，才能最大程度地提高运动表现。
- 抗阻训练结合耐力训练并不会限制有氧功率的改善，而且可能会提高短期耐力水平，但是与单独抗阻训练相比，它会限制力量与爆发力的提高。

结语

在本章中，我们探讨了心血管、呼吸和代谢系统在有氧训练和无氧训练方面的适应，以及 HIIT，重点是这些适应如何提高有氧运动和无氧运动的表现。本章也总结了身体系统在一次性和长期运动中的反应情况。现在，我们已完整认识了身体在各种类型、持续时间和强度的运动中的内在变化，可以将注意力转向外部环境。本书的下一部分将会聚焦于不同环境条件下的身体适应。下一章首先从外部环境如温度方面探讨这些适应如何影响运动表现。

关键词

有氧训练（aerobic training）
无氧训练（anaerobic training）
运动员心脏（athlete’s heart）
毛细血管–肌纤维比（capillary-to-fiber ratio）
心脏肥大（cardiac hypertrophy）
交叉训练（cross-training）
糖原节省化（glycogen sparing）
高反应者（high responders）
低反应者（low responders）
线粒体氧化酶（mitochondrial oxidative enzymes）
氧运输系统（oxygen transport system）
专项化训练（specificity of training）
亚极量耐力（submaximal endurance）

思考题

1. 简述肌肉耐力和心肺耐力之间的差异。
2. 什么是最大摄氧量？其在生理学上的定义和限制因素是什么？
3. 为什么最大摄氧量对耐力运动表现非常重要？为什么拥有最高最大摄氧量的运动员却并不见得是比赛的胜利者呢？
4. 描述 O_2 运输系统在耐力训练中的变化。
5. 身体对耐力训练做出的最重要的适应是什么？它可以增加最大摄氧量并提高运动表现吗？这些变化的机制是什么？
6. 伴随耐力运动训练出现的安静时心动过缓的理论依据是什么？
7. 对耐力训练的代谢适应有哪些？
8. 请说明哪两种理论认为耐力训练可能改变有氧运动表现的限制。
9. 由于不活动或者卧床休息而导致最大摄氧量下降的最重要的预测指标是什么？
10. 遗传潜能在年轻运动员发展中的重要性如何？
11. 进行无氧训练时，肌纤维会产生哪些适应？
12. 用肌肉中酶的变化情况来阐述无氧训练的专项性。

13. 高水平训练的运动员是否可以在他们的训练计划中加入 HIIT 来提高运动表现？那些没有训练经历的个体进行 HIIT 的适应机制有什么不同？

14. 为什么交叉训练对耐力运动员有益？它对短跑和爆发力项目运动员有何益处？

学习指南

“关键词”复习了本章中的重要概念，章末的思考题可以测试你对本章内容的理解。

第四部分
环境对运动表现的影响

在本书的前几部分中，我们讨论了人体在运动时肌肉、神经、心血管、呼吸等各系统的生理调节与协调配合。我们也了解了人体在进行重复训练时，这些系统如何适应。在第四部分中，我们转而关注在极端环境条件下，机体在运动时又是怎样做出反应与适应的。在第十二章“冷、热环境中的运动”中，我们首先将研究机体在休息和运动时调节内部体温的机制，其次将讨论在冷、热环境中运动时，机体如何做出反应与适应，最后将探讨与冷、热环境中运动相关的健康风险。在第十三章“高原训练”中，我们将讨论机体在高海拔、低气压环境中进行运动时所面临的独特挑战，以及随着处于高海拔的时间增加，机体又是如何进行适应的。在这之后，我们将学习准备高海拔比赛的最佳方式，以及高海拔训练是否可以帮助运动员在平原地区获得更好的表现。最后，我们还将了解与高海拔相关的各种健康风险。

第十二章 冷、热环境中的运动

2014 年澳大利亚网球公开赛的组织者因强迫选手在墨尔本高达 42℃（108℉）的高温下比赛而受到批评。当天（1 月 13 日）的最高气温仅略低于 1936 年 1 月创下的 45.6℃（114℉）的气温纪录。奥林匹克运动医学守则规定："在每一项运动中，应着眼于确定并适用最低限度的安全要求，以在训练和比赛期间保护参赛者和公众的健康。根据体育运动项目和比赛水平，应该对体育场馆和安全环境条件制定相应的特定规则。"所有主要体育机构均应遵守此守则，并制定全面的管理策略。然而，澳大利亚网球公开赛的极端高温政策只在裁判员的自由裁量权下实施，并且对墨尔本球员的保护措施较少。

包括苏格兰选手安迪·默里（Andy Murray）在内的几位著名选手呼吁澳大利亚网球公开赛组织者重新考虑让选手在如此极端的天气下完成比赛的决定，但都没有成功。加拿大选手弗兰克·丹切维奇（Frank Dancevic）在首轮与法国选手伯努瓦·佩尔（Benoit Paire）的第二场比赛中，在无遮挡的场地上昏倒，一名球童也是如此。天气太热了，以至于丹麦选手沃兹尼亚奇（Wozniacki）的塑料水瓶在赛场上融化了。塞尔维亚选手扬科维奇（Jankovic）坐在没有遮挡的座椅上烫伤了臀部和大腿，而后在首轮获胜时，她的胶底鞋粘在了球场上，导致她摔倒。然而，比赛仍要继续。

体力消耗的应激往往因环境条件而变得复杂。在极热或极冷的环境中进行运动时，机体在维持持续运动的同时，也会因调节体温的机制带来额外的负担。虽然这些机制在正常情况下调节体温的效果惊人，但当我们遭受极端的热或冷时，**体温调节机制（mechanisms of thermoregulation）**的作用可能就十分有限了。幸运的是，在持续暴露一段时间后，身体能够适应这样的环境压力，这一过程被称为**习服（acclimation）**（指的是一个短期的适应，如从天到周）或**适应（acclimatization）**（指在很长一段时间后获得自然适应性，如从数月到数年）。

在接下来的内容中，我们将重点讨论在热环境和冷环境中机体对急性和长期运动的生理反应。在这两种极端温度下，特定的健康风险与运动相关，因此我们还将讨论如何在运动中预防与温度相关的疾病和伤害。

第一节　体温调节

人类是恒温动物，这意味着即使环境温度发生变化，我们的内部体温也会受到生理调节，几乎保持不变。在生理学上，温度用℃表示。要从华氏度（℉）转换到摄氏度（℃），或者相反，可使用下面的方法转换：①从℉到℃：减去32，然后除以1.8；②从℃到℉：乘以1.8，然后加上32。虽然人的体温每天甚至每小时都在变化，但这些波动通常不超过1.0℃（1.8℉）。

只有在长时间进行剧烈运动、因病发烧或极端炎热或寒冷的条件下，身体温度才会偏离正常的基线范围，即36.1～37.8℃（97.0～100.0℉）。体温反映了热量产生和热量散失之间的精确平衡，每当这种平衡被打破时，体温就会发生变化。

一、代谢产热

身体产生的能量（ATP）中只有一小部分（通常少于25%）用于肌肉收缩等生理功能，剩下的转化为热量。所有活动的组织都产生代谢热（M），必须精确地将这部分热量散发到环境中，以维持体内的温度。如果身体产生的热量超过了散失的热量，像在中等强度到高强度的有氧运动中经常发生的那样，身体将多余的热量积聚起来，体内温度就会升高。人体保持恒定内部温度的能力取决于代谢产热和从环境中获得的热量与身体散失的热量的平衡能力。这种热量的平衡如图12.1所示。

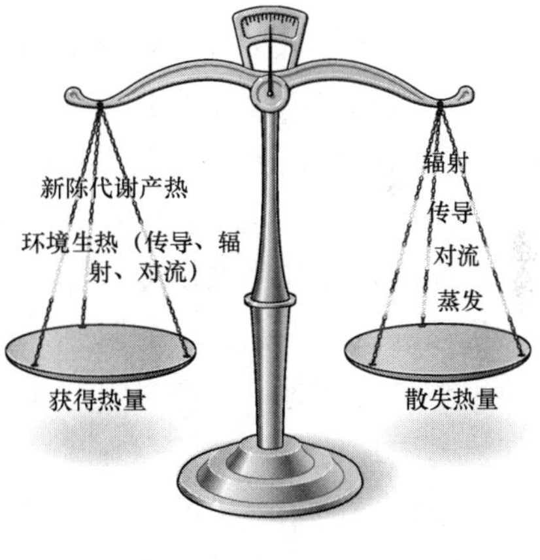

图12.1　人体热量的平衡

注：为了维持稳定的核心温度，人体必须平衡新陈代谢和从外部环境获得的热量与通过辐射、传导、对流和蒸发等途径散失的热量。

二、身体与环境的热量传递

让我们来研究热在人与环境之间传递的机制。身体要把热量传递给环境，身体产生的热量必须先从身体深处（核心）转移到皮肤（外表），在那里，热量可以接触到外部环境。热量主要通过血液从核心转移到皮肤。只有当热量到达皮肤时，它才能通过4种机制中的任何一种传递到环境中：**传导（K）（heat conduction）**、**对流（C）（convection）**、**辐射（R）（radiation）**和**蒸发（E）（evaporation）**（图12.2）。

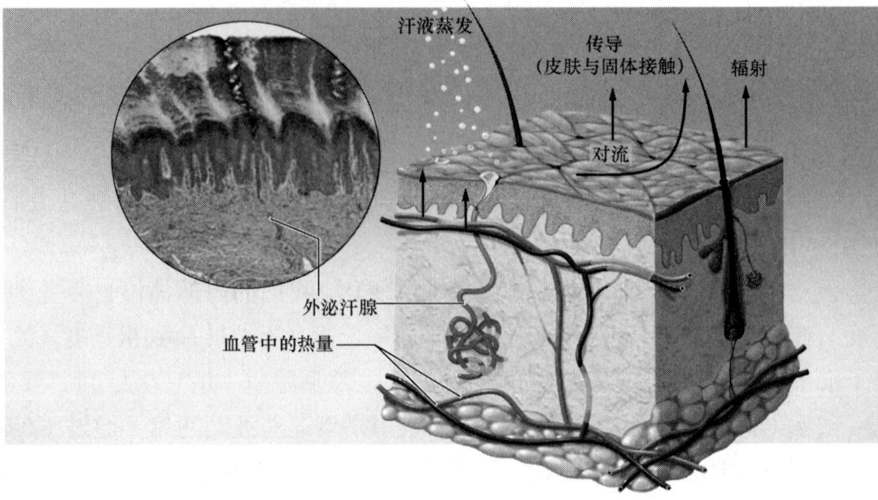

图 12.2　热量从皮肤表面散失

注：热量通过动脉血液传递到体表，只有较少部分通过皮下组织传导。当皮肤的温度高于环境的温度时，热量通过传导（如果皮肤与物体接触）、对流、辐射和蒸发而散失；当环境温度超过皮肤温度时，热量只能通过蒸发来散失。

（一）传导和对流

传导是指热量从一种固体物质通过分子接触直接传递到另一种固体物质。例如，当皮肤与冷的物体接触时，身体就会失去热量，比如一个人在寒冷的天气里坐在冰冷的金属看台上看足球比赛。相反，如果一个热的物体压在皮肤上，热量从该物体传导到皮肤，身体就会获得热量。如果接触时间延长，皮肤表面的热量就会通过皮肤转移到血液中，血流进入核心部位，进而提高核心部位的温度。在运动中，传导作为热交换的来源通常可以忽略不计，因为与固体接触的身体表面积（如脚底与热的运动场的接触）很小。因此，许多环境生理学家在计算热平衡和交换时，把传导热交换看作是微不足道的。

对流是指通过气体或液体在受热皮肤表层的运动来传递热量。当物体静止、空气很少运动时，一层稀薄的未搅拌的空气边界层围绕着物体。然而，我们周围的空气通常是不断流动的，尤其是在我们运动的全身或身体部分（如我们跑步时手臂摆动）穿过空气的时候。我们周围的空气流动着通过皮肤表面，热量与空气分子进行交换。空气或液体（如水）的流动速度越大，通过对流进行的热交换的速率就越大。因此，在空气温度低于皮肤表面温度的环境中，对流使热量从体表传递到空气中（热量散失），然而，如果空气温度高于皮肤表面温度，热量通过对流被身体获得。我们常常考虑热量散失的机制，而忘记了当环境温度超过皮肤表面温度时，梯度的作用方向相反。

对流在日常生活中非常重要，因为只要空气温度低于皮肤表面温度，它就会不断地消除我们在休息时和日常生活活动中产生的代谢热。然而，如果一个人被浸泡在冷水中，通过对流从身体散发到水里的热量比人暴露在温度相似的冷空气中时要高出近 26 倍。

（二）辐射

在静止状态下，辐射和对流是散发身体多余热量的主要方法。在正常的室温下（通常是21～25℃，或70～77℉），裸体通过辐射可以散发大约60%的多余热量。热量以红外线的形式散发出来，红外线是电磁波的一种。图12.3显示了一个人的红外热成像图。皮肤不断地向周围的物体散发热量，如衣服、家具和墙壁，但它也能从周围更温暖的物体接收辐射热。

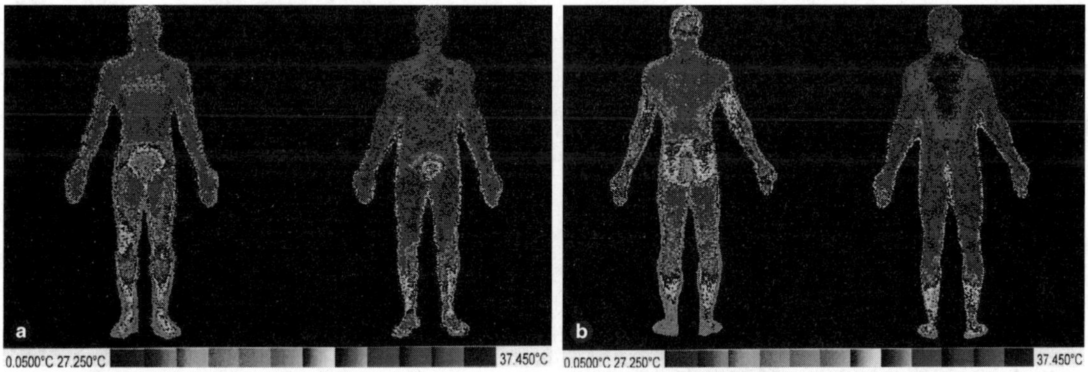

图12.3　人体的红外热成像图，显示了在温度30℃、湿度75%的室外跑步前（左）和跑步后（右）人体前后表面的辐射（红外）热量变化，每张照片底部的颜色刻度提供了颜色变化对应的温度变化

如果周围物体的温度高于皮肤的温度，身体就会通过辐射获得净热量。大量的辐射热是通过太阳照射吸收的。总的来说，传导、对流和辐射被视为**干热交换（dry heat exchange）**的途径。

阻止干热交换被称为**隔热（insulation）**，这是一个大家都知道的概念，因为它涉及衣服保暖、家庭供暖和制冷等问题。理想的隔热体是一层静止的空气（前面讲过，移动的空气会导致对流，使热散失），我们一般通过纤维（如羽绒、玻璃纤维等）储存空气层来隔热。以这种方式添加隔热材料，可使寒冷环境中的热量损失最小化。然而，在运动过程中，我们要想使热量散发到环境中，最好是穿薄的浅色衣服（可限制吸收辐射热），也可以最大程度地暴露皮肤表面。着装对汗液蒸发的影响随后讨论。

（三）蒸发

到目前为止，蒸发是运动散热的主要途径。事实上，当空气温度接近皮肤温度时，唯一可用的降温方法就是蒸发。当流体蒸发变成气态时，热量就会散失。要记住的一个重要概念是，只有汗水蒸发，热量才会散失。有些汗从身上滴下来，或者留在皮肤上或衣服上，特别是在空气潮湿的时候，这些未蒸发的汗水对身体降温没有任何帮助，只是代表了身体水分流失。当一个人进行身体活动时，蒸发约占总热量散失的80%，因此，蒸发是热量散失的一个重要的途径。即使在休息的时候，蒸发散失的热量也占身体总散失热量的 10%～20%，因为有些蒸发是在我们无意识的情况下发生的（称为无感蒸发）。

当身体核心温度升高，达到核心温度阈值时，这一现象急剧增加。在这个过程中，汗液在到达皮肤时，从液体转化为蒸汽，随着汽化散热，热量从皮肤散失。因此，随着体温的升高，汗液的蒸发变得越来越重要。

每小时蒸发 1 L 的汗水会散失 680 W（2 428 kJ）的热量。为了充分了解汗液蒸发带来的巨大冷却作用，我们可以看看下面这个例子。一名体重 70 kg（154 lb）的马拉松运动员在跑完 2 h 30 min 的马拉松时，会产生约 1 000 W 的代谢热。如果他产生的每一滴汗水都蒸发掉了，他就需要以每小时 1.5 L 的速度流汗。因为有一些汗水会不可避免地滴落下来，为了保持核心温度，更接近的估算出汗率应该是每小时 2 L。然而，如果不补充液体，我们假设的跑步者将会损失 5 L 的水，可能超过他体重的 7%。

图 12.4　人体热平衡机制与环境条件之间复杂的相互作用

类似于限制干热交换的隔热作用，衣服也增加了汗液蒸发的阻力。当汗液从湿衣服表面蒸发时，皮肤确实会在一定程度上降温，但降温程度低于汗液从皮肤直接蒸发到空气时的水平。宽松合身的衣服，促进吸水的纤维或水蒸气分子可自由通过的面料均可增强蒸发降温的效果。

图 12.4 显示了人体热平衡机制与环境条件之间复杂的相互作用。使用上文中的符号定义，我们可以用一个简单的方程来表示热平衡状态：

$$M - W \pm R \pm C \pm K - E = 0$$

其中，W 表示由于肌肉收缩产生的有用功。注意，R、C 和 K 既可以是正的（获得热），也可以是负的（散失热），E 只能是负的。当 $M-W \pm R \pm C \pm K-E > 0$ 时，热量储存在体内，核心温度上升。

（四）湿度和散热

空气中的水蒸气压力（悬浮在空气中的水蒸气分子产生的压力）在蒸发散热中起着重要作用。相对湿度是一个常用的术语，它是空气中的水蒸气压力与水蒸气饱和空气（100%湿度）压力的相对值。当湿度很高时，空气中已经含有许多水分子，降低了它接受更多水汽的能力，因为皮肤和空气之间的蒸气压梯度降低了。因此，高湿度限制了汗液的蒸发和散热，而低湿度则为汗液的蒸发和散热提供了理想的条件，但这种有效的降温机制也会带来问题——如果出汗时间过长而没有足够的补液，就会发生脱水。

三、体温调节与控制

在我们的一生中，身体内部的温度都被控制在一个非常小的、受到严密保护的范围内。如果出汗和蒸发不受限制，只要我们能避免接触高温表面，我们就能承受极热环境（如即使短时间内烤箱温度＞200℃）。另外，虽然细胞存活的温度限制范围是从 0℃（可形成冰晶）到 45℃（细胞内蛋白质开始解体），但人体只能在很短的时间内忍受 35℃以下或 41℃以上的体温。为了将体温保持在一定范围内，我们已经发展出非常有效的、在某些情况下应对冷热刺激的特殊生理反应。这些反应涉及体内某些器官和系统的精细协调控制。

静息状态下的体温约为 37℃（98.6℉）。在运动过程中，身体散发热量的速度往往不如产生热量的速度快。在极特殊的情况下，人体内部温度可超过 40℃（104℉），运动中的肌肉温度可超过 42℃（107.6℉）。肌肉温度的小幅升高会使肌肉中能量系统的化学效率提高，但体温超过 40℃会对神经系统产生不利影响，从而减弱释放多余热量的效果。身体是如何调节内部温度的？下丘脑起到了关键作用（图 12.5）。

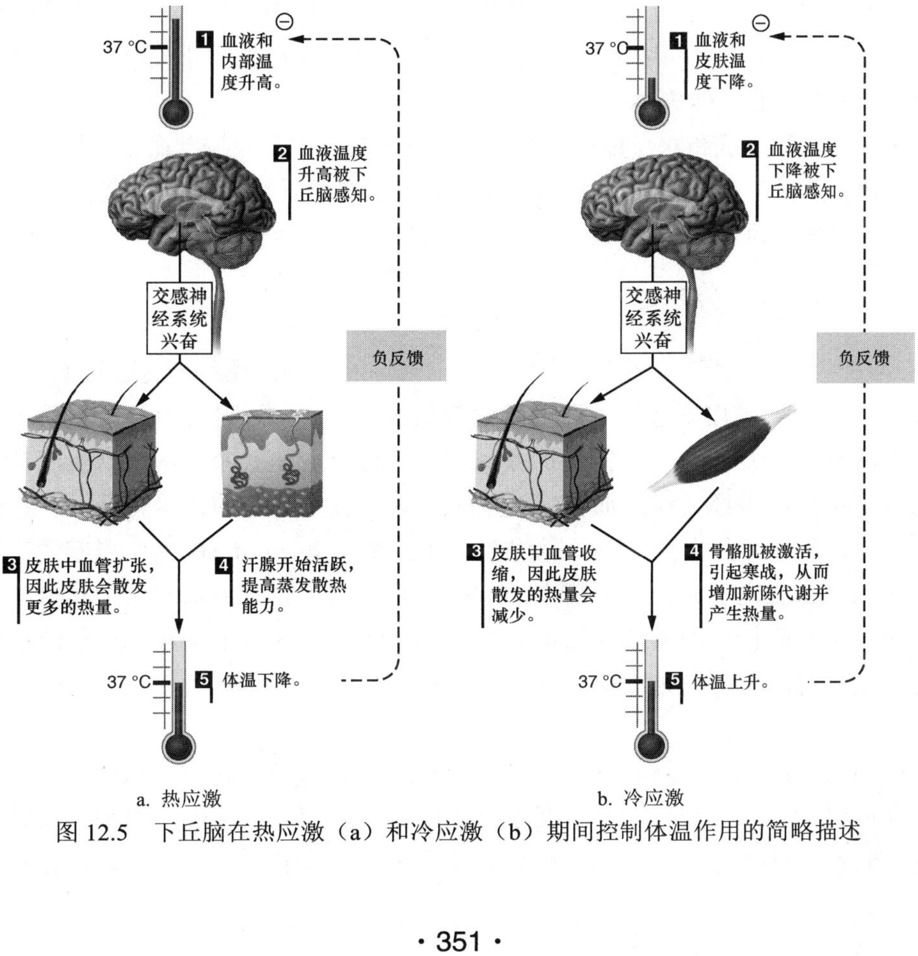

图 12.5　下丘脑在热应激（a）和冷应激（b）期间控制体温作用的简略描述

（一）视前区－下丘脑前部：人体的恒温器

体内温度控制机制的简单方法是将其与控制室内空气温度的恒温器进行比较，尽管人体调控体温的机制比家用供暖和制冷系统的运作方式更为复杂，也更为精确。被称为**温度感受器**（**thermoreceptors**）的感受器检测到温度的变化，并将信息传递给身体的恒温器，它位于大脑的一个叫作**视前区－下丘脑前部**（**preoptic-anterior hypothalamus，POAH**）的区域。作为回应，下丘脑激活调节身体产热或降温的机制。就像家用恒温器一样，下丘脑有一个预定的温度，或者说是设定的温度调定点，它试图维持这个温度，这就是我们通常的体温。偏离这个设定值微小的偏差都可以引起体温调节中心重新调节体温。

温度感受器遍布全身，尤其是在皮肤和中枢神经系统中。位于皮肤上的外周感受器监测皮肤温度，皮肤温度随着人体周围环境温度的变化而变化。它们不仅向 POAH 提供信息，也向大脑皮层提供信息，这可以使人有意识地感知温度，并自动控制自己在冷热环境中的暴露。因为皮肤温度的变化比核心温度早得多，所以这些感受器可以为即将到来的热威胁提供早期预警。

中枢感受器位于下丘脑、其他大脑区域和脊髓，当血液在这些敏感区域循环时，可以监控血液的温度。这些中枢感受器对血液温度变化和变化速率都有反应，即使是小到 0.01℃（0.018℉）的变化。由于这种敏感性，流经下丘脑的血液温度的微小变化会迅速触发反射，帮助人们在需要时保存或散失体温。

环境对热稳态的挑战和对身体许多其他控制系统的（如那些控制血压、体液和电解质平衡及昼夜节律的系统）一样。这些以下丘脑为基础的控制器位于离 POAH 很近的位置，通过神经连接可以很好地协调所有系统的控制，这也证明了人类大脑的复杂设计。

（二）体温调节的效果器

当 POAH 感觉温度高于或低于正常值时，信号通过交感神经系统发送到 4 组效应器。

✧ 皮肤小动脉。当皮肤或核心温度发生变化时，POAH 通过交感神经系统向供应皮肤的小动脉壁的平滑肌发送信号，使其扩张或收缩，这会增加或减少皮肤的血流量。皮肤血管收缩主要是由交感神经系统释放神经递质去甲肾上腺素调节的，尽管其他神经递质也参与其中，并通过减少干热交换促进热量保存。**热应激**（**thermal stress**）引起的皮肤血管扩张是一个更为复杂且尚未完全了解清楚的过程。增加的皮肤血流量有助于热量通过传导、对流和辐射，以及间接地随着皮肤温度升高而蒸发散失到环境中。皮肤血液流动的微调是通过这种机制在每时每刻进行的热量平衡和交换中实现的。这些调整是快速的，而且在身体内没有实际的能量消耗。

✧ **小汗腺**（**eccrine sweat glands**）。当皮肤或核心温度升高时，POAH 也会通过交感神经系统向汗腺发送脉冲，导致汗液活跃地分泌到皮肤表面。主要涉及的神经递质是乙酰胆碱，因此，我们将汗腺的激活称为交感胆碱能刺激。与皮肤小动脉类似，汗腺对核心温度升高的反应比对类似的皮肤温度升高的反应快 10 倍。如前所述，汗水蒸发会从皮肤表面带走热量。

✧ 骨骼肌。当骨骼肌收缩时，人体就会产生更多的热量。在寒冷的环境中，皮肤或核心的温度感受器能感觉到寒冷，并向下丘脑发送信号。下丘脑整合神经输入的反应，激活控制肌肉张力的大脑中枢。中枢刺激导致战栗，即骨骼肌快速、非自主的收缩和舒张循环。增加的肌肉活动是理想的产热方式，可以维持或提高体温。战栗不能做有用功，只能产生热量。

✧ 内分泌腺。有些激素可以提高细胞代谢率。新陈代谢的提高会影响热平衡，因为它会增加产生的热量。身体降温会刺激甲状腺分泌甲状腺素。甲状腺素可使全身代谢率提高 100% 以上。同时，肾上腺素和去甲肾上腺素（儿茶酚胺）增强了交感神经系统的活性。因此，它们直接影响几乎所有身体细胞的代谢率。

小结

- 人类属于恒温动物，这意味着体温是通过生理机制调节的。尽管环境温度会发生变化，但我们的静息体温通常保持在 36.1～37.8℃（97.0～100.0℉）。
- 身体的热量通过传导、对流、辐射和蒸发来传递。静息时，辐射和对流是身体最重要的散热方式，但在运动过程中，蒸发成为热量散失的最重要途径。
- 当空气温度接近皮肤温度时，唯一可用的降温方法就是汗液蒸发。每小时蒸发 1 L 的汗水会散失 680 W（2 428 kJ）的热量。
- 在任何给定的空气温度下，较高的湿度（周围空气的水蒸气压力较高）会减少蒸发散热。
- POAH 是主要的体温调节中心。它作为恒温器，监测温度并在必要时加快热量产生或散失的速度。
- 两组温度感受器向 POAH 提供温度信息。皮肤上的外周感受器传递有关皮肤温度和周围环境的信息。位于下丘脑、其他大脑区域和脊髓的中枢感受器传递有关体内温度的信息。中枢温度感受器对温度变化比外周温度感受器敏感得多。外周温度感受器的主要作用是预防性的，使身体做出早期的调整。
- 下丘脑通过交感神经系统刺激效应器改变体温。增加的骨骼肌活动（随意或非随意，如在战栗的情况下）可增加代谢产热，从而使体温升高。汗腺活动增加，蒸发散热增加，从而使体温降低。皮肤小动脉中的平滑肌可以使这些血管扩张以引导血液进入皮肤用于传热，或使血管收缩以将热量保持在体内。代谢产热也可以受到甲状腺素和儿茶酚胺等激素的刺激调节。

第二节 在高温环境中运动的生理反应

在寒冷的环境中运动时产生热量是有益的，因为它有助于保持正常体温。然而，即使是在凉爽的环境中运动，代谢热负荷也会给体温控制中枢带来相当大的负担。在本节中，我们将研究当身体暴露在热环境中时，由于运动而产生的一些生理变化，以及这些变化对运动表现的影响。在本节中，热应激指的是任何能使体温升高和破坏体内热平衡的环境条件。

一、心血管功能

正如我们在第八章中学到的，运动增加了机体对心血管系统的需求。在高温环境中锻炼时，调节体温的需求增加，心血管系统的负担也随之加重。此时，循环系统必须持续为运动肌肉和皮肤运输血液。肌肉产生的大量热可以通过皮肤转移到环境中。在高温中运动时，为了满足这种双重需求，心血管系统会发生两个变化。首先，通过增加心率和心肌收缩力，心输出量进一步增加（高于在低温条件下以相同强度运动时的水平）。其次，血液从非必需部位（如肠道、肝脏和肾脏）分流到皮肤。

想想在大热天长时间跑步会发生什么。有氧运动增加了代谢产热，增加了血液流动和O_2输送到运动肌肉的需求。只有当流向皮肤的血液增加时，多余的热量才能散失。

为了应对核心温度的升高和在较小程度上更高的皮肤温度，交感神经系统信号从POAH发送到皮肤小动脉，导致这些血管扩张，将更多的代谢热传递到体表。交感神经系统信号也会进入心脏，使心率加快，使左心室泵血更为有力。然而，增加每搏输出量的能力是有限的，因为血液潴留在外周且返回左心房的血量较少。在这种情况下，为了保持心输出量，心率逐渐增加，以弥补每搏输出量的减少。这种现象被称为心率漂移，其原因已在第八章进行了讨论。因为血容量保持不变甚至减少（体液通过汗液流失），另一个心血管调整同时发生。交感神经信号传到肾脏、肝脏和肠道，导致这些器官局部循环的血管收缩，可以使更多的可用心输出量到达皮肤，而不影响肌肉的血流量。

研究视角 12.1　在高温环境中运动时，脱水是心血管系统的较大挑战

脱水通常发生在人长时间运动而没有适当补充水分的情况下。体液总量的下降会导致排汗率下降，皮肤血液流动减少，从而导致身体热量储存过多、体温过高、生理压力显著增加。运动骨骼肌的血液供应已被视为在高温环境中运动时导致疲劳的一个重要因素，体液总量的下降对运动期间体温调节和心血管控制构成了重大挑战。

在长时间的亚极量强度运动（如长跑、自行车运动）中，脱水和由此引起的核心温度升高会导致心率和总外周阻力增加，血容量和平均动脉压小幅度下降，每搏输出量和心输出量大幅度减少。这些变化导致工作和非工作肌肉、皮肤和大脑循环的血流量显著减少。重要的是，在脱水时，口服补液可以防止上述由运动引起的心血管功能和血液流动的改变，脱水的人在寒冷环境中运动也可以防止体温过高。因此，脱水对心血管功能的影响只发生在脱水与在长时间运动中体温过高相结合时。

心输出量和每搏输出量的逐渐减少，以及代偿性（尽管可能是有害的）心率升高是在高温环境中长时间进行有氧运动时脱水引起的心血管紧张的常见特征。进行性脱水会减少总血容量和静脉回流。这些因素与舒张充盈时间减少（由于心率升高）叠加在一起，使每搏输出量减少。重要的是，脱水和体温过高并不影响心肌的收缩特性，舒张期充盈量的减少是脱水时心输出量减少的主要原因。心输出量的减少反过来又导致了灌注压降低和肢体血流减少。平均动脉压的变化不太可能导致脑血流量减少。最近的研究表明，脑血流量减少可能是过度通气所致的二氧化碳分压降低引起的。然而，在这些机制明确之前，未来的研究需要提供更多的证据。

二、什么限制了在高温环境中的运动?

在高温环境中，参加长跑等耐力项目的运动员很少会创造好成绩。长时间的运动与热应激的双重作用是导致早期疲劳的原因，一些理论对此也有争议。没有一种理论能涵盖所有情况，但综合起来，它们证明了在体温调节过程中多重控制系统在起作用。

在某种程度上，心血管系统不能满足持续的耐力运动和有效调节身体热量所增加的需求。因此，任何导致心血管系统过负荷或妨碍散热的因素都可能严重损害运动表现，增加身体过热的风险，或两者兼而有之。当心率接近最大值时，高温环境中的运动就会受到限制，特别是未经训练或没有热习服的运动员，如图 12.6 所示。有趣的是，除非出现严重的脱水，即使在核心温度非常高的情况下，肌肉的血液流动也能保持良好状态。

另一个有助于解释在高温环境中运动的局限性的理论是**临界温度理论**（**critical temperature theory**），特别是对于训练有素、适应能力强的运动员。这个理论认为，不管核心温度（如大脑温度）以何种速度升高，当大脑温度达到某个临界温度，通常在 40～41℃（104～105.8℉）时，大脑就会发出停止运动的信号。

预冷和运动表现

现在，许多运动员在运动前会主动降低身体核心温度，这种做法被称为预冷。预冷的方法多种多样，包括冷水浸泡、坐在温度较低的房间里、冷水浴、用冰包裹身体或穿冰背心，以及摄入冷饮。如果运动员的核心温度在开始运动时较低，而其核心温度在运动中升高的速度相同，那么在运动或比赛的任何时刻，其核心温度都会较低。在实验室研究中，预冷通常能让受试者在高温条件下以一定的强度运动更长时间。但是这种练习能提高运动成绩吗?

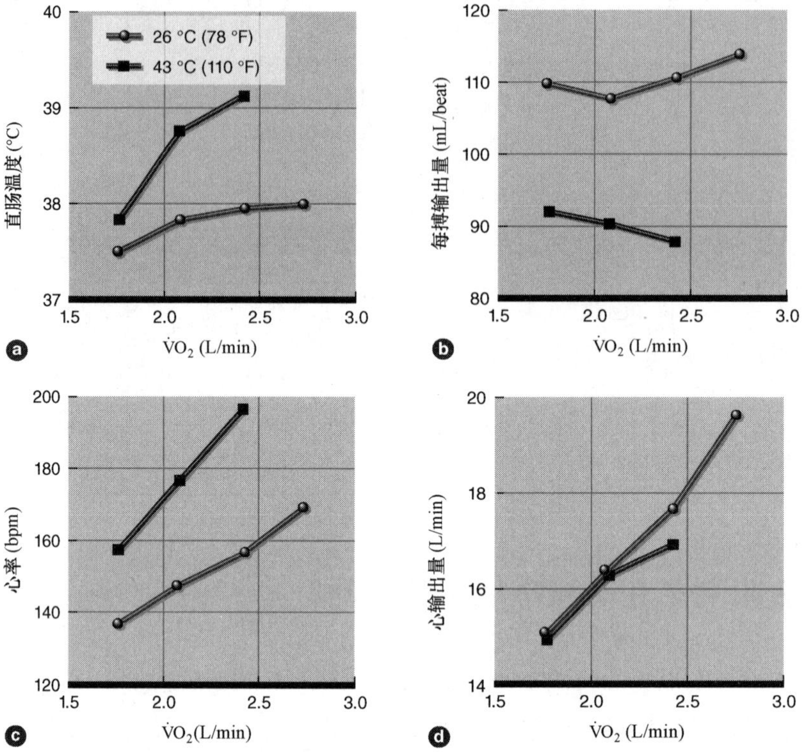

图 12.6　在热中性环境（26℃或 78℉，圆圈）和高温环境（43℃或 110℉，方形）中进行递增负荷运动时心血管系统的反应和直肠温度

注：除了热应激引起的这些变量的直接变化，在高温环境中运动时，可达到的最大强度会降低。

最近的两篇元分析文章（基于现有研究的统计综述）提出了这个重要的问题，其一致认为，预冷确实能有效提高运动成绩，尤其是在炎热的环境中。正如预期的那样，预冷在自行车计时赛等耐力项目中效果更明显，且在间歇跑或短距离自行车比赛中也能看到效果。在短距离的冲刺跑中，预冷的效果是最不明显的。在可比较的方法中，喝冷饮是最有效的方法。此外，最好的结果往往出现在最大摄氧量最高的运动员身上。

另一项分析得出的结论是，预冷实际上会损害短跑成绩，这在肌肉活动温度下降时是可以预料到的。然而，预冷可以使间歇运动和持久性运动的成绩都提高。同样，在模拟比赛中使用的降温操作也能成功地提高运动表现。无论是在运动前还是在运动过程中使用，身体降温的效果取决于降温的量（强度和持续时间）和运动中产生的热应激。

三、体液平衡：出汗

在炎热的夏天，环境温度超过皮肤和身体深处的温度是很正常的。正如前面提到的，蒸发对于热量散失非常重要，因为辐射、对流和传导此时已经成为从环境中获得热量的途径。增加对蒸发的依赖意味着增加出汗量。

机体通过刺激 POAH 来控制小汗腺。血液温度的升高使下丘脑的这一区域通过交感神经纤维将冲动传递到分布在身体表面的数以百万计的小汗腺。汗腺是相当简单的管状结构，贯穿真皮和表皮，向皮肤开放，如图 12.7 所示。

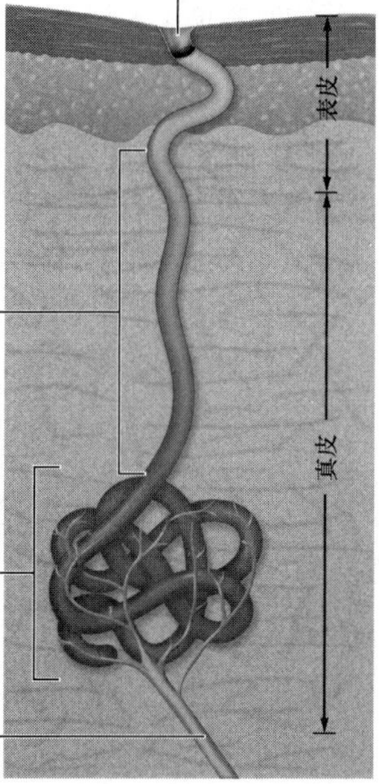

图 12.7　由交感胆碱能神经支配的小汗腺解剖图

另一种类型的汗腺——顶浆分泌腺，聚集在身体的特定区域，包括面部、腋窝和生殖器区域。这些腺体与神经排汗有关，它们对蒸发散热没有显著的贡献。另外，汗腺只起着调节体温的作用。它们分布在皮肤表面的大部分地方，有 200 万～500 万个，覆盖全身。分布最密集的部位在手掌、脚底和前额，密度最低的部位是前臂、小腿和大腿。当出汗开始时，不同部位的出汗率有很大差异。在运动过程中，出汗率最高的部位通常是中背部、下背部和前额，而出汗率最低的部位是手和脚。

汗液形成于汗腺的卷曲分泌部分，由于血浆是汗液形成的来源，因此在这个阶段，汗液的电解质组成与血液类似。当血浆滤液通过腺体张开的导管时，Na^+和 Cl^-被重新吸收回周围的组织，然后进入血液。因此，通过汗腺毛孔挤压到皮肤表面的汗液与血浆相比是低渗的（具有较低的电解质含量比）。在轻微出汗时，滤液的汗液通过导管的速度足够慢，这样就有时间重新吸收 Na^+和 Cl^-。因此，轻微出汗时形成的汗液在到达皮肤时只含有极少的电解质。然而，当出汗率在运动中增加时，滤液通过导管的速度加快，使重新吸收的时间变短，汗液中 Na^+和 Cl^-的含量就会相当高。

如表 12.1 所示，经过训练的受试者与未经过训练的受试者的汗液电解质浓度存在显著差异。通过训练和反复的热暴露（适应），更多的 Na^+被重新吸收，汗水被稀释，部分原因是汗腺对醛固酮激素变得更加敏感。但汗腺显然没有类似的机制来保存其他的电解质。K^+、Ca^{2+}和 Mg^{2+}不会被汗腺重新吸收，因此它们在汗液和血浆中的浓度相似。除了热适应和有氧训练，遗传也是出汗率和汗液 Na^+流失的主要决定因素。

表 12.1　受过训练和未受训练的受试者在运动时汗液中 Na^+、Cl^-、K^+的浓度

受试者	汗 Na^+（mmol/L）	汗 Cl^-（mmol/L）	汗 K^+（mmol/L）
未受训练男性	90	60	4
受过训练男性	35	30	4
未受训练女性	105	98	4
受过训练女性	62	47	4

注：个体汗液电解质浓度变化很大，但训练和热适应会减少汗液中 Na^+的流失。数据来自鲍尔州立大学人类运动表现实验室。

在高温条件下进行剧烈运动时，身体每平方米体表面积每小时会流失超过 1 L 的汗液。这意味着，在炎热潮湿的天气（高水平的热应激）进行高强度运动时，一名中等体型的女运动员（50～75 kg，即 110～165 lb）每小时可能会流失 1.6～2.0 L 的汗水，或 2.5%～3.2%的体重。在这种情况下，仅仅几个小时的运动就能使人失去大量的水分。

长时间的高出汗率最终会减少血容量，限制了返回心脏的血液量，增加了心率，最终减少了心输出量，反过来又降低了运动表现，尤其是耐力运动。对长跑运动员来说，排汗量可以达到体重的 6%～10%。这种严重的脱水会限制随后的排汗，使人容易患上相关热病。第十五章详细讨论了脱水和液体补充的价值。

汗液中电解质和水分的损失促使醛固酮和抗利尿激素释放，它们也称为**加压素（vasopressin）**或**精氨酸加压素（arginine vasopressin）**。回想一下，醛固酮负责使血液保持适当的盐浓度，抗利尿激素在维持体液平衡中起着关键作用（第四章）。肾上腺皮质受血钠含量减少、血容量减少或血压降低等都能刺激醛固酮释放。在高温环境中剧烈运动或连续几天在高温环境中反复运动，这种激素会限制钠从肾脏排出。更多的钠被身体保留，从而促进水分的保留。这让身体保留了水分和钠，为进一步暴露在高温环境中和随后的汗液流失做准备。

同样，运动和身体失水会刺激垂体后叶释放抗利尿激素。这种激素刺激肾脏重新吸收水分，从而进一步促进体内液体潴留。因此，在热应激和大量出汗时，身体会通过减少尿液的流失来弥补电解质和水的损失。此外，在高温环境中运动时，流向肾脏的血液会大大减少，这同样有助于液体潴留。

小结

- 在高温环境中运动时，皮肤与运动肌肉争夺有限的心输出量。除非发生严重脱水，否则肌肉会保持良好的血流量（有时会减少皮肤的血流量）。一系列的心血管调整将血液从肝脏、肠道和肾脏等非必需部位分流到皮肤，以帮助散热。

- 处于高温环境中，在特定的运动强度下，心输出量可保持稳定合理的水平或在运动强度较高时略有下降，因为心率的逐渐增加会弥补较低的每搏输出量。
- 长时间大量出汗会导致脱水和电解质流失过多。为了补偿，醛固酮和抗利尿激素的释放促进了钠和水的保留。
- 训练有素、适应良好的运动员出汗率高达每小时 4 L，但这种速度不能持续超过几个小时。每天最大出汗量可以在 10～15 L，但必须充分补充液体。

研究视角 12.2　文身和出汗

文身的习俗可以追溯到古代，但最近变得越来越流行。大约 4 500 万个美国人中至少有一个文身，40%的年轻人（20～40 岁）中至少有一个文身，而老年人只有 10%。文身在大学生和职业运动员中特别流行，这些人经常参加体育锻炼，依靠增加皮肤血液流动和分泌汗液来驱散身体活动时产生的代谢热。

文身时，需用一簇针刺穿皮肤，使染料沉积在皮肤表面以下 3～5 毫米的真皮层。这一过程会在皮肤的真皮层内引发炎症反应，这有助于皮肤永久性地包合颜料。皮肤的真皮层由胶原纤维、神经、血管和汗腺组成。小汗腺从细胞外液中吸取液体进入分泌盘管。当等渗初级汗液被挤出皮肤表面时，氯化钠（NaCl）被重新吸收，导致汗液中钠的浓度非常低。因为小汗腺位于真皮层，文身的主要效果产生在真皮层，所以文身可能会影响皮肤的汗腺功能（汗液产生或钠重吸收）。

密歇根州阿尔玛学院（Alma College）最近进行的一项研究考察了文身者的出汗反应，并与没有文身的皮肤进行了比较。在该研究中，研究人员通过将硝酸毛果芸香碱（一种刺激汗腺上毒蕈碱受体的药理学激动剂）作用于同一受试者相应的对侧解剖部位，即 5.2 cm 区域的文身皮肤和 5.2 cm 区域的非文身皮肤，来刺激出汗。研究人员之所以选择测量对侧的解剖位置，是为了解释全身出汗率的区域差异。在出汗刺激之前和之后，他们通过对放置在皮肤上的吸水性圆盘称重来测量出汗率，然后收集每个部位的汗液，用火焰光度法测量钠的浓度。研究小组发现，与没有文身的皮肤相比，文身皮肤的出汗率要低得多，而钠浓度要高得多。这些数据表明，文身改变了文身皮肤区域汗腺的功能。这项研究是此类研究中的第一个，很可能为未来探索这些改变发生的机制和是否有途径恢复文身皮肤的汗腺功能打开一扇大门。

第三节　在高温环境中运动的健康风险

尽管身体可以防止过热，但是肌肉活动产生的过多热量、从环境中获得的热量，以及防止身体多余热量散失等因素都可能会使体内温度上升到损害正常细胞功能的水平。在这种情况下，过热会对人的健康造成风险，这一点我们在本章的开头就强调过。气温本身并不是在高温环境中对身体施加的总的生理应激的准确指标。有 6 个变量必须加以考虑：

✧ 代谢产热。
✧ 空气温度。
✧ 环境水汽压（湿度）。
✧ 气流速度。
✧ 辐射热源。
✧ 服装。

所有这些因素都会影响一个人所承受的热应激的程度。先进的热平衡方程可以从数学上预测各种环境条件下各因素对总热应激的贡献。

一个人在阳光明媚、空气温度 23℃（73.4℉）且没有可测量的风的情况下锻炼，会比在相同空气温度，但有云和微风的情况下锻炼时感受到更大的热应激。高于皮肤温度的温度通常是 32～33℃（89.6～91.4℉），辐射、传导和对流极大地增加了身体的热负荷，而不是作为热量散失的途径。那么，我们如何才能评估一个人可能受到的热应激的程度呢？

一、测量热应激

在各地的天气频道，我们经常会听到炎热指数。炎热指数是一个涉及空气温度和相对湿度的复杂方程，它衡量的是空气感觉有多热，也就是我们如何感知热。然而，炎热指数并不能很好地反映人体的生理应激，因此在运动生理方面的应用有限。多年来，人们一直在努力将大气变量量化为一个单一指数，以反映个体的生理热应激。20 世纪 70 年代，人们设计了**湿球黑球温度（wet-bulb globe temperature，WBGT）**计来同时考虑传导、对流、蒸发和辐射的影响（图 12.8）。它基于 3 个不同的温度计读数，提供一个单一的温度读数，以估计周围环境的降温能力。

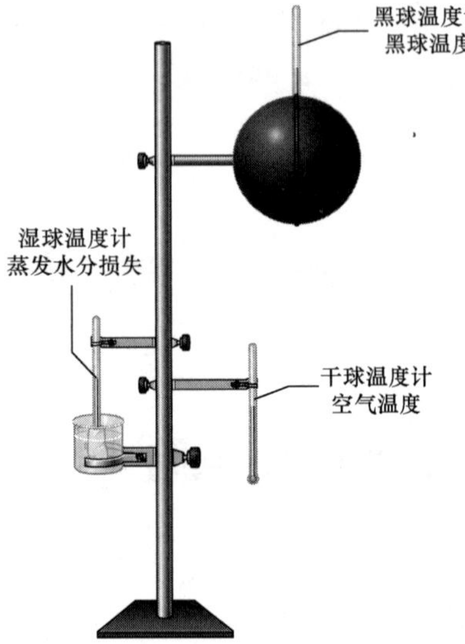

图 12.8　湿球黑球温度计

注：湿球黑球温度计包括三个独立的温度计，分别代表空气（干球）温度、反映蒸发冷却效应的干球温度和测量辐射热附加效应的黑球温度。

干球温度（Tdb）计是一个典型的可以测量空气实际温度的温度计。湿球温度（Twb）计有一个球，用一只浸过蒸馏水的湿棉花“袜子”来保持湿润。当水从这个湿球蒸发时，它的温度即湿球温度将低于干球温度，这反映了汗液从皮肤蒸发的效果。干湿球温度的差异表明了环境通过蒸发降温的能力。在相对湿度为 100%的静止空气中，这两个球的温度是相同的，因为不存在蒸发。较低的环境水蒸气压力和增加的空气流动促进蒸发，增加了这两种球温度之间的差异。黑球温度（Tg）计为第三个温度计，通常显示温度高于 Tdb，因为球体被涂成黑色，最大程度地吸收辐射热。因此，其温度即黑球温度是环境辐射热负荷的良好指标。

这三种温度计的温度可组合成以下方程，以评估在室外环境中整体大气对体温的影响：

$$WBGT = 0.1\ Tdb + 0.7\ Twb + 0.2\ Tg$$

Twb 系数最大，反映了汗液蒸发在生理热交换中的重要性。还要注意的是，WBGT 只反映了环境对热应激的影响，最有效的是与代谢产热的测量或评估一起使用。服装进一步影响热应激。

WBGT 作为热应激的一个指数，现在经常被教练员、团队医生和培训师用来预测在热应激环境中与运动训练和比赛相关的健康风险。

二、热相关疾病

外部热应激和代谢产热的复合作用会导致 3 种与热相关的疾病（图 12.9）：**热痉挛（heat cramps）**、**热衰竭（heat exhaustion）**和**热休克（heatstroke）**。

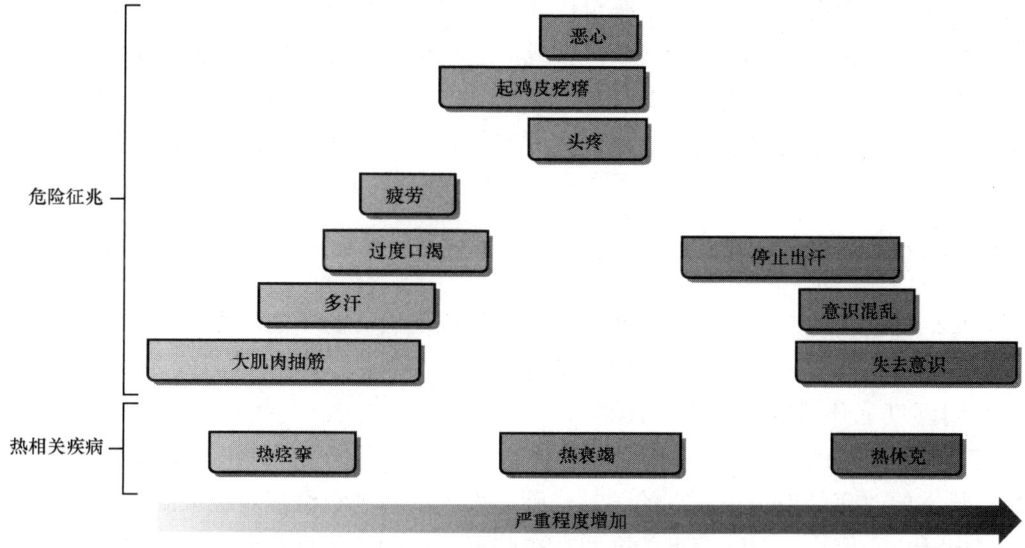

图 12.9　严重程度逐渐增加的热相关疾病示意图

注：该图显示了伴随这些疾病的一些典型预警信号，但并不是所有预警信号都会出现在所有热相关疾病中，它们也并非总是按照这种或任何可预测的顺序出现。这里显示的 3 种热疾病中的任何一种都可能在没有先兆的情况下突然发生，即并不总是从热衰竭进展到热休克。

（一）热痉挛

热痉挛是 3 种热疾病中最轻的一种，其特征是大骨骼肌出现严重的疼痛性痉挛。它主要涉及运动中使用最频繁的肌肉，这种运动员的“闭锁”情况与每个人都经历过的小肌肉抽筋不同。热痉挛是由钠流失和脱水引起的，伴随高出汗率，因此在汗液中流失大量钠的出汗者中最为常见（一个普遍的误解是，痉挛与钾有关，吃富含钾的食物，如香蕉，可以防止热痉挛）。对易受影响的运动员来说，通过适当的水合作用，包括在运动期间从食物和饮料中大量摄入盐，可以预防或减少热痉挛。对热痉挛的治疗包括将患者转移到一个较冷的地方，并给予生理盐水，如有必要可以口服或静脉注射。

（二）热衰竭

热衰竭通常伴有极度疲劳、头晕、恶心、呕吐、晕厥、脉搏无力和加快等症状。它是由心血管系统不能充分满足身体的需要引起的，因为机体已经严重脱水。想象一下，在高温环境中运动时，活跃的肌肉和皮肤会争夺有限的、正在减少的血容量。当这些同时的需求不能被满足时，就可能导致热衰竭，通常发生在大量出汗导致过多的液体流失，进而导致血容量减少的时候。热衰竭的第二种形式来自钠的消耗，在运动员中很少见。因此，热衰竭可以被视为一种脱水综合征，并应予以对症治疗。热衰竭时，体温调节机制虽然能发挥作用，但散热速度不够快，因为没有足够的血容量保证血液流向皮肤。虽然这种情况经常发生于在高温环境中进行中高强度运动时，但并不一定伴随着极高的核心温度。一些因热衰竭而昏倒的人的核心温度远低于 39℃（102.2℉）。未习服或不适应高温的人比其他人更容易发生热衰竭。

热衰竭患者的治疗包括在较冷的环境中休息，抬高双脚，以促进血液回流到心脏。如果患者是清醒的，通常建议使用生理盐水。如果病人处于昏迷状态，建议在医生监督下静脉注射生理盐水。

（三）热休克

正如我们在开篇故事中看到的，热休克是一种危及生命的热病，需要立即就医。热休克是由人体体温调节机制失灵引起的。它的特点如下：

✧ 体内温度上升到超过 40℃（104℉）。

✧ 意识模糊或无意识。

精神状态的改变是识别热休克的关键，因为大脑中的神经组织对极端高温特别敏感。热休克时，出汗也会停止，但汗液可能会留在皮肤上。认为热休克总是伴随着皮肤干燥、红肿的观念已经过时了，这个标志永远不能用来区分热休克和热衰竭。如果热休克得不到治疗，核心温度将继续上升，发展为昏迷，最终死亡。

适当的治疗应该包括尽快使身体降温。在现场，可以通过浸泡患者的身体来达到最好的效果——将尽可能多的身体部分（不包括头部）浸泡在冷水或冰水中。虽然冷水浸泡能以最快的速度降温，但在没有冷水或冰水的情况下，用常温水浸泡也是一个较好的选择。当浸泡不可行时，可以用湿冷的床单包裹整个身体并用力扇风。把冰袋放在腋窝、脖子和腹股沟等部位进行冷却的方法由于覆盖的表面积小，并不能有效地迅速降低核心温度。

对运动员来说，热休克不仅仅是与极端天气有关的问题。研究表明，成功地完成了比赛的马拉松运动员即使在温暖甚至寒冷的天气，其直肠温度也会高于 40.5℃（104.9℉）。

三、镰状细胞特征并发症

镰状细胞性贫血是一种红细胞的遗传性疾病，它导致红细胞变成椭圆形，无法有效携带 O_2。如果在功能上表现出镰状细胞性贫血，一个人必须拥有两个隐性**镰状细胞基因（sickle cell trait）**。只遗传一个基因的人具有镰状细胞特征。具有镰状细胞特征的个体不会表现出红细胞的镰状，但患多种疾病的风险会增加，这些疾病会因运动、脱水或两者兼之而加重。

最近的一项文献综述显示，具有镰状细胞特征的大学橄榄球运动员发生过劳性死亡的风险是没有镰状细胞特征的运动员的 15 倍。镰状细胞特征风险增加的确切生理机制尚不清楚。然而，兰尼碱受体的缺陷（图 6.2）和其他影响肾脏浓缩尿液及限制体内水分流失能力的基因变异可能导致这种风险增加。兰尼碱受体介导肌质网钙的释放，该受体的突变也是恶性高热症的原因，这是一种危及生命的症状，在手术麻醉期间急剧增加代谢热产生。在镰状细胞特征中，大多数猝死事件发生在高强度运动叠加环境高温和高湿度的情况下，有时这些条件会导致严重脱水和心血管紧张增加，最终致命。现在，美国大学体育协会的学生运动员例行进行镰状细胞特征检查，这一努力得到了许多其他运动医学管理机构的认可。

四、防止高热

我们目前对天气状况无能为力。在危及健康的条件下，运动员要么把训练转移到压力较小的环境中（如在室内进行训练），要么减少他们的运动量（如代谢产热），以降低过热的风险。运动员、教练员和运动组织者都应该能够识别热疾病的症状。

为了防止热疾病，应该采取几个简单的预防措施。除非采取特别预防措施，否则 WBGT 超过 28℃（82.4℉）时，不得在户外进行比赛和练习。把练习和活动安排在清晨或傍晚可以避免中午的严重热应激。液体应该随时准备好，每 15～30 min 安排一次饮料休息时间，以使液体摄入量与汗液流失相匹配。

由于个体的出汗率和汗液钠流失差异巨大，并且不易在不同的运动员之间进行预测，所以运动员应该根据个人出汗率确定自己的液体摄入量。最好的方法是让运动员在运动前后称体重，并学会估计大概的补液需求。一些组织已经在为热应激条件下的练习和比赛制定指导方针。总结如下：

（1）田径项目（长跑、网球比赛、运动队练习等）应该避开一天中最热的时间。一般来说，如果 WBGT 高于 28℃（82.4℉），考虑取消活动、将活动移到室内、降低练习强度或以其他方式改变活动。

（2）必须有足够的饮料供应。应该对运动员进行教育和鼓励，防止他们的体重过度下降

(2%)。也就是说，补充他们损失的汗液以防止脱水，但不要在比赛中过量饮水，以免体重增加。

(3) 由于个人的出汗率和汗液钠流失量差异巨大，运动员应该根据他们个人的出汗率确定自己的液体摄入量。出汗率可以通过运动前后测量体重来估计。含电解质和碳水化合物的饮料比水更有益。

(4) 运动员应该注意热疾病的迹象和症状。在赛场上，冷水浸泡是给体温过高的运动员降温最有效的方法。

(5) 赛事组织者和医务人员有权取消或终止赛事，对出现明显热衰竭或热休克迹象的运动员个人有权停止参赛。

服装是另一个重要的考虑因素。显然，穿的衣服越多，暴露在环境中的直接散热的皮肤就越少。为了减肥而穿着橡胶衣服锻炼是愚蠢的做法，在这种情况下，温度和湿度足够高，几乎可以阻止身体所有热量的散失，这会迅速导致热衰竭或热休克。橄榄球服是另一种妨碍散热的服装。教练员和体能教练应尽可能避免让运动员穿着全套制服进行训练，尤其是在赛季初，那时气温往往很高，球员往往不太适应。

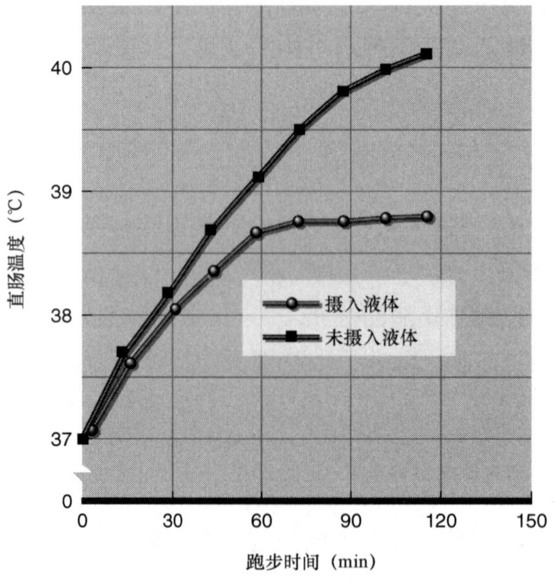

图 12.10 在跑步 2 h 的过程中，液体摄入对核心（直肠）温度的影响

注：在第一次试验中，受试者补充液体，在另一天他们完成了第二次试验，没有补充液体。注意，液体摄入直到 45 min 后才有很大影响，此后与未补充液体的情况相比，补充液体后受试者体内热量储存减少。

当热应激对体温调节有潜在的限制时，长跑运动员应该尽可能少穿衣服，因为新陈代谢产生的热量很快会使额外的衣服成为负担。衣服应该是宽松且吸汗的，这样汗水才能被吸收并从皮肤上带走。衣服应该是浅色的，这样热量才能反射到环境中。在光照充足或云量有限的情况下，运动时应戴上帽子。

保证充足的水分也很重要，因为身体会通过出汗流失大量水分，这将在第十五章中详细讨论。简单地说，运动前和运动中喝水可以大大减少在高温环境中运动的负面影响。适当的液体摄入会降低核心温度，减少心率的增加，这通常是在高温环境中运动时会出现的。补充液体也可让运动持续更长时间，如图 12.10 所示。

小结

- 仅仅通过空气温度是不能准确反映人体的热应激的。运动强度（代谢产热）、空气湿度、环境水汽压、气流速度、辐射热源和服装也会影响在高温环境中运动时的总热应激。
- WBGT 也许是评价热应激的综合生理效应使用最广泛的测量方法，它测量空气温度并考虑对流、蒸发和辐射在特定环境中的作用。运动强度和穿着必须与 WBGT 分开考虑。
- 计算 WBGT 可用以下方法：
  - ✧ 室外 WBGT = 0.1 Tdb + 0.7 Twb + 0.2 Tg。
  - ✧ 室内 WBGT = 0.7 Twb + 0.3 Tg。
- 热痉挛是运动员过度出汗导致的液体和盐（钠）流失造成的。高钠饮食和适当的水合作用可以预防热痉挛。
- 热衰竭是心血管系统不能充分满足运动肌肉和皮肤的血液流动需要而引起的。它通常是由脱水引起体液和电解质的过度损失，进而导致血容量减少。虽然它本身不威胁生命，但热衰竭如果得不到治疗，可能恶化为热休克。
- 热休克是人体体温调节机制失灵而引起的。如果不及时治疗，核心温度会继续迅速上升，可能会是致命的。除了核心温度急剧升高，精神状态或认知功能的改变也是热休克的一个标志。

第四节　高温环境中运动的习服

在高温环境中，运动员如何为长时间的运动做准备？反复运动能使我们更好地适应高温吗？许多研究已经解决了这些问题，并得出结论。在高温环境中反复运动会导致一系列相对快速的适应，使我们能够在高温条件下更安全、表现得更好。当这些生理变化在短时间内发生（如几天到几周），或者是人为诱导的（如在气候室中）时，这些适应被称为习服。通过在炎热环境中生活数月至数年来适应炎热环境的人，也会经历一种类似的，但更为渐进的适应过程，这就是适应（注意：气候 climate 这个词是适应 acclimatization 的一部分）。

一、热习服的影响

反复在高温环境中进行长时间、低强度的运动，能较快地提高维持心血管功能和消除体内多余热量的能力，从而减轻生理应激。这个过程被称为**热习服（heat acclimation）**，包括血浆容量、心血管功能、出汗和皮肤血流量的变化，这些变化使随后在热环境中的运动能够以较低的核心温度和心率反应进行（图 12.11）。因为在一定的工作速率下，身体的散热能力会通过习服而增强，所以运动期间核心温度的升高幅度比习服前要小（图 12.11a），而在热习服后，心率对标准亚极量运动的反应也要小（图 12.11b）。此外，热习服后，身体可以在出现不良症状或达到最大可耐受核心温度或心率之前做更多的功。

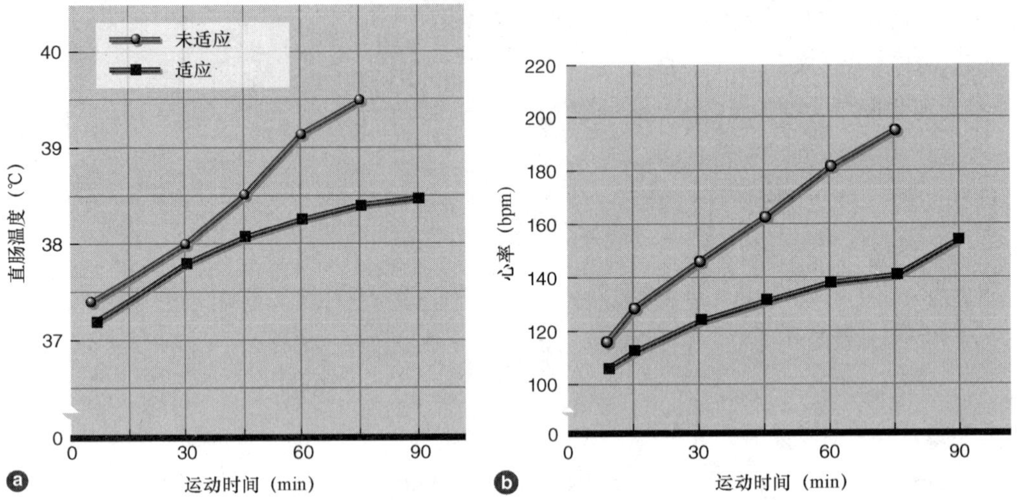

图 12.11　在热习服前后剧烈运动时典型的直肠温度（a）和心率反应（b），习服后除了较低的生理应激，运动持续时间通常也较长

如图 12.12 所示，这一系列积极的习服过程通常需要 9～14 天的高温运动才能完全完成。受过良好训练的人只需较少的暴露就可以完全习服。在最初 1～3 天，习服中发生的一个重要的生理调整是血浆容量增加。在最初的运动热暴露后，血浆容量增加的确切机制还没得到普遍认同。这个过程可能包括：①当肌肉收缩时，蛋白质被挤出血液循环；②这些蛋白质通过淋巴再回到血液中；③蛋白质含量增加所产生的胶体渗透压增加，使液体进入血液。然而，这种变化是暂时的，血容量通常在 10 天内恢复到原来的水平。这种早期的血容量增加是很重要的，因为它可维持每搏输出量，允许身体在进行额外的生理调整时保持心输出量。

如图 12.12 所示，在习服过程的早期，运动结束时心率和核心温度下降，而出汗率的增加则出现得稍晚。另一种适应表现为汗液在全身更均匀地分布，在身体暴露最多的部位，如胳膊和腿，出汗增加，散热最有效。在运动开始的时候，已经习服的人也会更早开始出汗，这提高了他们的耐热性，同时产生的汗液也会变得更稀，使身体保留钠。后一种效应出现的原因是汗腺对循环中醛固酮的作用变得更加敏感。

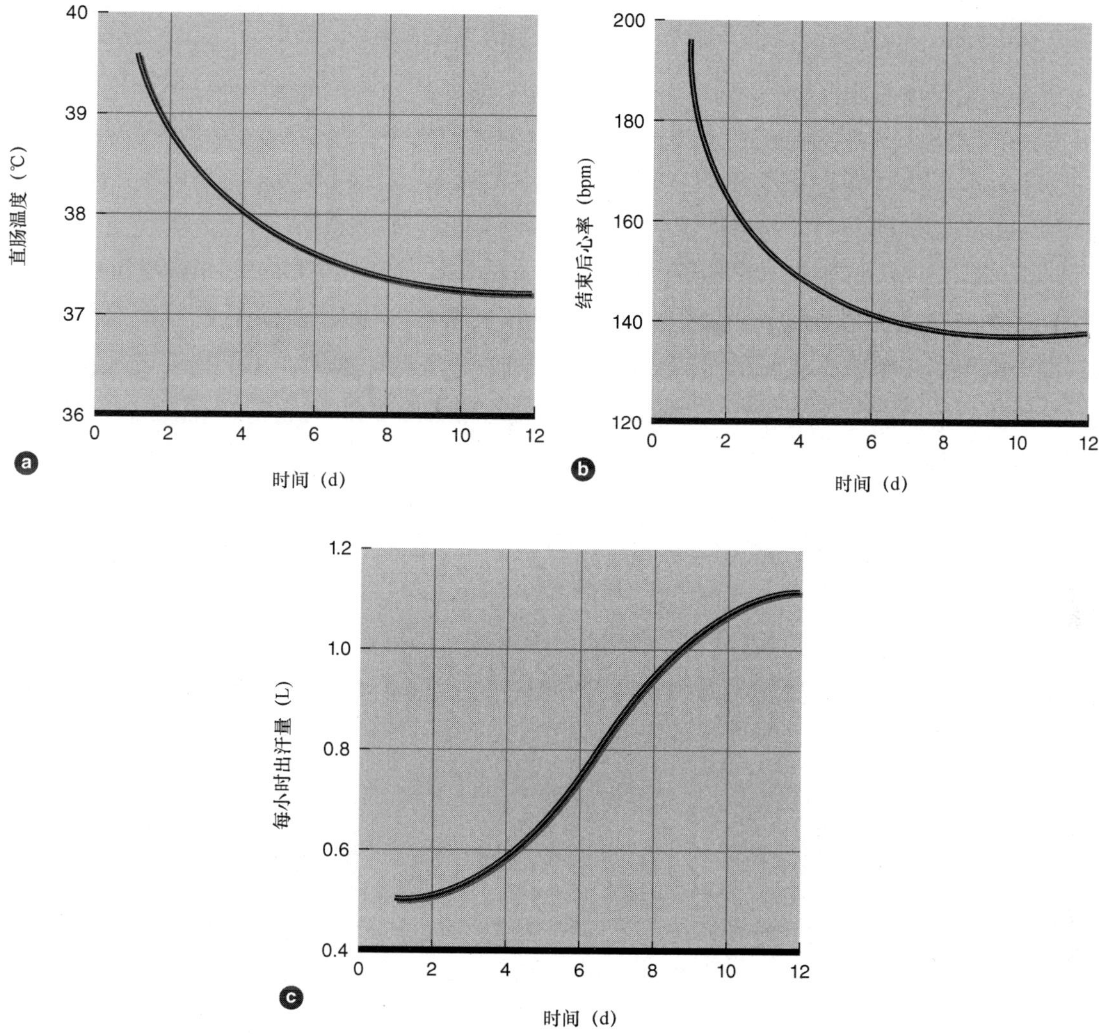

图 12.12　一组男性在高温环境中连续 12 天、每天运动 100 min 的直肠温度（a）、心率（b）和每小时出汗量（c）的变化

二、热习服的实现

热习服不仅仅是在炎热的环境中静止不动。习服的获益，以及习服的速度，都取决于：

✧ 每次运动期间的环境条件。

✧ 在高温的环境中运动的持续时间 。

✧ 体内产生热量的速度（运动强度）。

运动员只有在炎热的环境中运动才能达到完全习服。仅仅坐在炎热的环境中，如桑拿房或蒸汽房，即使每天花很长时间，也不能使身体完全或充分地为在高温环境中做剧烈运动做好准备，至少不会像在高温环境中运动那样达到相同的效果。

由于体温升高、出汗，即使在凉爽的环境中，运动员也能通过训练获得部分耐热性。因此，运动员已经“预习服”，只需要少于一般人的运动热暴露就能达到完全习服。为了获得最好的成绩，运动员在比正式比赛凉一些的环境中训练时，必须在赛前达到热习服。热习服将提高他们的运动表现，减少相关的生理应激和热损伤的风险。

通过完整的14天热习服计划（在40℃，20%相对湿度的环境中骑自行车90 min），可以使用直接测热法证明全身散热能力的提高（详见第五章）。14 天后，由于出汗率提高，全身散热能力提高了11%，在较短的时间内汗液蒸发的程度更高。大约70%的提高发生在前7天内。虽然散热能力有所提高，但在本章研究中，其对核心温度没有影响。习服计划一旦停止，效果可持续两周。

三、性别差异

在炎热、寒冷或高海拔的环境中，运动会给身体的适应能力带来额外的挑战。许多早期研究表明，女性对热的耐受性不如男性，尤其是在运动的时候。然而，这种差异很大程度上是由于在这些研究中，女性健康水平较低，因为男性和女性接受的测试是在相同的绝对功率下进行的。当运动强度相对于个体最大摄氧量进行调整时，女性的反应几乎与男性相同。在月经周期的黄体期，女性出汗延迟，皮肤小动脉扩张（在较高的核心温度下发生）。然而，除非核心温度接近40℃，这通常不会影响运动表现。在同样的运动强度和热应激下，女性出汗率通常较低。女性的活跃汗腺比男性的多，但每个汗腺产生的汗液却比男性的少。在炎热、干燥的环境中，这是一个轻微的劣势，但在潮湿的环境中，这一点又略占优势，因为汗液蒸发很少，减少出汗可以延迟脱水。

在适应环境后，开始出汗和血管开始扩张的温度会降低，男性和女性的程度相似。此外，在经过体能训练和热习服后，男性和女性体内温度每升高一个单位，出汗反应的敏感性增加的量相同。因此，在早期的研究中，男性和女性的大多数差异可以归因于他们身体条件和适应状态的最初差异，而非性别。

小结

- 在高湿环境中反复运动可逐渐改善一个人的心血管功能，并使身体在随后的运动热应激中散去多余的热量，这个过程称为热习服。
- 达到热习服后，人体出汗的时间开始提前，出汗率增加，尤其是那些暴露在外的部位，它们能更有效地散热。这降低了皮肤温度，从而增加了从皮肤到环境的热梯度，促进了热量散失。
- 在高温的环境中运动时，热习服后核心温度和心率在任何给定的强度下都会降低。在此过程早期，血浆容量增加，这有助于每搏输出量增加，从而有利于向运动肌肉和皮肤输送血液。

- 为了达到完全的热习服，应在高温环境中运动，而不仅仅是暴露在高温中。
- 热习服的速度取决于训练水平、每个训练过程中暴露的条件、暴露时间和体内产生热量的速度。
- 在高温环境中进行中等强度的运动，人通常需要 9～14 天的时间才能习服。首先发生的是心血管机能的调整，这取决于血浆容量的增加，其次是出汗量的变化。
- 当运动强度相对于个人的最大摄氧量进行调整时，女性和男性对热应激的反应相似。大多数的差异可能归因于不同的初始条件。女性出汗率较低，这在潮湿的环境中是有利的，而在炎热、干燥的环境中则是不利的。

第五节　在寒冷的环境中运动

人类可以被视为热带动物。我们对热应激的大部分调节是生理性的，而对寒冷环境的许多调节则涉及行为，如穿更多的衣服或寻求庇护等。越来越多的人全年参加体育运动，激发了人们对在寒冷中锻炼的兴趣和担忧。此外，某些职业和军事活动要求人们在寒冷的环境中工作，这种条件通常会限制人们的工作表现。出于这些原因，与冷应激相关的生理反应和健康风险成为重要的运动科学问题。冷应激指任何环境条件造成的身体热量散失，以及对体内平衡的威胁。接下来，我们将重点讨论冷应激的两种主要因素：空气和水。

下丘脑的体温调定点约为 37℃（98.6℉），但体温的每日波动可高达 1℃。皮肤或血液温度的下降会向 POAH 提供反馈，从而激活保存体温和增加热量产生的机制。我们的身体避免热量过多损失的主要方法（按其调用的顺序）是**外周血管收缩（peripheral vasoconstriction）**、**非战栗产热（nonshivering thermogenesis）**和**战栗（shivering）**。因为这些产生热量和保存热量的机制或效应往往是不充分的，我们需要行为调节，如挤在一起的抱团取暖（减少暴露的体表面积）和穿更多的衣服，以帮助我们的身体深层组织隔绝与外界环境的联系。

外周血管收缩是由于交感神经刺激皮肤小动脉平滑肌层而产生的。这种刺激导致血管平滑肌收缩，使小动脉收缩，减少流向身体外周的血液，使热量散失最小化。即使在热中性温度下，皮肤血管也会紧张性（恒定基线）收缩，张力也会不断调整，以抵消体内微小的热失衡。当仅改变皮肤血流不足以防止热量散失时，非战栗产热——由交感神经系统刺激新陈代谢——就会增加。提高代谢率会增加产生的热量。在冷应激下，体温的下一道防线是战栗，这是一种骨骼肌快速、不自主的收缩和松弛的循环，会使身体产生热量的速度提高 4～5 倍。维持身体核心温度的血流和新陈代谢的调节，如图 12.13 所示。

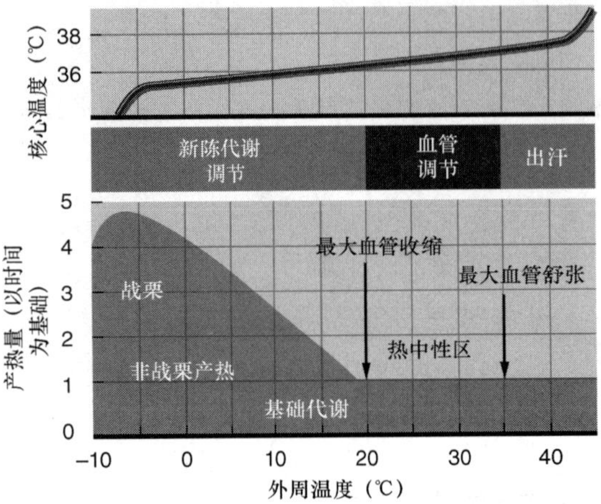

图 12.13　人体维持相对恒定的身体核心温度的体温调节机制

注：在热中性区，对皮肤血流的微小调整可以使热量的增加或散失最小化。当血管收缩达到最大程度也不足以维持核心温度时，机体开始通过代谢调节体温，先以非战栗产热的形式，然后通过战栗的形式，起到增加代谢产热的作用。

一、寒冷的熟习和习服

人类是否真的在生理上习服了寒冷的环境？如果是，这是怎么发生的？这个过程远不如热习服的过程清楚。那些关于受试者每天反复暴露在寒冷环境中的研究，其结果似乎是有争议的。然而，美国陆军环境医学研究所的安德鲁 • 扬（Andrew Young）博士和其他人提出了一个方案来解释在人类身上观察到的不同寒冷适应模式。经常暴露在寒冷环境中的人通常会经历**冷熟习（cold habituation）**，在这种环境中，身体热量不会大量散失，皮肤血管收缩和战栗反应会减弱，核心温度比长期暴露在寒冷环境中之前下降得更多。这种适应模式通常发生在皮肤面积较小的区域——通常是手和脸等反复暴露在冷空气中的部位。

然而，当热量损失更严重或速度更快时，也可能会发生全身热流失。在仅靠增加代谢产热就能充分减少热损失的情况下，机体非战栗和战栗产热作用会增强［**代谢习服（metabolic acclimation）**］。然而，另一种不同的冷适应模式，即**绝热习服（insulative acclimation）**，往往发生在新陈代谢提高不能维持核心温度的情况下。在绝热习服中，皮肤血管收缩增强，使其与周围的绝热性增加并将热量损失降到最低。

研究视角 12.3　战栗的能源

在寒冷的环境中，当改变行为方式（如多穿几件衣服、搬到更暖和的地方）不起作用时，人类就会依靠一些无意识的动作，如战栗来增加代谢产热。碳水化合物、脂类和蛋白质的氧化为肌肉收缩提供能量，而能源的精确混合是由每种底物的可用性、肌肉收缩模式和战栗的强度所决定的。成年人能够在几个小时内使用各种能源底物来维持战栗和与之相关的代谢产热。研究表明，当一种能源储存减少时，其他能源的利用就会增加，以维持战栗产热。直到最近，关于战栗时能量来源的研究实验持续时间还从未超过 3 h。正因为如此，长时间暴露在寒冷环境中的代谢需求在很大程度上还是未知的。目前还不清楚底物消耗是否会限制长时间暴露在寒冷环境期间战栗的产热作用，如在野外求生的情况下。

最近，加拿大的科学家进行了一项 24 h 的寒冷生存模拟实验，研究营养不足和未习服冷环境的男性长时间暴露在寒冷环境期间战栗的氧化能源选择。在这项研究中，参与者在经过一夜的禁食后，于早上来到实验室，他们穿着轻薄的棉衣和氯丁橡胶靴子，戴着羊毛手套，以保护他们的四肢最大程度地减少冻伤的风险。在整个实验过程中，受试者吞下一颗遥测胶囊来测量核心温度，温度和肌电图传感器可以测量受试者皮肤温度和肌肉收缩。在基础水平测量之后，受试者完成了 5 km 的跑台行走，以模拟在紧急情况下与生存相关的身体活动。之后，受试者进入一个环境舱中，在 7.5℃（45.5℉）和相对湿度 50%的环境中暴露 24 h。在此期间，向受试者提供 1 641 kcal 的食物，使其在第 0 h、3 h、6 h、9 h、12 h、15 h、18 h 和 21 h 摄入。分别在第 6 h、12 h、24 h 的时候，测试受试者坐姿 1 h 的代谢、温度响应及肌电图。利用间接量热法和代谢同位素示踪法测量产热、能源底物选择和能源利用率等方面的变化。

冷暴露降低了 0.8℃（1.4℉）的核心温度和 6.1℃（11℉）的平均皮肤温度。与基础水平相比，总产热量最初增加了 1.3～1.5 倍，并且在整个实验过程中保持不变。代谢产热和战栗强度的增加是由于在整个冷暴露过程中，能源底物选择发生了巨大改变。总碳水化合物氧化率在 6 h 后下降并保持在较低水平，而脂肪氧化率在 24 h 后增加了一倍（图 12.14）。蛋白质利用率很低，并且在整个过程中没有变化。研究小组得出的结论是，在长时间处于寒冷环境中时，能源底物选择的变化极大地减少了有限的肌糖原储备的利用，将肌糖原消耗的预测时间延长了 10 倍之多。未来的研究有必要确定能源底物的运输方式或更极端的低温暴露会如何影响这些反应。

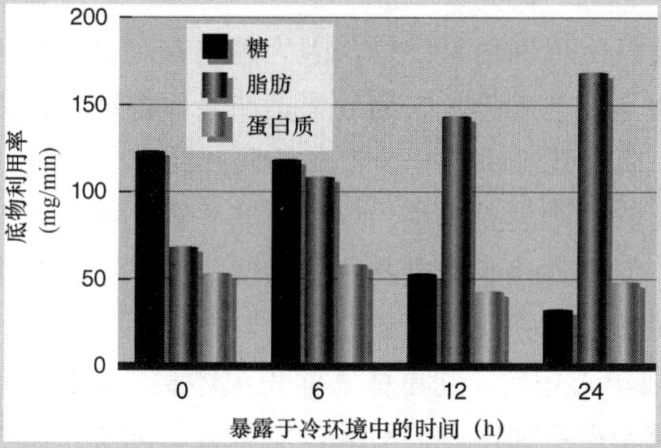

图 12.14　在环境舱中，经过 0 h、6 h、12 h 和 24 h 的冷暴露（7.5℃，相对湿度 50%）后，战栗产热的能源来源

注：糖的氧化在 6 h 后减少，而脂肪的氧化在 24 h 后逐渐增加。蛋白质利用率在整个过程中基本保持不变。

二、影响身体的其他因素

（一）热损失

传导、对流、辐射和蒸发的机制在运动中通常可以有效地散发代谢产生的热量。在温暖的环境中，身体向环境散发热量的速度比身体在极冷环境中产生热量的速度要快。

准确描述身体热量散失过多并最终导致**体温过低（hypothermia）**（核心温度低）的具体情况是困难的。热平衡取决于影响身体热量产生和热量散失的多种因素。一般来说，皮肤和寒冷环境之间的热梯度越大，热量散失就越明显。在寒冷的天气里锻炼时，人们不应该穿得过多。穿得过多会导致身体发热并开始出汗。当汗水浸透衣服时，蒸发带走了热量，热量会以更快的速度散失。

许多其他因素也会影响机体散热率。

（二）体型和身体成分

使身体与寒冷隔绝是防止体温过低最有效的方式。回想一下，隔热的定义是通过阻止以辐射、对流和传导等方式进行的干热交换。不活跃的外周肌肉和皮下脂肪都是极好的隔热体。皮下脂肪厚度是一个人对寒冷暴露耐受性的良好指标。脂肪的导热系数（传递热量的能力）相对较低，所以脂肪会阻碍热量从深层组织传递到体表。在寒冷的环境中，脂肪含量高的人可以更有效地保存热量。

散热率也受到身体表面积与体重的比值的影响。体型较大的个体身体表面积与体重的比值较小，这使其不太容易受到体温过低的影响。

（三）性别和年龄差异

在寒冷的环境中，女性比男性稍具优势，因为她们有更多的皮下脂肪。但在极冷的环境中，她们较小的肌肉质量是一个劣势，因为战栗是产生体温适应的主要方式。活跃的肌肉越多，产生的热量就越多。肌肉还提供了一个额外的隔热层。

在耐寒性方面，真正的性别差异极小。一些研究表明，女性较多的皮下脂肪可以使她们在浸入冷水时更有优势，但将身体脂肪量和体型相似的男性和女性进行比较，当暴露在寒冷环境中时，二者在体温调节方面并没有真正的差异。

如表 12.2 所示，与成年人相比，儿童体表面积与体重比更大，热量散失得更快，这使他们在寒冷中保持正常体温变得更加困难。另外，老年人肌肉质量减少，组织的隔热性降低，从而更容易患低体温症。

表 12.2　成年人和儿童的体重、身高、体表面积、体表面积/体重的平均值

	体重（kg）	身高（m）	体表面积（m^2）	体表面积/体重比（m^2/kg）
成年人	85	1.83	2.07	0.024
儿童	25	1.00	0.79	0.032

（四）风寒指数

与在高温的环境中一样，空气温度本身并不能提供个体热量散失的有效指数。空气流动或风会增加热量散失，从而加快降温的速度。**风寒指数（windchill）**是一个基于风的降温作用的指标，也是一个经常被误解和误用的概念。风寒指数通常以风寒指数对应温度图表示，显示不同的空气温度和风速组合，此温度等于无风时的温度（图 12.15）。重要的是，风寒指数不是风或空气的温度（风寒指数不会改变空气温度）。真正的风寒指数是指环境的降温能力。

随着风寒指数的增加，组织冻伤的风险也会增加（图 12.15）。

空气温度（℃）

风速 (km/h)	−10	−15	−20	−25	−30	−35	−40	−45	−50
5	−13	−19	−24	−30	−36	−41	−47	−53	−58
10	−15	−21	−27	−33	−39	−45	−51	−57	−63
15	−17	−23	−29	−35	−41	−48	−54	−60	−66
20	−18	−24	−30	−37	−43	−49	−56	−62	−68
25	−19	−25	−32	−38	−44	−51	−57	−64	−70
30	−20	−26	−33	−39	−46	−52	−59	−65	−72
35	−20	−27	−33	−40	−47	−53	−60	−66	−73
40	−21	−27	−34	−41	−48	−54	−61	−68	−74
45	−21	−28	−35	−42	−48	−55	−62	−69	−75
50	−22	−29	−35	−42	−49	−56	−63	−69	−76
55	−22	−29	−36	−43	−50	−57	−63	−70	−77
60	−23	−30	−36	−43	−50	−57	−64	−71	−78
65	−23	−30	−37	−44	−51	−58	−65	−72	−79
70	−23	−30	−37	−44	−51	−58	−65	−72	−80
75	−24	−31	−38	−45	−52	−59	−66	−73	−80
80	−24	−31	−38	−45	−52	−60	−67	−74	−81

极低	冻伤的可能性较小
中等	可能冻伤＞30 min
较高	冻伤风险＜30 min
高	冻伤风险＜10 min
极高	冻伤风险＜3 min

图 12.15　风寒指数对应温度图

注：该图显示不同的温度和风速组合产生的体感温度对应的无风时的温度。例如，当风速为 20 km/h，温度为−10℃时，机体散热量与−30℃无风的情况下相同。图中还显示了随着风寒指数（环境寒冷程度）的增加，组织冻伤的风险也会增加。

三、热量在冷水中的流失

关于机体浸泡在冷水中的研究多于机体在冷空气中的研究。虽然辐射和汗液蒸发是空气中热量散失的主要机制，但浸泡在冷水中时，对流成为热量散失的主要方式（对流包括液体和气体流动时热量的散失）。如前所述，水的导热系数大约是空气的 26 倍。这就意味着在冷水中，通过对流散失热量的速度要比在冷空气中快 26 倍。综合考虑所有的传热机制（辐射、传导、对流和蒸发），在温度相同的条件下，人体在水中散热的速度通常比在空气中快 4 倍。

在静息状态下，人通常在水温下降时可以保持恒定的内部温度，即 32℃（89.6℉）。但当水温进一步下降时，身体可能会变成低温状态。由于浸泡在冷水中的身体会大量散失热量，长时间暴露在冷水中会导致体温过低甚至死亡。一个人浸泡在 15℃（59℉）的水中，直肠温度每小时下降约 2.1℃（3.8℉）。1995 年，4 名美国军人在佛罗里达州陷入 11℃（52℉）的沼泽中，最终死于体温过低。事实说明，即使水温和空气温度远高于冰点，体温过低也会导致死亡。

如果水温降至 4℃（39.2℉），直肠温度将以每小时 3.2℃（5.8℉）的速度下降。如果冷水在人体周围流动，对流造成的热量散失增加，热量散失的速度会进一步加快。因此，在这种条件下，人在冷水中生存的时间非常短，会在几分钟内变得虚弱并失去知觉。

如果新陈代谢率低，比如当人休息时，即使是中等温度的冷水也会导致体温过低。但在水中运动会提高新陈代谢率，抵消部分散失的热量。例如，当一个人在高速游泳时，虽然热量散失增加（因为对流），但新陈代谢产热速度加快可以补偿热量散失。比赛和训练时，适宜的水温应在 23.9～27.8℃（75～82℉）。

第六节　在寒冷的环境中运动的生理反应

我们已经知道，当身体暴露在寒冷的环境中时，它是如何适应以保持体温的。在寒冷的环境中，除了体温调节，还需要考虑身体运动表现，以及身体运动时会有怎样的反应。

一、肌肉功能

低温会使肌肉收缩的力量下降。此时，神经系统会通过改变动员肌纤维的方式来产生力量，这可能会降低肌肉活动的效率。当肌肉温度降低时，肌肉的收缩速度和力量均显著下降。幸运的是，大型深层肌肉很少会出现这样的低温现象，因为温暖的血液持续流动可以防止热量散失。

在寒冷的环境中，如果衣服的隔热性能和运动代谢产热足以维持运动员的体温，有氧运动的表现可能不会受到影响。然而，随着疲劳的出现和运动强度的降低，新陈代谢产生的热量也会减少。在寒冷的环境中，长跑、游泳和滑雪会使运动员出现这种情况。在这些活动开始时，运动员可以在一定的强度下运动，产生足够的代谢热量维持核心温度。然而，在活动的后期，能量储备减少，运动强度下降，代谢产生的热量就减少了。核心温度的降低会使人更加疲劳，产生热量的能力也会进一步下降。在这种情况下，运动员可能会面临潜在的危险。

寒冷的环境还会以另一种方式影响肌肉功能。随着手指周围的小肌肉变冷，肌肉功能会受到严重影响，导致手失去灵活性，精细运动的能力受限，如书写和手工操作等。

二、代谢反应

长时间的运动可以增加游离脂肪酸作为能量来源的动员和氧化。这种脂质代谢的增加主要是受儿茶酚胺（肾上腺素和去甲肾上腺素）释放的影响。暴露在寒冷的环境中会显著增加肾上腺素和去甲肾上腺素的分泌，但游离脂肪酸的增加幅度比在温暖的环境中长时间运动时要小得多。冷暴露不仅会引起皮肤血管收缩，也会引起皮下脂肪组织的血管收缩。皮下脂肪是脂质（脂肪组织）的主要储存部位，因此血管收缩减少了流向重要区域的血流量，而这些区域正是脂肪组织被动员的地方。因此，游离脂肪酸水平并不像肾上腺素和去甲肾上腺素水平升高得那样多。

血糖对耐寒能力和运动耐力都起着重要的作用。例如，低血糖会抑制战栗，进而显著降低直肠温度。这一变化的原因尚不清楚。幸运的是，在寒冷的环境中，血糖浓度能维持在适当水平。另外，肌糖原在寒冷的环境中比在温暖的环境中消耗得更多。然而，对寒冷环境中运动代谢的研究有限，我们对寒冷环境中激素代谢调节的认识也非常有限，目前尚且无法得出任何明确的结论。

小结

- 外周血管收缩减少了从皮肤传递到空气的热量，从而减少了热量散失。这是身体抵御寒冷的第一道防线。
- 身体的隔热层由表皮和皮下脂肪，以及下层肌肉组成。皮肤血管收缩加剧、皮下脂肪厚度增加、非活动肌肉（尤其是四肢肌肉）质量增加，都能使全身的隔热性增加。
- 交感神经系统的激活和激素的作用可以增加非战栗产热。战栗产热可以进一步增加代谢热的产生，以帮助维持或提高体温。
- 当反复暴露于寒冷的环境中时，有 3 种不同的适应模式：冷熟习、代谢习服和绝热习服。
- 体型大小是热量流失的一个重要影响因素。较大的体表面积与体重比、较低的外周肌肉质量或皮下脂肪量都会增加身体向环境的热量散失。
- 由于女性拥有更多可以隔热的皮下脂肪，在寒冷的环境中，她们比男性略占优势，但她们较小的肌肉质量限制了产热能力。
- 风通过对流增加了热量散失。风寒指数，即环境的降温能力，通常用风寒指数对应温度图来表示。
- 浸泡在冷水中极大地增加了通过对流散失的热量。在某些情况下，运动可以产生足够的代谢热来抵消部分散失的热量。
- 肌肉降温后，产生的力量减弱，运动员很容易感到疲劳。
- 如果在寒冷的环境中进行长时间的运动，由于疲劳导致运动强度下降，代谢产热减少，运动员更容易体温过低。
- 运动能够激发儿茶酚胺的释放，增加了游离脂肪酸作为能源的动员和利用。但在寒冷的环境中，血管收缩会阻碍外周储存脂肪的血液循环，动员和利用减少。

研究视角 12.4　育空极地超级马拉松

育空极地超级马拉松被认为是世界上最长、最冷的超级耐力赛事。这项全长 692 km 的赛事沿着始于白马市（加拿大育空省首府）的育空探索小径（Yukon Quest Trail）展开，由一系列不间断的山地自行车、越野滑雪和徒步比赛组成。比赛在每年的二月举行。所有参赛者必须自力更生，拉着雪橇或在自行车上挂一个背包，里面装着比赛所需的所有食物和装备（包括食物、水和帐篷）。由于恶劣的气候和极端的距离，育空极地超级马拉松被列为世界上最困难的体能比赛。据报道，暴露在低温环境中运动会影响血液中的骨骼肌因子、脂肪因子和肝脏因子的浓度，从而改变代谢。具体来说，这些代谢信号分子的变化可能会引起白色或棕色脂肪组织的变化，从而促进产热。

2016 年，来自阿拉斯加费尔班克斯大学和德国柏林太空医学与极端环境中心的研究小组跟踪了育空极地超级马拉松的 8 名参赛者，并采集了他们在赛前、赛中和赛后的血液样本。比赛时的温度为 −45℃（−49 ℉）～−8℃（17.6℉）。由于这些异常恶劣的条件，8 名参赛者中有 4 名在 483 km 标志点退出了比赛，其余 4 名参赛者体重和脂肪含量都显著减轻。对采集的血液样本的分析表明，血清中**鸢尾素（irisin）**（一种能促进脂质分解和支持棕色脂肪组织形成的肌原因子）在赛后增加。然而，其他骨骼肌因子、脂肪因子或肝脏因子则没有变化，血清代谢物在整个比赛过程中都保持稳定。4 名完成了育空极地超级马拉松的参赛者的数据表明，极端寒冷和体力活动可促进代谢底物改变，从而使机体在面对严酷环境时保护骨骼肌，提高生理适应能力。未来，研究人员计划测量参赛者的能量消耗、饮食摄入和睡眠质量，以确定这些因素对保持瘦体重的贡献。

第七节　在寒冷的环境中运动的健康风险

假如人类保留了爬行动物等低等动物耐受低温的能力，我们就能在体温过低的情况下生存。不幸的是，人类体温调节的进化也伴随着低温、高温时组织功能显著降低。本节简要介绍与冷应激相关的健康风险。2006 年，美国运动医学学会发布了一份报告——《预防运动中的冻伤》，其中对这些问题进行了较详细的阐述。

一、体温过低

当浸泡在温度接近冰点的水中时，直肠温度从 37℃（98.6℉）降至 24℃或 25℃（75.2℉或 77℉），人会在几分钟内死亡。偶尔出现的低体温的病例，以及有意降低体温的手术患者的数据显示，尽管有患者在直肠温度低于 18℃（64.4℉）后还能生存，但致死的最低体温通常在 23～25℃（73.4～77℉）。

一旦核心温度降至 34.5℃（94.1℉）以下，下丘脑调节体温的能力就开始受损。当内部温度下降到大约 29.5℃（85.1℉）时，下丘脑调节体温的能力完全丧失。这种能力的丧失与代谢反应速度的减慢有关。细胞温度每下降 10℃（50℉），细胞的新陈代谢就减少一半。因此，核心温度过低会导致嗜睡甚至昏迷。

轻度低温症可以通过将患者从寒冷的环境中移走、提供干燥的衣服、保暖的毯子和热饮等方法来治疗。中度到重度的低体温病例需要温和处理，以免引发心律失常。严重的低体温病例需要及时送医，进行医疗护理。美国运动医学学会在 2006 年发布的关于运动期间感冒的文件中概述了预防冷暴露相关损伤的建议。

二、对心肺机能的影响

过度冷暴露会对外周组织、心血管和呼吸系统造成潜在伤害。体温过低导致死亡的原因是心脏骤停，而此时呼吸仍在进行。寒冷主要影响窦房结（心脏的起搏点），导致心率大幅下降，最终导致心脏骤停。

人们质疑快速、深吸冷空气是否会破坏或冻结呼吸道。事实上，即使吸入的空气温度低于 –25℃（–13℉），进入口腔和气管的冷空气也会迅速升温。在这样的温度下，当一个人处于休息状态，主要通过鼻子呼吸时，空气进入鼻腔大约 5 cm 的时候，它已经被加热到 15℃（59℉）。如图 12.16 所示，进入鼻腔的冷空气在到达鼻腔通道后部时已经变得相当温暖，因此不会对咽喉、气管和肺部造成损害。在运动中经常会用口呼吸，当空气温度低于–12℃（10.4℉）时，冷空气会对口腔、咽部、气管甚至支气管产生冷刺激。过度的冷暴露也会通过降低呼吸速度和减少呼吸量而影响呼吸功能。

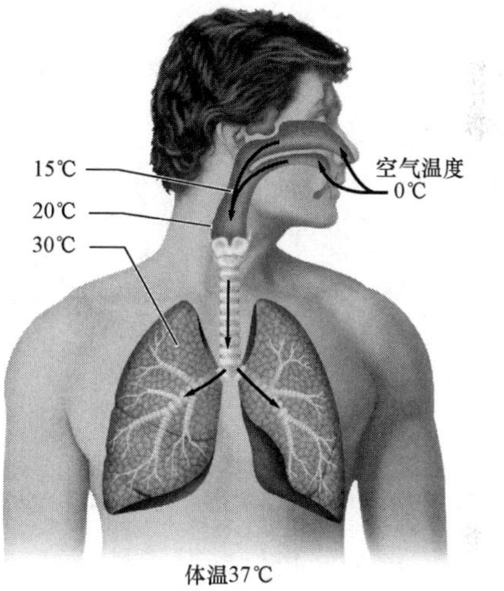

图 12.16　吸入的空气在通过呼吸道时变暖

三、冻伤

当温度略低于冰点（0℃或 32℉）时，暴露在外的皮肤就可能结冰。由于循环和代谢产热的加温作用，当环境空气温度约为–29℃（–20.2℉）（包括风寒指数，见图 12.14）时，暴露在外的手指、鼻子和耳朵才会被冷冻。回顾我们之前的讨论，外周血管收缩能够帮助身体保存热量。但在极度寒冷的环境中，皮肤中的血流量会减少到使组织因缺乏氧和营养而死亡的程度，这通常被称为**冻伤（frostbite）**。如果不及早治疗，冻伤会严重到导致坏疽和组织坏死的程度。被冻伤的部位在解冻前不应处理，最好在医院里，确保没有再次冻伤风险的情况下解冻。

四、运动性哮喘

运动性哮喘虽然不是严格意义上的与寒冷有关的疾病，却是一种常见的问题，多达50%的冬季运动项目的运动员（见第八章）都受此影响。这种综合征的主要原因是空气干燥，以及与运动相关的高呼吸频率对气道的影响。环境和遗传因素可能也会决定一个特定的运动员是否会出现哮喘症状。这些因素导致的气道狭窄常常使运动员喘不上气来。幸运的是，目前有一些预防药物可用，如β受体激动剂辅以吸入器，它们可以快速提供皮质类固醇和支气管扩张药物来缓解症状。

小结

- 当核心温度降至34.5℃（94.1℉）以下时，下丘脑开始失去调节体温的能力。
- 体温过低严重影响心脏窦房结，降低心率，进而减少心输出量。
- 吸入冷空气不会冻结呼吸道和肺部，因为吸入的冷空气在通过呼吸道时逐渐变暖。
- 暴露于极冷环境中会使呼吸速度降低，呼吸量减少。
- 身体皮肤血管收缩试图防止热量散失会造成冻伤。血管收缩时间延长，皮肤迅速降温，血液流动减少，再加上缺氧和营养物质的缺乏，最终会导致皮肤组织死亡。
- 由于冷空气本质上是干燥的，运动员在寒冷的环境中进行高强度运动时都会出现运动性哮喘的症状。

结语

在本章中，我们探讨了外部环境如何影响人的运动能力，研究了极度冷热应激的影响，以及身体对这些条件的反应。我们也考查了与这些极端温度相关的健康风险，以及身体如何通过习服来适应这些环境条件。在下一章中，我们将研究与高原训练相关的其他极端环境。

关键词

习服（热习服）（acclimation，heat acclimation）
适应（acclimatization）
精氨酸加压素（arginine vasopressin）
冷熟习（cold habituation）
传导（K）（heat conduction）
对流（C）（convection）
临界温度理论（critical temperature theory）
干热交换（dry heat exchange）

小汗腺（eccrine sweat glands）
蒸发（E）（evaporation）
冻伤（frostbite）
热痉挛（heat cramps）
热衰竭（heat exhaustion）
热休克（heatstroke）
体温过低（hypothermia）
隔热（insulation）
绝热习服（insulative acclimation）
鸢尾素（irisin）
代谢习服（metabolic acclimation）
非战栗产热（nonshivering thermogenesis）
外周血管收缩（peripheral vasoconstriction）
视前区－下丘脑前部（preoptic-anterior hypothalamus，POAH）
辐射（R）（radiation）
战栗（shivering）
镰状细胞基因（sickle cell trait）
热应激（thermal stress）
温度感受器（thermoreceptors）
体温调节机制（mechanisms of thermoregulation）
加压素（vasopressin）
湿球黑球温度（wet−bulb globe temperature，WBGT）
风寒指数（windchill）

思考题

1. 身体热量散失的 4 种主要途径是什么？
2. 在身体热量散失的 4 种途径中，哪一种在休息时对控制体温最重要？在运动时呢？
3. 在运动过程中，体温会发生什么变化？为什么？
4. 为什么在高温环境中运动时，湿度是一个重要的因素？为什么风速和云量同样重要？
5. 什么因素会限制在高温环境中长时间运动的能力？
6. WBGT 的用途是什么？它测量的是什么？
7. 如何区分热痉挛、热衰竭和热休克？
8. 人在高温环境中运动时会产生什么样的生理适应？
9. 在寒冷的环境中，身体如何使热量散失降到最低？
10. 适应寒冷的三种模式是什么？每种模式什么时候会出现？

11. 当人们在寒冷的环境中运动时，应该采取哪些措施才能在最大程度上保护身体不受伤害？

学习指南

“关键词”复习了本章中的重要概念，章末的思考题可以测试你对本章内容的理解。

第十三章　高原训练

2012 年 10 月 14 日，奥地利跳伞运动员费利克斯·鲍姆加特纳（Felix Baumgartner）创造了多项跳伞世界纪录。那天，鲍姆加特纳在 39 km（128 000 ft）的平流层（创造了气球上升高度纪录）驾驶氦气球，之后离开气球，从这个高度跳到了地面（创下最高跳伞高度的纪录）。因此，他成为第一个打破飞行器外音障的人，在 4 min 19 s 的自由落体过程中，速度达到 1 343 km/h。

在这样的高度，如果没有加压装置和呼吸设备，鲍姆加特纳的身体将不能给自身组织供氧，他很快会失去意识。这些特殊的装备也能够保护他免受环境低压、极冷天气（–52℃或–61.6℉）、摩擦及其他危险的影响。设备失效的话，在 19.2 km 的高度，他就会遭受被称为“沸腾”的致命情况，自身体液形成气泡。

然而，他展开降落伞，在新墨西哥州的沙漠安全着陆，这不仅展示了人类表现的非凡壮举，也展示了技术在短时间内克服高海拔危险的力量。

我们之前对于运动的生理反应的讨论都是基于海平面或者近海平面条件，那里的**大气压（barometric pressure，P_b）**平均接近 760 mmHg。回顾第七章，大气压力是组成大气的所有气体对身体（以及其他一切）施加的总压力的量度。不讨论气压，氧分子在空气中占比 20.93%。**氧分压（partial pressure of oxygen，PO_2）**是空气中仅由氧分子组成的分压。在海平面，氧分压是 760 mmHg 的 0.209 3 倍，即 159 mmHg。分压是一个理解高原生理学的重要概念，因为主要是高原低氧分压限制了运动表现。尽管人的身体能够承受小范围氧分压的波动，但大的波动会使身体出现问题。当登山者登上高海拔的山峰时，这一点就很明显了，那里的氧分压明显降低，会严重损害身体机能，甚至危及生命。

在高原，气压降低被称为**低气压（hypobaric）**环境（简称低压）。较低的大气压也意味着吸入空气中较低的氧分压，这限制了 O_2 从肺部扩散和向组织输送。空气中的低氧分压被称为**缺氧（hypoxia）**（低氧），而血液中由此产生的低氧分压被称为**低氧血症（hypoxemia）**。

在本章中，我们研究低压缺氧环境的独有特征，以及这些条件如何改变休息、体力活动、训练和运动时的生理反应。本章还将讨论人急性上升到高海拔后发生的反应，这些反应在人适应高海拔后变化的方式，以及运动员为提高高原地区运动表现的专门训练策略。本章也将分析一些与低氧环境相关的健康危害。

第一节　高原环境条件

早在公元前 400 年就曾有与高原相关的临床问题的报道。然而，早期人们对上升到高海拔的大部分担忧集中在高原寒冷的环境上，而不是低气压带来的限制。最初的里程碑式的发现引领我们目前对于高原降低的气压和氧分压的认识，这主要归功于 17—19 世纪的 4 位科学家。托里切利（Torricelli）于 1644 年发明了水银气压计，这是一种可以精确测量大气压力的仪器。仅仅几年后（1648 年），帕斯卡（Pascal）证明了在高原气体压力降低。近 130 年之后（1777 年），拉瓦锡（Lavoisier）发现了 O_2 和其他气体共同构成了总气压。1801 年，约翰·道尔顿（John Dalton）提出混合气体施加的总压力等于这些气体单独的分压之和，即道尔顿分压定律。

19 世纪末，人们认识到高海拔对人体的危害是由低氧分压引起的。约翰·萨顿（John Sutton）领导的一个科学家小组在美国陆军环境医学研究所的减压舱中进行了一系列复杂的实验室研究。那些实验统称为珠穆朗玛峰二号行动，极大地加深了人们对高原运动的理解。

高原对于机能表现的影响，可进行如下定义：

✧ 近海平面［500 m（1 640 ft）以下］：对健康和运动成绩没有影响。

✧ 低海拔［500～2 000 m（1 640～6 560 ft）］：对健康没有影响但是运动表现可能会受影响，尤其是在 1 500 m（4 921 ft）以上高度的表现。这些机能下降可以通过适应来克服。

✧ 中等海拔［2 000～3 000 m（6 560～9 840 ft）］：可能会影响未适应环境人员的健康并降低最大摄氧量和运动能力。最佳状态未必随着适应环境而恢复。

✧ 高海拔［3 000～5 500 m（9 840～18 000 ft）］：对大部分人的健康有不良影响（包括急性高山病，在本章最后讨论），即使完全适应后也会出现机能表现显著下降。

✧ 极端海拔［5 500 m（18 000 ft）以上］：严重缺氧。人类可长久居住的最高海拔位于 5 200～5 800 m（17 000～19 000 ft）。

在我们的讨论中，高原是指海拔 1 500 m（4 921 ft）以上的地形，因为低于该海拔，锻炼或运动表现受到的负面生理影响很小。

虽然高原对运动生理学的主要影响是由于低氧分压最终限制了组织的 O_2 供应，但高原环境的大气在其他方面也不同于海平面条件。

一、高原气压

在海平面附近，延伸到地球大气层最外层（约 38.6 km 或 24 mi）的空气施加的压强相当于 760 mmHg。在珠穆朗玛峰的峰顶，地球最高点（8 848 m 或 29 029 ft）的空气产生的大气压仅 250 mmHg。相关的海拔的差异如图 13.1 所示。

高度（ft） （m）	0	5 202 1 610	7 251 2 210	14 108 4 300	29 029 8 848
大气气压Pb（mmHg）	760	631	585	430	253
空气中的氧含量（%）	20.93	20.93	20.93	20.93	20.93
氧分压PO_2（mmHg）	159	132	122	90	53
典型气温（℃） （℉）	15 59	9 47	2 36	–11 12	–43 –46

图 13.1　随着海拔的增加和气压的下降，大气条件也随之不同。空气中的氧分压从海平面的 159 mmHg 下降到珠穆朗玛峰的 53 mmHg

地球表面的大气压并非恒定不变，它会随着气候条件、季节，以及测量具体地点的变化而有所变化。例如，在珠穆朗玛峰，平均气压从 1 月的 243 mmHg 到 6 月和 7 月的近 255 mmHg 不等。这些微小的变化在海平面上几乎没有什么意义，除了对气象学家（因为这些对天气模式有影响），但是对试图在没有 O_2 补充的情况下攀登珠穆朗玛峰的登山者来说，这些微小变化具有相当大的生理学意义。

尽管大气压有所变化，但是我们呼吸的空气中各气体含量的百分比从海平面到高原是不变的。在任何海拔，空气中各气体成分的占比都是 O_2 20.93%、CO_2 0.03%、N_2 79.04%，仅是这些气体的分压发生变化。如图 13.1 所示，氧分压在不同海拔随着大气压的降低而成比例下降。氧分压随后的变化对到达肺的氧分压以及肺泡和血液之间（O_2 被加载的地方）与血液和组织之间（O_2 被卸载的地方）的梯度有显著的影响。本章稍后详细讨论这些影响。

二、高原的气温和湿度

显然，高原的低氧分压对于运动生理有重大影响。然而，其他环境因素也会影响运动能力的提高。例如，海拔每增加 150 m（约 490 ft），气温下降 1℃（1.8℉）。珠穆朗玛峰峰顶的平均温度大概是–40℃（24.8℉），然而同纬度海平面的平均温度大概是 15℃（59℉）。高原环境的低温、低水蒸气压环境和强风组合，会带来一系列严重、危险的寒冷相关疾病，如低氧血症、冻疮、冻伤等。

水蒸气有自己的分压，即水蒸气压（P_{H_2O}）。由于高原的低温，空气中的水蒸气压极低。冷空气容纳的水很少。因此，即使空气完全被水饱和（100%相对湿度），空气中包含的水的实际蒸气压也很低。高原环境极低的水蒸气压促进了皮肤或衣物表面的水分蒸发，加之皮肤和空气之间的高梯度，导致迅速脱水。除此之外，由于从嘴和鼻子离开的温暖气体与干燥的空气之间的高水蒸气压梯度和高原呼吸频率加快（后文讨论），大量的水分通过呼吸系统蒸发。

三、高原的太阳辐射

太阳辐射强度在高原增加有 3 个原因。第一，在高海拔地区，光在到达地面之前穿过的大气层较少。由于这个原因，在高原地区，大气吸收的太阳辐射，尤其是紫外线更少。第二，大气中的水通常会吸收大量的太阳辐射，所以在高原环境中，空气中的低水蒸气也会增加辐射暴露。第三，太阳辐射可能会被雪的反射光进一步增强，而雪在高海拔地区很常见。

小结

- 高原呈现低压环境（大气压降低的环境）。海拔在 1 500 m（4 921 ft）及以上时，运动表现会受到显著的生理性的影响。
- 尽管我们呼吸的气体的百分比在任何海拔固定不变，但在高海拔地区，每种气体的分压随着气压降低而降低。
- 高原的低氧分压是对生理影响最大的环境条件。因为肺部低氧分压，肺泡和血液（O_2 装载）与血液和组织（O_2 卸载）之间氧分压梯度降低。
- 空气温度随着海拔升高而明显降低。冷空气只能够保持很少水分，所以高原的空气十分干燥。这两方面结合起来增加了与寒冷相关的疾病和脱水现象。
- 由于高原大气层稀薄且干燥，太阳辐射在高海拔处更加强烈。这个效果在积雪覆盖处更加明显。

第二节　急性高原暴露的生理反应

本节讨论人体对于急性高原暴露的反应，特别强调可能会影响运动和运动表现的反应，主要关注呼吸、心血管和代谢反应。大多数生理学研究都是针对健康的年轻男性进行的，很少有关于海拔对女性、儿童或老年人影响的研究，他们对海拔条件的反应可能与本书描述的不同。

一、高原环境中呼吸系统的反应

运动肌肉的充足 O_2 供应对身体机能是至关重要的，正如第八章中所述，O_2 供应充足时，O_2 从肺部转移到血液，运输到肌肉，并能够充足地供应于肌肉中。这些步骤中任何一个受到限制都会降低运动表现。

（一）肺通气

O_2 运输到工作的肌肉需经过一系列的步骤，第一步是肺通气，即气体分子进入肺泡的主动运动（呼吸）。暴露在高原的几秒钟内，无论是在休息时还是在运动时，通气量都会增加，因为主动脉和颈动脉中的化学感受器受到了低氧分压的刺激，同时，信号传递到大脑以增加呼吸。通气量增加主要与潮气量增加和明显的呼吸频率增加有关。在接下来的几个小时和几天里，通气量将持续增加到与海拔成正比的水平。

增加通气量类似于海平面过度换气，降低肺泡处的 CO_2 量。CO_2 随压力梯度变化，因此更多的 CO_2 从分压相对较高的血液中扩散出来，进入肺部呼出。CO_2 排出引起血液中二氧化碳分压降低，血液 pH 增加，这种状况称为**呼吸性碱中毒（respiratory alkalosis）**。这种碱中毒有两方面影响：第一，它引起氧离曲线左移（本章第三节讨论）；第二，它有助于保持由低氧引起的通气量增加，以防止通气量的过量增加。在亚极量运动强度，高原通气量与海平面相比更高，但在极量运动中通气量相似。

为了抵消呼吸性碱中毒，肾脏排出更多的 HCO_3^-，这些离子缓冲 CO_2 形成的碳酸，HCO_3^- 浓度的降低会降低血液的缓冲能力。血液中酸性增强，碱中毒减弱。

（二）肺弥散

在安静状态下，肺扩散（O_2 从肺泡扩散到动脉血）并不限制肺泡和血液之间的气体交换。如果在高原上气体交换受到限制或削弱，那么进入血液的 O_2 就会减少，因此动脉的氧分压比肺泡的氧分压要低得多。相反，这两个值几乎相等（图 13.2）。因此，低动脉血氧分压或低血氧是肺泡低氧分压的直接反映，而不是限制氧从肺泡向动脉血扩散。

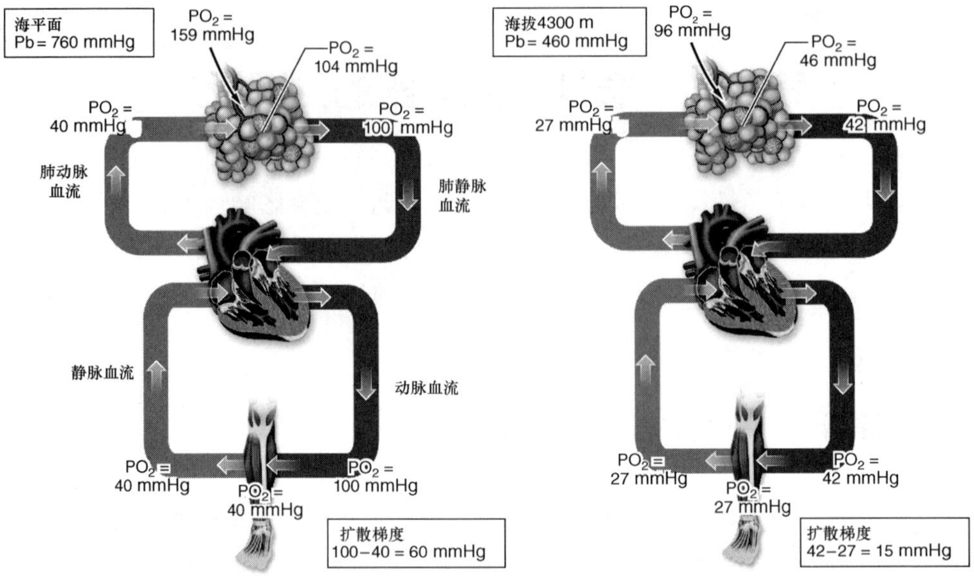

图 13.2　海平面和海拔 4 300 m（14 108 ft）的科罗拉多州派克斯峰，吸入 O_2 和身体组织氧分压的比较

注：随着吸入氧分压降低，动脉和肺部的氧分压相近，但是 O_2 到组织和肌肉的扩散梯度极大降低。

如第七章中介绍，氧梯度是一种描述氧分压从空气通过组织进入静脉循环的方法。图 13.3 展示了在海平面和海拔 5 800 m（19 029 ft）时氧梯度的差异。

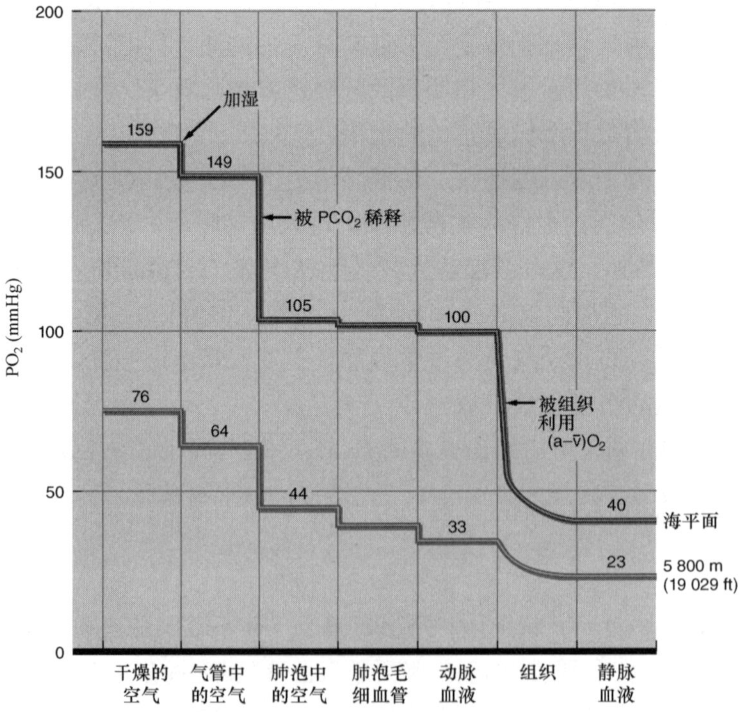

图 13.3　平原地区和海拔 5 800 m 的氧梯度

注：从吸入空气到组织和静脉血中的每一步都明显呈现出氧分压降低，O_2 扩散到组织和肌肉的梯度降低。

（三）氧运输

图 13.2 和图 13.3 中海平面上吸入的氧分压为 159 mmHg。然而，肺泡中的氧分压减少到 105 mmHg 左右，这主要是由于水蒸气分子的加入（37℃时，水蒸气压为 47 mmHg）。肺泡血氧分压在高原降低，灌注进肺部的血液中，只有较少的血红蛋白结合位点能与 O_2 结合。如图 13.4 所示，血红蛋白的氧结合（氧合血红蛋白解离）曲线呈明显的“S”形。在海平面，当肺泡的氧分压为 104 mmHg 时，96%～97%的血红蛋白都结合了 O_2。在海拔 4 300 m（14 108 ft）的高度，肺部的氧分压降到 46 mmHg 时，仅有 80%的血红蛋白结合位点结合 O_2。如果曲线的氧负荷部分不是相对平坦，当血液经过肺部时，吸收的 O_2 就会减少，在高原 O_2 结合也会受到极大的限制。因此，尽管动脉血在高原仍未饱和，氧离曲线的形状特点有助于使这个问题最小化。

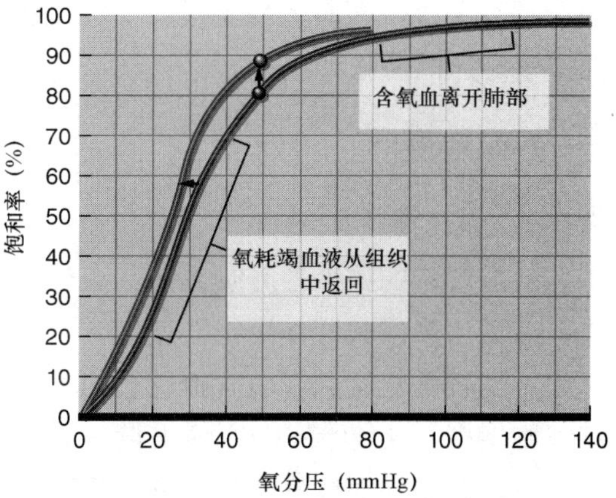

图 13.4 海平面处的“S”形的氧离曲线

注：当肺泡处的氧分压是 104 mmHg 时，96%～97%的血红蛋白结合 O_2。急性高原暴露后的呼吸性碱中毒使氧离曲线左移，能够部分弥补氧分压降低的不饱和。

第二个适应发生在高原暴露的早期，这也有助于防止动脉氧含量下降。如前所述，呼吸性碱中毒伴随着急性高原暴露引起的通气增加，血液 pH 的增加会使氧离曲线左移，如图 13.3 所示，结果是，89%的血红蛋白被 O_2 饱和，而不是 80%的 O_2 与血红蛋白结合。这种转移使较多的 O_2 在肺部与血红蛋白结合，更多的 O_2 被释放到机体组织中，而在高海拔地区，两者的氧分压都较低。

（四）肌肉中的气体交换

图 13.2 和图 13.3 表明，海平面处动脉血中氧分压为 100 mmHg，身体组织中氧分压在安静状态下一直为 40 mmHg，因此，海平面上动脉中的氧分压和组织氧分压之间的压差或压力梯度约为 60 mmHg。然而，当一个人到了海拔 4 300 m（14 108 ft）高度时，动脉血中的氧分压降为 42 mmHg，组织中的氧分压降为 27 mmHg。因此，压力梯度从海平面的 60 mmHg 下降到高原的 15 mmHg，扩散梯度降低了 75%。在海拔 5 800 m（19 029 ft），这个梯度缩小到 10 mmHg。由于扩散梯度是将血液中血红蛋白中的 O_2 运输到组织，高原上动脉氧分压变化对运动表现的影响比肺部血红蛋白饱和度的小幅度降低要大得多。

二、高原环境中心血管的反应

由于呼吸系统在高原上受到限制，心血管系统同样发生了实质性变化以弥补低氧引起的动脉血中氧分压的降低。

（一）血容量

在到达高原的最初几个小时之内，血容量开始逐渐减少，并在最初几周结束时达到一个平稳状态。血容量的减少是呼吸系统水分流失和尿液生成增多的共同结果。呼吸系统水分流失和排泄液体增多的共同作用能够使血容量减少高达 25%。起初，血浆减少使红细胞比容增加，红细胞比容是红细胞（包含血红蛋白）在血容量中的百分比。这种适应使一定量的血流中的红细胞增多，也使给定的心输出量中更多的 O_2 运输到肌肉。到高原几周之后，如果摄入充足的液体，减少的血浆量最终会恢复正常。

持续暴露于高海拔能够刺激肾脏释放促红细胞生成素，即负责刺激红细胞生成的激素。这增加了红细胞的总数，从而增加了血容量，使人们能够弥补一些高原的低氧分压。然而，这种补偿是缓慢的，需要几周到几个月，红细胞数量才能恢复。

（二）心输出量

前面的讨论清楚地说明，由于动脉氧分压的降低，给定血液量输送到肌肉的 O_2 量在高原受到限制。一种合理的补偿方法是增加输送到活动肌肉的血液量。安静或进行次大强度运动时，通过增加心输出量能够完成。因为心输出量是每搏输出量和心率的乘积，增加这两个变量中的一个或两个都会增加心输出量。到达高原后，交感神经系统兴奋，释放主要改变心脏功能的激素，即肾上腺素和去甲肾上腺素，尤其是去甲肾上腺素，它在急性高原暴露几天后会持续增加几天。

在到达高原的最初几个小时进行亚极量运动，每搏输出量与在海平面进行亚极量运动时相比出现减少（因为血容量减少）。幸运的是，心率相应地增加，不仅弥补了减少的每搏输出量，也略微增加了心输出量。然而，这种额外的心脏负担并不是确保身体的活动组织长期得到充足 O_2 供应的有效方法。相反，在高原几天之后，肌肉从血液中获得更多的 O_2（动–静脉氧差增加），这就减少了对增加心输出量的需求。由于 $\dot{V}O_2=\dot{Q}\times(a-\bar{v})O_2$，心率和心输出量的增加在到高原后的 6～10 天到达顶峰；在这之后，心输出量和心率在一次特定运动中开始减少。

高原地区的极量或者力竭运动中，最大每搏输出量减少，最大心率均降低，心输出量也同样减少。每搏输出量的减少与血容量的减少直接相关。在高原地区，这可能是 β 受体（心脏中对交感神经激活做出反应的受体，从而增加心率）减少所致。随着 O_2 从血液输送到肌肉扩散率的减少，最大心输出量减少，从而造成高原最大摄氧量和亚极量运动成绩受限。总之，低氧条件明显限制了 O_2 运输到肌肉，降低了进行高强度运动或者长时间有氧运动的能力。

三、高原环境代谢反应

到达高原之后 BMR 提高，可能是因为甲状腺素和儿茶酚胺浓度增加。这种新陈代谢的增加必须通过增加食物摄入来平衡，以防止体重下降。此外，由于食欲下降，体重下降成为初到高原的常见现象。对于能够在高原维持体重的人，他们在安静和进行亚极量运动时，对碳水化合物作为能量的依赖都在增加。因为每消耗 1 L O_2，糖产生的能量多于脂肪或者蛋白质产生的能量，所以这种适应是有益处的。

表 13.1 总结了在安静和进行亚极量运动时的急性高原反应。由于高原的低氧环境，任何定量的活动都意味着更高比例的最大摄氧量。假设无氧代谢率会增加，我们预计，在乳酸阈强度以上的任何定量的运动中，乳酸的产生都会增加。事实上，在到达高原时就如此。然而，长期暴露在高原，在给定的运动强度（包括最大力竭运动）下，除了肌肉的最大摄氧量不会随高原适应而改变，肌肉中和静脉血中的乳酸浓度均降低。目前，对于这种乳酸悖论，没有一个被普遍认可的解释。

表 13.1　安静和进行亚极量运动时的急性低氧（最初 48 h）生理反应

系统	安静时急性低氧反应	进行亚极量运动时急性低氧反应
呼吸和氧运输	通气量立即增加（增加的频率＞增加的潮气量）2,3－二磷酸甘油酸浓度减小，氧离曲线左移，呼吸性碱中毒刺激外周化学感受器	通气量增加
心血管	血容量减少，心率增加，每搏输出量减少，心输出量增加，血压升高	心率增加，每搏输出量减少（由于血容量减少），心输出量增加，摄氧量增加
代谢	BMR 提高，动脉–混合静脉氧差减少	供能的碳水化合物利用增加，乳酸先增加后减少，血液 pH 降低
肾脏	HCO_3^-的排出增加，加速释放促红细胞生成素	

四、高原的营养摄入

除了已经描述过的生理系统和过程的变化，在高原，还有其他一些需要注意的重要因素。例如，身体有一个自然的失水趋势，通过皮肤（非感失水）、呼吸系统、肾脏流失水分。运动时，由于汗液不断增加并从湿润的皮肤蒸发到相对干燥的空气中，水分流失更严重了。这些液体流失的途径大大增加了脱水的风险，人们应该小心保持水分。高原的经验法则是每天至少补充 3 L 液体，但必须根据个人需要进行调整。当血浆容量减少后正好利于红细胞聚集时，增加液体摄入似乎适得其反。然而，脱水会负面地改变体液间的水分平衡，所以保持充足的水分，允许血浆容量自然减少是明智的做法。

在高原上，食欲降低，摄入的食物会随之减少。减少的能量消耗与增加的基础代谢导致每天能量差额达到 500 kcal，造成体重逐渐降低。摄入充足的能量对支撑人体运动和进行娱乐活动是十分重要的，建议攀登者摄入比他们食量所需的更多的能量。

最后，对高原环境的良好适应依赖于体内充足的铁储备。在到高原 4 周左右的时间，会出现缺铁性机体红细胞增加受阻。因此，建议高原暴露之前及到高原后摄入含铁丰富的食物或补充铁剂。

小结

- 高原的低氧分压导致了吸入气体、肺泡、血液、组织中的低氧分压。
- 急性高原暴露时，机体会产生一系列的适应以增加运输到组织中的 O_2。肺通气增加，肺弥散得到较好的维持，但是氧运输由于氧合血红蛋白饱和度轻度减弱而减少。
- 低氧暴露后通气量的即刻增加是由于低氧刺激了外周化学感受器。呼吸深度和频率增加可以缓解机体不断加剧的低氧分压状态。
- 中高海拔地区血液和活动组织之间的 O_2 交换的梯度减少，因此，肌肉的 O_2 摄入减少。
- 血容量减少，红细胞浓度升高，使每升血液运输更多的 O_2，部分缓解了降低的氧合血红蛋白。
- 初到高原，在亚极量运动中心输出量增加，以弥补每升血液中减少的 O_2，实现这一点主要是通过增加心率。由于血容量减少，每搏输出量随之减少。
- 在高原进行极量运动时，每搏输出量减少，心率降低，导致心输出量减少。心输出量减少，加上压力梯度降低，严重减少了组织的氧输送。
- 在高原时，交感神经系统活动增强，新陈代谢率随之提高。安静和进行亚极量运动时对于碳水化合物作为能量的依赖增加。
- 在高原时，水分流失增多，食欲不振，脱水风险增大。
- 在高原时，能量摄入减少，加上活动消耗的能量增多，导致每天出现能量差和体重降低。

第三节 高原环境中的运动表现

许多登山者都描述过在高原进行力竭活动时的困难。1925 年，诺顿（Norton）在没有氧供的情况下攀登到 8 600 m（28 208 ft）时说：“我们的步伐太慢了。我的理想目标是连续攀登 20 步，不停顿休息和喘息，肘部放在弯曲的膝盖上，但我从来不记得实现过——13 步更接近目标。”本节简要阐明高原环境对运动表现的影响。

一、最大摄氧量和耐力运动

随着海拔增加，最大摄氧量降低（图 13.5）。在大气中氧分压降到 131 mmHg 以下之前，最大摄氧量略有降低。这个下降在海拔大约 1 500 m（约 5 000 ft）处开始，大约相当于科罗拉多州丹佛市和新墨西哥州阿尔伯克基市的海拔。海拔 1 500～5 000 m（约 5 000～16 400 ft），降低的最大摄氧量是由于降低的动脉氧分压。在更高的高度，减少的心输出量更进一步限制最大摄氧量。在 1 500 m 以上，海拔每增加 1 000 m，最大摄氧量降低 8%～10%（或者海拔每增加 1 000 ft，最大摄氧量降低 3%）。在更高的海拔，这个下降率变得更高（图 13.6）。在其他条件相同的状况下，在海平面最大摄氧量比较高的耐力运动员有着相对的优势。到高原之后，最大摄氧量降低。在任何竞赛中，最大摄氧量降低的百分比将按照既定的幅度。

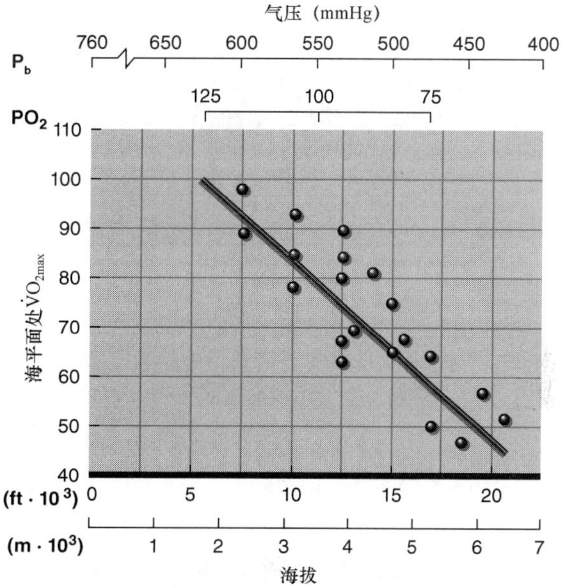

图 13.5　最大摄氧量（$\dot{V}O_{2max}$）随气压（P_b）和氧分压（PO_2）降低而变化

注：$\dot{V}O_{2max}$ 的值记录为海平面处（P_b=760 mmHg）$\dot{V}O_{2max}$ 的百分比。$\dot{V}O_{2max}$ 的下降始于 1 500 m 左右，呈线性。在墨西哥城（2 240 m）、科罗拉多州莱德维尔（3 180 m）和秘鲁努诺阿（4 000 m）的高原，一个人的最大摄氧量将远远低于他在海平面或科罗拉多州丹佛市（1 600 m）时的水平。

当男性和女性的最初的有氧能力相近时，他们最大摄氧量的降低速率没有性别之分。

如图 13.6 所示，男性在 1981 年攀登珠穆朗玛峰的远征中经历了最大摄氧量从海平面的 62 mL・kg^{-1}・min^{-1} 到近顶峰时的 15 mL・kg^{-1}・min^{-1}。由于安静时 O_2 的摄入大概为 3.5 mL・kg^{-1}・min^{-1}，在没有氧补充的情况下，这些人在高原上几乎没有进行体力活动的能力。根据皮尤（Pugh）等的研究，如图 13.6 所示，海平面处最大摄氧量为 50 mL・kg^{-1}・min^{-1} 的人们，在靠近珠穆朗玛峰顶峰时不能运动甚至移动，因为他们的最大摄氧量在那个高度降低到 5 mL・kg^{-1}・min^{-1}。然而，大多数人在海平面处的最大摄氧量低于 50 mL・kg^{-1}・min^{-1}，在珠穆朗玛峰顶峰没有氧供补充的话无法生存，因为他们的摄氧量在那个高度无法维持身体组织的需要。全部的 O_2 被消耗都不足以达到他们静息时的需要。

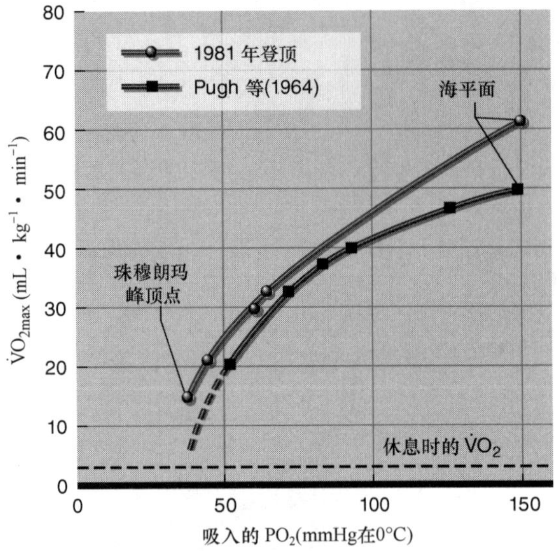

图 13.6 两次珠穆朗玛峰探险中最大摄氧量和吸入空气中氧分压的变化

显然，长时间运动需要大量的 O_2 运输和组织吸收，这也是受高原缺氧影响最严重的。在珠穆朗玛峰的顶峰，最大摄氧量降低到海平面处的 10%～25%，这严重限制了身体的活动能力。由于在高原，最大摄氧量减少了一定的百分比，所以，有氧能力高的人与最大摄氧量低的人相比，在高原能更轻松地完成标准训练任务，并且心血管和呼吸压力也更小。这可能解释了意大利著名的登山运动员赖因霍尔德·梅斯纳尔（Reinhold Messner）和奥地利的彼得·哈伯勒（Peter Habeier）于 1978 年在没有额外氧供的情况下为何能够到达珠穆朗玛峰顶峰。显然，他们在海平面处的最大摄氧量比较高。

二、无氧冲刺、跳跃和投掷运动

虽然耐力运动表现在高原会受损，但持续不到 1 min 的无氧冲刺运动（如 100～400 m 跑）在中等海拔一般不会受到影响，还有可能提高。这些运动很少需要氧运输系统和有氧代谢。相反，它们所需的能量大多通过 ATP、PCr 和酵解能系统获得。

此外，高原的稀薄空气降低了运动员运动时的空气阻力。例如，1968 年奥运会，墨西哥的稀薄空气显然对某些运动员的表现有帮助。在墨西哥，男子 100 m、200 m、400 m、800 m、跳远和三级跳远项目，以及女子 100 m、200 m、400 m、800 m、4×100 m 接力和跳远刷新或保持了世界纪录或奥运会纪录。由于相似的结果出现在 800 m 游泳中，一些运动科学家开始探索低空气密度对提高短跑成绩的作用。有趣的是，虽然铅球成绩没有受到墨西哥城海拔的影响，但铁饼的成绩却下降了，因为低气压的托举降低。

小结

- 在高原地区，由于氧化能的产生受到限制，持久耐力表现受到的影响最为严重。
- 最大摄氧量随着大气压的降低而降低，在 1 500 m（4 921 ft）左右开始出现。
- 在中等海拔地区，持续 2 min 或更短时间的无氧短跑活动一般不会受到影响。在某些情况下，短跑成绩可能会提高，因为稀薄的空气对运动的阻力较小。

第四节　习服：长期暴露于高原

当人几天、几周、几个月一直在高原地区时，他们的身体会逐渐适应空气中的低氧分压。但是，无论他们对高原环境的适应能力如何，都无法完全补偿缺氧。即使是长期生活在高原地区的耐力运动员，运动成绩或最大摄氧量也无法达到他们在海平面的水平。就这一点而言，高原适应与第十二章讨论的热适应相似。与最初几天的锻炼经历相比，热习服可以提高运动成绩，减轻运动时的生理压力，但是，运动成绩仍然不如在较冷的环境中。

本节介绍了长期暴露在高原环境中机体产生的一些生理适应。这些变化包括肺、心血管和肌肉组织（细胞）水平的变化。一般来说，这些适应与热习服（通常是 1～2 周）相比需要更长的时间（几个星期到几个月）发展。一般而言，即使在中等海拔，完全适应大约需要 3 周时间。海拔每增加 600 m（1 970 ft），适应时间平均需要增加一周。所有这些有益的影响在海拔恢复到海平面的一个月内就消失了。图 13.7 显示了静息和以最大强度运动时多个指标的变化。

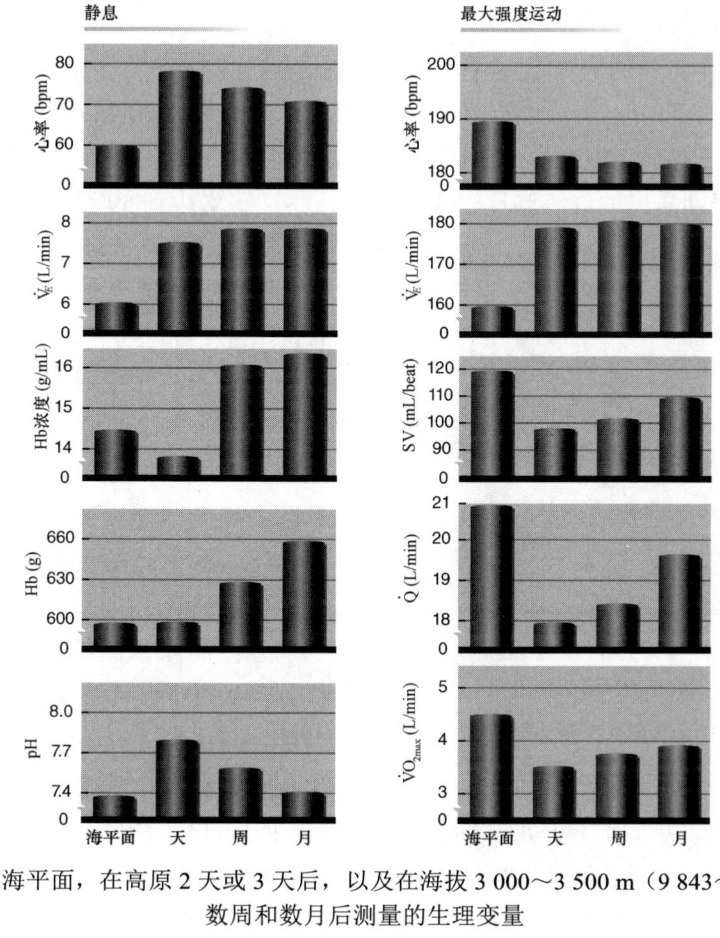

图 13.7　在海平面，在高原 2 天或 3 天后，以及在海拔 3 000～3 500 m（9 843～11 483 ft）数周和数月后测量的生理变量

一、肺适应

高原最重要的适应之一是在休息和运动时肺通气量增加。在海拔 4 000 m（13 123 ft）3～4 天，静息通气率的增加值大约比海平面高 40%。进行亚极量运动时，通气率也稳定在 50% 以上，但时间较长。在高原，运动时增加的通气量仍在升高，在高强度运动时更为明显。

二、血液适应

人初到高原的两周，循环血中的红细胞数量增加。高原缺氧刺激肾脏释放促红细胞生成素。到达高原后的 3 h 以内，血液中促红细胞生成素浓度升高，随后持续升高 2～3 天。尽管一个月以内，血液中促红细胞生成素的浓度恢复至原来水平，**红细胞增多症（polycythemia）**在 3 个月或者更长时间仍很明显。当一个人在海拔 4 000 m（13 123 ft）的高原生活约 6 个月后，总血容量（主要由红细胞和血浆组成）增加约 10%，这不仅是由于高海拔诱导红细胞生成的刺激，也是由于血容量的增多。

红细胞占总血容量的百分比被称为红细胞比容。秘鲁安第斯山脉中部（4 540 m 或 14 895 ft）的居民的平均红细胞比容为 60%～65%（恰当地称为适应而不是适应反应，见第十二章）。这远远高于海平面居民的平均红细胞比容，其只有 45%～48%。然而，在 6 周的秘鲁高原暴露中，海平面居民的红细胞比容水平显著升高，平均达到 59%。

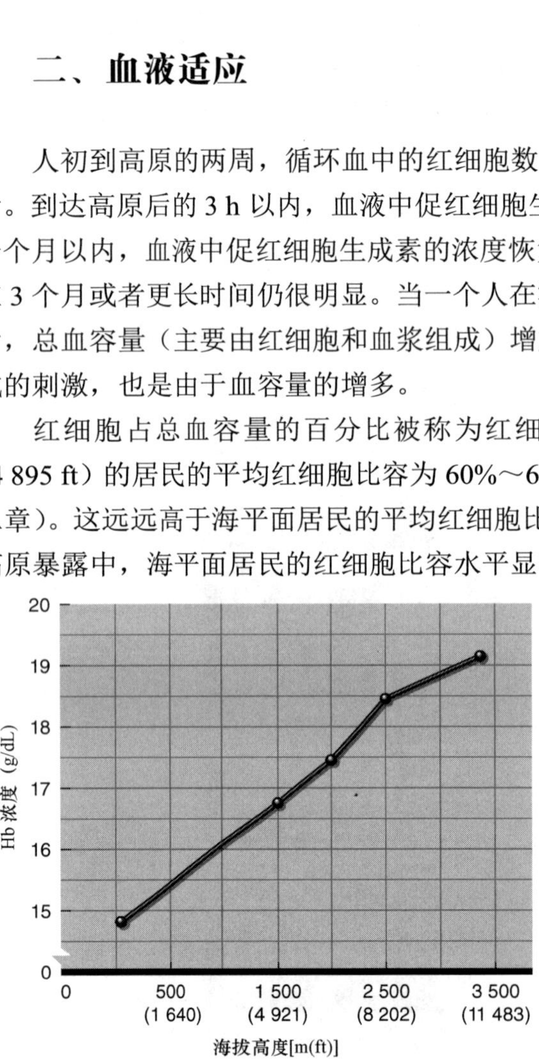

图 13.8　男性居住、适应不同海拔后的血红蛋白浓度，适应但是没有达到海平面最大摄氧量值

随着红细胞比容的增加，血液中的血红蛋白（Hb）含量也会增加［浓度在最初下降后也增加（图 13.7）］。如图 13.8 所示，血液中的血红蛋白浓度往往随着人们居住的海拔的升高而成比例增加。这些数据是针对男性的。对女性来说，有限的现有数据显示了类似的趋势，但在某一海拔上的集中度低于男性，这些适应性提高了固定容量血液的携氧能力。

急性高原暴露期间血浆量的减少会使总血容量减少，从而减少次最大和最大心输出量。但是在适应环境之后，随着血浆容量在高原数周内的增加和红细胞的持续增加，最大心输出量增加。然而，它并没有回到海平面值，如图 13.7 所示。因此，总的 O_2 输送能力随着适应而增加，但是没有达到海平面的最大摄氧量的水平。

关于适应是否通过改变氧离曲线形状和位置改变 O_2 的运输，还有争议之处（图 13.4）。红细胞中 2,3－二磷酸甘油酸（2,3－DPG）浓度升高，曲线向右偏移。这将有利于氧在组织中的释放（因为在任何给定的低氧分压下，血红蛋白会释放更多的 O_2），但这种作用与呼吸性碱中毒（曲线向左移动）的负荷益处相反。两种机制的结合效应是变化的。

三、肌肉适应

虽然很少有人尝试研究肌肉在高原暴露时发生的变化，但有足够的肌肉活检数据表明，到达高原后肌肉结构和代谢都发生了明显的变化。在一项研究中，登山者在探险中经历了 4～6 周的慢性缺氧，肌纤维的横截面积减少，从而使肌肉总面积减少。肌肉中的毛细血管密度增加，能够运输更多的血液和 O_2 到肌纤维。肌肉无法满足在高原运动的需要可能与它们数量的减少和产生 ATP 的能力的下降有关。

初到高原的前几天和几周中，肌肉横截面积减少的原因尚不清楚。如前所述，长期高原暴露会引起食欲下降和体重明显下降。在 1992 年的麦金利山探险中，6 名探险者体重平均降低 6 kg 或 13 lb（D.L.Costill et al.，未公开数据）。虽然这种减重的一部分表现为体重和细胞外水分的普遍减少，但所有的男性都出现了明显的肌肉量减少。这似乎是合理的假设，肌肉量的减少与食欲下降和肌肉中的蛋白消耗有关。也许未来关于登山者的营养和身体成分的研究能够对肌肉在高原发生的结构和功能变化有一个更加深入的解释。

在海拔 2 500 m（8 202 ft）的高原待几周之后，肌肉的代谢潜能降低，尽管这在低海拔地区可能不会发生。在高原 4 周后，腿部肌肉（股外侧肌和腓肠肌）的线粒体功能和糖酵解酶活性均显著降低。这表明，除了接受较少的 O_2，肌肉还失去了一些进行氧化磷酸化和生成 ATP 的能力。不过，从目前的研究进展来看，还没有高原长住居民的肌肉活检数据，故无法确定这些人是否由于在高海拔地区长期居住而产生了任何肌肉适应。

四、心血管适应

20 世纪 60 年代末对耐力训练的跑步者的研究表明，他们初到高原最大摄氧量的下降在他们暴露在低氧环境的持续时间内几乎没有改善。到高原两个月后，有氧能力依然没有变化。尽管跑步者之前暴露于高原，对于缺氧的耐受提高，但他们的最大摄氧量值和跑步成绩并没有随着适应而明显提高。由于在适应高原的过程中发生了许多适应性变化，这种有氧能力的缺乏和运动表现的下降是意料之外的。也许这些受训练的受试者已经达到了最大的训练适应能力，并且不能进一步产生高原暴露的适应。也许低氧分压使他们更难完成与在海平面高度相同的强度和量的训练。根据现有文献，这两种可能性都有一些理论支撑。虽然运动表现影响上限理论更难证明，但在高原训练的运动员通常难以维持在海平面的训练强度和训练量。

小结

- 低氧刺激肾脏释放促红细胞生成素，骨髓产生的红细胞增多。更多的红细胞意味着更多的血红蛋白。尽管初期血容量减少，血红蛋白的浓度提高，但它最终会恢复正常。正常的血容量加上额外增加的红细胞，增加了总的血容量。这些改变一起提高了血液的运氧能力。
- 在高原几周之后，总的肌肉量减少，体重也同样如此。部分原因是脱水和食欲下降，还包括肌肉中蛋白质的分解。
- 其他肌肉适应包括减少纤维面积、增加毛细血管供应、减少氧化酶活性。
- 肌肉的工作能力随着高原适应而提高，初到高原，最大摄氧量下降，随着暴露时间增加到几周，最大摄氧量也没有太大的提高，通常也不会恢复到海平面值。

第五节　高原：优化训练和运动表现

我们已经考虑了当人体适应高原时发生的主要变化，以及这些适应如何影响在高原地区的运动表现。但是，高原训练对提高海平面的成绩有什么积极作用？当一个人必须在高原比赛时，和在海平面处训练相比，高原训练有优势吗？“高住低练”这一相对较新的优化运动表现的理念如何呢？

一、高原训练能提高海平面运动表现吗?

几十年来，运动员一直假设在缺氧条件下进行训练（如在高空舱或简单地呼吸低氧气体混合物）可以提高海平面耐力成绩。许多与高原适应相关的有益变化与有氧训练相似，那么将两者结合起来会更有益吗？高原训练能提高海平面成绩吗？

支持高原训练强有力的理论证据如下：第一，高原训练引起大量组织缺氧（O_2供应减少），这被认为是启动条件反射的必要条件；第二，高原引起的红细胞数量和血红蛋白含量的增加改善了返回海平面后的O_2输送。尽管有证据表明后一种变化是短暂的，只持续几天，但理论上仍然对运动员有利。

在高原研究运动员会带来额外的问题，因为他们通常无法以与在海平面同样的量和强度进行训练。这一点在一组优秀的女性自行车运动员身上得到了证实，她们在HIIT中自选了最大输出功率。她们进行实验的条件如下：吸入正常空气和模拟海拔 2 100 m（6 888 ft）的条件吸入混合气体。运动员在缺氧条件下，维持阶段（10 min）和短间歇（15 s）时输出的最高强度功率降低。在更高海拔的地方训练，环境适应的效果会更加明显，但也会导致明显的训练混乱。

除此之外，在中高海拔地区生活和训练常会导致运动员脱水、血容量减少和肌肉质量下降。这些及其他副作用往往会削弱运动员的体能，以及他们对高强度训练的动力和耐受性。因此，研究很难解释，但是高原训练对运动员提高海平面成绩的价值还没有得到证实。

研究视角 13.1　人类对于高原的适应：藏族和夏尔巴生理学

世界上有 3 个主要地区的人口分布在海拔 4 000 m 以上，分别在青藏高原和喜马拉雅山脉、南美安第斯山脉和埃塞俄比亚高原。在这些地区中，青藏高原既是最大的也是最高的，那里的人们已经在这个高海拔地区生活和繁衍了几百代。由于缺氧是一种持续的进化压力，这些人群已经适应了高海拔地区的生活，与生活在低海拔地区的藏族人相比，他们在生理学上的改变是显而易见的。

自从早期珠穆朗玛峰的探险活动以来，夏尔巴人在高海拔地区的非凡耐力和运动能力的传闻为夏尔巴人对缺氧环境的生理适应提供了证据。最近，有很多研究旨在证明这些群体在缺氧的情况下，有一些独特的生理适应增加了 O_2 的吸收和输送。根据年龄、身高、体重和吸烟史，与低海拔地区人相比，藏族人的胸围、肺总量、肺活量、余气量和潮气量都更大，夏尔巴人的呼气流速和用力肺活量也更大。这些形态和机械的呼吸适应允许更大的呼吸量，改善了肺扩散能力。在藏族人群中，缺氧性肺血管收缩减缓有助于改善肺的弥散能力。缺氧性肺血管收缩有助于低海拔地区健康男性的通气和灌注匹配，但暴露于低氧条件下的低海拔地区人群会出现肺动脉高压。这种反应在藏族人身上减弱，导致肺泡氧吸收的肺灌注增加。有趣的是，与低海拔地区人群相比，藏族人的血红蛋白浓度并不高。事实上，他们对缺氧诱导的红细胞生成有不同的设定值，随着海拔的升高，血红蛋白的上升速度减缓。

在高原，与低海拔地区居民相比，经常锻炼的藏族人和夏尔巴人能够产生更高的最大心率和心输出量，并保持每搏输出量。这种增强的心脏能力可能有助于更好地进行高原活动，而不会诱发右心室肥厚，这在长期暴露于高原的低海拔居民中是可以预见的。尽管长期暴露于低氧环境中，但心脏功能的这种保留可能是代谢适应的结果，这种适应促使心肌偏好将葡萄糖作为底物。在静息状态下，心肌的首选底物通常是脂肪酸。然而，在相同条件下，夏尔巴人的心肌对葡萄糖的摄取量高于生活在低海拔地区的人。在缺氧条件下，这种将葡萄糖作为首选能源底物的做法是有道理的，因为同样消耗一分子的氧，葡萄糖比脂肪酸产生的 ATP 要高得多。

夏尔巴人有较多的毛细血管和较小的肌纤维横截面积，提高了他们骨骼肌中毛细血管与肌纤维的比例。这有助于增加血流的对流和扩散，以将 O_2 输送到工作肌肉。尽管肌肉线粒体体积密度降低了 25%，但藏族人的最大耗氧量与线粒体体积的比例增大。与心肌相似，这似乎是通过骨骼肌细胞对葡萄糖代谢的选择适应性来实现的。藏族人也有较高的肌红蛋白和抗氧化蛋白，这两者都有助于增加缺氧条件下的 O_2 摄入和消耗。最后，夏尔巴人和藏族人的 I 型肌纤维都有着轻微的优势。这种增加可能解释了乳酸悖论，即适应了高原环境的人，在给定的工作速率下，血乳酸的升高低于预期。藏族人 I 型肌纤维的优势似乎有利于改善 ATP 需求和 ADP 供应之间的耦合，限制乳酸的积累。

总体而言，藏族人和夏尔巴人独特的生理学特征为人成功地适应低压和缺氧环境提供了见解。最近，技术和分析研究方法的进步为确定导致这些表现的基因鉴定和分子机制打开了大门（图 13.9）。虽然这些研究还处于初级阶段，但有人提出，表观遗传变化（遗传性状的变化不是由 DNA 序列的变化解释的，而是由外部环境因素调节的）可以解释生活在高原地区的人群如何快速获得这些适应性特征。这方面的进一步研究将继续深入了解人类适应潜能的细胞和分子机制，不仅将阐明藏族人的生理适应，而且可能是帮助人类更好地理解生物医学研究和人类进化理论研究的关键。

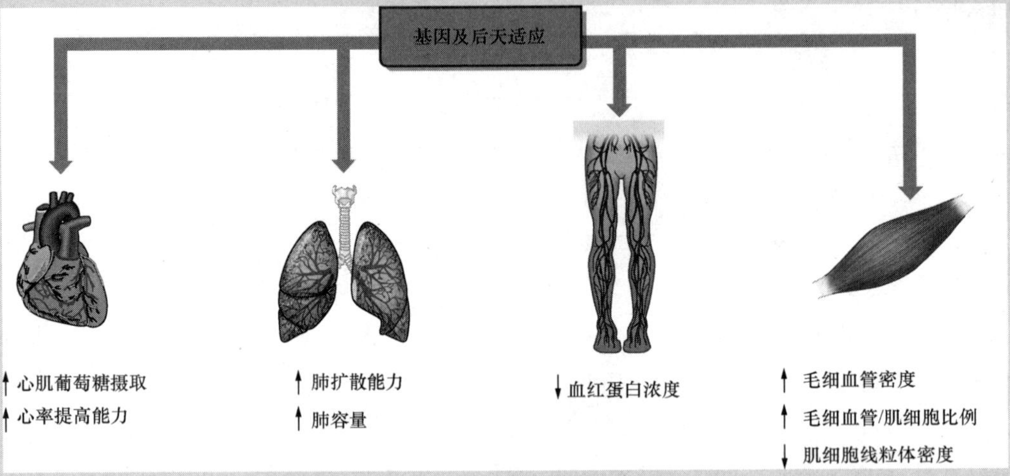

图 13.9　基因和表观遗传导致夏尔巴人和藏族人与低海拔地区居民之间存在关键生理差异

二、高住低练

运动员在高原生活和训练时，面临着有氧能力和心肺功能下降而导致训练强度降低的问题。因此，尽管运动员在高原上获得了一定的生理方面的益处，但他们失去了与高强度训练相关的训练适应。一个解决此问题的方法就是运动员居住在中等海拔地区，但是在更低海拔地区训练，此处训练强度不会受到影响。

得克萨斯州达拉斯市运动与环境医学研究所的研究人员在 20 世纪 90 年代中期进行了一系列研究，以调查高原训练对提高耐力表现的作用。在一项研究中，研究者将 39 名条件相当的跑步者均分为 3 组：第一组（高－低）居住在中等海拔 [2 500（8 202 ft）] 地区，在低海拔地区训练 [1 250（4 101 ft）]；第二组（高－高）生活和训练都在中等海拔 [2 500（8 202 ft）] 地区；第三组（低–低）生活和训练都在低海拔 [150（490 ft）] 地区。以 5 000 m 计时赛作为主要的表现结果衡量标准，研究人员发现只有高－低组的跑步成绩有显著改善，尽管高－低组和高－高组最大摄氧量值都增加 5%，且红细胞数量正比增加。因此，生活在中等海拔地区，但去较低海拔地区以最大化训练强度训练似乎对成绩有益。

最近，同一批科学家对 14 名男子长跑运动员和 8 名女子长跑运动员进行了测试，除两人外，其余选手均进入美国前 50 名。这些运动员在海拔 2 500 m（8 202 ft）居住，且在海拔 1 250 m（4 101 ft）训练。在高原 27 天生活的前一周和后一周，他们都在海平面高度进行了测试。这项干预使海平面处 3 000 m 计时赛的成绩提高 1.1%，最大摄氧量提高 3.2%。图 13.10 表明了两项研究在比赛时间表现上的差异，数值用海拔暴露前后的百分比变化表示。这些差异根据进入高原前的竞赛时间绘制，用计时赛中美国现有纪录的百分比表示。

多项研究表明，在高海拔地区生活和睡眠，但在低海拔地区进行训练，对提高海平面处最大摄氧量或提高优秀耐力运动员的海平面有氧运动能力有益。这些改变和血液氧运输能力提高有关。长期生活在海拔 2 500 m（8 202 ft）以上，大多数运动员都会出现这种血液适应特征，尽管存在一些不同。最近一项研究验证了是否存在改善海平面高度表现的最低阈值“居住”高度。也就是说，生活在相对较高海拔的运动员，在高–低训练环境中能有更好的表现吗？在这项研究中，48 名受过训练的长跑运动员被随机分配，居住在 4 个不同海拔的地区：1 780 m（5 840 ft）、2 085 m（6 841 ft）、2 454 m（8 051 ft）和 2 800 m（9 186 ft）。运动员们一起在海拔 1 250 m（4 101 ft）到 3 000 m（9 842 ft）之间训练。从高住低练训练营返回时，4 组受试者的红细胞数量明显增加，促红细胞生成素的浓度明显提高，但是 1 780 m 组的促红细胞生成素恢复到基线水平的时间短。4 组受试者海平面处的最大摄氧量提高和预期一样（图 13.11）。然而，仅居住在中等海拔的两组在海平面处 3 000 m，1.9 mi 跑的成绩明显改善。看来，增加红细胞数量是必要的，但不足以提高运动表现。此外，在这样的环境中，似乎有一个最佳的居住高度能使机能增益最大化。

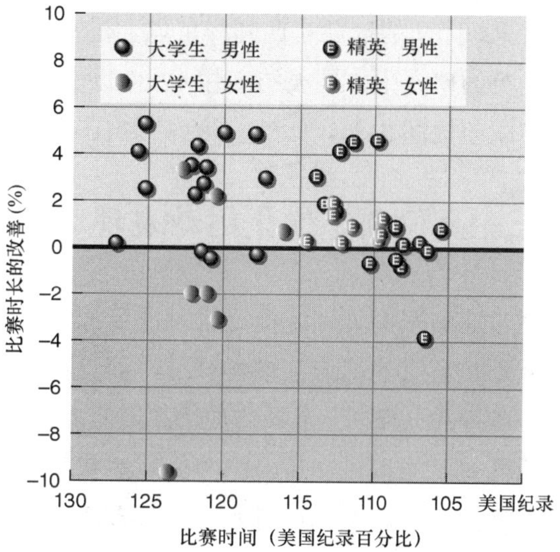

图 13.10 优秀男女长跑运动员和大学生男女长跑运动员在高海拔地区居住 4 周，在海拔 1 250 m（4 101 ft）训练后，比赛时长改善的百分比（%）

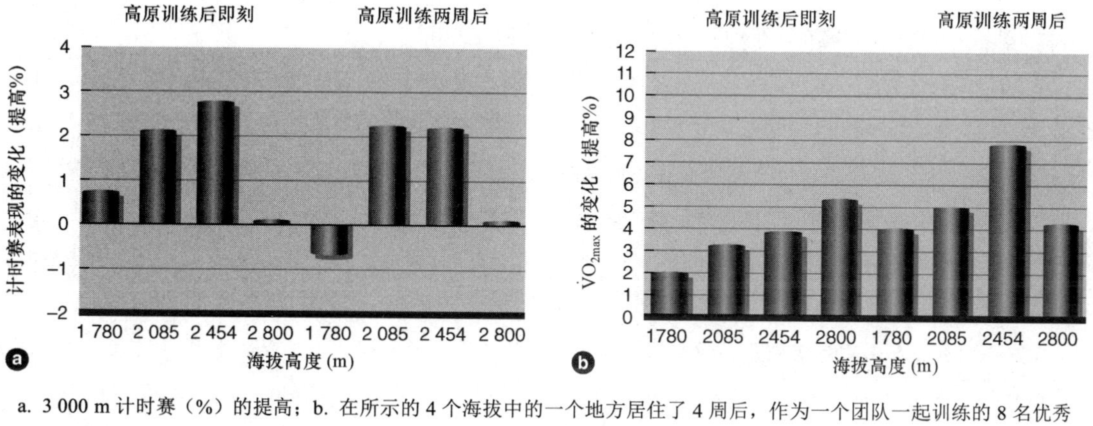

a. 3 000 m 计时赛（%）的提高；b. 在所示的 4 个海拔中的一个地方居住了 4 周后，作为一个团队一起训练的 8 名优秀大学生长跑运动员返回海平面即刻和两周后的 $\dot{V}O_{2max}$。

图 13.11 高原训练后计时赛表现和最大摄氧量的变化

看来，团队的运动表现同样可以通过高住低练策略来提高。在一项对 32 名优秀男子曲棍球运动员的研究中，14 天的高住（2 800～3 000 m）和低海拔地区训练使血红蛋白量增加 3%，折返跑成绩提高 21%。此外，这些影响在训练后至少可持续 3 周。

三、高原训练优化运动表现

通常在海平面处训练但是必须在高原比赛的运动员能做什么来为比赛做最有效的准备？虽然并不是所有的组合都被尝试过，而且到目前为止的研究还不是结论性的，但运动员似乎有两个可行的选择。一个是在到达高原后的 24 h 内尽快比赛。这个策略并不是适应的益处，但是高原暴露时间很短，高山病的典型症状还没有完全显现出来。在最初的 24 h 后，因为急性高原暴露的不良影响，如脱水、头痛和睡眠障碍，运动员的身体状况经常恶化。然而，一项实验室研究与在模拟海拔（2 500 m）中暴露 14 h 相比，在到达高海拔处 2 h 后参加比赛是否有优势，结果显示骑行表现差异最小，没有任何生理变化以提供优势。

另外一个选择就是比赛前至少 2 周进行更高海拔高原训练，但是要完全适应，2 周是不够的，至少需要 3 周甚至更长时间。如前所述，几周海平面的训练能增加运动员的最大摄氧量，使他们与没有进行有氧训练者相比能够以相对较低的运动强度（% $\dot{V}O_{2max}$）在高原比赛。

为了在高原获得最佳运动表现而进行的长期训练，要求海拔在 1 500 m（4 921 ft）和 3 000 m（9 842 ft）之间，前者被认为是可注意到效果的最低水平，后者是有效调节的最高水平。在高原的最初几天，活动能力降低。因此，初到海拔高度较高的高原，运动员应将运动强度降低到海平面的 60%～70%，在 14 天内逐渐增加到最大强度。

研究视角 13.2　游泳者的高原训练

自 20 世纪 60 年代末以来，运动员一直采用经典的高住高练的高原训练方法来提高海平面的成绩。20 世纪 90 年代的一系列研究表明，高住低练策略通过增加红细胞数量（海拔适应）和保持高强度训练速度（只有在低海拔地区才可能）来提高大学生运动员的跑步成绩。从那时起，包括优秀游泳运动员在内的所有项目的耐力运动员都采用了高原训练。然而，还没有研究证实高原训练对提高游泳成绩的有效性。由于缺乏研究证据和游泳运动员普遍实际使用高原训练之间的脱节，一个国际研究小组开展了一个多学科的研究项目，研究高原训练对游泳运动员的表现和健康的影响。

在这个研究（高原项目）中，科学家研究了 4 种不同的高原训练模式对成绩、最大摄氧量、氧动力学和总血红蛋白量的影响。为此，61 名游泳运动员被分成 4 组：①4 周中等海拔（2 320 m）生活和训练（Hi−Hi4）；②3 周中等海拔生活和训练（Hi−Hi3）；③生活在中等海拔（2 320 m），进行 4 周训练（Hi−HiLo）时中等海拔和低海拔（690 m）均有；④在海平面（190 m 或 655 m）附近生活和训练 4 周（Lo−Lo）。研究人员对训练前、训练一周、训练结束后，以及4周海平面恢复过程中的成绩和生理指标进行测试。研究人员发现，在恢复一周后，4种训练方案都能使时间试验的表现提高约3.5%，而Hi–HiLo组与其他训练方案相比在时间试验表现方面的改善最大。Hi–Hi组的血红蛋白量均得到增加，Hi–HiLo组或者Lo–Lo组的血红蛋白量并没有增加。任何一组的最大摄氧量和氧动力学均未改变，这一结果很有可能是由于运动员的顶尖状态，以及最大摄氧量很高时提高的局限性。

总体而言，可以得出结论，在Hi–HiLo组中观察到的游泳成绩的提高与最大摄氧量、血红蛋白量和氧动力学的变化无关，但是"高住，高–低训练"持续4周有可能提高高原或海平面的游泳成绩。生理学的改变对于高原适应和后续训练效果的影响是复杂的，深度的解读需要对具体机制和调节因素进行进一步的研究。

四、模拟高原训练

对高原的最大和最重要的适应是由缺氧而引起的生理变化，因此，我们可以预计，人可以通过呼吸低氧分压的气体来实现类似的适应。但是没有证据支持这样的观点，即短时间（每天1～2 h）呼吸低氧气体或低氧混合气体可以产生在高原观察到的部分适应。这样的人工低氧训练也不能给海平面的耐力表现带来任何好处。另外，在海拔 2 300 m（7 546 ft）和海平面进行交替训练（持续5～14天），充分提高了一组优秀中长跑运动员的高原适应能力。在海平面停留长达11天，只要继续训练，就不会干扰常规的高原调整。

高住低练研究的良好结果激发了人们对如何在不把运动员送到高原生活的情况下应用这一概念的极大兴趣。一种方法是研发一个缺氧房间，运动员可以在那里睡觉和生活。对房间内的气体混合物进行调整，使吸入空气中 N_2 所占的比例更高，从而降低吸入空气中 O_2 的百分比及其分压。由芬兰体育科学家首创，这些房间可调整吸入空气中的 N_2 和 O_2 的百分比，将 O_2 分压降低到与海拔 2 000～3 000 m 高度类似的水平，以模拟 2 000 m（6 562 ft）到 3 000 m（9 842 ft）的海拔。缺氧睡眠设备或帐篷也曾被提出。

不过，很少有研究仔细地对照科学研究来证实这些房间或睡眠设备是否真的改善了人体机能和生理功能。最近的一项Meta分析（一种将多个研究数据综合起来得出结论的统计方法）报告，自然的高住低练方法为提高优秀运动员的成绩提供了最好的结果，而一些一般水平运动员似乎也从人工方法中获益。然而，研究人员提醒，这些一般水平运动员的进步可能是由于安慰剂效应。使用这种装置也引起了伦理问题。

小结

- 目前看来，在高海拔地区生活和在低海拔地区训练似乎是提高后续的海平面表现的最佳做法。
- 运动员必须在高原进行比赛时，应在到达后尽早进行。确切地说，应在到达后的24 h内，以免高原环境带来极大的负面影响。

- 必须在高海拔地区进行训练或比赛的运动员，可以在比赛之前，在海拔 1 500 m～3 000 m（4 921 ft～9 842 ft）进行至少 2 周（越多越好）的训练。
- 没有证据表明，短时间（每天 1～2 h）呼吸低氧气体或低压混合气体会使人产生类似于在高原观察到的部分适应。

第六节　急性高原暴露的健康风险

大部分到达中高海拔地区的人都会出现**急性高山病［acute altitude（mountain）sickness］**症状，这种疾病的特征是头痛、恶心、呕吐、呼吸困难和失眠。这些症状可在抵达高海拔地区后 6～48 h 内开始，最严重的是第二天和第三天。虽然没有生命危险，急性高山病可以导致几天或更长时间能力丧失。在某些情况下，情况会恶化。患者可能患上更致命的高原相关疾病，如高原肺水肿或高原脑水肿。

一、急性高山病

急性高山病的发病率随海拔、上升速度、个人经历和易感性而变化。已有几项研究正在进行以确定一群新手远足者（游客）和有经验的登山者急性高山病的发病率。结果差异很大，在海拔 3 000～5 500 m（9 842～18 045 ft）的范围内从小于 1%到近 60%不等（图 13.12）。然而，福斯特（Forster）报道，那些登上夏威夷岛冒纳凯阿火山山顶（4 205 m，13 796 ft）的人中，有 80%出现过一些急性高山病症状。另一项研究显示，在海拔 2 500～3 500 m（8 202～11 483 ft），即休闲滑雪者和徒步者通常选择的海拔，男性急性高山病的发病率约为 7%，女性约为 22%，但这种性别差异的原因尚不清楚。

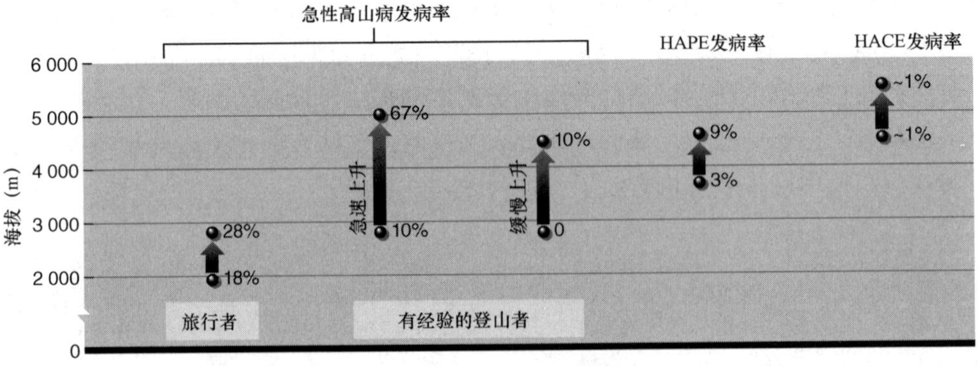

图 13.12　急性高山病、高原肺水肿、高原脑水肿、海拔、经验与急性高山病的上升率的函数关系

尽管急性高山病准确的深层原因还没有完全清楚，但似乎经历最大痛苦的人低氧反应的通气量也降低。不充分的通气使氧分压进一步降低，CO_2 在组织中聚集，二者结合可能诱发与高山病相关的大多数症状。

头痛是人在高原最常见的症状。在海拔 2 500 m（8 202 ft）以下很少会出现头痛，但海拔上升到 3 600 m（11 811 ft）会导致大多数人头痛。许多患者将高原上的头痛描述为持续性和搏动性，通常在早晨和运动后更严重。饮酒会加重这个症状。确切的机制尚未证实，但缺氧会导致脑血管扩张，因此这些结构中疼痛感受器的伸展可能是原因之一。

急性高山病的另一个后果是即使明显感到疲劳，也无法入睡。研究表明，在高原上无法获得良好睡眠与睡眠阶段的中断有关。此外，有些人会出现一种呼吸中断的症状，称为**潮式呼吸（Cheyne-Stokes breathing）**，这会阻碍他们入睡和保持睡眠。潮式呼吸以快速呼吸和缓慢浅呼吸交替出现为特征，通常包括呼吸完全停止的间歇期。这个不规律的呼吸模式随海拔增加而增加，24%的人在海拔 2 440 m（8 005 ft）出现，40%的人在海拔 4 270 m（14 009 ft）出现，几乎所有人在海拔 6 300 m（20 669 ft）以上都会出现。

在高海拔地区的前几天与运动能力下降和急性高山病的风险增加密切相关。锻炼者和运动员如何预防急性高山病？即使在高海拔暴露前接受过高耐力训练，似乎对缺氧的影响也没有什么缓解作用，除非有急性高山病的既往史，否则很难确定哪些运动员可能容易受到这些症状的影响。

研究视角 13.3　运动员应该住在更高处，在更低处训练吗？

急性高原暴露有损耐力运动的表现，通常在海平面生活和训练的运动员，在参加预定在高原进行的比赛之前，通常计划在高原上生活和训练一段时间。这段适应期可减少因高原引起的成绩下降，但从实际的角度来看，运动员必须考虑在比赛前到达某海拔多长时间，以及相对于项目的海拔，他们计划停留在什么高度。研究数据表明，在高原比赛的运动员应该在比赛前 14 天到达。前 14 天，表现和机能显著提高，之后几乎没有改善。然而，这期间的最佳居住海拔还不清楚。探索不同海拔对高海拔运动成绩影响的研究都采用了这样的方法，即在高原暴露前，利用相同的适应和表现高度或较低的适应海拔进行预适应。到目前为止，只有一项研究探讨了生活在比比赛海拔更高的海拔是否比以前研究的范式更有利。

最近的一项研究调查了 48 名大学生田径运动员和越野运动员在海平面和低海拔（1 780 m）的竞技长跑成绩下降与生活海拔和在高原上居住天数的关系。研究小组假设运动员生活在比比赛海拔更高的海拔，他们的成绩下降幅度较小。为了验证这一假设，所有受试者完成了 4 周的海平面训练，然后被随机分为 4 组：分别生活在 1 780 m、2 085 m、2 454 m、2 800 m。每一组被汽车运送到指定的高原训练营地，在那里生活和训练 28 天，每个实验组每周在低海拔（1 250 m）进行一次高强度的训练。受试者在海平面、基线及高原训练前 6 天分别完成 3 000 米轨道测试赛；去高原营地的第 5、12、19、26 天在海拔 1 780 m 处完成测试赛。海平面和高原训练 28 天时分别测量最大摄氧量、血浆量、总血容量及红细胞量。

所有高原居住小组受试者的血液红细胞量均增加，但是组间没有差异。在较高海拔居住的两组受试者

（2 085 m 和 2 454 m）的最大摄氧量提高，但是 1 780 m 组和 2 800 m 组的受试者没有提高。在成绩方面，生活在 2 454 m 和 2 800 m 的运动员在该海拔 5 天后，与 1 780 m 组的受试者相比，成绩下降幅度较大。1 780 m 组的受试者在 26 天的高原训练中没有表现出变化，而生活在高于比赛海拔的所有组在第 5 天到第 19 天都有改善，但在第 26 天没有进一步的改善。研究小组的结论是，在低到中等海拔参加比赛的耐力运动员应该生活在比赛时的海拔高度，而不是更高。对于生活在高出比赛海拔 300～1 000 m 的运动员，急性高原表现可能更差，可能需要更长时间（长达 19 天）的适应期，才能尽量减少成绩下降。

人们通常可以通过在低海拔地区度过几天，再逐渐上升到高原来预防急性高山病。建议在海拔 3 000 m（9 842 ft）以上，每天逐渐上升不超过 300 m（984 ft），以将急性高山病的风险降至最低。美国陆军环境医学研究所的科学家进行了一项研究，考查了各种分期和缺氧治疗作为预适应策略的有效性。为了使急性高山病的症状最小化，且保留 4 000 m（13 123 ft）以上海拔的机能能力，证据表明：

✧ 上升到大于 1 500 m 的中等海拔 1～2 天产生通气适应。

✧ 在海拔 2 200 m 停留 6 天基本上能减轻急性高山病，且提高快速上升超过 4 000 m 后的运动表现。

✧ 在过去的两个月内，在海拔 3 000 m 停留 5 天或更长时间，可显著降低急性高山病的发病率。

✧ 在中等海拔地区居住的时间越长，在高海拔地区通气适应和预防急性高山病的效果越好。

✧ 在预暴露期间进行运动训练可以更好地提高身体表现。

✧ 与常压缺氧（在海平面呼吸低氧混合物）相比，涉及低压缺氧（直接在高海拔暴露，或在高海拔的舱室和帐篷中）的策略更有效。

在用于减轻急性高山病患者症状的药物中，在登山前一天开始服用乙酰唑胺是唯一确定的预防措施。乙酰唑胺有时需要与类固醇（如地塞米松）联合使用。两种药物都要在医嘱指导下服用。当然，对严重急性高山病的最终治疗是回到较低的海拔，但高流量 O_2 和使用高压救援袋在严重情况下也是有效的。

二、高原肺水肿

不同于急性高山病，**高原肺水肿（high-altitude pulmonary edema，HAPE）**是肺部水聚集，有生命危险。HAPE 的病因可能与缺氧引起的肺血管收缩有关，导致肺内形成血栓，剩下的组织过度灌注，液体和蛋白质从毛细血管中溢出。这种情况似乎经常发生在迅速上升到海拔 2 500 m（8 202 ft）以上的高度未适应的人身上。在健康的人群中，以儿童和年轻人更为常见。积液会干扰肺部空气进出，导致呼吸急促、持续咳嗽、胸闷和过度疲劳。正常呼吸中断会损害血液充氧，如果严重的话，患者可能会出现嘴唇和指甲发绀（呈蓝色）、精神错乱和意识丧失。高原肺水肿的治疗方法是给患者补充 O_2，并将其转移到较低的海拔。

三、高原脑水肿

高原脑水肿（high-altitude cerebral edema，HACE）发生较少，据报道是液体聚集在颅腔。这种情况通常是高原肺水肿的后续并发症。这种神经系统疾病的特点是精神错乱，昏昏欲睡，共济失调（行走困难），发展到失去知觉和死亡。大多数病例报告的海拔超过 4 300 m（14 108 ft）。与高原肺水肿相似，高原脑水肿的病因包括缺氧引起的脑毛细血管液体渗漏，引起水肿，并在狭窄的颅内空间形成压力。治疗方法包括补充 O_2，使用高压袋，并将患者迅速转移到较低的高度。如果下降延迟，可能会导致永久性损伤。

小结

- 急性高山病通常会引起头痛、恶心、呼吸困难和失眠等症状。症状通常在到达高海拔 6～48 h 后出现。
- 急性高山病的具体原因不清，但是很多研究者怀疑，这些症状可能是缺氧和 CO_2 在组织中积累相结合造成的。
- 急性高山病通常可以通过缓慢、逐渐上升到高原来避免，如在海拔 3 000 m（9 842 ft）以上每天爬升不超过 300 m（984 ft）。
- 高原肺水肿和高原脑水肿分别涉及肺部和颅腔积液，是危及生命的疾病。两种疾病的治疗方法都是补充 O_2，使用高压袋，降低高度。

结语

身体活动很少能在理想的环境条件下进行。热、冷、湿度和海拔——无论是单独还是组合，都是叠加在运动生理上的独特问题。本章和第十二章总结了这些常见环境应激的特点，以及我们如何应对它们。

到目前为止，我们的大部分讨论都是关于生理变量和环境压力如何影响运动表现。在本书的第五部分，我们将研究优化运动表现的各种方法。我们从观察训练量的重要性开始，考虑当训练过多或过少时会发生什么。

关键词

急性高山病［acute altitude（mountain）sickness］
大气压（barometric pressure，P_b）
潮式呼吸（Cheyne-Stokes breathing）
高原脑水肿（high-altitude cerebral edema，HACE）
高原肺水肿（high-altitude pulmonary edema，HAPE）
低气压（hypobaric）

低氧血症（hypoxemia）
缺氧（hypoxia）
氧分压（partial pressure of oxygen，PO_2）
红细胞增多症（polycythemia）
呼吸性碱中毒（respiratory alkalosis）

思考题

1. 描述高原可能限制身体活动能力的因素。
2. 哪些类型的运动会受到高海拔的不利影响？为什么？
3. 当某人上升到 1 500 m 以上的高度时，描述在最初的 24 h 内发生的生理调整。
4. 区分在几天、几周和几个月的时间里伴随着高原适应发生的生理调整。
5. 在高原训练的耐力运动员能在随后的海平面运动中表现得更好吗？为什么？
6. 阐述高住低练的理论优势。
7. 运动员为参加高原比赛做好准备的最佳策略是什么？
8. 与急性暴露在高海拔环境中相关的健康风险是什么？如何将其降至最低？
9. 如何将急性高山病的可能性降到最低？一旦发生，如何处理？

学习指南

“关键词”复习了本章中的重要概念，章末的思考题可以测试你对本章内容的理解。

第五部分
运动表现优化

前几部分讨论了身体如何应对剧烈运动、如何适应长期训练，以及如何适应极端环境。现在，我们可以将这些知识应用于优化特定运动的表现。第五部分将从生理学的角度关注运动员如何为比赛做好准备。第十四章“运动训练”将讨论如何优化运动员的训练方案，并探讨训练过多或者过少对运动成绩的影响。第十五章“身体成分、营养和运动”将讨论身体成分评估、身体成分与运动表现的关系，以及体重标准等问题。之后，我们将评估运动员的饮食需求，并考虑改变饮食或者使用增补剂对运动表现的影响。第十六章“运动增补剂”将讨论许多被提议用来提高运动成绩的药物、激素和生理制剂，以及使用这些药物的潜在益处、效果和健康风险。

第十四章 运动训练

在埃里克（Eric）的大学生涯中，他每天游泳四小时，共 13.7 km（8.5 mi）。尽管每天很努力地训练，但是自从读大学以来，他在 200 yd（183 m）蝶泳比赛中的成绩始终没有提高。他的比赛最好成绩是 2 min 15 s，而他队友的成绩在 2 min 5 s 之内，所以他很少有机会参加比赛。在埃里克大四的时候，教练员对游泳队的训练计划进行了调整。队员每天只训练 2 h，平均每天游 4.5～4.8 km（2.8～3.0 mi）。此外，他们在每个训练间歇以更快的速度游泳，并且在训练间歇有更长时间的休息。突然，埃里克的表现开始好转。3 个月后，他的成绩提高到 2 min 10 s，这仍然不足以使他成为主要的竞争者，但是作为对埃里克的奖励，教练员让他在锦标赛上参加 200 yd 蝶泳比赛。在比赛前，他进行了 3 周赛前减量训练，每天仅游 1.6 km（1 mi）。随后，埃里克的训练量有所减少，而且在训练后充分休息，最终他进入锦标赛的决赛。他的预赛成绩是 2 min 1 s。在决赛中，他的比赛成绩进一步提高，以 1 min 57 s 7 的成绩获得第三名，这对一个在低训练量且高水平的训练中表现更佳的游泳运动员来说，是一个令人印象深刻的成绩。

由于训练引起的适应提高了能量产生、O_2 输送、肌肉收缩和其他运动表现机制的能力，所以连续几天或者几周的训练可以被认为是一种积极的刺激。与训练相关的主要变化发生在前 6～10 周，适应的程度主要取决于训练期间的运动量和运动强度，这导致许多教练员和运动员错误地认为训练时间越长、越努力就越有可能成为最优秀的运动员。然而，训练量和训练质量是两回事。很多时候，训练课的判断标准是每次的总训练量（如长跑、自行车或游泳），导致了教练员设计的训练计划对提高运动员成绩并不是最佳的，而且经常不合实际。

个体适应训练的速度在遗传上是有限的，过多的训练会降低运动员进步的潜力，并且在某些情况下会导致适应过程崩溃，最终降低运动表现。当训练走向极端时，可能会发生严重的疾病或损伤。

虽然训练量是生理上提高成绩的重要刺激因素，但应该平衡训练量和强度之间的关系。

训练过度可能导致疲劳、疾病、过度损伤、过度训练综合征和运动成绩下降。相比之下，适当的休息，以及平衡训练量和强度之间的关系能够提高运动成绩。为了达到最佳适应性，以及确定合适的训练量和强度，人们已经付出了很大的努力。运动生理学家也测试了许多训练方案，以确定改善心血管和肌肉所需的最大和最小刺激。下面将讨论哪些因素可能影响训练计划，并建立一个最佳训练刺激模型。

第一节　优化训练

所有精心设计的训练计划都包含渐进负荷原则，正如第九章所讨论的，这一原则指出，为了继续增加训练的益处，训练刺激必须随着身体适应而逐渐增加。通过训练提高成绩的唯一方法就是逐步增加训练刺激。然而，这一概念被过度强调可能导致训练过度，使身体超出其适应能力，导致运动表现和成绩方面没有明显提高，甚至下降。相反，如果训练量或者强度太低，会阻碍生理变化产生，并且不会达到最佳表现。因此，教练员和运动员都面临着一个挑战——确定最佳训练刺激，他们也意识到，对一名运动员有效的训练可能对另一名运动员无效。

图 14.1 提供了一个连续训练阶段的模型，在这个模型中，**训练不足（undertraining）**代表了运动员在赛季之间或者在积极休息期间进行训练的模型。一般来说，生理适应是很微弱的，在这个阶段任何运动表现都不会改善。**急性负荷（acute overload）**可能被视为一种平均训练负荷，即运动员在一定程度上对身体施加压力，以提高生理机能和运动能力。**超量负荷（overreaching）**是一个相对较新的术语，指的是短时间内严重超负荷训练，没有足够的恢复时间，从而超过了运动员的适应能力，可能会使运动员出现运动能力短暂下降，这种现象一般持续几天或者几周，但是运动能力最终会提高。**过度训练（overtraining）**指的是在某一点运动员的生理失调、长期表现下降，这通常会导致**过度训练综合征（overtraining syndrome）**。

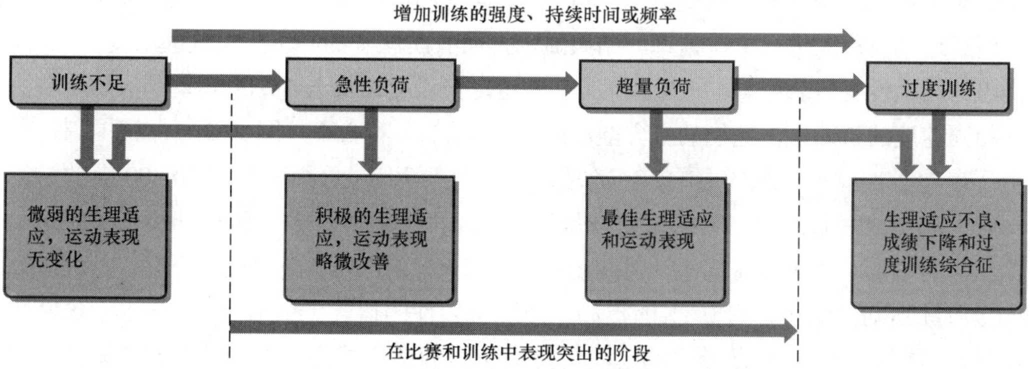

图 14.1　连续训练阶段的模型

一、超量负荷

超量负荷的目的是在短期训练中有意地使身体过度紧张。如果使用正确，可以使身体适应增加的训练刺激。超量负荷与过度训练一样，会导致运动表现短暂下降，一般持续几天或者几周的时间，随后生理功能增强、运动表现提高。超量负荷是训练的关键阶段——可能使生理功能增强、运动表现提高，也可能导致过度训练。超量负荷完全恢复可能需要几天甚至几周的时间，随着训练的程度加重，恢复可能需要几个月甚至在某些情况下需要几年的时间。超量负荷不是一件容易的事情，关键在于运动员足够努力，以改善生理功能和运动表现，但是要避免进入过度训练阶段。

二、过量训练

过量训练（excessive training）指的是远远超过最佳运动表现所进行的训练，尽管在图 14.1 的模型中没有显示，但是严格来说，这不符合超量负荷和过度训练的标准。过量训练是指训练量或运动强度或者两者都超过了最佳水平。“越多越好”的理念通常会影响训练计划。许多年来，运动员处于训练不足的状态，因此教练员和运动员开始通过增加训练量和运动强度突破极限，他们发现这样训练运动员反应良好，而且世界纪录开始被打破。但是，到了某一特定的点，运动成绩趋于平稳或者下降。

关于过量训练的大多数研究都集中在游泳项目，这些原则也适用于其他形式的训练。每周 5～6 天，每天 3～4 h 的游泳训练并不比每天训练 1～1.5 h 更有效果。事实上，过量训练已经被证实会降低肌肉力量，从而影响游泳成绩。

迄今为止的研究表明，没有科学证据表明一日多练比一日一练更能增强体能和提高运动表现。图 14.2 中的数据说明了这一点，该图显示了两组游泳者的反应，在 25 周的训练计划中，运动员在 5～10 周每天 1 练（组 1）或者每天两练（组 2），所有的运动员都按相同的训练方案开始训练，每天 1 次，但是从第 5 周到第 10 周，组 2 训练加倍，每天 2 次。经过 6 周不同方式的训练后，两组运动员每天进行 1 次训练。结果显示，所有游泳者的心率和血乳酸浓度都显著下降，并且两组的结果没有显著差异。每天两练的游泳运动员没有比每天 1 练的运动员表现出更大的进步。在相同速度的游泳中，他们的血乳酸浓度（图 14.2a）和心率（图 14.2b）似乎略高。

为了确定长期过量训练的影响，有研究比较了每天两练、总距离超过 10 000 m 的游泳运动员（一级运动员或者长距离组）的成绩与每天 1 练、大约游半程的游泳运动员（二级运动员或短距离组）的成绩。在 4 年时间里，对两组运动员 100 yd 的成绩变化进行研究。一级游泳运动员和二级游泳运动员每年都有 0.8%的提高。训练特异性的概念（见第九章）表明，虽然每天训练几小时，但不能为参加短期项目的运动员提供所需的适应能力。大多数竞技类游泳项目持续时间不到 2 min，但每天以明显慢于比赛时的速度训练 3～4 h，这如何使游泳者为比赛做好充分准备？运动员进行了大量训练，但是对提高运动表现没有什么好处。

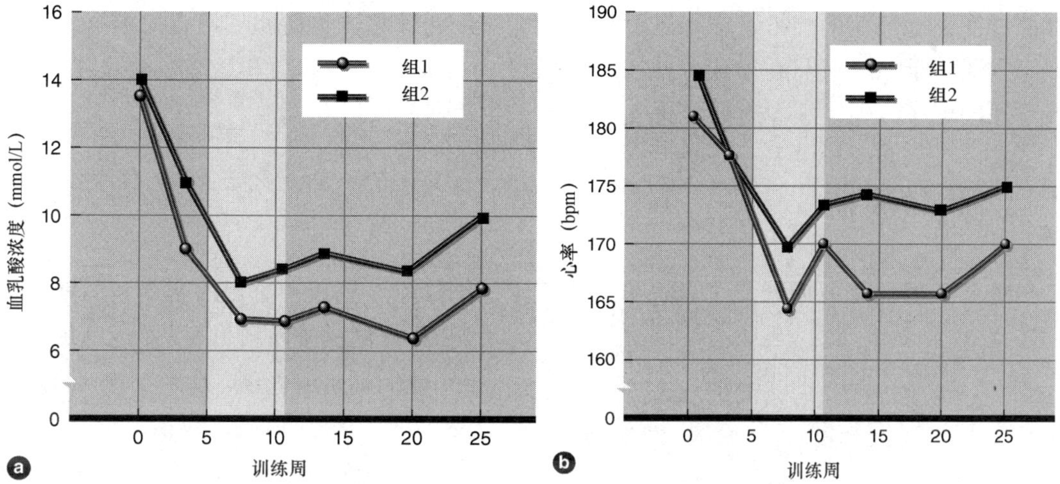

图 14.2　游泳运动员在 25 周的训练中，在标准的 400 yd
游泳过程中血乳酸浓度（a）和心率（b）的变化

注：从第 5 周开始到第 10 周结束，一组每天训练 1 次（组 1），而另一组每天训练 2 次（组 2）。

研究人员质疑每天长时间（高强度）训练的必要性，对许多运动员来说，训练量可以适当减少，甚至有些运动员减少一半训练量也不会影响其运动表现。训练特异性原则表明，低强度、大训练量的训练并不能提高冲刺的成绩。

训练强度也是一个重要因素，它既指肌肉动作的相对力量（抗阻训练），也指代谢和心血管系统的相对压力（无氧和有氧训练）。训练强度和训练量之间有很强的相互作用：运动强度降低，训练量必须增加。高强度训练的训练量应相对减少，但是它所产生的适应不同于低强度、大训练量所产生的适应。这一概念适用于抗阻、有氧和无氧这 3 种类型的训练。

高强度、低训练量只能在短期内进行，尽管这种类型的训练提高了 HIIT 中的肌肉力量和无氧能力，但对于提高有氧能力的影响很小甚至没有影响。相反，低强度、大训练量强调氧气运输和代谢系统，对提高有氧能力的影响更明显，但是对肌肉力量、无氧能力或者冲刺速度几乎没有影响。

试图进行大量高强度训练会对适应产生负面影响。高强度训练的能量需求对酵解能系统提出了更高的要求，迅速消耗肌糖原，如果这种训练太频繁（如每天），肌肉可能会在长期耗尽能量储备，而且可能会表现出过度训练的现象，这是本章第三节讨论的内容。

第二节　训练周期

根据图 14.1 的训练模型，有效的训练是通过应用**训练周期（periodization）**原则来完成的，并将整个运动训练赛季分成更小的时间段和训练单元。训练周期使运动员可以随着时间的推移进行不同负荷的训练，在不过度训练的情况下进行急性负荷和超量负荷训练。传统周期训练方法始于20世纪60年代，并在接下来的50年里受到教练员和运动员的欢迎。最近，替代方法出现了，但是很少有研究证实其改善了生理适应或运动表现。

一、传统周期

传统形式的训练周期涉及了训练单元的有计划的排序（更长和更短的赛季和周期，更高和更低的强度阶段），以便运动员能够达到他们期望的表现。几十年来，周期划分基于一个等级体系，包括：

- ✧ 多年准备（如4年奥林匹克周期）。
- ✧ 大周期（每月训练周期）。
- ✧ 中周期（每周训练周期）。
- ✧ 小周期（持续几天的周期）。
- ✧ 个人锻炼。

图14.3展示了一个周期训练计划。

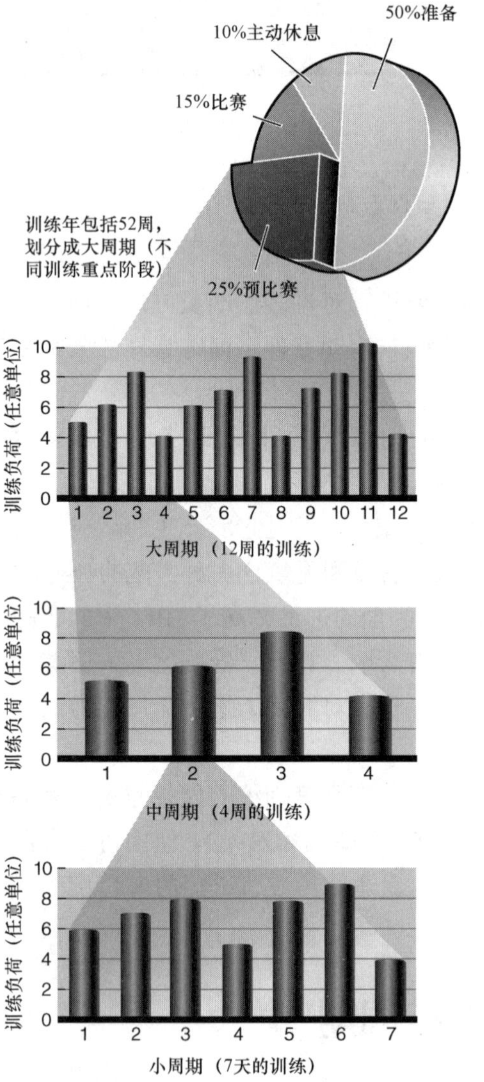

图14.3　传统周期计划的结构

注：在这种模式下，随着时间的推移，训练负荷发生改变，以达到急性负荷和超量负荷，同时避免过度训练。

传统周期划分有两个主要的缺点。第一，如图14.3所示的模型最适合运动员参加单一的、有计划的比赛项目。由于高水平运动员一年四季参加多项比赛，增加了传统的大训练周期、中训练周期、小训练周期设计的复杂性。第二，传统周期计划假设运动中涉及的所有生理系统和技能都是同时发展的。这种方法最适用于跑步、游泳和自行车等运动，但不适用于球类运动、格斗运动和美学运动，因为这些运动不仅仅需要发展有氧能力、肌肉力量或冲刺速度等一般素质。

传统周期训练模式包括实施一般和特定的训练，目的是培养特定的运动技能，强调新陈代谢和特定运动模式。一般运动旨在发展基本的运动能力（如一般力量、速度或耐力），而不考虑机制或代谢需求，如足球训练中的深蹲。特定的练习旨在模仿某项运动特有的姿势（运动模式），如击剑项目中的弓步。特异性也可以通过强调某种运动最相关的生理系统来实现，特别是强调运动强度和持续时间。特定的练习可以通过结合神经肌肉和代谢机制，对每项运动进行优化。

确定训练周期计划有效性的关键是使用专项运动训练来测试每个周期后的运动表现。测试要针对专项运动，这样才能真正评估运动表现。在每个训练周期之后进行适当的测试，不仅可以确定运动表现是否提高，还可以确定从一般训练到专项训练的效果。

研究视角 14.1　高强度训练模型和耐力适应性训练的周期性

“训练周期”被广泛用于描述和量化训练计划。周期性训练增加了训练结构，并且具有明确的训练阶段，能够刺激特定的生理适应或最佳运动表现的发展。这种耐力训练模型有不同的训练阶段，这些训练阶段随着时间的推移而发生周期性变化，范围从小周期（2～7 天）、中周期（3～6 周）到大周期（6～12 个月），而且还考虑了训练强度。大多数研究表明，低强度训练量要大，中等强度训练量要足，高强度训练量要小。个人最佳训练的持续时间和强度、训练的频率，以及这些刺激变量的最佳模式将提高优秀运动员的生理适应和运动表现。

最近的研究主要集中在高强度训练的分期上。虽然这些有限的研究加深了我们对高强度训练的强度、持续时间和耐力表现的认识，但是这种训练强度和持续时间的累积效应还没有被完全理解。因此，研究人员进行了一项研究，比较了在 12 周训练期间，3 种不同高强度训练模式对耐力运动员适应性的影响。3 个组在训练期间分别进行特定的（强度增加或者减少）或者混合形式的间歇训练。图 14.4 对本训练干预进行了说明。干预前和干预后测试评估生理指标（如 $\dot{V}O_2$）和运动表现（如功率）。

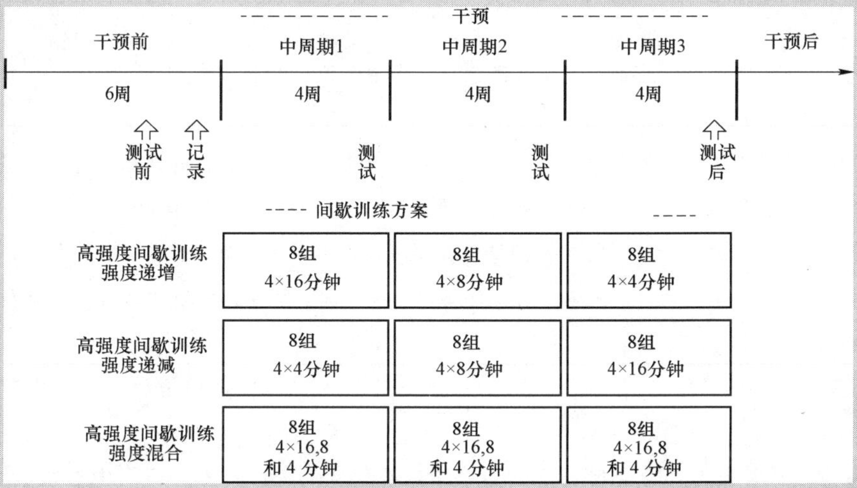

图 14.4　3 种不同高强度训练模式的训练方案

结果显示，3个组在生理和运动表现方面都表现出中等甚至较大程度的改善，表明三个训练模型的基本负荷特征都是有效的。令人惊讶的是，特定的高强度训练周期顺序或混合安排对耐力训练的适应性没有任何影响。尽管研究者发现混合安排组的适应倾向较低，但在统计学上没有区别。研究者认为，不同的合理设计的周期结构可以达到相同的训练目标。

二、板块周期

从20世纪80年代开始，“训练板块”这个术语在高水平运动员及其教练员中流行起来。一个模块是高度专项化和集中工作的训练循环。虽然每项运动都有所不同，但板块周期涉及几个一般原则：

✧ 每个板块侧重于期望结果和目标能力。

✧ 板块的数量很少（3个或4个），不像传统的中周期可能包含9～11种不同类型的小循环。

✧ 单个板块通常持续2～4周。这使身体在产生适应的过程中不会出现过度疲劳。

✧ 按适当的顺序安排训练阶段可以获得最佳的竞技运动成绩。

板块周期的主要好处与运动相关的许多能力是连续发展的，但是关于这一方面公开的数据很少，因为它相对较新，而且结果很难在运动与研究之间进行比较。

小结

- 每名运动员对训练的适应速率都是由遗传决定的。每个人对相同的训练应激的反应是不一样的，所以对某个人来说的过度训练可能远远低于另一个人的最佳适应能力。因此，在设计训练计划时，认识到个体差异是十分重要的。
- 最佳训练包含一个周期性原则的模型，因为身体需要系统地经历训练不足、急性负荷和超量负荷阶段，以达到最佳表现。
- 过度训练指的是以不必要的大训练量、高强度或两者兼有的方式进行的训练。过度训练不仅无法改善运动表现，而且会导致运动表现下降和健康问题。
- 通过增加训练周期的持续时间或频率，或两者兼而有之来增加训练量。许多研究表明，以典型训练量和两倍训练量（两倍训练时间或一天训练两次，而不是一天训练一次）训练的运动员的运动表现没有显著差异。
- 训练强度决定了响应训练刺激而产生的特定适应。随着训练强度的增加，训练量必须减少，反之亦然。
- 周期性训练允许训练负荷随时间变化，允许在不过度训练的情况下进行急性负荷和超量负荷训练。

第三节　过度训练

在负荷过大的训练中，运动员可能出现无法解释的运动表现和生理功能下降，这种现象可能长达数周、数月或数年时间。这种情况被称为过度训练，而引起运动表现下降的原因还不完全清楚，有研究指出了心理和生理原因。此外，过度训练可以发生在抗阻训练、无氧训练、有氧训练 3 种主要训练形式中。因此，原因和症状可能因训练类型而有所差别。

所有的运动员在重复几天和几周的训练中都会出现一定程度的疲劳，因此并非所有产生疲劳的情况都可以被视为过度训练（如前面提到的超量负荷）。一次或多次彻底训练后产生的疲劳通常会通过减少训练或进行休息，以及适当补充富含能量和碳水化合物的食物来缓解。另外，过度训练的特点是运动表现和生理功能突然下降，而且无论减少训练、休息或饮食干预都不能缓解这一现象。

一、过度训练综合征

大多数症状是由过度训练引起的，统称为**过度训练综合征（overtraining syndrome）**。过度训练综合征是主观的，只有在个体的表现和生理功能受到影响后才能被发现。但这些症状是高度个体化的，这使运动员和教练员很难认识到运动表现下降是由过度训练引起的。持续训练导致的身体机能下降通常是过度训练综合征的第一个迹象（图 14.5）。运动员感觉到肌肉力量、协调能力和运动能力下降，总是感到疲劳。

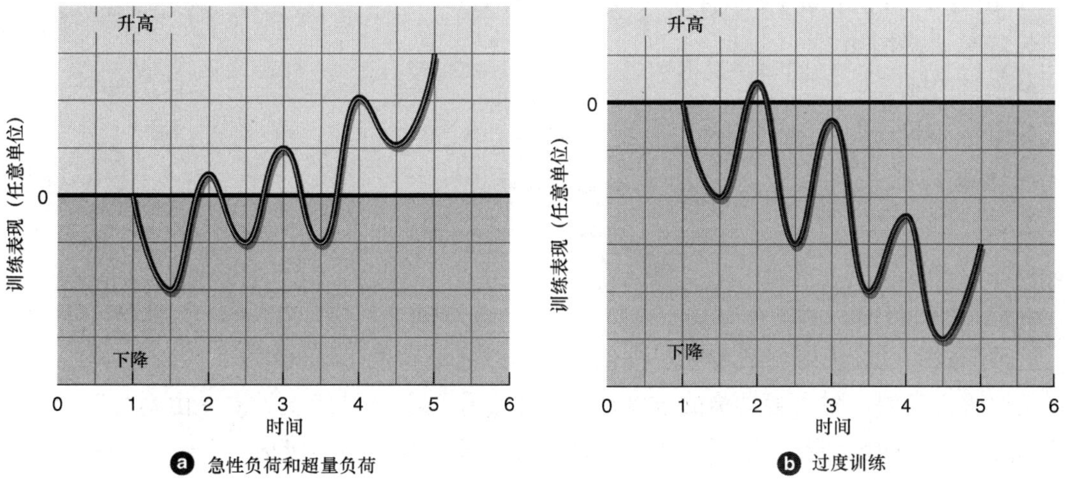

图 14.5　与过度训练（b）相比，在急性负荷和超量负荷（a）情况下，运动表现的典型模式

过度训练综合征的其他主要体征和症状包括：

✧ 食欲变化。

✧ 体重减轻。

✧ 睡眠障碍。

✧ 易怒、不安、兴奋和焦虑。

✧ 动机和精力下降。

✧ 注意力不集中。

✧ 感到抑郁。

✧ 缺乏激情——包括对运动。

过度训练综合征的潜在原因通常是情绪和生理因素的复杂组合。竞争的情感需求、对胜利的渴望、对失败的恐惧、不切实际的高目标，以及他人的期望都是无法忍受的情感压力的来源。因此，过度训练通常伴随着竞争欲望的丧失和训练热情的丧失。此外，阿姆斯特朗（Armstrong）和范海斯特（VanHeest）发现：过度训练综合征和临床抑郁症具有非常相似的体征和症状、脑结构、神经递质、内分泌途径和免疫反应，表明它们可能有相似的病因。

过度训练有害影响的生理因素尚未被完全理解，然而，有研究表明，过度训练与神经、内分泌和免疫系统的改变有关。尽管这些变化和过度训练症状之间的因果关系尚未明确，但这些症状有助于确定一个人是否过度训练。在接下来的讨论中，我们将重点关注与过度训练相关的变化，以及过度训练综合征的潜在原因。

（一）自主神经系统对过度训练的反应

一些研究表明，过度训练与自主神经系统的异常反应有关。运动表现下降的生理现象通常反映了由自主神经系统的交感神经或副交感神经分支控制的那些器官或系统的变化（见第三章）。由过度训练引起的交感神经系统异常会导致：

✧ 静息心率增加。

✧ 血压升高。

✧ 食欲不振。

✧ 体重下降。

✧ 睡眠障碍。

✧ 情绪不稳定。

✧ 基础代谢升高。

这种形式的过度训练主要发生在强调高强度抗阻训练的运动员中。

其他研究表明，耐力运动员的过度训练通常是由副交感神经主导的，由副交感神经系统过度训练所引起的运动表现下降不同于交感神经过度训练，具体包括：

✧ 疲劳的早期发作。

✧ 静息心率降低。

✧ 运动后心率快速恢复。

✧ 静息血压降低。

因此，不同运动项目的运动员可能会表现出不同的过度训练综合征的体征和症状，这些现象与训练方案有关。一般认为过度训练与强度和训练量有关，强度过高与量过大会引起不同的体征和症状。

过度训练综合征的症状是高度个体化和受主观影响的，因此不能一概而论。这些症状中的一种或多种足以提醒教练员，运动员可能出现过度训练。

一些与自主神经系统过度训练相关的症状也见于没有过度训练的人。因此，不能用这些症状的出现来确认过度训练。尽管没有强有力的科学证据支持自主神经系统过度训练理论，但自主神经系统肯定会受到过度训练的影响。

（二）过度训练的激素反应

过度训练期间的血液激素水平表明，过度紧张会伴随内分泌功能明显紊乱。如图 14.6 所示，当游泳运动员将其训练量增加 1.5～2 倍时，血液中甲状腺素和睾酮的浓度通常会降低，而皮质醇的浓度会升高。有人认为睾酮和皮质醇的比值可以调节恢复过程中的合成代谢，因此这一比值的变化被认为是过度训练综合征的一个重要指标，也可能是引起过度训练的原因。睾酮减少和皮质醇增加可能会导致细胞中蛋白质分解代谢增加，而不是合成代谢。然而，其他研究表明，尽管皮质醇浓度在超量负荷和过度训练的早期阶段增加，但在过度训练综合征中，休息和运动时的皮质醇浓度最终都会降低。此外，大多数过度训练研究都是针对有氧训练的耐力运动员进行的，关于无氧训练和抗阻训练的运动员的研究较少。使用前一节介绍的术语，与运动强度相关的过度训练（无氧训练和抗阻训练）似乎不会改变休息期间的激素浓度。

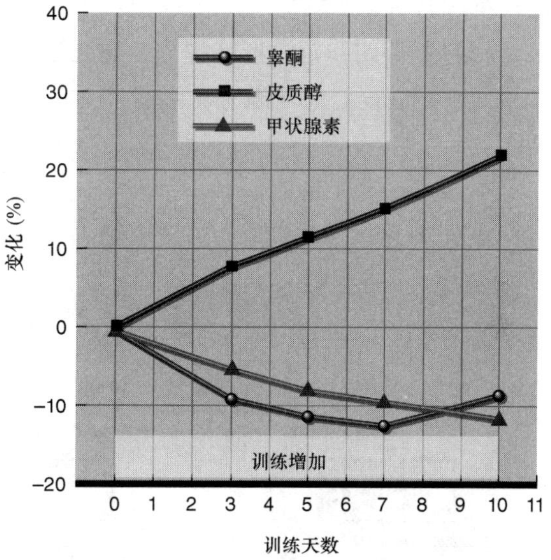

图 14.6　在一段强化训练期间，睾酮、皮质醇和甲状腺素的静息血浓度的变化

注：在 10 天训练期间，游泳者将他们的训练量从每天 4 000 m 增加到 8 000 m。这些数据表明，静息期皮质醇浓度随着训练压力的增加而增加，而睾酮和甲状腺素在此期间出现了不必要的下降。

通常，过度训练的运动员血液中尿素浓度较高，因为尿素是由蛋白质分解产生的，即蛋白质分解代谢。这种蛋白质分解被视为许多过度训练运动员体重下降的原因。

据报道，在强化有氧训练期间，肾上腺素和去甲肾上腺素的静息血浓度升高。这两种激素会提高心率和血压。一些运动生理学家由此提出，可以通过测量血液中儿茶酚胺的浓度来判定过度训练。然而，其他研究发现，训练强度增加时儿茶酚胺没有变化，甚至有些人在静息状态下儿茶酚胺浓度还会降低。

急性负荷和超量负荷训练大多数会产生与过度训练相同的激素变化。因此，测量这些激素和其他激素并不能提供过度训练的有效证据。运动员激素浓度异常可能只是对训练的正常反应。此外，最后一轮训练和收集静息血样之间的时间间隔非常重要。一些潜在的标志物超过 24 h 后持续升高，可能不能反映真正的静息状态。这些激素的变化可能只是反映了训练应激，而非运动员适应能力不足。因此，专家们普遍认为，没有一种血液标志物能最终确定过度训练综合征。

阿姆斯特朗和范海斯特提出，与过度训练综合征相关的各种应激源主要通过下丘脑发挥作用。他们假设这些应激源激活身体对应激源的反应，涉及以下两个主要激素轴，如图 14.7a 所示。

✧ 交感－肾上腺髓质轴，涉及自主神经系统的交感神经分支。

✧ 下丘脑－垂体－肾上腺皮质轴。

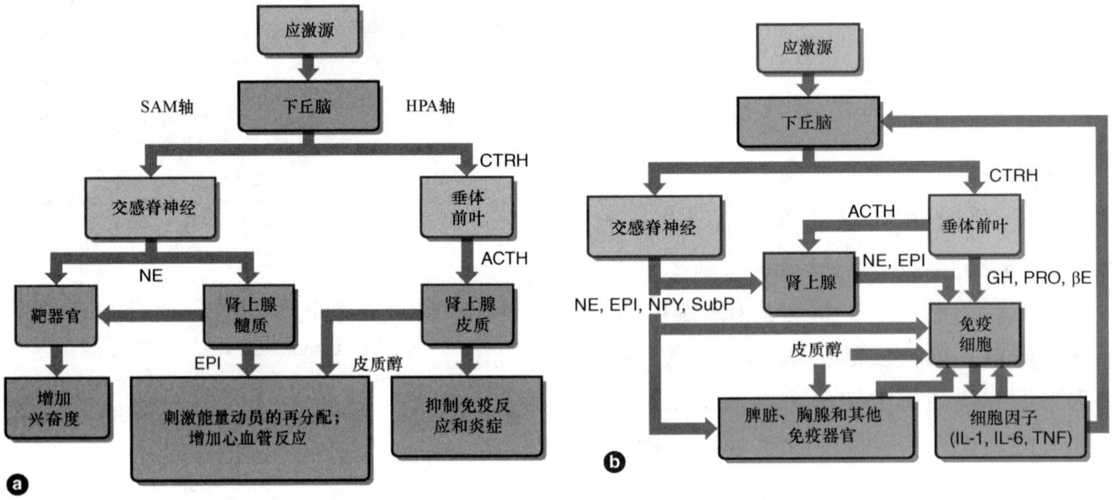

a. 下丘脑和交感－肾上腺髓质轴（SAM）和下丘脑－垂体－肾上腺皮质轴（HPA）可能是过度训练综合征的介质；b. 该模型中的脑－免疫系统相互作用，细胞因子在调节过度训练综合征中可能起主要作用。ACTH：促肾上腺皮质激素；EPI：肾上腺素；CTRH：促肾上腺皮质激素释放激素；GH：生长激素；IL-1：白细胞介素-1；IL-6：白细胞介素-6；NE：去甲肾上腺素；SubP：P 物质；PRO：催乳素；TNF：肿瘤坏死因子；NPY：神经肽 Y；βE：β-内啡肽。

图 14.7　应激反应涉及的两个主要激素轴

图 14.7b 展示了脑－免疫系统与这两个轴的相互作用。这两个结构相当复杂，远远超出了入门级运动生理学图书的范围。然而，粗略地研究图中展示的相互作用将会使人对这种综合征的复杂性有所了解。重要的是，压力对大脑（下丘脑）有影响。因此，大脑神经递质很可能在过度训练综合征中发挥重要作用。血清素是一种主要的神经递质，极有可能在过度训练综合征中起重要作用。但这种重要神经递质在血浆中的浓度并不能准确反映它在大脑中的浓度，还需要更先进的技术方法帮助我们进一步了解大脑内部发生的变化。

过度训练综合征似乎与全身炎症因子和细胞因子合成增加有关，这为图 14.7b 中描述的模型提供了支持。循环细胞因子增加是由感染，以及与过度训练相关的骨骼肌、骨骼和关节损伤引起的。这似乎是身体对感染和损伤的炎症反应。理论上，过度的肌肉骨骼压力加上休息和恢复不足会产生一连串的影响，从而使局部急性炎症反应演变为慢性炎症，最终演变为全身性炎症。全身性炎症可以激活循环单核细胞，然后合成大量细胞因子。细胞因子作用于大脑和身体的大部分功能，而这种作用的效果与过度训练综合征表现出的症状一致。

（三）免疫和过度训练

免疫系统为抵抗入侵的细菌、寄生虫、病毒和肿瘤细胞提供了一道防线。这个系统依赖于特殊细胞（如淋巴细胞、粒细胞和巨噬细胞）和抗体的作用，主要消除或中和可能导致疾病的外来入侵者（病原体）。而过度训练十分严重的后果之一就是对身体免疫系统产生负面影响。事实上，根据图 14.7 中的模型，**免疫功能（immune function）**受损可能是过度训练综合征发病的主要因素。

许多研究表明，过度训练抑制了正常的免疫功能，增加了过度训练的运动员对感染的易感性，如图 14.8 所示。研究还表明，短时间的剧烈运动会暂时损害免疫反应，连续几天的高强度训练能够放大这种影响。几名调查者报告说，在一次力竭运动后，如跑完 42.195 km 的马拉松，发病率会增长。这种免疫抑制的特征是淋巴细胞和抗体浓度异常低，此时，入侵的生物体或物质更有可能导致疾病。此外，生病期间进行剧烈运动可能会降低个人抵抗力，并增加患更严重的并发症的风险。

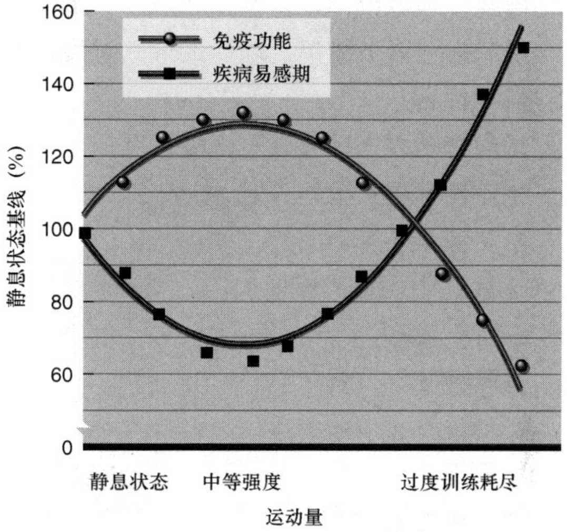

图 14.8　运动量和免疫功能之间关系的倒“J”形模型，表明适度锻炼可能会降低感染或疾病的风险，而过度训练可能会增加风险

二、过度训练联合共识声明

美国运动医学学会和欧洲运动科学学会以共识声明的形式论述了预防、诊断和治疗过度训练综合征的重要性。在提供训练适应所需的超负荷和避免过度超负荷与恢复不足之间难以实现平衡。共识声明描述了非功能性超量负荷（nonfunctional overreaching，NFOR）和过度训练综合征之间的区别。NFOR 会导致一种停滞不前或运动表现下降的状态，但最终运动员可以通过充分的休息来恢复。另外，过度训练综合征导致“表现能力长期下降，并伴有或不伴有相关的生理和心理症状，以及适应不良的症状，其中表现能力恢复可能需要几周或几个

月的时间”。调查数据显示，在耐力运动员中，NFOR 或过度训练综合征的患病率约为 10%，有些甚至更高。

关键的区别在于过度训练综合征导致了运动员长期的适应不良，却很难诊断。过度训练综合征的症状通常比 NFOR 更严重，包括疲劳、运动表现下降和情绪障碍。目前已经提出了几种过度训练综合征标记，包括激素、心理测试、生化标志物和免疫功能指数，但是都不符合普遍使用的标准。心率变异性测量作为自主平衡的指标带来了一些希望，但是各种测量技术限制了它的实用性和可接受性。诊断过度训练综合征的一个必要但烦琐的任务是排除其他导致运动表现下降的原因，如疾病和感染、能量负平衡、碳水化合物或蛋白质摄入不足、过敏等。

最后，重要的是，要考虑到高要求的强化训练不是造成过度训练综合征的唯一因素。过度训练综合征是复杂的，涉及心理因素，如过度期望、竞争压力、社会和家庭参与、个人和情感问题、训练单调，以及工作或学校的课外需求。美国运动医学学会和欧洲运动科学学会两个组织提出以下清单，以帮助诊断过度训练综合征。

表现疲劳

运动员是否出现过以下情况：

□ 不可解释的表现不佳。

□ 持续疲劳。

□ 训练中的费力感增加。

□ 睡眠障碍。

排除标准

是否患有以下疾病：

□ 贫血。

□ 艾巴氏病毒。

□ 其他传染病。

□ 肌肉损伤（肌酸激酶值高）。

□ 莱姆病。

□ 内分泌疾病（如糖尿病、甲状腺、肾上腺等）。

□ 饮食行为的主要障碍。

□ 生物学异常（如血沉增加、C 反应蛋白、肌酐或肝酶、铁蛋白降低等）。

□ 损伤（肌肉骨骼系统）。

□ 心血管症状。

□ 成年人哮喘。

□ 过敏。

是否存在不适宜的训练：

□ 训练量增加（>5%）（h • wk^{-1}，km • wk^{-1}）。

□ 训练强度显著增加。

□ 训练单一。

□ 比赛次数多。

□ 耐力运动员："无氧"阈值时表现下降。

□ 暴露于环境应激源（如海拔、热、冷等）。

其他干扰因素：

□ 心理症状和体征［心境状态量表（POMS）、运动身心状况量表（RESTQ-Sport）、主观体力感觉等级（RPE）等测试结果紊乱］。

□ 社会因素（如家庭关系、财务、工作、教练、团队等）。

□ 最近或多次跨时区旅行。

运动测试：

□ 是否有基线值进行比较（如运动表现、心率、激素、乳酸等）。

□ 最大运动测试表现。

□ 亚极量或特定运动测试表现。

□ 多重表现测试。

三、预测过度训练综合征

尽管生理或心理负荷过重或两者结合可能会引发过度训练综合征，但是过度训练综合征的潜在原因还不完全清楚。试图通过调节训练期间的生理和心理压力，使其不超过运动员的压力承受能力是很困难的。大多数教练员和运动员凭直觉确定训练量和强度，但很少有人能准确评估训练对运动员产生的真正影响，并没有早期症状提醒他们已经处于过度训练的边缘。当教练员意识到他们给运动员的负荷太大时，往往已经太迟了。重复几天的过度训练或负荷所造成的损伤只能通过减少训练或完全休息来恢复，这可能需要几天，甚至几周或者几个月的时间。

许多研究者试图通过各种生理和心理测量来识别早期过度训练综合征。潜在指标见表 14.1。不过从目前来看，没有一个指标能被证明是完全有效的。很难确定测量结果与过度训练有关，还是仅仅反映了对超负荷或超量负荷的正常反应。

表 14.1　超量负荷（OR）、过度训练（OT）和过度训练综合征（OTS）的潜在指标

生理和心理指标	反应	OR	OT	OTS
静息心率和最大心率	减少		√	√
亚极量心率和亚极量摄氧量	增加	√		√
最大摄氧量	减少			√

续表

生理和心理指标	反应	OR	OT	OTS
无氧代谢	受损		√	
BMR	增加			√
亚极量换气比值和最大换气比值	减小		√	√
氮平衡	负值			√
神经兴奋性	增强			√
交感神经反应	增强			√
心理情绪状态	改变	√		
感染风险	增加	√		
血细胞比容和血红蛋白	减少		√	
白细胞和免疫类型	减少		√	
血清中的铁和铁蛋白	减少		√	
血清电解质水平	降低			√
血清葡萄糖和游离脂肪酸	减少		√	
血乳酸浓度	减少		√	√
血氨	增加		√	√
血清睾酮和皮质醇	减少	√		
促肾上腺皮质激素、生长激素、催乳素	减少			√
儿茶酚胺（静息、夜间）	减少			√
肌酸激酶	增加			√

识别过度训练综合征的一个好方法是在标准化锻炼过程中监测运动员的心率。例如，佩戴数字心率监测器以固定速度跑步或游泳（图 9.5）。图 14.9 中的数据显示了跑步者在 1 mi（1.6 km）跑中以 6 min/mi（3.7 min/km）或 10 mph（16 km/h）的固定速度跑步的心率反应。在跑步者未训练、已训练和表现出过度训练综合征时监测心率反应。数据表明，当跑步者处于过度训练状态时，心率比训练反应良好时要高。这种测试的优点在于能够简单并客观监测训练，并可能提供过度训练的早期预警信号。

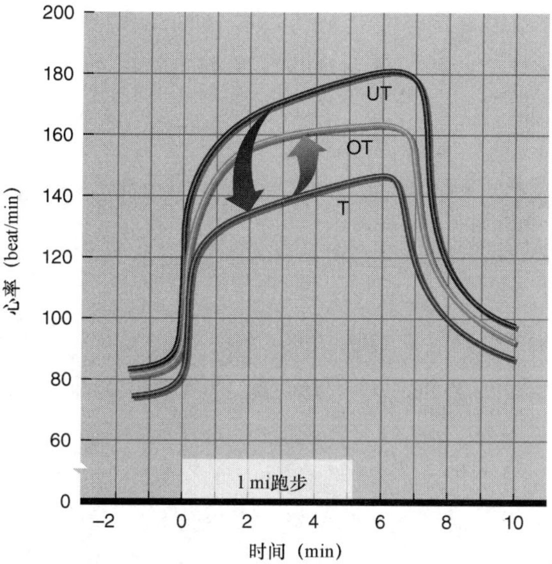

图 14.9　在未训练（UT）、已训练（T）和过度训练（OT）时，跑步者以 10 mph（16 km/h）的固定速度在跑台上跑步时的心率反应

四、运动成瘾

对许多了解定期运动对健康有好处的人来说，运动成瘾可能不是一件坏事。然而，运动成瘾是不利于适应的，所以它非但不能改善人的生活，反而会带来更多的问题。这种成瘾行为会威胁人的整体健康，造成身体过度使用和损伤，破坏个人生活和事业，在某些情况下，还会导致营养问题和饮食紊乱。运动成瘾最近受到了运动专家的关注，包括运动心理学家。令人惊讶的是，尽管人们已经知道运动成瘾的有害后果，但《精神障碍诊断和统计手册（第五版）》（DSM−V）中并未将其列为障碍。

健康运动和运动成瘾是很难区分的。运动成瘾的人不顾身体损伤、个人不便及对他们生活（如婚姻或职业）的干扰和其他重要活动的影响，仍然会继续运动。坚定的运动者认为运动有许多好处，并认为锻炼习惯很重要，但不是必要的。成瘾的运动者认为运动是他们生活的核心部分，可以避免因错过运动而产生的不愉快情绪（如内疚、焦虑）。成瘾的运动者甚至可能认为运动是他们生活中最重要的部分，也是提升情绪或让自己感觉良好的唯一途径。2013 年一篇有关运动成瘾的综述指出："运动者必须获得一种生活平衡感，同时接受一种有利于长期身体、心理和社会健康的态度。"

五、预防和恢复

只要显著降低训练强度或彻底休息，就有可能克服过度训练综合征。尽管大多数教练员建议可以进行几天简单的恢复训练，但是过度训练的运动员需要更多的时间来完全恢复。他们可能需要在几周或几个月内彻底停训。在某些情况下，可能需要心理咨询来帮助运动员应对生活中可能导致这种情况的压力。

将过度训练的风险降到最低的最佳方法是遵循周期性训练程序，交替进行轻松、适中和困难的训练。尽管个体耐力差异很大，但是最强壮的运动员也有过度训练综合征的易感时期。一般来说，一天或两天的高强度训练后，应该有同等时间的放松训练。同样，一至两个星期的高强度训练之后，应进行一星期的减量训练，同时很少或不再强调无氧运动。

耐力运动员（如游泳运动员、自行车运动员和跑步运动员）应该特别注意卡路里和碳水化合物的摄入。连续几天的高强度训练会使肌糖原逐渐减少。除非这些运动员在此期间消耗额外的碳水化合物，否则肌糖原和肝糖原储备可能会耗尽，造成最密集的肌纤维不能产生运动所需的能量。

小结

- 运动成瘾者认为运动是他们生活的核心部分，运动可以避免因错过运动而产生的不愉快情绪（如内疚、焦虑）。
- 运动员错误地认为训练越多，进步越大，经常导致过度训练。随着过度训练的出现，运动表现下降，因此他们更加努力地训练来弥补。训练计划应该包括休息和训练强度，以及训练量的变化，以避免过度训练综合征的出现。
- 过度训练给身体带来的负荷超出了其适应能力，降低了运动员生理能力和运动表现。
- 过度训练综合征的症状具有主观性，因人而异，许多还伴随着常规训练所引起的反应，使过度训练综合征的预防或诊断变得困难。
- 引起过度训练综合征的原因可能包括自主神经系统功能的改变、内分泌反应的改变、免疫功能的抑制和大脑神经递质的改变。
- 研究人员已经提出一些过度训练的潜在迹象和症状，用来诊断早期阶段的过度训练。然而，在这个时候，心率对固定速度运动的反应似乎是最简单和最准确的指标。运动表现下降也是很好的指标，但通常出现在过度训练综合征的后期。
- 过度训练综合征的治疗方法是在数周或数月内显著降低训练强度或彻底休息。通过进行不同训练强度和训练量的周期性训练，可以很好地预防过度训练综合征。
- 对耐力运动员来说，确保摄入足够的卡路里和碳水化合物以满足能量需求是非常重要的。

第四节　赛前减量训练以达到最佳运动表现

最佳表现要求对运动负荷有最大的身体和心理承受能力，但是长时间的高强度训练会降低肌肉力量，降低运动员的运动能力。出于这个原因，为了在巅峰状态下比赛，许多运动员在重大比赛前会降低训练强度和训练量，让身体得到休息，这种训练被称为**赛前减量训练**（**tapering**）。在**赛前减量训练期**（**taper period**）降低训练强度和训练量，可为剧烈训练引起的组织损伤的愈合和身体能量储备的充分补充提供足够的时间。赛前减量训练期一般持续4～28天，或更长，这取决于运动项目、比赛和运动员的需要。赛前减量训练并不适合所有比赛，尤其是每周一次或者更频繁的比赛。尽管如此，充分休息的运动员通常表现更好。

在赛前减量训练期，最显著的变化是肌肉力量显著增加，这部分说明了运动表现改善，但是很难确定力量的增加是由肌肉收缩机制的改变还是肌纤维动员的改善引起的。然而，在

10 天强化训练之前和之后，观察游泳运动员手臂的单根肌纤维，Ⅱ型肌纤维的最大收缩速度显著降低。这种变化归因于肌纤维中肌球蛋白的变化。在这种情况下，Ⅱ型肌纤维中的肌球蛋白变得更像Ⅰ型肌纤维中的肌球蛋白。根据这些数据，我们假设肌纤维的这种变化会导致游泳者和跑步者在长时间的高强度训练中力量减弱。我们也可以假设，力量恢复与肌肉收缩机制的改变有关。赛前减量训练还能使肌肉有时间修复在高强度训练中产生的损伤，并恢复能量储备（如肌糖原和肝糖原）。

尽管赛前减量训练被广泛应用于各种运动中，但许多教练员担心在重大比赛前长时间地减少训练会降低体能并影响表现。然而，大量研究清楚地表明这种担心是没有根据的。发展最佳 $\dot{V}O_{2max}$ 最初需要大量训练，但是一旦达到高水平 $\dot{V}O_{2max}$，只需少量训练就可以将其维持在最高水平。事实上，即使训练频率降低 2/3，最大摄氧量的训练水平也能保持。

跑步者和游泳者在 15～21 天内减少约 60%的训练，其最大摄氧量或耐力表现不会降低。一项研究表明，在赛前减量训练期之后，游泳运动员在标准游泳后的血乳酸浓度比以前要低。更重要的是，由于减少了训练，游泳运动员的成绩提高了 3%，手臂力量提高了 18%～25%。在一项对长跑运动员的研究中，在 5 km 试验中，经历 7 天赛前减量训练的跑步运动员的跑步时间减少了 3%，相比之下，那些没有进行赛前减量训练的运动员的跑步时间没有减少。在 80%最大摄氧量的跑步过程中，赛前减量训练的人的次最大摄氧量减少了 6%，表明运动经济性更高。80%最大摄氧量时的血乳酸浓度不变，最大摄氧量和腿部伸展峰值力量也不变。

根据单项研究结果，很难评估赛前减量训练对提高运动成绩的效果。分析研究数据的一种方法是进行 Meta 分析，这种分析侧重于将多项研究的结果汇总，希望能找出各种结果之间的模式和对比；目标是从多项研究中找出有意义的关系和结论。对 27 项研究数据进行的 Meta 分析评估了不同类型的赛前减量训练对竞技表现的影响。这些研究通过减少训练强度、训练量和训练频率，以及持续时间来确定减量模式。大多数研究都涉及了竞技游泳、跑步和骑自行车。通过对这些数据进行分析，研究人员发现最佳赛前减量训练策略是持续两周的减量训练，在此期间，训练量减少 41%～60%，而训练强度或频率无须变化。

很少有资料可以证明在团体运动和长时间耐力运动（如自行车和马拉松比赛）中，赛前减量训练对成绩的影响。在为这类运动员提供指导方针之前，需要有研究证明减少训练时间也能产生类似的好处。

研究视角 14.2　赛前减量训练期间的最佳表现

优秀运动员的教练员有一个共同的目标，那就是设计一个控制良好的训练计划，确保运动员在重大比赛中取得最佳成绩。最好的比赛成绩通常出现在赛前减量训练之后，赛前减量训练是指比赛前训练负荷渐进式非线性减少。赛前减量训练的主要目的是减少训练的生理和心理压力，消除疲劳，从而使运动员获得最佳运动表现。然而，相对来说，很少有科学依据能够指导教练员为运动员制订合适的赛前减量训练计划。大多数研究使用数学模型来预测最理想的赛前减量训练计划。尽管这一说法证据有限，但运动员在赛前减量训练前进行一段时间的超负荷训练是很常见的，目的是在最大程度上提高成绩。

2014 年的一项研究讨论了在模拟赛前减量训练之前和赛前减量训练期间，运动表现和训练之间的关系。研究人员观察了在 3 周超负荷训练之后，高水平的铁人三项运动员进行 4 周模拟赛前减量训练后，运动表现是否比对照组有更明显的改善。研究人员检验了这样一个假设，即在赛前减量训练之前完成超负荷训练将会带来更大的成绩提升，尤其是在超量负荷的运动员（那些表现出成绩下降的运动员）中，但是这将需要更长时间的赛前减量训练。研究人员监控了每个铁人三项运动员 11 周的训练，训练共分为 4 个不同的阶段。对超负荷实验组和对照组而言，前两个阶段是相同的：第一阶段共 3 周，在此期间，受试者完成他们自己的常规训练。第二阶段进行一周的中等负荷训练，在此期间，受试者训练强度保持不变，但日常训练量要减少 30%。在第三阶段，对照组重复第一阶段的训练，而超负荷实验组完成 3 周超量负荷（每次训练的持续时间增加 30%）训练。在第四阶段，所有受试者都进行为期 4 周的减量训练，他们的训练负荷每周减少 40%。在第二阶段和第三阶段结束时，以及第四阶段的每周，受试者都要进行最大摄氧量测试。

在超负荷实验组中，10 名铁人三项运动员出现了明显的超量负荷现象（运动表现短暂降低与高感知疲劳相关，随后出现了运动表现超补偿），而其他 12 名运动员没有出现。研究人员发现，如果在赛前减量训练之前进行了更大负荷的训练，运动表现和最大摄氧量都得到了很大的提高，但如果出现超量负荷现象，则没有提高。在赛前减量训练中，功能性超量负荷与低表现超补偿相关，并且出现训练适应不良，包括受伤或感染的风险增加。

实际上，这些结果强调了在训练期间和赛前减量训练期间监控运动员的重要性。研究人员建议，未来的研究应该探究不同训练模式的有效性，使用早期的功能性超量负荷标记调整训练负荷，以在最大程度上优化训练、赛前减量训练和运动表现。

小结

- 许多运动员在比赛前会降低训练强度和减少训练量，以提高力量、功率和运动表现。这种做法被称为赛前减量训练。
- 在一些运动项目中，为了比赛而进行赛前减量训练对最佳表现至关重要。减少训练量和训练强度，并结合高质量的休息，让肌肉自我修复并恢复其能量储备以供比赛所需。
- 赛前减量训练的最佳持续时间在 4～28 天，也可以更长，这取决于运动项目和运动员的需求。
- 肌肉力量在赛前减量训练期间显著增强。
- 赛前减量训练使肌肉有时间修复在高强度训练中产生的损伤，并使能量储备（肌糖原和肝糖原）得以恢复。
- 维持先前增益所需的训练比最初获得增益所需的训练要少，因此赛前减量训练不会降低身体机能。
- 通过适当的赛前减量训练，有氧运动的表现可能平均提高约 3%。

第五节　停训

减量训练是通过减少训练刺激来促进运动表现的。训练有素的运动员能将他们的表现能力调整到最高水平，但是当比赛赛季即将结束时，他们会怎么样呢？许多运动员希望完全放松，不进行任何剧烈的身体活动。从生理学的角度来看，缺乏体育锻炼是如何影响训练有素的运动员的呢？

停训（detraining）是指部分或完全丧失训练诱导的适应能力，以响应训练停止或训练负荷的显著减少。这与赛前减量训练相反，赛前减量训练指峰值训练负荷仅在几天到几周内逐渐减少。关于停训的相关知识主要来自临床研究，患者因受伤或手术而被迫停止运动。大多数运动员担心他们通过艰苦训练所获得的能力将会在短暂的停训中丧失殆尽，但是最近的研究表明，就像赛前减量训练一样，休息几天或减少训练不会减弱训练效果，甚至可能提高运动表现。然而，在某些时候，减少训练或停训会降低运动员生理功能和运动表现。

一、肌肉力量和功率

骨折后，当肢体被固定在坚硬的石膏上时，骨骼和肌肉几乎会立即发生变化。几天时间就能让紧紧包裹受伤肢体的石膏变松。几个星期后，石膏和肢体之间会出现较大空隙。当骨骼肌停止活动时，体积会大幅度减小，这一过程被称为萎缩。毫不奇怪，肌肉萎缩伴随着肌肉力量和功率的下降。完全不动会导致肌肉迅速萎缩，即使是长时间的活动减少也会导致肌肉逐渐萎缩，最终会变得相当严重。

同样，研究证实，一旦运动员停训，肌肉力量和功率会下降。下降的速度和程度因训练水平而异。高水平的举重运动员在停止高强度训练后，在几周内力量似乎下降得相当快。对以前没有受过训练的人来说，力量的增长可以从几周保持到 7 个月以上。在一项针对年轻（20～30 岁）和年长（65～75 岁）的男性和女性进行的为期 9 周的研究中，年轻受试者的力量（最大重复次数）平均增长 34%，年长受试者的力量平均增长 28%，男女之间没有差异。经过 12 周的减量训练后，在第 9 周研究结束时，4 组力量均没有明显的下降。停训 31 周后，年轻受试者只减少了 8%，而年长受试者减少了 13%。

一项针对大学生游泳者的研究显示，即使长达 4 周不运动，终止训练也不会影响手臂或肩膀的力量。无论他们是在 4 周时间内完全休息，还是将训练频率减少到每周 1 次或 3 次，这些游泳者的力量都没有变化，但他们的游泳能力下降了 8%～14%。在 4 周的休息或训练频率减少后，虽然肌肉力量可能没有减弱，但游泳者的游泳能力可能在游泳过程中下降，这可能是由于运动技能的丢失。

固定或者不活动导致肌肉力量下降的生理机制还不清楚。肌肉萎缩导致肌肉质量和水分含量显著下降，这可能是最大肌纤维张力下降的部分原因。蛋白质合成和降解的速度，以及特定的纤维类型特征都会发生变化。当不使用肌肉时，神经刺激频率会降低，正常的肌纤维动员会被破坏。因此，与停训相关的部分力量下降可能是某些肌纤维未激活造成的。

对受伤的运动员来说，保持肌肉力量、功率和体积是极其重要的。康复初期就开始对受伤的肢体进行低水平的锻炼可以为运动员节省很多时间和精力。简单的等长收缩对康复非常有效，因为它们的强度可以分级，并且不需要关节运动。另外，任何康复计划都必须由指导医生和物理治疗师共同制订。

二、肌肉耐力

只要两周不进行活动，肌肉耐力就会下降。目前，还没有足够的证据证明运动表现下降是由肌肉变化还是心血管功能变化引起的。在这一节中，我们观察了停训后肌肉的变化，这些变化会降低肌肉耐力。

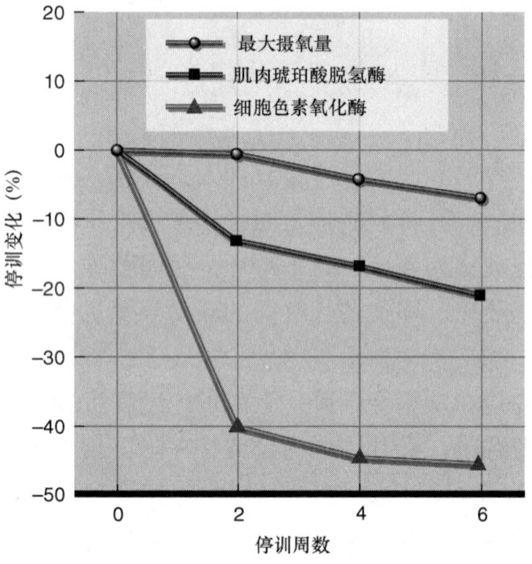

图 14.10　在停训 6 周期间，最大摄氧量、肌肉琥珀酸脱氢酶活性和细胞色素氧化酶活性下降的百分比，表明肌肉代谢能力下降，尽管最大摄氧量在停训期间几乎没有变化

在不训练期间，也会产生局部肌肉适应，但是这些变化在肌肉耐力下降的过程中所起的确切作用还不清楚。从术后病例的情况得知，在石膏固定一两周之后，氧化酶（如肌肉琥珀酸脱氢酶和细胞色素氧化酶）的活性降低了 40%～60%。从游泳运动员身上收集的数据表明，肌肉氧化电位的下降速度比受试者在停训时最大摄氧量的下降速度快得多（图 14.10）。氧化酶活性降低可能会降低肌肉耐力，这很可能与次最大耐力有关，而与最大有氧能力或最大摄氧量无关。

相反，当运动员停训时，肌肉的糖酵解酶（如磷酸化酶和磷酸果糖激酶）至少在 4 周内变化很小。事实上，科伊尔（Coyle）等人在运动员长达 84 天的停训过程中没有观察到糖酵解酶活性的变化，相比之下，各种氧化酶的活性下降了近 60%。这至少部分解释了为什么一个月或者更长时间不运动对短跑项目的运动表现没有影响，但是更长时间耐力项目的运动表现可能会在停训两周后显著下降。

在停训过程中，肌肉的一个显著变化是糖原含量的变化。耐力训练会促进肌肉增加糖原储备，但是停训 4 周会导致肌糖原减少 40%。图 14.11 说明了在大学生游泳运动员和未受训练的受试者（作为对照）中，停训 4 周肌糖原含量发生的变化。未受训练的受试者在停训 4 周后肌糖原含量没有变化，但是对游泳运动员来说，肌糖原含量最初很高，后来下降到与未受训练的受试者相当的水平。这表明训练有素的游泳运动员在停训期间，肌糖原储存能力开始下降。

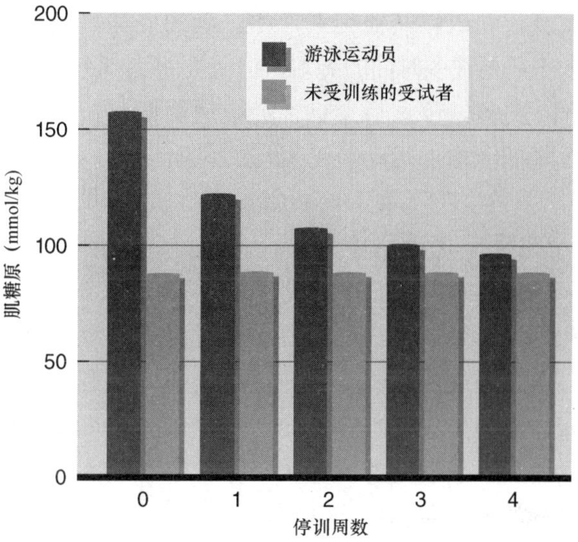

图 14.11　在停训 4 周期间，大学生游泳运动员肌糖原含量的变化。在这个时期结束时，肌糖原几乎下降到未经训练的受试者的水平

测量标准训练后的血乳酸浓度和酸碱度可以评估训练和停训的生理变化。例如，要求一组大学生游泳运动员在 5 个月的训练后，以 90%的赛季最佳成绩进行 200 yd 游泳，然后在随后的 4 周训练中，每周以相同的绝对速度重复该测试，结果如表 14.2 所示。在标准游泳后立即测量血乳酸浓度，在停训一个月期间，血乳酸浓度每周都在增加。在停训的第 4 周结束时，游泳运动员的酸碱平衡被严重破坏，主要表现在血乳酸浓度的显著增加和碳酸氢盐（一种缓冲剂）浓度的显著降低。

表 14.2　停训期间大学生游泳运动员的血乳酸、酸碱度（pH）和碳酸氢根离子（HCO_3^-）值

	停训周数			
测量	0	1	2	4
血乳酸（mmol/L）	4.2	6.3	6.8	9.7*
pH	7.26	7.24	7.24	7.18*
HCO_3^-（mmol/L）	21.1	19.5*	16.1*	16.3*
游泳时间（s）	130.6	130.1	130.5	130.0

注：测量是在一次固定速度的游泳后立即进行的。第 0 周的值表示在 5 个月训练结束时测量的结果。第 1 周、第 2 周和第 4 周的值分别是在第 1 周、第 2 周和第 4 周停训后测量的结果。

*表示与训练结束时的值有显著差异。

三、速度、灵敏度和柔韧性

与力量、功率、肌肉耐力、柔韧性和心肺耐力相比，运动训练在速度和灵敏度方面的提高较少。因此，不活动时速度和灵敏度下降程度相对较小，有限的训练可以保持最高速度和灵敏度，但这并不意味着短跑运动员每周只训练几天就可以。比赛的成功除了依赖基本速度和灵

敏度，还依赖其他因素，如正确的姿势、技巧和强大的冲刺能力。要将运动表现调整到最佳水平需要许多时间的练习，但是要将大部分时间花在提高运动表现而非速度和灵敏度上。

另外，停训后柔韧性会快速降低。拉伸训练应该纳入赛季和非赛季的训练计划中。柔韧性降低会增加运动员受损伤的风险。

四、心肺耐力

像其他肌肉一样，心脏通过耐力训练能够得到增强。另外，不运动会极大地影响心脏和心血管系统的功能。在一项经典研究中有一个引人注目的例子，这项研究的受试者是长期卧床休息的患者，他们不被允许离开自己的床，体力活动保持在绝对最低水平。在 20 天卧床休息前后，以恒定的次最大工作速率和最大工作速率评估其心血管和代谢功能。卧床休息对心血管的影响包括：

✧ 次最大心率显著增加。

✧ 次最大射血量减少 25%。

✧ 最大心输出量减少 25%。

✧ 最大摄氧量下降 27%。

由于每搏输出量减少，心输出量和最大摄氧量显著减少。引起每搏输出量减少的主要原因是血浆容量减少，心脏容量减少和心室收缩力下降并非主要原因。

有趣的是，本研究中两名受试者（两名最大摄氧量值最高的受试者）比其他 3 名受试者的摄氧量下降程度更大，如图 14.12 所示。此外，未经训练的受试者在康复的前 10 天恢复了他们的初始条件反射水平（卧床休息前），但是训练有素的受试者需要大约 40 天才能完全恢复。这表明高水平运动员无法承受长时间少有或没有耐力训练。如果一名运动员在上一赛季结束时完全放弃耐力训练，那么，当新赛季开始时，他将很难恢复到最佳有氧体能状态。

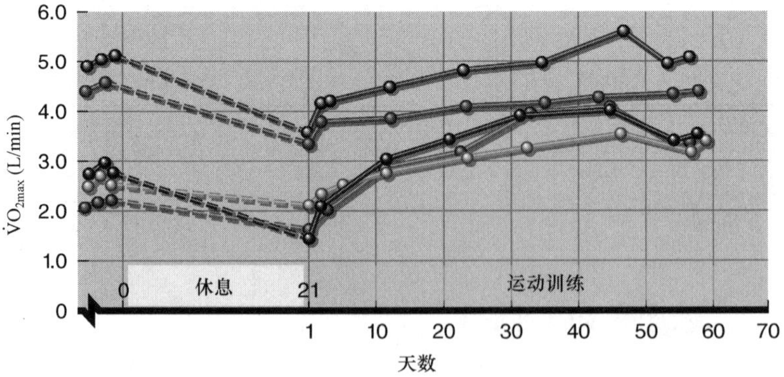

图 14.12　五名受试者卧床休息 20 天后最大摄氧量的变化

注：在开始卧床休息时最大摄氧量最低的受试者，在卧床休息后最大摄氧量的变化不大，但是在进行训练后，最大摄氧量出现较大程度的增加，而在开始卧床休息时最大摄氧量较高的受试者在休息期间，最大摄氧量显著下降。

不运动可以显著降低最大摄氧量。需要多少运动才能防止身体状况下降？虽然训练频率和持续时间的减少会降低有氧能力，但只有当频率和持续时间减少至常规训练负荷的 2/3 时，下降才是显著的。

然而，在减少训练期间，训练强度在维持有氧能力方面起着更重要的作用。70%最大摄氧量的训练似乎是维持最大有氧能力的必要条件。

五、航天飞行期间停训

当宇航员环绕地球飞行时，他们处于一种微重力环境中，受到的重力远远小于在地球上的重力，但不会达到 0 g。长期处于微重力环境中，宇航员会经历与停训几乎相同的生理变化。在地球上，这些生理变化被认为是适应不良，但是在太空中却是积极的生理适应。让我们简单了解一下当宇航员离开地球上的 1 g 环境，在太空中度过几周或几个月时，身体会发生哪些变化。

在微重力条件下，肌肉质量和力量下降，特别是维持姿势的肌肉，也就是那些保持身体直立对抗重力的肌肉。Ⅰ型和Ⅱ型肌纤维横截面积减小，减小的程度取决于肌肉群、飞行持续时间，以及飞行计划的类型和程度。微重力也影响骨骼，承重骨的平均骨矿物质损失约为 4%，损失的体积取决于暴露在微重力环境中的时间。

心血管系统会产生对微重力的适应。当身体处于微重力状态时，静水压会降低，因此血液不再像 1 g 时那样聚集在下肢。因此，更多的血液会返回心脏，从而导致每搏输出量短暂增加。随着时间的推移，血浆量会减少，但这可能是液体摄入减少而非肾脏产生的尿液增加（利尿）所致。微循环和周围组织之间的毛细血管液体转移也可以解释血浆量的减少，最有可能的是上半身毛细血管过滤。例如，血液重新进入面部组织，造成面部浮肿。红细胞质量也会减小，因此总血容量也会减少。当宇航员处于微重力状态时，血液量减少对他们有很大好处。但是当他们回到 1 g 的环境时，会出现一个严重的问题，身体会再次受到流体静水压的影响。宇航员在回到正常的 1 g 环境的最初几个小时里，会发生体位性低血压和晕厥，因为他们的血容量不足以满足他们身体循环的需要。

最大有氧功率（最大摄氧量）通常在开始飞行后立刻下降，这可能是由于飞行过程中血浆量减少和腿部力量降低。然而，在宇航员飞行前、飞行中和飞行后直接测量 $\dot{V}O_{2max}$ 得到的数据是有限的。在地球上的航天飞行模型［头低位倾斜（6°）卧床］显示，最大摄氧量持续降低，这与总血容量、血浆容量和最大每搏输出量的减少有关。头低位倾斜模型已被证明能提供与实际飞行前后变化相当的最大摄氧量数据。

重要的是，对航天飞行期间生理功能普遍下降的认识使科学界和医学界意识到，飞行中的锻炼计划对保持宇航员的长期健康至关重要。目前正在进行研究，以设计最合适的程序和锻炼设备来实现这一目标。

研究视角 14.3　超量负荷运动员的睡眠障碍和疾病增加

为了改善训练的生理适应性并最大程度地提高运动表现，大多数运动员在训练过程中的某个时间点会增加训练强度和训练量。然而，这种做法可能导致功能性超量负荷，尤其是在恢复时间不足的情况下会影响短期运动表现。尽管功能性超量负荷的原因仍不完全清楚，但众所周知，充分的被动休息和充足的睡眠有助于促进恢复和减少疲劳。2014 年进行的一项研究旨在观察睡眠中断和功能性超量负荷之间的联系，以确定健康运动员和超负荷训练后出现功能性超量负荷的运动员客观的睡眠参数的变化是否明显。

在研究期间，通过测量最大摄氧量来评估运动表现，并使用活动描记法来监测睡眠。不出所料，在超负荷训练后，出现功能性超量负荷的运动员的睡眠质量指数逐渐下降，睡眠量略有减少。在随后的训练逐渐减少阶段，这些运动员的睡眠指标变化被逆转。在对照组中，没有运动员出现任何训练不耐受的症状。然而，目前还不清楚睡眠不足是功能性超量负荷的结果还是原因，还需要进行其他的研究。

小结

- 如果停训，训练带来的许多好处很快就不复存在。维持低强度训练就能有效减少停训带来的损失。研究表明，每周至少需要进行 3 次训练（强度至少为 70%最大摄氧量）来维持有氧能力。
- 停训被定义为训练停止或训练负荷显著减少后，部分或完全丧失训练带来的适应能力。
- 停训导致肌肉萎缩，以及肌肉力量和耐力下降。然而，肌肉只需要很少的刺激就能在活动减少的时候保持力量和耐力。
- 仅仅两周不活动，肌肉耐力就会下降。对此可能的解释如下：

  （1）氧化酶活性降低。

  （2）肌糖原储存减少。

  （3）酸碱平衡失调。
- 停训对速度和灵敏度的影响很小，但停训后柔韧性迅速下降。
- 在停训的情况下，心肺耐力的下降程度远远大于同期肌肉力量、功率和耐力的下降程度。
- 为了保持心肺耐力，每周应至少进行 3 次训练，训练强度应至少为最大摄氧量的 70%。
- 在太空，长时间暴露于微重力环境中会导致与停训几乎相同的生理变化。虽然这些通常是地球上的不适反应，但在太空中，它们是积极的生理适应，可以帮助宇航员更好地耐受微重力。

结语

在这一章，我们研究了训练量是如何影响运动表现的。我们发现，无论是过量训练还是过度训练，都可能影响成绩。之后，我们讨论了减量训练、停训、受伤后不活动或固定不动的结果。最后，我们发现停训后，在常规训练中取得的许多进步很快就消失了，尤其是心血管耐力。

既然我们已经打破了训练“越多越好”的神话，那么优化运动表现的其他训练方式是有意义的。在下一章，我们将注意力转向运动员的最佳身体成分和营养。

关键词

急性负荷（acute overload）
停训（detraining）
过量训练（excessive training）
免疫功能（immune function）
超量负荷（overreaching）
过度训练（overtraining）
过度训练综合征（overtraining syndrome）
训练周期（periodization）
赛前减量训练（tapering）
赛前减量训练期（taper period）
训练不足（undertraining）

思考题

1. 简述用于优化训练的模型，以及训练不足、急性负荷、超量负荷和过度训练的定义。
2. 什么是过量训练？它与最佳训练的模型有什么关系？
3. 区分传统周期和板块周期。每种训练方法的优缺点是什么？
4. 简述过度训练综合征的定义。过度训练综合征的一般症状是什么？过度训练的交感神经和副交感神经有何不同？
5. 一个坚定的运动者和一个运动成瘾者有什么区别？
6. 下丘脑是如何参与过度训练综合征的？细胞因子可能发挥什么作用？
7. 描述身体活动、免疫功能和易感疾病之间的关系。
8. 过度训练综合征的最佳预测指标是什么？
9. 如何治疗过度训练综合征？
10. 在赛前减量训练期，发生哪些生理变化可以认为运动表现提高了？
11. 停训之后，力量、功率和肌肉耐力会发生什么变化？
12. 停训之后，速度、灵敏度和柔韧性会发生什么变化？
13. 当一个人不健康时，心血管功能会发生什么变化？
14. 太空飞行和停训有什么相似之处？

学习指南

“关键词”复习了本章中的重要概念，章末的思考题可以测试你对本章内容的理解。

第十五章 身体成分、营养和运动

美国橄榄球大联盟中的防守前锋身材高大，特别是在中场的防守截锋。就他们的角色而言，这些身材高大的运动员很难冲出争球线，但他们足够敏捷，可以来回移动并冲向对方四分卫。唐塔里·波（Dontari Poe）是这个位置上特别出色的球员之一，他在2017年与亚特兰大猎鹰队签订了一份为期一年、价值800万美元的合同。然而，这份合同有一个条件，其中的50万美元与体重条款有关，他只有在体重达到149.7 kg时，才有可能赚到这笔钱，因为这个体重可以优化他的运动表现。在2016赛季，唐塔里·波被球队要求体重达到157.3 kg，因此，他必须努力达到他的目标体重。同样，他在2018年与卡罗莱纳黑豹队签订的2 700万美元的合同中也包含了体重条款，其中包括达到目标体重后的季度奖金。唐塔里·波虽然是一名防守型球员，但保持着美国橄榄球大联盟体重最大球员触地得分和传球触地得分的纪录，这足以证明他的整体运动能力！体重和身体成分管理对许多运动项目的运动员来说至关重要，包括摔跤、拳击、体操和长跑等项目的运动员。然而，过大的体重变化会对运动员的运动表现和健康有害。最佳体重和身体成分是最佳运动表现的关键组成部分。

目前，教练员和运动员都清楚地意识到达到和保持最佳体重对于最佳运动表现的重要性。在几乎所有的运动项目中，适当的身材、体型和身体成分都对成功至关重要。对比身高152 cm、体重45 kg的奥运体操运动员和身高206 cm、体重147 kg的职业橄榄球防守前锋的具体运动表现的要求发现，虽然身材和体型只有轻微改变，但身体成分可以随着节食和锻炼而发生较大变化。抗阻训练能显著提高肌肉质量，合理的饮食和高强度的运动可以显著减少体脂。肌肉量的增加和体脂的减少对运动员获得最佳运动表现是至关重要的。

最佳运动表现还需要必需营养素的膳食平衡。美国制定了膳食营养素参考摄入量（DRIs）标准。此标准提供了维持健康所需的各种食物摄入量范围的估计值。然而，该标准并不是为高强度运动的人或运动员编写的，运动员的营养需求远远超出该标准。运动员的体型、性别、训练量和运动项目不同，对能量的需求也极为不同。据报道，参加环法自行车赛和挪威越野滑雪比赛的运动员每天消耗能量高达 9 000 kcal。极限耐力跑步者在 5.2 天的 966 km 比赛中平均每天消耗 10 750 kcal 能量。此外，一些竞技体育项目要求运动员严格遵守体重标准。参加这些项目的运动员必须严格控制他们的体重和能量摄入，这往往会导致营养不良、依赖补充剂和药物、脱水，以及严重的健康风险。此外，一些运动员为了控制体重而采用节食策略，这种行为也越来越受关注，不合理的节食会导致饮食紊乱，如神经性厌食症和神经性贪食症。

第一节　身体成分评估

身体成分（body composition）是指身体的组织成分，图 15.1 展示了 3 种身体成分模型。前两种模型将身体按化学与解剖进行分类，最后一种模型将身体成分简化为两种成分：脂肪组织和瘦体重。**脂肪质量（fat mass）**通常以**相对体脂（relative body fat）**来表示，相对体脂是**脂肪（fat）**占总体重的百分比；**瘦体重（fat-free mass）**指所有不含脂肪的身体组织，包括骨骼、肌肉、器官和结缔组织。

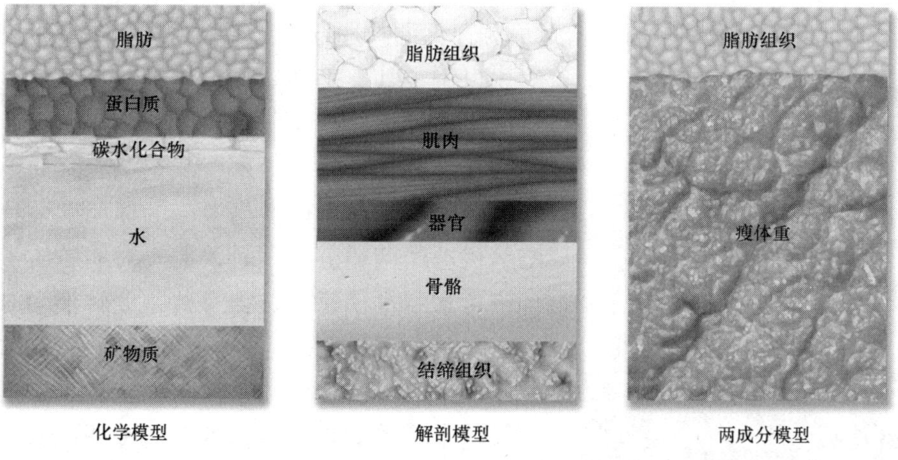

图 15.1　3 种身体成分模型

身体成分评估能为教练员和运动员提供包括身高和体重在内的更多的信息。举个例子，美国职业棒球大联盟的一名运动员身高 188 cm，体重 91 kg，他是否达到最佳体重？总体重 91 kg 中的 4.5 kg 是脂肪质量，剩下的 86.5 kg 是瘦体重，这比仅了解身高和体重提供了更多的信息。在这个例子中，他的体重中只有 5%是脂肪，这大约是所有运动员能达到的最低水平。事实上，有了这些知识，运动员和教练员都能意识到这名运动员的身体成分是理想的。他们不应该关心减重，即使身高–体重标准显示该运动员超重。然而，另一名拥有同样身高和体重的棒球运动员，如果体重中有 23 kg 的脂肪，那么他的体脂百分比是 25%。对一名优秀运动员来说，这将是一个问题：过于肥胖。

在大多数运动中，运动员体脂百分比越高，其运动表现就越差。精准的身体成分评估为运动员提供了最有价值的体重分析，使他们获得最佳运动表现。我们如何确定一名运动员的身体成分呢？

一、密度测定法

密度测定法（densitometry）用于测量运动员身体的密度，以评估身体成分。密度（D）定义为质量（M）除以体积（V）：

$$D_{(身体)}=M_{(身体)}/V_{(身体)}$$

身体质量就是运动员的体重。身体体积可以通过几种方法获得，最常见的是**静水称重（hydrostatic weighing）**，也称为水下称重（underwater weighing），即在运动员完全浸入水中时进行称重。校正水的密度后，运动员的体重与水下重量之间的差等于其身体的体积。另外，需校正该体积以解决滞留在体内的空气的问题。滞留在胃肠道的气体量很小，且难以测量，通常被忽略。然而，滞留在肺部的气体必须测量，因为它的体积通常很大。

图 15.2 为静水称重技术示例。瘦体重密度高于水，而脂肪的密度低于水。

长期以来，密度测定法一直是身体成分评估的首选方法。新技术通常与密度测定法进行对比以确定其准确性。如果体重、水下重量和肺容积测量方法正确，那么测得的**身体密度（body density）**值就是准确的。然而，密度测定法有其局限性，主要缺点是将身体密度转换为对应的体脂的估计。当使用身体成分的两成分模型时，需要对脂肪质量和瘦体重的密度进行准确评估。将身体密度转换为对应的体脂百分比最常用的方程是 Siri 标准方程：

$$体脂\%=[495/D_{(身体)}]-450$$

这个公式假设所有人的脂肪和非脂肪成分的密度是相对恒定的。同一个体的身体不同部位的脂肪密度一致，并且在人群中也是相对稳定的。通常使用的脂肪密度值为 0.900 7 g/cm^3。然而，对于身体非脂肪成分密度（D_{FFM}）的判定就相对不确定了，在 Siri 标准方程中使用的值是 1.100。要确定这个密度需满足两个假设：①组成非脂肪成分的每种组织的密度都已知，并且保持恒定；②每种组成非脂肪成分的组织在总的非脂肪成分中所占的百分比恒定（如我们假设骨骼在非

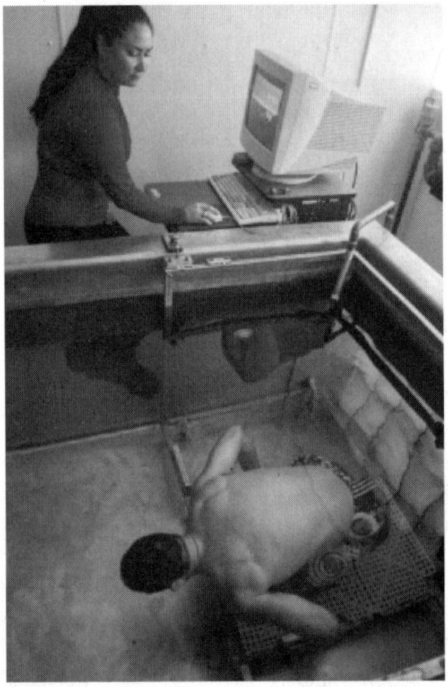

图 15.2　简单的静水称重系统（水下称重系统），用于确定物体的密度

脂肪成分中的百分比总是 17%)。任意一个假设的偏差都会导致我们将身体密度换算为相对体脂含量时发生错误。然而，不同人非脂肪成分的密度差距往往很大。

二、实验室其他测量技术

其他评估身体成分的实验室技术也是很有用的。这些技术包括 X 射线摄影、计算机断层扫描（CT）、磁共振成像（MRI）、液体比重测定法（用来测量全身的水分）、全身电解质传导性，以及中子活性。这些技术大多复杂且需要昂贵的设备，没有一项便于评估一般运动人群，所以我们在本节不再进一步论述，我们会在第二十二章讨论 CT。另外两项技术——**双能 X 射线吸收测定法（dual-energy X-ray absorptiometry，DEXA）**和**空气体积描记法（air plethysmography）**具有较高的准确性。

双能 X 射线吸收测定法是根据较早的单光子和双光子吸收仪技术改进而来的。较早的技术被用来评估局部骨矿物质（主要是骨髓、骨盆及大腿骨）含量及骨矿物质密度。较新的双能 X 射线吸收测定法（图 15.3）不仅可以定量骨骼，还可以定量软组织的组成。而且，它不仅能对局部进行评估，还能提供全身的评估。目前的研究认为双能 X 射线吸收测定法能够对身体成分进行精确且可信赖的评估。双能 X 射线吸收测定法的便利性、功能全面性超越水下称重技术，除了对脂肪和非脂肪重量的评估，它还具有评估骨骼密度及骨矿物质含量的能力。此外，它的测试过程简单，运动员在扫描时只需要躺在桌面上即可。相比之下，水下称重要求运动员将身体沉入水里，从而耗费许多时间。双能 X 射线吸收测定法的缺点是设备昂贵，以及需要一定的操作技术。

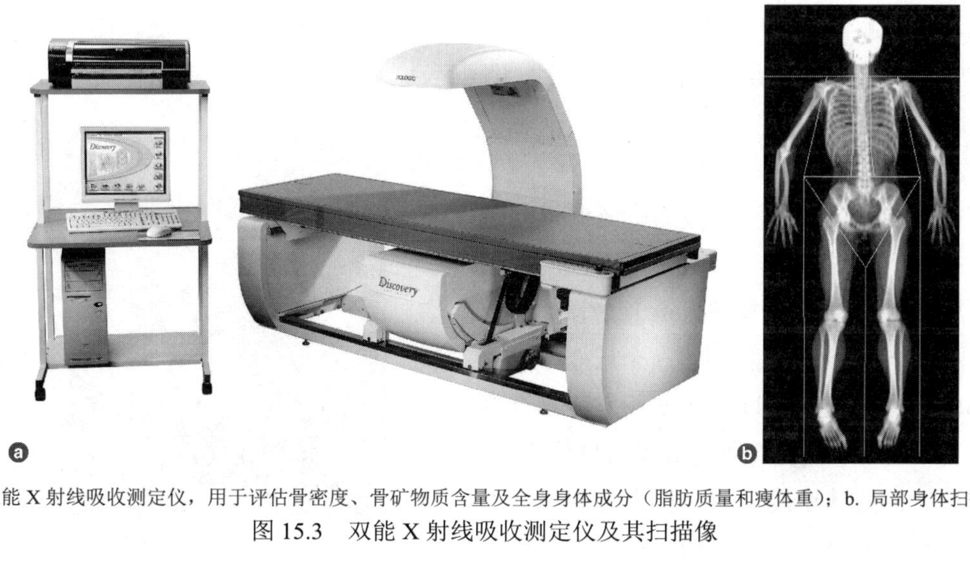

a. 双能 X 射线吸收测定仪，用于评估骨密度、骨矿物质含量及全身身体成分（脂肪质量和瘦体重）；b. 局部身体扫描。

图 15.3 双能 X 射线吸收测定仪及其扫描像

空气体积描记法类似于水下称重法，是一种密度测定方法。容积是通过空气置换技术而非通过浸入水中测定。空气体积描记法的商业模式使该项技术广受欢迎并得到广泛应用（图 15.4）。其测试原理相当简单，它借助一个在大气压力下体积已知的密闭室，受试者打开试验舱门，并坐在试验舱中，然后关闭试验舱门，形成密闭室。测试此时舱内气体的体积，然后用舱内气体总体积减去该体积，从而得出人的体积。

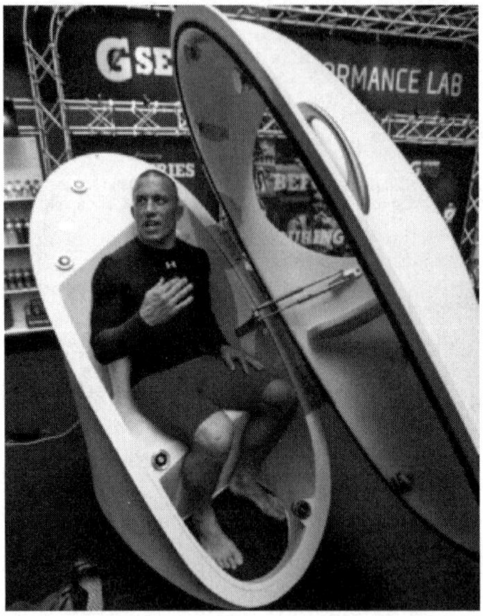

图 15.4　Bod Pod 空气体积描记仪，使用空气置换技术计算身体体积

空气置换技术虽然是一种相对简单的技术，但需精确控制温度、气体成分及受试者在室内呼吸的变化。大量研究证明，使用该技术得到的测量结果在多数情况下是准确的。空气置换技术提供了一种相对精确的身体体积测量方式。正如水下称重技术一样，它需要利用方程，通过受试者的身体密度来计算体脂百分比，但必须认识到，受试者身体瘦体重具有不确定性。

三、运动现场测量技术

运动现场测量技术也可用于评估身体成分。由于这些技术设备成本低、操作相对简单，且比实验室测量技术更容易获得，教练员，甚至运动员都可以在实验室以外使用这些技术。

（一）皮褶脂肪厚度法

皮褶脂肪厚度法是应用最为广泛的运动现场测量技术，通过测量一个或多个部位的**皮褶脂肪厚度（skinfold fat thickness）**来计算身体成分（图 15.5）。一般推荐利用 3 个或 3 个以上皮褶部位的测量值并通过二次曲线方程来计算人体密度。线性方程会低估消瘦者的身体密度，高估肥胖者的身体密度。与线性方程相比，二次曲线方程准确地描述了皮褶部位的测量值和

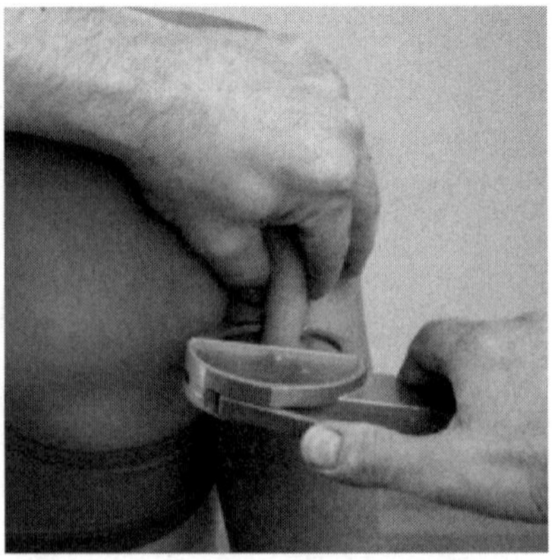
图 15.5　测量肱三头肌皮褶脂肪厚度

身体密度之间的关系。利用二次曲线方程的皮褶脂肪厚度法能够准确测量人体内总脂肪质量或体脂百分比。

（二）生物电阻抗法

生物电阻抗法（bioelectric impedance）是 20 世纪 80 年代引入的一种简单的身体成分测量方法，只需几分钟就能完成测量。4 个电极连接在身体的脚踝、脚掌、手腕和手背部。较新的生物电阻抗技术使用脚踏板和手持式电极，如图 15.6 所示。人体感觉不到的电流从肢体一侧（手和脚）进入，而另一侧肢体接收电流。电极间组织的导电率取决于组织中水和电解质的分布。瘦体重包含了体内几乎所有的水分和电解质，因此瘦体重的导电率要比脂肪质量高得多。脂肪有较大的电阻，这就意味着电流很难通过脂肪。因此，通过组织的电流量就能反映该组织中脂肪的含量。

利用生物电阻抗技术，通过测量阻抗、导电率或两者兼而有之，可以估算身体脂肪含量。基于生物电阻抗法测得的体脂百分比与水下称重法测得的值高度相关。然而，由于所用方程的性质，脂肪质量少的运动人群用生物电阻抗法测得的体脂百分比往往被高估。此外，水合作用会改变生物电阻抗，因此必须严格控制。

图 15.6　市面上常见的用于评估体脂百分比的生物电阻抗测试仪

小结

- 在预测运动表现时，掌握个体的身体成分比仅通过身高和体重更有价值。
- 密度测定法是评估身体成分的最佳方法，尽管确实存在一定的误差，但长期以来，它被认为是最准确的方法。密度测定法利用身体质量除以身体体积计算运动员的身体密度，身体体积通常是通过水下称重或空气置换技术测得的。尽管存在一些误差，但是身体成分还是可以计算出来的。
- 双能 X 射线吸收测定法最初是为了计算骨密度和骨矿物质含量，现在它不仅能够准确估计全身身体成分中的脂肪质量和瘦体重，而且能够提供分段的身体成分和骨量。
- 评估身体成分的运动现场测量技术包括皮褶脂肪厚度法和生物电阻抗法。与实验室测量技术相比，这些技术成本更低，教练员和运动员更容易操作。

第二节 身体成分、体重和运动表现

在一些运动项目（如足球和篮球）中，传统的观点是运动表现与身材有关，运动员身材越高大，运动表现越好。实际上，身材高大并不意味着运动成绩就好。在一些其他运动项目（如体操、花样滑冰和跳水）中，身材较小、体重较轻的运动员更合适。然而，这可能会造成极端行为，损害运动员的身体健康并影响运动表现。在本节，我们将阐述身体成分和体重是如何影响运动表现的。

一、瘦体重和体脂率

大多数运动员应该特别关注瘦体重，而非体型或体重。最大程度地增加瘦体重是一些运动员的最佳选择，尤其是力量、爆发力和肌肉耐力项目的运动员。但对耐力运动员（如长跑运动员）来说，增加瘦体重是不可取的，因为较大的瘦体重使他们必须承受额外负荷，对运动成绩产生不利影响。对跳高、跳远、三级跳远和撑竿跳高运动员来说也是如此，他们必须最大程度地延长垂直距离或水平距离，或两者兼而有之。较大的体重，即使是有用的瘦体重，也有可能会损害而非提升这些项目的运动表现。体重大的运动员有较多的肌肉，这对运动表现也是不利的。

体脂率是运动员最关心的问题。仅仅为增加体重和改变体型而增加身体脂肪质量通常会对运动表现不利。对于身体必须在空间中进行移动的运动，如跑步和跳跃，它是重要的，对于身体固定的运动，如射箭和射击，它就不那么重要了。耐力运动员需尽量减少脂肪质量，因为过大的体重已经被证明会损害运动表现。

重量级的举重运动员不适用一般的“脂肪少较好”的原则。这些运动员会在比赛前大量增加脂肪质量，因为增加体重能使他们的身体重心降低，使他们在举重的技术层面上有更大优势。相扑运动员是另一个例外，即身材不是运动员成功的主要决定因素。对这项运动而言，身材较高大的人明显是有优势的。但即使如此，如果相扑运动员拥有较大的瘦体重，其获胜机会必然更大。游泳的运动表现似乎也不符合这项运动原则。脂肪对游泳运动员有一些益处，因为它可以增加浮力，而浮力可以减少身体在水中所受的阻力，从而减少停留在水里的代谢消耗。

研究视角 15.1	运动类型与身体成分

尽管运动对健康和慢性病有着公认的好处，但运动对于减肥的确切作用仍然存在争议，研究中选择指标的差异是导致运动是否会降低体重研究结果不一致的主要因素。此外，结果指标的变化，如体重或BMI可能不能反映身体成分的变化，身体成分的变化更可能发生在坚持长时间进行运动训练后。

减重或维持体重常常采用有氧运动干预。与抗阻运动相比，有氧运动总能量消耗更高。抗阻运动通过增加体力活动量来增加每日总能量消耗，从而有效提高身体机能。此外，许多运动干预研究发现，参与运动干预可能会减少受试者日常体力活动或增加能量摄入，从而潜在地降低减肥效果。研究日常体力活动而非规定的运动干预措施可以排除日常体力活动减少及能量摄入增加等变化，丰富大家对长期运动干预体重和身体成分等的认识。

2015 年，研究人员观察了各种自选运动对身体成分测量的影响。研究人员进行长期观察性研究，跟踪了 430 名参加“能量平衡研究”的年轻人，旨在研究一年内体重变化的决定因素。所有受试者均健康，且BMI 在 20～35 kg/m²。研究开始时，检测所有受试者的身高、体重、脂肪质量、瘦体重和肌肉量。依据体脂百分比，将受试者分为 3 组：正常脂肪质量组（% BF =22±7）、偏胖组（%BF=30±8）和肥胖组（%BF=35±7）。受试者每 3 个月需要报告参与各类习惯性运动的频率和持续时间。研究者根据报告计算受试者进行耐力运动、抗阻运动及其他运动（如集体健身或有氧运动）的总时间。研究结束时，430 名受试者中的 348 人提供了完整的数据并被纳入一年分析。

研究者发现，无论是总运动量还是特定运动类型，对 BMI 都无影响。抗阻运动使瘦体重增加且脂肪质量减少，而有氧运动则使脂肪质量减少，但瘦体重没有变化。所有运动类型都对正常脂肪质量者的瘦体重有积极影响。有趣的是，偏胖和肥胖组的脂肪质量随着抗阻运动的增加而减少，不随有氧运动的增加而改变。研究者得出的结论是，尽管运动对 BMI 的影响有限，但运动能使身体成分向着益于健康的方向发展，如正常脂肪质量组瘦体重增加，偏胖组和肥胖组脂肪质量减少。此外，抗阻运动对身体脂肪超标的成年人益处更多，这与通常认为的此类人群应该专注于有氧运动的观点恰恰相反。

二、体重标准

目前，体重标准被用于一些运动项目，以确保运动员拥有最佳的体型和身体成分，获得最佳运动表现。遗憾的是，结果并不总是这样。

从理论上讲，优秀运动员的遗传组成和多年的高强度训练结合起来，为特定的运动提供了最终的竞技状态。这些优秀运动员为其他运动员树立了努力的目标。然而，这样会产生误导。如图 15.7 所示，该图为优秀女子田径运动员的体脂百分比。只看长跑运动员的话，许多优秀运动员的体脂百分比低于 12%，而前两名运动员体脂百分比只有 6%左右。然而，当时美国最好的长跑运动员的体脂含量为 17%。此外，在这项研究中，有一名女运动员的体脂百分比为 37%，她在评估后的 6 个月内创造了 80 km 跑步的最短时间纪录。如果将体脂百分比控制到 12%或更低的水平，那么这两名女运动员都不会成功。

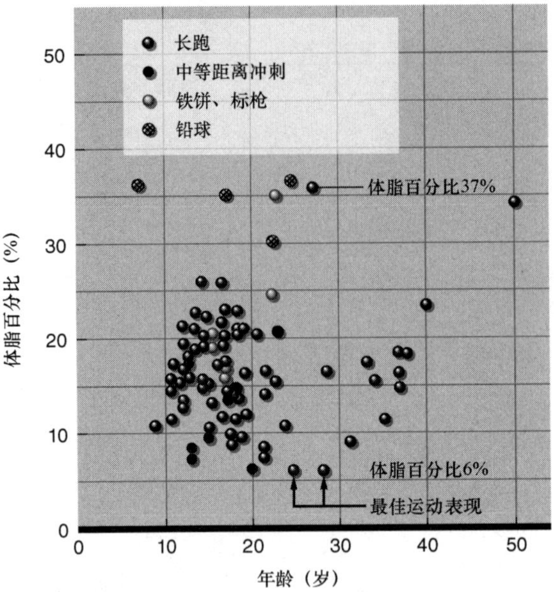

图 15.7 优秀女子田径运动员的体脂百分比

此外，多年来，体重标准一直被教练员、运动员和家长滥用，他们的理念是，小幅度减重会使运动成绩略有提升，大幅度减重则会使成绩得到更大的改善。

（一）与过度减重相关的风险

美国许多学校、地区或州和国家级组织依据体型组织体育运动（如摔跤），其中体重是主要因素。这些项目的运动员往往会尽可能地降低体重，以便在与对手的比赛中获得优势。这种做法会危害他们的健康。下面我们将阐述过度减重的后果，包括男运动员和女运动员。

1. 脱水

禁食或极低热量的饮食导致大幅度的减重主要是通过脱水实现的。正如本章后面将要讨论的，每储存 1 g 碳水化合物就需 2.6 g 水。当碳水化合物被消耗后，水随之流失。禁食和极低热量的饮食使最初的几天存储的碳水化合物大量消耗。体重显著下降是体内水分的流失造成的。

此外，为了减重，运动员穿着塑胶运动服，坐在蒸汽或桑拿浴室，咀嚼毛巾以减少唾液，并尽量减少液体的摄入。这种重度脱水会损害肾脏和心血管功能，并有潜在的风险。脱水导致运动员体重下降 2%将会影响运动成绩，甚至影响网球、足球和篮球等高强度间歇运动的技术表现。

2. 疲劳

过度减重会对运动员的身体产生严重影响。当运动员的体重低至一定水平时，随之而来的是运动表现的下降，伤病发生率也会增加。许多因素都会造成运动表现下降，包括伴随过度减重而产生的长期疲劳。造成该疲劳的原因尚未确定，但与能源物质损耗、神经和激素水平似乎都有关系。在某些情况下，交感和副交感神经系统的平衡会发生改变，更倾向于副交感神经系统。此外，过度减重会影响下丘脑，从而造成免疫功能受损。

3. 女运动员三联征

长期过度关注减重或维持目标体重，特别是当目标体重不合理时会导致能量失衡，尤其是女运动员。造成能量失衡的直接原因是运动员不能提供足够的能量来满足运动训练的需求。因此，运动员处于能量不足或能量利用率低的状态。女运动员长期处于能量不平衡的状态（如与训练相关的能量消耗高而能量摄入低）容易导致饮食和月经失调及骨矿物质流失。这种紊乱统称为女运动员三联征。关于这些重要的问题，我们将在第十九章进行更详细的讨论。

（二）建立合适的体重标准

体重标准的滥用是显而易见的。因此，制定合适的体重标准至关重要。运动员的体重标准制定应以身体成分为依据，且各运动项目应有其相应的体脂标准。那么，各运动项目的优秀运动员推荐的体脂率是多少？各运动项目应确定一个体脂率的最佳范围，否则可能会损害运动员的运动表现。因为脂肪的分布有明显的性别差异，所以体重标准应该有性别差异。表 15.1 列出了不同运动项目男女运动员体脂率的范围，多数是不同项目优秀运动员的体脂率。

表 15.1　不同运动项目男女运动员体脂率的范围

运动项目	体脂率（%）	
	男	女
棒球或垒球	8～14	12～18
篮球	6～12	10～16
健美	5～8	6～12
皮划艇	6～12	10～16
自行车	5～11	8～15
击剑	8～12	10～16
美式橄榄球	5～25	—
高尔夫	10～16	12～20
体操	5～12	8～16
马术（骑师）	6～12	10～16
冰球或曲棍球	8～16	12～18
定向越野	5～12	8～16
五项全能	*	8～15
壁球	6～14	10～18
赛艇	6～14	8～16
橄榄球	6～16	*
滑冰	5～12	8～16
滑雪（高山滑雪和北欧滑雪）	7～15	10～18
跳台滑雪	7～15	10～18
足球	6～14	10～18

续表

运动项目	体脂率	
	男	女
游泳	6～12	10～18
花样游泳	—	10～18
网球	6～14	10～20
田赛	8～18	12～20
径赛	5～12	8～15
铁人三项	5～12	8～15
排球	7～15	10～18
举重	5～12	10～18
摔跤	5～16	—

注：*表示数据不可用。

此推荐值不适用于专项运动的所有运动员。如本章前面所讲的那样，现有身体成分测量技术存在固有误差，即使用最好的实验室测量技术，身体成分的测量也会有 1%～3%的误差，甚至更高。另外，必须清楚个体差异的存在。在体脂率为 12%或更低水平的情况下，不是所有女子长跑运动员都能取得最佳成绩。有些运动员努力将体脂率降到低值，从而提升了运动表现；但也有一些运动员无法将体脂率降到如此低，或者体脂率还未达到低值，运动表现已经开始下降。基于上述原因，应该为各运动项目运动员的体脂率设定一个范围，也应该认识到个体差异、方法学误差和性别差异的存在。

三、获得最佳体重

许多运动员发现自身体重远超比赛规定的标准，而距离他们向训练营报到的最后期限只剩下几周。本章开头介绍的美国橄榄球大联盟球员，他的体重必须达到 149.7 kg 才能有最佳的运动表现，并获得经济奖励，但他的实际体重是 157.3 kg。如果这种情况发生在赛季开始前一个月，他必须努力减重以达到目标。如果单靠运动减重，需要 6～8 个月甚至更长的时间才能达到目标。由此可见，单独依赖运动的作用不明显。这名运动员能实现他的目标吗？

（一）避免禁食和快速减肥

假设一名摔跤运动员想被列为较低的重量级以便更具有竞争力。他想在接下来的 4 周内每周减重 3 kg，需采取快速节食减重法。选择流行的饮食方法可以达到快速减重的目的，但减掉的体重主要是水分，很少是储存的脂肪。有研究表明，减重最初的几周，大量的低热量饮食（每天 500 kcal 或更少）会引起体重大幅下降，但减掉的体重中，60%以上来自人体瘦体重，不超过 40%来自脂肪质量。

运动员减去的体重主要来自存储的水分，但大量的蛋白质也随之流失。此外，大多数快速减重食谱都是基于摄入较少的碳水化合物，导致碳水化合物摄入量不能满足机体需求，造成机体储存的碳水化合物耗竭。由于体内水分是伴随着碳水化合物储存的，机体的水分也随着碳水化合物的减少而减少。

此外，由于体内碳水化合物的耗竭，身体的能耗更多依赖于游离脂肪酸。酮体是脂肪酸的代谢产物，在血液中积聚，会导致酮症。尤其是节食减重的第一周，水分流失进一步加重。运动员采取这种不科学的减重方法虽然减轻了体重，但减掉的体重多来自瘦体重，导致运动表现受到严重的影响。

（二）最佳减重方法：减少脂肪质量并增加瘦体重

科学减重的方法是合理饮食与运动相结合。运动员应缓慢减到目标体重，每周减重不超过 1 kg。每周减掉的体重超过 1 kg 就会导致瘦体重减少。如果减重影响到运动表现或导致运动员出现医学症状，则应进一步降低减重率，或终止减重计划。

每天减少 200～500 kcal 的热量摄入，可使体重每周下降 0.5 kg，尤其是在结合合理运动的情况下。这是个现实的目标，随着时间的推移，较多的体重就会被减掉。减重期间，运动员至少每天吃 3 顿饭来满足总能量消耗。运动员常犯的错误是每天只吃一两顿饭，不吃早餐或午餐或两者兼而有之，然后吃一顿丰盛的晚餐。对动物的研究表明，总热量相同时，每天只吃一顿或两顿食物的动物比每天吃定量食物的动物体重增加得更多。关于人类的研究还不太清楚。

减重的目的是消耗脂肪，而不是减瘦体重。因此，合理饮食与运动相结合是首选方法。增加运动量，同时减少热量摄入可以防止瘦体重流失。抗阻训练能够增加瘦体重，而抗阻训练和耐力训练都会使脂肪质量降低。为了减重，运动员应适度将抗阻训练和耐力训练相结合，并适度控制热量摄入。

小结

- 对力量、爆发力和肌肉耐力项目的运动员来说，尽可能增加瘦体重有利于提高运动成绩，但这样做会影响耐力运动员。耐力运动员需长时间水平移动身体，而跳远运动员则是垂直和水平地移动身体。
- 肥胖程度对运动成绩的影响大于体重。一般来说，体脂率越高，运动表现越差。重量级举重运动员、相扑运动员和游泳运动员例外。
- 运动员过度减重会引起健康问题，如脱水、慢性疲劳、饮食失调、月经失调和骨矿物质紊乱。
- 体重标准应以身体成分为基础，应关注体脂率而非体重。
- 各项运动都应当建立体脂率的标准，同时应该充分考虑个体差异、方法误差和性别差异。

- 严格的饮食控制（过低的热量），减少的主要是水分，而不是脂肪。
- 限制碳水化合物摄入的饮食会消耗运动员体内储存的碳水化合物，导致水分和碳水化合物一起流失，加剧脱水。另外，这会使游离脂肪酸分解量增加，导致酮症，从而进一步加剧水分的流失。
- 饮食与运动相结合是最佳的减重方法。
- 运动员每周减重不应超过 1 kg，直到达到所需体重范围的上限。之后，每周减重应少于 0.5 kg，直到达到目标体重。过快减重会导致瘦体重减少。每天减少 200～500 kcal 热量摄入，同时与科学运动结合，这才是值得推荐的减重方法。
- 适度的抗阻和耐力训练是最有效的减肥方法。抗阻训练能够使瘦体重增加。

第三节　营养素分类

现在我们把注意力转向营养，帮助运动员做好获得最佳运动表现的准备。保持维持健康所需的适当的体重和身体成分，以及良好的饮食习惯，对最大程度地提高运动表现是十分重要的。

人类饮食应该包含相对均衡的碳水化合物、脂肪和蛋白质。对于大多数人来说，建议消耗的总能量比例如下：糖 55%～60%，脂肪不超过 35%（饱和脂肪少于 10%），蛋白质 10%～15%。

有趣的是，上述推荐的总能量消耗的比例对于运动员的健康和运动表现都是最优的。然而，为运动员制订饮食计划时，用每千克体重计算需要摄入的碳水化合物和蛋白质克数会为训练和比赛的需求提供更精确的处方。本章后面将详细讨论为预防心血管疾病、糖尿病、肥胖症和癌症的类似的能量摄入标准。尽管食物最终都被分解成碳水化合物、脂肪或蛋白质，但这些营养素并非全部被身体需要。食物中的营养素可分为 6 类，每类营养素在人体内都有特定的功能。六类营养素分别为：

✧ 碳水化合物。

✧ 脂肪。

✧ 蛋白质。

✧ 维生素。

✧ 矿物质。

✧ 水。

下面我们将探讨每类营养素对运动员的生理学意义。

一、碳水化合物

碳水化合物分为单糖、双糖和多糖。单糖是一个单位的简单糖，如葡萄糖、果糖和半乳糖，无法再分解成更简单的形式。双糖（如蔗糖、麦芽糖和乳糖）由两个单糖组成。例如，蔗糖（食糖）由葡萄糖和果糖组成。低聚糖是由 3～10 个单糖聚集在一起的糖链。多糖是由单糖组成的大糖链。糖原是一种提供能量的多糖，存在于动物（包括人类）体内，主要储存在肌肉和肝脏中。淀粉和纤维是两种植物多糖，通常被称为复合碳水化合物。简单碳水化合物是从加工食品或高糖食品中获得的碳水化合物。所有碳水化合物必须先分解成单糖，才能被身体分解利用。

在体内，碳水化合物有多种功能：

✧ 碳水化合物是主要的能量来源，特别是在高强度运动中。

✧ 碳水化合物调节脂肪和蛋白质代谢。

✧ 神经系统的能量供应完全依赖碳水化合物。

✧ 肌肉和肝糖原是由碳水化合物合成的。

日常饮食中碳水化合物的主要来源包括谷物、水果、蔬菜、牛奶和浓缩糖果。精制糖、糖浆及玉米淀粉几乎都是纯碳水化合物，糖果、蜂蜜、果冻也是如此。软饮料除了碳水化合物，几乎不含任何营养成分。

研究视角 15.2　进食时间与有氧运动窗口

1982 年，发表在《美国生理学杂志》上的一项研究表明，饭后 30 min 开始的中等强度的体力活动（跑台行走）能迅速使血糖水平恢复到空腹水平。在这一发现之后的几十年里，研究表明，血糖浓度对多种运动条件敏感，包括运动时间、强度、持续时间、频率和运动模式的顺序。大量的研究是针对运动和用餐时间进行的。然而，运动强度、方式和用餐时间的广泛变化导致了相互矛盾的报道。例如，饭前进行低到中等强度的运动可以提高餐后血糖，但饭后类似的活动会降低血糖。然而，高强度的间歇运动会产生相反的结果，餐前的高强度间歇运动可以改善血糖反应。尽管存在这些相互矛盾的结果，但研究者一致认为，如果目标是控制高血糖，那么中等强度的餐后运动要优于餐前运动。在餐后进行适度的运动可以持续降低餐后血糖的峰值，在第一口进食 30 min 后开始运动可以最有效地减缓血糖飙升。这些数据在糖尿病患者的用餐时间和运动计划中尤其重要，因为他们面临着严格控制血糖的挑战。

基于这些关于膳食消耗和运动时间的数据，2015 年的一项研究考察了 12 位接受有氧运动训练的男性在运动后摄入蛋白质对骨骼肌蛋白质合成率和有氧运动后恢复的作用。在 3 个单独的试验中，每位受试者完成高强度的自行车运动，然后摄入：①含有 5 g 亮氨酸的蛋白质–碳水化合物混合物；②含有 15 g 亮氨酸的蛋白质–碳水化合物混合物；③不含氮、等热量的对照饮料。亮氨酸的剂量是根据先前的研究选择的，即 15 g

亮氨酸可以改善抗阻运动后的恢复并促进肌肉蛋白质合成，也为了观察有氧运动员是否可以通过较低的剂量获得类似的益处。研究小组收集了肌肉活检样本，以确定恢复期间肌肉蛋白质的合成率。他们还采集了血液样本，在整个恢复过程中测量血浆氨基酸。

研究人员发现，与对照组相比，含有蛋白质的饮料提高了肌肉蛋白质的合成率。添加 5 mg 亮氨酸可使肌肉蛋白质合成率提高 33%，对蛋白质合成的刺激接近最大值。在低剂量饮料组中进一步增加亮氨酸并没有使肌肉蛋白质的合成增加。在对照组恢复期间，血浆中的氨基酸和亮氨酸减少，但随着蛋白质–亮氨酸饮料的摄入而呈剂量依赖性增加。研究结论是，摄入含蛋白质的膳食可以改善肌肉的合成和恢复，但是，添加 5 mg 亮氨酸就足以使蛋白质合成达到最大速率。虽然在这之后补充额外的营养确实会增加血浆中的氨基酸，但不会使额外的肌肉合成。为了解决这一问题，未来的研究应该尝试确定这些定制的蛋白质–亮氨酸恢复饮料是否也能提高运动表现。

（一）碳水化合物消耗和糖原储备

身体内储存着大量的碳水化合物，它主要以糖原的形式储存在肌肉和肝脏中。因此，碳水化合物的消耗直接影响肌糖原储量及耐力项目训练和比赛的能力。如图 15.8 所示，运动员连续 3 天进行高强度训练，同时摄入低碳水化合物饮食（占总热量的 40%），在训练后 24 h 内肌糖原不能完全恢复。当运动员摄入高碳水化合物饮食（占总热量的 70%）时，在 22 h 内，肌糖原几乎完全恢复。

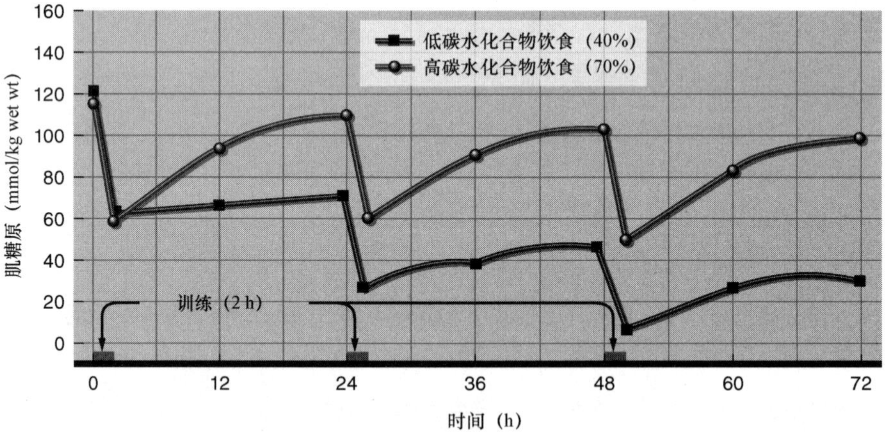

图 15.8　在重复训练期间，膳食中的碳水化合物对肌糖原的影响

注：当摄入低碳水化合物饮食时，肌糖原在 3 天内逐渐下降，而摄入富含碳水化合物的饮食能够使肌糖原恢复到接近正常水平。

早期研究表明，当男性饮食中碳水化合物处于正常水平（约占摄入总热量的 55%）时，每千克肌肉大约储存 100 mmol 的糖原。有研究表明，日常饮食中碳水化合物含量低于 15% 时，肌肉的糖原只有 53 mmol/kg，而摄入富含碳水化合物的饮食（碳水化合物含量为 60%～70%），肌肉的糖原可达 205 mmol/kg。当受试者以低于 75%最大摄氧量强度运动到力竭时，运动持续时间与试验前肌糖原含量成正比，如图 15.9 所示。

大量研究表明，肌糖原的恢复并不仅仅取决于碳水化合物的摄入量。带有离心（肌肉拉长）成分的运动，如跑步和举重，会引起肌肉损伤，并不利于肌糖原合成。在这些情况下，在运动后的 6～12 h，肌糖原看起来很正常，但随着肌肉修复的开始，肌糖原的合成会减慢甚至完全停止。

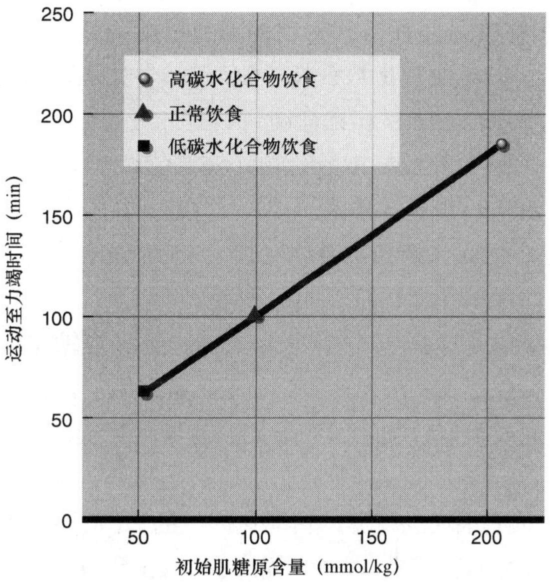

图 15.9　肌糖原含量与运动至力竭时间的关系

注：当受试者摄入富含碳水化合物的饮食时，运动至力竭时间比摄入主要由脂肪和蛋白质组成的饮食多出近 4 倍。

引起这种反应的确切原因尚不清楚，但肌肉的内环境可能会抑制葡萄糖摄取和糖原储存。例如，在高强度离心运动后的 12～24 h 内，受损的肌纤维会被炎性细胞（白细胞、巨噬细胞）浸润，这些细胞清除因细胞膜损伤而产生的细胞碎片（见第五章和第十四章）。肌肉修复过程可能需要大量的血糖，因此用于重新合成肌糖原的葡萄糖量减少。此外，有研究表明，离心运动使肌肉对胰岛素的敏感性降低，限制肌纤维对葡萄糖的吸收。也许未来有研究将更全面地解释为什么离心运动影响肌糖原合成。但目前，只能观察到不同运动形式下肌糖原的恢复是不同的，训练和比赛时应当考虑最佳的饮食方案。

碳水化合物是大多数运动员的主要能量来源，至少应占摄入总能量的 50%。耐力运动员需要摄入更高比例的碳水化合物，占摄入总能量的 55%～65%。然而，摄入碳水化合物的总克数是最重要的。运动员每天每千克体重需要 3～12 g 的碳水化合物来维持糖原的储存。这个大范围是必要的，训练强度、每日总能量消耗、性别及环境等因素的差异使推荐的每日摄入碳水化合物的范围较大。例如，中等强度训练期间，每天摄入每千克体重 5～7 g 的碳水化合物就足够了。然而，在长时间高强度和极限强度的训练中，碳水化合物的摄入量应分别增加到每天每千克体重 6～10 g 和 8～12 g。

（二）血糖指数

长期以来人们普遍认为，随着碳水化合物摄入量的增加，血糖浓度迅速增加（高血糖症），血糖通常与简单碳水化合物（如葡萄糖、蔗糖、果糖和含高果糖的玉米糖浆）有关。然而，情况并非总是如此。科学家发现，简单碳水化合物和复合碳水化合物进入体内引起的血糖反应（血糖增加）有很大的不同，于是便出现了食物血糖指数（GI）。摄入葡萄糖或白面包会导致血糖迅速升高，此反应被当作标准，并指定 GI 为 100。其他食物的血糖反应参照葡萄糖或白面包，以 50 g 被测食品与葡萄糖或白面包血糖反应的比值为标准。GI 计算如下：GI=100 ü

（50 g 被测食品与 50 g 葡萄糖或白面包超过 2 h 的血糖反应比值）。GI 分为 3 类：

✧ 高血糖指数食物（GI＞70），如运动饮料、豆类胶质软糖、烤土豆、炸薯条、爆米花、玉米片、玉米饼和椒盐脆饼。

✧ 中等血糖指数食物（56≤GI≤70），如糕点、皮塔面包、白米饭、香蕉、最受欢迎的软饮料及普通冰激凌。

✧ 低血糖指数食物（GI≤55），如白煮意大利面、动物肾脏、烤豆、牛奶、葡萄柚、苹果、梨、花生、巧克力豆和酸奶。

这是根据 2002 年国际血糖指数和血糖生成负荷值表对食物进行的分类。

虽然 GI 作为食品评级工具是有用的，但也存在争议。首先，同一食物的血糖指数在个体之间及类似食物之间有很大的差异。其次，一些复合碳水化合物具有高 GI。再次，在高 GI 碳水化合物中添加少量脂肪可以大大降低该食物的 GI。最后，将葡萄糖和白面包作为参考食物，GI 值有很大的差异，白面包产生的 GI 值要高得多。在运动训练中，有专家提出了附加指标，即血糖负荷（GL）。GL 同时参考 GI 和单份食物中碳水化合物的量，计算方法如下：

GL =（GI ü CHO，g）/100

运动前，低 GI 食物是首选，以减少血液中胰岛素升高的可能性。然而，高 GI 食物在运动中是有优势的，有助于维持血糖水平。在高强度和长时间运动后的恢复期也应摄入高 GI 食物，因为较高的血糖水平会增加肌肉和肝脏糖原的储备。

（三）碳水化合物摄入和运动表现

如前所述，肌糖原是运动时主要的能量来源。研究表明，在短时间高强度运动或持续 1 h 以上的中等强度运动中，疲劳和力竭的主要原因是肌糖原耗竭。如图 15.10 所示，在不到 30 min 的高强度（150%和 120% $\dot{V}O_{2max}$），以及 1～3 h 的低强度（83%、64%和 31% $\dot{V}O_{2max}$）运动中，肌糖原明显消耗。

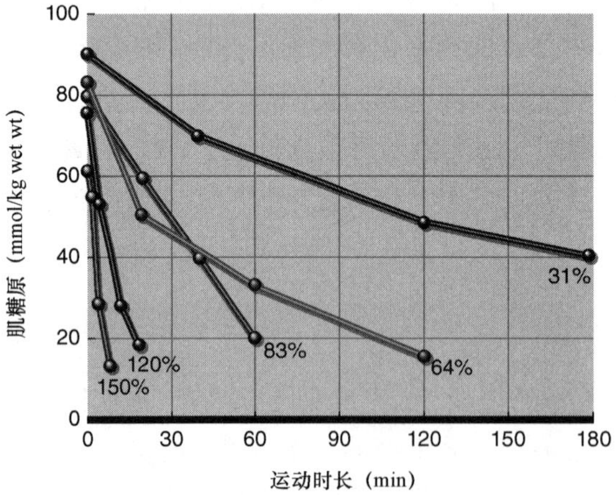

图 15.10　运动强度（31%、64%、83%、120%和 150% $\dot{V}O_{2max}$）对肌糖原储量减少的影响

注：与中等强度和较低强度运动相比，在相对高强度运动下，肌糖原的消耗速率非常高。

根据上述结果，科学家推测，在开始运动前增加肌糖原含量可以提高机体运动能力。20 世纪 60 年代的研究表明，男性在摄入富含碳水化合物的饮食 3 天后，其肌糖原的储存量几乎是正常水平的两倍。当以 75% $\dot{V}O_{2max}$ 强度运动到力竭时，运动时长显著增加（图 15.9）。这种做法被称为**糖原填充（glycogen loading）**，广泛用于长跑、自行车和其他需要持续运动几个小时的运动员。我们将在本章后面更详细地讨论这种做法。

在高强度、长时间的运动中，血糖浓度

降低（低血糖）会导致疲劳。大量研究表明，在持续 1～4 h 的运动中补充碳水化合物，运动员的运动能力会有所提高。将补充碳水化合物和安慰剂的受试者进行比较，结果表明，在运动的早期，受试者的运动表现没有差异，但在运动的最后阶段，补充碳水化合物的受试者运动能力大大提高。

虽然补充碳水化合物提高运动能力的确切机制还不完全清楚，但可以确定的是将血糖维持在正常浓度可使肌肉获得更多能量。运动期间补充碳水化合物不会减少肌糖原的使用，相反，可以促进肝糖原的保存，甚至促进糖原合成，这使运动后期肌肉可以更多地依靠血糖来获取能量。补充碳水化合物也可以增强中枢神经系统的功能。运动前 5 min 以内、运动前 2 h 以上（如赛前用餐期间）及运动中多次补充碳水化合物可提高耐力（超过 1 h）。

运动前 15～45 min，运动员应谨慎摄入富含碳水化合物的食物，在该时间段补充碳水化合物会导致运动开始后不久血糖降低，导致肌肉因缺乏能量来源而出现过早疲劳。在此期间摄入碳水化合物会刺激胰岛素分泌，使运动开始时胰岛素水平升高。胰岛素水平升高，肌糖原合成增加，导致低血糖和过早疲劳(图 15.11)。并不是每个人都会有这种反应，但有足够的证据表明，在运动前 15～45 min，应避免摄入高 GI 的碳水化合物。

为什么运动中补充碳水化合物不会引起血糖水平的降低？运动时摄入糖会导致血糖和胰岛素水平轻微上升，不会使血糖急剧下降。运动中血糖调控发生了改变，这是由于肌纤维通透性增加，减少了对胰岛素的需求，或由于运动中胰岛素结合部位的改变。无论什么原因，运动时摄入的糖补充了肌肉活动所需的能量。

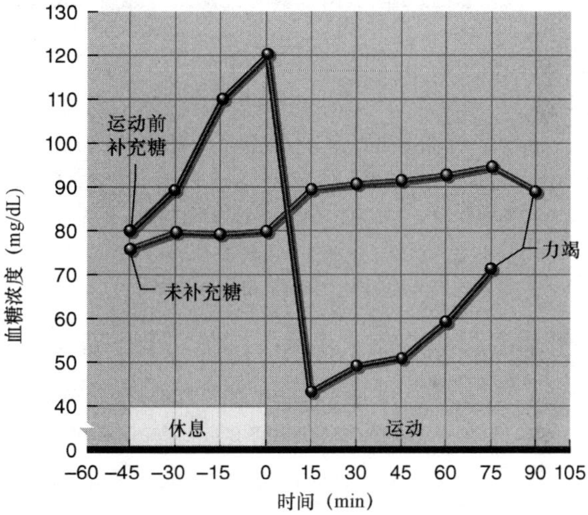

图 15.11　运动前补充碳水化合物（糖）对运动中血糖水平的影响

注：运动前 45 min 补充碳水化合物可使血糖降至低水平。此外，该实验中受试者无法以 70% $\dot{V}O_{2max}$ 强度完成 90 min 的运动，仅完成 75 min。

最后，在高强度和长时间运动后立即补充糖是很重要的，此时体内储存的糖已经减少或耗尽。恢复期的前 2 h，糖原的再合成率非常高，之后逐渐降低。在艾维（Ivy）等的一项研究中，21 位受试者分别 2 次（间隔一周）以中高强度在功率车上连续运动 70 min，研究人员观察参与运动的受试者的肌糖原储备。在一项试验中，受试者运动后立即摄入 25%的碳水化合物溶液，而在另一项试验中，受试者恢复 2 h 后摄入该溶液。在恢复期第一个 2 h 内，运动后立即补液比恢复 2 h 后补液的糖原储存率高 3 倍。在第二个 2 h 内，两次试验的糖原储存率相同（图 15.12）。最近，有研究表明，在碳水化合物补剂中添加蛋白质可以促进恢复期肌糖原恢复。在碳水化合物补剂中添加蛋白质可以最大程度地增加糖原的合成，且补充的次数和碳水化合物的用量均减少。此外，这样的补充还可以刺激肌肉组织修复。

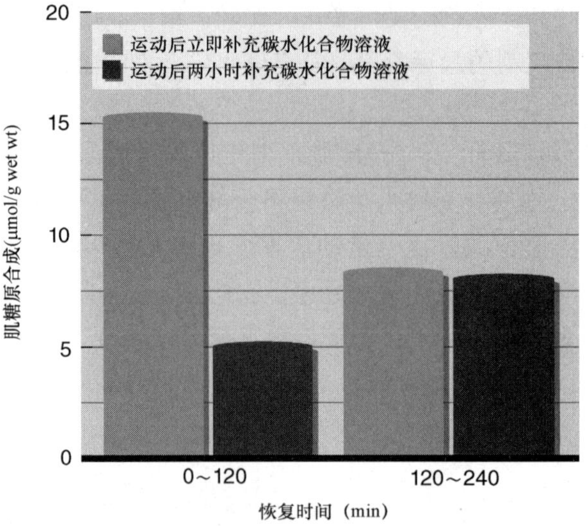

图 15.12　两种不同的碳水化合物补充方案对经过 70 min 肌糖原消耗运动后肌糖原恢复的影响

注：与恢复 2 h 后才补充碳水化合物溶液的另一个试验（图 15.12 右）相比，运动后立即补充碳水化合物溶液的试验（图 15.12 左）表明，在恢复期的前 2 h 内，肌糖原储存量高出 3 倍。在运动后 2～4 h，肌糖原的储存没有差异。

运动前肝脏和肌肉储存大量的糖，以及运动期间和运动后立即补充糖，均对运动有着十分重要的意义。应鼓励食品和营养公司开发出满足上述需求的产品，包括运动饮料，本章末尾我们将会谈到。

二、脂肪

脂肪又称脂类，是一类难溶于水的有机化合物。它以多种形式存在于体内，如甘油三酯、游离脂肪酸、磷脂和固醇。人体储存的大部分脂肪是甘油三酯，其由三分子的脂质和一分子的甘油组成。甘油三酯是人体最主要的能量来源。

过量摄入脂肪，特别是胆固醇和甘油三酯容易导致心血管疾病（在第二十一章中讨论），也会导致其他疾病，如癌症、糖尿病和肥胖症。尽管摄入过量的脂肪会产生负面影响，但脂肪在饮食中是必需的，具有许多重要功能：

✧ 脂肪是细胞膜和神经纤维的重要组成部分。

✧ 脂肪是一种主要的能量来源，安静时，脂肪提供 70%的能量。

✧ 脂肪支撑和缓冲重要器官。

✧ 体内的类固醇激素都是由胆固醇产生的。

✧ 脂溶性维生素通过脂肪进入、储存并在身体内运输。

✧ 皮下脂肪的隔热作用使体温损耗降至最低。

脂肪最基本的单位是脂肪酸，是能量的主要来源。脂肪酸有两种形式：饱和脂肪酸和不饱和脂肪酸。不饱和脂肪酸在碳原子之间有一个（单不饱和）或多个（多不饱和）双键，每个双键代替两个氢原子。饱和脂肪酸没有双键，与碳原子结合的氢含量最高。过量摄入饱和脂肪是导致许多疾病的重要因素。

动物脂肪通常比植物脂肪含有更多的饱和脂肪酸。在室温下，饱和程度较高的脂肪往往是固态的（如培根油、椰子油），而饱和程度较低的脂肪则倾向于液态（如橄榄油、菜籽油）。尽管许多植物油的饱和脂肪含量很低，但它们通常作为食品的氢化酥油。氢化过程是指在脂肪中添加氢气，增加脂肪的饱和度。

（一）脂肪摄取

脂肪通过吸收和保留食物的风味，以及影响食物的质地来增强食物的口感。因此，它在我们的饮食中很常见，脂肪含量极低的食物是很难吃的。1965 年，男性和女性的膳食脂肪摄入量均高达总能量的 45%，但近期美国国家健康与营养检测调查（NHANES）报告显示，这一比例已下降到 33%～34%，最主要的原因是媒体对脂肪摄入与健康风险的关注。大多数营养学家建议脂肪摄入量不要超过总热量的 35%。由美国卫生部、公共服务部和农业部编制的《2015—2020 年美国人膳食指南》建议将饱和脂肪摄入量限制在总摄入热量的 10%以下，并用多、单不饱和脂肪代替饱和脂肪，胆固醇摄入应限制在每天 300 mg 以下。近期的研究表明，按饱和程度分类的脂肪并非对健康具有相同的影响。例如，并非所有饱和脂肪都是“坏”脂肪，硬脂酸不会对血清胆固醇水平造成负面影响。

（二）脂肪摄取和运动表现

对运动员来说，脂肪作为能量来源尤为重要。肌糖原、肝糖原在体内的储量是有限的，因此，通过脂肪或游离脂肪酸产生能量可以延缓疲劳。显然，任何能让身体消耗更多脂肪的改变都是有利的，尤其是对耐力项目而言。事实上，耐力训练所产生的适应性变化之一就是提高了脂肪作为能量来源的能力，但仅摄入脂肪并不能刺激肌肉燃烧脂肪。相反，摄入高脂肪食物只会使血浆甘油三酯水平升高，而在脂肪酸被用于能量生产之前，必须将其分解。为了提高脂肪的利用率，必须提高血液中游离脂肪酸水平，而非甘油三酯水平。

训练有素的运动员能适应高脂肪饮食，但这对整体运动表现有利吗？前面我们讲过增加糖原储备如何提高耐力表现。增加脂肪储备有类似的好处吗？虽然有研究表明高脂肪饮食的益处小于高碳水化合物饮食，但大多数研究表明，高脂肪饮食要么没有益处，要么降低运动表现。身体通过增加脂肪的供应和提高肌肉中脂肪氧化的能力来适应高脂肪饮食，进而增加运动中的脂肪氧化，但前提是肌糖原储量减少，因此对运动没有任何益处。在这些研究中，脂肪的类型（中链甘油三酯与长链甘油三酯）和高脂肪饮食干预的持续时间（一周以下与数周或更长时间）差异很大，因此，从目前的研究中得出的结论是很复杂的。

研究视角 15.3　低糖和低脂肪饮食

减肥节食策略往往在科学界还没有机会适当测试它们对减肥和维持体重的影响，以及对其他许多健康结果的影响之前就变得流行起来。到目前为止，只有通过饮食方法（低脂肪、低钠，以及多吃谷类、水果和蔬菜）来预防高血压已经被科学地评估和证明可以改善心血管健康。低碳水化合物饮食，即坚持每天摄入小于 40 g 碳水化合物，近年来越来越流行。然而，这种方法对心血管的影响尚不清楚。低碳水化合物饮食的前瞻性研究（应用干预或刺激，然后追踪参与者到未来衡量结果）产生了相互矛盾的结果，在不同人群中，很少有随机对照研究针对碳水化合物摄入对心血管疾病危险因素的影响。

2014 年，杜兰大学的一个研究小组进行了一项随机、平行组试验，以检查 12 个月低碳水化合物饮食与低脂肪饮食的效果。在这项研究中，148 位来自不同的社会经济和种族背景、年龄在 22～75 岁、BMI 为 30～45 kg/m^2 的男性和女性被分配到两个饮食组：低脂肪饮食组、低碳水化合物饮食组。73 位被分配到低脂肪饮食组的受试者被要求在每天摄入的能量中，脂肪和碳水化合物的摄入量分别少于 30%和 55%；75 位被分配到低碳水化合物饮食组的受试者被要求每天摄入少于 40 g 的碳水化合物。在研究的前四周，受试者每周与营养师会面，在接下来的五周，每隔一周进行一次团体咨询，最后 6 个月每月进行一次。研究小组收集了基线时体重、心血管疾病危险因素和饮食成分的数据，并在干预的第 3 个月、第 6 个月和第 12 个月再次收集了这些数据。在为期一年的干预结束时，低脂肪饮食组的 60 位受试者和低碳水化合物饮食组的 59 位受试者完成了全年的研究。

12 个月后，与低脂肪饮食组相比，低碳水化合物饮食组的受试者体重、脂肪质量和 LDL–C 有更大幅度的下降，HDL–C 有更大幅度的上升。这些数据表明，与低脂肪饮食相比，低碳水化合物饮食对减肥和降低心血管疾病风险可能更有效，即使在非常庞大和多样化的受试者群体中也是如此。这项研究的结论是，限制碳水化合物摄入可能是希望减肥和降低心血管疾病风险的人的一个不错的选择。

三、蛋白质

蛋白质（protein）是由氨基酸组成的含氮类化合物。蛋白质在我们体内有多种功能：

✧ 蛋白质是细胞结构的主要成分。

✧ 蛋白质用于身体组织的生长、修复和维护。

✧ 血红蛋白、酶和许多激素都是由蛋白质产生的。

✧ 蛋白质是调控酸碱平衡的 3 个主要缓冲对之一。

✧ 血浆中的蛋白质有助于维持正常的血液渗透压。

✧ 预防疾病的抗体是由蛋白质形成的。

✧ 蛋白质可以产生能量。

20 种氨基酸已被确定为人类生长和新陈代谢所必需的（表 15.2）。其中 11 种（儿童）或 12 种（成年人）被称为**非必需氨基酸（nonessential amino acids）**，身体可以合成，不依赖饮食摄入来供应。其余 9 种或 8 种被称为**必需氨基酸（essential amino acids）**，身体无法合成。因此，此类氨基酸是日常饮食中必不可少的一部分。饮食中缺少某类必需氨基酸，就会影响含有该氨基酸的蛋白质的合成，因此，需要这些蛋白质的组织都无法维持。

包含所有必需氨基酸的膳食蛋白质源被称为完全蛋白质，如肉、鱼、家禽、鸡蛋和牛奶等。因为不能提供所有必需氨基酸，蔬菜和谷物中的蛋白质被称为不完全蛋白质。上述概念对素食者很重要（本章后面将讨论）。在一餐中摄入多种不完全蛋白质可解决这个问题。

表 15.2　必需氨基酸和非必需氨基酸

必需氨基酸	非必需氨基酸
异亮氨酸	丙氨酸
亮氨酸	精氨酸
赖氨酸	天冬酰胺
甲硫氨酸	天冬氨酸
苯丙氨酸	半胱氨酸
苏氨酸	谷氨酸
色氨酸	谷氨酰胺
缬氨酸	甘氨酸
组氨酸（儿童）*	脯氨酸
	丝氨酸
	酪氨酸
	组氨酸（成年人）*

注：* 组氨酸在婴幼儿体内无法合成，因此是儿童必需氨基酸，但不是成年人必需氨基酸。

（一）蛋白质的摄入

在美国人中，蛋白质约占每天总能量的 15%。4～13 岁儿童蛋白质摄入量为每千克体重每天 0.95 g，14～18 岁青少年为每天每千克体重 0.85 g，成年人为每天每千克体重 0.8 g。由于男性体重较大、肌肉更多，通常比女性的蛋白质需求量更大。因此，男性通常每天摄入更多的食物来维持体重和肌肉。男性和女性蛋白质的摄入量推荐值为每天每千克体重 0.8 g。

（二）蛋白质摄入与运动表现

进行肌肉力量、耐力和有氧耐力训练的运动员是否需增加蛋白质摄入量？氨基酸是人体的组成部分，因此蛋白质对人体组织的生长发育至关重要。多年来，营养学家和生理学家认为，为了获得最佳运动成绩而额外补充蛋白质是不必要的。一般认为，每天每千克体重摄入 0.8 g 蛋白质的膳食推荐量就足以满足艰苦训练的需求。然而，对于那些需要运动员维持或增加肌肉量的运动项目，这样的膳食推荐量可能是不够的。

利用代谢描记仪和氮平衡技术的研究表明，训练中的机体对蛋白质和特定氨基酸的需求远高于正常活动的人。进行耐力训练和力量训练的运动员蛋白质的需求量是不同的。进行力量训练的运动员每天蛋白质的需求量约为膳食推荐量的 2.1 倍，即每天每千克体重 1.6～1.7 g，而参加耐力训练的运动员需要每天每千克体重 1.2～1.4 g 的蛋白质。大多数运动员需要混合训练（耐力运动员进行力量训练，力量运动员进行有氧运动），因此，建议摄入每天每千克体重 1.2～1.7 g 的蛋白质，接近实证研究所支持的 1.4～1.6 g 的水平。耐力运动需要更多的蛋白质，以增加线粒体的含量和辅助能源物质，力量训练需要更多的氨基酸合成肌肉蛋白质。当然，对刚开始采用新的、严酷的训练计划或正在进行高强度、长时间训练的运动员来说，也有例外。对运动员来说，摄入蛋白质的时间很重要，目前的建议是抗阻运动后一两个小时内摄入约 20 g 优质蛋白（其中包含所有必需氨基酸）。

研究视角 15.4　高蛋白饮食的神话

节食减肥技巧层出不穷。多年来，高脂饮食一直是导致超重和肥胖率上升的主要因素，无脂或低脂饮食广受欢迎。然而，尽管强调减少脂肪摄入，超重和肥胖的比例仍在上升。最近，一些人反驳说，美国人之所以变得更胖，是因为他们摄入了太多的淀粉和糖，而没有摄入足够的肉和脂肪。2015 年，饮食指南咨询委员会取消了应该限制饮食胆固醇的建议，因为有证据表明，摄入胆固醇对血液胆固醇浓度没有那么大的影响。那么，高脂肪、高蛋白的饮食方式是否就是新的健康饮食呢？

在《纽约时报》上发表的一篇评论文章中，加利福尼亚大学旧金山分校的迪安·奥尼什（Dean Ornish）博士提出了动物脂肪和蛋白质不是健康食品的论点。尽管几十年来，人们一直被告知要在饮食中减少脂肪和动物蛋白的摄入，然而，2000 年，美国人比 1950 年多摄入 67%的脂肪和 41%的肉类。

此外，精制糖的摄入上升了 39%。增加动物蛋白质的摄入会增加各种原因导致的过早死亡的风险，大量摄入饱和脂肪和反式脂肪会使患阿尔茨海默病的风险加倍。奥尼什博士和他的同事进行了临床研究试验，结果表明植物性饮食对减少循环中的游离脂肪酸和胰岛素，以及减少与动物蛋白质和脂肪消耗有关的炎症有好处。奥尼什博士等发现，富含水果、蔬菜、全谷类、多不饱和脂肪、低饱和脂肪、精制碳水化合物和动物蛋白的饮食实际上可以逆转心血管疾病的发展，并可以减少对慢性病药物的需求。他们发现，越是坚持饮食建议的人，其改善就越大，即使是年龄最大的病人。总的来说，尽管高蛋白饮食很受欢迎，但只有纯天然食物、植物性饮食已被临床测试，并提示可以逆转疾病趋势。

（三）蛋白质摄入和抗阻运动

为了增加肌肉质量，蛋白质合成（合成代谢）速度需大于蛋白质分解（分解代谢）速度。虽然这两个过程对肌肉质量的形成都很重要，但对健康的运动者来说，增加新蛋白质的合成比减少降解作用更大。正如斯图尔特·菲利普斯（Stuart Phillips）所总结的，抗阻训练和蛋白质或氨基酸消耗都能单独促进蛋白质合成。然而，将两者结合——在抗阻运动后消耗蛋白质——会协同刺激蛋白质合成。基于多年的研究，我们对下列具体问题有了更好的答案：吃什么，吃多少，以及何时摄入与运动相关的蛋白质（如果目标是增加肌肉质量）。可快速分解必需氨基酸含量高的蛋白质对刺激肌肉蛋白质合成的效果优于其他蛋白质。亮氨酸似乎是关键，因为肌肉蛋白质合成峰值与亮氨酸浓度峰值相关。此发现促进了将亮氨酸作为促进蛋白质合成的触发器概念的提出。

没有证据表明，要达到预期的目的，必须使用市场上的蛋白质补充剂。食物蛋白质，特别是含有所有必需氨基酸和高亮氨酸含量的优质乳蛋白，比其他蛋白质更有效。高质量的牛奶蛋白，如酪蛋白和乳清，在高强度抗阻运动期间能有效地促进肌肉合成。

在接近运动的时间，消耗的蛋白质越多，蛋白质合成率越高，肌肉肥大程度越高。目前有证据支持在抗阻运动后摄入蛋白质，但摄入蛋白质的最佳时间尚不清楚，抗阻运动的促合成代谢作用是持久的，但会随着时间推移而减弱，当前研究支持运动后 1～2 h 出现最佳合成率。此外，运动员应将蛋白质作为每餐食物的一部分，以促进全天蛋白质的最佳合成。

为维持和增加肌肉质量，人每天需要摄入每千克体重 1.4～1.6 g 的蛋白质，这意味着每日蛋白质摄入量高于膳食推荐量，膳食推荐量为每天每千克体重 0.8 g。每天蛋白质摄入超过每千克体重 2.0 g 不会带来额外的益处，但每餐应至少包含每千克体重 0.25 g 的蛋白质。

小结

- 碳水化合物是糖和淀粉，以单糖、双糖、低聚糖和多糖的形式存在于体内。碳水化合物必须先分解成单糖，才能被身体分解利用。
- 高强度训练期间，碳水化合物摄入不足会导致糖原储备减少；而摄入富含碳水化合物的食物能够增加肌糖原，进而提升运动能力。
- 开始运动前 1 h 或更长时间内、开始运动后 5 min 和在运动中摄入碳水化合物，可以提升有氧耐力表现。运动者在恢复期的前 2 h 摄入碳水化合物可以快速增加碳水化合物储备。在碳水化合物补充剂中添加蛋白质可以增加糖原的储备。
- 脂肪或脂质以甘油三酯、脂肪酸、磷脂和固醇的形式存在于体内，主要以甘油三酯的形式储存，甘油三酯是人体最主要的能量来源。甘油三酯分子可以分解成 1 个甘油分子和 3 个脂肪酸分子，只有脂肪酸能被机体利用产生能量。
- 尽管脂肪是主要的能量来源，但高脂肪饮食替代糖原提高耐力的方法是不可取的。
- 氨基酸是蛋白质的最小单位，蛋白质必须先分解成氨基酸，才能被机体利用。人体只能合成非必需氨基酸，必需氨基酸需要通过饮食获得。
- 蛋白质不是机体主要的能量来源，但可以在耐力运动中分解以提供能量。
- 目前推荐的蛋白质摄入量为每天每千克体重 0.8 g，但这对高强度抗阻训练的运动员或耐力运动员来说偏低。在大多数情况下，运动员每天的蛋白质摄入量为每千克体重 1.2～1.7 g。在训练的最初几天、高强度训练期间，或者当能量物质不足时，蛋白质的需求量会更高。然而，高蛋白饮食没有额外的益处，而且会损害肾功能，并导致脱水。
- 在抗阻训练后的恢复期补充蛋白质可以促进肌肉蛋白质的合成。

四、维生素

维生素（vitamin）是在体内发挥特定功能的有机化合物。我们需要相对较少的维生素来充分促进我们吸收所摄入的其他营养物质。维生素在身体里的作用是催化化学反应。维生素A、D、E和K与脂类（脂肪）结合后再从消化道被吸收，这些维生素储存在体内，因此过量摄入会导致维生素中毒。维生素C和B族复合维生素、泛酸和叶酸是水溶性的，它们与水一起在消化道被吸收。过量的维生素会被排泄出来，并且大部分都是通过尿液排出，但也有相关报道称部分维生素具有毒性。表15.3列出了各种维生素及其推荐膳食供给量（RDA）值，或当RDA不足时的充足摄入量（AI）。

大多数维生素都有一些重要的功能：

✧ 维生素A对正常生长和发育至关重要，因为它在骨骼发育中起着不可或缺的作用。

✧ 维生素D是肠道吸收钙和磷所必需的，因此对骨骼发育和力量是必不可少的。通过调节钙的吸收，这种维生素对神经肌肉功能也起着关键作用。

✧ 维生素K是电子传递链上的中间物质，对氧化磷酸化具有重要作用。

在所有的维生素中，B族复合维生素及维生素C和E因具备提高运动表现的潜力得到了最广泛的研究。下面，我们简要地介绍这些维生素。

表15.3 维生素和矿物质的RDA或AI

维生素或矿物质	剂量	9～13岁		14～18岁		19～50岁		51～70岁	
		男性	女性	男性	女性	男性	女性	男性	女性
维生素									
A	μg/d	600	600	900	700	900	700	900	700
B_1	mg/d	0.09	0.09	1.2	1.0	1.2	1.1	1.2	1.2
B_2	mg/d	0.9	0.9	1.3	1.0	1.3	1.1	1.3	1.1
B_3	mg/d	12	12	16	14	16	14	16	14
B_6	mg/d	1.0	1.0	1.3	1.2	1.3	1.3	1.7	1.5
B_{12}	μg/d	1.8	1.8	2.4	2.4	2.4	2.4	2.4	2.4
C	mg/d	45	45	75	65	90	75	90	75
D	μg/d	15*	15*	15*	15*	15*	15*	15*	15*
E	mg/d	11	11	15	15	15	15	15	15
H	μg/d	20*	20*	25*	25*	30*	30*	30*	30*

续表

维生素或矿物质	剂量	9～13 岁		14～18 岁		19～50 岁		51～70 岁	
		男性	女性	男性	女性	男性	女性	男性	女性
K	μg/d	60*	60*	75*	75*	120[a]	90*	120*	90*
叶酸	μg/d	300	300	400	400	400	400	400	400
泛酸	mg/d	4*	4*	5*	5*	5*	5*	5*	5*
矿物质									
钙	mg/d	1 300*	1 300*	1 300*	1 300*	1 000*	1 000*	1 000*	1 200*
氯	g/d	2.3*	2.3*	2.3*	2.3*	2.3*	2.3*	2.0*	2.0*
铬	μg/d	25*	21*	35*	24*	35*	25*	30*	20*
铜	μg/d	700	700	890	890	900	900	900	900
氟	mg/d	2*	2*	3*	3*	4*	3*	4*	3*
碘	μg/d	120	120	150	150	150	150	150	150
铁	mg/d	8	8	11	15	8	18	8	8
镁	mg/d	240	240	410	360	410**	315**	420	320
锰	mg/d	1.9*	1.6*	2.2*	1.6*	2.3*	1.8*	2.3*	1.8*
钼	μg/d	34	34	43	43	45	45	45	45
磷	mg/d	1 250	1 250	1 250	1 250	700	700	700	700
钾	g/d	4.5*	4.5*	4.7*	4.7*	4.7*	4.7*	4.7*	4.7*
硒	μg/d	40	40	55	55	55	55	55	55
钠	g/d	1.5*	1.5*	1.5*	1.5*	1.5*	1.5*	1.3*	1.3*
锌	mg/d	8	8	11	9	11	8	11	8

注：*男性：19～30 岁＝400，31～50 岁＝420，女性：19～30 岁＝310，31～50 岁＝320。对婴幼儿，以及怀孕和哺乳期的妇女也有价值。

**RDA 不足时充足的摄入量（AI）。

（一）B 族复合维生素

B 族复合维生素曾经被认为是单一的维生素。目前已经确定了十几种 B 族维生素。这些维生素在细胞代谢中起着至关重要的作用，主要是作为参与食物氧化和能量产生的各种酶系统的辅助因子。维生素 B_1（硫胺素）是将丙酮酸转化为乙酰辅酶 A 所必需的。维生素 B_2（核黄素）转化为腺嘌呤黄素辅酶 I（FAD），在氧化过程中充当氢受体。维生素 B_3（尼克酸）是糖酵解中的辅酶烟酰胺腺嘌呤二核苷酸磷酸（NADP）的组成部分。维生素 B_{12} 在氨基酸代谢中起重要作用，也是红细胞产生所必需的，红细胞将 O_2 输送到细胞中进行氧化。B 族复合维生素有十分密切的相互关系，其中一种缺乏都会损害其他种类的利用，缺乏的症状因所缺的种类不同而不同。

一些研究指出，补充一种或多种 B 族维生素可提高运动表现。大部分研究者同意这个观点。然而，只有在研究之前已知受试者缺乏 B 族复合维生素才会得出这样的结论。缺乏一种或多种 B 族维生素通常会使运动表现变差，但是当补充这些 B 族复合维生素使其恢复到正常含量时，运动表现也会随之逆转。当身体不缺乏 B 族复合维生素时，没有令人信服的研究来支持补充它们的好处。

（二）维生素 C

维生素 C（抗坏血酸）在食物中很常见，但吸烟、使用口服避孕药、做手术或发烧的人可能会出现维生素 C 缺乏症。维生素 C 对胶原的形成和维持很重要，胶原是在结缔组织中发现的一种关键蛋白质，它对健康的骨骼、韧带和血管是必不可少的。维生素 C 有下列功能：

✧ 参与氨基酸代谢。

✧ 促进一些激素的合成，如儿茶酚胺（肾上腺素和去甲肾上腺素）和抗炎类皮质激素的合成。

✧ 促进肠道吸收铁元素。

许多人认为维生素 C 有助于愈合，对抗发烧和感染，预防或治疗普通感冒，但目前没有确切的证据证明维生素 C 的这些作用。

补充维生素 C 是否能提高运动表现在迄今的研究中并没有确切的结论。与其他维生素一样，如果运动员不缺乏维生素 C，补充维生素 C 不会提高运动表现。

（三）维生素 E

维生素 E 储存在肌肉和脂肪中。众所周知，维生素 E 可以防止维生素 A 和 C 的氧化，从而增强维生素 A 和 C 的活性，但维生素 E 的功能还没有最终确定。维生素 E 最重要的功能是作为抗氧化剂，它可以抵抗高度反应性分子——**自由基（free radicals）**的损害，否则会严重损害细胞并破坏代谢过程。目前，研究已经证明缺乏维生素 E 会对细胞造成 DNA 损伤，而补充维生素 E 可以减少运动引起的 DNA 损伤。与此同时，研究人员发现，连续 30 天补充维生素 E 对 240 次最大等速离心膝关节屈曲–伸展动作（24 组，10 次重复）所致的肌肉损伤的作用与服用安慰剂的对照组相比并不明显。

许多运动员会补充一定剂量的维生素 E，这是基于它与 O_2 使用和能量供应的关系。以往研究者认为，维生素 E 对运动表现有促进作用。然而，研究综述通常得出结论，补充维生素 E 并不能提高运动成绩。

五、矿物质

许多被称为矿物质的无机物对于正常的细胞功能是必不可少的。矿物质约占体重的 4%，在骨骼和牙齿中存在某些高浓度矿物质，但矿物质也存在于全身、每个细胞内和细胞周围，溶解在身体里的液体中。矿物质可以作为离子存在，也可以与各种有机化合物结合，能分解成体内离子的矿物化合物被称为**电解质（electrolyte）**。

根据定义，**宏量矿物质（macrominerals）**是人体每天所需大于 100 mg 的矿物质。**微量矿物质（microminerals）**或**微量元素（trace elements）**，是指需求量较低的矿物质。表 15.3 列出了必需矿物质及其 RDA 或 AI。

与维生素摄入量相比，运动员补充矿物质摄入量的可能性更小，这可能是因为对特定矿物质能否提高运动表现的相关研究结论要少得多。在矿物质中，对钙和铁的研究最多。

（一）钙

钙是人体内最丰富的矿物质，约占人体总矿物质含量的 40%。众所周知，钙有利于建构骨骼和保持骨骼的健康，骨骼也是储存钙最多的地方，同时钙对于神经冲动的传导也是必不可少的。钙在酶的激活和细胞膜通透性的调节中起着重要作用，两者对代谢都很重要。钙对肌肉发挥正常功能也是必不可少的。从第一章中我们得知，钙储存在肌肉的肌质网中，当肌纤维受到刺激时将其释放出来。肌动蛋白–肌球蛋白横桥的形成需要钙参与纤维收缩。

充足的钙摄入量对我们的健康至关重要。如果我们不摄入足够的钙，它就会从体内的储存地点释放，特别是骨骼，这种情况称为骨质疏松症，它会削弱骨骼，这是绝经后的女性及老年男性的共同问题。目前很少有关于补钙的研究，但相关研究的结果表明，在有足够的钙摄入的情况下，补充钙是没有价值的。

（二）磷

磷与钙密切相关，它约占人体总矿物质含量的 22%。约 80%的磷与钙结合（磷酸钙），为骨骼提供强度和硬度。磷是代谢、细胞膜结构和缓冲系统的重要组成部分，是维持血磷恒定的关键。磷在生物能量学中起着重要作用，它是 ATP 的重要组成部分。但目前还没有证据表明运动员需要补充磷。

（三）铁

铁这种微量矿物质以相对较少的数量（每千克体重 35～50 mg）存在于体内。它在 O_2 运输中起着至关重要的作用，铁是形成血红蛋白和肌红蛋白所必需的。血红蛋白位于红细胞中，与肺中的 O_2 结合，然后通过血液输送到身体组织。肌红蛋白存在于肌肉中，与 O_2 结合并储存以供肌肉使用。

缺铁是世界各地的人普遍存在的问题。据估计，世界上多达25%的人缺铁。在美国，大约20%的女性和3%的男性缺铁，50%的孕妇缺铁。与这种情况相关的主要问题是缺铁性贫血，血红蛋白水平降低，降低了血液的携氧能力，这会导致疲劳、头痛和其他症状。女性比男性更容易缺铁，因为月经和怀孕都会造成铁的损失，因此必须及时补充。女性通常比男性吃更少的食物，因而铁摄入量也少，使缺铁这个问题更加严重。

铁在研究文献中受到了广泛的关注。对女性来说，每100 mg 血液中的血红蛋白浓度低于10 g时，就被认为是贫血，男性则是12 g。研究表明，22%～25%的女运动员和10%的男运动员缺铁，但这些数字可能是保守的。血红蛋白浓度不是贫血的唯一标志，也不是最好的标志。血浆铁蛋白的浓度是判断人体铁储存含量更好的指标，低于 20～30 μg/L 的数值则表明身体中铁的储存量很低。

当向缺铁（血浆铁蛋白浓度低）的人提供铁补充剂时，其耐力表现通常会提高。然而，不缺铁的人补充铁几乎没有好处。事实上，铁补充剂可能会带来健康风险，因为过量的铁对肝脏有毒，而高于200 μg/L 的铁蛋白水平会增加患冠状动脉疾病的风险。

（四）钠、钾和氯

钠、钾和氯是分布在所有体液和组织中的重要电解质。钠和氯主要存在于细胞外的液体和血浆中，钾主要位于细胞内。这3种矿物质的选择性分布决定了神经元和肌肉细胞膜的电荷分布。因此，这些矿物质使神经冲动能够控制肌肉活动（见第三章）。此外，它们还负责维持身体的水分平衡和分布、正常的渗透压平衡、酸碱平衡（pH）和正常的心律节奏（见第六章）。

西方饮食中钠含量很高，因此钠缺乏是不太可能发生的。然而，矿物质是随着出汗而流失的，因此在剧烈运动时或在炎热的环境中锻炼时，过度出汗会耗尽这些矿物质。在讨论矿物质失衡问题时，我们常常把重点放在缺乏上。然而，这些矿物质在过量服用时也会产生负面影响。事实上，过量的钾会导致心脏衰竭，人的需求各不相同，但大剂量补充是不可取的。

我们可以说，虽然体力活动增加了对维生素和矿物质的需求，但这种需求通常是通过充足的食物摄入来满足的。对那些通过平衡膳食满足能量需求的运动员来说，很可能所有的维生素和矿物质需求都会得到满足，额外补充将没有任何提高运动表现方面的好处。然而，对那些刻意摄取低能量或饮食不平衡的人来说，补充维生素和矿物质是维持健康和运动表现所必需的。如果无法判断运动员的饮食摄入是否充足，补充低剂量的多种维生素和运动矿物质可能是合理的。

先前关于营养素摄入量的讨论提供了几种RDA。在20世纪40年代初，美国国家科学院食品和营养委员会制定了膳食营养素推荐供给量（RDAs）指南。最新的 RDAs 是基于1989年发布的版本。RDAs 提供了安全和充足的每日膳食摄入量的估计，以及对某些维生素和矿物质的最低要求的估计。20世纪90年代初，美国开始对 RDAs 进行重大修订。RDAs 被新制定的 DRIs 所取代。DRIs 由美国和加拿大共同努力完成的，提供了按营养功能和分类分组的饮食摄入建议。

从 1997 年开始，新的 DRIs 在一系列报告中发布并持续使用到 2005 年。它们包括 4 个不同的参考值：

✧ 估计平均需求（EAR）——估计的摄入量，以满足特定年龄和性别群体中 50%的健康个体的需求。

✧ 膳食营养素推荐供给量（RDA）——足以满足特定群体中几乎所有（97%～98%）个体的营养需求的摄入量。

✧ 可接受的摄入量上限（UL）——最高水平的每日营养摄入量，不太可能对特定群体中几乎所有个体造成负面的健康影响。

✧ 充足摄入量（AI）——在特定群体中，基于观察或实验确定的健康个体摄入营养的近似或估计的推荐摄入量，该值被认为是足够的摄入量；当 RDA 不能被确定时使用。

有关 DRIs 的更多信息与按性别和年龄对每种营养分类的具体建议，请参阅美国农业部食品和营养信息中心网站。

小结

- 维生素在身体中具有多种功能，是正常生长发育所必需的。许多维生素参与代谢过程，如促进能量生产的过程。
- 维生素 A、D、E 和 K 是脂溶性的。这些物质在体内能累积到产生毒副作用的水平。维生素 C 和 B 族复合维生素、泛酸和叶酸是水溶性的，即使大量摄入也会被排泄出去，所以很少出现中毒现象。此外，维生素 B 参与能量生产过程。
- 宏量矿物质是每天所需超过 100 mg 的矿物质。微量矿物质（微量元素）是需求量较低的矿物质。
- 矿物质是许多生理过程所必需的，如肌肉收缩、O_2 输送、液体平衡和生物能量的产生。矿物质可以解离成离子，离子可以参与许多化学反应。能解离成离子的矿物质被称为电解质。
- 维生素和矿物质似乎没有任何特殊的提高运动表现的价值。即便服用它们超过 RDA 的数量，也不会提高运动表现，还可能会产生副作用。

六、水

水通常不被视为一种营养物质，因为它没有热量价值。然而，它在维持生命方面的重要性也许仅次于 O_2。水一般约占青年男性总体重的 60%，占青年女性总体重的 50%，因为无脂质量（约 73%的水）比脂肪质量（约 10%的水）的含水量高得多，因此水含量会因身体成分的不同而不同。据估计，在脂肪、碳水化合物和蛋白质方面，我们可以承受高达 40%的体重损失。但是，流失 9%～12%体重的水分将会致命。

人体内大约 2/3 的水包含在细胞中，被称为**细胞内液（intracellular fluid）**。其余的在细胞外，被称为**细胞外液（extracellular fluid）**。细胞外液包括细胞周围的间质液、血浆、淋巴液和其他体液。

水在运动中起着关键作用，其中最重要的功能是：水在身体各组织之间运输和输送物质，调节体温，并维持血压以保证心血管功能正常。在接下来的部分，我们将详细地讨论水在运动表现中的作用。

第四节　水和电解质平衡

为了获得最佳的运动表现，人体的水和电解质含量应该保持相对恒定。但在运动过程中，水和电解质含量很难保持恒定。在本节，我们将研究安静时的含水量和电解质平衡，运动如何影响它们，以及当水或电解质平衡受到干扰时对运动表现的影响。

一、安静时的水平衡

在正常的安静条件下，身体的含水量是相对恒定的，即摄水量等于排出量。每天大约 60%的水是从我们喝的液体中获得的，大约 30%是从我们摄入的食物中获得的，其余的 10%是在细胞代谢的过程中产生的（第二章提到，水是氧化磷酸化的副产品）。代谢产水量每天 150～250 mL 不等，取决于能量消耗的速度，较高的代谢率产生更多的水。每日总需水量平均约为每千克体重 33 mL。对一个体重 70 kg 的人来说，平均每天需摄入 2.3 L 水。水通过以下 4 个途径流失。

✧ 从皮肤蒸发。

✧ 从呼吸道蒸发。

✧ 从肾脏排出。

✧ 从大肠排出。

人的皮肤是透水的。水扩散到皮肤表面，从皮肤蒸发到环境中。此外，我们呼吸的气体不断地被水加湿，因为它们通过呼吸道。这两种类型的水分流失（来自皮肤和呼吸）发生时，我们是没有感觉的。因此，它们被称为无感蒸发。在凉爽的环境中或休息时，这些流失约占每日流失水分的 30%。

我们每天大部分的水分损失（在休息时 60%）发生在我们的肾脏，它以尿液的形式排出水和废物。在安静状态下，肾脏每小时排出 50～60 mL 的水。另有 5%的水是由于出汗而流失的（虽然这通常被认为伴随着不敏感的水分流失），其余的 5%是以粪便的形式由大肠排出的（图 15.13）。

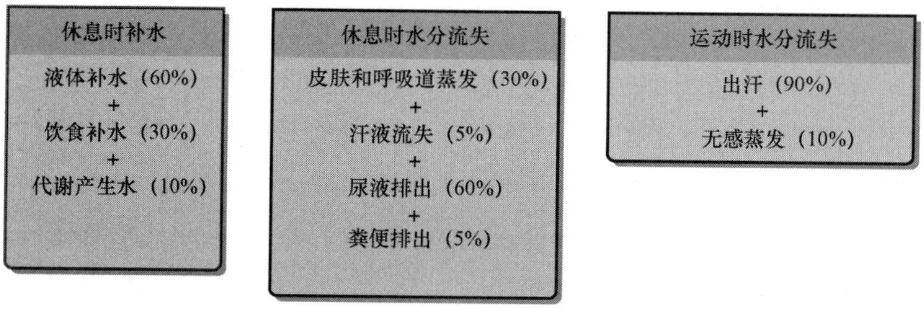

图 15.13　在休息时水摄入和水流失的途径

二、运动中的水平衡

如表 15.4 所示，运动会加速水分流失。运动中产生的热主要依靠汗液的形成和蒸发而散失，随着体温的升高，出汗增加，以防止过热（见第十二章）。但同时，更多的水是在运动过程中产生的，因为氧化代谢增加。不过即使在最剧烈的运动中，代谢所产生的水相较于大量流汗所引起的**脱水（dehydration）**或水流失只有很小的代偿作用。

表 15.4　在凉爽的环境中休息时和长时间进行极限运动时体内水分流失量

流失源	休息		长时间极限运动	
	mL/h	总计（%）	mL/h	总计（%）
皮肤	15	15	15	1
呼吸	15	15	100	7
汗液	4	5	1 200	91
尿液	58	60	10	1
粪便	4	5		0
总计	96	100	1 325	100

一般来说，运动过程中产生的汗量由代谢率、环境温度、辐射热负荷、湿度、空气流通速度、服装和体型大小决定。这些因素影响人体的蓄热和体温调节。热量从较热的部位转移到较凉的部位，因此身体的热量散失受到高环境温度、辐射、高湿度和静止空气的影响。体型大小，特别是表面积和体重的比，是很重要的，因为高大的人通常消耗更多的能量来完成给定的工作，所以他们通常有更高的代谢率并产生更多的热量，但他们也有更大的表面积（皮肤），这允许更多的汗产生和蒸发。随着运动强度的增加，代谢率也增加。这会增加身体产生的热量，进而增加出汗。为了在运动中保留水分，流向肾脏的血流量减少，以防止脱水；但

就像代谢产水量的增加一样，这是不够的。运动员通常在激烈的、长时间的运动中失去 1%～6% 的身体水分。在环境热压力下的高强度运动中，出汗可造成每小时多达 3 L 水的损失（参见第十二章关于在温暖环境中运动时身体水分损失的补充资料）。在寒冷、干燥的环境中或高海拔地区，呼吸造成的水分损失也会导致身体水分的整体损失。

三、脱水和运动表现

即使身体含水量的微小变化也会影响耐力表现。如果没有补充足够的液体，运动员的运动耐受性在长期活动中会表现出明显的下降，因为出汗会导致水分损失。脱水对心血管和体温调节系统的影响是可以预测的。水分损失会减少血浆容量，这会降低血压，进而减少流向肌肉和皮肤的血液。为了应对这一点，心率会有所增加。由于到达皮肤的血液较少，散热受到阻碍，身体保留了更多的热量，因此，当一个人脱水超过体重的 2%或更多时，心率和体温都在运动期间升高，高于正常值。

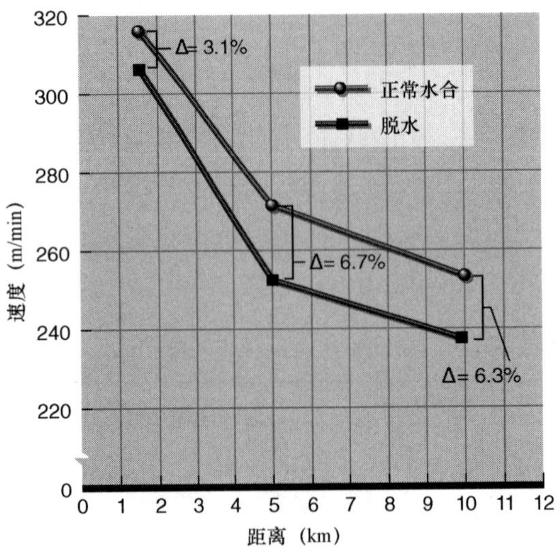

图 15.14 在 1 500 m、5 000 m 和 10 000 m 长跑测试中，与正常水合条件下的速度相比，脱水约 2%体重后的跑步速度（m/min）

正如研究者所预期的那样，这些生理变化会降低运动表现。图 15.14 说明了在室外跑道上进行 1 500 m、5 000 m 和 10 000 m 长跑时使用利尿剂导致的脱水（体重下降约 2%）的影响。脱水条件导致血浆体积下降 10%～12%。虽然正常水合和脱水后的平均 $\dot{V}O_{2max}$ 没有差别，但平均速度在 1 500 m 时下降了 3.1%，在 5 000 m 和 10 000 m 时下降了 6%以上。跑步运动持续时间越长，在同等程度脱水情况下运动表现预期下降幅度越大。这些实验是在相对凉爽的天气进行的。温度、湿度和辐射越高，在相同程度的脱水情况下，运动表现预期下降幅度越大。随着脱水程度的增加，运动表现的下降幅度将逐渐增大。

脱水对肌肉力量、肌肉耐力和无氧活动类型的影响尚不清楚。一些研究发现，脱水会导致运动表现下降，而其他研究显示运动表现没有变化。宾夕法尼亚州立大学的研究报告指出，篮球技术精湛的 12～15 岁男孩，一旦脱水量达到 2%，篮球技术将严重退步。

摔跤运动员等通常会脱水，以便在竞赛称重时获利。大部分的运动员会在从称重后到竞赛前的这段时间补充水分。脱水对运动表现的影响见表 15.5。

表 15.5 2%及以上脱水时生理功能及运动表现的变化

变量	脱水
心血管	
血容量/血浆体积	减少/减小
心输出量	减少
每搏输出量	减少
心率	增加
代谢	
有氧能力（$\dot{V}O_{2max}$）	没有变化或下降
无氧功率（温盖特测试）	没有变化或下降
无氧能力（温盖特测试）	没有变化或下降
血乳酸，血乳酸峰值	下降
血液缓冲能力	下降
乳酸阈，乳酸阈速度	下降
肌糖原和肝糖原	减少
运动过程中的血糖	可能减少
运动时对蛋白质的降解	可能减少
温度调节和体液平衡	
电解质、肌肉和血液	减少
运动时核心温度	升高
出汗率	降低，延迟出现
皮肤血流量	减少
运动表现	
肌肉力量	没有变化或下降
肌肉耐力	没有变化或下降
肌肉爆发力	未知
运动速度	没有变化或下降
力竭时间	减少
完成的总功	减少
注意力和关注度	下降
一些运动技能方面的表现	下降

小结

- 水平衡取决于电解质平衡，反之亦然。
- 休息时，水的摄入量等于水的排出量。水可以通过食物和液体，以及代谢产物获得。休息时排出的水分大部分来自肾脏，但也有水分从皮肤、呼吸道和粪便中流失。
- 在运动过程中，代谢水的产生随着代谢率的提高而提高。
- 运动过程中的水分流失增加，是因为体内热量的增加，更多的水分随着出汗的增加而流失。出汗成为运动过程中水分流失的主要途径。事实上，肾脏减少了尿液的产生，以防止脱水。
- 当脱水达到体重的2%时，运动中的有氧耐力表现会受影响，尤其是篮球运动中投篮罚球等技术动作受影响较大。心率和体温因为脱水而升高。

（一）运动时电解质平衡

正常的身体功能取决于水与电解质的平衡。前面我们讨论了脱水对运动表现的影响，现在我们把注意力转向这种微妙平衡的其他部分：当大量的水从身体中流失时，如在运动中，水与电解质的平衡很快会被破坏。在接下来的部分，我们将研究运动对电解质平衡的影响。我们研究的重点是电解质流失的两条主要途径：汗液和尿液。

1. 汗液中电解质流失

人体的汗液是血浆中的一种滤液，因此汗液含有许多血浆中的物质，包括钠（Na^+）、氯（Cl^-）、钾（K^+）、镁（Mg^{2+}）和钙（Ca^{2+}）。虽然汗味咸，但它所含的矿物质比血浆和其他体液所含的矿物质要少得多。事实上，汗液中99%是水。

Na^+和Cl^-是汗液和血液中的主要离子。如表15.6所示，汗液中Na^+和Cl^-的浓度约为血浆中的1/3，是肌肉中的5倍。表15.6中列出了这三者的**渗透压（osmolarity）**，即溶质（如电解质）与液体的比例。汗液的电解质浓度在个体之间可能有很大的差异，它受到遗传学、出汗量、训练状态和热适应状态的显著影响。

表15.6 男性在高温下运动2 h后，汗液、血浆和肌肉中的电解质浓度和渗透压

	电解质（mEq/L）				
位置	Na^+	Cl^-	K^+	Mg^{2+}	渗透压（mOsm/L）
汗液	40～60	30～50	4～6	1.5～5	80～185
血浆	140	101	4	1.5	295
肌肉	9	6	162	31	295

注：mEq/L＝每升毫克数（每升溶剂中一克溶质的千分之一）。

在耐力项目中，出汗率升高时，汗液中含有大量的Na^+和Cl^-，但K^+、Ca^{2+}和Mg^{2+}很少。

根据对运动员全身电解质含量的估计，这种损失只会使身体的 Na^+和 Cl^-含量降低 5%～7%。两种主要局限于细胞内部的离子——K^+和 Mg^{2+}总含量将下降约 1%。这些损失可能对运动表现没有显著的影响。

由于电解质通过汗液流失，剩余的离子在身体组织中重新分布。以钾为例，随着活跃的收缩肌纤维收缩，它扩散并进入细胞外液。这导致的细胞外钾水平的增加并不等于从活跃肌肉中释放出的钾量，因为钾是由放松的肌肉和其他组织吸收的，而收缩的肌肉正在失去钾。在恢复过程中，细胞内钾水平迅速恢复正常。一些研究人员认为运动过程中的这种肌肉钾紊乱可能通过改变神经元和肌纤维的膜电位而导致疲劳，从而使冲动更难传导。

2. 尿液中电解质流失

除了清除血液中的废物和调节水含量外，肾脏还调节身体的电解质含量。尿液是电解质流失的另一个主要途径。在休息时，电解质通过尿液排泄，以维持稳态水平。但是，随着运动过程中身体水分损失的增加，储存水分减少，机体水分流失，尿液产生率大大降低。由于产生的尿液很少，这种途径的电解质损失被最小化。

肾脏在电解质代谢平衡中起着另一个作用。例如，如果一个人摄入 250 mEq 的盐（NaCl），肾脏通常会排出 250 mEq 的电解质，以保持身体的 NaCl 含量不变。然而，大量出汗和脱水会使肾上腺释放激素醛固酮，这种激素刺激肾吸收钠。因此，在长时间运动后的几个小时和几天里，体内的钠含量比平时多，使细胞外液的渗透压升高。

钠含量的增加会引起口渴，使人摄入更多的水，这些水分保留在细胞外液里。水摄入的增加重新建立了细胞外液中正常的渗透压，但是这些水分会扩散，从而稀释那里存在的其他物质。这种细胞外液的增加没有负面影响，是暂时的现象。事实上，这是血浆容量增加的主要机制之一，发生在训练和在热环境中运动时。若没有继续运动，在运动后 48～72 h 后，液体水平恢复正常。

小结

- 大量汗液的流失会破坏电解质平衡，尽管汗液中电解质的浓度远低于血浆。
- 运动过程中的电解质流失主要与出汗引起的水分流失有关。Na^+和 Cl^-是汗液中含量最丰富的电解质。
- 不同个体在出汗率和汗液组成上有很大的差异，因此，几乎不可能建立一个“一刀切”的模式来补充体液和电解质。
- 休息时，过量的电解质会通过肾脏由尿液排出。但是，在运动过程中，尿液的产生会大幅减少，因此这种途径几乎不会导致电解质流失。
- 脱水会使抗利尿激素和醛固酮增多，促使肾脏保留 Na^+和液体，Na^+的增加和液体体积的减少会引起口渴（见第四章）。

（二）补充体液损失

在大量出汗时，身体损失的水比电解质多，电解质浓度增加，从而使体液中的渗透压升高。补水的需要大于补充电解质的需要，因为只有补充水分，电解质才能恢复到正常浓度。但是身体怎么知道在什么时候补水是必要的呢？

1. 口渴

当感到口渴时，人就会喝水。口渴的感觉在很大程度上是由下丘脑的渗透压感受器调节的。当血浆渗透压升高到阈值以上时，就会发出口渴的感觉信号。当检测到低血容量时，低渗透压感受器发出第二组信号。然而，相对于渗透压控制的口渴，大量的血容量损失是激活口渴的必要条件，并作为备份控制系统被激活。但身体的**口渴机制（thirst mechanism）**并不能精确地衡量它的脱水状态。直到脱水开始后，人才感觉到口渴。即使在脱水的情况下，人也可能只在间歇的时间里感觉到口渴。

口渴的机制尚不完全清楚。当人根据感觉到的口渴的信号去喝水时，需要 24～48 h 才能完全补充因出汗而流失的水。由于口渴信号存在滞后性，建议喝比满足口渴需要更多的水来防止慢性脱水。由于运动过程中水分流失的增加，运动员的水分摄入必须满足他们身体的需要，而且在运动中和运动后也必须继续补水。

2. 运动时补液的好处

长期在运动时喝水，特别是在炎热的天气，有明显的好处。水的摄入能最大程度地缓解脱水，防止体温升高，缓解心血管压力，以及防止运动能力下降。如图 15.15 所示，当受试者在高温（40℃或 104℉）的环境下，在跑台上跑步数小时并且由于没有补水而开始脱水时，他们的心率在整个锻炼过程中稳步增加。当他们被禁止喝水时，他们变得筋疲力尽，无法完成 6 h 的运动。摄入相当于减轻的体重的水或盐水可以防止脱水，并且保持低心率。即使是喝温热的液体（接近体温），也能提供一些防止过热的保护，但冷的液体会让身体降温，因为一些深层的身体热量被用来将冷饮加热到身体温度。

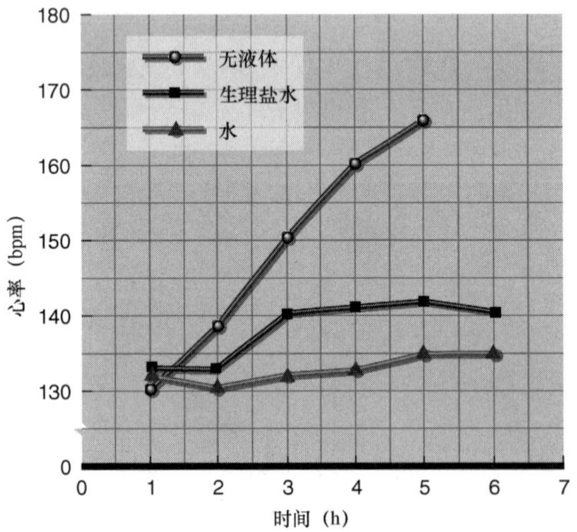

图 15.15　不同补液条件下，在高温环境中跑步 6 h 的心率

注：受试者分别接受无液体补充、摄入生理盐水和水 3 种干预。被禁止补充液体的受试者变得筋疲力尽，无法完成 6 h 的运动。

3. 低钠血症

补水是有益的，但过犹不及。20 世纪 80 年代，首次报告了耐力运动员**低钠血症（hyponatremia）**的病例，临床定义为血清钠浓度低于正常范围（135～145 mmol/L）。当血清钠浓度下降到 130 mmol/L 以下时，通常会出现低钠血症症状。早期症状包括腹胀、浮肿、恶心、呕吐和头痛。随着严重程度的增加，可能发生脑水肿，症状包括神志不清、定向力障碍、激动、癫痫、肺水肿、昏迷，甚至会导致死亡。低钠血症发生的可能性有多大？

机体调节体液和电解质浓度的过程较为稳定，因此在正常情况下，摄入足够的水来稀释血浆电解质是很困难的。马拉松运动员流失 3～5 L 汗水，喝 2～3 L 水，可以保持正常的血浆钠、氯和钾浓度。长跑运动员在温暖的天气里每天跑 25～40 km，不给食物额外加盐，也不会导致电解质缺乏。

一些研究表明，在超级马拉松跑（超过 42 km）期间，运动员会出现低钠血症。一项针对两名跑步者的案例研究显示，他们在 1983 年的超级马拉松比赛（160 km）后，血钠浓度从正常值 140 mmol/L 分别下降到 123 mmol/L 和 118 mmol/L。一名跑步者经历了严重的癫痫发作，另一名出现定向力障碍、思绪混乱等症状。检查跑步者的液体摄入量和估计的钠摄入量，结果表明摄入太多的液体导致了钠浓度过低。

预防低钠血症的理想办法是以水流失的体积来补充水，或者在摄入的液体中加入钠。后一种方法的问题在于，大多数运动饮料只含有不超过 25 mmol/L 的钠，钠含量明显过低而无法预防钠被稀释，但高浓度钠又无法让人饮用。运动性低钠血症是过度消耗水、钠补充不足或两者兼而有之而导致的。由于报告的病例有限，从这些信息中得出结论并为那些必须在高温下长期锻炼的人设计一种补充液体的方案可能是不合适的。

4. 运动前、运动中、运动后的补水建议

对于长期训练和比赛的运动员，以及在炎热潮湿的环境中运动的运动员来说，脱水是一个潜在的问题。美国运动医学学会、美国饮食协会和加拿大营养师协会都发布了运动前、运动中和运动后适当液体摄入的指南。主要建议包括：

✧ 运动前 2 h，运动员应摄入 400～600 mL 液体，并有充裕时间排泄过量摄入的水。

✧ 在运动过程中，运动员应补充足够的液体，使液体损失不超过体重的 2%。应避免因过量饮水而增加体重。

✧ 运动后，运动员应摄入足够的液体，以充分补充运动期间发生的液体损失。

✧ 运动饮料中碳水化合物的浓度为 4%～8%，钠的浓度在 0.5～0.7 g/L，建议在持续时间超过 1 h 的剧烈运动中饮用。

✧ 在恢复期喝含钠饮料或吃高钠食物有助于补液。

小结

- 补充身体流失的水的重要性大于补充流失的电解质的重要性，因为汗水的电解质含量较少。
- 口渴机制并不完全符合身体的水合状态，所以通常必须摄入比满足口渴需要更多的液体。
- 长时间运动期间喝水可以降低脱水的风险，并优化心血管和体温调节功能。
- 在一些罕见的情况下，摄入太多的液体与太少的钠会导致低钠血症（血清钠浓度低），这可能导致精神错乱、定向力障碍、癫痫发作、昏迷甚至死亡。

第五节　营养与运动表现

运动员每天的训练和比赛对他们的身体提出了很高的要求。最佳运动表现必须包括最佳营养摄入。运动员往往花费大量的时间和精力来提高技能和达到最佳的身体状况，而忽视适当的营养和睡眠。运动表现下降往往可以追溯到营养不良。

一、运动员循证营养指南

2016 年，来自美国运动医学学会、美国饮食协会和加拿大营养师协会的专家合作编写了一份关于运动员营养策略的联合立场声明，为食物、液体和膳食补充剂的适当类型、数量和摄入时间提供了指南。根据基于证据的分析，他们的结论如下：

（1）在高强度长期训练期间，运动员需要摄入足够的能量，保证充足的摄入量和充分的摄入时间，以保持健康和最大程度提高训练成绩。

（2）饮食的主要目标是让运动员保持健康和防止损伤，同时最大程度地提高身体机能和代谢对训练的适应性。

（3）最佳体格，包括体型大小、身体形状和身体成分（如肌肉质量和身体脂肪水平），取决于运动员的性别、年龄和遗传因素，并且因特定运动项目而异。在需要对身体成分进行检测的时候，最好是在赛季前就进行，以尽量减少对竞赛的影响或对快速减重技术的依赖。

（4） 身体碳水化合物储存为大脑和肌肉在运动过程中提供了重要的能量来源，并通过运动和饮食摄入来控制。建议碳水化合物摄入量为每天每千克体重 3～10 g（极端情况下和长期活动时每天可达每千克体重 12 g），但应针对运动员的具体情况进行个体化建议。

（5）对蛋白质摄入量的建议为每天每千克体重 1.2～2.0 g，但最近更多的建议是在运动后和一天中规律摄入少量高质量蛋白质（每千克体重 0.3 g）。这种摄入量一般可以从食物中得到满足。

（6）对大多数运动员来说，与饮食方式相关的脂肪摄入量通常为总能量摄入量的 20%～35%。从脂肪中摄入大于或等于 20%的能量并不利于运动表现，极端限制脂肪摄入可能会限制满足总体健康和达到运动成绩目标所需的食物范围。

（7）运动员的饮食应至少满足所有微量营养素的 RDA 或 AI。

（8）竞赛营养的一个主要目标是解决与营养有关的问题，这些问题可能会导致疲劳，并使运动员在比赛过程中表现或注意力下降，从而不利于提高成绩。

（9）比赛前 1～4 h 消耗的食物和液体应有助于身体碳水化合物的储存，确保适当的水合状态，并在整个比赛中保持适中。

（10）脱水或水分过少会增加消耗，降低运动表现。因此，运动前、运动中和运动后适当摄入液体对健康和最佳运动表现很重要，可制订个性化的补水计划。

（11）对于持续时间少于 60 min 的运动，另一个与营养相关的策略是根据运动员提高运动表现的潜力摄入碳水化合物。

（12）在生理要求很高的训练课或比赛之间快速恢复需要适当摄入液体、电解质、能量和碳水化合物，以促进补液并使肌糖原恢复。

（13）一般来说，不需要额外补充维生素和矿物质，应该让运动员通过营养丰富的饮食摄入。在某些情况下，当这些条件无法满足时，复合维生素和矿物质补充剂可能是合适的。

（14）运动员应适当使用运动补剂。这些产品（通常是补充剂）只应在仔细评估安全性、有效性、效力和遵守相关反兴奋剂法规和法律要求后使用。

（15）素食运动员可能面临能量，以及蛋白质、脂肪、肌酸、肌肽、n−3 脂肪酸和铁、钙、核黄素、锌和维生素 B 等关键微量营养素摄入不足的风险。

这些建议的许多科学依据在本章中都有提及。但是，在某些特殊情况下，需要提供更多的实际参考。我们现在来说说赛前饮食与肌糖原的消耗和恢复情况。

二、赛前饮食

虽然在比赛前几个小时摄入的食物可能对肌糖原储存贡献不大，但它可以确保正常的血糖水平和防止饥饿。一餐饭应该只含有 200～500 kcal 的热量，并且主要由容易消化的碳水化合物组成。谷物、牛奶、果汁和吐司等食物消化得相当快，不会让运动员在比赛中感到饱腹。一般来说，这餐饭应该在比赛前至少 2 h 食用。食物被消化和营养物质被吸收到身体中的速度是具有个体差异的，所以赛前餐的时间可能取决于先前的经验。在一项针对耐力自行车运动员的研究中，研究人员在两种不同的条件下［受试者在运动前 3 h 进食含 100 g 碳水化合物的早餐或运动前不进食（禁食）］让受试者进行长时间的自行车运动，受试者以 70% $\dot{V}O_{2max}$ 运动到力竭，两次试验间隔 14 天，在进食条件下测试的受试者在达到力竭前运动 136 min，而在禁食条件下为 109 min，表明赛前餐的重要性。

流质的赛前餐会降低神经性消化不良、恶心、呕吐和胃痉挛的可能。这种食物在市场上都有售卖，并且在比赛之前和两次比赛间食用都是有用的。当运动员必须参加多项预赛和决赛时，找准进食时间往往是困难的。在这种情况下，低脂肪和高碳水化合物的流质食物可能是唯一的解决方案。

三、肌糖原的消耗和恢复

在前面，我们提到不同的饮食会明显地影响肌糖原的储存，且耐力表现大大依赖糖原的储存，理论依据是肌糖原储存量越多，耐力表现越好，疲劳将会延迟出现。因此，运动员的目标是要在运动或竞赛前尽可能地去储存更多的肌糖原。

20 世纪 60 年代中期在肌肉组织活检的研究中，奥斯特兰德提出了一项可帮助运动员储存最大量肌糖原的计划。这项计划就是现在所知的糖原填充。根据奥斯特兰德的饮食方法，运动员为了准备参加一场有氧耐力竞赛，应该在比赛前 7 天完成一次力竭的运动训练。在接下来的 3 天，他们必须吃仅包含脂肪和蛋白质的食物以消耗肌糖原，这样做可以提高糖原合成酶的活性，此酶促进糖原的合成与储存。然后，运动员在比赛前 3 天必须吃富含糖类的食物。由于糖原合成酶活性增强，当糖摄取增加时就会有较多的肌糖原储存。在这 6 天里，训练强度和训练量必须大幅减少以免肌糖原耗尽，这样就可以让肝脏及肌肉储存最大量的糖原。最初，在比赛前 4 天还要进行一次高强度训练。

这种方法可以将肌糖原含量提高至正常水平的两倍之多，但是对多数进行高强度训练的竞赛运动员不太实用。在低糖摄取的 3 天里，运动员通常发现很难完成训练。他们也容易发怒并无法从事脑力工作，而且他们一般都会出现低血糖的征兆，如肌肉无力或有定向力障碍。此外，在比赛前第 7 天所做的力竭运动没有训练的价值，而且会影响糖原储存，此力竭运动也可能让运动员出现受伤或过度训练。

考虑到这些限制，许多人提议将奥斯特兰德饮食法的力竭运动和低糖饮食去掉，改用谢尔曼（Sherman）及其同事所主张的方法，即运动员在比赛前一星期只需要降低运动强度，并且在比赛前 3 天摄入 55%糖类的正常、混合饮食即可。在这些天，训练应该减少到每天只进行 10～15 min 的热身活动，且运动员吃富含糖类的食物。采用此计划，如图 15.16 所示，受试者肌糖原上升到近 200 mmol/kg，这和奥斯特兰德饮食法的结果相同，但是运动员可以进行较好的休息以备比赛。

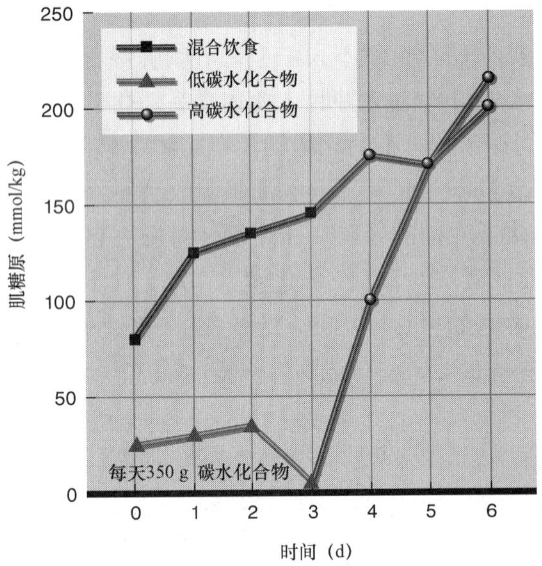

图 15.16　肌糖原补充的两种方案

注：在一种方案中，受试者消耗肌糖原（第 0 天），吃低碳水化合物饮食 3 天，然后摄入高碳水化合物饮食，这会使肌糖原增加到大约 200 mmol/kg。在另一种方案中，受试者进行混合饮食，并在前 3 天减少训练量，然后改为摄入高碳水化合物饮食，并进一步减少训练量 3 天，这也会使肌糖原增加到约 200 mmol/kg。

时间非常短且接近最大强度的运动也有可能迅速增加糖原的储存。在一项有 7 名耐力运动员参加的研究里，科学家发现以 130%摄氧量峰值蹬自行车 150 s，接下来的 30 s 蹬自行车至力竭，然后在运动后 24 h 内摄取高糖饮食，如此，仅在一天内即可让肌糖原储存量翻倍。

饮食对耐力运动项目运动员的肝糖原储存也是很重要的，肝糖原的储存量在碳水化合物耗尽后 24 h 就开始快速下降，甚至在休息时也是一样。只要进行 1 h 的剧烈运动，肝糖原就会减少将近 55%。艰苦训练加上低糖饮食就可以使储存的肝糖原完全耗尽。然而，一餐富含糖的饮食即可使肝糖原恢复至正常含量。很明显，在参加比赛的日子里，富含糖的饮食可使肝脏储存最大量的糖原，并将比赛中出现低血糖的风险降至最低。

糖原与水大约以 1∶2.6 的比例储存在人体内。这样的结果是肌糖原和肝糖原的增加或减少通常都会使身体重量在 0.5～1.4 kg 范围内变化。一些科学家曾经通过记录运动员早晨起床后在排空膀胱内尿液且尚未吃早餐的体重，来观察肌糖原和肝糖原储存量改变的情况。体重的突然减轻可以反映储存糖原失败或身体水分较少。

那些参加力竭运动项目且必须接受连续多天训练或竞赛的运动员应该尽可能迅速地恢复肌糖原和肝糖原的储存。虽然以 70% $\dot{V}O_{2max}$ 运动 2 h 后肝糖原就会全部耗尽，但是在吃完含丰富糖类的食物数小时后，肝糖原就能恢复。另外，肌糖原合成过程相对较慢。在一次力竭运动如马拉松后，肌糖原必须花数天的时间才能恢复到正常值（图 15.17）。20 世纪 80 年代后期的研究显示，当一个人在运动后 2 h 进食至少 50 g（大约每千克体重 0.7 g）的葡萄糖时，他的肌糖原合成最快。研究显示，受试者食用超过这个含量的葡萄糖，并不会加速肌糖原的恢复。如同本章之前所讨论的，在停止运动后的前 2 h，肌糖原合成速率快于恢复后期。因此，运动员在力竭性耐力运动后必须尽快摄入足够多的糖类。在恢复期，在糖类食物里添加蛋白质及氨基酸会比单独补充糖类更有利于促进肌糖原的合成。

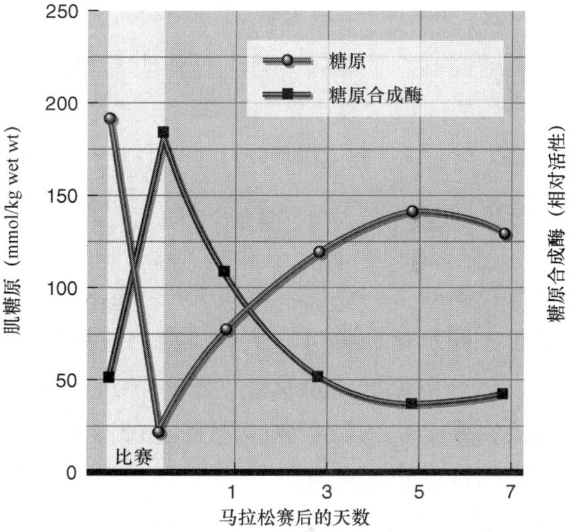

图 15.17　马拉松赛后肌糖原的恢复曲线

注：肌糖原再合成是一个缓慢的过程，力竭运动后需要几天的时间来恢复正常的肌糖原储存。当肌糖原随着高强度运动（竞赛）而减少时，肌糖原合成酶的水平明显升高。摄入碳水化合物会使肌肉储存糖原，使肌糖原合成酶恢复到基线水平。

小结

- 一些运动员已经采用素食饮食，似乎表现良好。然而，必须考虑蛋白质来源和足够的铁、锌、钙和多种维生素的摄入。
- 赛前餐应在比赛前不少于 2 h 食用，应为低脂肪、高碳水化合物、易消化的食物。低脂肪、高碳水化合物的液态赛前餐具有优势。
- 糖原填充可以增加肌糖原含量，提高耐力表现。
- 耐力比赛或训练后，摄入大量的碳水化合物补充运动中消耗的糖原是很重要的。训练或比赛后的最初几个小时为补充糖原的最佳时机，因为此时糖原合成酶水平处于峰值。

四、运动饮料

我们在之前的章节中提到过，在运动前、运动中和运动后摄入碳水化合物有利于提高运动表现，确保在运动中产生足够的能量物质，并在运动后补充糖原储存。虽然合理的饮食可以满足运动员的大部分营养需求，但营养增补剂也有很大的作用。此外，充分的液体摄入对于运动前的水化、运动期间水合状态的维持和运动后的补液是必要的。运动饮料可以满足运动员的能量和液体需求。这些饮料对运动表现的益处已经清楚地被记录下来，不仅对于耐力运动项目，而且对于爆发性运动项目（如足球和篮球）也是如此。

运动饮料除了口味不同，在其他方面也有不同，最主要的不同是能量和水的供应速度。能量传递的速度主要由饮料中碳水化合物的浓度决定，同时液体补充受饮料的味道和钠浓度的影响。

（一）能量传递：糖的浓度

饮料离开胃的速度，或**胃排空（gastric emptying）**饮料的速度是一个主要的问题。一般来说，碳水化合物溶液从胃排空的速度比水或低浓度的 NaCl（盐）溶液的速度慢。研究表明，一种溶液的热量反映了它的浓度，浓度可能是决定它从胃排空和从肠道吸收的速度的主要因素。由于碳水化合物溶液在胃中的停留时间大于水或低浓度溶液，增加运动饮料的葡萄糖浓度会显著降低胃排空率。例如，400 mL 的低浓度葡萄糖溶液（139 mmol/L）在 20 min 内几乎完全从胃排空，但排空类似体积的高浓度葡萄糖溶液（834 mmol/L）可能需要近 2 h。然而，即使是少量的高浓度葡萄糖饮料离开胃时，它也可能比低浓度溶液含有更多的糖，因为它的浓度更高。但是，如果此时一名运动员试图防止脱水，这将使水分变得更少，从而适得其反。

什么是最佳的碳水化合物摄入率，即什么剂量的碳水化合物对运动成绩最有利？美国运动医学学会和国家田径运动员协会都建议，耐力运动员碳水化合物摄入速度为 30～60 g/h，但较低和较高的碳水化合物剂量也已被证明可以提高运动表现。最佳浓度将取决于几个因素，包括从胃排空，从肠道吸收到血液中，以及肌肉可以利用碳水化合物的速度（60～90 g/h 取决于碳水化合物摄入的类型）。过高的碳水化合物浓度会引起胃不适，并导致肠道对碳水化合物液体的吸收变慢。

一项 2013 年的研究调查了运动饮料中碳水化合物浓度与自行车骑行表现的关系。51 名年轻的自行车运动员和三项全能比赛运动员每人完成了 4 项试验。在以大约 70%的峰值摄氧量骑行 2 h 后，受试者进行了一次电子模拟的 20 km 骑行试验，并且被要求尽快完成。在 2 h 的骑行中，12 种不同的饮料（1 L/h）以双盲的方式提供给受试者（给运动员饮料的人和运动员都不知道是哪种饮料）。这些饮料每小时为受试者提供 10 g、20 g、30 g、40 g、50 g、60 g、70 g、80 g、90 g、100 g、110 g、120 g 混合碳水化合物（葡萄糖∶果糖∶麦芽糊精=1∶1∶1）或不含热量的安慰剂。随着碳水化合物浓度达到 78 g/h，在随后的时间里，运动表现逐渐提高，在碳水化合物浓度高于 78 g/h 后，运动表现的提高幅度逐渐减小。也就是说，运动饮料提高运动表现的能力在碳水化合物摄入量超过 78 g/h 后开始趋于平稳，这表明在竞技比赛环境中，运动员应该努力以 68～88 g/h 的碳水化合物摄入率摄入混合碳水化合物运动饮料。

市场上，大多数运动饮料每 100 mL 液体含有 6～8 g（6%～8%）碳水化合物。碳水化合物的来源一般是葡萄糖、葡萄糖聚合物或葡萄糖和葡萄糖聚合物的组合，有时果糖或蔗糖也作为其来源。研究已经证实，与水相比，这种浓度范围的溶液及这些碳水化合物来源可以提高耐力水平。碳水化合物溶液浓度在 6%以上会减缓胃排空，抑制液体的短时利用率。然而，它们可以在给定的时间内提供更多的碳水化合物，以满足增加的对能量的需求。

（二）运动饮料补充水分：钠的浓度

在运动过程中给身体补充液体可以减少严重脱水的风险。但研究表明，在运动饮料中添加葡萄糖和钠，除了提供能量来源，还能刺激水和钠的吸收。钠导致口渴并能提升饮料的可口程度。试想，当钠被保留时，这会导致更多的水被保留。为了补液，无论是在运动期间还是运动之后，钠浓度应在 20～60 mmol/L。身体出汗是一个重要的钠损失因素。如本章前面所提到的，出汗率的升高和大量摄入水，可能导致血液钠浓度严重降低，并可能导致低钠血症。

（三）适口程度

运动员不会喝味道不好的饮料。不可避免的是，我们都有不同的口味偏好。在长时间、较热的运动之前或之后，运动员觉得味道好的饮料不一定在运动期间也觉得味道好。对跑步者和骑自行车者在 60 min 运动期间的味觉偏好的研究表明，大多数人选择了味道清淡、回味不强烈的饮料。但是，与水相比，运动员会喝更多饮料吗？在一项研究中，跑步者在跑台上跑了 90 min，然后坐着恢复了 90 min。运动和恢复条件都是在温度为 32℃、湿度为 50%的室内。研究者进行了 3 次试验，两次饮用两种不同的运动饮料（6%和 8%的碳水化合物），一次饮用水，每次试验都鼓励受试者喝运动饮料。运动过程中 3 种液体的消耗量相似，但在恢复过程中，两种运动饮料的消耗量都比水多 55%。

小结

- 运动饮料已经被证明可以减少脱水的风险，并提供重要的能量来源。它们还可以提高运动员在耐力和爆发力项目如足球和篮球项目中的表现。
- 为了最大程度地增加碳水化合物和液体摄入量，运动饮料的碳水化合物浓度一般不应超过 6%～8%。
- 在竞技比赛中，运动员应努力以 68～88 g/h 的碳水化合物摄入率摄入混合碳水化合物的运动饮料。

- 在运动饮料中加入钠有助于水的摄入和储存。
- 口味是一个人选择运动饮料的重要因素。大多数运动员喜欢味道清淡、回味不强烈的饮料。只要营养成分是相同的，每名运动员都应该选择味道最好的饮料。

结语

本章，我们探讨了运动员的身体成分和营养需求，思考了理想身体成分对最佳运动表现的重要性。我们还介绍了 6 种营养物质的重要性，探讨了如何调整它们以满足运动员的训练需求并提高运动表现。我们还了解了赛前餐、有效补充肌糖原的方法及运动饮料的益处。既然我们已经理解了保持适当体重和平衡饮食的重要性，接下来，我们就把重点转向运动员追求成功的另一个方面。在下一章中，我们将探讨已经被证实可以提高运动成绩的物质——运动增补剂。

关键词

空气体积描记法（air plethysmography）
生物电阻抗法（bioelectric impedance）
身体成分（body composition）
身体密度（body density）
脱水（dehydration）
密度测定法（densitometry）
双能 X 射线吸收测定法（dual-energy X-ray absorptiometry，DEXA）
电解质（electrolyte）
必需氨基酸（essential amino acids）
细胞外液（extracellular fluid）
脂肪（fat）
瘦体重（fat-free mass）
脂肪质量（fat mass）
自由基（free radicals）
胃排空（gastric emptying）
糖原填充（glycogen loading）
静水称重（hydrostatic weighing）
低钠血症（hyponatremia）
细胞内液（intracellular fluid）
宏量矿物质（macrominerals）
微量矿物质（microminerals）

非必需氨基酸（nonessential amino acids）
渗透压（osmolarity）
蛋白质（protein）
相对体脂（relative body fat）
皮褶脂肪厚度（skinfold fat thickness）
口渴机制（thirst mechanism）
微量元素（trace elements）
维生素（vitamin）

思考题

1. 区分体型大小和身体成分。身体哪些组织构成瘦体重？
2. 什么是密度测定法？它是如何评估运动员的身体成分的？密度测定法的主要缺点是什么？
3. 评估不同身体成分的方法是什么？它们的优势和劣势是什么？
4. 相对瘦和胖对运动成绩的影响是什么？
5. 应该使用什么指标来确定运动员的目标体重？
6. 六大类营养素分别是什么？
7. 糖在耐力表现中起什么作用？脂肪起什么作用？蛋白质起什么作用？
8. 在比赛中摄入碳水化合物时，运动员应该尽量摄入的最佳剂量是多少？
9. 对一个正常的成年男性来说，适当的蛋白质补充量是多少？对女性来说又是多少？简述使用蛋白质补充剂来提高力量和耐力项目运动表现的价值。
10. 运动员应该补充维生素和矿物质吗？
11. 脱水如何影响运动表现？脱水对运动心率和体温有什么影响？
12. 合理的赛前餐应是什么样的？
13. 简述使肌糖原储存最大化（糖原填充）的方法。
14. 讨论耐力运动期间和之后摄入糖的重要性。运动饮料的潜在价值是什么？

学习指南

“关键词”复习了本章中的重要概念，章末的思考题可以测试你对本章内容的理解。

第十六章 运动增补剂

2013 年夏天，两名世界级田径短跑运动员因未能通过尿检不得不暂时中止比赛，直到在运动员本人或其代表在场的情况下对他们的尿液 B 样本再一次进行分析。B 样本的检测结果恰恰证实了 A 样本的检测结果，表明他们都摄入了被禁用的兴奋剂——奥洛福林（oxilofrine）。两名短跑运动员因此将面临长达 4 年的停赛，且这一禁令将终结他们的竞技生涯。两名运动员都声称自己是无辜的，表示他们一定是食用了被该药物污染的膳食补充剂。随后，对于他们服用的多种补充剂的分析证明，其中一种补充剂中确实含有奥洛福林。运动员应对所摄取的一切补充产品严格负责，即使无意服用违禁物质或不知道自己的补充剂被污染，也无法因此为自己进行有效辩护。对很多运动员来说，他们可能完全不懂相关知识，却愿意根据私人教练员的建议摄取含有违禁物质的补充剂。

一些声称可以提高肌肉力量、性能力或减轻体重的饮食补品中所含有的违禁物质通常是处方药或其变体。令人惊讶的是，有些补品的成分甚至是禁止在产品标签上被列出的物质。除了补充剂的意外污染，对提高运动能力、减轻体重或改变体型等的无限追求也会引诱运动员使用违禁药物或技术。数十年来，有目的的作弊尝试导致世界反兴奋剂机构（WADA）和其他体育组织实施复杂的药物测试，以找出试图以不公平的手段获得优势的运动员。不幸的是，一些运动员未能通过药检，而且是在不知情的情况下服用了含违禁品的补充剂。即使没有作弊意图，这些运动员也仍然面临着长期被停赛、付出高昂律师费及丧失声誉的风险。

一些运动员愿意尝试任何方法来提高运动表现，并认为特殊的膳食补充剂可能是提高成绩的决定性因素。也有一些人选择使用诸如违规输血之类的违禁技术，还有一些人则尝试使用处方药或各种激素制剂，试图创造竞争优势。

增补手段是可以提高运动员运动表现的物质或实践方法（如催眠或教练员的鼓舞演讲）。其中一些增补手段，如适当训练和基础运动营养，是体育运动的合法组成部分，其益处已得到广泛研究。但是，许多**增补剂（ergogenic）**（发挥效应的物质）或技术所带来的好处缺乏验证其有效性的科学依据。运动员通常会从朋友或教练员那里获得有关增补剂的使用技巧，或者在互联网上看到相关建议，并认为这种指导是安全和准确的。一些运动员尝试使用膳食补充剂、特殊装备和设备或独特的训练技术。尽管这些做法对身体有轻微的负面影响，但能使成绩略微提高。

增补剂的种类很多，但是已被证实有效的增补剂的种类要少得多。实际上，某些所谓可以补充能量的物质或做法可能会损害人体机能，影响运动表现。这类补充剂通常是一些药物（如β–受体阻断剂），一位学者称其为**机能抑制剂（ergolytic）**。可悲的是，人们已经推广了几种机能抑制剂作为增补剂。

许多运动员不加选择地服用处方药和膳食补充剂，认为这样能够提高他们的运动表现。一项对 53 名 I 类大学教练员和训练员的研究表明，尽管相较于依赖膳食补充剂，美国大学生体育协会（NCAA）和美国田径教练协会（NATA）鼓励开展营养科普并提倡优先从食物中获取营养，但仍有 94%的教练员为其运动员提供了膳食补充剂。使用膳食补充剂似乎是提高运动成绩的合理尝试，但某些补充剂有意或无意地被禁用物质污染。

本章重点介绍一些可能具有能量提升作用的营养增补剂，以及已被证实具有此类功效但是已被禁用的物质和技术。在第十五章中，我们已经介绍了许多常见的运动营养应用方法。心理锻炼和机械因素不在本书的讨论范围之内，但在其他地方有更深入的探讨。

在介绍具体的运动增补剂之前，我们先快速了解在研究机体增补剂的潜在效果时可能遇到的一些挑战。例如，增补剂研究设计的固有局限性，以及安慰剂的作用，可能直接影响得出结论的实用性与科学性。基于这些原因，研究者通常需要进行精心设计才能有把握得出增补剂具有干预效果的结论。

第一节　增补剂研究

任何人都可以宣称某种物质或技术具有能量增补的效力，但是在确定这些干预措施真正有效之前，必须有足够多的研究证明其可以在各种相关情况下持续提高运动表现。有时受试者或运动员自身期望得到改善这种心理暗示会使运动表现提高，因此高质量的科学研究对于区分真正的增补剂反应和安慰剂效应至关重要。

一、安慰剂效应

假设一名运动员在比赛前几个小时服用了膳食补充剂，而后运动表现良好。即使没有证据表明摄取补充剂会有增进效果，运动员也可能将成功归因于补充剂。这就是个案不能替代有效、可靠的科学数据的一个很好的例子。

正如在导论中所提到的那样，人们的期望以某种可测量的方式影响人体反应的现象被称为**安慰剂效应（placebo effect）**。即使仅仅因为运动员希望有所改善，安慰剂效应也可能会提高他的运动表现，因此，安慰剂效应有时是有益的。例如，教练员告诉年轻的运动员，他的新鞋一定能帮助他提高跑步成绩，那么运动员的确很有可能会因此跑得更快。从实际的角度来看，这种影响可能是有所帮助的，但从科学的角度来看，由于研究人员必须将安慰剂效应与被测干预措施的真实生理反应区分开来，所以安慰剂效应会使研究工作更加复杂。

安慰剂的影响在很早开展的一项对**合成类固醇（anabolic steroids）**的研究中得到了明确证实。该研究中，有 15 名曾参与过举重运动的男运动员自愿参加了使用合成代谢类固醇的力量训练实验。他们被告知，在最初的 4 个月训练中获得最大力量增长的人将进入研究的第二阶段，接受合成代谢类固醇治疗。

在初始训练之后，研究人员随机选择这 15 名受试者中的 8 名进入治疗阶段。这些受试者中只有 6 名通过了所有医学筛查测试，并被允许继续参与实验。研究的下一阶段包括 4 周的时间，在此期间，受试者被告知他们每天将接受 10 mg 的“大力补”（一种有效的合成代谢类固醇），而实际上他们摄入的只是看起来与此药形状相同的安慰剂（一种无活性物质）。

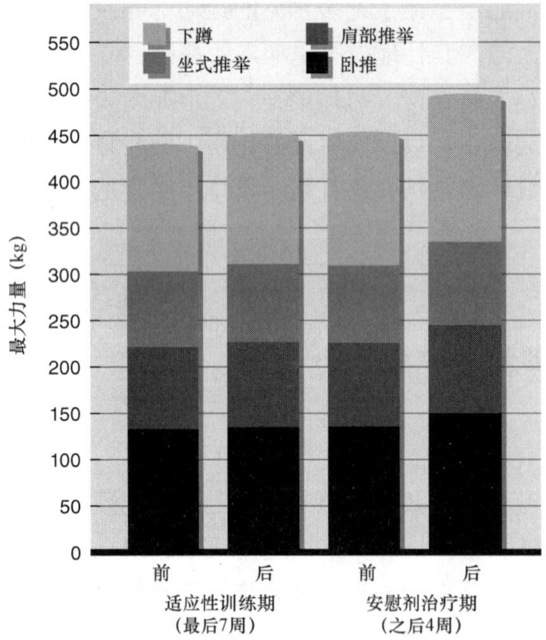

图 16.1　安慰剂对肌肉力量增加的作用

注：在 4 个月适应性训练期的最后 7 周中，总力量和 4 个不同动作最大力量的增加与随后的 4 周治疗期的力量增加进行比较，在此期间，受试者服用了他们自以为是合成代谢类固醇的安慰剂，完成了高强度抗阻训练。

研究者收集了为期 4 个月适应性训练期的最后 7 周和安慰剂治疗期的全部 4 周受试者力量强度的数据（图 16.1）。即使是经验丰富的举重运动员，在前期训练中依然获得了令人印象深刻的力量增长。受试者服用安慰剂后的力量增长程度甚至比治疗前更高。在最后 7 周的适应性训练期间，该组受试者的 1RM 推举总和（包括下蹲、卧推、肩部推举和坐式推举）平均提高了 11 kg，而在之后 4 周的安慰剂治疗期间这个总和足足提高了 45 kg。这表明在训练期，每周平均增加力量 1.6 kg，在治疗期，每周平均增加力量 11.3 kg，也就是说，安慰剂（假设的类固醇）治疗期的力量增加是训练期的 7 倍以上。

从实际的角度来看，如果可以接受相关的风险，那么安慰剂效应对于运动表现无疑是有益的。例如，足球运动员可能会从场外的氧气罐中吸入 O_2，但是没有科学证据表明，吸氧能加快足球比赛中运动员的恢复速度。但是，如果运动员相信自己会更快恢复，那么这种信念很可能会使他们感觉更好。这就是安慰剂的作用，安慰剂通常是减轻疼痛和疲劳感的有效方法。

罗顿（Rawdon）及其同事对37项研究进行了Meta分析，证实了运动增补剂的安慰剂效应，认为运动增补剂可以提高运动表现。这一发现并不令人惊讶，它确实证实了运动增补剂带来的预期益处通常与实际益处有关。与对照组相比，运动增补剂组或安慰剂组受试者的肌肉功能有同等程度的提高。这一发现进一步支持了研究者的结论，即“运动增补剂的各种改善作用不应仅归因于增补剂的使用，训练刺激可能起到了协同作用”。

研究视角 16.1　反安慰剂效应对运动表现的影响

安慰剂效应被定义为对声称有益的治疗产生积极的心理生物学反应。相反，反安慰剂效应是对声称有害的治疗产生消极的心理生物学反应。例如，当患者被提前告知药物的副作用或参加某项运动可能会引起疼痛反应。在运动表现中，安慰剂效应和反安慰剂效应都有实证支持。但是，这些研究样本量通常太小，无法可靠地确定与这些效应相关的变量。

最近一项研究试图证实安慰剂和反安慰剂对运动表现的相对影响。大约有600名成年人参加了这项研究，并被随机分为3组：积极信念治疗组（欺骗性地给受试者服用一种被宣称能有效提高短跑成绩的惰性胶囊），负面信念治疗组（欺骗性地给受试者服用一种被宣称对短跑成绩有消极影响的惰性胶囊），不予治疗的对照组（受试者没有得到任何指导或不服用胶囊）。此外，这些受试者都在治疗前后完成了由5个20米短跑组成的运动能力测试。

与以前的研究结果相反，在摄入了据说有益的增补剂后，受试者短跑成绩没有提高。但是，研究者确实观察到，接受了据说有消极作用增补剂的受试者（反安慰剂效应）运动表现显著降低。此外，在积极信念治疗组中，与本不打算使用增补剂的受试者相比，起初就倾向于使用增补剂的受试者的运动表现得到了更大程度的提高。换句话说，安慰剂效应可能与受试者自身使用运动增补剂的意图有关。这对体育从业者来说具有一定的实际意义，因为给定治疗的有效性可能会受到运动员个人意愿的影响。

二、安慰剂效应的控制

所有对潜在增补剂物质的研究必须包括安慰剂组，以便研究人员将试验物质产生的反应与安慰剂产生的反应进行比较。许多研究都使用了双盲实验设计，受试者和研究人员并不知道谁在服用增补剂或安慰剂。这样做是为了消除研究人员的偏见，因为他们的偏见也可能会影响研究结果。在这样的设计中，研究人员会为物质分配代码，只有与项目无关的人员才能访问代码，直到对所有数据的收集和分析结束为止。

安慰剂具有如此强大的潜在作用，因此体育科学家经常建议对增补剂的研究应不仅包括安慰剂干预或分组，还应包括有助于识别和控制安慰剂效应的对照干预。例如，一项研究想确定服用橡树叶提取物能否在训练8周后增加运动员的肌肉力量，该研究至少需要进行3组实验性干预：①橡树叶提取物药丸组；②安慰剂药丸组；③不服用药丸组。如果 3 组受试者在训练后增加的力量相等，则研究人员将得出结论：橡树叶提取物没有增强力量的作用。如果橡树叶提取物药丸组和安慰剂药丸组均比不服用药丸组有更明显的力量增加效果，则推断该效应是由安慰剂引起的。如果橡树叶提取物药丸组的力量增加明显大于安慰剂药丸组和不服用药丸组，则可以推断橡树叶提取物中的某些成分可以改善运动员对力量训练的适应性。研究增补剂时，添加对照组有助于理解安慰剂可能带来的影响。

三、增补剂研究的局限性

为了确定一种增补剂的有效性，科学家依靠公认的研究方法来控制安慰剂的作用。但即使最严谨的研究也可能会忽略对运动员具有实际意义的一些微小影响，而对运动员来说，成功通常就在刹那，这种运动表现上的微小差异有时会被研究需要的统计分析所掩盖。

实验室设备的准确性和研究技术的可变性也可能对研究产生限制。所有研究方法都有一定的误差范围和固有变异性，如果研究结果落在该误差范围内，则研究人员将无法区分被测干预措施的效果。由于测量误差、设备可变性、个体反应的差异及受试者反应的日常变化性，一种潜在的增补剂在被科学研究确认具有增补功能之前，必须发挥十分明显的作用。

同样需要注意的是，实验室中的运动表现与运动环境中的运动表现会有很大差异，因此实验室结果并不总是能准确反映本来的运动结果。但实验室测试的一个优点是可以准确地控制测试环境，这在实地研究中几乎是不可能的，因为实际场地中许多不可控制的变量（如温度、湿度、风和其他干扰）都会影响测试的结果。

任何干预措施是否具有提高运动表现的潜能，都不能通过一项研究或者十几项研究来确认。要想得出一个有把握的结论，需要进行几十项甚至数百项研究。运动饮料的强化效果就是研究者进行多项研究以确认其功效的一个很好的例子。20 世纪 80 年代末之前，运动科学家普遍认为运动饮料与普通水在补水作用或提升运动效果上没有差异。这一观点基于当时的科学文献，几乎没有证据表明运动饮料具有补充能量的作用，直到几十项经过多年研究的有力成果发表之后，科学观点才发生了改变。

研究增补剂潜在益处的另一个挑战是，研究人员通常不得不假设产品标签上准确地描述了增补剂的内容，但事实可能并非如此。增补剂中的有效成分实际上可能远远多于或少于标签上列举出的物质，或者增补剂可能被某种禁用物质污染了，从而导致某种预期的效果的出现。出于这些原因，一些体育科学家主张对增补剂的研究应该包括第三方对其纯度和效力的验证。

科学发展的进程很缓慢，要想明确增补剂的有效性又受到许多限制，因此我们需要关注具体的某种增补剂。

研究视角 16.2　运动中镇痛剂的使用

多年来，临床医生一直在争论运动中镇痛剂（如布洛芬、萘普生和阿司匹林）的使用、误用和滥用。1967 年，国际奥林匹克委员会禁止在运动中使用麻醉止痛药。2017 年世界反兴奋剂机构禁止使用麻醉剂和大麻素。然而，常用的止痛剂，包括非甾体抗炎药、局部麻醉剂和一些弱阿片类药物，并不被禁止。这就留下了一个灰色地带，因为就其健康风险或增补性而言，麻醉剂、大麻素与这些常用止痛剂没有明确的界定。

这就引出了一个显而易见的问题：将一种物质列入禁用清单的关键决定因素是什么？当前禁止使用某种物质的标准要求考虑其对运动表现潜在的或实际的促进作用，以及其潜在的或实际的健康风险，还要考虑使用该物质是否构成对体育精神（公平、道德与尊重竞争）的侵犯。但是，相对于其他止痛药，麻醉药品和大麻素的特定健康风险尚未得到严格评估。实际上，甚至有人争论，所有阿片类药物和大麻素都应由医师决定是否对运动员使用，但目前，在优秀运动员中，这类物质的使用被严格控制。

人们强烈建议反兴奋剂条例应该在规范阿片类和大麻类药物的使用方面有明确阐述。一些人建议，社会中药物的使用问题最好通过一种行为守则的办法来解决，如可以采用药物滥用和治疗措施咨询等手段。另一些人认为，在体育活动中使用阿片类药物和大麻素是完全不可接受的行为，并且存在潜在的健康风险，应该采取措施阻止这类物质的使用，因此，需要继续进行药物检测和反兴奋剂制裁。然而，所有解决上述争论的方法既要遵守规定，又要考虑实际运动训练中疼痛的管理和治疗策略。

第二节　营养增补剂

本节继续介绍一些已被研究过的营养增补剂，并对违禁物质和技术进行回顾。在第十五章中，我们讨论了营养的基本概念及碳水化合物、脂肪、蛋白质、维生素和矿物质所具有的与运动表现相关的特殊性能，许多营养干预措施已被提出具有特定的增补特性。为鼓励有兴趣的读者从提供的参考资料中寻求更多的信息，本节只提供了部分营养干预措施的简要概述。本节还强调，在得到确切科学结论并提出实用建议之前，必须针对特定主题进行许多经过精心设计的研究。

由于很难涵盖运动员使用的所有增补性营养剂，本节的信息仅限于以下内容：

✧ 碳酸氢盐。

✧ β–丙氨酸。

✧ 亮氨酸。

✧ 咖啡因。

✧ 樱桃汁多酚。

✧ 肌酸。

✧ 硝酸盐。

一、碳酸氢盐

第七章中已经提到，碳酸氢盐是保持体液酸碱平衡所必需的缓冲系统的重要组成部分。在产生大量乳酸的高强度无氧运动中，提高血液中的碳酸氢盐浓度可以增强人体的缓冲能力，从而提高运动水平。

（一）可能的运动效益

摄入碳酸氢钠（小苏打）或柠檬酸钠可以提高对酸性代谢产物（如乳酸）的缓冲能力，即使活跃肌肉释放出更多的乳酸，也可以维持细胞外 pH。从理论上讲，这可以使高强度运动持续更长的时间并延缓疲劳出现。口服足量的碳酸氢钠确实会提高血浆碳酸氢盐的浓度，但是，这对细胞内碳酸氢盐的浓度几乎没有影响。因此，摄入碳酸氢盐的潜在好处理论上仅限于持续时间超过 2 min 的无氧运动，因为少于 2 min 的运动太短暂，不能让足够的 H^+（来自乳酸的 H^+）从肌纤维扩散进入细胞外液，因为只有在细胞外液中，它们才能被多余的 HCO_3^- 中和。

（二）已证实的效益

1990 年，罗思（Roth）和布鲁克斯（Brooks）描述了一种细胞膜镶嵌的乳酸转运体，该转运体的活性受细胞外液和肌细胞之间的 pH 梯度的调控。摄入碳酸氢盐或柠檬酸盐可以提高细胞外缓冲能力，提高细胞外 pH，从而促进乳酸通过膜转运体流出肌细胞。

从理论上讲，摄入碳酸氢盐或柠檬酸盐以提高缓冲能力和高强度运动表现的方法是合理的，尽管现有研究文献的结果是相互矛盾的，部分原因可能是已发表的研究数量相对有限。林德曼（Linderman）和费伊（Fahey）在对文献进行整理时发现了几种重要的模式，可以解释这些矛盾。他们总结发现，碳酸氢盐摄入对持续时间少于 1 min 或超过 7 min 的运动影响甚小或没有影响，但对持续时间为 1～7 min 的运动的表现则具有明显的提高作用。此外，他们发现使用剂量也很重要，大多数剂量为每千克体重 300 mg 的研究都显示出有益效果，而大多数使用较低剂量的研究则表明其益处很少或没有益处。因此，摄入每千克体重 300 mg 的碳酸氢盐似乎可以提高持续时间为 1～7 min 的力竭运动能力（初步研究表明，β–丙氨酸和碳酸氢钠组合使用可能产生协同作用，但这必须通过其他研究加以证实）。

图 16.2 是一个支持该结论的研究示例。这项研究中，在 5 次短跑冲刺之前，受试者通过摄入碳酸氢盐人为地提高了血液中碳酸氢盐的浓度，每次冲刺持续 1 min（图 16.2a）。在最终的测试中受试者成绩提高了 42%。血液中碳酸氢盐浓度的升高降低了运动中和运动后游离 H^+的浓度（图 16.2b），从而提高了血液 pH（pH 是 H^+浓度的负对数，因此当 H^+浓度下降时，pH 增加）。研究者得出的结论是，除了提高缓冲能力，多余的碳酸氢盐似乎还可以加快肌纤

维代谢 H^+的速度，从而抑制细胞内 pH 的降低。该结论基本上预示了 6 年后罗思和布鲁克斯发现肌细胞膜中存在乳酸转运体。

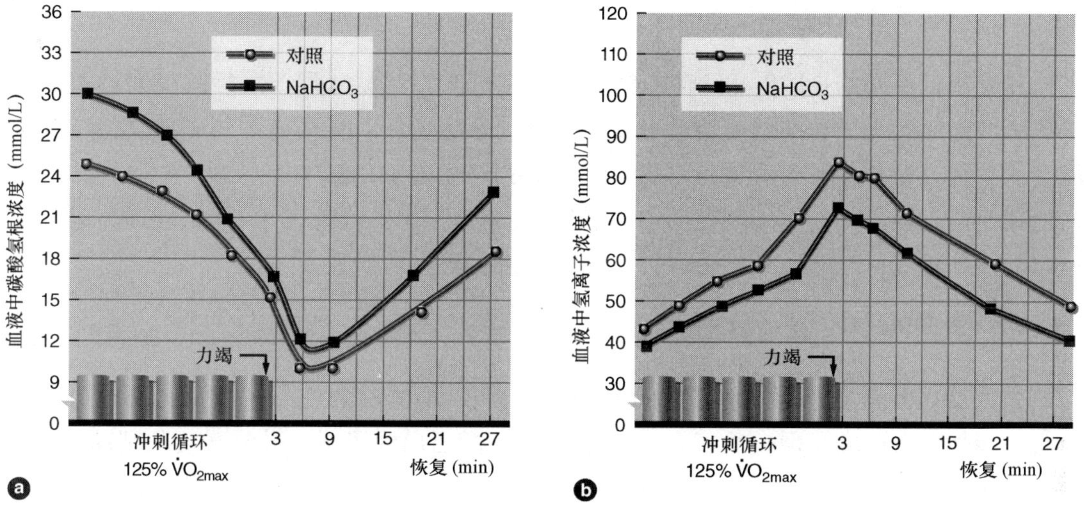

图 16.2　5 次短跑冲刺之前、之中和之后，摄入或不摄入碳酸氢盐时，血液中 HCO_3^-（a）和 H^+（b）的浓度，第 5 次冲刺至力竭

注：血液中 HCO_3^-浓度升高，使 H^+的升高幅度减小，血液 pH 下降的幅度减小。在第 5 次力竭冲刺过程中，受试者成绩提高了 42%，且在冲刺后恢复得更快。

（三）使用碳酸氢盐的风险

尽管长期以来人们一直使用少量的碳酸氢钠来治疗消化不良，但是许多研究碳酸氢钠剂量的人认为，能够起到缓冲作用的高剂量碳酸氢钠或柠檬酸盐会使某些受试者出现严重的胃肠道不适，包括腹泻、痉挛和腹胀。这些症状可以通过饮用足够的水或在 1～2 h 内将碳酸氢钠或柠檬酸盐的总量分成 5 个等份摄入来减轻（例如，体重 70 kg 的运动员每次摄入 400 mg，共 5 次）。

二、β-丙氨酸

摄入大量的碳酸氢钠或柠檬酸钠会提高细胞外液的缓冲能力，并能改善高强度运动表现。那么细胞质的缓冲能力，特别是在肌肉细胞中，是否可以提高呢？对β-丙氨酸剂量的研究表明，β-丙氨酸可能改善细胞内的缓冲作用。

（一）可能的运动效益

β-丙氨酸是一种氨基酸，可以合成不同的蛋白质，如肌肽。肌肽是一种小分子物质，在肌肉和神经细胞中含量很高，它由β–丙氨酸和组氨酸（另一种氨基酸）组成。肌肽是H^+的细胞内缓冲液，特别作用于在剧烈运动过程中由乳酸产生的H^+。

（二）已证实的效益

研究表明，不同剂量的β–丙氨酸（如每天3 g的剂量维持4周，之后减少为每天1.5 g）会导致肌细胞肌肽水平和高强度运动表现的提高。除此之外，β–丙氨酸与碳酸氢盐结合摄入可能会在持续 1 h 或更长时间的运动中对运动能力产生叠加的影响。尽管一些研究结果很乐观，但其他研究报告却没有确切证明 β–丙氨酸的有益作用，因此在 β–丙氨酸提高运动表现的机制及提高程度得出一致性结论之前，还需要进行更多的研究。

（三）使用β–丙氨酸的风险

研究人员仍然需要进行更多的研究以充分了解β–丙氨酸的使用剂量及其副作用和可能的风险。例如，有研究发现，受试者在摄入β–丙氨酸后出现了感觉异常（皮肤刺痛）。

三、亮氨酸

亮氨酸属于支链氨基酸（还包括异亮氨酸和缬氨酸），也是一种必需氨基酸，必须从饮食中摄入。大豆、牛肉、花生、鱼肉、鸡肉和杏仁都是亮氨酸含量较高的食物。在运动训练后的恢复过程中，适当进食有助于肌肉细胞恢复肌糖原水平，重建细胞内水合作用，修复受损蛋白质，并合成新的蛋白质。

（一）可能的运动效益

运动员、教练员和运动科学家对优化亮氨酸的代谢方式很感兴趣，因为亮氨酸似乎可以在肌肉中促进蛋白质合成，并作为新合成蛋白质的底物发挥重要作用。亮氨酸也会被肌肉分解，产生具有合成代谢特性的物质。所以，亮氨酸可以作为膳食补充剂的候选物，它的能量增补效果类似于合成类固醇类药物所引起的肌肉生成效果。

（二）已证实的效益

威尔金森（Wilkison）及其同事研究了15名年轻男性在静止状态下急性摄入3.42 g亮氨酸或另一种推荐膳食补充剂——亮氨酸代谢产物β–羟基–β–甲基丁酸酯（HMB）之后肌肉蛋白质合成和肌肉蛋白质分解的变化。摄入2.5 h后，研究人员结合亮氨酸和苯丙氨酸示踪剂，从血样和股外侧肌活检中计算得到肌肉蛋白质合成量和肌肉蛋白质分解量。

研究人员得出结论，食用小剂量（<4 g）的亮氨酸和HMB导致的不同受试者机体内肌肉蛋白质合成的增加程度相似，其反应与食用混合餐后报道的反应相当。此外，HMB吸收或与肌肉蛋白质分解减少有关，而亮氨酸干预组未检测到肌肉蛋白质分解。

这些结果证实了以往的研究结果，即亮氨酸和 HMB 的补充与肌肉蛋白质合成增加有关。虽然 HMB 和亮氨酸都增加了合成代谢信号分子——哺乳动物雷帕霉素靶蛋白（mTOR），但亮氨酸的作用更为明显。研究者得出结论，外源 HMB 可以诱导急性肌肉的合成代谢（肌肉蛋白质合成增加和肌肉蛋白质分解减少），但其机制与亮氨酸不同。

（三）使用亮氨酸的风险

与其他的膳食补充剂的研究一样，还需要更多的研究揭示亮氨酸和 HMB 增补剂促进肌肉合成代谢的潜能。然而现有研究确实表明，补充亮氨酸或 HMB，或两者同时补充都能带来好处，并且几乎没有风险。

小结

- 增补剂是可以提高运动能力的任何物质或手段，而机能抑制剂是对运动表现有不利影响的物质。许多被视为增补剂的物质其实是机能抑制剂。
- 虽然安慰剂效应具有心理原因，但生理反应确实存在。安慰剂效应清楚地说明了我们的心理变化会影响生理状态。
- 碳酸氢盐是血液缓冲系统的重要组成部分，通过中和过量的酸来维持正常的 pH。
- 摄入碳酸氢盐和柠檬酸盐可以使血液的 pH 升高，从而提高缓冲能力，中和更多的 H^+，以延缓运动疲劳的出现。
- 碳酸氢盐摄入量为每千克体重 300 mg 可以延缓疲劳的出现并改善持续时间为 1～7 min 的高强度运动的表现。
- 碳酸氢盐和柠檬酸盐会引起胃肠道不适，包括痉挛、腹胀和腹泻。
- β–丙氨酸是肌肽分子中的一种氨基酸，肌肽是一种可作为细胞内缓冲液（除其他功能外）的二肽。
- β–丙氨酸的摄入与肌肉细胞中肌肽含量增加有关。
- β–丙氨酸的摄入对高强度运动的表现的影响存在分歧。
- 摄入必需的支链氨基酸——亮氨酸可以起到促进肌肉蛋白质合成的作用。

四、咖啡因

尽管**咖啡因（caffeine）**可以存在于咖啡、茶、可可、无酒精饮料、功能饮料与许多食物中，但与碳酸氢钠一样，不算营养物。咖啡因也是几种非处方药的常见成分，常见于阿司匹林和其他止痛药物中。咖啡因是中枢神经系统兴奋剂，作用于大脑中的腺苷受体，其效果与**苯丙胺（amphetamine）**十分相似，只是功效较弱。作为一种能够提高运动能力的兴奋剂，咖啡因值得特别关注，部分原因是它是世界上十分常用的药物成分之一。

（一）可能的运动效益

如同拟交感胺类药物，咖啡因可以提高警觉性、专注力，使反应时间缩短，让人感到充满能量。众所周知，咖啡因对脂肪组织、骨骼肌及中枢神经系统的代谢都会有影响。

（二）已证实的效益

咖啡因对中枢神经系统的作用包括：

✧ 提高精神警觉性。

✧ 提高注意力。

✧ 调动情绪。

✧ 降低疲劳感或延缓疲劳的出现。

✧ 缩短反应时间（反应变快）。

✧ 促进儿茶酚胺的分泌。

✧ 提高游离脂肪酸的活性。

✧ 增加肌肉中甘油三酯的利用。

20 世纪 70 年代末，科学家首次报道了咖啡因提高机能的作用。运动前摄入咖啡因可以提高固定节奏运动的耐力表现，减少完成固定距离任务的时间。尽管随后的一些研究未能得出以上结论，但越来越多的研究证实咖啡因确实有助于提高有氧耐力运动的表现。早期观念认为，这些表现的提高是因为咖啡因促进了游离脂肪酸的流通，减少了肌糖原的消耗。然而，实际的分子机制却复杂得多，因为肌糖原耗尽其实并不常出现，而且咖啡因能改善在肌糖原不受限制的任务中的运动表现。现在，越来越多的研究表明，咖啡因对中枢神经系统有直接作用。有充分的证据表明咖啡因能降低对已有努力的知觉，使运动员以同等程度的努力来完成更高强度的任务。运动前每千克体重消耗 3 mg 咖啡因的剂量被认为可以改善运动表现，相当于一个体重 70 kg 的运动员摄入 210 mg 咖啡因。这个剂量比 355 毫升能量饮料（150 mg 咖啡因）或一罐可乐（40 mg 咖啡因）的剂量要大，与一大杯浓咖啡中咖啡因的量接近。

研究视角 16.3　自行车运动中咖啡因的使用

咖啡因能有效提高短跑和力量型运动及高强度团体运动的运动表现。遗憾的是，这类研究少之又少。此外，咖啡因可能会诱发肌质内 Ca^{2+} 的交换，并提高钠钾泵的活性，更好地维持肌膜上的电位差。

如本节所述，咖啡因可以提高耐力运动的表现和短时间高强度无氧运动的成绩。然而，咖啡因的机能促进作用机制还不完全清楚。近年来，人们关注的焦点已经从咖啡因促进脂肪氧化（节省糖原）转移到它对中枢和外周神经系统的作用，它可能会改变运动员对努力和肌肉疼痛的感觉。然而，很少有研究系统地评估摄入咖啡因后神经肌肉功能（最大自主收缩、运动单位募集和肌肉收缩特性）、肌肉疼痛、感知努力和耐力表现的改善。

研究人员最近验证了两个假设：①咖啡因会通过增加运动单位募集增大肌力，从而提高自行车项目的运动成绩；②咖啡因不会对蹬式自行车运动中的疼痛和感知努力产生影响。一项新的研究将蹬式自行车和手臂曲柄自行车结合起来对比，以分析咖啡因对力量输出和运动单位募集的影响。咖啡因的摄入增加了膝伸肌力量和运动单位募集，但对肘屈肌没有影响。在中等强度运动中，摄入咖啡因可以减少肌肉疼痛和疲劳感，但是在高强度力竭运动中却没有影响。最后，咖啡因的摄入可以改善蹬式自行车的耐力表现，而不能改善手臂曲柄自行车运动的表现。这些研究结果让人怀疑咖啡因在高强度运动中是否会导致痛觉减退。不过，研究数据支持其可以增强力量，至少在一定程度上，咖啡因是可以促进机能的。

（三）使用咖啡因的风险

那些不习惯使用咖啡因、对咖啡因敏感的人，或者摄入高剂量咖啡因的人，会出现神经紧张、活力过盛、失眠、头疼、发抖及消化道问题。咖啡因在静息时有些许利尿作用，但在运动中这种作用不明显，因为肾血流量和尿量随着运动会减少。经常使用咖啡因不会影响日常的水合作用，特别是对于习惯性服用咖啡因的人，因为咖啡因的利尿作用很微弱，人们通常会摄入足够的水和其他饮料来维持 24 h 的水合状态。咖啡因会扰乱人的正常睡眠模式，导致疲劳。咖啡因也会使人成瘾，突然停止摄入会导致头痛、疲劳、易怒和胃肠道不适。咖啡因曾一度被列入世界反兴奋剂机构的禁用物质名单，但在 2004 年又被从中删除，不过它在尿样中的量依然受到监测。

五、樱桃汁多酚

水果和蔬菜汁中含有成百上千种富含生物活性且与健康息息相关的化合物，由于缺乏研究，人们对这些化合物的了解很少。运动员和教练员感兴趣的新兴研究是，樱桃汁可能是一种潜在的具有镇痛作用的营养增补剂，这种镇痛作用可以加快由训练或比赛引起的肌肉损伤和疼痛的恢复。

（一）可能的运动效益

樱桃就像蓝莓、蔓越莓、树莓、紫葡萄、石榴、巴西莓和其他深色水果一样，含有多酚类化合物（如黄酮类化合物）。多酚类化合物属于次生植物代谢物，能帮助水果沉淀色素，也有助于保护水果免受微生物和昆虫的侵害。营养学家根据每日多酚类物质的摄入量来推荐每天吃多少水果和蔬菜。据估计，食物中含有超过 4 000 种不同的黄酮类化合物，我们通常每天摄入约 1 500 mg 黄酮类化合物。吃樱桃等深色水果能使我们的细胞摄取黄酮类化合物，如没食子酸、山柰酚、槲皮素、白藜芦醇及其他具有抗氧化和抗炎特性的化合物。与抗氧化剂不同，深色水果可以提供大量的微量营养素，这些营养素在植物的生命周期中起着重要作用。除了丰富的营养，这些微量营养素（或某一种微量营养素）是否能提供更大的价值是科学家研究的一个方向。如果樱桃的抗炎和抗氧化特性对运动后肌肉的损伤恢复和疼痛减轻有益处，那么樱桃汁可以被作为一种能量增补剂来使用。

（二）已证实的效益

研究表明，受试者在一次离心运动前服用樱桃汁或安慰剂一周或更长时间后，与对照组相比，氧化应激水平下降、力量下降幅度减小，肌肉疼痛感减轻。这说明服用樱桃汁可能会带来真正的益处，不过最终还需进一步的研究来验证。另外，目前也没有研究证实摄入樱桃汁能起到持续的镇痛作用。

（三）使用樱桃汁多酚的风险

樱桃富含多种有益于健康的营养成分。因此，在运动员的饮食中加入樱桃或樱桃汁并没有明显的负面影响。乐观地说，樱桃的抗炎作用可能对肌肉也有一定的好处。然而，还需要长时间和大量的研究来确定其是否有科学依据。

六、肌酸

肌酸（creatine）在世界范围内被许多运动员作为机能增补剂使用，尤其是团队项目和进行重复、高强度运动的运动员。肌酸是一种每个肌肉细胞内都存在的分子。肝脏能够合成肌酸，额外的肌酸则由饮食供给（主要来自各种肉类）。服用肌酸补充剂来增加每日肌酸的摄入量已经被证实可以提高骨骼肌内的肌酸含量。

（一）可能的运动效益

最初使用肌酸是由于它在骨骼肌内的重要角色，然而肌酸中大约60%的成分是PCr。理论上，增加肌酸摄取会增加骨骼肌细胞的肌酸含量，也会提高肌肉内PCr的比例，如此可以增强ATP–PCr能量系统的作用，维持肌肉内ATP的量，还可提高剧烈运动时的高峰能量输出率，保证高耗能运动后的体力恢复。肌酸也可以当作细胞内缓冲剂，帮助维持体内的酸碱平衡，参与部分氧化代谢途径，这是肌酸另外两种可能提高运动表现的途径。

（二）已证实的效益

由于肌酸补充剂在20世纪90年代的流行，以及对其机能提高特性的广泛报道，美国运动医学学会在2000年公布了一份共识性声明，即《口服肌酸补充剂的生理和健康影响》。由运动科学方面的专家分析整理现有的肌酸与运动表现的相关文献，提出了关于肌酸增补效益的结论：

✧ 补充肌酸能够提高肌肉内 PCr 的含量，但并非在每个人身上都如此。

✧ 在部分短时间且高耗能运动中，肌酸的补充可能提高运动员的表现，特别是某些需要反复爆发力的运动，这也是 PCr 在这类运动中的作用。

✧ 补充肌酸并不能增强最大等长收缩力，或提高最大力量产生率及最大有氧代谢能力。

✧ 补充肌酸可以在最初几天内导致体重增加，这可能归因于肌酸会造成肌肉内水分的堆积。

✧ 结合抗阻训练，补充肌酸可以提高肌肉肌力，也可能提高对训练强度的耐受力。

✧ 对补充肌酸能提高运动表现的期待远远超过其真正的增补效益。

自美国运动医学学会发表这些结论后，许多与其观点一致的科学评论也都陆续发表。肌酸是少有的增补剂之一，它与抗阻训练相结合，可以增加瘦体重和肌力。关于补充肌酸是否能提高运动表现，研究结果存在争议，可能有两方面的原因：①运动或项目的生理需求不同；②个体对增补剂反应的差异性。在短时间重复性高强度运动中，补充肌酸更容易提高运动成绩。关于个体差异性，我们在第九章中讨论了个性化原则，即任何给定干预措施都有高反应者和低反应者。在仅涉及少数受试者的研究中，如样本量小于 10 人，可能高反应者多于低反应者。

研究视角 16.4　肌酸补充结合抗阻训练预防肌萎缩

肌萎缩是正常衰老过程中出现的肌肉质量减少和力量降低，其特点是Ⅱ型肌纤维萎缩、肌纤维丢失、肌内脂质和结缔组织增加。抗阻训练能增加肌肉质量和肌力，因此是肌萎缩的有效预防措施。除了抗阻训练，蛋白质的消耗也能刺激肌肉蛋白质的合成，这可能是减少肌肉质量和力量随年龄增长不断损失的另一种策略。补充肌酸和抗阻训练结合是否比单独进行抗阻训练或单独补充肌酸对肌力和运动表现的影响更大？2014 年，研究人员进行了 Meta 分析，系统地分析了许多不同研究的结果，以确定进行抗阻训练的同时补充肌酸是否能改善老年人的身体成分、提高力量和运动表现。

共有 357 名受试者参加的 10 项研究符合纳入 Meta 分析的条件。正如预期，老年人在抗阻训练期间（≥6 周）补充肌酸比单独进行抗阻训练更能改善身体成分、提高力量和运动表现。肌酸提高肌肉力量的机制可能包括增加 PCr 能量储存、增加 PCr 合成及减少肌肉损伤等，这有助于提高抗阻训练的能力，从而对身体成分、力量产生及运动表现都有很好的改善。

总之，该 Meta 分析证实了老年人同时进行抗阻训练和补充肌酸可以延缓肌萎缩。

（三）使用肌酸的风险

大量研究综述及运动员广泛使用肌酸的结果显示，适量补充肌酸似乎没有任何短期健康危害。值得关注的问题是长期补充肌酸，尤其是年轻的、正处在生长发育期的运动员长期补充肌酸，因为针对这一问题还缺乏长期系统研究。补充肌酸很可能不会带来长期的健康风险，该结论还有待于进一步验证。有报道称，在使用大剂量肌酸的年轻运动员中出现了肾损害的病例。

七、硝酸盐

硝酸盐是一种存在于所有植物中的分子物质，是氮循环的一部分。菠菜、芹菜和甜菜等蔬菜硝酸盐含量较高。舌头上的细菌及体内的其他酶将硝酸盐转化为亚硝酸盐。细胞可以将亚硝酸盐转化为NO。精氨酸也可以通过一氧化氮合酶（NOS）产生NO。另一种氨基酸瓜氨酸也是精氨酸的前体，作为NO的内源性来源被纳入某些膳食补充剂中。我们从饮食中获取体内NO生成量的大约50%，而从膳食中摄入硝酸盐可能是NO生成增加的一种途径。NO分子在多种生理功能中起着关键作用，如控制血流量、白细胞趋化、线粒体功能和细胞凋亡等。

（一）可能的运动效益

由于NO会影响肌肉血流量和线粒体功能，科学家一直在研究摄入硝酸盐、精氨酸和瓜氨酸，以及一些其他化合物是否能增强机能。例如，如果摄入硝酸盐可以提高骨骼肌输送O_2和营养物质的能力，那么这将可能在不同强度和不同持续时间的运动环境中改善运动表现。

摄入硝酸盐（亚硝酸盐）还与静息收缩压降低及其他可能改变心血管衰老进程的心血管良性变化有关，因此对整体心血管健康具有重要意义。关于硝酸盐的摄入与运动表现之间关系的研究很有前景，不过仍需要更多的研究来验证，包括针对不同性别和不同年龄段的受试者，以及在不同持续时间和不同运动强度下摄入不同剂量等。

（二）已证实的效益

早期许多关于硝酸盐摄入（通常以甜菜汁的形式）的研究证实了其可以提高运动表现，这一发现得到了许多其他研究（尽管不是全部）的支持。正如其他运动增补剂一样，在得出明确的结论之前，硝酸盐的增补作用也需要大量研究来验证。然而，越来越多的研究表明硝酸盐的摄入会对人体机能产生增强作用，至少在未经训练或身体健康的年轻男性受试者中是如此。不过摄入硝酸盐的影响可能远小于健康本身带来的益处，因为针对非常健康的受试者进行的研究通常报告摄入硝酸盐没有好处。

持续研究表明，当受试者在运动前一周，甚至在运动前几个小时摄入甜菜汁时，血浆亚硝酸盐浓度升高，静息血压下降，运动耗氧量略有减少，运动成绩明显改善。这些反应被认为与肌细胞的收缩性增强、线粒体中ATP生成效率提高，以及肌细胞的血流量增加等有关。这些研究大多只检测了单剂量的甜菜汁，几乎没有研究者进行过能引起最大反应的甜菜汁剂量（硝酸盐剂量）的研究。

在一项研究中，8 名男性受试者每天摄入 500 mL 的甜菜汁，持续 6 天（平均每天摄入 486 mg 硝酸钠），尽管耗氧量减少，但他们在功率自行车上测试的力竭时间有所延迟，这一结果与其他研究的结果一致，可能的原因是硝酸盐的摄入会增加 NO 的产生，并提高线粒体 ATP 生成的效率，即使在耗氧量减少的情况下也能提高运动表现。因此运动前快速服用甜菜汁可能起到增强机能的作用。

在另一项研究中，10 名进行休闲活动的年轻男性在休息时和运动前立即摄入 70 mL、140 mL 或 280 mL 的甜菜汁，血浆硝酸盐浓度呈剂量依赖性上升，峰值出现在服用后 2～3 h。与对照组（补充水）相比，最低剂量的甜菜汁不会影响运动反应，但 140 mL 和 280 mL 的服用量会减少平均稳态耗氧量（分别为 1.7%和 3.0%），提高运动能力（分别为 14%和 12%）。让受试者反复进行中等强度和高强度的运动，直到他们不能保持预先设定的蹬踏节奏，通过功率自行车对运动成绩进行评估。

尽管硝酸盐改变运动表现的确切机制尚不完全清楚，但至少对进行休闲活动的受试者而言，许多研究报告了类似的结果。不过仍需更多的研究来证实这些早期发现，以进一步了解量效关系，确定其作用机制，并为有兴趣将甜菜汁或其他硝酸盐作为运动增补剂的教练员和运动员提供额外的建议。

（三）使用硝酸盐的风险

硝酸盐的摄入不会对健康产生有害影响，但心脏病患者可能例外，因为他们服用处方药（如硝酸甘油）会影响 NO 代谢。然而，人们对摄入大量硝酸盐增补剂可能产生的副作用知之甚少。

小结

- 咖啡因可以提高耐力运动的表现，甚至对持续时间更短（如 1～6 min）的运动也有好处。然而，咖啡因可能会对一些运动员造成负面影响，在这种情况下，咖啡因可能具有机能抑制作用。
- 有证据表明，与服用安慰剂相比，饮用樱桃汁可以减轻疼痛，快速恢复离心运动后的肌力。
- 肌酸补充剂似乎有助于提高运动能力，尤其是对持续 30～150 s 的反复高强度运动的提高效果更加明显。
- 补充肌酸已被证明可以提高肌肉肌酸水平，提高短时间、重复性高强度运动的表现。
- 摄入硝酸盐（通常以甜菜汁的形式）与久坐或参与休闲活动的受试者的运动能力提高有关，但对于训练有素的受试者，其作用不太明显。不过，摄入硝酸盐已被证明可以降低收缩压，并可能对心血管健康有好处。

第三节　反兴奋剂条例与药物检测

运动员为了获得比赛优势而选择使用提高运动表现的药物（performance-enhancing drugs，PEDs），这在体育界由来已久。第四节将更详细地讨论其中一些禁用物质和手段。运动员越来越多地使用提高运动表现的药物导致相应监管机构的形成，对运动增补剂产品和成分的污染测试，以及更多新药物的研发。在本节中，我们将从监管的角度来介绍违禁物质。

一、世界反兴奋剂条例

1968 年，国际奥林匹克委员会开始在夏季和冬季奥运会期间对运动员进行兴奋剂检测。20 世纪 70 年代和 80 年代，人们对使用兴奋剂的关注与日俱增，国际奥林匹克委员会在 1999 年倡议成立世界反兴奋剂机构。世界反兴奋剂机构由奥林匹克运动组织和各国政府组成并资助。

2003 年 3 月，世界反兴奋剂机构主持召开了哥本哈根世界反兴奋剂大会，通过了《世界反兴奋剂条例》(2017 年进行了修订，新版于 2021 年 1 月 1 日生效)，其为世界反兴奋剂机构的工作提供了指导。该条例是目前最为核心的文件，为体育组织内部和政府统一反兴奋剂政策、规则和条例提供了依据。目前已有 600 多个体育管理组织采用这一条例。

该条例的一个重要组成部分是违禁物质清单，该清单每年更新一次。如果某种物质或手段符合以下 3 个标准中的两个，则考虑将其纳入清单：

✧ 有科学或医学证据表明，该物质或手段有可能提高，或者已经被证明可以提高运动成绩。

✧ 有科学或医学证据表明，使用这种物质或手段会对运动员的健康构成威胁。

✧ 世界反兴奋剂机构认定这种物质或手段违背了体育精神。

持有、非法交易或管理提高运动表现的药物，以及一些被禁止的手段都被视为违反该条例。被禁止的手段包括替换尿液或血液样本等，例如，运动员试图用别人的尿液代替自己的尿液，或者试图在尿样中添加蛋白酶或其他物质来掩盖违禁物质。在比赛时，也禁止运动员静脉注射生理盐水、葡萄糖和其他溶液。人们预计未来的科技可能会实现基因篡改，因此基因兴奋剂现在也是被禁止的。

世界反兴奋剂机构通过与各体育管理机构联合，共同管理药检。运动员必须报告他们的行踪，以便进行随机测试。兴奋剂检测阳性的运动员可能会受到各种制裁，轻则加强监测，重则终身禁赛。

该条例非常严格，意味着运动员需要对其身体内的任何物质负责，即使他们对这些物质的存在并不知情。换言之，即使运动员无意摄入违禁物质，也要负全责。患有需要使用违禁物质的疾病的运动员（如服用哮喘药物的运动员）可以申请**治疗用药豁免（therapeutic use exemption）**。运动员如果认为兴奋剂阳性测试或处罚不正确或不公平，可通过其体育管理机构和体育仲裁法庭对结果提出上诉。

其他体育组织，如美国全国大学体育协会、美国橄榄球大联盟和美国全国运动汽车竞赛协会都有自己的违禁物质清单，种类大多与世界反兴奋剂机构的清单相似。国际奥林匹克委员会、美国奥林匹克委员会、国际田径联合会和美国全国大学体育协会都公布了大量的违禁物质清单，其中大部分是禁用药物。国际奥林匹克委员会和美国奥林匹克委员会采用世界反兴奋剂机构制定的标准。禁用物质清单也是每年更新一次。表 16.1 列出了世界反兴奋剂机构 2017 年的禁用物质清单，以及这些补充剂可能产生效果的作用机制。

每名运动员、教练员、训练员和队医都必须清楚为运动员开出的处方及他们服用的药物，并且必须定期对照违禁药物清单检查这些药物，因为这些清单经常变化。需要处方药的运动员可以申请并获得治疗用药豁免，这样他们可以继续服用药物，且不会有违反反兴奋剂条例的风险。

表 16.1 世界反兴奋剂机构 2017 年禁用物质清单及这些物质可能的作用机制

物质	影响心血管系统与有氧耐受性	促进 O_2 运输	提供肌肉供能物质、增强肌肉功能	对肌肉质量与肌力的作用	造成体重减轻或增加	抵消或延缓疲劳的发生或感觉	抵消中枢神经系统抑制	协助放松或减轻压力	促进恢复
促合成代谢物				√	√				√
肽类激素	√	√		√	√				√
β_2 激动剂	√					√	√		
激素和代谢调节剂	√				√	√	√		
利尿剂和其他掩蔽剂	√			√	√				
血液兴奋剂	√	√	√			√			
化学或物理篡改（样品更换）									
化学或物理篡改（大量静脉输血）	√	√	√			√			√
基因兴奋剂	√	√	√	√	√	√	√	√	√
刺激剂	√		√			√	√		√
麻醉剂						√		√	
大麻类								√	
糖皮质激素	√		√	√		√			
酒精								√	
β-阻断剂	√					√		√	

二、膳食补充剂污染

许多运动员会服用一种或多种营养增补剂，包括维生素、矿物质和精心制作的中草药混合物。大多数运动员认为他们摄入的物质与产品说明上列出的成分完全匹配。可是事实可能并非如此，因为无意或有目的地补充被违禁物质污染的膳食补充剂的事件屡屡发生。尽管大多数增补剂生产商都在努力确保其产品的纯度和效力，但也有一些制造商并没有这样做。这种不一致性要求增补剂服用者在购买和消费增补剂时提高警惕。

从 1999 年开始，研究人员调查了选定的一些运动增补剂的效力和纯度。调查结果令人吃惊。有些产品的效力从可忽略的数值到产品标签上所列剂量的 150%不等。此外，许多增补剂被证实含有违禁物质，这可能导致兴奋剂检测结果阳性，以及之后对运动员的严厉处罚。常见的污染物包括合成类固醇、刺激剂和利尿剂。许多研究证实，这一问题非常严重。运动员需要对他们摄入的食物负责。服用增补剂的人需要承担极大风险，这是最基本的原则。

针对增补剂消费者，尤其是运动员，考虑是否服用增补剂时，应主要关注 3 个方面：

✧ 纯度——增补剂是否含有任何有害或违禁物质？

✧ 效力——增补剂是否真的含有标签上所列的成分？

✧ 功效——增补剂真的有益处吗？

遗憾的是，人们对这些问题都没有确切答案。一些增补剂生产商招募第三方来分析其产品的纯度和效力，并在产品标签上显示认证标志。这样做反映了制造商努力并真诚地向消费者保证其生产工艺和产品配方符合最新标准。尽管对违禁物质的检测非常严格，但不可能确保任何产品完全不含违禁物质，因为不可能对所有违禁物质进行检测。不过那些付出额外努力并承担第三方检测费用的知名制造商代表其消费者做了正确的事情。

三、合成类固醇和药检

为了规避体育运动兴奋剂检测，一些药剂师熟练地合成了各种目前检测程序无法检测到的类固醇或其代谢前体。然而，这并不意味着这些非法化合物检测不到，所有化合物都可以通过正确的仪器和分析技术检测出来。体育运动兴奋剂检测相关人员通常会分析一系列已经确定的类固醇，如果一种新的类固醇不在这个序列中，就需要去寻找它，这样才可以被检测出来。20 世纪 90 年代，运动员非法使用的强有力的合成类固醇——四氢孕三烯酮（tetrahydrogestrinone，THG），直到法医毒理学专家分析了该物质的样本，才被兴奋剂检测发现，随后被列入世界反兴奋剂机构禁用物质清单。

世界反兴奋剂机构划分了两大类类固醇：①内源性类固醇，如**睾酮（testosterone）**、雌激素及其代谢前体，包括表睾酮、雄烯二酮（Andro）和脱氢表雄酮（DHEA）；②外源性类固醇，即合成类固醇，如诺龙、群勃龙、甲基睾酮、四氢孕三烯酮和其他合成类固醇。

大多数运动项目兴奋剂检测都是通过分析尿液样本来实现的。例如，类固醇检测需要提取、分离和检测尿液中的类固醇代谢物。通过处理尿液样本获得的代谢物通常用气相色谱仪或液相色谱仪分离化合物，并用质谱仪来识别化合物。

除了随机药物测试，运动员生物护照将在未来几年得到更广泛的使用。运动员生物护照可以用来测定年轻运动员的正常指标，如睾酮、表睾酮及这两种类固醇的比例（T/E 比例），血红蛋白、红细胞压积等，从而为个体运动员建立正常标准参数。这些参数的明显变化反映出运动员可能使用违禁物质。例如，T/E 比例一直被用作是否服用类固醇的标志。男性的平均 T/E 比例比为 1:1，非法使用类固醇会使这一比例升高。由于个体的 T/E 比例存在很大的差异，体育管理机构采用了 4:1 或 6:1 等上限值来作为其正常变化的参考。当然，这对正常 T/E 比例为 10:1 的运动员没有多大帮助，也不能阻止运动员在不改变 T/E 比例的情况下，使用睾酮和表睾酮的组合来获得合成代谢的好处。不过现在的技术手段可以区分外源性睾酮和内源性睾酮，这不失为识别作弊的良好分析工具。

小结

- 2003 年首次通过的《世界反兴奋剂条例》是为各个体育组织和公共机构统一反兴奋剂政策及规则提供的核心条例，目前已有 600 多个体育管理组织采用了这一条例。
- 根据科学证据，如果一种物质符合以下 3 项标准中的任何两项，则被列入世界反兴奋剂机构禁用物质清单：①有可能提高或已被证明能够提高运动成绩；②对运动员健康构成威胁；③违背了体育精神。
- 鉴于增补产品可能受到污染，而且很难确保增补剂中不含违禁物质，因此使用增补剂会带来很大的风险。

第四节 禁用物质和技术

表 16.1 介绍了世界反兴奋剂机构 2017 年禁用物质清单。在本节中，我们将详细介绍以下违禁物质和手段：

✧ 刺激剂。

✧ 合成类固醇。

✧ 人生长激素。

✧ 利尿剂和其他掩蔽剂。

✧ β–阻断剂。

✧ 血液兴奋剂。

一、刺激剂

刺激剂包括苯丙胺及其衍生物，被称为拟交感胺类药物。其药理活性极其类似于交感神经传导物质，在医学上长期被应用于体重控制计划中，目的是抑制食欲。目前，其在临床上常用于治疗注意缺陷多动症（attention deficit hyperactivity disorder，ADHD），因为它可以激活大脑的部分区域，帮助减轻 ADHD 和类似疾病的相关症状。很久以前，苯丙胺开始进入体育领域。另外两种拟交感胺类药物——**麻黄素（ephedrine）**和**伪麻黄素（pseudoephedrine）**也被纳入禁药清单中。这类物质来自麻黄类植物，常作为治疗发烧及气喘的气管扩张剂。伪麻黄素主要作为减充血剂用于非处方药和非法制造甲基苯丙胺（methamphetamine）。

（一）可能的运动效益

刺激剂具有降低食欲、有效集中注意力、提高心理警觉性、提高代谢率和减轻疲劳感等生理和心理作用。据报道，一些运动员服用刺激剂后会感觉到有用不完的精力和能量，行动积极，且能力超群。有的运动员则通过交感神经的刺激来提高代谢率和减少脂肪。

在实际的表现方面，苯丙胺能协助运动员跑得更快、掷得更远、跳得更高，延缓疲劳及力竭的发生。几乎所有运动表现都因这类药物的使用而变得更好，这些现象也出现在使用麻黄类药物的时候。

（二）已证实的效益

就生理、心理及运动表现的相关研究来看，某些研究显示苯丙胺无效，有些研究则表明苯丙胺具有提高运动表现的正面意义，但仍有研究表明这类药物是运动表现的弱化剂。苯丙胺是一种中枢神经兴奋剂，会引起警觉，使运动员感到精力充沛、自信满满，决策速度变快。服用苯丙胺会延迟疲劳的发生，加快心率，增加收缩压和舒张压，并增加骨骼肌的血流量，提升血液中血糖值与游离脂肪酸的浓度。

这些生理反应会有助于运动表现吗？虽然并非所有的研究结果均一致，但近来许多有较好的实验设计与对照组的研究指出，苯丙胺确实会提高运动员的运动表现，尤其在以下方面：

✧ 减轻体重。
✧ 缩短反应时间、提高加速度和速度。
✧ 增强肌力、爆发力和肌耐力。
✧ 改善有氧耐力，但不会改变最大摄氧量。
✧ 提高最大心率及力竭状态的最大血乳酸值。
✧ 提高注意力。
✧ 提高精细运动协调能力。

这些实验结果对于麻黄类物质则相对不明确。部分研究显示，使用麻黄类物质可能部分提高运动表现，一般结论是其功效不稳定，对肌力、速度、爆发力或耐力无显著影响。

（三）使用刺激剂的风险

使用过量的苯丙胺或麻黄类物质足以致命，因为心跳加快、血压升高会对心血管系统造成过大的压力。某些敏感的运动员可能出现心律不齐，同时，因为延缓疲劳的发生，苯丙胺会使运动员意识不到身体已到达循环衰竭的危险边缘。

苯丙胺会使服药者感到愉悦和充满能量，所以其具有心理层面上的成瘾效应。另外，他们也具有生理上的成瘾效应，若规律地服用，为达到同样的功效，服药者使用的剂量需越来越大。苯丙胺具有毒性，常见的副作用为极度神经质、极度焦虑、侵略性行为及失眠等。麻黄素的副作用与苯丙胺相似，同时可能导致心血管出现问题和中暑。

二、合成类固醇

合成类固醇属于违禁药物，因为它们被公认的作用是增加肌肉质量，并且增肌效果远远超过力量训练和饮食相结合的增肌效果。类固醇及类似物质被长距离自行车、棒球及健美项目运动员使用。许多雄性激素既可以增肌，又可以促进发育，因此被称为合成代谢类固醇。类固醇和其他激素类药物作为增补剂始于 20 世纪 40 年代末或 50 年代初。所有的运动项目都禁止使用合成类固醇，因为使用它们的医疗风险很高。

有报道称，在某些运动项目中，有 20%～90%的运动员正在使用或曾经使用过合成类固醇。然而，科学调查结果显示，整个体育界的合成类固醇使用率约为 6%。在美国，甚至普通高中生中也有人使用合成类固醇，男孩为 4%～11%，女孩约为 3%。

类固醇是一大类物质，包括雄性和雌性激素，如睾酮和雌二醇等。有趣的是，胆固醇也被归为类固醇。尽管胆固醇没有促合成代谢或类似雄激素的作用，但它的结构与所有类固醇激素非常相似。植物也可以产生类固醇（植物甾醇），与胆固醇一样，它不与细胞中的雄激素受体相互作用，因此没有促合成代谢功能。然而，与雄激素受体相互作用的类固醇可通过促进骨成熟和肌肉发育来加速生长。多年来，合成类固醇一直被用于促进生长迟缓的儿童正常生长。目前已经合成了几十种类固醇，它们的化学结构稍有改变，从而减弱了激素的促雄性化和合成代谢特性。因此，合成类固醇激素在其合成代谢和促雄性化效果上有所不同。

（一）可能的运动效益

众所周知，类固醇可以增加肌肉质量，增强肌力，并减少脂肪。出于这些原因，类固醇被归为提高运动表现的药物是可以理解的。此外，类固醇可能有助于力竭性训练的恢复，让运动员能够在随后的几天中进行更激烈的训练。

服用类固醇的运动员非常擅长规避检查，他们利用利尿剂和其他掩蔽技术来降低检测阳性风险。药剂师不断开发设计类固醇来帮助运动员作弊。随机药物测试（包括赛季和非赛季）

和不断改进的分析技术提高了药物使用者被发现的可能性。这些措施结合教育，有望成功地阻止大多数运动员使用类固醇。

（二）已证实的效益

类固醇的机能促进作用没有争议。类固醇与瘦体重、肌肉质量和力量之间有很强的量效关系，因此类固醇成为被严格禁止的增补剂之一。然而，早期对类固醇的研究结果却不同，一类研究显示类固醇几乎不会引起体型或运动表现的变化，另一类研究却发现类固醇显著增加了肌肉质量并提高了肌肉力量。

该领域几乎所有研究的一个根本问题在于，研究人员无法使用与运动员通常消耗的剂量相同的药物。运动员通常会服用推荐剂量的 5～20 倍之多。然而，一些研究人员已经能够观察到运动员何时服用高剂量类固醇，何时停用类固醇，这样有助于我们了解类固醇如何影响肌肉质量和力量。

分析运动员自发服用类固醇的早期研究之一旨在探究高剂量类固醇与运动表现及生理指数的关系。受试者为 7 名男性举重运动员，他们先训练一个周期，休息一个星期，再继续训练一个周期，每个周期均为 6 周。受试者分为两组，一组于第一个训练周期服用安慰剂，第二个训练周期服用类固醇；另一组受试者则相反，于第一个训练周期服用类固醇，第二个训练周期服用安慰剂。研究者收集两组受试者的资料，分析后发现，在使用类固醇时，这些举重运动员在以下方面有明显改善：

✧ 身体质量与瘦体重。

✧ 全身 K^+与氮含量（非脂肪比例质量的生物标记）。

✧ 肌肉大小。

✧ 大腿肌力。

这些改善没有发生在使用安慰剂的周期。该研究结果汇总如图 16.3 所示。

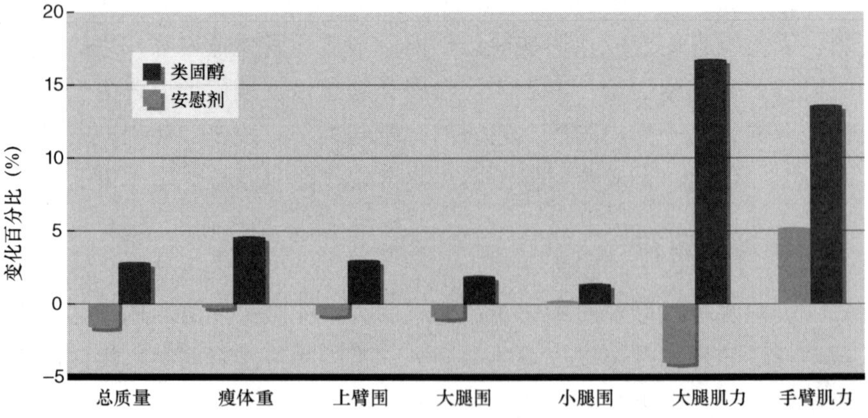

图 16.3　运动员服用类固醇或安慰剂时身体质量、身体成分及肌力变化

在另一项研究中，福尔贝斯（Forbes）观察了一名健美运动员与一名举重运动员使用类固醇后身体成分的变化。他们皆为自愿服用超高剂量类固醇的受试者，健美运动员持续服用高剂量类固醇 140 天，而举重运动员则持续服用 125 天。结果显示，两名运动员瘦体重平均上升 19.2 kg，脂肪质量则下降了约 10 kg。福尔贝斯分析了许多这一类型的研究报告，其中使用类固醇的剂量均不相同（图 16.4）。他归纳出一个有趣的结论：使用低剂量类固醇时，瘦体重只是略微增加 1～2 kg；使用高剂量类固醇时，瘦体重则显著增加。这些结果表明类固醇的使用存在一个门槛，只有在剂量非常高时，瘦体重才会明显增加。同样，短时间内睾酮的增加，如在力量训练或摄入蛋白质后，似乎对肌肉质量或力量没有显著影响。

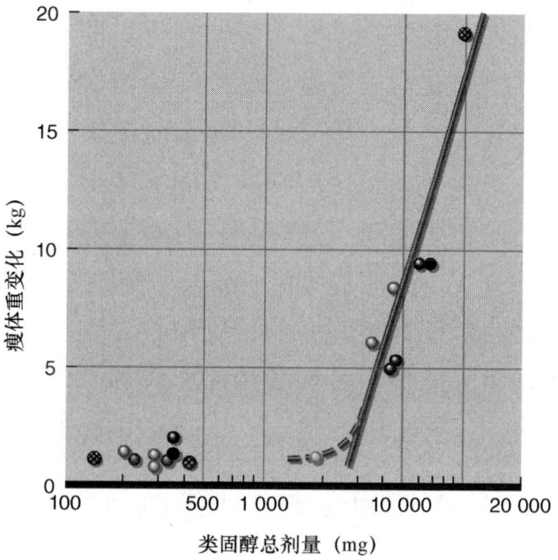

图 16.4 类固醇总剂量（mg）与瘦体重变化（kg）之间的关系图，其中不同符号代表不同剂量，横轴以 log 值表示

第三项研究则观察有举重运动经验的非职业运动员使用超高剂量类固醇后，肌肉质量大小与肌力的变化。43 名男性完成了这项研究，他们被分为服用安慰剂不运动组、服用安慰剂运动组、服用类固醇不运动组及服用类固醇运动组。受试者每周肌肉注射 600 mg 类固醇或安慰剂，持续 10 周。运动组抗阻训练模式为每周 3 天，持续 10 周。采用水下称重法测量身体成分，肱三头肌和股四头肌的肌肉大小通过磁共振成像技术测定，上下肢的肌力根据单次最大负重千克数而定。非运动组，类固醇注射增加了上下肢的肌肉质量与力量。运动并注射类固醇组上下肢的肌肉质量及力量的增加幅度都最大（表 16.2）。

表 16.2 服用类固醇或安慰剂，运动组或非运动组受试者肌肉大小与力量平均变化

变量	安慰剂+不运动	类固醇+不运动	安慰剂+运动	类固醇+运动
瘦体重（kg）	+0.8	+3.2	+2	+6.1
肱三头肌横截面积（mm^2）	−82	+424	+57	+501
股四头肌横截面积（mm^2）	−131	+607	+534	+1 174
卧推力量（kg）	无变化	+9	+10	+22
深蹲力量（kg）	+3	+13	+25	+38

肌肉质量的增加通常与Ⅰ型肌纤维和Ⅱ型肌纤维横截面积的增加和细胞内核的数量增加有关。此现象存在量效关系，可能是由于外源性类固醇持续刺激肌肉雄激素受体而导致肌肉

蛋白质合成增加。

类固醇对心血管功能的影响目前还没有系统研究。许多早期研究发现，使用合成类固醇可以增加最大摄氧量，这个结论与已知合成类固醇的效益，如促进红细胞增生与全血量增加相符合。然而，后来的研究未能证实这些结果，也很少有人研究类固醇对耐力训练的影响。

一些运动员使用合成类固醇来促进高强度训练后的快速恢复，他们相信合成类固醇能加速肌肉和其他组织的修复。针对职业自行车运动员和其他运动员的一些研究的结果似乎支持这一论点。塔马基（Tamaki）与实验室同事发现，实验组大鼠在单次最大负荷的举重运动后，单次注射长效类固醇的试验组较对照组有较少肌组织损伤。同时他们发现，注射类固醇的大鼠在恢复期蛋白质合成的速率较高。随着更多研究的开展，研究者会更全面地了解合成类固醇对恢复的影响。然而，不管结果如何，在运动中使用合成类固醇是被明令禁止的。

（三）使用合成类固醇的风险

运动中使用类固醇是作弊行为。运动员使用药物以增加自己在竞赛中获胜的机会，这既不合理，也不道德，违背了体育精神。大多数运动员认同以人工方法提高运动表现是不正确的行为，但其中仍有一些人为了打败竞争对手而长期使用类固醇。如果有运动员使用违禁物品，就不可能实现公平竞争。这是《世界反兴奋剂条例》的指导原则之一。

使用类固醇的医疗风险很大，尤其是在运动员经常大剂量使用的情况下。与类固醇使用相关的医疗风险并不能通过堆叠、循环和其他类固醇使用技术来消除。青春期前，儿童使用类固醇会诱发长骨的骨骺早期闭合，从而使身高受限。使用类固醇也会使性激素分泌减少，抑制性腺的生长及功能。对男性而言，性激素分泌减少会导致睾丸萎缩、睾酮分泌减少、精子数量减少，并在停止使用类固醇后很长一段时间内出现阳痿。过量的睾酮也会导致更多雌激素的产生，致使男性乳房增大。对女性而言，性激素的主要功能是促进排卵及雌激素分泌，因此性激素分泌减少会扰乱这些生理过程，导致月经周期不规律。此外，女性的雌激素紊乱会导致男性化，如乳房萎缩、阴蒂变大、声音低沉及脸上生长细毛。前列腺肥大也是男性滥用类固醇的另一个副作用，会增加患前列腺癌的风险。

许多类固醇由肝脏参与代谢。类固醇及其代谢物在肝脏中积聚会导致化学性肝炎，并导致肝脏肿瘤。长期使用类固醇者可能发生不正常的心脏肥大、心肌病变、心肌梗死、血栓、心律不齐及高血压等疾病。科学家也发现，即使是适度使用类固醇的运动员，其体内的HDL－C也会明显减少（减少30%）或更多。HDL－C具有抗动脉粥样硬化的功能，即该蛋白可预防动脉粥样硬化的发生。低水平的HDL－C与冠心病和心脏病发作的高风险密切相关（详见第二十一章）。此外，会导致动脉粥样硬化的LDL－C随着类固醇的使用而增加。

类固醇的使用也会造成性格改变，而滥用酒精和其他药物会使这种改变更加明显。最显著的变化是攻击性行为的显著增加，即类固醇狂躁症。有些使用者性格会变得暴躁，并将这些剧烈的情绪变化归因于类固醇的使用。有证据显示，使用类固醇会对药物形成依赖。

值得注意的是，使用类固醇的不只是运动员。实际上，很大一部分人使用类固醇是为了美容。更有甚者，许多非运动员类固醇使用者采用注射的方式，且共用针头，这使感染肝炎、人类免疫缺陷病毒和获得性免疫缺陷综合征（HIV/AIDS）等的风险急剧增加。

无论科学家还是医生，都不了解使用类固醇的潜在长期影响是什么。在一项使用雄性小鼠进行的研究中，研究者按运动员服用的剂量，给小鼠喂食运动员广泛使用的 4 种类固醇，结果发现小鼠的生命周期明显缩短。据报道，一些运动员在运动生涯中在不知情的情况下服用了类固醇，但是这些异常发生的真正原因仍不清楚。我们需谨记，许多疾病发生前是没有症状的，使用类固醇的前 20～30 年很可能没有任何健康威胁或潜在危险的迹象。

近年来，一些整合性的研究提供了使用类固醇的一些潜在增补效益与健康危险因素的信息。许多运动员使用类固醇的例子可当作教材，以免他人重蹈覆辙。同时，世界上大部分运动组织均已建立系统的类固醇禁药筛检程序，不定时抽检，以防作弊。

三、人生长激素

数年来，医学上通过给予**人生长激素（human growth hormone，hGH）**治疗垂体功能不足导致的侏儒症，这种激素是由垂体前叶分泌的。1985 年以前，人生长激素来源于尸体的垂体提取物，所以极为稀少。20 世纪 80 年代中期基因工程引入后，人生长激素的获得已不是问题。

20 世纪 80 年代，人生长激素多样化的功能渐渐被人们了解，运动员发现人生长激素可以取代类固醇提高运动表现。当时，类固醇的禁药检验变成常规，运动员急于寻找无法被检验出来的替代品。

（一）可能的运动效益

人生长激素对运动员有六大好处：

✧ 刺激骨骼肌蛋白质和核酸的合成。

✧ 当骨板尚未愈合时，刺激长骨（纵轴延长）生长。

✧ 刺激胰岛素样生长因子–1（insulin-like growth factor-1，IGF-1）的合成。

✧ 促进脂肪分解，使游离脂肪酸浓度增加，体脂百分比降低。

✧ 增加血糖浓度。

✧ 促进肌肉骨骼系统损伤后的愈合。

（二）已证实的效益

老年人（大于 60 岁）使用生长激素能增加瘦体重，降低脂肪含量，并增加骨密度。然而，这对于年轻人或有训练经历的举重运动员几乎没有作用。普遍认同的是，生长激素的使用使胶原蛋白合成增加，脂肪减少，因此其作为减脂剂可能比合成提高运动表现的药物更有用。

毫无疑问，外源性睾酮是一种强大的促合成代谢物质，但生长激素只在缺乏该激素的个体中起作用，其他则不然。运动和补充某些氨基酸会刺激垂体释放生长激素，但很少有证据表明生长激素的正常增加会影响肌肉蛋白质的合成及肌肉质量与力量。事实上，运动引起的生长激素和睾酮的增加并不会刺激肌肉蛋白质的合成，也不会影响肌肉质量或力量的发展。

（三）使用人生长激素的风险

同类固醇一样，生长激素的使用也有潜在的危险性。骨板愈合后仍使用人生长激素可能导致肢端肥大症（acromegaly），这是由于骨骼增厚，临床上可见手、脚、脸均变宽大，皮肤增厚，以及不必要的软组织生长。内脏器官通常也出现增大。最后，使用者会出现肌肉及关节衰弱并患上心脏疾病。心肌病变是最常见的死因。另外，使用人生长激素会造成葡萄糖不耐受、糖尿病及高血压等。使用提高运动表现的药物的运动员经常摄入或注射多种物质，理论上增加了不良健康影响的风险。

小结

- 苯丙胺等刺激剂可以提高某些运动项目的表现，这些药物的使用除了违反法律，其风险远远大于其益处。苯丙胺具有成瘾性，它可能会掩盖机体重要的防止伤害或过度劳累的神经传导信号。
- 类固醇比较准确的名称应为肾上腺合成类固醇（androgenic-anabolic steroids），因为在自然状态下，此激素的结构有两种特性，一是肾上腺刺激性，二是合成构造性。人工合成的类固醇则强化蛋白质的生理特性，尽量降低肾上腺刺激。
- 类固醇可增加肌肉质量，提高肌肉力量，减少体脂，从而提高运动成绩。有氧耐力似乎不受类固醇的影响，但还需要更多的研究来证实或反驳这一结论。体育运动各相关机构都禁止使用类固醇。类固醇的使用也可能带来巨大的健康风险。
- 使用类固醇具有潜在健康危害，包括人格改变、男性睾丸萎缩和精子数量减少、男性乳房增大、女性乳房萎缩、男性前列腺肥大、女性男性化和月经周期紊乱，还有可能导致肝脏病变、心血管疾病等。
- 人生长激素潜在的增补效益仍未被广泛研究，有研究支持人生长激素可以增加瘦体重或减少老年人体脂，但很少或者不会对年轻人的肌肉质量及力量产生影响。大部分研究者认为总质量或瘦体重增加可能与水分滞留增加有关。
- 在年轻、健康的运动员中，人生长激素似乎没有合成代谢特性。使用人生长激素可能造成的健康危害包括肢端肥大症、内脏增生变大、肌肉及关节衰弱、糖尿病、高血压及心脏病等。

四、利尿剂和其他掩蔽剂

利尿剂（diuretics）（如去氨加压素和醋唑磺胺）会影响肾脏工作，增加电解质的流失，从而增加尿液中的水分。在医生的指导下合理使用利尿剂可以减少血容量和身体多余的水分。利尿剂通常用在控制高血压，以及减少因心脏衰竭或其他疾病引起的水肿（水分滞留）的处方药中。

（一）可能的运动效益

利尿剂常被有重量分级的运动项目（如摔跤、体操等）的运动员用来控制体重，他们相信身体更轻可以提高运动表现。另外，运动员有意服用其他违禁药物，然后使用利尿剂来增加尿量，希望能将违禁药物排出体外，这样做稀释了尿液中违禁药物的浓度，给药物检测增加了难度。其他掩蔽剂如甘油、右旋糖酐和白蛋白也被用于增加血容量，稀释违禁药物浓度。所有这些药物都被世界反兴奋剂机构列入禁用的物质和技术清单。

（二）已证实的效益

利尿剂会造成体重暂时减轻，但没有任何证据支持其具有提高运动表现的功能。事实上，使用利尿剂反而可能损害运动表现。体液减少主要是细胞外液，包括血浆的流失导致的。对运动员（尤其是有氧耐力运动员）来说，血浆量减少会降低最大心输出量，进而降低有氧耐力与运动表现。总之，利尿剂只是可以确保脱水。

（三）使用利尿剂的风险

除了减少血浆量，利尿剂可能会阻碍体温调节。随着运动过程中热量的增加，体内温度上升，较多的血液会流到体表皮肤协助热量散失。然而，当血浆量减少时，血液会留存在身体的中心区域，以维持中心静脉压，保证重要器官有充足的血液供应并维持血压，因此只有较少的血液被输送到体表，使热量无法散失。

利尿剂造成体液流失的同时会导致电解质紊乱。有一种常用的利尿剂被称为“速尿”（furosemide），其药理特性是抑制肾脏对 Na^+的再吸收，使 Na^+随尿液排出。水分子也随 Na^+排出体外。Na^+或 K^+的流失会造成电解质紊乱，临床上便会产生疲劳或肌肉抽搐现象，严重的电解质紊乱会造成衰竭、心律不齐甚至心脏骤停。部分运动员的死亡就是使用利尿剂不当造成电解质严重失衡所致。

五、β–阻断剂

交感神经系统通过肾上腺神经影响身体功能，这类神经系统使用去甲肾上腺素作为神经递质。神经冲动促使这类神经系统释放去甲肾上腺素，穿过突触而结合靶细胞表面的肾上腺素受体。肾上腺素受体可分为两类：α 型肾上腺素受体（α-adrenergic receptors）和 β 型肾上腺素受体（β-adrenergic receptors）。

β 型肾上腺素受体阻断剂又称 **β–阻断剂（β-blockers）**，指专一性阻断 β 型肾上腺素受体的药物，药理性质是阻止神经递质去甲肾上腺素与靶细胞表面的 β 型肾上腺素受体结合。非特异性和特异性（如心脏特异性）的β–阻断剂存在于许多不同的处方中。β–阻断剂通常被用于高血压、心绞痛和部分心律不齐的治疗，也作为偏头痛的预防性处方、减轻焦虑症状与恐惧感，以及心脏病早期治疗的选择用药。

（一）可能的运动效益

已知使用β–阻断剂有利于焦虑或颤抖干扰运动表现的项目，如射击，当然对高尔夫运动员也很有效，尤其是在推杆时。研究者让射箭者站在测力台上，测量其每次心跳时身体的动作。这些细微的动作变化足以干扰射箭者的表现。在相邻两次心跳之间放箭会提高射箭的准确度。β–阻断剂可以降低心率，在下一次心跳前争取更多的时间来瞄准目标。鉴于这种影响，世界反兴奋剂机构已经禁止在射箭、台球、高尔夫和射击等运动中使用β–阻断剂。

（二）已证实的效益

β–阻断剂能减弱交感神经系统的作用，因此，使用这类药物可明显降低最大心率。对一名 20 岁的男运动员而言，正常最大心率约为 190 bpm，而服用β–阻断剂后，其最大心率可能只有 130 bpm。不仅如此，休息时或者进行亚极量运动时的心率也会因使用这些药物而降低。

（三）使用β–阻断剂的风险

运动员单独使用β–阻断剂几乎没有危险性，但长期服用则具有潜在的危险。β–阻断剂可通过阻断交感神经系统对平滑肌的松弛作用，诱发有哮喘病史者出现支气管痉挛（bronchospasm），导致潜在心脏疾病患者出现心力衰竭（cardiac failure），心搏过缓者（bradycardia）的心跳停止。此外，该药物降低血压的功效可能使服用者头晕或者晕眩。2 型糖尿病患者服用β–阻断剂会出现低血糖现象，这是因为β–阻断剂会促进胰岛素分泌。对大多数运动员来说，β–阻断剂可以起到机能抑制的效果，因为它会降低最大心率并导致明显的疲劳感。对某些心律不齐或有高血压的运动员来说，建议使用第一类β–选择性阻断剂，这种药物对运动表现的负面影响较小。

六、血液兴奋剂

血液兴奋剂（blood doping）是改变血液携氧能力的行为，包括输注红细胞、人工血红蛋白或促红细胞生成素，以刺激身体产生更多的红细胞。促红细胞生成素是一种能刺激红细胞生成的生理激素，它可以增加红细胞的数量，从而提高血液的携氧能力。

血液兴奋剂是被明令禁止的，因为先前运动员自体血回输或输入相同血型的人捐献的红细胞都会增加红细胞数量并提高血液的携氧能力。促红细胞生成素或促红细胞生成素刺激剂也因为同样的功效被禁止使用，大量死亡事件与促红细胞生成素的使用有关。

（一）可能的运动效益

血液兴奋剂的基本原理很简单。大多数 O_2 在血液中都需要与血红蛋白结合，因此增加外源性红细胞和血红蛋白的数量可以将更多 O_2 运送到肌肉中，从而提高耐力成绩。

（二）已证实的效益

埃克布洛姆（Ekblom）等人在 20 世纪 70 年代初期所做的研究在运动界引起了不小的轰动。在这个具有里程碑意义的研究中，他们发现将 4 周前从受试者体内抽取的 800～1 200 毫升血液放置于冰箱中，之后再输回原受试者的体内，竟然可使受试者的最大摄氧量增加 9%，受试者在跑台上的运动时间延长了 23%。之后数年间，一些研究重复证实了这些结论，但也有一些研究无法重现此结果。

因此，关于血液兴奋剂的研究结果呈现两极化。直到 20 世纪 80 年代，别克（Buick）等人有了重大发现后才得出了较明确的结论。他们在不同的时间段对 11 名训练有素的长跑运动员反复进行了测试：①抽血之前；②抽血之后，但允许受试者休息较长时间，让身体可以自行生成新的红细胞，不进行输血补充；③抽血之后，补充 50 mL 的生理盐水（安慰剂组）；④抽血之后，补充 900 mL 受试者自己的血液（实验前抽出保存的血液）；⑤当红细胞数量回到正常值后。

如图 16.5 所示，研究者发现，补充血液组的最大摄氧量比生理盐水注射组的最大摄氧量相对增加，且在跑台上运动到力竭的时间相对延长。最大摄氧量的增加可以持续 16 周，但是在跑台上运动到力竭的时间最快于 7 天后逐渐恢复正常。

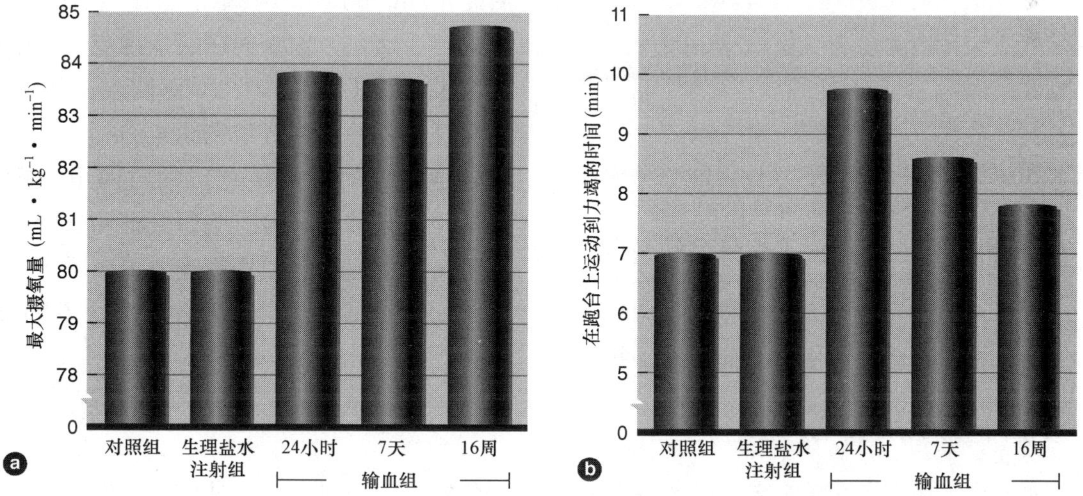

图 16.5 输血后不同时间，最大摄氧量与力竭时间的变化

为什么别克的研究会有重大意义？格莱德希尔（Gledhill）协助解释了为何早期研究结果会有分歧。他认为，许多早期研究看不出违规输血效果的原因是输回的血量太少，或抽血后

仅 3～4 周便把血液输回去，时间太短。第一，至少大于 900 mL 的输血量才会有效果，否则看不出最大摄氧量或运动表现上的差距。事实上，许多研究失败的原因就是血液回输量较少。第二，将血液再输回受试者体内后，要能看见运动表现的差异，至少要等待 5～6 周，最好 10 周以上，因为身体需要时间重新建立血液的来源，即之前抽血失去的血红蛋白。第三，早期研究会将抽出的血液冷藏，这些放在冷藏室的血液最多只可保存 5 周，而血液冷藏时，至少有 40%的红细胞会被破坏或分解。后来的研究者则会将血液冷冻起来，冷冻储存几乎无储存期限，而且只有约 15%的红细胞会被分解。格莱德希尔认为，违规输血确实能有效增加最大摄氧量并提高运动表现，但要符合下列几个条件：

- 输血量不得少于 900 mL。
- 抽血到输血的间隔时间不得少于 5～6 周。
- 血液必须冷冻储存。

格莱德希尔认为，运动表现的提升是血红蛋白含量增加所致，与心输出量增加或血量增加应无关联。

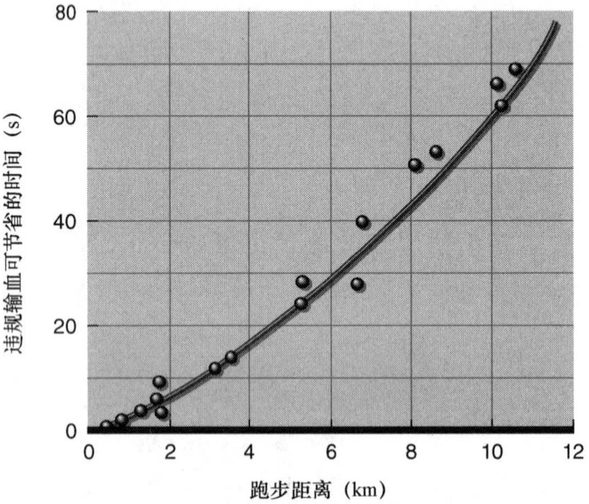

图 16.6　当跑步距离大于 11 km 时，违规输入冻存的 2 单位血液可节省的时间

注：纵轴的数值代表跑完横轴上指定距离所节省的时间。例如，10 km 比赛，违规输血可节省至少 60 s。

违规输血造成的最大摄氧量增加或力竭时间延长，是否可解释为耐力变好？许多研究均想对此进行探究。有研究让 12 名有训练经历的运动员在跑台上完成 8 km，并测量输入生理盐水（安慰剂组）或血液前后所使用的时间。受试者输入血液后跑完 5 km 所用的时间显著缩短，不过最有统计学意义的是最后的 4 km。输血组较安慰剂组在最后的 4 km 约快了 33 s（3.7%），而在整个跑步过程中则约快了 51 s（2.7%）。在双盲设计研究中，6 名经过训练的长跑者跑完约 4.8 km，结果显示输血组比对照组所花费的时间至少短了 23.7 s。后来陆续又有一些研究证明长跑者或长距离滑雪运动员因违规输血提高了运动表现。如图 16.6 所示，当跑步距离大于 11 km 时，耗费的时间会因违规输血而明显缩短。

（三）违规输血的风险

大多数人认为违规输血若由合格医生执行会十分安全，不过事实并非如此。输入太多红细胞对心血管系统其实是一种负担，会使血液黏稠度升高，造成凝血反应和心力衰竭。为了控制血液兴奋剂的使用，一些体育管理机构（如职业自行车协会）规定，如果运动员的血红蛋白浓度或血细胞比容过高（如>50%），则不允许参加比赛。使用自己的血液，有时会发生贴错标签而误用的情况；若是使用别人的血液，血型符合是必要的条件，然而许多并发症还是很容易发生。若血液没有正确配型，可能会导致过敏反应，运动员也有可能感染肝炎或人类免疫缺陷病毒。

促红细胞生成素的使用效果比违规输血差，因为将这种激素类物质注入体内，我们无法预估会产生多少红细胞，这会使运动员的血液黏稠度变得无法控制。已知的危险因素包括血栓、心肌梗死、充血性心脏病、高血压、卒中和肺栓塞。

即使不考虑相关的法律和伦理问题，血液兴奋剂的潜在风险也远超过其可能带来的好处。

小结

- 利尿剂会干扰肾脏的运作，增加尿液的生成。利尿剂经常被运动员用于临时减轻体重，也可以在兴奋剂检测时遮蔽其他兴奋剂药物。
- 体重减轻（脱水）是唯一被证实的利尿剂潜在的机能促进作用，但通过这种方式减轻的体重主要来自细胞外液成分，包括血浆。这样会导致脱水、血容量不足、心脏压力增加和电解质失衡。
- β-阻断剂在一些通过降低心率可获得竞争优势的运动项目中被禁止。世界反兴奋剂机构列举了一份具体的禁用物质清单，将β-阻断剂视为违禁物质。
- β-阻断剂能阻止儿茶酚胺与β型肾上腺素受体结合，从而降低静息心率，射箭运动员在相邻两次心跳之间放箭或扣扳机，能减轻因心脏跳动造成的轻微颤抖而获得优势。另外，β-阻断剂可能使高尔夫运动员在切杆和推杆稳定性方面获得同样的优势。
- β-阻断剂可导致心肌梗死、血压过低、支气管痉挛、明显的疲劳和动机降低。选择性β-阻断剂的副作用比无选择性β-阻断剂的副作用相对较少。
- 血液兴奋剂和促红细胞生成素可提高有氧耐力，改善有氧运动表现，最主要的原因是它们可以增加红细胞数量，从而增加血液载氧量，但它们都有潜在风险。
- 研究表明，血液兴奋剂使越野滑雪、自行车和长跑项目运动员的最大摄氧量、力竭时间和实际运动表现都有显著改善。
- 促红细胞生成素是一种自然激素，可刺激骨髓生成红细胞。研究已经清楚地表明，服用促红细胞生成素可增加最大摄氧量，延长力竭时间。
- 违规输血的危险包括凝血反应、心力衰竭、输入不当血型的血液、感染肝炎和人类免疫缺陷病毒。
- 因为我们无法估计身体对红细胞生成素的反应，使用它是相当危险的，此激素可能生成过多红细胞，使人因血液黏稠度过高而死亡。已知危险包括血栓、心肌梗死、充血性心脏病、高血压、卒中和肺栓塞。

结语

所有形式的运动增补剂都有潜在的益处和可能的风险。这种干预措施的风险收益比高于其他干预措施。例如，肌酸补充对某些运动员有潜在的好处，但如果补充物中含有违禁物质，则会带来一些风险。另外，所有运动员都必须了解使用这些增补手段在法律上、道德上及医学上的后果，尤其是明确禁止使用的物质（如类固醇、血液兴奋剂）或可能含有违禁物质（如被污染的物质）的增补剂。运动员使用违禁物质可能被判某些比赛无效，甚至被禁赛一年或更久。我们讨论了很多药物、激素，以及生理和营养方面的增补剂。在接下来的部分，我们将重点关注年轻运动员、老年运动员和女性运动员，探讨生长发育、衰老及性别对运动表现的影响。在第十七章，我们将会先讨论儿童及青少年的运动特点。

关键词

苯丙胺（amphetamine）
合成类固醇（anabolic steroids）
β–阻断剂（β-blockers）
血液兴奋剂（blood doping）
咖啡因（caffeine）
肌酸（creatine）
利尿剂（diuretics）
麻黄素（ephedrine）
增补剂（ergogenic）
机能抑制剂（ergolytic）
人生长激素（human growth hormone，hGH）
安慰剂效应（placebo effect）
伪麻黄素（pseudoephedrine）
睾酮（testosterone）
治疗用药豁免（therapeutic use exemption）

思考题

1. 什么是运动增补剂？什么是机能抑制剂？
2. 为何在探讨某些物质是否为运动增补剂时，纳入对照组和安慰剂组是非常重要的？
3. β–丙氨酸和碳酸氢钠作为可能的运动增补剂是如何发挥作用的？
4. 咖啡因提高运动表现的可能原因是什么？
5. 樱桃汁多酚如何促进剧烈运动后的恢复？
6. 补充肌酸的潜在运动增补功能有哪些？
7. 亮氨酸在增加肌肉质量方面如何发挥作用？
8. 摄入硝酸盐对运动反应有什么影响？
9. 根据《世界反兴奋剂条例》，某种物质被列入禁药名单的标准是什么？
10. 苯丙胺在体育比赛中有哪些作用？使用苯丙胺的潜在风险有哪些？

11. 使用合成类固醇以提高运动表现的效果如何？这类类固醇会带来哪些潜在的健康风险？

12. 将人生长激素定义为潜在的运动增补剂的原因有哪些？使用此激素的潜在风险有哪些？

13. 利尿剂是运动增补剂吗？使用这类药物的潜在风险有哪些？

14. β–阻断剂于何种情况下可能作为运动增补剂？

15. 什么是血液兴奋剂？血液兴奋剂真的能提高运动成绩吗？

16. 促红细胞生成素提高运动表现的理论机制是什么？

学习指南

"关键词"复习了本章中的重要概念，章末的思考题可以测试你对本章内容的理解。

第六部分　运动中的年龄和性别因素

在本书前面的章节，我们扎实地学习了运动生理学的基本原理。回顾后不难发现，许多运动生理学的相关理论是建立在年轻人的生理学反应之上的。接下来，我们把注意力转向这些基本原理在儿童、青少年、老年人和女性中的应用情况。第十七章“儿童、青少年与运动”将介绍人的生长发育过程及不同发育阶段对运动能力和运动表现的影响，同时讨论这些生长发育阶段如何改变以比赛为目的的青少年运动员的训练策略。第十八章“衰老与运动”将讨论中年之后的生理学变化如何影响锻炼和竞技表现，重点讨论这些变化中的哪些因素导致了衰老，哪些因素导致了与日俱增的静坐少动的生活方式。此外，这一章还将讨论持续训练在减轻年龄增长导致的运动能力下降和生理机能丢失方面发挥的作用。第十九章“运动中的性别差异”将阐述成年女性、男性对一次性运动和训练的反应的差异，以及这些差异在多大程度上是由生物学因素决定的；同时重点讨论女运动员的生理学和临床问题，包括月经、怀孕、骨质疏松，以及高发的女运动员进食紊乱。

第十七章 儿童、青少年与运动

世界上跑得最快的男、女运动员都来自仅有280万人口的小国牙买加，尤塞恩·博尔特（Usain Bolt）和谢利–安·弗雷泽–普莱斯（Shelly-Ann Fraser-Pryce）于2008年、2012年分别在北京、伦敦赢得100米跑的金牌。2016年，伊莱恩·汤普森（Elaine Thompson）在里约奥运会夺得女子100米、200米跑的金牌，尤塞恩·博尔特则将男子的这两个项目的金牌收入囊中。一个以阳光、沙滩和雷鬼音乐而著称的岛国，何以产生这么多的径赛冠军？尽管说法众多，其中区别于众的一个情况是牙买加运动员在其少年儿童时代对田径的兴趣，他们获益于这种促进、支持和奖励青少年运动训练的文化。

尽管在美国和其他一些国家，保持常规身体活动的校内计划当前受到质疑，而在牙买加却不是这样。牙买加的教育体制凭借其严格的体育大纲和敬业的体育教师，为这个岛国的奥林匹克竞赛铺平了道路。运动——尤其是跑步，是根植于这个岛国孩童心中的文化并被大力推广。

学生之间的体育竞赛使他们充满活力，促进常规运动的开展，并能测试他们的运动能力。最早在3岁的时候，处在学前阶段的孩子们就开始训练，为他们热切期盼的学校运动擂台及体育日做准备。每所小学几乎都有各自的体育日，中学和大学也是如此。5岁的男孩、女孩开始参加全国跑步比赛，10多岁的顶级短跑运动员在国家体育馆的众多观众面前参加比赛，这种比赛是每年4月的第一周举办的中学生体育协会（ISSA）男孩女孩田径锦标赛，或称“小锦标赛”。

并非每个孩子将来都会成为下一个伊莱恩·汤普森或尤塞恩·博尔特，但是我们可以学习牙买加的经验：规范的身体活动对所有儿童都是有益的，不论他们长大后是成为高水平运动员，还是仅仅作为一个拥有健康体质的普通人。

在前面的章节，我们介绍了成年人对急性运动的生理学反应和适应，包括对环境的适应。多年以来，人们一直认为儿童和青少年对运动的反应及适应与成年人是相同的，但是几乎没有科学家对此进行实际研究。理解儿童和青少年对运动的反应是特别重要的，因为身体活动对于防治儿童肥胖和教育儿童养成终身的健康习惯都是至关重要的。目前，我们对成年人与儿童和青少年之间的异同都有了较好的理解，本章将讨论这些内容。

第一节 生长、发育和成熟

生长（**growth**）、**发育**（**development**）和**成熟**（**maturation**）是描述体内发生变化的术语，从受孕开始直至成年。生长指身体或身体某个部位的尺寸的增加。发育指细胞沿循专门的功能线路发生的分化（如器官、组织），所以，它反映了生长中的功能变化。成熟指呈现成年形式的过程和机能完备，它依据系统或特定的功能而定义。例如，骨骼成熟指拥有全方位发育的骨骼系统，所有的骨骼已经完成了正常生长和骨化；而性成熟指拥有功能完备的生殖系统。儿童和青少年的成熟状态可以通过以下方面进行界定：

✧ 实际年龄。

✧ 骨龄。

✧ 性成熟的阶段。

从出生到成年期开始的这段时间一般分为三个阶段：**婴儿期**（**infancy**）、**儿童期**（**childhood**）和**青春期**（**adolescence**）。婴儿期指出生后的第一年。儿童期指从婴儿期结束（第一个生日）到青春期开始的时间，通常分为儿童早期（学龄前）和儿童中期（小学阶段）。按照实际年龄，青春期比较难定义，原因是青春期的开始和结束因人而异。一般以**生理青春期**（**puberty**）的启动作为青春期的开始，这时候第二性征出现，有性生殖可以发生，生长发育过程完成，如达到了成年身高即为青春期结束。大多数女孩的青春期为 8～19 岁，而大多数男孩则为 10～22 岁。

考虑到青少年体育竞技越来越受欢迎，以及对通过增加儿童身体活动来预防儿童肥胖的重视，我们必须掌握体育运动对生长发育的影响的生理学知识。儿童和青少年一定不能被看成微缩版的成年人，他们的骨骼、肌肉、神经和器官在很大程度上决定了其生理功能和运动能力。随着儿童体格的增长，其身体功能也都在完善。运动能力、力量、心血管和呼吸功能、有氧和无氧能力都是如此。接下来，我们将讨论生长发育过程中与年龄相关的变化情况。

一、身高与体重

生长发育方面的专家已经花费了相当多的时间来分析身高、体重随着生长而出现的变

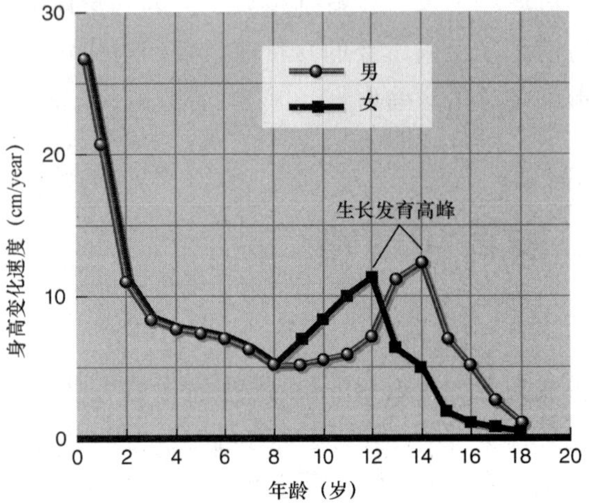

图 17.1　身高的增长随年龄变化而变化

化，尤其是在一定时间的生长速率。图 17.1 显示，人在 2 岁之前身高增长得非常快——儿童在 2 岁时的身高达到其成年身高的 50%。在此之后，在儿童期，身高的增长速度变慢，即生长速度下降。在青春期前，身高的增长速度明显变快，随之而来的是生长速度指数级下降，直至达到成年身高。一般而言，此时女孩 16 岁、男孩 18 岁（但是一些男孩直到 20 多岁才达到最大身高）。身高变化速度的高峰大概出现在女孩 12 岁、男孩 14 岁，体重变化速度的高峰大约出现在女孩 12.5 岁、男孩 14.5 岁。

二、骨骼

骨骼、关节、软骨和韧带构成了人体的支撑体系。骨骼是肌肉的附着点，保护着易损的组织器官，还是钙和磷的储存库，有一些骨骼还参与血细胞的形成。在胎儿发育的过程中，以及人生最初的 14～22 年，膜化骨、软骨化骨通过**骨化（ossification）**过程转化为骨。骨的生长板愈合并完成骨化的平均年龄存在巨大差别，但一般来说，10 多岁前骨骼开始愈合，20 多岁全部愈合。平均而言，女孩的骨骼比男孩的早几年成熟。这是由于包括雌激素在内的多种激素影响了骨骺生长板的愈合情况。

骨结构完整性和骨健康通常可以通过**骨密度（bone mineral density，BMD）**测试，以及骨形成、骨吸收的血液标志物来分析。骨密度在儿童期和青春期显著增加，一般情况下，在十几岁的某个时间达到顶峰，在此后的生命过程中下降。图 17.2 显示的是女性在不同年龄阶段骨密度的情况。所以，青春期是提高骨密度的主要窗口期，合适的营养、能够引起骨骼物理应激的负重运动都是有益的。

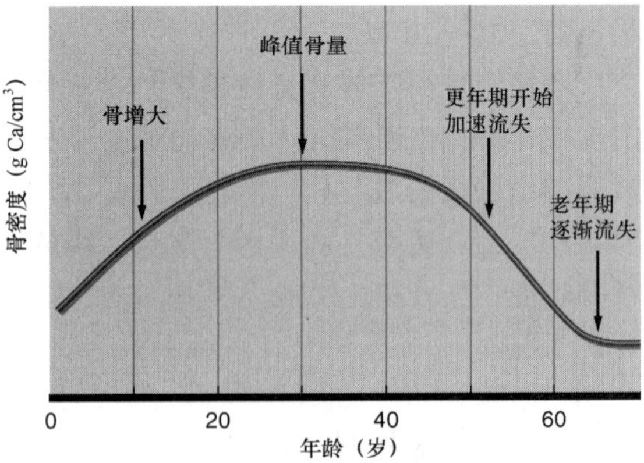

图 17.2　女性一生中骨密度的变化

最近，一项针对 8～9 岁男女儿童的包括跳跃运动（跳箱）在内的纵向研究显示，简单的短期高强度运动能带来长远的益处。这些在学校体育课上参加了跳箱运动的男孩和女孩 7 个月后骨密度增加，在干预后的 4 年里，这种益处都持续存在。这种增加超过了普通生长发育儿童的增加水平。而且，如果这类运动带来的益处一直持续到成年早期的骨密度高平台期，那么其对降低老龄时因骨密度减小而带来的骨折风险也有长远的影响。

小结

- 2岁前，婴幼儿的身高增长得非常快，2岁时能达到成年身高的50%。此后，身高在整个儿童期的增长速度比较慢，直到青春期前后出现一个明显的突增。
- 女孩在12岁、男孩在14岁时出现身高生长速度高峰。达到成年身高的年龄一般是女孩16岁、男孩18岁。
- 体重增长与身高增长的趋势相同。女孩在12.5岁、男孩在14.5岁时体重增长得最快。
- 在整个儿童期和青春期，骨密度都显著增加，在成年早期达到顶峰。高强度的负重运动可以持久地增加骨密度。

三、肌肉

从出生到青春期，随着体重的增加，身体肌肉量持续增加。男孩的骨骼肌从出生时约占体重的25%增加到青年时（20～30岁）的40%～45%，甚至更多。这种变化大多数发生在青春期肌肉发育速度高峰期间。这个高峰对应的是男孩体内睾酮突然近乎10倍增加。女孩青春期没有出现类似的肌肉快速生长，但是她们的肌肉量确实在持续增加（尽管比男孩慢得多），到成年期占整个体重的30%～35%。这个速度差异主要是因为青春期男女的激素差别（见第十九章）。

生长时，肌肉量的增加基本上是肌纤维肥大的结果（肌纤维大小的增加），细胞增生（肌纤维数量的增加）几乎很少或根本没有。肌纤维肥大是肌丝和肌原纤维增加的结果。随着骨长长，肌肉长度的增加是肌小节增多（肌小节增多发生在肌肉和肌腱交接处）和原有肌小节长度增加的结果。女孩在16～20岁、男孩在18～25岁时出现肌肉量的高峰，除非由于运动、饮食或两者共同的影响使肌肉量增长得更多。

四、脂肪

在人类胚胎发育的早期，脂肪细胞形成，在这些细胞内就有了脂肪储存，此后该过程无限期地持续进行。不论什么年龄的人，脂肪细胞都能增大。随着生长或衰老，人体储存的脂肪量取决于：

✧ 饮食。

✧ 运动习惯。

✧ 遗传。

遗传是既定的，但是饮食和运动都可以随脂肪储量的增多或减少而调整。

人出生时，总体重的10%～12%是脂肪。在**生理成熟（physical maturity）**期，脂肪占总体重的百分比基本是男性15%、女性25%。与肌肉生长一样，这个性别间的差异主要归因于激素不同。女孩到了青春期，雌激素浓度和组织暴露增加，促进体脂储存。图17.3展示了8～20岁的男孩和女孩的体脂百分比、脂肪量和瘦体重的变化。重要的是，要认识到脂肪量和瘦体重在这个时间段都增加，所以，脂肪绝对值的增加并不必然地意味着脂肪相对百分比的增加。

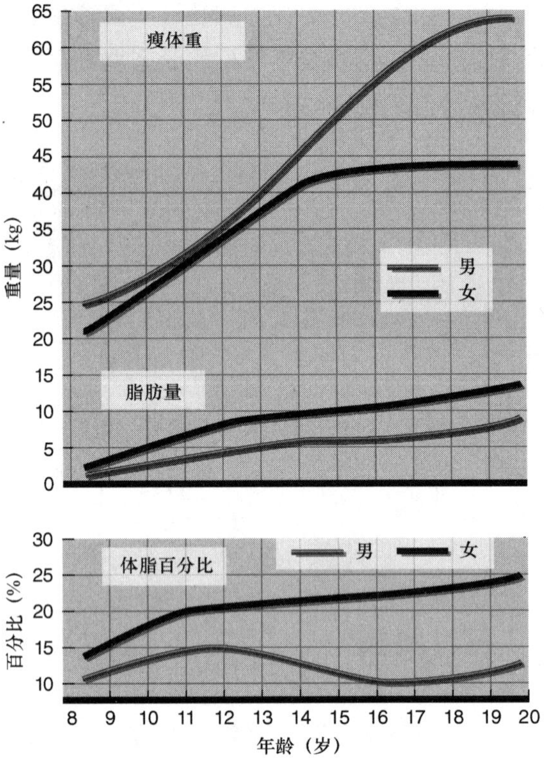

图17.3 8～20岁男孩和女孩的瘦体重、脂肪量和体脂百分比的变化

五、神经系统

儿童在生长过程中，由于神经系统的发育，其平衡能力、灵活性和协调性得以发展。只有神经纤维的髓鞘形成之后，快速的反应、熟练的动作才能出现，因为如果神经髓鞘缺失或者不完整（见第三章），冲动信号沿着神经纤维传导的速度是相当慢的。在儿童期，大脑皮层的**髓鞘形成（myelination）**最迅速，且能持续到青春期后。虽然训练某个动作或技能在一定程度上可以提高运动表现，但是动作或技能的完善依赖于神经系统的完全成熟（以及髓鞘形成）。力量的发展似乎也受髓鞘形成的影响。

小结

- 从出生到青春期，随着体重的增加，肌肉量也逐步增加。
- 男孩肌肉量增加的速度高峰在青春期，这个时候睾酮分泌量剧烈增加。女孩则没有这种肌肉量陡增的情况。
- 男孩和女孩的肌肉量增加主要是由于肌纤维肥大，肌纤维数量很少或几乎不增加。
- 女孩在16～20岁、男孩在18～25岁出现肌肉量的峰值，通过饮食和运动可以使肌肉量进一步增加。
- 脂肪细胞的大小、数量都可以终身增加。
- 脂肪的储存量取决于饮食、运动习惯和遗传。
- 在生理成熟时，平均体脂百分比基本是男性15%、女性25%。这种性别差异主要是由男性体内较高的睾酮水平、女性体内较高的雌激素水平造成的。

- 儿童神经系统的发育使其平衡能力、灵活性和协调性得到提升。
- 神经纤维的髓鞘形成使反应速度更快、动作更熟练，因为髓鞘形成加快了冲动信号的传导。

第二节 急性运动的生理反应

几乎所有生理系统的功能一直都在持续完善，直到完全成熟或接近成熟才停止。之后，生理功能将在高平台期持续一段时间，在中年时开始下降。本节将重点讨论儿童及青少年在生长发育过程中进行一次性运动训练时发生的一些变化。

一、力量

随着生长发育，肌肉量增加，力量也增加。通常，女性在 20 岁、男性在 20～30 岁达到力量峰值。青春期的激素变化导致青春期男孩肌力显著增加，肌肉量增加。发育程度和肌肉运动能力也依赖于神经系统的成熟。如果儿童和青少年的神经系统没有成熟，高水平的力量、爆发力和技能是不可能实现的。很多运动神经的髓鞘形成直到性成熟的时候才彻底完成，所以，在此之前，肌肉功能的神经调控是受限的。

图 17.4 引自梅德福（Medford）的男孩生长研究，显示了一组男孩的腿部力量变化。梅德福追踪了这些男孩 7～18 岁的情况，发现其力量增加的速度（曲线的斜率）在 12 岁前后显著增加，这是青春期开始的典型年龄。虽然没有针对这个年龄段女孩的类似纵向研究资料，但是，横向研究资料显示女孩在绝对力量方面经历了更缓慢的线性增长，但相对于体重，力量变化在青春期后期没有任何显著差异（图 17.5）。

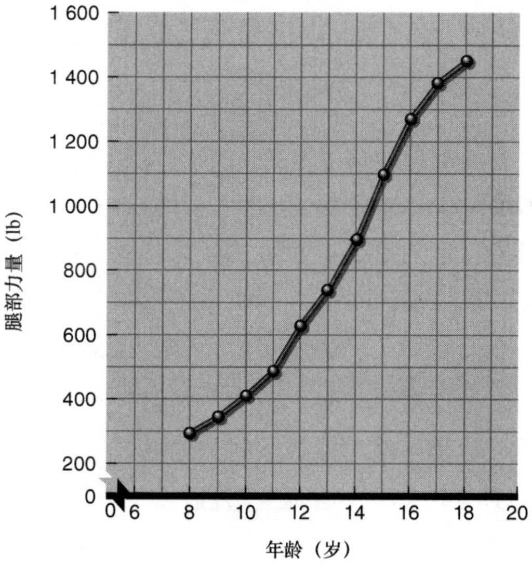

图 17.4 在 12 年的纵向研究中，男孩的腿部力量随着年龄的增长而增加，注意 12～16 岁的曲线斜率

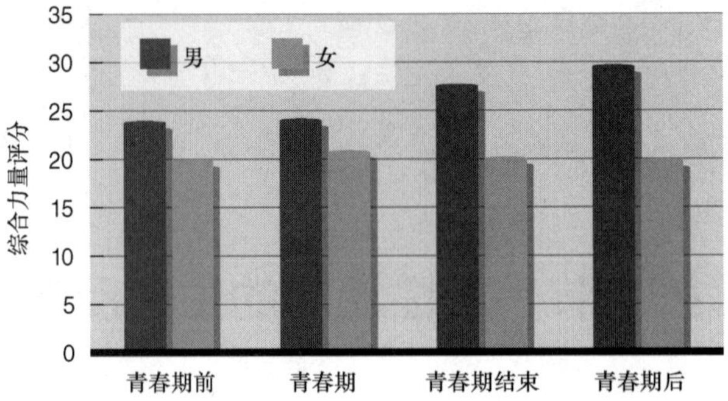

图 17.5　男孩和女孩的力量变化与发育状况

注：力量表现通过综合力量评分来表示，数据以每千克体重来表示，以说明男孩和女孩的体型差异。

二、心血管和呼吸机能

随着儿童的成长，他们的心血管功能发生着相当大的变化。由于在生长发育过程中，有氧运动能力显著提高，我们需要考虑静息时、亚极量运动和极量运动中的心血管功能变化。

（一）静息和亚极量运动

静息时，以及在亚极量运动中，儿童的血压比成年人的低，但是青春期后期逐渐升高到成年人的数值。血压跟体型大小直接相关。体型较大的人一般心脏较大、血压较高，所以体型大小至少部分解释了为什么儿童血压较低。此外，儿童在运动过程中流向活动肌肉（单位体积）的血流比成年人的多，原因是儿童的外周阻力小。因此，对于一定的亚极量运动负荷，儿童的血压虽然较低，但肌肉的血液灌注相对充足。

我们知道，心输出量取决于心率和每搏输出量。儿童心脏较小、总血容量较低，导致每搏输出量相对于成年人较少，无论在安静状态还是运动中都是这样。在一定绝对运动强度下，为了代偿每搏输出量较少时的心输出量需求，儿童的心率高于成年人的心率。随着儿童年龄增长及心脏大小、血容量增加，每搏输出量随着体型增大而增加，在相同绝对运动负荷下的心率降低。

但是，儿童较高的次最大心率不能完全代偿其较少的每搏输出量，所以，对于一定耗氧量的运动强度，儿童的心输出量也比成年人的少一些。为了保证在亚极量运动强度下足够的摄氧量，儿童的动脉–混合静脉氧差增大，以进一步代偿其较少的心输出量。动脉–混合静脉氧差的增大很可能由于更多的心输出量流向了活动肌肉。亚极量运动中的心血管反应见图 17.6。

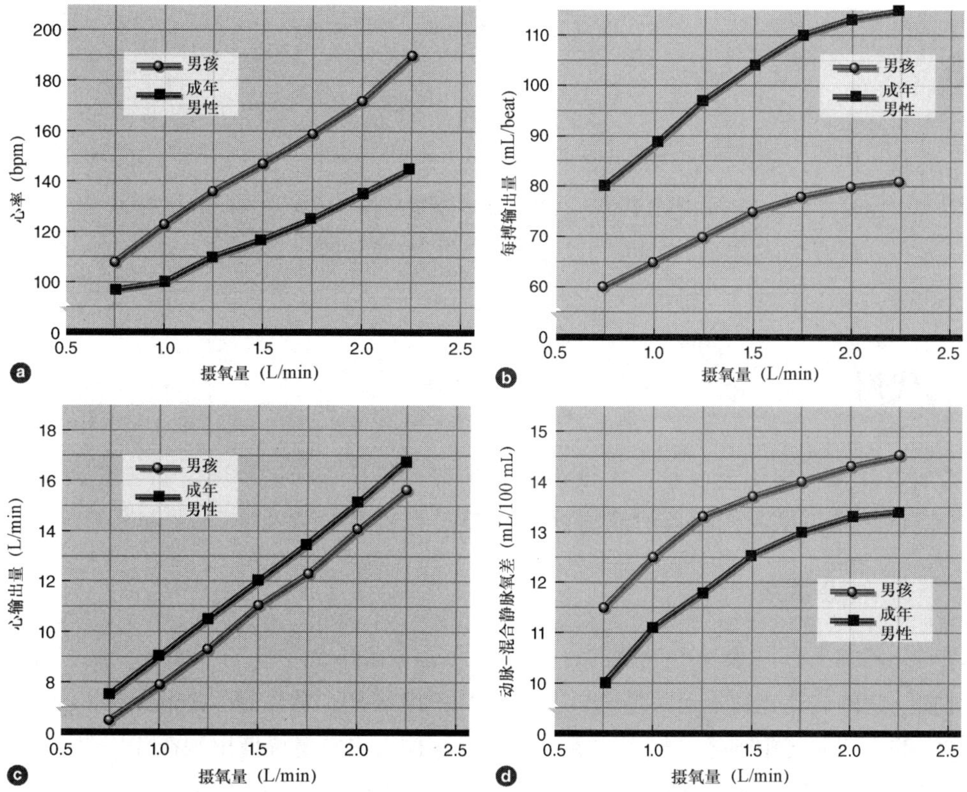

图 17.6　12 岁的男孩和成年男性在同一摄氧量水平下，次最大心率（a）、每搏输出量（b）、心输出量（c）和动脉–混合静脉氧差（d）的区别

（二）极量运动

儿童的最大心率（HR_{max}）高于成年人，但是随着年龄增长而线性下降。10 岁以下的儿童最大心率可以超过 210 bpm，而一般情况下 20 岁的成年人最大心率约是 195 bpm。

在亚极量强度运动中，儿童较小的心脏和较低的血容量限制了其最大每搏输出量。较高的最大心率不能完全代偿这种情况，所以，儿童的最大心输出量比成年人的少。这些因素限制了在高绝对运动负荷过程中儿童的运动表现（如骑自行车），因为儿童的氧运输能力低于成年人。但是在高相对运动负荷过程中，儿童只需要移动他的自身体重（如跑步），较少的最大心输出量对儿童来说并不是一个严重的限制。例如，跑步时，一个体重 25 kg 的孩子比一个体重 90 kg 的成年人需要的 O_2 量相对较少，然而，如果按体型比例计算，两者的耗氧量却大致相同。

小结

- 儿童在生长发育过程中，随着肌肉量增加，力量也会增强。
- 生长时，肌力的获得依赖于神经系统的成熟，因为直到大约性成熟时期髓鞘形成完毕之前，神经肌肉的控制都是受限的。

- 血压与体型大小直接相关。儿童的血压比成年人的低，但是在青春期后期升高到成年人的水平，静息或运动过程中的血压都是如此。
- 在亚极量运动和极量运动过程中，儿童较小的心脏和较少的血容量导致其每搏输出量低于成年人。在同样的运动强度下，儿童比成年人更高的心率发挥部分代偿作用，其最大心输出量低于同等训练强度的成年人。
- 即使儿童有更高的心率，心输出量仍比成年人的少。在亚极量运动中，动脉–混合静脉氧差的增大确保了有充足的 O_2 输送到活动肌肉。但在极量运动中，氧运输限制了儿童的运动表现，不过儿童仅仅需要移动自身体重的项目（如跑步）除外。

三、代谢

随着儿童和青少年逐渐成长，不论在静息状态下还是运动过程中，新陈代谢和底物利用都发生着变化，接下来我们将探讨这方面的内容。

（一）最大摄氧量

运动时，心血管和呼吸功能调整的目的就是为运动肌群提供 O_2。因此，在成长过程中，心血管和呼吸功能的提高支撑着有氧能力的相应提升。1938 年，鲁滨逊（Robinson）在针对 6～91 岁男性样本的横向研究中阐述了这个现象。他指出，最大摄氧量峰值出现在 17～21 岁，而后随年龄增长呈线性下降。其他研究随后证实了这些发现。对女孩和成年女性的研究显示了同样的结果，但是其最大摄氧量峰值下降要早得多，一般在 12～15 岁，据推测，部分原因是静坐少动的女性更多。最大摄氧量随年龄的变化（以每分钟的升数来表示）见图 17.7a。

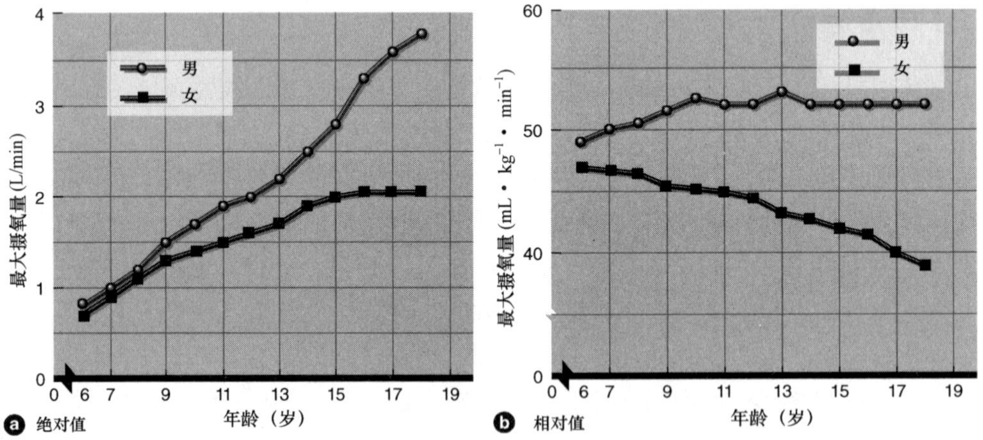

图 17.7　儿童和青少年最大摄氧量绝对值（a）和相对值（b）随年龄增长的变化趋势

（二）体型差异的生理学数据表述

最大摄氧量的相对体重表示法（$mL \cdot kg^{-1} \cdot min^{-1}$）提供了一种不同的表示方法（图 17.7b）。

从 6 岁到刚刚成年的男性数据几乎没有变化，而女性则在 6～13 岁几乎没有变化，但是 13 岁后女性的最大摄氧量逐渐下降。这些资料可能没有准确地反映儿童成长时心肺系统的发育情况或儿童身体活动水平的变化。有研究者对用最大摄氧量的相对体重表示法来解释生长发育期间心肺和代谢系统的变化表示担忧，在青春期显现的性别差异可以反映身体质量、身体成分变化的差别，因为青春期女孩在雌激素的作用下，体脂更容易增加，所以按照每千克体重标准化的最大摄氧量用瘦体重进行标准化可能不存在显著性差异。

有研究者反对用体重来计量不同体型人群的最大摄氧量。首先，尽管用体重表示的最大摄氧量相对稳定或随年龄降低，但是耐力运动表现却稳步提升。平均年龄 14 岁的男孩跑 1 mi（1.6 km）的速度几乎是平均年龄 5 岁男孩的两倍，但是两组男孩的相对体重最大摄氧量数值却是相似的。其次，儿童参加耐力项目训练相应的最大摄氧量提升相对于成年人的很小，但是儿童的运动表现提升却比较大。因此，体重似乎不是合适的用于衡量不同体型儿童及青少年最大摄氧量的参数。最大摄氧量、体型和生长期的系统功能是非常复杂的，我们将在本章后面详述。

研究者已进行了大量研究工作来计量最大摄氧量、心输出量、每搏输出量及其他体型相关的生理学变量，它们与体表面积相关，以平方米为单位，或者与体重相关，用 0.67 影响系数或 0.75 影响系数表示（$wt^{0.67}$ 或 $wt^{0.75}$）。多年来，心脏病学家用体表面积表示心脏的容量。研究显示，体表面积（$mL \cdot m^{-2} \cdot min^{-1}$）或 $wt^{0.75}$（$mL \cdot kg^{-0.75} \cdot min^{-1}$）提供了最好的表示方法，可以减少体型的干扰。一项研究纵向追踪了 12～20 岁的男孩：一组受试者不接受运动训练但是比较活泼，另一组接受运动训练。用 $mL \cdot kg^{-1} \cdot min^{-1}$ 表示的跑步实验组的最大摄氧量几乎很少或没有增加，然而用同样表示方法的亚极量运动的摄氧量却随着年龄增长而降低，提示有氧能力没有变化，只是跑步经济性提高了。当同样的数据用 $mL \cdot kg^{-0.75} \cdot min^{-1}$ 表示时，接受训练的男孩随着训练强度增加和年龄增长，有氧能力提高，但是跑步经济性却没有变化。似乎后面的发现更耐人寻味，提示 $wt^{0.75}$ 是表达这些数据的最佳方法。

（三）跑步经济性

和成长相关的有氧能力的变化是如何影响儿童的运动表现的？任何设定了速度的运动，如在功率车上骑行，儿童较低的最大摄氧量限制了其耐力运动表现。但是如前所述，体重是运动的主要阻力，跑步时，儿童不一定就处于劣势，因为儿童用相对体重表示的最大摄氧量已经达到或者接近成年人的数值。

然而，儿童不能像成年人那样保持较快的跑步速度，因为努力程度存在基本的差别。在跑台上以既定速度跑步，用相对体重衡量，儿童在亚极量负荷下比成年人的摄氧量更高。随着年龄的增长，儿童腿长长了，肌肉变得强壮了，他们的跑步技能也提高了。儿童跑步经济性提高，长跑技能提升，即便他们没有参加训练，他们的最大摄氧量也没有增加。随着生长发育，儿童的步频加快似乎是其跑步经济性变化的最重要原因，用相对体重表示最大摄氧量的不恰当方法也引起争论。

小结

- 随着儿童在发育中肺和心血管功能的提高，其有氧能力也相应提高。
- 在用 L/min 表示最大摄氧量时，男孩的峰值出现在 17～21 岁，女孩的峰值出现在 12～15 岁，平台期持续几年之后，最大摄氧量开始稳步下降。
- 用相对体重表示的最大摄氧量，男孩的最大摄氧量在 6～25 岁处于稳定期，之后开始下降。女孩的最大摄氧量开始下降的年龄更小，在 6～13 岁几乎没有变化，从 13 岁开始显著下降。但是，用相对体重表示的最大摄氧量可能无法提供有氧能力的精确估算方法。这些最大摄氧量数值没有反映耐力运动表现的显著提高，运动能力的提升得益于身体成熟和训练。
- 儿童较低的最大摄氧量限制了耐力运动表现，但是诸如长跑等以体重为主要阻力的项目除外。
- 当用 L/min 表示最大摄氧量时，在水平类似的训练中，儿童的最大摄氧量低于成年人。这主要是由于儿童的最大心输出量较少。当用体型大小来衡量儿童和成年人的最大摄氧量数值时，两者的有氧能力很少有或没有差异。然而对于长跑这样的运动，儿童的运动表现却远远低于成年人。
- 当用相对体重表示最大摄氧量时，儿童的跑步经济性低于成年人。一个被证实的原因是，在相同的既定跑步速度下，儿童和成年人步频存在差别。

（四）无氧能力

儿童由于糖酵解能力较弱，进行无氧运动的能力也是有限的。儿童的肌糖原大概是成年人的 50%～60%，在进行最大强度运动时，无论是肌肉乳酸浓度还是血乳酸浓度，儿童都不及成年人。较低的乳酸浓度可能反映了较低的磷酸果糖激酶（无氧糖酵解的重要限速酶）浓度，以及明显偏低的（约 3.5 倍）乳酸脱氢酶活性。力竭运动后儿童的血乳酸浓度较低也反映了他们相对少的肌肉量、较高的乳酸清除率及更多地依赖有氧代谢，或者上述因素的综合作用。就其他无氧代谢途径而言，儿童静息时 ATP 和 PCr 的储量与成年人的相似，所以，持续时间短于 10～15 s 的运动将不会受到影响。只有那些持续时间在 15 s 至 2 min 的运动项目（主要依靠无氧酵解能系统的项目）将会受到影响。

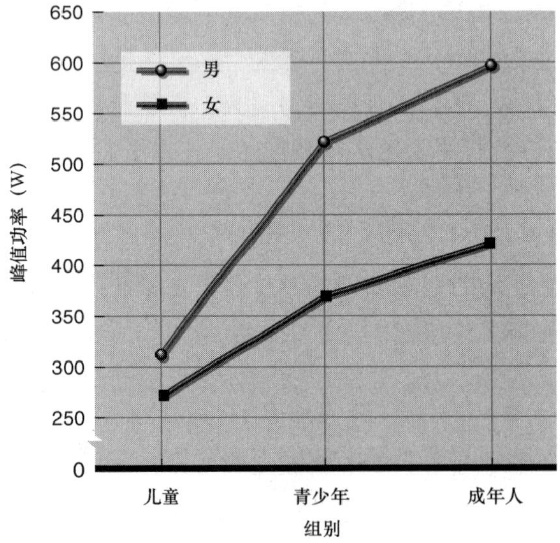

图 17.8　不同人群的无氧功率数值

注：最优峰值输出功率（无氧功率）取决于儿童（9～10 岁）、青少年（14～15 岁）和成年人（平均年龄 21 岁）的体重。这些数值代表了与体型无关的无氧功率。

正如温盖特无氧试验的结果那样，儿童无氧运动的平均输出功率和最大功率也低于成年人。图 17.8 显示了类似的功率自行车无氧试验的结果，考虑到体型差异，研究者根据体重对功率峰值进行了统计学的调整，以便对青少年和成年人进行比较。与青少年（14～15 岁）和成年人（平均年龄 21 岁）相比，儿童（9～10 岁）的输出功率峰值非常低。青少年的数值比儿童的更接近于成年人。

巴尔奥尔（Bar-Or）总结了 9～16 岁男孩和女孩有氧能力和无氧能力的发展情况（图 17.9），以 18 岁人群的数值作为成年人的标准。有氧功率用儿童的最大摄氧量表示，而无氧功率用儿童进行马加利亚台阶跑测试（一种场地测试）的结果来表示。每千克体重的最大能量消耗反映了有氧代谢系统和无氧代谢系统的能量生成能力，体重标定校准了生长中的体型差异。需要注意的是，男孩的有氧适能保持稳定，但是 12～16 岁的女孩的有氧适能却降低了。9～12 岁的女孩比 18 岁的女孩的有氧适能更高，因此，她们的数值为成年人数值的 110%。9～15 岁的男孩和女孩的无氧适能都有所提升。

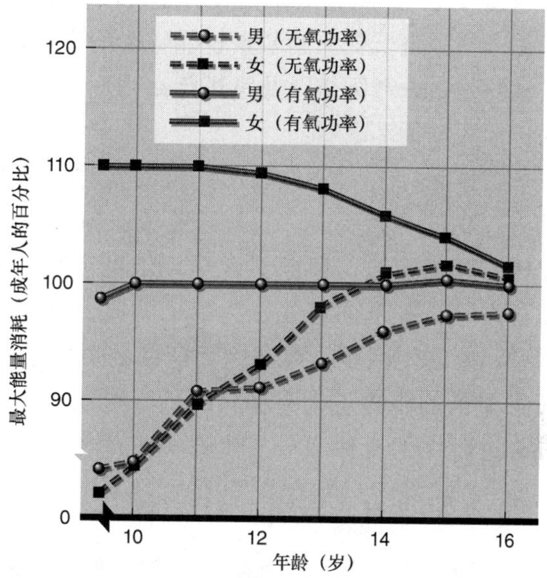

图 17.9　9～16 岁男孩和女孩有氧能力和无氧能力的发展特征，数值以成年人的百分比表示（18 岁时的数值）

研究视角 17.1	运动带给儿童的认知益处

在过去的 10 年里，为了使学生的标准化考试成绩有所提升，课堂教学的时间一直在稳定增长，其中主要包括静坐少动的学习活动。为了保证更多的教学时间，在非学业方面，身体活动（如体育课和课间休息）的时间被大幅度缩减。然而，越来越多的文献表明，提升成绩应该采用完全相反的方法。

“身体活动/体适能”与“营养/超重”是美国《健康人民 2020》计划的两个重点领域，《健康人民 2020》是由美国卫生和公共服务部发起的一项全面的健康促进和疾病预防计划。这两点十分重要，因为儿童和青少年缺乏运动是人们日益关注的问题，并且超重的年轻人在过去 20 年里增加了两倍多。缺乏运动和肥胖容易导致慢性疾病，这样的统计数据令人担忧。学校仍然是促进国民健康、进行身体活动的重要场所。考虑到身体活动习惯应在儿童时期就培养起来，并且一直延续到成年，学校的意义就尤为重要。

定期进行身体活动对健康有益。美国疾病控制与预防中心已经公布了大量数据，证明身体活动有助于提升学业成绩（包括评级和标准化考试的得分）。此外，身体活动还会影响认知、态度和行为，这些可能都会改善注意力和课堂行为，从而提升整体的学业表现。这些科学证据可以（也应该）用于政策的变更，为学校和社区身体活动计划提供支持和资金，也有助于改变生活方式，减轻医疗和经济负担并提高整体生活质量。因此，学校体育和健康教育为终身健康和积极的生活方式奠定了基础。

四、运动中的内分泌反应和底物利用

前面讨论过，身体活动使几种重要的代谢调节激素释放，以动员糖和脂肪作为能源底物。多种在运动中调节代谢的激素也能够影响生长发育。例如，运动是生长激素和胰岛素样生长因子轴的强效刺激因素。儿童进行高强度运动可以使生长激素出现显著的峰值，并影响该激素的日常周期循环。

一般来说，儿科研究表明，胰岛素对运动的反应因青春期阶段和性别而不同，儿童对运动有更高的应激反应，这就导致了血糖控制的差异性。运动开始时，儿童血糖相对较低，其原因不明。不过，肌糖原含量较低据推测是由于儿童的肝脏糖异生能力不成熟。因此，儿童更多地依赖脂肪氧化作为运动的能源就不足为奇了。然而，外源性葡萄糖氧化似乎相对多些，潜在地减少了内源性葡萄糖的生成量。这种能源底物利用在整个青春期发生变化，导致青少年的脂肪氧化率相对降低，更像成年人的情况。运动过程中能源底物利用的变化对发育过程中的身体成分产生影响，从实践的角度看，还会影响儿童最佳运动表现的营养需求。

小结

- 儿童进行无氧运动的能力是有限的。儿童的糖酵解能力较弱，可能是因为限速酶数量较少，如磷酸果糖激酶和乳酸脱氢酶。
- 在最大强度运动中，儿童的血乳酸、肌乳酸浓度都比较低。
- 儿童的无氧平均功率、无氧峰值功率都比成年人的低，即使用体重标定亦然。
- 运动时，儿童相对于成年人具有不同的胰岛素和应激激素反应，更多依靠脂肪氧化作为能源。

第三节　运动训练的生理适应

运动训练能够改善儿童的身体成分、力量、有氧运动能力和无氧运动能力。一般而言，儿童可以很好地适应成年人的训练课程类型。但是，给儿童及青少年设计的训练计划要因年龄不同而具有针对性，始终要考虑与年龄相关的发育因素。

一、身体成分

儿童及青少年对体能训练的反应在体重和身体成分方面与成年人的一样。在进行抗阻训练和有氧运动训练时，男女青少年的体重和脂肪量都降低，瘦体重都增加，但是瘦体重的增加程度低于儿童。我们已经观察到，高强度的负重训练可以使骨骼显著生长，超出正常水平。

二、力量

多年来，利用抗阻训练提高青春期前后的男孩和女孩的肌肉力量及耐力的做法一直争议不断。不鼓励男孩和女孩使用自由重量训练，因为这样可能会使他们受伤或影响生长过程，而且，许多科学家推测，青春期前的孩子进行抗阻训练几乎很少或者根本无法提高肌肉功能，原因是他们体内循环的雄激素浓度还很低。合适的抗阻训练计划对青少年是安全、有效的，青少年进行抗阻训练的受伤风险很低，这个观点现在已经得到广泛认同。

针对儿童和青少年开展的许多研究已经表明，抗阻训练对提高肌力是有效的，提高程度取决于训练量和训练强度，一般来说，儿童和青少年力量增长的百分比与年轻的成年人相似。

导致儿童和青少年力量变化的机制与成年人的相似，只有一个小的差异：青春期前孩子的力量增长不涉及肌肉大小的变化，可能涉及神经机制的改善，包括运动协调性提高、运动单位激活增强和其他尚未确定的神经功能适应。青春期孩子的力量增长基本是神经适应、肌肉增大及特殊张力的结果。

研究视角 17.2　全球儿童的身体健康与肥胖

尽管成年人的一般体育锻炼指南于 2018 年进行了修订，但学龄儿童的全球体育锻炼指南依旧建议，每天至少进行 60 min 的中等强度到高强度的运动。这些指南基于身体活动与健康（如体适能、骨密度、反映心血管和代谢健康的指标）相关联的证据。最近，研究还表明，静坐少动行为与健康之间存在着负相关。此外，身体活动与肥胖也存在直接的关联。但是在国际样本中，关于身体活动、静坐少动和肥胖之间关系的客观数据相对缺乏。因此，一些学者进行了一项研究，探索来自不同流行病学阶段、不同经济发展阶段国家的 9～11 岁儿童中高强度身体活动、高强度身体活动和静坐少动行为与肥胖之间的关系［《国际儿童肥胖、生活方式与环境的研究》(The International Study of Childhood Obesity，Lifestyle and the Environment，ISCOLE)］。

ISCOLE 涵盖了来自全球 12 个不同国家的 7 000 多名儿童。研究人员要求受试者至少连续 4 天、每天 24 h 使用腰戴式加速度计，据此估算出中高强度身体活动、高强度身体活动、静坐少动行为的时间分配。毫不意外，中高强度身体活动、高强度身体活动所花费的时间与肥胖（通过 BMI 测定）显著相关。研究人员发现中高强度身体活动的最佳阈值为每天 55 min，这与每天 60 min 的全球建议相符。静坐少动行为与肥胖之间的关系则要弱得多。

综上所述，这些数据在不同流行病学阶段、不同经济发展阶段的国家中呈现出惊人的一致性，表明身体活动与肥胖直接相关。这种关系在不同的文化、种族和地理环境中显而易见。但是，尚不清楚低强度身体活动是否为儿童肥胖的原因或结果，这仍然是一个活跃的研究领域。尽管如此，这些数据还是非常清楚地表明了儿童身体活动与肥胖的密切联系。

三、最大摄氧量

青春期前的孩子能通过有氧训练来提高他们的心肺功能和最大摄氧量吗？这也是个具有争议的话题，因为先前的一些研究显示，青春期前的孩子接受训练后最大摄氧量并没有发生变化。有趣的是，尽管最大摄氧量没有显著增加，但是孩子们的跑步运动表现却显著提高了。其他的一些研究显示，青春期前，孩子进行训练小幅度提高了有氧能力，但是提高程度低于青春期的孩子和成年人——儿童是 5%～15%，而青春期的孩子和成年人是 15%～25%。

儿童一旦进入青春期，最大摄氧量就会出现显著变化，原因待考证。由于心脏每搏输出量是有氧运动表现的主要限制因素，最大摄氧量的进一步提高极有可能取决于心脏的发育。当然，像本章前面所述的那样，这些变量的归一化也是个话题。

四、无氧能力

无氧训练可以提高儿童的无氧能力。通过训练，儿童能：

✧ 提高静息时的 PCr、ATP 和糖原水平。

✧ 提高磷酸果糖激酶的活性。

✧ 提高最大血乳酸浓度。

✧ 拥有更高的通气阈。

在为儿童和青春期孩子制订有氧训练计划和无氧训练计划的时候，成年人的训练标准原则上是适用的。再次强调，一定要谨慎、保守一些，以降低运动受伤的风险，同时防止过度训练和失去训练兴致。

小结

- 在进行训练时，儿童和青少年身体成分的变化与成年人的类似——总体重和脂肪量减少、瘦体重增加。
- 青少年进行抗阻训练的受伤风险相对很低，他们执行的训练计划与成年人的非常接近。
- 青春期前的孩子通过抗阻训练而使力量增长基本上是运动协调性提高、运动单位激活增强和其他神经功能适应的结果。与成年人不同，进行抗阻训练的青春期前的孩子肌肉大小没有发生变化。儿童和青少年力量增长的机制与成年人相似。
- 青春期前的孩子参加有氧训练，最大摄氧量不会出现像成年人那样大的变化，可能是由于最大摄氧量依赖心脏大小。但是，有氧训练能提高耐力运动表现，青少年的提高程度与成年人的提高程度相似。
- 儿童的无氧能力可以通过无氧训练而提高。

第四节 青少年的身体活动模式

鉴于儿童时期形成的身体活动习惯会延续到成年时期，增加青少年和儿童的身体活动非常重要。然而，目前使儿童更加活跃的干预策略大多数效果不佳（后续讨论）。图 17.10 展示了美国 12～15 岁男孩和女孩每周身体活动天数的百分比（2014 年）。此处身体活动指任何类型的、至少持续 60 min 的提高心率和呼吸频率的中高强度运动，校内和校外的都可以。2012 年，美国只有 1/4 的孩子参加这个水平的活动。在所调查的男孩中，随着体重的增加，身体活动多的男孩的百分比显著下降。女孩也有相似的倾向，经常进行身体活动的女孩几乎没有肥胖的（尽管这个差别没有统计学意义）。在进行身体活动的男孩中，篮球是他们参与最普遍的活动，随后是跑步、足球、自行车和健步走；在女孩中，跑步是最常见的，随后是健步走、篮球、舞蹈和自行车。

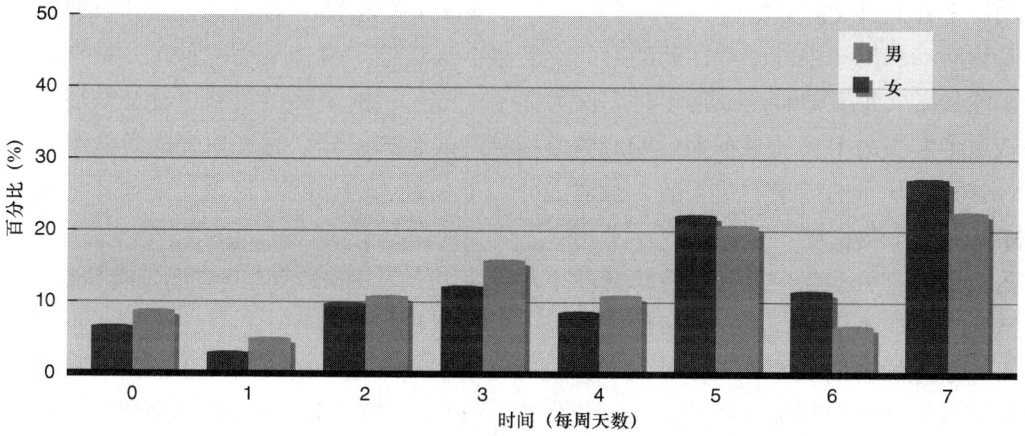

图 17.10 美国 12～15 岁男孩和女孩每周身体活动天数的百分比（2014 年）

一、儿童

超重儿童的身体活动少于正常体重的儿童。但是，身体活动较少是肥胖的原因还是结果？进行身体活动使正常体重的儿童乐此不疲，但对于超重的儿童却是一种社交和心理障碍。因此，超重儿童会用各种各样的理由远离这些身体活动。反过来，缺乏身体活动会使儿童的体质下降、运动技能受损，进而打击他们进行身体活动的积极性。我们有理由推测，儿童的肥胖与其后续生活中静坐少动和低下的心肺功能是相互关联的。

在芬兰进行的一项研究针对儿童早期体重、心肺功能与青春期休闲时间身体活动（leisure-time physical activity，LTPA）的相关性，以及儿童期的 LTPA 及体质是否保持到青春期进行了调查。这是关于儿童及青少年的纵向研究之一，这些研究对孩子从出生到儿童、再到青春期进行了追踪。学龄前儿童的高 BMI 与青春期的低体质是相联系的，与性别无关，与青春期的 LTPA 也无关。令人欣慰的是，学龄前高 BMI、但随着年龄增长体重下降的儿童，在青春期时达到了与低 BMI 儿童相近的体质水平。并且，不论儿童期的体质水平如何，如果在 9～17 岁 LTPA 保持增加，那么在 17 岁时体质水平相似。

如果以提高青春期青少年的体质为目标，这些数据显示了从儿童期到青春期保持健康体重和进行身体活动的重要性。很明显，儿童和青少年的肥胖、身体活动缺乏、低下的心肺功能都是重大的公共卫生问题，因为这些可能持续到成年期。

（一）当前的身体活动干预措施对儿童有效吗?

大量的儿童达不到当前的身体活动指导标准，尽管许多倡议和干预措施都以使儿童更加活跃为目的。身体活动计划对不断加快的儿童肥胖趋势几乎没有任何影响。根据 2013 年的文献和 Meta 分析，当前，促进身体活动的措施从整体来看，仅仅取得了“微不足道的”成果。英国的研究者通过文献分析了 30 项研究，涉及 14 000 多名 16 岁以下的儿童。研究者分析了整个身体活动和用于中高强度活动的时间。结果令人遗憾，身体活动干预对儿童整体活动水平的影响甚微（每天健步走或跑步时间仅增加了 4 min）。对更多的资料进行分析后，研究人员发现这种轻微的干预效果不太可能对健康指标造成临床差异，且在研究的各亚组之间没有显著性差异。干预的效果不受年龄、身体成分、干预时长的影响，也不受干预计划类型（家庭的或校园的）的影响。

这个结果部分解释了为什么身体活动干预在降低儿童 BMI 或体脂方面没有什么效果。干预失败的原因尚不清楚。研究人员经常指出干预方案设计的不足，包括方案宣讲不到位、儿童对干预措施缺乏依从性、干预时间不够或者运动强度不足。研究者提出的另一种解释是干预时间可以简单地用同等强度的运动时长代替。例如，课后活动可以简单地代替儿童通常在户外玩耍的一段时间，或者代替儿童每天/每周活动的一段时间。

（二）儿童身体活动不足和损伤风险

当我们努力增加儿童的体育活动时，我们必须记住，非结构化的自由比赛和有组织的运动都有损伤风险。损伤风险会限制儿童对身体活动的兴趣或热情，所以，了解哪些因素会增加儿童参加身体活动的损伤风险是非常重要的。

为了说明发生在体育课上、休闲运动和竞技比赛中与损伤相关的危险因素，布勒默斯（Bloemers）等研究了大约 1 000 名 9～12 岁荷兰学龄儿童的情况。这些孩子被追踪研究了一学年，每周上两节体育课，每节课 45 min。体育教师持续关注与运动相关的损伤发生情况。这一学年共有 104 名学生发生了 119 起损伤事件，本研究中，女孩发生损伤的风险比年龄大一些的学生要高。与其他类似研究所不同的是，BMI 和损伤之间没有关联。然而，尽管最活跃的儿童在身体活动方面投入更多时间，但其损伤风险最低，这就支持了这样的一个理念：儿童的身体活动增加不一定会使损伤风险增加。

二、青春期

前文已述，儿童时期的肥胖、心肺功能和身体活动的范式预示着贯穿青春期乃至成年期的相似的情况。身体活动不足和心肺功能低（$\dot{V}O_{2peak}$）被明确视为与心血管发病率、死亡率、某些癌症、2 型糖尿病等相关的重要风险因素，且与长寿密切相关，但两者之间的关系很复杂。因此，虽然考量 $\dot{V}O_{2peak}$ 的发展趋势很重要（因为其与身体活动和其他决定因素相关联），但没有几项研究能阐明青春期关键几年的身体活动是否与 $\dot{V}O_{2peak}$ 密切相关。2013 年挪威的一项针对 570 名 13～18 岁健康青少年的研究测试了心肺功能的分布，其目的是探讨 $\dot{V}O_{2peak}$、自我报告的身体活动水平和关乎未来心血管健康的几个指标之间的关系。该研究测量了 289 个女孩、281 个男孩的静息血压、心率、身高、体重和腰围，之后进行了 $\dot{V}O_{2peak}$ 测试（跑台最大负荷递增测试）。平均的 $\dot{V}O_{2peak}$ 结果是男孩 60 mL • kg^{-1} • min^{-1}、女孩 49 mL • kg^{-1} • min^{-1}。无论男孩还是女孩，$\dot{V}O_{2peak}$ 的绝对值（L/min）都随着年龄的增长而增加。所有孩子自我报告的身体活动情况与 $\dot{V}O_{2peak}$ 都呈正相关。无论男孩还是女孩，高 $\dot{V}O_{2peak}$ 都与较低的静息心率相关，但是低 BMI 和腰围只在男孩身上呈现出与 $\dot{V}O_{2peak}$ 相关。

青春期是建立和保持良好健康习惯的重要时期。虽然青春期孩子的 $\dot{V}O_{2peak}$ 普遍较高，但是身体活动活跃的男孩和女孩的 $\dot{V}O_{2peak}$ 更高一些。本研究发现的自我报告身体活动水平与 $\dot{V}O_{2peak}$ 关系的有力证据显示，以推荐的水平积极参加身体活动的十几岁的孩子在整个青春期都能保持甚至提高 $\dot{V}O_{2peak}$ 水平。

三、成年初期

从青春期进入成年初期的过程中，身体活动水平逐渐降低。相关文献对 49 项纵向研究的分析显示，自我报告每天身体活动时间平均减少 5 min。其他 9 项已发表的研究表明，当加速度计用于直接测量日常活动时，每天身体活动时间平均减少约 7.5 min。与快到 20 岁的年龄组相比，成年期男女的身体活动都更少，并且男性的减少幅度略大一些。这可能与男性在青春期身体活动更活跃有关。

第五节 运动表现和专项化

随着发育和成熟，儿童青少年的运动表现提高，在游泳、田径这些项目中可以看到不同年龄组的情况。图 17.11 显示了美国青少年和儿童各年龄段运动纪录的提高。

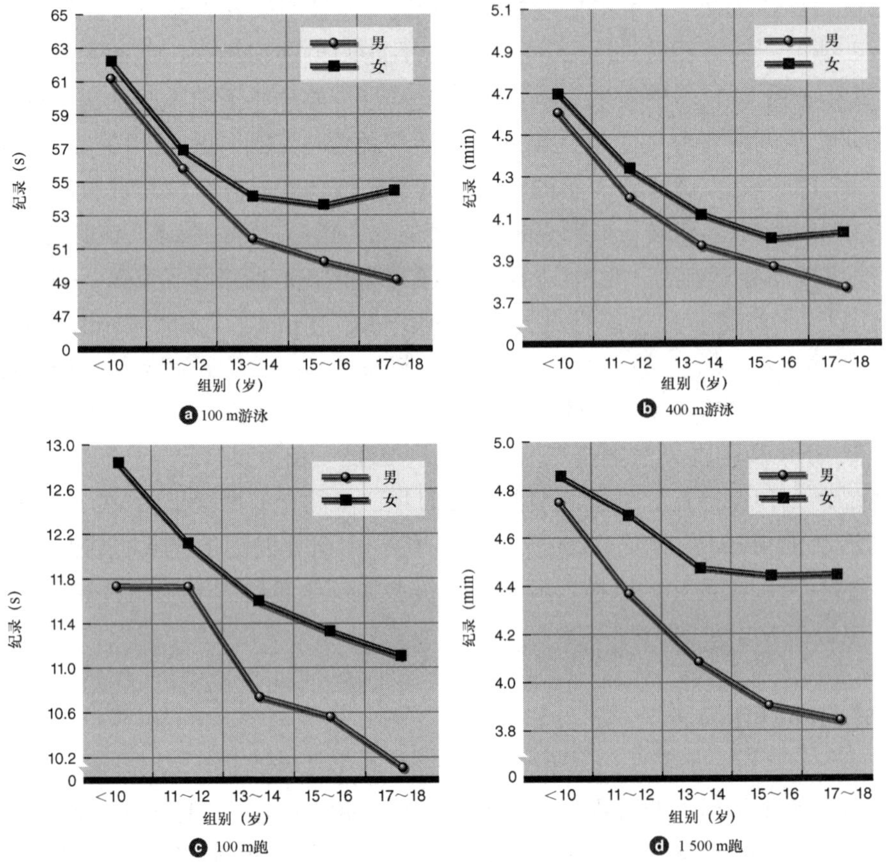

图 17.11　美国各年龄段男孩和女孩在 100 m 游泳（a）、400 m 游泳（b）、100 m 跑（c）和 1 500 m 跑（d）项目中的国家纪录

图 17.11 显示了美国各年龄段青少年儿童 100 m、400 m 游泳和 100 m、1 500 m 跑的数据。选择这些项目的原因是它们代表了无氧供能占优势的项目（100 m 游泳和 100 m 跑）和有氧供能占优势的项目（400 m 游泳和 1 500 m 跑）。随着年龄的增长，无氧运动能力和有氧运动能力都逐渐提高，只有 17～18 岁女子组的 1 500 m 跑例外。举重项目似乎没有相似的年龄组纪录，因为举重比赛是按照 16 岁及以下、17～20 岁、成年组的不同体重分组的。在常规力量随着生长发育增加的基础上，据推测，举重纪录从儿童晚期到青春期将显著提高，尤其是男孩。

随着青少年运动参与度在全球越来越高，全年进行运动专项训练也越来越普遍，许多儿童和青少年参加同一个项目，为多家球队比赛。始于东欧国家的意在发展奥林匹克运动的尝试逐渐形成了世界范围的单一运动专项计划。很多父母和教练员相信，把儿童运动员训练成优秀运动员的最好方法就是从很小的年龄就让其只参与某一个运动项目。

最近的一项研究认为，运动专项化训练可能导致终身体育活动的减少。较少参加各种各样的、有趣的体育活动可能限制终身运动技能和兴趣的发展。此外，将运动时间限制在一项运动上可能会导致整体运动技能下降，受伤风险增加。

美国国家体育运动协会也强烈建议儿童和青少年推迟专项化训练。进行多种体育活动除了对身体有好处，对社会关系和心理也有好处。进行多种运动的运动员比进行单一项目的同龄人拥有更加多样化的人际关系和经历，这些技能对成年生活很有帮助。因此，优秀的运动员通常都是那些等到青少年后期或青年时期才专注于他们所选择的运动的人。

第六节　专题讨论

在从童年到青春期的成长和发育过程中，潜在的问题包括儿童对热环境的敏感性，以及运动训练对成长和成熟的影响。本节将讨论这些特殊问题。

一、热应激

研究表明，儿童比成年人更容易受到冷热环境引起的疾病的伤害，尽管很少有儿童在热环境中受到伤害的病例报告。一个主要的问题是，儿童在运动中通过蒸发散热的能力明显较弱。与成年人相比，儿童的体表面积与体重比更大，这意味着他们每千克体重可获得或失去更多热量。当环境温度较高时，这是一个优势，因为儿童可以更好地通过辐射、对流和传导散发热量。然而，一旦环境温度超过皮肤温度，儿童更容易从环境中获得热量，这是一个明显的劣势。儿童蒸发散热能力较弱，主要是出汗率较低的结果。与成年人相比，儿童的单个汗腺形成汗液的速度更慢，对身体核心温度的升高也不那么敏感。虽然男孩能适应高温环境，但他们的适应速度比成年人慢，暂时没有女孩适应热环境的数据。

只有少数研究关注在寒冷的环境中运动的儿童。从有限的信息中可得，儿童似乎比成年人更容易散失热量，因为体表面积与体重比更大。这将使他们面临更高的低体温风险，在低温环境中运动时需要穿更多的衣服。

很少有学者研究儿童与冷热环境的关系，而现有研究的结论有时互相矛盾，需要更多学者在这一领域进行更多的研究，以确定在冷热环境中运动的儿童所面临的风险。与此同时，保守的做法是可取的。

二、生长发育、成熟与训练

许多人想知道体育运动对生长发育和成熟有什么影响。高强度的体能训练会减慢或加快正常的生长和发育吗？在对这一领域的全面综述中，马利纳（Malina）认为，规律的运动对身高的增长没有明显的影响。但正如本章前面所讨论的，它确实会影响体重和身体成分。

发育成熟通常不受规律运动的影响，生长发育高峰也不受年龄的影响。然而，规律训练对性成熟指标的影响尚不清楚。尽管一些数据表明，受过高强度训练的女孩的月经初潮会延迟，但这些数据被一些混杂变量干扰，这些因素在每项研究的分析中通常没有得到适当的控制。第十九章将更详细地讨论月经初潮。

研究视角 17.3　青少年身体活动度下降

从儿童到成年，身体活动逐渐减少。然而，这种减少在青春期最为迅速。有趣的是，在此期间，女孩的身体活动似乎比男孩的减少得更快。鉴于缺乏身体活动是最紧迫的公共卫生问题，了解与年龄和性别相关的身体活动减少的潜在原因很重要。青春期是一个快速和急剧变化的时期，这不仅表现在身体活动方面，而且表现在生理、心理和社会因素方面。身体活动的减少是由生理变化还是由行为和环境的变化引起的？这是一个需要关注的重要问题。

最近，几项研究调查了青少年身体活动减少的原因，其中一项研究包括来自身体健康活动研究小组项目的数据，该项目在加拿大公立学校系统中运行了 5 年，受试者包括年龄在 11～14 岁的儿童。参加体育运动的情况通过标准问卷进行量化。这项研究的发现为越来越多的文献提供了证据，证明青春期女孩的整体活动水平较低，而且与男孩相比，女孩的身体活动减少得更快。有趣的是，生理年龄（基于性成熟程度）而非实际年龄（基于出生日期）充分说明了减少速度的性别差异，但并没有说明总体活动水平的差异。总的来说，这些发现强调了将生理年龄（而非实际年龄或性别）视为导致青春期身体活动减少的主要因素。

一项名为“早起鸟”的非干预前瞻性队列研究收集了约 300 名 5～15 岁儿童每年基于加速度计的身体活动测量数据。这项研究的目的是揭示身体活动开始减少的时间、程度和性质，找出导致身体活动减少的活动类型，并确定是否是某些生物学或环境因素导致了身体活动减少。研究结果表明，身体活动减少从 9 岁左右开始，很大程度上可以归因于低强度活动的减少，而非高强度活动的减少。这可能对干预策略的制定与实施具有重要的临床意义，因为低强度的身体活动更有可能是习惯性的，而中等强度到高强度的身体活动更有可能是结构化的。另外，尽管青春期导致女孩的身体活动随年龄增长而急剧下降，但男女身体活动随年龄的增长而下降与青春期无关。最后，体育运动似乎贯穿整个童年，因此那些在幼儿时期不运动的人更有可能在青春期仍然不运动。与身体健康活动研究团队的研究结果惊人地一致，青少年身体活动减少是由生物变量驱动的，至少部分是由生物变量驱动的，因此，在制定旨在增加整个青春期身体活动的干预策略时，应考虑这些变量。

小结

- 由于体育活动模式在儿童期建立，从青春期一直延续到成年，因此增加青少年体育活动势在必行。
- 越来越多的孩子过早进行专项化运动，较少参与各种各样的、有趣的体育活动，这可能限制终身运动技能和兴趣的发展。
- 研究表明，儿童比成年人更容易受到冷热环境引起的疾病的伤害，因为与成年人相比，他们的体表面积与体重比更大。然而，报告的病例数太少，并不支持这一观点。
- 与成年人相比，儿童的皮肤蒸发散热的能力有限，因为儿童出汗较少（每个汗腺产生的汗液较少）。
- 儿童适应高温环境的速度比成年人慢，但没有关于女孩的数据。
- 体育运动似乎对正常的生长和发育几乎没有负面影响。它对性成熟标志的影响尚不清楚。

结语

在这一章中，我们讨论了儿童和青少年运动员的运动能力和运动表现的影响因素。我们了解到，儿童和青少年随着身体系统的成长和发展，他们控制动作的能力如何增强，在某些时候，他们正在发育的系统如何限制运动表现，以及训练如何提高他们的运动表现。另外，我们也了解到，一般来说，随着儿童和青少年身体逐渐发育成熟，他们的运动表现也会提高。

我们还讨论了在儿童和青少年时期进行身体活动的重要性，因为在这些阶段形成的身体活动模式会一直延续到成年。在探讨了发育过程之后，我们接下来将研究衰老过程。当人过了生理上的黄金期后，运动表现会受到什么影响？这是我们下一章的重点，我们将把注意力转向衰老和年长的运动员。

关键词

青春期（adolescence）
骨密度（bone mineral density，BMD）
儿童期（childhood）
发育（development）
生长（growth）
婴儿期（infancy）
成熟（maturation）
髓鞘形成（myelination）
骨化（ossification）
生理成熟（physical maturity）
生理青春期（puberty）

思考题

1. 解释生长、发育和成熟的概念。它们有什么不同?

2. 男孩和女孩的身高和体重在什么年龄达到高峰?

3. 脂肪细胞在生长和发育过程中会发生什么样的典型变化?

4. 肺功能如何随生长而改变?

5. 在儿童的成长过程中，心率和每搏输出量会发生什么变化?什么因素可以解释这些变化?有氧训练会使这两个变量发生怎样的变化?

6. 在儿童的成长过程中，在相同运动强度下，心输出量会发生什么变化?什么因素导致了这些变化?有氧训练会发生什么变化?

7. 随着儿童的生长发育，最大心率会发生什么变化?

8. 从 6 岁到 20 岁，最大摄氧量增加的生理变量因素是什么?

9. 如果儿童和青少年想提高身体素质，你会给他们什么建议?他们能提高力量吗?如果可以，如何进行训练?

10. 当一个青春期前的孩子进行有氧训练时，其有氧能力(最大摄氧量)会发生什么变化?

11. 将儿童期的肥胖、心肺健康和体育活动模式与贯穿青春期直至成年的类似模式联系起来的证据是什么?

12. 如果青春期前的孩子进行无氧训练，那么其无氧能力会发生什么变化?

13. 青少年进行专项化训练的主要关注点是什么?

14. 儿童与成年人在体温调节方面有什么不同?

15. 体育活动和规律训练如何影响生长和成熟过程?

学习指南

“关键词”复习了本章中的重要概念，章末的思考题可以测试你对本章内容的理解。

第十八章　衰老与运动

达拉·托雷斯（Dara Torres）是第一位也是唯一一位参加过5届奥运会（1984年、1988年、1992年、2000年和2008年）的美国游泳运动员。更令人印象深刻的是，托雷斯是第一位超过40岁还在参加奥运会的游泳运动员。2008年8月17日，41岁零125天的托雷斯在女子50 m自由泳比赛中获得了银牌，并以24.07 s的成绩刷新了美国纪录（仅比冠军落后0.01 s）。仅仅半小时后，她又在美国队4×100 m混合泳接力赛中获得了一枚银牌，她以接力历史上最快的速度游完了100 m自由泳。随后，她又在4×100 m自由泳接力赛中获得了第3枚银牌，为美国队完成了最后一棒。

然而，多年高水平训练也给她带来了肩膀疼痛、膝关节炎等伤病。经过膝关节重建手术和康复后，托雷斯在2010年重新开始训练，目标是参加2012年伦敦奥运会。在2012年美国奥运会选拔赛上，45岁的托雷斯在自己的专业项目50 m自由泳中排名第四，即便如此，她距离作为美国代表队的一员参加第6次奥运会的资格还差0.09 s。至此，达拉·托雷斯结束了她辉煌的奥运生涯。

在过去的30年里，50岁以上、规律参加体育运动或体育比赛的运动员的人数明显增长。通常称这些老年运动员为专家或资深运动员。他们参加体育竞赛主要出于兴趣、休闲或者健身，而其他以同样热情和强度参与训练的则是那些奥运选手。如今，老年运动员拥有很多参与体育竞赛的机会，如马拉松、举重等不同类型的体育竞赛。老年运动员在比赛中获得成功和创造纪录已很普遍。尽管这些老年运动员展示出的力量和耐力素质比那些没有受过训练的同龄人要好很多，但是，大部分受过专业训练的老年运动员的运动能力在40～50岁之后便会下降。

在现代社会，人在生理成熟之后，自愿参与体力活动的动机水平就开始急速下降。科技进步几乎使生活中的方方面面对体力的需求均下降。通常情况下，规律性地自主参与体力活动是一种不常见的行为方式，大多数研究动物衰老的实验中也没有发现这种行为。研究表明，

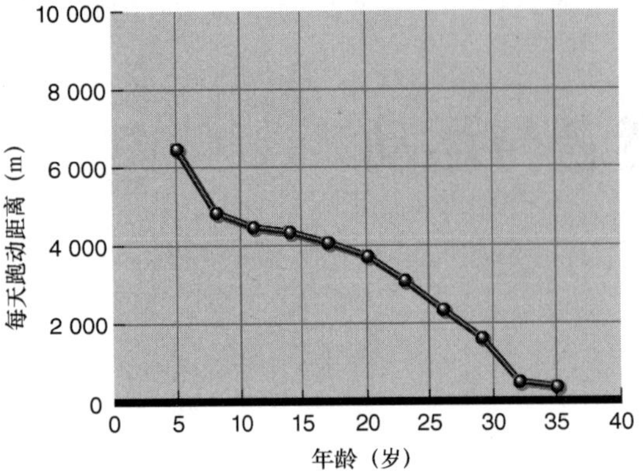

图 18.1　大鼠一生的自发跑动

随着年龄的增长，人类和动物的体力活动能力均会下降。正如图 18.1 所示，食物充足的老鼠在生命里的前几个月，每周平均跑动不少于 4 000 m，后几个月，每周平均跑动不足 1 000 m。

因此，年龄较大的男性和女性参与体育竞赛或高强度训练，是否遵循一般人或动物的行为模式？为什么自然的变化趋势使人们的活动减少，而很多老年运动员却选择继续参与体力活动？激发这些老年运动员参加竞赛的心理因素还不是很确定，但相对于比他们年轻的运动员，他们的目标可能不会有很大差别。考虑到运动对维持肌肉和心肺健康的重要性，不运动会导致个人应对繁重工作的能力下降就不足为奇了。正因如此，难以分辨老龄化的影响［也称作**原发性衰老（primary aging）**］和老龄化使活动减少的影响。对于老龄化的研究，研究人员通常采用横向研究的方法，但与纵向研究相比，这种方法有严重的局限性。例如，医疗、饮食和锻炼，以及其他的生活方式在不同历史时期的变化对同年龄层衰老程度产生的影响不同。选择性死亡数（统计学上的国民人口数量，由活着的并且已经有某种程度趋向死亡的人组成）也是一个议题。最后，那些健康的老年人几乎都被排除在与运动有关的研究之外，这样就很难把这些研究成果运用到那些有潜在疾病或者依赖药物，又或者两者兼有的更大数量的老年人身上。因此，评价与衰老相关的生理功能改变的程度经常依赖于研究的设计和被测试的人群。

第一节　身高、体重和身体成分

如图 18.2 所示，随着年龄的增长，机体会趋于变矮和变胖。身高降低大多发生在 35～40 岁，这主要是由老龄化早期椎间盘的挤压和**骨质疏松症（osteoporosis）**导致身体姿势不正确造成的。女性通常发生在 40～50 岁，男性则在 50～60 岁。骨质疏松症和**骨质减少（osteopenia）**是身高降低的一个原因。骨质疏松症是由于骨质减少。这种骨量严重流失伴随骨微观结构的退化，从而增加了骨折的风险（见第十九章）。无论男性还是女性，一生中的不良饮食和运动习惯都会导致骨质疏松的发生，而绝经后雌激素水平下降是女性骨质流失率较高的主要原因。体重增加通常发生在 25～45 岁，而且主要是因为体力活动减少和热量摄入过多。45 岁以后，体重在 10～15 年内保持稳定，然后随着身体骨钙的流失，以及肌肉质量的减少而减轻。大多数 65 岁以上的人都因食欲不振而无法摄取足够的热量来维持体重。然而，积极参与身体活动可以帮助人们调节食欲，使摄入的热量更接近消耗的热量，进而维持体重并防止中老年体弱。

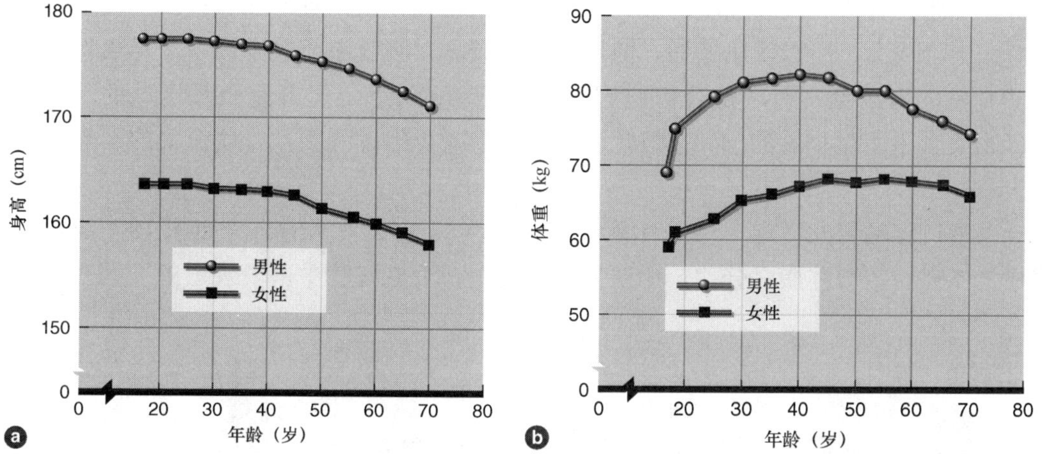

图 18.2 18～70 岁男性和女性身高（a）与体重（b）的变化

从 20 岁左右开始，随着年龄的增长，身体脂肪开始增加。这主要有 3 个原因：饮食、缺乏体力活动和脂肪代谢能力的降低。因此，参与体力活动的老年人，包括老年运动员，他们的脂肪含量明显低于同龄的静坐少动的人。但是，老年运动员的身体脂肪比年轻运动员的要多。

大约从 40 岁开始，男性和女性的瘦体重会逐步减少，这主要是由于肌肉和骨量减少，且肌肉重量减少是主要原因，因为肌肉占瘦体重的 50%左右。肌少症是指与衰老过程有关的肌肉重量的丢失。骨质丢失指衰老过程中比骨质疏松症相对较少的骨量流失。一项横向研究考查了 468 名 18～88 岁男性和女性的肌肉重量在衰老过程中出现的变化（图 18.3），不难看出，40 岁以前肌肉重量几乎没有减少，但 40 岁以后肌肉重量开始迅速下降，并且男性下降速率比女性快。显然，体力活动水平的下降是引起衰老过程中肌肉重量下降的一个主要原因，但也存在其他原因。就目前所知，肌肉蛋白质合成率随年龄的增长而下降，但肌肉蛋白质的分解率却保持不变，这就导致了负氮平衡和肌肉净亏损。60～80 岁的老年人，肌肉蛋白质合成率大约比 20 岁的年轻人低 30%。老年人肌肉蛋白质合成率的下降可能与生长激素和胰岛素样生长因子 -1 的下降有关。纵向研究数据表明，瘦体重的减少

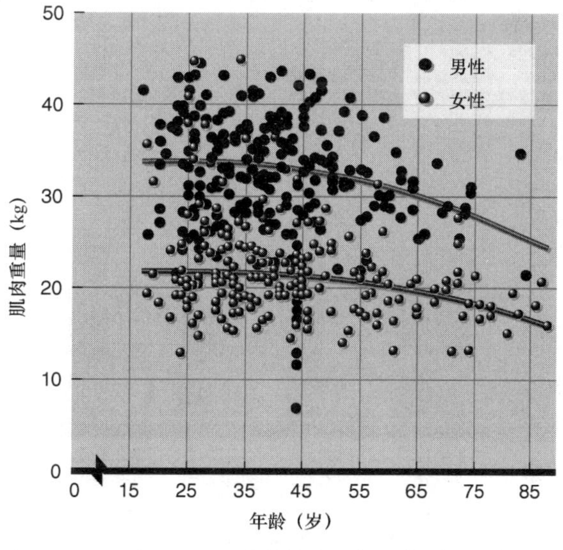

图 18.3 468 名 18～88 岁男性和女性肌肉重量的变化，不难看出，大约 45 岁之后，男性肌肉重量的下降速率明显比女性快且陡

和体脂的增加相互抵消，从而使脂肪百分比提高而总体重保持相对稳定。

女性在 30～35 岁，男性在 45～50 岁，骨矿物质含量开始显著减少。在整个生命周期中，通过成骨细胞的合成和破骨细胞的吸收两个过程的相互作用，骨不断地形成。在生命早期，吸收率低于合成率，所以骨质增加。随着人逐渐衰老，吸收率超过合成率，导致骨量减少。肌肉和骨量的减少至少有一部分可归因于体力活动的减少，尤其是负重运动的缺乏。青年人骨矿物质含量不足体重的 4%。因此，在瘦体重减少的过程中，骨质流失的影响要小于肌肉流失。

一项来自年轻男女（18～31 岁）和老年男女（58～72 岁）的研究如图 18.4 所示，该研究描述了体重、相对体脂百分比、脂肪量和瘦体重在衰老过程中所表现出的不同变化。该研

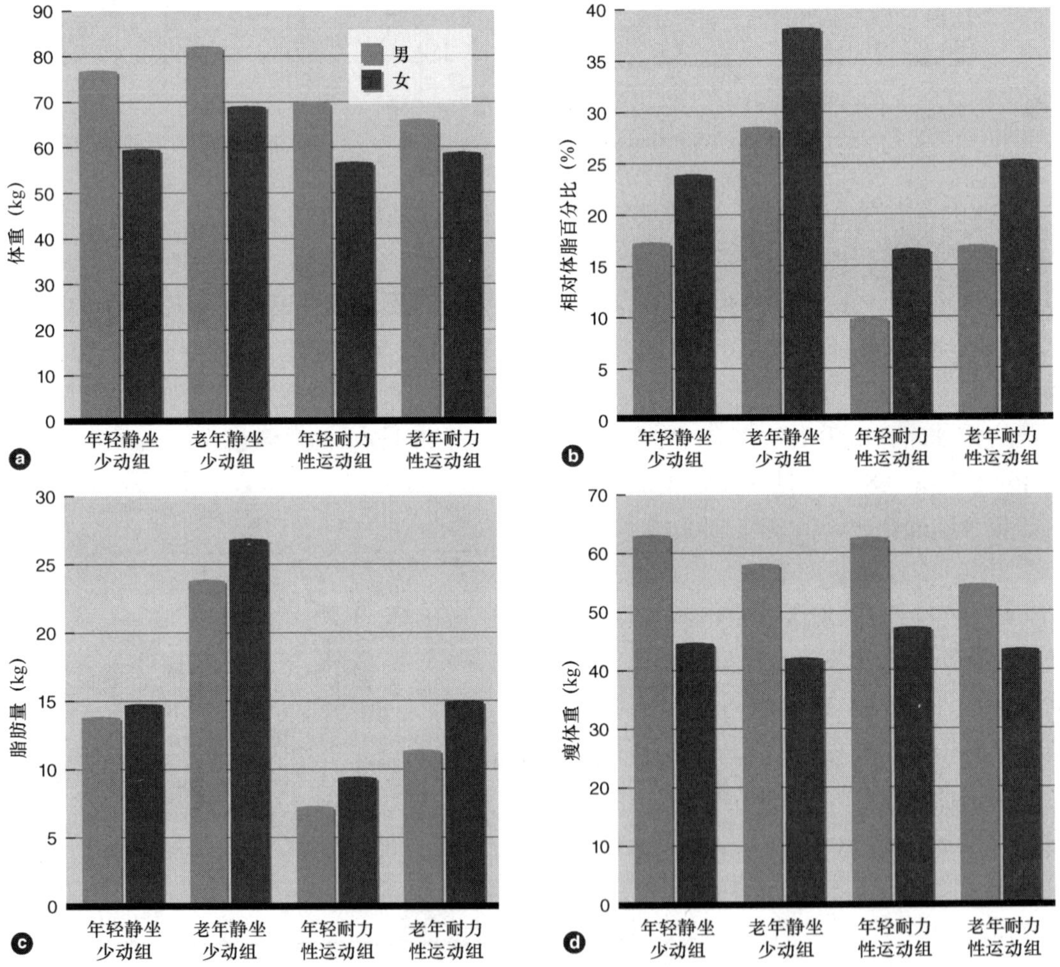

图 18.4 不同年龄男女在静坐少动和进行耐力训练的情况下，体重（a）、相对体脂含量（b）、脂肪量（c）、瘦体重（d）的区别

究群体分为静坐少动组和耐力性运动组。在老年静坐少动组中，他们的体重、相对体脂百分比和脂肪量很高，而瘦体重却很低。除了体重，老年耐力性运动组的变化趋势与老年静坐少动组的变化趋势类似。然而，进行耐力性运动的年轻人和老年人与静坐少动的同龄人相比，他们的体重、相对体脂百分比、脂肪量和瘦体重都较低。

通过运动，老年男性和女性可以降低体重、体脂百分比和脂肪量，还可以增加瘦体重。但对于年轻人，瘦体重的增加更多地依靠抗阻训练而非有氧训练。男性身体成分的变化似乎比女性更大，这一现象的原因尚不清楚。

对想减重和减脂的老年人来说，身体成分的显著变化是饮食和运动综合作用的结果，但首要原因是适当减少摄入的能量（每天 500～1 000 kcal）。能量摄入大幅减少（每天大于 1 000 kcal）似乎可以减少瘦体重和脂肪量，但这不可取，因为瘦体重的丢失将导致静息代谢率降低，进而造成体重和脂肪减少的速率下降。增加瘦体重的运动似乎也会提高静息代谢率，进而加快减重的速率。由此看来，老年人身体成分的改变像年轻人一样，可归因于体育锻炼。

小结

- 在衰老的过程中，体重会逐渐增加，而身高会逐渐降低。
- 在衰老的过程中，体脂增加主要是因为能量摄入增加、身体活动减少和脂肪代谢能力下降。
- 45 岁以后，瘦体重减少主要是因为肌肉和骨量减少，而这二者减少部分是由运动减少造成的。
- 衰老引起的肌萎缩被视为老年人肌肉蛋白质合成减少，以及肌肉蛋白质分解的速度不变或加快的结果。
- 即使是 80～90 岁的人，也能通过运动训练延缓身体成分的变化。

第二节　急性运动的生理反应

随着衰老，肌肉与心血管耐力，以及肌肉力量会呈现下降趋势，下降的幅度取决于体力活动水平和遗传因素。人类与动物体力活动水平的下降是很自然的现象，会造成生理功能的下降。

一、力量和神经肌肉功能

日常生活所必需的力量水平在一生中是保持不变的。然而，一个人的最大力量在成年阶段的早期通常会超过日常生活所需的力量水平。随着衰老，肌力会平稳下降，最终，力量可能会下降到完成最简单的活动都有困难。举例来说，一些人在 50 岁时就会感到从座位上站起来已经变得不再那样简单，不到 80 岁，他们就已无法完成这一简单动作（图 18.5a）。再如，打开瓶罐的盖子包含一些抗阻动作，在 60 岁之前，大多数的男性和女性都可轻易完成这一动作，但到了 60 岁之后，完成此动作的失败率显著提高。

图 18.5b 展示了男性随着年龄的增长，下肢力量的变化趋势。对只参与一般性活动的男性和女性而言，伸膝力量于 40 岁左右开始下降，但是如果通过抗阻练习来训练伸膝肌，那么 60 岁老年男性的伸膝力量甚至要好于大多数只进行一般性活动的 30 岁男性。随着年龄的增长而出现的力量下降与相关肌肉的横截面积的减小高度相关。随年龄的增长而出现的肌肉力量下降具有特殊的模式，等动力量会以极快的速率大幅度丢失，而向心收缩力量的丢失程度比离心力量要高一些。

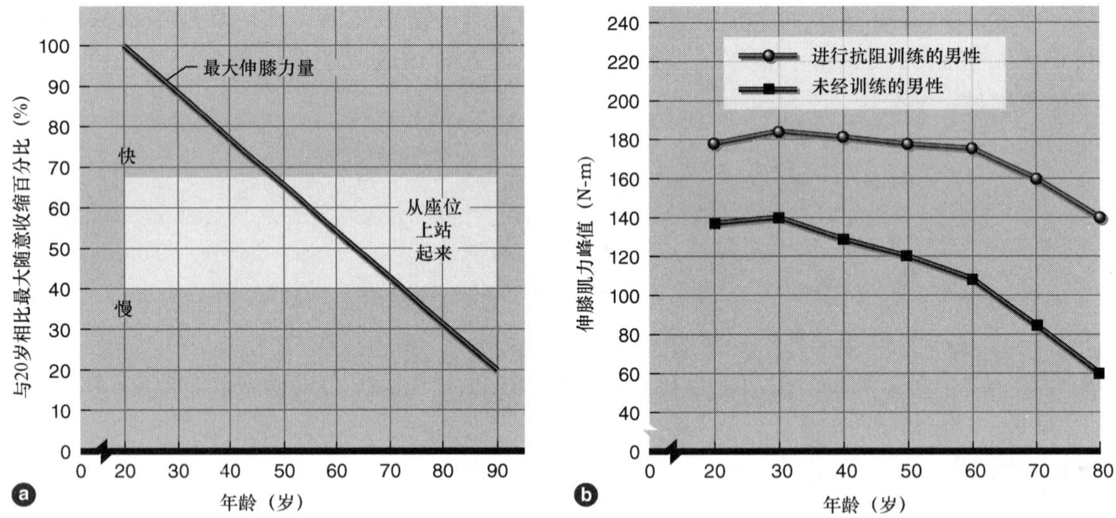

a. 对一些人而言，在 50 岁时从座位上站起来已变得不再简单，不到 80 岁就已无法完成这个动作；

b. 各年龄阶段训练和未训练男子伸膝肌力峰值的变化。

图 18.5　随着年龄的增长，人体最大伸膝力量与下肢力量的变化趋势，进行抗阻训练的老年人（60～80 岁）的伸膝力量大于或等于仅为老年人年龄 1/3 的年轻未经训练者

与年龄有关的肌肉力量下降主要是由肌肉质量减少引起的，同时伴随着衰老过程或体力活动的减少或两者兼有，这一点已在本章之前进行了探讨。图 18.6 展示了对 3 名体重相似（78～80 kg）的 57 岁男性进行上臂 CT 扫描的结果。可见对没有经过训练的个体而言，与有训练经历的人相比，其肌肉含量少而脂肪含量多。经过游泳训练的人与没有经过训练的个体相比，脂肪含量少，而肱三头肌却粗壮得多，但两者的肱二头肌并没有很大的差异，这与游泳过程中肱二头肌用力较少有关。然而，进行力量训练的个体肱二头肌与肱三头肌均强壮得多。这三者之间有差异，很可能是他们本身的遗传基因、肌肉体积和不同的训练类型共同作用而产生的结果。

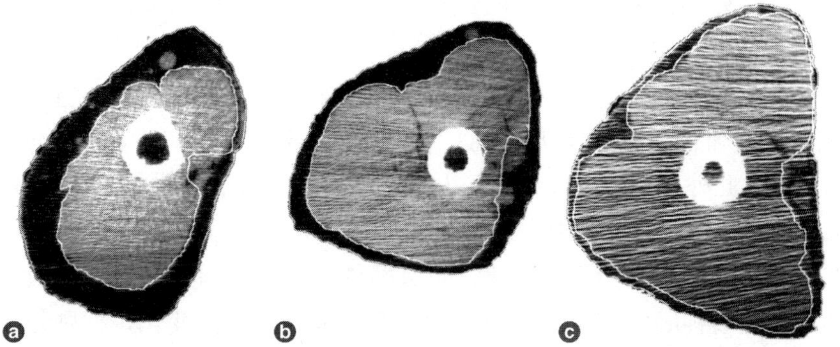

图 18.6 3 名体重相似的 57 岁男性上臂的 CT 图像

注：骨为被白圈包围的黑色中心区域，肌肉为灰色条纹区域，皮下脂肪为周边黑色区域。注意未训练者、进行游泳训练者和力量训练者肌肉区域的差别。

衰老对肌肉质量和力量都有显著的影响，那么对肌纤维类型的影响又如何呢？衰老对Ⅰ型肌纤维和Ⅱ型肌纤维的影响目前尚未有定论。横向研究结果表明，对 15～83 岁的个体进行尸解探究他们股外侧肌（股四头肌）中肌纤维类型的比例变化，发现肌纤维类型在人的一生中都保持不变。但一项持续 20 余年的纵向研究结果表明，活动量或活动强度，或两者兼有，对衰老进程中肌纤维类型的分化起着重要作用。1970 年至 1974 年的 4 年，研究人员选取先前优秀长跑运动员的腓肠肌作为活检样本，并在 1992 年再一次进行肌肉活检，结果显示，那些长跑运动员在减少了活动量（只是进行体适能水平的锻炼）或生活方式干脆变为静坐少动（不进行任何训练）后，与 18～22 年前相比，他们Ⅰ型肌纤维的比例显著上升（图 18.7）。尽管这些优秀长跑运动员中有一些仍参加长跑比赛（维持高强度训练），并且他们的Ⅰ型肌纤维百分比也出现了小幅上涨，但从平均水平看，这部分运动员腓肠肌肌纤维的类型比例与 18～22 年前相比并没有发生变化。

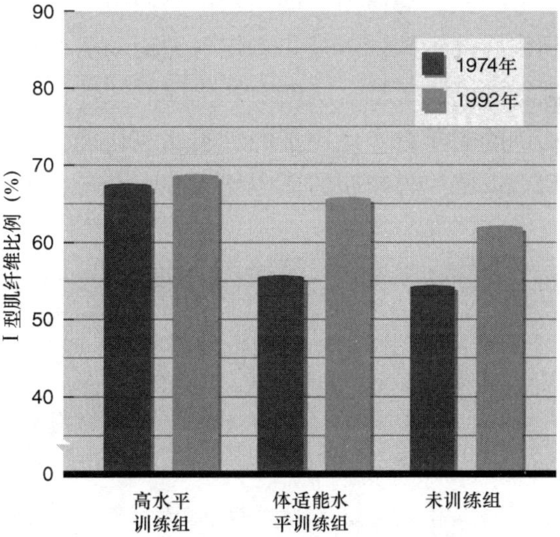

图 18.7 优秀长跑运动员在 18～22 年间采取保持高强度训练、维持在体适能水平的训练和未训练 3 种生活方式，其腓肠肌肌纤维类型组成的变化

注：继续参加比赛的长跑运动员，其Ⅰ型肌纤维的百分比几乎没有变化，而减少活动量或不训练的个体，其Ⅰ型肌纤维百分比提高。

Ⅰ型肌纤维明显增加很有可能是由于Ⅱ型肌纤维减少，从而使Ⅰ型肌纤维的相对比例提高。虽然造成Ⅱ型肌纤维减少的确切原因尚不明确，但现有学说认为，在衰老过程中，Ⅱ型肌纤维运动神经元数量的减少使其丧失对相应肌纤维的支配能力。

很多研究显示，在衰老过程中，肌纤维的数量减少，体积减小。有研究显示，50 岁以后，每过 10 年，机体肌纤维的总量就减少 10%左右。这在一定程度上解释了随着年龄的增长，肌肉退化发生的原因。此外，在衰老过程中，Ⅰ型肌纤维和Ⅱ型肌纤维的形态改变，体积减小。耐力训练（如长跑）对于衰老过程中出现的肌肉量下降并没有显著的影响。但从另一方面讲，力量训练可以延缓衰老过程中的肌肉退化，并且能使老年人肌肉横截面积增加。

衰老过程还伴随着神经系统传递信息和激活肌肉能力的重要变化，特别是衰老会影响神经系统识别刺激、传递信息并做出应答的能力。随着年龄的增长，完成简单和复杂的动作会变得缓慢，尽管那些持续进行体力活动的老年人与经常活动的年轻人相比，其动作仅略显缓慢。老年人的运动单位激活程度很低。有研究显示老年男性（80 岁左右）在肌肉运动时，其肌肉的激活率更低，需要的收缩时间更长。反之，20 岁左右的年轻男性，肌肉激活率相对较高且收缩时间相对较短。也有其他一些研究表明，老年人仍然保持最大的肌肉募集能力，这意味着老年人力量的下降更多是由于局部肌肉发生改变，而非神经因素的影响。

衰老过程中神经肌肉的改变至少在一定程度上和力量与耐力的下降有关。但是，更积极地参与运动将有助于缓解衰老对运动表现所带来的影响。虽然这并不意味着规律的体力活动能够阻止衰老，但这种积极的生活方式却能够显著地减缓身体工作能力的衰退。

尽管积极参与体力活动的老年男性肌肉量也会丢失，但是剩余肌肉的结构和生化特性均能得到很好的维持。年轻和老年耐力运动员单位面积内的毛细血管数量比较接近，而且经过耐力训练的老年运动员肌肉中氧化酶的活性仅比青年耐力运动员低 10%～15%。例如，经过耐力训练的老年跑步运动员的骨骼肌氧化能力仅比青年优秀跑步运动员稍低，这也表明衰老对于耐力训练中骨骼肌的适应能力并不会带来太大影响。

小结

- 人在衰老过程中，最大力量会下降。
- 衰老导致的肌力下降主要是由于肌肉量的大量丢失。
- 总体而言，正常参与身体活动的人随着年龄的增长，Ⅰ型肌纤维的比例会升高，这可能是Ⅱ型肌纤维减少造成的。
- 在衰老过程中，肌纤维的总数和横截面积均会减少，但力量训练似乎可以延缓肌纤维面积的改变。
- 衰老似乎也会降低神经系统对刺激的反应、处理信息和引起肌肉收缩的能力。
- 耐力训练对于预防衰老引起的肌肉量丢失的作用不大，但力量训练可以使老年男性和女性的肌纤维横截面积不变或增加。

二、心血管和呼吸功能

在衰老过程中出现的耐力表现的改变可归因于中枢和外周心血管功能的下降。虽然呼吸功能障碍的发生率随着年龄增长而增加，但衰老可能并不是呼吸功能变化的最主要的原因。这一部分主要探讨衰老对心血管和呼吸系统，以及有氧和无氧能力的影响。

（一）心血管功能

与肌肉功能类似，心血管功能在衰老过程中也会出现下降。其中最显著的变化是最大心率（HR_{max}）在衰老过程中的下降。年龄每增加 1 岁，最大心率就会以接近 1 bpm 的幅度呈逐年下降的趋势。一般情况下，任何年龄的平均最大心率可通过传统公式计算得到：HR_{max} = 220−年龄。这个公式容易高估儿童与青年人的最大心率，低估老年人的最大心率。当我们使用传统公式（HR_{max} = 220 − 年龄）时，我们所得到的最大心率与真实值相比，误差可以达到±20 bpm 甚至更大。比如说，用传统公式来推测一个 60 岁老年人的平均最大心率，所得结果为 160 bpm，而这名老年人真实的最大心率有可能低于 140 bpm，或高于 180 bpm。

塔纳卡（Tanaka）等人提出了一个更为准确的计算公式，这个新公式几乎适合所有人，并会受性别和身体活动水平的影响。

$$HR_{max}=[208-(0.7\times \text{年龄})]$$

虽然新公式的提出提高了对个体平均心率水平的预测准确性，但不同的个体间仍然存在较大差异。在第十九章中我们将会看到，当运用最大心率这一指标制定运动处方时，高估或是低估最大心率会对运动处方的制定带来很大影响。随年龄的增长，最大心率的下降不受运动的影响，无论是静坐少动的人群还是具有良好训练习惯的成年人，最大心率的下降是很相似的。这种下降可能是由心脏传导系统形态和电生理学上的改变引起的，尤其是在窦房结和房室束上的改变，它们会使心脏传导变慢。此外，心脏 β_1 受体的阻断也会降低心脏对儿茶酚胺刺激的敏感性。

参与高强度训练的男性与女性在衰老过程中会出现最大心输出量减少的现象，这主要是由心率下降造成的，而与每搏输出量的关系不大。在参与高强度训练的老年人中，最大每搏输出量得到了较好的维持，儿茶酚胺刺激的应答性和心肌的收缩力均下降。最近，更为复杂的多普勒成像技术提供的证据表明，由于左心室和动脉硬化，弗兰克－斯塔林定律的有效性降低。对耐力跑步运动员的研究结果显示，老年运动员身上所观测到的最大摄氧量降低是由最大心输出量减少造成的，尽管他们的心容积与青年运动员相比并没有明显差异，这也证实了最大心率的降低是造成最大摄氧量降低的主要因素。而对没有经过训练的男性与女性来说，已有大量的研究表明，随着年龄的增长，最大每搏输出量和最大心输出量会明显减少。

随着年龄的增长，即使肌肉中毛细血管密度并没有发生改变，流向下肢的血流量等机体

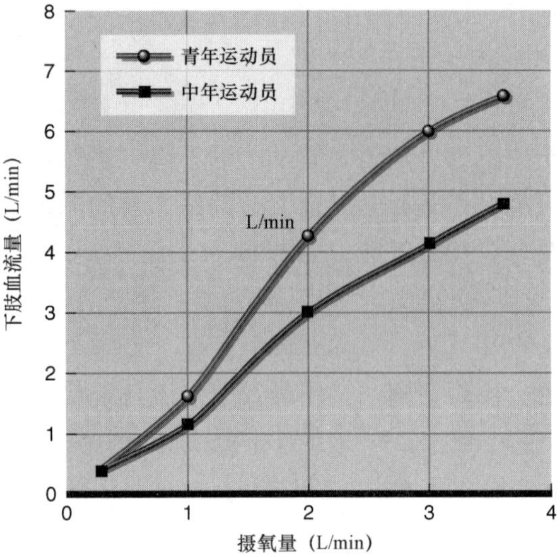

图 18.8 青年、中年定向越野运动员在自行车运动中的腿部血流

外周血流（peripheral blood flow）也会减少。研究显示，与受过良好训练的青年运动员相比，中年运动员在任意给定运动强度下，流向下肢活动肌肉的血流量会减少 10%～15%（图 18.8）。但是，中年与老年耐力跑步者在进行亚极量运动时出现的流向下肢血流量减少会明显抵消动脉–混合静脉氧差，（更多的 O_2 被肌肉所利用）。因此，尽管运动中的血流量减少了，但是运动中被相应肌肉所吸收的 O_2 与前面所说的为老年人设定的亚极量强度下的摄氧量相似。这一观点也被一项比较 22～35 岁和 55～68 岁两组男性耐力训练的研究所证实。在每一个亚极量强度下，老年人的下肢血流量、血管运输能力及血氧饱和度均会出现 20%～30%的下降，下肢动脉–混合静脉氧差却高于青年人。

很难区分单纯的衰老过程对每搏输出量、心输出量和外周血流的影响程度，以及随着体力活动减少而出现的**心血管功能失调（cardiovascular deconditioning）**对三者的影响程度。这些随衰老过程出现的心血管功能下降在很大程度上决定了最大摄氧量的下降，这些将会在本章随后的部分进一步讨论。

此外，久坐的老年人由于心脏和大弹性动脉硬化导致心脏和动脉的顺应性下降。老化的血管还表现出局部血流控制的改变，包括内皮细胞释放，以及响应血管扩张剂（如 NO 和前列腺素）的功能障碍，称为**内皮功能障碍（endothelial dysfunction）**。这种变化导致了在运动过程中血管无法舒张及外周肌肉血流量减少。

老年男性和女性的习惯性运动可以改善动脉硬化和内皮功能障碍。通过习惯性运动维持血管功能的部分原因是血管舒张信号的保持或恢复，包括 NO 生物利用度的提高。目前的研究正在确定适当的运动量（时间、持续时间和强度），以期在健康和临床老年人群中看到心血管功能发生积极的变化。

（二）呼吸功能

肺脏功能随衰老的改变对运动能力的影响并不明显。从 20～30 岁开始，肺活量与**第 1 秒用力呼气量（forced expiratory volume in 1 s，$FEV_{1.0}$）**会随着年龄的增长而呈现线性下降趋势。与这种下降相反的是，余气量（RV）会有所增加，且肺总量（TLC）基本保持不变。这会使余气量与肺总量的比值提高，意味着能够被交换的气体更少了。在 20 岁时，余气量只占肺总量的 18%～22%，但这一比例在 50 岁时可以提高至 30%甚至更大。吸烟也会加速这一进程。

在力竭运动中，上述改变与最大摄氧量的改变一致。在人类生长发育的过程中，**最大通**

气量（**maximal expiratory ventilation**，$\dot{V}_{Emax}$）会不断增加直至机体发育成熟，然后会随着衰老而下降。4～6 岁的男孩最大通气量的平均水平约为 40 L/min，发育成熟后会增加至 110～140 L/min，男性到 60～70 岁时，最大通气量会下降到 70～90 L/min。女孩和成年女性遵循着相同的模式，尽管她们最大通气量的绝对值要显著低于相同年龄段的男性，这主要与女性的体型较小有关。根据第六章的内容可知，肺总量与身高成正比，这也就解释了为什么男性的肺总量高于女性。

随着年龄的增长，肺功能的变化取决于一些因素的影响，其中最为重要的因素是肺组织及胸壁弹性的下降，以致呼吸过程中需要的做功量增加。胸壁弹性成分丢失似乎导致大多数肺功能下降。尽管发生了这样或那样的改变，肺仍然有较强的代偿功能，并且保持着充足的气体扩散能力，允许人在运动中最大程度地使用，且不会限制运动能力。

经过耐力训练的老年运动员肺通气能力仅会出现轻微下降。更重要的是，这些老年运动员有氧能力的下降并不能归因于肺通气能力的改变。同样，在高强度运动中，无论是正常活动的老年人，还是老年运动员，都可以维持接近最大血氧饱和度。因此，肺和血液携氧能力的改变都不是老年运动员最大摄氧量降低的原因。实际上，心血管系统的改变才是限制 O_2 运输到肌肉的最主要的因素。正如本章前面的部分所述，衰老降低最大心率，继而引起最大心输出量与运动肌群的血流量减少。老年运动员可维持次最大动脉–混合静脉氧差，这意味着衰老过程中 O_2 的摄取可以得到维持。

小结

- 与衰老相关的耐力表现下降可归因于心血管功能的下降。
- 随着年龄的增长，最大心率以每年 1 bpm 的速率下降。特定年龄的最大心率平均水平可用以下公式计算：HR_{max}=［208–（0.7×年龄）］。
- 老年运动员可以维持最大每搏输出量，但由于最大心率下降，心输出量会随着衰老减少。根据弗兰克–斯塔林定律，老年运动员可以很好地维持每搏输出量。没有经过训练的人最大每搏输出量会随衰老而减少。
- 外周血流同样会随衰老而减少，但对于具有运动训练经历的老年运动员，动脉–混合静脉氧差的增加将会起到一定的补偿作用。
- 最大摄氧量随着衰老而降低的主要原因是最大心率下降导致最大心输出量减少。最大每搏输出量略微减少，最大动脉–混合静脉氧差一般不会随着年龄的增长而改变。
- 最大心率降低主要是由于固有心率降低，也可能是由于交感神经系统活动减少和心脏传导系统改变。
- 最大摄氧量随着衰老而降低主要是由于流向活动肌肉的血流量减少，这与最大心输出量的减少有关。
- 习惯性运动可以部分逆转或预防很多衰老所引起的不良血管变化，如降低动脉硬度和改善内皮功能。
- 目前还不清楚对于衰老过程中出现的心血管功能下降，衰老单独起多大的作用，身体活动减少又起多大作用。然而，很多研究表明，在持续进行训练的老年运动员中，这些变化会得到延缓，这也表明缺乏运动对心血管功能下降的重要影响。

- 肺活量和用力呼气量在衰老过程中均呈现线性下降趋势，余气量增加，所以肺总量会保持不变。余气量与肺总量比值的升高意味着在每次呼吸过程中，肺部可被交换的气体变少。
- 最大通气量同样会随衰老而减少。
- 衰老过程中肺功能的变化主要是由肺部组织和胸壁的弹性下降导致的。但老年运动员肺通气能力只出现轻微下降。

三、有氧和无氧能力

考查衰老对运动中有氧和无氧能力的影响关键要看两个指标：最大摄氧量和乳酸阈。

（一）最大摄氧量

为了确定衰老过程中最大摄氧量如何变化，需要考虑几个重要的问题。

第一，必须确定如何表示最大摄氧量，是用每分钟的升数（L/min）表示，还是用每分钟每千克体重几毫升（mL·kg^{-1}·min^{-1}）表示。如果用 L/min 表示，则最大摄氧量在 10～20 年内下降幅度不大，但相同的结果若用 mL·kg^{-1}·min^{-1}表示，如果受试者在第一次测试和最后一次测试之间的体重增加，那么最大摄氧量会出现较大幅度的下降。对于不用承受自身体重的运动，如自行车运动，最大摄氧量通常用 L/min 表示比较适合；而对于需要承受自身体重的运动，最大摄氧量用 mL·kg^{-1}·min^{-1} 表示比较合适。

第二个要讨论的问题是，最大摄氧量随着年龄的增长而发生变化，是应该被表达成绝对值的变化，还是百分比的变化。这看起来似乎没有什么区别，其实并非如此。比如，某男性在 30 岁时最大摄氧量为 50 mL·kg^{-1}·min^{-1}，50 岁时最大摄氧量下降到 40 mL·kg^{-1}·min^{-1}。某 60 岁男性最大摄氧量为 35 mL·kg^{-1}·min^{-1}，而当他 80 岁的时候最大摄氧量下降到 25 mL·kg^{-1}·min^{-1}。在这两个例子中，两个人在 20 年间最大摄氧量都下降了 10 mL·kg^{-1}·min^{-1}，平均每年下降 0.5 mL·kg^{-1}·min^{-1}。然而，年纪稍小的男性的最大摄氧量在 20 年里下降了 20%（10/50=0.20，即 20%），平均每年下降 1%，年纪稍大的男性的最大摄氧量下降了 29%（10/35=0.29，即 29%），平均每年下降 1.4%，尽管这两个人最大摄氧量变化的绝对值（以 mL·kg^{-1}·min^{-1} 表示）是一样的，但用下降的百分比来表示时，可以看到年纪较大的男性的最大摄氧量的变化更大一些。

接下来，我们将讨论最大摄氧量随衰老而出现的下降，首先讨论正常进行体育活动的人的变化情况，其次讨论经过高强度训练的耐力运动员的变化情况。

1. 正常活动者

锡德·鲁滨逊是 20 世纪 30 年代后期第一个概括衰老与体适能关系的研究者。他证明，正常进行体育锻炼的男性，他们的最大摄氧量从 25 岁到 75 岁会平稳下降（表 18.1）。该横向研究数据表明，有氧能力以平均每年 0.44 mL·kg^{-1}·min^{-1} 的幅度下降，直至 75 岁，也就是每年下降 1%，或每 10 年下降 10%。在一篇涵盖 11 项横向研究的综述中，受试者几乎都是 70 岁以下的男性，其最大摄氧量以平均每年 0.41 mL • kg^{-1} • min^{-1} 的幅度下降，而女性的最大摄氧量以平均每年 0.30 mL • kg^{-1} • min^{-1} 的幅度下降，即每年下降 1%。

表 18.1　正常进行体育锻炼的男性最大摄氧量的变化

年龄（岁）	最大摄氧量（mL • kg^{-1} • min^{-1}）	与 25 岁相比变化的百分比（%）
25	47.7	—
35	43.1	−10
45	39.5	−17
52	38.4	−20
63	34.5	−28
75	25.5	−47

20 世纪 90 年代，在得克萨斯州休斯敦的约翰逊太空中心进行了一项大样本的有关最大摄氧量随衰老而发生变化的纵向研究。研究对象包括 1 499 名健康男性和 409 名健康女性，受试者完成递增负荷跑台测试，然后直接测量最大摄氧量。最后，研究者得出如下结论：男性最大摄氧量以平均每年 0.45 mL • kg^{-1} • min^{-1} 的幅度下降（每年下降 1.2%），而女性最大摄氧量以平均每年 0.54 mL • kg^{-1} • min^{-1} 的幅度下降（每年下降 1.7%）。

遗憾的是，目前在这一领域几乎没有纵向研究。但对静坐少动的男性来说，其最大摄氧量的下降率基本符合每 10 年下降 10%或每年下降 1%（每年以 0.4 mL • kg^{-1} • min^{-1} 的幅度下降）。虽然参与实验的女性受试者较少，但是这一研究结果也同样适用于女性。

2. 年龄大的运动员

迪尔及其哈佛疲劳实验室的同事共同完成了一项关于长跑运动员运动能力与衰老之间关系的纵向研究。1936 年 2 mi 跑世界纪录（8 min 58 s）的保持者唐 • 拉什（Don Lash）也参与了该研究。尽管以前的跑步运动员大学毕业后很少会继续训练，但拉什在 49 岁时仍坚持每天跑步 45 min。尽管他坚持每天运动，但他的最大摄氧量依旧从 24 岁时的 81.4 mL • kg^{-1} • min^{-1} 下降到 49 岁时的 54.4 mL • kg^{-1} • min^{-1}，下降了 33%。而中年时便没有继续训练的跑步运动员的最大摄氧量下降得更多。他们的有氧能力平均下降了 43%，从 23 岁时的 70 mL • kg^{-1} • min^{-1} 下降到 50 岁时的 40 mL • kg^{-1} • min^{-1}。这些数据说明，曾经的运动经历对于之后的有氧耐力帮助不大，除非这个人在停训后仍然坚持高强度运动。不过，由于他们最初的最大摄氧量比较大，也就是说，他们的储备能力较强，所以尽管有氧能力下降了很多，但并不影响他们完成日常活动所需的能力。除此之外，衰老对最大摄氧量的影响具有一定的个体差异，其中遗传因素是重要的影响因素。

最近有很多针对老年跑步运动员和划船运动员的纵向研究。研究显示，随着年龄的增长，运动员的有氧能力、心血管功能都有所下降，肌纤维也发生了变化。那些继续参加运动训练的运动员，他们的最大摄氧量每 10 年下降 5%～6%。而停训的优秀跑步运动员的有氧能力每 10 年下降约 15%（每年 1.5%）。

虽然对女性的研究较少，但研究结果与男性的类似。在一项针对 86 名男性和 49 名女性专业耐力跑步运动员的研究中，研究者对最大摄氧量随衰老而表现出的变化进行了横向和纵向研究（大约 8.5 年），研究结果如图 18.9 所示。横向研究结果的回归曲线表明，男性和女性的最大摄氧量分别以每年 0.47 mL • kg^{-1} • min^{-1}（0.8%）和每年 0.44 mL • kg^{-1} • min^{-1}（0.9%）的速率下降，但纵向研究表现出的变化要大于横向研究的变化，尤其是对于年龄较大的受试者。在一项针对 18～89 岁静坐少动的女性（n=2 256）、经常参与运动的女性（n=1 717）和有耐力训练经历的女性进行的研究中，最大摄氧量的下降速率分别为每年 0.35 mL • kg^{-1} • min^{-1}（1.2%）、0.44 mL • kg^{-1} • min^{-1}（1.1%）和 0.62 mL • kg^{-1} • min^{-1}（1.2%）。

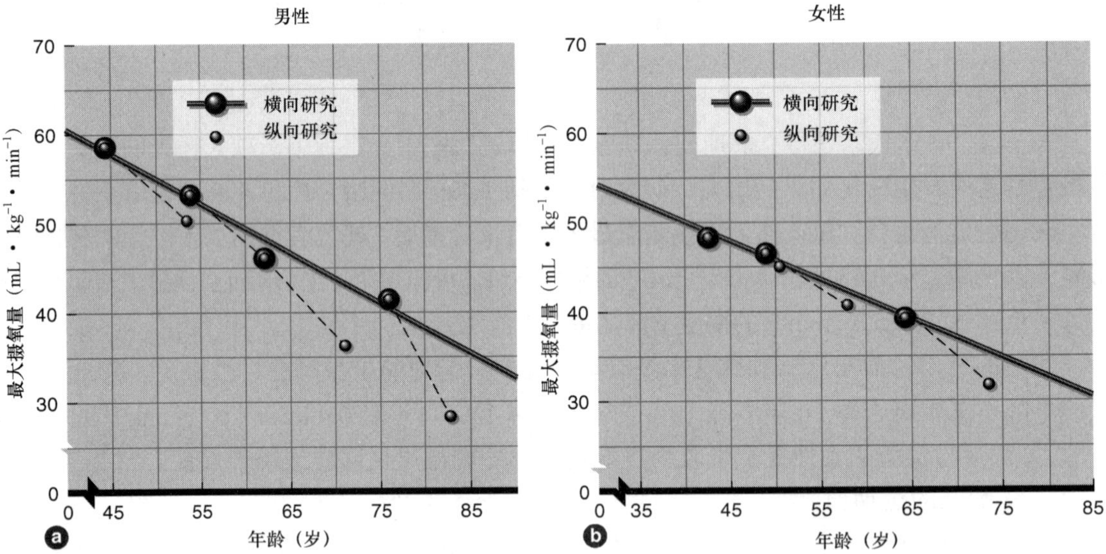

图 18.9　86 名男性（a）和 49 名女性（b）专业耐力跑步运动员最大摄氧量随年龄的增长而下降的横向、纵向研究

最近，一项持续 25 年的纵向研究对 10 名高竞技水平的老年男性长跑运动员再次进行了测试，首次测试在他们 18～25 岁时。在测试间隔时间内，长跑运动员要进行与年轻时强度相同的训练。结果如表 18.2 所示，受试者的最大摄氧量相对值从 69.0 mL • kg^{-1} • min^{-1} 下降到 64.3 mL • kg^{-1} • min^{-1}，平均每年仅下降 0.19 mL • kg^{-1} • min^{-1}（0.3%）。他们的最大摄氧量绝对值（L/min）在 25 年时间里仅下降了 3.6%，而引起这种变化的主要原因是体重增加了 2.1 kg（4.6 lb）。

表 18.2　10 名高竞技水平的长跑运动员随年龄的增长，最大摄氧量和最大心率的变化

年龄（岁）	体重（kg）	最大摄氧量（L • min^{-1}）	最大摄氧量（mL • kg^{-1} • min^{-1}）	最大心率（bpm）
21.3	63.9	4.41	69.0	189
46.3	66.0	4.25	64.3	180

这些老年长跑运动员最大摄氧量的下降速率要远远小于静坐少动的人，以及锻炼水平和强度低于长跑运动员的那些人。斯科特·特拉佩（Scott Trappe）等人检测了两组年龄 80～91 岁、身体健康、生活独立的男性受试者的有氧能力，这两组男性受试者的运动习惯有很大的不同。第一组受试者（实验组）是 9 名仍积极参与滑雪运动的瑞典越野滑雪运动员，这些 80 多岁的运动员一生都在坚持锻炼，在过去 50 年里从来没有停训超过 6 个月。第二组受试者（对照组）是 6 名年龄与第一组相仿的男性，但没有定期锻炼的习惯。每名受试者都需在功率自行车上进行最大摄氧量测试，此外，研究人员还对受试者在静息状态下的股外侧肌进行活检，测量有氧运动能力的标志物如柠檬酸合酶和线粒体生物合成启动剂 PGC−1α 等酶的活性。

不出所料，无论是绝对值（2.6 L/min 和 1.6 L/min）还是相对值（38 mL·kg^{-1}·min^{-1} 和 21 mL·kg^{-1}·min^{-1}），终身进行耐力运动的运动员的最大摄氧量要更高一些。此外，实验组的骨骼肌柠檬酸合酶比对照组高 54%，PGC−1α 比对照组高 135%。线粒体酶活性和 PGC−1α 都与最大摄氧量正相关。心肺和肌肉的联合适应使第一组受试者在功率自行车上的最大输出功率提高了近 40%。研究者认为最大摄氧量的绝对值与日常生活中的活动有关（图 18.10），斯科特·特拉佩等人的研究结果表明，在最低的体能水平和较高的有氧能力之间，80 多岁的运动员功能储备降低了残疾和死亡的风险。这些老年运动员不仅有氧能力（11 MET）在这个年龄段的人中处于最高水平，而且全因死亡风险在所有年龄阶段的男性中最低。

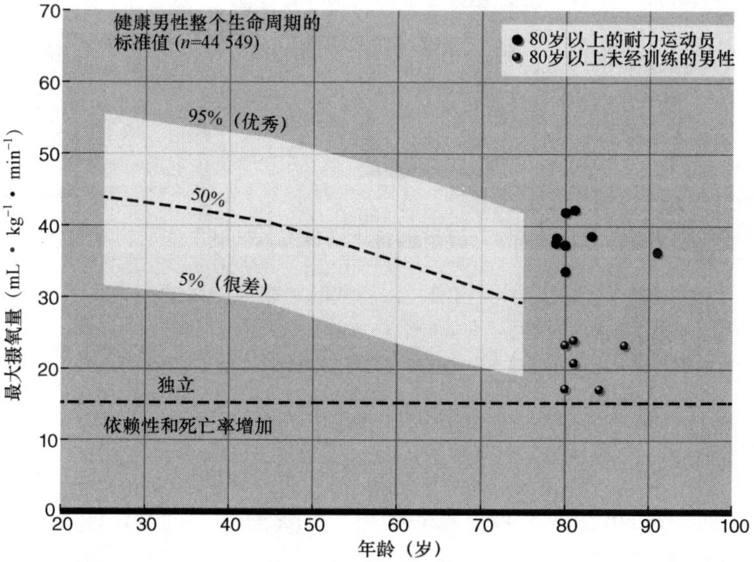

图 18.10 斯科特·特拉佩等人研究终身耐力运动员和未经训练的健康的 80 岁以上老年人的最大摄氧量的数据

注：底部的虚线代表 5 MET 的运动能力，对于独立生活是必需的。阴影区域表示健康男性整个生命周期的标准值，该数据来自得克萨斯州达拉斯的库珀研究所。

虽然对女性的研究相对较少，但仍可以观察到与男性相似的趋势。值得注意的是，虽然高强度训练可以减少衰老造成的最大摄氧量下降，但有氧能力仍会持续下降。因此，高强度的训练在成年早期和中期（30～50岁）似乎对有氧能力的下降速率有减缓的作用，但这种作用在 50 岁之后并不明显。

总之，最大摄氧量随着年龄的增长而下降，大约每年下降 1%。很多因素都有可能影响下降的速率，具体因素如下：

✧ 遗传因素。

✧ 日常活动水平。

✧ 训练强度。

✧ 训练量。

✧ 体重和脂肪含量的增加，去脂体重的减少。

✧ 在一定年龄范围内，年龄大的人最大摄氧量下降得更多。

对于以上哪个因素是最重要的，目前还没有普遍的结论。与年龄增长和有氧耐力下降相关的生理机制如图 18.11 所示。

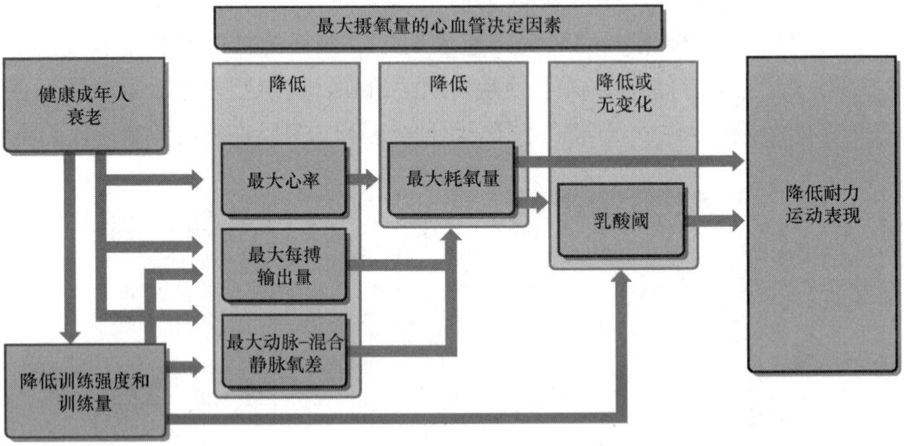

图 18.11　随着健康人年龄的增长，导致耐力表现下降的因素和生理机制

注：衰老直接导致了最大摄氧量的心血管决定因素减少。但是随着年龄的增长，训练量趋于减少，训练强度也趋于减弱，因此很难确定每种因素对耐力表现下降的影响。

（二）乳酸阈

对接受过耐力训练的年轻人来说，乳酸阈可以用来评价从 2 mi 跑到马拉松等长距离项目的运动表现。乳酸阈表示为最大摄氧量（$\dot{V}O_{2max}$）的百分比（LT-% $\dot{V}O_{2max}$），是评价 $\dot{V}O_{2max}$ 相似的耐力运动员运动表现的最好指标。少数研究强调乳酸阈或无氧阈随衰老的变化。一项对 40～70 岁的专业长跑运动员（男性 111 名，女性 57 名）进行的横向研究关注了乳酸阈，发现 LT-% $\dot{V}O_{2max}$ 在男女之间并不存在差异，但会随着衰老而增加。最近的一项针对优秀运动员的 6 年纵向随访研究发现，乳酸阈的变化用最大摄氧量的百分比表示时不能预测跑步成绩。另一项针对未经训练的 152 名男性和 146 名女性进行的研究得到了相似的结果。在这两项研究中，年龄较大组别的最大摄氧量均较低，这也可以解释为什么 LT-% $\dot{V}O_{2max}$ 会增加。当比较不同年龄组在绝对 $\dot{V}O_{2max}$ 时的 LT 水平时，LT 会随着衰老而下降。

研究视角 18.1　百岁运动员

百岁老人（活到或超过 100 岁的人）通常被认为是健康老龄化的典范。许多人到了这个年龄还有着良好的健康状态，其中一些人还保持着高水平的体力活动。事实上，优秀运动员的寿命比一般人的都要长。这些人可能具有出色的运动表现能力，但随着年龄的增长，百岁老人的运动表现下降，这一研究最近才开始进行。

一组研究人员比较了百岁老人在田径、游泳和瑜伽中的最佳运动表现。在每一个运动项目中，成绩的下降以该项目世界纪录的百分比表示。研究人员注意到，与最初的世界纪录相比，百岁运动员的成绩平均下降了 78%，这与 35 岁以后每 10 年成绩下降 10%的速度一致。百岁老人成绩最好的项目是场地自行车赛，这可能是由于骨骼肌循环效率的提高抵消了氧运输的限制。随着百岁老人数量的不断增加，以及老年人对锻炼的态度发生变化，运动员的这种杰出表现将变得更加普遍。

小结

- 随着年龄的增长，生理功能会自然退化，同时大多数人也因衰老缺乏体力活动而导致情况恶化。很难区分生理功能退化是衰老还是缺乏体力活动的结果。
- 静坐少动的男性和女性有氧能力基本上以每 10 年下降 10%或者每年下降 1%的速度降低。
- 如果训练有素的耐力运动员一开始的最大摄氧量更高，最大摄氧量以同样的速度下降，那么其最大摄氧量仍比同龄不运动的人高。
- 针对年龄较大的运动员和同年龄不经常进行体力活动的人的研究表明，$\dot{V}O_{2max}$ 的下降在严格意义上并不与年龄有关。随着年龄的增长，那些继续训练的运动员，特别是在高强度训练的情况下，他们的 $\dot{V}O_{2max}$ 下降幅度要小得多。
- 当乳酸阈以最大摄氧量（$\dot{V}O_{2max}$）的百分比表示时，它随着年龄的增长而提高，当其以绝对 $\dot{V}O_{2max}$ 值表示时，它随着年龄的增长而降低。

第三节　运动训练的生理适应

尽管身体成分、$\dot{V}O_{2max}$ 和力量与衰老有关，但接受过良好训练的中年和老年运动员也会有出乎意料的表现。此外，那些为健康而进行锻炼的中老年人，其肌肉力量和耐力的增加也会与年轻人的相似。

一、力量

和其他大多数的生理功能一样，随着年龄增长出现的力量下降是自然衰老和体育活动减少所导致的肌肉量和功能下降共同作用的结果。虽然很难比较年轻人和老年人对抗阻训练的适应程度，但衰老似乎既不损害肌肉力量增长的能力，也不能阻止肌肉肥大。例如，若老年男性（60～72 岁）进行 12 周强度为 80%最大肌力（1RM）的双膝抗阻屈伸训练，他们的伸膝力量增长至 107%，屈膝力量增长至 227%。从对大腿中部的 CT 扫描中可以看出，力量的增加是由于肌肉肥大。对股四头肌的股外侧肌肌肉组织切片分析显示，Ⅰ型肌纤维的横截面积增加 34%，Ⅱ型肌纤维的横截面积增加 28%。在静坐少动的男性中，他们的力量比形态大小表现出更大的增长，这是由于相对较差的基础力量水平及可能出现的神经适应性。在另一项对未经训练的老年男性（64 岁）的研究中，16 周抗阻训练后，力量大幅增长（腿部伸展力量增长 50%，腿部蹬伸力量增长 72%，半蹲力量增长 83%），各种肌纤维类型的横截面积也增加（Ⅰ型肌纤维 46%，Ⅱx 肌纤维型 34%，Ⅱb 型肌纤维 52%）。

一项针对老年女性（平均年龄为 62 岁）进行 21 周抗阻训练的研究结果显示：下肢伸肌最大力量增长 37%，1RM 腿部伸展的力量增长 29%，腿部伸肌横截面积增加：Ⅰ型肌纤维、Ⅱx 型肌纤维、Ⅱb 型肌纤维的横截面积增加了 22%～36%。

总的来讲，抗阻训练可以明显提高老年人的肌力。受过抗阻训练的老年运动员肌肉质量更高，通常更瘦，比久坐的同龄人强壮 30%～50%。此外，与同年龄段的有氧运动受试者相比，接受抗阻训练的受试者肌肉总质量更大，骨密度更高，并保持较高的肌力和力量。即使是久坐的老年人在抗阻训练后，力量也能显著增强，虽然程度不及老年运动员，但也能极大提高他们的日常生活及活动能力，并有助于预防摔倒。

二、神经肌肉功能

如前所述，衰老过程会使肌肉发生明显的变化，但运动训练可以诱导特定的适应能力减缓一些与年龄相关的变化。由于神经肌肉最先对运动产生适应，所以要重点关注运动对神经肌肉接头的影响。

为了研究衰老如何影响神经肌肉接头对运动训练的适应，研究人员对老年和青年大鼠进行跑台训练，以不运动大鼠作为对照。应用具有呈现显微结构的高分辨率三维图像技术——高能共聚焦显微镜——对不同肌肉的Ⅰ型肌纤维和Ⅱ型肌纤维成像，观察突触前和突触后终板的适应情况。此外，研究人员还测量了肌纤维的横截面积，以观察肌纤维体积的差异。青年大鼠Ⅰ型肌纤维中的神经肌肉接头表现出对运动训练的显著适应，而老年大鼠则无明显变化。另外，年龄增长影响许多Ⅱ型肌纤维中的神经肌肉接头，但运动并没有使其产生任何有益的适应。肌纤维体积的变化与神经肌肉接头的变化无关。总的来说，这些数据表明，衰老使神经肌肉接头对运动的适应能力下降，并且不同肌肉和肌纤维类型在老化和运动反应中的相互作用非常复杂。

在老年人中，运动单位中与年龄相关的一些变化对运动功能有着深刻的影响。最近的一项综述表明，与年龄相关的运动单位形态结构及功能的改变会导致运动表现受损，包括最大力量降低、收缩速度减慢，以及容易疲劳。此外，老年受试者在运动时表现出更大的可变性，这是因为驱动运动神经元激活的突触输入减少且可变性较大，运动单位数量减少，肌肉连接不稳定，运动单位动作电位放电率降低、可变性增大，骨骼肌纤维体积变小，收缩减慢。

研究视角 18.2　老年人的身体活动和认知功能

随着人口持续老龄化，认知障碍和其他形式的痴呆正日益成为健康威胁。体育锻炼可以降低患慢性疾病的风险。研究表明，体育锻炼可以延缓认知能力下降，降低与衰老相关的痴呆症或阿尔茨海默病的发病率。但是，这些研究大多数都依靠身体活动的自我报告测量方法，该方法具有许多固有的局限性。因此，需要更客观的体育活动评估以准确定义体育活动与认知功能的量效关系（图 18.12）。

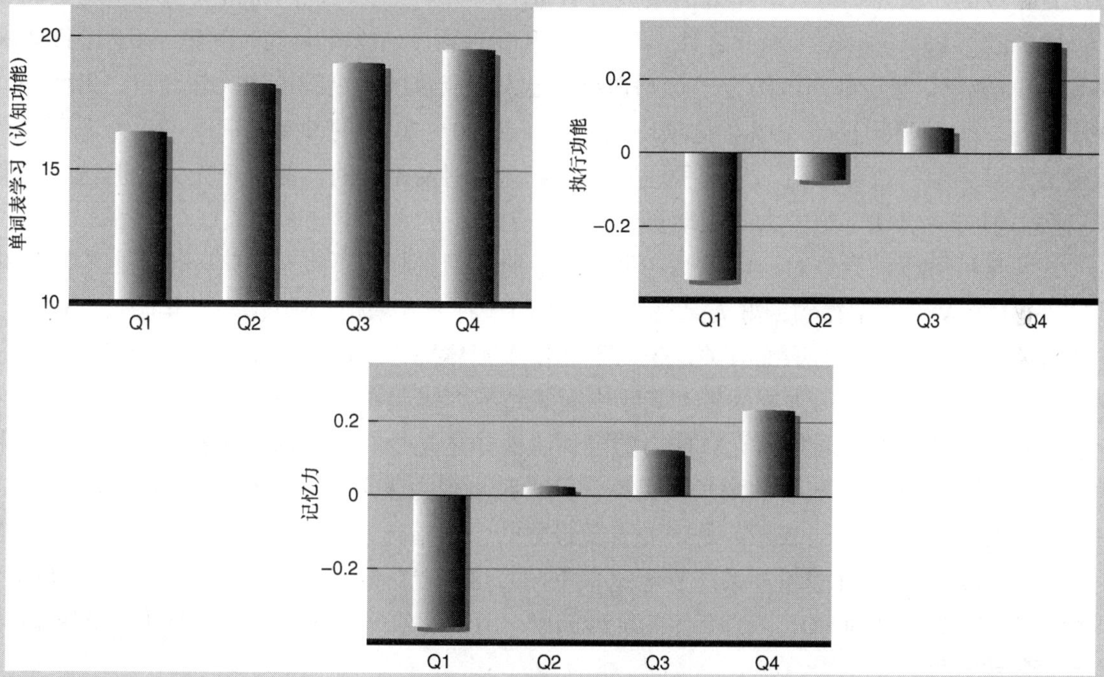

图 18.12　身体活动和认知功能

认知分数是老年人认知功能、执行功能和记忆力的指数。参与者（年龄小于 70 岁）采用加速度计测量法，根据参与中高强度体育活动的时间百分比（Q1：0～0.17%；Q2：0.17%～0.75%；Q3：0.75%～2.14%；Q4：≥2.14%）被分成 4 组。单词表学习是一种识别早期认知衰退的测试，来自阿尔茨海默病测试的联盟。身体活动与认知功能、执行功能和记忆力的改善有一定的剂量依赖性。

卒中的地区和种族差异原因研究是一项全球性的纵向研究，该研究调查了约 6 500 名黑人和白人老年人卒中死亡的地区和种族差异。作为这项研究的一部分，研究人员调查了客观测量的体育活动（通过加速度计测量法）与老年人纵向认知功能（整体认知功能、记忆和执行功能）之间的联系。研究结果表明，无论是白人还是黑人老年人，体育活动和认知功能之间都存在着明显的相关关系（图 18.12）。此外，在随访中（研究开始后两年）发现，那些经常参加中高强度体育活动的人认知功能下降程度较低。即使参加中高强度体育活动（每天 3～5 min）的时间百分比存在相对较小的差异，也能使认知障碍发病率下降约 36%，且更好维持执行功能和记忆力。这种关系在白人和黑人老年人中都很明显。总的来说，这些发现证明了随着时间的推移，身体活动和认知表现之间存在量效关系。因此，旨在预防认知功能下降的干预策略应在症状出现前就开始实施。

三、有氧能力和无氧能力

近期一些研究显示，年轻人（21～25 岁）和老年人（60～70 岁）训练后 $\dot{V}O_{2max}$ 的提高幅度是相似的。虽然训练前老年人的最大摄氧量平均水平更低，但两组最大摄氧量均提高了 5.5～6.0 mL • kg^{-1} • min^{-1}。除此之外，老年男性和女性在 9～12 个月的时间里，每天进行 4 mi（6 km）的步行、跑步或两者结合的运动训练，最大摄氧量的提高幅度也比较相近，男性平均提高 21%，女性平均提高 19%。这项研究表明，在 20～70 岁的健康人群中，耐力训练对有氧能力也有类似的改善作用，且这种适应与年龄、性别及原本的体能水平无关。但这并不意味着耐力训练可以使年纪较大的运动员达到年轻运动员的水准。

在各年龄阶段，身体对运动训练产生适应性的准确机制尚不完全清楚，因此也不清楚在人的一生中，从运动中得到的好处是否会一直以同一种方式获得。例如，对于年轻人，$\dot{V}O_{2max}$ 的提高与最大心输出量的增加有关，但对于老年人则体现为肌肉氧化酶活性的显著提高，这说明与年轻人相比，肌肉外周因素对老年人有氧适应训练起主要作用。

目前，研究人员对老年人无氧能力的可训练性知之甚少。本章前面提到乳酸阈（用个人的 $\dot{V}O_{2max}$ 百分比表示）随年龄增长而提高，且与跑步耐力表现无关。在年轻和中年个体中，乳酸阈（用 $\dot{V}O_{2max}$ 百分比表示）是耐力表现最好的预测指标，如跑步、自行车、游泳和越野滑雪。O_2 运输能力和乳酸缓冲系统衰老速率不同，这可以解释老年、中年、青年人之间的差异性。当比较具有不同 $\dot{V}O_{2max}$ 的个体的乳酸阈时，用该阈值所对应的绝对值 $\dot{V}O_{2max}$ 解释耐力表现可能更合适。

四、移动能力

与衰老最直接相关的一个问题就是行动能力的丧失，即不能自由活动，限制性和疼痛程度提高。丧失运动能力会导致残疾、住院率和死亡率增加。关于老年人生活方式干预和独立性的研究试图确定结构化的体育运动是否可以降低 70～89 岁久坐男性和女性的行动障碍风险。

一项研究招募了 1 635 名身体活动受限但可以行走 400 m 的久坐男性和女性，随后将他们随机分为两组，一组进行结构化的中等强度体育运动（包括有氧、抗阻和柔韧性训练），另一组为对照组。2.6 年后，他们测试了两组受试者的 400 m 步行能力，评价其是否具有行动障碍。对照组中 36%的人出现了行动障碍，而运动组中只有 30%。研究人员据此得出结论，2.6 年结构化的中等强度运动可以降低有残疾风险的老年人行动障碍发生的概率。

最近另一项研究也表明，经过 20 周抗阻训练，65 岁以上的人的行动能力有所提高。并且像抗阻训练一样，快速无负荷的运动也可以提高老年人的行动能力，这个结果主要归因于神经适应激活了更多的Ⅱ型肌纤维。老年人不需要通过举重或使用专门的设备来改善神经肌肉功能从而改善行动能力，快速无负荷的运动也会带来同样的适应性变化。

研究视角 18.3　衰老引起的人类骨骼肌的变化

肌少症（sarcopenia）一词来源于希腊语单词肉（sarx）和贫穷（penia），它定义了与年龄相关的肌肉质量损失。除了肌肉质量损失，老年人的肌肉架构、分子结构和功能也发生了显著的变化，最终表现为肌肉功能受到限制。肌少症的特征是肌肉力量和耐力的下降，可以归因于肌纤维数量减少和纤维横截面积变小。最近，线粒体被认为是肌少症的潜在影响因素。

线粒体是细胞能量的主要提供者，也是活性氧的主要生成者。在衰老过程中，线粒体的功能似乎普遍受损，包括线粒体蛋白质合成、呼吸和 ATP 产生的最大速率的减少，部分原因是 O_2 消耗与 ATP 合成的解耦联增加。此外，最近的研究表明，线粒体功能障碍可能导致肌肉萎缩，这种与肌肉功能下降的关联表明，线粒体功能和形态的改变可能促进细胞内氧化应激，可通过蛋白质氧化修饰或破坏肌丝蛋白代谢干扰肌丝功能。因此，线粒体生物学的改变与肌肉及肌丝结构和功能缺失之间的关系可能是导致衰老引起骨骼肌功能损伤的原因。有趣的是，这种关系似乎可以通过有氧运动和习惯性体育活动来调节。

众所周知，运动可以有力刺激年轻人的线粒体生物发生。在静坐少动的老年人中，线粒体数量和功能在 mRNA、蛋白质、形态和功能（如呼吸）水平方面明显下降。在老年人及衰老啮齿动物模型中，运动训练可以缓解这种功能的丧失，这表明，身体活动较少可能导致线粒体功能障碍。在老年人中，运动增加了线粒体的含量，并增强了抵御氧化应激的能力。习惯性运动也被证明可以改善老年人的线粒体呼吸。总的来说，运动似乎可以作为一种有效的干预策略改善衰老肌肉中的线粒体功能障碍，从而恢复耦合效率，改善整体肌肉功能和性能。

小结

- 与年轻人、中年人一样，老年人同样可以从运动中获得相同的益处：保持体重，降低体脂率，减少脂肪含量，增加瘦体重。
- 衰老并不会削弱机体增加肌肉力量或肌肉肥大的能力。个别老年人的肌纤维仍有可能增大。
- 耐力运动训练对健康人群有类似的益处，与年龄、性别、初始锻炼水平无关。前期锻炼水平较低的人受益更多。

- 在耐力训练中，老年运动者的 $\dot{V}O_{2max}$ 增加大部分是因为肌肉氧化酶活性提高（外周适应），而年轻人大多是由于最大心输出量增加（中枢适应）。
- 与年龄相关的运动单位形态结构及功能的改变会导致运动表现受损。
- 随着年龄的增长，行动能力丧失可以通过各种训练方法改善，并不一定需要通过举重训练。

第四节　运动表现

从跑步、游泳、自行车、举重等项目的世界和美国纪录中得出，人在 20 多岁或 30 岁出头处于身体状态最佳的时期。采用横向研究的方法，将这些年长的纪录保持者现在的成绩与过去的纪录相比较，我们可以检测衰老对最佳运动表现的影响。但很遗憾的是，关于衰老对运动表现影响方面的纵向研究资料很少，因为很少有研究能够对所研究个体整个运动生涯中的运动表现进行追踪。下面将讨论衰老如何影响某些类型的运动表现。

一、跑步的运动表现

1954 年，21 岁的医学院学生罗杰·班尼斯特（Roger Bannister）震惊了体坛，因为他成为世界上第一个 1 mi 跑进 4 min 的人。现今的 1 mi 世界纪录是 3 min 43 s 13，是 1999 年由摩洛哥的希沙姆·埃尔·格鲁杰（Hicham El Guerrouj）创造的，比罗杰·班尼斯特当时的纪录快了 16 s，这 16 s 的差距使罗杰·班尼斯特比现在的纪录保持者慢将近 100 m。1954 年，超过 30 岁的人能在 4 min 内完成 1 mi 跑被认为是难以想象的。埃蒙·科格伦（Eamonn Coghlan）是世界上在 4 min 内完成 1 mi 跑的年龄最大的人，他 41 岁时在室内以 3 min 58 s 13 完成 1 mi 跑，而世界上在 5 min 内完成 1 mi 跑的人最年长的为 65 岁。

虽然老年跑步运动员也取得了许多出人意料的成绩，但一般而言，跑步成绩还是会随年龄的增长而下降，其下降速率与距离长短无关。针对优秀长跑运动员的纵向研究发现，尽管处于较高的训练水平，他们在从 1 mi 跑到马拉松比赛这些项目中的表现在 27～47 岁以每年 1.0%的速度下降。有趣的是，如图 18.13 所示，25～70 岁 100 m 和 10 km 世界纪录以线性趋势下降，超过 75～80 岁，男性和女性的纪录下降速度更快。一项对 560 名 30～70 岁的女性进行的短距离赛跑测试显示，最快跑步速度以每 10 年 8.5%的速度稳定下降（每年 0.85%）。可见不论是短距离还是耐力跑，运动表现改变的方式是一样的。

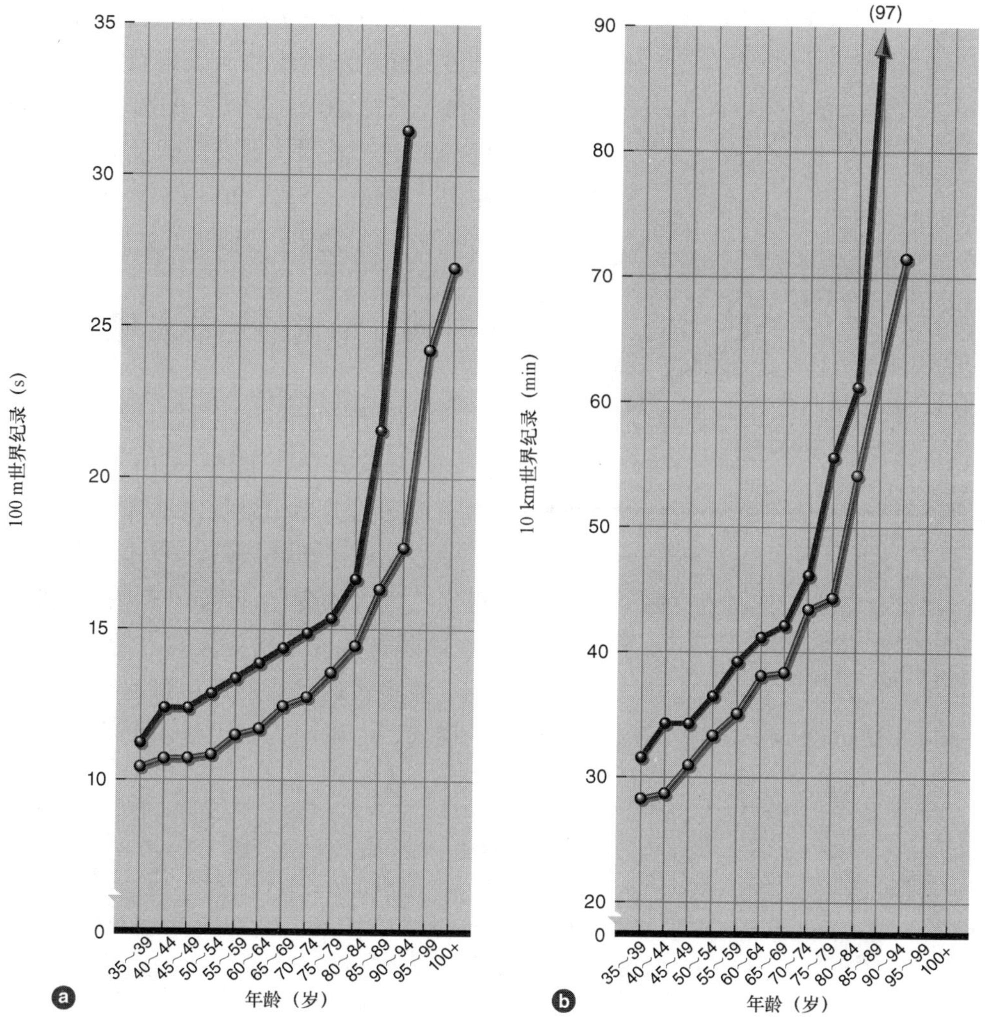

图 18.13　随着年龄的增长，美国 100 m（a）和 10 km（b）大师赛中男子与女子比赛成绩的变化

二、游泳的运动表现

一项关于 1991～1995 年美国大师级游泳锦标赛上自由泳成绩的回顾性研究显示，男性和女性 1 500 m 的成绩从 35 岁到 70 岁稳定下降，70 岁后以较快的速度下降，游泳速度变得更慢。但是，随着年龄的增长，女性 50 m 和 1 500 m 的成绩比男性下降得更明显。

三、自行车的运动表现

与其他的力量和耐力项目一样，世界自行车纪录一般是运动员在 25～35 岁时创造的。男性和女性自行车运动员 40 km（24.9 mi）的纪录成绩随着年龄增长而以相同的速度下降，平均每年下降 20 s（近似于 0.6%）。美国的 20 km 自行车纪录显示，男女运动员成绩的下降速度相似。在这一距离，20～65 岁的运动员骑行速度每年下降 12 s（近似于 0.7%）。

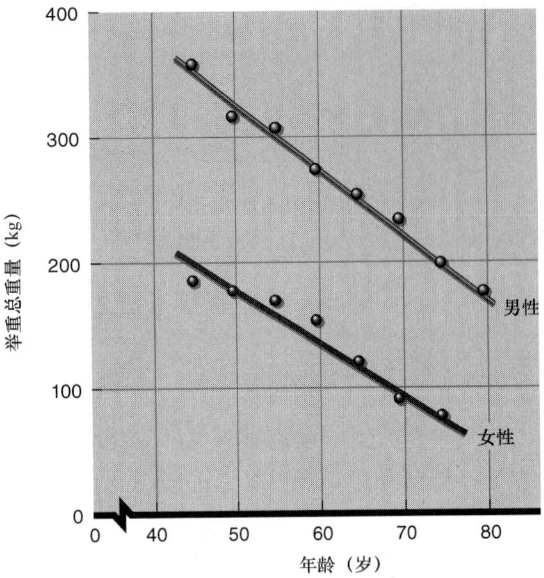

图 18.14　国际举重联合会举重纪录随男性和女性举重运动员年龄的增长而发生的变化，数值显示的是抓举和挺举的总重量

四、举重的运动表现

大体上，25～35 岁肌肉力量达到最大。超过这一年龄范围，如图 18.14 所示，两次举重力量总和的世界纪录稳定下降。当然，如果用其他方法测量运动表现，个体之间的力量会表现出相当大的变化。例如，有些人在 60 岁时会比 30 岁的人表现出更大的力量。

大多数运动员的运动表现在中年和老年以稳定的速度下降。这种下降是由于前文提到过的肌肉、心肺耐力和力量水平的下降。

小结

- 从 25 岁到 35 岁，随着年龄的增长，耐力和力量项目的最好成绩以每年 1%～2%的速度下降。
- 跑步、游泳、自行车和举重项目的纪录表明，20 多岁到 30 岁出头，我们处于身体和生理的鼎盛时期。
- 在这些项目中，超过 30～35 岁，运动成绩随着年龄的增长而下降。
- 大多数运动成绩在中年和老年时稳定下降，主要因为耐力和力量的下降。

第五节　专题讨论

随着年龄的增长，在进行体育活动时需要考虑一些会产生直接影响的特殊问题。这里将对特殊环境中的体育活动进行简单的论述，并且讨论由体育活动引起的寿命增长，以及损伤和死亡的风险。

一、环境应激

机体一系列生理控制机制随年龄的增长而减弱。因此，老年人对环境的适应能力比年轻人的差。正如前文所提及的，很难区分衰老和体质减弱的影响。接下来，我们将讨论年轻人和老年人在热环境中进行体育锻炼所表现出的身体反应，以及老年人在冷环境和高原环境中进行锻炼的问题。

（一）热环境

暴露于热环境会使老年人表现出一些问题。年龄大于 70 岁的老年人在热环境中的死亡风险将增加。热能产生的速率与绝对运动强度有关，而散热与相对运动强度有关。因此不管是年轻人还是老年人，重要的是运动强度都要与其年龄所对应的 $\dot{V}O_{2max}$ 相一致。如果运动强度与身体成分和 $\dot{V}O_{2max}$ 相一致，在热环境中运动时，人体的核心体温并没有不同。然而，$\dot{V}O_{2max}$ 正常的老年人和年轻人相比，老年人的核心体温较高，详见图 18.15。

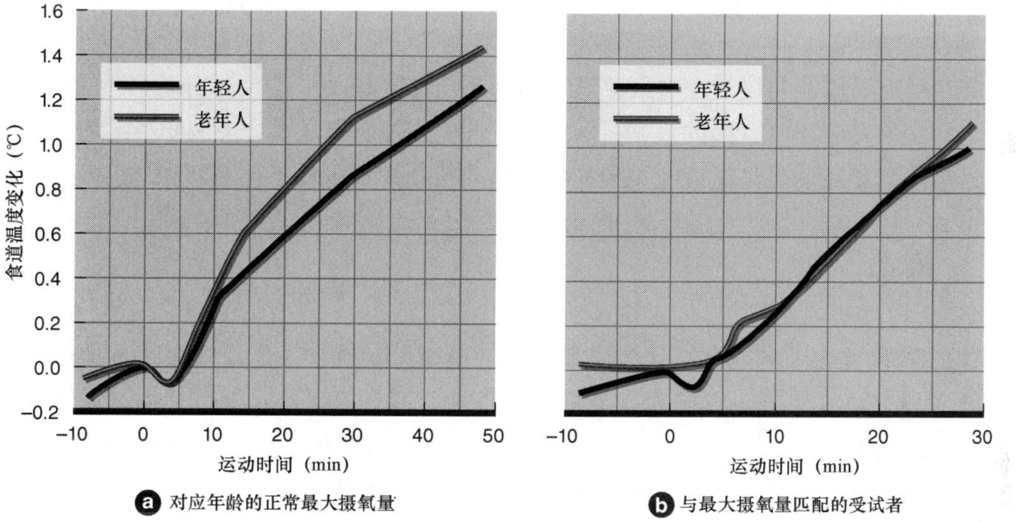

图 18.15　在热环境中，年轻人和老年人核心体温的变化

注：当每一年龄组的受试者有着与年龄对应的正常体适能时，老年受试者的核心体温升高得更快。然而，当两个年龄组的受试者最大摄氧量相同时，核心体温的差别就消失了。这意味着最大摄氧量在决定核心体温时比实际年龄更重要。

这些结果表明，体育活动可以影响体温调节反应。汗腺密度不会随年龄的增长而减少，但汗腺的产汗量会减少。研究表明，出汗率与 $\dot{V}O_{2max}$ 的关联度比较高，而不是年龄。第十一章讨论过，皮肤血流量的增加对于热量以汗液蒸发的形式由体内向体表散发是必需的。即使年轻人和老年人的 $\dot{V}O_{2max}$ 是一样的，与年轻人相比，老年人的皮肤血流量较少；但是在老年人中，体适能越好，其皮肤血流量越大，这意味着进行有规律的有氧训练可促进人体热量的散失。同时，在热环境中锻炼，皮肤和运动肌肉的需血量增加，这时心输出量增加，肾脏和内脏的血流量减少。血液的这种重新分配在老年人中效率较低，但与皮肤血流量一样，有氧能力的提高可以增强人体的这种反应。研究表明，老年男性进行 4 周耐力训练后，$\dot{V}O_{2max}$ 可增加 25%，血液重新分配能力提高，因此肾脏和内脏的血流量比训练前减少 200 mL，从而减小了心脏负荷。

简而言之，虽然衰老降低了在高温环境中运动的能力，但这主要归因于有氧能力的降低。有氧能力提高可以增加皮肤血流量，通过增加汗腺的产汗量提高出汗率，改善血液向皮肤和运动肌肉的分配。

（二）冷环境和高原环境

与热环境相比，在冷环境中锻炼出现健康问题的风险较小。因为老年人有氧能力和肌肉丢失量均有所下降，其热量代谢的能力也会下降。在衰老过程中，皮肤血管的收缩能力下降将使热量丢失增加。由于上述变化，在冷环境中，老年人的核心体温不能维持在适当水平。然而，可以根据环境和运动水平，选择合适的衣物来补偿这种热量消耗，通过这种所谓的行为性体温调节，老年运动员可以从生理体温调节水平上补偿热量消耗，从而保证在冷环境中运动的安全性。

另外，目前还没有充足的理由预测老年运动员与年轻运动员是否会出现不同的反应，缺乏关于衰老和高原习服程度方面的数据。同样，高山症的发病率是否会随着年龄的增长而增加尚不清楚。可能老年运动员与体适能相当的年轻运动员在高原条件下也有相似的表现和成绩。

二、寿命

规律的体育活动对维持身体健康非常重要。在成年期进行锻炼是否会使寿命增长？因为大鼠的衰老速率比人快得多，研究人员将大鼠作为受试对象研究长期进行体育锻炼是否会使**寿命（longevity）**增长。古德里克（Goodrick）的一项研究显示，与静坐少动的大鼠相比，可以自由活动的大鼠寿命会增长 15%。但是，圣路易斯华盛顿大学的研究显示，自发地在训练轮上跑动的大鼠寿命并不会显著增长。大多数活动性较强的大鼠会活到较大的年龄，但是平均年龄与静坐少动的大鼠并无差异。有趣的是，有严格进食量限制并且体重较轻的大鼠的寿命会比进食无限制、静坐少动的大鼠的寿命增加 10%。

这些研究结果虽然不能直接应用于人类，但可以提示一些与人类健康和寿命相关的问题。尽管耐力锻炼可以减少患心血管疾病的风险，但也只有非常有限的信息支持规律的体育锻炼可使人类寿命增长这一观点。从哈佛大学、宾夕法尼亚大学及达拉斯有氧健身中心收集的数据显示，终身进行锻炼的人死亡率降低，并且寿命略微增长（大约两年）。因此，进行有规律的身体活动可以增长**健康寿命（health span）**，即远离重大疾病和慢性残疾的年数增多。

小结

- 老年人在高温环境中运动能力受损是由于最大摄氧量减少和心血管适应能力受损，而非衰老对体温调节或出汗的直接影响。

- 定期运动可以增加皮肤血流量和出汗率，并改善老年人、年轻男性和女性心输出量的重新分配。
- 老年人的耐寒能力受损，但他们可以通过穿合适的服装来弥补。
- 对海拔的适应似乎与年龄无关。
- 积极的生活方式似乎与寿命的小幅增长有关。同样重要的是，积极的生活方式会带来较高的生活质量！
- 随着年龄的增长，在运动时受伤的风险会增加，而且受伤后恢复速度往往较慢。
- 在运动期间，经常运动的人死亡风险不会增加，但很少运动的人死亡风险会增加。

结语

本章讨论了衰老对身体活动的影响，并且阐述了衰老时心肺耐力和力量的改变。身体成分发生变化是使老年人各方面发生变化的原因。通过讨论可知，随着年龄的增长，人们参加的活动逐渐减少，这在很大程度上导致了这些变化的产生。老年人参加体育锻炼后，与年龄有关的变化减少。因此，有关老年人身体活动能力的各种疑团也随之解开。

第十九章我们将关注女性，女性身体活动水平往往较男性低。我们还将比较少女与成年女性生理上的差别及其对运动能力的影响，比较男女运动员的差异，同时讨论女性相关的特殊问题。

关键词

心血管功能失调（cardiovascular deconditioning）
内皮功能障碍（endothelial dysfunction）
第 1 秒用力呼气量（forced expiratory volume in 1 s，$FEV_{1.0}$）
健康寿命（health span）
寿命（longevity）
最大通气量（maximal expiratory ventilation，$\dot{V}_{E\,max}$）
骨质减少（osteopenia）
骨质疏松症（osteoporosis）
外周血流（peripheral blood flow）
原发性衰老（primary aging）

思考题

1. 在衰老过程中，身高、体重和身体成分会发生怎样的变化？发生这些变化的主要原因是什么？这些变化对最大摄氧量有怎样的影响？

2. 在衰老过程中，肌肉会发生哪些变化？它们会对力量和运动成绩产生怎样的影响？

3. 随着年龄的增长，最大心率（HR_{max}）会怎样变化？运动训练将如何改变这种关系？

4. 衰老会对最大每搏输出量和最大心输出量产生怎样的影响？可用什么机制解释这种影响？

5. 衰老会对呼吸系统产生怎样的影响？肺活量、$FEV_{1.0}$、余气量、肺总量和 RV/TLC 比值将怎样变化？

6. 对任何人而言，最大摄氧量都会随着年龄的增长而降低。发生这种变化的生理机制是什么？为了使老年人维持较高的最大摄氧量，应该怎样进行体育锻炼？

7. 衰老和规律运动是如何影响血管功能的？

8. 年龄会对有氧能力产生怎样的影响？

9. 阐述年龄增长和由不活动引起的生理功能的改变的区别。

10. 年龄增长和体育锻炼分别会对身体成分产生怎样的影响？

11. 论述老年人在力量和有氧耐力方面的可塑性。

12. 怎样才能最大程度地减少衰老引起的行动能力的下降？

13. 随年龄的增长，力量和耐力水平会发生什么变化？

14. 在热环境、冷环境和高原环境中进行体育锻炼时，老年人应注意哪些问题？

15. 简述寿命和健康寿命的区别。

学习指南

“关键词”复习了本章中的重要概念，章末的思考题可以测试你对本章内容的理解。

第十九章　运动中的性别差异

2011 年 10 月，安珀·米勒（Amber Miller）在同一个周末完成了两项惊人壮举：这名 27 岁的马拉松运动员在怀孕近 39 周时参加芝加哥马拉松，并在完成比赛的几小时后产下一名女婴。根据她的训练和跑步史，米勒从她的医生那里获得了参加比赛的许可。医生建议她在整个过程中采取走跑结合的方式，并补充足量的液体和食物。她最终以不到 6.5 h 的成绩完成了比赛。米勒原本预计会在中途退出，但当她和丈夫一起从起点出发后，他们并未止步。比赛结束后，她拿了些食物就立即赶往医院。

2014 年，奥运选手阿莉西娅·蒙塔诺（Alysia Montaño）参加了 800 m 跑，2015 年跑步运动员埃米·谢尔（Amy Keil）参加了波士顿马拉松比赛，两人参赛时都怀孕近 8 个月。尽管这些壮举看起来很极端，并且大多数孕妇都不应该做此尝试，但医生普遍认为，如果一名女性在怀孕前身体健康且经常跑步，那么在怀孕期间跑步是适宜的。马拉松世界纪录保持者葆拉·拉德克利夫（Paula Radcliffe）在怀孕期间每天跑 14 mi（22.5 km），在生完第一个孩子几周后便恢复了训练，并在分娩 10 个月后赢得了 2007 年纽约市马拉松比赛冠军。实际上，在 1972 年以前，女性被禁止参加包括波士顿马拉松比赛在内的大多数主流马拉松比赛。

过去，当男孩在爬树、赛跑并参加各种剧烈运动时，女孩却总被劝阻不要参加激烈的体育运动。有一种潜在的观念认为，男孩就应该活跃并且体格健壮，而女孩则更柔弱且不适合参加体育活动和比赛。同时，在体育课上，教师普遍安排女孩进行非剧烈的活动也使这种想法更加深入人心。在运动中，女性不能参与长距离跑；在篮球比赛中，女性常被限制在半场竞技，并且每队只有进攻或防守队员。

随着《美国教育法修正案》的颁布，体育活动项目必须平等地对待女性，而由此产生的结果也是惊人的。女性的运动成绩与男性的相似，在大多数运动项目中只有 15%～17%甚至更少的差异。这在表 19.1 中可以体现出来，该表展示了男子和女子在田径和游泳各个项目中世界纪录的对比。这些表现的差异究竟是代表了真正生物学上的差异，还是有其他我们需要注意的因素？本章旨在确定男性和女性的生物差异对运动能力的影响。

表 19.1　2018 年男子和女子世界纪录的比较*

项目	男子	女子	差异（%）
		田径	
100 m	9.58 s	10.49 s	9
1 500 m	3 min 26 s	3 min 50 s 07	11
10 000 m	26 min 17 s 53	29 min 17 s 45	11
跳高	2.45 m	2.09 m	16
跳远	8.95 m	7.52 m	17
	游泳（自由泳）		
100 m	46.91 s	51.71 s	10
400 m	3 min 40 s 07	3 min 56 s 46	3
1 500 m	14 min 31 s 02	15 min 20 s 48	5.5

*注：数据截至 2018 年 6 月，请参阅国际田联和国际泳联网站。

第一节　运动生理学中的“性别”

在研究中，当我们对比男性和女性的生理差异时，通常使用“性别差异”这一概念，sex differences 和 gender differences 这两个术语通常被互换使用。这种双重术语会导致在文献检索、数据报告和结果解释方面的混淆，研究人员需要考虑这两个术语之间是否有区别，以及在不同情况下应该使用哪一个才更准确。

在男性和女性的生理学研究中，sex 和 gender 并不是同义词。相反，生理性别（sex）是生物学决定的性别，社会性别（gender）是由文化决定的。换句话说，生理性别指生理、遗传和生物学特征上的性别，社会性别是社会、文化和心理的自我表征。例如，一个人有可能具有男性的生理结构和功能特征，却以女性身份生活，并且可能经历了变性手术。因此，男性和女性的基础生理学比较研究应更多关注生理性别差异，除非是针对一种或多种文化、社会、行为或心理因素，研究不同社会性别人群的生理学影响。虽然这看起来是一个理论上的概念，但在实际生活中，科学研究和竞技体育中都有涉及。

例如，2011 年，国际田联针对在 2009 年柏林世锦赛上赢得 800 m 冠军的南非女选手卡斯特尔 • 塞门亚（Caster Semenya）制定了一项新政策。塞门亚因其男性化的体格而备受争议，被迫接受性别测试，结果显示她体内的睾酮水平异常升高（雄激素过多症）。国际田联关于雄激素过多症的政策规定，如果女性被怀疑过于男性化，必须接受检测和治疗，以确保参赛资格。这项政策受到多方批评，但由于缺乏对生理性别和社会性别概念的区分，竞赛资格判断的难度增加，导致这项政策的发展与执行混乱不堪。

为什么在现代生理学中不倾向使用生理性别差异（sex differences）这个术语？这可能是因为“gender”一词避免了“sex”一词中的暗指，因此看起来不那么具有暗示性，更礼貌，或者在政治上更正确。此外，性别本身的概念甚至也不像人们认为的那样一分为二。由于性别的遗传决定因素和生物结构与功能差异，同一个体身上可能会产生雌雄间性的特征。然而，无论如何，将基本生物学和生理属性的比较作为性别差异对文献研究来说，都有利于其更好地分类和阐述。

第二节　体型与身体成分

在幼儿时期，男孩与女孩的体型和身体成分相似。正如我们在第十七章了解到的一样，在儿童后期，女孩开始比男孩积累更多的脂肪，而在青春期早期，男生增加瘦体重的速率比女生快很多（图 19.1）。

不同性别之间身体成分差异的出现主要是由于青春期内分泌开始变化。在青春期之前，垂体前叶分泌少量的促性腺激素：卵泡激素和黄体生成素。青春期时，垂体前叶大量分泌更多的促性腺激素。对女性而言，分泌足够量的卵泡激素和黄体生成素会使卵巢发育，雌激素也会开始分泌。而对于男性，这些激素的分泌会使睾丸发育，而后开始分泌睾酮。

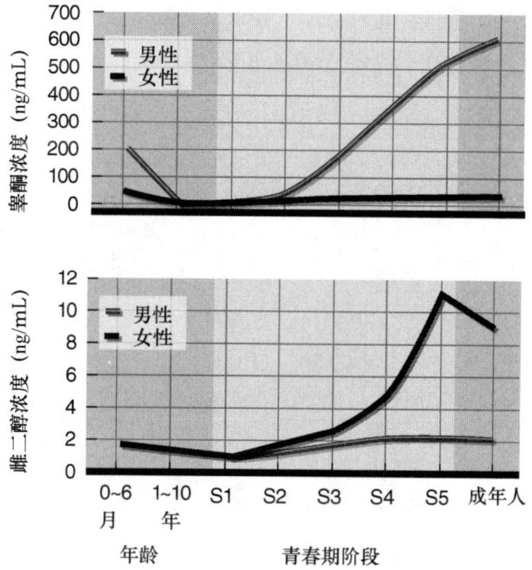

图 19.1　从出生到成年血液中睾酮和雌激素（雌二醇）的变化

注：标记 S1 到 S5 代表根据第二性征划分的青春期的 5 个时期。S1 代表青春期初期，S5 代表青春期后期。

图 19.1 显示了雌激素（雌二醇——雌激素的主要有效成分）和睾酮从青春期初期（S1）到青春期后期（S5）的变化。睾酮可以促进骨形成，从而使骨骼生长，并且增加蛋白质合成，从而增加肌肉质量。因此，青春期男性比女性骨骼更粗大，肌肉更强壮，而这些特点将会延续到成年。发育成熟的男性肌肉质量比女性更大，肌肉质量的分布也与女性的不同。男性上半身肌肉质量百分比较女性高约 3%。睾酮也会刺激肾脏产生促红细胞生成素，从而促进红细

胞的生成，这在本章后面将会谈到。

雌激素（estrogen）会对女性身体的生长发育产生明显影响：扩大骨盆，刺激乳房发育，增加脂肪沉积，尤其是在大腿和臀部。脂肪在大腿和臀部沉积的增加是**脂蛋白脂酶（lipoprotein lipase）**在这些部位活性增强的结果，这种酶被认为是脂肪组织中储存脂肪的关键。脂蛋白脂酶在脂肪细胞中产生，但是贴在毛细血管壁上，对其中的乳糜微粒产生影响。乳糜微粒是血液中甘油三酯的主要运载体。在身体任何部位，当脂蛋白脂酶活性高时，乳糜微粒的作用就会受限，甘油三酯被水解，然后被转运到该部位的脂肪细胞中储存。

许多女性一直在与沉积在大腿和臀部的脂肪斗争，但是，她们通常以失败告终。与女性其他储存脂肪的部位，以及男性大腿和臀部相比，女性的大腿和臀部脂蛋白脂酶的活性极高，而脂肪分解活性很低。这使女性大腿和臀部脂肪沉积得很快，脂肪分解活性低又使女性很难减掉这些部位的脂肪。但是，在妊娠后 3 个月及整个哺乳期，会发生戏剧性的变化：脂蛋白酯酶的活性降低，而脂肪分解活性提高。这意味着脂肪在大腿和臀部的储存是为了生殖。

雌激素同样会提高骨生长率，使女性在青春期开始后的 2～4 年内达到最终骨长度。因此，在青春期刚开始的几年里，女性生长发育速度极快，然后停止生长。而男性的生长发育期更长，这会使他们长得更高。由于这些差异，与发育完全成熟的男性相比，发育完全成熟的女性平均约：

✧ 身高矮 13 cm（5 in）。

✧ 总体重轻 14～18 kg（30～40 lb）。

✧ 瘦体重轻 18～22 kg（40～50 lb）。

✧ 脂肪质量多 3～6 kg（7～13 lb）。

✧ 体脂相对高 6%～7%。

小结

- 生理性别这个术语涉及生理、遗传和生物特征。相比之下，社会性别受社会、文化和心理的影响，这些因素决定了个体的自我表现是男性还是女性。
- 青春期前，体型和身体成分在大多数测量中没有显著的性别差异。
- 青春期时，身体成分在雌激素和睾酮的影响下出现显著变化。
- 睾酮可以促进骨形成并增加蛋白质合成，从而使人获得更多瘦体重。同时，它促进促红细胞生成素产生，从而促进红细胞生成。
- 雌激素增加女性脂肪的沉积，尤其在大腿和臀部。同时，雌激素还能提高骨生长率，因此女性比男性更早达到最终身高。

第三节　急性运动的生理反应

无论是跑台上的力竭性跑，还是一次性举起最大重量，对于短时间急性运动的反应都存在性别差异。儿童和青少年时期，男生和女生之间的差异在第十六章中已经介绍过了。在此，我们着重讨论成年人在运动中存在的力量、心肺功能、最大摄氧量等方面的性别差异。

一、力量

就绝对力量而言，女性上肢力量较男性弱 40%～60%，而下肢力量仅比男性弱 25%～30%。由于普通男女之间巨大的体型差异，采用相对体重（绝对力量/体重）或相对瘦体重（绝对力量/瘦体重）作为评价肌肉质量的标准来描述力量比较合适。当用相对体重来表示下肢力量时，女性仍比男性弱 5%～15%；但是，当用相对瘦体重来表示时，男性与女性之间不存在差异。这意味着男女之间肌肉先天的质量和运动控制的机制是相似的。这已被上臂和大腿的 CT 扫描结果所证实，即伸膝肌群（图 19.2a）和屈肘肌群（图 19.2b）。

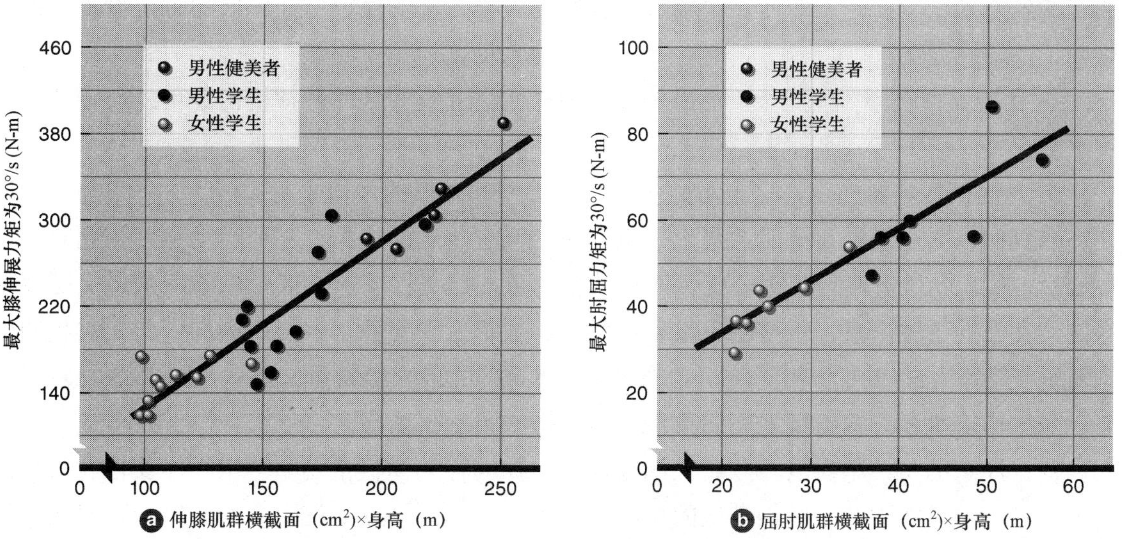

图 19.2　用单位肌肉横截面表示力量时，男性和女性在最大膝关节伸展力矩（a）和最大肘关节屈曲力矩（b）方面无性别差异

肌肉活检在女运动员中越来越普遍，它可以使女运动员与在相同运动或项目中的男运动

员对比。尽管有证据表明男性的肌肉类型可以达到更大的极限值（大于 80%的慢肌纤维即Ⅰ型肌纤维，或大于 80%的快肌纤维即Ⅱ型肌纤维），但是从这些数据中可以发现，男性和女性的不同肌纤维类型的分布是相似的。在优秀长跑运动员中，女性Ⅰ型肌纤维百分比的平均值为 69%，而男性为 79%。与预期推断一致，女性Ⅰ型肌纤维和Ⅱ型肌纤维的横截面积比男性的小得多（女性平均值小于 4 500 μm^2，男性大于 8 000 μm^2）。尽管女性肌纤维的横截面积小，但是女性与男性的毛细血管分布相似。

研究表明，与男性相比，女性抗疲劳能力更强。通常，让受试者在最大随意静态动作的既定百分比强度下持续做功，以此来测定疲劳。例如，女性在其 50%最大随意静态动作下持续做功的时间要长于相同条件下的男性。由于男性更加强壮，他们需要做更多的功，才能达到自己 50%的相对肌力。抗疲劳能力的原因还不明确，但是可能与肌肉募集的数量、血管的压力、酶作用物（底物）的利用、肌纤维的类型、神经肌肉的激活有关。

二、心肺功能

当在功率自行车上以固定的输出功率（不受体重影响）进行运动时，女性通常都表现出较高的心率（HR）。然而，男女的最大心率（HR_{max}）通常是相同的。在亚极量运动中，女性的每搏输出量（SV）较低，但心率（HR）较高，因此，在相同的绝对亚极量强度下，男女的心输出量（$\dot{Q}$）通常是相同的。一般正常女性进行有氧活动可能较少，因此也降低了她们的有氧耐力水平。但是，即使在健康状况良好的人群中，女性较男性偏低的每搏输出量也可以归于以下原因：

✧ 女性体型较小，因此她们心脏和左心室较小，并且较低的每搏输出量可能与较低的睾酮水平有关。

✧ 女性的血容量较少，这也与她们较小的体型和较低的瘦体重有关。

当我们以某一既定百分比的最大摄氧量作为强度控制的依据，并使运动强度相同时，女性心率往往比男性升高得更多一些，而每搏输出量却比男性明显偏低。以 60%的最大摄氧量为例，女性的心输出量、每搏输出量和耗氧量一般都低于男性，但心率则高一些。对相同的绝对输出功率（50 W）和相同的相对输出功率（60%的最大摄氧量）而言，图 19.3 显示了心率、每搏输出量和心输出量之间的关系。其数据来源于家系研究。

值得注意的是，早期的一些研究结果表明，在同样的亚极量功率输出下，女性有较高的心输出量，这可能弥补了她们较低的血红蛋白水平。但是，近期有更多的研究一致表明，男女之间不存在差异。显然，对一个既定的功率输出量而言，女性似乎能够通过动脉–混合静脉氧差的急剧增加来弥补其较低的血红蛋白水平。训练中，女性在动脉–混合静脉氧差峰值上的增长潜力较小，这可能归因于较低的血红蛋白浓度导致其较低的动脉氧含量，同时降低了肌肉的氧化能力。较低的血红蛋白浓度是最大摄氧量出现**性别特有差异**（**sex-specific**

differences）的重要原因，因为在既定血容量下，随血液输送到运动肌肉的 O_2 也较少。

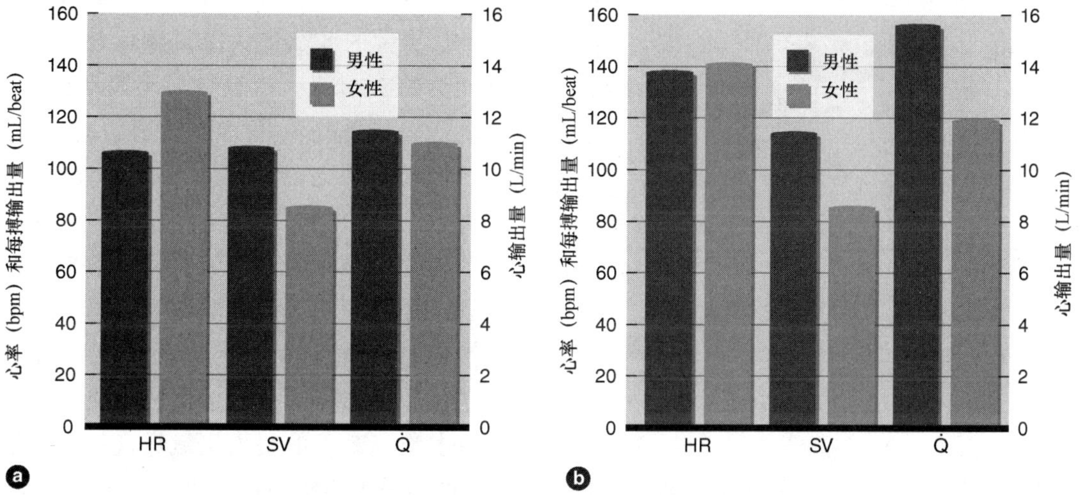

图 19.3　比较男子和女子在相同绝对输出功率（50 W）(a) 和相同相对输出功率（60%的最大摄氧量）(b) 的情况下，心率、每搏输出量和心输出量之间的关系

肺功能对运动的影响在性别上的差异大部分归因于体型的不同（图 19.4）。以同样的相对输出功率（如以 60%的最大摄氧量）运动时，不同性别之间呼吸频率的差别很小。然而，以同样的绝对输出功率运动时，女性的呼吸频率较男性有更急促的倾向，这可能是因为当男女以同样的绝对输出功率运动时，女性会以较高的最大摄氧量百分比做功。女性以同样的相对或绝对输出功率运动时，即使达到最大摄氧量水平，其潮气量与通气量也都较小。这些差异也与体型大小密切相关。

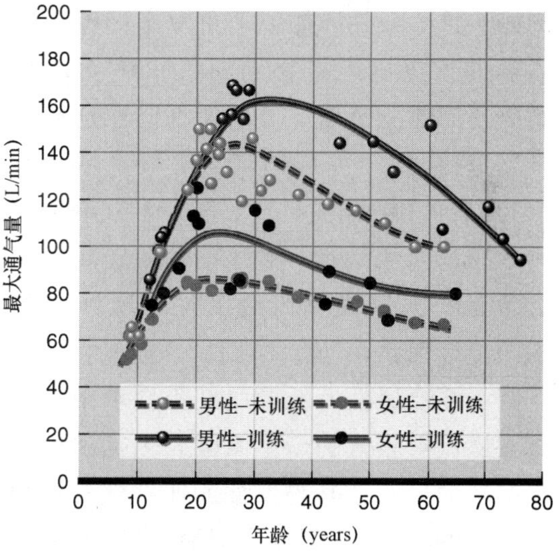

图 19.4　未训练、训练的男性和女性随年龄的增长最大通气量的差异

三、最大摄氧量

最大摄氧量被很多运动学家看作反映心肺耐力的单一最佳指标。青春期以后，普通女性的最大摄氧量仅是普通男性的 70%～75%。男女之间最大摄氧量的差异必须被详细说明。研究人员 1965 年发表的一项涉及高水平运动员和非运动员的经典研究表明，虽然女性的平均最大摄氧量较低，但不同性别之间和同性别的最大摄氧量存在相当大的差异和重叠。如图 19.5 所示，每个方块里的数字代表平均最大摄氧量数值。该图说明，虽然各组之间平均最大摄氧量数值的差异确实存在，但是一个组与另一个组之间存在相当多的重叠。例如，在比较受试

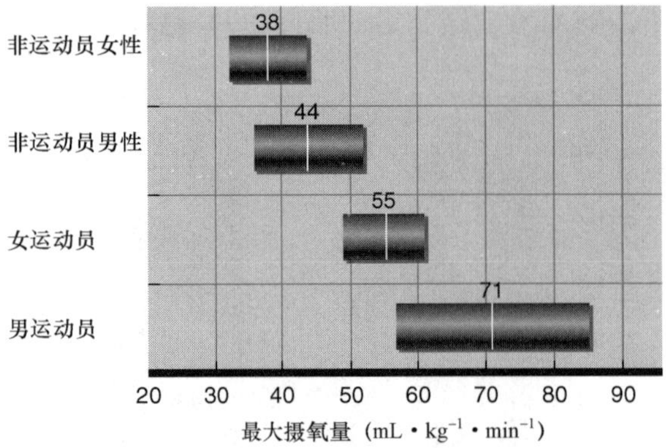

图 19.5 非运动员女性、非运动员男性、女运动员和男运动员的最大摄氧量数值（平均值±2 标准差）的范围

者以亚极量强度和最大强度运动时的生理反应时，非运动员女性的 76%最大摄氧量与非运动员男性的 47%最大摄氧量重叠，并且女运动员的 22%最大摄氧量与男运动员的 7%最大摄氧量重叠。图 19.5 展示了这些关系。

如果想对比正常的非运动员男性、女性在青春期后的最大摄氧量的差异，由性别带来的差异可能会由于他们的训练水平而存在差异（如在同一年龄，非运动员男性通常比女性训练得更好），从而使结果而变得混乱。萨尔廷和奥斯特兰德通过比较瑞典国家队高水平男女运动员的最大摄氧量，试图尽量减小不同性别不同体力活动的影响。类似调查显示，女性的最大摄氧量比男性的低 15%～30%。然而，近期更多的研究显示了一个更小的差异，为 8%～12%。图 19.6 比较了优秀男、女长跑运动员和未训练的男性、女性的最大摄氧量的平均值。

当考虑瘦体重或活动肌肉的质量时，男女性别之间的最大摄氧量差异可能会消失。例如，通过额外增加躯干负重来调整男性运动员的体重以模拟相同训练水平女性运动员更高的体脂重量，可以使不同性别亚极量摄氧量（用每千克瘦体重的摄氧量毫升数表示）和最大摄氧量的平均差异分别降低 38%和 65%。结果显示，女性特有的较高的体脂储备是最大摄氧量在跑步时呈现性别差异的决定性因素。

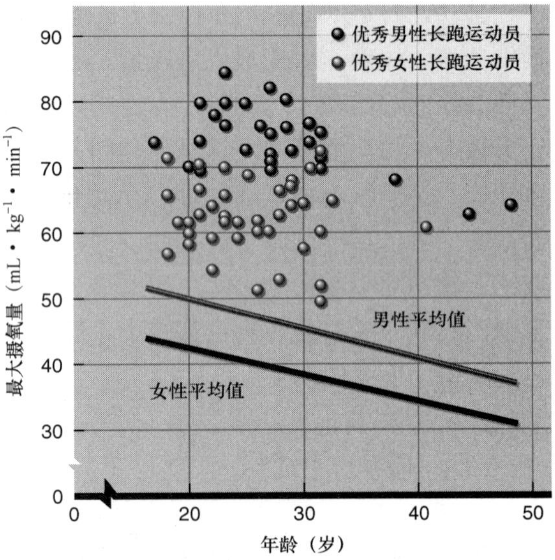

图 19.6 与未训练的普通男性和女性相比，优秀男、女长跑运动员的最大摄氧量数值

女性较男性偏低的血红蛋白水平是她们最大摄氧量较低的一个原因。当抽出男性一定数量的血液使其与女性的血红蛋白量相同后，男性的最大摄氧量会明显下降。但是，这种下降仅仅表明了最大摄氧量存在性别差异的一小部分原因。

如何理解女性较低的心输出量限制她们获得更高的最大摄氧量也是很重要的。女性较小的心脏和较低的血容量在很大程度上限制了她们的最大心输出量。如果我们以在亚极量强度下运动时的氧耗代替最大摄氧量，对于相同的绝对输出功率，男女之间的任何差异都是很小的。但由于女性在相同的绝对亚极量强度下通常以较高的最大摄氧量百分比运动，因此血乳酸浓度更高，并且在绝对输出功率较低时出现乳酸阈。当以最大摄氧量的百分比描述时，男性和女性的乳酸阈是相似的。

研究视角 19.1　规律运动的男性的减重效果比女性的更好吗？

许多公共卫生组织和专业协会都推荐将运动作为控制体重和减重的主要方法，从而使身体更健康。运动改善健康的效果与减重无关，没有相应饮食计划的单纯运动干预是否能有效地减轻体重仍然存在争议（在研究视角 15.1 中讨论）。一种普遍的看法认为，女性在锻炼后的体重减轻程度不如男性。关于减重效果的性别差异研究通常将这一现象从理论上归因于女性更多的体脂会导致更多的能量摄入。然而，由于常见的方法学问题，如运动养生的依从性、缺乏实际能量消耗数据、运动项目持续时间和强度的差异，以及受试者特征的差异，这些研究难以解释和比较这一现象。

2014 年，一个由英国利兹大学和瑞典卡罗林斯卡研究所的科学家组成的研究团队对男性和女性减重差异的研究进行了系统综述。综述包括：短期、中期和长期干预的研究；有监督的项目和无监督的项目研究；正常体重人群和超重人群的比较研究。该研究还涉及了运动引起的能量消耗和能量摄入的代偿性增加。Meta 分析结果表明，当能量消耗相等时，男性和女性的减重效果是一致的。运动减重效果的差异是由个体能量摄入的变异性所引起的，与性别无关。而且没有证据表明女性会比男性通过更多地摄入能量来补偿运动引起的能量消耗。这些研究人员推测，之前的研究显示性别在运动减重方面存在差异，是由于忽略了体型和能量摄入等因素，从而使研究结果出现偏差。

小结

- 肌肉的固有质量和运动控制机制对男女来说是相同的。
- 相对身体重量或瘦体重来说，男女的下肢力量没有差异，但是女性的上肢力量比男性要小。这主要是因为女性肌肉质量更多在腰部以下，并且女性使用下肢比使用上肢更多。
- 在亚极量强度下运动时，女性的心率比男性的高，但是在相同的运动强度下，女性的亚极量强度的心输出量与男性的相似。这表明女性的心输出量较低，这主要是因为她们心脏较小，血容量较少。
- 女性动脉－混合静脉氧差的增加能力较低，可能是因为她们的血红蛋白含量较少，因此单位血液运输到她们的活动肌肉的 O_2 较少。
- 男性和女性在运动时，呼吸反应的不同主要是由于他们体型大小的不同。
- 青春期以后，普通女性的最大摄氧量仅为男性的 70%～75%。然而，这种差异可能是女性较少运动的生活方式造成的。针对高水平运动员的研究发现，男女之间的最大摄氧量存在 8%～15%的差异，并且其中一些不同是由于女性较多的脂肪质量、较低的血红蛋白水平和较少的最大心输出量。
- 在特定的相对运动强度下，乳酸阈在性别上的差异很小或几乎没有。

第四节　运动训练的生理适应

在安静时和运动状态下，人体基本的生理功能会随着体育锻炼而发生改变。在这一节中，我们研究女性对于长期运动锻炼是如何产生适应的，重点强调女性与男性可能存在的差异。

一、身体成分

不论是进行心肺耐力训练还是抗阻训练，男性和女性都会有以下变化：

✧ 总体重下降。

✧ 脂肪含量减少。

✧ 相对脂肪量减少。

✧ 瘦体重增加。

这些身体成分方面的改变似乎与训练中的总能量消耗关联度较高，而非参与者的性别。力量训练可以比耐力训练增加更多的瘦体重，而且不同性别瘦体重的增长幅度也是相似的。

骨骼和结缔组织可以随着训练而发生改变，但是人们对这种变化的了解并不深入。负重练习对于保持成年人的骨的质量和骨密度是很关键的，这种适应与性别无关。结缔组织的强度似乎会随着耐力训练而增加，不同性别之间的差异尚未明确。

二、力量

20 世纪 70 年代以前，人们一直认为力量训练不适合女孩和成年女性。由于女性的雄激素水平先天较低，人们简单地认为她们并不能获得力量。20 世纪六七十年代，由于力量比对手弱，很多优秀的美国女运动员在国际大赛中表现不佳。研究逐渐发现，力量训练能够使女性肌肉力量显著增长且常常不会使肌肉体积增加。部分原因是她们的睾酮水平较低，所以女性总的肌肉质量比男性少。如果肌肉质量是力量的主要决定性因素，那么女性就有明显的劣势。但是，如果神经因素和肌肉体积一样重要或者更甚于肌肉体积，那么女性潜在的绝对力量就相当可观了。而且，有些女性也能够出现显著的肌肉肥大。研究已经证明，女子健美运动员体内含有游离的合成类固醇。大量研究表明，在抗阻训练后，男女都会出现瘦体重和肌肉体积增加，也会出现Ⅰ型肌纤维、Ⅱa 型肌纤维、Ⅱx 型肌纤维肥大。因此，在抗阻训练后，女性的力量会增加 20%～40%，并且增加幅度与男性的相似。

三、心血管和呼吸功能

心血管和呼吸系统的适应性改变主要来自心肺耐力训练。如第十一章所述，这些适应并不是性别造成的。训练能够使最大心输出量增加，而最大心率通常不会改变或者轻微降低。因此，最大心输出量的增加是因为最大每搏输出量的大幅度增加。有两个原因导致了这种结果：一是由于训练使血容量增加，从而使心脏舒张末期的容积（收缩前心室中的血液量）增加；二是由于训练可使心肌更强壮，交感神经活动增加，心肌收缩力增大，射出的血液量增多，从而使心脏收缩末期的容积（收缩后心室中的血液量）减少。

在亚极量运动中，心输出量甚至完全没有因为运动而变化。但是在同样的绝对运动强度下，每搏输出量会增大很多。经过运动训练后，在任意一个特定的运动强度下，心率会降低。这些变化与性别无关。

四、最大摄氧量

通过心肺耐力训练，女性的最大摄氧量增加，而其相对增加的平均值与男性的相同（平均增加 15%～20%）。变化的程度主要取决于训练的强度和持续时间、训练频率和研究时间的长短。乳酸的产生和累积也有类似的变化：在同样的绝对亚极量运动强度下，女性的血乳酸含量降低，最大血乳酸值上升，乳酸阈也随着训练提高。

小结

- 运动训练可以使男性和女性的身体成分产生相似的变化，而这种变化与运动时总的能量消耗有关。
- 与男性相似，女性通过力量训练可使肌肉力量大幅度增加，这是因为力量训练使瘦体重和肌肉体积增加，同时Ⅰ型肌纤维、Ⅱa 型肌纤维、Ⅱx 型肌纤维肥大。
- 心肺耐力训练对于心血管和呼吸的影响并没有性别差异。
- 心肺耐力训练使男性和女性的最大摄氧量都得以增加。

第五节 运动表现

在所有用距离和时间来客观准确地衡量运动成绩的项目中，男性都可以超过女性，这些往往是男女差异最显著的运动项目。例如，在铅球项目中，上肢力量水平的优劣起到了关键作用。随着越来越多的女性开始参加体育运动，男女之间的差距似乎缩小了。在 1924 年奥运会 400 m 自由泳项目中，女子冠军的成绩比男子慢了 19%，而 1984 年奥运会，差距只有 7%。这一差距被凯蒂·莱德基（Katie Ledecky）进一步缩小，她在 2016 年奥运会上创造了 3 min 56 s 46 的纪录，与孙杨 2012 年创下的 3 min 40 s 14 的男子纪录相差不到 3%。如表 19.1 所示，1 500 m 自由泳的世界纪录男女之间的差距只有 5.5%。近年来，田径项目的性别差异增大了，但是已经很难进行有效性别对比，因为在对体育运动的重视程度，以及教练员、设施和训练技术等方面，男女之间较之前有很大不同。

正如本章开始所提到的，20 世纪 70 年代以前，很多女孩和成年女性都不能参加竞技体育比赛。一旦女性像男性一样开始艰苦地训练，她们的成绩就会突飞猛进。图 19.7 展示了 1960—2016 年 6 个田径项目的男子、女子世界纪录。从 100 m 跑到马拉松，女子世界纪录始终比男子慢了 8%～9%。不过，正如数据所显示的那样，女子世界纪录的提高在初期非常迅速，然后开始趋于稳定，与男子世界纪录的曲线平行。

无氧和有氧运动的性别差异是肌肉质量、力量、最大摄氧量和新陈代谢的性别差异造成的。这就使男性在各个距离和项目上都优于女性。然而，在过去的 50 年里，男女之间的运动表现差距的趋势发生了不一致的变化。例如，虽然超耐力项目的性别差异在减少，但在短跑项目中，男女之间的差距实际上在增加。这些观察结果表明，造成运动表现的性别差异的因素不仅仅是生理因素。

相比之下，在耐力项目中，这可能是一个参与度问题。例如，在过去的 35 年里，顶尖男女 24 h 超级马拉松运动员之间的差距已经缩小，这表明，随着越来越多的女性参加超耐力运动，成绩差距可能会缩小。此外，马拉松比赛的数据表明，运动表现的性别差异会随着年龄和参与者的名次（第 1 名到第 10 名）而增加，这主要是因为参加比赛的女性人数相对较少。

无论如何，迄今为止的证据表明，男性和女性在运动表现方面的差异受生理、社会、环境和心理的影响。因此，准确预测未来几代人运动表现的性别差异比简单地根据已有数据生成回归方程的推算方式复杂得多。

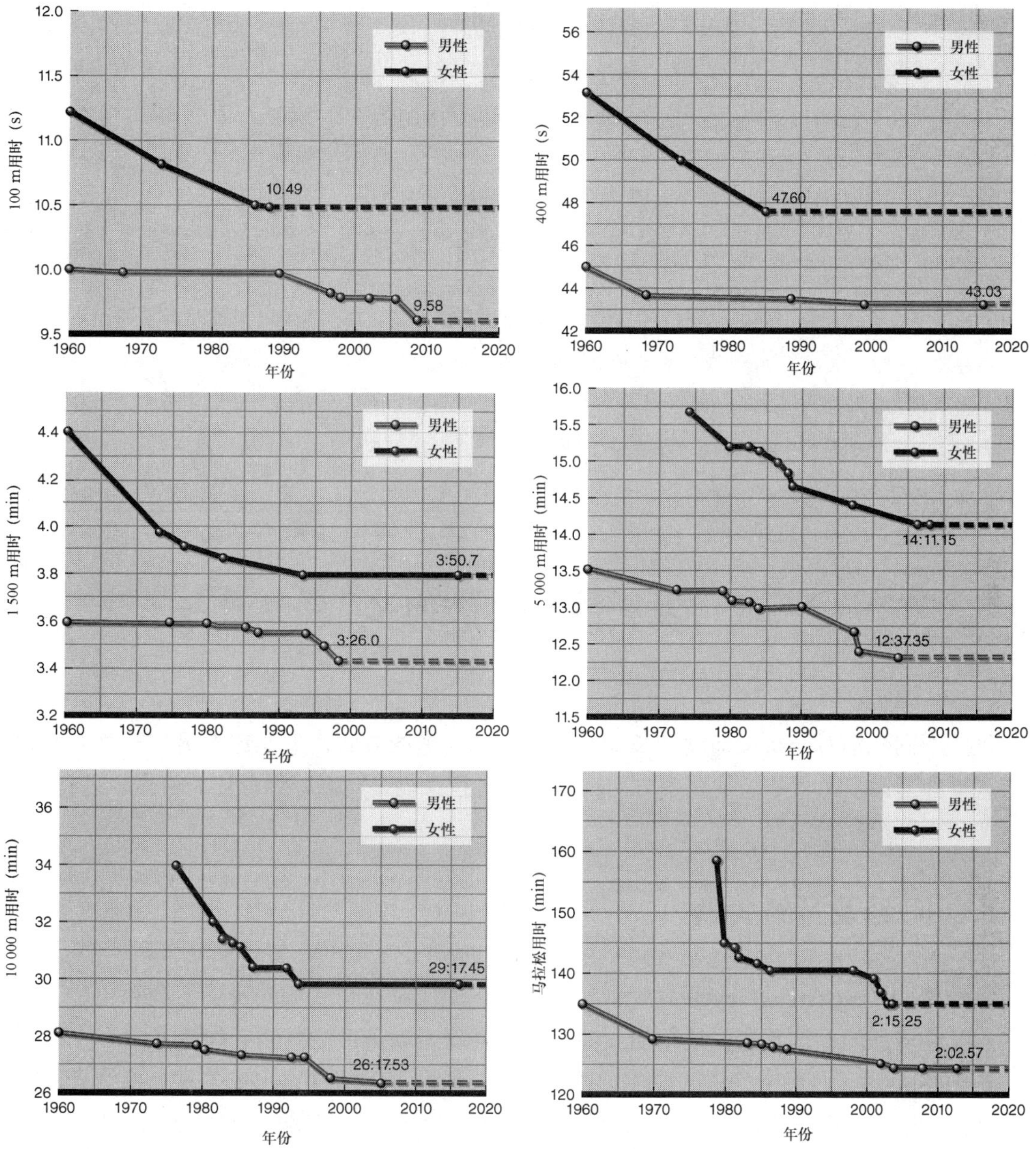

图 19.7　1960—2016 年 6 个田径项目的男子、女子世界纪录

研究视角 19.2	在马拉松比赛中，男性比女性更有可能放慢速度

耐力比赛中的最佳节奏策略一直是教练员、运动员和运动生理学家感兴趣的话题。传统上，这些研究仅限于高水平运动员。然而，从近期大众参与的马拉松比赛中获得的有效数据使研究人员得以通过这些范围更广的运动员数据对马拉松比赛进行研究，其中就包括了非高水平长跑运动员。基于这些新获得的数据，新的跑步节奏模式出现了，同时研究人员发现，在马拉松比赛过程中，男性比女性更有可能放慢速度。

2015 年的一项研究调查了全美 14 场马拉松比赛中 91 921 名跑步者在配速方面的明显性别差异。研究人员获得了性别、年龄、比赛完成时间和到半程点的时间数据，以及对比赛经验的评价（包括以前参赛的总数、参加过的马拉松比赛的总数、最快的 5 km 成绩和有参赛纪录的最早年份），并计算每名参赛者在马拉松比赛的后半段相对于前半段的速度变化百分比。研究团队对女性的运动成绩做了 12%的调整，以表明女性的成绩比同等条件下的男性平均低 10%～12%。

在整个研究过程中，男性放慢了 15.6%的速度，而女性平均只放慢了 11.7%。这一性别差异在马拉松比赛的整个受试者群体中都很显著，并且不受完赛时间的影响（这表明总速度不影响这种性别差异）。尤其对男性而言，减速越多，完赛时间越长。尽管丰富的比赛经验可以使男性和女性后半段减速变少，但控制参赛经验这一因素后并不能消除比赛节奏的性别差异。

这种明显的性别差异原因尚不清楚，可能反映了生理上的差异（比如男性更容易受糖原消耗和肌肉疲劳的影响），或者仅仅是决策上的差异。例如，男性可能更倾向于在早期采用“风险战略”，也就是说，他们开始比赛时的配速很快，却无法在整个赛程中维持这一配速。

第六节　专题讨论

虽然不同性别对一次性运动和长期运动有同样的适应方式，但是还有另外一些方面是女性必须单独考虑，尤其是以下几个方面：月经及月经失调、妊娠、终身骨骼健康、进食障碍、女运动员三联征和绝经期。

一、月经及月经失调

月经周期（menstrual cycle）对运动能力和运动成绩有何影响？身体活动和比赛又是如何影响月经周期的？这是热爱运动的女性，特别是女运动员关注的两个问题。

图 19.8 展示了月经周期的 3 个主要阶段。第一阶段是**月经（menses）**期，持续 4～5 天，在此期间，子宫内膜脱落，出血，即月经发生。第二阶段是增殖期，持续大约 10 天，子宫为受精做好准备。处于增殖期时，子宫内膜开始增厚，卵巢内一些卵泡发育成熟，卵泡开始分泌雌激素。当成熟卵泡破裂时，增殖期结束，释放卵子（排卵）。在卵巢周期中，月经期、增殖期相当于卵泡期。月经周期中的第三阶段即最后阶段为分泌期，相当于卵巢周期中的黄体期。这个阶段持续 10～14 天，在此期间，子宫内膜持续增厚，血液和营养供给增加，子宫准备受精。空卵泡分泌黄体酮，雌激素分泌持续增加。完整的月经周期平均约 28 天。然而，健康女性的月经周期长度也会有相当大的变化，变化范围为 23～36 天。

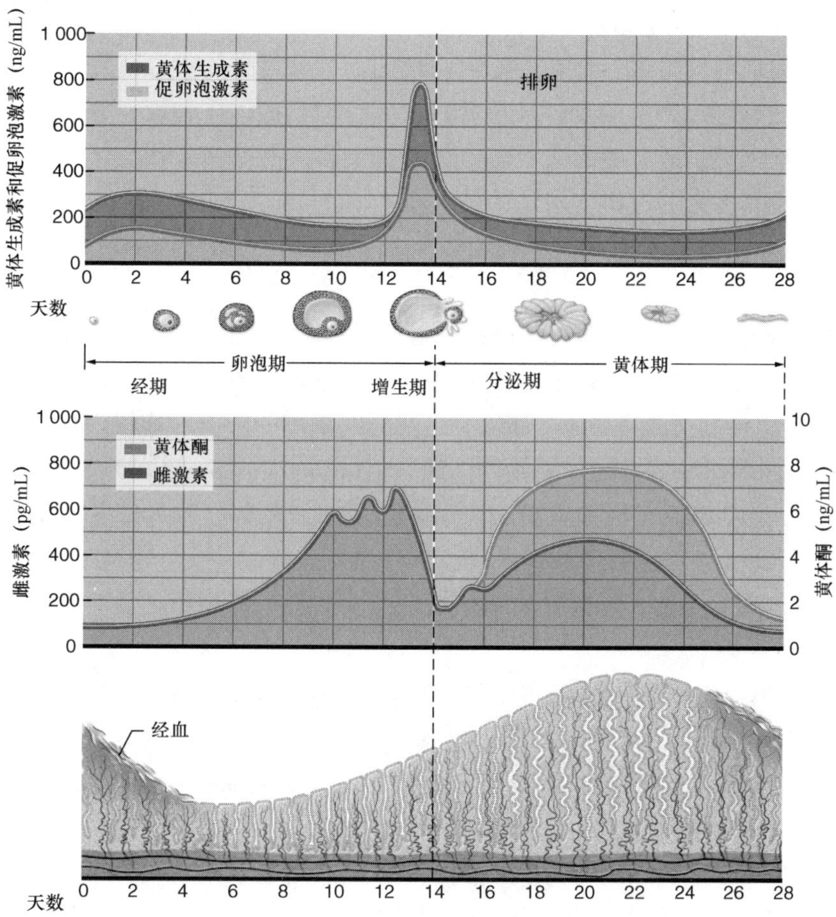

图 19.8　月经周期的分期伴随黄体酮和雌激素（中间图）及促卵泡激素和黄体生成素（顶部图）的变化

注：在大多数情况下，周期分为卵泡期（从月经出血开始）和黄体期（从排卵开始）。

（一）月经与运动表现

在月经周期不同阶段的交替中，运动表现的变化存在相当大的个体差异，目前还没有可靠的数据表明月经周期的各个阶段有任何显著的生理差异，或者在月经周期的任何时候运动表现发生的变化。女运动员在月经周期的各个阶段都有过高水平的运动表现。因此，在实验室和运动比赛中收集的数据一致表明，大多数女性的生理反应和运动表现都不会受到月经周期的实质性影响，尽管女性可能会受到诸如经前综合征、腹胀和抽筋等因素的影响。

（二）初潮

初潮（menarche）指第一次月经来潮。据报道，一些特定体育项目的运动员（如体操和芭蕾舞的年轻运动员）会出现初潮推迟。根据调查数据，美国女孩的平均初潮年龄在 12.4～

13 岁。初潮推迟被定义为初潮时间晚于 14 岁，而体操运动员的初潮年龄大约在 14.5 岁。这些数据提示，运动训练会导致月经初潮延迟。然而，与其对立的假说认为，晚熟的女孩（如初潮推迟）因为拥有纤瘦娇小的身体，更容易在体育项目如体操中取得好成绩。这意味着在自然状态下，初潮推迟的人更适合某些特定的体育项目，并非由于参与体育运动而导致初潮推迟。目前，尚没有有力的证据支持这两种观点。

（三）月经失调

女运动员会经历正常月经周期不同形式的紊乱，这样的紊乱被统称为**月经失调（menstrual dysfunction）**。**月经正常（eumenorrhea）**是月经功能正常的专有名词，指月经周期长度持续为 26～35 天。**月经稀发（oligomenorrhea）**是月经间隔不一致、不规律，延长至 36～90 天。**闭经（amenorrhea）**指没有月经。**原发性闭经（primary amenorrhea）**是指年过 15 岁还未来过月经的现象。运动员原本经期正常，但出现 90 天以上的停经称为**继发性闭经（secondary amenorrhea）**。因此，继发性闭经是原本行经正常的女孩或成年女性出现了 90 天以上的停经现象。参加任何运动的女性，甚至参加娱乐活动的女性都可能经历闭经，闭经与运动训练的强度无关。

女运动员继发性闭经和月经稀发的患病率有充分的记录，推测患病率在 5%～66%或更高，这取决于运动项目、竞争水平和对于闭经的界定。这一患病率要远远高于普通人 2%～5%和 10%～12%的闭经和月经稀发的患病率。在强调瘦体重的项目（如芭蕾、体操和长跑）的运动员中，这一比例似乎更高。

从 20 世纪 70 年代开始，科学家为找到女性运动爱好者和运动员继发性闭经的根本原因而不断进行实验研究。下列是可能导致闭经的一些潜在原因：

✧ 月经失调的病史。
✧ 急性应激反应。
✧ 高强度或高运动量的训练。
✧ 低体重和低体脂。
✧ 激素的变化。
✧ 营养不良和/或饮食紊乱导致能量摄入不足。

大量研究表明，以上 6 个可能的因素中，高强度训练或高运动量训练或两者结合被认为是导致月经失调的首要原因，其余 5 个不是首要原因，但事实可能并非如此。

目前的证据表明：营养不良导致能量摄入不足是继发性闭经的首要原因。研究显示，能量摄入不足，尤其当身体摄入的能量不足以满足能量消耗并且超过一定的时间时，更容易造成继发性闭经。俄亥俄大学的安妮·劳克斯（Anne Loucks）教授及其同事最近的研究证明，只要让月经正常的女性出现能量失衡，就会诱发与继发性闭经有关的激素出现显著的改变（雌激素、孕酮、瘦素和三碘甲状腺原氨酸）。食物缺乏可能会触发抑制月经功能和黄体生成素分泌的信号，能量不足越严重，对月经功能的影响就越严重。

因此，运动可能通过能量的减少而间接引起月经失调，而不是导致月经失调的直接原因。如果出现能量缺乏，不管有没有训练都会引起这些激素的变化。因此只要每天、每周、每月的能量摄入能满足或者超过能量的消耗，高强度或高运动量训练就与月经失调没有过多关联。

小结

- 月经周期的不同阶段对运动成绩的影响很大程度上存在个体差异。据报道，一般来说，在月经期运动成绩受到影响的人数与没受影响的人数基本持平。任何女性在经历痛经或经前期综合征（PMS）时，运动能力都可能会受到影响。
- 某些项目的年轻运动员会出现初潮推迟。然而，最可能的解释就是晚熟的人拥有纤细的身体，更容易在这些运动中取得成功，而非运动导致初潮推迟。
- 很多女运动员都会经历月经失调，主要是继发性闭经或月经稀发。现在的研究表明，营养不良或长期的能量摄入不足是导致继发性闭经的首要原因，而不仅仅是运动引起的能量消耗过多。
- 与能量不足相关的激素变化可能会反馈到下丘脑或垂体，扰乱正常的生理周期。同样，这也与长期能量缺乏有关。

研究视角 19.3　女运动员是否应该接受铁缺乏症和贫血的检查

由于红细胞的携氧能力降低，缺铁性贫血会影响运动员的运动能力，特别是在耐力项目中。据报道，在许多运动项目中，女运动员缺铁性贫血发生率（1%～18%）高于男运动员（1%～7%）。在一般情况下，运动员缺铁和贫血患病率较高的原因是铁摄入量不足（如在强调控制体重的运动中限制热量摄入）和铁流失增加（如出汗、溶血或月经）。

威斯康星大学麦迪逊分校最近进行的一项研究调查了美国全国大学体育协会一所 1 级院校即将入学的女大学生运动员的贫血患病率。这项研究的目的是确定这些运动员患缺铁性贫血的比例，以及在这种情况下铁相关检测的费用是多少。他们对大学代表队名单上所有运动员 12 年的医疗记录都进行了调查。贫血被定义为血红蛋白浓度低于 11.6 g/dL，铁缺乏症被定义为铁蛋白低于 20 ng/mL。实验一共从 2 749 人（56%为女性）中获得了 5 674 份实验室报告。在刚入队时，女运动员的低血红蛋白发生率约为 6%。在所有女运动员中，2%患有缺铁性贫血，31%缺铁但未贫血。有趣的是，该群体中贫血的患病率与任何一项运动中其他疾病的平均患病率没有差别。

目前，国际奥林匹克委员会建议将血清铁筛查作为高水平运动员日常健康评估的一部分。然而，各机构使用不同的生化指标和临界值来定义缺铁性贫血，导致筛查方式并不一致。在临床检测中，通过检测血红蛋白浓度、血清铁蛋白和血清转铁蛋白受体水平来诊断缺铁性贫血。尽管常规的临床筛查有助于运动员铁缺乏症和贫血的早期发现和干预，但这也会增加财务成本。美国全国大学体育协会每年铁缺乏症筛查费用的中位数超过 2 万美元。

二、妊娠

对怀孕的女性来说，人们主要关心的问题是妊娠（**pregnancy**）期间运动是否有潜在的不利影响。多年来，人们认为在怀孕期间运动可能存在一定的风险。而近些年来，已有研究建议并报道了孕妇在怀孕期间锻炼的益处，平衡了可能存在的风险。

（一）怀孕期间运动的益处和建议

根据 2013 年一项关于孕期锻炼对健康益处的综述，孕期女性的体力活动对妊娠期糖尿病、高血压、妊娠期体重增加过多、胎儿出生体重、分娩时间和儿童身体成分都有有益的影响。事实上，体力活动不足和体重过度增加被视为孕妇肥胖和相关妊娠并发症的独立危险因素。

然而，很多关于孕期运动的研究都是观察性的，通过自我报告来评估身体活动。因此，运动影响产妇和胎儿健康的具体机制尚未明确。总之，在妊娠期运动存在风险（表 19.2），但如果在设计运动方案时加以注意，运动的益处要远远大于潜在的风险。在没有内科合并症或禁忌证的情况下，妊娠期的体力活动是安全且可取的，应鼓励孕妇坚持或开始执行一项安全的体力活动计划。对孕妇而言，根据产科医生的建议调整自己的运动方案是非常重要的，包括运动方式、频率、持续时间和运动强度。

表 19.2　妊娠期间运动可能的风险及益处

	孕妇	胎儿
风险*	急性低血糖	急性缺氧
	慢性疲劳	急性高热
	骨骼肌损伤	急性血糖利用度降低
益处	提高能量代谢水平（有氧运动适应性）	减少难产并发症
	降低心血管压力	促进心血管健康
	预防体重过度增加	降低慢性疾病的患病风险
	促进分娩	
	加速产后恢复	
	形成良好的姿势	
	预防腰背痛	
	预防妊娠期糖尿病	
	改善情绪和身材	

注：*表示除非患者有某些特殊情况（如子痫前期），风险通常很低。

尽管有可靠的数据表明在怀孕期间进行体育锻炼对健康有实质性的好处，但只有大约

15%的孕妇能够达到美国妇产科医师学会（ACOG）的要求，即在怀孕期间每周进行 150 min 中等强度的有氧运动。因此，新的研究方向集中在干预形式和方法的选取上，可以让孕妇在怀孕前和怀孕期间更多地参与体力活动。

美国妇产科医师学会对怀孕期间的锻炼提出了以下建议：

（1）由于胎儿的需要及孕期解剖结构和生理的改变，有必要对常规的锻炼进行一些调整，但怀孕期间的体力活动风险很小，而且已经证明对大多数女性有益。

（2）在推荐运动计划之前，应进行全面的临床评估，以确保孕妇没有运动禁忌证。

（3）应该鼓励没有并发症的女性在怀孕前、怀孕中和怀孕后进行有氧运动和力量训练。

（4）妇产科医生和产科其他护理人员应仔细评估有并发症的女性，然后再对孕期体育运动提出建议。虽然医生经常开出减少体力活动的处方，但很少建议孕妇彻底卧床休息。在大多数情况下，孕妇被允许离床走动。

（5）怀孕期间经常进行体育运动可以改善或保持身体健康，有助于控制体重，降低肥胖女性妊娠期糖尿病的风险，并增强心理健康。

（6）仍需要进行更多的研究来探索运动对怀孕具体结果的影响，并阐明最有效的运动咨询方案，以及最佳的运动强度和频率。同样，关于职业性体力活动对孕产妇和胎儿健康的影响也需要建立完善的证据基础。

（7）大多数活动是安全的，或者可以调整为安全的。但是，一些体育运动是应该避免的，包括以下几项：

✧ 对抗性运动。
✧ 摔倒风险高的活动。
✧ 潜水。
✧ 高空跳伞。
✧ 热瑜伽或普拉提。

（二）孕期体育竞赛和高水平训练

有一小部分女运动员在怀孕期间保持高强度的体力活动，并选择在怀孕期间参加比赛，或在分娩后迅速重返赛场，或两者兼而有之，并且这种情况仍在不断增多。例如，塞雷娜·威廉斯（Serena Williams）在怀孕期间赢得了 2017 年澳大利亚网球公开赛冠军，在经历产后并发症后仅仅 10 个月就进入了 2018 年温布尔登网球公开赛的决赛。美国铁饼选手阿雷莎·瑟蒙德（Aretha Thurmond）在儿子出生两周后参加了美国全国锦标赛。然而，很少有研究表明，这种剧烈、持续的训练方案与适度的体育锻炼是否一样安全有益。

2005 年的一项研究跟踪了 41 名健康的女性，她们在怀孕期间参加了高强度（每周 8.5 h 的锻炼）或中等强度（每周 6 h 的锻炼）的运动。两组受试者中，产妇和胎儿的安全性及异常率并无差异，从怀孕 17 周到产后 12 周，参加高强度运动的女性的最大摄氧量提高了 9.1%，而参加中等强度运动的女性只保持了最大摄氧量。因此，对那些怀孕前已经有运动习惯的运动员来说，怀孕时进行高强度运动实际上可以提高体能。也有孕期参加耐力跑的案例报告，受试者坚持每周进行跑步训练超过 60 mi（96.5 km），没有任何不良结果，且运动成绩下降相对较少。然而，相比之下，最近一项对 6 名怀孕 23～29 周的高水平奥运选手的研究表明，高于 90%最大心率的耐力运动会导致子宫动脉血流量减少和胎儿心率降低，表明极高强度的运动对胎儿健康有潜在风险。因为数据仅限于针对少数在怀孕期间保持竞争性和进行严格训练的高水平运动员的研究，所以仍需要进一步研究来确定妊娠期和产后持续进行高强度训练的安全性和有效性。竞技运动员应特别注意避免体温过高，适当补水，并保持足够的能量摄入，以防止体重下降，否则可能会对胎儿生长产生不利影响。

在最近几届奥运会中，超过 40%的运动员是女性，所以毫无疑问，随着越来越多的女运动员在怀孕期间寻求保持甚至提高体能的训练方法，这个问题将会得到更深入的研究。

小结

- 对怀孕运动员在运动期间的主要关注点包括胎儿缺氧、胎儿体温过高、胎儿的碳水化合物供应减少、流产、早产、胎儿出生体重过低和发育异常等可能的风险。
- 怀孕期间适当运动的好处大于潜在的风险。运动计划必须与产科医生沟通。

研究视角 19.4　怀孕期间的陆上和水上运动

在怀孕期间保持健康的生活方式可以改善孕妇和胎儿的健康，产科医生建议他们的病人在怀孕期间遵循健康的营养补充和体力活动指南。怀孕期间不健康的生活方式会对母亲和子女的一生健康产生长期影响，这些后果会导致严重的公共卫生问题。运动对孕妇和胎儿健康的好处已经得到了充分的证实，对陆上和水上运动项目的研究都报告了运动在妊娠期间和妊娠后对孕妇和胎儿产生的积极影响。然而，很少有研究对孕妇的运动方式进行有效性、安全性和依从性的比较。鼓励女性在怀孕期间运动是很有挑战性的，特别是对于那些不习惯定期运动的女性，而且很多人都担心其安全性。基于这些担忧，比较不同运动方式对怀孕结果影响的研究，以及基于临床研究的安全性证据可以为孕妇提供一个最适宜的运动方式。

来自西班牙、阿根廷和加拿大的研究人员对健康孕妇的 3 个独立随机临床试验进行了横向分析。这项大型研究的目的是比较孕期进行陆上、水上、陆上和水上结合项目的研究结果。重要的是，这 3 个试验都使用了相同的研究设计和相同的运动负荷，提高了试验间比较的有效性。共有 568 名女性参加了研究。在横向分析中，不运动的对照组有 311 名女性（从 3 个试验中汇总而来），陆上运动组有 107 人，水上运动组有 49 人，陆上和水上结合运动组有 101 人。研究比较了孕妇总增重、妊娠期糖尿病患病率、妊娠高血压综合征、孕龄和胎儿出生体重。总体而言，任何一种运动方式都没有不良影响。与不运动的孕妇相比，陆上运动组的孕妇总增重和过度增重的比例较低。水上运动组、水上和陆上结合运动组与不运动组相比，患妊娠期糖尿病的女性人数较少。该研究的作者总结：在陆地上进行的运动对防止体重过度增加更有效，而水上运动项目可能对预防妊娠期糖尿病的发展有效。

目前，还需要更多的随机对照试验来证实这些发现，并解释其背后的生理机制。更重要的是所有的运动方式都带来了一些益处，尚且没有关于任何一种运动方式出现不良反应的报道。这些研究结果表明，孕妇可以安全地选择她们认为最舒适的运动方式或多种运动方式的组合，在怀孕期间进行锻炼。

三、终身骨骼健康

骨骼健康是女性特别关注的问题，它同时受到身体活动和月经状况的影响。随着年龄的增长，女性比男性更容易出现骨矿物质含量降低和骨质疏松症，绝经后更是如此。此外，由于骨骼健康与女性的月经状况有关，因此对有过月经功能障碍的运动员来说，这是一个重要的因素。

有规律的体育运动在影响人一生的骨骼健康方面发挥着重要作用。例如，儿童进行有规律的体育运动可以获得更高的骨量、大小和骨密度。此外，大规模的运动干预研究表明，在没有增加骨折风险的情况下，骨密度得到了实质性的改善。考虑到女性绝经后患骨质疏松症的风险，参加负重运动对她们来说尤为重要。目前仍没有研究对促进骨骼健康的最佳剂量反应和运动计划的特点进行充分描述。尽管可能与课程时间的要求相冲突，但学校体育运动的方案是成功的。近期的干预研究表明，每周进行几次 5～10 min 的跳跃运动可以使骨密度增加 5%～10%，这表明有一些有效的方法可以将针对骨骼健康的体育运动融入学校生活中。很明显，负重运动可以增加骨密度，这对儿童和青少年尤其重要，因为生长中的骨骼比成熟的骨骼更能适应机械负荷。

在早期，最大程度地增加骨密度有助于降低老年女性患骨质疏松症的风险。骨质疏松症是一种骨矿物质减少，造成骨多孔性增加的病症（图 19.9）。我们在第十八章已经认识到，骨质疏松是由于年龄增长而出现的骨质丢失。骨质疏松症是由骨显微结构的破坏导致的更严重的骨质丢失，使骨骼脆性增加和骨折风险增加。这些变化通常在 30 多岁开始出现，绝经

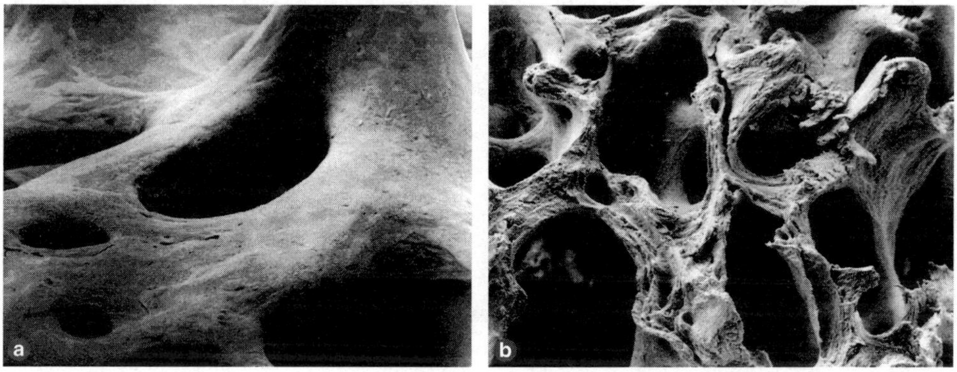

a. 健康骨骼；b. 骨质疏松导致孔隙增加（密度降低、强度减弱和骨质流失）。

图 19.9　健康骨骼与骨质疏松的电子显微镜图片

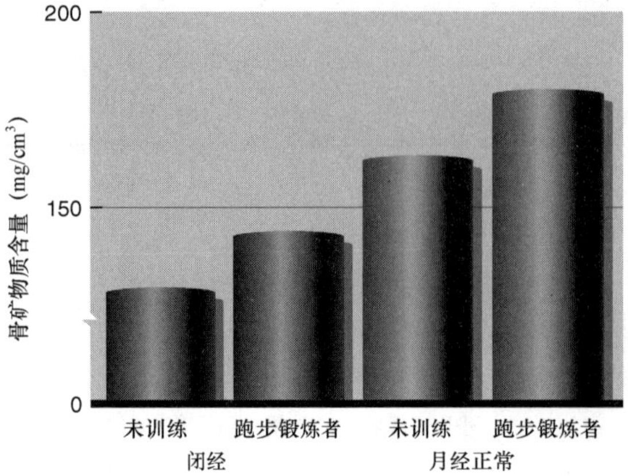

图 19.10　女性跑步者和未训练的女性的骨矿物质含量

注：当对月经状况相同的女性进行比较时，跑步者的骨矿物质含量高于未训练的女性。

期后骨折发生率也会提高 3～5 倍。男性也会出现骨质疏松，但由于骨矿物质流失速度较慢，因此在生命早期，骨质疏松的程度较轻。关于骨质疏松病因的学说有很多，但对绝经期后的妇女而言，主要有 3 个常见原因：雌激素缺乏、钙摄入不足、体力活动不足。

尽管第一个原因是绝经期不可避免的结果，但是后两个原因反映了生活中的膳食结构和运动方式。有证据表明，除了上述儿童运动与骨骼生长之间的积极关系，日常体育运动也与中老年人骨骼质量的维持有关。例如，经常运动的女性绝经后通常比久坐不动的同龄人的骨密度更高。因此，在这一年龄段，运动可以减缓与年龄相关的正常骨密度降低，从而预防骨质疏松和骨质减少。

除了绝经期后的女性，有闭经和神经性厌食症的女性由于钙摄入不足，或血清雌激素水平低，或两者兼有，也存在骨质疏松的风险。研究发现，患厌食症的女性的骨密度下降速度明显高于对照组。闭经运动员的骨密度也比正常月经组运动员的低，这表明体育运动不能抑制闭经运动员骨密度的显著下降。如图 19.10 所示，月经正常的跑步者与那些月经正常但不进行跑步运动的对照组相比，骨矿物质含量更高。而且，闭经的跑步者比那些闭经但同时又不进行运动的女性骨矿物质含量更高。因此，对月经正常的女性而言，进行体育运动者的骨矿物质含量更高。

有资料表明，对任何年龄的人来说，增加身体活动结合适当能量摄入的同时，摄入足量的钙是保持骨骼完整性的有效途径。同时，维持正常的月经周期对那些未到绝经期的女性而言是非常关键的。

四、进食障碍

进食障碍（eating disorders）是根据美国精神病学会制定的、符合特殊诊断标准的一组紊乱症候群。两种最常见的进食障碍是**神经性厌食症（anorexia nervosa）**和**神经性贪食症（bulimia nervosa）**。另外，**饮食失调（disordered eating）**是指不正常的饮食模式，它并不符合美国精神病学会制定的特殊诊断标准。

20 世纪 80 年代初期，女性的进食障碍成为人们关注的焦点。在报告的病例中，男性约占 10%，甚至比所报道的数据要少。从 19 世纪末期开始，神经性厌食症就被视为一种临床综合征，而神经性贪食症的描述最初见于 1976 年。

神经性厌食症的紊乱特征如下：

✧ 拒绝维持以其年龄、身高为基础的最低正常体重。

✧ 有歪曲自己体型的想象。

✧ 极其害怕肥胖和体重增加。

✧ 闭经。

女性在 12～21 岁有极高的患神经性贪食症的风险，该人群中的流行率可能接近 1%。

神经性贪食症，原名暴食症，其特征有：

✧ 经常暴食。

✧ 暴食期间的失控感。

✧ 清除行为：包括自行催吐、使用泻药和利尿剂。

神经性贪食症在人群中有极高的流行风险，在青少年和年轻女性中的流行率约为 4%，可能更接近 1%。

在一个人出现饮食失调现象，但又不符合神经性厌食症或神经性贪食症的诊断标准时就引起重视是很重要的。比如，神经性贪食症的诊断标准是每周至少有两次暴食和清除行为，持续至少 3 个月。若一个人具有相应症状，但每周只出现一次暴食和清除行为呢？严格地说，他不能被诊断为神经性贪食症。但是，他的饮食的确存在紊乱，是需要加以关注的潜在对象。所以，我们用饮食失调来描述那些不符合诊断标准，但存在异常饮食模式的人。

运动员中，进食障碍的患病率颇受争议。许多研究采用了自我报告的形式或至少两种量表：进食障碍问卷（Eating Disorders Inventory，EDI）和摄食态度测试（Eating Attitude Test，EAT）来诊断进食障碍程度。由于并不是所有的研究都严格按照诊断神经性厌食症和神经性贪食症的标准，所以结果很不一致。普通人群中，女运动员比男运动员的患病风险要高得多，而且某些项目有更高的风险。这些项目主要分为 3 类：

（1）表现型项目：如水下项目、花样滑冰、体操、健美、芭蕾舞。

（2）耐力型项目：如长跑和游泳。

（3）体重分级类项目：如马术（赛马）、拳击、摔跤。

自我报告或量表并不一定总能提供准确的结果。隐瞒是进食障碍的行为模式之一，即使在确保匿名的情况下，患者通常依然不会承认他们的问题。运动员对此的保密要求可能更高，因为担心教练员或家人知道他们患有进食障碍后不允许其参加竞赛。

尽管研究数量有限，但是大多数的研究都显示运动员比一般人群患进食障碍的风险更高。现有的证据似乎不能反映运动员群体在该问题上的严重程度。尽管研究数据还不可用，但进食障碍的患病率可能高达 60%，在前面所列的一些高风险项目的运动员人群中可能更高。

美国全国大学体育协会发布了神经性厌食症和神经性贪食症的预警信号清单（表 19.3）。当怀疑运动员患有进食障碍时，意识到问题的严重性并要求运动员咨询相关专家是非常重要的。

表 19.3 神经性厌食症和神经性贪食症的预警信号

神经性厌食症	神经性贪食症
体重急剧下降	体重显著下降或增加
对食物、能量、体重高度关注	对体重的持续关注
穿宽松的或多层衣服	餐后上厕所
持续、过量运动	情绪低迷
情绪变化	暴食之后严格节食
避免参加与食物相关的社交活动	对身体的严格批判

注：单纯出现一项或两项体征并不一定能被诊断为饮食紊乱，诊断应由专业人士完成。

女运动员比非运动员有更高的饮食失调和各种原因导致的进食障碍的风险。或许更重要的是，运动员的压力非常大，尤其是女运动员，她们要把体重降到很低的水平，常常低于正常水平。这种对体重的强制要求来自教练员、父母或者自身。而且，优秀女运动员的个性与进食障碍女性的个性很相似（竞争性、完美主义、在父母或某一重要人物如教练员的严格控制下）。此外，运动的性质在很大程度上限制她们处于高风险区。如前所述的 3 种类型的运动员有很高的风险：表现型项目、耐力型项目、体重分级类项目。此外，不管是否为运动员，媒体和文化加之于年轻女性的压力也是原因之一。

五、女运动员三联征

从 20 世纪 90 年代初开始，在经常运动的女性和女运动员身上，研究人员观察到 3 种临床症状之间存在着非常密切的联系：

✧ 相对能量缺乏症（饮食紊乱）。

✧ 继发性闭经。

✧ 骨质疏松。

这组紊乱的症候群被称为**女运动员三联征（female athlete triad）**。应该注意的是进食障碍并不是女运动员三联征的必要组成部分。更确切地说，主要的因素是能量利用率低，这可能是进食障碍的结果，但也可能不是。无论哪种情况，当女运动员不能摄入足够的能量来满足运动消耗的能量时，相对能量缺乏症就会出现。在一段时间后（时间长短尚未确定，女运动员之间可能有很大的差异），进食障碍的女运动员可能会出现月经功能异常，最终导致继发性闭经。久而久之，还可能导致骨量减少。所有这些情况在本章已经阐述过了，但是女运动员三联征特指这 3 种疾病的相关性。美国运动医学学会 2007 年发表的关于女运动员三联征的最新修订版强调，三联征的症状可能单独发生，也可能同时发生，应该在出现严重后果之前尽早解决。

六、绝经期

绝经期（menopause）指月经永久停止，出现在停经后的 12 个月左右，绝经年龄通常在 45～55 岁。女性在绝经期的转变是由于女性性激素分泌减少并最终停止，从而导致月经停止。最令人担忧的是女性在过渡期间经历的绝经期症状，这些症状可能很严重，并影响她们的生活质量。据估计，多达 75%的女性会出现潮热、阴道出血、阴道和泌尿系统疾病及情绪变化等。尽管激素治疗（如雌激素或雌激素+黄体酮）通常用于减轻女性绝经期的症状，但包括“妇女健康倡议”在内的主要临床试验数据表明，激素治疗可能与心脏病、乳腺癌、卒中和血栓的风险增加有关。因此，有癌症和心血管疾病危险因素的女性可能并不希望承担激素疗法带来的风险。

运动已被作为一种减轻绝经期症状（包括心理、血管舒缩、躯体和性）的潜在替代治疗方案。遗憾的是，关于运动对绝经期症状缓解的研究中，严谨并有良好对照的随机临床试验很少，而横向研究和自我报告研究也存在多种方法上的缺陷。但是到目前为止，运动似乎对改善绝经期妇女的情绪、失眠和抑郁有良好的效果。由于运动对生活质量、身体成分和疾病风险有很大的益处，一般会推荐女性在绝经期进行运动，但它对治疗血管舒缩症状，尤其是潮热的缓解效果尚未在大规模研究中得到证实。

小结

- 绝经期后的女性、闭经的女性、患神经性厌食症的女性有较高的患骨质疏松的风险。身体活动，以及充足的钙和能量摄入是任何年龄阶段人群保护骨骼的重要方法。
- 进食障碍（神经性厌食症和神经性贪食症）在女性中的发病率远高于男性，特别是在表现型项目、耐力型项目和体重分级类项目的运动员中。运动员比一般人群患进食障碍的风险更高。
- 女运动员三联征包括相对能量缺乏症（进食障碍）、继发性闭经和骨质疏松，会损害运动员的身体健康，甚至导致女运动员受伤和无法参加比赛。
- 定期锻炼对绝经期症状（如潮热）的影响尚未在大规模研究中得到证实，但是由于运动对生活质量、身体成分和疾病风险有很大的益处，仍然推荐女性在绝经期进行运动。

结语

本章讨论了男女特有的运动表现的差异。大部分的实质差异来源于女性较小的体型、较低的瘦体重及较高的绝对和相对体脂。某项运动的普及与其他因素在男女之间差异很大，如参赛机会、教练员、设备、训练技术等。因此，有效地比较不同性别的运动表现很困难。尽管有这些限制，我们发现女运动员和男运动员的差异并没有人们所想象的那么大。

本部分总结了年龄和性别在运动和训练中的影响。下一部分将重点从体育运动转移到运动生理学的不同应用上，即体力活动在健康和体适能中的应用。我们将从运动处方开始。

关键词

闭经（amenorrhea）
神经性厌食症（anorexia nervosa）
神经性贪食症（bulimia nervosa）
饮食失调（disordered eating）
进食障碍（eating disorders）
雌激素（estrogen）
月经正常（eumenorrhea）
女运动员三联征（female athlete triad）
脂蛋白脂酶（lipoprotein lipase）
初潮（menarche）
绝经期（menopause）
月经（menses）
月经周期（menstrual cycle）
月经失调（menstrual dysfunction）
月经稀发（oligomenorrhea）
妊娠（pregnancy）
原发性闭经（primary amenorrhea）
继发性闭经（secondary amenorrhea）
性别特有差异（sex-specific differences）

思考题

1. 请解释为何男女之间大多数生理上的区别应该称为生理性别差异（sex differences），而非社会性别差异（gender differences）。

2. 女性的身体成分与男性的身体成分有什么区别？男运动员和女运动员与男性非运动员和女性非运动员有什么不同？

3. 睾酮和雌激素在力量、去脂体重、脂肪的发展中有什么作用？

4. 与男性相比，女性的上肢力量、下肢力量、去脂体重有什么不同？女性能通过抗阻训练提高肌肉力量吗？

5. 普通人的最大摄氧量有无性别差异？高水平的男运动员和女运动员的最大摄氧量是否存在差异？如何解释这些差异？

6. 男性和女性在以亚极量强度运动时心血管反应有什么不同？在以最大强度运动时有

什么不同？

7. 月经周期如何影响女运动员的表现？

8. 某些女运动员在激烈的训练中出现停经，时间长达几个月或几年，甚至更长的时间，其主要原因是什么？

9. 妊娠期间进行训练有什么风险？如何避免？

10. 闭经对骨矿物质有什么影响？运动训练是如何影响骨矿物质的？

11. 进食障碍包括哪两种？优秀女运动员患进食障碍的风险有多大？不同运动项目的风险有何不同？

12. 什么是女运动员三联征？它包括哪些因素？它是如何发展的？

学习指南

“关键词”复习了本章中的重要概念，章末的思考题可以测试你对本章内容的理解。

第七部分　身体活动对健康与体适能的影响

在本书的前几部分，我们重点关注身体活动和运动表现的生理学基础，介绍了人体对一次性运动的生理反应、对长期训练的适应，以及提高运动表现的方法。在本部分，我们将重点从运动员的运动表现转移到运动生理学的一个特殊领域：身体活动在改善和维持身体健康中的作用。在第二十章“健康与体适能运动处方”中，我们将讨论如何设计一个能够提高健康和体质水平的运动计划。我们将考虑基本的组成部分，先通过个人的特殊需要制订计划，然后评价锻炼在病人康复中的独特作用。在第二十一章“心血管疾病与身体活动”中，我们将研究主要类型的心血管疾病和它们的生理基础，还将探讨如何通过体育锻炼预防这些疾病或减缓它们的发展。在第二十二章“肥胖、糖尿病与身体活动”中，我们将探讨肥胖和糖尿病产生的一些原因，与它们相关的健康风险，以及如何通过身体活动来控制这两种疾病。

第二十章　健康与体适能运动处方

有关成年人健康和体育运动方式的统计数据并不能说明问题。身体健康与运动委员会列出以下内容：

✧ 只有 1/3 的孩子每天进行体育运动。

✧ 每天参加 30 min 体育运动的成年人不到 5%。

✧ 每周只有 1/3 的成年人进行建议量的体育运动。

✧ 8 020 万 6 岁以上的人缺乏体育运动。

✧ 75 岁及以上的成年人中，只有 35%～44%的人参加体育运动；65～74 岁的成年人中，只有 28%～34%的人进行体育锻炼。

✧ 超过 80%的青少年和成年人不符合有氧运动和肌肉增强活动的标准。

✧ 现在，儿童每天花在电视、电子游戏上的时间超过 7.5 h。

✧ 近 1/3 的高中生玩电子游戏的时间超过 3 h。

尽管人体是为运动而设计的，但当今的生活模式使普通美国人习惯于静坐少动。数十年的研究表明，积极的生活方式对保持身体健康至关重要。从健康的角度来看，静坐少动的生活方式是不利于健康的。

第一节　规律进行身体活动和锻炼对健康的益处

颇具讽刺意味的是，临床医生和科学家经过研究才得出结论，而盖伦在 1 世纪就发现，规律运动与呼吸新鲜空气和吃适当的食物对促进健康一样重要，而这一观点第一次得到现代医学专业的承认是在 1992 年，当时美国心脏协会宣布，缺乏运动是冠心病的主要危险因素，并将其与吸烟、血脂异常和高血压并列。随后，美国疾病控制与预防中心和美国运动医学学会合作，阐明了体育运动作为一项公共卫生计划的重要性，随后在1995年，美国国立卫生研究院发表了共识声明，指出身体活动对心血管健康至关重要。1996年，美国外科医生发布了有关身体活动对健康有益的书面报告。这是具有里程碑意义的报告，使人们认识到身体活动对降低慢性退行性疾病风险的重要性。

大多数流行病学领域（包括大样本人口研究）均支持身体活动对降低慢性退行性疾病风险有益处，并确定身体活动水平与疾病风险有关联。2000年，分子生物学家和运动生理学家开始发起名为“预防静坐少动猝死综合征”的行动，并在政府的支持下形成了一个研究静坐少动生活方式相关病症的小组。

自那时以来，情况是否有所好转尚待讨论。现在，抽烟的成年人越来越少，并且青少年使用酒精和违禁药物的人数也减少了。尽管我们还有很长的路要走，但越来越多的成年人正在根据《美国人身体活动指南》坚持锻炼。规律进行身体活动包括参加中等强度的体育锻炼和肌肉增强的运动。然而，每周只有1/3的成年人进行建议的体育运动，超过8 000万的6岁以上的美国人仍然静坐少动。

规律进行身体活动对健康的好处是不可否认的，越来越多的研究证明了这些益处。有充分的文献证明运动对过早死亡、心血管疾病、高血压和卒中的影响。其他疾病，包括2型糖尿病、骨质疏松症、肥胖和代谢综合征、多类癌症和抑郁症均能通过规律进行身体活动来降低发病率。此外，规律进行身体活动可以改善认知功能。身体活动与疾病和残疾之间的反向关联遵循量效关系，即更多的身体活动对不良健康状况有更大的影响。

研究视角 20.1　静坐少动、身体活动和死亡率

静坐少动与慢性疾病和死亡率之间的相关性是很明确的，具有重要的临床意义。根据加速度计收集的数据，美国国家健康与营养检测调查估计，儿童和成年人每天久坐约8 h。那么，静坐少动与慢性疾病之间的相关性是否受到身体活动的影响呢？最近的一项Meta分析显示，久坐对全因死亡率的有害影响会随着身体活动水平的提高而减弱。换句话说，每天参加60～75 min的中等强度至高强度的运动可降低静坐少动引起的慢性疾病的风险。

另一个重要的问题是，静坐少动是否会影响中高强度身体活动与慢性疾病，以及死亡率之间的关系？研究人员重新分析上面的Meta分析数据，结果表明，中高强度身体活动与静坐少动造成的死亡率之间同样存在量效关系。换句话说，即使对于每天很少静坐少动的人，更多的身体活动仍然可以降低死亡风险。因此，无论每天静坐少动多长时间，公共卫生政策都应该着眼于减少静坐少动的时间和增加中高强度的身体活动，以最大程度地改善健康状况并降低死亡风险。

这种同时减少静坐少动时间和增加身体活动的建议通常被称为置换假设，即用运动或非运动的身体活动来置换静坐少动的活动。这个假设是用体育锻炼代替静坐少动，以降低患病风险。但是，该假设目前还没有得到验证。研究人员评估了以不同类型的身体活动，包括运动锻炼和日常身体活动（如家务、日常步行）代替静坐少动对死亡率的影响。研究发现，静坐少动时间长（≥12 h/d 和 <5 h/d）与全因死亡风险分级提高，以及心血管死亡风险增加有关。在不经常运动的成年人中，以每天 1 h 的运动或日常活动代替等量的静坐少动与较低的死亡率相关。有趣的是，对于身体活动更多（多数是非运动身体活动）的成年人，用更多的非运动身体活动代替静坐少动并不能带来额外的益处，而是需要有目的、有计划地运动，以进一步降低死亡率。总而言之，这项研究的结果为公共健康建议提供了有力的支持，以更多的身体活动代替静坐少动与更长的寿命有关，特别是对于身体活动较少的成年人。

第二节　身体活动建议

尽管统计数据令人沮丧，但大多数美国人都知道运动是预防疾病不可或缺的组成部分。但是，人们经常将运动等同于每天慢跑 8 km（5 mi）或举重，直到力竭。许多人认为大量运动和高强度的运动对获得与健康相关的益处是必不可少的，但这不是必需的。1995 年，美国疾病控制与预防中心和美国运动医学学会发表的报告指出，即使进行中等强度的身体活动，如快走 30 min、跑步 15 min 或打排球 45 min，也可以获得明显的健康益处。一个人如果在一周中的大部分时间（即使不是全部时间）都适当进行运动，也会获得健康益处。该报告强调的重点在于，通过适度增加日常活动，大多数人都可以改善其健康状况和生活质量。实际上，一项针对 70～82 岁老年人的研究表明，更多身体活动可以大大降低死亡率，甚至与正式运动计划无关。

更多的身体活动可以获得更多的健康益处。研究表明，坚持进行持续时间更长或强度更大的身体活动的人可能会获得更大的收益。很明显，运动类型和强度应根据个人特征、健身水平、健康问题及个人目标而有所不同。

《ACSM 运动测试和运动处方指南（第十版）》提供了大量有关运动对健康有益的更新信息和汇编信息。自 2007 年以来，美国运动医学学会和美国心脏协会已提出以下建议：

✧ 18～65 岁的健康成年人应该以每周 5 天，每天至少 30 min 的频率参加中等强度的有氧运动，或以每周 3 天，每天至少 20 min 的频率参加高强度有氧运动。

✧ 可以进行中等强度和高强度的组合运动以满足上述建议。

✧ 中等强度有氧运动要求每次持续时间≥10 min，最少持续 30 min。

✧ 每个成年人每周应至少进行 2 天运动，以维持或提高肌肉力量和耐力。

✧ 由于有氧运动和健康之间存在量效关系，因此希望进一步改善自己的健康状况，降低患病风险，预防超重的人可能需要超过建议的最低运动量才能达到目的。

在 21 世纪的前 10 年中，美国运动医学学会与美国医学协会合作发起了一项重大计划，鼓励医疗工作者就运动维持和促进健康及预防疾病的重要性向患者提供咨询。由于认识到许多医生和相关医护人员在这一领域没有得到广泛的教育和培训，美国运动医学学会等制订正式的计划，对相关人员进行运动处方的基础教育和培训。Exercise Is Medicine 网站提供了《医疗工作者的工作指南》，以指导临床医生将身体活动纳入患者的整体医疗保健计划中。了解了规律运动的益处后，人们应该如何执行运动计划以改善身体健康状况？第一步是决定采取行动，第二步是获得医学评估。

研究视角 20.2　修订版的《美国人身体活动指南》

2018 年 11 月，美国卫生与公众服务部发布了修订版的《美国人身体活动指南》。2008 年发布的最初版本的指南强调：身体活动是所有年龄段的人改善健康状况所能采取的最重要的方法之一。虽然指南的主要使用人群是政策制定者和医务工作者，但是其他人群也可以从中获得有益的信息。修订版指南以过去 10 年的科学成果为基础，再次确认了身体活动对降低许多慢性疾病风险的重要性，并重申了每周进行 150 min 中等强度有氧运动的目标。然而，意识到许多成年人可能无法实现这一目标，指南提出，任何数量的日常活动，无论大小，都对健康有益。在这方面，新的指南消除了一个限制，即身体活动必须至少持续 10 min 才对身体健康有改善效果。新指南的其他补充内容包括：

（1）针对老年人和不允许运动的慢性病患者的身体活动指南。

（2）针对 3 岁以下儿童的指南。

（3）对比静坐少动和身体活动，阐述了静坐少动的风险。

（4）身体活动对大脑健康、某些癌症和跌倒相关损伤的健康益处的新认识。

（5）运动对整体幸福感、身体机能和睡眠的益处。

（6）以科学为基础，使所有人群更活跃的策略。

第三节　医学评估

人们在开始运动之前是否真的需要医学评估？尽管在开具运动处方之前进行全面的医学检查是有用且可取的，但并非所有人都需要。许多人负担不起这种评估的费用，即使有钱，医疗系统也没有准备好为所有人提供这项服务。此外，尚未证明对健康人群进行运动前医学评估可以降低与运动有关的医学风险。包括美国运动医学学会在内的大多数运动医学机构都同意，对希望开始或加强锻炼的个人进行运动前健康检查。但是，医学评估被认为是许多人开始锻炼之前的重大障碍。新指南以算法形式划分身体活动级别，如表 20.1 所示。

表 20.1　A　针对无规律运动的受试者的美国运动医学学会筛查算法

健康状态	医疗评估		遵循运动处方进行锻炼		
	建议	不需要	低强度（30%～<40% HRR）	中等强度（40%～<60% HRR）	高强度（≥60% HRR）
没有心血管、代谢或肾脏疾病，也没有相关症状或体征		×	推荐	推荐	可能能达到这种强度
已知心血管、代谢或肾脏疾病但无症状	×		推荐，经过医疗检查	推荐，经过医疗检查	可能能达到这种强度
具有心血管、代谢或肾脏疾病的任何体征或症状	×		推荐，经过医疗检查	推荐，经过医疗检查	可能能达到这种强度

注：代谢疾病=1 型和 2 型糖尿病。规律运动的定义是在过去 3 个月或更长时间内，每周至少进行 3 天，每天超过 30 min 的中等或更高强度的身体活动。有关运动处方的详细信息，请参见第十一章。

表 20.1　B　针对规律运动的受试者的美国运动医学学会筛查算法

健康状态	医疗评估		遵循运动处方进行锻炼		
	建议	不需要	低强度（30%～<40% HRR）	中等强度（40%～<60% HRR）	高强度（≥60% HRR）
没有心血管、代谢或肾脏疾病，也没有相关症状或体征		×		可以继续保持这种强度	可能继续或发展到这种强度
已知心血管、代谢或肾脏疾病但无症状		×		可以继续保持这种强度	
	×			可以继续保持这种强度	在医疗检查后，可以继续保持这种强度
具有心血管、代谢或肾脏疾病的任何体征或症状	× 停止运动		医疗检查后可以恢复	医疗检查后可以恢复	医疗检查后可以恢复

注：代谢疾病=1 型和 2 型糖尿病。规律运动的定义是在过去 3 个月或更长时间内，每周至少进行 3 天，每天超过 30 min 的中等或更高强度的身体活动。有关运动处方的详细信息，请参见第十一章。

研究视角 20.3　运动与大脑

在过去的两个世纪中，人的预期寿命几乎翻了一番，人口老龄化日益加剧。衰老是退行性疾病的主要危险因素，包括痴呆症和阿尔茨海默病，其患病率持续稳定（令人震惊地）增加。流行病学研究显示，在约 30%的患者中，阿尔茨海默病的发展可能与可修正的危险因素有关，包括身体活动和心血管危险因素。

现在有令人信服的证据表明，规律进行有氧运动可减缓与年龄有关的认知能力下降，但运动诱发大脑结构和功能改善的确切机制尚不清楚。然而，长期进行身体活动引起的心血管适应性可以维持大脑健康，减少认知障碍并降低痴呆症的发病风险。

运动对认知功能的益处包括使记忆力和执行功能有更高的认知表现。在生活中，若较早开始进行规律运动，较早地将有氧运动和力量训练相结合，会对认知功能产生更大的益处。同时，规律进行有氧运动训练还会引起大脑的结构适应，从而减少伴随年龄的增长而发生的灰质和白质功能的下降。另外，运动可以保持大脑的容量，特别是在与认知功能障碍有关的大脑区域（如顶叶和视皮层）。

此外，规律进行体育锻炼对心血管功能的益处也可能改善大脑健康。大脑缺乏细胞内的能量存储，完全依赖血管中 O_2 和营养的供应。运动对心血管控制的脑血流的改善在维持正常的大脑结构和功能中起着至关重要的作用。由于脑血管系统的抵抗力低，大脑对血压的变化特别敏感。在这方面，规律进行有氧运动可降低中央动脉（主动脉和颈动脉）的僵硬度。中央动脉僵硬度的降低伴随着收缩压的降低。收缩压是卒中和认知障碍的危险因素，并且会抑制过度的搏动性血压波向大脑的传播。运动还可以改善大导管动脉的内皮功能，大脑自我调节、血管舒缩反应性，以及大脑微循环中的底物交换和废物清除，所有这些最终都可以改善大脑健康。

2014 年的一项流行病学研究表明，有氧运动降低了脑癌死亡的风险。这项研究观察了美国全国步行者和跑步者（约 153 000 人，平均年龄约 50 岁，跟踪时间约为 12 年）的脑癌死亡风险并进行前瞻性研究。在该样本中，有 100 例死亡主要归因于脑癌。在这些个体中，规律运动可以显著降低脑癌死亡的风险，而更多的身体活动（如每周跑步 12～25 km）可带来更大的收益。

有趣的是，运动强度与大脑健康之间的关系可能不是线性的。相反，此关系似乎是一把双刃剑，即双相量效关系（图 20.1）。也就是说，越来越多的证据表明，如果没有足够的恢复力，那么剧烈的耐力运动可能会导致脑损伤。尚不清楚剧烈运动对大脑不利影响的机制，可能与系统分解代谢负担、炎症反应，以及心血管损伤的风险增加有关。但是，为了更精确地定义可以预防或减缓与年龄有关的大脑功能和结构恶化的运动训练的最佳剂量，有必要进行进一步的研究。尽管如此，有氧运动显然是改善心血管健康的有效策略，能够减缓老年人的认知能力下降，减少痴呆症发生，改善生活质量并延长寿命。

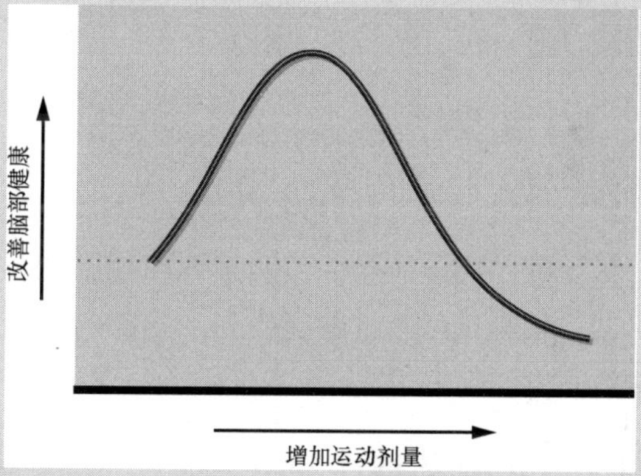

图 20.1　运动强度的增加与大脑健康的改善之间可能存在潜在的矛盾：有氧运动可以改善认知功能和大脑结构，但剧烈运动可能会对大脑造成有害影响

一、健康相关体适能测试

在预防医学、实验室研究，以及康复和物理治疗项目中，对身体健康各个方面进行正确

测量是很普遍的。

尽管其中一些测试是为了诊断或记录诸如冠心病之类的疾病而进行的，但此处的关注点是使用这些测试来评估个人的总体健康状况和健康水平。

（一）身体成分

肥胖与多种疾病和功能障碍有关，与中心或腹部肥胖有非常紧密的联系。仅靠身高和体重测量并不能充分反映这种风险，二者通常与健身水平无太大关系。相反，脂肪含量和瘦体重可以提供有关健康的有价值的信息。运动和饮食对这两个部分的影响是其有效性和改善健康的标志。第十五章详细介绍了测量身体成分的技术。

（二）肌肉力量和耐力

第九章介绍了肌肉力量和耐力的定义和原理。健身效果可以在实验室或诊所以多种有效方式来评估。肌肉力量被定义为由肌肉或肌肉群产生的最大力量。传统上，1RM 测试已成为测量最大力量的标准方法，但也有人提出了 5RM 和 10RM 测试。握力对日常生活的很多方面都很重要，也是老年人功能状态和过早死亡的较好的预测指标。

肌肉耐力是指肌肉或肌肉群具有在一段时间内持续重复收缩，或在一段时间内保持给定百分比的 1RM 的能力。肌肉耐力最常见的场地测试可能是俯卧撑测试，即可以在固定的时间段内（通常 1 min 或 2 min）完成的标准俯卧撑的最大次数。不建议进行仰卧起坐或屈膝两头起测试，因为它们仅与腹部耐力有关，可能会导致下背部受伤。

（三）柔韧性

使关节进行全方位活动的能力被称为柔韧性，而柔韧性测试通常测量关节周围的活动度。尽管可以测量许多关节的柔韧性，但是最常见的柔韧性测试是坐位体前屈测试或躯干前屈测试。该测试可测量腘绳肌和下背部的柔韧性。柔韧性测试的独特之处在于，女性通常比同年龄的男性得分更高。

（四）心肺体适能

如本书所提到的，心肺功能或有氧耐力的金标准是最大摄氧量（$\dot{V}O_{2max}$）。$\dot{V}O_{2max}$ 可以通过场地测试（如完成 12 min 的步行或奔跑所需的时间）、亚极量测试或最大**递增负荷试验（graded exercise test，GXT）**进行估算。GXT 可以在跑台或功率自行车上进行，也可以使用台阶试验。

亚极量负荷测试通常涉及在几种运动强度下测量 HR 并推测 HR_{max}。这个过程如图 8.2 所示。最高强度的 GXT 会使受试者达到力竭状态，并且直接测量出在最大工作负荷状态下 O_2 的摄入量。如下所述，GXT 还可用作诊断或验证冠心病的临床工具。

二、临床递增负荷试验

单独运动测试可用于确定运动和活动的准备情况或评估治疗的有效性，以及其他临床决策，但很少单独用于诊断。当用于诊断时，临床 GXT 通常与其他测试结合使用，如超声心动图和放射性核素成像，以获得心肌的解剖和生理图像。这些技术提高了测试的特异性和敏感度。GXT 通常结合 12 导联**运动心电图（exercise electrocardiogram，ECG）**同时进行（图 20.2 和图 20.3）。这些评估测试还可以获取运动血压和其他生理甚至心理反应（例如感知的劳累和疼痛程度的等级）。

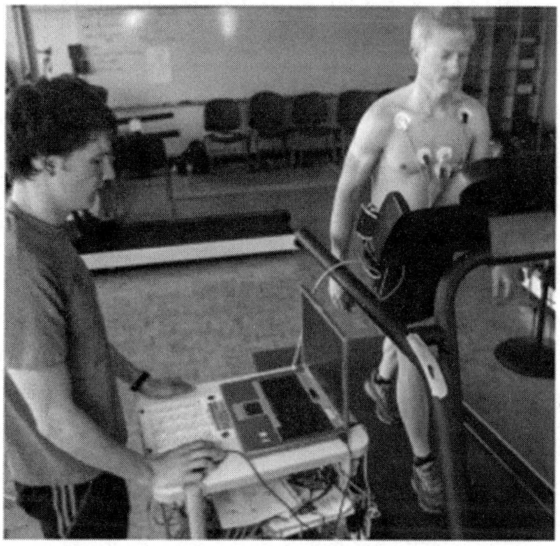

图 20.2　在临床递增负荷试验过程中搜集运动心电数据

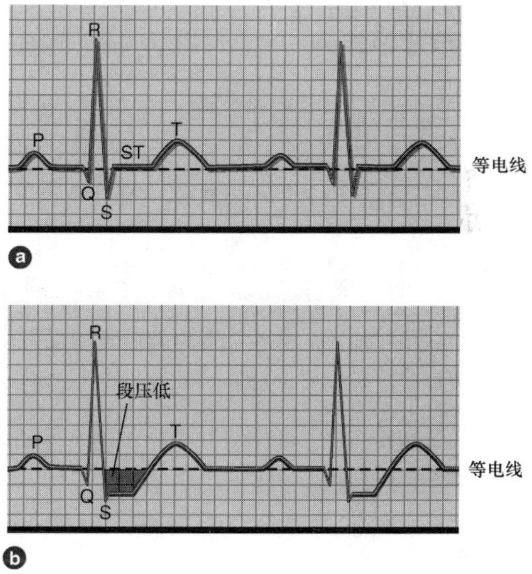

图 20.3　正常 ECG（a）和带有 ST 段压低的心电图（b），说明存在冠状动脉疾病

从低强度（如慢速步行）逐渐递增到高强度运动，有时（但很少）能达到最大强度运动，在整个过程中监测 ECG 和血压。同样，在当前的诊断测试方法中，很少使用达到最大强度的运动测试。然而，运动测试通常是递增的模式。也就是说，运动负荷每 1～3 min 递增 1 次，直到达到一些通常预先确定的心率（通常为预估最大心率的 85%）。在测试中，监测 ECG 以检测心律和电导率异常；监测血压以确定随着负荷的增加，收缩压是否正常升高，舒张压是否变化很小或没有变化。对临床医生而言，与受试者进行互动也很重要，在运动测试期间和测试后观察受试者的体征和症状十分必要，如胸痛或压痛（心绞痛）、异常的呼吸急促、头晕，以及异常心律。

GXT、ECG、超声心动图测试的图像和结果在评估时被分为阳性、阴性或模棱两可。阳性或模棱两可的结果需要进一步测试，如冠状动脉造影、其他心血管检查或医疗管理，以确定患者就医的体征和症状，以及病因和起源。通常，在诊断测试中出现异常的人会被转至更直接的临床检查中。

为了确定运动心电图结果的准确性，必须考虑运动测试的**敏感度（sensitivity）**、**特异性（specificity）**和预测值。运动测试的敏感度是运动测试能够正确识别出患有所述疾病（如冠心病）的人的能力。运动测试的特异性是运动测试能够正确识别出没有该疾病的人的能力。**异常运动测试预测值（predictive value of an abnormal exercise test）**是异常测试结果反映疾病存在的准确性。

在没有疾病症状的健康人中，运动测试异常对检测冠心病的敏感度和预测价值都相对较低。过去的研究表明，敏感度平均为66%，表明66%的冠心病患者被ECG正确识别为患有该疾病。相反，根据ECG，34%的患者被错误诊断为未患有该疾病。对极有可能患有冠心病的人群进行运动测试可提高敏感度。因此，现在很少见到单纯出于诊断目的而进行的GXT测试，因为GXT对筛查年轻、健康的个体是否具有冠心病的作用有限。

小结

- 在开始任何运动计划之前，都应根据美国运动医学学会筛查算法筛查出任何被认为具有高冠心病风险的人。
- 与健康相关的体适能测试包括对身体成分、肌肉力量和耐力、柔韧性和心肺体适能的测量。
- 评估的每一阶段都应遵循美国运动医学学会最新的指南，医患间应进行关于运动计划目的讨论，以防止运动计划与任何的医学禁忌冲突。
- 运动测试的敏感度是运动测试能够正确识别出患有所述疾病（如冠心病）的人的能力。运动测试的特异性是运动测试能够正确识别出没有该疾病的人的能力。异常运动测试预测值是异常测试结果反映疾病存在的准确性。
- 美国运动医学学会最新的指南声明，如果没有参加竞赛而只是从低强度练习逐渐到中等强度练习，则医学检查和运动测试并不是无心肺疾病症状的人群所必需的。

第四节　运动处方

运动处方（exercise prescription）包含6个基本要素：

（1）运动类型。

（2）运动频率。

（3）运动强度。

（4）运动持续时间。

（5）运动量。

（6）运动等级。

在美国运动医学学会的最新指南中，首字母缩写词 FITT-VP 用于表示频率、强度、类型、时间、运动量和运动等级。

在本章的开头，我们概述了推荐的 FITT-VP 特征，可以促进健康并最大程度降低慢性病的风险。在本节中，我们假设运动计划的目标是提高心肺耐力，包括对静坐少动行为进行纠正，如静坐少动间断。因为第九章已经详细论述了抗阻训练的运动处方，本章后面的内容只将抗阻训练作为完整运动计划的一部分进行简述。本部分的核心内容是有氧练习。但是，这部分内容所提供的信息不适合设计竞技耐力运动员的训练计划。竞技运动员的有氧计划详见第九章。

要想体验到有氧运动的益处，必须达到运动频率、持续时间和强度的最小阈值。但是，正如我们在其他地方讨论过的，个人对训练计划的反应是可变的，因此所需的阈值因人而异。如果以运动强度为例，美国运动医学学会将中等运动强度的下限定义为一个人的储备心律（HRR）或 $\dot{V}O_{2max}$ 的 40%。尽管此建议适用于大多数健康成年人，但一些体适能较低者，提高其有氧能力的合适强度可能低于 40% $\dot{V}O_{2max}$。个性化的运动频率、运动持续时间及运动强度才能更好地提高心肺耐力，并且随着心肺耐力的提高，运动强度也逐渐增加。

一、运动类型

运动处方应该包括一种或多种心肺耐力的运动类型，一般来说，最常见的活动如下：

✧ 步行。
✧ 慢跑。
✧ 跑步。
✧ 徒步旅行。
✧ 骑自行车。
✧ 赛艇。
✧ 游泳。

由于这些活动并不能吸引所有人，因此研究人员设计了替代活动，这些活动也可以提高心肺耐力。心血管（“心脏”）耐力训练和抗阻训练-心肺耐力结合训练是上述心肺耐力训练活动的理想替代方案。整本书都讨论了 HIIT 的好处。

个人应选择自己喜欢并愿意一直坚持的运动，并将运动作为一生坚持的事业，因为正如我们在第十四章中看到的那样，如果停止运动，其产生的益处可能很快就会消失。动机可能是坚持运动最重要的因素。选择一种有趣的运动，提出挑战并产生所需的益处是运动处方中十分关键的任务之一。在恶劣的天气、旅行途中或遇到其他障碍的情况下，选择几种不同的运动也是明智的。其他需要考虑的因素包括地理位置、气候，以及设备和设施的可用性。当人们因家庭需要（如抚养孩子）或天气因素（如高温、潮湿、寒冷、雨雪）而不方便出门时，家庭锻炼非常有用。

研究视角 20.4	高尔夫（可能）对健康有益

高尔夫运动提供了身体活动的机会，并且对健康的益处是显而易见的。对中老年人来说尤其如此，因为他们的活动量通常不如年轻人的大。部分研究已经验证了高尔夫运动与健康的关系。一组人员最近进行了相关领域的研究，以寻找更多的证据，确定高尔夫运动对身体健康的影响。该研究总结了很多证据，以拓展该领域的广度和深度。与系统评价相反，作者通常不评估纳入研究的质量。总体而言，这项研究共纳入 301 项合格研究，这些研究评估了高尔夫运动对身心健康的影响。尽管范围评估无法确定因果关系，但报告为高尔夫与身心健康之间的正相关性提供了一致的证据。未来研究的重点领域包括高尔夫对心理健康的影响、高尔夫与肌肉力量和功能的关系、平衡与预防跌倒，以及高尔夫球手的健康行为。

二、运动频率

运动频率也是应考虑的重要因素之一，但其重要性低于运动持续时间和运动强度。运动频率方面的研究证实，每周运动 3～5 天是最佳频率。这并不代表每周运动 6 天或 7 天就无法获得额外的健康好处，但就与健康相关的好处来说，每周 3～5 天是最佳选择。显然，每周运动 3 或 4 天以上对减重是有好处的，但是在运动习惯形成和损伤的风险降低之前，并不鼓励这种练习频率。

三、运动强度

运动强度是发展心肺耐力的最重要因素。人们需要多大的运动强度才能获得理想中的效果？以前，运动员会立即回答：是在耐力训练中筋疲力尽。不幸的是，这个概念也被延续到他们追求健康的锻炼计划中。当前的证据显示，一些人完成 40%最大摄氧量强度以下的中等强度训练就对健康有益。通常，这些强度对有氧健身水平较低的人最有效。但是，对大多数人来说，合适的强度似乎为 HRR 的 40%～90%。强度的高低取决于训练计划的目的和目标。

美国运动医学学会将中等训练强度定义为 HRR 或 $\dot{V}O_{2max}$ 的 40%～59%，而剧烈运动则定义为 HRR 或 $\dot{V}O_{2max}$ 的 60%～90%。

多项研究清楚地表明，低运动量的 HIIT 和极高强度的间歇训练均可以显著提高心肺耐力。HIIT 的代谢作用类似于持续时间较长的低强度训练。在连续两周、每天仅训练短短的 10 min 后，肌肉氧化能力、与运动保护作用相关的心脏代谢变量及心肺耐力表现均得到了显著提高。

四、运动持续时间

运动持续时间和强度密切相关。许多研究证实，每天进行 20～30 min 适当强度的耐力训练是最佳的，可以有效提高心血管机能。当然，“最佳”指的是投入的时间得到了最大的回报，特定的时间指的是在最适宜的运动强度下持续的时间。同样，心肺耐力可以通过短时间高强度的训练或长时间低强度的训练提高，前提是训练时间和强度都超过了最小阈值。在日常生活中，耐力训练可以是进行多次短时间练习（3 次 10 min 练习），也可以是进行一次长时间练习（1 次 30 min 练习），二者均可获得相似的效果。长时间运动通常是为了促进减重或维持减重效果。

五、运动量

我们将每周的运动量指定为 MET–分钟（METs×每周运动总分钟数）或每周消耗的卡路里。MET 代表代谢当量，这是一种定量活动强度的指标，本章稍后将对此进行详细讨论。将每周 MET–分钟作为合并强度、频率和运动量的单一指标，可以使运动处方更加可量化（制订训练计划更加谨慎）。美国运动医学学会建议每周进行≥500～1 000 MET–分钟或 150 分钟的中等强度运动。每周 1 000～1 500 cal 的能量消耗接近这个运动量水平，具体取决于体重和运动强度。

六、运动等级

每个人通过训练取得的进步是不同的，运动等级必须因人而异。回顾第九章，超负荷是运动训练的一般原则。运动等级的提高可能涉及改变 FITT–VP 的一个或多个组成部分。

七、静坐少动间断

静坐少动是我们日常生活中最常见的。看电视，整天坐在电脑屏幕前工作，开车和通勤，进餐，甚至和朋友喝咖啡都涉及静坐少动。对大多数美国人来说，静坐少动的时间几乎占一天的 60%，如果包括睡眠，则可能超过一天的 75%。

关于静坐少动（定义为＜1.5 METs 的体育活动）的研究表明，久坐会增加慢性疾病发生的概率。实际上，心血管疾病、肥胖症、糖尿病和其他慢性疾病的发生均与静坐少动有关。静坐 30 min 即会增加胰岛素抵抗，对脂质和碳水化合物的代谢产生负面影响，使正在进行的代谢更多地向葡萄糖转移，促进脂肪的储存和肌纤维类型的改变，并通过这些机制促使全身亚急性炎症发生。所有这些变化与前文提到的慢性疾病的变化一致且相似。

显然，久坐会带来不好的影响，因此，下一个问题是如何缓解或预防。规律运动或者静坐少动间断是否可以做到这一点？众所周知：经常运动虽然可以预防慢性疾病，但不会改变静坐少动所造成的影响。静坐少动间断会改变这种影响。短短 2 min 的低强度（2.0～2.5 METs）活动就能对胰岛素抵抗和葡萄糖代谢等产生积极影响。有充分的证据表明，久坐不动的人群应该考虑站起来，并定期走动，以使静坐少动持续的时间中断。

小结

- 运动处方的 6 个基本要素是运动类型、运动频率、运动强度、运动持续时间、运动量和运动等级。只有满足频率、强度和持续时间的最小阈值，才能产生明显的心肺耐力益处，并且该阈值存在较大的个体差异性。
- 运动处方应包括一项或多项心血管耐力活动，如果运动包括了比赛，建议在开始运动之前通过标准的耐力活动进行热身，以使个人体能与运动相适应。
- 运动处方必须适应个体需求和爱好，这样才能使运动者保持积极性。
- 在最佳情况下，应该每天或在一周的大部分时间进行运动。运动应每周进行 3～4 次，根据需求逐渐增加频率。
- 建议在中等强度下进行 30～60 min 的运动，在高强度下进行 20～60 min 的运动，但关键是达到持续时间和强度的阈值，可以用 MET－分钟来表示。
- 对于大多数人来说，强度应至少为 HRR 的 40%～59%（中度），但范围可扩大为 40%～90%。但是，健康状况不佳的人提高心肺耐力所需的强度较低，运动水平较高的人所需的强度相对较高。
- 研究表明，久坐会对一个人的健康产生负面影响，即使经常运动的人也是如此。建议将经常静坐少动间断作为健康运动处方的一部分。

第五节　运动强度监控

运动强度可用以下几种指标进行量化，每一项量化运动强度的指标都存在优势和不足。

一、靶心率

靶心率（training heart rate，THR）的概念是基于心率和最大摄氧量之间的线性关系产生的，如图 20.4 所示。当进行运动测试时，可以得到受试者每分钟的心率和最大摄氧量，同时绘图。靶心率是通过心率建立起来的，与最大摄氧量的百分比等效。例如，如果想达到 75%的最大摄氧量，则可用最大摄氧量乘以 75%进行计算，与之相对应的心率可确定为靶心率。需要注意的是，运动强度要达到一定比例的 $\dot{V}O_{2max}$ 的结果不一定与最大心率的百分比相匹配。例如，靶心率设定在 75%最大摄氧量的强度表示 65%～90%最大心率的强度（图 20.4）。

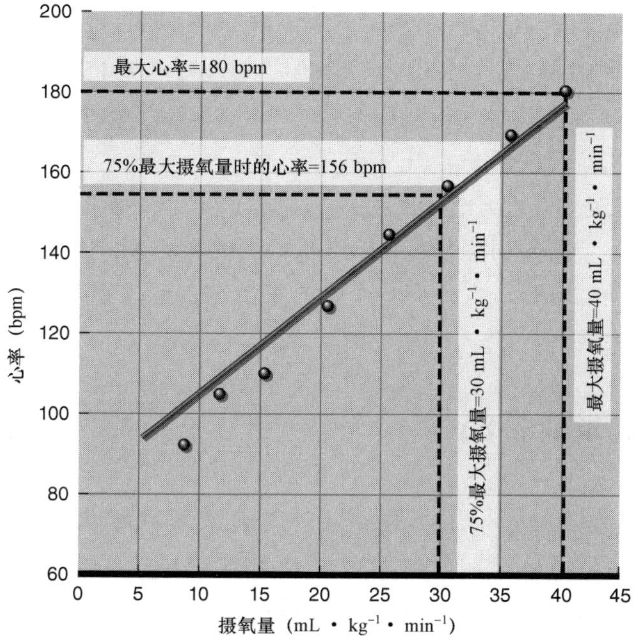

图 20.4　随着工作效率提高，心率和摄氧量之间的线性关系，以及心率与最大摄氧量的等效情况

也可以使用**储备心率（heart rate reserve，HRR）**来建立靶心率。最大储备心率定义为最大心率（HR_{max}）与静息心率（HR_{rest}）之间的差：

$$最大储备心率=最大心率-静息心率$$

以 75%的最大储备心率为例，计算公式为：

$$靶心率_{75\%}=静息心率+（最大心率-静息心率）\times 0.75$$

HRR 调整了靶心率，使靶心率作为最大储备心率特定的百分比，在由中等强度运动过渡到高强度运动时，使心率基本等同于最大摄氧量的强度。因此，根据最大储备心率的 75%计算靶心率近似于同一心率对应的 75%的最大摄氧量。但是，两者可能在低强度运动的时候有很大差异。

二、靶心率范围

可以通过设置心率范围而非单个靶心率值来确定适当的运动强度。这是更为明智的做法，因为在运动时，最大摄氧量百分比可能高于乳酸阈，使锻炼者难以完成任何训练。随着靶心率范围概念的引入，上限和下限都得以确定才能确保练习效果。个人可以选择在 HRR 范围的下限进行运动，也可以根据舒适程度决定在该范围内进行运动。下面举例说明如何使用 HRR 法来测算靶心率。假设有一名 40 岁的男性，静息心率为 75 bpm，最大心率为 180 bpm，建议他应该在最大心率 50%～75%的靶心率范围内进行运动。他的靶心率范围计算如下：

靶心率 $_{50\%}$ =75+0.50×（180−75）=75+53=128 bpm

靶心率 $_{75\%}$ =75+0.75×（180−75）=75+79=154 bpm

用同样的方法可以估算靶心率范围：最大心率=［208−（0.7×年龄）］，如果不确定实际最大心率，则上述公式准确性较高。

心率是监测运动强度的首选方法，因为它与心脏的功能或心脏的适应性高度相关，并且可以随着身体机能的提升逐步提高训练强度，以维持相同的靶心率。HRR 法是确定靶心率范围的首选方法。在规定运动强度时，宜建立一个靶心率范围，运动强度从该范围的下限开始，并逐渐提高到该范围的上限。

三、最大摄氧量储备法

美国运动医学学会还主张采用略有不同的方法来规定运动强度，即根据所谓的 $\dot{V}O_2$ 储备法（$\dot{V}O_2R$）规定运动强度，代替给定百分比的 $\dot{V}O_{2max}$。运动处方中，以给定百分比的 $\dot{V}O_2R$ 为基础，其中 $\dot{V}O_2R$ 定义为 $\dot{V}O_{2max}-\dot{V}O_{2rest}$。这也可以被认为是最大摄氧量储备。例如，$\dot{V}O_{2max}$ 为 40 mL・kg^{-1}・min^{-1}，$\dot{V}O_{2rest}$ 为 3.5 mL・kg^{-1}・min^{-1}，$\dot{V}O_2R$=（40−3.5）= 36.5 mL・kg^{-1}・min^{-1}。

为了使运动强度在 $\dot{V}O_2R$ 的 60%～75%，我们只需将 $\dot{V}O_2R$ 乘以 60%～75%：

$$\dot{V}O_2R_{60\%}=36.5\ \text{mL}\cdot\text{kg}^{-1}\cdot\text{min}^{-1}\times0.60=21.9\ \text{mL}\cdot\text{kg}^{-1}\cdot\text{min}^{-1}$$

$$\dot{V}O_2R_{75\%}=36.5\ \text{mL}\cdot\text{kg}^{-1}\cdot\text{min}^{-1}\times0.75=27.4\ \text{mL}\cdot\text{kg}^{-1}\cdot\text{min}^{-1}$$

使用 $\dot{V}O_2R$ 法的主要优势在于可以在最大 HRR 的百分比和 $\dot{V}O_{2max}$ 储备的百分比之间实现等效。但是，该方法存在潜在的问题，因为当使用 3.5 mL・kg^{-1}・min^{-1} 作为 $\dot{V}O_{2rest}$ 的标准值时，假设每个人的 $\dot{V}O_{2rest}$ 都相同，实际上，事实并非如此。此外，在一项研究中，研究人员发现大量女性（*n*=642）和男性（*n*=127）样本的平均 $\dot{V}O_{2rest}$ 分别为 2.5 mL・kg^{-1}・min^{-1} 和 2.7 mL・kg^{-1}・min^{-1}，值的范围从 1.6 mL・kg^{-1}・min^{-1} 到 4.1 mL・kg^{-1}・min^{-1} 不等，但是，由于 $\dot{V}O_2R$ 的值与 HRR 的值密切相关，$\dot{V}O_2R$ 法也反映出 HRR 法在运动处方中的应用。

四、代谢当量

运动强度也可以用**代谢当量（metabolic equivalent，MET）**表示。身体消耗的 O_2 量与身体活动消耗的能量成正比。假设在安静状态下，每千克体重每分钟消耗 O_2 3.5 mL（3.5 mL・kg^{-1}・min^{-1}）。如前所述，静息耗氧量因人而异，因此该假设并不完全准确。正因如此，将安静代谢率 3.5 mL・kg^{-1}・min^{-1} 定义为 1 MET。所有活动的强度均可根据需氧量分类。2.0 MET 的活动需要两倍安静代谢率，即 7 mL・kg^{-1}・min^{-1}；4.0 MET 的活动需要 14 mL・kg^{-1}・min^{-1}。表 20.2 列出了一些活动及其 MET 值。

表 20.2　特定活动及其 MET 值

活动	MET 值	活动	MET 值
休息和自我保健活动			
休息（仰卧）	1.0	洗澡	2.0
静坐	1.5	常规梳洗，站立	2.0
进食	1.5	穿衣或脱衣，站立	2.5
沐浴	1.5		
家庭活动			
编织或手工缝制，轻度	1.3	吸尘（一般，中等强度）	3.3
洗盘子	1.8	铺床，换床单	3.3
熨烫	1.8	清洁（擦地板、洗车、擦窗户）	3.5
洗衣服、叠衣服或挂衣服	2.0～2.3	扫地（中等强度）	3.8
烹饪或准备食材	2.0～3.5	移动家具、搬箱子	5.8
机缝	2.8	跪地擦地板	6.5
职业工作			
坐着工作，在办公室用电脑工作	1.5	施工（户外）	4.0
驾驶货车、出租车、校车等	2.0	酒店管家	4.0
主厨	2.5	庭院劳动	4.0
站立劳动（轻度到中度）	3.0～4.5	体力劳动或非技术劳动	2.8～6.5
监护工作	2.5～4.0	耕种（从低强度到高强度）	2.0～7.8
木工（一般，从低强度到中等强度）	2.5～4.3	消防工作	6.8～9.0
体育锻炼			
行走			
每小时 2.5 mi	3.0	每小时 4.5 mi	7.0
每小时 3.5 mi	4.3	每小时 5.0 mi	8.3
每小时 4.0 mi	5.0	每小时 5.0 mi，坡度 3%	9.8

续表

活动	MET 值	活动	MET 值
在平地上慢跑或跑步			
每小时 4.0 mi	6.0	每小时 10.0 mi	14.5
每小时 6.0 mi	9.8	每小时 12.0 mi	19.0
每小时 8.0 mi	11.8	每小时 14.0 mi	23.0
游泳			
自由泳（高强度）	9.8	蛙泳，娱乐、训练或比赛	5.3～10.3
自由泳（从低强度到中等强度）	5.8	一般强度侧泳	7.0
仰泳，娱乐、训练和比赛	4.8～9.5		
骑自行车			
休闲，每小时 5.5 mi	3.5	休闲，每小时 14.0～15.9 mi（高强度）	10.0
休闲，每小时 10.0～11.9 mi（缓慢，低强度）	6.8	比赛，每小时 16.0～19.0 mi（高强度）	12.0
休闲，每小时 12.0～13.9 mi（中等强度）	8.0	比赛，每小时>20 mi（高强度）	15.8
娱乐活动			
有氧舞蹈	5.0～7.3	一般抗阻训练	3.5～6.0
电子游戏	2.3～6.0	划船机	4.8～12.0
功率自行车	3.5～14.0	水中健美操	5.3
循环训练	4.3～8.0	视频练习（从低强度到高强度）	2.3～6.0
体育活动			
射箭	4.3	攀岩或登山	5.0～8.0
羽毛球	5.5～7.0	轮滑	7.0
篮球	6.0～9.3	橄榄球	6.3～8.3
保龄球，草地保龄球	3.0～3.8	滑板	5.0～6.0

续表

活动	MET 值	活动	MET 值
橄榄球	4.0～8.0	足球	7.0～10.0
高尔夫	4.8	垒球	5.0～6.0
手球	12.0	壁球	7.3～12.0
曲棍球	7.8	乒乓球	4.0
冰球	8.0～10.0	网球（单打）	7.3～8.0
骑马	5.8～7.3	网球（双打）	4.5～6.0
棍网球	8.0	排球	3.0～4.0
定向越野	9.0	排球（竞技）	8.0
短柄墙球	7.0～10.0	排球（沙滩竞技）	6.0

由于安静状态下 3.5 mL • kg^{-1} • min^{-1} 的摄氧量可能存在潜在的误差，上表中的数据只是近似值。此外，个体之间代谢效率存在变化，即使在同一个体中也会出现。尽管代谢当量对于训练很有指导意义，但是无法排除外界环境的变化，而且在前面章节已经讨论过，它也不能排除身体条件出现的变化。虽然用于运动处方的 MET 对于确定某人进行身体活动的潜在能力非常有用，但是它没有考虑到环境条件的变化，也没有考虑到上一节所讨论的物理条件的变化。例如，刚开始训练并在跑台上以每小时 3.5～4.0 mi（4.3～5.0 METs）的速度行走的残障人士可能会问，将网球双打纳入该计划是否合适。根据 MET 图表，我们可以看到网球双打在 4.5～6.0 METs。因此，我们可以告知此人，虽然网球双打在他的有氧能力范围内，但其某些 MET 水平可能高于他的有氧能力。此外，需要某种技能的活动也可能使身体疲劳。

五、主观体力感觉等级

主观体力感觉等级（ratings of perceived exertion，RPE）也可以用来确定运动强度。使用这种方法，个人可以主观地评价自身的疲劳程度。给定的数值评分对应相应的运动强度。当主观体力感觉等级应用正确时，得出的运动强度就非常准确。在**博格 RPE 量表（Borg RPE scale）**中，感觉尺度从 6 到 20，中等强度的 RPE 为 12～14（有点儿吃力），高强度的 RPE 为 14～16（吃力）。这听起来十分简单，大多数人也能够很好地使用。研究显示，当受试者在跑台上或在功率自行车上进行中等强度或高强度运动时（表 20.3），基本上都能够选出相应的级别并使心率达到适当的强度范围。RPE 是十分有效的方法，能够准确反映运动强度。

表 20.3　基于 20～60 min 耐力活动的运动强度分类：3 种方法的比较

相关强度			
运动强度分类	最大心率	最大摄氧量或最大储备心率	主观体力感觉量表
较低强度	＜57%	＜30%	＜9
低强度	57%～64%	30%～40%	9～11
中等强度	64%～76%	40%～60%	12～13
较高强度	76%～96%	60%～90%	14～17
接近最大强度至最大强度	≥96%	≥90%	≥18

监测运动强度的一种简单方法为谈话测试，多年来一直被用作非正式的测试方法。现在，科学家已经证实，运动时勉强能让人舒适交谈的强度与通气阈值密切相关（请参阅第八章），并且完全在靶心率范围内。

表 20.3 比较了评估运动强度的各种方法。让我们来看看中等强度的运动。如表 20.3 所示，如果一个人使用 HRR 法监测运动强度，希望将运动强度控制在 40%～60%的范围内，根据表 20.3，它对应的 RPE 值为 12～13。所有数值都反映了中等强度的运动。RPE 的最佳用途也许是与靶心率结合使用，使运动者可以通过心率和舒适度自行选择运动强度。因此，自我选择舒适度也是对运动者的基本要求。HRR 与 RPE 的关系十分紧密（假设锻炼者正确使用 RPE 量表），大多数人都可以通过 RPE 控制大部分运动，而不必测量心率。

小结

- 运动强度可以用靶心率、代谢当量和主观体力感觉等级监测。
- 靶心率可以由某几个与最大摄氧量百分比等同的心率来确定，也可以使用 HRR 法来确定，该方法取最大 HRR 的给定百分比，并将其加入静息心率中。用这种方法，当运动强度从中等强度到高强度时，最大储备心率百分比可以近似对应同样的最大摄氧量百分比。
- 确定靶心率范围并在此范围内运动是比单独使用靶心率更好的方法，可以试着推测乳酸阈以下强度的下限。
- 摄氧量与身体活动消耗的能量成正比。安静时的摄氧量定义为 3.5 $mL \cdot kg^{-1} \cdot min^{-1}$，即 1 MET。运动强度可以通过需氧量确定，也是安静代谢率的倍数。
- RPE 法要求使用与运动强度相对应的分级表，主观评价运动的困难程度。受试者可以查看标准来确定适当的数字。

第六节 运动计划

运动处方提出了一个总的锻炼计划，这些通常都是全面提高健康计划的一部分。不同个体即使年龄和体型相同，其运动能力也大不相同。如果要满足个体的需要和兴趣，每个计划在生理学和医学测试的基础上必须满足个性化的要求。

完整的运动计划包括：

✧ 热身和拉伸活动。

✧ 耐力训练。

✧ 整理和拉伸活动。

✧ 柔韧性练习。

✧ 抗阻训练。

✧ 神经调节运动。

✧ 娱乐活动。

通常，前 3 项活动每周进行 3～4 次。柔韧性练习可作为热身、整理和拉伸活动的一部分，或者在一周内的其他时间单独进行。抗阻训练通常在不进行耐力训练的时候隔天进行。柔韧性练习和抗阻练习也可以相结合。

一、热身和拉伸活动

运动应从低强度、动态的热身开始，包括一些心肺耐力活动和功能（神经调节）活动，这些活动是运动计划中的一部分，但运动强度要大大降低。拉伸活动可能包括在热身中。这样的热身阶段会逐渐加快心率和呼吸频率，使运动者做好准备，在随后进行的更剧烈的运动中有效、安全地发挥心脏、血管、肺和肌肉的功能。例如，进行跑步训练的人可能会先慢跑 5～10 min，做一些弓步或用阻力带锻炼，然后在开始训练之前拉伸。

二、耐力训练

发展心血管耐力的身体活动是运动计划的核心内容，不仅可以提高心血管系统、呼吸系统和代谢系统的能力和效率，也可以控制或减轻体重。步行、慢跑、跑步、骑自行车、游泳、划船、有氧操、台阶运动和徒步旅行等均是很好的耐力活动。如果需要高强度有氧运动，也可以选择手球、壁球、网球、羽毛球和篮球等运动。高尔夫球、保龄球和垒球等运动对于提高有氧能力的作用不大，但是很有趣，这些运动具有娱乐价值，也对健康有益。所以，在整个计划中需要进行这些运动。

三、整理和拉伸活动

耐力训练后应进行整理活动。完成整理活动最好的方法是在练习的最后几分钟缓慢地降低耐力练习的强度。例如，在跑步后缓慢地步行一段时间，以帮助四肢血液流回心脏。耐力训练后突然停止可能会因血液停留在下肢而导致头晕或晕厥。此外，儿茶酚胺水平可能在恢复期间立即升高，这可能导致心律失常。在整理活动后，可进行拉伸活动以提高柔韧性。

四、柔韧性练习

柔韧性练习通常是热身阶段或整理阶段的补充练习，对柔韧性较差或有肌肉和关节问题（如腰背疼痛）的人来说尤为重要。练习应该缓慢进行，快速拉伸运动具有潜在的危险性，可能导致肌肉拉伤或痉挛。以往都推荐在耐力练习之前进行柔韧性练习。然而，研究也已证实，如果在耐力练习之后进行柔耐性练习，肌肉、肌腱、韧带和关节可以产生更多的适应和反应。

五、抗阻训练

抗阻训练在完整的健康和健身训练计划中的重要性不言而喻。许多与健康相关的益处均可通过抗阻训练获得。美国运动医学学会将抗阻训练作为健身计划的推荐内容。

回顾第九章，只能成功举起一次的最大重量是 1 次重复最大值，即 1RM。当人们进行抗阻训练时，每次举重的重量应在 1RM 的 40%～60%。该水平取决于年龄、适应水平（尤其是先前的抗阻训练）和目标。通常，根据目标和经验，建议大多数成年人进行 8～12 次重复练习以提高力量和爆发力。如果目标或水平与大多数成年人明显不同，则建议在 2～4 组中最多重复 15～20 次。

当给定的重量使运动者感到疲劳时，它称为“最大重复次数”。人们应该尝试在第二组和第三组中尽可能多地重复，但是随着肌肉的疲劳，他们在最后一组中可以完成的重复次数可能会减少。随着肌肉力量和耐力的增加，他们每组可以完成的重复次数将增加。当人们在第一组达到 15 次重复时，他们通常准备进行下一个重量更高的训练。如第九章所述，这种训练技术被称为渐进式抗阻训练。

为控制体重而进行的抗阻训练可以每周进行 2～3 天，每天 2～3 组。对未经训练的人来说，为了增加力量而进行的训练只需要每天 1 组。锻炼者可以选择多种练习方式，以发展上肢、躯干和下肢大部分或全部的主要肌肉。如果考虑时间因素，最好减少 1～2 组的量以保证全身运动的时间。

六、神经调节训练

神经调节训练包括体能等方面，如平衡、神经肌肉控制、本体感觉、步态乃至核心训练。它也被许多人称为功能训练。神经调节训练可以包括许多身体活动，大多数是使用体重或轻手重量，以及其他装置（如壶铃、带子、负重球）与动作结合（如弓步、举重、弯腰）进行的多关节运动。这些练习旨在提高人们进行日常活动的能力，它们还可以使难以用到的肌肉得到锻炼，如臀肌或腹肌等肌肉。

关于神经调节训练的效果或益处的研究很少。尽管一些初步结果表明，神经调节训练可能有助于防止老年人摔倒并减少运动员受到的损伤。许多专业人士都为健康的成年人开出了神经调节训练处方，应将神经调节训练纳入健康成年人和老年人的运动计划中。

七、娱乐活动

娱乐活动对综合性锻炼计划来说非常重要。尽管参与者参与活动的首要目的是娱乐和放松，许多娱乐活动仍然可以提高健康水平。徒步旅行、网球、手球、壁球和某些团队运动都属于此范畴。在选择上述活动时，应考虑以下问题：

✧ 你能成功地学习或完成至少一项中等强度的运动吗？

✧ 这些活动是否包括促进社交的机会？

✧ 参加活动的费用是否合理？是否在你的预算之内？

✧ 多样的活动是否能使你保持长期参与的兴趣？

✧ 根据你当前的年龄和健康状况，目前的活动对你来说安全吗？

对想参与娱乐活动的人来说，有许多好的机会。当地的公共娱乐中心、公园、一些公立学校、社区学院和大学等经常提供免费的或便宜的有关健身活动的基本课程。通常，家庭可以在额外付费的情况下参加提高全部成员健康水平的活动。此外，大量的商业健身中心迅速发展，并拥有能够正确制订运动计划和帮助锻炼者运动的训练团队。

第七节 患者的运动和康复

运动是大多数疾病**康复计划**（**rehabilitation programs**）的主要组成部分，始于 1950 年的心肺康复计划已逐步完善。心肺康复方面的巨大进步促成了一个职业协会——美国心肺康复协会，以及一份专业研究期刊——《心肺康复杂志》的诞生。

运动是下列疾病康复的重要部分：

✧ 癌症。

✧ 肥胖。

✧ 糖尿病。

✧ 肾脏疾病。

✧ 骨质疏松。

✧ 关节炎、慢性疲劳综合征、肌纤维痛。

✧ 囊性纤维化。

最近，运动康复的重点放在了器官移植后的康复方面，包括心脏移植、肝移植和肾移植，因为运动可以减轻药物的副作用，提高健康水平。

尽管运动训练对每种疾病的益处的具体生理机制尚未明确，但运动训练普遍具有许多健康益处，似乎可以改善患者的预后。在康复过程中使用的运动方法要考虑疾病的具体性质和程度。任何疾病的具体细节已经超出了本章的范围，但是在运动计划对具体疾病的临床价值方面还是有许多可用的资源。

小结

- 运动应从低强度、动态热身开始，其类型类似于规定的心肺耐力运动。随后进行功能性运动和拉伸运动，使心血管系统、呼吸系统和肌肉系统更有效地工作。
- 每周应进行 3～5 次心肺耐力训练。
- 在每次耐力训练后，都应进行整理和拉伸运动，以防止四肢积血和肌肉酸痛。
- 柔韧性练习应缓慢进行，最好在耐力训练之后进行柔韧性练习。
- 抗阻训练的起始重量应为 1RM 的 40%～60%。如果有人可以举起大约 10 次，这就是适当的重量；如果他能举起少于 8 次，则需要减轻重量。
- 娱乐活动应包括在运动计划中，以供人们享受和放松。
- 运动是大多数疾病康复的重要组成部分。康复计划的类型和细节取决于患者、所涉及的特定疾病及其程度。

结语

通过本章的学习，我们了解到积极进行身体活动的生活方式对保持健康和降低疾病风险的重要作用。在制定运动处方之前，对静坐少动的成年人进行医学检查和 ECG 测试是十分重要的。本章还讨论了运动处方的组成部分和监测运动强度的方法，回顾了运动计划的组成部分和运动锻炼在患者康复过程中的作用。

既然已经了解了运动在疾病预防中的重要性，我们将更密切地关注身体活动，因为它与特定疾病相关。在下一章，我们将注意力转向心血管疾病。

关键词

博格 RPE 量表（Borg RPE scale）
运动心电图（exercise electrocardiogram，ECG）
运动处方（exercise prescription）
递增负荷试验（graded exercise test，GXT）
储备心率（heart rate reserve，HRR）
代谢当量（metabolic equivalent，MET）
异常运动测试预测值（predictive value of an abnormal exercise test）
主观体力感觉等级（ratings of perceived exertion，RPE）
康复计划（rehabilitation programs）
敏感度（sensitivity）
特异性（specificity）
靶心率（training heart rate，THR）

思考题

1. 当今美国成年人是如何锻炼的？

2. 简述运动测试的敏感度、特异性和异常运动测试预测值的概念。如何使用这些信息判断哪些人应该接受医学检查？

3. 怎样使人们更多地参与锻炼？为了帮助人们获得与运动相关的健康益处，我们需要提倡何种程度的运动？

4. 在运动处方中必须考虑的 6 个要素是什么？哪一个是最重要的？

5. 阐述在制定运动处方时，运动锻炼出现生理变化的最低阈值。

6. 简述监控运动强度的多种途径，并指出每一项的优势和不足。

7. 简述合理的运动计划的组成部分及其在整个计划中的重要性。

学习指南

“关键词”复习了本章中的重要概念，章末的思考题可以测试你对本章内容的理解。

第二十一章　心血管疾病与身体活动

2002 年 6 月 22 日星期六下午，圣路易斯红雀棒球队投手达里尔·凯尔（Darryl Kile）被发现死在芝加哥的酒店房间内。当时，红雀队正与芝加哥小熊队进行着为期 3 场的系列赛，达里尔·凯尔被安排在星期日晚上的最后一场上场，他是红雀队中最好的投手和球队主力。遗憾的是，年仅 33 岁的达里尔·凯尔死于冠心病，尸检报告指出其 3 条主要的冠状动脉中有 2 条已阻塞了 80%～90%。虽然达里尔·凯尔之前没有病史和疾病症状，但他的父亲在 44 岁时死于卒中，而他本人也曾在前一天晚餐时抱怨过肩膀疼痛和身体疲劳。

2007 年 11 月 3 日，优秀长跑运动员瑞安·谢伊（Ryan Shay）（曾获 2001 年全美大学生田径比赛 10 000 m 冠军和 2003 年美国马拉松冠军）在纽约市举行的美国奥运会马拉松选拔赛中，仅跑了 5.5 mi（8.9 km）就倒下了。尸检报告称，他的死因是由心脏肥厚并伴有原因不明的片状心肌纤维化引起的心律失常。2009 年 10 月，第 32 届底特律自由报旗星马拉松开赛后 16 min 内，3 名参赛男子昏厥并死亡。几周前，也曾有 2 名跑步者（一男一女，年龄在 35 岁左右）在圣何塞摇滚半程马拉松比赛中死亡。虽然没有以上 5 名跑步者的尸检报告，但他们的死因很可能也与心脏有关，而非热应激等其他因素。2015 年，哥伦比亚广播公司曾报道，一名 14 岁的女足明星在球场上晕倒后，医护人员不得不使用自动体外除颤器（AED）才让她苏醒过来，并在随后对其进行了心脏手术。该报道还强调，每年估计有 2 万名年轻人死于心脏骤停。

这些悲剧都说明了一个重要的事实：即使在青年时期成为一名优秀甚至杰出的运动员，也无法对心血管疾病终身免疫。

我们大部分人都认为自己是健康的，直到出现了一些明显的疾病征兆。许多人不知道慢性退行性疾病（如心脏病）是在不知不觉中发展起来的，可能会引起严重的并发症甚至死亡。幸运的是，早期诊断和适当治疗可以降低慢性疾病的危险性并可预防残疾和死亡。更重要的是，降低疾病的风险因素可以预防疾病或延迟疾病的发生。本章将讨论心血管疾病，重点关注**冠心病（coronary artery disease，CAD）**和**高血压（hypertension，HTN）**。

第一节 心血管疾病的患病率

在美国，心血管疾病是造成死亡的主要原因（图 21.1）。美国心脏协会公布了以下统计数据：

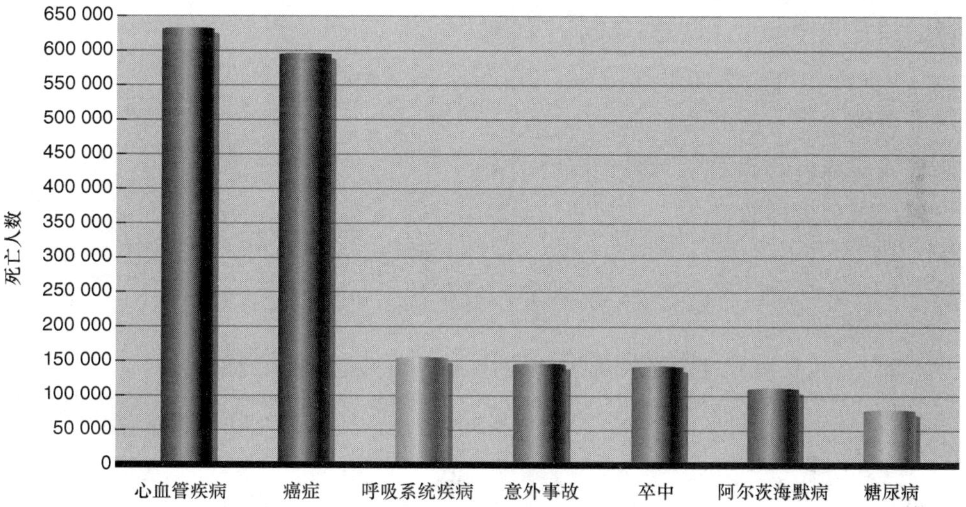

图 21.1 2015 年美国人的主要死亡原因

✧ 据估计，美国约有 9 210 万名成年人至少患有一种心血管疾病。

✧ 到 2030 年，预计有近 44%的美国人将患有某种类型的心血管疾病。

✧ 心血管疾病在全球范围也是最常见的死亡原因，每年约导致 1 730 万人死亡，占全球死亡人数的 31.5%。

✧ 心血管疾病夺走的生命比所有类型的癌症加起来还多。

✧ 2013—2014 年，在美国，心血管疾病和卒中造成的医疗费用超过 3 160 亿美元，占所有医疗支出的 14%。

但也有一些好消息：

✧ 从 2004 年到 2014 年，心血管疾病的死亡率下降了 25.3%，实际死亡人数下降了 6.7%。

✧ 随着心血管疾病总体医疗水平的持续提高，冠心病的患病率可在 2010～2020 年下降 30%。

从 20 世纪初到 60 年代中期，因心脏病死亡的相对人数（以每 10 万人为单位）增加了 3

倍，而同一时期美国的人口总数仅增加了一倍多，因此，因心脏病死亡的人数的绝对增长率比相对增长率的涨幅更大。20 世纪 70 年代，心血管疾病作为首要潜在死因造成的死亡人数已占美国总死亡人数的 50%以上。直至 2016 年，心血管疾病仍然是死亡的主要原因，死亡人数约为 77.5 万人，每 3 名死者中就有 1 人死于心血管疾病。

如前所述，从 2004 年到 2014 年这 10 年间，心血管疾病的死亡率下降了 25.3%，而下降的原因仍有很大争议，争论的焦点主要在疾病预防上，例如：

✧ 大众对风险因素和症状的认识加深。

✧ 预防措施的运用增加，包括改变生活方式（如营养、锻炼、减压和戒烟）以降低患病风险。

✧ 更早和更准确的诊断。

✧ 对心肺复苏技术的认识与运用水平提高。

另一类可能的原因是疾病患者得到了更好的治疗，包括：

✧ 用于特殊治疗的药品改良。

✧ 血管成形术、药物涂层支架和搭桥手术。

✧ 更加注重二级预防。

心血管疾病的发病率和死亡率因性别、年龄和种族而异。表 21.1 展示了美国不同性别和不同种族的全因死亡率与心血管疾病死亡率，并进行了年龄校正。

表 21.1　按性别和种族划分的美国每 10 万名成年人的死亡率

分类	全因死亡率	心血管疾病
所有人	733	169
男性	863	212
男性白种人	862	211
男性黑种人或非裔美国人	1 040	258
男性西班牙裔或拉丁裔	629	146
女性	624	134
女性白种人	627	132
女性黑种人或非裔美国人	711	166
女性西班牙裔或拉丁裔	438	93

注：以上数据已根据年龄进行了标准化，即根据人口的平均年龄进行了调整。

第二节　心血管疾病的类型

心血管疾病有许多种不同类型，本章主要关注可预防且影响多数美国人的心血管疾病类型。世界卫生组织（WHO）的数据显示：2015 年，约有 1 770 万人死于心血管疾病，其中有 740 万人死于冠心病，670 万人死于卒中，另外还有一些其他类型的心血管疾病，如先天性心脏病、心肌病、心脏瓣膜病、静脉血栓和外周动脉疾病等。

一、冠心病

随着年龄的增长，为心肌提供血液的冠状动脉（图 6.4）由于脂肪**斑块（plaque）**堆积在血管内壁而逐渐变窄（图 21.2），这种动脉的进行性狭窄常涉及动脉硬化，当这些症状危及冠状动脉时，称为冠心病。疾病持续发展和冠状动脉继续变窄会使心肌血液的供应能力逐渐下降。

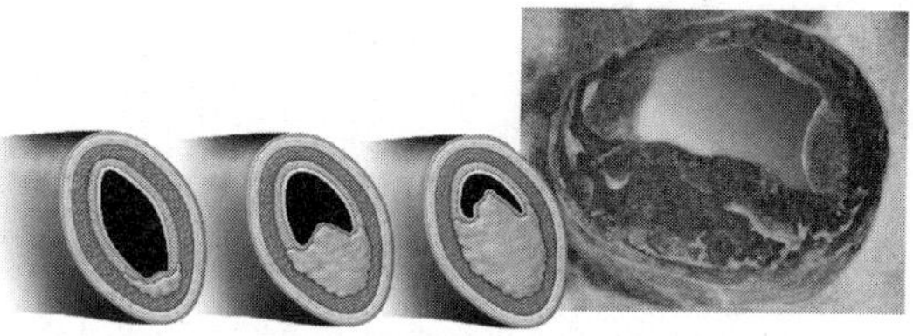

图 21.2　冠状动脉斑块逐步形成的过程

当血管狭窄进一步发展时，心肌会无法获得足够的血液供给，当机体运动时，这种供血不足将更加严重。此时，由这些狭窄的动脉供血的心肌就会出现**缺血（ischemia）**，意味着心肌血液（伴随氧和营养）供应不足。心肌缺血通常会引起不同程度的心脏不适，称为心绞痛。心绞痛症状通常在体力消耗或应激状态下首次出现，因为此时心脏的需氧量增加，造成了供需不平衡。

当心肌供血严重不足或完全受限时，缺血就可能导致心脏病发作或**心肌梗死（myocardial infarction）**。因为心肌细胞在缺血的几分钟内同时缺乏 O_2，这会产生不可逆的损伤，甚至会引起心肌细胞坏死。心肌缺血的结果取决于受影响心肌面积的大小和损害程度。缺血性损伤是可逆的，而梗死组织的损伤是永久性的。有时候，心脏病发作的症状轻微，以至于病人根本无法察觉。在有些病例中，心脏病可能是在几周、几个月甚至是几年后的常规心电图检查中才被发现。

动脉粥样硬化是一种进行性的疾病，导致动脉粥样硬化的病理变化可从婴儿期出现，并在儿童期继续发展。儿童在 3～5 岁时，主动脉上有**脂质条纹（fatty streaks）**或脂质沉积被认为是动脉粥样硬化的先兆。青少年时期出现在冠状动脉上的脂质条纹在 20 多岁时会发展成纤维斑块，而在 40～50 岁时会发展成不稳定或复杂的损伤。

动脉粥样硬化的形成主要由基因和生活方式决定，包括吸烟史、饮食和身体活动。有些人病程进展很快，心脏病发作于年龄相对较小的人，即 20 多岁或 30 多岁。另一些人疾病的发展进程非常缓慢，直至晚年也只出现了极轻微的动脉粥样硬化症状，而大部分的人则介于这两种类型之间。

研究视角 21.1　长距离马拉松可减少女性冠状动脉斑块形成

定期进行耐力运动可以改善心血管健康，降低患心血管疾病的风险，如高血压和高胆固醇。通常来说，马拉松训练可以有效提高心肺功能并降低心血管疾病的风险。然而，人们对长期参加马拉松对冠状动脉的影响知之甚少。在两项针对长期参加马拉松比赛的中年男性的研究中发现（其中一项的研究对象是在过去 3 年内参加过 5 场以上比赛的跑者，另一项的研究对象是连续 25 年每年完成一场或多场马拉松比赛的跑者），这两组研究对象与久坐不动的同年龄段男性相比，很反常地在冠状动脉上积累了更多的斑块。尽管以上结果令人惊讶，但直到最近都没有在女性研究对象中发现类似的现象。

最近，在明尼苏达州明尼阿波利斯的雅培西北医院进行的一项研究检测了长期参加马拉松比赛的女性的冠状动脉斑块情况和心血管疾病风险因素。该研究招募了 26 名连续参加双城马拉松至少 10 年的女性和 28 名久坐不动的对照组女性。研究人员运用冠状动脉计算机断层扫描血管造影技术识别冠状动脉中是否有斑块形成。此外，受试者还同时进行了 12 导联心电图、静息心率和血压测试，并抽血测量血脂和肌酐。26 名马拉松跑步者中，有 5 名的冠状动脉中发现了钙化斑块，而对照组（共 28 人）中却有 14 名发现斑块，由此可见，马拉松跑步者的发病率较低。有冠状动脉斑块的 5 名女性跑步者参加马拉松的年限更长，并且比没有斑块的跑步者平均年长 12 岁。与对照组相比，马拉松跑步者的静息心率、体重、血压和血清甘油三酯也较低，而高密度脂蛋白则较高。与久坐不动的同龄对照组相比，长期参加马拉松比赛的女性冠状动脉斑块形成的概率较低，心血管疾病患病风险也较低。此外，女性马拉松运动员冠状动脉斑块的发展似乎与年龄增长后心脏病风险增加有关。

二、高血压

高血压是一个表示血压高的医学术语，指血压长期超过健康水平。血压主要受到体型大小的影响，所以儿童和青少年的血压比成年人的低。很难定义是什么导致了成长中的儿童和青少年患高血压。临床上，青少年阶段的高血压是指血压超过 90 或 95 的百分位数。高血压在儿童身上并不常见，但会出现在青少年中期。

以往正常血压和高血压分期是根据公认的血压临界值来划分的。例如，高血压前期定义为收缩压（systolic blood pressure，SBP）在 120～139 mmHg 或舒张压（diastolic blood pressure，DBP）在 80～89 mmHg，Ⅰ期高血压定义为 SBP 在 140～159 mmHg 或 DBP 在 90～99 mmHg。然而，美国高血压检测、评估和治疗联合委员会 2013 年 12 月发布了用于确诊和治疗成年人高血压新的循证指南（JNC8），该指南取消了基于血压临界值的高血压分类（即正常、高血压前期、Ⅰ期和Ⅱ期高血压），并简要说明了特定人群的治疗方法。表 21.2 中总结了新的治疗目标。

表 21.2 JNC8 成年人高血压治疗管理指南

人群	治疗目标
年龄≥60 岁，SBP≥150 mmHg 或 DBP≥90 mmHg	SBP<150 mmHg，DBP<90 mmHg
年龄<60 岁，SBP>140 mmHg 或 DBP>90 mmHg	SBP<140 mmHg，DBP<90 mmHg
患糖尿病 18 年及以上	SBP<140 mmHg，DBP<90 mmHg

JNC8 重点强调改变生活方式的指导方针，认为饮食和增加身体活动是高血压治疗管理的核心。另外，JNC8 也做了一些更新与调整，包括改变推荐用于治疗高血压的药物类别，以及治疗慢性肾病患者的新建议。例如，建议患高血压的非裔美国人使用噻嗪类利尿剂或钙通道阻滞剂，因为这些类别的药物在这类人群中的有效率高于其他降压药（如血管紧张素受体阻滞剂或血管紧张素转换酶阻滞剂）。

虽然 JNC8 由于试图简化治疗高血压的方法而受到了一些批评，但总体上还是被卫生保健专业人士广泛接受。也许从 JNC8 中得到的最重要和最有趣的一点是，与以往的指南不同，JNC8 是基于大量证据形成的，其中的一些重大调整可能是由于过往的治疗标准缺乏证据支持。

高血压会造成心脏工作负担加重，因为心脏在泵出左心室的血液时，需要克服更大的阻力（后负荷）。此外，高血压使动脉和小动脉的管壁产生持续性张力。长此以往，这将造成心脏增大，动脉和小动脉弹性下降，最终导致动脉粥样硬化、心脏病发作、心力衰竭、卒中和肾衰竭。

据估计，2014 年，有近 8 600 万名美国成年人（约占成年人口的 34%）患高血压（收缩压≥140 mmHg，舒张压≥90 mmHg，或两者皆有）。在 60 岁以上的美国人中，有超过 65% 的人患高血压。与冠心病一样，高血压在非西班牙裔黑人成年人中较为普遍（约占 42%）。与美国白人相比，美国黑人患高血压的年龄更早，且在之后的任何 10 年都更严重。所以，美国黑人患非致命性卒中的人数为白人的 1.3 倍，患致命性卒中的人数为白人的 1.8 倍；因心脏病死亡的人数为白人的 1.5 倍；患终末期肾病的人数为白人的 4.2 倍。在被诊断为高血压的人中，只有大约 50%的人病情得到了控制，意味着仍有大量确诊患高血压的美国人血压未得到有效控制。

三、卒中

卒中（stroke）是一种心血管疾病，它会影响为大脑供血的动脉。2013 年，全球大约有 650 万人死于卒中。与其他心血管疾病一样，近年来卒中的死亡率显著下降。

卒中一般分为两类：**缺血性卒中（ischemic stroke）**和**出血性卒中（hemorrhagic stroke）**。缺血性卒中最常见（约占 87%），它起因于大脑血管阻塞，从而限制了大脑的血流。阻塞的原因有以下两个：

✧ 脑血栓：最为常见，脑部血管内形成的血栓（血块）通常发生在受动脉粥样硬化损伤的部位。这种血栓在病因上与冠状动脉中形成的导致心肌缺血、损伤和梗死的血块非常相似。

✧ 脑栓塞：栓塞物（不能分解的大块物质，如脂肪滴、组织块或血块）从身体的其他部位脱落，滞留在大脑动脉内。不规则的心跳（心房颤动）会造成心脏中形成的血块脱落并进入大脑。

缺血性卒中会造成阻塞远端的血流中断，大脑部分缺血，最终造成缺氧甚至死亡。缺血性卒中是由动脉粥样硬化和其他梗阻性血管疾病（包括外周血管疾病）引起的。

出血性卒中主要有两种类型：

✧ 脑内出血：一条脑动脉在脑内破裂。

✧ 蛛网膜下腔出血：大脑表面的血管破裂出血，血流进入颅骨和大脑之间的区域。

在这两种情况下，受伤部分的血液会流出血管使血流减少。由于大脑被封闭在坚硬的颅骨中，血液聚集在血管外会对脆弱的大脑造成压力，可能会改变大脑的功能。大脑出血常由动脉瘤引起，血管壁的薄弱部位向外膨胀，通常是由高血压或动脉粥样硬化损伤血管壁造成的。动静脉畸形（异常形成的血管簇）是出血性卒中的另一个原因。

如同心脏病发作一样，卒中也会导致受影响的脑组织死亡，造成的后果很大程度上由卒中的位置和范围决定。卒中导致的脑损伤可能会影响感觉、语言表达、身体运动、思考方式和记忆等。单侧躯体麻痹比较常见，而且常常导致语言表达障碍。大部分卒中会引起一侧大脑受损。单侧大脑控制对侧身体功能。例如，大脑右侧的卒中可能会产生以下影响：

✧ 左侧身体瘫痪。

✧ 视力障碍。

✧ 快速而奇怪的行为方式。

✧ 记忆丧失。

相对地，大脑左侧的卒中可能会产生以下影响：

✧ 右侧身体瘫痪。

✧ 语言障碍。

✧ 缓慢而谨慎的行为方式。

✧ 记忆丧失。

四、心力衰竭

心力衰竭（heart failure）是一种慢性和进行性的临床疾病，由于心肌变弱而无法维持足够的心输出量以满足身体对血液和氧的需求。当心输出量不足时，血液可能会聚集在静脉中，这会造成过多的液体潴留在身体内，尤其是腿部和脚踝。这种体液的聚集（水肿）会影响到肺部（肺水肿），扰乱呼吸并导致呼吸短促，这种情况通常被称为充血性心力衰竭（congestive heart failure，CHF）。心肌梗死引起的心肌受损、严重的高血压、心脏瓣膜病或原发性心肌病都可能是造成心力衰竭的原因。

五、其他心血管疾病

其他心血管疾病包括**外周血管疾病（peripheral vascular disease）**、**心脏瓣膜病（valvular heart disease）**和**先天性心脏病（congenital heart disease）**等。

外周血管疾病是相对于冠状血管而言的，它涉及全身的动脉和静脉。外周动脉疾病是动脉粥样硬化疾病，会影响腿和脑等器官的血液供应。腿部的外周动脉疾病会由于疼痛而导致活动严重受限，而脑部的外周动脉疾病可导致短暂性脑缺血（transient ischemic attacks，TIAs），即由于进入大脑的血流量暂时受限而引起的卒中症状。

外周静脉疾病包括静脉曲张和静脉炎。静脉瓣膜功能不全会导致静脉曲张，从而使血液停留在静脉而造成静脉扩大、扭曲且疼痛。静脉炎是指静脉发炎，也会非常疼痛。

心脏瓣膜病常涉及 4 个瓣膜中的一个或多个，瓣膜控制心脏血流进出心脏 4 个腔室的方向。**风湿性心脏病（rheumatic heart disease）**是由风湿热引起的一种瓣膜性心脏病，由链球菌感染引起，易发于 5～15 岁的儿童。风湿热是一种结缔组织发炎的疾病且常常会使心脏受到影响，特别是心脏瓣膜。瓣膜损伤会造成心脏各开口变窄（狭窄），瓣膜扩张困难将阻碍血液流出前腔室，瓣膜关闭不完全（脱垂或返流）会使血液逆流回前腔室。该疾病通常由受影响的瓣膜和症状类型来指代（如二尖瓣狭窄）。

先天性心脏病包括出生时存在的所有心脏缺损，也称为先天性心脏缺陷。这些缺损是由于在出生前心脏或靠近心脏的血管没有正常发育。心脏缺损包括主动脉缩窄，是主动脉异常缩小引起的；瓣膜狭窄指心脏内一个或多个心脏瓣膜狭窄；隔膜缺损指分开心脏左右侧的间隔或壁有缺损，造成体循环的血液进入肺循环，反之亦然。

接下来将重点介绍两种主要的心血管疾病：冠心病和高血压。

小结

- 动脉粥样硬化是动脉逐渐变窄的过程，冠心病是冠状动脉粥样硬化导致的疾病。
- 当流入心脏的血流受到阻塞时，由阻塞的动脉所供给的心脏部位会缺血，导致 O_2 缺乏，造成心肌梗死和组织坏死。
- 动脉粥样硬化从儿童期开始，但是疾病发展程度和过程是非常复杂的。
- 高血压是反映血压高的临床术语。
- 卒中会影响大脑动脉，受此影响的动脉血供极少。缺血性卒中是常见的卒中类型，通常起因于脑血栓或脑栓塞，另一个卒中的原因是脑出血（大脑和蛛网膜下出血）。

- 心脏衰竭是指心肌太虚弱而无法维持正常的心输出量，造成血液聚集在静脉中。
- 外周血管疾病包含全身性（冠状血管除外）的血管疾病，它包括外周动脉疾病、静脉曲张和静脉炎。
- 先天性心脏病包括所有在出生时出现的心脏缺损。

第三节　疾病病程的认识

病理生理学（pathophysiology）是指某一特定疾病病程或功能失调的病理和生理过程。了解疾病的病理生理可以让我们深入了解身体活动如何影响或改变疾病的发展。一些常见的潜在病理生理变化（如全身亚急性炎症和胰岛素抵抗）多与慢性疾病有关。接下来，我们将了解冠心病和高血压的病理生理学过程。

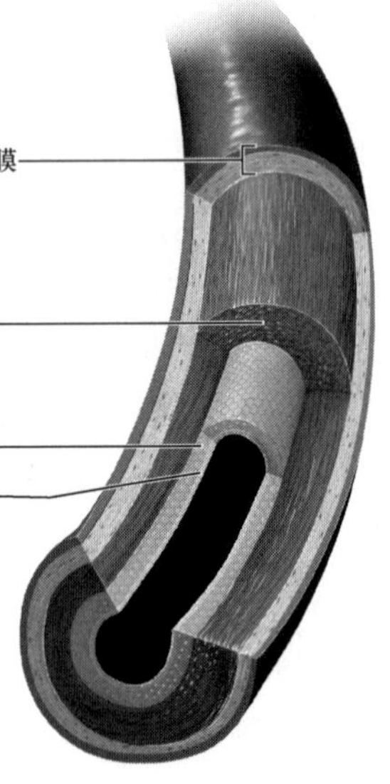

图 21.3　动脉壁分为 3 层：内膜、中膜和外膜

一、冠心病的病理生理学

冠状动脉的动脉硬化是如何发展的呢？冠状动脉壁由 3 种不同的膜组成（图 21.3），分别为血管内膜（内层）、血管中膜（中层）和血管外膜（外层），有时简称为内膜、中膜和外膜。内膜最里面的一层叫作**内皮组织（endothelium）**，由一层较薄的内皮细胞构成。内皮在流经动脉的血液和血管壁的内膜之间提供了一层平滑的保护层，也是血液毒性物质与血管平滑肌细胞之间的一层保护性屏障。对于直径大于 1 mm 的血管，内膜还包括由结缔组织形成的内皮下层。中膜主要由平滑肌细胞组成，作用是控制血管和弹性蛋白的收缩与舒张。外膜由胶原纤维组成，作用是保护血管并将其固定于周围的结构上。

内皮在血液和动脉壁外层之间形成保护性屏障，它的功能是提供一个光滑的表面，供血液流动，但它也有许多其他重要的生理功能，包括通过影响血管收缩和舒张来控制血管内的血液流动，即通过产生生理活性物质**一氧化氮（nitric oxide，NO）**并刺激其他组织产生类似物质，由此引起动脉壁内的平滑肌收缩或舒张以调节动脉内的血流。

动脉粥样硬化是一种炎症性疾病。最初的损伤（即动脉粥样硬化发生和发展的诱因）可能是由多种环境刺激中的任何一种引起的（图 21.4），这些因素包括高脂饮食后甘油三酯或 LDL-C 升高（餐后血脂）、吸入香烟烟雾中的化合物和环境污染物、**脂肪因子（adipokines）**

和其他与过量脂肪组织有关的炎性物质、感染性微生物，甚至情绪压力，所有这些都与血管炎症有关。反过来，血管炎症会导致内皮功能障碍。血液中的血小板会聚集到内皮的损伤部位，并黏附在暴露的结缔组织上（图 21.4b）。血小板会释放促进平滑肌细胞从介质迁移到内膜的物质。内膜通常包含很少的平滑肌细胞，在损伤部位形成由平滑肌细胞、结缔组织和碎屑组成的斑块（图 21.4c）。最终，血脂特别是低密度脂蛋白胆固醇会被吸附过来且沉积在斑块中（图 21.4d）。通过这一过程，最初的损伤和随后的炎症最终导致脂质（脂肪）、平滑肌细胞和其他物质在动脉壁内局部沉积。

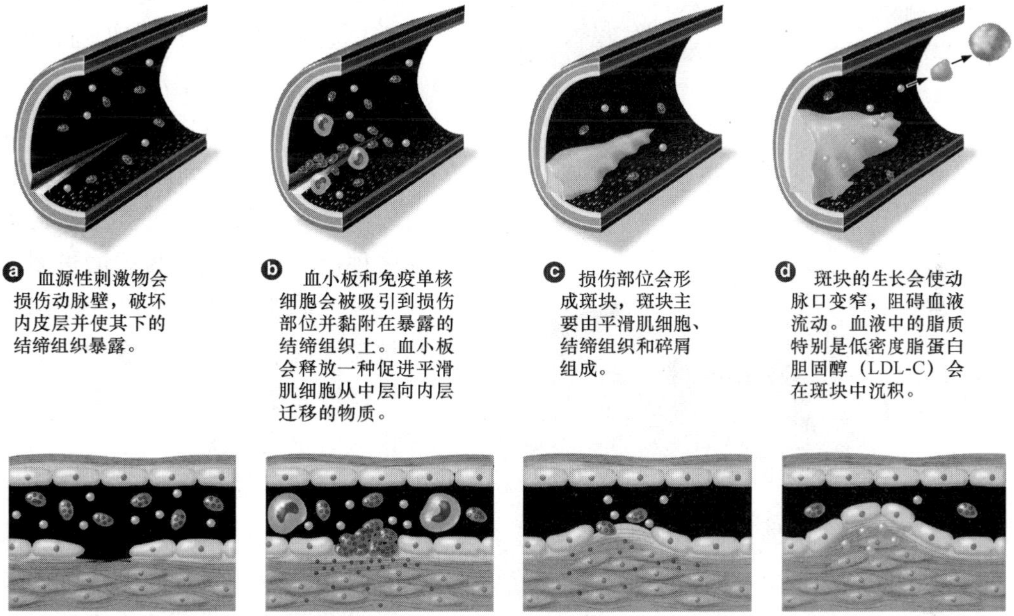

图 21.4 动脉壁损伤后的变化：从内皮细胞破裂直至动脉粥样硬化的过程

炎症过程是由许多生理活性物质驱动的，这些物质由内皮产生或由内皮主动刺激，或两者兼而有之。这些物质包括**血小板源性生长因子（platelet-derived growth factor，PDGF）**（图 21.4b）和其他抑制或促进内皮产生 NO 的物质。这些物质的确切作用机制和综合作用，以及它们对动脉粥样硬化过程的影响是极其复杂的，目前尚未完全了解。程度较轻的全身性炎症是许多慢性疾病（包括动脉粥样硬化、肥胖症和高血压）的基本特征（在本节之后的内容和下一章都将进行讨论）。炎症和胰岛素抵抗都是冠心病病理生理的重要先兆。

最近，许多研究者推测，当单核细胞（作为免疫系统效应细胞的白细胞）附着在内皮细胞之间时，斑块就会形成。这些单核细胞分化为巨噬细胞摄取氧化的 LDL-C，并缓慢地变为大量的泡沫细胞和脂质条纹。之后，平滑肌细胞在这些泡沫细胞下聚集，内皮细胞会分离或脱落，使下层的结缔组织暴露出来，并使血小板黏附上去。单核细胞在动脉粥样硬化中的作用目前仍是研究的热点问题。

斑块由平滑肌细胞、炎症细胞（巨噬细胞和 T 细胞）与细胞内和细胞外的脂质组成，斑块还包含一个纤维帽，目前认为斑块和其纤维帽的组成对斑块的稳定性至关重要。不稳定的斑块的纤维帽较薄，从而使泡沫细胞渗入。

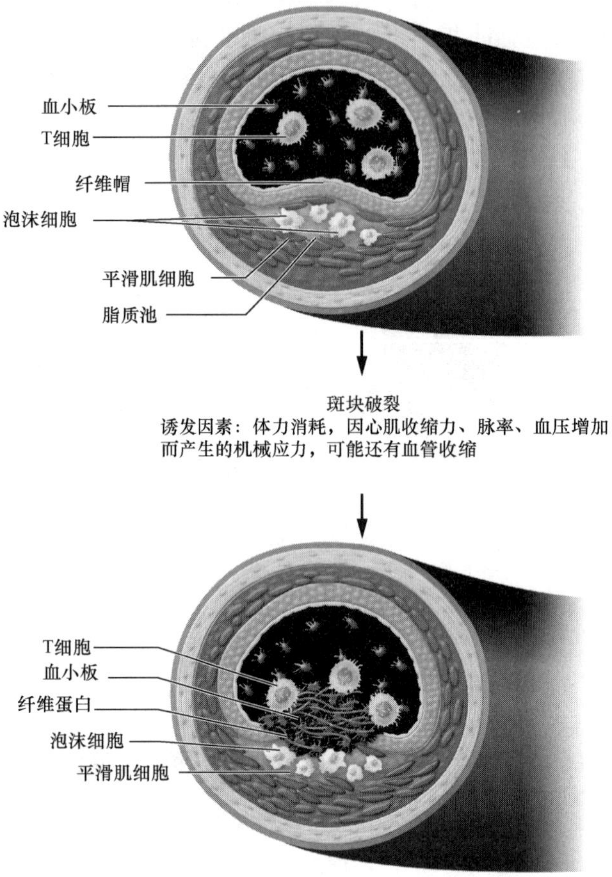

图 21.5　冠状动脉上不稳定的斑块有裂缝或破裂造成破裂的物质进入流动的血液并刺激血栓（凝块）形成

这些斑块比其他斑块更容易破裂。斑块破裂释放蛋白水解酶，导致细胞基质分解并引起血液凝结（血栓），如图 21.5 所示。根据血栓的大小，血栓会封闭或阻塞动脉，进而导致心肌梗死。即使斑块破裂未直接导致心肌梗死，血栓也可能成为斑块的一部分并进一步扩大。事实上，这可能是这种疾病无法预测其病情进展的原因之一，心肌梗死和心脏骤停 70%以上是斑块破裂和血栓造成的，然而破裂的斑块通常很小，仅导致少于 50%的狭窄或冠状动脉变窄。

有充分的证据表明，斑块是一种动态结构，其生长经历着侵蚀和修复的循环过程。具有讽刺意味的是，平滑肌细胞的增殖有助于维持斑块的稳定性和完整性，而斑块破裂常发生在平滑肌细胞分布密度较低的地方。

二、高血压的病理生理学

目前，有关高血压的病理生理机制尚未完全了解。事实上，90%～95%的确诊高血压患者都属于原发性高血压或原因不明的高血压，原发性高血压也被称为特发性高血压。其余 5%～10%被归为继发性高血压，这意味着其原因是继发于其他健康问题，如肾脏疾病、肾上腺肿瘤（可能会增加肾上腺素的释放）或主动脉缺损。尽管常见类型的高血压的病理生理学尚不清楚，但可以明确的是，它是一种与激素介质、血管反应性（尤其是弹性）、血液黏度和神经对血管阻力的刺激有关的多因素疾病。

小结

- 病理生理学是指特定疾病病程或功能失调的病理和生理过程。
- 早期理论认为，冠心病由冠状动脉壁血管内膜光滑的内皮层受到损伤引起。损伤会导致内皮功能障碍，吸引血小板吸附，然后释放 PDGF，功能障碍的内皮细胞与 PDGF 一起吸引平滑肌细胞，随后由平滑肌细胞、结缔组织和碎屑组成的斑块开始形成。最终，脂质、平滑肌、胶原组织甚至血块会沉积在斑块中。
- 最近的研究表明，参与免疫系统的单核细胞会黏附在血管内膜的内皮细胞之间并形成脂质条纹，这也会导致斑块形成。根据该理论，内皮损伤不是斑块形成所必需的，由环境因素引起的内皮功能障碍也可能促进动脉粥样硬化，这一过程的细节和作用仍然需要通过进一步的研究来阐明。
- 目前明确的是，斑块及其纤维帽的组成与心肌梗死和心脏骤停等疾病密切相关。在较软的斑块中，动脉闭塞通常不到 50%，且有较薄的纤维帽和大量的泡沫细胞浸润。
- 目前对于高血压病理生理学的了解甚少。
- 超过 90%的高血压患者患有原发性高血压，这意味着其病因尚不清楚。

第四节　个体风险的确定

多年来，科学家试图确定冠心病和高血压的基本病因或诱因。我们对这两种疾病的理解大部分来自流行病学，这是一门研究各种因素与特定疾病或者疾病过程之间关系的科学。许多研究对不同社区的成员进行了长期连续的观察，这些观察包含定期的医学检查和临床测试。

最终，这些研究中的一些受试者患病，且随着时间的推移，许多人因此死亡。所有患心脏病或高血压，以及死于心脏病或卒中的人都被分到相应的组别，研究人员对他们以前的医学和临床测试进行分析，以确定共同的属性或因素。这种方法为研究人员提供了有关疾病过程的宝贵信息，并且在某些情况下提供了疾病原因的间接证据。

正如长期纵向群体研究所确定的那样，将个体置于疾病风险中的因素称为**风险因素（risk factor）**。通常，更多的风险因素会带来更高的患病风险，因为各种风险因素是可以累加并相互作用的。因此，具有 3～4 个风险因素的人比具有 1～2 个风险因素的人患病风险要高得多。接下来，让我们了解一下冠心病和高血压的风险因素。

一、冠心病的风险因素

与冠心病早期发展相关的因素可分为两类：一类是个人可以控制的，可以通过生活方式的根本改变而发生变化；另一类是个人无法控制的，包括遗传（冠心病的家族史）、种族、男性和高龄。美国心脏协会认为，可以控制或改变的**主要风险因素（primary risk factors）**

包括：

✧ 主动或被动吸烟。

✧ 高血压。

✧ 血脂和脂蛋白异常。

✧ 缺乏身体活动。

✧ 肥胖和超重。

✧ 糖尿病。

表 21.3 展示了一些与患病风险增加相关的因素的数值范围，然而，这些风险因素都应在个体基础上进行评估。需要注意的是，在最近发布的指南和实践标准中，关于血脂、血压值和生活方式管理以降低心血管疾病、高血压和超重或肥胖风险的评估实践发生了显著的变化，甚至消除了许多风险因素的阈值和最佳值。

表 21.3　冠心病经过筛选的风险因素风险等级

风险因素	风险因素水平		
	理想值	临界值	风险值
收缩压（mmHg）	＜120		＞140
舒张压（mmHg）	＜80		＞90
超重－肥胖（BMI）[a]（kg/m^2）	18.5～24.9	25.0～29.9	＞30
空腹血糖[b]（mg/dL）	＜100	100～125	＞126
缺乏身体活动[a,c]（min/week）	150～300		＜150

注：a 数据来自美国心脏协会；b 数据来自美国糖尿病协会；c 每周大部分天数进行中等至高强度运动。

其他冠心病的风险因素已经被提出，但是尚无足够证据支持将其纳入主要风险因素，即提高因素预测冠心病的能力。接下来所列出的内容已经被添加到最新的美国心脏协会风险因素评估指南中。美国心脏协会建议，基于主要风险因素，如果一个人的风险水平处于临界值或不确定状态，则应考虑采用其他因素来决定何种方法和改变是合适的。

✧ 早期冠心病（男性＜55 岁或女性＜65 岁）家族史，尤其是一级亲属（父母或兄弟姐妹）。

✧ C 反应蛋白（C-reactive protein，hs-CRP）水平≥2 mg/L。C 反应蛋白是在损伤或感染时由肝脏和冠状动脉平滑肌细胞分泌的一种蛋白质，是炎症的标志。

✧ 冠状动脉钙化（coronary artery calcium，CAC）评分偏高。CAC 是冠心病的预测指标，可以使用传统的非侵入性 CT 来进行评估。CAC 评分≥300 或≥75%的同龄、同性别和同种族的人则被认为有患病风险。

✧ 踝臂指数（ankle–brachial index，ABI）偏低，该指数为脚踝和手臂（肱动脉）血压的比值，是一种外周动脉疾病的诊断标准。ABI＜0.9 则被视为风险因素。

（一）风险因素的识别

1948 年 7 月，美国国立卫生研究院下属的国家心肺血液研究所启动了弗雷明汉心脏研究计划。该计划是一项纵向调查，旨在确定那些影响心血管疾病发展的因素。从 1948 年 9 月开始，研究人员对马萨诸塞州弗雷明汉的 5 209 名原始受试者进行了为期 4 年的检查，并在超过 48 年的时间里每两年进行一次复查。弗雷明汉心脏研究率先提出了与冠心病发展相关风险因素的概念。对最初弗雷明汉群体的子代或第二代的研究始于 1972 年，对第三代的研究始于 2002 年。弗雷明汉心脏研究是医学研究历史上十分成功的纵向研究之一，截至 2012 年，已发表了 2 473 篇基于该研究的论文。举个例子，弗雷明汉心脏研究首次指出了胆固醇作为冠心病风险因素的重要性，并在随后的研究中证明了真正的风险与高水平的 LDL-C 和低水平的 HDL-C 有关。

博加卢萨心脏研究是另一项与弗雷明汉心脏研究类似的长期流行病学研究，始于 1972 年，一直持续至今。博加卢萨心脏研究是一项从出生到 39 岁的心血管疾病风险因素发展的纵向研究。科学家在 204 名过早死亡的受试者（主要死于意外事故、凶杀或自杀）中发现，风险因素与脂质条纹的发展之间存在着密切联系，风险因素越多，主动脉和冠状动脉中的脂质条纹就越多。实际上，博加卢萨心脏研究的作者是最早描述儿童是否存在脂质条纹（动脉粥样硬化性心脏病的起源）的人之一。

（二）脂质和脂蛋白

多年来，流行病学的研究仅用胆固醇和甘油三酯来进行脂质的观察。最近，科学家研究了脂质在血液中的运输方式，由于脂质不溶于血液，所以需要与蛋白质结合后才能在体内运输。**脂蛋白（lipoproteins）**是携带**血脂（blood lipids）**的蛋白。与冠心病关系最为密切的两类脂蛋白是**低密度脂蛋白胆固醇（low-density lipoprotein cholesterol，LDL-C）**和**高密度脂蛋白胆固醇（high-density lipoprotein cholesterol，HDL-C）**。LDL-C 与斑块的形成有关，而 HDL-C 可能与斑块的消退有关。高水平的 LDL-C 和低水平的 HDL-C 会使人患心脏病的风险增加。相反，高水平的 HDL-C 和低水平的 LDL-C 表明患心脏病的风险较低。因此，这两种脂蛋白的比例很重要，仅评估个体总胆固醇水平不足以预测风险。总胆固醇（Total-C）水平适度升高，且有高水平 HDL-C 和低水平 LDL-C 的人的患病风险低于 Total-C 水平适度降低，且 LDL-C 水平高和 HDL-C 水平低的个体。由于这两种脂蛋白的重要性和独特的功能，医生和研究人员如今使用“血脂异常”一词来指代冠心病的脂蛋白相关的风险因素，而非“高胆固醇”，重点是 LDL-C 和 HDL-C 的相对水平。

为什么这两种类型的胆固醇会产生不同的风险呢？LDL-C 被视为导致胆固醇在动脉壁中沉积的原因，而 HDL-C 则像清道夫一样，可将动脉壁上的胆固醇清理并运输至肝脏进行代谢。因为两者扮演不同的角色，所以在确定个体风险时，了解这两种脂蛋白的具体浓度是至关重要的。美国心脏病学会管理血脂异常的新指南不再规定脂质的目标治疗水平，而是根据 LDL-C 的水平评估药物治疗的必要性和其他治疗的有效性。首选的治疗策略包括 HMG-CoA 还原酶抑制剂或他汀类药物，这类药物可以阻止在肝脏中形成易于产生胆固醇的物质。因此，与先前的治疗指南不同，新指南并未设定 LDL、HDL 或脂蛋白类别比值的特定目标，而是以治疗的有效性为指导。

人们期待已久的高胆固醇治疗实践指南于 2013 年发布了最新版本，取代了 2001 年的旧版指南。成年人治疗组指南采用了完全不同（且有一定争议）的方法治疗高胆固醇。该指南没有基于 LDL 或总胆固醇浓度的明确治疗目标，而是建议通过确定他汀类药物获益人群来降低风险，这些个体将从他汀类药物的治疗中受益。属于这些特定人群的个体应接受中等或高浓度的他汀类药物治疗。受益群体应根据明确的个体风险因素进行划分：

✧ 临床诊断为冠心病。

✧ 无临床诊断的冠心病，但 LDL≥190 mg/dL。

✧ 不属于前两类，但年龄在 40～75 岁，并患有 1 型或 2 型糖尿病。

✧ 不属于上述 3 种类别，但年龄在 40～75 岁且 10 年风险≥7.5%（根据新的风险评估标准进行评估，该标准使用基于年龄、性别、总胆固醇和 HDL−C、吸烟状况、收缩压和降压药使用情况的复杂公式）。

关于这套特定指南的争议源于潜在增加了美国使用他汀类药物的总人数，在这些使用他汀类药物的人群中，甚至有些人的胆固醇浓度并没有升高。据估计，他汀类药物的处方量将翻一番，使全美的使用人数从 1 500 万增至 3 000 万。他汀类药物视所开种类的不同，价格为每剂 0.5～4 美元。

新指南对专业运动人士也很重要，专家小组在新指南序言部分做了如下声明：

“必须强调的是，无论是在使用降胆固醇药物治疗之前，还是在使用降胆固醇药物治疗期间，改变生活方式（即坚持利于心脏健康的饮食、规律的锻炼习惯、避免吸烟行为和保持健康体重）仍然是促进健康和降低动脉粥样硬化心血管疾病风险的关键组成部分。”

研究视角 21.2　中年坚持健身可降低心血管疾病的风险

有氧运动与心肺功能存在量效关系，它会给健康带来许多好处，包括从整体水平上降低心血管疾病、代谢综合征、糖尿病和总死亡率的风险。关于运动对心肺健康影响的研究显示，健康水平随年龄的增长逐渐下降，但那些常年注重保持或提升体适能的人群与同龄人相比，患上和死于心血管疾病（包括高血压、高胆固醇和糖尿病）的风险较低。然而，大多数纵向研究都集中在男性白人群体中，从而降低了其普适性，而且通常只跨越了 5～7 年的时间。

2015 年，青年冠状动脉风险发展研究调查分析了其参与者 20 年来健康状况的变化如何影响中年时期的心脏代谢风险因素。该研究是一项针对非裔美国人和白种人（包括男性和女性）的持续性研究，收集了 25 年来受试者的健身和心血管健康数据。这项研究的重点是，研究对象的体能是如何变化的，以及这些变化与心脏代谢是否具有相关性。研究使用多元线性回归和比例风险回归，并对基线值的个体差异进行了调整，分析了2 048名受试者（男性占43%，非裔美国人约50%）的数据。在这项研究进行的20年中，20.6%的受试者坚持健身，回归分析结果显示，坚持健身与高密度脂蛋白增加较多，低密度脂蛋白和甘油三酯增加较少相关。20年后，健身人群体重和腰围也有所下降。总体而言，在中年时期坚持健身（20年以上）更有利于减少心脏代谢的相关风险因素。如今，这些研究逐渐将之前的发现推广到更广泛、更普遍的人群，并强调终身坚持健身的重要性。

二、高血压的风险因素

与冠心病的风险因素类似，高血压的风险因素也分为不可控制和可控制两类。不可控制的风险因素有遗传（高血压家族史）、性别、衰老和种族（非洲或西班牙血统的人有较高风险）。可控制的风险因素如下：

✧ 肥胖和超重。

✧ 饮食（钠、酒精）。

✧ 吸烟。

✧ 口服避孕药。

✧ 压力。

✧ 缺乏身体活动。

尽管遗传是高血压的一个风险因素，但与所提到的很多其他因素相比，它可能只起到很小的作用。我们必须记住，在一个家庭内，生活方式的因素通常是非常类似的。

最近，科学家对高血压、肥胖、2型糖尿病和冠心病的关系相当感兴趣，这种联系通过炎症和胰岛素抵抗的共同通路得以实现。肥胖已被确定为高血压的独立风险因素，大量研究表明，高血压患者体重下降后血压会明显下降。此外，尽管传统上钠的摄入量与高血压有关，但这种相关性仍存在一定争议。

缺乏运动也是高血压的风险因素，它的危害已经在流行病学研究中得到了确切证实。此外，大量证据表明增加身体活动往往会减少血压的升高。

小结

- 冠心病不可控制的风险因素有遗传（冠心病的家族史）、种族、男性和高龄。可控制风险因素有主动或被动吸烟、高血压、血脂和脂蛋白异常、缺乏身体活动、肥胖和超重、糖尿病。
- 炎症、胰岛素抵抗和血管功能障碍是动脉粥样硬化、2型糖尿病、肥胖、高血压和其他慢性疾病常见的病理生理症状。
- LDL-C被视为导致胆固醇沉积在动脉壁中的原因。然而，HDL-C扮演着清道夫的角色，能够清除血管壁上的胆固醇。因此，HDL-C对冠心病有一定的预防作用。

- 高血压不可控制的风险因素包括遗传（高血压家族史）、性别、衰老和种族。可控制的风险因素有肥胖和超重、饮食（钠、酒精）、吸烟、口服避孕药、压力和缺乏身体活动。

第五节　通过身体活动降低风险

多年来，身体活动预防或延迟冠心病和高血压发病的潜在作用一直是医学界很感兴趣的问题。在接下来的部分，我们试着讨论下面的 3 个方面来解开这个谜团：

✧ 流行病学依据。

✧ 身体对运动训练的生理适应可能会降低风险。

✧ 通过运动训练减少风险因素。

研究视角 21.3　**体育锻炼能降低烟瘾**

吸烟已成为一个全球性的健康问题。在美国，有超过 18%的成年人吸烟，大约 1/5 的死亡是由吸烟引起的。许多吸烟者想要戒烟，但一年后，只有 3%～5%在无人帮助的情况下成功戒烟。大多数戒烟的人在头 8 天内就会复吸，即使采用辅助行为疗法或药物疗法，成功戒烟的吸烟者也不到 30%。身体活动被推荐为戒烟计划的辅助手段，然而几乎没有科学证据表明身体活动对戒烟有帮助。

最近，一项针对患者个体数据的 Meta 分析调查了短时间的体育活动对吸烟欲望的急性影响。该研究回顾了 19 项干预研究，这些研究考查了体育活动对吸烟欲望的急性影响。干预措施包括中等强度的步行、跑步、低强度到高强度的自行车和静力性运动，运动时间从 5 到 40 min 不等。结果表明，短时间身体活动大大降低了吸烟的欲望。此外，进行中等强度运动时，干预的效果相对较好，这表明运动强度可能与渴望程度的急剧下降有关。研究人员最终得出结论，剧烈的身体活动可以降低试图戒烟的人对香烟的渴望。未来的研究可以调查运动的方式、强度或持续时间是否可以调节渴望下降的水平，并尝试确定这种渴望的急剧减少是否可以帮助戒烟者获得长期成功。

一、降低冠心病的风险

身体活动已被证明可以有效地降低冠心病风险。在下面的部分，我们将探讨目前该领域已经掌握的知识，以及所涉及的生理学机制。

（一）生活方式管理可降低心血管疾病的风险

美国心脏协会和美国心脏病学会制定了新的实践指南，以协助医生和其他卫生保健专业人士评估身体活动和健康饮食在预防和治疗心血管疾病中的作用。该指南以大量证据为基础，侧重于回答关键问题，与美国心脏协会和美国心脏病学会在 2013 年联合发布的实践指南和标准类似。在循证方法中，建议是由随机对照试验的数据和对这些试验的 Meta 分析得出的。研究中存在的证据主要分为强、中、弱或不足几个类别（偶尔也会用到“建议不要”类别）。由此产生的指南取代了以前发布的类似指南和实践标准。

心血管疾病指南涉及的 3 个关键问题如下：

✧ 与不治疗和其他类型的治疗相比，膳食结构和常量营养成分对心血管疾病的风险因素和结果有什么影响？

✧ 与不治疗和其他类型的治疗相比，饮食中钠和钾的摄入对心血管疾病的风险因素和结果有什么影响？

✧ 与不治疗和其他类型的治疗相比，身体活动对血压和血脂的影响是什么？

在现有研究的基础上，总结得出以下结论：

膳食结构：这个问题集中在特定的饮食改变对控制血脂（特别是 LDL-C）和血压的效果上。目前主流的研究建议采用以植物性饮食（蔬菜、水果和全谷物）、低脂乳制品、家禽和鱼类为主的膳食结构，同时限制含糖饮料和红肉的摄入，并将饱和脂肪摄入量限制在总能量的 5%～6%，减少反式脂肪酸的摄入。

膳食中的钠和钾：这个问题集中在那些可能从降低静息血压中受益的成年人身上。具体来说，它强调了两种微量营养素，即钠和钾。该建议包括与第一个关键问题有关的膳食结构相似的饮食模式。有强有力的证据支持限制钠摄入，将钠限制在每日推荐摄入量（recommended daily intake，RDI）2 400 mg 以下，如果每日推荐摄入量未达标，则将钠的摄入量每天减少 1 000 mg，如果可能，建议将钠的摄入量进一步减少到每天 1 500 mg，这将对进一步降低血压很有帮助。

身体活动：这个问题集中在锻炼和身体活动对降低血脂和血压的影响上。有中等程度的证据支持有氧运动在降低低密度脂蛋白和总胆固醇方面具有一定作用，但不能改变甘油三酯和高密度脂蛋白的水平。该建议支持每周进行 3～4 次有氧运动，每次 40 min，强度从中等强度到高强度。有强有力的证据支持有氧运动可以降低高血压患者的血压，并建议进行上述类似的运动。

综上所述，该指南建议所有成年人进行膳食结构的改变和身体锻炼，以减少心血管疾病的风险因素。身体活动的类型包括每周 150 min 的中等强度运动或每周 75 min 的高强度运动。毫无疑问，健康的饮食模式和日常身体活动是预防慢性病和保持健康生活方式的好帮手。

（二）缺乏身体活动这一风险因素的流行病学依据

数以百计的研究已经讨论了缺乏身体活动与冠心病在流行病学上的关系。研究发现，男性久坐者患心脏病的概率是经常进行身体活动者（包括在工作中和娱乐活动中）的 2～3 倍。20 世纪 50 年代的流行病学研究是最早证明这种相关性的研究。这些研究对静坐少动的公交车司机和在双层巴士上工作的售票员进行比较，对静坐少动的邮局员工和同一区域的邮递员进行比较，结果表明静坐少动组的冠心病死亡率大约是活动组的两倍。随后 20 年发表的许多研究结果都基本相同：静坐少动群体的冠心病死亡风险大约是经常活动群体的两倍。

这些早期流行病学研究大多只关注职业活动。直到 20 世纪 70 年代，研究人员才开始关注休闲活动。莫里斯（Morris）博士和他的同事对公交车司机和邮政工作人员进行了早期研究，是最早发现休闲活动与冠心病风险关系的人之一。莫里斯得出结论：最不活跃的群体患病风险是普通人的 2～3 倍，之后的研究也得出了类似的结果。缺乏身体活动会使致命性心脏病发作的风险增加近一倍。虽然这些早期研究以男性为主，但随后的研究在女性中也发现了类似的结果。

在过去的 30～40 年里，大量关于缺乏运动和冠心病流行病学研究的综述发表。研究者使用严格的标准来评估纳入的相关研究，并评定文献的质量。大多数研究表明，不运动的人死于心脏病的风险约是经常运动者的两倍。此外，研究者发现缺乏身体活动的相对风险与冠心病的其他主要风险相似。这些流行病学的研究结果在引导美国心脏协会宣布缺乏身体活动是冠心病主要风险因素中发挥了重要作用。

（三）运动类型和强度

另一个重要的问题在 20 世纪 80 年代中期被提出：身体活动或体适能必须达到怎样的水平才能减少患冠心病的风险因素？当时流行病学研究尚不完全清楚体适能和身体活动有效降低患病风险的阈值。事实上，到 20 世纪 80 年代中期，科学家才开始区分活动水平（一种行为模式）和体适能（由一个人的最大摄氧量确定），关于两者的讨论至今仍在继续。回想起来，区分这两个术语是至关重要的，因为一个人可能活动水平较高但不健康（$\dot{V}O_{2max}$ 低），或健康（$\dot{V}O_{2max}$ 高）但活动水平较低。这一研究领域后来被重新定位，因为很多流行病学研究表明，与降低冠心病风险有关的身体活动水平普遍较低，远低于提高有氧能力所需的水平，随后的研究也支持了这一结论。散步和园艺等低水平的身体活动可以在降低冠心病风险方面提供相当大的益处。然而，也有研究表明，剧烈的运动可能会带来更大的好处。

2002 年，哈佛大学的科学家报告了由健康专业人员随访研究的 44 000 多名男性的运动类型和强度与冠心病的关系。从 1986 年到 1998 年，研究人员每两年对这些男性进行跟踪调查，以评估潜在的冠心病风险因素，识别新诊断的冠心病病例，并评估休闲活动的水平。结果表明，与不跑步的男性相比，坚持每周以 9.7 km/h 或更快速度跑步 1 h 或更长时间的男性风险降低了 42%；与不进行负重训练的男性相比，每周进行 30 min 或更长时间负重训练的男性风险降低了 23%；每天快走 30 min 或更多，以及每周划船 1 h 或更多的男性风险降低了 18%。令人惊讶的是，游泳和骑自行车与风险降低无关。这项研究首次发现了负重训练对降低冠心病风险的直接益处，并表明运动强度也是一个值得考虑的关键因素，强度越大，风险降低得越明显。

最新研究表明，运动的类型和强度与死亡率和疾病的预防直接相关。这项研究的主要结果为，没有达到美国运动医学学会指南推荐的身体活动水平（每周锻炼 150～250 min）的人的死亡率会明显高于达到或超过指南推荐活动水平的人。事实上，在调整了用药、BMI、教育和膳食结构等变量后，超过推荐值 2～3 倍的人的死亡率比恰好达到推荐值的人降低了近 25%。此外，步行量和死亡率的降低之间也存在一定的量效关系（图 21.6）。

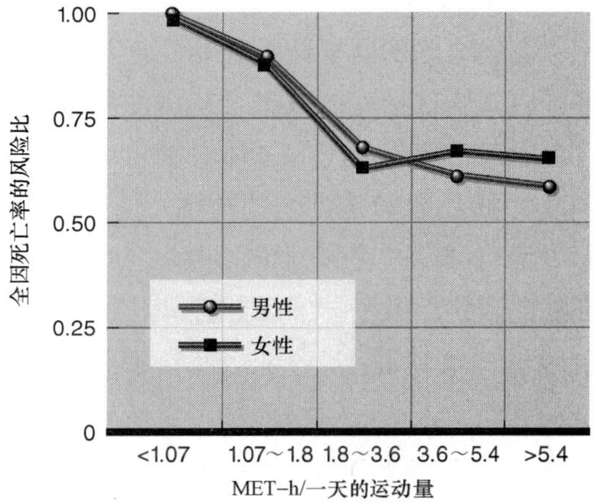

图 21.6 每日总运动量与全因死亡率之间的剂量－反应曲线

注：在威廉斯（Williams）的研究中，男性和女性每日总运动量与全因死亡率之间的关系是一条剂量－反应曲线，表明每日总运动量越高，全因死亡风险越低。

（四）运动对风险因素的影响

当我们考虑人体对运动训练的解剖学和生理学适应时，规律的身体活动和锻炼对于降低冠心病风险就变得很重要。许多研究已经阐明了运动在减少心脏病风险因素方面的作用。让我们梳理一下主要的风险因素，以及运动如何影响它们。

急性运动，甚至可能不会产生显著训练效果的较低水平的身体活动，都会直接或间接地影响冠心病的风险和发展。运动和身体活动对血液中的炎症、内皮功能、胰岛素抵抗、脂肪因子的产生和分泌、葡萄糖代谢、血压及脂蛋白等基本而重要的因素都有着积极的影响。

1. 吸烟

几乎没有直接证据证明运动可以有效戒烟，或是减少抽烟数量。

2. 脂类

在美国心脏协会最新出版的关于生活方式管理的指南中，有证据表明有氧（耐力）运动可以降低 LDL-C，但有关运动对甘油三酯或 HDL-C 影响的证据很少。虽然有些研究表明训练增加了 HDL-C，降低了甘油三酯，但也有一些研究表明两者的变化很小甚至没有改变。

餐后脂血症指的是脂肪在进餐后流入血液，增加了冠心病的风险，刺激斑块的形成，降低了斑块的稳定性。在高脂饮食前进行锻炼可以通过减少进入血液的脂类数量来缓解这种影响。事实上，一餐中如果摄入过多的脂肪（甚至是中等数量的脂肪）会导致大量的脂蛋白在餐后进入血液，这也是导致动脉粥样硬化的一个风险因素。

当我们评估运动训练对血脂的影响时，必须考虑两个容易混淆的因素，因为每个因素对血脂的变化都可产生显著的影响。由于血脂是以浓度单位（每 100 mL 血液中有多少毫克的脂质）来表示的，所以血浆体积的任何变化都将独立于总脂质的变化对血浆浓度产生影响。如前所述，训练通常会增加血浆量（在第十一章中讨论过），血浆量的增加会使 HDL-C 的绝对量增加，但其浓度可能不会改变甚至降低。此外，血脂水平与体重变化密切相关，当我们评估运动训练的效果时，必须考虑到体重变化对血脂的独立影响。

3. **高血压**

有较明确的研究结果表明，运动对降低轻中度高血压患者的血压具有一定效果。耐力训练可以降低包括高血压患者在内的所有个体的收缩压（2～5 mmHg）和舒张压（1～4 mmHg），但耐力运动降低血压的具体机制目前尚不完全清楚。

4. **胰岛素敏感性和葡萄糖**

运动可以改善葡萄糖的摄取及利用，并提高胰岛素敏感性。事实上，单次运动已被证明可以提高胰岛素受体的敏感性。

5. **内皮功能**

有证据表明，运动训练可以改善内皮功能。内皮功能障碍主要是NO生物利用率降低引起的。运动训练已被证实可增加NO的生物利用率。

6. **炎症**

适度运动具有显著的抗炎效果。已有研究表明，运动与炎症标志物水平的降低，以及减缓动脉粥样硬化进程的免疫系统物质的增加有关。

7. **其他**

关于其他的风险因素，运动在降低和控制体重，以及控制糖尿病方面都扮演着很重要的角色，这些主题将在第二十二章中详细讨论。据报道，运动还能有效地减轻和控制心理压力、缓解焦虑，对抑郁症和焦虑症的治疗也有一定作用。

耐力训练还能产生一些长期有利的解剖学及生理学变化，从而降低心脏病发作的风险，包括增加冠状动脉直径、增大心脏体积和增强泵血功能。抗阻训练对冠心病的大多数风险因素也都有着良好的影响。虽然没有进行与耐力训练相同程度的研究，但抗阻训练似乎提供了许多相似的益处，尤其当个体将有氧训练与抗阻训练结合起来时，这可能会对许多与原发性和继发性疾病预防有关的其他生理变化产生积极的影响。

（五）静坐时间与疾病风险

静坐死亡综合征是弗兰克·布思（Frank Booth）博士和他的同事提出的一个术语。他们从生理学和遗传学的角度对久坐的生活方式进行了研究，假设身体活动是由基因驱动的，久坐是所有慢性病和病理生理功能障碍的根本原因。最近，一种新兴的研究趋势是观察个体的久坐时间，统计人们花在看电视、工作、玩电脑、看视频和其他静坐活动上的时间。我们大多数人花了大量的时间静坐，一些久坐的人每天坐着的时间可能长达12～15 h。

与久坐时间和心脏病死亡率相关的流行病学研究很少且并未得到良好的进展。显然，久坐会增加致命性和非致命性心血管疾病的风险，这种风险与个体是否经常锻炼无关。久坐或从事久坐活动的时间（不包括睡眠时间）是影响健康生活方式的一个重要因素。

美国国家健康与营养检测调查是一项正在进行的对美国居民的横向调查，该数据库进一步证实了久坐时间的长短与HDL-C、甘油三酯、胰岛素和胰岛素抵抗，以及炎症标志物等风险指标之间有直接关系。无论是否进行了适度运动或剧烈运动，长期久坐或每日静坐时间较长都会对全身代谢变化产生不良影响。

二、降低高血压的风险

身体活动在降低高血压的风险中的作用并未像它在冠心病方面，以及降低已经升高的血压中的作用一样明确。上一节中我们提到，运动训练可降低中度高血压患者的血压，但其机制尚不完全清楚。让我们了解一下目前已经掌握的信息。

（一）流行病学依据

很少有流行病学研究涉及身体活动与高血压之间的关系。在特库姆塞（Tecumseh）的社区健康研究中，有 1 700 名健康男性（年龄为 16 岁及以上）完成了问卷与访谈，以提供他们平均每日能量消耗、日最高能量消耗及花费在身体活动上的时间。无论年龄大小，有较多身体活动的人的收缩压和舒张压均显著较低。对库珀研究所受试者的随访显示，低体能水平的人患上高血压的相对风险是高体能水平者的 1.5 倍。美国国家健康与营养检测调查数据库显示，高血压与亚极量跑台测试所得的低体能结果有关，比值比为女性 2.12、男性 1.83（20～49 岁），因此低体能水平会使女性患高血压的风险增加一倍以上，使男性的风险增加近一倍（比值比表示在明确特定风险因素的情况下患病的概率，大于 1.0 意味着结果与风险因素之间存在关联）。

这些有限的研究表明，经常参加身体活动的人和健康的人患高血压的风险较低。流行病学研究也指出，不论男性还是女性，较高的身体活动水平和有氧能力与卒中风险的降低有关。

（二）训练适应可能降低风险

耐力运动降低静息血压的具体机制目前尚未明确。最有可能的机制包括神经体液适应、交感神经系统兴奋性降低、肾素－血管紧张素系统（血压的关键控制系统）变化，甚至可能是血管系统本身的结构改变。

早在 50 年前，运动后低血压（postexercise hypotension，PEH）这一现象就引起了运动生理学学者的关注。随后，在很多运动人群中都证实了这一点，有大量证据表明，PEH 是一种显著而急性的运动反应，事实上可能与运动对高血压患者的慢性影响有关。运动后低血压不仅会发生在血压正常的人身上，也会发生在患有高血压的人身上。运动后低血压可持续至运动后 1～2 h，有时甚至长达 24 h。血压的最大降幅通常会出现在那些运动前血压最高的个体中，有报道称，收缩压降低了 4～15 mmHg。这是一种可能持续长达 24 h 的急性反应，进一步强调了每天都进行身体活动的必要性，特别是那些患有高血压的人。

（三）运动训练减少风险因素

上一节中关于冠心病的部分已经提到运动训练可以降低正常者和高血压患者的静息血

压。血压的降低与运动持续时间无关，但中等强度运动比高强度运动可能可以更有效地降低血压。

运动不仅可以降低血压，还会影响其他风险因素。运动对减少身体脂肪是非常重要的，它可以增加肌肉质量，并促进血糖的改善与控制。另外，运动训练还可以缓解压力。

小结

- 流行病学研究发现，静坐少动的男性群体患冠心病的风险是经常活动的男性的2～3倍，且缺乏身体活动的男性患上致死性心脏病的风险也是经常活动的男性的2倍。
- 与降低冠心病风险相关的身体活动水平可能低于提高有氧能力所需的水平。
- 身体活动可以改善心脏的收缩力、做功能力和冠状动脉循环。
- 运动对LDL-C有显著影响，耐力训练可以降低LDL-C与HDL–C，以及总胆固醇与HDL-C的比值。
- 运动具有抗炎和改善内皮功能的作用。
- 运动可以帮助控制血压、体重和血糖水平，缓解压力。
- 经常进行身体活动和身体健康的人患高血压的风险较低。
- 运动有助于降低高血压患者的血压。
- 无论是否患有高血压，运动都会降低静息血压，这可能是由于外周阻力降低和神经激素的调节，但实际的机制尚不清楚。
- 运动还可以降低体脂、血糖水平和胰岛素抵抗，这些因素都与高血压风险增加有关。

第六节　运动中心脏病发作及死亡的风险

当有人在运动中死亡时，该事件通常会成为头条新闻。运动中死亡的事件并不常发生，但却被高度关注，就像本章最开始提到的几个例子。运动到底有多安全？或是有多危险？科学文献中记录了与成年人（不包括青年和成年运动员）的运动和身体活动有关的死亡率。事故率取决于数量的表示方式，数值会因群体（如健康成年人和冠心病患者）和性别（由于一些未知原因，女性的发病率高于男性）等因素而有所不同。正如美国运动医学学会总结的那样，从近300万进行身体活动的人中每小时会发生一起心血管事件，到每39.6万慢跑的人中每小时有一人死亡，再到一家商业健康健身机构报告统计的每259.7万锻炼者中有一人死亡，这些比例都有不同程度的差异。据报道，在医学监督下实施锻炼计划的冠心病患者中，死亡率为每 752 365 人中每小时有一人死亡。这一人群的发病率极低，无疑是医疗监督、可用的急救设备及援助和锻炼前医疗筛查的结果。

运动期间心脏病发作和死亡的总体风险非常低。此外，尽管在剧烈运动期间死亡风险会增加，但习惯性高强度运动与降低心脏病发作的总体风险相关，如图 21.7 所示。然而，进行超耐力运动的运动员让人担忧，因为他们每次训练或比赛的时长超过 4 h。理论上他们患心血管疾病的风险更大，这与训练或比赛所造成的氧化应激有关。此外，最近一项对超耐力运动员（跑步者）的研究发现，“长期过度的持续运动可能与冠状动脉钙化、舒张功能障碍和大动脉壁僵硬有关”，但这些推测需要进一步的证实。值得一提的是，正如研究者指出的那样，跑步者比不锻炼的人寿命更长，身体健康水平也更高，这也与较低的死亡率有关。

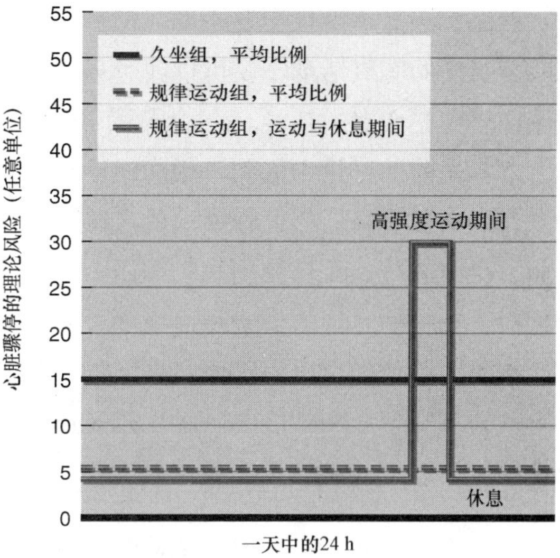

图 21.7　比较久坐的男性和规律运动的男性在 24 h 剧烈运动期间和其他时间心脏骤停的风险

35 岁及 35 岁以上的人在运动中死亡的原因通常是冠状动脉粥样硬化所引起的心律失常。另外，35 岁以下的人则更可能死于心肌肥大（病变心脏增大，通常是遗传的）、先天性冠状动脉畸形、主动脉瘤或心肌炎。

在急性运动期间，心脏病发作的风险会增加。然而，在运动后的 24 h，规律运动者比不运动者心脏病发作的风险更低。

第七节　心脏病患者的运动训练及康复

积极参与有氧运动和抗阻运动的心脏康复计划能帮助心脏病患者在心脏病发作时存活下来或完全避免心脏病发作吗？耐力训练会导致许多生理上的变化，如降低心脏工作强度或需氧量，这可以被视为对未来事件的预防。正如我们所知道的，许多改变是外周的，并不直接涉及心脏本身，但运动对于预防慢性病的病理生理改变，特别是对冠心病有着直接的益处。运动训练可以增加毛细血管/肌纤维比值和血浆容量，提高心脏工作效率，从而减轻左心室负荷。耐力训练还可以改善血管内皮功能，通过提高胰岛素受体敏感性来降低胰岛素抵抗，提高葡萄糖利用率。此外，运动训练还具有消炎作用，可以降低餐后血脂含量（高脂餐后血液中的脂肪）。所有的这些变化都促进了心血管健康，并有助于提高定期运动训练的疾病预防效果。

然而，心脏本身也会发生明显的变化。美国圣路易斯华盛顿大学对心脏病患者的研究表明，高强度的有氧活动不仅可以改善外周的风险因素，还可以改变心脏本身，从而增加心脏血流，提高左心室的功能。

本章先前的讨论中提到，耐力运动训练可以通过对冠心病和高血压患者个体风险因素的独立作用来显著降低心血管疾病的风险。据报道，接受心脏康复运动训练的患者，其血压、血脂、身体成分、血糖控制和心理压力都发生了有利的变化。我们有充分的理由相信，这些变化对于心脏病患者的健康和对表面上看起来健康的人一样重要。

抗阻训练作为全面心脏康复方案的一部分也具有重要作用。表 21.4 对比总结了抗阻训练和有氧训练对健康和体能的各种生理和临床指标的影响。显然，将这两类训练合并为一个综合性康复计划可使整体训练效益最大化。

表 21.4　有氧训练和抗阻训练对健康和体能影响的比较

变量	有氧训练	抗阻训练
骨密度	↑	↑↑
身体成分		
脂肪百分比	↓↓	↓
瘦体重	↔	↑↑
力量	↔	↑↑↑
糖代谢		
胰岛素对葡萄糖的反应	↓↓	↓↓
胰岛素敏感性	↑↑↑↑	↑↑↑↑
血脂		
HDL-C	↑↔	↑↔
LDL-C	↓↔	↓↔
静息心率	↓↓	↔
每搏输出量	↑↑	↔
静息血压		
收缩压	↓↔	↔
舒张压	↓↔	↓↔
最大摄氧量	↑↑↑	↑↑
耐力	↑↑↑	↑↑
基础代谢	↑	↑↑

注：↑=增加；↓=减少；↔=很少或没有变化。箭头越多，变化越大。

一个全面的心脏康复计划必须考虑到患者康复的各个方面，而不仅仅是运动锻炼和身体活动。营养咨询对每个人来说也是极其重要的，不仅需要考虑一天消耗的总能量，最重要的是食物选择和膳食结构，以最大程度地降低风险并改善健康。对一些患者来说，心理咨询和性咨询在某些情况下可能也是必要的。患者对自己的心脏问题感到焦虑的现象并不少见，他们的配偶有时也会担心发生性关系会进一步伤害他们正在康复的丈夫或妻子的心脏。许多心脏康复计划都包含患者帮助小组，患者可以在小组中公开讨论他们所担心的问题。

然而，患者教育不是（也不可能是）帮助患者改变行为的唯一途径。显然，提供信息并不会引起生活方式的改变，甚至与个人健康习惯的长期变化也没有关系。关注健康行为改变的疾病管理计划正在成为各种慢性疾病康复计划的组成部分，包括肥胖症、糖尿病、心脏病和慢性肺病。这样的方案需要增加与患者的接触，借助改变行为和预防复发的手段，以及来自医疗机构内部和外界的大量支持。

许多研究人员试图确定参与心脏康复计划是否能降低未来心脏病发作或后期死于心脏病的风险。设计一项研究来回答这些问题几乎是不可能的，因为这项研究需要招募数千人来参与，才能有足够的样本量证明统计学上的显著差异。一些已经发表的研究报告综合了多个具有高度对照的研究，并将他们的报告进行 Meta 分析（一种特殊类型的统计分析）。最近的一份报告综合分析了 34 项随机对照的以运动为基础的心脏康复计划试验，受试者人数超过 6 000 人。报告得出的结论是，运动康复显著降低了参与者的总死亡率、全因死亡率和再梗死率。

有证据表明，全面的心脏康复计划对几乎所有动脉粥样硬化血管疾病患者都是必不可少的。循证建议指出，所有符合条件的患者都应该接受全面的心血管康复计划。综合计划应该提供以团队为基础的康复方案，使用适当的行为疗法促使患者保持健康的行为和生活方式以降低风险，同时提供持续的教育援助和技术支持，定期跟踪患者并给予反馈。

小结

- 尽管多有报道，但在运动中死亡是很少见的。
- 35 岁以上的人在运动中死亡通常是由动脉粥样硬化造成的心律失常引起的。
- 35 岁以下的人在运动中死亡通常是由心肌肥大、先天性冠状动脉异常、主动脉瘤或心肌炎引起的。
- 全面的心脏康复计划有助于心血管相关疾病的康复，降低后续心脏病发作的风险，并改善心血管疾病患者的生活方式和健康行为。
- 全面的心脏康复计划应该包括有氧和抗阻训练两部分，以及强化健康行为的咨询和指导。
- 全面的心脏康复计划的益处包括使身体成分、葡萄糖代谢、血脂和脂蛋白、心脏功能和心血管动力学、新陈代谢、与健康相关的生活质量发生良好变化，以及降低后期心脏病发作和死于心脏病的风险。

结语

本章，我们了解了身体活动在降低心血管疾病风险中的重要性，特别是冠心病和高血压。我们讨论了这些疾病的患病率、疾病的相关风险因素，以及身体活动降低个人风险的方法。下一章，我们将继续讨论运动对健康的影响，并将重点转向肥胖和糖尿病。

关键词

脂肪因子（adipokines）
血脂（blood lipids）
先天性心脏病（congenital heart disease）
冠心病（coronary artery disease，CAD）
内皮组织（endothelium）
脂质条纹（fatty streaks）
心力衰竭（heart failure）
出血性卒中（hemorrhagic stroke）
高密度脂蛋白胆固醇（high-density lipoprotein cholesterol，HDL-C）
高血压（hypertension，HTN）
缺血（ischemia）
缺血性卒中（ischemic stroke）
脂蛋白（lipoproteins）
低密度脂蛋白胆固醇（low-density lipoprotein cholesterol，LDL-C）
心肌梗死（myocardial infarction）
一氧化氮（nitric oxide，NO）
病理生理学（pathophysiology）
外周血管疾病（peripheral vascular disease）
斑块（plaque）
血小板源性生长因子（platelet-derived growth factor，PDGF）
主要风险因素（primary risk factors）
风湿性心脏病（rheumatic heart disease）
风险因素（risk factor）
卒中（stroke）
心脏瓣膜病（valvular heart disease）

思考题

1. 目前美国人的主要死亡原因是什么？

2. 什么是动脉粥样硬化？它是如何形成的？从多大年龄开始？

3. 什么是高血压？它是如何形成的？从多大年龄开始？

4. 什么是卒中？卒中是如何发生的？卒中的结果是什么？

5. 冠心病的基本风险因素有哪些？高血压的风险因素又有哪些？

6. 与积极的生活方式相比，与久坐不动的生活方式相关的冠心病死亡风险是什么？机制是什么？

7. 运动训练产生的哪 3 种基本生理变化可以降低冠状动脉疾病的死亡风险？

8. 耐力运动以什么样的方式改变心脏病的风险因素？

9. 2013 年，美国心脏协会和美国心脏病学会实践指南关于心血管疾病患者的生活方式管理主要提出了哪些内容？

10. 与经常运动者相比，久坐不动者患高血压的个体风险是什么？

11. 运动训练产生的哪 3 种基本生理变化可以降低患高血压的风险？

12. 耐力运动训练对高血压患者的血压有什么影响？

13. 心脏康复对治疗心脏病有什么作用？

14. 耐力运动训练的死亡风险有哪些？

学习指南

“关键词”复习了本章中的重要概念，章末的思考题可以测试你对本章内容的理解。

第二十二章　肥胖、糖尿病与身体活动

丹·唐列维（Dan Donlevie）成功完成了10次铁人三项和两次超级马拉松，同时他还是一位1型糖尿病患者。在40岁时，他开始出现口渴、尿频及不明原因的体重下降等症状。起初他没在意，但当血糖浓度超过600 mg/dL（正常空腹值为80～120 mg/dL）时，他被确诊为成人发病型1型糖尿病。克服了负面情绪后，他积极训练、调整饮食、与疾病抗争。5个月后，他不仅在纽约获得了美国铁人三项冠军，还创下个人纪录。之后，他成为一名合格的糖尿病生活方式的教练员，且致力于帮助有其他有类似情况的运动员控制病情并保持积极向上的生活态度。许多著名的运动员都患有1型糖尿病。糖尿病确实是一种疾病，但是，它可以通过良好的心态和医学基础知识引导的正确活动和饮食方式得到成功管理。

虽然世界上有数亿人营养不良，但仍有许多美国人直接或间接地死于过度摄入食物，这使每年有数十亿美元花在各种节食减肥及与**肥胖**（**obesity**）有关的医疗保健上。在美国，另一种常见的慢性疾病是2型糖尿病，它与肥胖和胰岛素抵抗有关，而胰岛素抵抗与冠心病、高血压及许多其他疾病或失调之间都有内在的关联。

久坐不动的生活方式会增加肥胖症和**糖尿病**（**diabetes mellitus**）患病风险，而这两者都与其他疾病如冠心病和多种癌症密切相关，大约1/3的美国人患肥胖症或2型糖尿病，或两者兼而有之。在本章，我们将重点讨论肥胖和糖尿病，讨论它们的流行、病因、与其相关的健康问题及一般治疗方案。最后，我们将探讨身体活动在预防和治疗肥胖和糖尿病中发挥的作用。

第一节　肥胖

超重（overweight）和肥胖这两个词经常互换，但从专业角度来说，二者含义并不相同。

一、术语及分型

超重和肥胖都与脂肪组织的过量堆积有关。过去常通过身高/体重标准表来分级，这些表格由保险公司于 20 世纪 50 年代制定和出版，且数据更多是通过精算而非生理方式获得的，因此现在的使用频率已经很低了。如今，其他更客观的身体成分测量方法如 BMI、体脂百分比、瘦体重和腰臀比使用得更加普遍，其中，BMI 应该是最常用的超重和肥胖的测量指标。

在旧版表格中，体重标准值是基于人口平均值计算的，根据这些标准，一个人的脂肪含量即使比普通人的少，也可能超重。例如，如果按照旧体重表和 BMI 标准来衡量，足球运动员都有可能超重，但实际上他们要比年龄、身高和体重都相仿的普通人更瘦；还有许多人虽然体重在正常范围内，却处于肥胖状态。

肥胖是指体脂含量过多的状态，意味着必须对脂肪含量或其占体重的百分比进行评估（见第十五章）。目前还没有确切的体脂百分比标准，但通常认为，体脂百分比超过 25%的男性和超过 35%的女性都应被视为肥胖，男性体脂百分比在 20%～25%，女性体脂百分比在 30%～35%被视为超重。由于脂肪储存部位有性别差异，女性体脂多储存在胸部、臀部、大腿等部位，所以女性的体脂百分比变化范围更大一些（具体内容会在后面讨论）。

身体质量指数（body mass index，BMI）因其简便性而成为目前使用最广泛的临床肥胖判断指标（尽管存在一定缺陷）。BMI 通常与体脂高度相关，能合理评价肥胖程度。测定一个人的 BMI，用以千克为单位的体重值除以以米为单位的身高值的平方。例如，一个人的体重是 104 kg，身高是 183 cm，他的 BMI 是 31 kg/m^2［（104 kg/（1.83 m）^{2}=31 kg/m^2）］。表 22.1 提供了一个根据身高和体重确定 BMI 的简单方法。

世界卫生组织提出的基于 BMI 的分类体系在 1998 年被美国国立卫生研究院采用，经多次修改后于 2000 年开始使用。表 22.2 将体重分为 5 类：体重过轻、正常、超重、肥胖和极度肥胖，同时将肥胖分为 3 级：Ⅰ级、Ⅱ级和Ⅲ级，BMI 超过 40 kg/m^2 为病理性肥胖，并且通过 BMI 和腰围来评估疾病风险程度。腰围反映了内脏脂肪含量，而内脏脂肪含量增加会使死亡风险增加，在不同 BMI 级别中，腰围增加都会增加患病风险，这在本章后面的部分会讨论到。种族和民族差异会影响 BMI 与肥胖的关系，特定群体超重和肥胖的 BMI 标准不同。

例如，一些研究表明，在 BMI 相同时，亚洲人的健康风险更高一些，因为 BMI 值相同时，亚洲人的体脂百分比更高。但研究表明，当 BMI 在 30 kg/m^2 以上时，几乎所有人群都存在过度肥胖或肥胖的情况，这与种族或民族无关。

表 22.1　BMI

BMI	BMI（kg/m^2）																
	19	20	21	22	23	24	25	26	27	28	29	30	31	32	33	34	35
身高（ft 和 in）	体重（lb）																
4'10"（58"）	91	96	100	105	110	115	119	124	129	134	138	143	148	153	158	162	167
5'（60"）	97	102	107	112	118	123	128	133	138	143	148	153	158	163	168	174	179
5'2"（62"）	104	109	115	120	126	131	136	142	147	153	158	164	169	175	180	186	191
5'4"（64"）	110	116	122	128	134	140	145	151	157	163	169	174	180	186	192	197	204
5'6"（66"）	118	124	130	136	142	148	155	161	167	173	179	186	192	198	204	210	216
5'8"（68"）	125	131	138	144	151	158	164	171	177	184	190	197	203	210	216	223	230
5'10"（70"）	132	139	146	153	160	167	174	181	188	195	202	209	216	222	229	236	243
6'（72"）	140	147	154	162	169	177	184	191	199	206	213	221	228	235	242	250	258
6'2"（74"）	148	155	163	171	179	186	194	202	210	218	225	233	241	249	256	264	272
6'4"（76"）	156	164	172	180	189	197	205	213	221	230	238	246	254	263	271	279	287

注：1 lb=0.454 kg，1 ft=12 in，1 in=2.54 cm。

表 22.2　根据 BMI、腰围和相关疾病风险[a]对超重和肥胖进行分类

分类	BMI（kg/m^2）	肥胖分级	疾病风险[b]	
			男性≤37 in（94 cm）	男性＞40 in（102 cm）
			女性≤32 in（80 cm）	女性＞35 in（88 cm）
体重过轻	<18.5			
正常[c]	18.5～24.9			
超重	25.0～29.9		增加	大幅增加
肥胖	30.0～34.9	Ⅰ	高	非常高
	35.0～39.9	Ⅱ	非常高	非常高
极度肥胖	≥40	Ⅲ	极高	极高

注：a 患 2 型糖尿病、高血压和心血管疾病的风险。

b 与正常体重和腰围相关。

c 即使对体重正常的人来说，腰围增加也可能是风险增加的标志。

从历史数据来看，成年人中超重或肥胖的比例差别很大，这取决于超重和肥胖的划分标准。我们现在更好地了解了超重和肥胖的真实情况，以及它们随时间而发生的变化。作为标

准体重和肥胖的缓冲区，超重分类是非常有用的。BMI 值处在这一区域的人既可能拥有高于平均水平的去脂瘦体重，比如之前提到的足球运动员，也可能是轻度肥胖者，但如前所述，BMI 超过 30 kg/m^2 的人就更可能属于肥胖了。

二、超重和肥胖的发生率

自 20 世纪 60 年代以来，美国超重和肥胖的人数急剧上升。根据美国疾病控制与预防中心的统计数据，2011 年到 2014 年，美国 20 岁及以上成年人肥胖的总体发生率略高于 30%。如图 22.1 所示，20～39 岁的人肥胖发生率较低，但超过 40 岁后，男性和女性的肥胖比例都在提高。

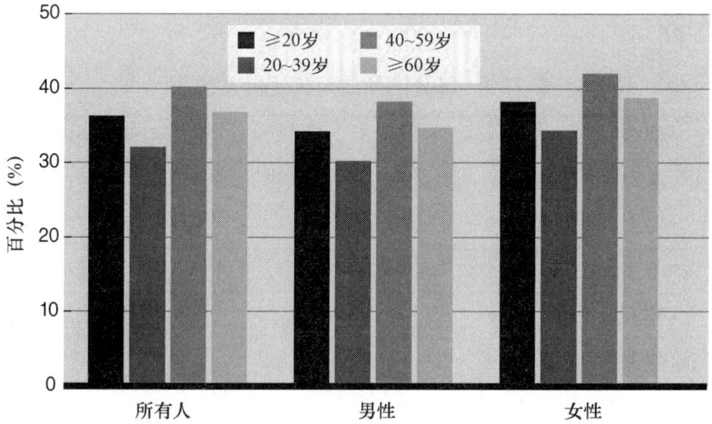

图 22.1　2011—2014 年美国 20 岁及以上成年人的肥胖发生率

如果我们把超重（BMI 值在 25 kg/m^2 及以上，符合世界卫生组织和美国国立卫生研究院的分类）算在内，美国成年人中有 70%以上的男性和 64%以上的女性超重或肥胖。自 1976 年以来，超重和肥胖的发生率分别增加了 68%和 142%，病理肥胖（Ⅲ类）增加了 360%。

美国最新公布的人口数据显示，在 2003—2004 年与 2011—2012 年，成年人和青少年的超重和肥胖整体都没有显著变化，发生率仍然很高。

当我们分析按种族划分的数据时，这个问题在西班牙男性和女性及非西班牙裔黑人女性中更为严重（图 22.2）。

这些趋势并不是美国独有的，加拿大、澳大利亚和欧洲大部分地区的肥胖发生率也出现了类似的增长。最新数据显示，肥胖正在向世界大多数地区蔓延。表 22.3 提供了世界上某些国家的肥胖率（男女之和）估计值。因数据调查的日期差异很大，这些数据可能会有偏差。然而，有迹象表明，肥胖率在过去 10 年里持续飙升，肥胖在全球流行。最新的估算数据显示，全世界大约有 20 亿人超重或肥胖。

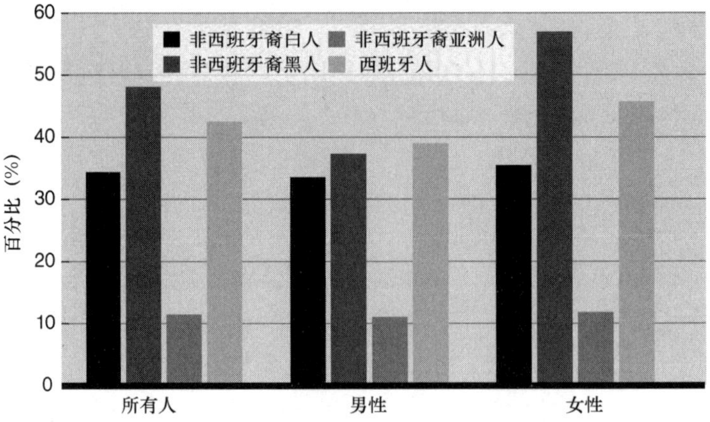

图 22.2　2011—2014 年，按性别、种族和西班牙裔划分的 20 岁及以上美国成年人的肥胖发生率

表 22.3　部分国家成年人肥胖发生率

国家	肥胖发生率（%）
朝鲜	2.4
日本	3.3
印度	4.9
韩国	5.8
瑞士	19.4
荷兰	19.8
巴西	20.0
德国	20.1
意大利	21.0
西班牙	23.7
法国	23.9
俄罗斯	24.1
以色列	25.3
加拿大	28.0
墨西哥	28.1
英国	28.1
澳大利亚	28.6
土耳其	29.5
沙特阿拉伯	34.7
科威特	39.7
库克群岛	50.8

有研究表明，美国儿童和青少年超重和肥胖也有日益普遍的趋势。图 22.3 显示了 1971—2012 年儿童和青少年的超重发生率。由于 BMI 在估算儿童和青少年体脂方面的精确度要低得多，科学家通常使用 BMI 超过临界值 95%来提示儿童体脂过多。超重发生率在 1971—1980 年保持相对稳定，在 1980—2004 年急剧增长，现在似乎又趋于平稳。另外一个好消息可能是，2～5 岁儿童的肥胖发生率从 2003—2004 年的 14%显著下降到 2011—2012 年的 8.4%。

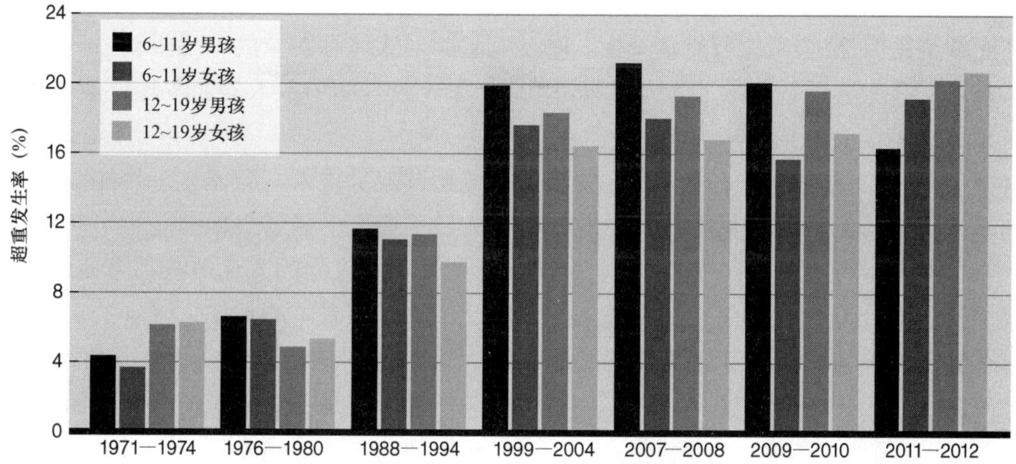

图 22.3　1971—2012 年美国儿童和青少年的超重发生率

25 岁以后，美国人的体重平均每年增长 0.3～0.5 kg（0.7～1.1 lb），这种看似微小的增长会导致 55 岁时平均增重 9～15 kg。同时，由于身体活动减少和正常衰老过程的共同作用，骨骼和肌肉质量每年大约减少 0.1 kg（0.22 lb）。把这点考虑进去，一个普通人的脂肪量实际上每年增加约 0.4 kg（0.9 lb），也就是说，在 30 年的时间里，脂肪量会增加 12 kg（27 lb）。（注意：这些是近似值，会因性别、种族或民族不同而不同。）

然而，按人口估算的数据表明，热量摄入增多和伴随现代生活方式而来的身体活动减少所致的体重增加值与实际数据并不匹配，因为估算数据表明，男性和女性 30 年来体重分别增加 39.1 kg（85.8 lb）和 37.2 kg（82 lb）。因此，在体重管理项目中经常听到的“一卡路里就是一卡路里”和“3 500 kcal= 1 lb”并不能准确地反映现实生活中的体重增加或减少，一定有其他起作用的因素来改变能量平衡方程。

日益增高的肥胖率和肥胖的年轻化将影响到个人和国民的医疗保健。肥胖年轻化会增加体重积累量，而这会促使肥胖相关疾病（如糖尿病）更早出现。

三、体重控制

只有知道体重如何被调节或控制，才能更好地理解人是如何变胖的。体重调节问题已经困扰了科学家多年。一个正常体型的男性大约每天消耗 2 500 kcal 能量，年均消耗约 100 万 kcal

能量，而平均增加 0.4 kg（0.9 lb）脂肪意味着每年能量的摄入和消耗间只有 3 111 kcal 的不平衡（3 500 kcal 相当于 0.45 kg 或 1 lb 脂肪组织的能量），也就是说，每天过剩的能量不到 9 kcal，即使脂肪每年增加 0.7 kg（1.5 lb），身体也能将能量的摄入和消耗平衡在一片薯片的能量之内，这是一个很典型的动态平衡的例子。

之前科学家认为，身体之所以能够在较小的范围内平衡热量，应该是有一个体重调定点来调节体重，类似于核心温度的调节。最近的研究主要集中在能量摄入和消耗的调节上，统称为“能量平衡”。控制和调节能量平衡，以及以脂肪形式储存能量的生理驱动力可能是肥胖问题的核心。当能量正平衡时，体重会增加，即如果一段时间内摄入的能量超过消耗的能量，多余的脂肪组织就会积累起来。

体重管理中心是通过在一段时间内使能量消耗超过能量摄入，即建立一种能量负平衡的方式来减重（减脂）的。但生理控制系统（控制能量平衡）受能量摄入和能量消耗的变化及相应调节的影响，所有如饮食模式、营养消耗、身体活动等方面的变化最终都会使体重变化，改变能量平衡，还有可能改变控制系统本身。因此，持续减重可能是非常困难的，因为生理适应发生在长期能量负平衡和能量消耗及摄入的生理变化中。

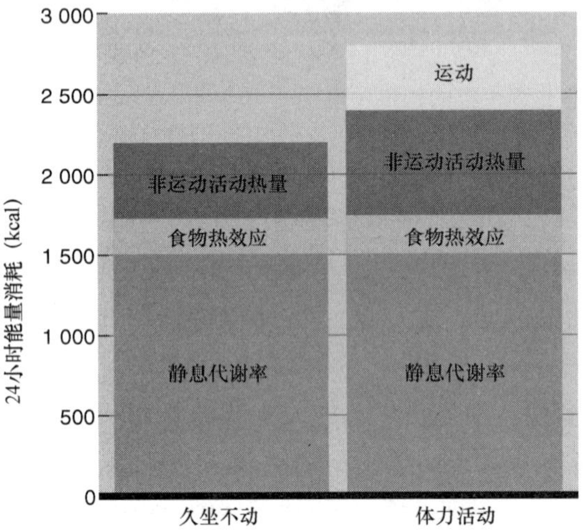

图 22.4　以久坐者和运动者为例，展示能量消耗的组成

能量平衡是由能量消耗的 3 个组成部分建立和控制的（图 22.4）：

✧ 静息代谢率（resting metabolic rate，RMR）。

✧ 食物热效应（thermic effect of meal，TEM）。

✧ 活动热效应（**thermic effect of activity，TEA**）。

RMR 是经过一整夜禁食和 8 h 睡眠后清晨的代谢率（见第五章）。BMR 一般指禁食 12～18 h，醒来后立即进行测量的值。目前多数研究认为 RMR 代表了基本生理过程所需的最低能量消耗，占每天消耗总能量的 60%～75%。

食物热效应表示与食物消化、吸收、运输、代谢和储存有关的能量消耗。TEM 在食物摄入时和之后达到峰值，平均占全天总能量消耗的 8%～10%。这个值还包括一些浪费的能量，因为身体会有食物加工和储存之外的能量消耗。我们很少注意到 TEM，但当你与家人一起享用了一顿丰盛的大餐后，你通常会感到温暖和昏昏欲睡，这可能表示代谢率明显提高了。有些肥胖者的 TEM 可能存在缺陷而导致能量过剩。

活动热效应是指为完成任务或活动而超出 RMR 的能量消耗，无论是坐着用电脑打字，还是跑完 10 km 比赛都是如此。TEA 占总能量消耗的 15%～30%，是总能量消耗中最易变化，以及可以有目的地进行改变的部分。

人体通过改变 RMR、TEM 和 TEA 来调整能量摄入。在禁食或极低卡路里的饮食中，以上 3 个组成部分都会减少以利于能量储备。据报道，在开始禁食或摄入极低卡路里的饮食（每天少于 800 kcal）后的数周内，RMR 下降了 20%～30%甚至更多。相反，这 3 个组成部分都在过量饮食中有所增加，以试图阻止多余的热量储存。这些调整似乎是由交感神经系统、内分泌系统及其他控制代谢和食欲的生理生化系统所控制的，其中有着复杂的相互影响和相互作用机制，这是现今和未来研究的关键领域。

饮食组成（营养成分）和身体活动（包括运动和非运动身体活动）是能量平衡方程的主要控制点。很明显，饮食中脂肪和碳水化合物（尤其是精米细面）含量的提高与一段时间内身体活动的减少能显著改变我们的生理过程。

小结

- 超重是指体重超过标准，是根据身高和体型计算的。肥胖是指体脂含量过多，即男性体脂百分比超过 25%，女性体脂百分比超过 35%。
- BMI 等于体重（千克）除以身高（米）的平方，它与体脂含量高度相关，可合理评估肥胖。BMI 在 25.0～25.9 kg/m^2 表示超重，达到或超过 30.0 kg/m^2 表示肥胖。
- 自 20 世纪 70 年代以来，美国肥胖和超重的发生率急剧上升。
- 25 岁以后，体重平均每人每年增加 0.3～0.5 kg（0.7～1.1 lb），同时去脂体重减少 0.1 kg（0.22 lb），相当于每年净增 0.4 kg（0.9 lb）脂肪。
- 身体试图通过一个基于能量平衡和总能量消耗的调节系统来调节体重。
- 每日能量消耗由 RMR、TEM 和 TEA 的总和反映，身体通过调整所有这些部分来适应能量摄入的变化。

四、肥胖的病因

在人类历史上的很多时期，人们都认为肥胖是由于调节体重的一种或多种内分泌腺功能错乱导致激素失调，人们也曾认为肥胖主要是由于贪吃而并非内分泌失调。前者认为肥胖的发生是自己无法控制的，而后者认为肥胖者要为自己的行为负责。最近的研究表明，肥胖更像是由多种因素综合所致，其病因错综复杂，并不只是简单的基因、激素或个人选择问题。

动物实验发现，肥胖与基因相关，对人的研究也表明基因对身高、体重和 BMI 有直接影响。克劳德（Claude）博士提供了迄今为止可能最有力的证据，表明了肥胖的重要遗传因素，他和合作者以 12 对单卵双生的年轻成年男性为研究对象，让他们处于封闭的环境中，每天 24 h、连续 120 天进行观察。前 14 天监控受试者的饮食，确定受试者平均每日热量摄取的基准值，在接下来的 100 天内，每周有 6 天使其摄取的能量超过基准值 1 000 kcal，第 7 天则按基准值热量饮食。因此，在 100 天中，有 84 天受试者摄取的能量超过基准值 1 000 kcal。受试者的运动也被严格控制。在研究结束后，不同受试者的实际体重增长幅度差异较大，从 4.3 kg 到 13.3 kg

（9.5～29.3 lb），这意味着摄取相同的多余能量，体重增长竟相差 3 倍左右。但同一对双胞胎的体重变化近似，差异主要产生在不同对双胞胎之间，脂肪含量、体脂百分比和皮下脂肪含量等指标也出现类似结果。随后也有近似的研究证明基因在决定肥胖易感性方面起着重要作用，但数据显示其他因素也有影响，因为这项研究中的每名受试者都至少增重了 4 kg。

激素紊乱、情绪问题、基本的自我平衡机制改变，这些都能直接或间接导致肥胖。环境因素如文化习惯、食物供应、身体活动缺乏和饮食习惯不良等也是导致肥胖的主要因素。

虽然研究证实，遗传因素是导致肥胖症的重要因素，但很明显，不管有没有家族肥胖史（遗传），都可能由于生活方式不恰当而引起肥胖。通过健康饮食与体育活动的结合，即使有肥胖遗传倾向，也有可能变得相对苗条。

综上所述，肥胖的起源和病因很复杂。毋庸置疑，每个人都有自己特有的肥胖原因，认识到这一点对于治疗和预防肥胖发生都很重要，仅仅把肥胖归咎于一个原因，比如吃得过多或缺乏运动，则低估了问题的严重性。

五、能量平衡与肥胖

在 2012 年的一篇综述中，詹姆斯·希尔（James Hill）博士与同事讨论了体重增加、减轻及肥胖的生理学和神经生理学问题。能量平衡，即能量摄入与消耗的代数和是关键，建立一个负能量平衡（能量消耗>能量摄入）是减重所必需的。我们的祖先有非常高的日常身体活动水平，能消耗较多的能量保持稳定的体重，人类在保持体重和能量平衡时似乎需要高水平的能量消耗，而非大量减少能量摄入。食物摄入增多和体重增加时，机体会重新建立能量平衡，此时代谢率提高，多数活动消耗的能量也增加，但当体重增加较多而活动量却降低时便无法达到能量平衡，这会使脂肪堆积而导致超重甚至肥胖，肥胖又会增加能量消耗，最终恢复能量平衡。

在过去的 50～100 年里，能量消耗的增加和身体活动（包括职业和娱乐）的减少导致了美国人超重和肥胖发生率升高，从 1960 年的 45%到 2008 年的 68%，这一巨大的涨幅是由很大一部分人的正能量平衡造成的。

肥胖不仅仅由于能量平衡方程的一个组成部分出现了问题。自 1960 年以来，人均食物摄入量显著增加，男性每天增加了 168 kcal，女性增加了 335 kcal，与此同时，职业活动和自愿的日常身体活动减少。当这种减少与能量消耗的平均增加结合起来时，用正能量平衡推测，在过去 50 年里，平均每年增加的体重比实际记录的要多得多，男性和女性的实际平均总增重分别约为 13.6 kg 和 11.3 kg。因此，肥胖流行一定有其他生理因素在起作用，这些适时的调节发生在控制能量平衡及体重平衡的极其复杂的生理过程中。

让·马耶尔（Jean Mayer）是哈佛大学一位杰出的生理学家，他主要研究营养和饥饿方面的生理问题。他认为，高水平的能量消耗下，能量摄入与能量消耗是匹配的，而低水平的能量消耗下，能量摄入的调节对能量消耗的影响要小得多，长期保持正能量平衡（能量摄入>

能量消耗）是很难不增加体重的。所以，对于活跃和非常活跃的人，保持体重通常不是问题，但对久坐不动的人来说，很难充分减少能量摄入来配合极低水平的身体活动，最终导致体重增加和肥胖。此外，很多研究认为低代谢率（可能意味着低 RMR）对体重增加和肥胖没有显著影响，但仍有不一致的观点。

防止体重增加或者减重最有效的方法是模仿工业化前的高水平能量消耗，以平衡较高的能量摄入，但大多数人根本无法通过消耗更多的能量来平衡当今较低的身体活动水平。作为一种体内平衡机制，过量脂肪组织能提高 RMR 并增加身体活动的能量消耗，但即使有这种生理适应（增加以脂肪形式储存的能量）进行着积极的能量平衡，由于增加的能量消耗根本跟不上增加的食物摄入量，故体重最终会增加。

六、与超重和肥胖相关的健康问题

超重和肥胖与总死亡率的提高呈曲线关系，如图 22.5 所示。BMI 值在 25.0～29.9 kg/m^2 时与许多疾病的发病风险增加有关，但当 BMI 超过 30 kg/m^2 时，死亡风险就会大幅增加。最近的一些研究表明，过高的死亡率主要与 BMI 值为 35 kg/m^2 及以上有关。

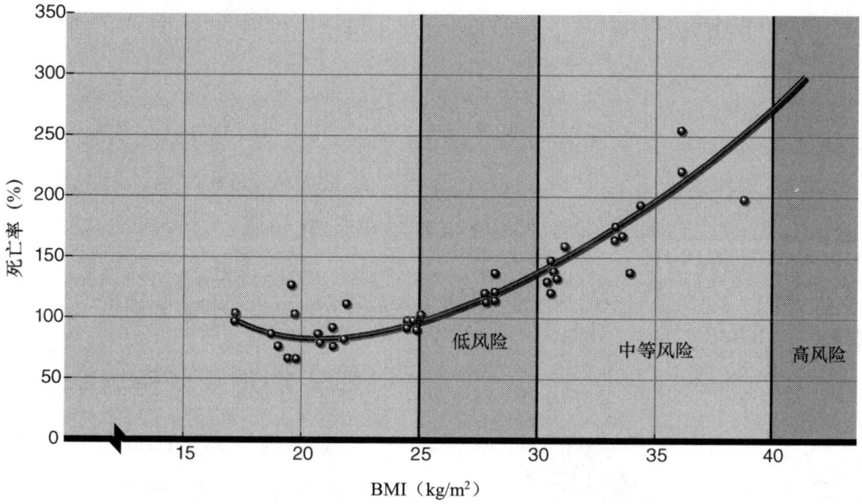

图 22.5　BMI 和高死亡率的关系

注：死亡率 100%代表平均死亡率，曲线的最低部分（BMI 低于 25 kg/m^2）表明风险很低，死亡风险随着 BMI 的增加而不成比例地增加。

以下列举了与肥胖和超重相关的高发病率和高死亡率疾病：

✧ 高血压。

✧ 血脂异常。

✧ 2 型糖尿病。

✧ 冠心病。

✧ 卒中。

✧ 胆囊疾病。

✧ 骨关节炎。

✧ 睡眠呼吸暂停和呼吸问题。

✧ 某些癌症（子宫内膜癌、乳腺癌、结肠癌、肾癌、胆囊癌和肝癌）。

✧ 精神疾病，如抑郁症、焦虑和其他精神障碍。

自 20 世纪 70 年代以来，随着美国肥胖发生率的大幅上升，美国成年人中**代谢综合征（metabolic syndrome）**的流行便不足为奇。代谢综合征是一组相关的症状，如血压升高、血糖升高、腹部脂肪过多、胆固醇或甘油三酯升高等一起发生，增加了心脏病、卒中和糖尿病的风险。代谢综合征定义为：①成年男性腰围≥102 cm、成年女性腰围≥88 cm；②空腹血糖≥100 mg/dL；③血压≥130/85 mmHg；④甘油三酯≥150 mg/dL；⑤成年男性 HDL-C＜40 mg/dL，成年女性 HDL-C＜50 mg/dL。美国有三分之一的成年人符合这些标准。美国全国健康和营养检查调查（1988—2012 年）数据显示，代谢综合征发生率从 1988—1994 年的 25% 上升到 2007—2012 年的 34%，非西班牙裔黑人男性比非西班牙裔白人男性患代谢综合征的概率低，但女性的情况正好相反。

（一）正常身体功能的改变

与过度肥胖相关的生理功能变化因个体和肥胖程度而异。通常，与肥胖（尤其是病态肥胖）相关的问题和疾病包括呼吸系统问题（睡眠呼吸暂停、慢性肺部疾病）、凝血异常（血栓形成）、心脏增大和充血性心衰。肥胖的人（通常含超重者）会由于身体活动减少而使运动耐受力和身体健康水平降低，而额外增加的体重和过度肥胖会进一步降低运动水平和运动耐受力。这是一种恶性、正反馈的异常功能循环，将导致身体活动更少、病理变化更多。这种循环影响着美国和世界各地数百万人。

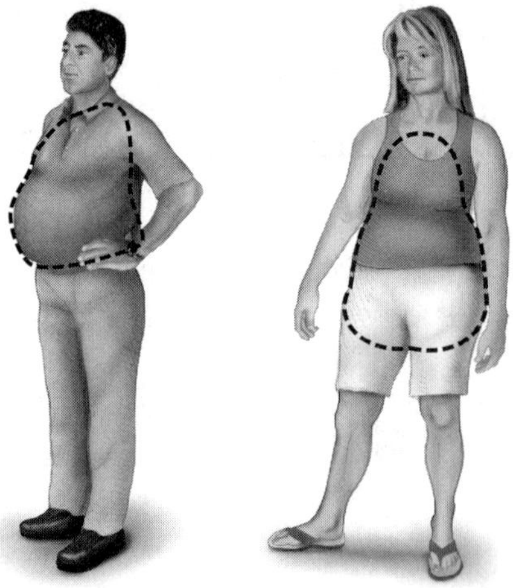

a. 上肢肥胖　　b. 下肢肥胖

图 22.6　肥胖形式的性别差异

（二）增加某些疾病的患病风险

某些慢性疾病的患病风险增加也与肥胖有关。高血压和动脉粥样硬化与肥胖直接相关（见第二十一章），碳水化合物代谢紊乱和 2 型糖尿病也是如此，肥胖和 2 型糖尿病紧密关联。

自 20 世纪 40 年代以来，人们已经认识到脂肪储存方式的性别差异。如图 22.6 所示，男性的脂肪多集中在上肢，尤其是腹部，腹部肥胖与内脏肥胖密切相关。女性的脂肪多集中在下肢，尤其是臀部和大腿。男性肥胖模式被称为**上肢（男性型）肥胖［upper body（android）**

obesity］或苹果形肥胖，而女性模式则被称为下肢（女性型）肥胖［**lower body**（**gynoid**）**obesity**］或梨形肥胖。苹果形肥胖与内脏脂肪关系更密切，风险更高。

20 世纪 70 年代末至 80 年代初的研究表明，上肢肥胖会增加患下列疾病的风险因素：

✧ 冠心病。

✧ 高血压。

✧ 卒中。

✧ 血脂升高。

✧ 糖尿病。

而且，腹部肥胖比全身肥胖患病风险更高。腰围和臀围可以用来评估患病风险，男性腰臀比大于 0.90、女性腰臀比大于 0.85 则患病风险增加。内脏脂肪库与肝脏门脉循环系统距离较近，因此上肢肥胖会增加患病风险。图 22.7a 中，一名年轻女性正在接受 CT 扫描，以评估腹部内脏脂肪；图 22.7b 展示了两名男性大腿上部的 MRI 扫描图像，下方两张扫描图像展示了肌肉萎缩的影响，以及深层脂肪与皮下脂肪的比较。

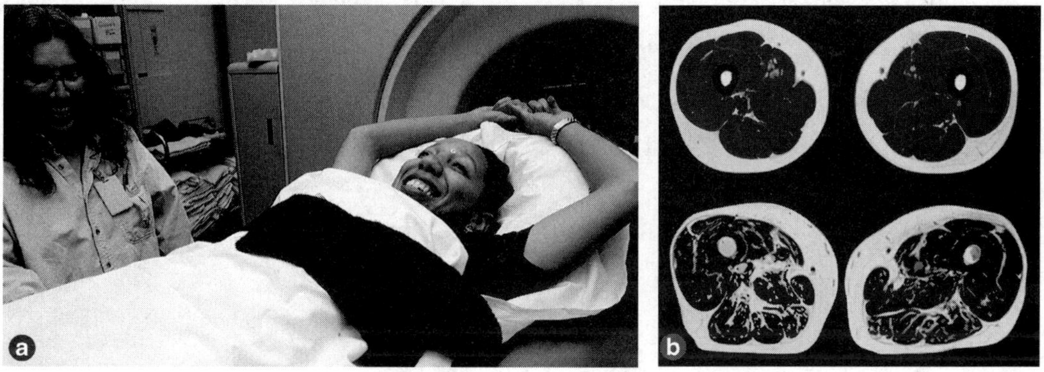

a. 正在进行 CT 扫描的受试者；b. 两名男性大腿上部的 MRI 扫描图像，下方扫描图像的受试者脂肪浸润（光区）程度更高。

图 22.7　肥胖评估扫描

（三）肥胖对既定疾病的影响

肥胖对既定疾病的影响尚不明确，但它会导致健康水平下降，使某些疾病进一步发展，如 2 型糖尿病、高血压和心脏病。减重通常被视为治疗中不可缺少的一部分，因减重而得到缓解的病症有：

✧ 心绞痛。

✧ 高血压。

✧ 充血性心脏病。

✧ 心肌梗死。

✧ 静脉曲张。

✧ 糖尿病。

✧ 畸形问题。

研究视角 22.1	"肥胖但健康"理论

在过去的 30 年里，大量令人信服的纵向研究已经证明，心肺健康水平低会增加全因死亡率和心血管疾病死亡率，肥胖也是导致全因死亡和心血管疾病死亡的主要风险因素。有研究表明，身体健康可能会减轻肥胖带来的一些负面影响，这被称为"肥胖但健康"理论，也就是说，健康的肥胖个体与体重正常的健康成年人（理论上是最健康的人群）的死亡率没有区别。此外，一些研究表明，体重正常但不健康的人比肥胖但健康的人面临更高的风险。

虽然有证据表明，良好的心肺健康可能减轻肥胖对健康的一些有害影响，但许多问题仍有待于进一步研究。例如，现有证据支持儿童和青少年心肺健康与心脏代谢危险因素之间的直接联系，但仅有很少的报告表明，较高的健康水平可减轻儿童过度肥胖的影响，而且，必须扩大研究范围以包含更多的参与者。鉴于与儿童肥胖有关的公共健康问题日益严重，这一点尤为重要。

关于"肥胖但健康"理论的研究，最需要的也许是进行随机对照试验。到目前为止，所有这一理论的证据都来自观察性研究，虽然这样得到的信息是有价值的，但并不能确定原因和结果，因此有必要进行随机对照试验，以确定即使在没有减轻体重的情况下，对肥胖个体进行运动干预是否能降低心血管疾病的风险。这样的研究将有助于我们加深对"肥胖但健康"理论的理解，以确定在不减重的情况下，健康状况的改善是否由心肺健康状况的改善所驱动。针对肥胖成年人的公共卫生战略，特别是对不健康者来说，应以减少体重和脂肪，以及提高心肺健康水平为目标。

第二节　减重

一般来说，每周减重不应超过 0.45～0.9 kg（1～2 lb），在没有医生的监督和指导时不应尝试更大程度的减重。即使每周仅减重 0.45 kg（1 lb），一年时间也可减去 23.4 kg（52 lb）。很少有人是迅速变胖的，因此减重也应该作为一项长期计划来实施。理论研究和实践都证明，快速减重通常只是暂时的，失去的体重会迅速反弹，快速减重往往是体内水分大量流失的结果，而人体的自我保护机制为防止体液失衡，最终会使丢失的水分重新得到补充。因此，如果想达到减去 9 kg（20 lb）脂肪的目标，建议至少要安排 3～5 个月的时间。

近年来，许多声称能有效减重的特殊饮食方法受到了欢迎，有些饮食方法甚至在医生的指导下被开发出来用于医院或家庭。这些每天少于 800 kcal 的"极低卡路里饮食"，通常保证了一定的蛋白质和碳水化合物配比以尽量减少瘦体重丢失。研究表明，大多数饮食方法是有效的，但没有任何一种被证明比其他的更有效。均衡饮食重要的是在满足身体营养需求的同时减少能量摄入，而最恰当的饮食方法是满足上述目标，并符合个人习惯。

不恰当的饮食习惯是造成多数肥胖的部分原因，因此不应该只把节食作为唯一、快速的减重办法。一个人应该彻底改变不恰当的饮食习惯，尤其是减少脂肪和单糖的摄入。对大多数人来说，低脂饮食会逐渐把体重减到理想水平，但要注意，低卡路里饮食并不一定就是低脂饮食。对大多数人来说，只要每天减少摄入 250～500 kcal 能量，再综合低脂低糖饮食，就足以达到理想的减重目标。

药物可通过抑制食欲和增加 RMR 来协助病人减重，但这些药物会产生许多副作用，其中一些甚至会危及生命。外科手术也被用于治疗极端肥胖，但只是在其他治疗方式无效且肥胖威胁生命时作为最后手段。可限制进入胃内食物数量的胃旁路手术和胃束带术是治疗病态肥胖最常见的手术方法，这些手术虽然非常有效，但费用昂贵并有风险，平均死亡率为 1%～2%。这些治疗方法也被证明适用于与肥胖相关的中度慢性疾病，包括 2 型糖尿病。手术通常仅用于病态肥胖或有显著相关危险因素的肥胖者。

改变行为方式是控制体重最有效的方法之一，即通过改变与饮食有关的基本行为模式以实现减重，其效果也似乎更持久。这种方法吸引了大多数人，因为它有意义且容易融入日常生活。例如，一个人可以不必有意识地控制食量，但需要在一个地方吃完所有的食物，这通常会减少吃零食的次数；或者一个人可以在第一次吃的时候想吃多少就吃多少，但第二次不能再吃。许多这样的简单改变可以帮助调节饮食行为，并最终达到减重目的。

第三节　超重和肥胖管理指南

2014 年，对超重和肥胖管理的新指南由美国心脏协会、美国心脏病学会、肥胖社团共同发布。新指南与美国心脏协会和美国心脏病学会的其他 3 套相关指南（心血管风险评价、调整生活方式以减少心血管疾病风险和治疗高胆固醇）同时发布，以“优化护理方案和促进心血管健康”。正如许多其他权威机构发布的指南，这些指南是基于证据并且有助于解决争议问题的。

在新指南中，关键性问题集中在：①合理减重计划的标准；②减重对健康的益处和风险，包括减重数量和减重持续时间；③哪些饮食干预策略是有效的；④饮食干预、运动和行为治疗的综合效果；⑤手术作为治疗手段的安全性和有效性。这些内容主要针对医生和护理人员，包括高级执业护士和医师助理，但所有相关卫生保健专业人员都应了解并能适当使用这些指南。

建议包括以下方面：

✧ 至少每年评估一次或多次身高、体重和腰围，根据 BMI 及冠心病风险确定治疗方案。

✧ 建议超重和肥胖患者了解心血管风险因素并改变生活方式，从而使体重持续下降

3%～5%或更多。减重越多好处越多，即使是少量减重也会降低风险。

✧ 推荐一种限制能量（女性每天少于 1 200～1 500 kcal、男性每天少于 1 500～1 800 kcal）的饮食模式并将其作为综合生活方式干预的一部分。有些饮食模式已经被证明能够有效促进健康减肥，如素食和纯素食、低脂含量（仅 20%的能量来自脂肪）、低糖负荷、地中海风格饮食和低碳水化合物（每天小于 20 g，无明确的能量限制，但要保证能量负平衡），这些有效的饮食方式有一个共同特点，即减少每天的能量摄入，达到能量负平衡。

✧ 由于个体差异的存在，特定个体的实际疗效和饮食适宜性不同，这些指南中具体的饮食建议要点也各不相同。

✧ 一个全面的计划应该包括适度减少能量摄入、增加身体活动，以及易于改变的行为策略。

✧ 推荐 BMI＞40 kg/m^2 或 BMI＞35 kg/m^2 并同时患有如糖尿病、高血压或血脂异常等其他疾病的成年人进行减重手术。

已发布的超重和肥胖管理指南非常全面，对每项建议和声明都做了详尽的阐述，并提供了大量的参考资料。专业人士应该熟悉相关建议和指导以利于工作。

小结

- 肥胖的病因并不一定单一，可能是多种因素组合。
- 对动物和人的研究表明，肥胖与遗传、内分泌失调、情感创伤、内环境稳定失衡、文化影响、缺乏运动和饮食不当等多种因素有关，不太可能仅由单一因素造成。
- 超重和肥胖会增加高死亡率的风险。
- 肥胖会增加患某些慢性退行性疾病的风险。腹部（内脏）肥胖会增加冠心病、高血压、卒中、血脂升高、糖尿病和代谢综合征的风险。此外，肥胖还会使现有健康水平下降或加重已有疾病。
- 情绪或心理问题可能导致肥胖，而肥胖又可能会对心理造成伤害。
- 在治疗肥胖时，不同人对特定的干预措施有不同的反应。有些人在较短的时间内就能大幅减重，而有些人似乎对减重很抗拒而收效甚微。
- 减重幅度一般不应超过每周 0.45～0.9 kg（1～2 lb）。简单的饮食调整，以及减少脂肪和糖的摄入就足以帮助大多数人减重。行为矫正也是一种有效的减重方式。
- 除非医生认为对病人的健康有利，否则一般不推荐使用药物或手术治疗肥胖。

第四节　身体活动在控制体重和降低风险中的作用

在美国，缺乏运动是导致肥胖的一个主要原因。事实上，缺乏运动与过量饮食在导致肥胖方面的作用是等同的。因此，我们必须意识到，提高身体活动水平应是减重和控重计划的重要组成部分。

研究视角 22.2　静坐少动、身体活动和肥胖

肥胖是心血管疾病的传统危险因素。内脏脂肪组织（visceral adipose tissue，VAT）、肌间脂肪组织（intermuscular adipose tissue，IMAT）和肝脏脂肪过高都会增加心血管患病风险，而皮下脂肪组织（subcutaneous adipose tissue，SAT）在疾病发展的病理生理学中可能相对不那么重要。

缺乏规律的体育活动是导致肥胖的主要因素，而静坐少动的生活方式会增加患心血管疾病的风险。事实上，一些证据表明，如果静坐时间过长，即使达到《美国人身体活动指南》的要求也不足以预防疾病。静坐少动易导致脂肪沉积，可以解释此行为和心血管风险之间的部分联系。然而，到目前为止，还没有静坐少动与脂肪沉积类型（如 VAT、IMAT）关系的专门研究。最近，研究人员提出一种假设，即久坐时间与腹部脂肪储量正相关，而与身体活动水平负相关，他们认为静坐少动和身体活动对脂肪沉积的影响作用独立但又可以累加，研究人员同时还对这些关系中潜在的性别和种族差异感兴趣。

静坐少动行为和身体活动通过问卷进行评估，腹部脂肪储备量可通过 CT 扫描测量。研究结果表明，久坐行为（尤其看电视）和体育活动与腹部脂肪组织沉积的模式有着明显和独立的关联。具体来说，看电视的时间与 VAT 似乎存在正相关关系，尤其在白人男性中相关性更高，这为静坐少动行为、体育活动和肥胖之间关系的研究补充了内容，未来有必要进行此三者关系随时间变化的纵向研究。

一、运动改变体成分

规律运动能改变身体成分。许多人认为，运动对于改变身体成分影响甚少或根本不起作用，他们认为，即使进行高强度运动，也只能消耗很少的能量，不能大幅减重。然而，诸多研究证实，运动可以达到适度促进身体成分改变的效果。

尽管持续运动消耗的能量较易计算，可据此估算出减重量，但此减重量因之前讨论过的生理能量平衡的相互作用并不准确，改变能量平衡 3 个组成部分中的一个或多个会影响其他部分。根据一个每周消耗 1 300 kcal 能量的运动计划，可以计算出每周减少大约 0.15 kg（0.33 lb）体重。然而，将增加少许能量消耗和减少少许饮食摄入相结合会对能量平衡产生更积极的影响。所以，前面提到的简单计算很难准确，而且一段时间后个体减重的差异性会更加明显。

此外，当体重显著减轻时，活动所消耗的能量会随着 RMR 的降低而相应降低。生理机能、食欲、饮食时的神经激素刺激，甚至食物的可得性都会影响能量负平衡时的体重减轻量。在短期体重管理项目中计算这些数据是非常困难和不准确的。然而，大多数体重管理项目的参与者都希望得到某种评估，建议应非常谨慎地给出评估结果。

2011 年，美国运动医学学会在减重和体重管理方面列出了几条重要建议。其中之一就是身体活动是体重管理的重要辅助手段。美国运动医学学会指出，每周进行 150～250 min 的中等强度体育活动对防止体重增加很重要。然而，这样的运动量“仅能适度减轻体重”，增加运动量有助于体重显著减轻。每周进行 250 min 或更长时间的运动可防止体重明显减轻后的反弹。

但仅计算运动期间的能量消耗并不全面。运动结束后，身体的代谢率仍保持在较高水平，如第五章提到的，这种现象被称作运动后过量氧耗（EPOC）。代谢率恢复到安静状态的时间是由运动强度决定的，如散步后仅需数分钟，而激烈的足球比赛后则需数小时，长时间耐力运动或力竭运动后至少需要 12～14 h 或更长时间才能恢复到安静状态，如马拉松比赛后。

在整个恢复阶段，EPOC 需要消耗大量能量。例如，运动后耗氧量每分钟平均增加 0.05 L，这大约相当于每分钟消耗 0.25 kcal 或每小时消耗 15 kcal 能量，如果这种高代谢率持续 5 h，将额外消耗 75 kcal 能量。通常，EPOC 会在计算某一特殊活动的总能量消耗时忽略不计。在上面的例子中，如果每周运动 5 天，则 EPOC 共消耗 375 kcal 能量，相当于减重 0.05 kg(0.1 lb)，10 周则减重 0.45 kg（1 lb）。

研究表明，在进行有氧和抗阻训练时，体重和身体成分都会发生虽然很小但很重要的变化：

✧ 总体重下降。

✧ 脂肪含量和体脂百分比降低。

✧ 瘦体重保持或增加。

数百份关于有氧运动对身体成分影响的研究表明，进行一年的有氧运动（每周 3 次，每次 30～45 min，运动强度达到 55%～75% $\dot{V}O_{2max}$），总体重和体脂含量分别减少 3.2 kg（7.1 lb）和 5.2 kg（11.5 lb），瘦体重增加 2 kg（4.4 lb），体脂百分比减少近 6%（从 30%下降到 24%）。

自 20 世纪 90 年代以来，腹部内脏脂肪已被确定为心血管疾病和肥胖的主要而独立的危险因素（图 22.7）。大量证据表明，身体活动可以减少内脏脂肪堆积率，并且能真正地减少内脏脂肪存储量，这是活跃的生活方式所带来的重要益处之一。

二、体重和体成分变化机制

在尝试解释运动怎样引起体重和身体成分改变时，必须考虑到能量平衡公式的两端。估算能量消耗时，需要考虑其中 3 个组成部分中的每一部分：RMR、TEM 和 TEA。估算能量摄入时，还需考虑粪便中损失的能量，这部分能量通常在总能量摄入中的比例不到 5%。下面，我们将研究运动影响体重和身体成分的一些可能机制。

（一）运动和食欲

运动与食欲的关系仍存在争议。能量摄入、能量消耗、食欲与肥胖之间的相互关系是复杂的、多因素的。饥饿、能量摄入与能量消耗的平衡，与饥饿和饱腹感有关的激素、饮食模式甚至性别对运动反应的差异等，这些都是很难明确的因素。目前，我们可以得出以下结论：

（1）运动本身可能并不会显著刺激食欲，尤其是在一个包括运动和饮食的体重管理项目中。

（2）即使运动会使能量摄入略微增加，也并不妨碍其被纳入体重管理计划，因为TEA是该计划中的一个主要变量。

让·马耶尔通过一个经典研究建立了能量摄入和能量消耗的关联理论，即两者在一个被他称为“正常活动范围”的特定区域内耦合。在一项针对大量工人的研究中，他和他的合作者发现，那些在工作中能量消耗最高的人会适当地增加能量摄入以匹配能量消耗，而久坐时间最长的工人，即体重最重的那一组，他们摄入的能量相对于活动水平而言却是偏高的。因此，在一个正常活动区域内，人们通过增加食物摄入量以适应高水平的能量消耗（与工作相关），但在该区域之外（相对久坐的工人），能量摄入却远远高于活动标准所需。马耶尔进一步假设，人类在进化过程中是活跃而非久坐不动的，因此，也许是受我们的基因组影响，身体活动只在能量消耗中小范围增加能量摄入（马耶尔的“正常活动范围”）。

食欲下降的另一个影响因素是饱腹感，它能影响能量摄入。在一项关于运动、减肥与饱腹感的研究中，那些减重效果较好的受试者在训练过程中饱腹感逐渐增强，而那些减重少于预期的受试者的饱腹感逐渐减弱并且能量摄入增加。在体重管理计划中，将运动和饮食结合起来可能对饥饿感和饱腹感都有作用，进而影响减重的效果。

运动与食欲和能量摄入相关激素间的关系是另一个复杂且有待解决的问题。瘦素和胃饥饿素（在第四章讨论过）对食欲和饱腹感有重大影响，为大脑提供关于营养状况的急性和慢性反馈信息。胃饥饿素在消化系统中产生和分泌，向大脑快速输入食物消耗信息，而瘦素提供与能量储存（脂肪组织）相关的长期能量状态信息，脂肪沉积使瘦素产生增加。因此，我们吃了什么和吃了多少，都会有来自胃肠道的即时反馈和来自脂肪细胞关于储存能量的长期反馈。已经证明一些肥胖者有瘦素抵抗，随着肥胖的发展，其中枢神经系统中瘦素受体对反馈回路中的瘦素由敏感变得越来越不敏感。

（二）运动和静息代谢率

20世纪80年代末到90年代初，研究者最感兴趣的一个问题是，运动如何影响能量的消耗，尤其关注运动对RMR的影响，因为RMR占每天总能量消耗的60%～75%。如果一个25岁的人每天摄入2 700 kcal总能量，他的RMR占总能量摄入的60%，即消耗1 620 kcal（0.60×2 700=1 620 kcal），RMR如果小幅增加1%，每天就会额外消耗16 kcal，而每年则额外消耗5 840 kcal，导致每年减重0.8 kg（1.7 lb）。

运动增加RMR的机制尚未完全清楚。有些横向研究表明，锻炼者比同一年龄、同一体型的不锻炼者的RMR更高，但有的研究不能证实这一点。有几项纵向研究测定了没锻炼过的人在锻炼后一段时间RMR的变化，其中有研究表明RMR可能会通过锻炼得到提高。然而，在对40名17～62岁的男性和女性进行为期20周有氧训练（每周锻炼3次，每次35～55 min，强度55%～75% $\dot{V}O_{2max}$）后，结果表明，尽管$\dot{V}O_{2max}$增加近18%，但RMR却没有增加。因为 RMR 与身体的瘦体重密切相关（非脂肪组织代谢更活跃），应逐步通过抗阻练习来增加瘦体重，以尝试增加 RMR。

三、局部减脂

包括运动员在内的许多人认为，锻炼身体某个特定部位会使局部储存的脂肪减少，几项早期研究结果倾向于支持**局部减脂（spot reduction）**的观点。但是之后的研究发现，即使进行局部运动，身体还是会动用全身几乎所有的脂肪供能，而不仅是局部活动部位的脂肪，局部减脂只是一个神话。

有一项研究是针对优秀网球运动员进行的，因为他们是研究局部减脂的理想受试者，故可以以他们为对照组。网球运动员的优势手每天进行数小时大量的剧烈运动，非优势手相对不经常运动。运动导致骨骼肌肥大，运动员优势手臂更粗壮一些。若局部减脂观点成立，那么非优势手的脂肪含量应比优势手多很多，但是，优势手和非优势手的皮下脂肪却完全没有差异。

另一项 27 天高强度仰卧起坐训练对腹部皮下脂肪影响的研究表明，腹部、肩胛下区和臀区脂肪细胞直径的变化速率没有差异，运动训练减少腰围的原因主要是训练增加了肌肉紧张度，而非减少了脂肪。

四、低强度有氧运动

正如我们在前几章中所讨论的，运动强度越大，身体依赖糖供能的比例就越高。在高强度有氧运动中，糖可以提供 90%或更多的能量。20 世纪 80 年代后期比较流行通过**低强度有氧运动（lower-intensity aerobic exercise）**来减脂，理论依据是，低强度有氧运动更多利用脂肪供能以加快脂肪消耗。虽然运动强度越低，脂肪供能比例越高，但脂肪供能总量不一定改变。

表 22.4　对一次持续 30 min 的低强度和高强度有氧运动所消耗能量的估算

运动强度	平均摄氧量（L/min）	平均 RER	糖消耗（%）	脂肪消耗（%）	30 min 运动糖能量消耗	30 min 运动脂肪能量消耗	30 min 运动总能量消耗
低，50%	1.50	0.85	50	50	110	110	220
高，75%	2.25	0.90	67	33	222	110	332

注：研究对象是一名健康但不经常运动的 23 岁女性（ $\dot{V}O_{2max}$ =3.0 L/min）。

在表 22.4 的例子中，一名 $\dot{V}O_{2max}$ 为 3.0 L/min 的 23 岁女性，分别以 50% $\dot{V}O_{2max}$ 的低强度和 75% $\dot{V}O_{2max}$ 的高强度进行 30 min 的有氧运动，所消耗脂肪的总能量并没有变化。在两次 30 min 的运动中，她都消耗了 110 kcal 的脂肪。更重要的是，在同一时间段内，高强度的运动比低强度的运动消耗的总能量多了 50%。

科学家已证明在一个理想区域内，即在峰值氧化率 10%以内的区域，运动强度在 55%～72% $\dot{V}O_{2max}$ 范围内，脂肪氧化率会达到最高值（图 22.8）。然而，如上所述，高脂肪氧化率并不一定意味着更高的总能量消耗，也不能说明其对减重有更大的贡献。

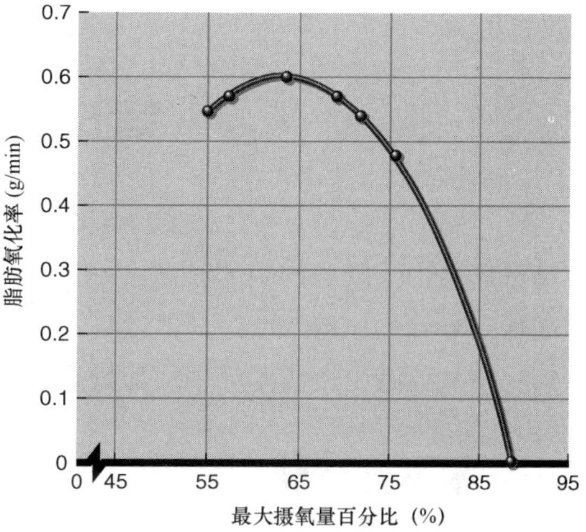

图 22.8　不同运动强度的脂肪氧化率，以 $\dot{V}O_{2max}$ 百分比来表示运动强度

小结

- 在美国，缺乏运动是肥胖和 2 型糖尿病发生的重要原因，或许和过度饮食同等重要。
- 每周至少进行 150～250 min 的中等强度身体活动对防止体重增加非常重要。显著减轻体重还需更大的运动量。
- 运动的能量消耗包括运动中的持续能量消耗，也包括运动后的能量消耗，因为在运动结束后一段时间内，新陈代谢率仍然保持较高水平，这种现象被称为运动后过量氧耗（EPOC）。
- 限制饮食能够减脂，但瘦体重也会丢失。运动结合合理饮食可以减脂，且使瘦体重保持不变或增加。身体活动的最大益处可能在于，它能减少内脏脂肪的堆积或储存。
- 即使不进行正式的运动，只是简单保持活动状态，也会对防止肥胖起重要作用。
- 当能量平衡时，能量摄入等于能量支出的总和（RMR+TEM+TEA）。
- 让・马耶尔的“正常活动范围”表明，一定量的运动对机体保持能量摄入和支出的平衡是必要的。
- 研究表明，运动能够抑制食欲，但这一观点存有异议。
- 一次性运动能增加 TEM。
- 运动能增加脂质动员。
- 局部减脂只是一个神话。
- 低强度有氧运动消耗的脂肪并不比高强度有氧运动的多，而且后者消耗的总能量会更多。

第五节　糖尿病

糖尿病是由于胰腺产生的胰岛素不足，或胰岛素无法促进葡萄糖进入细胞中，或是这两种原因皆有导致的血糖浓度过高的疾病。回顾第四章的内容，胰岛素是一种通过将葡萄糖运输到细胞中从而减少血液循环中葡萄糖含量的激素。

一、术语及分型

糖尿病包括**1 型糖尿病（type 1 diabetes）**（以前称为少年糖尿病，或胰岛素依赖型糖尿病）和**2 型糖尿病（type 2 diabetes）**（以前称为成人发病型糖尿病）。2 型糖尿病与肥胖有密切的关系，且其与肥胖的情况一样，在美国的儿童和成年人中近乎流行。

1 型糖尿病是由于胰腺中的**β–细胞（β-cell）**产生的胰岛素不足引起的，这是人体免疫系统破坏胰腺 β–细胞（细胞凋亡）的结果。胰岛素的产生量会随 β–细胞数量的减少而减少，当少于临界点时，机体就会因胰岛素不足而无法进行适当的血糖控制。因此，这种类型也被称为**胰岛素依赖型糖尿病（insulin-dependent diabetes mellitus，IDDM）**。1 型糖尿病仅占所有糖尿病病例的 5%～10%。

2 型糖尿病是由于胰岛素抵抗而不能促进葡萄糖进入细胞引起的，占所有糖尿病病例的 90%～95%。胰岛素的基本功能是使血液中的葡萄糖穿透细胞膜进入细胞。胰岛素抵抗是指正常浓度的胰岛素不能产生正常的降血糖生物效应，身体需要更多胰岛素才能将一定量的葡萄糖输送到细胞中。胰岛素敏感性是一个相关概念，指血液中胰岛素浓度的有效性指标。胰岛素抵抗会随着 2 型糖尿病的发生和发展而增加。

还有一种糖尿病被称为妊娠糖尿病，大约有 4%的孕妇及她们的胎儿会患上这种糖尿病。这种糖尿病在分娩后通常会消失，但它会导致很多妊娠并发症。

1 型和 2 型糖尿病的诊断依据是禁食 8 h 后血糖水平超过 125 mg/dL，**空腹血糖受损（impaired fasting glucose）**的依据为禁食 8 h 后血糖水平在 100～125 mg/dL，**糖耐量受损（impaired glucose tolerance）**是通过葡萄糖耐量试验确定的：将 75 g 无水葡萄糖溶于水后口服，2 h 后测血糖浓度，血糖浓度为 200 mg/dL 或更高可诊断为糖尿病，血糖浓度在 140～199 mg/dL 表示葡萄糖耐受性异常，低于 140 mg/dL 为正常。**糖尿病前期（prediabetes）**指的是那些空腹血糖异常、糖耐量受损或两者都有的情况。

研究通常进行静脉内的葡萄糖耐受试验。在两臂的静脉分别插入一个导管，将葡萄糖溶液注入其中一侧手臂的静脉，在 3 h 内，从另一侧手臂的血管中取血液样品进行测试，在开始的 15～

45 min 频繁取样，在 60～180 min 偶尔取样，根据测试结果可以绘制出两条曲线：葡萄糖曲线和注射葡萄糖后的胰岛素反应曲线。该测试比口服葡萄糖耐受试验更准确。

可以根据症状判断是否有患糖尿病的风险。

1 型糖尿病：

✧ 尿频。

✧ 异常口渴。

✧ 不明原因的体重减轻。

✧ 极度饥饿。

✧ 极度疲劳和易怒。

2 型糖尿病：

✧ 1 型糖尿病的所有症状。

✧ 频繁感染。

✧ 视力模糊或视力突然变化。

✧ 手脚刺痛或麻木。

✧ 割伤、擦伤、疮疖等愈合缓慢。

✧ 反复出现皮肤、牙龈或膀胱感染。

研究视角 22.3　二甲双胍、运动或两者结合都能治疗糖尿病吗？

2 型糖尿病及糖尿病前期是心血管疾病发展的危险因素。虽然 2 型糖尿病的病因是多因素的，但胰岛素抵抗（与由此引起的高胰岛素血症）可能是主要原因。因此，针对胰岛素抵抗，对 2 型糖尿病进行管理非常重要。饮食和运动是改善血糖控制的一线疗法。然而，由于无法坚持长期锻炼，许多人需要通过药物治疗来维持正常的血糖浓度。

美国糖尿病协会最近建议，除了改变生活方式，糖尿病前期患者还应考虑接受二甲双胍治疗（二甲双胍是糖尿病治疗中使用最广泛的药物，可以减少肝脏葡萄糖的产生）。那么，既然二甲双胍和运动都能降低血糖，联合治疗效果会不会应该更好呢？活性氧的生成是促进运动代谢适应的主要因素，而二甲双胍可减少活性氧的生成，因此二甲双胍可能会通过氧化应激机制减弱机体对运动的代谢适应。那么，将二甲双胍与运动结合对调节血糖和降低心血管疾病风险有什么样的作用呢？

马林（Malin）和布劳恩（Braun）最近探讨了这个看似矛盾的问题。他们的实验室发表的一系列研究成果表明，将这两种疗法结合起来并不一定会产生更好的效果。他们进行了一项前瞻性、双盲、随机的对照试验，以研究运动训练与二甲双胍结合对男女糖尿病前期患者胰岛素敏感性的长期影响。受试者被分配到 4 个不同的治疗组：安慰剂组、二甲双胍组、运动训练加安慰剂组，以及运动训练加二甲双胍组。所有治疗都降低了空腹血浆胰岛素水平，单独使用二甲双胍或单独进行运动训练可提高骨骼肌胰岛素敏感性。然而，二甲双胍将运动训练对骨骼肌胰岛素敏感性的影响减弱了约 30%，表明二甲双胍削弱了运动训练在葡萄糖调节方面的一些有益作用。

这给临床医生留下了疑问，即他们是否应该将二甲双胍与运动相结合？单独的运动治疗是否足以降低糖尿病风险？答案显然很复杂。研究表明，二甲双胍能减弱运动改善胰岛素敏感性、代谢综合征及炎症反应的效果。虽然这些作用似乎令人担忧，但鉴于二甲双胍对多种组织的显著作用，可根据需要选择使用。但研究者认为，运动本身是降低2型糖尿病风险的最佳一线疗法。

二、糖尿病发生率

根据美国糖尿病协会的数据，2015年，约有3 000万美国人患有糖尿病，约有700万人未得到诊断，此外，约有8 400万名成年人处在糖尿病前期。糖尿病患病率从1990年的4.9%上升到2015年的9.4%，65岁以上的人中大约有25%患有糖尿病，糖尿病仍然是美国第七大死亡原因。此外，在20岁以上的人群中，非西班牙裔白人的糖尿病患病率为7.4%，亚裔美国人为8.0%，非西班牙裔黑人为12.7%，西班牙裔和拉丁裔为12.1%，2型糖尿病发病率的种族差异与本章前面讨论的肥胖症发病率相似。

儿童2型糖尿病的实际发病率较低，但据统计，在过去20年里，发病率已增加了10倍之多。此外，研究表明，在10～19岁的青少年中，2型糖尿病患者占所有糖尿病患者的33%～46%。这是非常令人不安的，因为不久前，我们还把2型糖尿病称为成人发病型糖尿病。

三、糖尿病病因

遗传在1型和2型糖尿病中都起重要作用。1型糖尿病患者的胰腺β–细胞（胰岛素分泌细胞）被破坏，这种破坏可能是由人体免疫系统增加β–细胞的病毒易感性或β–细胞变性引起的。1型糖尿病一般是在童年或成年早期突然患病，导致胰岛素完全丧失，通常需要每天注射胰岛素来控制疾病。

2型糖尿病发病比较缓慢，病因也较难确定。2型糖尿病患者通常有4种代谢异常：胰岛素抵抗（胰岛素作用受损），主要发生在骨骼肌组织；胰岛素分泌增加（胰岛素抵抗增加导致高胰岛素血症）；肝脏异生过多的葡萄糖；或三者兼具。

肥胖在2型糖尿病的发展中起着重要作用。鉴于肥胖，胰岛素抵抗通常成为一个主要的初始问题，胰腺的β–细胞通过产生和分泌更多的胰岛素来应对升高的血糖（继发为胰岛素抵抗）。因此，新近诊断的2型糖尿病患者同时出现高血糖和**高胰岛素血症（hyperinsulinemia）**的情况并不少见，这是全身（尤其骨骼肌）的胰岛素受体在促进葡萄糖进入细胞的运输方面效果不佳造成的。

四、糖尿病相关健康问题

糖尿病带来了很大的健康风险，糖尿病患者的死亡率相对较高。糖尿病会增加患以下疾病的风险：

✧ 冠状动脉或心脏疾病，以及周围血管疾病。

✧ 高血压、脑血管疾病和卒中。

✧ 肾脏疾病。

✧ 神经系统疾病。

✧ 眼疾，包括失明。

✧ 牙科疾病。

✧ 截肢。

✧ 孕期并发症。

科学家已经确定了冠心病、高血压、肥胖与2型糖尿病之间的相关性。高胰岛素血症（血液中胰岛素含量较高）和胰岛素抵抗是引发上述疾病的重要因素，可能是胰岛素刺激交感神经系统（胰岛素水平升高导致交感神经系统活动增加）、炎症、代谢功能障碍等因素或多因素共同影响的结果。肥胖似乎是引发这种反应的触发器。

第六节　糖尿病的治疗

1型糖尿病主要通过调控胰岛素、调节饮食和进行锻炼来治疗。胰岛素的剂量应根据糖、脂肪和蛋白质的正常代谢和血糖水平来调控，短效或中效，以及一天中什么时间进行注射，可以在控制每日血糖的基础上，根据个人情况进行处理。

对于2型糖尿病，传统上主要关注3个因素：减重、健康的饮食模式、锻炼和身体活动。近25年来，药物治疗糖尿病（特别是2型糖尿病）的比例显著提高，刺激胰岛素的产生和释放、抑制肝脏葡萄糖的产生和释放、降低胃中分解碳水化合物的酶的活性，以及提高胰岛素敏感性的药物被广泛使用。

糖尿病患者通常需要均衡、健康的饮食。过去，糖尿病患者被规定，要食用低糖食物以更好地控制血糖，但低糖饮食必然导致饮食中脂肪含量增加，这会对血脂水平产生不良影响，糖尿病患者通常血脂异常，患冠心病的风险已经很高，不应再增加饮食中脂肪的含量。对肥胖的患者来说，更应采用低热量饮食以促进体脂减少。对有些2型糖尿病患者来说，只要减重，就能使血糖水平回到正常范围。此外，由于规律的锻炼和身体活动可以提高胰岛素敏感性，所以增加身体活动和健康的饮食模式都是2型糖尿病患者治疗计划中非常重要的方面。

20世纪90年代中期，美国国立卫生研究院的国家糖尿病、消化和肾脏疾病研究所设计并发起一项研究，以确定生活方式干预（饮食和锻炼）或口服糖尿病药物（二甲双胍）是否可以防止或延缓葡萄糖耐受异常（糖尿病前期）患者2型糖尿病的发病。共有3 234名25岁及以上的受试者被随机分配到安慰剂组、药物组和生活方式组，生活方式改变计划的目标是减掉至少 7%的体重，每周至少参加 150 min 的体育活动。两种干预措施都被证明是非常成功的，生活方式组将糖尿病的发病延迟了 11 年，二甲双胍组延迟了 3 年。这项具有里程碑意义的研究清晰地表明，生活方式干预在减少一种使人衰弱的重大疾病的风险及其严重后果方面的作用。芬兰糖尿病预防课题证实了这些结果，并进一步肯定了体育锻炼在预防糖尿病中的价值。

第七节　身体活动在糖尿病中的作用

间接的科学证据已明确表明，积极参加体育锻炼的生活方式可以降低患 2 型糖尿病的风险，但对 1 型糖尿病来说，几乎没有证据支持这一点。然而，大多数医生和科学家都认为体育锻炼是两种糖尿病治疗计划的重要组成部分。由于 1 型和 2 型糖尿病患者的特征和反应之间存在很大差异，所以接下来将分别进行讨论。

一、1 型糖尿病

规律运动能否改善和调控 1 型糖尿病患者的血糖这一问题至今还存在争议。1 型糖尿病患者因为胰腺功能受损，导致血液中胰岛素含量减少，此外，他们在运动中或运动后即刻，肝脏异生葡萄糖的速率降低，不能与葡萄糖利用率持平，最终导致血糖过低，而血糖含量过度波动对治疗是不利的。对 1 型糖尿病患者来说，运动中血糖的控制水平常常因人而异，对于那些不易发生低血糖的患者，运动能改善血糖控制，但对其他患者则不适用。

尽管对大多数 1 型糖尿病患者来说，运动通常不能改善血糖控制状况，但运动仍有许多潜在的好处，因为他们患冠心病的风险是其他人的 2～3 倍，运动不仅有助于降低这种风险，还有助于降低患脑血管疾病和周围动脉疾病的风险。

只要血糖水平得到适当控制，患有简单型 1 型糖尿病的人就不必限制身体活动。许多患有 1 型糖尿病的运动员在训练和比赛中都取得了成功。及时调整饮食和胰岛素剂量，监测 1 型糖尿病患者运动中的血糖水平很重要，且对高强度或长时间运动的患者尤其重要。

应特别注意糖尿病患者的足部，因为周围感觉神经病变会导致足部失去知觉。有时，患者也会出现周围血管疾病，因此，肢体特别是足部血液循环功能受损往往比较严重，足部溃疡及有其他足部问题的患者占住院治疗糖尿病患者的一半以上。因为负重训练会对足部产生额外的压力，所以适当的足部防护和选择合适的鞋是十分重要的。

二、2 型糖尿病

运动对 2 型糖尿病患者的血糖控制起主要作用。2 型糖尿病的主要问题在于受体细胞对胰岛素产生抵抗力，激素不能发挥其穿透细胞膜运输葡萄糖的功能，导致胰岛素敏感性降低（胰岛素抵抗）。肌肉收缩具有类似胰岛素的效应，细胞膜对葡萄糖的通透性随肌肉收缩而增加，这可能是葡萄糖转运体 GLUT-4 与细胞膜结合数量增加的原因。因此，剧烈运动可以减少胰岛素抵抗并提高其敏感性，这就降低了细胞对胰岛素的需求。抗阻运动和有氧运动会产生类似效果，也有人认为抗阻运动和有氧运动相结合是降低胰岛素抵抗的最佳运动策略。这种胰岛素抵抗的减少和敏感性的提高可能主要反映在每次运动中，而不是与运动相关的长期结果上。一些研究显示，这种效果会在 72 h 内消失。

美国糖尿病协会最近发布了一份关于身体活动和锻炼与糖尿病的最新声明，提供了关于 1 型糖尿病和 2 型糖尿病患者身体活动和锻炼的循证建议。此建议摘要见表 22.5。

表 22.5　美国糖尿病协会对糖尿病患者减少久坐时间和增加身体活动的建议摘要

减少久坐时间的建议
所有成年人，特别是 2 型糖尿病患者，应减少每天久坐的时间。
每 30 min 应进行一次利于血糖平衡的轻微活动来打断久坐，至少 2 型糖尿病患者应这样。
以上两个建议是相互补充而非相互替代的，应同时增加规律运动和随机运动。
身体活动和 2 型糖尿病
建议每天运动，或者运动间隔至多不超过两天，以增强胰岛素的作用。
成年 2 型糖尿病患者最好同时进行有氧运动和抗阻运动，以达到最佳血糖水平和健康促进效果。
应鼓励患有 2 型糖尿病的儿童和青少年达到为正常同龄人制定的身体活动目标。
建议进行系统的生活方式干预，包括每周至少 150 min 的运动和改变饮食习惯，从而使体重减轻 5%～7%，以预防或推迟高风险人群和糖尿病前期人群 2 型糖尿病的发病。
身体活动和 1 型糖尿病
患 1 型糖尿病的青少年和成年人可以从身体活动中受益，应建议他们参加身体活动。
1 型糖尿病患者的血糖水平会因身体活动类型/时间的不同而发生较大变化，需要适时调整。
在身体活动期间和之后，保持血糖平衡通常需要增加碳水化合物摄入或减少胰岛素注射。应经常进行血糖检查，以及时调整碳水化合物摄入量和胰岛素注射剂量。
胰岛素使用者运动期间可使用基础注射或胰岛素泵，这两种胰岛素给药方法各有优缺点。
身体活动期间的连续血糖监测可作为一种辅助手段来检测低血糖，但不可代替毛细血管血糖测定。
糖尿病患者参加身体活动的建议
对于无症状个体，在进行速度不超过快走的运动或日常生活中的低、中等强度身体活动之前，通常没有必要进行运动前医学检查。
大多数成年糖尿病患者每周应进行 150 min 以上的中高强度运动，每周至少 3 天，连续不活动不得超过两天。对于较年轻和身体更健康的人，较短时间（每周至少 75 min）的高强度运动或间歇运动可能足够。
患有 1 型或 2 型糖尿病的儿童和青少年每天应进行 60 min 或更长时间的中高强度有氧运动，包括剧烈的肌肉和骨骼强化运动，每周至少 3 天。

小结

- 1 型糖尿病涉及胰腺 β-细胞的破坏，发病通常较早，可见于青春期或更早阶段。2 型糖尿病的特点是胰岛素抵抗引起的糖耐量减少。
- 糖尿病的特点是高血糖。它是由胰岛素利用不足（胰岛素抵抗）、分泌不足或两者兼具引起的。
- 糖尿病的主要治疗方式是药物（如有必要）、饮食调控、运动和减重，后两点对 2 型糖尿病患者尤为重要。
- 无法确定运动是否可以改善 1 型糖尿病患者的血糖水平。1 型糖尿病患者具有更高的冠心病患病风险，运动可以降低这种风险。
- 1 型糖尿病患者必须在运动前、运动中和运动后仔细监测血糖，以便根据需要改变饮食和胰岛素用量。
- 周围神经病变是 1 型糖尿病和长期 2 型糖尿病的严重并发症。那些有周围神经病变的人应特别注意他们的足部，因为会存在感觉丧失和周围循环受损的情况。
- 2 型糖尿病对运动反应良好。运动可以改善葡萄糖利用和提高胰岛素敏感性，这很可能是骨骼肌中 GLUT-4 受体增加所致。

结语

在最后的两章中，我们总结了身体活动在预防和治疗冠心病、高血压、肥胖、糖尿病方面所起的作用，可以看到：运动是降低患病风险、缓解疾病症状、提高健康水平的不可或缺的方式。

在此，我们也将结束运动生理学的全部内容。我们回顾了运动中机体不同系统的功能及其对长期训练的反应和适应，了解了不同环境如极热、极冷和气压变化等对身体活动及表现的影响，关注了可以提高运动成绩的方法，探讨了年龄、性别在运动和锻炼时的个体差异等，最后，我们还研究了运动在保持健康和发展体能中的作用。

从头到尾这是一个漫长的旅程，但是我们希望你在合上这本书时，能够从新的视角看待身体活动。或许，此时你已经对如何进行身体活动有了一个全新的认识，但如果你还没有行动起来，或许你有必要尽快制订个人锻炼计划。我们希望你能对运动生理学感兴趣，并认识到这些领域的研究会影响到我们生活的许多方面。

关键词

β-细胞（β-cell）
身体质量指数（body mass index，BMI）
糖尿病（diabetes mellitus）
高胰岛素血症（hyperinsulinemia）
空腹血糖受损（impaired fasting glucose）
糖耐量受损（impaired glucose tolerance）

胰岛素依赖型糖尿病（insulin-dependent diabetes mellitus，IDDM）
下肢（女性型）肥胖［lower body（gynoid）obesity］
低强度有氧运动（lower-intensity aerobic exercise）
代谢综合征（metabolic syndrome）
肥胖（obesity）
超重（overweight）
糖尿病前期（prediabetes）
局部减脂（spot reduction）
活动热效应（thermic effect of activity，TEA）
食物热效应（thermic effect of meal，TEM）
1 型糖尿病（type 1 diabetes）
2 型糖尿病（type 2 diabetes）
上肢（男性型）肥胖［upper body（android）obesity］

思考题

1. 超重和肥胖的区别是什么？
2. 确定身体成分的方法有哪些？每种方法的优缺点是什么？
3. 什么是 BMI？它的意义是什么？
4. 当今美国肥胖发生率是多少？男性和女性、儿童和成年人、黑人和白人的肥胖发生率存在不同吗？
5. 与肥胖相关的健康问题有哪些？
6. 肥胖、冠心病、高血压、胰岛素抵抗和糖尿病之间有何关联？
7. 描述几种治疗肥胖的方法。哪些是最有效的？
8. 运动在预防和治疗肥胖方面发挥了什么作用？
9. 运动是通过什么机制减少总体重和脂肪重量的？
10. 局部减脂效果如何？低强度的有氧运动呢？
11. 描述两种主要类型的糖尿病。它们是由什么原因引起的？
12. 与糖尿病有关的健康风险有哪些？
13. 简述美国糖尿病协会对糖尿病患者减少久坐时间和增加身体活动的建议。
14. 描述运动在预防和治疗 1 型、2 型糖尿病方面的作用。

学习指南

“关键词”复习了本章中的重要概念，章末的思考题可以测试你对本章内容的理解。

参考文献

请扫描下方二维码获得原版参考文献。

作者简介

W. 拉里·肯尼（W. Larry Kenney），男，博士，宾夕法尼亚州立大学生理学和运动机能学教授、Marie Underhill Noll 人体机能实验室主任。1983 年，他在宾夕法尼亚州立大学获得生理学博士学位。迄今为止，肯尼教授发表了 220 多篇期刊论文，并参与撰写了数十本书，涉及的主题包括人类对运动的反应、冷热应激、脱水，以及人类与环境之间热交换的生物物理学。肯尼教授于 2003—2004 年担任美国运动医学学会（ACSM）主席。肯尼教授因其对大学及其领域的贡献而荣获宾夕法尼亚州立大学学院学者奖章、Evan G. and Helen G. Pattishall 杰出研究成就奖，以及 Pauline Schmitt Russell 杰出研究事业奖。他于 1987 年荣获 ACSM 新研究人员奖，并于 2008 年荣获 ACSM 年度表彰奖。肯尼教授是多家期刊的编辑和顾问委员会成员，包括《运动中的医学与科学》（*Medicine and Science in Sports and Exercise*），《运动医学报告》（*Current Sports Medicine Reports*）（首届董事会成员），《运动与体育科学评论》（*Exercise and Sport Sciences Review*），《应用生理学杂志》（*Journal of Applied Physiology*），《人的运动表现》（*Human Performance*），《健身管理》（*Fitness Management*），以及《ACSM 健康与健身管理杂志》（*ACSM's Health & Fitness Journa*）（首届董事会成员）。他还是美国国立卫生研究院和许多其他组织的拨款审查员。

大卫·L. 科斯蒂尔（David L. Costill），男，博士，鲍尔州立大学教授，John and Janice Fisher 实验室名誉主席。科斯蒂尔教授于 1965 年在俄亥俄州立大学获得体育和生理学博士学位，于 1966 年建立了鲍尔州立大学人类表现实验室，并担任该实验室主任长达 32 年。科斯蒂尔教授在其职业生涯中撰写和合著了 430 多本刊物，其中包括在同行评审出版物和非专业出版物上发表的文章和出版的 6 本书。他也曾担任《国际运动医学杂志》（*International Journal of Sports Medicine*）主编 12 年。1971—1998 年，他平均每年在美国和国际上演讲 25 次。他于 1976—1977 年担任 ACSM 主席，并作为其董事会成员长达 12 年，曾荣获 ACSM 年度"荣誉和表彰奖"。科斯蒂尔教授还因其杰出的工作成果获得了斯德哥尔摩体育学院的荣誉博士学位、俄亥俄州立大学的专业成就奖、鲍尔州立大学的校长奖，以及凯霍加福尔斯公立学校的杰出校友奖。他教授过的许多学生现在都是运动生理学、医学和科学领域的领导者。

杰克·H. 威尔莫尔（Jack H. Wilmore），男，博士，曾在加州大学伯克利分校、加州大学戴维斯分校、亚利桑那大学、得克萨斯大学和得克萨斯农工大学担任教授。威尔莫尔教授于 1966 年在俄勒冈大学获得体育学博士学位，于 2003 年从得克萨斯农工大学退休。威尔莫尔教授发表了超过 320 篇研究论文，出版了 15 本运动生理学相关图书。威尔莫尔教授的研究方向包括运动在预防和控制肥胖和冠心病中的作用，训练和停训导致生理功能改变的机制，以及限制优秀运动员表现的因素。作为 ACSM 前主席，威尔莫尔教授于 2006 年获得 ACSM 荣誉奖。除了担任 ACSM 许多组织委员会的主席，威尔莫尔教授还是美国奥林匹克委员会运动医学委员会的成员，并担任该学会的主席。同时，他也是美国生理学会会员、美国运动机能学和体育教育学院院士和前院长。威尔莫尔教授为多个专业运动队、加州公路巡逻队、总统体能和体育委员会、美国宇航局和美国空军提供咨询服务。他还曾作为多家期刊的编委会成员。虽然威尔莫尔教授已逝世，但是《运动生理学》这本书是这位杰出的运动科学家科研生涯中永远不朽的成果。

译者简介

于亮，男，博士，北京体育大学教授，博士生导师。北京市青年教学名师，教育部课程思政教学名师，“全国高校黄大年式教师团队——北京体育大学研究生冠军班教师团队”成员，“体能训练”“运动生理学”北京高校优秀本科育人团队负责人/成员，国家体育总局第三批优秀中青年专业技术人才“百人计划”入选者。国家级课程思政示范课程负责人，国家一流本科课程负责人，国家健康科普专家库成员。中国生理学会运动生理学专业委员会秘书（兼青年工作委员会委员），中国生物物理学会运动与公共健康分会理事。《中国运动医学杂志》编委、《生物化学与生物物理进展》青年编委、《成都体育学院学报》青年编委，多种中英文刊物审稿人。主要研究方向为运动表现生理学与体能训练、运动促进健康、运动与骨骼肌。

主持国家自然科学基金、霍英东青年基金等多项课题和多项国家体育总局奥运攻关与科技服务；主译、参编运动生理学教材或著作 10 余部；发表论文 60 余篇。获北京高校第九届青年教师教学基本功比赛一等奖、最佳演示奖、最受学生欢迎奖，北京市教学成果奖一等奖，国家体育总局第 22 届冬奥会奥运攻关与科技服务三等奖。

周越，男，博士，北京体育大学教授，博士生导师。现任教于北京体育大学运动人体科学学院运动生理学教研室。北京体育大学冰雪运动“一带一路”联合实验室主任，中国生理学会运动生理学专业委员会委员，2017 年北京市优秀教师。主要从事运动员机能评价与训练监控、运动对骨骼肌形态机能影响等方面的研究。

主持或参与完成多项国家级、省部级科研课题；主编教材《运动生理学》《骨骼肌与运动》《运动人体科学概论》等；发表科研论文百余篇；获得多项国家发明专利和实用新型专利。

汪军，男，博士，北京体育大学教授，博士生导师。现任教于北京体育大学运动生理学教研室。北京体育大学冰雪运动“一带一路”联合实验室副主任，中国生理学会理事，中国生理学会运动生理学专业委员会常务委员，中国橄榄球队科研组组长，中国速滑队科研组负责人。国家体育总局教练员培训讲师，国家体育总局健身大讲堂讲师，北京体育大学竞技体校科研教练。2007 年北京体育大学运动生理学博士毕业后留校任教至今，2013—2014 年赴英国格拉斯哥大学访学。主讲课程包括运动生理学、运动与身体成分控制、运动与身体机能监控、整合生理学、运动训练生理学等。研究方向为运动锻炼提高人体健康水平的理论研究与应用、运动训练的生理学原理与实践等。主要研究领域有运动锻炼与慢性疾病、运动与科学健身、运动训练的生理学原理等。

主持省部级和校级课题10余项；主编或主译运动生理学相关教材6部，参编相关运动生理学理论和实验教材10余部；发表相关领域科研论文50余篇，发表科普文章50余篇。